MÉMOIRES

MIKHAÏL GORBATCHEV

MÉMOIRES

Une vie et des réformes

Traduit du russe par
Galia Ackerman, Michel Secinski
et Pierre Lorrain

Ouvrage publié
avec le concours
du Centre national du livre

ÉDITIONS DU
ROCHER
Jean-Paul Bertrand

Ouvrage publié
avec le concours
du Centre National des Lettres

Le glossaire et l'index ont été établis par les traducteurs.

ISBN 2 268 02577 2

AU LECTEUR

En cette époque tourmentée, comment pourrions-nous ne pas nous interroger — nous tous, non pas seulement en Russie ou dans les États de l'ex-URSS, mais partout ailleurs dans le monde — sur la portée des bouleversements de la période récente ? Le drame que nous avons vécu était-il le produit d'une évolution sociale inéluctable ou, au contraire, le résultat d'une volonté consciente, positive selon les uns, néfaste selon d'autres ? Est-il possible de déterminer les racines profondes et les causes des événements qui, pour la deuxième fois au cours du XXe siècle, ont perturbé le cours de l'histoire bien au-delà des frontières russes ? Et, pour finir, comment tirer les leçons de ce passé récent et nous en servir pour baliser l'avenir ?

De 1985 à la fin de 1991, je me suis trouvé au cœur de l'action. Aujourd'hui, libéré du fardeau de mes responsabilités à la tête de l'État, j'estime de mon devoir de dire ce que je sais et de répondre aux questions qui préoccupent mes contemporains. Naturellement, l'essentiel de ce livre sera consacré à la politique, au pouvoir, à la nouvelle pensée, aux réformes que j'ai engagées dans le pays et aux changements intervenus dans le monde, mais j'aborderai également d'autres sujets. De même, il arrive fréquemment que l'on m'interroge sur tel ou tel détail de ma vie privée afin de mieux comprendre les racines de la perestroïka [1] et dans quelles circonstances s'est forgée ma volonté de mettre un terme au système totalitaire instauré dans notre pays. Je n'éluderai pas non plus cet aspect des choses.

Bien sûr, il ne sera pas tant question de moi que des conditions dans lesquelles notre génération a été formée et des personnes avec qui j'ai pénétré les arcanes de la vie et de la politique, et dont la fréquentation a eu une influence sur la formation de mes convictions et de mon caractère.

---

1. Rappelons que ce mot signifie reconstruction, refonte. (N.d.T.)

Depuis l'université, j'ai fait de très nombreuses rencontres. À cet égard, mes sept années au pouvoir ont été indiscutablement les plus riches. Je conserverai à jamais un sentiment de sincère gratitude à ceux qui m'ont aidé activement ou m'ont apporté leur soutien moral. Je parlerai d'eux de mon mieux.

J'ai croisé également bon nombre d'adversaires sur ma route. Je ne nourris aucune animosité à leur égard, du moins envers ceux qui ont défendu ouvertement leurs convictions en lançant un défi loyal, au lieu de se livrer à la flagornerie avant de trahir et de poignarder dans le dos. L'histoire nous départagera.

Pendant toutes ces années, de nombreuses personnes ont exprimé les opinions les plus diverses sur mon action et sur mes critères moraux. Parmi des jugements et des récits honnêtes, il circule bon nombre de sornettes, de spéculations, et même de mensonges éhontés. Je tiens toujours compte des appréciations sérieuses, même si elles me sont désagréables et me semblent contestables, car elles soutiennent la réflexion. Je n'estime pas nécessaire, en revanche, de réagir aux calomnies.

J'ai entamé mon action, en 1985, avec la volonté d'être compris. Dans ces pages, je tenterai de me présenter et d'expliquer ma démarche politique dans le même esprit : avec la volonté d'éclaircir non seulement mon choix, mais encore le cheminement qui m'y a conduit. Je m'efforcerai de montrer combien il est ardu de mener à bien un projet et le nombre de virages qu'il a fallu prendre au cours de la perestroïka.

En entreprenant ce livre, je voulais éviter toute exagération et me garder de présenter les faits sous un éclairage qui me serait par trop favorable. J'ai tenté de m'en tenir à cette ligne de conduite, même si j'ignore dans quelle mesure j'y suis parvenu.

Soucieux d'expliquer certaines de mes décisions et certains de mes actes, je n'entends nullement les justifier tous. Je revendique ma responsabilité pour les réformes initiées, car je suis toujours profondément convaincu qu'elles étaient indispensables et, en dernière analyse, contribueront à la prospérité de ma patrie en étant bénéfiques au reste du monde.

D'ailleurs, le lecteur jugera.

Au cours de mon travail sur ces Mémoires, j'ai bénéficié en permanence de l'aide et du soutien de ma femme, Raïssa Maximovna. Sa vive intelligence et son intuition féminine — sans oublier sa participation directe à toutes les péripéties de ma vie — ont constitué des atouts inestimables pour leur rédaction.

Je voudrais exprimer ma sincère gratitude à tous ceux qui m'ont aidé à préparer cet ouvrage, mes compagnons et mes amis, ceux qui se sont trouvés à mes côtés durant la perestroïka aussi bien que ceux qui travaillent avec moi, aujourd'hui, au Fonds Gorbatchev : A. S. Tcherniaïev, V. A. Medvedev, G. Kh. Chakhnazarov, V. T. Loguinov, G. S. Ostrooumov, V. V. Zagladine, A. G. Weber, V. B. Kouvaldine.

Merci du fond du cœur à mes assistantes de longue date T. P. Mokatcheva et I. V. Vaguina. Quant à L. N. Poutchkova, G. K. Prozorova, O. I. Doubrovina, S. L. Kouznetsov, V. N. Mironova, ils ont accompli un travail considérable.

***

Pendant longtemps, l'idée d'écrire ce « compte rendu » de ma vie et des réformes que j'ai entreprises est demeurée à l'état latent dans mon subconscient avant de se muer, à un moment donné, en un véritable besoin.

Ce moment est indiscutablement lié à l'événement inouï qui s'est produit au cours de ces journées de décembre 1991, tellement dramatiques pour le pays et, bien sûr, pour moi-même. L'Union soviétique, cet État naguère encore si puissant, s'est délitée sous nos yeux jusqu'à son « immolation », et c'est tout juste si les gens ne se réjouissaient pas de ce qui arrivait ! Après avoir rejeté le projet de traité constitutif de l'Union des États souverains tel que l'avait rédigé le Conseil d'État de l'URSS (organisme qui réunissait les dirigeants des républiques fédérées sous les auspices du président de l'URSS), les Soviets suprêmes des républiques fédérés avalèrent la pilule empoisonnée issue de la collusion de la forêt de Bielovej[2]. La presse était perplexe. L'intelligentsia gardait le silence. Mes appels aux députés et au peuple, mes avertissements sur les graves conséquences de la désintégration de l'URSS restèrent sans écho : la société était désorientée, incapable d'appréhender d'une manière appropriée les événements. Les destructeurs du pays jouèrent sur cela, usurpant le droit des peuples à décider par eux-mêmes de leur destin. Ce que je voulais avant tout éviter finit donc par se produire.

Au moment où j'écris ces lignes, bien des choses sur lesquelles on

---

2. Le 8 décembre 1991, les présidents de trois des principales républiques qui constituaient l'URSS, la Russie, l'Ukraine et la Biélorussie, se rencontrèrent dans une datcha de la forêt « vierge » de Bielovej (*Bielovejskaïa puchtcha*) pour « constater » que l'URSS n'existait plus et proposer la création de la Communauté des États indépendants ou CEI. (N.d.T.)

débattait furieusement en 1990 et 1991 sont devenues plus claires. L'intégrité de l'« espace » économique, politique, militaire et, surtout, « civique » promise dans le cadre de la CEI n'a pas été réalisée. C'est avec une douleur profonde que j'observe la situation au sein des anciennes républiques soviétiques : ruine économique, guerres, violence, déchaînement de la criminalité, violation des droits des citoyens et des minorités nationales. Tout cela est le prix à payer pour l'aventurisme de politiciens ambitieux qui ont fait dévier la société et l'État de la voie des réformes à celle des « grands bouleversements ».

Le temps est un juge rigoureux qui remet les choses à leur place. Les idoles d'hier ont perdu de leur éclat et les acclamations qui les saluaient se sont transformées en huées. Il semble que nous commencions enfin à comprendre que l'on ne peut se livrer aux illusions. C'est là le gage de notre guérison. Je demeure convaincu que les réformes conçues et entreprises en 1985 étaient historiquement nécessaires. Après une longue période d'épreuves, notre peuple saura user comme il convient des principaux acquis de la perestroïka : la liberté, la démocratie et les droits civiques. La Russie comme les autres anciennes républiques de l'URSS trouveront la voie de la restauration de leur union : non sous son ancienne forme unitaire, impériale, mais sous celle d'une communauté démocratique d'États.

Je crois aussi qu'après la discorde et le désordre provoqués par la fin de l'ancien système bipolaire, la communauté internationale saura édifier un nouvel ordre mondial et conjurer de concert les dangers qui nous menacent de tous côtés : risques de conflits, périls écologiques, etc. Le mouvement que nous avons engagé vers un monde dénucléarisé et un système de sécurité globale, ainsi que l'intégration de pays ayant appartenu à des blocs politiques et militaires adverses sera, sans aucun doute, poursuivi.

C'est avec ces convictions et ces espérances que je lance au lecteur cette invitation au voyage.

EN GUISE DE PRÉFACE

Adresse aux citoyens soviétiques Intervention télévisée du Président de l'URSS le 25 décembre 1991

« Chers compatriotes, concitoyens,

La situation créée par la formation de la Communauté des États indépendants me conduit à mettre fin à mes fonctions de président de l'URSS. Je prends cette décision pour des raisons de principe.

J'ai défendu fermement l'autonomie, l'indépendance des peuples, la souveraineté des républiques. Mais je défendais aussi la préservation de l'Union, l'intégrité du pays.

Les événements ont pris une tournure différente. La ligne de démembrement du pays et de dislocation de l'État a gagné, et cela, je ne peux l'accepter.

Après la rencontre d'Alma-Ata et les décisions qui y ont été prises, ma position à ce sujet n'a pas changé. En outre, je suis convaincu que des décisions d'une telle envergure auraient dû être fondées sur l'expression de la volonté du peuple.

Néanmoins, je ferai tout mon possible pour que les accords qui ont été signés conduisent à une entente réelle dans la société, facilitent la sortie de la crise et le processus des réformes.

M'adressant à vous pour la dernière fois en qualité de président de l'URSS, j'estime indispensable d'exprimer mon évaluation du chemin parcouru depuis 1985. D'autant plus qu'il existe sur cette question beaucoup d'opinions contradictoires, superficielles et non objectives.

Le destin a voulu qu'au moment où j'accédais aux plus hautes fonctions de l'État, il était déjà clair que le pays allait mal. Tout est ici en abondance : la terre, le pétrole, le gaz, d'autres ressources naturelles, sans compter l'intelligence et les talents que Dieu ne nous a pas comptés. Et pourtant, nous vivons bien plus mal que dans les pays développés et nous prenons toujours plus de retard par rapport à eux.

La raison en était évidente : la société étouffait dans le carcan du système de commandement administratif. Condamnée à servir l'idéologie et à porter le terrible fardeau de la course aux armements, elle était à bout de forces. Toutes les tentatives de réformes partielles (et nous en avons eu beaucoup) ont échoué l'une après l'autre. Le pays n'avait plus de perspective. Il était impossible de continuer ainsi. Il fallait tout changer en profondeur.

C'est pourquoi je n'ai pas regretté une seule fois de ne pas m'être servi du poste de secrétaire général uniquement pour « régner » quelques années. J'aurais jugé cela irresponsable et amoral.

Je comprenais qu'entamer des réformes d'une telle envergure et dans une société comme la nôtre était une œuvre de la plus haute difficulté et, dans une certaine mesure, risquée. Mais il n'y avait pas d'autre choix. Aujourd'hui encore, je suis persuadé de la justesse historique des réformes démocratiques entamées au printemps 1985.

Le processus de rénovation du pays et de changements radicaux dans la communauté internationale s'est révélé beaucoup plus ardu qu'on aurait pu le supposer. Pourtant, ce qui a été fait doit être apprécié à sa juste valeur.

La société a obtenu la liberté, s'est affranchie politiquement et spirituellement. Et cela constitue la conquête principale, encore insuffisamment appréciée, sans doute parce que nous n'avons pas encore appris à nous en servir.

Néanmoins, une œuvre d'une importance historique a été accomplie :

— Le système totalitaire, qui a privé le pays de la possibilité qu'il aurait eue depuis longtemps de devenir riche et prospère, a été démantelé.

— Une percée a été effectuée sur la voie des transformations démocratiques. Les élections libres, la liberté de la presse, les libertés religieuses, des organes du pouvoir représentatifs et le multipartisme sont devenus des réalités. Les droits de l'homme sont reconnus comme le principe suprême.

— La marche vers une économie pluraliste est entamée, l'égalité de toutes les formes de propriété s'établit. Dans le cadre de la réforme agraire, la paysannerie s'est mise à renaître, le fermage est apparu, des millions d'hectares sont distribués aux habitants des villages et des villes. La liberté économique du producteur est entrée dans la loi, alors que la liberté d'entreprendre, la privatisation et la constitution de sociétés par actions ont commencé à prendre force.

En dirigeant l'économie vers le marché, il est important de rappeler que ce pas est franchi pour le bien de l'individu. Dans cette époque difficile, tout doit être fait pour sa protection sociale, surtout en ce qui concerne les personnes âgées et les enfants.

Nous vivons dans un nouveau monde :

— La guerre froide est finie, la course aux armements et à la militarisation insensée qui a dénaturé notre économie, notre conscience sociale et notre morale est stoppée. La menace d'une guerre mondiale est écartée.

Je voudrais encore souligner que, dans la période de transition, j'ai tout fait de mon côté pour préserver un contrôle efficace des armes nucléaires.

— Nous nous sommes ouverts au monde, nous avons renoncé à l'ingérence dans les affaires d'autrui, au recours à la force armée au-delà de nos frontières. En réponse, nous avons obtenu la confiance, la solidarité et le respect.

— Nous sommes devenus un des piliers principaux de la réorganisation de la civilisation contemporaine sur des principes pacifiques et démocratiques.

— Les peuples, les nations ont obtenu une liberté réelle pour choisir la voie de l'autodétermination. Les efforts pour réformer démocratiquement notre État multinational nous ont conduits tout près de la conclusion d'un nouveau traité d'union.

Tous ces changements ont provoqué une énorme tension. Ils ont eu lieu dans un contexte de lutte féroce et alors que se développait l'opposition des forces du passé, archaïques et réactionnaires, des anciennes structures du parti et de l'État, et de l'appareil économique, ainsi que de nos habitudes, de nos préjugés idéologiques, de notre psychologie de nivellement et d'assistanat. Ils se sont heurtés à notre intolérance, au faible niveau de notre culture politique et à la crainte des changements.

Voilà pourquoi nous avons perdu beaucoup de temps. L'ancien système s'est écroulé avant que le nouveau ait pu se mettre en marche. Et la crise de la société s'est encore aggravée.

Je connais le mécontentement qu'engendrent les difficultés de la situation actuelle, les critiques aiguës exprimées à l'encontre des autorités à tous les niveaux et à l'égard de mon action. Mais je voudrais souligner encore une fois : des changements radicaux, dans un pays si grand et avec un tel héritage, ne pouvaient se dérouler sans douleur, sans difficultés et sans secousses.

Le putsch d'août a porté la crise générale jusqu'à ses limites extrêmes. Le pire dans cette crise est l'effondrement de l'État. Je suis inquiet de la perte pour nos compatriotes de la citoyenneté d'un grand pays, un fait dont les conséquences peuvent se révéler très graves pour tous.

Conserver les conquêtes démocratiques de ces dernières années est pour moi d'une importance vitale. Elles sont le fruit durement acquis de toute notre histoire, de notre expérience tragique. Il ne faut y renoncer sous aucun prétexte. Dans le cas contraire, tous les espoirs d'un avenir meilleur seraient enterrés.

Je parle de tout cela avec honnêteté et franchise. C'est mon devoir moral.

Je voudrais exprimer ma reconnaissance à tous les citoyens qui ont soutenu la politique de rénovation, qui se sont impliqués dans la mise en œuvre des réformes démocratiques.

Je suis reconnaissant aux hommes d'État, personnalités de la vie politique et sociale, aux millions de personnes à l'étranger qui ont compris nos desseins, les ont soutenus, sont venus à notre rencontre et nous ont proposé une coopération sincère.

Je quitte mon poste avec inquiétude. Mais aussi avec espoir, avec foi en vous, en votre sagesse et en votre force d'esprit. Nous sommes les héritiers d'une grande civilisation et, à présent, il dépend de tous et de chacun qu'elle renaisse pour une nouvelle vie moderne et digne.

Je voudrais remercier de tout cœur ceux qui, durant toutes ces années, ont défendu à mes côtés une cause juste et bonne. Sans aucun doute, certaines erreurs auraient pu être évitées et beaucoup de choses auraient pu être mieux faites.

Je suis persuadé que, tôt ou tard, nos efforts communs porteront des fruits, et que nos peuples vivront dans une société prospère et démocratique.

Je vous souhaite à tous tout le bien possible. »

PREMIÈRE PARTIE

LES RACINES

CHAPITRE 1

MON ACCESSION AU SECRÉTARIAT DU COMITÉ CENTRAL

27 novembre 1978

J'ai retrouvé cette date dans un vieux calepin rangé dans mes archives. C'est une date mémorable dans ma carrière politique. Ce lundi-là, j'ai été élu secrétaire du Comité central (CC) au plénum du CC du Parti communiste d'Union soviétique.

Des agapes interrompues

Le 25 novembre, l'avion en provenance de Stavropol me posa à Moscou. Le lendemain était un dimanche et j'étais invité, à midi, pour l'anniversaire de Marat Gramov, un vieux camarade du Komsomol [1] originaire de la même ville que moi. Il fêtait ses cinquante ans et c'était évidemment l'occasion pour lui de réunir quelques amis dans son appartement, au troisième étage d'un immeuble neuf de la rue Malaïa-Filevskaïa. Chacun sait comment on célèbre ce genre de date chez nous : en festoyant dans une atmosphère chaleureuse de conversations amicales, de plaisanteries et de chansons. Nous commençâmes les agapes par les toasts traditionnels, mais sincères et non convenus dans ce cercle intime. Tous les convives étaient euphoriques, y compris notre hôte : à cinquante ans, on n'est même pas encore au midi de la vie !

Après les toasts, la conversation devint générale. L'un des sujets du

1. L'Union des jeunesses communistes. (N.d.T.)

moment était de tenter de deviner qui remplacerait Fiodor Koulakov[2], récemment décédé, au secrétariat du CC.

En pareil cas, nous autres, secrétaires de régions et membres du CC, savions généralement qui était « pressenti ». Il arrivait même parfois que l'on nous consultât sur les candidatures éventuelles. Cette fois, rien n'avait transpiré.

Nous passâmes ainsi plusieurs heures à table. En fin d'après-midi, on m'informa que le secrétaire général du CC Leonid Ilitch Brejnev voulait me voir. Les collaborateurs de Konstantin Tchernenko[3] avaient tenté toute la journée de me contacter : ils avaient appelé le garage de la chancellerie du CC, où on leur avait dit que Gorbatchev avait retenu une voiture, et avaient fini par retrouver le chauffeur qui m'avait conduit chez les Gramov. Le téléphone avait bien retenti dans l'appartement, mais le jeune fils de Gramov avait décroché, et quand on lui avait demandé Gorbatchev, il avait répondu que c'était une erreur...

Deux ou trois heures plus tard, vers six heures du soir, un autre camarade arriva et, en me voyant, m'annonça que tout l'hôtel était sens dessus dessous : on cherchait Gorbatchev. Il me donna le numéro de la permanence de Tchernenko. Un assistant me répondit :

— Vous êtes convoqué chez le secrétaire général. Nous risquons de perdre notre place.

— Entendu, j'arrive, rassurai-je mon interlocuteur.

Il faut dire qu'à l'époque, les libations n'étaient pas rares. En ce qui me concerne, je n'ai jamais eu de penchant particulier pour l'alcool et, cette fois encore, j'étais dans mon état normal. Dans le bureau de Tchernenko, je me sentais pourtant dans mes petits souliers et tentai de tourner les choses à la plaisanterie : « Vous savez, nous nous sommes réunis entre pays », une petite réunion pour causer... » Mais Konstantin Oustinovitch n'était pas d'humeur à plaisanter. Il alla droit au but :

— Demain, au plénum, Leonid Ilitch a l'intention de proposer ton élection au poste de secrétaire du CC du parti chargé de l'agriculture. Voilà pourquoi il voulait te voir.

---

2. Un glossaire en fin de volume présente des résumés biographiques des principales personnalités citées. Pour faciliter la lecture, certaines précisions seront rappelées en note. (N.d.T.)

3. Alors secrétaire du Comité central et membre suppléant du Politburo, Konstantin Oustinovitch Tchernenko dirigeait le département général du Comité central et, à ce poste, avait la haute main sur l'administration du parti. (N.d.T.)

Un conseil significatif

À cette époque, je n'étais pas en mauvais termes avec Konstantin Tchernenko : en ma qualité de premier secrétaire de kraïkom [4], j'avais avec lui des contacts réguliers et, je pouvais le supposer, francs. Mais cette fois, le propos sortait largement de l'ordinaire.

Dans notre milieu, Tchernenko avait la réputation d'être peu loquace : on le prétendait même taciturne. Les personnes de ce genre sont souvent considérées comme réservées et même timides. Par comparaison, les individus au tempérament plus jovial, dans mon genre, peuvent paraître prétentieux. Pourtant, je préfère les gens ouverts. Quant aux « taiseux » du genre de Tchernenko, je m'en méfie, car leur modestie apparente peut dissimuler les choses les plus inattendues.

J'exprimai des doutes. La décision de me choisir avait-elle été mûrement réfléchie ? J'expliquai que j'étais au courant de la situation dans l'agriculture, mais que j'ignorais si j'étais capable d'accomplir ce dont le monde rural avait besoin. Après m'avoir écouté, Tchernenko me fit une réponse pour le moins singulière :

— Leonid Ilitch prend en compte le fait que tu es de son côté, loyal envers lui. Il l'apprécie.

Mes relations avec Brejnev étaient égales, pragmatiques, mais nullement intimes. Je voulais revenir sur le sujet, mais Tchernenko m'interrompit :

— Du moment que Leonid Ilitch est arrivé à cette conclusion, la discussion est close.

Je compris que Tchernenko voulait en rester là et me modérai. Je me bornai à demander si Brejnev avait l'intention de me voir le lendemain, avant l'ouverture des travaux du plénum.

— Je l'ignore. Il n'en a pas été question. Je t'ai dit tout ce qu'il m'a prié de te transmettre.

Tchernenko était pressé, mais je devais encore savoir s'il me faudrait prendre la parole au plénum.

---

4. Acronyme de « Comité de territoire » (tous les sigles et acronymes sont réunis dans un glossaire en fin de volume). Un *kraï* (territoire) comprenait un ou plusieurs districts autonomes ; il se différenciait en cela d'une simple *oblast* (région). (N.d.T.)

— Une allocution de ta part ne sera pas nécessaire. Leonid Ilitch proposera lui-même ta candidature et, par conséquent, le CC l'appuiera sans réserve... Et puis, ajouta-t-il non sans malice, tu as prononcé un discours il n'y a pas si longtemps.

Pourquoi moi ?

Lorsque je me trouvais à Moscou, je logeais invariablement à l'hôtel Rossiïa. Je n'étais descendu à l'hôtel Moskva que deux ou trois fois. Beaucoup se demandaient pourquoi : mon « rang » dans la hiérarchie me permettait de prétendre au Moskva. Mais je préférais le Rossiïa. Là, au neuvième étage, il y avait une chambre, la 98 je crois, dont les fenêtres donnaient sur le Kremlin. Lorsque je rentrais tard le soir ou la nuit, fatigué de l'agitation de la journée, je me retrouvais dans le calme, loin du bruit de la rue, des querelles d'ivrognes ou des bagarres nocturnes à l'entrée du restaurant de l'hôtel. Et le Kremlin m'apparaissait. La nuit, quand il est illuminé, ce n'est pas simplement un beau spectacle : une émotion particulière vous étreint. Plus tard, lorsque la vieille citadelle est devenue mon domicile, je n'en suis pas pour autant devenu indifférent à ses cathédrales, à ses places, à ses jardins et à son parc. Nous aimions nous promener en famille dans l'enceinte. Parfois, les jours de fête, nous revenions spécialement de vacances pour regarder de là les feux d'artifice.

Cette nuit-là, je ne pus trouver le sommeil. Sans allumer la lumière, je rapprochai mon fauteuil de la fenêtre : juste devant moi, les coupoles de l'église Basile-le-Bienheureux et les contours majestueux du Kremlin semblaient flotter dans le ciel nocturne... Dieu m'est témoin que je ne m'attendais pas à une telle promotion !

Après mes études, j'ai travaillé pendant près d'un quart de siècle dans le territoire de Stavropol que j'ai dirigé pendant neuf ans en qualité de premier secrétaire du kraïkom du parti. J'ai pu accomplir bien des tâches et comprendre bien des choses, mais bon nombre de problèmes sont également restés en suspens. Cela ne dépendait pas seulement de moi, car leur solution ne pouvait s'inscrire que dans l'ordre des choses existant.

Au début des années soixante-dix, beaucoup de personnes s'intéressèrent à ma carrière. Piotr Demitchev[5] me demanda si j'étais d'accord pour être muté au poste de chef du département de la Propagande du CC, à Moscou. Fiodor Koulakov[6] me parla de celui de ministre de l'Agriculture de l'URSS. Ma candidature fut également envisagée pour remplacer le procureur général de l'URSS, Roudenko, dont la santé s'était sérieusement détériorée. Il n'était guère facile de satisfaire à tous les critères exigés pour lui trouver un successeur. Plus tard, le chef du département administratif du CC, Nikolaï Savinkine, me confia qu'Andreï Kirilenko[7] s'était opposé à ma nomination avec ce commentaire sibyllin : « Ils ont trouvé une hache sous le banc ! » Savinkine avait compris que l'on avait d'autres projets me concernant.

De mon côté, j'étais plutôt porté à réagir négativement aux propositions de cette nature. Naturellement, mes sentiments comptaient peu. Les membres du Politburo avaient des vues diverses sur ma personne. Les confidences de certains fonctionnaires de l'appareil du CC m'avaient permis de comprendre que le caractère indépendant du patron de Stavropol n'avait pas l'heur de plaire à tous les dirigeants du CC. Comme le disait mon ami Nikolaï Karpovitch Kiritchenko, le premier secrétaire de l'obkom[8] de Crimée : « Ne sors pas du rang, si tu ne veux pas écoper. » Résultat concret : les hautes instances ne parvenaient jamais à se mettre d'accord sur ce qu'il fallait faire de moi. Il me semble que c'était le facteur déterminant, car mes désirs n'auraient pas compté le moins du monde si la direction était parvenue à se mettre d'accord.

Sur ces questions, nous disposions d'un baromètre infaillible : les voyages à l'étranger. Combien de fois ne m'a-t-on pas appelé des différents départements du CC pour me proposer de partir avec telle délégation dans tel pays ! Il m'arrivait d'accepter, mais au dernier moment quelqu'un ne manquait pas de rejeter ma candidature. L'explication était toujours la même : « Tu sais, à la direction, on pense que le territoire est grand et qu'il ne faut pas te distraire de ton travail. » Cela ne m'ennuyait pas trop. En pareil cas, je répliquais généralement avec ironie : « Et ceux qui partent à l'étranger, ils n'ont pas beaucoup à faire ou ce sont des tire-au-flanc ? » On riait et tout était dit.

---

5. À cette époque, il était membre suppléant du Politburo et secrétaire du Comité central (jusqu'en 1974). (N.d.T.)

6. Alors membre du Politburo et secrétaire du Comité central chargé de l'agriculture. (N.d.T.)

7. L'un des principaux membres du Politburo brejnévien, secrétaire du Comité central. (N.d.T.)

8. Comité de région du parti. (N.d.T.)

Mais cela ne s'arrêtait pas aux voyages. Il y avait plus important. Du début de 1970 à novembre 1978, j'ai passé huit ans et demi au poste de premier secrétaire de kraïkom. Eh bien, au cours de toutes ces années, je n'ai eu qu'une seule fois la parole lors d'un plénum du CC et une seule fois à une session du Soviet suprême de l'URSS, alors que beaucoup de mes collègues avaient souvent l'occasion de s'exprimer. Mais j'avais trouvé le moyen de faire connaître mes vues en écrivant à la presse nationale et régionale. J'avais aussi de nombreux entretiens avec des secrétaires du CC, des membres du Conseil des ministres de l'URSS et du gouvernement de la RSFSR[9].

En dépit de la sympathie réciproque qui nous unissait, Fiodor Koulakov et moi, nos discussions devenaient de plus en plus animées. Je me souviens tout particulièrement d'une conversation de l'automne 1977, peut-être parce que cette fois-là, nous n'en restâmes pas à un simple échange d'opinions.

La discussion porta d'abord sur des questions très techniques : la politique du crédit et la garantie d'une rémunération en espèces du travail dans l'agriculture.

— Sur quels critères accordons-nous des crédits ? disais-je. Si l'exploitation est un canard boiteux, nous sommes généreux ; si elle est prospère, en pointe, alors qu'elle se débrouille comme elle peut sans crédits, sans matériaux de construction. Ceux qui ont des potentialités pour se développer sont abandonnés à eux-mêmes. Et maintenant ? Au lieu de placer le paysan, le kolkhoze devant l'alternative : gagner sa vie ou faire faillite, on a institué une rémunération garantie qui nivelle tout le monde. Le monde rural est privé de toute incitation au travail.

— Tu raisonnes bien, rétorqua Koulakov, mais enfermé dans ton fief de Stavropol, tu ne vois pas plus loin que le bout de ton nez. Ici, dans le centre de la Russie, c'est la friche qui gagne et les villages disparaissent. Il faut donner quelque chose aux gens pour que les derniers ruraux ne disparaissent pas.

L'accusation de ne pas voir plus loin que le bout de mon nez me piqua au vif.

— Si l'on aborde le problème sous l'angle des « mesures urgentes », alors vous avez raison, il faut donner un coup de pouce. Mais combien de temps encore pourra-t-on « prendre des mesures », « sauver », « lutter » pour la récolte, pour le bétail ? Dans cette même Russie centrale

9. République socialiste fédérative soviétique de Russie. Chaque république fédérée de l'URSS disposait de son propre Conseil des ministres. (N.d.T.)

où les précipitations et autres conditions naturelles sont normales, les résultats sont désastreux et les sols se meurent. Mais jadis, le paysan vivait, travaillait, nourrissait le pays... Donc, il faut changer de politique. Comme moi, vous êtes fier du plénum de mars 1965 : il a constitué un important pas en avant vers une solution politique du problème rural, c'est-à-dire sur le plan des relations avec l'ensemble de la paysannerie. Mais depuis ? Le plénum de mars a été saboté : on a faussé les échanges normaux, mutuellement avantageux, entre l'industrie et le monde agricole. Dès lors, le paysan fait le raisonnement suivant : du moment que vous ne me payez pas le juste prix pour mes produits, je me fiche de tout. À plus forte raison si le salaire est garanti. Vous êtes coincé, vous êtes forcé d'octroyer les crédits et il ne vous remboursera pas parce que le débiteur, ce n'est pas lui, mais vous... Tout marche à l'envers...

Koulakov eut une réaction courroucée. Humainement, on pouvait le comprendre : aussi bien dans la région de Stavropol qu'il avait dirigée avant moi que dans les fonctions de secrétaire du CC pour l'agriculture, il avait défendu les ruraux bec et ongles, se battant pour obtenir tracteurs, moissonneuses-batteuses, camions, pièces de rechange, engrais. Et après tout cela, il fallait entendre ces propos. Et venant de qui : de Gorbatchev !

Même vexé, il prit la peine de m'expliquer qu'un nouveau plénum consacré à l'agriculture était en préparation, mais qu'à la surprise générale, on avait nommé à la présidence de la commission Alexeï Kossyguine [10], et non pas lui, Koulakov, pourtant membre du Politburo et secrétaire du CC chargé nommément de ces questions. Pis : il ne faisait même pas partie de la commission !

J'étais stupéfait. À la fin des années soixante, Kossyguine avait été à l'origine de la détérioration des termes de l'échange entre la ville et la campagne.

— Tu devrais coucher par écrit tout ce que tu m'as dit, me suggéra Koulakov, avec un petit sourire.

Il était sûr que je refuserais. Au lieu de quoi :

— D'accord, répondis-je. Quel délai ?

— Avant le 1er janvier.

Je me mis sérieusement au travail. Le mémo faisait soixante-douze pages. J'y mis la dernière main à trois heures du matin le 31 décembre 1977 et l'envoyai immédiatement.

---

10. Alors membre du Politburo et président du Conseil des ministres. (N.d.T.)

Koulakov le lut, le montra à Golikov, l'un des assistants de Brejnev, et m'appela deux ou trois mois plus tard :

— Écoute, Mikhaïl, et si on diffusait ton mémorandum aux membres de la commission du Politburo ?

Comme je l'avais écrit à son intention, il me fallait un délai pour le présenter sous une forme plus digeste. Il accepta, mais à la condition de ne pas perdre de temps. Une semaine plus tard, nous fîmes parvenir au CC une version abrégée du texte dont les thèses principales demeuraient inchangées. Il fut diffusé sous cette forme parmi les membres de la commission du Politburo.

Le plénum de juillet reste gravé dans mon souvenir. Le 3 juillet, Brejnev y fit son rapport intitulé « Sur le développement futur de l'agriculture de l'URSS ». Les débats commencèrent aussitôt. Le lendemain, le ministre de l'Agriculture de l'URSS, Valentin Messiats, et le premier secrétaire du CC du PC de Biélorussie, Piotr Macherov, prirent la parole. Mon tour vint après celui du premier secrétaire de l'obkom de l'Amour. Bien que j'eusse passé plus de huit ans à la tête d'un kraïkom, c'était ma première intervention devant un plénum du CC et j'étais fermement décidé à dire, même sous une forme « condensée », ce que j'avais écrit dans mon mémo…

Dans la salle, l'atmosphère était généralement studieuse. L'assistance se taisait — parfois un peu trop — même si ce que disait l'orateur ne l'intéressait pas. Il flottait néanmoins un éternel bruit de fond fait de murmures et de journaux froissés.

Ce jour-là, à mesure que je développais mon argumentation, un silence tendu envahit la salle. Derrière moi, à la tribune du présidium, les membres de la direction se taisaient également, puis des remarques commencèrent à parvenir à mes oreilles.

Lorsque je regagnai ma place, mon vieil et bon ami, Leonid Florentiev, le ministre de l'Agriculture de la RSFSR, un vrai sage, me chuchota à l'oreille :

— En gros, tout va bien. Mais tu as eu tort de ne pas m'écouter : je t'avais bien conseillé de ne pas aborder certaines choses. Ils ont commencé à s'agiter au présidium.

Dans ces conditions, comment expliquer qu'en novembre 1978, quatre mois plus tard, on ait justement pensé à moi pour succéder à Koulakov ? Que s'était-il passé ? La phrase de Tchernenko (« Leonid Ilitch prend en compte le fait que tu es de son côté ») ne manquait pas d'être intrigante. Cela signifiait qu'il y avait un « côté » adverse. Restait à savoir où il se situait, ce qu'il représentait et qui le composait.

J'étais au courant des points de vue des uns et des autres sur certains problèmes et des divergences qui apparaissaient au sein de la direction du pays. Mais je n'y voyais qu'un phénomène normal : le désir de trouver dans la discussion les solutions optimales. Ce ne fut qu'après mon entrée dans l'appareil du CC que je compris qu'il n'y avait pas que de simples différences d'appréciation : des luttes intestines faisaient rage entre différents groupes au sein de la direction. Il serait cependant faux de croire qu'il s'agissait d'un combat classique entre « réformateurs » et « conservateurs ». Non ! Toutes ces personnes confessaient la même « foi » et étaient les adeptes d'un même système. Les groupes ne rivalisaient que dans la lutte pour le pouvoir. Brejnev cherchait des soutiens. Ce furent d'abord Gretchko et Kirilenko ; puis Gromyko et Oustinov ; ensuite Andropov et Koulakov ; encore plus tard, Chtcherbitski avec Kounaïev, Rachidov et Aliev...

Je ne parle pas de ceux qui se trouvaient à des échelons inférieurs et sur lesquels Brejnev s'appuyait également. Il me semble aujourd'hui que les conséquences de la cohésion du Politburo autour du secrétaire général ont été plutôt négatives que positives et se sont traduites par une réanimation du stalinisme sous de nouvelles formes et des restrictions à la démocratie interne. De ce fait, l'éviction d'un groupe par un autre n'était pas un phénomène innocent.

Après le décès subit de Koulakov, en juillet 1978, Brejnev entreprit de lui trouver un remplaçant. Il lui fallait avant tout un homme dont la nomination ne bouleverserait pas le fragile équilibre qui existait au « sommet ». Cela, je le compris très vite, mais j'ignorais bien d'autres choses que je n'ai apprises que plus tard. Aujourd'hui, je devine combien il dut être difficile de décider de recommander ma candidature [11]. Ils craignaient de se tromper. Dans la structure du CC, le secrétaire à l'Agriculture occupait un poste clé grâce aux relations permanentes qu'il était obligé d'entretenir avec les responsables de l'ensemble du pays : les premiers secrétaires des CC des républiques, des kraïkoms et des obkoms. Or, le corps des premiers secrétaires constituait à la fois la chasse gardée du secrétaire général et le pilier de son pouvoir. En conséquence, le dernier mot pour le choix du candidat revenait à Brejnev.

---

11. En théorie, le Politburo se bornait à « recommander » un « candidat » au Comité central qui votait la nomination (ce qui supposait que le « parlement » du parti pouvait la refuser). Dans la pratique, la décision de la plus haute instance du parti s'imposait au CC qui la ratifiait automatiquement. (N.d.T.)

Le « facteur Andropov »

En août 1978, Iouri Vladimirovitch Andropov [12] me passa un coup de fil, à Stavropol.

— Comment ça va chez toi ?

— Le blé pousse bien : la moisson sera excellente. D'une manière générale, la situation n'est pas mauvaise sur le territoire.

— Quand as-tu l'intention de prendre tes vacances ?

— Cette année, je voudrais partir plus tôt.

— Parfait ! Alors, on se verra à Kislovodsk [13].

Je n'attachai alors aucune importance particulière à cet appel. Je n'y vis, tout au plus, que la confirmation de nos bonnes relations. Maintenant, je me souviens que, cet été-là, nous nous vîmes plus souvent que les années précédentes au cours de nos vacances à Kislovodsk. Nous parlâmes moins de la région de Stavropol et plus des affaires du pays. Iouri Vladimirovitch fut particulièrement prolixe en informations et appréciations personnelles sur de nombreux problèmes de politique étrangère. De ces entretiens inhabituels, je retins notamment ses réflexions sur le rôle décisif du « facteur Brejnev » pour la préservation de l'unité de la direction, et pour la cohésion du pays et des États socialistes. Aujourd'hui, je me rends compte que ces « entretiens éducatifs » amicaux ne devaient rien au hasard : on s'intéressait à moi dans les hautes sphères et Andropov s'efforçait de me « mettre au parfum ». Quant à moi, je ne voyais là qu'un prolongement de nos discussions au cours desquelles je lui confiais mes doutes avec la plus grande franchise.

Les choses avaient commencé dès 1975, lorsque, au cours d'une conversation, je lui demandai à brûle-pourpoint :

— Est-ce que, oui ou non, vous songez au bien du pays ?

— Quelle question effarante !

Iouri Vladimirovitch semblait déconcerté bien qu'il fût habitué à mes sorties.

— Je vous la pose parce que dans les cinq prochaines années, la plu-

---

12. Andropov, futur secrétaire général du CC, était alors membre titulaire du Politburo et président du KGB. (N.d.T.)

13. Cette station thermale des contreforts nord du Caucase, qui était alors l'une des villégiatures favorites de nombreux membres du Politburo, est située dans le territoire de Stavropol. La tradition voulant que le premier secrétaire du kraïkom vînt accueillir les hiérarques en vacances, cette situation permettait au titulaire de ce poste de rencontrer fréquemment quelques-uns des principaux dirigeants du pays. (N.d.T.)

part des membres du Politburo s'en iront. Simplement de mort naturelle. Ils ont déjà un pied dans la tombe...

Je ne faisais que constater une évidence : avec une moyenne d'âge de quelque soixante-dix ans [14], la situation était alors plutôt critique au sein de la plus haute instance du parti. Beaucoup de personnes étaient choquées par le fait que de nombreux membres du Politburo, sans pouvoir se targuer de talents particuliers, demeuraient inamovibles à des postes qu'ils occupaient depuis vingt ou trente ans alors que, pour des raisons naturelles, ils étaient désormais incapables de remplir leurs fonctions.

Andropov éclata de rire :

— Eh bien, tu ne nous ménages pas beaucoup.

— Bien sûr, cela ne vous concerne pas personnellement [15], mais il faut tout de même y penser. Regardez, c'est pareil au secrétariat et aussi en province...

Andropov m'exposa alors sa « doctrine ». Il prétendait préférable de promouvoir des hommes âgés, car ils ont de l'expérience et pas d'ambitions. Ils feront donc leur besogne sans visées carriéristes, alors que les jeunes ne pensent qu'à monter en grade... Bref, une version politique du dicton selon lequel « c'est dans les vieux pots que l'ont fait de la bonne soupe ».

J'objectai sur le ton de la plaisanterie :

— Voilà qui est nouveau dans la doctrine léniniste sur les cadres. Jusqu'à présent, je pensais qu'il était toujours indispensable d'associer des cadres jeunes et des cadres expérimentés car cela donne une synthèse, un alliage. Les premiers préservent du marasme et du conservatisme, les seconds de l'aventurisme.

— Tout cela, c'est de la théorie. Dans la vie, les choses sont différentes.

— Permettez-moi, néanmoins, d'être d'accord avec Lénine, insistai-je avec témérité.

— Moi aussi, je suis d'accord avec Lénine, ironisa Andropov.

— D'accord, oublions Lénine... Chez nous, on dit : « Pas de haute futaie sans arbustes. »

---

14. En 1975, la moyenne d'âge du Politburo était de soixante-six ans. À l'issue du XXVe congrès du parti (mars 1975), sur quinze membres titulaires cinq avaient plus de soixante-dix ans (Mikhaïl Souslov, Alexeï Kossyguine, Nikolaï Podgorny, Arvid Pelche et le maréchal Andreï Gretchko). Leonid Brejnev, né le 19 décembre 1906, avait soixante-huit ans. (N.d.T.)

15. En 1975, Iouri Andropov avait soixante et un ans (N.d.T.).

Jusqu'à la fin de sa vie, Andropov n'a jamais manqué de me rappeler notre conversation sur les « arbustes ». Le pays pourtant n'acceptait plus ce « Conseil des Anciens » qu'il rejetait psychologiquement. Des informations sur l'état d'esprit du public remontaient jusqu'aux « échelons supérieurs » aussi bien en clair que sous les formes plus « classiques » des lettres anonymes et des histoires drôles. Je me souviens de l'une de ces dernières qui, sous la forme d'une devinette, circula après le XXVIe congrès du parti, quelques années plus tard, il est vrai [16]. Question : « De quelle manière ouvrira-t-on le XXVIIe congrès ? » Réponse : « On demandera aux délégués de se lever pendant que l'on portera les membres du Politburo dans la salle. »

Bref, le Politburo et le secrétaire général étaient au courant et cela les inquiétait. De ce fait, le successeur de Koulakov devait avoir une qualité supplémentaire : une relative jeunesse. Il me semble qu'Andropov ne fut pas étranger à ma nomination, bien qu'il n'y fît jamais allusion.

Un autre événement eut lieu cet été-là. Le 19 septembre, Brejnev se rendit à Bakou pour les cérémonies de remise de l'Ordre de Lénine à la capitale de l'Azerbaïdjan. Il fit le voyage en train, en compagnie de Tchernenko. Comme il était de règle, lors de chaque arrêt, la hiérarchie locale venait le saluer à la gare. À Donetsk, Leonid Ilitch rencontra le premier secrétaire de l'obkom, Katchoura. À Rostov, il fut reçu par Bondarenko, et à la gare Kavkazskaïa, dans le territoire de Krasnodar, par Medounov.

Tard dans la soirée du même jour, le train spécial arriva en gare de Mineralnye Vody [17]. Le comité d'accueil se composait d'Andropov, de I. Taranov, le président du kraïispolkom [18] de Stavropol, et de moi-même.

La nuit était chaude et très sombre. Les silhouettes des montagnes et les lumières de la ville nous entouraient. Au firmament brillaient ces étoiles énormes que l'on ne peut voir que dans le Midi. Seul troublait le silence le vrombissement des avions qui atterrissaient à l'aéroport de la ville. Le train entra lentement en gare. Brejnev descendit, suivi par Tchernenko qui avait revêtu pour la circonstance un survêtement de sport. Taranov se retira tout de suite après avoir salué le secrétaire géné-

---

16. Le XXVIe congrès eut lieu en 1981. (N.d.T.)

17. Ville d'eaux (la traduction littérale du nom de la ville est « Eaux minérales ») située dans le territoire de Stavropol. (N.d.T.)

18. Comité exécutif du soviet du territoire. (N.d.T.)

ral. Brejnev, Andropov, Tchernenko et moi demeurâmes tous les quatre sur le quai désert.

Par la suite, cette rencontre fit couler beaucoup d'encre. Quoi d'étonnant : dans les années qui suivirent, ces quatre personnes présentes se succédèrent au poste de secrétaire général !

Andropov et moi, nous étions partis de Kislovodsk à bord de la même ZIL [19]. Pendant tout le voyage, nous avions bavardé, comme à notre habitude. Et puis soudain, en arrivant, Iouri Vladimirovitch m'avait dit, comme en passant :

— Voilà, nous sommes dans ton fief. Ce sera à toi de prendre la conduite de la conversation...

Mais sur le quai, après les salutations habituelles et les questions de pure forme sur la santé et nos vacances, à Andropov et à moi, le silence tomba. Le secrétaire général paraissait absent et ne nous prêtait guère d'attention.

J'avais déjà eu l'occasion de rencontrer Brejnev à plusieurs reprises, surtout à son bureau lorsqu'il s'agissait de régler des problèmes de mon territoire. À chaque fois, il avait marqué un intérêt sincère en m'accordant son soutien. Je ne fus donc pas étonné, après cette longue pause, de l'entendre finalement me demander :

— Alors, Mikhaïl Sergueïevitch, comment ça marche dans votre empire ovin ?

La région de Stavropol fournissait 27 % de la laine à fibres fines de la Fédération de Russie. Au début de l'été, après l'agnelage, des milliers de troupeaux totalisant dix millions de têtes paissaient dans nos steppes. C'était un tableau impressionnant. Les mots d'« empire ovin » n'étaient pas exagérés. Je fis à Brejnev un bref rapport de nos réalisations. L'année était excellente : plus de cinq millions de tonnes de grain, soit deux tonnes par habitant du territoire.

Une autre question suivit :

— Et le canal ? Les travaux tirent vraiment en longueur... Envisagez-vous d'en faire le plus long du monde ?

Je m'efforçai d'expliquer ce qui nous arrêtait, puis le silence retomba. Andropov me regardait comme s'il attendait quelque chose. Tchernenko, lui, demeurait muet comme une carpe : une vraie « machine ambulante à enregistrer le silence » !

— Et vous-même, Leonid Ilitch, quand prenez-vous vos vacances ?

---

19. Automobiles de luxe destinées aux dirigeants et fabriquées par l'usine Likhatchev à Moscou (*Zavod imeni Likhatcheva*), ancienne usine Staline. (N.d.T.)

Avez-vous seulement le temps ? demandai-je pour animer la conversation.

Il secoua la tête.

— Oui, il faudrait. Il faudrait bien…

Andropov ouvrit enfin la bouche. Ils échangèrent, lui et Brejnev, quelques mots à propos du programme du séjour à Bakou. Puis le silence retomba une nouvelle fois. Le secrétaire général n'était vraiment pas d'humeur loquace. Mais l'arrêt touchait à son terme. Nous nous approchâmes du wagon. Alors qu'il était déjà sur la plate-forme, se tenant à la rampe, Brejnev demanda soudain à Andropov :

— Comment ai-je parlé ?

— Bien, bien, Leonid Ilitch, répondit rapidement Andropov.

Dans la voiture, sur le chemin de retour, je demandai à quel discours Brejnev avait fait allusion. Andropov me détrompa : Brejnev avait de plus en plus de mal à parler. Cela expliquait sans doute son mutisme, car il était d'une nature sociable.

En fin de compte, la rencontre me laissa une impression bizarre. Andropov, lui, paraissait satisfait.

Après la rencontre de Mineralnye Vody, ce fut au tour d'Andreï Kirilenko de se présenter soudain à Stavropol. Il passait des vacances à Sotchi, sur la mer Noire, et vint nous rendre visite en hélicoptère. Pendant vingt-quatre heures, je lui fis les honneurs de ma région et l'accompagnai aussi bien à l'observatoire astronomique de Zelentchouk que dans les zones rurales. En lui exposant nos problèmes, je fus frappé par la manière qu'il avait de relever tous les détails, significatifs ou non. Apercevant depuis la route une remise de machines agricoles, il se mit à vitupérer :

— Combien de machines sont inutilisées ici ? Vous avez mis le grappin sur du matériel dont vous ne savez que faire… Ou alors, c'est pour les livrer à la ferraille ? Vous prenez vos aises par ici…

Au Politburo, il était chargé des constructions mécaniques et il estimait que l'agriculture avait des demandes exagérées envers ce secteur. Son ton condescendant et ronchonneur m'énervait d'autant plus que son discours était pénible à force d'incohérences.

Manifestement, nous nous déplûmes, et ce fut définitif. Par la suite, il se montra jaloux de ses prérogatives et malveillant. Nos relations dégénérèrent en antagonisme, puis en confrontation politique.

Malgré tout, le choix de Brejnev se porta sur moi. Il hésita néanmoins jusqu'au bout, par crainte de se tromper. Voilà pourquoi notre rencontre n'eut pas lieu plus tôt. En réalité, lorsqu'il s'agissait de sélectionner de nouveaux dirigeants, Brejnev se montrait cauteleux à l'extrême, pesant longtemps le pour et le contre. Mais lorsque son opinion était faite, il s'y tenait.

Ainsi donc, je passai cette nuit-là à la fenêtre de ma chambre d'hôtel, face au Kremlin. Lorsque le jour se leva, je me préparai pour le plénum. J'avais fini par décider que si l'occasion de prendre la parole se présentait, je me devais obligatoirement d'évoquer aussi bien la condition des paysans que le besoin de changements dans la politique agricole du pays.

Je sortis tôt de l'hôtel pour ne rencontrer personne. Je n'avais pas envie de parler.

La séance plénière du Comité central — le plénum — commença à dix heures du matin dans la salle Sverdlov du Kremlin. Les places n'étaient pas réservées, mais chacun connaissait la sienne : certains occupaient le même siège depuis des décennies.

Tout se passa comme Tchernenko l'avait dit. Le premier point à l'ordre du jour concernait les questions d'organisation. Brejnev proposa d'élire le secrétaire du CC à l'Agriculture, prononça mon nom et dit quelques mots à mon sujet. Je me levai. Pas de questions. Le vote se fit à l'unanimité, paisiblement, sans passion. Avec la même sérénité, le plénum promut Tchernenko de la qualité de suppléant à celle de membre titulaire du Politburo. Nikolaï Tikhonov et Edouard Chevardnadze devinrent membres suppléants. Quant à Kirill Mazourov, il fut relevé de ses fonctions de titulaire « pour raisons de santé et à sa demande ». Toute la procédure ne prit que quelques minutes : pas une seule intervention, question ou voix « contre ».

Pendant la pause, je fus assailli dans les couloirs par les collègues qui voulaient me congratuler. Très vite, l'on me convoqua au bureau du présidium où se réunissaient les membres titulaires et suppléants du Politburo, ainsi que les secrétaires du Comité central.

Lorsque j'entrai, ils étaient tous là. Le plus proche de moi se trouva être Andropov. Souriant, il vint à ma rencontre :

— Félicitations, « l'arbuste ».

Alexeï Kossyguine s'approcha pour me dire d'un ton très sincère :

— Je vous félicite pour votre élection. Heureux de vous voir parmi nous.

J'allai dire quelques mots à Brejnev. Il se contenta de hocher la tête en continuant à siroter son thé. Après la fin des travaux, je rentrai à l'hôtel. On m'attendait : « Vous disposez d'une ZIL et le téléphone HF est déjà installé dans votre chambre. Un officier de service prendra vos ordres... » Je pus ainsi me convaincre par moi-même de l'efficacité du KGB[20] et de la chancellerie du CC.

Une conversation avec Brejnev

Je passai un coup de fil chez moi pour demander à ma femme, Raïssa Maximovna, d'écouter les nouvelles. Le lendemain matin, sans être invité ni avoir demandé une audience, je me rendis au Kremlin. Il me fallait absolument être reçu par le secrétaire général : je voulais lui faire part de mes idées car j'estimais que, sans cela, il m'était impossible d'entrer en fonctions. J'ignore s'il était désireux ou non de me voir, mais l'on me fit immédiatement entrer dans son bureau. En m'asseyant face à Leonid Ilitch, je me rendis compte qu'il n'était pas de très bonne humeur. Il affichait un mélange d'indifférence et de mélancolie dont il ne se départit pas pendant tout l'entretien.

— Je ne sais pas comment je réussirai, conclus-je, mais je ferai de mon mieux. Et connaissant votre intérêt constant pour le monde rural, je compte sur votre soutien.

En arrivant au Kremlin, je voulais exposer à Brejnev mes réflexions sur les changements nécessaires de notre politique agraire, mais, devant lui, je compris — ou plutôt sentis — que cela ne servirait à rien. Non seulement il ne prêtait aucune attention à la conversation, mais il ne réagissait même pas à mes paroles. À ce moment, il me sembla absolument indifférent à ma présence. Il ne prononça qu'une seule phrase :

— Dommage pour Koulakov, c'était un brave homme...

J'étais sidéré. En sortant, je me sentais comme « un cheveu dans la soupe ». J'avais le cœur gros.

Je me rendis aussitôt au CC[21]. Gueorgui Pavlov, le chef de la chan-

---

20. Le KGB disposait d'un département spécial (la 9e direction ou « *deviatka* » devenue par la suite le Service de protection) chargé non seulement d'assurer la protection des dirigeants du pays, mais aussi de s'occuper de leur intendance, de veiller à leur confort matériel et de satisfaire leurs désirs. (N.d.T.)

21. Le siège du Comité central occupait plusieurs immeubles sur la Vieille-Place, non loin du Kremlin. (N.d.T.)

cellerie, m'attendait. Le cabinet de travail de mon prédécesseur, Koulakov, se trouvait au troisième étage du vieux bâtiment, non loin du bureau de Brejnev [22], au quatrième. Moi, on m'installa un peu plus loin, dans le nouvel immeuble du CC qui jouxtait l'ancien [23].

Pavlov m'expliqua en détail les « avantages » dont bénéficiait un secrétaire du CC : 800 roubles par mois (« comme Leonid Ilitch »), l'équivalent de 200 roubles (400 roubles pour les membres du Politburo) en commandes de produits alimentaires, les repas et les frais de représentation pendant le service étant pris en charge par la chancellerie du CC [24].

— Nous vous soumettrons nos suggestions pour votre appartement et votre datcha, ainsi que sur le personnel qui vous sera affecté à votre retour de Stavropol, conclut Pavlov.

Je décidai de rendre une visite de courtoisie à tous les autres secrétaires du CC de manière à prendre contact, puisque nous aurions à travailler ensemble. Je rencontrai Vladimir Dolguikh, Ivan Kapitonov, Mikhaïl Zimianine, Iakov Riabov et Konstantin Roussakov. Boris Ponomarev se mit à me donner des conseils en matière agricole [25]. Je continuerai d'ailleurs à y avoir droit jusqu'à son départ à la retraite. Boris Nikolaïevitch appartenait à la catégorie des « agriculteurs amateurs » :

---

22. Généralement, le secrétaire général du CC du PCUS travaillait dans les locaux de la Vieille-Place, mais Brejnev était également président du présidium du Soviet suprême et, en cette qualité, disposait de bureaux au Kremlin. (N.d.T.)

23. Contrairement à Fiodor Koulakov, qui était simultanément membre du Politburo et secrétaire du CC, Mikhaïl Gorbatchev n'occupait alors que ce dernier poste, ce qui, dans la stricte préséance hiérarchique de la direction du parti, ne justifiait pas une proximité « immédiate » avec le secrétaire général. (N.d.T.)

24. À l'époque, le salaire moyen était de 120 roubles, mais toute comparaison en termes de revenus est illusoire : les membres de la haute direction bénéficiaient de nombreux biens et services gratuits ou à des prix dérisoires. Les avantages liés à la fonction comprenaient également l'accès à des articles et produits d'importation ou « déficitaires », un appartement et une datcha de fonction, l'utilisation pendant les vacances du réseau des villas implantées dans les lieux de villégiature, etc. Cependant, si le train de vie des dirigeants était bien supérieur à la moyenne soviétique, il ne supportait pas la comparaison avec celui des classes supérieures occidentales en raison principalement des différences de société, de structure de la consommation et de niveau de vie entre l'Est et l'Ouest. (N.d.T.)

25. Secrétaire du CC et membre suppléant du Politburo, Boris Ponomarev dirigeait le département international (DI) du CC. Il occupa ce poste pendant plus de trente ans, depuis le milieu des années cinquante jusqu'en 1986, lorsqu'il fut mis à la retraite à plus de quatre-vingt-un ans.

il notait tout ce qu'il voyait sur son trajet en voiture jusqu'à sa datcha d'Ouspenskoïe.

— Hier, j'ai vu un champ près de la route. Les blés sont mûrs. Il faut moissonner, mais rien ne se fait. Qu'est-ce que ça signifie ?

Ou encore :

— Hier, je me suis promené près de la datcha et je suis tombé sur des ravines : il y avait de l'herbe jusqu'à la ceinture... Pourquoi ne fauche-t-on pas ? Qu'est-ce qu'on attend ?

L'expert en relations internationales, ne doutant de rien, prodiguait aussi ses recommandations en matière agricole.

Mais ce qui me frappa le plus, au cours de ces visites, ce fut le comportement des membres de l'appareil : assistants, consultants et analystes. Je connaissais bien certains d'entre eux. J'avais eu l'occasion de discuter et de plaisanter avec eux des dizaines de fois pendant mes séjours à Moscou. Il me semblait entretenir avec eux des relations tout à fait normales, du moins jusqu'à ma nomination. Après, les choses changèrent soudainement : les individus que je rencontrais dans chaque bureau semblaient différents. Entre eux et moi, une certaine « distance » s'était créée. L'appareil était formaliste et discipliné et je compris que dans mes rapports avec autrui, la hiérarchie s'était désormais substituée aux relations humaines. Le respect des grades était une attitude bien ancrée dans le parti.

Cela fut particulièrement évident lorsque je rassemblai les collaborateurs du département de l'Agriculture du CC. La veille encore, ils me prodiguaient recommandations et conseils, se mêlant volontiers des affaires de la région de Stavropol. À ces occasions, ils prononçaient tous la formule sacramentelle : « On estime que... », sans préciser qui était ce « on », mais cela n'empêchait pas les rapports humains. Ce jour-là, pourtant, ils regardaient leur nouveau « chef » avec circonspection et non sans inquiétude. Il me fallait mettre les choses au point et calmer les esprits.

— Je n'ai pas l'intention de me livrer à des changements de personnel et vous continuerez à travailler comme d'habitude, dis-je immédiatement.

Chacun se sentant rassuré, nous pûmes avoir une discussion sérieuse.

Ma visite suivante fut pour Andropov. L'initiative lui revenait, et j'eus l'impression qu'il avait arrangé notre rencontre avec le consentement de... Brejnev. L'entretien commença difficilement et il n'avait rien de commun avec les nombreuses conversations que nous avions eues par le passé.

— Mikhaïl, je voudrais te mettre un peu au courant. Tu comprends, à l'heure actuelle, l'essentiel, c'est l'unité. Et cette unité se fait autour de Brejnev. Il faut s'en souvenir. Il y a eu au sein de la direction... Comment te dire ? Je pense par exemple à Chelest ou Chelepine, ou encore Podgorny [26]. Ils tiraient dans tous les sens. Maintenant, ça n'existe plus et il faut consolider cet acquis.

Délaissant ce style allusif auquel mes conversations avec Andropov ne m'avaient pas habitué, je lui dis franchement :

— Iouri Vladimirovitch, vous connaissez mieux que personne mes vues et mes opinions. Je n'ai pas l'intention de les modifier pour plaire à qui que ce soit.

Andropov sourit :

— Eh bien, c'est parfait. Mais fais attention, Alexeï Nikolaïevitch [27] a déjà essayé de t'approcher. Sois ferme.

C'était donc cela ! Au plénum, lors de la pause, pendant que mes nouveaux collègues de la haute direction me félicitaient, j'avais surpris le regard d'Andropov fixé sur moi. La phrase de Kossyguine et son ton chaleureux ne lui avaient donc pas échappé.

Je lui demandai :

— Iouri Vladimirovitch, excusez-moi... Jusqu'à présent, je pensais que nous étions amis. Y a-t-il quelque chose de changé ?

---

26. À la fin des années soixante et au début des années soixante-dix, ces trois hommes apparaissaient comme des rivaux du secrétaire général qui se débarrassa d'eux de manières diverses. Piotr Chelest, premier secrétaire du CC du PC d'Ukraine et membre du Politburo, fut accusé de « nationalisme ukrainien » et démis de ses fonctions en 1973. Alexandre Chelepine, qui apparaissait dans les années soixante comme l'un des « jeunes loups » de la direction (il était né en 1918), fut poussé sur une voie de garage et perdit son poste de membre du Politburo en 1975. Quant à Nikolaï Podgorny, président du présidium du Soviet suprême et membre du Politburo, il partit à la retraite en 1977, lorsqu'il fut décidé que le secrétaire général du parti devait être simultanément le chef de l'État. (N.d.T.).

27. Alexeï Nikolaïevitch Kossyguine, le président du Conseil des ministres. (N.d.T.)

— Non, non, répondit-il. En effet, nous sommes amis.

Andropov était un homme de parole.

Mon mouvement suivant fut de passer un coup de fil à Mikhaïl Andreïevitch Souslov [28] qui me demanda d'aller le voir. Nous nous connaissions de longue date. Souslov était attaché à Stavropol par des liens solides : en 1939, il était arrivé dans notre région, en provenance de Rostov, pour occuper les fonctions de premier secrétaire du kraïkom. Chez nous, on associe toujours son nom à la fin des terribles répressions staliniennes des années trente. Au cours d'une conversation, il m'expliqua un jour combien la situation était alors tendue : ses premières mesures de correction des erreurs passées se heurtèrent même à la résistance d'une partie des cadres. Dans la ville même de Stavropol, les militants de l'arrondissement Kaganovitch adoptèrent une résolution pour déclarer « ennemis du peuple » l'ensemble des membres du bureau du kraïkom, Souslov en tête. Heureusement, cela n'eut aucune conséquence [29].

Souslov ne supportait pas les bavards et les entretiens avec lui étaient d'autant plus brefs qu'il saisissait rapidement le fond de la question abordée. Il détestait également la sensiblerie, tenait ses interlocuteurs à distance, et usait avec chacun de la même politesse officielle, vouvoyant tout le monde, à quelques très rares exceptions près.

Ce jour-là, il avait voulu me rencontrer pour aborder la question de ma succession aux fonctions de premier secrétaire du kraïkom. Deux dossiers attendaient sur la table. Il me demanda mon avis et je le lui donnai.

— Entendu, conclut-il en se levant. Tu peux partir pour appliquer la décision. J'envoie à Stavropol tous les documents nécessaires.

Peu après, je prenais l'avion pour le Midi.

---

28. Membre du Politburo et secrétaire du CC chargé des départements idéologiques, il était le numéro deux du régime. (N.d.T.)

29. Mikhaïl Souslov était un fidèle exécutant des consignes de la direction dont il appliquait la ligne : « pacificateur » à Stavropol après les terribles répressions des années trente, il « soviétisa » la Lituanie d'une main de fer entre 1944 et 1946. (N.d.T.)

CHAPITRE 2

STAVROPOL-MOSCOU-STAVROPOL

Je prenais fréquemment l'avion entre Stavropol et Moscou : il me fallait assister aux plénums du CC, aux sessions du Soviet suprême, à des conférences et des séminaires, sans parler de mes séjours dans la capitale destinés à régler les problèmes de ma région...

Dans les premiers temps, j'étais obligé de faire escale à Mineralnye Vody, mais la construction (à laquelle je ne fus pas étranger) d'un aéroport capable d'accueillir des avions long-courriers près de Stavropol contribua à me simplifier les choses et à me faire gagner du temps. Le travail était tel qu'il grignotait sans cesse nos plages de liberté et je considérais ceux qui préféraient prendre le train comme des tire-au-flanc.

De plus, j'aimais prendre l'avion. Lorsque le temps est mauvais ou qu'il neige, l'avion s'élève au-dessus des nuages et l'on se retrouve baigné de soleil. Comment traduire le sentiment d'espace et de liberté que l'on ressent alors ?

Ce jour-là, je volais pour la première fois vers Stavropol à bord d'un avion de la flotte spéciale affectée aux dirigeants de notre pays. Les gardes du corps avaient pris place dans un compartiment et j'étais resté seul. Penché sur le hublot, je m'attendais à éprouver à nouveau ce sentiment de liberté et de plénitude de la vie. Ce ne fut pas le cas : j'avais le cœur gros. Je comprenais que je me séparais pour longtemps, sinon pour toujours, de la terre de Stavropol où j'avais passé le plus clair de ma vie : quarante-deux ans sur les quarante-sept que j'avais alors. Et même pendant mes années universitaires, à Moscou, je retournais dans ma région pour les vacances d'été (pour celles d'hiver, je n'avais pas les moyens). Là se trouvaient mes racines et je ne faisais qu'un avec ce sol dont les éléments couraient dans mes veines.

J'aimais la région de Stavropol, et je continue à l'aimer.

Mes origines

Pendant mes années universitaires, les Moscovites me disaient souvent : « La province est arriérée. C'est comme le royaume de la Belle au bois dormant. Paix et tranquillité. » Ceux qui me tenaient ce langage étaient convaincus que l'histoire de l'humanité s'était faite dans les capitales. Je savais, moi, qu'il n'en était rien. Et l'histoire de ma région natale en était la meilleure illustration. Elle n'était nullement une périphérie reculée, mais un point de convergence entre deux continents et le carrefour de différentes civilisations, religions et cultures, lieu de contact de multiples peuples, langues, traditions et modes de vie.

Dès le premier millénaire avant notre ère, le nord-ouest du Caucase était peuplé de tribus que les auteurs antiques nommaient Méos et Sindhs. Aux VIIIe et VIIe siècles, les Scythes en provenance de la vallée du Dniestr et de la Crimée envahirent la contrée. Plus tard, ce fut la colonisation grecque. Les Alains arrivèrent au début de notre ère et l'État qu'ils fondèrent dura plusieurs siècles avant d'être détruit par les Huns. L'évangélisation remonte sans doute au IXe siècle par le truchement de Byzance et de la Géorgie. Les premiers Russiens firent leur apparition au Xe siècle et la principauté de Tmoutarakan se lia alors étroitement à la Russie kiévienne. Pour finir, l'invasion tataro-mongole eut lieu au XIIIe siècle.

Tout au long du processus de formation de l'État russe, les peuples du Caucase cherchèrent à s'allier avec lui pour se protéger contre tous les envahisseurs. En août 1655, Andreï Chtchepetov, ambassadeur d'Ivan le Terrible au Caucase du Nord, revint à Moscou accompagné d'une délégation princière d'Adyguéens. Ivan déclara que le royaume de Piatigorsk était désormais et à jamais sous allégeance russe. La construction de fortifications s'avéra nécessaire dans cette région frontalière. Les sept fortins de la ligne de défense Azov-Mozdok furent terminés sous Catherine II. Stavropol en faisait partie. Les premiers gardes-frontières furent des Cosaques Khopers de la région de Voronej et des grenadiers du régiment de Vladimir (province de Vladimir).

Les troupes russes affluèrent. Les établissements cosaques, les *stanitsas*, se multiplièrent. Échappant à la férule cruelle des propriétaires fonciers, les paysans fuyaient vers le sud. Plus tard, des colons s'installèrent, contraints et forcés. Cette migration décidée en haut lieu fut à l'origine de bien des tragédies et causa bien des victimes. Voilà comment mes ancêtres paternels, les Gorbatchev, originaires de la province russe de Voronej, et maternels, les Gopkalo, originaires de la région ukrainienne de Tchernigov, arrivèrent dans la contrée.

Mon arrière grand-père Moïsseï Gorbatchev se fixa à la lisière du village de Privolnoïe avec ses trois fils, Alexeï, Grigori et Andreï. Ils y vécurent d'abord ensemble, au sein d'une grande famille de dix-huit âmes. Aux alentours, les parents proches ou éloignés étaient aussi des Gorbatchev. Quand on demandait où il allait à quelqu'un qui se dirigeait vers cette partie du village, il répondait : « Du côté de chez les Gorbatchev. » Le mode de vie était sévère et bien réglé : le patriarche commandait sans partage et sa parole avait force de loi. Plus tard, ses fils construisirent leurs *khatas* [1] où ils s'installèrent avec leurs familles. Ce fut le cas de mon grand-père Andreï Moïsseïevitch qui était déjà marié à ma grand-mère Stepanida. Mon père Sergueï Andreïevitch naquit dans ce foyer en 1909.

Le passé en moi

Le passé vit dans les légendes populaires, imprégnant le langage. Il faisait donc partie intégrante de mon environnement et je ressentais en permanence l'existence d'un lien entre moi et des événements lointains qui avaient eu pour théâtre la terre de ma région.

Le destin des décembristes, ces officiers de noble extraction qui n'avaient pas hésité à défier l'autocratie, en décembre 1825, m'émouvait profondément [2]. Onze d'entre eux furent bannis dans le Caucase. Plus tard, leur nombre monta à vingt-cinq. Certains perdirent la vie dans des escarmouches avec les montagnards au cours des guerres du Caucase.

Mais j'étais également touché par le sort des simples soldats, notam-

1. Maisonnettes ukrainiennes.

2. Les décembristes étaient pour la plupart de jeunes aristocrates qui servaient dans des régiments d'élite. Inspirés par les idées des Lumières, ils aspiraient à une réforme libérale de la monarchie (représentation nationale, reconnaissance des libertés fondamentales, abolition du servage). Lors de la mini-crise de succession qui suivit le décès d'Alexandre Ier, en 1825, ils se rebellèrent contre l'autorité du nouveau tsar, Nicolas I, entraînant leurs soldats. La répression fut sanglante, du moins selon les normes d'alors : cinq meneurs furent exécutés et trois cents conjurés condamnés à des peines de prison ou d'exil intérieur. (N.d.T.)

ment les condamnés du complot de la Société des Slaves unis[3] que la Cour martiale déporta à Stavropol. En soixante-quinze jours, six compagnies du régiment de Tchernigov franchirent mille deux cents verstes[4] à marches forcées. Certains de ces hommes traversèrent les steppes de la région de Stavropol et le village de Letnitskoïe où mon grand-père Andreï me fit baptiser dans l'église locale, substituant le prénom de Mikhaïl à celui de Viktor que l'on m'avait donné à la naissance. D'autres passèrent par le village de Medvejie, devenu par la suite Krasnogvardeïskoïe[5], notre chef-lieu de district. Mon village natal de Privolnoïe est situé exactement à mi-chemin entre Letnitskoïe et Medvejie.

Quelque part au fond de moi, je considère les soldats du régiment de Tchernigov comme des compatriotes, ou mieux encore, des « pays ». Les vestiges de l'ancienne forteresse se sont longtemps dressés au centre de Stavropol. Ce vieux bâtiment sans prétention abritait les services de la garnison. Pouchkine et Lermontov, Odoïevski et d'autres décembristes, officiers et soldats, y séjournèrent. Il n'est pas exclu que l'un de mes ancêtres y soit passé pour son service militaire. Malheureusement, l'immeuble et le marché mitoyen furent rasés pour aménager la place centrale de la ville et tout un ensemble immobilier.

Ma patrie

Ceux qui ironisent sur le « patriotisme de clocher » voient dans l'amour pour sa contrée le signe d'une étroitesse d'esprit toute provinciale. Il me semble, au contraire, que si l'homme appréhende sa « grande patrie » au travers de son propre destin individuel et de celui de ses ancêtres, il acquiert un patriotisme non pas livresque mais véritable, enraciné dans son sol natal.

Notre patriotisme ne s'est pas constitué dans une société homogène,

---

3. Les Slaves unis, dont les objectifs étaient sensiblement les mêmes que ceux des décembristes, voulaient en plus associer tous les peuples slaves au sein d'une fédération démocratique. Ils reconnurent les chefs décembristes et participèrent à leur action. (N.d.T.)

4. Une verste est égale à 1,067 kilomètre.

5. Ou village « de la Garde rouge ». Après la Révolution, des milliers de rues, quartiers, villes, bourgs, villages et lieux-dits furent débaptisés pour recevoir des noms dignes du nouveau régime. « Garde rouge » est le plus répandu d'entre eux. (N.d.T.)

mais dans un cadre d'une étonnante diversité de langues, d'apparences et d'appartenances. Après les hautes eaux du printemps, les rivières laissent sur les berges de petites flaques et de grands étangs (que l'on nomme chez nous *motchaks*). De la même manière, les migrations et les mouvements de population ont laissé au cours des millénaires une multitude de groupes ethniques. En plus des noms habituels à consonance russe, la région de Stavropol est riche en patronymes d'origine mongole comme Antousta, Djalga, Takhta ou turque comme Atchikoulak ou Arzguir. Si les Russes constituent 83 % de la population du territoire, celui-ci est aussi peuplé de Karatchaïs, de Tcherkesses, d'Abazines, de Nogaïs, d'Ossètes, de Grecs, d'Arméniens, de Turkmènes, et j'en passe.

Tout cela signifie que lorsque, bien plus tard, je devins président de l'URSS et que je me retrouvai confronté aux problèmes ethniques du pays, j'avais une certaine expérience en la matière.

La vie dans un milieu pluriethnique est une école de tolérance et de respect mutuel. Insultez un montagnard du Caucase, offensez-le, et il deviendra votre ennemi mortel. Mais faites preuve de considération envers lui et respectez ses coutumes : vous n'aurez pas d'ami plus fidèle. Quant à moi, j'avais de nombreux amis. Dès cette époque, sans encore user de termes compliqués, je commençais à prendre conscience que la seule garantie de la paix est la tolérance et la bonne intelligence entre les individus.

L'histoire de notre territoire — comme d'ailleurs celle de l'humanité tout entière — tend à le prouver. Les innombrables invasions du lointain passé et les interminables guerres du Caucase, dans un passé plus récent, ont ravagé nos contrées et décimé ses habitants. Quant à la guerre civile, elle a également tracé son sillon sanglant dans notre sol.

Ceux qui ne connaissent la Révolution et la guerre civile qu'au travers de films et de brochures de vulgarisation imaginent ces événements comme de grandes rencontres sportives avec d'un côté les ouvriers et les paysans, de l'autre les bourgeois et les propriétaires fonciers, respectivement sous les bannières rouge et blanche. Je savais moi que la réalité n'avait rien de commun avec les images toutes faites. La société se scinda non seulement selon des critères de classe, d'ethnie, de religion ou de territoire, mais encore au sein même des familles.

Les combats furent d'une violence extrême. Une partie des Cosaques et des populations nouvellement établies se rallia à l'Armée rouge, tandis que l'autre refusait la nouvelle allégeance. Au cours du soulèvement de l'ataman cosaque Piotr Krasnov dans la région du Don, en

1918, près de quarante-cinq mille Cosaques « rouges » furent fusillés ou pendus. De leur côté, les Rouges n'étaient pas en reste : nous connaissons maintenant fort bien toutes les horreurs de la « décosaquisation ». À ce propos, un certain épisode me revint en mémoire.

Il y a quelques années, au cours des fêtes marquant l'anniversaire de la Révolution, l'un des combattants de la guerre civile, le général Vassili Ivanovitch Kniga, qui s'était également illustré au cours de la dernière guerre mondiale (son village natal avait été rebaptisé Kniguino en son honneur), fut invité à raconter ses souvenirs dans un village reculé du nord de la région. Apprenant cela, il se troubla soudain :

— J'aurai droit à une protection ?

— Une protection ? Pourquoi ?

— C'est une vieille histoire, expliqua Vassili Ivanovitch en se renfrognant. Pendant la guerre civile, nous avons massacré tout le monde au sabre dans un village du coin.

— Vraiment tout le monde ?

— Justement, peut-être pas. C'est d'ailleurs ce qui me préoccupe : si quelqu'un en a réchappé, il risque de s'en souvenir...

Cette conversation me frappa particulièrement. Chacun comprend la guerre, l'affrontement de deux armées ennemies. Mais là, il s'agissait de tout autre chose : on massacrait son propre frère. Combien de villages et de *stanitsas* furent entièrement anéantis par les Blancs comme par les Rouges ? Kniga était un militaire de carrière, ce qui implique une vision particulière des choses, et pourtant, quarante ans plus tard, il n'avait visiblement pas l'âme en paix.

Il m'est arrivé de lire, ici ou là, des raisonnements hautement théoriques pour justifier l'usage de la violence et démontrer sa nécessité dans la transition vers une société nouvelle. De toute évidence, il est impossible d'éviter toute effusion de sang dans les périodes révolutionnaires, mais il est inadmissible de voir dans la violence une panacée et d'y avoir recours (c'est-à-dire massacrer encore des familles, des villages entiers et même des peuples) dans le but d'atteindre des objectifs « nobles » ou prétendus tels.

Mes racines familiales

Mon grand-père maternel, Panteleï Efimovitch Gopkalo, accepta la Révolution sans réserve. Orphelin de père à l'âge de treize ans, il était l'aîné de cinq enfants. Il appartenait à une famille paysanne typique. Pendant la Première Guerre mondiale, il se battit sur le front turc. À l'avènement du pouvoir soviétique, il se vit attribuer un lopin de terre. Dans la famille, on avait coutume de dire : « Les soviets nous ont donné la terre. » Cela fit passer les Gopkalo de la classe des « paysans pauvres » à celle des « paysans moyens ». Dans les années vingt, mon grand-père participa à la création de l'une de ces coopératives de production agricole connues sous le sigle de TOZ[6]. Ma grand-mère, Vassilissa Loukianovna, née Litovtchenko (elle était également d'origine ukrainienne), et celle qui serait ma mère, Maria Panteleïevna, alors toute jeune, travaillaient aussi au TOZ.

En 1928, grand-père adhéra au Parti communiste et devint le premier président de notre kolkhoze « Khleborob » (« Laboureur »), qu'il avait contribué à organiser. Chaque fois que je questionnais grand-mère sur la manière dont cela s'était passé, elle me répondait avec humour : « Toute la nuit, ton grand-père n'a pas arrêté d'organiser, d'organiser, mais au petit matin, tous les futurs kolkhoziens s'étaient évanouis dans la nature. »

Dans les années trente, grand-père prit la présidence du kolkhoze « Krasnyï Oktiabr » (« Octobre rouge ») dans un village voisin, à vingt kilomètres de Privolnoïe, où je vécus avec mes grands-parents jusqu'à l'âge d'aller à l'école. Ils m'aimaient follement et je jouissais d'une liberté totale. Je me sentais le personnage le plus important de la famille. Les tentatives pour me laisser quelque temps chez mes parents n'aboutissaient jamais et tout le monde était content, moi le premier.

Dans mon enfance, la vie dans les campagnes n'avait pas encore fondamentalement changé et gardait de nombreux traits de la période d'avant la Révolution et la création des kolkhozes. Dans les *khatas* en pisé au sol de terre battue, il n'y avait pas de lits : on dormait sur le poêle russe ou sur des lattes, une touloupe ou des chiffons en guise de couverture. L'hiver, la *khata* hébergeait le veau qu'on voulait protéger du gel ; au printemps, la poule couveuse dont on voulait hâter la ponte et, souvent, des oies. Avec le recul, cette vie apparaît incroyablement

---

6. Sigle de « coopérative pour la culture conjointe de la terre ». (N.d.T.)

misérable. Quant au labeur, il était pénible, et même épuisant. Quand nos champions actuels du bonheur paysan évoquent l'« âge d'or » de la Russie rurale, je ne comprends pas. De trois choses l'une : ou ils ne savent strictement rien, ou ils mentent sciemment, ou — hypothèse la plus charitable — ils ont perdu la mémoire.

Ce fut chez mon grand-père Panteleï Efimovitch que je vis pour la première fois de petites brochures sur une étagère de bois grossièrement assemblée : les œuvres de Marx, d'Engels et de Lénine éditées alors en opuscules. Il y avait aussi les *Rudiments du léninisme* de Staline, ainsi qu'un recueil d'articles et discours de Kalinine. Pourtant, l'icône et la veilleuse de grand-mère, qui était fort pieuse, trônaient dans le coin opposé de la pièce. Juste sous l'icône, les portraits de Lénine et de Staline reposaient sur une petite table bricolée. Cette « coexistence pacifique » entre deux mondes ne troublait nullement grand-père. Il n'était pas croyant, mais était doté d'un sens enviable de la tolérance. Au village, il était immensément respecté. Sa plaisanterie favorite était : « L'essentiel, c'est d'être à l'aise dans ses chaussures. » Et ce n'était pas simplement une boutade.

Les grandes purges

Ce fut dans mon enfance que je connus mon premier véritable choc : mon grand-père fut arrêté. On l'emmena en pleine nuit. Grand-mère Vassilissa fut recueillie par mes parents, à Privolnoïe.

Après l'arrestation, les voisins faisaient un détour pour éviter notre maison : nous semblions des pestiférés. Seul, l'un de nos proches passait nuitamment de temps à autre. Rétrospectivement, je comprends qu'on ne pouvait rien reprocher à personne : tous ceux qui avaient des contacts ou simplement communiquaient avec la famille d'un « ennemi du peuple » pouvaient connaître le même sort que lui. En tout cas, ces événements sont restés gravés dans ma mémoire et le resteront à jamais.

Par la suite, lorsque je devins secrétaire de gorkom[7] puis de kraïkom et membre du CC, j'eus la possibilité de consulter le dossier de mon grand-père, mais je ne parvins pas à surmonter une sorte de barrière psychologique qui m'en empêcha. Je ne m'y décidai que bien des

7. Comité municipal du parti. (N.d.T.)

années plus tard. Après le putsch manqué d'août 1991, je demandai à Vadim Bakatine[8] de me communiquer le dossier.

Tout commença par l'arrestation du président de l'ispolkom[9] de notre district. Il était faussement accusé d'avoir dirigé une « organisation contre-révolutionnaire clandestine trotskiste de droite ». Sous la torture, il donna cinquante-huit noms : toute la direction du district, y compris mon grand-père qui dirigeait alors sa section foncière. Le procès-verbal de son interrogatoire, signé par lui, contient le passage suivant :

> Vous êtes détenu en tant que membre d'une organisation contre-révolutionnaire clandestine trotskiste de droite. Vous reconnaissez-vous coupable de ce dont vous êtes accusé ?
>
> — Je ne me reconnais pas coupable. Je n'ai jamais fait partie d'une organisation contre-révolutionnaire.
>
> — Vous mentez. Plusieurs accusés vous mettent en cause. Vous devez reconnaître les faits.
>
> — Je les nie catégoriquement. Je ne connais aucune organisation contre-révolutionnaire.

Le réquisitoire de l'accusation est également conservé dans le dossier. Grand-père était accusé d'avoir :

> a) saboté la récolte de céréales, causant des pertes de grains. Afin de détruire le cheptel, a diminué les ressources de fourrages en faisant labourer les terres à foin, ce qui réduit le bétail kolkhozien à la disette ;
>
> b) freiné le mouvement stakhanoviste au kolkhoze en persécutant ses militants...
>
> Attendu ce qui précède, il est accusé d'activités antisoviétiques, à savoir qu'étant un ennemi du PCUS et du pouvoir soviétique, lié aux membres de l'organisation antisoviétique trotskiste de droite liquidée, il a, sur ordre de celle-ci, poursuivi une action subversive au kolkhoze Krasnyï Oktiabr, visant à saboter les potentialités économiques du kolkhoze...

Bakatine me fit également parvenir le dossier du grand-père de mon épouse, Piotr Stepanovitch Parada, arrêté dans l'Altaï en 1937. Des milliers de kilomètres séparent l'Altaï de la région de Stavropol, et pourtant les officiers d'instruction semblent s'être servis d'un papier carbone :

---

8. Vadim Bakatine venait d'être nommé président du KGB et avait pour mission de démanteler cette organisation en confiant ses principales tâches à de nouvelles « agences » séparées les unes des autres. (N.d.T.)

9. Comité exécutif d'un soviet. (N.d.T.)

L'instruction dispose d'informations suffisantes démontrant qu'au kolkhoze, vous vous êtes livré à la propagande contre-révolutionnaire contre toutes les mesures prises, contre le pouvoir soviétique...

— Au kolkhoze, je n'ai fait aucune propagande contre-révolutionnaire, je ne me reconnais pas coupable de cela.

— Restant au kolkhoze après en avoir été exclu, vous avez systématiquement monté les travailleurs, kolkhoziens et salariés, contre la collectivisation, contre le mouvement stakhanoviste, en vous efforçant de miner la discipline.

— Je n'ai jamais attaqué le pouvoir soviétique, pas plus que la collectivisation.

Il s'agit là d'un extrait de l'interrogatoire de Piotr Parada daté du 3 août 1937. La similitude entre les deux procès-verbaux est étonnante. L'issue des procédures, cependant, ne fut pas la même. Le procureur apposa son visa sur l'acte d'accusation du paysan Parada et, par décision d'une « troïka [10] » jugeant sans appel, il fut exécuté. Ma belle-famille ne reçut l'acte de réhabilitation qu'en janvier 1988.

Fort heureusement, mon grand-père Panteleï ne subit pas le même sort. L'instruction dura quatorze mois et ne fut achevée qu'en septembre 1938. Un fonctionnaire du parquet gribouilla « D'accord avec les conclusions ». Mais le procureur adjoint du territoire estima que le dossier ne permettait pas l'application de l'article 58 du Code pénal (ce qui signifiait la peine capitale) car la participation de Gopkalo à une organisation contre-révolutionnaire n'était pas démontrée et requalifia l'accusation au titre de l'article 109 (forfaiture). La purge des organes du NKVD commença alors [11], le chef de la section de notre district se suicida et mon grand-père finit par être relâché en décembre 1938. Il revint à Privolnoïe et fut réélu président du kolkhoze en 1939.

Il rentra à la maison un soir d'hiver. Je m'en souviens comme si c'était hier. La proche famille se réunit autour de la table rustique grossièrement rabotée. Là, grand-père nous raconta tout ce qu'il avait subi. Pour lui arracher des aveux, l'officier d'instruction [12] ne se contentait pas de

10. Tribunaux d'exception de l'époque, composés de trois membres (d'où leur nom) : un représentant du NKVD, un représentant du parquet et un représentant du parti. (N.d.T.)

11. En décembre 1938, Nikolaï Ejov, qui avait présidé aux grandes purges des années 1937 et 1938, fut remplacé par Lavrenti Beria à la tête du NKVD. (N.d.T.)

12. Le mot russe est juge d'instruction (*sledovatel'*), mais ces hommes étaient en fait des officiers du NKVD chargés d'instruire les crimes politiques. L'expression « officier d'instruction » nous semble une traduction plus conforme à la réalité. (N.d.T.).

l'aveugler avec une lampe puissante, il le rouait de coups, lui tordait les bras et lui coinçait les doigts dans une porte. Ces tortures de « routine » ne donnant pas de résultat, il en inventa une nouvelle : on engonça grand-père dans une touloupe mouillée et on le fit asseoir sur un poêle brûlant. Mais sa victime supporta tout cela et bien d'autres choses encore.

Certains de ses compagnons de détention m'ont raconté, plus tard, qu'après les interrogatoires, toute la cellule s'efforçait de le remettre sur pied. De sa triste aventure, il ne parla lui-même qu'une seule fois, précisément ce soir-là. Plus jamais il ne l'évoqua, en tout cas à haute voix. Il était fermement convaincu que Staline ne savait pas ce que faisait le NKVD et n'imputa jamais ses souffrances au pouvoir soviétique. Panteleï Gopkalo mourut relativement jeune, à l'âge de cinquante-neuf ans.

Mon grand-père paternel, Andreï Moïsseïevitch Gorbatchev, combattit pendant la Première Guerre mondiale sur le front ouest et nous avions à la maison une photo de l'époque : spectaculairement monté à cheval, il arborait une superbe casquette à cocarde. Je lui demandais fréquemment quel uniforme il portait, mais grand-père, déjà courbé par le poids des ans bien que sec et svelte, demeurait évasif. Nous le soupçonnions de s'être contenté de poser chez un photographe en passant la tête à travers un panneau peint.

Le destin de grand-père Andreï fut véritablement dramatique, mais tout à fait caractéristique de la vie de notre paysannerie. Après avoir quitté le foyer paternel, il fonda sa propre famille et monta son exploitation. Il eut six enfants, mais deux fils seulement. Or la communauté villageoise ne donnait la terre qu'au prorata des enfants mâles. Pour tirer de quoi se nourrir avec le lopin obtenu, toute la famille trimait jour et nuit. Grand-père Andreï n'était pas commode et, au travail, il demandait le maximum non seulement à lui-même, mais encore aux autres. Son labeur, pourtant, n'apportait pas toujours les fruits espérés : les années de sécheresse se succédaient. Il parvint néanmoins à se hisser de la classe des paysans pauvres à celle des paysans moyens.

En 1929, son fils aîné, Sergueï, mon futur père, épousa la fille de Gopkalo, notre voisin. Dans les premiers temps, les jeunes mariés vécurent chez grand-père Andreï, mais bientôt ils décidèrent de fonder un foyer et il fallut partager la terre. Grand-père Andreï, n'acceptant pas la collectivisation, avait décidé de rester un exploitant individuel.

En 1933, une terrible disette s'abattit sur la région de Stavropol. À ce jour, ses causes ne sont pas claires et les historiens en débattent encore. Fut-elle délibérément planifiée de manière à briser définitivement la paysannerie ? Ou bien les conditions climatiques en furent-elles la cause principale ? Je ne sais pas ce qui se passa dans d'autres régions, mais je peux dire que, chez nous, la sécheresse joua un rôle certain. Mais un autre élément entra en ligne de compte : la collectivisation de masse, en minant les bases séculaires de la vie rurale, détruisit les formes traditionnelles d'exploitation et de subsistance. Ce facteur s'ajouta aux aléas climatiques pour tenir, selon moi, le rôle déterminant du drame.

Car la famine fut épouvantable. Entre un tiers et la moitié des habitants de Privolnoïe périrent. Des familles entières disparurent et de nombreuses maisonnettes restèrent longtemps abandonnées dans le village (au moins jusqu'à la guerre), se délabrant chaque jour un peu plus.

Trois des enfants d'Andreï Gorbatchev moururent de faim. On dit qu'un malheur ne vient jamais seul : au printemps de 1934, il fut arrêté sous prétexte qu'il n'avait pas rempli le plan des semis fixé aux exploitants individuels (il était d'ailleurs impossible à respecter faute de semences). Accusé de « sabotage », grand-père Andreï fut envoyé aux travaux forcés comme bûcheron dans la région d'Irkoutsk, en Sibérie. Grand-mère Stepanida resta seule avec deux enfants, Anastasia et Alexandra. Comme personne ne se souciait de leur sort, mon père Sergueï les prit en charge.

Cependant, comme grand-père Andreï travaillait dur dans son camp, il fut relâché dès 1935 avant la fin de sa peine. Il revint à Privolnoïe avec deux certificats de travailleur de choc et entra immédiatement au kolkhoze. Comme il savait travailler, il se retrouva rapidement à la tête de l'élevage de porcs qui devint, dès lors, le plus performant de la région.

Juste avant la guerre, la vie revint plus ou moins à la normale. Mes deux grands-pères étaient de retour. Dans les magasins, on pouvait se procurer de l'indienne et du pétrole lampant. Le kolkhoze commençait à rémunérer en blé les journées de travail. Grand-père Panteleï remplaça par des tuiles le chaume de son toit. Les phonographes étaient en vente libre et, de temps en temps, le cinéma itinérant nous projetait des films muets. Délice des délices pour les gosses que nous étions, parfois, on vendait des glaces. Le dimanche, on allait en forêt. Les hommes chantaient des mélopées russes et ukrainiennes, buvaient de la vodka et il leur arrivait de se bagarrer. Les enfants jouaient au ballon. Quant aux femmes, elles échangeaient les derniers potins tout en surveillant les uns et les autres.

Ce fut au cours de l'une de ces journées dominicales, le 22 juin 1941, que nous parvint la terrible nouvelle : la guerre venait d'éclater. Tous les habitants de Privolnoïe se rassemblèrent devant le soviet rural où un haut-parleur était installé et, retenant leur souffle, ne perdirent pas un mot de l'allocution de Molotov.

La guerre

Peut-être pensera-t-on que j'exagère, mais je me souviens de tout ce qui s'est passé pendant la guerre. En quelques semaines, le village fut vidé de ses hommes. Comme tous les conducteurs de machines agricoles, mon père bénéficia d'un sursis pour la moisson, mais en août, il partit à son tour. La feuille reçue le soir, il avait la nuit pour se préparer. Au matin, on mit ses affaires dans une charrette pour se rendre au chef-lieu du district, à une vingtaine de kilomètres. Les familles accompagnaient les appelés et, tout au long de la route, ce n'étaient que pleurs et exhortations. À l'arrivée, ce fut la séparation. Les sanglots des femmes, des enfants et des vieillards se confondaient en un seul gémissement à fendre l'âme. Mon père m'acheta une glace et m'offrit une balalaïka, en souvenir.

La mobilisation se termina à l'automne : il ne restait plus au village que de rares hommes malades ou invalides. Et on ne recevait plus de feuilles de route, mais des avis de « mort au champ d'honneur ».

Mon père n'était abonné qu'à un seul journal, la *Pravda*. Le soir, je lisais à haute voix de bien mauvaises nouvelles aux femmes de la famille : nos villes tombaient une à une. Et les réfugiés commençaient à affluer dans notre région. Avant la guerre, nous reprenions un refrain avec enthousiasme : *Nous ne voulons pas un pouce de terre étrangère, mais ne céderons pas une coudée de la nôtre*[13]. Désormais, nous ne pouvions plus qu'espérer que les fascistes soient rapidement mis en échec. Pourtant, à l'automne, l'ennemi était devant Moscou et près de Rostov.

Le premier hiver de guerre fut précoce et rigoureux. Je n'en ai pas connu de plus terrible. De manière pour le moins inhabituelle dans nos contrées méridionales, les premières chutes de neige eurent lieu le 8 octobre. Et quelle neige ! Une partie des maisonnettes du village fut

13. Cette chanson ne peut rendre à elle seule la complexité de la politique stalinienne. Ainsi, le début de l'année 1941 fut placé sous le slogan de l'augmentation du nombre des républiques soviétiques (cf. *Pravda*, 1er janvier 1941). Le moyen d'y parvenir n'était pas indiqué. (N.d.T.)

ensevelie sous les congères, avec étables et poulaillers. Ceux qui pouvaient encore sortir de chez eux furent contraints de creuser de vrais tunnels pour dégager leurs voisins.

La neige ne fondit qu'au printemps : le pays était devenu un authentique « royaume des neiges ». Mais la vie y était dure. Les communications étaient interrompues. Le courrier se faisait rare. Personne alors n'avait de poste de radio. Les quelques journaux qui nous parvenaient étaient lus et relus. Tard le soir, les femmes se rassemblaient chez l'une ou l'autre. Elles commentaient les nouvelles et relisaient les lettres de leurs maris. Ces réunions leur permettaient de tenir le coup. Mais elles se transformaient souvent en concerts de lamentations à fendre l'âme.

Je garde un souvenir inaltéré de la joie que nous ressentîmes en apprenant que Moscou était sauvé. Un jour, la *Pravda* arriva avec un supplément : un petit fascicule intitulé *Tania* consacré à Zoïa Kosmodemianskaïa [14]. Je le lus à haute voix devant une petite assemblée de proches et de voisins. Chacun fut frappé par la cruauté des Allemands et par le courage de la jeune fille du Komsomol.

Depuis le départ de mon père pour le front, je m'occupais de nombreuses tâches domestiques. À partir du printemps 1942, je fus également chargé du potager qui assurait la pitance quotidienne de la famille. Plus tard, ma principale obligation consista à préparer les foins pour la vache et le combustible pour notre chauffage. Dans le bouleversement total de notre existence, nous passâmes, nous autres enfants, directement à l'âge adulte.

À la fin de l'été de 1942, la vague de repli en provenance de Rostov atteignit notre région. Une partie de la population était sur les routes, les uns avec des sacs, d'autres avec des brouettes ou des voitures d'enfant. On troquait des objets contre de la nourriture. On poussait devant soi vaches, chevaux et moutons.

Mes grands-parents Vassilissa et Panteleï rassemblèrent quelques effets et partirent pour l'inconnu. Au dépôt de carburant du village, les nôtres ouvrirent les vannes pour déverser dans l'Egorlyk, notre petit cours d'eau, tout le contenu des cuves. La moisson fut brûlée sur pied.

Après avoir abandonné Rostov le 27 juillet 1942, nos troupes reculaient en désordre. On voyait passer des soldats épuisés, l'air sombre. Amertume et culpabilité se lisaient sur leurs visages. Les bombardements et la fusillade se rapprochaient de deux côtés, enserrant notre

---

14. Partisane pendue par les Allemands en territoire occupé, devenue l'une des principales héroïnes de la jeunesse soviétique. (N.d.T.)

village. Avec les voisins, nous creusâmes une tranchée sur la berge. De là, je vis pour la première fois une salve de « katioucha [15] » : des traits de feu jaillissant vers le ciel avec un sifflement étourdissant...

Et soudain, un silence impressionnant s'abattit. Plus de trace de nos troupes. Cela dura deux jours. Le surlendemain, des motards allemands venant de Rostov, suivis par des unités d'infanterie investirent le village. Pour leurs travaux de camouflage, ils arrachèrent des vergers cultivés depuis des décennies.

Grand-mère Vassilissa revint quelques jours plus tard. Elle et grand-père avaient presque atteint Stavropol, mais les chars allemands les avaient devancés : la ville était tombée le 5 août 1942. Grand-père décida de traverser la ligne de front par les champs et les ravins, et grand-mère rentra à la maison avec tout leur barda : elle n'avait nul autre endroit pour se réfugier.

Entre Rostov et Naltchik, les Allemands ne rencontrèrent pratiquement aucune résistance. Nos troupes se débandaient. Après Naltchik, pourtant, des détachements spéciaux « de barrage [16] » étaient chargés d'appliquer l'ordre du jour de Staline : « Pas un pas en arrière. » Faisant preuve d'une grande énergie, ils rameutèrent rapidement les unités en retraite pour les faire remonter en première ligne. Voilà comment, au prix d'immenses efforts, les troupes allemandes qui fonçaient vers les pétroles de Bakou furent définitivement arrêtées devant la ville d'Ordjonikidze [17].

En poursuivant leur offensive vers l'est, les troupes allemandes laissèrent à Privolnoïe une petite garnison. Elle fut remplacée, un peu plus tard, par un détachement d'origine indéterminée dont les soldats, je m'en souviens parfaitement, parlaient ukrainien et portaient des insignes spéciaux sur leurs uniformes de la Wehrmacht. Ainsi commença notre existence sous l'occupation.

Les déserteurs et ceux qui se cachaient dans les caves depuis plusieurs mois commencèrent à réapparaître. Nombre d'entre eux se mirent au service des nouvelles autorités, généralement dans la police. Après le retour de grand-mère Vassilissa, les policiers perquisitionnè-

---

15. Lance-roquettes multiple. (N.d.T.)

16. Les régiments de barrage étaient constitués par des troupes spéciales du NKVD. Leur but n'était pas seulement de fusiller les fuyards et les déserteurs. Placés à l'arrière des troupes et particulièrement bien équipés, ils devaient aussi empêcher les unités amies de reculer en tirant au besoin sur elles. (N.d.T.)

17. Qui a retrouvé aujourd'hui son nom prérévolutionnaire de Vladikavkaz. (N.d.T.)

rent chez nous, mettant tout sens dessus dessous. J'ignore ce qu'ils cherchaient. En partant, ils s'installèrent dans un char à bancs, ordonnant à grand-mère de les suivre à pied jusqu'au commissariat. Elle dut traverser ainsi tout le village avant de subir un interrogatoire. Mais que pouvait-elle dire ? Que son mari était communiste et président du kolkhoze ? Que son fils et son gendre servaient dans l'Armée rouge ? Tout cela était de notoriété publique.

Au cours de ces événements dramatiques, maman fit preuve d'un grand courage qu'elle puisait non seulement dans son caractère — elle était une forte femme —, mais encore dans son désespoir et dans cette incertitude face à l'avenir qui étaient pourtant le lot le plus commun. La famille était en danger et cela décuplait son énergie. Lorsqu'elle rentrait le soir après le travail obligatoire, elle nous rapporta plus d'une fois les menaces sans équivoque dont elle était l'objet de la part de certains villageois : « Attends un peu, ce n'est plus comme sous les Rouges. »

Des rumeurs commençaient aussi à nous parvenir sur des exécutions en masse dans les villes voisines (après la libération, elles se sont confirmées : des milliers de personnes, surtout juives, ont bel et bien été fusillées à Mineralnye Vody) et sur la répression qui se préparait contre les familles des communistes. Nous comprenions que la nôtre serait la première sur cette liste. Pour parer à toute éventualité, maman et grand-père Andreï me cachèrent dans une ferme à l'orée du village. L'opération contre les « Rouges » devait avoir lieu, semble-t-il, le 26 janvier 1943. Heureusement, le 21 janvier, nos troupes libérèrent Privolnoïe.

Pendant les quatre mois et demi que dura l'occupation de notre village, les Allemands avaient désigné comme « staroste » du village le vieux Savvaty Zaïtsev, que nul n'appelait autrement que « Pépé Savka ». Il ne voulait pas de ce poste et il le refusa obstinément pendant quelque temps, mais les villageois finirent par le convaincre : au moins, il était des leurs. Chacun savait que Zaïtsev faisait ce qu'il pouvait pour tirer les gens du pétrin. Mais après la retraite des Allemands, il fut condamné à dix ans de prison pour « haute trahison ». Les habitants de Privolnoïe eurent beau témoigner qu'il n'avait pas servi l'occupant de son plein gré et que beaucoup de gens lui devaient la vie, ce fut inutile. Pépé Savka mourut en prison en tant qu'« ennemi du peuple ».

L'offensive de l'Armée rouge nous sauva. Ce furent les Allemands eux-mêmes qui, au village, nous parlèrent de leur défaite à Stalingrad. Bientôt, par crainte d'un nouvel encerclement, leurs troupes se retirèrent précipitamment du Caucase du Nord. Avec quel enthousiasme n'accueillîmes-nous pas nos soldats libérateurs !

Le front se déplaça de nouveau à travers notre région, vers l'ouest cette fois. Il nous fallait maintenant nous réorganiser et remettre sur pied le kolkhoze. Le problème était de trouver comment. Tout était détruit. Il n'y avait plus ni matériel, ni bétail, ni semences. Au printemps, pour labourer, on attela les vaches du cheptel individuel. Je revois les femmes en pleurs craignant pour les vaches laitières qui nourrissaient leurs familles. Je me souviens aussi des yeux tristes de ces animaux.

À l'automne, la récolte fut maigre. Il fallut la livrer tout entière à l'État dans le cadre des prélèvements obligatoires. Au cours de l'hiver, une nouvelle disette se déclara. Elle dura jusqu'au printemps de 1944. Nous survécûmes grâce à la débrouillardise de ma mère, qui avait alors trente-trois ans, et aussi à une part de chance. Avec d'autres villageois, elle partit au début du printemps, au moment du dégel, sur une charrette tirée par deux bœufs survivants en direction du Kouban où la rumeur disait que la récolte de maïs était belle. Elle tira du coffre paternel une paire de bottes en box-calf et un costume tout neuf pour les troquer contre du grain. Ces effets avaient une certaine valeur, car elle put les échanger contre un sac de trois pouds de maïs [18]. Nous étions sauvés !

Par la suite, don de Dieu réjouissant tous les cœurs, il se mit à pleuvoir. Tout commença à pousser, dans les champs et dans les potagers. Une nouvelle fois, la terre se montra généreuse avec nous.

Pour le reste, toutes les livraisons étaient pratiquement suspendues : nous ne recevions plus ni matériel, ni vêtements, ni chaussures, ni sel, ni savon. Nous manquions même de lampes à pétrole et d'allumettes...

Au début, nous nous vîmes simplement contraints de rapiécer chaussures et vêtements. Et quand les effets mille fois recousus furent définitivement hors d'usage, nous trouvâmes une autre solution : nous nous mîmes à cultiver le chanvre. Nous le récoltions à la main avant de tremper dans la rivière les gerbes nouées. Une fois rouies, on les écanguait pour obtenir le fil de chanvre écru. Les métiers à tisser de nos aïeules furent descendus des greniers et, presque dans chaque *khata*, on se mit à tisser la toile que l'on blanchissait ensuite. Elle servait à confectionner des chemises, roides comme du bois, que l'on brodait ensuite d'un liseré noir pour faire plus joli. La laine de nos moutons, lavée, peignée et filée sur un fuseau, nous permettait de tisser un drap grossier pour faire manteaux et pardessus. Quant aux chaussures, nous les fabri-

18. Un poud équivaut à 16,38 kilogrammes. (N.d.T.)

quions, rudimentaires, avec des peaux mégissées, nettoyées de leur laine, séchées, foulées et imprégnées de mazout.

Pour le reste aussi, nous nous arrangions comme nous le pouvions. Le lac Salé, à une cinquantaine de kilomètres du village, nous fournissait du sel. J'ignore comment nous parvenions à nous procurer la soude qui nous permettait de faire du savon. Du silex et du coton imprégné de cendres nous donnaient du feu. On bricolait également des allumettes en utilisant la poudre explosive des grenades. Des douilles d'obus constituaient des veilleuses acceptables et, lorsque le pétrole lampant commença timidement à réapparaître, nous nous mîmes à fabriquer des lampes. Je devins moi-même un bricoleur émérite. Une nouvelle fois, notre peuple faisait preuve de sa vigueur et de son endurance, mais je me demande parfois si, aujourd'hui, je serais encore capable de supporter tout cela.

À la fin de l'été 1944, un pli nous arriva du front. Il contenait des documents et les quelques photos de famille dont mon père ne se séparait jamais : l'adjudant-chef Sergueï Gorbatchev était tombé au champ d'honneur sur le mont Magoura, dans les Carpates...

À ce moment, mon père avait déjà une longue carrière militaire derrière lui. Après mon accession à la présidence de l'URSS, le ministre de la Défense Dmitri Iazov me fit un merveilleux cadeau : un livre sur les unités dans lesquelles mon père servit pendant la guerre. J'ai lu ce récit militaire avec beaucoup d'émotion. Il m'a permis de mieux comprendre combien le chemin de la victoire fut difficile et quel prix notre peuple a payé.

Dans le passé, j'avais eu l'occasion d'apprendre, de la bouche même de mon père, un certain nombre de choses sur sa guerre, mais maintenant, je dispose d'un texte écrit. Il reçut son baptême du feu dès novembre ou décembre 1941 devant Rostov dans les rangs de la 56e armée du front de Transcaucasie. Les pertes de sa brigade furent très lourdes : 440 tués, 120 blessés, 651 disparus. Jusqu'en mars 1942, son unité tint la ligne de défense sur la rivière Miass, perdant encore une grande partie de ses effectifs. La brigade fut ensuite envoyée à Mitchourinsk et intégrée à la 16e division d'infanterie, et elle rejoignit les rangs de la 60e armée sur le front de Voronej.

Là encore, il aurait pu être tué dix fois. Sa division prit part à la bataille du saillant de Koursk, aux opérations d'Ostrogojsk-Rossochansk et de Kharkov, au passage du Dniepr dans la région de Pereïaslav-Khmelnitski et à la défense du célèbre bastion de Boukhrinsk.

Mon père me raconta qu'ils avaient forcé le Dniepr sur des bateaux de pêche et d'autres « moyens de fortune » sous le feu roulant de l'ennemi. Il commandait une unité de sapeurs assurant la traversée des mortiers sur un bac. Il reçut à cette occasion la médaille « Pour la bravoure » dont il se montrait particulièrement fier, même après avoir été honoré par d'autres décorations parmi lesquelles deux ordres du Drapeau rouge.

En novembre et décembre 1943, sa division participa à l'opération de Kiev ; en avril 1944, à la bataille de Proskourovsk-Tchernovitsy ; en juillet et août à celle de Lvov-Sandomir et à la libération de la ville de Stanislav. Dans les Carpates, la division eut 461 tués et plus de 1 500 blessés. Fallait-il donc survivre à cette boucherie pour rencontrer son destin sur ce maudit mont Magoura ?

Nous pleurâmes toutes les larmes de notre corps pendant trois jours d'affilée, et puis nous reçûmes une lettre où mon père nous annonçait... qu'il était sain et sauf.

Les deux missives étaient datées du 27 août 1944. Se pouvait-il que mon père nous eût écrit avant de monter en ligne et de se faire tuer ? Quatre jours plus tard, une nouvelle lettre nous parvint, datée du 31 août : il était encore en vie et continuait à se battre contre les nazis. Je lui écrivis en lui exprimant mon indignation envers ceux qui nous avaient envoyé un avis de décès erroné. Dans sa réponse, il prit la défense de ses camarades : « Non, fiston, tu as tort de t'en prendre aux hommes. Au front, tout arrive. » Toute ma vie, je me suis souvenu de cette phrase.

Il ne nous raconta ce qui s'était passé au cours de ce mois d'août 1944 qu'après la guerre. Son unité de sapeurs était tombée dans une embuscade. À la faveur de l'obscurité, les hommes s'égaillèrent. Par miracle, il n'y eut pas de pertes. Le lendemain, notre infanterie passa à l'offensive et l'on retrouva le sac de mon père sur les pentes du mont Magoura. D'où le pli contenant photos et documents.

Malgré tout, la guerre devait marquer à vie l'adjudant-chef Gorbatchev. Curieusement ce ne fut pas au combat. Son groupe bénéficiait d'une semaine de repos après avoir miné et détruit des lignes de communication sur les arrières de l'ennemi, lorsqu'un bombardier allemand, fuyant nos chasseurs, largua tout son chargement. Une bombe tomba non loin de mon père et un énorme éclat le blessa à la jambe. Voilà comment prit fin sa vie de soldat de première ligne près de la ville de Kosice, en Tchécoslovaquie. Il fut soigné à l'hôpital de

Cracovie et le 9 mai 1945 [19], le jour de la victoire, arriva avant qu'il ait pu se rétablir.

La guerre fut une épouvantable tragédie pour le pays tout entier. Elle ne saccagea pas seulement tout ce qui avait été construit au prix de tant d'efforts, mais encore l'espoir d'une vie heureuse, laissant des enfants sans pères, des femmes sans maris et des jeunes filles sans fiancés.

Les soldats du front connurent les épreuves les plus terribles et les habitants de la terre entière sont redevables à cette génération d'hommes et de femmes. Jusqu'à sa mort, mon père ne put se délivrer du poids de ce qu'il avait vécu pendant cette période. Il en parlait souvent et revenait surtout sur les premiers mois si difficiles, lorsque nous manquions d'armes et ignorions comment nous battre, lançant tant d'attaques suicides. Il évoquait aussi des combats au corps à corps près de Taganrog. Malgré le passage du temps, il lui fut toujours difficile d'en faire le récit.

Je souffris comme tout le monde pendant ces années, et chaque fois que j'y pense, une image bien précise me revient toujours. Une image de cauchemar. C'était au moment de la fonte des neiges, fin février ou début mars 1943. Avec des copains, nous nous étions aventurés à la recherche de « trophées » dans un bois qui s'étendait entre Privolnoïe et le village voisin de Bielaïa Glina. Là, nous tombâmes sur les dépouilles d'un groupe de nos soldats qui avaient livré en ce lieu leur dernier combat. C'était indescriptible : corps putréfiés et rongés, crânes jaillissant des vareuses en loques dans leurs casques rouillés, os blanchis encore agrippés aux fusils, les cadavres gisaient dans la boue d'une tranchée, au milieu d'une mitrailleuse légère, de grenades et de monceaux de douilles, et nous contemplaient de leurs orbites vides… Nous restâmes un bon moment pétrifiés. Puis nous rentrâmes au village en état de choc.

Je n'ai jamais considéré comme des anonymes ces soldats inconnus qui furent inhumés dans une fosse commune. Aujourd'hui, un modeste obélisque dressé au centre de Privolnoïe porte les noms gravés de ceux qui ne sont pas revenus, parmi lesquels toute une litanie de Gorbatchev.

J'avais quatorze ans à la fin de la guerre. En laissant son empreinte

19. En URSS (et aujourd'hui dans les nouveaux États indépendants) la victoire sur l'Allemagne nazie est commémorée un jour plus tard qu'en Occident. Bien qu'entrée en vigueur le 8 mai à 23 h 01, la capitulation de l'Allemagne ne fut signée par le général Keitel que le 9 mai juste après minuit. (N.d.T.)

sur nos caractères et notre vision des choses, elle a marqué ma génération au fer rouge.

Retour en classe

Je ne repris mes études qu'en 1944, après deux ans d'interruption. Je n'étais pas particulièrement motivé. Après ce que j'avais vécu, aller en classe ne me semblait pas une occupation « sérieuse ».

Aujourd'hui, il m'est impossible d'évoquer sans émotion l'école de ces années-là, ses maîtres et ses élèves. En réalité, ce n'était même pas une véritable école : on s'installait dans différents bâtiments du village normalement affectés à d'autres fins. De plus, nous ne disposions que d'un petit nombre de manuels, de quelques cartes géographiques et de bouts de craie obtenus on ne sait comment. Le reste était bricolé par les maîtres et les élèves. Il n'y avait pas du tout de cahiers et je me servais pour écrire des livres de mon père sur la conduite des tracteurs et autres moissonneuses-batteuses. Nous fabriquions nous-mêmes l'encre dont nous nous servions. Comme il fallait également se procurer du combustible, l'école disposait de chevaux et d'une charrette. Pendant l'hiver, élèves et professeurs faisaient de leur mieux pour éviter aux chevaux de mourir de faim. Les pauvres bêtes étaient si épuisées et amaigries qu'elles ne tenaient pas sur leurs pattes. Heureusement, le fourrage venait de partout ! Je me demande comment nous parvenions à nous le procurer car tous les habitants du village ne s'occupaient que d'une seule chose : sauver le rare bétail qui leur appartenait en propre. Dans les étables du kolkhoze, on retirait tous les jours des carcasses d'animaux crevés.

Les choses n'étaient pas faciles pour nos maîtres non plus. Leur quotidien était fait de froid, de faim et d'angoisse. Mais il faut leur rendre justice : en dépit de toutes les difficultés, ils faisaient de leur mieux pour demeurer fidèles à leur devoir. Grâce à eux, le pays put disposer très vite après la guerre des spécialistes qui lui faisaient cruellement défaut.

Notre école rurale comprenait huit classes. Il fallut attendre vingt ans pour voir Privolnoïe doté d'une école secondaire moderne. À l'époque, il fallait suivre les deux classes de fin d'études à l'école secondaire du chef-lieu de district, à une vingtaine de kilomètres de chez nous. Comme d'autres enfants du village, je logeais au chef-lieu et, une fois par semaine, je rentrais m'approvisionner à la maison. Autrement dit, en terminale, j'étais parfaitement autonome. Personne ne contrôlait mes études. On me considérait comme suffisamment adulte pour me laisser faire ce que je devais sans être en permanence derrière moi. Durant toute cette période, je ne parvins qu'une seule fois à convaincre mon père d'assister à une réunion de parents d'élèves. Je me souviens aussi que lorsque, adolescent, je commençai à fréquenter les soirées et les fêtes nocturnes entre jeunes, mon père demanda à maman : « On dirait que Mikhaïl commence à rentrer bien tard, alors dis-lui... »

J'étais un élève appliqué doté d'une curiosité insatiable et de la volonté d'aller au fond des choses. J'aimais la physique et les mathématiques, je m'intéressais à l'histoire et, surtout, j'étais féru de littérature.

Malgré l'absence quasi totale de conditions matérielles favorables, tout le monde voulait faire du théâtre amateur et du sport. Quant à moi, non seulement je participais assidûment aux représentations et aux compétitions, mais encore je les organisais en ma qualité de secrétaire du Komsomol. Nos équipes de comédiens sillonnaient les villages, les hameaux et tous les lieux de travail rural. En guise de théâtre, nous utilisions souvent des salles de sport et parfois des couloirs d'école. Qu'est-ce qui attirait donc notre jeunesse dans ces cercles d'artistes amateurs ? En premier lieu venait sans doute le désir de communiquer avec les jeunes de notre âge. Mais la volonté de s'accomplir et de connaître de nouvelles expériences jouait un rôle non négligeable. Dans mon école, le nombre de candidats était tel qu'il fallait procéder à une sélection ! Quant aux pièces de notre répertoire, à la différence des troupes professionnelles, nous ne nous posions pas de questions. Nous jouions aussi bien des auteurs classiques que modernes, surtout russes évidemment. On imagine facilement ce que cela pouvait donner, mais nous connaissions malgré tout un certain succès, même auprès des adultes : notre troupe fit même une tournée payante dans les villages du district. L'argent recueilli nous permit d'acheter trente-cinq paires de chaussures pour les enfants déshérités de l'école.

D'une manière ou d'une autre, notre « renommée » atteignit Stavropol. Au cours d'une tournée, les acteurs du Théâtre dramatique du territoire vinrent nous voir à l'improviste. Nous leur jouâmes *La Mascarade* de Lermontov et fîmes étalage de toute la palette de nos talents. Ils nous complimentèrent et nous firent quelques remarques dont l'une me resta en mémoire. Tout en approuvant la verve avec laquelle nous avions joué le dialogue entre Arbenine et Zvezditch, ils nous conseillèrent d'éviter de nous tirer par la manche : dans la haute société, il paraît que même les explications les plus tumultueuses se passent différemment.

Au côté de mon père

Bien entendu, la vie réelle se rappelait sans cesse à notre bon souvenir. Dès 1946, je commençai à travailler tous les étés sur la moissonneuse-batteuse, avec mon père. À Privolnoïe, je me rendais après la classe chez grand-père Panteleï qui vivait au centre du village, je mettais un bleu de travail et courais à la MTS, la station de machines et de tracteurs, pour aider mon père à remettre en état sa moissonneuse-batteuse. Le soir, nous rentrions ensemble à la maison.

Pour les moissons, de fin juin à fin août, nous travaillions loin de chez nous. Même lorsque la pluie nous forçait à suspendre les travaux des champs, nous restions sur place pour réparer notre machine en attendant que le soleil revienne. Nous parlions beaucoup, mon père et moi, pendant ces heures creuses, et pas seulement des questions habituelles entre père et fils, mais aussi de celles qu'abordent les individus occupés à la même besogne. Mon père me traitait avec respect et nous devînmes de véritables amis.

Père connaissait sa machine à la perfection et il m'apprit tout ce qu'il savait. Après un an ou deux, j'étais en mesure de régler toutes les pièces. J'étais particulièrement fier de pouvoir diagnostiquer n'importe quel défaut simplement en me fiant à mon oreille.

Le travail était pénible. Il fallait rester sur la moissonneuse-batteuse jusqu'à vingt heures d'affilée, ce qui signifiait jusqu'à un état d'épuisement complet, car cela ne laissait que trois ou quatre heures de sommeil. Il fallait profiter du temps sec, lorsque le blé se dépique facilement, et travailler sans interruption, en se relayant au besoin. Il m'arrivait de m'endormir au volant. De plus, les premières années, j'avais souvent des hémorragies nasales. Vers quinze ou seize ans, les adolescents prennent généralement de la force et du poids. Le travail me donna de la force, mais me fit perdre au moins cinq kilos.

Il est inutile de préciser qu'après la dureté des travaux des champs, les études ne m'apparaissaient nullement comme une corvée, mais comme un plaisir.

Pour dur qu'il fût, le travail des champs n'apportait pas forcément le bien-être dans les foyers kolkhoziens. En réalité, les cultivateurs ne comptaient que sur leur lopin personnel. Même en y faisant pousser tout le nécessaire, ils parvenaient à peine à joindre les deux bouts. Pourtant, ils étaient lourdement taxés et devaient fournir à l'État une partie de leur production. Chaque foyer était tenu de fournir cent vingt litres de lait, du beurre et de la viande... même s'il n'avait pas de bétail ! Les arbres fruitiers étaient frappés de taxes annuelles qu'il fallait payer même s'ils ne donnaient pas de fruits tous les ans : il était donc préférable d'arracher les vergers.

Et il n'était même pas permis de fuir : les paysans n'avaient pas de papiers. Et sans livret d'identité[20], non seulement le premier milicien venu pouvait vous arrêter, mais encore il était impossible de trouver de l'embauche en ville. La seule chance de quitter le village consistait à être recruté par le fameux « Orgnabor[21] » pour un « grand chantier » quelconque. En quoi était-ce différent du servage ?

Notre famille, pourtant, s'en tirait un peu mieux que d'autres : contrairement aux paysans, les conducteurs de machines et de tracteurs étaient rémunérés non seulement en nature, mais aussi en espèces. Il s'agissait toutefois de salaires de misère et, si l'on voulait acheter des vêtements ou de la vaisselle, il fallait de toute façon vendre des produits du lopin individuel. Et, pour cela, aller au marché de Rostov, de Stalingrad ou de Chakhty. Bref, nous vivions en état de pénurie permanente.

Même aux champs, pendant la récolte, nous n'avions droit qu'à des rations frugales. Néanmoins, les courageux qui parvenaient à battre le blé de trente hectares en une journée recevaient ce que nous appelions le « colis », c'est-à-dire un plat mitonné spécialement : des *vareniki* (oreillettes) à la viande ou de la viande bouillie ou, mieux encore, un pot de miel. Cela était invariablement accompagné de deux bouteilles de vodka. La vodka ne me disait rien, mais le repas me semblait délicieux. Pour moi, ce n'était pas un « colis », mais un don de Dieu... Une vraie fête !

Mon manque d'intérêt pour la vodka a une origine amusante. C'était

20. La traduction littérale (et couramment employée) est « passeport intérieur ». Or cette formule induit une fausse idée de la nature de ce document d'identité où sont également consignées les données d'état civil du titulaire (mariages, divorces, naissances) ainsi que, pendant la période soviétique, la *propiska* ou autorisation de résidence dans une ville donnée. (N.d.T.)

21. Nom du département de la migration et du recrutement organisé des ouvriers (acronyme de « recrutement organisé »). (N.d.T.)

en 1946. La moisson était terminée et les conducteurs de machines décidèrent d'« arroser » comme il se devait la fin de la première récolte de l'après-guerre : une mauvaise récolte, mais une récolte quand même. Les gars de notre équipe achetèrent une caisse de vodka et se procurèrent de l'alcool pur. Il faut dire que c'étaient de solides gaillards, jeunes mais expérimentés, la plupart d'anciens soldats. À l'époque, mon père avait trente-sept ans. Avec mes quinze ans, j'étais le plus jeune. Ce jour-là, au milieu d'eux, je me contentais de manger des *zakouski* en écoutant les histoires qu'ils racontaient.

Le chef d'équipe me prit alors à partie :

— Qu'est-ce que tu fabriques ? La moisson est terminée. Vas-y, bois un coup ! Il est grand temps de devenir un homme, un vrai !

Je regardai mon père qui riait sous cape. On me tendit un gobelet... Je croyais que c'était de la vodka, mais c'était de l'alcool pur. Or, pour boire de l'alcool à 90°, il fallait respecter quelques impératifs « techniques » : faire cul sec après avoir expiré et immédiatement après, sans reprendre son souffle, avaler un verre d'eau. Autant de précautions que je ne pris pas.

L'expérience me laissa dans un drôle d'état ! Les gars se tordaient de rire et mon père le premier. Mais la leçon ne fut pas perdue : je n'eus plus jamais de goût particulier pour la vodka, sans parler de l'alcool pur.

Je fus pourtant rapidement vengé. Ces plaisantins s'entendirent pour rendre la pareille au chef d'équipe : ils remplacèrent le verre d'eau censé passer par-dessus l'alcool pur... par un deuxième gobelet d'alcool. Le chef d'équipe expira, but sa rasade, puis la deuxième... Et chacun de s'esclaffer une nouvelle fois. Mais la victime se borna à grogner : c'était un sacré gaillard.

Tous ces gars étaient plus que d'excellents camarades, ils étaient liés par une solide amitié. La vie était dure et il fallait s'entraider. Et puis, ils savaient travailler. Bien des années plus tard, lorsque je devins secrétaire général du CC, je ne manquais jamais, à chaque visite dans mon pays natal, de rencontrer les anciens compagnons de notre équipe. Malgré le passage des ans, nous nous rencontrions entre vieux copains qui pouvaient tout se dire.

1946 fut une mauvaise année : la sécheresse frappa les régions céréalières. Selon les statistiques officielles, la récolte de céréales ne totalisa que 39,6 millions de tonnes (dont 17 millions stockées par l'État). En 1940, ces chiffres étaient, respectivement, de 95,7 et de 36,4 millions de tonnes. La chute était abyssale. Une nouvelle disette éclata dans de nombreuses régions.

Dans le territoire de Stavropol, la récolte fut tout aussi déplorable que partout ailleurs, mais cela n'empêcha pas les gens de Stalingrad d'affluer en masse chez nous pour tenter d'échanger contre du blé tout ce qu'ils possédaient. En fait, nous avions tout juste de quoi faire la soudure, mais on troquait quand même.

L'année 1947 fut plus heureuse. On récolta 65,9 millions de tonnes de céréales (dont 27,5 stockées par l'État). À la fin de la guerre, le gouvernement s'était donné un an pour supprimer les cartes de rationnement pour les produits alimentaires et manufacturés. La sécheresse de 1946 fit repousser d'un an cette mesure : en décembre 1947, les cartes furent enfin supprimées. Pourtant, à Stavropol, il n'y eut pas lieu de se réjouir de cet événement heureux : par manque de pluie, la récolte y fut de nouveau désastreuse. Nous passâmes difficilement l'hiver, plaçant tous nos espoirs dans la récolte suivante.

En avril 1948, non seulement il ne pleuvait toujours pas, mais encore de terribles tempêtes de poussière se mirent à balayer la steppe. « Trois années de poisse d'affilée, depuis la fin de la guerre », observa mon père. Bientôt, pourtant, une pluie tiède et drue se mit à tomber. Elle dura un jour, puis deux, puis trois... Et les blés commencèrent à pousser tout aussi dru.

Ce fut la première belle moisson d'après-guerre, avec un rendement moyen de vingt-deux quintaux par hectare. Un résultat exceptionnel pour l'époque, surtout après trois années de mauvaises récoltes. Or, aux termes d'un décret du Soviet suprême entré en vigueur en 1947, un conducteur de moissonneuse-batteuse avait droit à l'ordre de Lénine pour huit mille quintaux de céréales et au titre envié de Héros du Travail socialiste pour dix mille quintaux. Père reçut l'ordre de Lénine et moi l'ordre du Drapeau rouge du Travail. J'avais alors dix-sept ans et c'est la distinction qui m'est la plus chère. La décoration me fut remise cet automne-là, au cours d'une réunion à laquelle toutes les classes furent convoquées. Tout cela était nouveau pour moi. J'étais intimidé, mais infiniment heureux. À cette occasion, je pris la parole en public pour la première fois.

1948 fut une année favorable, autant pour notre famille que pour l'ensemble du pays. Les cartes de rationnement n'étaient plus qu'un souvenir et, même si les prix des produits alimentaires et manufacturés avaient grimpé de manière vertigineuse, chacun éprouvait le sentiment de revenir à la vie normale.

Mon frère cadet naquit le 7 septembre 1947. J'avais alors seize ans. Mon père me réveilla à l'aube pour me demander de changer de place. Je le fis dans un état second avant de me rendormir. Au matin, j'appris que j'avais désormais un petit frère. C'est moi qui proposai de l'appeler Alexandre.

⁂

Après cette guerre terrible, le pays mit longtemps à se relever de ses ruines. Quelques années plus tard, lorsque je faisais l'aller-retour Stavropol-Moscou, je traversais Rostov, Kharkov, Voronej, Orel et Koursk. Partout, ce n'étaient que ruines et autres traces de destructions monstrueuses. Je passai par Stalingrad à plusieurs reprises. Je m'arrangeais pour y arriver le matin avant de repartir pour Moscou le soir ou dans la nuit. Cela me permettait de visiter la ville et de grimper sur le célèbre tertre de Mamaï[22], toujours truffé d'éclats de bombes et d'obus, sept ou huit ans après la bataille. Je me rendis sur les sites des combats les plus durs. Et j'ai conservé en mémoire la manière dont la ville nouvelle se construisait d'une année sur l'autre.

L'après-guerre fut un temps de rude lutte pour l'existence. Pendant le conflit, chacun se battait pour sa terre et la patrie en se disant : une fois la victoire acquise, nous revivrons. En fait, il y eut fort peu de changement, surtout pendant les premières années de paix. On travaillait toujours aussi dur en caressant le même rêve : une fois la reconstruction achevée, nous aurons enfin une vie normale. En lui donnant un sens, cet espoir rendait attrayante la besogne la moins gratifiante, la plus épuisante, et aidait à supporter tous les inconvénients.

Avec le recul du temps, lorsque je repense à mon père et à mon grand-père Panteleï, je suis de plus en plus convaincu que leur notion du devoir, leurs vies mêmes, leurs actes, leur attitude envers le travail, la famille, le pays, ont exercé une immense influence sur moi et m'ont servi d'exemple moral. Parmi de nombreuses qualités, mon père, ce simple paysan, reçut en partage beaucoup de finesse et d'humanité qui le rendaient différent des autres villageois. Ceux-ci le respectaient et lui faisaient confiance. J'ai toujours été très proche de lui, et l'âge aidant, je m'en rapprochai encore plus. Son intérêt inextinguible pour les choses de la vie me fascinait. Il se passionnait autant pour les problèmes du pays que pour ce qui se passait au-delà de nos frontières. J'ai

22. Haut lieu de la résistance de la ville contre l'envahisseur. (N.d.T.)

toujours admiré son comportement envers maman : réservé, simple et chaleureux, sans la moindre trace d'affectation. Il lui rapportait des cadeaux de tous ses déplacements.

Mon père adopta tout de suite Raïssa, ma femme. Il était toujours heureux de la voir et s'intéressait à ses études de philosophie. Il me semble que le mot même de « philosophie » avait une action magique sur lui. Lui et maman furent très heureux de la naissance de leur petite-fille Irina. Ils étaient toujours ravis de la voir et elle passa plus d'un été chez eux. Ma fille a toujours aimé couper à travers champs dans une carriole, faire la fenaison ou passer la nuit dans la steppe.

Sergueï Andreïevitch Gorbatchev, mon père, mourut en 1976 d'une hémorragie cérébrale. Il fut inhumé le 23 février, le jour de l'Armée soviétique, dans cette terre de Privolnoïe où il naquit, qu'il laboura depuis son plus jeune âge et qu'il défendit au péril de sa vie.

CHAPITRE 3

À L'UNIVERSITÉ DE MOSCOU

Inscrit et logé au foyer

Je finis mes études secondaires, avec une médaille d'argent [1], en 1950. J'avais dix-neuf ans, l'âge de partir sous les drapeaux, et il me fallait prendre une décision.

— C'est à toi de voir, me dit mon père. Si tu veux, nous pouvons travailler ensemble. En revanche, si tu veux continuer à étudier, je t'aiderai de mon mieux. Mais c'est une question sérieuse et c'est à toi seul de trancher.

J'étais déjà déterminé à poursuivre mes études. Mes camarades d'école se présentaient aux établissements d'enseignement supérieur de Stavropol, de Krasnodar ou de Rostov. Moi, j'optai pour la faculté de droit de l'école la plus prestigieuse du pays : l'université Lomonossov de Moscou.

Il m'est impossible de dire que cette décision participait d'un dessein mûrement réfléchi : je n'avais qu'une vague idée de ce qu'étaient la jurisprudence et le droit, mais j'étais séduit par le statut de juge ou de procureur. Je fis donc parvenir ma demande au bureau d'admission de la faculté. Les jours passèrent, mais je ne reçus aucune réponse. Je me décidai donc à envoyer un télégramme avec réponse payée d'avance. Cette fois, la décision me parvint : « Inscrit avec octroi d'une place au foyer. » Il s'agissait là d'une admission « par la grande porte » et cela sans le moindre entretien préalable. De nombreux éléments avaient visiblement joué en ma faveur : mon origine « prolétaire et paysanne », mes références de travailleur, ma qualité de membre du parti en période

1. La médaille d'argent de l'enseignement secondaire récompensait les élèves qui obtenaient des notes « bien » (4) et « excellent » (5) dans toutes les matières. La médaille d'or récompensait ceux qui étaient « excellents » partout. (N.d.T.)

probatoire[2] et, bien évidemment, la haute distinction dont j'avais été honoré[3]. Au demeurant, ma candidature permettait aussi d'« optimiser » la composition sociale du corps étudiant, où les anciens combattants prédominaient alors.

Ainsi donc, j'étais étudiant à l'université de Moscou. Pendant les premières semaines et même les premiers mois, j'étais loin de me sentir à l'aise. Entre mon village de Privolnoïe et Moscou la différence était trop grande et le changement trop brutal.

Tout était nouveau pour moi : la place Rouge, le Kremlin, le théâtre Bolchoï (où, pour la première fois de mon existence, je me rendis à des spectacles d'opéra et de ballet), la galerie Tretiakov, le musée Pouchkine des Beaux-Arts, ma première promenade en bateau sur la Moskova, les excursions dans la région de Moscou, ma première manifestation pour l'anniversaire de la révolution d'Octobre... Et, à chaque fois, un indescriptible sentiment de découverte.

Bien entendu, pour connaître le vieux Moscou et sa « russité » de toujours, pour parcourir l'entrelacs de ses centaines de rues et de ruelles, il faut plus de cinq ans, et même cinquante ne suffiraient pas. Néanmoins, toutes les rues autour de l'université et toutes les îles de l'archipel estudiantin autour du foyer restent à jamais gravées dans ma mémoire : le cinéma Molot rue Roussakov, le club Roussakov, le cachet unique de la vieille place Preobrajenskaïa, les vieux bains de la rue Boukhvostovskaïa, le parc des Sokolniki.

Plus tard, à partir de la quatrième année, on nous installa dans les bâtiments tout neufs de l'université sur les monts Lénine. Là, nous partagions une chambre pour deux, restant parfois toute une semaine ou même quinze jours dans notre « nid de gentilshommes » sans descendre en ville, alors qu'au foyer de la rue Stromynka, nous étions logés dans des dortoirs de vingt-deux pour les étudiants de première année, de onze pour ceux de deuxième et de six pour ceux de troisième.

Il y avait aussi une cantine, avec une buvette où, pour quelques kopecks, on pouvait prendre une tasse de thé avec du pain à volonté, un salon de coiffure et une blanchisserie, même si, généralement, nous

2. Les nouveaux membres du parti, parrainés par deux membres réguliers, devaient passer une période probatoire de deux ans avant d'être définitivement admis. (N.d.T.)

3. M. Gorbatchev souffrait pourtant d'un double handicap : il était de province et il n'avait obtenu qu'une médaille d'argent à la fin de ses études. Il a certainement été aidé par le fait que, en URSS (surtout à cette époque), le droit était considéré comme une discipline peu prestigieuse. En conséquence, la concurrence était moins sévère et les places moins difficiles à obtenir que dans d'autres facultés. (N.d.T.)

lavions nos effets nous-mêmes, faute d'argent et de linge de rechange. La polyclinique m'impressionnait aussi car, au village, nous ne disposions que d'une infirmerie. Et, bien sûr, comment oublier la bibliothèque avec ses salles de lecture spacieuses, ou le club avec toutes sortes de cercles et de sections sportives. C'était un monde à part, une phratrie étudiante avec ses lois et ses règles non écrites.

Nous vivions une vie plutôt ascétique, en économisant sur tout. Dans la semaine qui précédait le versement mensuel de notre bourse, nous étions tous fauchés et réduits à ce que nous appelions les « rations sèches » : des boîtes de haricots ou n'importe quoi à condition de ne pas dépenser plus d'un rouble de l'époque[4]. Pourtant, nous utilisions invariablement notre dernier rouble non pas pour nous nourrir, mais pour aller au cinéma.

Les études me captivèrent, m'accaparant dès le premier jour. Je travaillais avec acharnement et passion. Mes amis moscovites me taquinaient, car je découvrais bien des choses qu'ils connaissaient depuis leur plus jeune âge. Moi, pour tout bagage, je n'avais qu'une école rurale.

Curiosité et amour-propre

La faculté dispensait des connaissances étendues et variées au premier rang desquelles je place les études historiques : histoire et théorie de l'État et du droit, histoire des doctrines politiques, histoire de la diplomatie, économie politique (enseignée presque au même niveau qu'à la faculté d'économie), histoire de la philosophie, matérialisme dialectique et historique, logique, latin et allemand. La gamme des disciplines juridiques était également fort vaste : droit pénal et civil, criminalistique, médecine légale et psychiatrie, droit administratif, financier, kolkhozien, droit du mariage et de la famille, comptabilité, sans oublier le droit international, public et privé, l'État et le droit des pays bourgeois, etc.

Derrière cette diversité se devinait une logique : l'idée que l'assimilation des disciplines purement juridiques exigeait une connaissance substantielle des processus socio-économiques et politiques et devait

4. C'est-à-dire un rouble d'avant la réforme de 1961 au cours de laquelle les anciens roubles furent échangés contre des nouveaux à raison de dix pour un. (N.d.T.)

donc s'effectuer dans le cadre d'un processus d'apprentissage des rudiments de toutes les sciences humaines.

À mes yeux, l'université apparaissait comme un temple de la science, un rassemblement de cerveaux qui faisait la fierté de notre nation et un foyer d'énergie juvénile, d'élan et de quête. L'influence de notre culture séculaire s'y manifestait particulièrement et les traditions démocratiques de l'université russe restaient vivaces en dépit des circonstances politiques. Enseigner à l'université de Moscou — ou simplement y donner des conférences — était un honneur pour les savants les plus célèbres, membres de l'Académie des sciences. Ces personnalités représentaient une énorme quantité de connaissances, des dizaines de livres et de manuels. Leurs conférences révélaient des strates entières du patrimoine scientifique et culturel de l'espèce humaine que j'ignorais jusqu'alors. Elles m'initiaient à la logique de la pensée scientifique. Même dans les années les plus sombres, le pouls de la vie sociale continua à battre en ce lieu qui parvenait à préserver l'esprit de la recherche créatrice et la critique constructive, même si c'était, dans une large mesure, sous le boisseau.

Il ne faut pourtant pas idéaliser le climat réel qui régnait à l'université. Mes trois premières années d'études coïncidèrent avec le « stalinisme tardif », ce nouveau cycle répressif qui culmina avec la fameuse campagne contre les « cosmopolites sans patrie[5] ».

Tout était « idéologisé » à l'extrême. À l'université comme ailleurs, les schémas péremptoires du *Cours abrégé d'histoire du Parti communiste (bolchevik) de l'URSS* de Staline, considéré comme l'étalon de la pensée scientifique, régnaient en maîtres. Le processus pédagogique visait, semblait-il, à figer les jeunes intelligences dès les premiers cours et à leur inculquer un ensemble de vérités incontestables pour leur éviter la tentation de penser par eux-mêmes, d'analyser et de comparer. Ce carcan idéologique pesait aussi sur les cours et les séminaires, sans oublier les débats des soirées d'étudiants.

Un jour, à une réunion, je me permis de faire à un professeur une critique au sujet de son approche dans l'analyse d'un problème. Le chef de notre groupe, l'ancien combattant Valeri Chapko, avec qui je partageais ma chambre, me fit remarquer que j'aurais dû attendre d'avoir passé l'examen avec ce professeur avant de l'attaquer ainsi. Sur l'instant, je me moquai de sa circonspection. Pourtant, le jour de l'examen arriva. Je répondis tranquillement à toutes les questions, mais à un moment, je

5. Les Juifs. (N.d.T.)

déformai le titre d'un livre. L'examinateur fit une mine étonnée et je corrigeai tout de suite, mais c'était trop tard. Arborant un sourire sarcastique, il nota quelque chose dans son petit calepin et se désintéressa visiblement du reste de ma réponse. Lorsque j'eus terminé, il prononça sans dissimuler sa joie mauvaise :

— Eh bien, Gorbatchev, ça vaut seulement un « bien »...

Et il porta illico cette mention dans mon carnet de notes.

Même si je n'avais que des « excellent » dans les autres matières, cela suffit à me faire perdre ma bourse spéciale. Ce fut un coup sensible pour mon amour-propre et pour mon budget, mais je ne tentai pas de repasser cet examen.

Je crois que l'université — le corps professoral comme les étudiants — faisait l'objet d'une surveillance particulièrement attentive. La moindre entorse à la ligne officielle, toute tentative de mettre en doute quoi que ce fût étaient immédiatement passibles, dans le meilleur des cas, d'un rappel à l'ordre à la réunion des jeunesses communistes ou du parti.

Une nouvelle vague de purges au sein des milieux universitaires nous atteignit bientôt. L'absurdité des accusations était parfois si flagrante qu'elle contraignait les autorités à reculer. Ainsi, le professeur Serafim Iouchkov, un éminent chercheur qui avait consacré sa vie à l'étude de la Russie kiévienne, se vit coller l'étiquette de... « cosmopolite sans patrie ».

À la réunion du Conseil scientifique où son cas devait être examiné, Iouchkov monta à la tribune et, pour toute défense, se contenta de prononcer une seule phrase :

— Regardez-moi ! dit-il.

Serafim Vladimirovitch s'offrait aux regards de l'assistance dans sa chemise russe à la Tolstoï, un cordon noué autour de la taille, son chapeau de paille tout usé à la main. Il correspondait tellement au stéréotype du vieil intellectuel russe intègre que la salle éclata de rire. Au lieu d'examiner des accusations fumeuses, le bon sens suggéra aux participants, pourtant prêts à l'hallali, une simple question : « Avons-nous donc perdu tout bon sens ? » L'accusation contre Iouchkov fut aussitôt abandonnée.

Nous adorions les cours de Serafim Vladimirovitch. Plus que des cours, il s'agissait de causeries, des récits captivants sur les temps anciens et la vie de nos ancêtres. De temps en temps, il lui arrivait d'être la victime de nos canulars. Nous lui faisions notamment observer que son exposé ne se nourrissait guère de citations des classiques du marxisme-léninisme. Il ouvrait alors précipitamment sa grosse serviette, en tirait un de ses propres ouvrages et, chaussant ses lunettes, se mettait à chercher les passages appropriés.

Je mentirais si j'affirmais que l'endoctrinement idéologique massif dont les étudiants faisaient l'objet n'avait aucun effet sur nos esprits. À proprement parler, nous étions les enfants de notre époque. Si certains professeurs (du moins à ce qu'il me semble, rétrospectivement) ne suivaient les « règles du jeu » que contraints et forcés, nous autres, jeunes étudiants, recevions les thèses des disciplines étudiées comme des évidences et y croyions dur comme fer.

Même si l'enseignement semblait conçu pour entraver l'émergence du moindre esprit critique, la seule accumulation mécanique des connaissances aboutissait, vers la troisième année, à de sérieuses remises en question de vérités tenues pour acquises.

Certains lecteurs d'aujourd'hui, surtout parmi mes jeunes compatriotes, feront la grimace en apprenant que les premiers auteurs à avoir semé le doute dans mon esprit sur les « vérités intangibles et immarcescibles » que l'on m'inculquait s'appelaient Karl Marx, Friedrich Engels et Vladimir Lénine. Pourtant, c'est la pure vérité. La raison en est simple : en dépit de toute leur acuité polémique (parfois excessive), leurs ouvrages contiennent un examen détaillé des thèses de l'adversaire, leurs arguments en réponse et des conclusions dûment étayées. Tout cela contrastait singulièrement avec les procédés de « discussion » de Staline, qui avait tendance à remplacer l'argument par l'injure ou, au mieux, par la proclamation d'une vérité immuable.

En 1952, je fus admis dans les rangs du parti. À l'approche de la cérémonie, je me trouvai confronté à une question épineuse : devais-je mentionner la répression dont mes deux grands-pères avaient fait l'objet dans le questionnaire qu'il me fallait remplir ? Grand-père Panteleï n'avait jamais été jugé, mais il avait quand même fait quatorze mois de prison. Quant à grand-père Andreï, il avait été envoyé en Sibérie même si c'était en dehors de toute décision de justice. Au début de la période probatoire, cela n'avait posé aucun problème, puisque tout le monde savait tout, dans le village. J'écrivis à mon père qui avait dû répondre aux mêmes questions lorsqu'il était lui-même devenu membre du parti. Lorsque nous nous vîmes pendant l'été, il m'expliqua :

— Je n'ai rien répondu du tout. Au front, on ne s'embarrassait pas de telles choses. On était admis au parti avant de monter en ligne. On allait à la mort. C'était tout ce qu'on avait à répondre au questionnaire.

Eh bien, moi, son fils, je dus expliquer toute l'histoire de mes aïeux dans les moindres détails devant le comité du parti de l'établissement, puis de l'arrondissement.

⁂

Certains enseignants de l'université faisaient preuve d'un formalisme scolastique tel que leurs cours devenaient bien vite insupportables à quiconque avait un tant soit peu la volonté de comprendre les choses de la vie. En fait, ils ne voyaient dans les étudiants que l'objet d'un endoctrinement idéologique et il y avait là quelque chose d'insultant et d'humiliant pour la dignité humaine.

Au cours de l'automne 1952, après la parution de l'ouvrage de Staline *Problèmes économiques du socialisme en URSS*, un professeur ne trouva pas mieux que de procéder à sa lecture intégrale pendant son cours. Je ne pus m'empêcher de lui faire parvenir un billet indiquant, en gros, que nous ne manquions pas de connaître le livre et que sa lecture mécanique témoignait d'un certain mépris de l'auditoire.

La réaction fut immédiate. Furibond, notre professeur insinua que certains audacieux anonymes croyaient avoir déja assimilé « toute la richesse des thèses et conclusions contenues dans l'ouvrage du camarade Staline ».

Je me levai pour préciser que j'étais l'auteur du billet. La machine se mit en marche : de comité du Komsomol en comité du parti, l'incident remonta jusqu'au gorkom de Moscou. Or, j'occupais alors les fonctions de secrétaire chargé de l'idéologie au comité du Komsomol de la faculté [6]. Une enquête fut ouverte, mais l'affaire ne déboucha sur rien : sans doute fus-je à nouveau tiré d'affaire par mes origines « ouvrières et paysannes ».

Souvent, la réalité quotidienne faisait irruption dans nos études, corrigeant sensiblement nos conceptions livresques sur le « régime le plus équitable » ou sur « l'amitié indestructible entre les peuples ». Un épisode de l'hiver 1952-1953 me marqua particulièrement : l'affaire dite « des blouses blanches », prétexte à des excès antisémites et à des accusations de trahison indiscriminées à l'encontre des Juifs.

Un jour, mon ami Volodia Liberman, qui avait à son actif de dures années de guerre en première ligne, manqua le premier cours de la matinée. Il n'arriva que quelques heures plus tard, déprimé, effondré.

---

6. Le secrétaire était Boris Spiridonov qui devint plus tard secrétaire du partkom de l'université de Moscou.

Jamais je ne l'avais vu dans un tel état. Il semblait décomposé. Comme je lui demandais ce qui lui était arrivé, il ne put retenir ses larmes : il avait été éjecté d'un tramway par une foule éructante qui l'avait copieusement insulté. Cela me choqua au-delà de toute description.

Bien des années plus tard, durant ces journées de décembre 1991 qui furent si difficiles pour moi, je rencontrai l'un de mes camarades de promotion, l'écrivain Beliaïev. Il me confia que j'avais presque une réputation de « dissident », pour utiliser un anachronisme, du fait de mes idées « radicales ». Bien évidemment, je n'avais rien d'un dissident, mais je commençais simplement à manifester, face aux événements, un certain doute critique.

Au cours de l'été de 1953, dans l'intervalle entre la fin de l'année universitaire et la moisson au village, je fis un stage au parquet de Stavropol. J'eus ainsi l'occasion de côtoyer pour la première fois des « dirigeants moyens de district ». Après cela, je portai un autre regard sur les mœurs des dirigeants de mon district natal.

Dans son livre de souvenirs[7], mon épouse a publié l'une de mes lettres d'alors : « … Le climat est oppressant ici. Je le ressens avec une acuité particulière chaque fois que je reçois une lettre de toi. Ces lettres m'apportent tant de choses bonnes, chaleureuses, intimes, éclairantes. Et je n'en sens que plus fortement l'abjection de ce qui m'entoure… Et surtout, les mœurs de la direction du district. Les conventions, les relations de supérieur à subalterne, le fait que la moindre affaire soit jouée à l'avance, la morgue sans fard du fonctionnaire, la vanité… Si tu regardes un chef local, rien de saillant, à part le ventre. Mais quel aplomb, quelle assurance, quel ton condescendant et protecteur ! » J'étais déjà de la graine de contestataire.

La mort de Staline

Néanmoins, je n'étais pas un dissident… En cette matinée glacée du 5 mars 1953, un silence de mort s'abattit sur la salle numéro 16, où se donnaient d'habitude les cours généraux, lorsqu'un professeur entra et,

---

7. Édition originale : Raïssa Gorbatcheva, *I Hope*, Harper & Collins, New York, 1991. Édition française : *Ma vie*, Olivier Orban, Paris, 1991, traduit de l'anglais par Marie-Claude Elsen, Édith Ochs et Frank Stratschitz. (N.d.T.)

des larmes dans la voix, annonça d'une voix tragique le décès prématuré à l'âge de soixante-quatorze ans...

Certains étudiants avaient eu dans leur famille des victimes de la répression et avaient conscience, dans une certaine mesure, de la nature totalitaire du régime. Mais l'immense majorité éprouva une émotion sincère et profonde devant ce qui semblait alors une tragédie pour le pays. C'est à peu près ce que je ressentis moi-même.

Ma copie de fin d'études secondaires portait sur le thème : « Staline est notre gloire militaire, Staline est l'élan de notre jeunesse. » Je reçus pour cela la note maximale et, plusieurs années durant, ma prose fut exposée comme un modèle pour les élèves de terminale. Or, je connaissais la vie réelle et certaines des choses qui se pratiquaient sous son règne.

J'ai eu récemment l'occasion de lire une lettre que l'académicien Andreï Sakharov écrivit pendant ces journées de mars 1953 : « Je suis sous l'impression de la mort du Grand Homme. Je pense à son humanité... » Je n'étais donc pas le seul à réagir ainsi.

Rien ne semblait alors plus important que les adieux de la nation à Staline. Avec tout un groupe d'étudiants, nous décidâmes d'aller lui rendre un dernier hommage à la salle des Colonnes de la Maison des unions où son catafalque était exposé. Nous avançâmes lentement dans la foule immense, faisant parfois du surplace pendant des heures. En coupant à travers des ruelles, nous évitâmes la place Troubnaïa où une terrible bousculade devait coûter la vie à de nombreux badauds. Toute la nuit nous passâmes d'un pâté de maison à l'autre pour arriver enfin devant le cercueil.

Jamais je n'avais eu l'occasion de voir les traits de Staline, même de loin. Et là, je voyais de près son visage de cire, pétrifié. Comment oublier cet instant : je cherche à discerner des signes de majesté, mais quelque chose me gêne et provoque en moi des sentiments mitigés.

Le « Dégel »

Les premiers symptômes de changement ne tardèrent pas à se manifester. L'« affaire des blouses blanches » fut enterrée. Pendant l'été, j'appris l'arrestation de Beria. La *Pravda*, puis d'autres journaux se mirent à publier des articles sur le « culte de la personnalité » (sans nommer personne, il est vrai) et son incompatibilité avec le marxisme-léninisme. Le « dégel » se dessinait dans le domaine de la culture. Bien entendu, tout cela ne manquait pas d'avoir des répercussions dans le milieu universitaire. Les cours devenaient plus intéressants, les séminaires plus animés et les discussions au sein des cercles d'étudiants plus vives.

Pendant mes deux dernières années d'université, le climat changea. Timidement d'abord puis avec une liberté de ton croissante, on se mit à exprimer des doutes sur l'interprétation « officielle » de tel ou tel événement historique, et même sur certains aspects de la vie politique. Cela n'avait rien à voir avec un franc pluralisme : le parti avait donné un peu de mou à la bride idéologique, mais n'entendait nullement la lâcher.

Raïssa Titarenko

Les années universitaires furent pour moi passionnantes, mais très chargées. Chaque jour ou presque, les cours et les recherches personnelles me prenaient au bas mot douze à quatorze heures. Il me fallut combler les nombreuses lacunes laissées par l'école rurale, surtout en première année. Je saisissais assez vite les choses nouvelles. Pour les assimiler convenablement, je lisais beaucoup, et pas seulement des livres inscrits au programme. D'ailleurs, cette possibilité faisait justement la différence entre l'université et la plupart des autres établissements d'enseignement.

À l'université de Moscou coexistaient des individus de toutes origines et opinions, et aux expériences fort diverses. Les destins s'y croisaient, souvent fugitivement, mais parfois aussi de manière durable. Et le lieu privilégié de toutes les rencontres était notre club étudiant, rue Stromynka.

Ce bâtiment bas et modeste, sans doute une ancienne caserne, devint pour nous un foyer de culture véritable. Des artistes célèbres — la fine fleur du monde du spectacle moscovite — venaient s'y produire : Lemechev, Kozlovski, Oboukhova, Ianchine, Maretskaïa, Mordvinov... Tous avaient à cœur d'inculquer aux jeunes venus des quatre coins du pays le goût du beau et de les initier à l'art authentique. C'était une merveilleuse tradition de l'intelligentsia artistique qui datait de bien avant la Révolution, mais s'est, hélas, pratiquement perdue aujourd'hui.

De temps en temps, le club servait de cadre à des soirées dansantes. Je n'y allais pas souvent, préférant mes livres. Mes camarades, qui n'en manquaient pas une, commentaient ensuite bruyamment les charmes de leurs partenaires.

Ce soir-là, j'étais absorbé par l'un de mes bouquins lorsque mes amis Volodia Liberman et Ioura[8] Topiline firent irruption :

— Micha[9], Micha, viens voir ! Il y a là une de ces filles ! Une nouvelle !

— D'accord. Allez-y, les gars, je vous rejoins...

Le seul but de cette manœuvre dilatoire était de les faire partir pour pouvoir poursuivre ma lecture. Mais la curiosité fut trop forte. Sans le savoir, en me rendant au club, j'allais à la rencontre de mon destin.

La porte à peine franchie, j'aperçus Iouri Topiline. Raide et strict comme l'ancien militaire qu'il était, il dansait avec une fille que je ne connaissais pas. Lorsque la musique se tut, je m'approchai d'eux. Topiline me présenta sa cavalière : Raïssa Titarenko étudiait à la faculté de philosophie, dans le même bâtiment que la faculté de droit. Elle habitait elle aussi au foyer de la rue Stromynka et je me demande encore comment j'avais fait pour ne pas la remarquer. Désormais, j'allais connaître des journées de tourment et de bonheur.

Ce jour-là, Raïa[10] me donna l'impression de rester indifférente, mais moi, je me mis à espérer une nouvelle rencontre. Quelques jours plus tard, Topiline invita les filles de la chambrée de Raïa à prendre le thé avec nous. Comme toujours en ces cas-là, nous bavardâmes des sujets les plus divers avec une certaine animation. Mon désir de faire bonne impression était tel que j'en fus probablement ridicule. Raïa resta réservée et fut la première à rappeler qu'il était l'heure de partir...

Je m'efforçais de saisir la moindre occasion de la voir, de lier conversation, mais les semaines passèrent sans aucun résultat. Les choses changèrent enfin en décembre 1951. Un soir, je me rendis à une rencontre avec des personnalités culturelles, au club. La salle était pleine à craquer. Au cours d'une pause, je descendis l'allée à la recherche de figures de connaissance. Je sentis soudain que quelqu'un m'observait. C'était Raïa. Je m'approchai, la saluai et lui demandai s'il n'y avait pas une place de libre.

8. Diminutif de Iouri. (N.d.T.)
9. Diminutif de Mikhaïl. (N.d.T.)
10. Diminutif de Raïssa. (N.d.T.)

— Justement je m'en vais, répondit-elle en se levant. Tout ça ne m'intéresse pas beaucoup.

Elle ne me sembla pas dans son assiette et je lui proposai de l'accompagner. Elle ne fit pas d'objection. Il était encore tôt — à peine dix heures — et nous fîmes un tour en ville.

Nous bavardâmes un long moment, surtout des examens et de nos problèmes d'étudiants. Le lendemain, nous nous revîmes. Puis les autres jours. Bientôt, nos rencontres devinrent habituelles. Tout le reste passa au second plan. À vrai dire, il m'arriva même de négliger mes études pendant ces semaines, mais cela ne m'empêcha pas de réussir tous mes contrôles.

Notre relation, pourtant, ne tarda pas à traverser une crise. Un jour d'hiver, alors que nous rentrions à pied de l'université à notre foyer, Raïa demeura singulièrement réservée, se contentant de répondre par monosyllabes. Il était évident que quelque chose n'allait pas et je lui posai carrément la question.

— Nous devons cesser de nous voir, me répondit-elle. J'ai beaucoup souffert de la rupture avec un homme en qui j'avais confiance et je commençais à revenir à la vie. Je te remercie, mais je ne supporterais pas une nouvelle épreuve. Il vaut mieux rompre avant qu'il ne soit trop tard...

Nous continuâmes à marcher, sans rien dire. En arrivant au foyer, je me décidai à lui dire qu'il m'était impossible d'accéder à sa demande : pour moi, ce serait tout simplement une catastrophe. Cela revenait à lui avouer mes sentiments pour elle.

Au foyer, je l'accompagnai jusqu'à la porte de sa chambre et là, avant de la quitter, je lui dis que je l'attendrais le surlendemain, au même endroit que d'habitude, dans la cour de l'université.

— Nous ne devons plus nous voir, répéta-t-elle fermement.

— J'attendrai.

Le surlendemain, elle vint au rendez-vous.

Nous nous remîmes à passer ensemble tout notre temps libre. Nous flânions sur les boulevards de Moscou, nous confiant nos pensées les plus secrètes, découvrant avec une surprise émerveillée tout ce qui nous rapprochait.

Une nuit de juin 1952, nous bavardâmes jusqu'à l'aube dans le petit jardin qui jouxtait le foyer. Ce fut sans doute à ce moment que nous comprîmes qu'il nous était tout bonnement impossible de nous séparer. Depuis ce jour-là, le temps s'est chargé de nous démontrer la justesse de notre choix réciproque.

Un an plus tard, nous décidâmes de nous marier. Bien sûr, nous n'échappâmes pas aux sempiternelles questions qui se posent en pareil cas. Où loger ? Comment réagiraient nos parents ? De quoi vivrions-nous ? De deux maigres bourses, de l'aide (plutôt symbolique) de la famille ?

Il était vain de compter sur une chambre à part au foyer étudiant. Mais la jeunesse a l'espoir chevillé au corps. Après les examens de troisième année, de retour à la maison, j'annonçai la nouvelle à mes parents. Je passai tout l'été au volant de mon tracteur. En me voyant travailler ainsi avec une ardeur redoublée, mon père ne manquait pas de plaisanter : « Tu as une motivation nouvelle, maintenant. »

La veille de mon retour à Moscou, nous vendîmes, mon père et moi, neuf quintaux de céréales. Avec mon salaire en espèces, je me trouvai à la tête de près de mille roubles, somme plutôt rondelette à l'époque. Jamais je n'avais eu autant d'argent en poche. Les bases financières de mon ménage étaient là.

Je retournai à Moscou quelques jours avant le début des cours pour y accueillir Raïa qui revenait de ses vacances en famille. Au cours de l'une de nos premières promenades, nous passâmes devant le Bureau d'enregistrement des Sokolniki.

— Allons-y, entrons ! proposai-je.

Là, on nous donna toutes les informations nécessaires et la liste des pièces à fournir. Le 25 septembre 1953, nous franchîmes une nouvelle fois le seuil de cet honorable établissement où l'on nous remit l'attestation RV 047489, certifiant que le citoyen Mikhaïl Sergueïevitch Gorbatchev, né en 1931, et la citoyenne Raïssa Maximovna Titarenko, née en 1932, étaient désormais unis par les liens du mariage. Les signatures et le cachet appropriés en faisaient foi. La procédure fut rapide, mais quelque peu prosaïque.

Notre « folklore » familial conserve le souvenir d'un rêve que fit Raïssa, à cette époque. Nous nous trouvons, elle et moi, au fond d'un puits que nous tentons d'escalader en nous soutenant l'un l'autre. Nos mains sont en sang et, la douleur devenant insupportable, Raïssa lâche prise. Je la retiens et nous remontons lentement ensemble. Enfin, complètement épuisés, nous parvenons enfin à sortir de ce trou noir. Une route rectiligne, claire et pure dans un écrin forestier, s'offre à nous. À l'horizon, elle semble se dissoudre dans un énorme soleil brillant. Et soudain, de part et d'autre du chemin, de terribles ombres noires fondent sur nous. Qu'est-ce ? En réponse, la forêt murmure : « Des ennemis, ennemis, ennemis. » Nos cœurs se serrent, mais, la main dans la main, nous poursuivons notre chemin vers l'horizon, vers le soleil...

Mariage d'étudiants

Nos noces eurent lieu quelques semaines plus tard, le 7 novembre, pour l'anniversaire de la Révolution. L'argent gagné pendant les moissons servit à commander, chez un bon faiseur de la rue Kirov, une belle robe en crêpe italien qui allait à merveille à Raïtchonka[11]. De mon côté, j'achetai mon premier costume convenable de la marque Oudarnik[12]. Nous étions fin prêts à un détail près : il ne nous restait plus un kopeck pour les indispensables escarpins blancs de la mariée. Raïa dut les emprunter à une amie.

Le banquet eut lieu à la cantine du foyer. Nous invitâmes nos camarades d'études. La table aussi était très étudiante avec son inévitable salade russe. Les toasts se succédèrent au champagne soviétique et à la vodka Stolitchnaïa. Mon camarade Zdenek Mlynar[13] se distingua en faisant une énorme tache de graisse sur son beau costume « d'importation ». Les invités étaient bruyants et gais, et dansaient sans manières. Selon les paroles d'une chanson chère au cœur des révolutionnaires russes, « ce n'est pas à l'église que l'on nous a unis ».

Nous vivions alors une curieuse période de notre vie de couple. L'année précédente, nous passions ensemble presque toute la journée, mais tard le soir nous regagnions chacun notre « antre » dans le foyer surpeuplé de la rue Stromynka. À la rentrée universitaire qui coïncida avec notre mariage, nos conditions de logement changèrent : le foyer tout neuf des monts Lénine commença à accueillir les étudiants en sciences de la nature et les étudiants de dernière année en sciences humaines, et nous eûmes droit, Raïssa et moi, à des chambres individuelles.

Il nous fut impossible d'obtenir une chambre familiale : inquiet pour

---

11. Autre diminutif affectueux de Raïssa. (N.d.T.)

12. « Travailleur de choc ». (N.d.T.)

13. Par la suite, Mlynar devint l'un des principaux dirigeants du Comité central du Parti communiste tchécoslovaque et l'un des initiateurs du Printemps de Prague, en 1968.

la moralité des étudiants, le rectorat n'avait rien prévu de tel. Le foyer était divisé en deux parties : masculine et féminine. L'entrée dans les deux zones était strictement contrôlée grâce à un rigoureux système de laissez-passer. J'eus beaucoup de peine à obtenir un droit de visite quotidien. À chaque fois, j'exhibais mon livret d'identité où était enregistrée la mention de notre mariage, mais rien n'y faisait. À onze heures du soir tapantes, le téléphone retentissait et la voix stridente de la surveillante d'étage hurlait aux oreilles de Raïssa : « Une personne extérieure se trouve chez vous. »

J'eus pourtant ma revanche en décembre 1953, lors de la première conférence universitaire du Komsomol tenue après la mort de Staline. Les délégués — dont je faisais partie — critiquèrent sans ménagement la pruderie mal placée du rectorat. Des posters satiriques illustraient différents aspects de la vie universitaire. L'un d'entre eux (de près de cinq mètres de long) montrait le recteur foulant allégrement aux pieds un certificat de mariage.

L'intervention ferme et décidée du Komsomol fit rapidement évoluer les choses. Les étudiants, logés désormais par facultés, purent enfin avoir des relations normales. Pour Raïssa et moi, cela représenta la possibilité d'avoir des petits déjeuners, des déjeuners et même des dîners familiaux. Et aussi de recevoir des amis. Bref, nous étions heureux et je commençais à me sentir dans la peau d'un homme marié.

Pendant l'été de 1954, nous partîmes pour la région de Stavropol, rendre visite à mes parents. J'étais persuadé qu'ils seraient ravis de mon choix. Mais — comme je devais m'en rendre compte plus tard en devenant père moi-même — les parents ont leur propre idée sur les « choix » que devraient faire leurs enfants. Mon père aima tout de suite Raïssa. Il en fut de même pour grand-mère Vassilissa. Ma mère, en revanche, se montra réservée, allant même jusqu'à faire preuve d'une certaine jalousie. Naturellement, les réticences de ce premier contact ne se dissipèrent jamais tout à fait. En d'autres termes, le « voyage sentimental » fut plutôt raté.

Nous nous inclinâmes sur la sépulture de grand-père Panteleï, décédé à la fin de l'automne précédent. Le jour de ses obsèques, malgré une pluie drue et glacée, tous les habitants du village l'accompagnèrent à sa dernière demeure. Je restai longtemps devant cette tombe si chère, à méditer sur son destin difficile, qui fut celui de milliers de ses concitoyens.

À notre retour à Moscou commença la dernière étape de nos études universitaires. Je soutins mon mémoire de dernière année (j'y démontrais, notamment, la supériorité de la démocratie socialiste sur la démocratie bourgeoise) en obtenant la mention « excellent ».

En réalité, nous étions encore à mille lieues de comprendre le contenu universel des principes démocratiques fondamentaux, mais le tableau manichéen de la propagande suscitait déjà des doutes dans les milieux universitaires. En juin 1955, un événement contribua à mon éveil : la visite à Moscou du pandit Nehru, le Premier ministre indien. J'eus l'occasion d'assister à une rencontre avec lui dans la salle des fêtes de l'université. Cet homme étonnant, à la noble prestance, aux yeux intelligents et pénétrants et au bon sourire bienveillant me fit une forte impression. Je me souviens encore de la chaleur de ses paroles envers notre *alma mater*. Il exprima l'espoir que l'université formerait des jeunes gens « grands d'esprit et de cœur » appelés à devenir des « porteurs de bonne volonté et de paix ».

Pour notre hôte indien, la paix était la condition essentielle de la pérennité et du progrès de l'ensemble de la civilisation humaine. Elle rendait possible aussi bien l'utilisation des plus récentes découvertes de la science et de la technique pour le bien de toute l'humanité, que la suppression de toutes les barrières qui entravaient notre élévation morale et spirituelle.

Pour des individus formés à l'« approche de classe » des phénomènes historiques, la résonance de ces paroles fut pour le moins inhabituelle. Elles contribuèrent à dissiper les brumes de notre esprit. Bien des années plus tard, en décembre 1986, je me les remémorai en apposant ma signature à côté de celle de Rajiv Gandhi, Premier ministre de l'Inde et petit-fils de Jawaharlal Nehru, au bas de la Déclaration de Delhi sur les principes d'un monde dénucléarisé et sans violence.

Confronté à l'avenir

Après cinq années d'université, chaque étudiant traversait une période d'incertitude liée à la question capitale de son avenir professionnel : à quel poste serait-il nommé ?

Pour mon épouse, tout était déjà joué. Elle avait fini ses études universitaires un an plus tôt et préparait une thèse de doctorat d'État. Une carrière de chercheur en sciences humaines s'ouvrait devant elle.

Je reçus une proposition similaire : préparer une thèse sur le droit kolkhozien. Je refusai pour des raisons de principe : je ne me faisais aucune illusion sur le « droit kolkhozien », qui ne m'apparaissait nullement comme une discipline scientifique.

D'ailleurs, je n'avais aucune inquiétude quant à l'avenir. En ma qualité de secrétaire du Komsomol, je faisais partie de la commission des nominations et je savais que ma carrière était toute tracée : avec douze autres anciens élèves (dont onze anciens combattants), j'étais nommé au parquet de l'URSS.

La réhabilitation des victimes de la répression stalinienne venait de commencer et nous devions être versés dans les nouveaux départements appelés à exercer le contrôle du ministère public sur la légalité des enquêtes menées par les organes de sécurité [14]. Je me représentais donc ma future activité comme une lutte pour le triomphe de la justice, conformément à mes convictions politiques et morales.

Mon dernier examen eut lieu le 30 juin 1955. Au foyer m'attendait une lettre officielle m'invitant à me présenter à mon lieu de travail : le parquet de l'URSS. Je m'y rendis dans les meilleures dispositions d'esprit : m'attendant à un entretien sur mes nouvelles obligations, j'envisageais déjà de formuler quelques propositions. À peine passé le seuil du bureau indiqué, les paroles du fonctionnaire qui y trônait me firent l'effet d'une douche froide : « On ne considère pas qu'il soit possible de vous employer dans les organes du parquet de l'URSS. »

J'appris plus tard l'explication de ce cafouillage : le gouvernement avait pris une mesure secrète interdisant catégoriquement de recruter dans les organes judiciaires centraux les diplômés fraîchement émoulus des facultés de droit. On pensait alors que la présence au parquet de trop de « blancs-becs » sans expérience, qui recevaient du jour au lendemain le pouvoir de décider du destin d'individus bien réels, était l'une des nombreuses raisons du déchaînement de la terreur de masse des années trente. Paradoxalement, je me retrouvai victime de la « lutte pour le rétablissement de la légalité socialiste », alors que ma famille avait elle-même souffert de la répression.

Mes plans s'effondrèrent en l'espace d'une minute. Certes, je pouvais

---

14. Cette formule désigne le KGB (Comité de Sécurité de l'État). En 1953, après la mort de Staline et l'exécution de Beria, les nouveaux dirigeants, se méfiant du pouvoir excessif de la police politique, décidèrent de transformer le ministère de la Sécurité d'État en un simple Comité près le Conseil des ministres de l'URSS. Le KGB ainsi créé au début de 1954 ne tarda pourtant pas à reprendre son ancienne importance, même s'il employait désormais des méthodes moins « cannibales ». (N.d.T.)

me trouver une petite place confortable à l'université de manière à pouvoir m'incruster à Moscou [15]. Quelques amis étaient disposés à agir en ce sens. Mais cela ne me disait rien.

On me proposa un poste au parquet de Tomsk, puis à celui de Blagovechtchensk, puis à celui de la république du Tadjikistan et enfin un poste de substitut, avec logement à la clé, à Stupino, dans la banlieue de Moscou. À dire vrai, avec Raïssa, nous n'eûmes pas à réfléchir bien longtemps à ces propositions. Pourquoi tenter notre chance dans des contrées inconnues, affronter les frimas sibériens ou la canicule de l'Asie centrale alors que le travail ne manquait pas dans ma région natale ?

Nous décidâmes de nous installer à Stavropol. Avant cela, nous rendîmes visite aux parents de Raïssa envers qui nous étions coupables de n'avoir annoncé notre mariage qu'après coup. L'accueil fut sans surprise : sans être inamicaux, ils ne dissimulaient pas une certaine rancœur. Aujourd'hui, en tant que père, je les comprends. Sans compter que leur fille allait quitter son existence de thésarde moscovite pour suivre son mari dans un « trou » de province.

Je laissai Raïssa un mois chez ses parents et retournai à Moscou, consacrant les derniers jours de juillet aux préparatifs du départ. Toutes nos affaires tenaient dans deux valises. Quant au gros des bagages, à savoir les livres, j'emplis à ras bord une énorme caisse que j'expédiai à Stavropol « à petite vitesse », par souci d'économie.

Je devais partir pour Stavropol le soir même par le train de nuit. Je retournai une dernière fois au foyer et pris une douche avant de m'étendre sur mon lit. Là, les yeux fermés, j'envisageai pour la première fois un thème qui devait souvent revenir dans mes pensées : la signification de ces années universitaires et la place qu'elles occupaient dans ma vie.

À l'évidence, l'« ouvrier et paysan » qui avait franchi le seuil du bâtiment de la rue Mokhovaïa, en 1950, n'avait pratiquement plus rien en commun avec le diplômé de l'université que j'étais devenu cinq ans plus tard.

Bien entendu, la première impulsion morale à ma gestation en tant qu'individu et citoyen est venue de ma famille. Naturellement, l'apport de mes instituteurs a été considérable. Quant à mes aînés, conducteurs de machines agricoles, ils m'ont appris à travailler et à faire mien le système de valeurs du travailleur, et je leur en sais gré. Pourtant, c'est

---

15. La *propiska* (autorisation de résidence) à Moscou était subordonnée à l'obtention d'un travail (ou à la poursuite d'études) dans la ville. (N.d.T.)

à l'université de Moscou que j'ai acquis ces connaissances de base et cet élan spirituel qui furent déterminants pour le choix du chemin à suivre. Une chose est sûre : sans ces cinq années, le Gorbatchev homme politique n'aurait pas existé.

CHAPITRE 4

L'ÉPREUVE DE FORCE

Une ville de province

Personne ne vint m'accueillir à Stavropol. Je laissai mes bagages à la consigne et me mis en quête d'un endroit où loger. Je connaissais mal la ville, où je n'avais fait que de brèves incursions. Finalement, je trouvai une couchette libre à l'hôtel Elbrouz [1]. Je payai d'avance, et partis flâner.

La verdure luxuriante et le cachet classiquement provincial de la ville me frappèrent. Les maisons basses — elles avaient rarement plus d'un étage — avec leurs multiples dépendances étaient construites dans ce style indéfinissable qui caractérise la Russie profonde. Chaque toit était surmonté d'une cheminée qui indiquait l'absence de chauffage urbain [2]. Je ne tardai pas à me rendre compte que la ville ne disposait pas de réseau d'eau courante ni de tout-à-l'égout.

Le centre de la ville est construit sur une hauteur ceinturée des vestiges d'un mur d'enceinte. Là s'élevait avant la guerre une magnifique cathédrale que l'on aurait fait sauter avant l'entrée des troupes allemandes. Jusqu'aux années soixante, la place centrale et le marché haut — où les paysans venaient de tout le territoire et des régions avoisinantes pour vendre le produit de leurs lopins — occupaient le cœur de la vieille ville.

Des bâtiments historiques bordaient la place : l'ancien lycée où étudia

---

1. Dans les hôtels destinés aux citoyens soviétiques, il était de règle de loger plusieurs personnes dans la même chambre. (N.d.T.)

2. Les principes soviétiques d'urbanisation ont privilégié la construction de centrales de chauffage urbain au sein de chaque quartier. Elles fournissent non seulement la chaleur, mais encore l'eau chaude à l'ensemble des immeubles qui dépendent d'elles. (N.d.T.)

Guerman Lopatine, le premier traducteur russe du *Capital* de Marx ; l'ancien Institut des jeunes filles de la noblesse devenu l'Institut pédagogique ; l'immeuble trapu qui servait de QG au commandant en chef de l'Armée du Caucase ; l'ancienne assemblée de la noblesse devenue le mess des officiers ; le théâtre (le premier construit dans le Caucase) et l'ancienne résidence du gouverneur, siège du kraïkom du parti. Un chêne biscornu, âgé d'au moins sept siècles, se cramponnait sur la descente qui menait aux étangs. Selon une légende séculaire, c'était l'un des lieux de méditation préférés du poète Mikhaïl Lermontov. Une large avenue en pente s'ouvrait vers l'est jusqu'aux anciennes portes de Tiflis[3], sur la route qui mène à la ville du même nom...

Près de l'hôtel Elbrouz, se tenait le marché bas, renommé pour la saleté de ses étals et le bas prix de ses fruits et légumes. Pour quelques kopecks, on pouvait se payer toute une pyramide de tomates. Je m'efforçais de faire des économies : il me fallait trouver un logement pour accueillir Raïssa.

Ma période d'essai au parquet du territoire commença le 5 août. Le soir, je sillonnais la ville à la recherche d'un toit. En quelques jours, je visitai en vain des dizaines de maisons. Des collègues finirent par me conseiller de prendre un intermédiaire. Le parquet et la milice, qui bataillaient ferme contre ces gens-là, possédaient leurs fiches : voilà comment j'obtins une bonne adresse, celle d'une dame fort efficace demeurant au 26, rue Ipatov[4]. Elle comprit immédiatement que mon but n'était pas de lui créer des ennuis, mais d'avoir recours à ses services. Moyennant cinquante roubles, elle me fournit trois adresses. L'une d'entre elles, rue Kazanskaïa, devait devenir la nôtre pendant plusieurs années.

Nos logeurs étaient des enseignants à la retraite, des gens charmants. Leur fille Liouba et son mari Volodia, bientôt rejoints par un petit-fils, Anatoli, vivaient avec eux. Ils nous sous-louèrent une chambre de onze mètres carrés, dont le tiers était occupé par un poêle russe. Trois petites fenêtres de guingois (elles fermaient difficilement) donnaient sur un verger aussi vieux que beau. Le mobilier se composait d'un lit de fer long et étroit dont le sommier en treillis détendu touchait presque le plancher. La pièce était plutôt en piètre état, mais vu l'état de mes finances, je n'avais guère le choix. Le loyer fut fixé à deux cent cinquante roubles

3. Tiflis était l'ancien nom russe de Tbilissi, la capitale de la Géorgie. (N.d.T.)

4. Les adresses utiles sont toujours restées gravées dans ma mémoire.

d'avant la réforme. Le bois de chauffage, le charbon et le pétrole d'éclairage étaient à ma charge.

En guise d'ameublement, je plaçai au beau milieu de la pièce la caisse de livres qui avait fini par arriver de Moscou : ce serait à la fois notre table et notre bibliothèque. Je fabriquai également un rangement en guise de vestiaire et achetai deux chaises juste avant l'arrivée de ma femme.

Rupture avec le parquet

Les circonstances de ma nomination, le sans-gêne dont faisaient preuve les gens du parquet et leur indifférence envers ma situation de famille m'amenèrent à douter sérieusement de mon choix de carrière. La période d'essai ne dissipa pas mes réticences et je pris la décision de ne pas persévérer dans cette voie.

J'entrai en contact avec le kraïkom du Komsomol où travaillaient de vieux amis d'antan. Mon diplôme de l'université de Moscou et le récit de mon travail au Komsomol de la fac ne manquèrent pas de les intéresser. Viktor Mironenko, le premier secrétaire du kraïkom du Komsomol, exprima le souhait de me rencontrer. Il me proposa de seconder le chef du département d'agitation et de propagande du kraïkom. J'acceptai.

En tant que jeune spécialiste nommé après la fin de ses études, j'avais des obligations envers l'État et il me fallait obtenir l'aval de mon employeur désigné, le parquet du territoire. En fait, il s'agissait d'une pure formalité dans la mesure où Mironenko avait déjà obtenu l'accord du kraïkom du parti. Je décidai néanmoins de ne pas passer par-dessus la tête du procureur et demandai à le rencontrer. Vassili Nikolaïevitch Petoukhov jouissait d'un grand prestige et, comme je pus m'en convaincre par la suite, méritait sa réputation d'homme indépendant et à cheval sur les principes. Notre conversation fut longue et rien moins qu'agréable.

Des décennies plus tard, dans les années quatre-vingt, Vassili Nikolaïevitch me fit parvenir deux de ses ouvrages dédicacés accompagnés d'un petit mot : « J'ai aujourd'hui l'immense satisfaction de penser que j'ai eu raison de ne pas me mettre en travers de votre chemin. » À l'époque, pourtant, notre entretien me laissa un arrière-goût déplaisant.

Au Komsomol

Au kraïkom du Komsomol, ma première tâche consista à me familiariser avec mon nouveau travail et mes nouveaux devoirs. Je commençai à me rendre régulièrement dans les cellules locales des différents districts du territoire. Je me déplaçais en train ou en empruntant des camions de passage pour atteindre des localités plus reculées, mais souvent, il me fallait voyager simplement à pied. Une part non négligeable de mon premier salaire (840 roubles d'avant la réforme) passa dans l'achat de bottes assez solides pour affronter nos mauvaises routes.

Au cours de ces déplacements, le problème principal était celui de la nourriture. On passait la journée par monts et par vaux, mais on ne trouvait de buvette nulle part et encore moins de café, ou de restaurant. On s'estimait content lorsqu'un collègue ou un paysan avait l'idée de vous offrir un verre de lait et un quignon de pain. Et être l'invité d'un dirigeant représentait le comble du bonheur.

Trouver un refuge pour la nuit était encore plus ardu. Dans la plupart des villages, il n'y avait ni hôtel, ni maison d'accueil. Heureusement, les komsomols venaient à la rescousse pour vous caser chez une quelconque « tante Mania » ou pour vous héberger chez eux.

L'un de mes premiers déplacements me conduisit à Gorkaïa Balka[5], un village du district de Vorontsovo-Alexandrovsk, dans le sud-est du territoire. Pendant plusieurs jours, je visitai les ateliers et les fermes, me mêlant aux équipes. La situation était épouvantable : partout ce n'était que pauvreté et délabrement. Je passais mes soirées à la direction du kolkhoze, essayant de régler moult problèmes. Je ne me souviens plus des détails, mais un épisode est resté gravé dans ma mémoire.

Avec le secrétaire de la cellule locale du Komsomol, je me rendais dans une ferme d'élevage isolée pour y rencontrer les jeunes. En chemin, nous fîmes une courte halte au sommet d'une côte, après avoir longtemps pataugé dans une boue impraticable. De là, une vue fantasmagorique s'offrit à nous : le village s'étendait sur une vingtaine de kilomètres de part et d'autre d'une rivière. De petites masures de guingois, couronnées de fumée et entourées de haies noircies et rabougries s'étendaient à perte de vue... À n'en pas douter, des êtres humains subsistaient dans ces demeures misérables, mais il n'y avait âme qui vive sur les chemins, si chemins il y avait. C'était comme si le village avait été

5. Littéralement « la Vallée amère ». (N.d.T.)

ravagé par une épidémie et que les habitations ne fussent plus que des monades totalement indépendantes les unes des autres. Seuls se répondaient les aboiements des chiens. Je me dis qu'il ne fallait pas chercher bien loin la raison de l'exode des jeunes de ce village oublié de Dieu. Ils fuyaient cette désolation, pris de panique à l'idée d'y être enterrés vivants. Là, sur la colline je me demandai comment on pouvait vivre ainsi. Je me dis aussi que ces gens méritaient une vie meilleure.

Et pourtant, la vie ordinaire poursuivait son cours. Pour moi, les déplacements se succédaient. Généralement, je représentais le Komsomol, mais je remplissais aussi des missions pour le compte du kraïkom du parti. Il m'arrivait souvent d'intervenir en public sur les sujets les plus divers et j'étais conscient que mes qualités d'orateur ne suffisaient pas à expliquer l'importance quantitative de mes auditoires, ni l'attention avec laquelle on m'écoutait. À l'époque, la plupart des villages n'avaient ni l'électricité ni, a fortiori, la radio. Quant à la télévision, on ne savait même pas ce que c'était. Les journaux ne parvenaient qu'avec beaucoup de retard et les livres étaient rares. De ce fait, dès que l'on annonçait l'arrivée d'un conférencier du « centre », le public affluait au club du village. Les spectateurs, heureux de communiquer, s'installaient sur les bancs en prenant leurs aises, grignotaient en douce des graines de tournesol dans le fond de la salle, et se montraient prêts à m'entendre jusqu'à l'aube s'il le fallait.

Progressivement, le côté « éducatif » du travail du Komsomol fut supplanté par les campagnes économiques lancées par Nikita Khrouchtchev. Très vite, je me rendis compte que le travail politique était plein de chausse-trapes, qu'il fallait suivre les « règles du jeu » et se couler dans le moule. La dérive bureaucratique à laquelle j'avais voulu échapper en quittant le parquet n'était pas différente au Komsomol.

Au fond, l'organisation des jeunesses communistes ne jouissait d'aucune autonomie et remplissait le rôle de sous-traitant du parti. Pis, toute initiative y était considérée comme indésirable, et même dangereuse. Investies de la direction de l'économie, les organisations du parti jaugeaient tout au travers du prisme des réalisations économiques et en attendaient autant du Komsomol. De bons résultats témoignaient de leur efficacité. Dans le cas contraire, le travail politique était considéré comme insuffisant.

Durant mon séjour à Gorkaïa Balka, j'entendis bien des plaintes, aussi bien sur la mauvaise gestion que sur l'absence de perspectives, mais ce qui démoralisait le plus les jeunes, c'était le sentiment d'être isolé de tout.

Comme il fallait faire quelque chose, je consultai des spécialistes. Ils furent unanimes : la jeunesse a besoin de communiquer. Nous décidâmes de lancer des cercles d'initiation et pas seulement dans le domaine politique. En d'autres termes : ouvrir une « fenêtre sur le monde ». Dès les premières réunions, l'affluence — des jeunes mais aussi des personnes plus âgées — fut considérable. Chacun exprima le vœu de voir ces séances se tenir régulièrement. Bref, la glace était rompue. À la fin de ma mission, je fis mon rapport à Sergueï Dmitriev, le premier secrétaire du raïkom [6] du parti, puis rentrai à Stavropol.

Un ou deux jours plus tard, je fus convoqué au kraïkom du parti.

— Que t'est-il arrivé là-bas ?

— Rien de spécial, répondis-je, mais ce n'est pas gai.

— Eh bien, nous avons été alertés par le secrétaire du raïkom : au lieu de mettre de l'ordre, de renforcer la discipline et de diffuser des méthodes de travail avancées, un certain Gorbatchev, envoyé par le kraïkom du Komsomol, a entrepris de créer on ne sait quels « cercles modèles ».

D'abord stupéfait, je finis par comprendre. Dmitriev pensait que j'allais rendre compte au kraïkom de la vie au village et, selon l'expression consacrée, d'un « manque de sollicitude pour les gens ». Il avait donc décidé de lancer une « attaque préventive ». Bien entendu, il se gardait bien de souffler mot des besoins et des maux des paysans de Gorkaïa Balka.

Mes relations avec mes collègues du Komsomol n'étaient pas toujours au beau fixe. Mon bagage universitaire me conférait une certaine supériorité et, sur des questions d'ordre général, dans le feu de la discussion, je mettais mon grain de sel suivant une vieille habitude d'étudiant, avançant des arguments qui désarçonnaient parfois mes interlocuteurs.

Un jour, à la conférence de l'appareil du kraïkom du Komsomol, on me reprocha ouvertement d'« abuser » de ma formation universitaire. L'explication vint ensuite, en petit comité :

— Tu sais, Micha, me dit-on, on t'aime bien, on te respecte pour tes connaissances aussi bien que pour tes qualités humaines, mais beaucoup de gars de l'appareil se vexent de passer pour des ignares, ou pis encore, des idiots lors des discussions. Est-ce de leur faute si tout leur bagage se résume aux cours du soir de l'école secondaire ?

Je pris cette remarque tout à fait au sérieux et j'aidai beaucoup d'entre eux à poursuivre des études supérieures.

---

6. Comité de district. (N.d.T.)

Le XXe congrès du PCUS

Au printemps de 1956, le XXe congrès du parti et le rapport à huis clos de Khrouchtchev sur les crimes de Staline causèrent un véritable choc politique et psychologique dans le pays.

Au kraïkom, j'eus l'occasion de lire la lettre d'information du CC qui reprenait presque mot pour mot ce rapport. J'approuvais l'attitude courageuse de Khrouchtchev et manifestai publiquement cette conviction. Pourtant, je ne manquai pas de relever des réactions mitigées au sein de l'appareil. Je perçus même un certain désarroi.

De tels sentiments étaient aisés à comprendre. Pendant des décennies, tout le travail du parti et l'organisation de notre existence tout entière avaient reposé sur l'autorité de Staline qui consacrait et justifiait tout. Au moment où ce socle s'effondrait, l'esprit de discipline adamantine ancré chez le moindre membre de l'appareil exigeait de se soumettre à la nouvelle ligne du CC, mais tous étaient loin de pouvoir la comprendre et l'admettre. Beaucoup d'entre eux laissèrent passer la tourmente, attendant la suite des événements et de nouvelles instructions.

Au Komsomol, on parvint à une conclusion unanime : les membres les plus expérimentés de l'appareil devaient expliquer la portée du XXe congrès aux jeunes. Le kraïkom du parti établit un plan d'action. On m'envoya dans le district de Novo-Alexandrovsk. J'y trouvai une situation typique. Dès mon arrivée, le secrétaire du comité local du parti pour l'idéologie, N. Veretennikov, m'exprima sa sincère commisération. À ses yeux, j'allais au « casse-pipe ». Lui-même était totalement désorienté. « Je vais te dire franchement, me fit-il remarquer, que le peuple n'accepte pas la condamnation du culte de la personnalité. »

De mon côté, je n'ignorais pas ce qui se dissimulait derrière cette référence au peuple : les vues de l'appareil. Je décidai donc de sonder par moi-même l'état d'esprit du public. Pendant les deux semaines que je passai dans le district, je rencontrai quotidiennement des komsomols et des membres du parti. Ils étaient loin d'avoir tous le même avis. Chez certains — surtout les jeunes, les intellectuels, et ceux que la répression stalinienne avait touché d'une manière ou d'une autre —, le thème du « culte » suscitait un vif écho. D'autres refusaient simplement de croire les faits cités dans le rapport, rejetant catégoriquement le jugement porté sur l'action et le rôle de Staline. Les troisièmes — les plus nombreux — ne doutaient pas de la véracité de ces accusations, mais posaient inlassablement la même question : « À quoi bon ? » Autrement dit, pourquoi laver son linge sale en public et exciter ainsi la population ?

Le plus surprenant est qu'une étrange explication de la répression germa dans la conscience de nombreuses personnes, parmi les plus simples : Staline aurait châtié... les oppresseurs du peuple ! Ils auraient ainsi payé le prix des larmes. Et l'on prétendait cela dans un territoire qui était passé par la sanglante moulinette des terribles années trente !

Dans les « hautes sphères », tout le monde comprenait bien — qui intuitivement, qui avec les outils de la réflexion — que la critique de Staline visait aussi le système lui-même, constituant une menace pour son existence et, par conséquent, pour le bien-être de ses dirigeants. D'ailleurs, dès les premières réunions consacrées au XXe congrès, les responsables de tous les niveaux s'entendirent demander : « Mais, vous tous, où étiez-vous à l'époque ? »

Iouri Andropov, alors ambassadeur de l'URSS à Budapest, eut l'occasion de me raconter plus tard que, peu après le XXe congrès, le leader hongrois Matyas Rakosi l'avait invité à une partie de chasse. Profitant d'un moment où ils étaient seuls, Rakosi lui dit en russe (en comptant manifestement que ses paroles seraient transmises à Moscou) : « On n'agit pas ainsi. Il ne fallait pas précipiter les événements. Ce que vous avez fait à votre congrès est une calamité. Et je ne sais pas sur quoi ça va déboucher aussi bien chez vous que chez nous. »

Dès mon arrivée dans le district qui m'était assigné, je compris qu'il ne fallait pas de discours, mais des entretiens francs et amicaux. À mon retour, je fis part de mes observations et propositions au kraïkom du parti où elles suscitèrent un certain intérêt. Pourtant, je n'étais pas satisfait : tellement de questions que je me posais restaient sans réponse ! Je compris soudain que la cause principale de mon malaise résidait dans le rapport Khrouchtchev lui-même : loin d'être le fruit d'une réflexion, il revêtait un caractère intrinsèquement personnel et « émotionnellement dénonciateur ». Il ne démontrait pas, mais jouait sur les nerfs des gens. Là où il aurait fallu une analyse approfondie, il ramenait les causes de tous ces processus politiques, socio-économiques et sociopsychologiques complexes aux mauvais aspects de la personnalité du « Guide ».

Quoi qu'il en soit, le XXe congrès donna une puissante impulsion à notre société, engageant une réévaluation de la politique intérieure et extérieure et entraînant une amorce d'analyse historique.

Mais les forces du passé résistaient.

Le poids croissant des responsabilités

En août 1956, je travaillais au kraïkom du Komsomol depuis une année entière et je passais en mission le plus clair de mon temps. J'avais pu, néanmoins, nouer des contacts étroits avec les intellectuels et les étudiants de Stavropol. En tout cas, j'étais au courant de leurs problèmes. Ce fut peut-être ce qui poussa les responsables du parti — à ma grande surprise puisque j'étais un nouveau venu — à proposer ma candidature au poste de premier secrétaire du comité municipal (gorkom) du Komsomol pour la ville de Stavropol. J'entrai en fonctions dès le mois de septembre.

Il y avait tellement de problèmes qu'il me fallut une longue réflexion pour déterminer par quoi commencer. Il était difficile de trouver du travail non seulement pour ceux qui avaient terminé l'école secondaire, mais même pour les diplômés de l'enseignement supérieur. Stavropol expérimentait ainsi l'exclusion, les loisirs forcés et les phénomènes négatifs qui accompagnent de telles situations. Par ailleurs, le XXe congrès suscitait des attentes croissantes, notamment parmi la jeunesse. À l'évidence, il fallait renouveler le contenu et les formes de notre action.

Mon premier acte fut de créer un club de discussion municipal. Plus tard, dans les années soixante, de telles initiatives, ainsi que les « magazines parlés », se multiplièrent dans de nombreuses villes et devinrent une forme courante d'action idéologique. Pourtant, lorsque j'entrepris, avec l'assistance de Larion Anissimovitch Roudenko, professeur à l'Institut pédagogique, de lancer un tel club à Stavropol, cela apparut comme une innovation sans précédent, du moins dans notre territoire.

Le thème du premier débat, qui se tint dans la Maison des instituteurs, semblait assez anodin : « Parlons du goût ! » Mais grâce à des questions subsidiaires, il engloba rapidement les questions les plus brûlantes de l'existence de la jeunesse. La réaction ne se fit pas attendre. Des gens bien intentionnés autant que vigilants téléphonèrent au secrétaire du gorkom du parti : « De la provocation pure et simple ! »

Les discussions étaient animées et l'on ne ménageait pas ses cordes vocales. Le premier débat fut suivi par un deuxième, puis un troisième. Le local était plein à craquer. Les participants s'entassaient comme ils pouvaient jusque dans les passages et les escaliers. Il nous fallut chercher un local plus vaste : nous trouvâmes le Club de la milice !

Je présidais toutes les réunions, mais l'une d'elles resta gravée dans ma mémoire. Le débat portait sur la culture. Un jeune homme, terriblement ému, prit la parole. Il expliqua que la culture, c'était avant tout l'homme lui-même avec toute son histoire pluriséculaire, alors que nous la ramenions à une seule forme : l'idéologie. Pour lui, ce dont on nous bourrait le crâne était une distorsion de la notion même de culture !

Roudenko et moi, nous nous lançâmes dans la bataille pour « défendre le socialisme ». Nous arguâmes que le socialisme avait recueilli tout le patrimoine spirituel de l'humanité et qu'il avait ouvert la voie de la culture à des millions d'individus. Nous citâmes bien d'autres arguments dont nous étions parfaitement convaincus. Notre « adversaire idéologique » n'était pas très expérimenté en matière de joutes verbales et nous l'emportâmes. Mais, sur le moment, je songeais surtout qu'à cause de tels dérapages, on pouvait fermer ce club auquel nous tenions tant.

Il devint pourtant le lieu de rencontres privilégié de la jeune « intelligentsia » de Stavropol. Mais comment aurais-je pu ignorer que la plupart des participants auraient préféré des actions pratiques concrètes ? Nous décidâmes donc de créer un OKO (détachement opérationnel du Komsomol). Je ne sais pas s'il fut l'un des premiers dans le pays, mais précédemment je n'avais jamais entendu parler de rien de similaire ailleurs.

Comme il avait été proclamé de longue date que le chômage avait été supprimé définitivement et sans retour dans notre pays, il n'existait aucun système gouvernemental susceptible d'aider les jeunes dont une partie était désœuvrée. L'oisiveté s'accompagnait inévitablement d'ivrognerie, de hooliganisme et de vols. Les méthodes habituelles de la milice ne donnaient guère de résultat. Le renfort d'un détachement opérationnel mobile, discipliné, courageux, décidé et formé de volontaires recrutés parmi les jeunes eux-mêmes, fut particulièrement apprécié. La notoriété de l'OKO devint vite énorme.

Cela confirma dans leurs opinions ceux qui ne croyaient qu'à la coercition pour résoudre ce genre de problème. Pourtant, nous comprîmes très vite qu'il était à la fois stupide et dangereux de ne compter que sur elle. D'abord, des voyous et des pillards commencèrent à opérer sous l'égide de l'OKO. Ensuite, certains jeunes, prenant goût aux « méthodes musclées », se mirent à procéder à des arrestations et à des passages à tabac en contrevenant à la légalité la plus élémentaire. Il fallut renforcer le contrôle exercé sur l'OKO et affecter un milicien expérimenté à chaque groupe. Nous décidâmes aussi d'intensifier notre action en faveur de l'emploi et des loisirs organisés.

Le gorkom assuma la fonction de « Bourse du travail » répertoriant tous les emplois de la ville. Il fallut discuter sans fin avec les directeurs d'entreprise. Quant à moi, je me préoccupais moins du nombre de volontaires rejoignant l'OKO que de celui des jeunes gens que nous parvenions à « caser ».

Formellement, le Komsomol n'avait aucune prérogative, mais je pouvais me prévaloir de mon appartenance au bureau du gorkom du parti : cela me permettait de défendre efficacement les intérêts des jeunes face au parti et aux entreprises.

Je contribuai également à la création de « fenêtres de la satire » inspirées des années vingt. Dans des vitrines installées dans les rues de la ville, des photos montraient des cours d'usine encombrées d'ordures, des vendeurs indélicats et des « patrons » en goguette. Les gens s'assemblaient volontiers devant ces fenêtres qui faisaient véritablement sensation. Bref, nous cherchions les moyens propres à prendre en compte les intérêts de la jeunesse, et il nous arrivait d'en trouver.

Irina

Les changements touchèrent aussi notre vie privée. Le 6 janvier 1957, le lendemain de son vingt-cinquième anniversaire, ma femme donna naissance à notre fille Irina. Nous étions heureux, mais inquiets, car les médecins avaient déconseillé à Raïssa d'avoir des enfants à la suite d'une affection rhumatismale contractée pendant ses années estudiantines. Cela compliqua aussi notre existence. Nous vivions toujours rue Kazanskaïa, dans un quartier éloigné des magasins et du marché du centre ville. Nous allions toujours pomper notre eau dehors, et les toilettes étaient dans la cour, ainsi que le charbon et le bois de chauffage.

À l'époque, le congé de maternité n'était que de cinquante-cinq jours. Passé ce délai, comme un seul salaire ne suffisait pas, ma femme reprit le travail et il nous fallut chercher une nounou. On en trouva une à grand-peine pour une courte période. Pour Raïssa ce ne fut pas une période facile ! Pour nourrir le bébé, elle devait passer à la maison dans la journée et laisser une partie de son lait maternel pour plus tard. À l'époque, il n'était même pas question d'aliments pour enfants. D'ailleurs, nous manquions de tout. Nous portions encore les vêtements que nos parents nous avaient procurés lorsque nous étions étudiants.

Pendant la guerre, mon père prit part aux combats contre les nazis à Rostov et dans le saillant de Koursk, sur le Dniepr et sur la tête de pont de Sandomierz. Blessé lors d'un bombardement près de Kosice, en Pologne, il passa les dernières semaines du conflit à l'hôpital de Cracovie.

Photo de famille. Assises près de moi : Raïssa Maximovna, notre petite-fille Ksenia et ma mère Maria Panteleïevna. Debout : ma belle-sœur Svetlana, notre nièce Lioudmila, mon gendre Anatoli, ma fille Irina et mon frère Alexandre.

En 1953, au moment de notre mariage, ma femme et moi fréquentions l'université de Moscou : Raïssa la faculté de philosophie, moi, celle de droit.

Vingt-cinq ans plus tard, en 1978, nous célébrâmes nos noces d'argent lors d'un voyage dans les montagnes du Caucase.

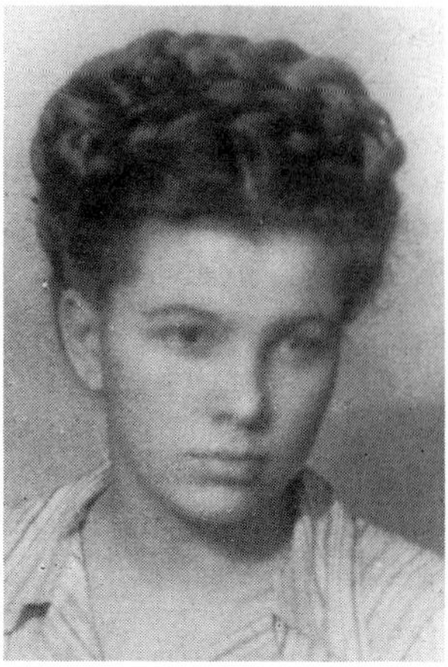

Mon portrait préféré de ma femme.

Lors de mes déplacements officiels, je m'efforçais toujours de partager quelques instants de détente avec Raïssa. Ici, une promenade matinale, en Sibérie.

Un moment bien solennel : la première visite au Kremlin de mes petites-filles, Ksenia et Anastasia. Les joies de la vie de famille me permettaient de mieux affronter les soucis de ma charge à la tête de l'État.

Retour de Foros, où j'avais été détenu avec ma famille pendant trois jours, dans la nuit du 22 août 1991. La tentative de putschistes venait d'échouer.

Au nom des anciens combattants d'Afghanistan, Rouslan Aouchev m'offre une toile intitulée Printemps à Kaboul. C'était en février 1991, pour l'anniversaire du retrait des troupes soviétiques.

Parmi les mesures prises dans les années de perestroïka, l'une des plus importantes fut la loi sur la liberté de conscience et de religion.

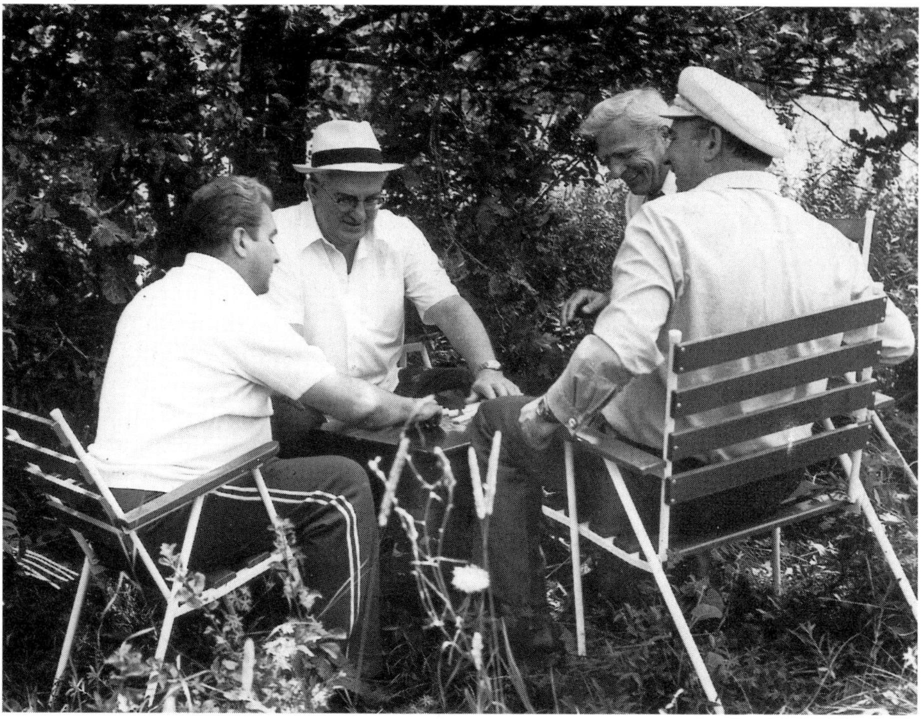

Les liens qui m'unissaient à Iouri Andropov ne s'arrêtaient pas aux parties de dominos pendant nos vacances communes.

Au début des années quatre-vingt, la moyenne d'âge des membres du Politburo — ici dans l'enceinte du Kremlin — dépassait les soixante-dix ans.

Mes voyages m'amenaient dans des endroits fort différents et me faisaient traverser toute une gamme d'émotions. Recueillement en Biélorussie, lors de ma première visite officielle, au mémorial dressé près d'un village dont les habitants furent exterminés par les nazis pendant l'occupation allemande.

Discussion animée dans les rues de Norilsk, au nord du cercle polaire. À l'ouvrier qui me demandait de sévir contre ceux qui freinaient les réformes, je répondis que « tout devait se faire de manière résolument démocratique ».

En haut à gauche : Pendant ma visite officielle à Cuba, en avril 1989, j'eus l'occasion de m'entretenir plusieurs fois longuement avec Fidel Castro.
En haut à droite : Après le tremblement de terre d'Arménie, en décembre 1988, je me rendis à Spitak, l'une des villes les plus touchées, en compagnie de Nikolaï Ryjkov.
En bas : En manœuvres dans la région militaire d'Odessa, en 1990. Par ma présence, je voulais soutenir l'armée qui traversait des temps difficiles.

Au début de 1990, je passai trois jours en Lituanie qui s'engageait sur la voie de l'indépendance. J'eus de longues discussions avec les habitants de la république. Les résultats furent peu encourageants.

À l'automne 1991, je me rendis en Kirguizie. Les Kirguizes, comme les Russes, exprimèrent leur inquiétude quant au destin de l'Union.

À la fin de notre première rencontre , Deng Xiaoping me dit : « Le résultat de notre entretien peut être résumé par les huit idéogrammes de l'expression chinoise "Tirer un trait sur le passé et ouvrir le futur". » C'était en mai 1989.

Lors de cette même visite en Chine, je passai de nombreuses heures avec le secrétaire général du PC chinois, Zhao Ziyang. Il me semble que Zhao supporta très mal les événements de la place Tiananmen. Peu de temps après, il fut écarté de la scène politique.

Dès notre première rencontre, Wojciech Jaruselski m'apparut comme un authentique patriote polonais, un ami de l'Union soviétique et un homme d'État d'une dimension considérable. À cela, il convient d'ajouter sa grande rigueur morale et ses énormes qualités humaines. Cette photo a été prise en juillet 1988.

Entre Rajiv Gandhi et moi s'installèrent très vite une grande sympathie et beaucoup de compréhension réciproque qui nous permirent d'établir de nouveaux liens entre l'Inde et l'Union soviétique.

Ma première rencontre avec Margaret Thatcher eut lieu en décembre 1984. Depuis lors, j'appréciais beaucoup notre travail commun avec le Premier ministre britannique.

L'un des principaux résultats de la perestroïka fut le retrait des troupes soviétiques d'Afghanistan. J'abordai notamment ce sujet lors de ma rencontre avec le leader afghan Mohammed Najibullah, à Tachkent.

Les échanges d'invitations entre les chefs d'État des États-Unis et de l'Union soviétique en 1987 et 1988 contribuèrent à l'établissement de nouvelles relations entre nos deux pays et me donnèrent l'occasion de faire visiter la place Rouge à Ronald Reagan, en 1988.

Dès que nous apprîmes à nous connaître, Hans Dietrich Genscher et moi, chacun trouva dans l'autre un interlocuteur attentif, prêt à aborder dans un esprit constructif les problèmes les plus épineux de la politique européenne et mondiale et à leur chercher des solutions.

Mes entretiens avec le président Bush à Camp David, en juin 1990, et à Novo-Ogarevo, en juillet 1991, marquèrent un changement de tonalité dans les relations entre nos deux pays qui passèrent progressivement de l'antagonisme au partenariat.

L'Allemagne fédérale occupait une place centrale dans la politique européenne. J'eus l'occasion d'établir des relations de partenariat et d'amitié avec Willy Brandt (en haut, avec Johannes Rau, en juin 1989). Mes relations avec le chancelier Helmut Kohl (en bas, en juillet 1990) me permirent de comprendre que, désormais, les « atomes crochus » et la compréhension des motivations de l'autre joueraient un rôle de plus en plus important dans la politique internationale.

Pendant les années de perestroïka, l'Union soviétique devint un membre normal de la communauté internationale. À la tribune de l'Assemblée générale des Nations unies (à gauche, en décembre 1988), j'exposai notre politique de réformes et lançai un message de paix à tous les habitants de la planète. J'inaugurai également des relations nouvelles avec le Vatican. En 1989, je fus reçu, avec Raïssa Maximovna, par Sa Sainteté le pape Jean-Paul II (à droite).

Mes efforts furent récompensés par l'attribution du prix Nobel de la Paix. Il me fut remis lors d'une réception solennelle, en juin 1991.

La conférence internationale sur le Proche-Orient s'ouvrit à Madrid le 30 octobre 1991. Le soir même, avec le président américain, George Bush, et le Premier ministre espagnol, Felipe Gonzalez, je fus l'hôte à dîner du roi Juan Carlos.

En juillet 1991, le sommet du G7, à Londres, se transforma en sommet du « G7+1 » : je fus l'invité des dirigeants des sept pays les plus industrialisés de la planète.

Touchés par notre existence épuisante, certains collègues firent des démarches pour nous obtenir un appartement. Nous nous vîmes attribuer deux petites chambres dans un immeuble « administrativo-résidentiel » où les deux niveaux supérieurs étaient réservés au logement, alors que le rez-de-chaussée abritait toutes sortes de bureaux. À cause de la pénurie de logements, le premier niveau avait été transformé en un immense appartement communautaire de neuf pièces, avec cuisine et toilettes communes. Nous habitâmes là pendant trois ans avant de recevoir un deux-pièces séparé.

Nos colocataires provenaient des milieux les plus divers. Il y avait là un ouvrier soudeur, un colonel à la retraite et un ouvrier de maintenance dans une usine textile, chacun avec sa famille, un célibataire alcoolique qui vivait avec sa mère et aussi quatre femmes seules. C'était un monde à part où tout s'entremêlait : les irritations et les frustrations provoquées par la promiscuité, mais aussi l'entraide et une sorte de communautarisme. On se brouillait, on se réconciliait, on fêtait ensemble les anniversaires et le soir, on jouait aux dominos.

De temps à autre, mon père venait nous rendre visite, apportant des denrées alimentaires. Nous parlions longuement des affaires du village et des événements qui survenaient dans notre territoire et dans le monde. Grand-mère Vassilissa venait très rarement, surtout à l'occasion des grandes fêtes religieuses (il n'y avait pas d'église à Privolnoïe). Elle se plaignait de sa mauvaise santé, de l'indifférence de la famille à son égard et nous grondait — mais pas méchamment — de ne pas avoir fait baptiser la petite. Elle était très attachée à Raïssa et à Irina. Chaque fois qu'elle allait à l'église, elle murmurait avec tendresse : « Je prierai pour vous trois afin que Dieu vous pardonne, mécréants que vous êtes. » Bien des années plus tard, j'ai appris qu'elle avait fait baptiser Irinka en cachette, à Privolnoïe.

Nouvelles nominations

Le 25 avril 1958, je quittai le gorkom pour accéder au poste de deuxième secrétaire du kraïkom, toujours au Komsomol. En mars 1961, j'en devins le premier secrétaire et conservai ce poste jusqu'en avril 1962. Désormais, je disposais d'une *Gazik*[7] tout terrain, mais je devais quand même compter sur mes bonnes vieilles bottes pour visiter les hameaux les plus reculés.

Pendant ces quatre années, j'accomplis essentiellement les tâches routinières caractéristiques du Komsomol de l'époque. Les campagnes de masse se succédaient. D'innombrables instructions et circulaires du CC du Komsomol s'empilaient sur ma table. J'avais l'impression que les « hautes sphères » étaient convaincues que, sans cette paperasse, l'herbe cesserait de pousser et les vaches de vêler. En tout cas, il était clair que, pour les responsables, l'économie ne pouvait fonctionner que sous le régime de la « mobilisation permanente ».

Au contact des « hautes sphères »

Mon nouveau poste me conduisit notamment à frayer avec l'élite politique régionale : les secrétaires du kraïkom du parti. Chacun de ces dirigeants personnifiait, me semble-t-il, toute une époque.

Ivan Pavlovitch Boïtsov, l'un des chefs des partisans de la région de Kalinine pendant la guerre, occupa le poste de premier secrétaire du kraïkom du parti pendant dix ans, à partir de 1946. Il laissa chez nous un souvenir contrasté. Sec et dur, il avait une influence considérable. Dirigeant typique de la période stalinienne, son autorité reposait largement sur la peur. Le XXe congrès ébranla sa position. Au CC du parti, on lui reprochait son manque de zèle dans l'application de la nouvelle ligne. Ceux qui, la veille encore, tremblaient devant lui devinrent ses plus virulents accusateurs. En mars 1956, il fut muté à Moscou, au Comité de contrôle du PCUS.

Son remplaçant, Ivan Kononovitch Lebedev, avait précédemment dirigé le parti dans les régions d'Omsk, puis de Penza. Avant son arrivée à Stavropol, il occupait les fonctions de premier vice-président du Conseil des ministres de la RSFSR.

Lebedev faisait preuve d'une énergie débordante. Il était capable de mettre n'importe qui au travail. Il me semble que pendant la moisson, il aurait pu ressusciter un mort pour aider à rentrer les blés. Mais si on

---

7. Petite voiture construite par les Usines automobiles de l'Oural (OuAZ). (N.d.T.)

lui avait demandé comment, Ivan Kononovitch n'aurait su quoi répondre.

En 1956, les consignes venues d'en haut nous imposaient la moisson en deux temps : d'abord faucher, puis récolter et battre. Par temps sec, la méthode s'avérait efficace. Mais cet été-là fut pluvieux. Malgré tout, les ordres furent d'appliquer la nouvelle méthode : Lebedev n'acceptait aucun argument en faveur d'une approche différente. Beaucoup payèrent de leurs postes leurs réticences. En revanche, personne n'eut à répondre des centaines de milliers de tonnes de blé fauché qui pourrirent à cause de l'humidité.

Au début, il me sembla que le caractère de Lebedev relevait d'une stricte idiosyncrasie. Mais lorsque Nikita Khrouchtchev vint décerner l'ordre de Lénine au territoire, en octobre 1958, je compris que les choses n'étaient pas aussi simples... Ce fut à cette occasion que j'observai Khrouchtchev de près pour la première fois. Je notai ses manières franches et ouvertes, son côté populaire, sa volonté de communiquer avec tout le monde. Ce « style » constituait une sorte d'exemple que beaucoup de dirigeants tentaient d'imiter. Malheureusement, lorsqu'il était singé par des personnages manquant de culture, il dérapait souvent vers la vulgarité. La spontanéité et la simplicité des manières dégénéraient parfois en goujaterie sans fard, sans parler de la grossièreté du langage et de l'ivrognerie.

Lorsqu'une personnalité arrivait de Moscou, Lebedev faisait preuve d'une évidente flagornerie. En revanche, il n'hésitait pas à humilier ceux qui avaient été déchus de leurs hautes fonctions. Ce fut le cas de Nikolaï Boulganine. En 1958, quelque temps après la défaite du « groupe antiparti [8] », il fut démis de ses fonctions de président du Conseil des ministres de l'URSS et de membre du Présidium du CC [9] du PCUS et « exilé » chez nous comme président du Conseil économique (sovnarkhoze) du territoire. Les habitants de Stavropol lui réservèrent un accueil chaleureux. Tous les matins, plusieurs dizaines de personnes — voire même des centaines — se rassemblaient devant le siège du sovnarkhoze pour le saluer à son arrivée au bureau. Cela provoqua l'ire de Lebedev.

---

8. En juin 1957, un groupe de dirigeants du Politburo, parmi lesquels Viatcheslav Molotov et Gueorgui Malenkov, décidèrent de démettre Khrouchtchev de ses fonctions. Celui-ci sauva son poste en réunissant le Comité central qui lui était majoritairement favorable et qui confondit les « factieux » désormais qualifiés de « groupe antiparti ». (N.d.T.)

9. Nom du Politburo entre 1952 et 1966. (N.d.T.)

— Tu joues sur les sentiments rétrogrades des gens, cria-t-il à Boulganine lors d'une réunion du parti. Tu es venu ici faire le démocrate ou quoi ?

Lebedev poursuivit de sa vindicte le dirigeant déchu, recueillant tous les ragots sur lui et le clouant au pilori pour la moindre erreur. Il tenta même de le faire démettre de ses fonctions à la tête du sovnarkhoze pour le reléguer à la direction d'une petite usine. Khrouchtchev intervint en personne pour le sauver de cette « mutation » : mis à la retraite, Boulganine quitta Stavropol.

Cependant, comme Lebedev respectait scrupuleusement la moindre décision des « instances supérieures », tout allait à merveille pour lui. Il reçut un premier ordre de Lénine en 1956 pour l'« introduction de la méthode d'avant-garde de la moisson en deux temps », puis un deuxième à l'occasion de son cinquantième anniversaire. La bonne récolte de 1958 (cent millions de pouds de céréales furent livrés à l'État) valut au territoire de recevoir l'ordre de Lénine, qui fut également décerné à Lebedev pour la troisième fois en trois ans ! Et pourtant, un an plus tard, il était limogé !

La fin de sa carrière est également significative de l'esprit du temps : Lebedev fut victime de son zèle éperdu. À la fin de 1958, grisé par l'euphorie des premiers succès de l'agriculture, Khrouchtchev proclama publiquement l'objectif de rattraper et de dépasser les États-Unis pour la production des produits d'élevage par tête d'habitant. Nikita Sergueïevitch ne cacha pas aux dirigeants du parti qu'il attendait des résultats rapides et palpables. Comme l'objectif fixé était absolument irréaliste, pour les exécutants, la seule manière de le remplir consistait à maquiller carrément les statistiques.

Les carriéristes redoublèrent de zèle. La plupart des régions se lancèrent dans une politique de rachat en masse du bétail privé des paysans. Le premier secrétaire de la région de Riazan, Larionov, se distingua tout particulièrement. En 1959, sa région remplit à 300 % le plan de production de viande. Le territoire de Stavropol était juste derrière avec 250 %. Mais le prix à payer fut terrible : brebis, bœufs de labour et chevaux finirent à l'abattoir, réduisant à néant les enclos individuels !

La presse porta aux nues ces « premières hirondelles annonçant le printemps » et appela les autres à en faire autant. Les trucages, pourtant, furent bientôt dénoncés. Larionov se fit sauter la cervelle. Quant à Lebedev, il fut démis en janvier 1960 pour des « raisons de santé ». Cependant, le mal était fait : cette « campagne pour la viande » porta un tel coup au secteur agricole individuel que, jusqu'à une période récente, ses conséquences n'étaient toujours pas résorbées.

Au XXIIe congrès du PCUS

Les contradictions de l'époque apparurent tout aussi clairement lors des travaux du XXIIe congrès du PCUS, en octobre 1961. Ce fut le premier auquel je participai. Je notai soigneusement mes impressions dans un calepin, mais même sans mes notes, je me souviens très bien des nombreuses péripéties de ces deux semaines, notamment des épisodes relatifs à la critique du « culte de la personnalité » de Staline. Après la défaite du « groupe antiparti », de nombreux membres de la direction d'alors se virent contraints de se prononcer publiquement sur cette question devant les délégués.

L'excitation atteignit son paroxysme le 30 octobre, à la séance du matin, lorsqu'une vieille militante bolchevique, D. A. Lazourkina, monta à la tribune. Son discours prit des accents mystiques et constitua un exemple frappant de communication avec l'au-delà : « Je porte toujours Ilitch [10] dans mon cœur — toujours, camarades, dans les circonstances les plus pénibles, je n'ai pu survivre que parce qu'il était dans mon cœur — et je le consulte pour ma conduite. Hier, j'ai demandé conseil à Ilitch, comme s'il était devant moi en chair et en os et il m'a dit : Il m'est désagréable d'être à côté de Staline, qui a valu tant de calamités au parti. » »

À l'unanimité, le congrès vota l'expulsion de Staline du mausolée de la Place rouge et son inhumation près des murs du Kremlin. À Stavropol, lorsque l'on entreprit de déboulonner en pleine nuit l'énorme statue de Staline érigée au centre de la ville, une foule manifestement désapprobatrice afflua. Tout finit pourtant par s'arranger : la statue fut évacuée sans encombre et l'avenue Staline fut rebaptisée avenue Marx.

Beaucoup d'entre nous perçurent la critique du culte de la personnalité comme une confirmation et un prolongement de la ligne du XXe congrès. Mais certains signes préoccupants ne manquèrent pas d'apparaître : une nouvelle fois, des éloges dithyrambiques se firent

---

10. Les compagnons de Vladimir Ilitch Oulianov, dit Lénine, se référaient souvent à lui en utilisant son prénom patronymique. (N.d.T.)

entendre dans la salle du congrès, cette fois à l'adresse de Khrouchtchev. Ce fut particulièrement le cas lors des débats sur le nouveau programme du parti. Ce texte avait de quoi réjouir les partisans des réformes, avec sa claire orientation vers la satisfaction des besoins et des aspirations de la population, et son intérêt proclamé pour le maintien de la paix et la coexistence pacifique. Mais il souffrait d'une dose importante de forfanterie et certains problèmes sociaux complexes n'étaient pas posés avec sérieux.

Cela n'empêcha pas certains délégués, membres éminents du parti, de rivaliser dans la glorification de Khrouchtchev. Ainsi, V. Iou. Akhoundov compara le rapport assez confus de Nikita Sergueïevitch aux accords d'une « puissante symphonie ». C. Rachidov évoqua le premier secrétaire [11] du parti en le qualifiant d'« éminent léniniste, remarquable connaisseur en profondeur des processus de la vie et ardent champion de la paix ». Nikita Sergueïevitch écoutait ces discours laudatifs avec une satisfaction manifeste et cela me surprit désagréablement. Je ressentis une douloureuse impression de déjà vu. J'applaudissais néanmoins, avec les autres délégués du rang, mais je savais que nombre d'entre eux partageaient mon sentiment de malaise.

Le drame de Khrouchtchev

Il me semble que l'histoire n'oubliera jamais la dénonciation du « culte de la personnalité » par Khrouchtchev, même s'il y avait peu d'analyse et beaucoup de subjectivité dans son rapport secret devant le XXe congrès. Ramener le problème du totalitarisme à des causes extérieures et au caractère du dictateur est à la fois simple et spectaculaire, mais ne permet pas de discerner ses racines profondes. Le calcul politique personnel de Khrouchtchev était transparent : en dénonçant le premier le « culte », il bloquait du même coup ses concurrents immédiats, Molotov, Malenkov, Kaganovitch, Vorochilov, qui faisaient partie — tout comme lui — de l'entourage immédiat de Staline.

Indépendamment des considérations politiques immédiates, ce geste eut une immense importance historique et géopolitique. La critique de Staline permit non seulement de dévoiler la très grave situation de notre

11. Titre du secrétaire général entre 1952 et 1966. (N.d.T.)

société dans son ensemble et la perversion de la lutte politique en son sein, mais encore l'absence complète de la légalité la plus élémentaire. Le totalitarisme en sortit discrédité, pendant que prenait forme l'espoir d'une réforme du système et que se développaient des processus nouveaux aussi bien dans les sphères de la politique et de l'économie que dans celle de la vie spirituelle. Tout cela, ainsi que la réhabilitation de centaines de milliers d'innocents morts dans les geôles et les camps staliniens, doit être mis au crédit de Khrouchtchev et de ceux qui l'ont soutenu.

Il n'en demeure pas moins que ce fut dans la dénonciation de Staline que se manifestèrent le plus clairement les aspects contradictoires de la personnalité de Khrouchtchev : d'une part, son courage et sa détermination ; de l'autre, sa pensée politique figée, son incapacité et sa répugnance à aller au fond des phénomènes contre lesquels il luttait.

Ne voir la cause de ces événements tragiques que dans les défauts personnels du « forban » Staline équivalait à sacrifier à un « culte de la personnalité » à l'envers. Il suffisait de remplacer un mauvais dirigeant par un bon pour être prémuni contre la récidive des erreurs. Autrement dit, Khrouchtchev semblait proposer d'échanger un culte par un autre sans mettre en cause les fondements du système.

S'il n'approfondit pas l'analyse des causes du totalitarisme, ce fut sans doute qu'il en était incapable : il lui aurait fallu surmonter des stéréotypes qui étaient devenus son credo. La critique du culte de la personnalité, rude en paroles, resta bancale dans les faits, et le processus de démocratisation n'eut aucun moyen d'éclore.

Sa politique extérieure fut marquée par les mêmes contradictions. Son intervention dynamique dans l'arène internationale lui attira de nombreuses sympathies : l'appel à la coexistence pacifique, les premières tentatives de nouer des contacts normaux avec les grandes puissances capitalistes, les relations nouvelles avec l'Inde, l'Égypte et d'autres États du tiers monde et, enfin, le changement d'attitude envers nos alliés, les pays socialistes, et la fin de notre politique d'hostilité à l'égard de la Yougoslavie furent autant d'événements marquants, aussi bien chez nous qu'à l'étranger.

Mais, dans le même temps, il décida la répression brutale de l'insurrection du peuple hongrois en 1956, engagea les actions aventureuses qui conduisirent à la crise de Cuba en 1962, lorsque le monde fut à deux doigts du cataclysme nucléaire, et développa la querelle avec la Chine qui dégénéra en une longue période de tension et de face-à-face.

Tous les aléas de la politique intérieure et extérieure pendant cette période furent le résultat d'une combinaison de facteurs parmi lesquels son état d'esprit personnel et son niveau de compréhension des problèmes ne jouèrent pas le seul rôle déterminant. Il devait également tenir compte de différents éléments, en première ligne desquels se trouvaient les très importantes pressions exercées par les structures du parti et du gouvernement. Elles le contraignirent à louvoyer et à présenter telle ou telle mesure sous une forme acceptable pour les forces sociales les plus influentes dans le pays.

Il me semble qu'avec ses idées et ses intentions, Khrouchtchev aurait pu aller sensiblement plus loin, s'il n'avait été obligé de composer avec son environnement. Je ne peux accepter le schéma simpliste selon lequel, après avoir tout d'abord agi en réformateur conséquent, il avait ensuite « écarté la vieille garde stalinienne et renforcé sa propre position » pour s'adonner au volontarisme et au subjectivisme. En dépit de ses contradictions, Khrouchtchev m'apparaît comme un personnage plus conséquent dans son action.

Bien entendu, son objectif ne fut jamais de battre en brèche le rôle dirigeant du parti : il voulait simplement le moderniser et réduire son monopole sur la société. Mais il se heurta à une résistance acharnée qui le conduisit finalement à sa perte.

Certes, il gagna une première manche lorsque la bataille éclata au sommet de la pyramide. En 1957, il fut soutenu par le CC, c'est-à-dire essentiellement les premiers secrétaires des CC des républiques, des obkoms et des kraïkoms. Le limogeage des vieux « maréchaux » du parti, habitués à considérer les secrétaires régionaux comme des pions, et l'extension des prérogatives des CC des républiques et des comités locaux furent approuvés par les simples « généraux » du parti qui appuyèrent résolument Nikita Sergueïevitch contre le « groupe anti-parti ». Sans oublier l'aide de l'armée [12].

Les décisions ultérieures de Khrouchtchev modifièrent la situation. La division des organismes régionaux [13], le jeu permanent de chaises musicales, les mutations fréquentes d'une affectation à l'autre en vue de favoriser la rotation des cadres : tout cela heurtait les intérêts des hauts

---

12. En juin 1957, au moment critique où le Présidium du CC (le Politburo) se disposait à limoger Khrouchtchev, le maréchal Gueorgui Joukov, alors ministre de la Défense, favorisa la tenue d'une réunion du CC en mettant des avions militaires à la disposition de ses membres. (N.d.T.)

13. Les comités régionaux du parti furent divisés en deux comités distincts, l'un s'occupant de l'industrie et l'autre de l'agriculture. (N.d.T.)

fonctionnaires du parti et générait une instabilité inacceptable par cet échelon du pouvoir. En conséquence, le mécontentement grandit parmi les « généraux du parti ». La décision de réélire annuellement les secrétaires des organisations de base pour accélérer leur renouvellement et éviter les implantations locales indisposa également le « corps des officiers » du parti qui assurait le lourd fardeau du travail au sein des entreprises.

Dans le même temps, Khrouchtchev vit sa popularité s'effriter. À la veille du plénum d'octobre 1964 [14], Souslov estimait que le limogeage de Khrouchtchev pouvait susciter des troubles, mais ses craintes étaient vaines. La réforme monétaire de 1961 se révéla finalement défavorable aux intérêts des travailleurs. Son offensive contre les enclos individuels dans les campagnes souleva le mécontentement des ruraux. La mauvaise récolte de 1963 aggrava la situation de l'approvisionnement et entraîna une « hausse temporaire » des prix des denrées alimentaires. Les relations de Khrouchtchev se détériorèrent pareillement avec l'armée, les scientifiques et l'intelligentsia créatrice.

Les critiques avancées contre Khrouchtchev suffisaient largement à justifier une « révolution de palais ». Mais en se réfugiant derrière le « bien du peuple », les « généraux » et les « officiers » du parti visaient avant tout à se maintenir au pouvoir. Voilà pourquoi le Comité central du PCUS, qui avait soutenu Khrouchtchev en 1957, le renversa en octobre 1964.

---

14. Ce fut au cours de ce plénum que Khrouchtchev fut mis à la retraite, officiellement pour des raisons de santé. (N.d.T.)

CHAPITRE 5

DÉBUTS DE CARRIÈRE AU PARTI

L'arrivée de Koulakov à Stavropol

En janvier 1960, le remplaçant de Lebedev au poste de premier secrétaire du kraïkom de Stavropol fut Nikolaï Beliaïev. Naguère membre du Présidium du CC du PCUS et premier secrétaire du PC du Kazakhstan, il payait par un « exil » chez nous la violente répression par la troupe et les blindés des manifestations ouvrières de Temirtaou. Ne sachant plus très bien où il se trouvait, il finit, six mois plus tard, par céder la place à Fiodor Davydovitch Koulakov.

À quarante-deux ans, issu d'une famille paysanne de la région de Koursk, Koulakov connaissait bien la vie rurale, et son arrivée suscita bien des espoirs dans notre territoire. Il ne se distinguait pas de ses prédécesseurs seulement par son jeune âge, mais aussi par son caractère à la fois résolu et ouvert, et son charme personnel. En tout cas, telles furent mes premières impressions, partagées par de nombreuses autres personnes.

En janvier 1962, je fus reconduit dans mes fonctions de premier secrétaire du kraïkom du Komsomol. Quelques semaines plus tard, Fiodor Davydovitch me proposa de travailler désormais dans le parti. Il avait besoin de moi pour occuper un poste qui venait d'être créé : celui de partorg [1] du kraïkom au sein des directions territoriales de production des kolkhozes et sovkhozes. En mars 1962, je fus donc nommé partorg de la direction de Stavropol qui coiffait trois districts ruraux de la région. La sélection fut très rigoureuse, comportant même un entretien au Comité central du parti à Moscou.

Mes nouvelles fonctions accaparèrent tout mon temps. Pendant des journées entières — et même parfois des nuits —, je sillonnais la région,

1. Secrétaire d'organisation de base du parti. (N.d.T.)

visitant les exploitations et mettant sur pied de nouvelles structures de gestion, car j'étais convaincu qu'il fallait miser sur les professionnels. Restant membre suppléant du bureau du kraïkom, je rencontrais assez souvent Koulakov qui continuait à me confier différentes missions et à m'inviter à des voyages à travers le territoire.

Fin novembre, Koulakov me convoqua et, à ma grande surprise, me proposa de prendre la tête du département des organes du parti du tout nouveau kraïkom agricole[2]. J'entrai en fonctions dès le 1er janvier 1963.

Comme le parti, en se substituant à toutes les instances administratives, assumait la direction et la gestion de la société, le département des organes était pratiquement amené à chapeauter tous les autres. Ses missions étaient très variées : travail d'organisation à la base, « supervision » des soviets, des syndicats et du Komsomol.

Mais la véritable importance du département résidait surtout dans la gestion du personnel. En d'autres termes, il gérait la nomenklatura[3] des postes un tant soit peu importants : responsables du parti, directeurs d'entreprise et de sovkhoze, ou présidents de kolkhoze. Dans le jargon du parti, on appelait cela la « sélection, affectation et éducation des cadres ». C'était d'ailleurs la source principale du pouvoir réel du kraïkom.

Mes nouvelles fonctions me rapprochèrent de Koulakov. Nous nous rencontrions presque quotidiennement et travaillions dans un climat constructif de bonne entente. Il faut dire qu'il était d'une nature forte et généreuse. Il trouvait facilement un langage commun avec les kolkhoziens et les spécialistes, pour la simple raison qu'il connaissait à fond leurs problèmes. Il était doté de cette forme d'intelligence particulière que l'on peut qualifier de paysanne.

Lorsque, en octobre 1964, il fut promu dans l'appareil du Comité central du parti, à Moscou, nous nous séparâmes en excellents termes et gardâmes les meilleures relations par la suite.

---

2. Cette création résultait de la division des organisations du parti en deux branches : industrielle et agricole. (N.d.T.)

3. Dans son sens premier, la *nomenklatura* était (comme son nom l'indique) la liste des postes dont l'attribution dépendait d'une organisation donnée du parti. Il y avait ainsi des nomenklaturas à tous les niveaux, depuis les comités locaux jusqu'au Comité central et au Politburo. (N.d.T.)

Un autre dirigeant en disgrâce

La nomination de Leonid Nikolaïevitch Efremov pour succéder à Koulakov constitua une surprise complète. Comme je le sus par la suite, Koulakov prit une part active à la préparation du limogeage de Khrouchtchev. Il faisait partie du groupe de secrétaires régionaux venus à Moscou, la veille du plénum d'octobre, pour remplir une mission très spéciale : au cas où les membres du Présidium du CC seraient à court d'arguments pour persuader Khrouchtchev de démissionner, ces « officiers » du CC devaient lui « présenter la note ». Brejnev dut particulièrement apprécier le zèle de Koulakov : tout de suite après le plénum, on le nomma à la tête du département agricole. Onze mois plus tard, en septembre 1965, il devint secrétaire du CC du PCUS.

Efremov, son remplaçant à Stavropol, était un homme politique connu dans le pays. Il avait derrière lui une longue expérience de premier secrétaire d'obkom, à Koursk et à Gorki. En 1962, il avait été nommé premier adjoint du président du Bureau du CC du PCUS pour la RSFSR[4]. Le président en question étant Khrouchtchev lui-même, ses adjoints Efremov et Kirilenko (tous deux membres suppléants du Présidium du CC) assuraient le travail quotidien.

Efremov fut soigneusement tenu à l'écart de la « révolution de palais » d'octobre. Par la suite, il me raconta que les événements l'avaient surpris lors d'un déplacement, à Oulan-Oude semble-t-il. Lorsqu'il apprit l'imminence du plénum, il se précipita à l'aéroport où on lui fit savoir que son appareil devait subir des réparations et que le vol était retardé. Dans la mesure où il était considéré comme un chaud partisan de Khrouchtchev, il s'agissait sans doute d'une manœuvre destinée à le retenir.

Peu de temps avant sa mise à l'écart, le Premier secrétaire avait effectué un périple à travers plusieurs régions russes. Efremov l'accompagnait. Dans le documentaire qui avait eu le temps de sortir, on voyait sans cesse sa silhouette derrière Khrouchtchev.

Plusieurs personnes qui eurent l'occasion de fréquenter Efremov racontent que, lorsque l'on venait lui demander conseil, il ne manquait

4. Contrairement aux autres républiques fédérées, la Russie ne disposait pas de son propre PC. Au sein du Parti communiste de l'Union soviétique (PCUS) qui couvrait l'ensemble du territoire soviétique, les problèmes spécifiquement russes étaient traités par le Bureau du CC pour la RSFSR. (N.d.T.)

jamais de prendre l'un des tomes des œuvres complètes de Khrouchtchev, couvert de notes et de passages soulignés, pour citer le passage approprié.

— Voilà ce que le camarade Khrouchtchev a dit sur cette question, concluait-il invariablement. Vous n'avez qu'à vous en inspirer.

En octobre 1964, lorsqu'il put enfin regagner Moscou, il adhéra à la critique de Khrouchtchev, mais préconisa, comme Mikoïan, de le laisser à son poste. Ce fut sans doute pour cette raison que les nouveaux chefs décidèrent de l'envoyer chez nous tout en lui laissant sa qualité de membre suppléant du Présidium.

En novembre 1964, le CC prit la décision, après avoir entendu le rapport de Nikolaï Podgorny, de réunir à nouveau les organisations industrielles et agricoles du parti. Et, dès le 1e décembre, Efremov fut placé à la tête du bureau organisationnel chargé de l'opération dans la région de Stavropol.

Un véritable chemin de croix s'ouvrit devant nous. La division ne datait que de deux ans seulement, mais les clivages et les épreuves de force entre le kraïkom industriel et le kraïkom agricole avaient dépassé les limites du convenable. Au moment de recréer un appareil unique en intégrant les cadres des deux kraïkoms, la nouvelle répartition des postes donna lieu à une véritable bataille. Et, en ma qualité de chef du département des organes du parti de l'ex-kraïkom agricole, je me retrouvai dans l'œil du cyclone. Par-delà son intérêt personnel et le poste occupé, chacun défendait sa situation sociale et son pouvoir. La plupart se fichaient royalement de l'intérêt supérieur du pays.

Les deux premières années de ma collaboration avec Efremov furent une période d'adaptation et de rapprochement. Il se distinguait de son prédécesseur par l'étendue de son horizon politique et de sa culture. Personnalité d'envergure, il était le produit sophistiqué du système et un brillant représentant de l'école des cadres du parti. De ce point de vue, j'appris beaucoup de lui pendant ces années de travail en commun.

Il souffrait particulièrement de sa mutation en province. Cela explique en partie la difficulté qu'il éprouva à se mettre au courant des affaires du territoire. Sans doute nourrissait-il encore l'illusion que Brejnev allait le rappeler à Moscou. En tout cas, dans les premiers temps, les événements de la capitale l'intéressaient bien plus que les problèmes de Stavropol.

Généralement, lorsque j'avais besoin de le rencontrer je lui passais un coup de fil préalable. Un jour pourtant, il se trouva que j'entrai inopinément dans son bureau. Il regardait droit devant lui, le menton calé sur ses poings. Plongé dans ses pensées, il ne me voyait pas.

— Leonid Nikolaïevitch, qu'avez-vous ? demandai-je à mi-voix.

Sorti de sa torpeur, mais toujours dans son monde, il murmura :

— Comment est-ce possible ? Tu comprends, j'ai tout de même soutenu Kirilenko. Je l'ai défendu, et lui n'a pas prononcé un mot en ma faveur.

— De quoi parlez-vous, Leonid Nikolaïevitch ? dis-je sans comprendre.

Cela le fit complètement revenir à la réalité. Il sourit et, avec un geste de la main :

— Ce n'est rien... Je me suis soudain souvenu des séances du Présidium en octobre 1964... Voilà, Mikhaïl, c'est ça la vie...

Efremov attendait avec anxiété le XXIIIe congrès du parti. Il lui semblait encore qu'il pourrait rester membre suppléant du Présidium. Chaque fois que Brejnev allait en villégiature à la mer, il s'efforçait d'aller au même endroit. Ils se rencontraient, parfois même en famille, et, au fond du cœur, il espérait vaguement qu'un bon discours lui permettrait de revenir à Moscou. Il ne doutait pas un seul instant qu'on lui donnerait la parole au congrès.

Fin mars 1966, à la veille du congrès, j'étais à Moscou pour affaires. Efremov me demanda de rester un peu pour l'aider à améliorer le texte de son discours. Il était terriblement nerveux et, devant son émotion, le sentant presque traqué, je décidai de lui donner un coup de main. Pendant toute la durée du congrès, je restai dans sa chambre de l'hôtel Pékin à travailler sur son éventuelle intervention, introduisant des correctifs en fonction des débats. À chaque interruption de séance, il me téléphonait pour me faire part de nouvelles observations, précisant certaines nuances ou déplaçant des accents inaccessibles à mon entendement.

Il n'y eut pas de miracle et on ne lui donna pas la parole. En sa qualité de secrétaire de kraïkom, il demeura membre du CC : il ne pouvait plus prétendre à mieux. Et il faut lui rendre cette justice : il se consacra désormais entièrement aux problèmes de notre région.

Secrétaire de la ville de Stavropol

Le 26 septembre 1966, le plénum du comité municipal du parti de la ville de Stavropol accepta à l'unanimité ma nomination au poste de premier secrétaire. Selon la hiérarchie de la nomenklatura (et donc en termes de traitement), ce poste était inférieur à celui de chef du département des organes du parti au kraïkom. Mais ce qui m'intéressait, c'était une plus grande autonomie dans le travail. Mes nouveaux collaborateurs me réservèrent un bon accueil. Je connaissais beaucoup d'entre eux depuis le Komsomol et, comme j'avais gardé des contacts avec les permanents de la ville, je connaissais la plupart des dirigeants et des représentants des milieux scientifiques et artistiques.

Les soucis ne manquaient pas. J'ai déjà eu l'occasion de décrire le Stavropol de ces années-là. Toute l'infrastructure municipale se trouvait dans un triste état. Ce constat concernait les équipements de la santé, de l'enseignement, de la culture, de la vie quotidienne, des transports, de l'eau courante et du chauffage et, surtout, les égouts. Les eaux usées étaient souvent déversées dans les caniveaux. Les industries de la ville se réduisaient à une usine de machines-outils destinées au travail du bois, une de confection, une textile et une de chaussures. Il y avait aussi une entreprise de spiritueux et de petites laiteries.

La nécessité de changer l'aspect de la ville était, comme on dit, dans l'air du temps. Son cachet unique avec ses collines, ses étangs, ses banlieues boisées s'y prêtait particulièrement. Ce fut justement en septembre 1966, le mois de ma nomination, que le soviet municipal approuva le plan général de développement de Stavropol pour les vingt-cinq années suivantes.

Ce fut donc à moi que se posa la question éternelle : où prendre l'argent ? En plus des financements très limités de l'État, on ne pouvait compter que sur la poignée d'entreprises industrielles de la ville. La politique unilatérale d'implantation des capacités de production dans le pays pratiquée durant de longues années par le Gosplan[5] avait figé cette situation, et seule la création des sovnarkhozes avait permis de doter la ville d'industries modernes : appareils électriques, remorques automobiles, produits chimiques, etc.

Nos plans de développement de la ville allaient de pair avec la mise en œuvre de la « réforme Kossyguine », c'est-à-dire l'extension de

5. Comité d'État à la planification. (N.d.T.)

l'autonomie de gestion des entreprises, notamment du droit nouveau pour elles de disposer d'une partie importante de leurs revenus. Et le succès de la réforme dépendait dans une grande mesure de la prise de conscience des cadres, des ingénieurs et des techniciens.

En avril 1967, une séance plénière du gorkom examina l'ensemble de ces problèmes. Alors que nous nous efforcions d'agir en faveur de la promotion de la réforme, nous n'enregistrions aucune évolution sensible. Il nous apparaissait clairement que la clé du changement se trouvait au-delà de Stavropol, et que les ministères et les administrations de l'Union, éludant les décisions d'ensemble, ne se préoccupaient guère de promouvoir le passage au nouveau système de planification et d'incitation au travail. Il faut dire aussi que, à l'instar du CC du parti, le kraïkom s'intéressait toujours en priorité aux indicateurs de réalisation du plan.

Malgré les blocages de tous ordres, le plan de développement de Stavropol fut progressivement mis en œuvre. La ville se couvrit d'échafaudages et, par la force des choses, tous les responsables du gorkom se transformèrent en conducteurs de travaux. Le lancement de nouvelles capacités industrielles permit d'augmenter les besoins en main-d'œuvre qualifiée. À l'époque où je travaillais au gorkom du Komsomol, les jeunes devaient aller chercher du travail ailleurs. Au gorkom du parti, il me fallait faire venir des spécialistes d'autres régions. Le besoin d'une école supérieure technique se fit sentir. Nous ouvrîmes à Stavropol une filiale de l'Institut polytechnique de Krasnodar et décidâmes d'agrandir les instituts et les écoles techniques existants.

La construction de logements se développa également : des quartiers d'habitation surgirent de terre. Une usine de murs préfabriqués pour la construction d'immeubles entra en service. Les rues furent asphaltées et des trolleybus mis en service. On bâtit également un cirque, une piscine et la Maison du livre, sans oublier l'aménagement de deux parcs, dont l'un en plein centre ville.

Les changements touchèrent aussi ma famille. Pour ses dix ans, Irina reçut un album de photos relatant l'histoire de sa courte vie. En 1967, Raïssa soutint sa thèse de candidat ès sciences[6] en sociologie. Elle s'adonnait à diverses activités : conférences, actions pédagogiques, études sociologiques dans la région… La même année, j'obtins mon diplôme de la faculté d'économie de l'Institut agricole[7].

6. L'équivalent de l'agrégation. (N.d.T.)
7. Par correspondance. (N.d.T.)

Notre existence était bien remplie et, nous semblait-il, chargée de sens. Nous vivions en bonne intelligence, nous aidant mutuellement. Nos revenus augmentaient et nos conditions de vie s'amélioraient. Nous aménageâmes le deux-pièces qui nous avait été attribué en 1960 et achetâmes un téléviseur Elektron. Auparavant, nous nous contentions d'un combiné radio tourne-disque.

Les soucis ne manquaient pas, non plus. Pour de multiples raisons, souvent futiles, mes relations avec Efremov se détériorèrent et se distendirent. Je me consacrai entièrement aux problèmes de Stavropol.

Jeux d'appareil

Dans notre région, l'été de 1968 fut marqué par le début de « grands jeux d'appareil » avec des remaniements importants à la clé. Avec le recul, la raison peut en sembler insignifiante : Lyjine, le premier secrétaire de l'obkom des Karatchaïs-Tcherkesses [8], avait abandonné sa famille pour se mettre en ménage avec une autre femme. L'opinion étant indignée, il fut illico démis de ses fonctions et remplacé par F. P. Bourmistrov, le deuxième secrétaire du kraïkom dont le poste se trouva vacant. L'entourage d'Efremov se mit aussitôt à bouillonner.

Quant à moi, je m'efforçai de rester à l'écart de la mêlée. J'avais d'autres projets : poursuivre des études et préparer l'agrégation. J'avais déjà choisi un sujet de thèse lié aux problèmes de la spécialisation et de la localisation des cultures dans la région de Stavropol. J'avais même commencé à rassembler de la documentation. Au plus fort de la lutte pour ce poste de deuxième secrétaire, je pris mes congés et fis des réservations pour des vacances avec ma femme, à Sotchi.

La veille de notre départ, je reçus un coup de fil du chef de la section générale, Pavel Ioudine :

— Ne pars pas tout de suite, Mikhaïl, reste un peu. Ce sont les instructions de Leonid Nikolaïevitch.

J'attendis le surlendemain. Comme rien ne venait, j'appelai Efremov :

— Leonid Nikolaïevitch, on m'a bien transmis votre demande de

---

8. Cette république autonome de la RSFSR, située dans les contreforts nord du Caucase, dépendait administrativement du territoire de Stavropol. (N.d.T.)

rester, mais j'ai fait des réservations, les délais sont dépassés et ma famille attend. Autorisez-moi à partir.

— Tu attendras jusqu'au plénum ! rétorqua-t-il sèchement.

— Le plénum se tiendra bien sans moi. Je me rallie d'avance à votre position.

— Je t'ai dit d'attendre. Un point c'est tout !

Et il raccrocha.

Au bout de quelques jours, Efremov finit par me faire appeler et aborda la question de... ma candidature au poste vacant.

— Leonid Nikolaïevitch, lui rétorquai-je, vous ne voulez pas de moi comme collaborateur, et il ne faut pas vous forcer : les prétendants sont légion. Laissez-moi partir en congé !

— Tu pars pour Moscou, dit-il à contrecœur.

En réalité, ma nomination était déjà décidée. Efremov convoqua le bureau du kraïkom qui, comme il était de règle, se prononça à l'unanimité en faveur de ma candidature. Après la réunion, je pensais qu'Efremov demanderait à me voir, mais je compris rapidement qu'il n'en ferait rien. Je me décidai à lui demander un entretien.

— Tu pars pour Moscou !

Ce fut tout ce que je pus obtenir de lui.

— Où ? Pour voir qui ? Avec quelles recommandations ?

— Où, tu le sais très bien : au département d'organisation du CC. Tu as suffisamment de partisans là-bas. Et tu te passeras de mes recommandations.

J'ai sous les yeux le procès-verbal du plénum du kraïkom de Stavropol :

> ... Ayant examiné la question sous tous les aspects, après consultation du CC du PCUS et prenant en compte le principe léniniste de la combinaison judicieuse des cadres jeunes et anciens, le bureau du kraïkom met aux voix la proposition d'élire le camarade Mikhaïl Sergueïevitch Gorbatchev au poste de deuxième secrétaire du kraïkom du parti.
>
> Aucune question n'a été posée à Gorbatchev. Élu à l'unanimité.

Ce texte donne l'impression d'une bonne entente irénique. Comme s'il n'y avait pas eu tant de passions humaines et de luttes en arrière-fond. Mais chacun savait — et moi le premier — quels étaient ceux qui avaient voté « pour » par discipline, tout en étant résolument « contre ». Au début, Efremov lui-même faisait partie de ceux-là.

Dès mon élection, il prit un congé et, sans me rencontrer, partit pour

Kislovodsk. À l'inverse, je dus renoncer à mes vacances et me mettre à l'œuvre sans tarder.

À son retour, tout était oublié. Après deux ou trois mois d'adaptation réciproque, notre camaraderie d'antan se rétablit et ne fut plus remise en question en dépit de désaccords parfois aigus.

La défaite des réformateurs

L'esprit réformateur qui s'était réveillé dans les années cinquante et soixante possédait une certaine dynamique. Il faut dire que la nécessité de changements dans de nombreux domaines de la vie sociale était évidente. En conséquence, Brejnev se vit contraint de louvoyer habilement entre les différentes factions au sein du Politburo et de dissimuler soigneusement ses propres tendances conservatrices. Après avoir annulé certaines décisions de Khrouchtchev qui étaient effectivement empruntes de volontarisme, le CC du parti soutint certaines innovations. En 1965, les plénums de mars (sur les questions agricoles) et de septembre (sur la planification et l'incitation économique de la production industrielle) visaient à réformer le système de gestion de l'économie. Ils allaient clairement dans le bon sens.

Pourtant, pour bonnes qu'elles fussent, ces décisions ne se traduisirent jamais dans les faits. Il se créa une situation insolite : pendant que la presse débattait avec ardeur de toutes sortes de projets et publiait force articles allant dans le sens du changement, les ministères de branche, ressuscités après la suppression des sovnarkhozes, travaillaient en silence à resserrer l'étau bureaucratique.

Les autorités locales demeuraient également rétives : « Ils peuvent bien bavarder à Moscou, mais nous, il nous faudra bien remplir le plan », disait-on. Dans ma région, l'« affaire I. I. Barakov » (qui datait d'avant ma nomination comme deuxième secrétaire) fut symptomatique de cet état d'esprit.

Je connaissais bien Innokenty Barakov, homme énergique, indépendant, mais peut-être trop impulsif. Ami de l'économiste réformateur Guennadi Lissitchkine, il prônait avec ardeur ses idées. Tant que cela se bornait à de bonnes paroles sur la nécessité d'« assouplir » le plan d'État, d'accroître les prérogatives des kolkhozes pour la commercialisation et la vente libre des produis finis, personne n'y trouvait à redire.

Mais, les choses se gâtèrent lorsque Barakov tenta de mettre en œuvre ses théories dans son district de Gueorguievsk.

En sa qualité de chef de la direction agricole du district, il cessa d'imposer un plan rigide aux différentes exploitations pour laisser libre cours à leur esprit d'initiative et les conduire ainsi à adopter une gestion autonome. Au kraïkom, cela fut perçu comme une attaque non déguisée contre le « système ». Barakov fut d'abord admonesté au bureau, puis limogé le 21 janvier 1967.

Je n'assistai pas à la réunion, mais j'appris qu'il avait été accusé d'« erreurs grossières dans plusieurs de ses propos sur des questions politiques de principe ». On précisait que ses « affirmations confuses répétées » sur la libre commercialisation sur le marché de la production des kolkhozes et des sovkhozes, et sur le renforcement de leurs structures « étaient objectivement préjudiciables à l'éducation des personnels dans un esprit de responsabilité élevée pour la réalisation des décisions du parti et du gouvernement. Certains kolkhozes du district, tout en n'ayant pas accompli les plans d'État de stockage des céréales et d'autres produits, se sont permis d'en vendre sur le marché… »

Efremov, très sensible à l'air du temps, se dit quelque chose dans le genre : « notre organisation doit intervenir » à l'échelle nationale. Un article intitulé *En dépit des faits*, signé par Efremov et plusieurs collègues du territoire, fut donc publié dans la revue *Selskaïa Jizn* (La Vie rurale), organe du CC du PCUS, pour dénoncer les théories de Lissitchkine.

Cette histoire est d'autant plus riche en enseignements qu'elle se déroula pendant la période de mise en œuvre des décisions du plénum de mars 1965, censé donner une impulsion nouvelle à la recherche de solutions dans le domaine agricole. On pensait que les « réformes Kossyguine » devaient permettre un approfondissement de cette recherche, alors que la marge de manœuvre, dans l'agriculture comme dans l'industrie, était strictement fixée à l'avance. Lissitchkine et Barakov avaient le tort de vouloir dépasser ce cadre dont ils ignoraient les limites réelles. L'« affaire Barakov » témoigne à la fois de l'arrivée à maturité des aspirations au changement et de la réaction brutale du système à l'éventualité même de tels changements.

En 1967, au début de l'été, j'eus l'occasion de revoir Zdenek Mlynar. Mon camarade d'études à l'université de Moscou travaillait alors à l'Institut de l'État et du droit de l'Académie des sciences de Tchécoslovaquie. Il était venu en URSS pour participer à la préparation d'une réforme politique. Son intervention reçut un accueil plus que mitigé dans les milieux universitaires de Moscou. Il fit ensuite un séjour en Géorgie avant de passer quelques jours chez nous, à Stavropol.

Zdenek inspecta notre deux-pièces avec un air dubitatif. Notre premier appartement non communautaire devait paraître très modeste, selon les critères tchécoslovaques, pour servir de logement au premier secrétaire d'une capitale de région.

Il m'interrogea sur la situation dans le pays et dans le territoire ainsi que sur notre vie de tous les jours. De son côté, il nous parla beaucoup des processus en cours en Tchécoslovaquie et de l'autorité défaillante de Novotny. À ses paroles, je sentis la Tchécoslovaquie à la veille de grands événements.

Six mois plus tard, j'appris dans la presse que Mlynar, désormais membre de l'appareil du CC du Parti communiste tchécoslovaque, était l'un des auteurs du fameux « Programme d'action du PCT ». Il devint bientôt l'une des figures de proue du « Printemps de Prague ». Je lui envoyai une lettre à laquelle il ne répondit pas. Certaines allusions du chef de la direction du KGB du territoire, également membre du bureau du kraïkom, me permirent de comprendre que ma lettre était arrivée à un tout autre destinataire.

Sur les événements de 1968, nous ne reçûmes que des nouvelles partiales. Déjà en temps ordinaire, le contrôle de l'information était rigoureux, a fortiori dans une situation pareille. L'entrée des troupes du pacte de Varsovie commença le 21 août, alors que j'avais été élu deuxième secrétaire au début de ce mois tragique. Efremov absent, je présidais les réunions du bureau du kraïkom. Avant la séance consacrée à l'examen du communiqué du Politburo du CC sur l'entrée des troupes en Tchécoslovaquie, Leonid Nikolaïevitch appela et, se référant à des entretiens qu'il avait eus au CC, transmit ses propositions de résolution. Le bureau adopta un texte qui approuvait « les mesures fermes et opportunes prises pour la défense des acquis du socialisme en République socialiste tchécoslovaque ».

Le kraïkom apporta donc son soutien au CC alors que, soyons franc, une question revenait sans cesse : quel était le sens de cette action et dans quelle mesure était-elle proportionnée ?

Ces réflexions nourrirent ma volonté d'aller au fond de nombreux phénomènes alarmants en matière de politique intérieure et extérieure. La réaction était en marche dans tous les domaines, et cela se sentait. Après le 21 août, débuta la période du « resserrement des boulons » idéologiques : le CC exigea des autorités locales des mesures énergiques en matière d'idéologie. La lutte contre la dissidence prit un caractère massif dans tout le pays.

Au début 1969, l'une des maisons d'édition du territoire publia un ouvrage de F. B. Sadykov, chargé par intérim de la chaire de philosophie à l'Institut agricole de Stavropol. Le livre, *Unité du peuple et contradictions du socialisme*, avait été écrit au cours des années précédentes et reposait sur les espoirs et les attentes suscités par les réformes de Khrouchtchev et aussi, partiellement, par la « réforme Kossyguine ». Un an avant sa parution, le manuscrit avait fait l'objet d'un débat à la chaire de philosophie. L'auteur l'avait même soumis à un membre de l'appareil du CC, à Moscou, et il avait fait paraître un article sur le même sujet dans la revue *Voprossy Filossofii* (Questions de philosophie).

En fait, Sadykov formulait plusieurs idées qui n'ont commencé à être appliquées qu'au début de la perestroïka… quinze ans plus tard. À la fin des années soixante, les choses étaient différentes. Même ce qui semblait plus ou moins acceptable entre 1964 et 1967 était considéré comme « subversif » en 1969.

Moscou fit passer le message : « à démolir. » Le 13 mai, le bureau du kraïkom se réunit pour examiner « les erreurs graves contenues dans l'ouvrage du chargé de cours à la chaire de philosophie de l'Institut agricole de Stavropol, Sadykov F. B. ». Et effectivement, nous le démolîmes. Ce fut même un vrai « massacre ». Notre « idéologue » en chef, Likhota, exigea l'exclusion du parti, mais Efremov s'y opposa. Mon intervention fut également très critique. Sadykov écopa d'un blâme et fut démis de sa chaire. Bientôt, il quitta Stavropol, pour Oufa, je crois.

Pour moi, les affaires Barakov et Sadykov, hommes à la pensée non conforme que je connaissais personnellement, ne furent pas seulement une cause d'émotion, elles m'amenèrent progressivement à me poser une question : « Que nous arrive-t-il ? » Ma conscience me tourmentait, car nous avions infligé à ces deux hommes un traitement immérité alors même que quelque chose n'allait pas dans notre société.

En tout cas, l'esprit de réforme s'éteignait à vue d'œil. Les décisions sensées et raisonnables prises sur les questions économiques aux plénums du CC, entre 1965 et 1967, furent laissées de côté. Quant à la « réforme Kossyguine », elle était à bout de souffle. Les événements de Tchécoslovaquie mirent pratiquement fin à la recherche de solutions nouvelles pour transformer le système de gestion de l'économie nationale.

La « période de stagnation » commençait…

CHAPITRE 6

À L'ÉPREUVE DU POUVOIR

Un cas d'espèce : les « premiers secrétaires »

Au printemps de 1970, le rêve d'Efremov se réalisa enfin : il fut muté à Moscou. Je le remplaçai au poste de premier secrétaire du kraïkom de Stavropol.

Il est difficile de comprendre la structure interne et les mécanismes du système qui prévalait dans le pays, sans se pencher au préalable sur le rôle particulier des premiers secrétaires qui dirigeaient les républiques, les territoires et les régions. Ils constituaient l'un des principaux piliers du régime. Au-delà du cloisonnement sectoriel et administratif de l'appareil, ils permettaient de relier toutes les structures étatiques et sociales au sein d'un système unique. Comme ils étaient majoritaires au Comité central, ils élisaient pratiquement le secrétaire général. Ce furent eux qui assurèrent la victoire de Khrouchtchev sur le groupe de Molotov et Malenkov, en 1957. Eux aussi qui l'abattirent en octobre 1964.

Si, après l'effondrement du pays, de nombreux premiers secrétaires ont su si bien s'intégrer dans de nouvelles structures, gouvernementales comme commerciales, ce n'est pas non plus un hasard : le système sélectionnait soigneusement les dirigeants les plus énergiques dans les entreprises industrielles et les exploitations agricoles, les établissements d'enseignement et les bureaux d'études. Évidemment, dès que l'on entrait dans la nomenklatura, il fallait suivre les règles du jeu : en faisant passer les cadres « écrémés » par le « séparateur du parti », l'appareil obtenait le « beurre » qui lui convenait.

Le rôle des premiers secrétaires ne peut être comparé qu'à la position des gouverneurs de la Russie tsariste. Ils détenaient la plénitude du pouvoir local et modelaient à leur convenance l'appareil de gestion de leur région, même les organes élus. Aucune nomination ne pouvait se faire à leur insu ; tout poste dirigeant de quelque importance entrait dans la nomenklatura de l'obkom ou du kraïkom. Même lorsqu'une entreprise ou un institut relevait d'un ministère de l'Union, le ministre ne pouvait procéder à une nomination en passant par-dessus la tête du premier secrétaire. Les entreprises du secteur de la défense, cet État dans l'État, constituaient la seule exception à cette règle. Et encore : même dans ce domaine on s'efforçait de prendre en compte le point de vue de la direction locale du parti.

Bref, le premier secrétaire était un cas d'espèce, une figure clé dans le système du pouvoir. Il tenait ses fonctions et son pouvoir immense non du peuple mais de Moscou : du Politburo, du secrétariat, et du secrétaire général en personne. Là résidait le défaut de la cuirasse. Chaque premier secrétaire savait parfaitement qu'il perdrait fonctions et pouvoir à l'instant même où les plus hautes instances du parti changeraient d'opinion à son égard, c'est-à-dire à l'instant où il n'aurait plus la confiance du secrétaire général.

Comme ses prédécesseurs, Brejnev sélectionnait soigneusement les premiers secrétaires régionaux. Le processus comprenait plusieurs étapes. Ivan Kapitonov et Konstantin Tchernenko épluchaient d'abord scrupuleusement le dossier du candidat pressenti en puisant leurs informations aux sources les plus diverses. Une première opinion s'établissait ainsi. Ensuite, le postulant rendait visite aux secrétaires du CC, et, pour finir, au « patron ». Tel fut en tout cas mon itinéraire dès que se posa la question du départ d'Efremov. Convoqué à Moscou, je fus reçu tour à tour par Kapitonov, Koulakov, Kirilenko et Souslov. Tous les secrétaires d'obkom, de kraïkom et de république passaient obligatoirement entre leurs mains.

Ces entretiens revêtaient un caractère étrange, à la limite de l'absurde. Assis face à face, nous devisions sans hâte en nous souriant mutuellement. Je connaissais parfaitement la raison de ma présence, mais personne n'en parlait car seul Brejnev était en droit de prononcer les paroles décisives : « Nous vous recommandons pour ce poste. »

La rencontre finale avec le secrétaire général fut tout à fait différente. Comme je pus souvent le remarquer, Brejnev avait l'art de s'attirer la sympathie de ses interlocuteurs et de créer un climat détendu. Dès le début de la conversation, il m'apprit ce que je savais déjà.

— Eh bien, précisa-t-il, jusqu'à présent, la fonction était occupée par des gens d'ailleurs. Désormais, ce sera un homme du pays.

Ensuite, il me raconta sur le ton de la confidence comment il avait participé à la retraite du Don et du Kouban vers Novorossisk[1] pendant la guerre.

— La chaleur, la poussière, le manque d'eau. Trouver un peu d'eau pour étancher sa soif était un problème. Mais j'ai remarqué que les gens recueillaient l'eau de pluie dans des cavités spécialement aménagées sur les toits...

La conversation glissa insensiblement sur les problèmes de la région de Stavropol... Je perçai à jour son petit stratagème : me faire parler et se faire ainsi une opinion de moi et de mon aptitude à analyser les problèmes locaux et même nationaux, puisque nous parlâmes ensuite d'économie (le huitième quinquennat était bien parti), de politique extérieure (la détente s'annonçait), des cadres (qui travaillaient désormais plus énergiquement et avec plus d'assurance grâce au climat de stabilité qui s'était instauré dans le pays). Brejnev abordait toutes ces questions sur le ton de la confidence, comme s'il voulait me confier ses pensées les plus secrètes. Nous devisâmes ainsi pendant plusieurs heures dans son bureau de la Vieille-Place. Pouvait-il me venir à l'esprit que ce bureau deviendrait le mien quinze ans plus tard ?

Il faut dire que, à cette époque, Brejnev ne ressemblait en rien aux caricatures que l'on fait de lui aujourd'hui.

À pied d'œuvre

À l'une des premières réunions du kraïkom qui se déroulèrent sous ma direction, j'abordai le problème de la mise au point d'une politique prospective permettant d'améliorer le niveau de vie des habitants de la région.

À la suite de cette initiative, un programme à long terme de développement de l'agriculture du territoire fut approuvé par un plénum du kraïkom. Ses orientations maîtresses étaient la répartition rationnelle

---

1. Sa participation à la bataille de Novorossisk en qualité de commissaire politique était l'un des titres de gloire de Leonid Brejnev auquel il consacra un petit ouvrage *Malaïa Zemlia (La Petite Terre)* couronné du prix Lénine de littérature. Pendant le secrétariat de Leonid Ilitch (1964-1982), les combats de Novorossisk furent promus du rang d'escarmouche secondaire à celui de bataille décisive de la Seconde Guerre mondiale. (N.d.T.)

des exploitations agricoles, leur spécialisation, l'introduction de technologies industrielles, le développement de l'irrigation, la formation des cadres, la recherche scientifique. Je devais consacrer près de dix ans de ma vie à la mise en œuvre de ce programme, mais lorsque je quittai Stavropol, je pus constater combien il restait encore à faire.

Notre tâche principale consistait à créer une agriculture aux résultats stables. En un siècle — de 1870 à 1970 —, l'Institut de recherches agricoles de la région de Stavropol dénombra soixante-quinze années maigres, parmi lesquelles cinquante-deux de sécheresse. Les steppes arides représentent près de la moitié du territoire. En réalité, tout le sud du pays est menacé par les puissants vents secs qui soufflent régulièrement de l'est, de la région d'Astrakhan, balayant le territoire de Stavropol et les terres situées bien au-delà, vers l'ouest. De ce fait, tant que la récolte de céréales n'était pas ensilée, toute prévision sérieuse s'avérait impossible.

Des projets d'irrigation du territoire avaient vu le jour au tournant du siècle, mais les premières mesures pratiques ne furent prises que dans les années trente, avec la construction du réseau de Terek-Kouma et le début du percement des canaux de Kouban-Egorlyk et de Kouban-Karaous. À la fin de 1969, ils furent tous deux rebaptisés Grand Canal de Stavropol (GCS) et l'aménagement d'une deuxième tranche fut lancée. Une conclusion s'imposait : à ce rythme, les bienfaits du GCS ne bénéficieraient ni à nous ni à nos enfants. Le CC, lors de ses plénums de mai 1966 et de juillet 1970, avait envisagé d'accélérer les travaux d'irrigation dans le Caucase du Nord. Cela tombait à pic et je décidai d'en profiter. Je fis rédiger une note au CC pour proposer l'aménagement d'un canal de 480 km de long s'étendant du Kouban jusqu'aux steppes kalmoukes.

Pendant mes vacances à Kislovodsk, à l'automne de 1970, je fis la connaissance du ministre de la Bonification et de l'Irrigation de l'URSS, Evgueni Alexeïevski. Je lui demandai de lire la note et de trouver deux ou trois jours pour m'accompagner à Stavropol.

Le ministre lut le document, puis consulta des experts. Finalement, il promit son aide. Mais il me conseilla de proposer un programme de travaux étalés non sur quinze ans, comme nous l'indiquions, mais sur les cinq années suivantes.

Après cela, il me fallait l'aval du secrétaire général. Je fus servi par le hasard. Brejnev devait assister aux célébrations du cinquantième anniversaire de l'avènement du pouvoir soviétique en Azerbaïdjan. Or, je figurais au sein de la délégation de la RSFSR.

Assis près de lui à la tribune, j'en ai profité pour lui demander un rendez-vous. Je lui expliquai le motif et il accepta de me recevoir. La rencontre eut lieu en décembre. Une nouvelle fois, Brejnev m'écouta attentivement. Il regarda tous les calculs et les schémas, me posa de nombreuses questions et, finalement, me demanda de lui laisser la documentation, notamment le tableau des sécheresses au cours des cent années précédentes. Le projet fut examiné lors d'une réunion du Politburo. Je n'eus même pas à me déplacer pour défendre mon dossier : Brejnev lui-même s'en chargea, précisant, me rapporta-t-on, qu'il fallait « soutenir les jeunes dirigeants qui avaient une vision ample d'homme d'État ».

Le 7 janvier 1971, le CC du PCUS et le Conseil des ministres de l'URSS adoptèrent un décret sur l'accélération de l'aménagement du Grand Canal de Stavropol (GCS) et des réseaux d'irrigation. Des crédits importants furent débloqués, le chantier fut proclamé « chantier de choc du Komsomol à l'échelle de l'Union » et des dizaines de milliers de jeunes gens dotés du matériel requis affluèrent vers le territoire. Le problème posé par la construction de trois tunnels fut résolu par la Direction des travaux du métro de Moscou (*Metrostroï*). Les cadences étaient si élevées que, dès 1974, nous célébrâmes nos premiers succès : le percement du tunnel sous les hauteurs de Krimguireïev, en avril, et le lancement de la deuxième tranche du GCS, en novembre.

Nous étions encore loin de la fin des travaux (six tranches au total), mais il fallait déjà songer à d'autres éléments du programme prospectif, notamment le choix du système de culture optimal pour notre région. La question avait été posée au plénum du kraïkom dès novembre 1970. À l'époque, il paraissait évident que l'on allait produire du froment. Mais il y avait aussi un autre projet : planter des cultures fourragères sur les terres irriguées, notamment de la luzerne dont on pouvait espérer cinq récoltes par an. Pour le froment, il était envisagé de recourir à l'« agriculture sèche », ce qui impliquait tout un ensemble de mesures reposant sur l'utilisation judicieuse de la jachère. Cette méthode de culture était recommandée par l'Institut de recherches de Stavropol dirigé par A. A. Nikonov, le futur président de l'Académie des sciences agricoles de l'URSS.

Cette technique fut discrètement expérimentée par un président de kolkhoze, Nikolaï Terechtchenko. Dès que le réseau d'irrigation atteignit les champs dont il s'occupait, il replanta de la luzerne et du maïs sur les terres irriguées, mettant en jachère les terres libérées à hauteur de 15 % des terres arables. Les résultats ne se firent pas attendre. Les années de sécheresse, lorsque le blé des voisins dépérissait, le kolkhoze de Terechtchenko récoltait environ vingt quintaux par hectare. Les bonnes années, alors que le rendement de la plupart des exploitations était de vingt à vingt-cinq quintaux, le kolkhoze de Terechtchenko en récoltait au moins trente-cinq à l'hectare.

De toute évidence, il fallait continuer dans ce sens. Mais à peine l'avions-nous suggéré que l'on nous rappelait à l'ordre : c'était contraire à la politique agricole du Comité central qui avait décidé que les terres irriguées du Caucase du Nord seraient une zone de culture du blé. Une barrière à l'époque infranchissable se dressait désormais et aucun argument n'entrait plus en ligne de compte. Mais, comme dit l'adage, à quelque chose malheur est bon.

En 1975 et 1976, une sécheresse terrible frappa encore la région. Elle fut aggravée par de grands froids en hiver et des tempêtes de poussière au printemps, ce qui n'était arrivé que deux autres fois dans les cent années précédentes. 1976 fut particulièrement désastreux. Sur la moitié des terres, rien ne subsista : céréales, maïs, légumineuses, herbages. Sentant venir la disette, les paysans se mirent à abandonner la terre pour se réfugier dans la banlieue des villes. Un kolkhoze sur trois risquait de cesser toute activité dans le territoire.

Le 29 mai, je pris place à bord d'un petit Antonov-12 à destination de la zone d'Arzguir, l'une des plus touchées. Nous volions à faible altitude et sur trois cents kilomètres, tout n'était que désolation, à l'exception de quelques restes de verdure aux points d'eau.

J'étais préoccupé. Que dire aux gens ? Les habitants de la steppe sont d'une trempe particulière et ce n'est pas un hasard si bon nombre de dirigeants solides en sont issus. Ceux qui parviennent à s'imposer là peuvent accomplir n'importe quelle tâche. À l'atterrissage, nous nous rendîmes directement à la réunion prévue à la Maison de la Culture. La salle était comble et le public nous jaugeait du regard.

Peu de temps auparavant, j'avais eu une conversation difficile avec Iouri Kalinine, vice-ministre de l'Agriculture de la RSFSR, en tournée d'inspection chez nous. Il était d'ailleurs originaire de la région et, avant d'entrer au ministère, il avait dirigé la direction agricole du territoire. J'ignore exactement pourquoi, mais après sa visite dans la zone affectée par la sécheresse, il sembla pris de panique et ne cessait de répéter : il faut réduire d'urgence le cheptel.

Mon ami Gueorgui Starchikov, le vice-président du comité exécutif du district, un ancien fusilier marin peu loquace, mais intelligent et résolu, assistait à l'entretien. Il ne put se contenir :

— Iouri Petrovitch, pourquoi cette panique ? Tu es venu pour nous aider ou pour nous faire peur ? Nous assumons tout, nous répondons de tout.

Kalinine, vexé, retourna à Moscou et fit son rapport au CC. Le lendemain, je reçus un coup de fil de Vladimir Karlov[2] :

— Écoute, Mikhaïl Sergueïevitch, Kalinine est inquiet. Il estime que vous sous-estimez la gravité de la situation. Je crois qu'il a contaminé Koulakov qui ne va pas tarder à t'appeler.

Effectivement, j'eus rapidement Koulakov au bout du fil :

— Eh bien, Mikhaïl ? On pense à quoi, chez toi ? commença-t-il sur un ton irrité.

Nous travaillions littéralement vingt-quatre heures sur vingt-quatre et nos nerfs étaient tendus à l'extrême. Je gardai mon sang-froid :

— Tout ce que nous faisons est soigneusement réfléchi. Nous ne sommes qu'en juin, nous avons l'été devant nous. Nous n'avons qu'une petite marge, mais elle existe. Si l'on abat le gros du bétail à cornes et des ovins, il faudra des décennies pour relever les exploitations abandonnées. J'entends faire en sorte que cela ne se produise pas.

Koulakov resta silencieux un moment, puis déclara :

— Si tu es sûr de savoir où tu vas, prends tes responsabilités. Mais attention...

Il raccrocha. J'ignore pourquoi il réagit avec humeur à mes arguments. Peut-être suis-je injuste, mais il me semble que son mécontentement pourrait s'expliquer par le fait qu'en 1975, dans des circonstances analogues, il fit appliquer à l'échelle du pays tout entier la méthode préconisée par Kalinine et réduisit le cheptel porcin de plusieurs millions de têtes.

Je pris la parole, à Arzguir, en me remémorant tout cela :

— Vous savez tous comme moi que nous sommes dans une situation désastreuse. Mais nous sommes nés sur cette terre qui nous a vus grandir. Nous connaissons ses caprices. Sur la moitié du territoire, les semis ont brûlé, mais sur l'autre moitié, la situation est normale. Alors, réfléchissons à la manière de sauver le bétail et nos exploitations.

Le murmure d'approbation qui parcourut la salle m'aida à prendre mes décisions :

— Nous ferons transhumer le bétail destiné à la boucherie. Il sera engraissé sur les pâturages de montagne et abattu. D'autre part, je déclare une mobilisation générale pour le fourrage. Nous réserverons

2. Le chef du département agricole du CC. (N.d.T.)

des surfaces, dans la zone non touchée, pour le fourrage destiné aux habitants de la steppe. Sans cela, c'est le désastre. Nous avons notre territoire à défendre. Et je suis sûr que le pays nous aidera...

Pour être envoyé dans les régions sinistrées, le fourrage fut rassemblé dans les ravins et les sous-bois, sur le bord des routes et sur le gazon des villes. Je pris l'avion pour Moscou où je fis un rapport détaillé à Koulakov avant d'être reçu par Brejnev. Pour faire la soudure jusqu'à la prochaine récolte, le Centre nous accorda une aide d'urgence de 60 000 tonnes de fourrages concentrés. Le manque d'eau, d'abord pour la population mais aussi pour le bétail, n'était pas moins catastrophique. Là aussi, l'autre partie du territoire fut mise à contribution : pendant deux mois, camions-citernes et arroseuses furent monopolisés pour le transport et devinrent introuvables en ville.

Les pluies ne tardèrent pas à revenir. On sema rapidement des herbages tardifs et du maïs pour les fourrages verts. Le problème des fourrages grossiers (paille, etc.) et des aliments aqueux était résolu. À la fin de l'année, les exploitations sinistrées avaient reçu 700 000 tonnes de céréales et de fourrage en provenance des stocks de l'État. Le territoire était sauvé.

L'été 1976 finit de me persuader que la jachère était indispensable pour résoudre le problème de la stabilité des moissons. L'expérience de Terechtchenko et de ses émules s'avéra une nouvelle fois concluante : leur blé avait résisté à la sécheresse, au moins partiellement. En août, je rédigeai une note au Politburo sur la nécessité de passer à l'« agriculture sèche » dans la région en raison des conditions spécifiques qui y prévalaient. Je la remis à Koulakov, même en sachant qu'il était un adversaire irréductible de cette méthode (il était originaire de la région de Koursk et avait vécu essentiellement dans cette région et celle de Penza). Le problème y était posé d'une manière qui me semblait acceptable : les chiffres du plan resteraient inchangés et ce serait aux agriculteurs eux-mêmes de décider de la manière d'y parvenir. Finalement, Koulakov céda :

— À tes risques et périls. Adresse-toi à Leonid Ilitch. S'il donne son accord, je ne ferai pas d'objection.

Brejnev était alors en vacances en Crimée. C'est là-bas que je lui fis parvenir ma note.

Un jour passa. Le soir du deuxième jour, j'étais rentré chez moi lorsque l'on m'appela du kraïkom. On avait reçu un coup de fil, mais pas du tout celui que j'attendais, plutôt le contraire : tous les secrétaires d'obkom et de kraïkom se voyaient recommander par un groupe de membres de l'Académie des sciences agricoles de procéder à une extension des superficies de blé d'hiver. Moi qui avais envoyé à Brejnev une note recommandant leur réduction ! Bien entendu, ce mémo n'avait pas été écrit sans la participation de Koulakov.

Deux autres jours passèrent avant que je ne reçoive enfin la réponse de Brejnev. Il était en personne au bout du fil :

— J'ai lu ton texte, Mikhaïl Sergueïevitch. J'ai réfléchi, pris des avis. Et tu sais, je me suis ressouvenu du Kazakhstan. Terenti Maltsev m'avait bien dit alors que l'on ne pouvait pas se passer de jachère. Alors, fonce ! Je te soutiendrai.

Je comprenais qu'il avait dû surmonter bien des doutes avant de prononcer ces simples paroles, tant étaient tenaces les préjugés contre la jachère. Plus tard, j'ai su que Sergueï Maniakine, secrétaire de l'obkom d'Omsk, passait justement ses vacances en Crimée au même moment. Or, il était originaire de notre district d'Arzguir. Et quand les conseillers de Brejnev, avec qui il se promenait presque tous les jours, lui demandèrent son avis sur la jachère, il répondit aussitôt : Gorbatchev a raison. Voilà comment des problèmes cruciaux se trouvent parfois inopinément résolus.

Une fois de plus, je pris l'avion pour Moscou. Nous rédigeâmes, Koulakov et moi, un projet de résolution du Politburo et du gouvernement portant sur l'introduction du système d'« agriculture sèche » sur le territoire de Stavropol. Cette résolution fut bientôt adoptée. Pourtant, il ne fallait pas crier victoire trop vite. Comme c'était souvent le cas face à des textes qui brisaient la routine, certains apparatchiks tentèrent aussitôt de bloquer le programme. Les premiers à faire montre de « vigilance » furent les apparatchiks du Conseil des ministres de la RSFSR. Je fus littéralement sidéré par l'adoption d'une nouvelle résolution du Politburo portant sur... une nouvelle extension des superficies de céréales dans toutes les régions du pays. J'étais cependant bien décidé à ne céder à aucune pression, et je tins le coup.

L'année suivante, en 1977, la récolte fut bonne, dans une grande mesure grâce à la jachère. En 1978, la moisson fut tout simplement sans précédent : deux tonnes par habitant de la région. Les blessures infligées par la sécheresse se cicatrisèrent. Un mouvement de retour vers le village natal se fit même sentir parmi les citadins de fraîche date.

La région de Stavropol était un important centre d'élevage d'ovins à toison fine. Pratiquement toutes les exploitations possédaient des moutons. Mais, dans ce secteur aussi, l'heure du changement avait sonné :

le développement extensif avait atteint ses limites et le paysan préférait désormais recourir aux technologies modernes.

À mon poste de premier secrétaire du kraïkom, j'eus également à traiter ce problème. Il nous fallait encore convaincre le Centre. Cette fois, de la nécessité d'investir dans l'élevage des moutons. Combien de kilomètres de couloirs moscovites ai-je dû arpenter pour démontrer l'évidence ! Le résultat de ma persévérance fut une nouvelle résolution du parti et du gouvernement « sur le développement et le renforcement de l'infrastructure de l'élevage des moutons de race à toison fine dans le territoire de Stavropol ». Une longue période de travail ardu nous attendait.

Pendant des années, nous multipliâmes les expériences prudentes destinées à trouver les méthodes les plus efficaces en tenant compte des spécificités régionales et de la nature particulière de ce genre d'élevage. Les difficultés commencèrent dès que nous fîmes passer les troupeaux dans les fermes mécanisées. La concentration avait ses limites et l'on ne pouvait se passer des pâturages. Sans élevage en plein air, les résultats se détérioraient. Fort heureusement, nous corrigeâmes le tir à un stade précoce. Dès la fin des années soixante-dix, la situation s'était améliorée. Nous vendions des centaines de milliers de têtes de bêtes de race à l'extérieur du territoire, notamment en Inde et dans la communauté socialiste, ainsi que dans les pays arabes et asiatiques.

Les travaux du Grand Canal progressaient. En août 1978, l'équipe de Metrostroï termina le perçage d'un tunnel de sept kilomètres près du village d'Alexandrovski, permettant aux eaux du Kouban d'irriguer les steppes de l'est du territoire. Grâce à la jachère, la récolte de céréales du territoire se stabilisa à plus de cinq millions de tonnes. La récolte de cultures fourragères sur les terres irriguées atteignait un niveau record en Russie.

Nous avions un autre sujet de préoccupation : le territoire « exportait » alors les trois quarts de sa production de viande dans le reste de l'URSS. Pour remplir le plan, il nous fallait acheter du bétail des enclos individuels et l'on manquait de viande dans les boucheries de la région [3]. Au cours de mes déplacements, la population m'interpellait de plus en plus fréquemment à ce sujet. Une fois, on m'accusa même de

3. Cette situation n'était pas propre à la région de Stavropol. La pénurie de viande était alors chronique dans tout le pays. Le problème était évidemment plus sensible dans les régions productrices. (N.d.T.)

tout expédier dans d'autres régions pour complaire au Comité central et d'oublier mes responsabilités à l'égard de mes administrés.

Le Centre reconnaissait que ces doléances étaient justifiées, mais ne pouvait rien y faire. Il nous fallait donc trouver une solution sans son aide. Nous eûmes l'idée de créer une industrie avicole en concentrant toute notre aviculture dans vingt-huit grandes exploitations. Leur production servirait à compléter nos fournitures dans le cadre du plan, alors que la viande bovine des enclos individuels serait désormais canalisée par des coopératives au bénéfice de la population du territoire. Ce stratagème fut mis en œuvre en moins de deux ans. Au moment de mon départ définitif pour Moscou, notre production de volaille était passée de 11 000 à 40 000 tonnes. Dans le même temps, nous lançâmes un programme de soutien aux enclos individuels et de création de coopératives horticoles et maraîchères dans la banlieue des agglomérations. Le climat social s'améliora pour de nombreuses années.

Mon travail ne se bornait pas à l'agriculture. J'avais également à m'occuper d'industrialisation et d'urbanisation. Le territoire était en passe de devenir une région d'industrie et de constructions mécaniques dans des domaines aussi divers que l'électronique, l'électrotechnique, la chimie et le ciment. La construction de nouvelles centrales électriques — et la modernisation des anciennes — assura notre indépendance énergétique et nous permit même de devenir excédentaires au profit des régions voisines.

Tout en créant des opportunités, l'industrialisation posait de nouveaux problèmes. Ministères et administrations nous demandaient d'implanter des entreprises et de procéder à l'extension des anciennes, alors que nous mettions l'accent, pour notre part, sur les avantages sociaux. Les kolkhozes avaient désormais voix au chapitre. Pour mettre au point nos programmes, nous avions régulièrement recours aux chercheurs scientifiques. Comme ceux du territoire ne suffisaient pas, nous nouâmes des contacts avec des centres de recherche de Moscou. Le résultat en fut une hausse de la qualité de notre gestion et la réduction des aspects aléatoires de notre politique régionale.

Je ne voudrais pas ennuyer plus longtemps le lecteur en ne parlant que des aspects techniques de mon travail à la tête du territoire. Qu'il me soit simplement permis de dire qu'il y avait peut-être des collègues qui menaient la vie de château en confiant tout le travail à leurs subordonnés, mais la plupart des premiers secrétaires travaillaient comme des forçats et étaient rapidement usés par le stress.

À l'époque, je m'interrogeais déjà sur la rationalité d'un système où presque tout dépend de l'énergie et de l'entregent du « patron ». Pourquoi toute initiative y était-elle accueillie avec suspicion et hostilité ? Comment expliquer son allergie aux novateurs ?

D'autres idées « subversives » me venaient à l'esprit, mais j'étais bien trop occupé pour y réfléchir sérieusement.

Face à l'économie administrée

Pendant toute cette période, je fus en permanence confronté à l'économie administrée et à la bureaucratie de l'État centralisé. Il était pratiquement impossible de résoudre le moindre problème sans s'adresser au Gosplan, quémander l'approbation de dizaines de ministres et d'administrations, consulter des centaines de hauts fonctionnaires, effectuer des voyages incessants à Moscou, et se bagarrer continuellement avec des ronds-de-cuir insolents. Alors que le plan était censé rationaliser les choses, seuls fonctionnaient les passe-droits.

Mais, s'agissait-il bien d'un système planifié ? Le système supercentralisé qui s'était formé et tentait de tout régenter à partir du centre vampirisait l'énergie vitale de la société et tuait dans l'œuf la moindre tentative de se passer de lui.

Beaucoup gardent encore en mémoire l'expérience ratée du début des années soixante portant sur l'application du système de rémunération à la tâche, avec primes, sur les terres vierges du Kazakhstan. Malgré tous les efforts des journalistes de la *Komsomolskaïa Pravda* et le soutien de l'opinion publique, certains de ces pionniers furent emprisonnés. Pendant longtemps, personne n'osa renouveler une telle tentative. L'expérience du combinat chimique de Chtchekino échoua pareillement : le ministère ne pouvait tolérer une quelconque extension des droits de l'entreprise et y mit bon ordre.

De tels phénomènes m'apparaissaient comme les symptômes d'un mal chronique dont notre économie devait être guérie sans délai. Le plus curieux est que l'on pensait comme moi, en haut lieu, mais personne ne voulait prendre de risque. La deuxième partie de mon mandat de premier secrétaire débuta par une réflexion sur ces questions. Au début, j'étais enclin à croire que les énormes investissements consentis ne portaient pas leurs fruits en raison de l'incompétence des cadres, d'imperfections dans les structures de gestion et de lacunes de la législation. Progressivement, j'acquis pourtant la conviction que les racines du mal étaient plus profondes.

Une certaine schizophrénie s'emparait alors du pays : la situation se détériorait sans cesse alors que les dirigeants annonçaient de grandes réalisations. Le Centre souhaitait recevoir de province des relations triomphales portant sur des résultats spectaculaires et rapides. À cette demande ne pouvait que correspondre une offre : au début de chaque année, les obkoms du parti faisaient publier dans la presse centrale les engagements de production contractés par les travailleurs des entreprises de leur région. Évidemment, ces engagements étaient rapidement oubliés aussi bien par le Centre que par ceux qui les avaient pris. On portait au pinacle ceux qui avaient du brio dans la forfanterie, tout en considérant avec commisération ceux qui travaillaient d'arrache-pied, mais en silence.

Un simple exemple : le Grand Canal de Stavropol, dont j'ai déjà parlé, était indispensable pour irriguer les vastes steppes arides de la région, mais il passait d'abord, sur 200 kilomètres, par une bande de bonne terre ne nécessitant aucun apport en eau. Pendant la construction de ce premier tronçon, nous fûmes férocement critiqués : « Vous exigez de gros investissements, mais où sont les résultats tangibles ? » À l'époque, on ne jurait que par Alexeï Chibaïev qui, dans sa région de Saratov, avait prétendument construit un vaste système d'irrigation pour un coût de 500 à 1 000 roubles par hectare, et non 5 000 comme chez nous. Déjà à l'époque, les chiffres de Saratov me semblaient suspects. Plusieurs années plus tard, alors que j'étais secrétaire du CC chargé de l'agriculture, le ministre de la Bonification me demanda avec insistance l'autorisation de passer par profits et pertes les terres irriguées de la région de Saratov. J'eus alors la confirmation que le « plan d'irrigation Chibaïev » n'avait été qu'une vaste escroquerie : des conduites temporaires canalisaient l'eau de la Volga dans les champs. Ce n'était pas de l'irrigation, mais une duperie. Résultat, une perte de 120 000 hectares de bonne terre et de centaines de millions de roubles.

Une situation analogue prévalait dans le domaine de la construction de complexes d'élevage, où il ne s'agissait pratiquement que d'édifier à grands frais des bâtiments et des équipements. En effet, le Centre ne contrôlait que les crédits débloqués pour leur construction. Le reste lui échappait complètement. Or, même un profane pouvait comprendre que faute de résoudre les problèmes des cadres, des fourrages, de la sélection des bêtes, de la création d'une infrastructure, la construction de bâtiments n'était que du gaspillage.

Lorsqu'un projet naissait dans les hautes sphères, tous les scandales liés à sa réalisation demeuraient impunis. Mais si quelqu'un s'avisait de mettre en œuvre ses propres idées, il pouvait s'attendre au pire, y compris la prison. Il était pratiquement impossible de faire le moindre pas en respectant toutes les résolutions et instructions de la hiérarchie. De là la maxime populaire : « Toute initiative est punissable. »

Or, pendant que le système étouffait les gens entreprenants et capables d'initiative, les « hautes sphères », mécontentes du faible rendement des investissements, tentaient de l'augmenter en créant de nouvelles structures de gestion qui rendaient la situation encore plus pesante.

En cherchant des réponses aux questions que je me posais, je me rendis vite compte que ce n'était pas dans nos publications que je pouvais les trouver : non seulement la pensée créatrice n'était pas encouragée, mais elle était réprimée de toutes les manières. En ma qualité de membre du CC, j'avais accès aux livres des hommes politiques, politologues et théoriciens occidentaux édités par les Éditions du Progrès. Aujourd'hui, j'ai toujours sur mes étagères l'*Histoire parallèle de l'URSS* d'Aragon en deux volumes, *Pour un modèle français de socialisme* de Roger Garaudy, l'*Histoire de l'Union soviétique* de Boffa, ainsi que sa monumentale *Histoire du marxisme*, des ouvrages sur Togliatti, les fameux *Cahiers* de Gramsci, etc. Leur lecture m'a permis de connaître des points de vue différents aussi bien sur l'histoire que sur les processus en cours des deux côtés de la ligne de démarcation idéologique.

Andropov, Kossyguine, Koulakov

Mes contacts avec Andropov et Kossyguine eurent beaucoup d'importance pour moi. Les événements d'août 1968 n'ayant pas permis à Andropov de prendre ses vacances aux dates habituelles[4], il arriva inopinément à Jeleznovodsk en avril 1969. Et comme il avait dissuadé avec tact Efremov de lui rendre une visite de courtoisie, ce dernier me demanda de le remplacer, puisque j'étais alors son deuxième secrétaire.

Le président du KGB occupait un trois-pièces de luxe au sanatorium Doubovaïa Rochtcha (La Chênaie). J'arrivai à l'heure dite, mais on me

4. Iouri Andropov dirigeait le KGB depuis l'année précédente. (N.d.T.)

pria d'attendre. Andropov n'apparut que quarante minutes plus tard, mais il me serra la main avec chaleur et s'excusa de m'avoir fait attendre en évoquant une importante conversation téléphonique avec Moscou.

— J'ai une bonne nouvelle à vous communiquer, me dit-il tout de go. Gustav Husak vient d'être élu premier secrétaire du CC du PCT.

À ses yeux, cela signifiait que la situation en Tchécoslovaquie se stabilisait.

Après ce premier contact, nous nous rencontrâmes de nombreuses fois. Nous passâmes notamment des vacances ensemble au sanatorium Krasnye Kamni (Les Pierres-Rouges). Nous fîmes des excursions, en famille, dans les environs de Kislovodsk et en montagne. Il nous arrivait de rester tard le soir autour d'un feu de camp, à faire rôtir des chachliks. Andropov était comme moi : il n'appréciait guère les banquets bruyants comme les aimait Koulakov. Il préférait les belles nuits méridionales, le silence, les conversations sincères autour du feu.

Plus tard, je devais découvrir que Iouri Vladimirovitch avait l'oreille très musicale. Dans ses moments de loisir, il écoutait essentiellement les « bardes » des années soixante, surtout Vladimir Vyssotski et Iouri Vizbor. Il aimait leurs chansons et lui-même chantait de manière agréable, ainsi que sa femme Tatiana Filippovna. Un jour, il me lança un défi en prétendant qu'il connaissait plus de chansons cosaques. J'acceptai assez légèrement et subis une défaite complète : non seulement son père était un Cosaque du Don, mais il avait lui-même passé son enfance parmi les Cosaques du Terek.

Peut-on dire que nous étions proches ? Oui, sans doute. J'écris cela avec une certaine réserve car j'ai pu me rendre compte que l'approche des sentiments humains est différente dans les hautes sphères. Pourtant, en dépit de sa retenue naturelle, je sentais la sympathie qu'il éprouvait pour moi, même quand il se fâchait et ne me ménageait pas ses critiques.

Andropov ne se livrait jamais complètement. Sa sincérité et sa franchise ne débordaient jamais des limites qu'il s'était fixées une fois pour toutes. Il connaissait la situation dans le pays mieux que la plupart, et savait quels dangers elle recelait pour notre société. Il me semble toutefois qu'il estimait, comme beaucoup d'autres, qu'une action énergique auprès des cadres et le rétablissement de la discipline suffiraient à remettre de l'ordre. Autant il était sensible aux questions idéologiques, autant il se désintéressait des causes réelles du ralentissement du progrès économique et de l'échec des réformes successives.

Mes relations avec Alexeï Kossyguine étaient sensiblement différentes. Il était doté d'une mémoire impressionnante : il manipulait avec aisance une multitude de chiffres et de faits relatifs à la situation réelle dans le pays et dans le monde. Il n'était nullement un spécialiste des problèmes agricoles mais, quand il venait dans la région de Stavropol, il rencontrait les dirigeants de kolkhozes et de sovkhozes et manifestait un certain intérêt pour la vie rurale. Il semblait sincèrement désireux de comprendre ce qui se passait et pourquoi le secteur agricole était toujours à la traîne.

Au cours de ses tournées, Alexeï Nikolaïevitch ne supportait pas d'être ennuyé par les chefs locaux et détestait les cérémonies. Il n'avait aucun penchant pour les banquets et leur cortège de propos oiseux. Il aimait rencontrer les gens, se documenter, lire et se promener... Modeste et même austère dans son comportement, son ascétisme me rappelait celui de Souslov. En vacances, il logeait toujours dans le bâtiment principal des Krasnye Kamni, et non dans une villa isolée. Il s'agissait cependant d'une marque de discrétion assez peu efficace : avec sa suite, il occupait un étage entier. Il faut dire à sa décharge qu'il n'évitait jamais le contact avec les autres vacanciers et se comportait sans affectation.

Dans le privé, il était encore plus réservé qu'Andropov et gardait ses distances avec son interlocuteur même dans les discussions les plus franches. Sa prudence était compréhensible : depuis le temps qu'il se trouvait « au sommet », il avait eu l'occasion de travailler, jadis, avec Voznessenski et Kouznetsov qui furent fusillés à l'issue de l'« affaire de Leningrad[5] ». Il n'aimait pas parler de l'époque stalinienne, mais je garde le souvenir d'une conversation sur ce sujet.

— Avant tout, je peux vous dire que c'était dur. Surtout moralement, ou plutôt psychologiquement. La surveillance que l'on exerçait sur nous était totale. Je ne pouvais jamais rester seul nulle part, conclut-il avec amertume.

Voilà comment parlait un homme qui avait fait partie de l'entourage de Staline.

Kossyguine était un marcheur acharné. À chaque fois que je lui rendais visite dans sa villégiature, il m'entraînait dans une promenade. Il choisissait toujours les itinéraires les plus pittoresques. Au cours de ces

---

5. En 1949, l'« affaire de Leningrad », montée par Staline contre plusieurs dirigeants du parti et de l'État proches d'Andreï Jdanov qui avait longtemps été le patron de cette ville, se traduisit par l'exécution, entre autres, de Nikolaï Voznessenski, membre du Politburo, et d'Alexeï Kouznetsov, secrétaire du CC. (N.d.T.)

balades, nous abordions les questions les plus diverses, surtout sur des sujets économiques.

Dès nos premières rencontres, nous nous lançâmes dans une discussion qui se poursuivit par la suite de manière récurrente. Elle portait sur l'un de mes thèmes favoris : le fonctionnement de l'économie et les mécanismes d'incitation.

— Voilà, expliquais-je, je suis membre du CC, député au Soviet suprême et d'énormes responsabilités reposent sur mes épaules. Or, je n'ai ni les prérogatives, ni les possibilités financières requises pour résoudre les problèmes les plus simples. À de rares exceptions près, les taxes payées par les entreprises et les ménages vont au Centre. Je ne peux même pas modifier l'organigramme du kraïkom du parti ou celui du comité exécutif du soviet du territoire. Il m'est également impossible de recruter quelques bons fonctionnaires bien payés au lieu d'en garder une quinzaine mal payés avec lesquels on ne peut former une bonne équipe. Moscou a fixé des cadres rigides partout. De proche en proche, l'appareil de gestion devient de plus en plus incompétent, ai-je conclu, non sans émotion.

Alexeï Nikolaïevitch m'écouta en silence. Il sourit parfois devant ma fougue, mais ne manifesta pas la moindre velléité de suggérer des solutions. Il avait d'ailleurs une manière bien à lui de se taire. Je voyais qu'il partageait mon opinion et je lui fus reconnaissant de sa compréhension tacite.

En juillet 1978, Koulakov mourut subitement d'une crise cardiaque. Il n'avait que soixante ans et ce fut une lourde perte. La décision de Brejnev et des autres membres du Politburo de ne pas interrompre leurs vacances pour assister à ses obsèques ne m'en sembla que plus surprenante. Je compris alors pour la première fois combien ces hommes, réunis par le destin au sommet du pouvoir, étaient en réalité éloignés les uns des autres.

Mon devoir moral me dictait d'aller aux obsèques et d'y prononcer quelques mots d'adieu. Ma demande fut acceptée, mais Mikhaïl Zimianine, secrétaire du CC, me pria de lui communiquer le texte de mon allocution « pour éviter les répétitions et les contradictions avec les autres intervenants ». Les funérailles eurent lieu le 19 juillet devant le mur du Kremlin. Pour la première fois, je montai sur la tribune du Mausolée et, très ému, prononçai quelques mots d'adieu à l'intention de cet homme pour qui j'éprouvais de la sympathie, et exprimai mes condoléances à sa famille et à ses proches.

Criminalité

En 1973, la région de Stavropol fut touchée par des vagues successives de criminalité qui n'épargnaient ni les villes ni les campagnes. Après plusieurs meurtres et viols particulièrement cruels, le climat était tendu à l'extrême. Les populations, inquiètes et effrayées, se demandaient à juste titre si le pouvoir exerçait encore son autorité sur le territoire de Stavropol. Les blâmes et les critiques tombaient drus sur les responsables des forces de l'ordre, mais rien n'y faisait. Quant aux dizaines de commissions créées tout exprès, elles ne parvenaient même pas à définir le début d'une action cohérente. L'urgence de la situation me poussa à réunir des juristes retraités indépendants de toute coterie. Curieusement, les statistiques officielles ne révélaient rien de particulier. Cela mit la puce à l'oreille de mon « conseil des sages » qui mit à jour des violations grossières de la légalité au sein même des services de l'Intérieur : statistiques maquillées, dissimulation de crimes, concussion.

À l'époque, le ministre de l'Intérieur Nikolaï Chtchelokov, qui bénéficiait de l'appui direct de Brejnev, avait lancé une importante restructuration de son ministère, le MVD. Il avait notamment recruté de nouveaux éléments pour ses services et renforcé leur infrastructure matérielle. L'ambitieux personnage voulait faire la preuve de son efficacité et, comme il n'y a pas de miracle, il entreprit de corriger les statistiques en adoucissant les dispositions légales. Il jouait au démocrate, à l'homme aux idées larges, et aimait répéter que la prison ne corrige personne. En principe, c'est vrai, mais de sa part, ce n'était que pure démagogie. Sa volonté de remplacer les peines de réclusion prévues par la loi par des peines de substitution ne déboucha que sur un relâchement général de la lutte contre la criminalité.

Conformément aux conclusions de notre commission de Stavropol, nous prîmes des mesures énergiques : limogeage de tous les généraux de la direction régionale des Affaires intérieures, remaniement des services, vigilance accrue de l'organisation du parti. L'affaire fut étalée au grand jour. Un « ripou » tenta de se donner la mort. Les chefs de la milice furent remplacés dans près d'un tiers des villes et des districts. Cette opération rigoureuse avait pour but de renforcer l'application de la loi, en premier lieu par les forces de l'ordre elles-mêmes. Avec la participation des ouvriers et des komsomols, il suffit d'un seul mois pour améliorer sensiblement la situation : le territoire passa de la 11e à la 67e place pour le nombre de crimes recensés.

Alerté, Chtchelokov nous envoya une équipe de son ministère dirigée par son adjoint Boris Choumiline. Je le connaissais et le considérais comme un homme bien. Je fus d'autant plus surpris de le voir recourir au chantage :

— Que se passe-t-il ? L'ordre règne dans les régions voisines, alors qu'ici... On demandera forcément ce que faisait le kraïkom.

Ma réponse fut ferme :

— Tu dois savoir que je ne reculerai pas. Tu peux le transmettre à Chtchelokov.

Bien qu'embarrassé, Choumiline n'en continua pas moins à me sermonner.

Lorsque le parquet de la RSFSR s'inspira de notre expérience pour procéder à un contrôle analogue à Sverdlovsk, on y découvrit des crimes encore plus graves, y compris la dissimulation de meurtres. On me rapporta que le chef du département municipal de l'Intérieur de Sverdlovsk s'était donné la mort. Et ce n'était qu'un début... L'époque des chiffres maquillés était bien finie et le « système Chtchelokov » s'effondrait. La querelle entre le ministre et moi se poursuivit jusqu'à son limogeage, en 1982. Bien des années plus tard, alors que j'étais président du Soviet suprême de l'URSS, une commission parlementaire enquêta sur les affaires de l'époque, à la requête des juges d'instruction Gdlian et Ivanov. Il fut établi que, sous Tchernenko, Chtchelokov aurait dit à son très proche entourage : « Cet homme doit être abattu ! » Il parlait de moi.

Comme on peut le constater, il n'en eut pas le temps.

La vie à l'étranger

Mes premiers déplacements à l'étranger datent d'une époque où je n'étais pas encore premier secrétaire du kraïkom de Stavropol : en RDA en 1966, en Bulgarie en septembre 1969 et en Tchécoslovaquie en novembre de la même année.

À mon tout premier voyage, je faisais partie d'une délégation de fonctionnaires du parti envoyée en RDA pour y étudier la mise en œuvre d'une réforme du système de planification et de gestion de l'économie : il s'agissait d'introduire un système d'incitation et de conférer une autonomie plus importante aux entreprises. À Berlin, le programme des deux journées de conférences était assez chargé, mais nous eûmes l'occasion de visiter la ville.

Même vingt ans après la guerre, le moment fut pour moi chargé d'émotion. Certains immeubles et monuments étaient encore en ruine. Dans un terrain vague, on nous montra les décombres de ce qui était jadis la chancellerie du Reich. Derrière eux se dressait le fameux mur érigé cinq ans auparavant, symbole du monde divisé d'après-guerre. Berlin me sembla froid et sinistre.

Je gardai une tout autre impression de Cottbus et de Dresde, et, surtout, de ce qu'on appelle la « Suisse saxonne », sur les rives de l'Elbe, à la frontière de la Tchécoslovaquie. Partout, dans les cités, au sein des entreprises, en zone rurale, les rencontres avec nos hôtes allemands se déroulaient dans un bon climat mais qui manquait parfois de chaleur.

Cela se passait cinq ans avant que Honecker ne succède à Ulbricht, mais le futur premier dirigeant faisait déjà preuve d'une belle assurance. À la fin de notre séjour, il vint s'entretenir avec nous, manifestant à notre égard les dispositions les plus amicales.

À notre retour, nous rédigeâmes une note à l'intention du CC, notre conclusion étant que l'expérience est-allemande méritait l'attention la plus soutenue. Sans doute se perdit-elle parmi toutes celles qui furent rédigées alors dans le même sens.

Mon séjour en Bulgarie eut pour cadre le jumelage entre la région de Stavropol et celle de Pazardzik. Je faisais partie de la délégation officielle du territoire aux cérémonies du 25e anniversaire de la Bulgarie socialiste. Les meetings furent nombreux, ainsi que les débordements chaleureux et les protestations d'amitié mutuelle et éternelle.

J'eus l'occasion de retourner dans ce pays en 1974. Je visitai Sofia, le monument du col de Chipka, Plovdiv et de nombreuses autres villes. La physionomie du pays n'était plus tout à fait la même : nouveaux quartiers d'habitation, grand nombre de maisons individuelles, d'entreprises, de serres, de routes. Je visitai des vignobles, des cultures maraîchères modernes, tout un royaume horticole. L'évolution du pays était clairement perceptible. Nous nous fîmes la réflexion que les Bulgares étaient sur la bonne voie ! Nous ne connaissions pas encore la réalité des choses : la Bulgarie vivait au-dessus de ses moyens et l'heure de l'« addition » ne tarderait pas à arriver.

Mon voyage le plus difficile fut sans doute celui que je fis en Tchécoslovaquie, en novembre 1969. Notre délégation comprenait notamment Egor Ligatchev, alors premier secrétaire de l'obkom de Tomsk, et Boris Pastoukhov, secrétaire du CC du Komsomol. Il s'agissait de procéder à un échange d'opinions sur les perspectives du mouvement de la jeunesse : à cette date, la Tchécoslovaquie ne comptait pas moins de dix-sept organisations de jeunes dont aucune ne reconnaissait l'autorité du parti communiste.

Nous participâmes à de nombreuses réunions fort animées, à Prague, à Brno, à Bratislava, sur les voies à explorer par les autorités pour s'attirer la confiance des nouvelles générations. Mais ce problème était impossible à traiter hors du contexte général de la situation créée par l'intervention du 21 août 1968. Nous nous sentions particulièrement mal à l'aise et déprimés. Par toutes nos fibres, nous sentions le rejet général de cette action. En dépit de la logique des blocs, la population ne se résignait pas, et nous pûmes nous en convaincre.

Prague elle-même était plongée dans un état de semi-torpeur. Nos collègues appréhendaient de se rendre dans les entreprises et nous déconseillait de le faire. « Pourquoi n'allez-vous pas parler au peuple ? », leur demandions-nous. « Nous le ferons, mais après avoir analysé les choses », répondirent-ils. En fait, non seulement ils ne savaient pas quoi dire, mais ils craignaient tout simplement les réactions populaires.

À la veille de la journée des Étudiants, nous nous trouvions à Brno, où nos hôtes s'enhardirent à nous faire visiter une grande usine. Dans les ateliers, personne ne voulut nous parler. Non seulement les ouvriers ne répondaient pas à nos salutations mais ils se détournaient ostensiblement. Tout cela était fort désagréable. Les membres du comité du parti de l'usine portaient un jugement nettement négatif sur les mesures prises par les dirigeants soviétiques. D'ailleurs, en août 1968, le personnel avait fermement soutenu le gouvernement Dubcek et la troupe avait dû occuper les lieux. Un an plus tard, en août 1969, des manifestations de masse avaient repris à Brno contre le nouveau régime et l'intervention soviétique. La situation était donc extrêmement tendue et notre délégation protégée en permanence.

Ce qui me frappa le plus, à Bratislava, ce fut l'aspect de la ville : pratiquement tous les immeubles du centre portaient des traces de balles et les murs étaient couverts de graffiti antisoviétiques. Notre délégation fut reçue par le premier secrétaire du CC du PC de Slovaquie, Slavik. Au début, tout allait bien, mais quand l'un des nôtres rappela que Lénine, partisan du fédéralisme au niveau de l'État, y était *a priori* opposé au niveau du parti, Slavik se leva et s'en alla. Le lendemain matin, aucun membre de la direction ne vint nous rencontrer. Seule une connaissance de l'appareil du CC s'occupa de nous. À midi, nous nous rendîmes sur le mont Devin où reposent les soldats soviétiques tombés pour la libération de la Slovaquie. Nous nous inclinâmes en silence pour leur rendre hommage. La journée était chaude et ensoleillée. Le Danube miroitait en contrebas et les contours dorés de Vienne se dessinaient au loin. Nous quittâmes la ville le cœur gros.

Le soir même, nous arrivâmes dans une localité rurale dont le nom m'échappe. On nous reçut avec le pain et le sel traditionnels, mais aussi avec du vin et de la musique. Notre soulagement fut indescriptible. Nous parlâmes avec les responsables locaux jusqu'à tard dans la nuit. Mon père avait été blessé non loin de là, près de Kosice, pendant la guerre.

Contrairement aux citadins, les paysans slovaques avaient accueilli avec une certaine appréhension les innovations libérales de la politique du « socialisme à visage humain ». Un an plus tard, j'eus l'occasion de retourner en Tchécoslovaquie et de constater que de bonnes relations s'étaient établies entre les ruraux et nos soldats. Les paysans parlaient avec sympathie de l'aide dont ils bénéficiaient de la part de l'Armée soviétique et, en tout cas, même s'ils gardaient une dent contre l'Union soviétique, cela passait au second plan.

Pour justifier l'intervention du 21 août 1968, la direction soviétique avait évoqué la menace extérieure contre les pays du Pacte de Varsovie et le fait que la contre-révolution interne, soutenue par l'Occident, entendait fouler aux pieds les acquis socialistes des travailleurs. Cependant, il se trouvait que ces mêmes travailleurs ne voulaient pas d'une telle protection de leurs intérêts. Quant au danger extérieur, existait-il vraiment ? En commençant à évoquer, vers le milieu de 1968, l'éventualité d'une sortie du pays de l'organisation du Pacte de Varsovie, la presse tchécoslovaque se bornait à refléter les positions de certaines forces politiques, autrement dit le résultat d'une évolution interne.

Au cours de ma visite, j'ai appris qu'avant l'intervention, les dirigeants soviétiques avaient approuvé le remplacement de Novotny par Dubcek. Comme Novotny leur demandait de le soutenir, ils avaient prétendu que l'affaire était du ressort du PCT. La nouvelle direction tchécoslovaque avait interprété cette attitude du PCUS comme un feu vert à la reprise des réformes. Mais l'orientation et le dynamisme des processus engagés dans le pays effrayèrent à un tel point nos dirigeants qu'ils renoncèrent à leurs propres velléités de transformation de l'économie et décidèrent carrément de serrer les écrous en matière de politique et d'idéologie.

En rentrant, je broyais du noir. Je voyais désormais clairement le lien direct entre les événements d'août 1968 et ce qui se passait chez nous. Au kraïkom, j'eus un entretien avec Efremov. Il m'écouta attentivement, mais sa réponse fut sèche et formelle :

— Eh bien, la nouvelle direction conduite par Husak est déjà formée et, avec notre aide, il faut espérer qu'elle réussira à sortir ce pays de la crise.

***

Dans les années soixante-dix, je visitai également l'Italie, la France, la Belgique, la RFA. Généralement, c'était dans le cadre de voyages d'étude, mais il m'arriva aussi d'être invité en vacances par les PC de ces pays. Ces séjours étaient évidemment plus longs et me permirent d'apprendre beaucoup de choses et de me familiariser avec la vie en Europe occidentale.

Je garde un excellent souvenir de mes voyages en France. Le premier eut lieu en 1976. Je dirigeais une délégation dans le cadre d'échanges avec le Parti communiste français au niveau des villes et des régions. En relisant mes carnets de l'époque je retrouve une foule de détails et d'impressions. En cette mi-novembre, la température était encore clémente et l'automne me sembla particulièrement doux. Mes homologues français eurent à cœur de me faire les honneurs de leur pays. Mes occupations à Stavropol m'amenèrent bien évidemment à m'intéresser à la vie dans les campagnes. J'eus notamment des contacts très intéressants avec Jean-Baptiste Doumeng, homme à la faconde toute méridionale et spécialiste incontesté des problèmes agricoles (membre du parti, il dirigeait une entreprise spécialisée dans l'agro-alimentaire) que je revis par la suite plusieurs fois, toujours avec le même plaisir.

Près de Toulouse, on nous fit visiter une ferme. Assis à la longue table paysanne, nous bavardâmes d'une manière détendue pendant trois bonnes heures. Nos hôtes étaient flattés de l'intérêt que nous portions à leur vie et à leurs activités. Quant à nous, nous voulions connaître jusqu'aux moindres aspects du travail des cultivateurs. Je m'intéressais tout particulièrement aux modalités d'intégration du fermier dans le réseau extrêmement complexe des liens de coopération : maintenance, transformation des produits, commercialisation, etc.

Nous nous rendîmes à un marché de gros. Les notes que j'ai gardées reflètent toute la naïveté d'un homme qui découvrait une réalité différente, même s'il en avait une connaissance théorique. Ainsi, j'écrivais que tout en ayant le *droit* de vendre leur bétail eux-mêmes, les paysans préféraient passer par une entreprise de transformation, ce qui était une voie de commercialisation plus fiable et avantageuse conjuguant l'intérêt individuel avec la possibilité d'utiliser des équipements de haute technologie et de fournir des produits haut de gamme. En comparant la situation à celle de nos campagnes, comment aurais-je pu ne pas me montrer surpris ?

Au cours du même voyage, j'eus également l'occasion de m'intéresser à l'élevage en pâture. Je comprenais très bien que l'origine des disparités que je voyais entre la situation en France et celle qui avait cours chez nous provenait de la divergence historique des conditions de gestion et des différences climatiques. Mais il me semblait que l'essentiel était ailleurs : derrière les détails techniques se profilait l'intérêt personnel du travailleur.

Mon deuxième voyage en France eut lieu l'année suivante, en 1977. Nous effectuâmes, ma femme et moi, un voyage touristique au sein d'un petit groupe. En trois semaines, nous parcourûmes près de cinq mille kilomètres en voiture. Ce fut un merveilleux périple qui m'a solidement attaché à ce grand pays et à son peuple amoureux de la vie, si proche de nous par le caractère.

Ce fut d'abord Paris sans pareil : Notre-Dame, le Louvre, les Invalides, la tour Eiffel, Montmartre, le musée Rodin, le Panthéon où reposent Hugo et Zola, Voltaire et Rousseau, Langevin... Dans cette ville, tout côtoie l'éternité. Nous fîmes la traditionnelle promenade vespérale en bateau-mouche sur la Seine et goûtâmes des plats pour nous exotiques comme la soupe à l'oignon ou les cuisses de grenouille, sans oublier les excellents vins français.

À la fête de *L'Humanité*, nous nous trouvâmes mêlés à un million de visiteurs. Le spectacle était indescriptible. Avant d'arriver, nous roulâmes longtemps dans un flot de voitures avant de poursuivre à pied jusqu'au bas de l'estrade où Georges Marchais et d'autres orateurs prenaient la parole.

Nous voici — toujours d'après mes notes — sur l'autoroute Paris-Lyon. Le chauffeur paye au péage : cinquante francs pour une voiture ou une moto, cent pour un camion avec sa remorque. L'interprète nous explique que la France est surnommée le domaine de Dieu. Ayant partagé la Terre entre tous les peuples, le Seigneur dit : « J'espère n'avoir oublié personne. » Soudain, il entend des gémissements. Ses anges viennent au rapport : les Français se plaignent d'avoir été laissés de côté. « Il n'y a plus la moindre parcelle, expliquent les anges. Il ne reste que le domaine qui Vous était réservé. » Et Dieu de s'écrier : « Alors donnez-le aux Français ! »

J'avais tant lu et entendu parler de Lyon qu'il me semblait connaître cette ville depuis toujours. Après avoir parcouru le dédale des rues entre Saône et Rhône, nous nous fîmes photographier devant le groupe équestre de la fontaine Bartholdi. Dès le lendemain, nous poursuivîmes notre route vers la Côte d'Azur, royaume du soleil et des fleurs. De Cannes, où nous étions logés dans un petit hôtel face à la mer, nous pûmes rayonner vers Nice et ses centaines de yachts dans la baie des Anges, Monaco et la frontière italienne.

Sur le chemin de retour, nous voici à Marseille, vieille cité cosmopolite où se mêlent Français, Arabes, Italiens et Espagnols, sans oublier une communauté de soixante mille Arméniens. Notre hôtel, le Sofitel, nous offre une vue imprenable sur le Vieux-Port où se jette, comme un fleuve d'hommes et de voitures, l'artère principale de la ville, la Canebière. Réunis devant un téléviseur, nous avons regardé des débats sur la réactualisation du Programme commun entre communistes, socialistes et radicaux, avant d'en discuter nous-mêmes avec nos amis français.

Même sans mes carnets, comment aurais-je pu oublier la visite au château d'If où, selon Dumas, se morfondit Edmond Dantès, le futur comte de Monte-Cristo. Le fortin se dresse sur un îlot aride, à quelques encablures du rivage. L'excursion en vedette à moteur fut fort plaisante, mais au retour le vent forcit — ce fameux mistral qui donne la migraine à bien des gens — et l'on entendit des cris : « On coule ! » « Peut-être, peut-être », murmura le capitaine, pince-sans-rire. De retour à pied sec, sains et saufs, nous nous réconfortâmes avec la bouillabaisse que l'on nous servit à dîner.

Un volume entier ne suffirait pas à faire le tour des impressions nouvelles que nous ramenâmes du voyage : une corrida à Nîmes, dans le vieux cirque romain ; Arles et les plus anciens monuments de France, datant de Jules César ; une exposition du peintre surréaliste Joan Miró ; la visite d'une école expérimentale et d'une exploitation agricole ; les musées Léger et Picasso ; une usine de parfums ; un atelier de couture...

Nous déposâmes quelques fleurs sur la tombe de Herzen.

Et déjà le chemin du retour : Avignon, Valence, Beaune, Dijon (avec une nuit dans un camping). Nous regagnâmes Paris dans la soirée du 25 septembre. Là, nous rencontrâmes l'ambassadeur soviétique, Stepan Tchervonenko, à qui nous fîmes part de nos impressions avant de procéder à un échange d'opinions sur la situation en France.

Avant notre départ, on nous organisa une visite de l'Assemblée nationale où avait lieu une séance de questions orales. Toujours mes notes : « En vertu de la Constitution, le président de la République ne peut assister aux sessions parlementaires. Un député touche quinze mille francs par mois. Les élus communistes reversent les quatre cinquièmes de ce montant dans les caisses du parti. Les députés bénéficient de la gratuité des transports. Les services d'un assistant et d'une secrétaire leur sont assurés. Le Parlement siège généralement quatre-vingt-dix jours pendant la session d'automne, et quatre-vingts pendant celle de printemps, soit cent soixante-dix jours au total. Les électeurs ne délivrent pas de « mandat » à leurs députés [6]. Pendant cinq ans, le député Dassault (de la société Dassault, qui fabrique les avions Mirage) n'a pas assisté à une seule séance... »

Plus tard, en relisant ces lignes, je me suis dit que ces données étaient sans doute périmées. Et sinon, on pourrait les trouver sans mal dans les ouvrages de référence. Je m'apprêtais donc à les effacer. J'y ai renoncé en me disant que c'était là quelques-unes des briques qui, plus tard, m'avaient permis de jeter les fondements de la nouvelle pensée.

Il faut dire que les informations qui nous parvenaient, à l'époque, en provenance de l'étranger étaient d'une indigence extrême et soigneusement filtrées. La distribution de journaux, magazines, livres et films était soumise à un contrôle drastique et les émissions de radio brouillées. Pour un citoyen soviétique, le tourisme se limitait à l'Europe de l'Est : pour se rendre en Occident, il fallait être idéologiquement irréprochable. Le « rideau de fer » n'était pas une simple métaphore. Il nourrissait les peurs et la méfiance entre l'Occident et nous.

Je dois pourtant noter que dans aucun pays je ne ressentis une animosité particulière envers les Soviétiques. Certes, on nous posait beaucoup de questions, mais nous n'étions pas en reste. Bref, aucun mur, aucun rideau ne nous séparait définitivement. Nous étions surtout frappés par l'ouverture d'esprit et la décontraction de nos interlocuteurs, leur liberté de jugement sur tout, y compris l'action de leur gouvernement ou de telle personnalité politique d'envergure nationale ou régionale. Souvent, ils n'étaient pas d'accord et l'exprimaient ouvertement, alors que nous, à l'étranger comme à la maison (sauf dans les fameuses conversations « à la cuisine »), nous affichions une unanimité

---

6. Mikhaïl Gorbatchev fait allusion au *nakaz*, liste de demandes remise officiellement aux députés soviétiques. La Constitution française prévoit effectivement que « le mandat impératif est nul ». (N.d.T.)

constante sur toutes les questions. Et nous parlions en surveillant en permanence du coin de l'œil nos compatriotes : surtout, qu'ils n'aillent pas penser Dieu sait quoi !

Bien sûr, j'étais loin d'être convaincu par tout ce que je voyais. Ainsi, j'ai pu me persuader (et je le suis encore) que les principes d'organisation de l'éducation nationale et de la santé publique étaient plus justes chez nous. Et la priorité que nous accordions aux transports en commun me semblait préférable à d'autres solutions mises en œuvre à l'Ouest. En revanche, le fonctionnement de la société civile et du système politique ébranla ma foi dans la supériorité de la démocratie socialiste sur la démocratie bourgeoise. Mais la conclusion la plus importante que je tirai de mes voyages était que le niveau de vie de la population était supérieur en Occident. Pourquoi vivions-nous moins bien que dans les autres pays développés ? Cette question ne cessait de me hanter.

Nos gérontocrates, en revanche, ne semblaient pas le moins du monde préoccupés par notre retard dans le domaine du niveau et de la qualité de la vie, comme dans celui des technologies avancées. Au lieu de chercher le moyen de renverser la situation — ou même simplement d'empêcher le pays de s'enfoncer dans la crise —, ils s'évertuaient à créer de nouveaux concepts idéologiques artificiels appelés à sacraliser les tristes réalités de notre existence et à les faire passer pour des acquis historiques.

Quant à moi, mes années à la tête du territoire de Stavropol m'avaient fait comprendre que le changement ne pouvait venir que d'en haut. Cela explique en grande partie mon attitude lorsque l'on me proposa de travailler au Comité central.

Adieu, Stavropol

Après ma nomination au poste de secrétaire du CC, je retournai à Stavropol pour la passation des pouvoirs à mon successeur, Vsevolod Mourakhovski. Je comprenais l'inquiétude des cadres du parti. En effet, les changements de « numéro un » entraînaient généralement un chambardement complet de la hiérarchie régionale. Mourakhovski et moi décidâmes donc de mettre l'accent, dans nos interventions, sur la continuité et la poursuite des initiatives positives qui commençaient à voir le jour sur le territoire. Pour faire baisser la tension, je précisai aux membres du plénum du kraïkom que Vsevolod Serafimovitch partageait mes idées en matière de gestion des ressources humaines. D'ailleurs, il ne manquerait pas de me consulter en cas de problème. Je dois reconnaître qu'il le fit. De mon côté, j'évitai d'exercer une « tutelle » tatillonne : la responsabilité implique la liberté d'action.

Un climat chaleureux présida à mon départ. Je renonçai à l'idée d'une tournée d'adieu : cela me paraissait alors quelque peu immodeste. Par la suite, j'en vins à le regretter : je me devais de serrer la main de gens avec qui j'avais tant partagé.

À quarante-sept ans, je comprenais bien qu'une page de ma vie venait de se tourner. J'éprouvais une certaine mélancolie : non seulement j'étais né et j'avais grandi dans cette région, mais toute ma carrière s'y était déroulée.

Le territoire était également devenu la patrie de ma femme. Après plusieurs années de recherche d'un emploi conforme à sa formation, elle enseignait à la faculté d'économie de l'Institut agricole de Stavropol. Elle donnait des cours de philosophie, d'esthétique et sur les problèmes religieux à l'intention des étudiants et des thésards. Elle avait également poursuivi des recherches sociologiques sur la vie, les mœurs, l'état d'esprit de la population. Les centaines de kilomètres parcourus à travers les *stanitsas* cosaques et les villages, les longues conversations à cœur ouvert avec leurs habitants, la volonté de comprendre leurs soucis et leurs activités, tout cela l'avait marquée et avait fait naître en elle le sentiment d'appartenir à la vie populaire de la région. C'était justement l'époque de la naissance d'une nouvelle école de sociologie soviétique. À Moscou, on s'intéressait à l'étude des problèmes sociopsychologiques de la paysannerie. Elle soutint ainsi brillamment sa thèse. Je suivais avec intérêt ses recherches qui m'ont parfois suggéré certaines mesures.

Après plusieurs années passées au poste de chargée de cours, on lui proposa de devenir titulaire d'une chaire. Après un conseil de famille, nous décidâmes qu'il convenait de décliner l'offre. La rumeur, que l'on ne peut négliger dans une ville de province (et ailleurs !), aurait immanquablement établi une relation entre sa nomination et ma situation. À vrai dire, la perspective de devenir un « patron » ne la séduisait nullement : l'enseignement et la recherche prenaient tout son temps et lui apportaient de grandes satisfactions morales.

Mon travail et la profession de ma femme nous ont toujours poussé à augmenter nos connaissances et nous profitions de la moindre possibilité de compléter notre culture. Nous partagions l'amour des livres et nous n'avons jamais cessé d'enrichir notre bibliothèque personnelle. L'un des privilèges des premiers secrétaires était de pouvoir obtenir des ouvrages par l'intermédiaire du CC. Nous discutions de chaque commande pour prendre en compte les besoins de la famille et les intérêts spécifiques de chacun.

Notre vie familiale reposait sur la participation active de tous, mais avec les années, la mienne ne cessa de se réduire. Raïssa avait bien du mal à concilier ses activités professionnelles avec son ménage et l'éducation de notre fille.

Irina était une bonne élève. Elle a terminé ses études secondaires avec une médaille d'or. Pour autant qu'il m'en souvienne, nous ne pratiquions aucune méthode pédagogique particulière. Il nous suffisait de mener une vie active, intéressante et pleine. Irina bénéficiait de notre confiance, et elle usait fort bien de son autonomie. À seize ans, elle avait lu tous les classiques russes et étrangers de notre bibliothèque. Devenue adulte, elle reconnaissait qu'elle avait surtout lu la nuit.

Pendant la dernière année de notre vie à Stavropol, un grand événement bouleversa notre vie : le 15 avril 1978, notre fille unique convola en justes noces. Le jeune couple passa sa lune de miel à bord d'un bateau sur la Volga. Leur retour coïncida avec nos noces d'argent.

J'eus l'impression qu'Irina et son mari, Anatoli, éprouvaient moins de difficultés que nous à quitter Stavropol. Moscou les attirait. Leurs chuchotements, leurs regards impatients montraient que, par la pensée, ils étaient déjà installés dans la capitale.

Le jour de notre départ, nous décidâmes, Raïssa et moi, de faire nos adieux à la ville. Nous roulâmes en voiture du vieux centre historique jusqu'aux faubourgs modernes et, par-delà, jusqu'à la forêt russe, où nous connaissions chaque sentier. Dans les moments difficiles, la nature était pour moi un refuge salvateur. Quand la tension nerveuse au bureau atteignait le point de rupture, je me rendais en forêt ou dans la steppe. Cela me permettait de retrouver mon équilibre.

Raïssa partageait mon amour de la nature. Combien de kilomètres avons-nous fait ensemble, été comme hiver, par n'importe quel temps ! Un jour, nous avons même essuyé une tempête de neige dont nous avons bien cru ne pas sortir vivants. Grâce à Dieu, nous parvînmes à suivre une ligne électrique jusqu'à des habitations.

Mais le spectacle que nous aimions le plus était celui de la steppe, surtout à la fin du mois de juin. Les champs de céréales ondulaient à perte de vue. On pouvait se réfugier dans un bosquet propice et se fondre dans toute cette beauté, dans tout ce silence. Le soir, on avait un peu de fraîcheur et le chant des cailles se faisait entendre parmi les blés mûrs. Nous ressentions alors un sentiment de joie incomparable du seul fait que tout cela existait : la steppe, les blés, les senteurs de l'herbe, le chant des oiseaux, les étoiles hautes dans le ciel. Notre communion avec la nature était tellement intense que nous pouvions nous croire dans un autre monde. Comment exprimer cela avec des mots ? Ce sentiment est sans doute très proche de celui qu'éprouve un vrai croyant pendant la messe. Je dois reconnaître que la nature m'est toujours apparue comme un temple, et non comme un « environnement » ou une « zone de loisirs » où le citadin va cueillir des fleurs. J'ai toujours eu avec elle une relation tellement étroite qu'il me semble avoir été formé par elle autant que par la société. D'elle procèdent tant de choses, dans mon caractère comme dans ma vision du monde !

Cela vient sans doute de mes racines, de ces années d'avant-guerre où grand-père Panteleï fut envoyé présider un autre kolkhoze et qu'il laissa à mes parents un potager et un grand verger de plus d'un hectare qui devint mon monde.

Ceux qui avaient planté ce verger ne l'avaient pas fait au hasard. Cinq ou six énormes abricotiers s'élevaient en son milieu. Ils avaient au moins trente ou quarante ans et ils me semblaient immenses. Comment oublier la douceur des abricots et l'herbe soyeuse sous le mirabellier aux basses frondaisons qui poussait entre les abricotiers ?

À droite de ces arbres, une jeune cerisaie réjouissait le regard de son écume blanche comme la neige, à la floraison. L'espèce était dite *Chpanka*, c'est-à-dire « espagnole ». Les gros fruits étaient un peu acides et les moins gros très doux. Il y avait également des pommiers et des poiriers de différentes variétés dont les noms, alors, ne m'intéressaient pas. Je me souviens seulement que leurs fruits étaient délicieux et qu'ils mûrissaient à différentes périodes : on en avait du début de l'été à la fin de l'automne. Derrière les pommiers et les poiriers s'étendaient des pruniers aux fruits noir et blanc. De là, on passait insensiblement à une ormaie : d'abord de grands arbres, puis des fourrés, une véritable jungle. J'y avais mes cachettes et lorsque je me procurai *Le Cavalier sans tête* de Thomas Mayne Reid, j'y disparus pendant trois jours d'affilée. Maman était folle d'inquiétude : lorsque je réapparus après avoir fini le livre, j'en pris pour mon grade !

Le fossé qui entourait le verger n'était qu'une sorte de caniveau à fond plat. Sur tout le périmètre, des mirabelliers donnaient les fruits à l'aspect le plus varié. Il y en avait assez pour nous et pour toutes nos bêtes. À côté, poussaient des acacias, non pas de la variété épineuse qui sert à faire des haies, mais de celle dont les fleurs blanches ont inspiré les poètes.

Ce verger reste toujours présent dans mon esprit, mais il n'existe plus, hélas, depuis longtemps. Durant l'hiver neigeux de 1941, alors que seul le sommet des arbres dépassait des congères, je me glissais en bottes de feutre sur la neige durcie pour faire des fagots : il fallait bien se chauffer pour survivre. Une grande partie des arbres furent détruits pendant le court séjour des Allemands dans le village. Quant aux autres, ils ne survécurent pas à la tristement célèbre « loi Zverev » (du nom du ministre des Finances qui l'avait concoctée), aux termes de laquelle les paysans devaient payer une taxe annuelle pour chaque arbre, même s'il ne donnait pas de fruits.

Pendant mes années universitaires, à Moscou, mes parents construisirent une nouvelle *khata* dans le centre du village, plus près de la station de tracteurs où travaillait mon père. Je passais là mes vacances et ma femme y rencontra mes parents pour la première fois. Un jour, de passage à Privolnoïe, je fis une promenade du côté de l'ancienne *khata* et du merveilleux verger de mon enfance : il n'y avait que champs et labours. Les sites de mon enfance ne vivent plus que dans ma mémoire...

Le 5 décembre, la veille de notre départ pour Moscou, je finis par arrêter la voiture à l'orée du bois. Nous continuâmes à pied, Raïssa et moi. La forêt n'était pas aussi somptueuse qu'en automne et, dans la lumière crépusculaire, elle semblait nous dire tristement au revoir. Mon cœur se serra.

Le lendemain, notre avion, s'arrachant à la terre de Stavropol, s'envolait pour Moscou.

CHAPITRE 7

AU COMITÉ CENTRAL

Un monde nouveau et insolite

Nous dûmes attendre un peu avant de recevoir un appartement en ville. On nous installa provisoirement dans une petite datcha sans dépendances des environs de Moscou. Irina et son mari, Anatoli, restèrent encore un peu à Stavropol.

Un sentiment de solitude nous saisit dès le premier jour, comme des naufragés rejetés sur une île déserte. Nous étions comme perdus, ignorant ce qui nous arrivait et ce qui se passait autour de nous. Notre sensation de malaise était amplifiée par le fait que nous étions « sous cloche ». À la datcha, il y avait en permanence du personnel de service et l'officier du service de protection. Raïssa et moi ne pouvions échanger librement nos vues que le soir, en nous promenant dans le parc de la datcha.

Bientôt, on nous proposa une autre villa de fonction, à Sosnovka, en face de la forêt de Serebriany Bor, de l'autre côté de la Moskova. Ordjonikidze y avait logé dans les années trente et notre prédécesseur dans les lieux n'était autre que Tchernenko. C'était une bâtisse sans style particulier, une vieille maison de bois passablement vétuste, mais accueillante. Elle n'était pas très bien entretenue, car on envisageait de la démolir pour construire une datcha neuve. En attendant, elle servait de relais pour caser les dirigeants fraîchement promus. Mon épouse alla chercher à Stavropol les enfants et nos affaires et s'attela à l'aménagement de notre nouveau domicile. Nous célébrâmes en famille le Nouvel An de 1979. Comme le carillon du Kremlin égrenait les douze coups de minuit, nous levâmes nos verres, nous souhaitant réciproquement tout le bonheur possible et espérant dans notre for intérieur une rapide adaptation à notre nouvelle situation.

L'ascension au sein de la hiérarchie se traduisait par des changements de logement : des règles strictes précisaient qu'un membre titulaire du Politburo bénéficiait d'une datcha plus somptueuse que celle d'un membre suppléant ou d'un simple secrétaire du CC. Mais quelles que fussent leurs différences, elles portaient toutes le même cachet déprimant de caserne. Au début, nous n'arrivions pas à nous défaire de la sensation d'habiter à l'hôtel. Pourtant, peu à peu, grâce aux efforts de Raïssa, nous avons fini par reconstituer un microcosme familier.

On finit par nous attribuer un logement à Moscou, dans un immeuble de la rue Chtchoussev que les Moscovites surnommaient la « nichée de gentilshommes [1] ». Irina et Anatoli s'y installèrent avec nous. Mais nous continuâmes à habiter à la datcha pendant les travaux de rénovation qui s'éternisèrent.

À mon arrivée dans la capitale, j'étais clairement conscient de mes nouvelles responsabilités. Dès le premier jour, je me consacrai entièrement au travail, peinant comme un forçat entre douze et seize heures par jour.

Même si, dans les premiers temps de ma carrière dans l'appareil, l'idée de changer de métier m'avait effleuré à plusieurs reprises, les neuf années passées à la tête du kraïkom de Stavropol avaient fini par me persuader que j'avais fait le bon choix. J'avais donné mes meilleures années à la politique, j'y avais pris goût et, désormais, je m'immergeais totalement dans ce monde.

En tant que membre du CC et secrétaire du kraïkom, constamment en contact avec les « hautes sphères », j'étais censé connaître les « mœurs de la cour ». Pourtant, ce ne fut qu'en m'installant à Moscou que je me rendis compte que tout était plus compliqué que je ne l'avais imaginé. Avec le temps, je finis par saisir les finesses et les nuances des relations qui régnaient dans la plus haute strate du pouvoir.

Mon arrivée au secrétariat du CC ne suscita pas une réaction très positive de mes collègues. Certains me considéraient comme un « arriviste ». De mon côté, je ne voulais pas être la énième victime de la machine et m'enliser moi aussi dans la routine bureaucratique. Mais c'était plus facile à dire qu'à mettre en pratique.

1. Allusion au récit d'Ivan Tourgueniev qui porte ce titre. (N.d.T.)

Les structures du pouvoir

Le récit de mon action au secrétariat du CC et au Politburo sera plus explicite à la lumière d'une brève récapitulation de l'histoire de ces deux institutions.

L'expression de « Politburo » remonte à octobre 1917, lorsqu'il fallut désigner l'organe appelé à assurer la direction politique de l'insurrection. Il ne devint une structure permanente du pouvoir qu'en mars 1919. Auparavant, le CC, qui siégeait presque toutes les semaines, même au plus fort de la tourmente révolutionnaire, réglait toutes les questions, y compris les plus mineures. Tant qu'il ne comptait que dix ou vingt membres, c'était tout à fait possible. Mais avec son élargissement progressif aux représentants des provinces, il ne pouvait plus fonctionner ainsi. Ce fut alors que l'on créa le Bureau politique — le Politburo — et le Bureau d'organisation — l'Orgburo — pour assurer la direction du parti dans les intervalles entre les plénums du CC. Et progressivement, la totalité du pouvoir se concentra dans ces organes.

Le premier Politburo réunissait le noyau de l'ancien CC restreint : des figures politiques connues de tout le parti et dans le pays. Officiellement, il n'avait pas de président. Le poids de chaque membre ne dépendait pas de sa place dans la hiérarchie : c'était l'inverse. Lénine, chef incontesté, présidait généralement les séances en personne, mais d'autres pouvaient également le faire, notamment Lev Kamenev.

Les problèmes politiques les plus importants étaient examinés par le Politburo, alors que l'Orgburo s'occupait des questions courantes, le « vermicelle » pour employer le jargon de l'époque. Les rapports entre le Politburo et les institutions de l'État, notamment le Sovnarkom (le Conseil des commissaires du peuple [2], en d'autres termes, le gouvernement), étaient régis par deux types de comportement diamétralement opposés : à propos de la dualité parti-État, Lénine déclarait volontiers qu'il ne fallait pas constamment marcher sur les talons du gouvernement, mais dès qu'une situation conflictuelle se présentait, il menaçait immédiatement de « traîner » les commissaires du peuple devant le Politburo. Plus tard, lorsque le chef du parti ne fut plus systématique-

2. Équivalent de Conseil des ministres. Les ministères furent appelés « commissariats du peuple » (acronyme russe : *narkomat*) jusqu'en 1946. (N.d.T.)

ment le chef du gouvernement[3], cette dernière tendance prit totalement le dessus.

Quant au secrétariat du CC, sa composition et ses fonctions évoluèrent considérablement avec les années. Son importance dépendait nettement de la personne qui le dirigeait. En août 1917, il fut placé sous la direction de Iakov Sverdlov, qui était simultanément président du VTsIK, le Comité exécutif central des Soviets[4]. Sous sa houlette, le secrétariat resta cantonné au rôle d'auxiliaire « technique » du CC.

Après la mort de Sverdlov, en 1919, l'importance du secrétariat grandit avec l'entrée de personnalités telles que Krestinski, Preobrajenski et Serebriakov, membres de l'Orgburo et du CC. Comme Krestinski était également membre du Politburo, on l'appelait parfois « premier secrétaire », mais son intérêt allait plutôt au commissariat des Finances qu'il continuait à diriger. Bref, les vétérans de la révolution préféraient le titre de « commissaire du peuple » à celui, plus banal, de « secrétaire ».

En 1921, les trois secrétaires, qui s'étaient révélés de bien piètres apparatchiks, se retrouvèrent dans l'opposition. À partir du Xe congrès du parti, on nomma donc au secrétariat des responsables moins connus, mais plus enclins aux travaux d'appareil, comme Molotov, Mikhaïlov et Iaroslavski. Ils étaient également membres du CC et de l'Orgburo, mais pas du Politburo.

Il devint bientôt nécessaire de rehausser l'autorité du secrétariat et de mettre de l'ordre dans l'appareil d'un parti qui concentrait tout le pouvoir. Staline, membre du Politburo, fut investi de cette tâche. Comme il était précédemment le seul commissaire du peuple à détenir deux portefeuilles (les Nationalités et l'Inspection ouvrière et paysanne), il était impossible de le nommer simplement « secrétaire du CC ». Le 3 avril 1922, le plénum du CC confia à Staline les fonctions de « secrétaire général du CC du Parti communiste (bolchevik) de Russie ».

À peine neuf mois plus tard, le 25 décembre 1922, Lénine écrivait : « Au poste de secrétaire général, le camarade Staline a concentré entre

3. Après Lénine qui occupait officiellement les fonctions de président du Sovnarkom, seulement deux secrétaires généraux (sur sept) dirigèrent le gouvernement soviétique : Staline (de 1941 à 1953) et Khrouchtchev (de 1958 à 1964). (N.d.T.)

4. Le VTsIK était l'équivalent du Parlement. La Constitution stalinienne de 1936 le remplaça d'ailleurs par le Soviet suprême. (N.d.T.)

ses mains un pouvoir énorme et je ne suis pas sûr qu'il saura toujours en user avec la nécessaire circonspection. »

Staline comprit très vite qu'il pourrait tirer avantage du contrôle qu'il exerçait sur l'appareil et les cadres, ainsi que de la possibilité statutaire qui s'offrait à lui de pourvoir les postes un tant soit peu importants, aussi bien à la périphérie que dans le centre. Dans la mesure où les projets de résolution étaient préparés par le secrétariat du CC, il avait même la possibilité — dont il ne se priva pas — d'infléchir l'ordre du jour et les décisions du Politburo. En d'autres termes, le secrétariat passa progressivement du statut de support technique à celui d'organe exécutif de la direction politique.

Dirigé par un Lev Kamenev à la mollesse légendaire, le Politburo vit son influence décliner peu à peu. Quant au Sovnarkom, sous la présidence d'Alexeï Rykov, il suivit la même pente. En revanche, étroitement lié aux dirigeants régionaux du parti, le secrétariat se renforça à mesure que Staline parvenait à nouer des contacts avec les cadres locaux, à placer ses hommes liges aux postes clés, et, avec leur aide, à vaincre ses rivaux.

Avec le temps, les soviets se firent les interprètes des seuls intérêts locaux pendant que les commissariats du peuple représentaient ceux des branches et des administrations. Dans ce contexte, le parti apparaissait comme la force d'intégration qui traduisait l'« intérêt général ». À Moscou comme dans tout le pays, les comités du parti prirent de l'importance jusqu'à écraser de leur poids les organes de l'État. Bientôt, le traitement des problèmes économiques à tous les échelons — sans parler des questions politiques — devint l'apanage exclusif des bureaux et des plénums des comités du parti de niveau correspondant.

Avec la dérive totalitaire du pouvoir, la physionomie même du parti changea. Celui-ci n'était plus une organisation socio-politique, mais un mécanisme de gestion de la société, le noyau du système bureaucratique de commandement administratif qui se formait peu à peu. Et toute tentative de modifier ce rôle fut rapidement perçue comme « subversive ».

Alexeï Kossyguine était tout sauf naïf. Lorsque, sous Brejnev, l'appareil du CC entreprit de se doter de puissants départements chargés de superviser toutes les activités économiques, il tenta de s'y opposer. En vain. Les choses allèrent si loin que l'on créa même une « section des organosiliciés » ! Or, si les départements et les sections du CC n'étaient pas directement responsables des résultats, ils contrôlaient néanmoins étroitement les ministères et les entreprises, provoquant fréquemment des complications inutiles. De son côté, le Conseil des ministres ne manqua pas de créer des services chargés de superviser les branches d'activité et de multiplier les ministères sectoriels.

L'appareil du parti et celui de l'État se livraient ainsi un combat permanent — d'où évictions et coups bas n'étaient jamais exclus — qui donna peu à peu naissance à un système de gestion mixte (parti-État) lourd, peu efficace et entièrement bureaucratisé.

Dans l'esprit, sinon forcément dans la lettre, des différentes Constitutions en vigueur, le parti devait définir la politique, le Soviet suprême légiférer, et le gouvernement mettre en œuvre cette politique et faire appliquer les lois. Mais, dès lors que le parti empiétait sur les fonctions du législatif et de l'exécutif, ce schéma, qui pouvait sembler démocratique, aboutissait à la négation de la séparation des pouvoirs et, en l'absence de tout contrôle, à leur concentration sans frein.

En tirant les leçons de l'expérience de Khrouchtchev, Brejnev mit un terme à la division des comités régionaux du parti qui furent rétablis dans toutes leurs prérogatives. Au XXIIIe congrès, il délaissa le titre de premier secrétaire du CC pour celui de secrétaire général et conforta son pouvoir en s'appuyant principalement sur les premiers secrétaires des régions et des républiques. Il s'agissait du bon vieux schéma stalinien, ni plus ni moins. Seule différence notable : un « contrat social » entre les principaux piliers du régime s'était substitué à la répression.

Ce contrat n'a jamais été formulé, ni couché par écrit. Et personne ne l'a jamais évoqué. Mais il existait et donnait aux premiers secrétaires un pouvoir presque illimité dans leur fief. En contrepartie, ces derniers devaient soutenir le *Guensek*[5] et le célébrer comme leur « guide ». Ce *gentlemen's agreement* était scrupuleusement observé. Malgré sa maladie et ses difficultés d'élocution, Leonid Ilitch garda jusqu'au bout un contact personnel avec les premiers secrétaires.

Une partie du « contrat » concernait le gouvernement. Il gardait la gestion opérationnelle de l'économie et de la sphère sociale, mais toute décision importante nécessitait l'accord préalable des instances du parti. De plus, plusieurs ministères de première magnitude, comme le MID (Affaires étrangères), le MO (Défense), le MVD (Affaires intérieures) et le KGB (Sécurité d'État), étaient directement contrôlés par le Politburo et le secrétariat du CC tout en figurant dans la structure du Conseil des ministres et en émargeant à son budget.

Pendant des décennies, le rôle dirigeant et omniprésent du parti n'a été légitimé par aucun texte précis. La Constitution stalinienne de 1936

---

5. Acronyme de secrétaire général. (N.d.T.)

qualifiait le Parti communiste de « noyau dirigeant de toutes les organisations de travailleurs, aussi bien sociales qu'étatiques » (article 126). Mais, comme cette mention se trouvait dans une position périphérique, dans le chapitre consacré aux droits et aux devoirs des citoyens, il s'agissait plutôt d'une déclaration générale que d'une règle constitutionnelle. Le statut du PCUS ne fut réellement consacré comme « élément central du système politique » qu'en 1977, dans l'article 6 de la Constitution brejnévienne. Il s'agissait simplement de donner une apparence de légitimité à la pratique qui s'était instaurée, et de la sacraliser enfin dans un texte fondamental.

L'ère Brejnev

J'arrivai à Moscou à un moment où le regroupement des forces au sommet du parti était terminé. L'accession de Brejnev au pouvoir, en octobre 1964, résultait d'un compromis entre les groupes qui avaient renversé Khrouchtchev. Brejnev donnait l'impression d'être un personnage assez falot et facile à manipuler. Le calcul s'avéra déplorable. En appliquant le b. a.-ba du jeu politique, il sut renforcer sa position et se mettre pratiquement hors d'atteinte.

Il s'agissait, sans doute, de diviser ses adversaires et d'attiser leur méfiance mutuelle, tout en se réservant le rôle d'arbitre principal et de médiateur. Avec le temps, un autre trait du caractère brejnévien m'apparut clairement : la rancune. Il ne pardonnait pas le manque de loyauté à son égard, mais il savait attendre le moment favorable pour évincer la personne qui avait déplu. Évitant les attaques frontales, il progressait pas à pas jusqu'à l'éviction finale de sa victime des rangs de la direction.

La mise à l'écart de Podgorny, en 1977, et celle de Kossyguine, à la fin de 1980, consacrèrent le pouvoir personnel de Brejnev. Par une ironie du sort, cela se produisit à un moment où il avait déjà commencé à perdre sa capacité de travail, ce qui donna à ce pouvoir un caractère éminemment éphémère.

Selon les souvenirs de son médecin personnel, l'académicien Evgueni Tchazov, l'état de santé du secrétaire général commença à se détériorer au début des années soixante-dix, en raison d'une sclérose cérébrale et d'une tendance à l'abus des tranquillisants qui se traduisaient par des accès de dépression et d'asthénie. Le changement fut très net. Précédemment, il faisait preuve d'énergie, mais savait rester accessible. Non seulement il ne fuyait pas les contacts humains, mais encore encourageait-il les débats, ouvrant même des discussions lors des réunions du Politburo et du secrétariat. Très vite, il ne fut plus question de débats, et encore moins d'une quelconque autocritique de sa part.

L'état de santé général de Brejnev aurait dû amener ses collègues à poser la question de son départ à la retraite. Une telle décision aurait été à la fois humaine et rationnelle pour les intérêts de l'État. Mais, ni Brejnev ni son entourage immédiat ne songeaient à quitter le pouvoir. Ils se persuadaient que le départ du secrétaire général romprait l'équilibre politique et menacerait la stabilité des institutions. Le pis était qu'ils parvenaient à en convaincre les autres. Bref, nous avions de nouveau un chef « irremplaçable », bien qu'à moitié mort.

Une fois, lors d'une réunion du Politburo qu'il présidait, Brejnev eut une absence et perdit le fil des débats. Chacun fit comme si de rien n'était, mais l'incident laissa une impression pénible. Après la réunion, j'en fis part à Andropov.

— Tu sais Mikhaïl, me répondit-il en me répétant ce qu'il m'avait dit bien des fois, il faut tout faire pour soutenir Leonid Ilitch. Ce n'est pas seulement vital pour la stabilité au sein du parti et de l'État, mais aussi pour la stabilité internationale.

Il n'était pas le seul à penser ainsi. Il me semble que la majorité des membres du Politburo était de son avis. De plus, la présence d'un secrétaire général faiblissant au sommet du pouvoir arrangeait parfaitement les premiers secrétaires des régions et des républiques, le Premier ministre et les ministres qui devenaient ainsi les maîtres de leurs diocèses. En d'autres termes, cela allait dans le sens du « contrat social » tacitement adopté lors de l'avènement de Brejnev.

Pour eux, cet équilibre précaire devait être consolidé par une relation de subordination soigneusement préservée. Chacun devait rester à sa place et ne pas viser plus haut. Cette situation se traduisait par un formalisme hiérarchique jusque dans la manière de s'asseoir à la table du Politburo.

Normalement, il n'aurait pas dû être question de préséance entre camarades. Pourtant, chacun occupait le siège qui lui était destiné. Souslov s'installait à la droite de Brejnev et le chef du gouvernement, Kossyguine puis, après son remplacement, Tikhonov, à sa gauche. Kirilenko, Pelche, Solomentsev, Ponomarev et Demitchev s'asseyaient dans cet ordre du côté de Souslov. En face, du côté de Kossyguine, venaient

Grichine, Gromyko, Andropov, Oustinov, Tchernenko et, enfin, Gorbatchev. C'était une très longue table et lorsque Leonid Ilitch parlait à l'un de ses voisins, il était difficile, compte tenu de sa diction, d'entendre quelque chose à l'autre extrémité.

Le voisinage de Tchernenko présentait également des inconvénients : il sautait sans cesse de son siège pour se précipiter vers Leonid Ilitch et remettre de l'ordre dans ses papiers :

— Cela, nous l'avons déjà décidé... Et ça, c'est ce que vous devez lire maintenant... Et ça, nous l'avons retiré de l'ordre du jour...

Devant ce triste spectacle, il m'arrivait d'avoir honte et de penser que les autres ressentaient la même chose, même si personne ne bronchait. En observant ces « jeux de cour », je comprenais que le seul moyen de ne pas m'y abaisser était de me consacrer à ma tâche. Je m'efforçais donc de passer le plus clair de mon temps à l'étude et la réévaluation de notre politique agraire.

Heurts avec Kossyguine

En 1979, la récolte fut sensiblement moins bonne que l'année précédente. J'en vins à la conclusion que le plan ne serait pas rempli et qu'il faudrait recourir à des importations de céréales pour faire la soudure. Mais un incident survint avant l'examen de ma proposition par le Politburo.

Le 7 septembre 1979, tous les dirigeants se réunirent pour une cérémonie au Kremlin : la remise de décorations aux cosmonautes Liakhov et Rioumine qui venaient de battre le record de vol spatial (à l'époque 175 jours). Nous nous trouvions donc à l'entrée de la salle Catherine, devisant entre nous. Comme toujours, Brejnev s'intéressa à la moisson. Je lui expliquai qu'il fallait envoyer d'urgence des camions au Kazakhstan, pour le transport des céréales, et dans les régions centrales, pour la récolte des betteraves. Kossyguine s'immisça dans la conversation pour me faire des reproches assez vifs : il me fallait cesser de mendigoter et tenter de m'en tirer avec les moyens dont je disposais.

— Écoute, l'interrompit calmement Brejnev. Tu ne te rends pas compte de ce que c'est, la moisson. C'est une question à régler.

Mais Alexeï Nikolaïevitch poursuivit sur un ton irrité :

— C'est que nous avons reçu, du département agricole du CC, une note signée Gorbatchev. Lui et son service favorisent certains intérêts locaux, mais nous, nous n'avons pas de devises fortes pour acheter des céréales. Au lieu de jouer au libéral, il faut serrer la vis et faire en sorte que le plan de stockage soit rempli.

Je me doutais que l'appareil du Conseil des ministres tenterait de monter Kossyguine contre moi, mais je ne m'attendais pas à une réaction aussi violente. Et comme l'accusation était assez grave, je m'emportai moi aussi et déclarai que si le président du Conseil des ministres estimait que nous avions fait preuve de faiblesse, mon département et moi, il n'avait qu'à lancer le gouvernement dans des réquisitions à la manière du communisme de guerre.

Un silence s'installa. L'intervention d'un agent du protocole empêcha les choses de dégénérer :

— Leonid Ilitch, dit-il d'une voix forte. Tout est prêt. Il faut y aller.

Nous nous mîmes en rang pour suivre Brejnev dans la salle Catherine.

Lorsque je regagnai mon bureau, après la cérémonie, j'étais déprimé. Et pas seulement à cause du conflit avec Kossyguine, pour qui j'avais le plus profond respect. En pareille circonstance, je m'efforçais toujours de faire preuve de sang-froid et de juger lucidement si je n'avais pas commis d'erreur. En matière de fournitures obligatoires à l'État, il fallait être ferme, mais j'estimais qu'il y avait une limite à ne pas franchir. Certes, il était toujours possible de réquisitionner jusqu'au dernier grain : le parti avait une expérience plus que suffisante en la matière. Mais un tel comportement, déloyal envers les paysans, n'aurait pas manqué d'avoir des effets néfastes pour l'État lui-même. Plutôt que d'user de la force, il convenait de rechercher une solution raisonnable.

Un quart d'heure plus tard, Brejnev m'appelait au téléphone.

— Tu te fais du mauvais sang ? me demanda-t-il avec la claire intention de me tranquilliser.

— Oui. Mais il ne s'agit pas de ça. Je ne puis admettre que l'on me prête une attitude indigne d'un homme de gouvernement.

— Tu as bien fait, ne t'inquiète pas. Il faut effectivement faire en sorte que le gouvernement s'occupe plus de l'agriculture.

Deux heures plus tard, nouvel appel : Kossyguine était au bout du fil.

— Je voudrais poursuivre notre dialogue, commença-t-il d'une voix posée, comme si de rien n'était.

— Alexeï Nikolaïevitch, lui répondis-je sans l'ombre d'une irritation, peut-être serait-il effectivement judicieux que vous preniez l'initiative dans cette phase terminale. Pour moi, c'est une première campagne et, de plus, dans une très mauvaise année.

Kossyguine resta silencieux un instant :

— J'ai relu encore une fois votre note, dit-il enfin. Soumettez vos propositions au Politburo.

Il n'y avait dans sa voix aucune irritation et il ne chercha pas à me sermonner, même s'il ne fit rien, non plus, pour s'excuser.

Faut-il préciser que la situation agricole était telle que le plan revu à la baisse et contesté par le Premier ministre ne fut pas rempli ?

Cet incident eut pourtant une conséquence inattendue. Une fraction de la direction sembla le percevoir comme la manifestation d'une animosité personnelle que j'aurais nourrie à l'encontre de Kossyguine. Je parvins, en tout cas, à cette conclusion après une entrevue avec Souslov, à la fin de l'automne.

— Nous avons discuté, me dit-il. Il va y avoir un plénum. Votre position sera renforcée. On a proposé de vous faire entrer au Politburo, mais je m'y suis opposé et je veux que vous le sachiez. Nous allons vous recommander comme membre suppléant du Politburo. Ce sera mieux ainsi. Certains de vos collègues au secrétariat sont là depuis cinq, dix ou quinze ans : inutile de créer des tensions superflues.

Il avait raison.

La guerre en Afghanistan et le Programme alimentaire

En décembre 1979, l'intervention de nos troupes en Afghanistan eut des conséquences indirectes sur la politique agricole. Les États-Unis et leurs alliés prirent toute une série de mesures de rétorsion. Les Américains décidèrent notamment d'interrompre leurs livraisons contractuelles de céréales : cet embargo nous privait de quelque 17 millions de tonnes de grain.

En janvier 1980, Brejnev me convoqua en même temps qu'Andreï Gromyko et Dmitri Oustinov. J'entrais ainsi pour la première fois dans le cercle étroit où se prenaient les décisions déterminantes pour les destinées du pays. Gromyko et Oustinov exposèrent avec beaucoup d'optimisme la situation en Afghanistan. Quant à moi, je dus rendre compte de la pénurie de céréales qui se profilait de manière fort inquiétante.

Comme il fallait s'y attendre, mon intervention souleva une certaine inquiétude. Je fus chargé de mettre au point des propositions concrètes pour garantir le niveau minimal de grain nécessaire à la vie normale de la population et de formuler des directives en ce sens pour les ministères des Affaires étrangères et du Commerce extérieur. J'évoquai alors pour la première fois le besoin d'un programme destiné à nous libérer de la nécessité d'importer des céréales. Le terme de « programme alimentaire » n'était pas encore prononcé, mais il s'agissait bien de cela.

Cette idée de programme alimentaire ne devait rien à l'inspiration du moment. Depuis plus d'un an, tout en affrontant les problèmes quotidiens, je m'efforçais d'aller à la racine du problème.

J'avais devant moi un tableau épouvantable. Notre terre nourricière, selon l'expression consacrée, était négligée, saccagée, et même parfois tout bonnement abandonnée. Et tout m'incitait à penser que cette situation résultait directement de la politique pratiquée depuis des décennies. Une technocratie envahissante avait étouffé tout ressort moral. Pendant de longues années, la terre avait été laissée de côté : la priorité allait aux industries extractives, comme le charbon, les minerais, le pétrole et le gaz. Des millions d'hectares avaient été « expropriés » pour construire des voies ferrées et des routes. La réalisation des grands barrages hydroélectriques s'était soldée par la perte, sous les eaux, de quatorze millions d'hectares de terres fertiles, susceptibles de produire d'excellents légumes et des cultures fourragères. Des dizaines de millions d'hectares étaient occupés par les terrains de manœuvre de l'armée et la zone de sécurité aux frontières.

Il fallait, certes, allouer un certain espace à ces fins, mais pas de la manière dont cela se pratiquait : au-delà des besoins et sans aucun contrôle, avec l'idée que « la terre ne coûte rien ».

L'état d'esprit dans l'agriculture n'était pas bien différent. C'était comme si l'on tirait une charrue à travers le pays, saccageant les terres arables et disséminant à tout vent leur précieuse couche fertile. Des millions d'hectares avaient été ainsi ravinés et gagnés par le désert. Des décennies seront nécessaires pour les rendre à nouveau cultivables.

À Stavropol, j'avais déjà eu l'occasion de me frotter au problème et, le lecteur s'en souvient, je savais pertinemment que chaque type de sol demandait l'emploi d'une technique différente en fonction des particularités du climat. Garder un sol fertile requiert tout un art.

Pourtant, des territoires immenses étaient devenus impropres à la culture simplement parce que les systèmes de bonification étaient aménagés sans drainage, selon des projets simplifiés. Or, l'absence de drainage entraîne ce que l'on appelle une salinisation secondaire des sols, la pire.

Quant à la généralisation de l'usage des herbicides, était-elle nécessaire ? Naturellement, il faut lutter contre les mauvaises herbes qui diminuent la production de quelque 30 %. Mais faute de machines pour l'épandage équilibré des pesticides, d'énormes superficies cultivables, des rivières et des lacs furent pollués, causant un préjudice irréparable à la flore et à la faune.

Cette attitude indolente envers la terre se retrouvait dans tous les dossiers qui me parvenaient. Ainsi, il était impossible d'obtenir de bonnes récoltes de ce soja dont nous avions tant besoin dans la région de Blagovechtchensk, dans le bassin de l'Amour. En examinant de près la question, je compris que l'on avait simplement omis de dessaler les sols !

Dans le même temps, dans les républiques baltes et en Biélorussie, un chaulage répété permit de faire baisser l'acidité des sols et d'améliorer ainsi les rendements. Sous la direction de Piotr Macherov en Biélorussie et d'Antanas Snieckus en Lituanie, les villages prospérèrent. En revanche, dans la Lettonie voisine, où l'effort était concentré sur l'industrie, les zones rurales dépérissaient.

Le destin de certaines parties du pays se révéla véritablement tragique. Les méthodes barbares d'extraction du pétrole et du gaz dans le Grand Nord causèrent un préjudice monstrueux à la toundra, si fragile. Et la Caspienne ! Et la région de la mer d'Aral ! Et l'Asie centrale ! Dans ces régions, l'extension insensée des plantations de coton eut des conséquences dramatiques pour la terre comme pour les hommes !

L'idée qui faisait du paysan un citoyen de seconde catégorie était bien ancrée et particulièrement néfaste. Alors que la production d'électricité augmentait, les zones rurales — où vivaient alors cent millions de personnes — n'en consommaient que 10 %. De même, en dépit de l'essor considérable de la production de charbon, les habitants des campagnes devaient recourir à des ruses de tout ordre pour s'en procurer : les livraisons « officielles » ne couvraient que le tiers de leurs besoins. Quant au gaz, les conduites n'aboutissaient qu'aux agglomérations urbaines. Bien plus, rien n'était prévu dans un avenir prévisible pour distribuer le gaz dans les zones rurales.

Le déséquilibre en faveur des villes était également patent en matière de routes, d'écoles, d'établissements médicaux, de services de proximité, de distribution de la presse, de cinémas et de centres culturels. C'était tout particulièrement le cas des trente régions administratives situées en dehors des terres noires [6]. Des erreurs de planification y avantagèrent outrageusement l'industrie au détriment de l'agriculture, laissée à l'abandon. Les paysans, attirés par les feux de la ville, où l'on pouvait pointer, toucher un salaire plus important et bénéficier des bienfaits de la civilisation, se mirent à quitter leurs villages. L'exode rural toucha également d'autres régions. Le paysan fut largement remplacé par des « gens de passage » amenés à la campagne sous couleur d'aide et de volontariat, entraînant une détérioration sans précédent de la relation entre l'homme et la terre.

Dans les régions hors terres noires, l'état d'abandon était tel qu'il semblait absurde d'y investir. J'avoue que, dans un premier temps, ma vision importée de Stavropol me poussait à privilégier les régions où l'on pouvait s'attendre à un bon retour sur investissement. Pourtant, en repensant le problème, je parvins à la conclusion que l'on devait dépasser les considérations purement économiques et à court terme. Il en allait des racines profondes de la Russie, de l'État et du peuple russe.

Lorsqu'il devint évident que l'on ne pourrait fixer les populations rurales sans améliorer leur mode de vie, un certain nombre de scientifiques et de gens de terrain proposèrent de les regrouper de manière à pouvoir leur fournir ces bienfaits du progrès qu'il était impossible d'apporter dans une multitude de hameaux. Mais il fut clair, dès le début, que ce projet présentait l'inconvénient de distendre encore les liens séculaires impalpables entre l'homme et ses racines. Car la terre n'est pas seulement l'endroit où l'on fait pousser du seigle ou des pommes de terre. C'est avant tout la maison natale et un monde à nul autre pareil : la patrie.

Ma première tâche fut de déterminer l'étendue du possible. L'examen du fonctionnement de cinq cents fermes modèles, qui, en couvrant tout le pays, reflétaient sa variété géographique et climatique, avait permis de déterminer que si l'ensemble des kolkhozes et les sovkhozes parvenaient à atteindre leur niveau de production, la récolte de céréales ne serait pas inférieure à 260 millions de tonne, et nous obtiendrions en plus un surplus considérable de viande et de lait. Les calculs comparatifs en matière de consommation d'énergie, d'engrais et de superficie par agriculteur confirmaient que la productivité était proportionnelle aux investissements. De tous ces éléments chiffrés, une conclusion tri-

6. Sols particulièrement fertiles caractéristiques des steppes continentales de l'Est européen. (N.d.T.)

viale fut tirée : le système pouvait fonctionner à condition de fournir le matériel et les engrais, et d'aménager les zones rurales.

Il était pourtant clair que la transposition des indicateurs applicables aux fermes modèles à la masse des exploitations n'était pas entièrement correcte. Les premières avaient recours à la sélection et aux technologies nouvelles. De plus, leur personnel se composait de cadres hautement qualifiés. Elles cultivaient et commercialisaient des semences de haute qualité et du bétail de race, ce qui impliquait des prix deux ou trois fois plus élevés. Pour finir, elles disposaient d'une plus grande latitude dans la production et l'écoulement des produits. Tout cela rendait leur situation difficilement comparable à celle qui régnait dans les kolkhozes et les sovkhozes. Là se posait la question clé : fallait-il les soutenir par des subventions de l'État ou leur permettre de mieux travailler et de faire des bénéfices ? Car la plupart des exploitations du pays souffraient précisément de l'absence de conditions économiques propices à l'accroissement de leur rentabilité et capables de rendre leur activité profitable.

Les décisions du plénum de mars 1965, qui devaient résoudre le problème du prix d'achat des denrées agricoles [7], étaient totalement dépassées. Pis encore, le « ciseau » des prix continuait à s'ouvrir en raison des livraisons de machines agricoles deux à trois fois plus chères, sans être pour autant beaucoup plus modernes. La dette cumulée des kolkhozes et des sovkhozes ne cessait d'augmenter, approchant les deux cents milliards de roubles. Mais au lieu de modifier les relations économiques qui prévalaient dans les zones rurales, on préférait la facilité : rééchelonner les dettes, pour finir par les annuler. Lorsque la situation devenait critique pour une culture, on se bornait à fixer des prix d'achat plus élevés. Ce fut notamment le cas du coton, puis du raisin et du tabac.

L'effet de telles mesures ne durait que deux ou trois ans avant que de nouvelles hausses du prix des machines, du carburant, des engrais ou des matériaux de construction (qui représentaient désormais 60 % des coûts de production dans l'agriculture) ne viennent tout compromettre.

Certains avaient même inventé une « théorie » pour réduire les inves-

---

7. Ici et plus bas, il s'agit des prix auxquels l'État achetait la récolte. Ces prix, arbitrairement fixés, ne tenaient pas forcément compte des coûts de production dans les exploitations. De même, ils étaient déconnectés des prix de vente réels à la population (prix de détail), fortement subventionnés. (N.d.T.)

tissements dans les zones rurales : en termes de revenu national, l'agriculture consommerait plus qu'elle ne produirait. En d'autres termes, ce serait un secteur définitivement déficitaire, un gouffre absorbant des ressources immenses sans rien donner en retour. Cette thèse que rien n'étayait était officiellement soutenue par des responsables de l'industrie et du plan, des membres de l'administration des finances et, même, des secrétaires du CC. Ils en tiraient une conclusion logique : le pays n'avait pas besoin d'un programme alimentaire de grande envergure, mais d'une simple remise en ordre des campagnes. C'était un travers du système : dès que l'on manquait d'un programme d'action cohérent, on proposait de « remettre de l'ordre ».

Quoi qu'il en fût, je me devais de mettre au point un programme alimentaire réaliste en réfutant ces préjugés, même habillés de prétentions scientifiques. Je me penchai donc sur le mode de calcul du revenu national, estimant que le problème venait de là. Comme d'habitude, j'eus recours à des experts, et tout particulièrement à Vladimir Tikhonov. Je passerai sur les batailles homériques que nous dûmes livrer pour chaque chiffre, mais nous parvînmes à déterminer que l'agriculture ne créait pas moins de 28 % du revenu national et qu'elle fournissait des matières premières qui entraient dans la composition des deux tiers des articles du commerce de détail. Les résultats de cette étude furent publiés dans la revue *Kommounist* (n° 11, 1980).

Toutes les assertions relatives à la prétendue absence de rentabilité de l'agriculture relevaient de la politique-fiction, ou plus exactement de la politique tout court. Les données recueillies montraient que les retours sur investissement étaient positifs, sans même mentionner les progrès économiques qui avaient été obtenus sur le dos des ruraux.

Après cette publication, nul ne s'aventura plus à comparer le secteur agricole à un « gouffre sans fond ». Il était de nouveau loisible de demander des prix d'achat convenables pour les produits agricoles. Le véritable problème était de savoir qui paierait la note.

À l'époque, il n'était pas question d'augmenter les prix de détail. L'interdit n'était pas économique mais purement politique. L'autre terme de l'alternative était d'accroître les subventions. Or, celles-ci s'élevaient déjà à quarante milliards de roubles au début des années quatre-vingt et continuaient à augmenter.

Si chacun finissait par admettre que kolkhozes et sovkhozes ne pouvaient plus être réduits plus longtemps à la portion congrue, le ministre des Finances, Vassili Garbouzov, ne cessait de répéter : « L'État n'a pas d'argent. Il faudra me passer sur le corps ! » Ce à quoi je répliquai un jour, et en public, que ce serait difficile. Cette allusion à l'embonpoint du ministre déchaîna aussitôt l'hilarité de l'assistance. En réalité, il n'avait rien contre le monde paysan, mais il connaissait bien l'état réel du budget. Le train de vie de l'État reposait essentiellement sur trois piliers : les augmentations de prix rampantes et sournoises, l'accroissement de la production de vodka et les pétrodollars. Pourtant, boucher les trous s'avérait de plus en plus difficile. Pour couvrir le déficit, le ministère des Finances avait recours à des crédits de la Banque d'État couverts par les économies des citoyens.

Nikolaï Baïbakov, le président du Gosplan, fut le premier à me laisser entendre que bien des problèmes du pays, y compris le financement de l'agriculture, auraient pu être résolus sans les « zones interdites », c'est-à-dire sans le complexe militaro-industriel. Là se situaient les économies possibles, car l'accroissement des dépenses militaires était beaucoup plus rapide, et de loin, que la progression du revenu national. Mais personne n'avait jamais osé faire une analyse rationnelle du budget pour en redistribuer les ressources. Un jour, restés en tête à tête après une réunion, nous abordâmes franchement le problème :

— Tu pourrais soulever la question ? me demanda-t-il

— Non, je ne la poserai pas, répondis-je.

— Eh bien, vois-tu, moi non plus.

Nous savions très bien tous les deux qu'il suffirait d'évoquer simplement ce sujet pour être limogé dans l'heure. C'était la « chasse gardée » du secrétaire général !

La vie dans la capitale

Au Comité central, mon travail me laissait peu de temps pour m'occuper de ma famille ou de loisirs. Il nous fallait néanmoins nous intégrer à la vie de la capitale et nouer de nouvelles relations. Notre penchant naturel nous poussait à faire connaissance avec les familles de mes nouveaux collègues et à tenter de comprendre le climat dans lequel elles vivaient. Hélas, ce n'était pas si simple.

Il était commun de se méfier des rencontres et des invitations. « On ne sait jamais... », devait-on penser. Brejnev lui-même ne recevait que quelques intimes : Gromyko, Oustinov, plus rarement Andropov et Kirilenko. Naturellement, il y avait des exceptions. Au début de l'été de

1979, Souslov nous invita à passer une journée avec lui, en famille, dans l'ancienne datcha « éloignée » de Staline[8], qui était restée vide. Il emmena avec lui sa fille, son gendre et ses petits-enfants. Nous passâmes la journée à nous promener et à parler. Aucun repas n'était prévu, mais nous prîmes le thé. Ce fut une rencontre entre « pays » de Stavropol, dont l'un, fixé depuis longtemps à Moscou, faisait preuve de courtoisie envers son jeune collègue qui venait de « monter » dans la capitale.

En revanche, avec Andropov, nous n'eûmes pas une seule rencontre similaire, en famille, malgré nos excellentes relations. Je tentai bien d'en prendre l'initiative, mais mon essai me laissa un souvenir gêné. À la fin de 1980, ma nomination au Politburo s'accompagna de l'attribution d'une nouvelle datcha, voisine de celle d'Andropov. Au cours de l'été de l'année suivante, je lui passai un coup de fil :

— Nous avons aujourd'hui une table qui fleure bon la région de Stavropol. Je vous invite avec votre épouse Tatiana Filippovna, comme au bon vieux temps.

— Eh oui, c'était le bon temps, me répondit tranquillement Andropov. Mais aujourd'hui, Mikhaïl, je dois décliner l'invitation.

— Mais pourquoi donc ?

— Parce que, dès demain, on commencera à cancaner. Qui ? Où ? Dans quel but ? De quoi a-t-on parlé ?

— Vous n'êtes pas sérieux, Iouri Vladimirovitch ?

— Oh, que si ! Nous serons encore en chemin que l'on sera déjà en train de faire un rapport à Leonid Ilitch. Si je te dis cela, Mikhaïl, c'est avant tout dans ton intérêt.

Cela nous fit perdre l'envie d'inviter et d'être invités « au sommet ». Nous rencontrions nos vieux amis, et nous nous en fîmes de nouveaux. Il nous arrivait de les recevoir ou d'aller chez eux. Mais nous n'eûmes jamais de tels contacts avec mes pairs du Politburo et du secrétariat.

Raïssa ne parvenait pas non plus à s'habituer à ce nouveau système de relations. En fait, elle n'a jamais pu trouver sa place dans le groupe des « épouses du Kremlin » et ne se lia intimement avec aucune d'entre elles. Ces réunions de femmes la frappèrent particulièrement par le climat qui y régnait, imprégné de morgue, de suspicion, de flagornerie, de sans-gêne.

À quelques nuances féminines près, ce monde des « dames » reflétait

---

8. Staline disposait de deux datchas dans les environs de Moscou : la « proche » et l'« éloignée ». (N.d.T.)

la hiérarchie des maris. Ainsi, le 8 mars 1979, à l'occasion de la journée des Femmes, Raïssa participa pour la première fois à la réception traditionnelle. Habituellement, les femmes des dirigeants se rangeaient à l'entrée de la salle pour saluer les hôtes étrangers. Raïssa se plaça au hasard, sans songer qu'il y avait une préséance à observer. Devant cette faute majeure, madame Kirilenko la désigna grossièrement du doigt en l'interpellant :

— Votre place est là-bas, au bout de la file.

À l'extérieur de l'« élite », tout était plus simple. Irina et Anatoli s'intégrèrent rapidement au milieu étudiant de Moscou, et se firent des amis. Raïssa renoua des liens avec les milieux scientifiques, se replongeant dans le monde familier des symposiums et des controverses scientifiques. Elle se mit à l'anglais.

Dès que nous avions du temps libre, nous prenions la voiture pour nous promener dans Moscou. Nos premiers itinéraires passaient par les lieux familiers de notre vie d'étudiant, là où nous nous étions rencontrés. Hélas, certains endroits étaient méconnaissables et nous laissaient un indescriptible sentiment de tristesse. C'était notamment le cas du vieux quartier de Krasnaïa Presnia que j'avais hanté pendant un mois, lors de la campagne électorale de 1951. La mission du « collectif d'agitation », dont j'étais le chef adjoint, consistait à inciter les électeurs à aller voter. Délaissant mes études, j'allais de porte en porte dans les vieilles maisons de guingois, allant jusqu'à faire moi-même des réparations pour complaire aux électeurs. À la veille du vote, il se trouvait toujours de petites vieilles inoffensives pour vous dire :

— Allez, mon gars ! J'irai voter si tu me donnes un coup de main !

Trente ans plus tard, les maisonnettes de bois avaient cédé la place aux immeubles. Autour de l'université, les terrains vagues avaient disparu. Quant au village de Tcheriomouchki, où nous allions toucher nos colis, il était devenu un quartier résidentiel.

J'éprouvais des sentiments partagés. Les vieilles bâtisses étaient inhabitables, mais, pleines de chaleur humaine, elles symbolisaient tout un mode de vie. Au cours de ces promenades, je me rendis compte du drame qu'avait représenté, pour des milliers de Moscovites, la perte du vieil Arbat, remplacé par la perspective Kalinine. Ses immeubles modernes, en rangs d'oignons, lui avaient valu le surnom de « dentier de Moscou ».

Il m'arrive encore d'éprouver de la nostalgie pour le Moscou de jadis, la ville de ma jeunesse.

Intrigues de palais

Le décès de Mikhaïlo Souslov, le 25 janvier 1982, exacerba les luttes souterraines au sein de la direction politique. Souslov n'avait jamais prétendu au poste de secrétaire général et faisait preuve d'une loyauté absolue envers Brejnev. Il était pourtant capable de s'opposer à lui. Au sein de la direction, il jouait un rôle stabilisateur et, d'une certaine manière, neutralisait les antagonismes de tendances et de personnes.

Sa disparition laissait une place vacante. Et quelle place ! Chacun savait que son remplaçant serait le véritable successeur de Brejnev. Ce nouveau « second » ne tarderait pas à devenir le « premier ». Sans doute prendrait-il les commandes du vivant même du secrétaire général. De toute évidence, ce ne pouvait être qu'un candidat acceptable pour Brejnev lui-même.

Or, l'état de santé de Leonid Ilitch s'était dégradé au point de fausser son jugement sur les idées et les hommes. Il dépendait largement de Tchernenko qui ne le quittait pas du matin au soir, à l'exception des heures de sieste. Chaque jeudi, après la réunion hebdomadaire du Politburo, Brejnev partait pour la résidence de chasse de Zavidovo, à une soixantaine de kilomètres de la capitale. Tchernenko l'accompagnait. Certes, il arrivait parfois à ce dernier de rester à Moscou le vendredi, pour régler des affaires du Politburo, mais il passait invariablement la fin de semaine à Zavidovo.

Évidemment, l'influence de Tchernenko reposait sur ses nombreuses années de collaboration avec Brejnev. Plus que quiconque, il avait contribué à fabriquer l'image de personnalité éminente et irremplaçable du chef. Il disposait de toute une équipe pour orienter en ce sens la presse, les structures idéologiques du parti, ainsi que ses comités régionaux et locaux.

C'est sous son influence que l'on commença à entendre des clichés comme « éminent théoricien », « autorité incontestable », « champion de la paix et du progrès ». Quant on sait que Brejnev ne pouvait plus travailler — ou, plus précisément, faire acte de présence — que quelques heures par jour, on comprend qu'il n'était pas facile de créer cette apparence d'activité. Chaque apparition du secrétaire général, chacun de ses voyages étaient mûrement réfléchis. On écrivait pour lui des articles, des Mémoires, des livres. Et Brejnev était aux anges.

Devenu le confident du secrétaire général, presque son exécuteur testamentaire, Tchernenko comptait manifestement sur le poste de

« second » et cet espoir nourrissait les ambitions démesurées des membres de son équipe, des apparatchiks purs mais sans poids politique. En un sens, Tchernenko était lui-même l'objet de leurs habiles manipulations.

Dans le rapport de forces créé par le décès de Souslov, il fallait tenir compte de certains membres du Politburo, notamment de ceux qui dirigeaient le parti dans les républiques les plus importantes, comme Dinmoukhamed Kounaïev au Kazakhstan et Vladimir Chtcherbitski en Ukraine. Ce dernier était souvent reçu par Brejnev. Un ancien assistant du secrétaire général me rapporta que, au cours de l'une de ces visites, après que Chtcherbitski lui eut longuement exposé les progrès accomplis en Ukraine, Brejnev, satisfait et ému, se leva pour le raccompagner. Au moment de prendre congé, il lui dit en désignant son fauteuil :

— Volodia, voilà la place que tu occuperas après moi.

C'était en 1978, et il ne s'agissait ni d'une plaisanterie ni d'un instant de faiblesse. Chtcherbitski avait alors soixante ans et était l'un des favoris de Brejnev. Dès l'accession de ce dernier au pouvoir, il tira immédiatement Chtcherbitski de la région de Dniepropetrovsk, où l'avait envoyé Khrouchtchev, pour le nommer à la tête du gouvernement de Kiev, puis au Politburo, en attendant de remplacer Piotr Chelest au poste de premier secrétaire du PC ukrainien. Prétendre qu'il avait une forte personnalité serait exagéré, mais il ne semblait pas manquer, alors, d'envergure politique, et il dirigeait sa république d'une main sûre. Plus important : il campait fermement, selon sa propre expression, « sur les positions de Bogdan Khmelnitski », ce symbole de l'union de l'Ukraine à la Russie. Et cela était fort apprécié [9].

D'autres nourrissaient aussi quelques idées. Ainsi, Andropov reçut un coup de fil inattendu de son ami Gromyko qui sondait le terrain. Par-delà le poste de « second », il visait manifestement celui de « premier ». Homme d'expérience, Gromyko calculait de nombreux coups à l'avance. N'était-il pas ministre inamovible des Affaires étrangères depuis vingt-sept ans ?

Andropov me fit part de l'étonnement et de la gêne que lui avait causé cet appel. Sa réponse avait été réservée :

— Andreï, c'est l'affaire du secrétaire général.

Naturellement, la réaction d'Andropov était révélatrice de ses propres calculs. Il voulait, lui aussi, occuper le siège laissé vacant par Sous-

---

9. Rappelons que l'une des raisons qui avaient conduit au limogeage de Chelest était son « nationalisme ukrainien », réel ou supposé. (N.d.T.)

lov. Pour ma part, j'étais convaincu qu'il devait lui revenir. Dmitri Oustinov, l'un de ses plus proches amis, était également du même avis.

Au cours de nos conversations, nous avions souvent envisagé, Andropov et moi, son retour dans l'appareil du Comité central [10]. Un jour, pendant ses vacances à Kislovodsk, je lui avais dit, incidemment :

— Vous avez passé assez longtemps à la Sécurité d'État, il est temps de réintégrer la maison dont vous êtes issu.

Faisant mine de prendre la chose à la plaisanterie, il s'était contenté de sourire.

Plus tard, peu après la disparition de Souslov, il me confia que le secrétaire général avait évoqué l'éventualité de le nommer au poste de secrétaire du CC chargé du secrétariat et de la supervision du département international. Mais il ajouta :

— Je n'ai pourtant pas la moindre idée de ce que sera la décision définitive.

Tchernenko semblait avoir les moyens de bloquer cette décision : son influence sur Brejnev était proportionnelle à l'état de santé de celui-ci. Lorsque le secrétaire général allait mieux, il parvenait à avoir une opinion propre et à la défendre fermement. Finalement, le 24 mai 1982, le plénum du CC élut Andropov au poste de secrétaire.

Sans doute Brejnev fit-il son choix à la mi-mars. Andropov m'avait alors appris qu'il devait parler pour le compte de la direction à la cérémonie du 112e anniversaire de la naissance de Lénine, le 22 avril. Selon les critères « kremlinologiques », cela signifiait que la décision avait été prise.

Ce fut un bon discours. Pour la première fois depuis de nombreuses années, une intervention faite lors d'une manifestation de routine abordait sérieusement les questions essentielles de la vie réelle. Ce fut précisément à cette occasion qu'Andropov constata combien nous connaissions mal la société où nous vivions.

Il est tout à fait possible qu'un autre facteur, que personne n'a signalé, ait joué un rôle dans le choix d'Andropov. La nomination de ce dernier dans l'appareil du parti laissa libre son poste à la tête de la Sécurité d'État. Brejnev y plaça Vitali Fedortchouk, qui lui était entièrement dévoué mais qu'Andropov n'appréciait guère (il aurait préféré Viktor Tchebrikov pour lui succéder). Pourtant, lorsque Brejnev lui posa carrément la question, il ne dit rien :

---

10. Avant d'être nommé à la tête du KGB, en 1967, Andropov occupait le poste de secrétaire du CC chargé des relations avec la communauté socialiste. (N.d.T.)

— La décision appartient au secrétaire général, se déroba-t-il.

Brejnev mentionna alors Fedortchouk et Andropov, sans élever d'objection, soutint cette candidature.

Quant à moi, ce qui me préoccupait le plus dans ces « intrigues de palais », c'est qu'elles détournaient l'attention de la préparation du Programme alimentaire qui entrait justement dans une phase décisive.

La question du financement était évidemment le point faible de ce programme. J'avais pu régler le problème de la modernisation des constructions mécaniques agricoles, mais pas celui de l'augmentation des prix d'achat qui devenait mon obsession. Le ministère des Finances et le Gosplan se dérobaient. On m'avait rapporté des propos tenus par Nikolaï Tikhonov, le chef du gouvernement, à Garbouzov et Baïbakov : pas de promesses à Gorbatchev sur le financement du Programme alimentaire ! Le ministre des Finances avait même refusé de venir dans mon bureau sous prétexte qu'il risquait... un infarctus : j'allais encore lui demander de l'argent, et lui ne savait pas où en trouver !

Moi non plus, je ne le savais pas. Mais je ne manquais pas d'explorer toutes les possibilités d'en trouver. Je me heurtai ainsi à la question des crédits à fonds perdus. J'ai déjà évoqué l'inégalité des termes de l'échange entre la ville et la campagne. Mais le système ruineux où les machines, les matériaux de construction et le carburant coûtaient cher, alors que les denrées agricoles étaient bon marché, engendrait automatiquement des mécanismes de compensation. Sans eux, toute l'agriculture aurait été déclarée en faillite.

Les crédits d'État constituaient précisément l'un de ces mécanismes. Les exploitations en bénéficiaient régulièrement tous les ans, mais ne les remboursaient jamais entièrement. Leurs responsables tenaient à peu près le raisonnement suivant : « Puisque vous maintenez des prix d'achat qui ne nous permettent pas de vivre ni de travailler normalement, vous n'avez pas d'autre choix que de continuer à nous avancer des fonds avant d'annuler nos dettes : il faut bien nourrir la population. » Dans ces conditions, il n'était pas question de parler de rendements, de coûts réels ou de machines modernes. Toute occasion de s'approprier du matériel était bonne à prendre. De toute façon, les notes étaient payées par des crédits accordés à fonds perdus !

En consultant la comptabilité nationale, je parvins à établir une fourchette approximative des sommes concernées : entre 15 et 17 milliards de roubles. En définitive, ces crédits à fonds perdus n'étaient rien d'autre qu'un financement indirect des kolkhozes et sovkhozes. Dès lors, pourquoi ne pouvions-nous pas allouer directement ces sommes à la majoration des prix d'achat ? À des prix équitables, le paysan pourrait commencer à penser aussi bien à l'accroissement de la production qu'à des économies éventuelles sur les frais de production. Il me semblait que la solution était trouvée, mais je me gardai d'en parler avant de pousser plus avant les études.

Le plan de développement social des campagnes, établi de concert avec le gouvernement, était un élément essentiel du Programme alimentaire. Le total des crédits alloués provenant de diverses sources devait atteindre 140 milliards de roubles.

Peu à peu, en dépit des divergences, les principaux points furent formulés, étudiés et fixés d'un commun accord. En avril, je rendis visite à Tchernenko pour lui demander de m'accorder une rencontre avec Brejnev : le plan devait être adopté par un plénum du CC prévu en mai et, en tout état de cause, le secrétaire général devait l'approuver au préalable.

Si la mise au point du Programme avait donné lieu à bien des débats, il fallait aussi choisir le rapporteur qui parlerait à la tribune. Dans un premier temps, les choses semblaient aller de soi : j'avais traité la question, je devais donc prendre la parole. Pourtant, je perçus rapidement chez certains membres du Politburo, surtout chez Tikhonov, une certaine forme de jalousie qui risquait encore de retarder l'adoption du Programme.

Pour éviter cela, je glissai à Brejnev, lors d'une réunion, que si l'on prenait en considération l'envergure sans précédent de l'affaire, son rapporteur ne devait être ni Gorbatchev, ni le président du Conseil des ministres, mais le secrétaire général en personne.

Brejnev ne répondit pas tout de suite. Visiblement, il hésitait : la lecture de son rapport au dernier congrès du parti, l'année précédente, lui avait beaucoup coûté physiquement. La tentation, pourtant, était trop grande et, dès la réunion du Politburo suivante, il donna son accord. À ses yeux, deux domaines étaient prioritaires : l'agriculture et la défense. Il me semble que c'était dans cet ordre, comme en témoigne un échange qui m'opposa un jour à Oustinov, le ministre de la Défense.

— La défense et le pain, expliquait celui-ci, c'est essentiel et c'est inséparable.

— Le pain et la défense, rectifiai-je.

Brejnev sourit :

— Là, je crois bien que Gorbatchev a raison.

Mais Oustinov n'était pas disposé à se laisser faire :

— Leonid Ilitch, vous êtes bien placé pour savoir que la défense, c'est la vie.

— Et le pain, rétorqua Brejnev en riant, est-ce que ce n'est pas la vie ?

Tout au long de sa carrière, à Dniepropetrovsk comme en Moldavie et, surtout, au Kazakhstan, Brejnev avait eu à traiter des problèmes de la vie rurale et il continuait à s'y intéresser. Pourtant, lorsque je visitais les usines qui fabriquaient du matériel militaire et agricole, le contraste était frappant entre les chaînes de production modernes d'où sortaient des chars perfectionnés et les ateliers délabrés qui montaient des tracteurs antédiluviens.

Si le complexe militaro-industriel renforçait sa position d'année en année, ce n'était pas dû aux préférences personnelles de Brejnev ni, d'ailleurs, d'Oustinov ou des autres membres du Politburo. Les principaux responsables en étaient la dure logique d'un monde coupé en deux et la course aux armements mortelle et coûteuse qui avalait toujours plus d'argent et de ressources. Les dépenses militaires aspiraient les sucs vitaux de pratiquement toutes les branches de l'économie.

À un moment ou à un autre, le secrétaire général aurait dû s'interroger sur la vacuité de cette course à la puissance avec les États-Unis. Au cours des derniers quinquennats, les dépenses liées à la défense grimpèrent deux fois plus vite que le PNB. Non content de dévorer le fruit du dur travail de nos concitoyens, le Moloch militaire rendait impossible toute modernisation industrielle qui n'allait pas dans le sens de ses besoins. Pis : le problème n'était même pas susceptible d'analyse. Les statistiques relatives à ces problèmes étaient strictement confidentielles et inaccessibles même aux membres du Politburo. Le sujet était la chasse gardée de Dmitri Oustinov qui accueillait vertement la moindre critique du secteur militaro-industriel et stigmatisait immédiatement l'« immaturité du chercheur d'embrouilles ». Et personne au sein de la direction n'aurait osé lui tenir tête.

En dépit de ces problèmes, il me fallait mener à bien mon Programme alimentaire. Le plan prêt, il ne restait plus qu'à en informer le secrétaire général. La rencontre eut lieu à l'hôpital de la rue Granovski où Brejnev suivait un traitement prophylactique. Sa chambre — ou plutôt sa suite — comprenait un salon où les visiteurs pouvaient s'installer commodément, converser et prendre le thé. C'est là qu'il nous reçut, Tchernenko, Tikhonov, Andropov et moi.

Il nous réserva un excellent accueil, empreint de bonne humeur, comme pour démontrer qu'il était en pleine forme. Et, en effet, personne n'aurait pu dire qu'il était gravement malade. Cependant, ceux qui se souvenaient de son dynamisme d'antan ne pouvaient manquer de noter une certaine lenteur dans les mouvements.

— Alors ? Et le plénum ? demanda-t-il après les propos d'usage.

Tous se tournèrent vers moi.

— Nous entrons dans la dernière phase, expliquai-je. Le train de mesures est prêt. Les objectifs sont réalistes. Reste la question du financement.

Brejnev réagit au quart de tour :

— Le plénum doit avoir lieu, et vous m'avez persuadé de faire le rapport sans même vous être mis d'accord sur le financement ? Alors quoi, je vais monter à la tribune les poches vides ?

Tchernenko bondit :

— Mais non, voyons, Leonid Ilitch !

— Tout sera au point. Nous allons régler cela, confirma Tikhonov dont le ton manquait de sincérité.

Cette rencontre me rappela, curieusement, celle de 1978, sur le quai de la gare de Mineralnye Vody. À l'exception de Tikhonov, nous étions les mêmes : Brejnev, Tchernenko, Andropov et moi. Et je ressentais la même impression inquiétante : des changements approchaient.

Andropov restait silencieux, mais attentif. Il savait déjà que le prochain plénum ferait de lui le numéro deux du parti et du pays. Tikhonov, au courant, lui lançait régulièrement des regards anxieux. Tchernenko ne le savait pas, mais il devinait que le poste allait lui échapper : Leonid Ilitch ne lui avait fait aucune confidence. Je le sentais terriblement nerveux...

Pour faciliter les choses à Brejnev, nous convînmes de faire distribuer aux membres du CC et aux invités les textes du Programme alimentaire et du train de mesures qui l'accompagnait. De la sorte, le secrétaire général pourrait se borner à faire un court rapport et à présenter ces documents.

Je rentrai au CC dans la même voiture que Tchernenko et le remerciai pour son soutien. Absorbé par ses pensées, il se borna à me répondre :

— C'est bon. Maintenant, agis et ne fais attention à personne.

C'était une allusion à Tikhonov pour qui Tchernenko ne nourrissait pas de sympathie excessive.

Pour moi, l'heure de la discussion décisive avec le chef du gouvernement venait de sonner. Je m'en serais bien passé, mais sans sa participation, le projet se trouverait menacé. La rencontre eut lieu au

Kremlin et dura quatre heures. Mon argumentaire était parfaitement au point, mais dès qu'il fut question d'un investissement de seize milliards, Tikhonov ne voulut rien entendre.

— Nikolaï Alexandrovitch, lui dis-je, vous êtes un gestionnaire. Vous comprenez parfaitement que sans cet argent, le Programme n'est plus que lettre morte.

— Non, Mikhaïl Sergueïevitch, s'obstinait-il. Je n'ai pas cet argent.

Je soulevai alors une question qui me tenait à cœur.

— Regardez ces chiffres : au cours des cinq dernières années, les kolkhozes et les sovkhozes ont reçu annuellement dix-sept milliards de roubles par an sous forme de crédits à fonds perdus.

— Quel rapport ?

— Un crédit à fonds perdus, c'est également un financement, mais de la pire espèce. Les exploitations ne gagnent pas d'argent. Elles se bornent à ne pas restituer les prêts qu'on leur fait. Cela fait naître dans les campagnes cette mentalité de profiteur que vous dénoncez vous-même. Et tant que cela durera, il sera inutile d'attendre une quelconque amélioration.

On servit le thé. Tikhonov restait impassible. Tous mes arguments économiques rebondissaient sur lui comme une balle de caoutchouc contre un mur. Je ne savais plus que dire. Lui se bornait à garder le silence. Comment discuter avec un tel homme ! Comme il ne servait à rien de tenter de le convaincre, je décidai d'opter pour une plus grande fermeté.

— J'ai rédigé une note après notre rencontre commune avec Leonid Ilitch. Je voudrais que nous la signions tous les deux : vous comme chef du gouvernement et moi comme responsable de cette affaire. Nous pourrions ainsi la soumettre conjointement au Politburo.

Tikhonov restait impavide.

— Si vous ne signez pas, je la soumettrai tout seul au Politburo qui tranchera. J'ai prévenu Leonid Ilitch : la question du financement n'était pas réglée. C'est Tchernenko et vous qui lui avez donné l'assurance qu'un accord serait trouvé.

Tikhonov semblait ruminer, toujours en silence. Encore du thé. Cette nouvelle pause ne fit pas flancher ma détermination.

— Je suis convaincu que le Politburo me soutiendra. Aux yeux du parti et du pays, la décision est déjà prise. Lançons ce programme ensemble. Ne nous séparons pas ainsi.

— Donnez-moi ces papiers, entendis-je enfin.

Il happa la note, la documentation, les feuilles de calcul et les feuilleta.

— Je garde tout cela, dit-il. J'y jetterai encore un coup d'œil, mais d'emblée, excluons la création d'un Comité d'État agro-industriel. Au niveau local, je ne suis pas contre. Mais à l'échelle nationale, il n'en est pas question. Autrement, nous aurions un second gouvernement, n'est-ce pas ?

« Eh bien ! me dis-je. Fallait-il quatre heures de discussion pour en arriver au véritable point de blocage ? » Et moi qui insistais sur l'analyse économique…

Pourtant, le fin mot de l'histoire ne m'était pas inconnu, mais sur le moment, je n'y avais pas prêté d'importance. Peu de temps auparavant, Vladimir Karlov, le chef du département agricole que je supervisais, m'avait informé d'une rumeur qui courait dans l'appareil du CC et au gouvernement : Gorbatchev créait un Comité agro-industriel « à sa mesure » de manière à mettre la main sur la moitié de l'économie nationale. Et cela laissait supposer des visées à long terme de sa part sur le poste de président du Conseil des ministres !

« Un potin de plus », avais-je pensé. Mais, visiblement, tout le monde n'avait pas eu la même réaction.

— Pas d'objection, répondis-je à Tikhonov sans hésiter, en barrant immédiatement d'un trait de plume, dans ma note, la mention du Comité agro-industriel.

Rasséréné, Nikolaï Alexandrovitch poussa un soupir de soulagement. Nous avions abouti à un accord.

Cela fut un choc pour beaucoup de personnes, convaincues que Tikhonov ne se rendrait pas. Dans les couloirs du CC et du gouvernement, on murmurait : « Gorbatchev a cassé Tikhonov. » Moi, je ne prêtais pas la moindre attention à ces bavardages : je venais d'achever un marathon long et épuisant

Le 24 mai 1982, après avoir entendu le rapport de Brejnev, le plénum du CC approuva le « Programme alimentaire de l'URSS pour 1990 et les mesures requises pour sa réalisation », ainsi qu'un train de six résolutions relatives au fonctionnement du complexe agro-industriel.

Je sens poindre les objections du lecteur, et tout particulièrement du lecteur russe : « Quelles améliorations ce programme a-t-il apportées ? Non seulement la situation alimentaire n'a pas changé, mais elle a même empiré. Pourquoi donc décrire en détail les péripéties de la lutte entre les partisans et les adversaires du Programme ? Ne serait-il pas plus honnête d'admettre que ce fut un nouveau chapitre de l'éternelle utopie ? De nouvelles promesses aussi vite oubliées que les précédentes ? »

J'aimerais apporter ici quelques éléments de réponse. *Primo*, je voulais décrire dans ces pages le processus de prise de décision auquel j'étais confronté dans l'exercice de mes fonctions. *Secundo*, la mise au point d'un programme d'une telle envergure fut, en quelque sorte, une tentative désespérée pour faire fonctionner le système dans le secteur vital de la production des denrées alimentaires. Et il y eut tout de même des résultats. Par rapport au quinquennat précédent, la production augmenta de 26,6 millions de tonnes pour les céréales, de 2,5 millions de tonnes pour la viande bovine et de plus de 10 millions de tonnes pour le lait. Dans le même temps, le nombre d'exploitations déficitaires descendit de 25 000 à 4 000 : les canards boiteux représentaient désormais moins de dix pour cent du total.

Tertio, la mise en œuvre du Programme a montré que la stabilisation du marché des denrées alimentaires ne dépendait pas seulement de la production agricole, mais aussi de la situation financière dans le pays, et surtout des taux d'accroissement respectifs des revenus et des dépenses de la population. À Stavropol, en 1968 et 1969, je fus confronté, au poste de deuxième secrétaire du kraïkom, à des difficultés d'écoulement de la viande et du lait, alors que la consommation moyenne d'un individu n'était que de quarante-deux kilos de viande par an. Quant à celle de lait, elle était inférieure de cent litres à celle atteinte en 1990.

D'ailleurs, il est inutile de chercher des exemples lointains. En 1993, pratiquement tous les produits alimentaires étaient disponibles dans le pays, mais leur consommation avait diminué de 28 % par rapport à l'année précédente. La raison de ce phénomène est simple : rongés par l'inflation, les revenus des ménages sont insuffisants pour leur procurer ce dont ils ont besoin : ils peuvent se consoler en regardant les étals. Et les autorités de clamer qu'elles ont résolu le problème alimentaire, comme si une vitrine regorgeant de marchandises prévalait sur la consommation réelle.

Le bras de fer Andropov-Tchernenko

Après le plénum, le bras de fer se poursuivit entre Tchernenko et Andropov. Tchernenko tentait d'isoler Brejnev des contacts directs et prétendait être le seul à le comprendre humainement. Il s'efforçait ainsi de consolider sa position personnelle. D'autant que la situation n'était pas très claire au secrétariat du CC.

Andropov occupait désormais le bureau de Souslov, mais la direction du secrétariat ne lui avait pas été officiellement attribuée. De manière délibérée ou non, Tchernenko et parfois Kirilenko en profitaient pour continuer à en présider les réunions, comme pendant la précédente période d'intérim.

Cela dura jusqu'en juillet 1982, lorsque Andropov remit les choses à leur place. En règle générale, avant le début des réunions, les secrétaires se rassemblaient dans une pièce surnommée le « vestiaire des bains ». Ce jour-là, lorsque j'arrivai, Andropov s'y trouvait déjà. Il attendit quelques minutes l'arrivée du dernier retardataire, puis, se levant brusquement de son siège, déclara :

— Tout le monde est là ? Il est l'heure de commencer.

Il entra le premier dans la salle et prit immédiatement place dans le fauteuil du président de séance. Tchernenko, devenu livide, sembla littéralement se ratatiner dans un siège en face de moi, de l'autre côté de la table. Cette sorte de « révolution de palais » n'était pas sans rappeler une scène du *Revizor* de Gogol.

Andropov conduisit les débats d'une main ferme, dans le style qui lui était propre, tellement différent de celui de Tchernenko qui transformait les réunions en gelée de groseilles.

Le soir, je passai un coup de fil à Andropov :

— Félicitations, lui dis-je. Je crois bien avoir assisté à un événement important. J'avais bien remarqué que vous étiez tendu et fermé comme une huître, avant la réunion.

— Merci, Mikhaïl, mais il y avait de quoi être tendu. Leonid Ilitch m'a téléphoné pour me demander : « Et pourquoi donc t'ai-je transféré du KGB à l'appareil du CC ? Pour faire de la figuration ? Je t'ai pris pour diriger le secrétariat et superviser les cadres. Qu'attends-tu pour le faire ? » Voilà ce qui m'a décidé.

Je connaissais l'état de santé de Brejnev à ce moment, son humeur velléitaire et sa réticence à se disputer avec Tchernenko, et je suis persuadé que, tout seul, il aurait été incapable de passer ce coup de fil.

Sans doute y avait-il quelqu'un près de lui pour faire pression. Et cette personne ne pouvait être qu'Oustinov : en plus de son influence considérable sur Brejnev, il était capable d'agir ainsi en allant droit au but sans s'embarrasser de diplomatie. Sans oublier l'amitié de longue date qui l'unissait à Andropov.

Voilà comment se forma une nouvelle « stabilité ». Les débats commencèrent à quitter le vague et la théorie pour entrer dans le concret. Les départements du CC se virent rappeler à l'ordre en raison de leur manque d'efficacité. Les résolutions adoptées devinrent plus précises et rigoureuses. Et surtout, le laxisme prit fin. En matière de responsabilité personnelle, Andropov faisait régner une telle peur que, malgré leurs erreurs, on était plutôt enclin à plaindre ceux qui provoquaient son courroux.

Quelque chose semblait avoir changé en lui. Peut-être était-ce lié à la menace de vacance complète du pouvoir qui planait sur le pays, en raison de l'aggravation de la maladie de Brejnev et de la multiplication des intrigues que cette situation provoquait. De toute évidence, Andropov s'efforçait de rehausser l'autorité du pouvoir central en montrant à tous et à chacun que, en dépit de l'indisponibilité du secrétaire général, la barre était solidement tenue et qu'aucun accident n'était possible.

Les premiers destinataires de cette démonstration étaient, bien entendu, les membres du Politburo eux-mêmes, et tout particulièrement Viktor Grichine, le « patron » de Moscou. La presse étrangère faisait de cet homme médiocre, qui avait une très haute opinion de lui-même, l'un des prétendants à la succession de Brejnev, et Andropov ne l'ignorait pas. Ainsi, cet été-là, Moscou fut privée de fruits et de légumes alors qu'il n'y avait pas pénurie. Lorsque je m'enquis des raisons de cette situation auprès du gorkom de la capitale, Grichine protesta avec dédain, mais prit les mesures nécessaires pour régler le problème. Cela suffit à accréditer l'idée d'une reprise en main par Andropov.

Cependant, une analyse un tant soit peu plus sérieuse des mesures prises par Andropov montrait leur caractère superficiel, essentiellement démonstratif. L'atmosphère de stagnation était devenue tellement étouffante que même l'ébauche d'une action, comme un vasistas à peine entrebâillé, créait l'illusion d'un courant d'air frais. Malheureusement, les problèmes qui s'étaient accumulés sous le règne de Brejnev étaient si profonds qu'il était impossible de les résoudre au coup par coup.

Le système qui informait la direction de la situation du pays ne parvenait pas à fournir des données objectives. Le Goskomstat [11], le Gosplan, le ministère des Finances et les centres de recherche avaient souvent recours à des méthodes de calculs qui ne permettaient pas les comparaisons statistiques. De plus, ils avaient pour règle de ne communiquer que des informations générales et déjà connues, inutilisables dans un processus analytique, et qui rendaient impossible toute réflexion constructive. Les conséquences de cette situation auraient été moins graves si un contrôle effectif de l'information avait existé au sommet, mais le chef de l'État n'avait ni la force ni, d'ailleurs, la volonté de l'établir. Toute tentative pour lui fournir une évaluation un tant soit peu réaliste était étouffée dans l'œuf. Lorsque, d'aventure, des abus ou des insuffisances étaient mentionnés devant lui, ses yeux s'embuaient et il demandait d'une voix incrédule : « C'est mauvais à ce point ? »

Après tout, il était fermement convaincu qu'il avait apporté le bonheur au pays et au monde. Lors de ces moments critiques, son « ange gardien », Tchernenko, apparaissait en grommelant : « Qu'est-ce que c'est ? De quoi s'agit-il ? C'est quoi, ces façons de pourrir l'ambiance ? »

Et puisque le secrétaire général était incapable de faire preuve d'initiative, les autres membres du Politburo restaient dans leur coin pour ne pas lui faire de l'ombre. Ainsi, comme les voyages ne lui étaient pas très recommandés, ses collègues devaient soigneusement limiter leurs déplacements, même s'ils s'avéraient nécessaires.

L'entourage de Brejnev devait également assumer une tâche de plus en plus difficile : simuler une activité débordante du secrétaire général. Des personnes de confiance, assistants et consultants, se substituaient à lui pour produire des rapports et des notes de toutes sortes, et entretenir une correspondance débordante au nom du chef suprême. Comme chacune des interventions (invariablement « historiques ») du secrétaire général devait recevoir le plus vaste écho, tous les départements du CC s'attelaient à la tâche d'assurer la résonance des discours qu'ils rédigeaient eux-mêmes.

Lorsque l'on connaissait ce mécanisme, il devenait parfois possible de faire passer quelques décisions rationnelles dans tout ce fatras. Comme l'entourage de Brejnev manquait manifestement d'idées, il suffisait bien souvent de leur remettre un mémorandum proposant de poser et de résoudre tel important problème au nom du secrétaire général, pour voir ses assistants s'empresser de sauter sur l'occasion.

---

11. Comité d'État aux Statistiques. (N.d.T.)

Naturellement, si la maladie du secrétaire général arrangeait bien des membres de la direction qui pouvaient ainsi régner sans partage dans leur région ou leur secteur, elle assurait aussi la prospérité de l'entourage immédiat de Brejnev et d'une partie de l'appareil du CC. Tous savaient qu'un changement de secrétaire général entraînerait un renouvellement général des cadres. D'où leur zèle pour l'éviter.

Le centre de gravité du pouvoir glissait ainsi de plus en plus vers l'appareil bureaucratique, entraînant la disparition des rares vestiges de démocratie interne au sein du parti, et donnant libre cours aux intrigues. Elles finissaient par devenir le seul système permettant de prendre des décisions politiques ou de procéder à des nominations.

Durant cette période, ce qui était présenté comme le point de vue du secrétaire général ne résultait pas d'une analyse indépendante et de la confrontation de jugements différents. Ce n'était que la prise de position du groupe qui avait su exercer sur lui une pression décisive.

Au cours des dernières années du règne de Brejnev, le Politburo tomba bien bas. Pour ne pas fatiguer le secrétaire général, certaines réunions ne duraient pas plus d'un quart d'heure. Tchernenko s'arrangeait à l'avance pour que, dès qu'une question était formulée, quelqu'un s'écriât : « C'est clair ! » La séance à peine ouverte, on s'empressait de la fermer. Mais les problèmes à l'ordre du jour étaient censés avoir été examinés par le Politburo.

Seul le gouvernement était en mesure d'étudier les questions véritablement cruciales pour la vie du pays. Mais même en pareil cas, lorsqu'il s'agissait d'examiner les propositions gouvernementales, le débat portait très rarement sur le fond. On avait recours à une formule toute faite : « Les camarades ont travaillé, un échange de vues préalable a eu lieu, on a consulté les experts. Quelqu'un a-t-il une remarque à faire ? » Et si quelqu'un tentait de mettre son grain de sel, il s'attirait un regard torve de Tchernenko.

Même lorsqu'il se sentait mieux, Brejnev avait de la peine à suivre les débats et à conclure. Sur les points importants, il prenait généralement la parole le premier et lisait un texte préparé à l'avance. Comme, après cela, toute discussion devenait inconvenante, quelqu'un disait invariablement : « On ne peut qu'agréer l'opinion exprimée par Leonid Ilitch... Il faut adopter la résolution... » Parfois, Brejnev lui-même ajoutait que le projet avait omis de traiter tel ou tel aspect ou qu'il convenait de mettre l'accent sur tel point. Des applaudissements enthousiastes lui répondaient alors dans un joyeux brouhaha et le débat se terminait ainsi.

Seul l'examen des plans et celui des budgets annuels sortaient de ces schémas routiniers, car ils concernaient tous ceux qui supervisaient un secteur ou une région. La réunion commençait alors par une intervention du secrétaire général qui lisait tant bien que mal son texte avant d'ouvrir les débats. Chaque année, le même tour de table se reproduisait à l'identique. Chtcherbitski soulignait qu'il fallait rénover les équipements du Donbass « sans quoi la métallurgie et les mines de la région provoqueraient une crise énergétique à l'échelle non seulement de la république, mais encore de tout le pays ». Kounaïev s'inquiétait des Terres Vierges, du Centre énergétique d'Ekibastouz et demandait de nouveaux crédits. Grichine restait toujours dans le flou, mais demandait aussi plus d'argent pour la capitale. Rachidov stigmatisait le développement déséquilibré de l'Asie centrale, insistant sur la création d'emplois nouveaux et, bien entendu, sur l'irrigation. En dépit de l'importance et de la complexité de toutes ces questions, ces interventions incantatoires ne donnaient lieu à aucune discussion et les projets de plan ou de budget étaient adoptés sans changement. Tout n'était que parodie et auto-intoxication.

En réalité, une bonne vingtaine de commissions étaient chargées de mettre au point les résolutions que le Politburo se contentait d'approuver. Il y avait une commission pour la Chine, une autre pour la Pologne, une troisième pour l'Afghanistan… Siégeant toutes au CC (pour ne pas échapper au contrôle vigilant de Tchernenko), elles commencèrent peu à peu à se substituer au secrétariat et, surtout, à un Politburo transformé en une simple chambre d'enregistrement.

On laissa ainsi passer le moment où il aurait encore été possible de mettre un terme à de nombreux phénomènes négatifs en entamant une véritable réforme de la société. Le processus d'affaiblissement devint, hélas, irréversible. Dans le monde entier, la révolution scientifique et technique se trouvait à l'origine de progrès déterminants dans des domaines aussi divers que la production, les communications et les mœurs, qui entraînaient des bouleversements radicaux dans la vie sociale. Alors que les autres pays parvenaient à s'adapter à ces processus douloureux et à répondre aux défis de notre époque, notre système, féru de planification scientifique, s'en révélait incapable.

La mort de Brejnev

Le décès de Leonid Ilitch nous surprit tous. Cela peut sembler paradoxal car, grâce à la télévision, le pays et le monde pouvaient suivre l'évolution de son état physique. Mais ses problèmes de santé duraient depuis tellement longtemps que chacun s'y était habitué. Nul ne songeait à une fin imminente.

Le 7 novembre 1982, Brejnev assista depuis la tribune du Mausolée de Lénine à la parade militaire pour l'anniversaire de la révolution d'Octobre. Il présida ensuite la réception solennelle pendant laquelle il fit un court discours de bienvenue à l'intention des invités. En somme, la routine.

Le 10 novembre, je recevais une délégation de Slovaquie lorsque l'on me fit passer une note du secrétariat : « Vous êtes convoqué en urgence par Andropov. Il sait que vous recevez une délégation, mais vous prie de vous excuser, de faire une pause et d'aller tout de suite le voir. »

Dès que je me trouvai face à lui, dans son bureau, je sentis une terrible tension intérieure sous des dehors très calmes. Il me raconta d'une voix égale que Viktoria Petrovna, la femme de Brejnev, lui avait fait communiquer une bien triste nouvelle : le décès soudain de Leonid Ilitch. Elle lui avait fait également savoir qu'elle l'attendait, lui et lui seul, à la datcha de Zaretchie. Andropov s'y était immédiatement rendu et s'était aussi entretenu avec le médecin de Brejnev, le docteur Tchazov, et les membres de la garde. Brejnev était mort plusieurs heures avant l'arrivée des secours d'urgence.

Après m'avoir fait ce bref compte rendu, il se tut. Je finis par rompre le silence.

— Eh bien, dis-je. Il semble bien que le moment de vérité soit arrivé. Une décision doit être prise et il me semble qu'elle doit vous concerner personnellement.

Visiblement absorbé par ses réflexions, Andropov ne répondit pas. Nos relations me permettaient de ne pas tourner autour du pot et de lui parler ouvertement :

— Vous vous êtes réunis en petit comité ?

Il fit un signe de tête affirmatif. Oui, et l'unanimité s'était faite sur lui. Il mentionna Oustinov, Gromyko et Tikhonov, mais pas Tchernenko. Il m'est donc impossible de dire s'il prit part à l'entretien.

— Quoi qu'il en soit, lui dis-je, vous ne pouvez pas vous dérober. De mon côté, je vous soutiendrai de toutes mes forces.

Le Politburo se réunit le jour même. La traditionnelle commission des obsèques fut formée, Andropov à sa tête. Un plénum extraordinaire du CC fut convoqué et, sur proposition de Tikhonov, la candidature d'Andropov au poste de secrétaire général fut approuvée à l'unanimité. Tchernenko fut chargé de la proposer au plénum au nom du Politburo.

À vrai dire, la mort de Brejnev, pour brutale qu'elle fût, n'émut aucun d'entre nous. Et le pays non plus, malgré tous les efforts de la propagande pour présenter ce décès comme une perte irréparable. Bien entendu, nous nous posions tous des questions sur l'avenir et, quelles que fussent nos différences, nous étions tous d'accord sur un point : nous étions sur le seuil d'une période de grands bouleversements.

On a qualifié de « stagnation » les dix-huit années de gestion de Brejnev. Il me semble d'autant plus utile d'approfondir ce concept que l'on voit, ces derniers temps, des forces conservatrices et intégristes tenter de réhabiliter le brejnévisme dans le but très clair de montrer que la perestroïka n'était pas nécessaire, et rejeter sur ses initiateurs la responsabilité de la crise actuelle.

Sur le plan politique, le brejnévisme n'était rien d'autre qu'une réaction conservatrice à la tentative khrouchtchévienne de réformer le modèle autoritaire qui prévalait dans le pays. Brejnev connaissait bien l'état d'esprit des élites du parti, de l'État et du complexe militaro-industriel. Il bénéficiait de leur appui illimité pour la mise en œuvre d'une politique destinée simplement à renouer avec le système hérité de Staline.

Pendant que l'on se gargarisait du mot « démocratie » (la nouvelle Constitution fut adoptée en grande pompe), la répression s'amplifia contre les dissidents : certains furent emprisonnés, d'autres enfermés dans des asiles psychiatriques, d'autres encore expulsés à l'étranger.

Les incantations sur la nécessité d'une « économie économe », sur l'intensification de la production, sur l'accélération du progrès scientifique et technique, sur l'extension de l'autonomie des entreprises masquaient, elles aussi, une autre réalité : même la très modeste et timide « réforme Kossyguine » de 1965 se heurta à une résistance acharnée qui la fit dérailler. Remis d'année en année, le plénum prévu sur le progrès scientifique et technique ne put jamais avoir lieu. L'économie continua à dévaler la pente dépensière qui menait tout droit à la faillite.

Derrière les feux d'une puissante campagne de propagande en faveur de la détente, la course aux armements fut accélérée, même lorsque la parité stratégique avec les États-Unis fut atteinte au prix d'énormes sacrifices. Le « Printemps de Prague » fut écrasé et, pour la première fois depuis la fin de la Seconde Guerre mondiale, l'Armée soviétique fut engagée dans une aventure militaire manifestement sans issue en Afghanistan.

Pourtant, ce qui caractérise avant tout le brejnévisme est que, pendant cette période, la direction du pays s'est trouvée incapable de répondre aux défis de son époque. S'agrippant aveuglément aux vieux dogmes, elle n'a pas vu les changements profonds qui se produisaient dans le domaine des sciences et des techniques, bouleversant les conditions d'existence de toute la communauté mondiale et marquant ainsi la naissance d'une civilisation nouvelle. Ces changements furent solidement endigués dans le pays, ce qui eut pour conséquence de le mener dans une impasse et de creuser encore le fossé qui nous séparait du reste du monde.

Après la mort de Brejnev, l'alternative se posait en ces termes : d'un côté le maintien du *statu quo* et, à terme, la ruine de notre société ; de l'autre, l'introduction de profondes transformations, à commencer par le renouvellement de la direction du pays.

Les principaux acteurs politiques du pays se partageaient alors en deux tendances. Les partisans de la première voulaient transformer Brejnev en un nouveau « classique », ce qui permettait de laisser en place l'ancien entourage de cette « autorité incontestable » de manière à brider les nouveaux dirigeants. Ceux de la seconde estimaient qu'il fallait faire preuve de réserve vis-à-vis de la période brejnévienne de manière à ménager une possibilité de changement.

Comme par le passé, ces tendances ne se manifestaient pas dans des débats publics et des affrontements ouverts, mais par des nuances subtiles perceptibles seulement aux oreilles et aux regards avertis.

La cérémonie des obsèques, organisée avec une pompe grandiose par les services de Tchernenko, donna la tonalité du discours qu'il prononça devant le plénum du 12 novembre. Il ânonna péniblement un texte pathétique sur « le plus fidèle continuateur de l'œuvre de Lénine », éminent théoricien doué de tous les dons et de toutes les vertus. Il présentait la stagnation des cadres et le vieillissement de la direction — devenu, comme nous l'avons vu, un sujet de plaisanterie — comme la plus importante réalisation du dirigeant disparu, glorifié pour avoir créé une équipe aussi cohérente que compétente. À propos d'Andropov, il déclara que, mieux que tout autre, il avait assimilé le style de direction de Brejnev et sa sollicitude envers les cadres, ce qui était un compliment plus que douteux. Et lorsque, pour finir, Tchernenko exprima sa conviction qu'Andropov renforcerait la direction collective, il avait l'air de dire : « Nous allons commander ensemble ! »

Nous étions à la veille de changements, et tout le monde le sentait. Dans ce cadre, l'intervention de Tchernenko semblait en total décalage avec la réalité. Ma proximité d'Andropov me permettait de voir combien il était conscient du besoin de se démarquer de nombreux aspects de l'« époque brejnévienne ». Et il s'inquiétait de la manière dont seraient perçues ses premières mesures.

Son discours devant le plénum fut marqué par sa cautèle. Il ne contenait aucun défi ouvert. Il prononça sur Brejnev les paroles qui convenaient, mais en évitant les superlatifs. Cela plongea Tchernenko dans une certaine morosité, en dépit de l'attitude très humaine d'Andropov envers lui.

Une réunion régulière du CC devait se tenir le 15 novembre pour examiner les projets de plan et de budget pour l'année suivante. Il était cependant clair qu'Andropov devrait déborder le cadre de l'ordre du jour prévu et esquisser les grands traits de sa future ligne politique. Il fut donc convenu de repousser le plénum d'une semaine.

CHAPITRE 8

LE PROLOGUE

Andropov à l'œuvre

Les journées qui suivirent furent chargées de tension. Andropov prenait des contacts. Avant tout, il fallait faire un sort au rapport rédigé à l'intention de Brejnev. Il devait s'en servir, certes, mais comme point de départ à ses idées et à ses desseins. Il craignait, cependant, de paraître prétentieux : il n'était en poste que depuis une semaine, et il avait déjà réponse à tout.

— Il est clair que vous ne pouvez pas établir un programme un tant soit peu complet en une semaine, lui dis-je. Mais, vous pouvez vous efforcer de mettre l'accent sur les aspects que vous privilégiez, dégager les questions essentielles et faire clairement comprendre quelles sont vos options.

Le plénum se tint le 22 novembre. L'intervention d'Andropov fut réussie. En dépit de tous les clichés et des stéréotypes alors obligatoires, elle contenait de nouvelles approches. Iouri Vladimirovitch évoqua les graves faiblesses de l'économie, les deux derniers plans quinquennaux non remplis, la nécessité d'améliorer la gestion et la planification, l'autonomie des entreprises, la stimulation de la productivité du travail, de l'initiative et de l'esprit d'entreprise. Ces propos assez neufs furent accueillis par des applaudissements. Ils redoublèrent lorsque le nouveau secrétaire général mit l'accent sur la nécessité de devenir plus exigeants, de renforcer la discipline et le contrôle de la réalisation des décisions prises. Tout le monde en avait plus qu'assez du laxisme généralisé.

Bien entendu, tous ces problèmes essentiels n'étaient abordés, pour l'heure, que d'une manière purement verbale, mais le discours n'en laissa pas moins une impression profonde. Pendant la rédaction du rapport, tous les participants convenaient de la nécessité d'une conception foncièrement nouvelle de la gestion économique. Quant à savoir laquelle, personne n'avait encore de réponse à cette question. Andropov ajouta alors de sa main une phrase précisant qu'il n'avait pas de recette toute prête pour tous les cas de la vie. Il semblait ainsi convier le parti et la société à rechercher ensemble les solutions nécessaires.

Iouri Vladimirovitch refusa d'emblée de présenter un rapport qui ne dénoncerait pas les responsabilités concrètes des ministères dont les résultats étaient particulièrement déplorables. Des passages très sévères sur les transports, la métallurgie et le bâtiment qui, d'année en année, ne satisfaisaient pas les besoins de l'économie nationale furent donc inclus dans le texte. Peu de temps après, les ministres respectifs, Pavlovski, Kazanets et Novikov, étaient limogés. Jusque-là, chaque fois qu'il était mis en cause en raison des nombreux mécomptes en matière de construction, Novikov avançait une défense bien particulière :

— Savez-vous que j'ai usé mes fonds de culotte sur le même banc d'école que Leonid Ilitch ?

Après un énième scandale le concernant, Andropov fit un éclat en plein Politburo et Novikov fut renvoyé séance tenante. Par la suite, on transforma cela en un paisible départ à la retraite. Mais cet « éclat » de Iouri Vladimirovitch fut d'autant plus marquant qu'il était, d'ordinaire, un modèle de courtoisie.

Andropov travailla très sérieusement les passages relatifs aux relations internationales, avec le concours de Gueorgui Arbatov, Alexandre Bovine et Andreï Alexandrov. Il m'en fit lire une version déjà très avancée.

Comme la presse occidentale semblait craindre que notre politique extérieure ne prît un cours plus défavorable après la mort de Brejnev, Andropov fit ironiquement remarquer que, récemment encore, les Occidentaux n'avaient pas ménagé leurs critiques envers cette même ligne qu'ils avaient maintenant peur de voir abandonner. Or, Iouri Vladimirovitch, qui avait lui-même pris part, dans les années précédentes, à la mise au point de la politique extérieure, était fermement attaché à la détente et pouvait désormais dire ouvertement que ce n'était pas là un épisode fortuit dans l'histoire de l'humanité, mais un chemin qu'il fallait prendre.

En matière de négociations sur le désarmement, Andropov expliqua qu'il n'entendait pas mettre l'accent sur les désaccords, comme le faisaient souvent nos partenaires occidentaux. À nos yeux, les pourparlers n'étaient qu'un moyen de conjuguer les efforts pour obtenir des résultats favorables pour toutes les parties. Il parla également de la nécessité de freiner la course aux armements et de geler les arsenaux, mais à condition de ne pas le faire d'une manière unilatérale. À propos de la Chine, il se dit favorable à une amélioration des relations, ce qui impliquait de « dépasser l'inertie des préjugés ».

Tous ces passages de son intervention furent applaudis.

Au cours des jours suivants, l'attention générale se focalisa sur les actions concrètes engagées par le nouveau secrétaire général. Andropov avait décidé de commencer tout de suite par les cadres.

Au cours de l'été 1982, pendant les vacances de Brejnev, j'avais préparé à son intention une note sur les questions de politique économique où je proposais la création d'une commission *ad hoc* du Politburo. Avant de faire parvenir ce mémo à son destinataire, en Crimée, je le soumis à Andropov qui y apporta quelques corrections et promit son soutien. J'en parlai ensuite avec Tchernenko et les assistants de Brejnev. Ils prirent ma note et l'enterrèrent. Peu après, une rumeur parvint à mes oreilles : la proposition de Gorbatchev n'aurait été qu'une tentative pour contrôler le gouvernement par le biais de cette commission. C'était un monde de fous ! Personne ne se souciait des résultats et, derrière la moindre proposition, chacun ne voyait que l'intérêt personnel de son auteur. Comme je considérais néanmoins qu'il était essentiel de faire passer cette mesure, je refis mon mémo en le transformant en projet de note du secrétaire général. Ce subterfuge permit à Leonid Ilitch d'en prendre connaissance. Il m'appela de sa datcha de Crimée.

— J'ai lu ta note. Tout ce que tu écris est vrai, mais pas la conclusion. J'en ai assez du bavardage. Nous croulons déjà sous les commissions et toi, tu en rajoutes. Alors voilà, je fais une proposition : créons un département économique au Comité central. Réfléchis à un candidat pour le diriger. Il faudrait un garçon intelligent qui ne s'occuperait que de ça.

Je ne pouvais rêver d'un plus grand succès.

La mort de Brejnev n'enterra pas le projet. J'en parlai à Andropov, insistant sur le fait qu'il fallait prendre un homme neuf[1]. Le choix tomba sur Nikolaï Ivanovitch Ryjkov, alors premier vice-président du Gosplan. Il me semblait que, malgré un certain penchant pour les décisions technocratiques, il voyait loin et était réceptif aux idées nouvelles. Ryjkov fut donc nommé secrétaire du CC au plénum du 22 novembre 1982.

Andropov et Ryjkov établirent de bonnes relations. Ce dernier éprou-

1. C'est-à-dire un homme extérieur à l'appareil du parti. (N.d.T.)

vait une véritable vénération pour le secrétaire général et vivait avec beaucoup d'émotion chaque entretien avec lui. Quant à sa collaboration avec moi, elle devint étroite et permanente. D'ailleurs, Iouri Vladimirovitch tenait à voir son entourage lié non seulement par les mêmes idées, mais aussi par des relations de camaraderie.

Dans le même temps, Andropov décida de bouleverser les structures idéologiques du CC dont l'action ne semblait viser qu'un seul objectif : faire l'apologie de Brejnev, de sa personnalité, de son style et de sa politique.

Au début, je pensais qu'Andropov avait l'intention de changer en profondeur cette sphère de l'action du parti. Dans le passé, il m'avait fait part plus d'une fois de son intention de provoquer une discussion sérieuse sur les problèmes de l'idéologie, évoquant une note qu'il avait soumise à Brejnev. Pourtant, lorsqu'il me la fit lire, je fus plutôt déçu : elle ne contenait rien de fondamentalement nouveau. Elle préconisait une modification du style général de la propagande et l'abandon des stéréotypes surannés, mais ne soufflait mot de la nécessité d'une réinterprétation théorique des réalités nouvelles. Bien plus, rédigée dans le giron du KGB, elle était largement imprégnée de son esprit et mettait l'accent sur le « rétablissement de l'ordre » et le renforcement de la « posture offensive » en matière d'idéologie. Les changements de personnel dans ce secteur de l'appareil furent donc très limités et cela ne m'étonna guère.

En revanche, certaines nominations intéressantes eurent lieu. Sergueï Trapeznikov, qui dirigeait le département des sciences et des établissements d'éducation grâce à la protection de Brejnev, était parvenu à envenimer le climat entre le CC et l'Académie des sciences en voulant à tout prix devenir académicien. Je proposai de le remplacer par Vadim Medvedev, que je connaissais depuis le début des années soixante-dix. Économiste, recteur de l'Académie des sciences sociales, il avait la réputation d'un homme à l'esprit indépendant et de progrès. Andropov approuva sa candidature en lui conseillant, en guise de plaisanterie, de ne pas tenter, comme son prédécesseur, d'entrer à l'Académie. Du moins, pas tout de suite.

Il fallait également remplacer Kapitonov, cette pâle ombre de Brejnev, responsable de la stagnation en matière de cadres. Je proposai Egor Ligatchev, alors premier secrétaire à Tomsk. J'aimais son énergie et son opiniâtreté. Il se distinguait aussi de ses collègues, les premiers secrétaires d'obkom, par sa culture générale et la diversité de ses centres d'intérêt. Gueorgui Pavlov, le chef de la chancellerie du CC, était en poste depuis 1965 et avait, semblait-il, trempé dans des affaires louches. À mon initiative, il fut remplacé par Nikolaï Kroutchina, un homme intègre et intelligent, à la fois prudent et capable d'initiative, que je connaissais depuis de nombreuses années et qui bénéficiait de ma confiance.

Mais le véritable choc fut causé par le limogeage du ministre de l'Intérieur Chtchelokov, en décembre 1982. Andropov savait que le ministère de l'Intérieur était corrompu. Il le soupçonnait même d'entretenir des liens avec les structures mafieuses. Il l'avait d'ailleurs dit publiquement à plusieurs reprises en regrettant que, dans ces conditions, il fût impossible d'enrayer la montée de la criminalité. Mais comme Chtchelokov bénéficiait de toute la sollicitude de Brejnev, Andropov ne pouvait le mettre directement en cause.

Iouri Vladimirovitch n'était pas très satisfait non plus de l'action de Fedortchouk, le président du KGB. Lorsque, avant la mort de Brejnev, j'interrogeais Andropov sur son successeur, il me répondait à contrecœur.

— Tu sais, je ne lui parle que lorsqu'il m'appelle au téléphone, mais c'est très rare. On dit qu'il a mis en cause certaines mesures de réorganisation que j'avais prises. Bref, il fait preuve d'indépendance, bien qu'il soit, m'a-t-on dit, très « orienté » en direction de l'Ukraine[2]. Mais je n'interfère pas.

Le contraire eut été étonnant dans la mesure où le président du KGB avait directement accès au secrétaire général et que, de surcroît, Fedortchouk avait été désigné par Brejnev lui-même. Mais maintenant qu'Andropov avait pris les rênes, il pouvait faire d'une pierre deux coups : Chtchelokov fut mis à la retraite et remplacé par Fedortchouk, ce qui ne pouvait manquer de faire plaisir à l'Ukraine et à Chtcherbitski. Viktor Mikhaïlovitch Tchebrikov, l'ancien bras droit d'Andropov au KGB, prit immédiatement la tête de cette organisation. Il fut nommé membre suppléant du Politburo un an plus tard.

Ce 22 novembre vit également la mise à la retraite de Kirilenko. Sa santé — sa sénilité, en fait — ne permettait même plus de sauver les apparences. En mars 1981, devant le XXVIe congrès du parti, il avait été incapable de lire correctement les noms des nouveaux membres du CC, pourtant écrits en grosses lettres à son intention. Cet épisode, qui

---

2. Avant sa nomination, Fedortchouk avait dirigé le KGB de cette république. (N.d.T.)

avait stupéfié l'assistance, est beaucoup plus parlant que toutes les analyses d'ordre politique.

Pendant quelque temps, Brejnev maintint néanmoins au Politburo ce fidèle ami. Son mal s'aggravant (il perdait le fil de la conversation et ne reconnaissait plus ses proches), Leonid Ilitch finit par demander à Andropov de lui parler et d'obtenir sa demande de mise à la retraite.

Leur conversation me fut rapportée par Iouri Vladimirovitch qui alla tout de suite voir Kirilenko dans son bureau. Soucieux de ne pas le blesser, il argumenta de la sorte :

— Andreï, tu comprends, nous sommes tous de vieux camarades. Je parle au nom de tous ceux qui n'ont jamais cessé d'avoir de l'estime pour toi. Nous sommes tous parvenus à la conclusion que ton état de santé se répercute sensiblement sur ton travail. Tu es sérieusement malade et tu dois te soigner. Il faut donc prendre une décision.

Très ému, Kirilenko se mit à pleurer. C'était très difficile de poursuivre, mais Andropov tint bon :

— Tu comprends, Andreï, il faut trancher maintenant. Tu iras te reposer un mois, deux mois, autant qu'il faudra. Tu garderas tout : la voiture, la datcha, les soins médicaux, tout quoi. Mais il faut que l'initiative vienne de toi. Rappelle-toi, Kossyguine était en meilleure forme que toi et il a fait sa demande...

— D'accord, Iouri, accepta enfin Kirilenko. S'il le faut... Mais aide-moi à l'écrire, tout seul, je n'y arriverai pas.

Andropov rédigea rapidement une courte lettre que son vis-à-vis recopia à grand-peine. C'était fait. Il ne restait qu'à faire confirmer la décision par un plénum. La mort de Brejnev survint dans l'intervalle.

Ce fut également le 22 novembre que Gueïdar Aliev, le premier secrétaire du CC de la république d'Azerbaïdjan, entra au Politburo, comme suppléant. Lorsque, quelque temps plus tard, je demandai à Andropov pourquoi il l'avait choisi, il me répondit à contrecœur et assez évasivement que cela avait été décidé par Brejnev et qu'il n'avait pas voulu revenir là-dessus.

Aliev est, indubitablement, un homme politique d'envergure : intelligent, volontaire, calculateur. Dans un premier temps, observant son action en Azerbaïdjan, je ne doutais pas qu'il fût un adversaire résolu de la corruption et de l'économie parallèle. Il s'était attaché énergiquement au développement de sa république, particulièrement en matière agricole, et avait mis en œuvre plusieurs programmes, ce qui militait en sa faveur.

Mais à mesure que je connaissais mieux les affaires azéries, je comprenais que les raisons des changements opérés étaient complexes. On dit parfois que les motivations profondes importent peu en politique et que seuls comptent les résultats objectifs. Il n'en est rien. Toute mon expérience tend à me montrer que les motivations, surtout si elles ne sont pas très honnêtes, se répercutent sur les résultats. L'ancien clan qui avait lancé ses « métastases » cancéreuses dans toutes les structures administratives de la république — et qu'Aliev avait expulsé pour corruption et incompétence — fut remplacé par un autre : le sien propre, le « groupe du Nakhitchevan ». S'étant ainsi assuré un puissant appui clanique, Aliev ne dirigeait pas sa république, il y régnait par la coercition. Tous les conseils, les assemblées, les rencontres avec la presse ou le peuple et autres simagrées démocratiques n'étaient qu'un décor sans influence sur les méthodes d'exercice du pouvoir.

Et c'était un tel homme que l'on faisait entrer au Politburo ! Mais il ne s'agissait pas du tout de respecter la décision de Brejnev : issu du KGB, Aliev ne pouvait que renforcer la position de son ancien « chef » vénéré, Iouri Andropov. Et voilà tout.

La promotion de Grigori Vassilievitch Romanov, un homme aussi borné que fourbe, avec des tendances marquées à l'autoritarisme, répondait à des impératifs du même ordre. Recommandé pour le poste de secrétaire du CC à l'Industrie d'armement, il fut muté de Leningrad à Moscou en juin 1983.

À l'époque, la gestion de ce secteur, tant au niveau de l'État qu'à celui du parti, reposait entièrement entre les mains du ministre de la Défense Dmitri Oustinov. Andropov pensait qu'une telle concentration de pouvoir était dangereuse pour la bonne marche de ce secteur clé, et qu'il convenait de la diluer dans l'intérêt même d'Oustinov. Mais il fallait l'accord de celui-ci.

— Je ne veux pas vexer Dmitri, me disait Andropov. Il n'est pas seulement l'un de mes principaux soutiens, mais aussi mon camarade.

Andropov était persuadé qu'Oustinov ne soulèverait pas d'objection à la nomination de Romanov[3]. Il ne se trompait pas.

D'autres changements intervinrent au Politburo. En 1983, Vitali Ivanovitch Vorotnikov fut appelé de Krasnodar pour remplacer Mikhaïl Solomentsev au poste de président du Conseil des ministres de la RSFSR. En juin, un plénum du CC en fit un membre suppléant du

3. Avant sa nomination dans l'appareil du CC, Romanov était le premier secrétaire de l'obkom de Leningrad, région dont l'industrie militaire constituait le principal fleuron. (N.d.T.)

Politburo. Il en devint membre plein en décembre. De son côté, Solomentsev, nommé président du Comité de contrôle du parti, passa également du statut de suppléant à celui de membre titulaire du Politburo.

Tchernenko ne cachait pas sa mauvaise humeur. Elle était d'ailleurs compréhensible. En principe, il était le « numéro deux », mais beaucoup de questions de la plus grande importance se décidaient sans lui. Tikhonov, Chtcherbitski et Dolguikh partageaient sa nervosité.

Vladimir Dolguikh était un représentant éminent de notre « corps de directeurs ». Compétent et travailleur, il faisait preuve d'un zèle exemplaire. Secrétaire du CC depuis 1972, il supervisait l'industrie lourde et aimait à souligner que son secteur était le plus « importantissime » d'entre tous. Il avait en permanence l'air de dire : oui, vous faites quelque chose, mais sans l'industrie lourde, il n'y aurait rien du tout ! Quand on lui envoyait un document, il le renvoyait couvert de corrections. Si l'on y regardait de plus près, on se rendait compte que le fond n'avait pas changé, mais il y avait « mis la main ».

Nourrissant quelque ambition, il était toujours prêt à accepter n'importe quelle mission susceptible de lui apporter honneurs et promotion. Après sa nomination au rang de membre suppléant du Politburo, en mai 1982, il arborait ce titre avec orgueil, même en privé.

Lorsqu'il fut question de créer un département économique du CC, il ne douta pas un seul instant que sa direction lui reviendrait. Il déploya une activité fébrile, préparant pour chaque plénum une note importante ou une intervention. Il ressentit donc la désignation de Ryjkov comme une offense personnelle, d'autant plus cruelle qu'ils avaient eu l'occasion de travailler ensemble.

Les relations entre Andropov et Chtcherbitski se révélèrent particulièrement difficiles. Le premier secrétaire du CC ukrainien jouissait d'un grand prestige dans sa république, surtout dans les milieux du parti. Homme moralement honnête, technocrate de nature, il mettait en œuvre avec obstination la politique qui lui semblait bonne. Il attachait une importance particulière à l'économie, surtout aux houillères et à la métallurgie. Mais il n'oubliait jamais ses propres intérêts.

Aux yeux de la direction du parti, le rejet du nationalisme était sa principale vertu, même s'il lui arrivait de grogner contre la tutelle tatillonne du Centre, et de se plaindre que l'autorisation du Politburo était nécessaire « même pour envoyer un télégramme à Jivkov [4] ». En revanche, il gérait difficilement la question des cadres. Sa stature était telle

4. Le président bulgare. (N.d.T.)

qu'il écrasait tout le monde autour de lui. De son temps, aucune figure politique un tant soit peu marquante n'émergea en Ukraine. Il ressemblait à un roc inamovible même dans son apparence extérieure, ce qui le faisait craindre et respecter.

La phrase de Brejnev, qui voyait en lui son successeur, lui troubla pourtant l'esprit. Dans les temps précédant la mort de Leonid Ilitch, il commença à s'agiter, s'efforçant de suivre tous les événements qui se produisaient dans les hautes sphères du pouvoir, tout en restant en contact étroit avec le chef du KGB, Fedortchouk.

Après l'installation d'Andropov dans le fauteuil qui lui avait été promis, il maintint avec lui des relations en apparence normales. Il y avait pourtant entre les deux hommes un contentieux non exprimé et aucun d'eux ne voulait faire le premier pas vers l'autre. Durant tout le mandat d'Andropov, Chtcherbitski ne passa pas une seule fois le seuil de son bureau. Et je pouvais constater que leurs conversations téléphoniques, fort espacées, étaient une torture pour tous les deux.

Le problème avec Tikhonov était d'une nature différente. Le Premier ministre avait décidé arbitrairement que, plus qu'à d'autres, Andropov lui devait son élection. Estimant avoir droit, en retour, à un appui plein et entier, il se comportait de manière plutôt désinvolte et parfois empreinte d'une certaine arrogance. Il proposa même à Andropov un partage des tâches exprimé en ces termes :

— Tu connais bien les organes administratifs, l'idéologie, la politique extérieure. Quant à moi, je me chargerai de l'économie.

Mais lorsque le nouveau secrétaire général me confia, avec Ryjkov et Dolguikh, la rédaction d'une liste de questions urgentes pour améliorer la gestion et la planification, et étendre l'autonomie des entreprises, Tikhonov s'inquiéta sérieusement. Quand notre « troïka » prit contact avec ses adjoints et des experts du Gosplan, le climat de nervosité se tendit encore. Iouri Vladimirovitch s'efforça de détendre l'atmosphère en déclarant qu'il soutenait Tikhonov et lui faisait pleine confiance. En réalité, ce problème le troublait. Un jour, il me prit à part pour me dire :

— Mikhaïl, je t'en prie, n'envenime pas les relations avec Tikhonov. Tu comprends bien à quel point c'est important pour moi en ce moment.

Andropov craignait de provoquer un rapprochement de Tikhonov et de Tchernenko. Pour conserver le contrôle de la situation, il était essentiel de maîtriser les rapports de forces. L'arrivée d'Aliev, de Vorotnikov, de Tchebrikov, de Ryjkov et de Ligatchev lui avait permis de renforcer sérieusement ses positions, mais il évitait malgré tout de susciter le mécontentement de Tchernenko, de Tikhonov, de Grichine et de Chtcherbitski.

« Quand tu auras mon âge, tu comprendras »

Les premiers mois du mandat d'Andropov nous rapprochèrent encore. Je sentais qu'il me faisait confiance et me soutenait. À la fin de 1982, il me dit d'un air entendu :

— Tu sais, Mikhaïl, ne te limite pas à l'agriculture. Essaie de jeter un œil sur tous les secteurs.

Il demeura un instant silencieux, puis ajouta :

— Plus généralement, agis comme si, à un certain moment, tu avais à assumer toute la responsabilité. Je parle sérieusement.

Le premier problème que nous eûmes à résoudre tout de suite après l'élection d'Andropov concernait une décision prise par le Politburo avant le décès de Brejnev. En raison du triste état des finances publiques, il était convenu d'augmenter le prix du pain et celui des cotonnades. Les plis scellés étaient déjà dans les coffres-forts des premiers secrétaires qui ne devaient les ouvrir qu'à la veille du 1er décembre 1982. Andropov nous demanda, à Ryjkov et moi, de peser encore une fois le pour et le contre et de lui soumettre nos conclusions. En tentant de saisir le fond de la question, nous voulûmes étudier l'état du budget. Andropov se contenta d'en rire :

— Eh là ! Excusez du peu ! Pas question que je vous laisse mettre le nez dans le budget !

En fait, ces « secrets » étaient si soigneusement gardés que je n'ai été informé de certains d'entre eux qu'à la veille de ma démission de la présidence de l'URSS ! Le principal, pourtant, était de notoriété publique : il y avait un trou dans le budget ! On le renflouait sans cesse en puisant dans les fonds de la Caisse d'épargne, c'est-à-dire dans les économies des citoyens, et en majorant la dette interne de l'État. Mais, officiellement, les recettes excédaient toujours les dépenses !

Ryjkov et moi, nous parvînmes à la conclusion que l'augmentation du prix du pain et du coton n'aurait aucun effet déterminant. Andropov, au début, ne voulut rien entendre. Il estimait que cette mesure serait un signe de courage et de fermeté : « Le peuple comprendra ! » Mais comme nous insistions en soutenant que, sous cette forme, la hausse des prix n'était souhaitable ni économiquement ni politiquement, il pesa de nouveau les avantages et les inconvénients, et convainquit le Politburo d'annuler la mesure.

Le deuxième problème qui se posa à nous fut celui de l'achat de céréales à l'étranger. Comme toujours, nous nous heurtions à l'opposition du gouvernement : les fonds manquaient. Mais, comme personne n'avait de solution de rechange, le secrétaire général trancha. Après avoir entendu les arguments des deux parties, il soumit au Politburo une proposition d'achat.

Andropov, qui avait parfois des réactions très critiques, ne manqua pas de m'égratigner au passage :

— Alors, ton fameux Programme alimentaire ?

— Le nôtre, Iouri Vladimirovitch. Ne l'avons-nous pas fait passer ensemble ? répondis-je, aussi déçu que lui.

— Oui, je sais. Mais combien de temps faudra-t-il attendre pendant que vous modernisez les usines et que vous augmentez les quantités disponibles d'engrais et de matériels ?

— Vous ne pensez pas que j'ai la même envie que vous de voir des résultats ? Cela fait plus de trois ans que je m'en occupe...

Cette absence de résultats rapides incita Iouri Vladimirovitch à prendre des mesures qui me semblèrent contestables. La lutte pour l'amélioration de l'ordre et de la discipline se traduisit par une chasse effrénée aux absentéistes. Des « rafles » furent organisées dans le métro, les magasins, les salons de coiffure et les bains publics pour mettre la main sur tous ceux qui auraient dû se trouver à leur poste de travail. Dans l'organisation de cette campagne, Andropov ne s'appuya pas sur les syndicats, ou le Komsomol, mais sur le KGB et le MVD où il avait un accès direct.

Se fiant aux informations du ministre de l'Intérieur Fedortchouk, le secrétaire général croyait sincèrement que de telles mesures lui valaient la sympathie des gens simples. Rejetant mes arguments, il me disait :

— Attends, quand tu auras mon âge, tu comprendras.

Avec le temps, beaucoup de choses ont été oubliées, mais cet épisode de « lutte pour la discipline » est resté gravé dans toutes les mémoires.

Mon rapport sur Lénine

En mars 1983, Andropov me téléphona pour me prévenir qu'il voulait proposer au Politburo ma candidature comme rapporteur de la séance solennelle pour le 113e anniversaire de la naissance de Lénine.

Ayant souvent consulté les ouvrages du fondateur de l'État soviétique, j'avais au départ l'impression que je n'aurais aucune difficulté à rédiger mon rapport. Ce ne fut pas le cas : je ne parvenais pas à formuler mon propos. Je me plongeai alors une nouvelle fois dans ses œuvres, surtout dans celles de la période postrévolutionnaire. Parfois je relisais, parfois je me contentais de feuilleter. En entrant dans la logique des événements de l'époque il m'arrivait d'avoir l'impression de les vivre moi-même. Je me demandais parfois comment je m'y serais pris pour résoudre les problèmes qui se posaient à Lénine. Indiscutablement, tout cela « allait trop loin ».

Cette lecture, pourtant, ne fut pas inutile. Les derniers écrits de sa vie, notamment les articles et les interventions où, regardant en arrière, il déclarait ouvertement que les bolcheviks « avaient commis une erreur », me frappèrent particulièrement.

En 1985 et dans les années suivantes, je revins souvent sur quelques-unes des idées suscitées par cette lecture. Mais mon rapport de 1983 resta dans le cadre politique et idéologique de l'époque, ce qui excluait toute critique approfondie. Pourtant, à en juger par les échos dans nos médias et à l'étranger, certaines inflexions suscitèrent une vive réaction de ceux qui savaient décoder le langage politique de l'époque. Pour beaucoup, cependant, l'important était le fait que l'on m'avait chargé de ce rapport. Personne n'avait oublié que, après une intervention similaire un an plus tôt, Andropov était devenu le numéro deux du parti.

Un voyage au Canada

En octobre 1981, le secrétaire canadien à l'Agriculture, Eugene Whelan, en visite officielle en URSS, me transmit une invitation de son gouvernement. La visite, d'une durée de dix jours, fut prévue pour le mois de mai 1983. Le moment venu, Andropov s'insurgea :

— Au Canada ? Mais tu es fou. Ce n'est pas le moment de batifoler à l'étranger.

— Mais non. D'abord, il s'agit d'une invitation officielle. Ensuite, l'agriculture canadienne est celle qui se rapproche le plus de la nôtre par les superficies et les conditions climatiques. Enfin, j'ai besoin d'au moins une dizaine de jours d'évasion, loin de nos problèmes.

— Dix jours, c'est trop. Pas plus de sept.

J'arrivai au Canada le 16 mai. Notre ambassadeur à Ottawa, Alexandre Iakovlev, avait fort bien préparé mon périple. Les Canadiens y attachaient d'ailleurs une certaine importance : les contacts entre nos deux pays étaient alors très réduits. Il y avait aussi une certaine curiosité de leur part envers un jeune membre du Politburo.

L'un des points forts du voyage fut ma rencontre avec le Premier ministre, Pierre Elliott Trudeau. Comme toujours, il arborait une rose à la boutonnière, symbole du Parti libéral. D'abord lointain, il devint tellement loquace que le temps prévu par le protocole ne suffit pas. J'ai gardé jusqu'à ce jour des contacts très étroits avec lui. Et pas seulement avec Trudeau : les journaux canadiens ne se targuent-ils pas d'avoir « découvert Gorbatchev » ?

Néanmoins, le principal intérêt de ce bref séjour fut son caractère informatif. Dans les environs d'Ottawa, nous visitâmes un centre expérimental d'élevage, des serres, des fermes, des entreprises de traitement des matières premières agricoles et, dans la région de Windsor, une usine de camions-bennes de forte capacité. Après un passage par Toronto, ce fut Calgary, dans la province d'Alberta, une grande région d'élevage et de culture des céréales, où l'on m'emmena dans les grands ranchs où les bêtes à cornes paissent toute l'année à ciel ouvert.

En rencontrant les fermiers, je m'efforçais de comprendre le ressort secret qui leur permettait d'obtenir de si beaux résultats. C'est ainsi que nous avons visité une exploitation de plus de 2 000 hectares : un troupeau de vaches où chaque laitière donnait en moyenne 4 700 litres de lait par an, des matériels variés, des silos en aluminium, deux maisons d'habitation, des voitures. De toute évidence, c'était un gros fermier.

— Combien avez-vous d'ouvriers agricoles ? lui demandai-je.

— Deux ou trois en permanence et des saisonniers.

Avant de partir, je lui posai une dernière question, la plus importante :

— Dites-moi, l'année terminée, quel est votre bilan ?

Le fermier regarda son ministre comme pour lui demander s'il devait répondre. Mais Whelan éclata de rire :

— Dites la vérité.

— Eh bien, je dois dire que sans les subventions et les crédits, je ne m'en sortirais pas.

Je m'enquis aussi de ses congés. Ma question sembla le surprendre. Des vacances ? Quelles vacances ? Il y avait bien les rodéos où il se rendait en famille pour un ou deux jours. Mais pour plus longtemps ? À qui laisser la ferme ? Un « esclavage consenti », en quelque sorte. Je me demandai si beaucoup de nos kolkhoziens et conducteurs de machines agricoles pourraient accepter ce genre d'existence. D'où la difficulté de concilier le retour bénéfique de l'homme à la glèbe et les avantages de la grande exploitation collective.

— Comment se fait-il, demandai-je à Whelan, que l'on ait besoin de subventions avec de tels rendements ?

— Mikhaïl, répondit le ministre, le secteur agricole moderne ne peut survivre nulle part sans l'aide de l'État. Nous accordons des dizaines de milliards de dollars de crédits aux paysans. Aux États-Unis, ce sont des centaines de milliards. C'est d'ailleurs la raison pour laquelle nous nous efforçons de compenser ces dépenses grâce aux exportations de céréales.

À mon retour à Moscou, on me proposa de prendre la parole le 8 juin devant les représentants des régions à l'Académie des sciences sociales sur le thème : « Problèmes actuels du développement du complexe agro-industriel de notre pays. » Je n'avais plus le temps de rédiger le texte de mon intervention, et je montai à la tribune avec des annotations sur ses grandes lignes. Mais mon voyage au Canada avait si bien stimulé ma pensée que tout coula de source. Je parlai de l'affaiblissement des incitations économiques qui ne permettait pas d'augmenter la production ou d'utiliser rationnellement les ressources ; de l'absence de tout mécanisme efficace de gestion et du morcellement des administrations compétentes ; des termes inégaux de l'échange entre l'agriculture et les secteurs industriels ; de la nécessité de l'aide de l'État aux exploitations. Je soulignai enfin que, « sans un secteur agraire hautement développé, il ne peut y avoir d'économie nationale stable ».

Je ne mentionnai pour ainsi dire pas le Canada : il me semblait inutile de provoquer l'assistance. D'ailleurs, chacun comprenait tout ce qui séparait ces deux pays sur le plan de l'histoire, des conditions économiques, du caractère même de la production agricole. Je m'en convainquis une nouvelle fois en me rendant au début de juillet à Koursk pour décorer la ville à l'occasion du 40e anniversaire de la fameuse bataille —

le plus gigantesque affrontement militaire de toute l'histoire — à laquelle mon père participa en 1943.

Après la visite du champ de bataille, je pris une nouvelle fois conscience du prix payé pour la victoire : tous les hameaux de la région avaient leur monument aux morts, des obélisques couverts de milliers de noms de morts et de disparus. Souvent, le même nom revenait comme une litanie et le cœur se serrait à l'idée des familles entières décimées, comme si le destin avait décidé de les exterminer. Combien de ses fils et filles cette terre n'a-t-elle pas sacrifiés sur l'autel de la patrie ! N'a-t-elle pas mérité un sort plus heureux ?

La disparition d'Andropov

Durant l'été 1983, il devint évident que toutes les promesses étaient compromises : la santé d'Andropov se détériora brutalement. Il souffrait d'une grave insuffisance rénale. Pendant un certain temps, seul un petit nombre de personnes furent au courant. Mais son état s'aggrava. Son visage devint livide et sa voix rauque. Auparavant, il s'avançait à la rencontre de ses visiteurs. Désormais, il tendait la main sans se lever, car il avait de plus en plus de peine à se déplacer.

Il dut se soumettre à une douloureuse hémodialyse d'abord une fois par semaine, puis deux, puis plus fréquemment encore. Il ne pouvait plus dissimuler sa maladie : des appareils restaient fixés sur ses bras et l'on pouvait voir des bandages descendre jusqu'aux poignets.

Une phrase fatale se mit à circuler dans l'appareil : « Andropov est fichu. » Tous ceux pour qui sa maladie était un don du ciel s'agitèrent à nouveau. Au début, ils se contentaient de chuchoter dans les coins, mais bientôt, ils furent incapables de dissimuler leur joie en attendant leur heure.

En septembre, Andropov partit en vacances en Crimée. Nous nous parlions régulièrement au téléphone et il me semblait qu'il se sentait beaucoup mieux. Un jour, on me répondit que Iouri Vladimirovitch était parti à la montagne. Je n'en fus pas surpris : depuis Kislovodsk je savais qu'il préférait la montagne à la mer. D'ailleurs, ses médecins lui interdisaient désormais de se baigner, estimant que cela demandait un trop grand effort.

Deux heures plus tard, Iouri Vladimirovitch me rappela lui-même :

— Tu voulais me parler ?

— Oui, pour vous tenir informé des affaires.

— Et moi, je me suis installé à la montagne pour quelques jours. C'est bien ici. Il fait un temps magnifique.

Son intonation m'indiqua qu'il était d'excellente humeur, ce qui n'avait plus été le cas depuis longtemps. Visiblement, l'air de la montagne avait une action bienfaisante. Comment aurais-je pu imaginer que c'était pour la toute dernière fois ?

Deux ou trois jours plus tard, nous apprîmes que sa santé s'était complètement détériorée. Andropov fut d'abord transféré à sa datcha de Crimée, puis en urgence par avion à Moscou, directement à l'Hôpital clinique central (HCC). Une phase extrêmement douloureuse et complexe à tous points de vue venait de commencer...

Iouri Vladimirovitch souffrait terriblement. Nous nous parlions au téléphone et, quand les médecins le permettaient, j'allais lui rendre visite. Tous les membres de la direction en faisaient autant, certains plus souvent, d'autres moins, les uns pour le soutenir, les autres pour vérifier son état. Ainsi passèrent octobre et novembre. Les souffrances physiques d'Andropov étaient encore aggravées par le souci : il devinait les intrigues.

Du fait de son absence, les réunions du Politburo et du secrétariat étaient dirigées par Tchernenko. Parfois — très rarement — ce dernier me chargeait de présider le secrétariat. Il me semble que Tikhonov tenta de s'adjuger la présidence du Politburo, mais il en fut pour ses frais, en grande partie à cause de Iouri Vladimirovitch qui n'avait pas perdu sa lucidité malgré son état.

Les manœuvres et les rumeurs commençaient pourtant à prendre une allure malsaine. On semblait aller vers une sorte de division du pouvoir. Les discussions à ce sujet au sein du Politburo laissaient un arrière-goût désagréable, comme si on enterrait quelqu'un vivant. Les assistants d'Andropov, forcément plus sensibles au climat qui régnait, lui fournissaient des informations peut-être exagérées. Cela finit par provoquer un éclat d'Andropov.

C'était en décembre. Je venais à peine d'entrer dans mon bureau lorsque Ryjkov se précipita vers moi :

— Iouri Vladimirovitch vient de téléphoner. Il est dans un état épouvantable. Il demande si on a décidé de le remplacer. J'ai bien essayé de lui dire qu'il n'en était pas question, mais il ne se calme pas.

Je contactai tout de suite ses médecins et obtins l'autorisation de lui rendre visite le lendemain même. Lorsque je pénétrai dans sa chambre, il était assis dans un fauteuil et esquissa un pauvre sourire. Nous nous embrassâmes. Il avait énormément changé depuis notre rencontre précédente. Le visage émacié, le teint cireux et le regard terne : j'avais du mal à croire que c'était le même homme. Et il avait visiblement du mal à rester assis. J'évitai, tant bien que mal, de le fixer avec insistance et cachai mon émotion. Ce fut notre dernière rencontre.

Ses assistants lui rendaient visite presque tous les jours, surtout, me semble-t-il, Laptev et Volski. Il reçut également Ligatchev qui devait être promu au rang de secrétaire du CC par le plénum suivant. Pour qu'Andropov ne soit pas tout à fait absent à cette occasion, son équipe eut l'idée de rédiger et de faire lire son intervention devant le plénum.

En fait, je n'appris les détails de cet épisode que bien des années plus tard, en lisant les Mémoires d'Arkadi Volski. Auparavant, il n'y avait eu que quelques rares rumeurs. En substance, voilà de quoi il s'agissait : à la fin du texte, Andropov avait ajouté un paragraphe où il disait qu'en raison de sa grave maladie, et compte tenu de l'intérêt de l'État et de son souci d'assurer la continuité de la direction, le secrétaire général proposait de charger Gorbatchev de la présidence du Politburo.

Lorsque, à la veille du plénum, le texte de l'intervention de Iouri Vladimirovitch fut distribué, d'abord aux membres du Politburo, puis, avec une reliure rouge, aux membres du CC, ce passage manquait. Il m'est impossible de confirmer ou d'infirmer cette version : je n'ai pu en parler ni avec Andropov ni avec Tchernenko. En revanche, il est vrai que certains bruits couraient alors dans l'appareil. Le département général du CC aurait défiguré ou caviardé le texte d'Andropov.

Le plénum ordinaire du CC se réunit en décembre 1983 pour approuver le plan et le budget. Baïbakov et Garbouzov firent leurs rapports. Le drame était caché. Chacun faisait comme si de rien n'était, tout en sachant que nous serions tous confrontés bientôt à un nouveau choix pour la direction du pays.

La mort d'Andropov, en février 1984, m'affecta profondément. Des liens étroits et de longue date m'unissaient à lui, et je lui étais profondément redevable. Pendant toutes les années que dura notre amitié, je lui confiai mes réflexions et mes doutes. Toujours bienveillant à mon égard, il ne se montra jamais condescendant. Il m'est impossible de dire qu'il se livrait entièrement devant moi et me disait tout. Il gardait pour lui, bien évidemment, certains « recoins » de sa vie, peut-être parce qu'ils ne lui procuraient pas une joie particulière ou parce qu'il ne voulait pas m'encombrer d'un fardeau qu'il pensait devoir porter tout seul.

Raïssa fut durablement marquée par la cérémonie funéraire à la salle des Colonnes — ou plutôt par ce qu'elle y vit. À côté du deuil, du chagrin et des pleurs de la plupart, comment aurait-elle pu ne pas remarquer la joie non dissimulée et même les éclats de triomphe dans le regard des autres ? Certains secrétaires du CC, d'excellente humeur, semblaient pressés de lui signifier : « Votre heure est passée. »

Pour caractériser l'action d'Andropov, il convient au préalable ne pas confondre son travail en tant que praticien de la *Realpolitik* avec ce que l'on peut appeler le « phénomène Andropov ». Sans cela, il serait impossible d'éviter les confusions, les exagérations et les erreurs graves.

Le « phénomène Andropov », c'est ce climat particulier construit autour de l'espoir que l'arrivée d'un dirigeant nouveau se traduirait par des changements heureux. En d'autres termes, le rejet de tous les éléments négatifs du « brejnévisme » et la foi dans l'inéluctabilité des réformes.

Andropov ne déçut pas ces attentes. Doté d'une personnalité brillante et de nombreux talents naturels, ce véritable intellectuel se prononça fermement contre toutes les dérives associées au brejnévisme : le protectionnisme, la bureaucratie, l'incurie et le laxisme. Répondant aux attentes de son époque, il engagea une lutte difficile contre tout cela.

S'il est vrai que notre peuple est par nature hostile à la bureaucratie et critique envers toute direction, les dernières années du règne de Brejnev accentuèrent encore ces dispositions. Pour cette raison, la fermeté — parfois excessive — d'Andropov fut accueillie avec l'espoir que serait enfin mis un terme à tous les abus. Autrement dit, ses actes étaient perçus comme l'amorce de changements généraux et plus profonds. Et c'est là que se pose la question majeure : Andropov se serait-il engagé dans la voie des transformations radicales si son destin avait été différent ? Il me semble que la réponse doit être négative.

Une légende a cours parmi certains, qui n'étaient pas de ses intimes. Ils prétendent qu'Andropov caressait déjà des idées de réforme longtemps avant son accession au poste de secrétaire général. Ce serait dans ce but qu'il aurait soigneusement préparé sa montée vers le pouvoir, passant des compromis dramatiques avec ses propres convictions pour ne pas être arrêté à mi-chemin.

Je ne le crois pas. Il avait conscience de la nécessité des changements, et comprenait que, faute de les introduire, le système était condamné. Mais il est toujours resté un homme de son époque : il appartenait à une génération qui n'était pas en mesure de se dégager des idées et des valeurs du passé.

Une réflexion m'a souvent taraudé l'esprit : il connaissait mieux que quiconque les crimes staliniens, mais n'évoquait jamais ces questions ; il avait vu les tentatives de Brejnev pour réanimer à la fois l'image de Staline et son modèle d'organisation de la société, mais il ne tenta jamais de s'y opposer. Et comment évaluer son rôle dans les événements de Hongrie, de Tchécoslovaquie, et dans la guerre d'Afghanistan ? Ou dans la lutte contre les « dissidents », lorsque le fait même de soulever la question de la liberté et des droits de l'homme était considéré comme un crime de droit commun ?

De plus, les nombreuses années passées au KGB marquèrent également sa personnalité et ses règles de conduite, le rendant suspicieux et le condamnant à servir le système.

Non, à l'instar de Khrouchtchev, Andropov n'aurait pas entrepris de changements radicaux. Et peut-être est-ce sa bonne étoile qui a voulu qu'il disparaisse sans s'être heurté aux obstacles qui se seraient inévitablement dressés sur son chemin, générant bien des désillusions aussi bien pour lui qu'à son égard.

Un tel portrait est évidemment très approximatif et j'en suis conscient. Il sera, hélas, condamné à le rester tant qu'il demeurera impossible d'étudier dans le détail son action de quinze ans à la tête du KGB. Bien des choses restent cachées derrière les murs épais de la Loubianka, y compris pour moi, ancien chef du parti et de l'État. Or, si l'on ignore cela, il est difficile de dire ce qui aurait pu se passer plus tard.

Andropov n'est resté que peu de temps au sommet du pouvoir, mais cette courte période a redonné de l'espoir au pays. Tout ce qui me liait à Andropov restera à jamais gravé dans ma mémoire. Et tout particulièrement cette nuit lointaine dans les environs de Kislovodsk : le ciel étoilé, le feu de bois et Iouri Vladimirovitch contemplant la flamme d'un regard à la fois rêveur et serein. Et le magnétophone qui diffusait sa chanson préférée :

Qui en avait besoin ? Nul n'en avait besoin.

Tchernenko, un homme malade à la tête de l'État.

J'estimais qu'en dépit de ses soixante-quinze ans, le meilleur candidat à la succession d'Andropov était Dmitri Oustinov.

À mes yeux, il était sans doute le seul à pouvoir poursuivre la ligne politique de la période précédente. Il aurait pu préserver et développer les évolutions initiées par Andropov dont il était l'ami intime. De plus, il bénéficiait d'un grand prestige dans le parti et le pays.

Je me permis d'exercer sur lui une « pression amicale », car aucune autre option ne s'offrait au pays. En effet, les membres de la direction se partageaient en deux camps : ceux qui ne pouvaient plus exercer les importantes fonctions de secrétaire général, et ceux qui ne le pouvaient pas encore. Oustinov, lui, aurait pu travailler utilement pendant quelque temps et préparer la relève.

D'autres n'excluaient pas ma candidature. Cela me fut confirmé plus tard par deux sources différentes.

Quelques jours après les funérailles d'Andropov, Raïssa rendit visite à sa veuve, Tatiana Filippovna, pour lui apporter un peu de soutien moral. La pauvre femme, malade et agitée, se lamenta :

— Pourquoi ont-ils choisi Tchernenko ? Pourquoi ont-ils fait ça ? Ioura voulait que ce soit Mikhaïl Sergueïevitch.

Ce témoignage recoupe en grande partie les rumeurs au sujet des corrections effectuées par le département général du CC à l'intervention lue au nom d'Andropov devant le plénum de décembre.

Vers la même époque, l'un de mes collaborateurs de longue date me fit part d'une conversation qu'il avait eue avec Gueorgui Kornienko, qui était alors premier vice-ministre des Affaires étrangères. D'après ce dernier, tout de suite après la mort d'Andropov, Gromyko (dont il tenait cela), Oustinov, Tikhonov et Tchernenko s'étaient rencontrés « en petit comité », mais n'auraient pas abouti à un accord sur une candidature commune. Oustinov aurait alors déclaré que, dès lors, le choix appartenait au Politburo, mais qu'à titre personnel, il proposerait Gorbatchev.

Un autre témoignage semble contredire celui-là.

La discussion « en petit comité » se déroula dans l'un des bureaux du département général du CC. À la fin de la conversation, Tchernenko serait resté là, tandis que Gromyko, Oustinov et Tikhonov sortaient dans le couloir où les attendaient leurs assistants et leurs gardes du corps qui piaffaient littéralement de curiosité. Par chance pour eux, Tikhonov (qui était dur d'oreille et parlait plus fort que les autres) aurait fait se retourner tout le monde en disant clairement :

— Il me semble que nous avons bien fait. Mikhaïl est encore jeune.

D'ailleurs, on ne sait pas comment il se comporterait. Kostia[5], c'est ce qu'il nous faut.

Laquelle de ces deux versions est la bonne ? S'étaient-ils entendus ou non sur la candidature de Tchernenko ? Il est difficile de le savoir. En revanche, je peux dire avec certitude qu'Andropov et Oustinov misaient sur Gorbatchev. C'est Oustinov lui-même qui me l'a rapporté. Cependant, il ne m'a pas expliqué pourquoi cela n'avait pas marché. Bien entendu, je ne le lui ai jamais demandé.

Quoi qu'il en soit, la nomination du nouveau secrétaire général par le Politburo se déroula de la manière la plus routinière. Tikhonov prit la parole dès l'ouverture de la séance et, sans doute pour couper l'herbe sous le pied d'Oustinov, proposa immédiatement la candidature de Tchernenko.

Oustinov s'attendait peut-être à un refus de Tchernenko. Celui-ci connaissait son état de santé mieux que quiconque et il aurait dû reconnaître honnêtement que la direction du pays était, comme on dit, un trop gros morceau pour lui. Pourtant, il ne déclina pas l'offre. En pareil cas, il n'était pas d'usage de voter « contre » au Politburo. Je joignis mon vote à celui des autres et la proposition de Tikhonov fut adoptée à l'unanimité. La devise de la direction était : « Surtout pas de schisme. » Voilà comment un homme comme Tchernenko parvint à la tête d'une grande puissance. Pour beaucoup, ce fut un choc...

Les jours suivants, Oustinov, qui irradiait généralement la joie de vivre, se montra déprimé, taciturne et renfermé. Au plénum du CC, je vis d'autres visages : ceux des retraités potentiels ou effectifs qui semblaient remis de la peur causée par les innovations d'Andropov et espéraient un retour vers la tranquillité et la « stabilité » du brejnévisme.

Le nouveau secrétaire général était un homme affaibli, égrotant et presque grabataire. Cela se voyait à l'œil nu : sa cachexie et son essoufflement — il souffrait d'un emphysème pulmonaire — étaient difficiles à dissimuler. Un médecin qui accompagnait Margaret Thatcher aux obsèques d'Andropov publia bientôt son pronostic sur l'espérance de vie de Tchernenko, ne se trompant que de quelques semaines.

Pendant tout le temps qu'il avait passé aux côtés de Brejnev, il avait appris à se servir de l'appareil dont pratiquement tout dépendait. Il est cependant difficile de comprendre comment un rond-de-cuir aussi falot avait pu nourrir des desseins aussi ambitieux. Il me semble qu'il y était poussé par son « petit comité secret » qui avait ses propres objectifs.

---

5. Diminutif de Konstantin [Tchernenko]. (N.d.T.)

Son discours aux funérailles d'Andropov provoqua la consternation générale, même parmi les représentants étrangers. En dépit des efforts colossaux des services idéologiques pour améliorer son image, il fut bientôt très clair que personne ne le prenait au sérieux dans le pays. Sa personnalité médiocre, sa connaissance superficielle de la vie réelle et son caractère velléitaire étaient trop apparents.

En revanche, tous ces éléments correspondaient bien aux souhaits des adversaires de la réforme qui jetèrent les masques et accentuèrent leurs pressions pour en finir avec les innovations d'Andropov et son style d'action.

Leurs premières cibles furent naturellement les amis de Iouri Vladimirovitch dont je faisais partie. Déjà en 1983, lorsque la santé d'Andropov commença à se détériorer, j'avais appris que ces personnages s'étaient mis en quête de tout ce qui pouvait compromettre Gorbatchev. Même les organes administratifs[6] se mirent en chasse (on m'informa de tous les détails après mon accession au secrétariat général).

Sachant que l'on allait tenter de m'écarter selon un plan prévu de longue date, je me sentais psychologiquement prêt à affronter les intrigues. La première offensive ne tarda pas. À la première réunion du Politburo, il fut question de répartir les responsabilités. Comme je m'y attendais, Tikhonov se lança à l'attaque :

— Je ne comprends pas pourquoi nous devrions charger Gorbatchev de présider le secrétariat, déclara-t-il sur un ton assez incisif. Nous savons tous que Mikhaïl Sergueïevitch s'occupe des questions agricoles. Je crains que le secrétariat ne soit transformé en groupe de pression des ruraux. Il y aura forcément des dérapages.

Je l'écoutais en silence.

Oustinov rétorqua que Gorbatchev avait déjà présidé le secrétariat et que l'on n'avait remarqué aucun « dérapage ». Je n'étais donc pas écarté d'office. Grichine et Gromyko eurent recours à des manœuvres dilatoires qui revenaient à soutenir Tikhonov. Mais le principal obstacle, la détermination d'Oustinov, ne fut pas levé pour autant. Tchernenko tenta d'intervenir, mais sans conviction. Il me semblait assister à un spectacle aux rôles distribués à l'avance.

Comme aucune décision formelle n'avait été prise, ni dans un sens ni dans l'autre, je continuai à diriger le secrétariat *de facto*. Bien entendu, je restais en contact permanent avec le nouveau secrétaire général de manière à le tenir informé. Les réunions se tenaient régulièrement et

---

6. En d'autres termes, l'appareil policier. (N.d.T.)

abordaient les problèmes les plus divers. L'efficacité du secrétariat renforçait le mécontentement de Tikhonov, indisposant aussi le ministère des Affaires étrangères et, surtout, les larbins du secrétaire général.

Le Premier ministre menait un opiniâtre travail de sape contre moi. Il fit des avances à Ligatchev, en vain. En revanche, il parvint à se rallier Dolguikh en lui laissant entendre qu'il serait son successeur.

En tout cas, en moins de trois mois, le secrétariat, sous la direction de Gorbatchev, était parvenu à s'imposer en tant qu'organe de décision. Si la plupart de ses membres étaient assidus, certains craignaient visiblement de s'y montrer. Tikhonov, furieux, tentait de dénigrer notre travail.

Pendant toute cette période complexe, Oustinov resta mon principal soutien. Nos relations se firent plus étroites. Il me faut souligner aussi l'appui pratique et moral que m'apporta Ligatchev. Ma collaboration avec Ryjkov fut importante et fructueuse. Et même avec Zimianine, le secrétaire à l'Idéologie, qui venait souvent me voir, il me fut possible de travailler de manière constructive.

Bref, je me sentais solide à mon poste. Adoptant une attitude philosophique face aux événements, je n'insistais pas pour voir mon rôle au secrétariat officialisé par une décision du Politburo. Je me bornais à suivre le principe que j'avais adopté depuis longtemps : la vie remet tout à sa place.

L'effet Gorbatchev

Le 30 avril, je fus inopinément convoqué chez Tchernenko. Je pensais qu'il voulait me parler des festivités du 1er Mai, mais ce n'était pas le cas. Il commença la discussion de manière assez confuse en affirmant qu'il ne pouvait plus remettre la question, car elle semait la zizanie, troublait le bon fonctionnement des institutions, etc.

— Mais, Konstantin Oustinovitch, lui demandai-je, de quoi parlez-vous ? De quelle question s'agit-il ?

— De la direction du secrétariat.

— Il ne faut pas vous inquiéter, lui dis-je. Puisqu'il s'agit d'une question de confiance, laissons le Politburo trancher. Et puis, je voudrais que mes collègues expérimentés m'éclairent sur mes points faibles et mes erreurs. J'espère que mon appartenance au Politburo n'est pas en cause ?

— Mais non ! non ! que vas-tu imaginer, balbutia Tchernenko, perturbé.

À cet instant, mes sentiments se déversèrent en un ardent monologue :

— Dans ce cas, je suis en droit de savoir ce que mes adversaires attendent de moi et de connaître leurs critiques. Il faut évaluer le travail du secrétariat du CC. Son regain après la période que nous avons connue n'arrange vraiment pas certains. En votre qualité de secrétaire général, vous devez réfléchir à tout cela et prendre position. Je constate que l'on se dispute le pouvoir et c'est gros de conséquences fâcheuses. Je suis donc favorable à une solution du problème, mais sur une base de principe. La situation est complexe au sein de la direction et il faut discuter. Puisque c'est à l'ordre du jour, il ne faut pas tergiverser.

Tchernenko me demanda de reprendre sans hâte mon argumentation, pour lui permettre de prendre des notes. En raison des festivités du 1er Mai, nous convînmes de repousser d'un jour, au vendredi 3 mai, la réunion du Politburo et nous nous séparâmes en nous souhaitant réciproquement de bonnes fêtes. En sortant, j'étais amer. Je me disais qu'en raison de la position indécise et amorphe du secrétaire général, n'importe quoi pouvait arriver.

Dans la soirée, Oustinov me passa un coup de fil. Je lui racontai ma conversation avec Tchernenko. Il y vit une intrigue de taille et cela sembla l'inquiéter. Il approuva néanmoins mon attitude et me conseilla de rester ferme. Selon lui cette nouvelle tentative était tout aussi vouée à l'échec que les précédentes.

Effectivement, à la réunion du 3 mai, la question de la présidence du secrétariat ne fut même pas portée à l'ordre du jour : Oustinov avait conseillé à Tchernenko de ne pas se prêter aux manœuvres de Tikhonov et compagnie. Deux ou trois jours plus tard, Tchernenko me dit :

— J'ai bien réfléchi et décidé de ne pas soulever le problème. Continue à travailler...

En 1989, Tikhonov m'écrivit pour m'exprimer ses regrets et m'offrit ses services pour la réforme de l'économie. Mais, en 1984, la pression qu'il exerçait sur moi par l'intermédiaire de Tchernenko ne cessait pas. Cette situation était particulièrement éprouvante pour les nerfs et je saisissais la moindre occasion de quitter Moscou pour voyager à travers le pays.

Cette année-là fut marquée par les intrigues, les embûches et les ragots. La maladie de Tchernenko s'aggravait, la situation au sein du Politburo s'envenimait et les querelles internes montaient en puissance. Mais à quoi bon entrer dans les détails ?

Ce fut également en 1984 que l'« effet Gorbatchev » se manifesta pour la première fois sur la scène internationale. Le 12 juin 1984, je participais à une conférence des pays du CAEM[7], à Moscou, lorsque nous parvint la triste nouvelle du décès d'Enrico Berlinguer. Le principal dirigeant du Parti communiste italien était mort de manière inattendue au cours d'un meeting.

Nous décidâmes d'envoyer une délégation aux obsèques. Normalement, elle devait être dirigée par Boris Ponomarev, le responsable du département international du CC. Toutefois, ses relations avec les communistes italiens n'étaient pas très cordiales en raison de la querelle de l'« eurocommunisme[8] » et son séjour sur le sol italien risquait donc de se terminer par un scandale public. En tout cas, c'est ce qu' Andreï Alexandrov et Vadim Zagladine écrivirent en toutes lettres au Politburo. Après consultation des camarades italiens, le choix se porta sur moi.

Je ne connaissais pas personnellement Berlinguer, mais je me souvenais assez bien de ses interventions aux congrès de notre parti. Il parlait d'une voix égale et calme, sans cette émotivité si caractéristique des Italiens, mais prenait toujours le taureau par les cornes. Nos congressistes ne savaient jamais comment réagir, car ils avaient tous entendu parler de l'« eurocommunisme » et de nos relations complexes avec le PCI, sans parler des « échanges d'amabilités » entre nos partis que la presse « libre » rapportait fréquemment. De toute manière, le flottement des délégués n'avait aucune importance puisqu'ils copiaient systématiquement leurs réactions sur celles des personnalités installées à la tribune du présidium.

Notre départ pour Rome fut tellement précipité que le Politburo n'eut pas le temps de nous donner des instructions précises. À peine

7. Conseil d'assistance économique mutuelle, le « marché commun » des pays socialistes (également connu sous l'acronyme anglo-saxon de Comecon). (N.d.T.)

8. Dans les années soixante-dix, le Parti communiste italien était à la pointe d'un mouvement de réforme du communisme qu'il menait avec ses homologues français et espagnol. Il s'agissait essentiellement de se démarquer de l'Union soviétique et de rejeter les modèles hérités de Staline pour insérer le parti dans la vie démocratique (abandon du dogme de la dictature du prolétariat), y compris par la participation à des alliances gouvernementales. En France, le Programme commun de la gauche, auquel participait le PCF, fut la principale manifestation de l'« eurocommunisme ». (N.d.T.)

avait-il exprimé le souhait de nous voir discuter du contexte général des relations entre nos partis.

Rien ne nous avait préparés au spectacle qui s'offrait à nous dans la Ville éternelle. Le deuil était national. Des centaines de milliers de personnes venaient rendre un dernier hommage au disparu. Nous nous trouvions avec Paglietta sur le balcon du siège du PCI et des salutations à l'adresse de notre délégation montaient des colonnes qui défilaient. Quelqu'un me demanda alors :

— Quelles sont vos réflexions en regardant les Italiens accompagner Berlinguer dans son dernier voyage ?

Il n'était pas facile de répondre à cette question. Du moins à cette époque. L'Italie tout entière — et pas seulement les communistes — disait adieu à Berlinguer. Au nom de toute la nation, le président Pertini s'inclina devant le cercueil du chef d'un parti d'opposition. Tout cela témoignait d'une tournure d'esprit différente de la nôtre, d'une autre culture politique. Bien des années plus tôt, j'avais lu les documents programmatiques des communistes italiens, notamment le fameux *Mémorandum* de Togliatti, peu après le XXe congrès du parti. J'avais également étudié de près les *Cahiers de prison* de Gramsci. Et, cependant, les funérailles de Berlinguer me donnaient une autre matière à réflexion.

Le soir même, le 13 juin, nous rencontrâmes à notre ambassade plusieurs membres de la direction du PCI. La discussion était franche, mais on tournait en rond. Je finis par sortir de ma réserve :

— Entendu. Vous avez déjà dit un million de fois que vous êtes libres, indépendants, que vous n'acceptez aucun ordre et que vous ne reconnaissez aucun centre. Et nous avons confirmé deux millions de fois que vous êtes libres, indépendants et qu'il n'y a effectivement aucun centre. Et après ?

Nos amis italiens me regardèrent, médusés.

— Peut-être faudrait-il commencer par nous rencontrer, poursuivis-je. Analyser ensemble la situation nouvelle qui s'est créée dans le monde, réfléchir ensemble, échanger des idées.

La discussion dura toute la nuit. Lorsque nous nous séparâmes, au petit matin, une certaine entente se dessinait.

Le lendemain 14 juin, je fus reçu par le président Pertini. Il m'impressionna fortement par son style démocratique, sa bienveillance sincère envers notre peuple et son respect pour la part prise par l'Union soviétique dans la victoire sur le fascisme. Il était lui-même un ancien résistant. Je fus séduit par sa liberté de ton et la franchise de ses jugements. Il préconisait un rapprochement entre socialistes et communistes. Ce fut une conversation intéressante à plus d'un titre et, lorsque nous nous quittâmes, les accolades d'amitié n'étaient pas protocolaires.

Le même jour, nous repartîmes pour Moscou. Des camarades italiens nous accompagnèrent à l'aéroport. Dans l'intervalle, le CC du PCI avait redéfini sa position et là, assis autour d'une table avec eux, dans le rugissement des moteurs d'avion derrière les baies vitrées, nous décidâmes d'édifier des relations de camaraderie entre nos partis, de coopérer et d'assurer une interaction. Mon rapport au Politburo fut rédigé dans cet esprit.

L'année se termina par un voyage en Grande-Bretagne. Le 15 décembre, j'arrivai à Londres à la tête d'une délégation parlementaire qui comprenait aussi Evgueni Velikhov, Leonid Zamiatine et Alexandre Iakovlev. La dernière visite de ce type datait de plus de quinze ans, en dépit de leur utilité pour renforcer la compréhension mutuelle et apaiser les tensions. Chez nous, on ne voyait que leur aspect purement protocolaire et les fonctionnaires du MID n'avaient pas attaché d'importance particulière à ce voyage.

Les choses tournèrent pourtant autrement...

Au deuxième jour de notre visite, nous rencontrâmes Margaret Thatcher. Raïssa Maximovna et moi, nous nous rendîmes aux Chequers, où le Premier ministre nous reçut avec son époux Denis et plusieurs membres du cabinet. Des photographes nous attendaient et la célèbre photo réunissant les deux couples où le Premier ministre nous indique courtoisement notre place fut prise à cette occasion. Plus tard, on l'a interprétée de manière curieuse : Margaret Thatcher aurait attentivement examiné la robe de ma femme.

La rencontre commença par un lunch. Le Premier ministre et moi étions assis côte à côte, nos conjoints en face de nous. Mais, même à table, la conversation prit rapidement un ton assez polémique. Madame Thatcher est une femme très sûre d'elle, et même, dirais-je, présomptueuse. Derrière son charme souriant et sa féminité se dissimule une personnalité politique rude et pragmatique. Elle porte bien son surnom de « Dame de fer ».

Je lui dis :

— Je sais que vous êtes une personne de conviction, attachée à certains principes et valeurs. Cela emporte le respect. Mais vous devez savoir que vous avez devant vous un homme de la même trempe. J'ajouterai que le Politburo ne m'a pas chargé de vous convaincre d'adhérer au Parti communiste.

Elle rit de bon cœur et la discussion, jusque-là polie bien qu'un peu acerbe, devint plus sincère et intéressante.

Après le repas, Zamiatine et Iakovlev se joignirent à nous pour un entretien officiel sur le thème du désarmement. Au début, nous utilisâmes des notes, mais je laissai bientôt les miennes de côté pendant que madame Thatcher rangeait les siennes dans son sac à main. Je dépliai une grande carte où étaient portés tous les sites d'armes nucléaires évalués en millièmes de l'arsenal mondial.

— Chacun de ces carrés, expliquai-je, suffirait à anéantir toute vie sur notre planète. Cela veut dire que les armements accumulés pourraient l'anéantir mille fois !

Sa réaction fut éloquente et empreinte d'émotion. Et, je pense, sincère. Cette conversation marqua le tournant vers un grand dialogue politique entre nos deux pays.

Conformément au protocole, Raïssa n'assista pas à l'entretien officiel. Elle fut confiée aux bons soins de trois ou quatre ministres avec qui elle parla, à leur grand étonnement, de littérature et de philosophie anglaises, sujets qui l'avaient toujours passionnée. Le lendemain, la presse londonienne, qui semblait avoir quelques préjugés au sujet des « épouses des maîtres du Kremlin », s'étendit longuement sur cet épisode.

Mon discours du 18 décembre devant le Parlement fut bien accueilli. Certes, là encore, le dialogue s'ouvrit dans un certain esprit d'affrontement. Mais je coupai court en déclarant :

— Si vous désirez mener la discussion de cette manière, alors je sortirai toutes mes notes et autres documents pour inventorier toutes les actions britanniques contre l'Union soviétique et l'établissement de relations normales. Mais à quoi cela servirait-il ?

À partir de ce moment, la conversation prit un tour tout à fait constructif et amical. Ce fut là, devant les parlementaires britanniques, que j'exprimai pour la première fois les idées sur les questions de politique étrangère et sur l'ordre mondial que j'eus l'occasion de développer pendant les années suivantes.

Le texte de mon discours fut publié en URSS et à l'étranger, aussi me bornerai-je ici à en redonner les grandes lignes : l'âge nucléaire exige une « nouvelle pensée politique » ; la guerre froide, avec ses risques militaires, ne fait pas partie des relations internationales normales ; il ne peut y avoir de gagnant à une guerre nucléaire ; aucun pays ne peut garantir sa sécurité aux dépens de la sécurité des autres ; dans le domaine de la limitation et de la réduction des armements, en particulier des armes nucléaires, nous sommes prêts à aller aussi loin que nos partenaires occidentaux le souhaiteront. Ces remarques furent rapportées par la presse mondiale. On cita particulièrement ce passage : « En dépit de ce qui nous sépare, nous vivons sur la même planète. L'Europe est notre maison commune. Une maison et non un théâtre d'opérations militaires. »

Les rencontres se poursuivirent avec des ministres, des dirigeants politiques, des représentants des milieux d'affaires. On nous fit visiter une usine de la société Austin-Rover, le siège de la société John Brown, un centre de recherche et développement, la Chambre de Commerce, le British Museum, la Marx Memorial Library.

Quelques-uns d'entre nous allèrent se recueillir sur la tombe de Karl Marx, mais le hasard voulut qu'il me fut impossible de me joindre à eux. Cela ne manqua pas de susciter un grand nombre de spéculations gratuites ! Plus tard, pendant la perestroïka, quelque chose de similaire se produisit avec notre « presse libre » : elle évoqua abondamment une prétendue carte Gold au crédit illimité dont j'aurais bénéficié en ma qualité de membre du Politburo ! Quelle honte pour les « intellectuels » qui ont écrit pareilles sornettes. Et surtout quelle honte de retrouver ces commérages dans les Mémoires de Boris Eltsine. « On se gratte où ça vous démange », dit-on.

En URSS, en 1984, les impératifs de la lutte politique exigèrent de faire le silence le plus complet sur notre voyage en Grande-Bretagne. Plus tard, Anatoli Dobrynine, notre ambassadeur à Washington, eut l'occasion de m'expliquer que devant les échos que cette visite suscita dans l'opinion et les milieux politiques des États-Unis, il avait envoyé deux télégrammes au MID en rendant compte dans le détail des articles de la grande presse. Généralement, les informations de cet ordre étaient par la suite diffusées à l'intention des membres de la direction. Cette fois-là, ce ne fut pas le cas. Et lors de la visite suivante de Dobrynine à Moscou, Gromyko lui passa un « savon » :

— Vous, un diplomate expérimenté, envoyer deux télégrammes sur la visite d'une délégation parlementaire ! Mais cela n'a aucune espèce d'importance !

La mort de Tchernenko

Ce fut à Londres que j'appris la triste nouvelle de la disparition de Dmitri Oustinov. J'interrompis ma visite pour rentrer à Moscou. Cette perte me semblait particulièrement lourde en ce mois de décembre 1984. Cette année-là fut véritablement celle de l'agonie du régime.

Le contraste était saisissant entre le besoin énorme d'une politique énergique et la triste situation de la direction du pays. Même les réunions hebdomadaires du Politburo posaient problème. Parfois, il m'arrivait d'être obligé de remplacer Tchernenko au pied levé. Les membres du Politburo réagissaient chacun à sa manière. Certains estimaient que c'était tout à fait normal de me voir à cette place. D'autres faisaient mine d'être surpris ou manifestaient de l'agacement. Plus d'une fois, Tikhonov me demanda cavalièrement :

— Il vous a bien chargé de présider le Politburo ?

Je répondais :

— Nikolaï Alexandrovitch, croyez-vous que je pourrais le faire de mon propre chef ? Vous vous méprenez sur moi.

À la fin de l'année, le problème prit une ampleur dramatique, car Tchernenko était définitivement incapable de remplir ses fonctions. Pourtant, personne ne fut régulièrement mandaté pour présider régulièrement aux réunions du Politburo.

Je sais de source sûre que quelques camarades de la direction avaient conseillé à Tchernenko de me confier « temporairement » la présidence. Dans le même temps, l'entourage immédiat du secrétaire général lui recommandait de garder ses fonctions. Et, chaque fois, je me trouvais placé dans une situation embarrassante. Cela se répercutait aussi sur le fonctionnement du Politburo et de l'appareil du CC. Les intrigants frétillaient d'aise dans une telle conjoncture, alors qu'il s'agissait d'un véritable désastre politique.

Après réflexion, je décidai de m'en tenir à certaines règles de conduite. D'abord, travailler calmement, poser fermement les questions et ne faire aucune concession aux « larbins », même haut placés. Ensuite, être loyal envers le secrétaire général et le consulter sur toutes les questions importantes. Troisièmement, conduire une politique d'union au sein du Politburo de manière à ne pas permettre la désagrégation du pouvoir central. Et, pour finir, mettre régulièrement au courant les premiers secrétaires des républiques et des régions qui devaient se rendre compte de toute la gravité de la situation.

Il me semble que, globalement, cette ligne de conduite fit ses preuves. En travaillant étroitement avec mes collègues, je m'efforçai de garder sous contrôle les affaires courantes, et de prendre les décisions qui s'imposaient. Malgré les difficultés, le renouvellement des cadres se poursuivit et deux importants plénums du CC furent convoqués : l'un au printemps, sur la réforme scolaire, et l'autre en octobre, à propos du programme de bonification des terres à long terme, avec un rapport de Tikhonov.

De plus, l'hiver fut particulièrement rude. Des demandes d'aide affluaient de toutes parts. Dans l'Oural, des tempêtes de neige interrompirent tout trafic : les trains abandonnés avec leur cargaison de produits nécessaires à la production comme aux besoins de la population se comptèrent par centaines. L'économie nationale se trouva menacée de paralysie.

Le gouvernement fut mis à contribution. Les questions opérationnelles étaient alors réglées par Gueïdar Aliev, le premier vice-président du Conseil des ministres. Egor Ligatchev assurait l'action du CC dans les républiques et les régions.

La situation devint encore plus ingérable lorsque Tchernenko fut hospitalisé. Les conversations invérifiables avec un secrétaire général absent devenaient pour chacun le plus sûr moyen de soutenir ses positions. Cela multipliait les contradictions. Les clivages s'amplifièrent encore dans la direction et dans l'appareil. Les uns tentaient de me compliquer la vie. D'autres, de plus en plus nombreux, soutenaient ostensiblement ma position.

Tchernenko n'était pas seulement incapable de travailler : il avait de la peine à parler ou simplement à respirer. En le voyant, je me suis plus d'une fois demandé ce qui l'empêchait de se retirer pour se faire soigner. Qu'est-ce qui le forçait à vouloir encore assumer le lourd fardeau de la direction du pays ?

La réponse ne relève évidemment pas d'une analyse superficielle.

Il va de soi que personne n'apprécie de se trouver écarté du pouvoir. Mais le fond du problème est ailleurs : il n'existait aucun mécanisme normal de relève du pouvoir. Le système ne le prévoyait pas et vivait selon ses propres lois en vertu desquelles un homme sénile ou à l'article de la mort pouvait très bien se trouver au sommet de la pyramide.

Le 10 mars 1985, je venais de rentrer chez moi lorsque le docteur Tchazov m'avertit par téléphone de la mort de Tchernenko. Tout de suite après cet appel, je contactai Gromyko, Tikhonov et Klavdi Bogolioubov [9] pour fixer la réunion du Politburo à onze heures du soir.

Avec Gromyko, nous convînmes de nous rencontrer vingt minutes avant l'heure dite. Voici notre dialogue que je rapporte de mémoire :

— Andreï Andreïevitch, nous devons unir nos efforts : le moment est crucial.

— Je pense que tout est clair.

— Je pars du fait que nous devons maintenant opérer conjointement.

Les autres membres du Politburo et du secrétariat du CC arrivaient. J'ouvris la séance et annonçai la nouvelle que chacun connaissait déjà. Nous nous levâmes pour observer une minute de silence. Le docteur Tchazov nous fit part de ses conclusions sur les causes du décès, puis je renouvelai mes condoléances et déclarai que nous devions préparer tous les documents et convoquer un plénum du CC.

Ligatchev, Bogolioubov et Sokolov furent chargés d'assurer l'arrivée à Moscou des membres du Comité central avec le concours du ministère des Transports et de l'Aviation civile.

Comme il se devait, nous constituâmes une commission funéraire qui comprenait tous les membres du Politburo. Il y eut un temps d'hésitation au moment de désigner son président : en général, ce poste était occupé par le futur secrétaire général. Soudain, Grichine prit la parole :

— Pourquoi tourner autour du pot ? Tout est clair. Nommons Mikhaïl Sergueïevitch.

Je proposai de ne pas prendre de décision à la hâte. Si nous fixions le plénum le lendemain à dix-sept heures, la réunion du Politburo pourrait se tenir à quatorze heures. Cela laissait la nuit et toute la matinée pour réfléchir.

Ainsi fut fait. Convoqués d'urgence, les membres de l'appareil arrivèrent. Des équipes furent formées pour la rédaction des documents. Je consultai Vadim Medvedev, Alexandre Iakovlev et Valeri Boldine sur les thèmes de mon intervention devant le plénum, de manière à pouvoir déclarer d'emblée nos options *urbi et orbi.*

---

9. Le chef du département général du CC. (N.d.T.)

Il était près de quatre heures du matin lorsque je rentrai à la maison. Raïssa m'attendait. Nous sortîmes de la datcha. Depuis notre arrivée à Moscou, nous n'abordions pas les problèmes sérieux dans l'appartement ou à l'intérieur de la datcha : on ne sait jamais. Nous arpentâmes donc longuement le sentier de notre jardin, parlant des événements présents et de ce qui pouvait en résulter.

Avec le passage du temps, il est difficile de reconstituer en détail notre conversation. Mais je me souviens parfaitement de ma péroraison de cette nuit-là :

— Tu comprends, je suis arrivé ici avec l'espoir et la conviction que je pourrais faire quelque chose, mais jusqu'à présent, je n'ai pas eu beaucoup de succès. Si je veux vraiment que cela change, je dois accepter la proposition, à condition que proposition il y ait, bien entendu. *On ne peut plus vivre ainsi.*

L'aube d'une nouvelle journée commençait à poindre. Un jour nouveau et fatidique.

Dans la matinée, Ligatchev m'appela : il était littéralement assiégé par les premiers secrétaires qui lui demandaient le choix du Politburo pour le futur secrétaire général. Puis je pris la route jusqu'au siège du CC.

De nombreux fantasmes circulent aujourd'hui encore sur cette réunion décisive du Politburo et du plénum : on prétend qu'il y aurait eu un véritable affrontement, que l'on aurait proposé plusieurs candidatures au poste de secrétaire général et que le Politburo se serait présenté au plénum sans s'être mis d'accord sur un nom. Il s'agit là de simples balivernes, comme le savent bien les protagonistes, dont beaucoup sont toujours en excellente santé.

Certes, la détérioration brutale de la santé de Tchernenko n'avait pas manqué d'amener sur le devant de la scène les problèmes de succession. Certains avaient évalué leurs chances. On peut même dire que, pendant cette période, ce fut l'occupation exclusive de l'appareil du CC. Des fractions se cristallisèrent au sein de la direction. Certains ne voulaient de Gorbatchev sous aucun prétexte. Quelques jours avant la disparition de Tchernenko, Viktor Tchebrikov, qui dirigeait le KGB, me fit part d'une conversation qu'il avait eue avec Tikhonov. Celui-ci s'était efforcé de le convaincre que mon élection au poste de secrétaire général était proprement inadmissible. Comme Tikhonov n'avait mentionné que moi, Tchebrikov avait pensé : « Serait-il possible qu'il prétende lui-même à ce poste ? »

Or, mes détracteurs connaissaient forcément l'état d'esprit de la société et les positions des premiers secrétaires, toujours plus fermement déterminés à ne pas laisser le Politburo promouvoir au poste suprême un homme vieux, malade ou faible.

Plusieurs groupes de premiers secrétaires d'obkoms vinrent me voir, m'invitant à me montrer ferme et à prendre les fonctions de secrétaire général. L'un de ces groupes m'informa que les responsables régionaux avaient constitué un « noyau organisationnel » et qu'ils n'entendaient plus permettre au Politburo de trancher les questions de cet ordre sans prendre en compte leur point de vue.

Oustinov, mon principal soutien, n'était plus là. De plus, l'attitude de Gromyko à mon égard s'était teintée d'une certaine jalousie depuis mon voyage en Grande-Bretagne. Andropov, pour complaire à son ami et partenaire, l'avait élevé au rang de premier vice-président du Conseil des ministres. Il avait droit à un bureau au Kremlin, tout en gardant sa « résidence » au MID, place de Smolensk. Dans l'entourage d'Andropov, on murmurait que Gromyko était dévoré par l'ambition et bouffi d'orgueil.

À l'époque, deux lignes clairement distinctes — et parfois antagonistes — s'exprimaient dans l'établissement des textes et des déclarations de politique extérieure. L'une partait du département international du CC et aboutissait à Tchernenko par l'intermédiaire d'Andreï Alexandrov ; l'autre était celle du MID. La première invitait à poursuivre les pourparlers, à rechercher des terrains d'accord, à promouvoir la libéralisation et l'amélioration des relations. La seconde était plus rigide, « en béton armé ». Gromyko s'arrangeait pour faire pression sur Tchernenko. Lors des négociations avec les délégations étrangères, il l'interrompait souvent ou même le corrigeait cavalièrement. Il tenait manifestement à exercer un monopole en politique extérieure. D'ailleurs, c'était d'abord pour cela que ma visite en Grande-Bretagne l'avait mécontenté.

De mon côté, comme je présidais *de facto* le Politburo et le secrétariat, il m'était impossible d'accepter une telle attitude de la part du MID. Un rapprochement commença pourtant à se faire à l'initiative du fils de Gromyko, Anatoli. Ce dernier intervint auprès de son père et changea quelque peu sa manière de voir les choses.

Le 10 mars, mon intuition me disait que la nuit et la matinée de réflexion joueraient dans le bon sens. Les informations reçues au CC le lendemain le confirmèrent. Les cadres du parti prenaient contact avec Ligatchev et les ministres avec Ryjkov.

De mon côté, je ne m'étais pas encore décidé à accepter. Je comprenais bien qu'avec 51 % des suffrages du CC je ne pourrais nullement m'atteler à la résolution des problèmes du pays. À franchement parler, en cas de discussion au Politburo ou au CC, j'étais disposé à retirer ma candidature.

À deux heures de l'après-midi, je m'installai une nouvelle fois dans le siège de président de séance que j'occupais maintenant depuis un certain temps. Je commençai par déclarer qu'il nous fallait soumettre une candidature au plénum du CC. Gromyko se leva immédiatement et proposa de m'investir en développant un bref argumentaire. L'orateur suivant fut Tikhonov qui approuva « sans réserve » la résolution de Gromyko. Grichine suivit, puis les autres. Tous furent du même avis.

Chtcherbitski ne participa pas à la réunion du Politburo. Il dirigeait une délégation parlementaire aux États-Unis et rentra à temps pour le plénum. Arbatov, qui était du voyage, a dit que Chtcherbitski avait immédiatement pris la décision de rentrer, en affirmant nettement qu'il soutiendrait Gorbatchev. Je pense qu'il était suffisamment réaliste pour comprendre que sa chance était passée. En fait, comme le confirmaient certains sondages, les membres du CC étaient si favorables à ma candidature que cet unanimisme ne permettait pas l'émergence d'une solution de remplacement.

Le plénum s'ouvrit à cinq heures par l'intervention de Gromyko qui, au nom du Politburo, proposa ma candidature au poste de secrétaire général. Prononcé sans notes, ce discours donna l'impression d'être improvisé et sembla donc particulièrement chargé d'émotion. Ce fut une intervention bien pensée et équilibrée, dont l'effet fut d'autant plus puissant qu'elle correspondait à l'état d'esprit de l'assistance.

Une légitime émotion me saisit : jamais auparavant je n'avais eu l'occasion d'entendre de tels éloges. L'atmosphère de soutien qui régnait au plénum, l'ovation qui salua le nom de Gorbatchev et l'unanimité des membres du CC à mon élection, tout cela montrait que nous avions eu raison de faire immédiatement état de nos positions et desseins. Le monde entier attendait la déclaration du nouveau dirigeant soviétique.

Sans renoncer au message d'adieu à Tchernenko, je pus ainsi préciser d'emblée ma position de principe. Je soulignai que la ligne stratégique élaborée au XXVIe congrès et aux plénums suivants du CC restait en vigueur. C'était une politique d'accélération du développement socio-économique du pays et d'amélioration de tous les aspects de la vie de la société.

Je dois reconnaître qu'il y avait là une exagération délibérée. La référence au XXVIe congrès était nécessaire pour respecter les règles du jeu, mais la ligne politique était formulée autrement que dans les documents du congrès : le socialisme développé était laissé de côté au profit du nouveau concept d'accélération du progrès socio-économique. Cette dernière ne pouvait être assurée qu'en mettant l'économie nationale sur les rails du développement intensif, en privilégiant le domaine scientifique et technique, et en atteignant les niveaux de productivité du travail les plus élevés. Pour cela, il convenait de perfectionner le mécanisme économique et l'ensemble du système de gestion.

En liaison avec les objectifs économiques, il fallait aussi s'attacher à la politique sociale, au perfectionnement et au développement de la démocratie, à la formation de la conscience sociale. Les questions d'ordre, de discipline, de légalité ne furent pas oubliées. Je soulignai l'impératif de glasnost (transparence [10]) dans le fonctionnement des organismes du parti, des soviets, de l'État et des organisations sociales.

Ce fut dans le domaine de la politique extérieure que les nouvelles options furent exposées avec la plus grande clarté : « Nous voulons l'arrêt et non la poursuite de la course aux armements et nous proposons donc de geler les arsenaux nucléaires, de cesser tout déploiement ultérieur des missiles ; nous sommes favorables à une réduction importante et effective des stocks d'armements et non à la création de nouveaux systèmes d'armement. »

Je parlai également du parti, en soulignant qu'il était la seule force capable d'assurer la cohésion de la société, de la conduire sur la voie de ces énormes transformations qui étaient indispensables. Il nous fallait donc préparer un congrès chargé d'adopter un nouveau « Programme du parti » et de définir les perspectives jusqu'en l'an 2000. En conclusion, j'exprimai la ferme conviction que nous serions capables de laisser pleinement se développer les forces créatrices du socialisme.

Certes, tout cela n'était que le premier jet d'une déclaration d'intentions, mais il exprimait notre credo. Rien de tout cela n'était improvisé. J'avais déjà eu l'occasion de parler de plusieurs de ces idées dans mes discours antérieurs. Mais cette fois, les questions étaient posées avec

---

10. Le mot *glasnost'* signifie plutôt « publicité » au sens de « rendre public », comme dans l'expression « publicité des débats ». Nous conserverons cependant le terme de « transparence », moins adéquat, mais sacralisé par l'usage. (N.d.T.)

plus de force et de précision qu'auparavant. La société devait prendre conscience que nous étions confrontés à un choix capital et placés devant la nécessité de changements profonds. Elle ne devait pas non plus douter de notre détermination.

Certes, aujourd'hui, beaucoup de lecteurs ne verront que des banalités et des mots creux dans ce discours de mars 1985. Mais il s'agira d'un jugement rétrospectif. L'évaluation est toute différente si l'on se souvient que c'est par là que tout a commencé.

En parlant ainsi devant le plénum, j'avais l'espoir d'être entendu et je le fus. L'ensemble de mon intervention fut approuvée par le plénum. Pour la première fois depuis de nombreuses années, il y régnait une atmosphère d'enthousiasme sincère.

Les idées exprimées dans la section consacrée à la politique étrangère ne restèrent pas non plus sans écho. Lorsque les délégations étrangères venues aux funérailles me furent brièvement présentées, je sentis que quelque chose avait changé. Même les quelques mots échangés pendant les cérémonies protocolaires en témoignaient.

Bien entendu, les obsèques furent l'occasion d'importantes rencontres avec les principaux responsables mondiaux. Je décidai que le ministre des Affaires étrangères participerait à ces entretiens qui furent denses et nombreux : Bush, Kohl, Mitterrand, Thatcher. J'eus un intéressant échange avec Nakasone.

En quelques années, notre pays avait perdu trois secrétaires généraux et quelques-uns des membres les plus éminents du Politburo : Alexeï Kossyguine à la fin 1980 ; Mikhaïl Souslov en janvier 1982 ; Leonid Brejnev en novembre ; Arvid Pelche en mai 1983 ; Iouri Andropov en février 1984 ; Oustinov en décembre. Et, pour finir, Tchernenko en mars 1985.

Ces décès étaient emblématiques. Le système lui-même était moribond, il avait perdu sa sève vitale et charriait désormais un sang vicié de vieillard.

Je comprenais parfaitement quel fardeau de responsabilités j'avais à assumer.

DEUXIÈME PARTIE

AU KREMLIN

CHAPITRE 9

SECRÉTAIRE GÉNÉRAL

« Les manuscrits ne brûlent pas »

En devenant secrétaire général, le 11 mars 1985, je fus immédiatement confronté à une avalanche de problèmes. Il fallait améliorer nos relations avec l'Ouest, particulièrement avec les États-Unis, et mettre fin à la course aux armements, qui engloutissait tant de richesses et recelait tant de dangers. Nous devions trouver une issue à la guerre en Afghanistan, tellement ruineuse en vies humaines, mais aussi en termes d'image et d'économie. Sans oublier les failles du brejnévisme. Mener à bien les réformes indispensables exigeait une nouvelle forme de direction et beaucoup de courage.

Pourtant, en relisant mes carnets de l'époque pour m'aider à rétablir les faits et la genèse de la perestroïka, ce qui me surprend avant tout c'est le flot d'occupations les plus diverses qui s'abattit sur moi.

À propos de ces carnets, je dois préciser qu'il ne s'agissait pas d'un journal, mais simplement de notes prises au jour le jour. Après mon départ du poste de président, en décembre 1991, les procédés cavaliers des autorités russes à mon égard — je n'excluais aucun scénario — me poussèrent à me débarrasser d'une partie de mon énorme bibliothèque personnelle, ainsi que de certains papiers, notamment de mes bloc-notes.

Mais, ne dit-on pas que « les manuscrits ne brûlent pas [1] » ? Heureusement, la plupart n'ont pas été détruits. Ils se sont avérés précieux pour la rédaction de ce livre. Il suffit d'en feuilleter quelques pages pour avoir un aperçu de mes activités : de nombreux paragraphes consacrés à la question des cadres, comme le limogeage de Grigori

1. Citation extraite du roman *Le Maître et Marguerite* de Mikhaïl Boulgakov. (N.d.T.)

Romanov ; une note sur la guerre afghane [2] ; le compte rendu d'une conversation avec le rédacteur en chef de la *Literatournaïa Gazeta* sur les thèmes de l'information et de l'idéologie ; celui d'un entretien avec l'académicien Iouli Borissovitch Khariton [3] à propos de questions techniques liées à la défense stratégique...

Face à l'avalanche de problèmes qui menaçait à tout moment de m'engloutir, je commençais déjà à craindre que la grande politique ne fût reléguée à l'arrière-plan. Il me semblait être condamné à prendre, jour et nuit, des décisions opérationnelles : où percer le métro ; comment mener à bien la bonification dans telle région ; où acquérir les matériels informatiques, etc. Or, il fallait de toute urgence mettre au point un programme susceptible de stopper le glissement du pays vers la crise et de lui ouvrir, enfin, une perspective.

En marge de l'appareil

L'une des premières choses à faire était de changer le programme du PCUS, si périmé qu'on ne pouvait s'y référer sans gêne et qu'il devenait impossible de le mentionner sans susciter de petits sourires ironiques [4]. Un projet de nouveau programme avait été mis au point sous Andropov et Tchernenko, mais il se contentait de reprendre les vieux dogmes marxistes (ou plutôt pseudo-marxistes), même si le style était légèrement modernisé.

Bien entendu, ni la société ni moi-même n'étions encore prêts à formuler des évaluations vraiment réalistes ou à promouvoir des idées majeures. Pourtant, il était nécessaire de convoquer un congrès du parti [5] pour entériner la nouvelle ligne politique et résoudre les questions de cadres.

---

2. Il me semble intéressant de la reproduire ici : « Il faut un règlement progressif du conflit ; s'entretenir avec la direction afghane (Babrak Karmal) sur l'élargissement de la base du régime ; s'entretenir avec Sokolov et Akhromeïev [le ministre de la Défense et le chef d'état-major général — N.d.T.] sur les aspects militaires du problème. Très important : une reddition pure et simple est inacceptable. »

3. Célèbre physicien soviétique, spécialiste des questions nucléaires. (N.d.T.)

4. Adopté sous Khrouchtchev, au XXIIe congrès du parti (1961), il prévoyait le passage de la société socialiste à la société communiste en 1980. (N.d.T.)

5. Il ne s'agissait pas de convoquer un congrès extraordinaire, mais celui qui devait

Dès mon entrée en fonctions, je pris pour ligne de conduite de ne pas me limiter au parti pour les décisions les plus importantes. En 1984, comme quinze ans plus tôt, le Politburo avait remis *sine die* un plénum du CC consacré au progrès scientifique et technique. Conscients de la complexité du problème et du besoin d'échanger librement des idées, nous nous mîmes d'accord pour abandonner l'idée d'un plénum et réunir plutôt une conférence pansoviétique, à condition de la préparer sérieusement. Le premier pas en ce sens a été une rencontre au CC avec des économistes, des scientifiques et des dirigeants du parti. La discussion fut franche. Cette assemblée de haut niveau reconnut ouvertement le retard technologique de notre pays et mit l'accent sur le besoin de réformer le système de gestion en accordant une large autonomie aux entreprises. Un des participants ironisa : si un entrepreneur privé était placé dans nos conditions, où toutes les décisions venaient d'en haut, il prendrait la fuite avant quarante-huit heures !

De mon côté, j'émis l'idée que nous ne parviendrions pas à réformer l'économie sans une restructuration profonde de la gestion et la décentralisation des fonctions de direction. L'assistance fut unanime pour constater que, sans cela, aucune transformation ne pourrait réussir. Naturellement, les quelques bureaucrates invétérés qui se trouvaient là n'élevèrent pas la moindre objection : ou bien ils estimaient qu'ils n'étaient pas concernés, ou ils ne croyaient pas du tout à la possibilité d'innovations réelles.

Au cours des débats, il fut également question de la manière dont Andropov avait remis de l'ordre dans le pays. Il est certes possible d'obtenir des résultats grâce à une discipline de fer, mais il ne s'agit là, malgré tout, que d'un palliatif insuffisant à compenser le manque de motivation dans le travail et les défauts du système économique. La discipline devait désormais être associée au sens du travail bien fait.

Dans l'ensemble, ce premier dépassement du cadre étroit de l'appareil du parti, après le plénum de mars, fut fécond. À la mi-avril, je visitai l'usine automobile Likhatchev (ZIL) et y rencontrai les travailleurs. Je déclarai alors pour la première fois que, depuis le début des années soixante-dix, nous prenions de plus en plus de retard sur les pays développés et que le ralentissement de la croissance aggravait considérablement la situation dans tous les domaines. Or, nous ne pouvions plus compter, comme par le passé, sur d'énormes masses de main-d'œuvre

---

normalement se tenir en février 1986. Les congrès du parti avaient lieu tous les cinq ans et le précédent, le XXVIe, s'était réuni en 1981. (N.d.T.)

et de ressources naturelles. Nous devions donc augmenter la productivité du travail et introduire des technologies efficaces et économes en énergie.

Les réactions des travailleurs furent très positives, et il me sembla qu'il ne s'agissait pas d'une simple courtoisie à l'égard de l'« hôte de marque ». Comme d'autres géants industriels, les usines ZIL pressentaient déjà la crise.

Le plénum d'avril

Les plénums du CC commençaient généralement par la discussion des problèmes de fond. Les questions d'organisation étaient laissées pour la fin. Pour le plénum du 23 avril 1985, le premier de mon mandat, nous décidâmes, mes collaborateurs et moi, de procéder à une mini-révolution. Dès l'ouverture des débats, je proposai de faire d'Egor Ligatchev, de Nikolaï Ryjkov et de Viktor Tchebrikov des membres titulaires du Politburo et de faire entrer Viktor Nikonov au secrétariat. Comme il était de règle, le CC vota comme un seul homme. Je félicitai les promus et demandai aux nouveaux membres du Politburo de prendre place à la tribune du présidium. Je fis installer Ligatchev à côté de moi et lui transmis la présidence des débats :

— Vas-y, Egor Kouzmitch, donne-moi la parole, lui dis-je.

Je voulais que chacun comprenne bien la nouvelle donne au Kremlin [6].

Le plénum d'avril est couramment considéré comme le point de départ de la perestroïka bien que, historiquement, il convienne de remonter à mars, lorsque le nouveau secrétaire général annonça les changements qui se préparaient. Ce fut néanmoins en avril que la doctrine de la nouvelle politique fut exposée officiellement au Comité central dans mon rapport : « Sur la convocation du XXVIIe congrès régulier du PCUS et les tâches relatives à sa préparation et à son déroulement. »

En relisant ce texte aujourd'hui, je vois clairement combien il nous était difficile de renoncer aux vieux clichés et de surmonter les dogmes

---

6. Cela signifiait clairement qu'Egor Ligatchev était désormais le numéro deux du parti. (N.d.T.)

et les préjugés. Comme en mars, j'affirmais d'emblée la continuité avec le XXVIe congrès du PCUS. À l'époque, il était impensable de se passer de références de ce genre. Mais je déclarais aussitôt : « Dans la conception léniniste, la continuité représente toujours une progression, la définition et la solution des nouveaux problèmes, la suppression de tout ce qui fait obstacle au développement. Nous devons suivre scrupuleusement cette tradition en enrichissant et approfondissant notre politique du parti, notre ligne générale de perfectionnement de la société du socialisme développé. »

Pour les amateurs de citations tirées de leur contexte, l'essentiel est que Gorbatchev ne jurait que par le « socialisme développé » avant de le « trahir ». En revanche, pour moi et ceux qui ont engagé la perestroïka, l'essentiel était « la définition et la solution des nouveaux problèmes et la suppression de tout ce qui fait obstacle au développement ». À travers toutes les péripéties de la perestroïka, je suis resté fidèle à ce principe.

Il n'est pas difficile de trouver d'autres contradictions comparables dans d'autres passages du rapport. Ainsi, après avoir réaffirmé l'un des poncifs de l'époque : « en s'appuyant sur les avantages du socialisme, le pays a atteint en une période historiquement brève des sommets du progrès social », j'affirmais, deux paragraphes plus bas, la « nécessité de nouveaux changements, d'un nouvel état qualitatif de la société, et ceci dans la plus large acception du terme. Il s'agit, avant tout, d'assurer la rénovation scientifique et technique de l'industrie et de parvenir aux plus hautes performances mondiales en matière de productivité du travail. Il s'agit aussi de perfectionner les relations sociales, en premier lieu dans le domaine économique, et d'introduire de profonds changements dans le domaine du travail et les conditions matérielles et spirituelles de l'existence populaire. Il s'agit, enfin, de potentialiser l'ensemble des institutions politiques et sociales, d'approfondir la démocratie socialiste et l'autogestion populaire ».

Tous les congrès et plénums, depuis la révolution d'Octobre, ont stigmatisé la lourdeur, la faible efficacité et la bureaucratisation de l'appareil de gestion. Tous ont pris des décisions fermes sans pour autant mettre un frein à la croissance des effectifs : la lutte contre la bureaucratie passait inévitablement… par la création de nouvelles structures de gestion. En réalité, il aurait fallu depuis longtemps modifier le système lui-même en ne réservant aux échelons supérieurs que la stratégie sociale, économique, scientifique et technique, et en laissant les problèmes pratiques au personnel des entreprises.

Nous voulions lier la solution des questions sociales à la modernisation de l'économie, à l'extension des droits des collectivités locales, au dépassement de l'idée de nivellement en matière de salaires, à la lutte contre les revenus injustifiés. En anticipant la préparation du programme social du XXVIIe congrès du parti, certains se posaient déjà la question : pouvait-on simultanément moderniser la production et prendre d'importantes mesures sociales ? Et ils parvenaient à la conclusion que c'était possible en mettant l'accent sur la production. Autrement dit, nous étions encore prisonniers des postulats habituels.

Parmi les problèmes qui présentaient une importance vitale, le plénum d'avril cita le logement, l'alimentation, la réforme de l'éducation nationale, la création d'un système de santé bien équipé. Bref, il définit les lignes maîtresses du développement de l'économie et du social. En matière de politique extérieure, le rapport confirmait avec concision les positions de l'URSS sur les questions internationales du moment.

Il est indéniable que ce plénum a constitué une percée vers l'avenir, même s'il portait encore la marque du passé. Tout reposait encore sur le parti et le renforcement de son « rôle dirigeant ». Le thème de la démocratie se réduisait à la déclaration selon laquelle « il n'est possible de résoudre des tâches complexes et d'envergure qu'en s'appuyant sur le travail créatif du peuple ». Lorsqu'ils s'attaquent à la tâche historique de rénover la société, les réformateurs ne peuvent, bien entendu, libérer d'un seul coup leur conscience des entraves du passé. À ce propos, l'ironie cynique ne me semble pas de mise, et c'est pourquoi je fais face avec sérénité aux commentaires malveillants du type : « Regardez donc ce que Gorbatchev disait en 1985 ou 1986, et puis ce qu'il a dit en 1991 ou en 1994. »

Par monts et par vaux

La perestroïka a commencé par en haut. Il ne pouvait en être autrement dans le cadre du totalitarisme. Mais l'expérience a montré que les impulsions réformatrices sont vouées à l'échec si elles ne sont pas reprises par les masses. Il fallait tirer le plus rapidement possible ces dernières de leur léthargie et de leur indifférence pour les intégrer au processus du changement. J'y voyais la garantie du succès de la perestroïka. Cela devint l'objectif de mes tournées à travers le pays.

Il n'y avait rien d'extraordinaire dans le fait d'entreprendre ces voyages. Des déplacements à travers le pays pour expliquer les décisions des congrès et des plénums étaient une pratique courante dans le parti. Les membres du Politburo et du secrétariat participaient à de telles campagnes en parlant devant l'*aktiv* — les assemblées des responsables du parti, de l'administration et de l'armée, sans oublier les travailleurs émérites et les personnalités de l'intelligentsia locale — au niveau des régions ou des villes. Théoriquement, le but de ces réunions était de discuter les décisions du centre mais, dans la réalité, celles-ci étaient acceptées avec pompe, sans soulever la moindre question. D'ailleurs, si quelqu'un avait osé se plaindre à un membre de la direction de Moscou, il aurait reçu le fouet dès le départ du visiteur, comme les marchands qui osent se plaindre du gouverneur, dans le *Revizor* de Gogol.

Bref, la communication se faisait dans un seul sens, du haut vers le bas. De ce fait, il fallait apprendre à écouter le peuple, à sentir son état d'esprit pour déterminer si nous gagnions son soutien ou si, au contraire, nous prêchions dans le désert.

Le 15 mai, je me rendis à Leningrad. Fidèle à la tradition, je déposai une gerbe au cimetière de Piskarevo et parcourus les grandes entreprises de la ville : Elektrosila, l'usine Kirov, Svetlana, Bolchevitchka. Je rencontrai aussi les enseignants et les étudiants de l'Institut polytechnique, et visitai l'exposition « Intensifikatsia-90 ». Pour finir, je sacrifiai à l'étape obligée d'une réunion avec les responsables du parti à Smolny[7].

Les Léningradois n'étaient pas seulement courtois et hospitaliers. Connaissant les décisions du plénum d'avril, ils écoutaient mes explications avec attention, posaient des questions, donnaient des idées... Et c'était vraiment réconfortant d'entendre certains me crier : « Il faut tenir le cap ! »

Ce fut à cette époque que l'on vit pour la première fois apparaître dans la presse, autant chez nous qu'à l'étranger, les premières observations sur le style du nouveau secrétaire général : « Gorbatchev aime le contact avec les gens », écrivait-on. Effectivement, j'ai toujours ressenti le besoin de ces contacts directs. Et il ne s'agit nullement d'un calcul populiste de ma part. À mes yeux, de courts entretiens dans une usine, sur un champ kolkhozien, dans une université ou simplement dans la rue étaient plus importants que les sondages d'opinion.

---

7. L'Institut Smolny abrita le quartier général des bolcheviks pendant la révolution. Après le transfert de la capitale soviétique à Moscou, en 1918, il devint le siège du parti pour la région et la ville de Petrograd (baptisée Leningrad à partir de 1924). (N.d.T.)

Bien sûr, les gens ne prenaient pas facilement la parole : intimidés, ils restaient sur leur quant-à-soi. Beaucoup — leurs yeux les trahissaient — ne prenaient pas nos propos trop au sérieux. Combien de vaines promesses avaient-ils entendues ! Je pouvais lire sur leurs visages : « Tu parles bien, mais il n'y a aucune chance qu'on te laisse faire. Tu t'agiteras un an ou deux et puis tu laisseras tomber, la poitrine constellée de décorations que tu te seras accordées toi-même. On a déjà vu tout ça. »

Fin juin, ce fut le tour de l'Ukraine. À Kiev, je rencontrai les constructeurs du célèbre avion-cargo Rouslan. Je visitai aussi l'Institut Paton de soudure électrique, dirigé par Boris Paton, le fils du fondateur, éminent scientifique et figure politique remarquable dont le soutien ne m'a jamais fait défaut pendant la perestroïka. De Kiev, je m'envolai pour Dniepropetrovsk : puisque nous entamions une réinterprétation critique de la période précédente, il me semblait convenable de l'annoncer dans l'ancien fief de Brejnev. Prenant la parole le 26 juin à l'usine métallurgique, je demandai carrément à l'assistance : « Certains se disent peut-être que nous prenons un tournant trop brutal. Qu'en pensez-vous ? » Des voix jaillirent en réponse : « C'est la bonne décision ! C'est ce qu'il faut ! » J'insistai : « Qu'avons-nous là ? Des voix isolées ou l'opinion générale ? » La réponse fut unanime.

À l'issue de mon périple, je rencontrai les membres du CC du parti ukrainien, les premiers secrétaires d'obkoms, les dirigeants des organes étatiques et, plus généralement, tous les détenteurs d'un pouvoir réel dont dépendait la mise en œuvre de la ligne politique d'avril en Ukraine. Durant ces journées, Chtcherbitski ne me quitta pour ainsi dire pas et je voyais bien qu'il s'inquiétait. D'ailleurs, je n'étais pas tranquille moi-même. Il fallait trouver le ton juste pour dialoguer avec la direction ukrainienne : dire sans ambages des choses peu agréables tout en s'efforçant d'aboutir à une compréhension mutuelle.

L'Ukraine et ses citoyens méritaient qu'on leur rendît hommage pour leur contribution au développement de l'URSS. Mais beaucoup de participants à notre réunion furent surpris d'apprendre que le rythme d'accroissement de la production agricole avait baissé dans leur république et que celle-ci, alors qu'elle réunissait les conditions les plus favorables à l'agriculture, devait importer du blé ! Or, certains des dirigeants dont la gestion avait conduit l'Ukraine à une telle situation se trouvaient dans la salle. Dans la foulée, chiffres à l'appui, j'illustrai l'état peu enviable dans lequel stagnaient les secteurs majeurs de l'industrie qui avaient toujours fait l'orgueil de la république : les charbonnages, la métallurgie, les constructions mécaniques.

Bref, les responsables ukrainiens se trouvaient dans une situation inhabituelle : jamais personne ne leur avait tenu ce langage. L'Ukraine faisait partie du domaine réservé de Brejnev qui, du fait de son attachement à cette république, fermait les yeux sur ce qui s'y passait. Cette mansuétude s'expliquait aussi par la volonté de ne pas rompre la sacro-sainte unité entre les dirigeants du centre et ceux de la périphérie. En effet, Brejnev ne pouvait pas ignorer, non plus, les abus commis en Ouzbékistan [8], dans d'autres républiques et dans certaines régions de la RSFSR. Pourtant, il préférait ne pas faire de vagues, se contentant de tancer le dirigeant compromis en tête à tête ou, au pire, de l'éloigner en le nommant ambassadeur.

Dès cette première rencontre, je pus établir avec les Ukrainiens un dialogue franc et sincère. Il n'y avait rien de gratuit dans mes propos et, après les avoir tenus, je pus évoquer sereinement les succès importants obtenus antérieurement avec la participation de ces mêmes cadres. Je leur laissai également entendre que, s'ils s'y mettaient vraiment, le plus grand soutien leur serait acquis.

En écrivant ces lignes, je me rends bien compte des illusions que je nourrissais encore à cette époque : je pensais encore qu'il était possible de résoudre les problèmes et lancer des réformes profondes avec la même strate de dirigeants. Non qu'elle fût composée uniquement de ronds-de-cuir et d'arrivistes. Elle comprenait de nombreux individus de grand talent, d'excellents organisateurs et spécialistes. Mais ils étaient incapables de s'extraire des méthodes de l'économie administrée et, à l'instar de celle-ci, ils avaient fait leur temps. Ils se reposaient sur leurs lauriers, mais ces lauriers se desséchaient à vue d'œil. Je l'ai compris un peu tard et pour cause : j'étais moi-même issu de ce même milieu et je souffrais de ces mêmes maux. Dans ces conditions, comment aurais-je pu ne pas être satisfait de mon déplacement en Ukraine ?

Mes premières tournées dans le pays me montrèrent que, pour expliquer la politique de la perestroïka, je ne pouvais compter ni sur l'agit-prop, ni d'ailleurs sur mes camarades. Même s'il était difficile de trouver le temps, il me fallait poursuivre les contacts directs avec la population, voir de mes propres yeux ce qui se passait, comprendre ce qu'avaient derrière la tête les grands et les petits chefs.

---

8. Allusion au scandale de la « filière ouzbèque », vaste réseau de détournement des deniers publics (vente à l'État d'importantes quantités de coton imaginaire) et de corruption dont les chefs étaient les principaux responsables de la république d'Ouzbékistan et qui compromit le proche entourage de Leonid Brejnev. (N.d.T.)

Mon voyage suivant, organisé sans tarder, m'entraîna en Sibérie occidentale. Je voulais me rendre compte des insuffisances dans la production de pétrole et de gaz, ainsi que des conditions de vie de la population, car le CC recevait des lettres traduisant le plus vif mécontentement à ce sujet. Le 4 septembre, avec Vladimir Dolguikh, Boris Eltsine [9], Nikolaï Baïbakov, et le ministre de l'Industrie du Gaz, Viktor Tchernomyrdine [10], j'arrivai dans la région de Tioumen. La visite commença par Nijnevartovsk, la capitale du pétrole. Nous nous rendîmes ensuite à Ourengoï sur le cercle polaire où de grands travaux pour l'exploitation et le transport du gaz étaient en cours. À Sourgout, nous visitâmes les chantiers de la centrale électrique et des nouveaux quartiers d'habitation.

Mes conversations avec les ouvriers du pétrole et du gaz furent inhabituellement rudes. Les problèmes auxquels ils se heurtaient chaque jour dépassaient le cadre des intérêts locaux. L'accroissement de la puissance économique de l'État passait par la mise en valeur de cette contrée inhospitalière. Or, dès le début, on avait commis des erreurs dont les conséquences se faisaient sentir dans tous les domaines. Il semble aller de soi que si l'on entend développer une grande industrie dans une région déserte ou peu peuplée, il faut se préoccuper prioritairement de l'infrastructure : routes, logements, éclairage, chauffage, sans oublier les écoles, les hôpitaux, les bibliothèques, les stades... Bref, tout ce qu'il faut pour donner aux habitants des conditions de vie normales.

À Ourengoï, toute la population vint à notre rencontre. Ces gens étaient heureux de voir enfin le « chef », mais le dialogue fut franc et impitoyable : « Comment se fait-il que nous habitions dans des baraquements ou des wagons de chemin de fer ? Il y a pénurie de tout. Ici, au-delà du cercle polaire, nous ne pouvons obtenir une liaison aérienne régulière avec la capitale et d'autres villes ! Le gaz intéresse toute l'URSS et l'Europe, mais nous ne semblons intéresser personne. »

On m'apprit qu'en guise de fournitures, les conquérants de la Sibérie recevaient systématiquement les rossignols que les fabricants ne pouvaient écouler ailleurs. L'électricité faisait défaut, alors que le problème pouvait être facilement résolu en mettant en service de nouvelles tranches de la centrale de Sourgout. L'alimentation de la laiterie locale en électricité pouvait être assurée en un mois. Il suffisait de le décider.

---

9. Après avoir dirigé le parti dans la région de Sverdlovsk, il avait été nommé chef du département de la construction lors du plénum d'avril 1985. (N.d.T.)

10. Futur chef du gouvernement russe en 1992. (N.d.T.)

Je me suis heurté à des absurdités. Au lieu d'assembler directement à l'usine les machines et les équipements pétroliers qu'ils envoyaient dans le Grand Nord, les fournisseurs les livraient en pièces détachées : il fallait donc créer sur place de véritables ateliers d'assemblage, ce qui impliquait de faire venir une main-d'œuvre supplémentaire, de construire encore plus de logements, etc.

Le plus extraordinaire — et cela m'impressionna particulièrement — était que ces gens ne se sentaient pas de passage : ils s'indignaient de la destruction de la forêt, de la pollution des eaux et des sols. Dès le début, on avait misé sur l'exploitation immédiate du gaz et du pétrole, sans se préoccuper de l'utilisation rationnelle des ressources naturelles. Des milliers de torchères brûlaient jour et nuit dans toute la région de Tioumen. Le niveau de traitement du pétrole n'était que de 58 % contre une moyenne mondiale de 80 %. La production obtenue avec un stère de bois était deux fois moindre que dans l'ensemble de l'URSS, et plusieurs fois inférieure à celle des pays développés d'Occident. Des plans d'économie de ressources étaient adoptés chaque année, en vain. Le pays le plus riche en matières premières était confronté à une pénurie toujours plus aiguë de combustibles, d'énergie et même de bois.

À Tioumen, dans une salle remplie de travailleurs du pétrole en provenance des quatre coins de cette immense région, je sentis que ces gens en avaient assez des déclarations d'ordre général et attendaient une aide réelle.

À mon retour, je pris tout de suite des décisions dont l'application dépendait pratiquement de l'ensemble des branches industrielles. Conduites, ciment, matériaux de construction, équipements partirent pour la Sibérie occidentale. La priorité fut également donnée à l'accroissement du commerce de détail, ainsi qu'à la construction de logements et d'infrastructures. Grâce à cela, il devint possible d'arrêter le déclin de la production pétrolière et même d'inverser les courbes. Hélas, les passions politiques submergèrent bientôt le pays et ces problèmes, pourtant fondamentaux, passèrent à l'arrière-plan. Les travailleurs du pétrole et du gaz ont eu raison de dire que nous n'allâmes pas jusqu'au bout.

Mon voyage suivant, au Kazakhstan, me persuada que les erreurs de gestion commises touchaient bien d'autres régions. Je connaissais de longue date les kolkhozes et les sovkhozes de cette partie de l'Asie centrale, ainsi que les établissements scientifiques des terres vierges. L'essentiel fut donc pour moi d'entamer un dialogue avec les représentants kazakhs, comme, avant eux, avec ceux de la Sibérie et de l'Oural, sur la mise en œuvre du Programme alimentaire. Trois ans après son adoption, la production agricole avait augmenté dans l'ensemble et le nombre d'exploitations déficitaires avait diminué. Les ruraux acquéraient plus de matériel, construisaient des routes et des logements, mais ce n'était pas pour autant qu'ils fournissaient plus de denrées. Quelle était la solution ? Les racines du mal se trouvaient de manière évidente dans l'état général de l'économie. Il fallait parvenir à trouver un équilibre entre les secteurs civil et militaire.

« Les cadres décident de tout »

Il m'est impossible de dire que la campagne de préparation du XXVIIe congrès se soit vraiment distinguée des précédentes. Elle vit cependant se manifester les premiers signes, encore timides, d'une émancipation naissante des consciences. En dépit des efforts des apparatchiks, les simples communistes s'enhardissaient à rejeter certains des délégués qui leur étaient imposés et à élire des représentants de leur choix. Les travailleurs osaient prendre la parole. Mais pour l'essentiel, la sempiternelle routine ne changea pas : le parti procédait toujours de la même manière, suivant des règles écrites et coutumières en vigueur depuis des décennies.

Il était naïf de songer à des changements dans la société sans rien modifier « en haut ». Pour une partie des membres du Politburo, le plénum d'avril marquait le début d'une époque où ils n'avaient plus leur place. Certes, l'instinct de conservation les incitait à soutenir la nouvelle politique, mais il était impossible de compter sur eux pour résoudre les nouveaux problèmes. Cela explique les importants remaniements ministériels qui se succédèrent à l'époque : Tikhonov céda la place à Ryjkov au poste de président du Conseil des ministres de l'URSS ; Baïbakov, le président du Gosplan, fut remplacé par Nikolaï Talyzine ; Ziïa Nouriev par Vsevolod Mourakhovski, à l'Agro-alimentaire ; Leonid Smirnov par Iouri Maslioukov, aux Industries d'armement. Au ministère de l'Intérieur, Fedortchouk partit également. Son successeur fut Alexandre Vlassov, auparavant premier secrétaire de l'obkom de Rostov.

Après le plénum d'avril, certains membres du Politburo suggérèrent que le secrétaire général devait occuper également le poste de président du présidium du Soviet suprême comme ce fut le cas sous Brejnev,

Andropov et Tchernenko [11]. Mes intentions étaient différentes. D'abord, il me semblait que la société réagirait négativement à cela. De plus, à un tournant aussi crucial, je ne tenais pas à assumer une charge supplémentaire. Pour finir, je tenais à nommer un nouveau ministre des Affaires étrangères et, pour cela, la seule solution possible était de promouvoir Gromyko au poste de président du présidium du Soviet suprême. Andreï Andreïevitch, personnalité hors pair, homme politique de grande envergure et éminent diplomate, désirait rester en contact avec moi, soulignant sa volonté de coopérer loyalement.

Certes, il comptait bien conserver également son monopole en matière de politique étrangère, mais il constata rapidement que je ne pouvais pas le laisser faire. Il réagit néanmoins calmement. Il savait s'adapter : tel était le secret de son insubmersibilité.

Notre politique étrangère devait être profondément réformée et il fallait parvenir à des compromis avec nos nombreux partenaires étrangers. Un tournant brutal dans ce sens était impossible sans rénover le ministère des Affaires étrangères. Or, la tâche n'était plus à la mesure de Gromyko.

D'ailleurs, ma proposition était honorable et l'intéressé l'accepta avec joie, comme une marque de reconnaissance pour les services qu'il avait rendus à la patrie. Je ne l'écartais nullement des questions de politique étrangère : c'était pour moi un atout de pouvoir mettre à contribution sa mémoire et son expérience.

Après ma conversation avec Gromyko, dont personne n'eut vent prématurément, la question se posa du choix de son successeur. Après mûre réflexion, le nom d'Edouard Chevardnadze s'imposa à moi.

Nous nous connaissions depuis le XIIe congrès du Komsomol, à la fin des années cinquante. À l'époque, il ne parlait pas encore tout à fait couramment le russe. De plus, il n'était pas ce que l'on appelle un « boute-en-train » ou un orateur hors pair. Loin de l'image du Géorgien extraverti, il demeurait très réservé et concentré. Mais il y avait en lui quelque chose qui incitait à communiquer. Nous nous revîmes alors que nous étions tous les deux secrétaires : lui du CC du parti géorgien et

11. Ce cumul était notamment justifié par des impératifs protocolaires : le secrétaire général était, *de facto*, le numéro un de l'URSS, mais en regard du droit international, il n'avait aucun pouvoir étatique. *De jure*, le chef de l'État était le président du présidium du Soviet suprême, le Premier ministre étant, évidemment, le chef du gouvernement. Staline (à partir de 1941) et Khrouchtchev (à partir de 1958) cumulèrent leurs fonctions à la tête du parti avec celles de chef du gouvernement. Brejnev (à partir de 1977), puis Andropov et Tchernenko, avec celles de chef de l'État. (N.d.T.)

moi du kraïkom de Stavropol, puis du CC du PCUS. Entre les habitants de la région de Stavropol et les Géorgiens, des liens vivaces existaient de longue date. Edouard Amvrossievitch et moi contribuâmes à les développer sous tous les aspects. Bien entendu, nous ne soupçonnions pas alors ce que le futur nous réservait.

Entre nous s'établirent, avec le temps, des relations de confiance. Je pus me convaincre que nous avions la même approche de nombreux problèmes, y compris sur les questions internationales. Devenu chef du parti, je parvins à la conclusion qu'un tel homme, apte à réfléchir et à convaincre, et doué d'une affabilité toute orientale, saurait mener à bien les nouvelles tâches de notre politique étrangère.

Quelques jours plus tard, je rencontrai à nouveau Gromyko pour aborder la question de son successeur. Il voyait un diplomate à ce poste. Il cita d'abord Gueorgui Kornienko, puis envisagea, pour la rejeter aussitôt, la candidature de Iouli Vorontsov, alors ambassadeur en France. Il évoqua également Anatoli Dobrynine [12], mais sans chaleur : il comprenait que ce dernier ne lui cédait en rien sur bien des plans et lui était même souvent supérieur.

Lorsque je mentionnai Edouard Chevardnadze, ce fut un choc pour lui. Il s'attendait à tout, sauf à ça. Mais il entreprit tout de même de peser le pour et le contre.

— Je vois que Chevardnadze vous laisse sceptique, lui dis-je. Eh bien, cherchons une meilleure candidature.

Il me répondit aussitôt :

— Non, non ! Si je comprends bien, c'est une proposition mûrement réfléchie de votre part.

— Bien, décidai-je. Accordons-nous le temps de la réflexion.

La conversation reprit plus tard, en présence de Tchebrikov et de Ligatchev. Après avoir remarqué que nous ne pourrions jamais remplacer Gromyko par une personnalité aussi expérimentée que lui, je leur dis :

— Je suis persuadé que le futur ministre doit être une importante figure politique. Je penche donc pour Chevardnadze.

Chacun convint que c'était un homme politique accompli, instruit et compétent. L'accord fut unanime. Je lui téléphonai alors à Tbilissi pour lui annoncer la nouvelle. Un long silence répondit à mes paroles. Puis :

— Je m'attendais à n'importe quoi, sauf à cela. Je dois réfléchir. Et

12. Dobrynine occupait, depuis 1962, le poste d'ambassadeur de l'URSS aux États-Unis. (N.d.T.)

vous aussi, vous devriez encore réfléchir. Je ne suis pas un professionnel… De plus, je suis Géorgien… On se posera des questions. Et Gromyko, que dit-il ?

Je lui confirmai que Gromyko, Ligatchev et Tchebrikov soutenaient sa candidature. Je lui demandai aussi de venir à Moscou. Nous eûmes un nouvel entretien le lendemain. À la réunion suivante du Politburo, la question fut tranchée. Chevardnadze fut élevé au rang de membre titulaire du Politburo au plénum du CC qui se tint le 1er juillet. Sa nomination au poste de ministre des Affaires étrangères eut lieu le lendemain, le 2 juillet, lors de la session du Soviet suprême de l'URSS qui élut Gromyko à la présidence de son présidium.

Les réactions à la nomination de Chevardnadze passèrent par tout le prisme de la stupéfaction, aussi bien dans le pays que dans le monde. Beaucoup ne comprenaient pas que des fonctions aussi importantes ne fussent pas confiées à un Russe et contestèrent ma décision. Les plus expérimentés, pourtant, devinèrent mon dessein : « Il a rendu hommage à Gromyko et, simultanément, il a fait en sorte d'avoir les mains libres en politique extérieure en plaçant un proche aux commandes. »

Le plénum de juillet releva Grigori Romanov de ses fonctions de membre du Politburo et secrétaire du CC. Boris Eltsine et Lev Zaïkov furent élus secrétaires du CC. Alexandre Iakovlev prit la tête du département de la propagande et Anatoli Loukianov celle de la chancellerie du CC.

Au cours d'une rencontre préalable avec Romanov, je lui fis clairement comprendre qu'il n'avait pas sa place au sein de la direction. Sa réaction fut douloureuse, même s'il ne pouvait rien objecter. Je lui dis que je préférais ne pas soumettre la question au CC et résoudre le problème à l'amiable. Il versa une larme, mais accepta la proposition. Au plénum, la question fut réglée tranquillement et il resta membre du CC.

La mise à la retraite de Tikhonov fut plus délicate à gérer. *A priori*, les choses étaient claires : il avait quatre-vingts ans, et un gouvernement, surtout réformateur, doit être dirigé par un homme vigoureux, ayant du temps devant lui et capable d'une vision d'avenir. De ce point de vue, Tikhonov était un personnage non pas d'hier, mais d'avant-hier, de l'époque stalinienne. Mais il était convaincu que l'on ne pouvait se passer de ses services et, dès notre premier entretien, se dit prêt à « travailler dans cette nouvelle et intéressante conjoncture ».

Je déclinai poliment sa proposition et mis l'accent sur la difficulté des transformations à accomplir et sur la nécessité de prendre en compte la santé des vétérans. Cela revenait à lui dire qu'il devait prendre sa retraite. Je m'aperçus alors qu'il s'y attendait. Il s'inquiéta pour ses conditions d'existence, et je promis de lui laisser tous ses avantages. À la fin septembre, il fut relevé de ses fonctions de chef du gouvernement et, lors du plénum d'octobre, il cessa de faire partie du Politburo.

Pour le remplacer, nous avions le choix entre Ryjkov et Vitali Vorotnikov, le chef du gouvernement de la RSFSR, qui avait fait ses preuves à ce poste. Mais précisément, contrairement aux autres républiques, la Russie n'avait pas d'organisation du Parti communiste qui lui fût propre, et il ne nous semblait pas souhaitable d'affaiblir sa direction gouvernementale.

Bien entendu, ce ne fut pas la seule raison qui fit pencher la balance en faveur de Ryjkov. Notre collaboration, commencée sous Andropov, avait toujours été fructueuse et nous avions eu l'occasion de constater souvent la similarité de nos vues sur la situation économique. Nous comprenions tous deux la nécessité d'une restructuration profonde. Quant à nos conceptions politiques, elles coïncidaient également. En tout cas, je suis incapable de me souvenir de divergences un tant soit peu sensibles à ce sujet. Je l'appréciais aussi pour ses qualités humaines : ses avis précis, parfois abrupts mais jamais grossiers, et sa poigne d'ancien dirigeant de l'industrie.

Nos relations ne restèrent pas toujours sans nuages. Les événements nous placèrent dans des situations imprévues qui firent évoluer différemment nos idées. Nous eûmes des moments d'incompréhension, de vexation et d'irritation. Il est difficile de dire qui avait raison dans chaque cas concret (je reviendrai sur certains épisodes), mais, aujourd'hui encore, je ne regrette pas mon choix. Ryjkov a été mon premier frère d'armes dans le combat pour les réformes et, quelle que soit la manière dont nous avons évolué, chacun de son côté, je lui sais gré de cette camaraderie.

Par ordre d'importance, le second problème de cadres concernait le remplacement du premier secrétaire du gorkom de Moscou (MGK). Il était de notoriété publique que la direction du parti de la capitale était à bout de souffle et qu'il aurait été insensé de compter sur sa capacité à s'adapter. Moscou, en son temps solennellement promise à être transformée en « ville communiste modèle », connaissait de graves difficultés de logement et d'approvisionnement, ainsi qu'une chute de son potentiel industriel et intellectuel. À l'époque, tout le monde pensait qu'il fallait remplacer Grichine, bien que lui-même fût d'un tout autre avis et nourrît même des ambitions plus élevées. Extrêmement présomptueux et animé d'une passion morbide pour le pouvoir, il ne supportait pas dans son entourage les gens brillants, ni l'indépendance d'esprit. Rien d'étonnant si nous nous vîmes donc obligés de chercher son successeur ailleurs qu'au sein du MGK. Là commença la carrière politique d'Eltsine, en tout cas son étape moscovite.

En avril, Eltsine avait été nommé à la tête du département de la construction du CC. Généralement, les candidats à des postes de ce type étaient choisis parmi les secrétaires de région, et Boris Nikolaïevitch répondait à tous les critères : il avait dirigé pendant plusieurs années un combinat du bâtiment, puis le département de la construction d'un obkom avant de devenir le premier secrétaire de l'obkom de Sverdlovsk en 1976.

Personnellement, je le connaissais mal et ce que je savais de lui me laissait un doute. À l'époque où j'étais encore secrétaire du CC, une commission de contrôle s'était penchée sur le travail de l'organisation du parti de Sverdlovsk en matière d'élevage et avait émis un jugement critique. Eltsine m'appela pour me demander de ne pas soumettre le rapport au CC, mais de le faire suivre à l'obkom pour discussion et prise de mesures sur place. Comme je dirigeais alors le secrétariat, je décidai de faire droit à la demande : il valait mieux que les intéressés prissent eux-mêmes les mesures pour corriger la situation. Mais lorsque Eltsine soumit le rapport au plénum de l'obkom, il ne crut pas nécessaire de le diffuser aux participants. De plus, il s'inscrivit en faux contre ses conclusions. Le représentant du CC, Ivan Kapoustian, un homme franc et ferme, prit la parole, procéda à la lecture du texte, puis donna une appréciation peu flatteuse du comportement du premier secrétaire de région.

Tout cela me fut rapporté et je pris bonne note de la réaction inadéquate d'Eltsine. À cela s'ajouta une observation personnelle que je fis lors d'une session du Soviet suprême : au beau milieu des débats, Eltsine quitta la salle en s'appuyant sur un bras secourable. Beaucoup s'inquiétèrent : que se passait-il donc ? De bonnes âmes les tranquillisèrent : rien de grave, une simple montée de tension. Les gens de Sverdlovsk souriaient : il arrive à notre premier secrétaire de boire un coup de trop.

Au moment de décider de sa nomination dans l'appareil du CC, ces faits me revinrent en mémoire et je m'en ouvris à Ryjkov : Ouralmach [13], dont il avait été le directeur, faisait partie de l'obkom de Sverdlovsk.

---

13. Association de production de machines-outils de l'Oural. (N.d.T.)

— Vous aurez votre content d'ennuis avec lui, me répondit-il. Je le connais et je me garderai bien de le recommander.

Cette déclaration accrut mes doutes. Ligatchev, qui était chargé des cadres, proposa de se rendre à Sverdlovsk pour se faire une opinion. Quelques jours plus tard, il m'appela :

— J'ai parlé avec les gens, je me suis renseigné. J'ai l'impression qu'Eltsine est l'homme qu'il nous faut. Il a tout : les connaissances, le caractère. C'est un homme d'envergure qui fera un bon gestionnaire.

— En es-tu sûr, Egor Kouzmitch ?

— Oui, sans l'ombre d'un doute.

Voilà comment Eltsine se retrouva au CC. Je ne garde pas de souvenir très net du bref entretien que nous eûmes à l'occasion de sa nomination, mais il se montra très vite un homme énergique et, par contraste avec son prédécesseur, il laissait une impression plutôt bonne. Comme les individus actifs, décidés et ouverts à l'innovation n'étaient pas très nombreux aux échelons supérieurs, je proposai sa candidature comme secrétaire du CC au plénum de juillet. Pour parler franc, ce choix n'était pas exempt d'arrière-pensées : il me semblait capable de prendre, par la suite, la tête du gorkom de Moscou.

Le 22 décembre, le Politburo décida de recommander Eltsine pour le poste de premier secrétaire du MGK. Son discours à la conférence du parti de la ville eut des accents nettement réformateurs. J'apportai mon soutien à la tonalité critique de son rapport. Son élection devait se dérouler au scrutin secret et nous étions un peu inquiets du résultat du vote des délégués : les responsables du MGK n'avaient pas beaucoup apprécié de nous voir leur imposer un « étranger », plutôt que l'un des leurs, mais l'élection se déroula sans accroc.

Eltsine se mit énergiquement au travail. Son intransigeance à l'égard des fonctionnaires de tout rang plut aux Moscovites. Je considérai donc notre choix comme une réussite.

Le XXVIIe congrès du parti

À la fin de l'année 1985 et dans les premiers mois de 1986, je me consacrai presque totalement à la préparation du XXVIIe congrès. La politique engagée en mars et avril bénéficiait du soutien populaire. Mes tournées dans le pays, mes rencontres avec les dirigeants du Pacte de

Varsovie, ma visite en France, mes pourparlers avec Reagan à Genève, et avec d'autres responsables étrangers (événements sur lesquels je reviendrai) mirent à l'ordre du jour de nombreuses tâches nouvelles. Il fallait renforcer la ligne politique de la perestroïka et en préciser les axes concrets. Il fallait aussi adopter un nouveau programme du parti : après plusieurs mois de travail, un projet avait été publié pour discussion après avoir été examiné en séance plénière du CC.

Traditionnellement, le secrétaire général présentait un rapport aux congrès du parti. Cette fois, il fut décidé de le qualifier de rapport politique. Cela permettait de faire l'économie d'une analyse routinière et fastidieuse des accomplissements passés, pour se concentrer sur les questions d'ordre stratégique. Fin décembre, les matériaux étaient prêts et, à la veille du Nouvel An, je partis me reposer quelques jours à Pitsunda. À cette époque de l'année, la mer, froide et agitée, possède une beauté particulière. Les vagues qui s'écrasent sur les rochers, les embruns, l'écume... Et l'air ! Un air tellement chargé d'ions qu'il semble avoir un poids propre. C'est un plaisir de travailler dans une telle atmosphère.

J'invitai Alexandre Iakovlev et Valeri Boldine à venir me rejoindre tout de suite après le Nouvel An. En complément des textes rédigés par le groupe de travail qui m'entourait, ils m'apportèrent des études commandées à des instituts de recherche. Ce fut là, dans cette résidence du gouvernement, sur la côte, que furent faites les premières tentatives pour repenser des pans entiers de notre politique.

Nous attachions une importance particulière à la conclusion du rapport qui devait mettre en évidence l'interdépendance et l'unicité du monde, ce qui impliquait de reconnaître l'absurdité de sa division en blocs antagonistes. Dans le texte, cela se traduisit par l'introduction de certains thèmes : « La politique d'affrontement total et de confrontation militaire n'a pas d'avenir » ; « sur le plan politique, la course aux armements, la volonté de supériorité militaire ne peuvent objectivement profiter à personne » ; « la course aux armements comme la guerre atomique elle-même ne peuvent pas être gagnées » ; « nous devons suivre la voie de la coopération pour créer un système global de sécurité internationale ». Dans cette optique, il nous fallait constater que « la sécurité est un problème politique qui ne peut être résolu que par des moyens politiques ».

La transformation de la société était associée à la mise en œuvre de la politique d'accélération[14] du développement socio-économique du pays adoptée au plénum d'avril. Il n'était pas question de révolution, mais d'une amélioration du système. À cette époque, nous croyions que c'était possible. Nous avions une telle soif de liberté que nous nous disions : il suffira d'insuffler de l'oxygène à la société et elle renaîtra. La notion de liberté étant comprise dans un sens large, cela impliquait d'abandonner la rhétorique de « la terre aux paysans et les usines aux ouvriers » pour passer aux actes et les leur donner vraiment. Cela impliquait aussi de laisser le champ libre à l'entreprise et de modifier notre politique en matière d'investissements et de structures, en mettant prioritairement l'accent sur la dimension sociale. Même si la formulation restait imprécise, nous nous rendions compte qu'il fallait démocratiser la société et l'État, et développer l'autogestion populaire.

Un an s'était pratiquement écoulé depuis le tournant d'avril, et nous pouvions constater que non seulement la perestroïka se heurtait à des obstacles considérables, mais qu'elle était perçue par bien des gens comme une nouvelle campagne propagandiste qui, après tant d'autres, ne tarderait pas à s'essouffler. Il fallait dissiper les doutes et convaincre chacun de l'impérieux besoin de suivre cette ligne politique. Nous fûmes ainsi amenés à intégrer dans le rapport la notion de glasnost : « Sans glasnost, il n'y a pas et il ne peut y avoir de démocratie » ; « la glasnost doit être un système fiable. Elle est nécessaire au centre, mais aussi et plus encore au niveau local, là où les gens vivent et travaillent ». Aujourd'hui, de telles incantations semblent banales, mais à l'époque, elles apparaissaient comme des thèses politiques foncièrement nouvelles. Elles ont joué un rôle énorme pour éveiller l'opinion publique et la réactiver. Au fond, la glasnost est toujours d'actualité[15].

Il nous fallait aussi ébaucher une définition du rôle du parti dans le contexte de la perestroïka. Les thèses qui devaient être développées plus tard, notamment à la XIXe conférence du PCUS, furent formulées alors pour la première fois : « Le parti exerce la direction politique et définit la perspective générale du développement… Pour résoudre les

---

14. Dans les slogans politiques du nouveau cours, le mot d'ordre d'« accélération » (*ouskorenie*) se situait au départ sur le même plan que « glasnost » et « perestroïka ». En raison de la conjoncture, il fut progressivement laissé de côté. (N.d.T.)

15. Pour nouveau qu'il parût, vu de l'étranger, le mot glasnost (« ce qui est connu, public ») prit un sens politique dans la seconde moitié du XIXe siècle, sous le règne d'Alexandre II. La glasnost (à la fois « besoin de lumière » et « liberté d'information ») faisait partie des revendications de l'intelligentsia russe à l'égard de la monarchie tsariste. (N.d.T.)

problèmes économiques et socioculturels concrets, une large liberté de choix est accordée à chaque organe de gestion, aux personnels des entreprises, aux gestionnaires » ; « le parti se prononce fermement contre la confusion des fonctions de ses comités avec celles de l'État et de la société ». Bien entendu, ces thèses ne ressemblaient pas à des appels à la réforme politique. Pourtant, c'est bien le rôle qu'elles ont joué.

À la mi janvier, lorsque je soumis le projet de rapport au Politburo, je sentis pour la première fois combien forte était l'emprise des schémas idéologiques sur ses membres. Même ceux qui me devaient leur promotion et qui, à bien des titres, pouvaient être rangés parmi les réformateurs se montraient d'une timidité extrême lorsqu'il s'agissait non pas de transformer, mais simplement de préciser certaines formules théoriques. Ils se hâtaient de rivaliser dans l'orthodoxie.

Après la réunion du Politburo, nous nous rendîmes, Raïssa Maximovna et moi, à la résidence gouvernementale de Zavidovo. Medvedev, Iakovlev et Boldine m'y rejoignirent pour mettre la dernière main au rapport. Si les idées restaient les mêmes, la manière de les présenter subit de grands changements. Ma femme participa à presque toutes les discussions. Son expérience de la recherche sociologique, son travail avec la jeunesse des universités et, tout simplement, sa connaissance de la vie et son intuition féminine firent merveille. Elle n'hésita d'ailleurs pas à nous blâmer pour avoir oublié la situation de la famille et de la femme dans la société, nous suggérant la manière de traiter ce thème avec toute l'ampleur nécessaire. Pourquoi ne pas l'avouer : nous n'avions cessé de proclamer le slogan de l'égalité des femmes et de leur participation à la direction du pays, mais dans la pratique nous étions en retard non seulement sur les pays occidentaux, mais même sur ceux de l'Orient. Aujourd'hui, je regrette qu'il n'y ait pas eu de femmes dans mon équipe. On n'en voit pas non plus dans le gouvernement d'Eltsine.

Au moment de la dernière mise au point du rapport, nous nous rendîmes compte du hiatus considérable qui s'était créé entre ce texte et le nouveau programme du parti : ce dernier était plus « pâle », tant du point de vue des idées que de la profondeur de l'analyse ou de la précision de la documentation. Il fallut préparer d'urgence des amendements de manière à effacer les différences les plus criantes entre les deux documents. Ces amendements furent soumis à la commission d'élaboration du programme, le 17 février 1986. Dès le lendemain, le plénum du CC entérina le rapport politique, les projets de programme et de statuts du PCUS, ainsi que le rapport sur les axes majeurs du développement économique et social de l'URSS pour les années suivantes.

La date d'ouverture du congrès fut fixée au 25 février 1986. Il n'y avait rien d'intentionnel à cela, mais il se trouve que cette date correspondait au trentième anniversaire du XXe congrès. Si les délégués accueillirent favorablement mon rapport politique, l'inertie du passé ne manqua pas de se manifester dans la suite des débats. Les représentants de la périphérie, y compris Kounaïev et Chtcherbitski qui parlèrent les premiers, se livrèrent à de mesquines plaidoiries *pro domo*. Un instant, on crut revenir à l'époque — que l'on pensait révolue — où les interventions se transformaient en concours de louanges au secrétaire général. Les discours particulièrement flatteurs de Lev Koulidjanov [16] et d'Edouard Chevardnadze me poussèrent à intervenir pour demander de « modérer le pathos » et de « cesser de décliner Mikhaïl Sergueïevitch ». La réaction du congrès illustra bien le sentiment dominant : il y eut un éclat de rire général suivi par un tonnerre d'applaudissements. La discussion se fit plus vive et porta désormais l'empreinte de cette période de transition d'un état de la société à l'autre.

Une partie des délégués, très critiques quant à la situation du pays, posèrent la question de la responsabilité de l'ancienne direction du parti. Eltsine se distingua parmi les orateurs qui partageaient cet état d'esprit. D'autres mirent l'accent sur ce que les générations antérieures avaient fait de positif, appelant à préserver la continuité de la politique. Gromyko exprima ce point de vue avec beaucoup de force. Mais, dans l'ensemble, il n'y eut pas de heurt frontal.

Le « consensus » sur lequel prit fin le XXVIIe congrès n'était pas sans danger : il pouvait constituer un piège pour la nouvelle direction. La perestroïka ne pouvait manquer de déborder très rapidement du cadre des décisions prises et cela permettrait d'accuser les réformateurs de révisionnisme, avec toutes les « conséquences pratiques » qui en découleraient. Pour conjurer cette menace, la seule solution était de s'appuyer sur le Comité central. Selon l'usage en vigueur au parti, le CC, véritable centre du pouvoir, pouvait prendre n'importe quelle décision fondamentale sans se référer aux directives du dernier congrès autrement que pour la forme.

Les travaux du congrès s'achevèrent le 6 mars. Sans tarder, j'invitai les secrétaires du CC et les membres du gouvernement à envisager des mesures immédiates. La décentralisation de l'économie se trouvait au

16. Alors secrétaire de l'Union des travailleurs du cinéma. (N.d.T.)

premier plan du dispositif. Elle suscitait déjà l'hostilité de l'appareil bureaucratique, mais l'incompréhension et le mécontentement étaient également perceptibles au « sommet » de la direction : la lutte contre les structures redondantes faisait trembler bien du monde. Néanmoins, l'attitude des responsables des organismes économiques et des entreprises était encourageante.

Dans la foulée du congrès, je rencontrai les dirigeants des médias et des organisations artistiques et culturelles, et ces contacts devinrent réguliers, mais j'étais surtout intéressé par l'accueil que les entreprises réservaient aux décisions prises. Au début d'avril, je me rendis à Kouïbychev (aujourd'hui, Samara) au cœur d'une importante région industrielle (aviation, chimie, métallurgie) et agricole. Là se trouve également la ville de Togliatti avec la célèbre usine automobile de la Volga (VAZ).

Ma première impression de cette tournée de trois jours fut qu'une machine à remonter le temps m'avait ramené une année en arrière. Les secrétaires de l'obkom et des gorkoms continuaient à surveiller leurs subordonnés, s'arrogeant le droit de définir le degré de communication autorisé entre le secrétaire général et le peuple. D'un geste, ils arrêtaient quiconque désirait me parler franchement et coupaient court aux propos jugés « inutiles ». Ma volonté d'établir un véritable état des lieux ne les arrangeait pas et, quand je parvenais à avoir un entretien sans leur intermédiaire, certains se trouvaient tellement déstabilisés qu'ils tentaient à toute force de s'y ingérer, m'obligeant à les remettre à leur place en public. Je voyais alors leurs nuques de hiérarques rougir de cette offense faite à leur dignité.

La volonté des travailleurs de l'industrie automobile d'assimiler les nouvelles méthodes de gestion m'enchanta. Il me sembla d'ailleurs qu'ils y parvenaient mieux que d'autres. L'usine métallurgique locale s'était également lancée, avec succès, dans un programme de modernisation. L'expérience de ces unités de production montrait que le temps des individus entreprenants et pleins d'initiative était arrivé.

Je dois pourtant dire que ces exemples restaient isolés. Les rapports de mes collègues en tournée dans d'autres régions du pays n'étaient pas encourageants. L'inertie prévalait. Le CC recevait un flot de lettres qui s'inquiétaient de la passivité des autorités locales. Un compatriote de la région de Stavropol racontait amèrement comment on l'avait licencié après qu'il eut proposé au directeur de son sovkhoze des plans d'amélioration : il se mêlait de ce qui ne le regardait pas. « Même après le congrès, écrivait-il en conclusion, j'ai bien été obligé de constater que ce n'était toujours pas mon affaire. » Vassili Michine, l'un de mes anciens condisciples de l'Université de Moscou, m'écrivit également : « Il faut que tu le saches, Mikhaïl, à Gorki, il ne se passe rien, absolument rien ! »

La séance du Politburo du 24 avril aborda les raisons de cet enlisement de la perestroïka. Nous parvînmes à la conclusion que l'énorme appareil du parti et de l'État faisait barrage. En mai 1985, j'avais dit que chacun aurait sa chance de se réformer, mais la suite des événements montrait que bien souvent, il ne s'agissait pas d'incompréhension ou d'incapacité, mais de sabotage pur et simple. Nous devions nous montrer plus rigoureux envers les cadres. J'attirai l'attention de mes collègues sur une publication qui semblait faire écho à notre discussion : « L'appareil a brisé l'échine de Khrouchtchev et il en ira de même aujourd'hui. »

Deux jours plus tard, nous fûmes confrontés à un choc qui relégua pour longtemps tous nos projets à l'arrière-plan.

Tchernobyl

L'accident survenu à la centrale nucléaire de Tchernobyl constitua la preuve la plus spectaculaire et la plus terrible de l'usure de notre matériel et de l'épuisement des possibilités du vieux système. Dans le même temps, et c'est le paradoxe de l'histoire, il affecta sérieusement les réformes engagées en désorientant totalement le pays.

Nous connaissons maintenant toute l'ampleur de la tragédie et savons combien il reste encore à faire pour ceux qui y ont perdu leur santé et, bien souvent, leur toit.

La catastrophe se produisit dans la nuit du 25 au 26 avril à 1 h 25 du matin. À cette heure-là, seuls étaient présents dans la centrale l'équipe de quart et quelques spécialistes qui procédaient à des essais du turbogénérateur au cours d'un arrêt de routine de la quatrième tranche. À Moscou, la nouvelle nous parvint le 26 au matin. Le ministère des Constructions mécaniques moyennes[17] avait informé Ryjkov. Puis l'information était remontée jusqu'à moi. Le même jour, je réunis le Politburo. La communication de Dolguikh, qui s'occupait de ces ques-

17. Ce ministère rattaché à la Défense (MOOP) était chargé de la production d'armements nucléaires. (N.d.T.)

tions, resta assez générale et ne donnait aucune idée de l'ampleur du danger. Nous décidâmes d'envoyer immédiatement sur place une commission gouvernementale. Dirigée par un vice-président du Conseil des ministres, Boris Chtcherbina, elle comprenait des spécialistes du nucléaire civil, des médecins, des experts en matière de rayonnements ionisants et d'environnement. Dès le 26 au soir, elle était à pied d'œuvre. Des chercheurs de l'Académie des sciences de l'URSS et de l'Académie ukrainienne des sciences se rendirent en toute hâte à Tchernobyl.

La commission nous fit parvenir son premier rapport le lendemain, 27 avril. Accompagné d'un luxe de précautions oratoires, il s'agissait d'un constat préalable qui ne donnait aucune conclusion. Il était question d'une explosion, de la mort de deux hommes, de l'hospitalisation d'un grand nombre de personnes pour observation, des mesures prises pour circonscrire l'incendie et de l'arrêt des trois autres tranches. Enfin, le rapport indiquait que des matières radioactives avaient été disséminées par l'explosion.

Le 28 avril, Ryjkov présenta au Politburo les premiers résultats de l'enquête diligentée par la commission. Ils servirent à rédiger le communiqué diffusé à la télévision dans la soirée du 28 et le lendemain dans la presse. Ultérieurement, les communiqués se succédèrent régulièrement à mesure que nous recevions de nouvelles informations. Je rejette fermement les accusations de rétention volontaire d'informations sur Tchernobyl qui furent portées contre la direction soviétique. Tout simplement, nous ne connaissions pas encore toute la vérité.

Le caractère exceptionnel de l'accident nous conduisit à créer, dès le 29 avril, un groupe opérationnel du Politburo dirigé par Ryjkov. Ce groupe, disponible en permanence, travailla sans discontinuer. Les procès-verbaux et autres documents relatifs à ses travaux ont été publiés depuis [18].

Au cours de ces premiers jours, faute d'informations complètes, nous sentions intuitivement que le problème avait pris une dimension dramatique et que les conséquences pouvaient être très graves. Ryjkov et Ligatchev s'envolèrent le 2 mai pour Tchernobyl. Chtcherbitski se joignit à eux. Ils visitèrent la région sinistrée, écoutèrent la commission gouvernementale et s'entretinrent avec les habitants.

L'ampleur du désastre se précisait jour après jour. Nous commencions à mieux comprendre ce qu'il convenait de faire. En priorité, il

---

18. Notamment par les *Izvestia*, en 1992, après l'effondrement de l'URSS. (N.d.T.)

fallait assurer la sécurité de la population. Tous les moyens disponibles furent mis en œuvre pour un contrôle médical sans faille. On mit sur pied un réseau d'assistance médicale couvrant près d'un million de personnes, dont plus de deux cent mille enfants. La commission gouvernementale ordonna l'évacuation de la ville de Pripiat [19]. Dès qu'une première carte de la contamination fut établie, la population fut évacuée dans un rayon de dix, puis de trente kilomètres autour de la centrale. Certains habitants ne voulaient pas partir et il fallut les y contraindre. Début mai, 135 000 personnes étaient déplacées et un contrôle était établi sur toute la région.

La tranche endommagée de la centrale posait un problème scientifique et technique très complexe, car elle menaçait de s'effondrer. L'académicien Velikhov l'expliqua aux journalistes : « Le cœur radioactif du réacteur est en quelque sorte suspendu. Il est recouvert d'une couche de sable, de plomb, de bore, d'argile et c'est une charge supplémentaire sur les structures... Réussirons-nous à le maintenir ou s'enfoncera-t-il dans la terre ? Une situation aussi critique est totalement inédite. »

Des mesures furent prises pour empêcher la pollution des eaux du Dniepr par les matières radioactives infiltrées dans le sol. Les troupes de protection chimique, équipées du matériel nécessaire, commencèrent les travaux de décontamination. Les membres de la commission gouvernementale s'installèrent d'abord en permanence, puis établirent une rotation hebdomadaire. Elle fut ainsi présidée successivement par Boris Chtcherbina, Ivan Silaïev, Lev Voronine, Iouri Maslioukov, Vladimir Goussev, Guennadi Vedernikov et à nouveau Chtcherbina. Les instituts de recherche de Moscou, Leningrad, Kiev et d'autres villes travaillèrent également d'arrache-pied pour résoudre des dizaines de problèmes inédits. Pratiquement tout le pays s'attela à la tâche. Ces journées angoissantes de 1986 virent se manifester les plus belles qualités de notre peuple : l'abnégation, l'humanité, l'exigence morale. Les volontaires pour participer aux travaux d'assainissement étaient légion.

Dans un premier temps, la liquidation des conséquences de l'accident coûta quatorze milliards de roubles. Elle absorba par la suite plusieurs autres milliards. Les efforts déployés permirent de limiter le nombre de victimes et de circonscrire la contamination. En juillet, l'idée d'un « sarcophage » pour enfermer le réacteur endommagé fut adoptée. Il fut construit en un délai record et équipé d'un système d'alarme per-

---

19. Pripiat est la localité la plus proche de la centrale. Tchernobyl est le chef-lieu de district. (N.d.T.)

manent. Les experts de l'AIEA [20] reconnurent que nous avions fait tout ce qui était possible et nécessaire.

En toute franchise, je dois malgré tout reconnaître que, dans les premiers jours, nous n'avions pas une idée claire de la dimension de la catastrophe. Nous ne l'avons comprise qu'à mesure que les données réelles nous parvenaient. Mais, de même que la nature a horreur du vide, nos insuffisances initiales dans le domaine de l'information ont fait naître des rumeurs et répandu une certaine panique. De violentes critiques furent portées — et le sont toujours, d'ailleurs — à l'encontre du pouvoir central comme des directions ukrainienne et biélorusse. D'après ce qu'il m'a été donné de voir, personne ne s'est rendu coupable d'irresponsabilité quant au sort des populations. Si certaines choses n'ont pas été faites en temps utile, ce fut exclusivement par ignorance. Ni les politiques, ni même les scientifiques n'étaient préparés à vraiment saisir la portée des événements.

Le secret couvrant le nucléaire civil, le cloisonnement administratif et les monopoles dans le domaine de la recherche eurent des conséquences funestes. C'est ce que je dis au Politburo le 3 juillet 1986 : « Voilà trente ans que vous autres, scientifiques, spécialistes, ministres, n'arrêtez pas de nous dire que tout est fiable. Et vous escomptez que l'on vous regarde comme des dieux. Or, tout cela s'est soldé par un échec. Les ministères et les centres de recherches travaillaient hors de tout contrôle. Tout le système était miné par la flagornerie, l'esprit de chapelle, l'intolérance envers toute pensée hétérodoxe, l'épate et les liens personnels ou claniques avec les dirigeants. »

La guerre froide joua un rôle aggravant en raison du secret entretenu entre les deux blocs militaires, y compris dans le domaine du nucléaire civil. On ne savait presque rien des cent cinquante et une fuites radioactives, graves ou bénignes, survenues à travers le monde dans les centrales atomiques, ni sur l'expérience accumulée en matière de liquidation des accidents. Selon l'académicien V. Legassov, la probabilité des incidents nucléaires étant considérée comme très faible, la science et la technique, sur l'ensemble de la planète, ne s'y étaient que piètrement préparées. En tout cas, chez nous régnaient l'optimisme béat et, il faut bien le dire, une certaine frivolité. Comment oublier les déclarations faites devant le Politburo par les académiciens Anatoli Alexandrov et Efim Slavski immédiatement après l'accident ? Ces scientifiques émé-

---

20. Agence internationale de l'énergie atomique dont le siège se trouve à Vienne. (N.d.T.)

rites et respectés, créateurs de notre industrie électronucléaire, nous tinrent des propos bénins : ce n'est rien, de telles choses se sont déjà produites dans les centrales, il suffit de boire un ou deux verres, d'avaler quelques zakouski, de faire un bon somme, et il n'y aura pas de séquelles !

Le cloisonnement administratif n'était pas seulement dommageable sur le plan pratique. Il use le sens moral sans lequel la connaissance peut devenir une menace mortelle. La crainte de faire preuve d'initiative, la peur inspirée par la hiérarchie et la volonté de fuir ses responsabilités ont joué un rôle extrêmement négatif. Quant au mécanisme de prise de décision, il s'est tout simplement révélé défaillant.

Les conséquences de l'accident sont progressivement apparues. Au début, le sort de la ville de Kiev et de la vallée du Dniepr nous préoccupait en priorité. Or, du fait du régime des vents, ce fut la Biélorussie — et principalement la région de Moguilev — qui fut la plus touchée. Des traces de pollution radioactive furent décelées par la suite dans la région de Briansk et, plus loin, près de Toula.

À la mi-mai, je fis une déclaration télévisée pour exprimer toute notre sympathie aux victimes et à leurs familles, rendre hommage à tous les participants aux opérations de sauvetage et de décontamination, et énumérer les mesures prises. Je remerciai également tous ceux qui, à l'étranger, avaient réagi devant le désastre en nous tendant une main secourable. Les premiers à le faire furent les médecins américains Robert Gale et P. Taraski, ainsi que le président de l'AIEA, Hans Blix. Des organismes publics et des associations, des entreprises et des particuliers de nombreux pays nous firent parvenir du matériel de lutte contre l'incendie, de la robotique[21], des médicaments. Ce fut un formidable élan de solidarité.

Dans le même temps, certaines officines étrangères déversèrent un flot de propagande accusatrice, utilisant la tragédie pour discréditer notre nouvelle politique. Il faut dire que, de ce point de vue, certains éléments de notre pays n'étaient pas en reste : tous les moyens leur furent bons pour utiliser Tchernobyl à des fins de spéculation politique.

Le Politburo était partagé entre deux attitudes. Les uns étaient favorables à un contrôle de l'information de manière à éviter toute panique. Même aujourd'hui, on assiste souvent à des tentatives pour retenir ou même supprimer des informations sur les problèmes dans les centrales nucléaires. Pourtant, une autre attitude prévalut : diffuser intégralement

21. Pour la manipulation à distance des matières radioactives. (N.d.T.)

les données au fur et à mesure qu'elles nous parvenaient, à la seule condition qu'elles fussent fiables. C'était mon point de vue, partagé par Ryjkov, Ligatchev, Iakovlev, Medvedev et Chevardnadze. Tchernobyl mit à rude épreuve la glasnost, la démocratie et l'ouverture.

Des télégrammes contenant des informations exhaustives et actualisées furent envoyés aux gouvernements des pays voisins et d'autres États. Chtcherbina et les membres de la commission donnèrent des conférences de presse les 6 et 9 mai à Moscou. À la mi-mai, des représentants de la presse, soviétique et étrangère, se rendirent en Ukraine et purent vérifier si Kiev était vraiment « une ville morte » ou si « des milliers de personnes » avaient vraiment péri, comme le prétendaient certains médias occidentaux. Une délégation conduite par l'académicien Legassov présenta à l'AIEA, à Vienne, des rapports compétents, précis et sincères.

Le 3 juillet, en présence de représentants des républiques, le Politburo entendit le compte rendu de la commission gouvernementale. À cette occasion, il fut procédé à un premier examen complet des causes de l'accident et les participants s'interrogèrent sur l'avenir du nucléaire civil. Le débat était désormais ouvert, notamment sur le problème des centrales atomiques de conception obsolète et sur la construction de nouvelles centrales, tout particulièrement dans les régions de forte activité sismique, comme l'Arménie ou la Crimée.

Après une réflexion approfondie, fondée sur les avis de spécialistes — parmi lesquels de nombreuses personnalités de réputation mondiale —, favorables ou non à l'industrie électronucléaire, je parvins à la conclusion qu'il nous était impossible encore de nous en passer. L'académicien Andreï Sakharov disait : « Il est clair que l'électronucléaire jouera un rôle grandissant. Mais, bien entendu, il faut assurer sa sûreté. » Igor Kourtchatov faisait une mise en garde similaire : « Un réacteur nucléaire, ça se "vouvoie", car il ne pardonne pas les erreurs et l'accident survient quand on l'oublie. »

Avec Tchernobyl, le monde a pu regarder le fond de l'abîme, mais il n'a pas pour autant découvert la solution miracle. De nombreux pays ont recours au nucléaire civil. En France, près de 70 % de l'énergie électrique est produite par les centrales nucléaires, et à peu près autant au Japon. Elle est de 10 à 11 % aux États-Unis, comme chez nous.

Tchernobyl a également contribué à nous faire prendre conscience du danger que représente toute négligence en matière d'environnement. Il nous a fait nous pencher sur des événements dramatiques comme l'accident nucléaire de Tcheliabinsk à la fin des années cinquante[22], ou les conséquences des essais nucléaires dans l'atmosphère. Après Tchernobyl, il n'était plus possible de pratiquer la même politique du silence que par le passé.

Ce drame a mis en lumière un certain nombre de maux dont souffrait notre système : dissimulation des accidents et des processus négatifs, irresponsabilité et incurie, négligence dans le travail, ivrognerie généralisée. Il constitua un nouvel argument de poids en faveur de réformes profondes.

« Mettre en œuvre les décisions du Congrès »

C'est un fait que l'accident de Tchernobyl nous a amenés, mes collègues et moi, à reconsidérer bien des choses. Nous avons constaté la nécessité de renforcer la discipline et l'ordre, à commencer par l'industrie électronucléaire. Et cependant, après mûre réflexion, j'acquis la conviction qu'il était impossible de résoudre le problème uniquement par des pressions administratives, des sanctions, des admonestations ou des blâmes. Avant tout, il fallait promouvoir la perestroïka.

Ma principale crainte était que, une fois encore, tout ne fût emporté par des flots de paroles. L'apparition un peu partout des slogans habituels, du type : « Donner vie aux décisions du Congrès », et les communiqués de presse parlant d'« approbation unanime » constituèrent les signes avant-coureurs d'un enterrement de première classe. Pour empêcher une fin sans gloire de nos projets, il fallait en premier lieu superviser l'établissement du plan de développement socio-économique du pays pour les années 1986-1990.

Un plénum du CC se tint le 16 juin, après de nombreuses discussions, au gouvernement et au Politburo, sur les objectifs du XIIe plan quinquennal. Dans mon rapport, je brossai un tableau des changements envisagés. Ils visaient à assurer des rythmes stables de croissance

---

22. En septembre 1959, dans la ville fermée de Tcheliabinsk-40 (Kychtym), dans l'Oural, une explosion chimique dans une cuve à déchets de fission d'un dépôt militaire produisit une importante contamination radioactive. La réalité de l'accident, gardé secret pendant près de trente ans, ne fut finalement reconnue par les autorités qu'à la fin des années quatre-vingt. (N.d.T.)

du revenu national. Pour la première fois, il fut dit que tous les secteurs de l'économie devraient passer aux nouvelles méthodes de gestion au cours du quinquennat.

Les décisions du plénum ancraient la nouvelle ligne économique dans le concret, mais l'inquiétude de nombreux orateurs ne m'avait pas échappé. Ils craignaient manifestement de voir leurs fauteuils de dignitaires inamovibles se transformer en sièges éjectables. Il était difficile d'espérer gagner avec un tel état d'esprit des cadres dirigeants.

Cela m'incita, une semaine plus tard, à rencontrer les secrétaires et les chefs de département du CC pour leur faire part de mes impressions sur le plénum. Je leur dis que les organes du parti et les cadres dirigeants se réformaient trop lentement et que, faute d'une « petite révolution », nous étions condamnés à l'échec. De nombreux comités du parti ne se préoccupaient guère des réformes, mais cherchaient toujours à temporiser. Cette attitude inacceptable était dangereuse : la société s'était réveillée et attendait le changement. Dans ces conditions, le secrétariat du CC ne pouvait se contenter d'être un observateur passif.

Les débats de l'époque étaient dominés par le problème des cadres. Fin juillet, à la veille d'une tournée dans l'Extrême-Orient soviétique, je rencontrai les rédacteurs des journaux de cette région et leur reprochai leur indécision et leur silence.

— Mikhaïl Sergueïevitch, me rétorquèrent-ils avec amertume, répétez donc ce que vous venez de nous dire aux secrétaires des raïkoms, gorkoms et obkoms du parti. Nos journaux ne sont que leurs porte-parole et ils n'ont que faire, eux, de la glasnost.

Mon voyage à Vladivostok, Komsomolsk-sur-Amour et Khabarovsk me convainquit qu'ils avaient raison. Je me heurtai à une impéritie et à une indifférence envers les conditions de vie de la population dont je n'avais même pas idée. L'ouverture et la glasnost étaient le cadet des soucis des dirigeants locaux. Au contraire, ils ne songeaient qu'à continuer à laver leur linge sale en famille.

L'Extrême-Orient, région d'une importance vitale pour le pays, ne bénéficiait pas, de la part des autorités centrales, de toute l'attention qu'il méritait. Les problèmes étaient réglés à la va-vite, généralement au dernier moment, lorsque la catastrophe était imminente. Mes entretiens avec les responsables, les scientifiques, les techniciens, les habitants furent riches d'informations précieuses qui me permirent par la suite de prendre des dispositions pour développer le territoire.

Ma tournée m'aida également à comprendre ce qui se passait loin de

Moscou et la manière dont la perestroïka était accueillie. En fait, il n'y avait rien de bien rassurant : les espoirs de changement ne trouvaient aucun écho dans les structures du parti et de l'administration. D'instinct ou consciemment, les notables sabotaient la perestroïka, laissant en suspens les questions les plus élémentaires.

Ainsi, je comprenais bien que l'on ne pût résoudre du jour au lendemain les problèmes de logement des pêcheurs de Vladivostok : cela demandait d'importants investissements. En revanche, à Komsomolsk-sur-Amour, les usines d'armement qui fabriquaient des sous-marins et des avions modernes envoyaient presque quotidiennement des avions de transport à Tachkent pour les besoins de l'industrie. Il m'était difficile de comprendre pourquoi les dirigeants locaux ne songeaient pas à les charger au retour de légumes et de fruits. Et pourquoi ne pas faire des glaces pour les enfants en pleine canicule estivale ? Et pourquoi les habitants de la ville étaient-ils contraints d'aller acheter des meubles en Asie centrale alors qu'il suffisait d'augmenter la production locale ?

Au cours de mon périple, une demande revenait sans cesse : « Mikhaïl Sergueïevitch, il faut nous permettre de choisir nous-mêmes les dirigeants, de promouvoir des hommes intelligents, honnêtes, travailleurs. À ce moment-là, tout ira bien. »

Le 20 août, je partis me reposer en Crimée, mais je n'étais pas d'humeur vacancière : soucieux et inquiet, le cœur lourd, je continuais à réfléchir à la situation, à prendre des notes, à donner des instructions. Je me convainquis qu'il fallait procéder à un renouvellement radical des cadres et créer un système de recrutement et de répartition répondant aux missions nouvelles. Mais, dans le même temps, je comprenais bien que le facteur humain n'était pas seul en cause. Les responsables devaient opérer dans le cadre contraignant d'un système qui laissait peu d'espace à l'initiative. Il fallait donc réformer le système lui-même, et cette conclusion ne me semblait plus hérétique.

Les informations confidentielles qui me parvenaient en Crimée, la presse, les conversations téléphoniques avec Ligatchev (qui « tenait la boutique » en mon absence, à Moscou), avec les secrétaires du CC et des secrétaires d'obkom confirmaient mon impression : les réformes marquaient le pas. Sans attendre la fin de mes vacances, je pris l'avion pour Krasnodar et Stavropol. Je voulais visiter des lieux que je connaissais bien, discuter avec les habitants, tester mes idées.

Je n'espérais pas de miracle et je n'en vis pas : dans ces deux régions, le changement se heurtait aux mêmes difficultés que partout ailleurs. Le soutien de la population à la politique de perestroïka se renforçait, mais les structures du parti et de l'administration demeuraient inaltérables. Je me demandai si la responsabilité de cet état de fait incombait à l'incompréhension des élites et à leur incapacité à changer, ou à un instinct de conservation qui les avertissait du danger de toute innovation.

Quelques années plus tard, en novembre 1991, Ed Hewitt, politologue devenu conseiller du président des États-Unis, me confia :

— À partir de 1985, je me suis rendu trois années durant à Moscou pour me plonger dans l'atmosphère de la capitale, rencontrer des personnalités politiques, des représentants de la presse, de l'intelligentsia créatrice. La perestroïka battait son plein. Un vrai raz de marée ! Mais ensuite, je quittais la capitale pour aller en province. Il suffisait de s'en éloigner de cent kilomètres pour constater la léthargie qui y régnait.

Le problème des cadres

Un débat sur le problème des cadres s'imposait. Un nouveau plénum devait se tenir à l'automne, mais la mise au point du rapport traînait en longueur et la date dut en être repoussée deux fois. Le 1er décembre, à la réunion du Politburo, j'évoquai mes rencontres avec les secrétaires d'obkom. Beaucoup d'entre eux restaient sous l'emprise des attitudes anciennes.

— Je suis convaincu, dis-je, que la cause principale de la stagnation est l'ankylose du personnel dirigeant. Si nous voulons améliorer les choses, il faut changer les cadres et modifier la politique en matière de cadres. Le problème du droit moral à diriger se pose aussi. La population n'a tout simplement plus confiance en ceux qui se sont sali les mains.

Chaque membre du Politburo avait sa vision des choses. Gromyko insista sur la nécessité d'une « orientation optimiste du rapport ». Chevardnadze réclama une critique plus rigoureuse de la situation au sein du parti et du déclin de sa crédibilité. Solomentsev proposa de parler plus vigoureusement de l'« exploitation du socialisme par des vauriens et des escrocs ». Mais au-delà des nuances, les thèses majeures du rapport furent soutenues.

Peu avant le Nouvel An, je m'entretins avec les chefs de département du CC contre qui s'étaient accumulés de nombreux griefs : « Je sais que l'on murmure dans l'appareil, leur dis-je. Maintenant, la flagornerie ne marche plus. Ce qui tend à prévaloir, c'est la compétence, la conscience, la responsabilité. Ces qualités font défaut à beaucoup. Pour la direction du CC, certaines attitudes anciennes sont inacceptables. La situation dans le pays est devenue plus difficile, les décisions prises n'ont pas été appliquées, mais l'appareil reste silencieux, se contentant, au mieux, de signer des mémorandums.

» Désormais, cette attitude doit être résolument condamnée et rejetée. Dans l'appareil, il y a aussi ceux qui comptent sur l'échec de la réforme et se réjouissent de nos mécomptes. Le secrétaire de l'un des raïkoms de la capitale aurait récemment déclaré : "Attendons ! Dans deux ans les choses se seront tassées." Il est convaincu que la perestroïka sera enterrée. Eh bien, je vous dis ceci : les gens de cet acabit n'ont pas leur place parmi nous. Il faut surmonter l'approche nomenklaturiste de la politique en matière de cadres. Nous ne réussirons pas à changer les choses, à résoudre les problèmes de la perestroïka si nous ne démocratisons pas le parti et la société. »

Les idées qui devaient nourrir mon rapport furent testées dans le même esprit. Chaque rencontre contribuait à une meilleure formulation des objectifs, tout en permettant de mesurer ce que la physique appelle la « résistance des matériaux ». (Je me souviens qu'à une réunion du Politburo, Ryjkov fit observer que parmi les soixante ministres, aucun n'avait demandé à prendre sa retraite, alors que beaucoup d'entre eux pouvaient faire valoir leurs droits depuis fort longtemps.)

À la datcha de Zavidovo, la discussion sur le rapport faillit être à l'origine d'une dispute entre moi et mes assistants. Même la présence de Raïssa Maximovna ne suffit pas à calmer les passions et nous interrompîmes notre travail jusqu'au lendemain. L'incident joua un rôle plutôt positif : une fois les passions apaisées, nous aboutîmes rapidement à un accord sur les questions litigieuses. Le texte final rompait avec la routine et constituait une étape importante pour la réévaluation du passé et le choix du chemin à suivre. J'avais beau avoir consulté les membres du Politburo sur les thèmes majeurs du rapport, je n'en étais pas moins anxieux, le 19 janvier 1987, au moment de le leur soumettre. Je savais pouvoir compter sur la solidarité de Ryjkov, sur le soutien énergique, et même émotionnel, de Chevardnadze. En tête à tête avec Vorotnikov, j'avais ressenti quelque réserve. Et les autres ? Allaient-ils soutenir l'idée de démocratisation ? Car mon texte sonnait le glas de l'approche nomenklaturiste. Un élément nouveau et décisif était désormais introduit dans le processus : l'opinion et la volonté des citoyens.

Le succès dépassa toute attente. Le projet bénéficia pratiquement du soutien général et les questions critiques soulevées contribuèrent à créer un climat de franchise inhabituel dans ce cadre. Certains exprimèrent sans doute des sentiments depuis longtemps refoulés. Gromyko donna le ton : « Le projet va très loin... Il y a un contingent de cadres qui ne se sont pas encore manifesté et il y a ceux qui ne sont pas à la hauteur. C'est l'existence même de l'État socialiste qui est en jeu. »

« La critique est sévère, mais permet de garder quelque espoir », souligna Ryjkov en se prononçant en faveur de la démocratisation qu'il lia à la solution des problèmes de l'économie. Il proposa d'introduire une durée limite d'exercice des fonctions étatiques, y compris pour les ministres, et des candidatures alternatives pour les élections des secrétaires des comités du parti.

Ligatchev put évidemment constater qu'il ne restait presque rien des textes passe-partout élaborés par son département, mais n'en fit pas moins l'éloge le plus vibrant du projet, approuvant la nécessité de réformer le système politique : « Je suis persuadé qu'il faut éviter les crises périodiques si dommageables. L'essentiel, j'en suis certain, est la démocratisation. »

Ce thème fut repris par Chevardnadze. Prenant l'exemple de la guerre en Afghanistan, il souligna que, dans le passé, le principe de la prise de décision collégiale avait été trop fréquemment violé, un petit groupe court-circuitant le Politburo, sans parler du CC et des organes suprêmes de l'État. Désormais, on mettait en place « un ensemble de dispositions destinées à empêcher la répétition des erreurs commises ». « C'est une révolution morale », conclut-il.

Eltsine ne demanda pas à prendre la parole et je lui demandai s'il ne désirait pas s'exprimer. Il commença par affirmer qu'il soutenait « la plupart des thèses du rapport », estimant cependant nécessaire de fournir une évaluation précise de la période d'avant la perestroïka. Il ajouta que, dans la mesure où les membres du Politburo et du CC des mandats précédents étaient responsables de la stagnation, il convenait d'incriminer personnellement chacun d'entre eux.

Je conclus ces longues délibérations en faisant observer que l'objectif essentiel du plénum était de mettre en évidence les raisons profondes de ce qui nous avait amené à la situation présente et de soutenir la perestroïka qui avait tant de mal à s'imposer dans le pays. Je m'opposai à toute tentative pour réduire l'évaluation du passé à la simple mise en cause de l'action des dirigeants précédents. Ce qui comptait, c'était d'en tirer les conclusions politiques et les leçons pour l'avenir. Le rapport indiquait aussi que les principales causes des retards pris par la perestroïka étaient la politique des cadres et le fonctionnement des structures administratives. Il fallait faire appel à des forces nouvelles, mais il était inadmissible de persécuter ou de briser des gens sous couleur de renforcer l'exigence envers les cadres. La perestroïka avait commencé sous le signe de la mise en œuvre des principes démocratiques dans la société et le parti, mais on ne pouvait atteindre ces objectifs par des méthodes autoritaires. Je promis, dans la mesure du possible, d'intégrer dans mon rapport les remarques les plus importantes qui venaient d'être faites.

Après mon intervention, Eltsine sembla désarçonné. Il n'était à la tête du gorkom de Moscou que depuis quelques semaines et déjà de nombreuses plaintes commençaient à nous parvenir au sujet de sa grossièreté, de son manque d'objectivité et de sa brutalité. Je comprenais qu'il était difficile de travailler à Moscou et que Boris Nikolaïevitch ressentait sans doute avec plus d'acuité que les autres la résistance de la nomenklatura. Pourtant, j'estimais que ce style de travail avec les cadres n'était plus d'actualité. Il prit de nouveau la parole : « C'est une leçon pour moi, dit-il. Je pense qu'elle ne vient pas trop tard. »

Ligatchev eut le mot de la fin :

— Le plus dur est de s'habituer à être soumis à la critique...

Le plénum de janvier 1987

Plus tard, devant le Politburo, Ligatchev eut l'occasion de dire : « Le XXVIIe congrès a répondu à la question de savoir ce qui s'était passé, et le plénum de janvier à la question de savoir pourquoi. » Il avait raison : le plénum entreprit une analyse globale du chemin franchi par le pays et lança la politique de démocratisation. Sur 74 orateurs inscrits, 34 purent monter à la tribune et aucun n'omit de critiquer la bureaucratie et de préciser qu'il votait « des deux mains » pour la nouvelle ligne.

Et pourtant, cette session, différente des précédentes par le climat détendu des débats, ne parvint pas à rompre avec le passé sur une question majeure : nul n'osa mettre en cause le monopole du parti sur la nomination des cadres dirigeants. Comment concilier élections libres et système nomenklaturiste ? Les orateurs préférèrent éluder ce thème.

Ce fut également au plénum de janvier que les doutes suscités par la glasnost apparurent au grand jour pour la première fois. Je fus très surpris par l'intervention de Valentina Goloubeva, une tisseuse deux fois titulaire du titre de Héros du Travail socialiste : « Le temps de la critique sans nuance et des contrôles visant uniquement à répertorier les défauts n'a que trop duré. Il nous faut distinguer nettement entre la critique constructive et la critique gratuite, voire même malveillante... On ressasse à plaisir les échecs et on néglige l'expérience positive. Il doit y avoir une limite à tout. Le danger est de passer d'un extrême à l'autre... »

Il était clair que l'élite du parti ne se résignerait pas facilement à perdre les positions acquises. Comme il fallait s'y attendre, la glasnost devint le premier enjeu de la lutte pour la liberté.

Néanmoins, le plénum approuva notre évaluation des causes de la crise qui était devenue évidente à la charnière des années soixante-dix et quatre-vingt, et soutint l'idée de la démocratisation. En même temps, il était évident que beaucoup de membres du CC n'étaient pas prêts à prendre le tournant qu'annonçait mon rapport. Dès lors, que pouvait-on attendre des nomenklaturistes de rang inférieur ?

Il est probable que les historiens verront dans ces semaines difficiles de la fin de 1986 et du début de 1987 la première crise grave de la perestroïka. Et ils auront raison. Nous ressentîmes alors des « secousses souterraines », les signes avant-coureurs des cataclysmes futurs, même si la société, dans l'attente de changements positifs rapides, n'avait encore aucune conscience des malheurs que lui apporteraient la résistance obstinée des rétrogrades et l'agressivité des radicaux.

L'atmosphère changeait, comme si une bouffée d'air frais chassait l'air vicié d'une chambre trop longtemps fermée. Et, puisque tout se traduit par des chansons, le succès de l'année fut *Brise fraîche*.

Le forum d'Issyk-Koul

Le mois d'octobre 1986 vit se produire un événement qui allait jouer un grand rôle dans la perestroïka : le forum d'Issyk-Koul. L'écrivain Tchinguiz Aïtmatov fut l'inspirateur et l'instigateur de cette rencontre internationale qui réunit des personnalités aussi éminentes qu'Arthur Miller, Alexander King, Alvin Toffler, Peter Ustinov, Omer Livanelli, Federico Mayor ou Afevork Tekle. Le but du forum était d'aborder des sujets aussi divers et globaux que la menace nucléaire, les périls écologiques et les défaillances de la morale, surtout en politique.

Je rencontrai les participants le 20 octobre, une semaine après le sommet de Reykjavik. Un courant de sympathie s'installa entre eux et moi, et nous passâmes quelques heures à table, à discuter à bâtons rompus. Je rappelai notamment à mes interlocuteurs une réflexion de Lénine sur « la primauté des intérêts du développement social sur les intérêts de classe ». À l'âge des missiles à ogives nucléaires, précisai-je, il valait mieux qu'elle fût comprise et reconnue dans le monde entier.

Cette conversation, publiée dans la revue *Kommounist*, fut une véritable bombe lancée dans le camp des partisans de l'orthodoxie communiste, particulièrement le thème des valeurs humaines universelles. Combien de débats acharnés cette notion ne suscita-t-elle pas au sein du parti !

— Nous ne rejetons pas les valeurs universelles, me disait Ligatchev, mais on ne peut faire litière des intérêts de classe !

— Oui, mais je parle bien de la primauté des valeurs humaines universelles. Cela ne veut pas dire que nous nions les intérêts des classes, des groupes nationaux ou autres. Il est clair, pourtant, qu'ils perdent toute importance si nous ne parvenons pas à conjurer la guerre atomique. De quels intérêts, de quelles classes pourrait-il être question si tout partait en fumée ?

Nous avions déjà des visions différentes des réalités nouvelles. Je sentis alors avec acuité combien il serait difficile de se frayer un chemin à travers le taillis des dogmes fossilisés ! N'était-ce pas évident : la menace nucléaire, la crise écologique, la division du monde, autant de directions dans lesquelles il était insensé de poursuivre. Et là-dessus, le soupçon : « ça sent l'hérésie antimarxiste… Gorbatchev s'est trahi, il trame quelque chose. »

CHAPITRE 10

PLUS DE LUMIÈRE : LA GLASNOST

« Plus de lumière », disait souvent Lénine lorsque le parti était dans la clandestinité. Ces paroles se sont gravées dans mon esprit alors que j'étais encore étudiant. Plus tard, mon expérience politique m'a convaincu que l'oubli de ce mot d'ordre n'avait rien de fortuit : il ne convenait guère à la nomenklatura. Durant les premières années qui ont suivi la Révolution, la glasnost était comprise comme une arme du parti contre ses ennemis : on attaquait les contre-révolutionnaires et l'impérialisme, on critiquait les bureaucrates du nouveau « cru prolétarien ». Cela s'arrêtait là. Lénine avait établi un contrôle rigoureux sur l'information. Les bolcheviks craignaient-ils vraiment un affrontement ouvert avec leurs adversaires idéologiques ? Cette question m'a toujours intrigué.

En tout cas, au sein du parti, la glasnost ne fut bridée qu'au milieu des années vingt. Auparavant, les débats y étaient acharnés. L'exclusion et l'exil de Trotski marquèrent la fin de la confrontation des idées. Certes, débats et affrontements idéologiques se poursuivirent jusqu'en 1929, mais plutôt par inertie. Avec la défaite de l'opposition boukharinienne, l'éteignoir totalitaire s'abattit également sur le parti.

« Plus de lumière » : ce furent aussi les dernières paroles de Goethe sur son lit de mort, comme je l'appris lorsque je visitai sa maison à Weimar.

Les premiers pas de la glasnost

Mon voyage à Leningrad, en mai 1985, peut être considéré, je crois, comme le premier acte de glasnost. Mes contacts avec la population tranchèrent avec les habitudes des dirigeants précédents. Mes interventions sans notes ni consultations préalables avec mes collègues posaient un véritable problème au Politburo. Pour la première fois, de nombreux éléments dont il avait été question confidentiellement dans les hautes sphères du parti furent exposés au grand jour. Mais cela ne s'arrêta pas là.

À l'aéroport, au moment du départ, Zaïkov me remit une cassette vidéo de ma rencontre à Smolny avec les communistes de la ville. À mon retour, nous la regardâmes en famille, à la datcha. Ma femme me dit :

— Je pense que chacun devrait voir ça pour savoir.

De là naquit l'idée d'envoyer la cassette aux obkoms. Chacun pourrait ainsi assister à l'intégralité de mon intervention, alors que seuls des extraits avaient été diffusés par les médias audiovisuels. La décision n'était pas facile à prendre : je ne voulais pas donner l'impression de vouloir me mettre en avant. Après avoir envoyé la cassette à Ligatchev, je lui passai un coup de fil :

— Egor Kouzmitch, regarde la vidéo et dis-moi ce que tu en penses. Ne pourrait-on pas la diffuser auprès des obkoms ?

Peu après, il me rappela :

— Je crois qu'à l'exception de quelques phrases, il faut la passer intégralement à la télévision. Zimianine est d'accord.

Fort de l'approbation de mon « bras droit » et du responsable de l'idéologie, je donnai le feu vert. Tous ceux qui ont suivi les événements, à l'époque, se souviennent du vif écho que souleva cette émission dans le pays.

Le premier pas vers la glasnost était fait, mais il restait encore un long chemin à parcourir. Certes, un nouveau « patron » prit en charge le département de la propagande à partir de l'été 1985 [1], mais l'énorme machine idéologique — les apparatchiks, la presse, les écoles du parti, l'Académie des sciences sociales, etc. — continuait à fonctionner sur sa lancée. Changer les choses n'était possible qu'en ouvrant, l'une après l'autre, des « fenêtres » dans le système du secret total. Cela, seul le secrétaire général pouvait le faire.

Mon interview au magazine américain *Time*, début septembre, et mon entretien avec trois correspondants de la télévision française, en octobre, figurent en bonne place parmi les percées vers la glasnost. Selon l'usage consacré, la rédaction de *Time* formula les questions à l'avance. Les réponses étaient également rédigées par écrit, mais lorsque

1. Il s'agit, rappelons-le, d'Alexandre Iakovlev. (N.d.T.)

les Américains se présentèrent, le jour dit, une conversation animée s'engagea. Elle fut publiée *in extenso* par la *Pravda*, ce qui suscita un vif intérêt dans le pays et dans le monde. On peut en dire autant de ma rencontre avec les journalistes français à la veille de mon voyage officiel à Paris. Ils menèrent l'entretien, en direct, dans un esprit offensif — et parfois même avec rudesse — en posant des questions sans détour. Mais il ne me semble pas avoir perdu cette bataille.

À mes yeux, ces deux interviews représentaient une expérience nouvelle, un acquis. Je sentais que j'avais franchi un pas. Il y a une différence substantielle entre parler depuis une tribune à un auditoire réceptif et discipliné et faire face à quelqu'un qui peut, à tout moment, vous interrompre et objecter. Je ne me suis pas senti détendu d'emblée et je dois reconnaître que j'étais plutôt circonspect, au départ. Mais je me suis progressivement « échauffé », et j'ai fini par oublier que mes propos étaient enregistrés ou retransmis en direct.

Le nouveau style de communication du secrétaire général donna l'exemple aux autres responsables du parti. Une fois rentré dans l'usage, ce type de comportement sembla normal et routinier, mais à l'origine il fut perçu comme une chose extravagante qui ravissait les uns et indisposait les autres.

L'encouragement donné aux médias pour dénoncer les abus et les défaillances dont il était précédemment impossible de parler fut un nouveau pas dans le développement de la glasnost. La société était si lasse de toutes les pressions et de tous les tabous qu'il suffisait de donner un peu d'« oxygène » aux journalistes pour qu'ils deviennent la proie d'une véritable fièvre critique. Et là, ils se heurtaient immédiatement aux résistances de la nomenklatura, voire même à des persécutions, particulièrement féroces en province. Naturellement, il y eut également des dérapages dans l'autre sens sur lesquels j'attirai moi-même l'attention : la critique, qui reposait parfois sur des manipulations, pouvait prendre un caractère insultant et même calomniateur.

À chaque parution, ou presque, certaines publications osaient reculer les limites alors admises de l'ouverture. Les « locomotives » de ce mouvement furent surtout les périodiques *Ogoniok* (*Petite Flamme*), *Moskovskie Novosti* (*Les Nouvelles de Moscou*) et *Argoumenty i Fakty* (*Arguments et Faits*). Aux plénums du CC, dans l'appareil et à la direction, on grognait contre le laxisme à l'égard de la presse. J'en vins progressivement à la conclusion qu'il fallait, certes, protéger la glasnost, mais que les médias devaient aussi assumer leurs responsabilités. Il convenait d'atteindre ces deux objectifs non pas en tançant les rédacteurs, mais en adoptant une loi sur la presse. Je commençai à y songer en 1986, mais il fallut du temps avant de la traduire dans les faits.

Néanmoins, grâce à la glasnost, la perestroïka put se doter d'une base sociale plus large, ce qui était capital pour la transformation du pays. Mais, dans les médias qui, jour après jour, diffusaient et expliquaient les idées nouvelles, nous avions besoin d'hommes véritablement « engagés ». Sans cela, il était vain d'escompter des actions pratiques permettant de faire avancer la perestroïka.

L'utilité de la glasnost m'apparut clairement lorsque je constatai combien les initiatives du sommet se heurtaient à l'obstruction des structures verticales de l'appareil. La liberté de parole permettait de passer par-dessus la tête des apparatchiks pour s'adresser aux populations, les inciter à agir et obtenir leur appui. Cette boucle de rétroaction fut particulièrement stimulante pour les initiateurs de la réforme.

Zones interdites

Le problème des « zones interdites à la critique » se posa très rapidement. Brejnev épargnait ses « compagnons d'armes » du sommet de la hiérarchie : il était, peu ou prou, tributaire de leur soutien. Sous son mandat, jamais la moindre critique ne fut autorisée contre Kounaïev, Chtcherbitski, Rachidov, Aliev ou Grichine. Une telle chose aurait été inconcevable.

Bien entendu, au niveau local, on pouvait critiquer presque tout le monde, y compris le président du comité exécutif du soviet. En revanche, le premier secrétaire demeurait intouchable tant qu'il n'était pas démis d'en haut. C'était une règle impérative. Ainsi, lorsque, les uns après les autres, les responsables du parti d'un rang toujours plus élevé se sont vu sortir de la zone interdite à la critique, ils l'ont très durement ressenti. En témoignaient leurs innombrables appels téléphoniques aux rédactions et au CC pour exprimer leur indignation à l'encontre d'émissions ou de journaux qui avaient « osé » dénoncer ces véritables féodaux implantés depuis des lustres dans leurs fiefs ! Beaucoup se plaignaient du rédacteur en chef de la *Pravda*, Viktor Afanassiev. Les dirigeants de certaines régions tenaient même une comptabilité des échos positifs et négatifs dont ils faisaient l'objet dans les pages du quotidien du parti, et ils exigeaient de celui-ci qu'il maintînt un « bilan positif » pour « ne pas léser les communistes, les travailleurs de notre région ». De ce point de vue, les lobbies régionaux au sein du CC déployèrent une énergie considérable.

Les zones de tabou absolu s'étendaient aux dépenses militaires réelles et, plus généralement, à la situation au sein des armées, à l'état de la recherche scientifique au sein du complexe militaro-industriel, sans oublier les crédits et les allocations de ressources à la défense. Même les membres du Politburo étaient obligés de signer des résolutions portant sur des questions ultra-secrètes sans avoir le droit de poser des questions ou de débattre. Sous Brejnev, Oustinov exerçait un monopole de fait sur les questions de défense et, le secrétaire général mis à part, aucun membre de la direction n'osait s'y intéresser ou simplement demander des éclaircissements. Dans le même esprit, la pratique de la *diedovchtchina*[2] sévissait depuis longtemps, mais était passée sous silence.

Le commerce extérieur faisait également partie du domaine « hors droit », tout particulièrement en matière de ventes d'armes : les quantités, les types, la destination, le règlement, autant de questions couvertes par le secret. Mais, c'était pratiquement la même chose pour le commerce des céréales, des hydrocarbures ou des métaux. Les annuaires étrangers publiaient des chiffres précis sur nos exportations, mais ils restaient « strictement confidentiels » chez nous.

Le KGB sortait totalement du champ de l'information et de la critique. À part, de temps en temps, des communiqués laconiques sur l'expulsion d'un espion ou les liens d'un dissident avec les services secrets impérialistes, jamais rien ne transpirait.

Les statistiques étaient soumises à une censure stricte. Les chiffres, que ce fût en matière économique, sociale, culturelle ou démographique, n'étaient publiés que par décision expresse du CC, après « nettoyage » et avec des omissions considérables, surtout lorsqu'ils se rapportaient au niveau de vie de la population. Les chiffres de la criminalité et les statistiques médicales étaient indisponibles.

Le budget réel de l'État — et son déficit — était aussi secret que les dépenses militaires. Les millions d'épargnants ignoraient que l'on opé-

2. Sorte de « bizutage » particulièrement sévère des nouveaux conscrits par les anciens. Pendant les premiers mois de leur service (qui durait deux ans), les soldats étaient transformés en une sorte de main-d'œuvre servile et corvéable à merci, éventuellement jusqu'à ce que mort s'ensuive. (N.d.T.)

rait des prélèvements illégaux sur leurs dépôts à la Caisse d'épargne[3] afin de colmater les brèches. Quant aux dépenses militaires, comme j'ai déjà eu l'occasion de le dire, elles avaient, des années durant, augmenté une fois et demie ou deux fois plus vite que le revenu national.

Bien entendu, le projet de budget soumis aux députés du Soviet suprême était en parfait équilibre. Il comportait un poste « Autres dépenses » crédité de 100 à 120 milliards de roubles. Et aucun des élus du peuple ne s'est jamais enhardi à demander ce que recouvrait cette rubrique qui représentait tout de même le cinquième du budget total !

D'ailleurs, ce manque de curiosité n'était que trop normal : les audacieux qui souhaitaient obtenir des informations sur une « question délicate » étaient tout simplement ignorés. À moins qu'on leur expliquât que les intérêts supérieurs de l'État ne permettaient pas d'accéder à leur requête.

L'ouverture de ces « zones interdites » était incroyablement malaisée. La moindre tentative se heurtait à la résistance désespérée des administrations intéressées, à la réprobation des gardiens des secrets et aux gémissements des idéologues. C'était d'ailleurs fort compréhensible : la glasnost menaçait de mort certains organismes en dévoilant leurs carences et leur totale inutilité. Quant aux idéologues, ces « cerbères du système », ils craignaient, non sans raison, que la vérité des faits ne portât atteinte à la foi dans l'infaillibilité des dogmes. Dès lors, chacun pourrait constater que non seulement le roi était nu, mais encore l'ensemble de sa cour.

Glasnost et environnement

La glasnost posa au grand jour le problème de l'écologie. On ne saurait dire qu'il était entièrement frappé d'interdit auparavant. Même du temps de Staline, on évoquait la réduction des superficies boisées et l'importance des bandes forestières protectrices créées pour y remédier sur ordre du chef suprême. Sous Khrouchtchev, la mode passa à la lutte contre la progression des sols marécageux et salifères. Du temps de Brejnev, la presse publiait épisodiquement des reportages sur les

3. À part la Sberbank (littéralement « Banque d'épargne »), l'URSS était dépourvue de tout système bancaire destiné aux citoyens. (N.d.T.)

problèmes écologiques les plus graves : ceux du lac Baïkal, de la mer d'Aral, du lac Ladoga, de la Caspienne ou de la mer d'Azov.

Il était évidemment exclu de franchir certaines limites. Seules de maigres bribes d'informations parvenaient au public. Comment celui-ci aurait-il pu se représenter toute l'ampleur du préjudice causé à notre environnement par le traitement barbare qui lui était infligé ? Pour la première fois, grâce à la glasnost, il pouvait accéder à l'entière vérité sur l'état de nos sols, de nos forêts et de nos eaux, sur l'air que l'on respirait dans nos villes. Non seulement le « mouvement vert » reçut une forte impulsion, mais encore la population entière se mit à s'intéresser aux nuisances que pouvaient apporter les projets de construction de centrales nucléaires, d'usines chimiques et métallurgiques, ou simplement d'aérodromes.

Je garde un souvenir vivace de l'opposition des habitants de Volgograd aux projets d'extension d'une entreprise de pesticides et d'engrais, malgré toutes les garanties fournies par les constructeurs en matière d'écologie. Des événements similaires se produisirent ailleurs, même lorsqu'il était question de construire des unités de production d'articles dont les pénuries étaient pourtant chroniques. La forte résistance de la population contraignit le pouvoir à renoncer au projet démentiel d'inverser le cours des grands fleuves sibériens, qui aurait pu causer bien des cataclysmes. Les noms d'écrivains célèbres furent associés aux principaux axes de la lutte pour la protection de la nature : Valentin Raspoutine au lac Baïkal, Sergueï Zalyguine à la Volga, Soulemeïnov au site nucléaire de Semipalatinsk, Vassili Belov aux forêts du Nord, etc.

La glasnost révéla combien nous étions prodigues de nos ressources naturelles que nous semblions considérer comme inépuisables ; avec quelle maladresse nous produisions — ou plutôt parvenions à ne pas produire — notre pétrole ; comment nous avions endommagé de nos lourdes bottes la délicate végétation de la toundra ; comment nous avions voué à l'extinction de précieuses espèces de poissons en construisant des guirlandes de centrales hydroélectriques sur la Volga. Nous avons appris que dans quatre-vingt-dix villes (pratiquement tous les grands centres industriels de l'Union) le taux de pollution dépassait la cote d'alerte. Et lorsque l'on apprit que le patrimoine génétique de nos peuples était menacé, cela suscita l'amertume et l'indignation générales.

Dès cette époque, il fallut fermer mille trois cents entreprises. Économiquement, ce n'était pas facile, sans compter que cela entravait la perestroïka. Malgré tout, en dépit des objections des administrations et des autorités locales, nous fîmes droit aux revendications de l'opinion publique. Les unités dont la production était indispensable furent invitées à prendre des mesures urgentes afin de se conformer aux prescriptions et aux normes de l'écologie. Il fallut aussi s'opposer à ceux qui péchaient par excès contraire. Il était évident que les sols ne devaient pas être « violentés », mais certains exaltés exigeaient de renoncer complètement à la bonification. Certains dirigeants et gestionnaires en tirèrent argument pour démontrer que les « verts » ruineraient notre économie. Je rappelai que l'on devait raison garder, mais cela n'empêcha pas les généralisations hâtives. Des intellectuels voyaient dans les problèmes écologiques un nouveau témoignage des « vices congénitaux » du système, alors que d'autres incriminaient la myopie, l'irresponsabilité, les erreurs de la direction du parti et de l'État. Tous redoublaient de hargne contre le gouvernement. Ryjkov en perdait même parfois son sang-froid. Un jour, réagissant à des attaques de la télévision, particulièrement odieuses à son égard, il éclata littéralement en pleine séance du Politburo : « Je ne permettrai pas que l'on nous insulte, ma famille et moi ! »

Les Enfants de l'Arbat *et d'autres pavés dans la mare*

La glasnost fut également marquée par la parution de nombreuses œuvres littéraires et cinématographiques jusque-là bloquées par la censure et par la réédition en URSS de nombreux ouvrages d'émigrés et de « dissidents » parus à l'étranger.

C'est ainsi que fut notamment publié le roman *Les Enfants de l'Arbat*. Son auteur, Anatoli Rybakov, m'envoya une lettre puis son manuscrit. Je le lus, ainsi que Raïssa Maximovna. Sans être un grand roman, l'œuvre restituait le climat de l'époque du stalinisme. Le CC fut submergé de dizaines de lettres et de recensions qui la présentaient comme le « roman du siècle ». Ce fut un phénomène social avant même sa parution. Le nom même de l'auteur militait en sa faveur : j'avais lu *Ekaterina Voronina* et *Sable lourd*. Bref, il me semblait qu'il devait être édité et Ligatchev abonda dans le même sens. En tout cas, la parution du livre de Rybakov aida à conjurer les craintes suscitées par les conséquences de la dénonciation du totalitarisme.

Repentir, le film de Tenguiz Abouladze, constitua un autre test des réactions de la direction. Tourné sous la « haute protection » de Chevardnadze, il fut d'abord projeté à la Maison du Cinéma, puis dans d'autres salles non ouvertes au grand public, et fit l'effet d'une bombe, politique autant qu'artistique. Les idéologues proposèrent de mettre la question de sa distribution au grand public à l'ordre du jour d'une réunion du Politburo. Je m'y opposai, estimant que c'était aux cinéastes eux-mêmes de trancher dans le cadre de leur union. Ils n'attendaient d'ailleurs que ce signal.

Le précédent ainsi créé, les maisons d'édition commencèrent à faire librement paraître les nouvelles œuvres d'écrivains comme Tchinguiz Aïtmatov, Viktor Astafiev, Valentin Raspoutine ou Boris Mojaïev qui transgressaient les canons du « réalisme socialiste » pour renouer avec les traditions russes du réalisme critique. Suivirent les ouvrages d'historiens comme Nikolaï Karamzine, Sergueï Soloviev ou Vassili Klioutchevski. Puis ceux des classiques de l'émigration : Ivan Bounine, Dmitri Merejkovski, Vladimir Nabokov, Evgueni Zamiatine... Ce fut également l'heure du retour des grands penseurs frappés d'ostracisme après la Révolution : Vladimir Soloviev, Nikolaï Fiodorov, Nikolaï Berdiaïev, Pavel Florenski...

Je ne cite là que les auteurs que j'ai eu l'occasion de lire. Et je me disais à chaque fois : quel dommage de ne pas avoir connu cela lorsque j'étais étudiant ! L'idéologie unique a, hélas, mis notre génération dans l'impossibilité de comparer entre les différentes écoles philosophiques.

Facteurs de freinage

La société a rapidement pris conscience de la puissance de l'arme appelée glasnost. Le centre recevait désormais plus de données fiables sur la situation réelle. La rétroaction commençait à fonctionner et les autorités, désormais sous les projecteurs de l'opinion, devaient s'adapter à cette nouvelle situation ou la combattre. Beaucoup choisirent la seconde solution.

Lors d'une conférence des dirigeants de la presse régionale et locale qui se tint à Moscou, la cause des pleurs et des grincements de dents était claire : les dirigeants exercent des pressions, licencient, font des enquêtes et cherchent à « mouiller » les journalistes qui veulent porter le linge sale sur la place publique. De leur côté, les dirigeants se plaignaient d'autre chose : on sape les assises de la société, on met en cause le socialisme, l'édifice socialiste s'effondre ! Si nos « féodaux », dirigeants d'entreprise, de kolkhoze, de district ou de région, supportaient docilement la critique des instances supérieures, ils n'étaient pas prêts à admettre que n'importe qui pût porter un jugement sur leur action. Le mécontentement des cadres montait et le Kremlin croulait sous les récriminations.

Quant aux médias, ils n'étaient pas toujours très combatifs. La timidité l'emportait, et ils continuaient à plier l'échine à leur habitude. Nous encourageâmes la presse centrale à publier des articles de soutien à la presse régionale. Les périodiques nationaux se mirent à citer leurs confrères des régions et à prendre la défense des journalistes persécutés pour leur esprit critique.

Dire que la progression de la glasnost n'était freinée que par la seule bureaucratie serait aller un peu vite en besogne. Les racines du mal se trouvaient dans le système de pilotage des médias hérité de l'époque stalinienne. Le centre en gardait le contrôle absolu, « de Moscou aux confins » selon l'expression consacrée. L'agit-prop était toujours présente derrière la presse du parti et celle des syndicats, du Komsomol, de l'Union des écrivains, des associations de pêcheurs, de chasseurs ou d'anciens combattants... Bref, derrière tout ce qui était imprimé. La nomination de chaque rédacteur devait être obligatoirement confirmée par le parti. Une ou deux fois par mois, au CC, le département de la propagande organisait des réunions pour les rédacteurs en chef, parfois avec la participation de vice-présidents du Conseil des ministres et de membres du gouvernement. Après une distribution d'éloges et de critiques, chacun se voyait expliquer ce qu'il fallait écrire et comment. Toute modification dans un journal ou un magazine — même simplement la pagination — devait être impérativement autorisée par le secrétariat du CC. L'appareil du parti surveillait en permanence ce qui se publiait, les conformistes étaient encouragés et les critiques sévèrement sanctionnés.

La censure jouait un rôle considérable pour la « protection » du régime. L'organe concerné se dénommait innocemment le Glavlit [4] et sa mission officielle était de prévenir la divulgation des secrets d'État. En réalité, c'était une sorte de KGB idéologique devant lequel tremblaient

---

4. Direction principale pour la protection des secrets d'État dans la presse. L'acronyme *Glavlit* provient d'une ancienne dénomination, plus hypocrite : Direction principale pour la littérature et les éditions. (N.d.T.)

littéralement rédacteurs et éditeurs. Il était également chargé de surveiller de près les périodiques et de superviser tout particulièrement les archives et les bibliothèques. Ses rapports permettaient d'établir les listes des ouvrages à diffusion restreinte qui étaient estampillés « confidentiel », « strictement confidentiel », « exclusivement pour usage officiel », etc.

Cette pratique fut supprimée en 1988 et ce fut l'une des conquêtes de la glasnost. Le Glavlit subsistait, mais privé de ses principales attributions. Progressivement, le système des archivages spéciaux fut également supprimé. Les listes de livres interdits ou à accès limité furent révisées à plusieurs reprises avant que tous les ouvrages — ceux d'Alexandre Soljenitsyne en tête — ne fussent déclarés accessibles à tout public.

La presse échappe au contrôle

Entre-temps, le lecteur commença à faire la différence entre les publications officielles, qui observaient rigoureusement la ligne du parti, et une presse idéologiquement moins stricte. Certains périodiques se piquèrent de jouer le rôle d'empêcheurs de tourner en rond. Les *Moskovskie Novosti*, dont les articles percutants soulevaient la panique de certaines administrations, inaugurèrent le mouvement. Il me fallut prendre maintes fois la défense d'Egor Iakovlev, même s'il ne m'épargnait guère. *Ogoniok* lui emboîta le pas. Nous étions tous d'avis qu'il fallait faire de ce magazine populaire[5] le porte-parole de la perestroïka. Lorsque se posa la question de nommer un nouveau rédacteur en chef, Ligatchev proposa la candidature de Vitali Korotitch. Il avait publié plusieurs bons articles dans la *Pravda*, sans compter qu'il n'appartenait à aucune chapelle moscovite. Toutefois, ce que Ligatchev appréciait par-dessus tout était son « approche de classe » de l'idéologie et de la culture bourgeoise. Sous sa direction, *Ogoniok* connut effectivement une renaissance, suscitant de vifs échos dans la société. Mais bientôt, il sombra dans des polémiques parfois indécentes avec d'autres publications d'orientation différente et, après un échec à la députation, Korotitch s'en désintéressa et préféra aller poursuivre une autre carrière aux

5. *Ogoniok* était souvent présenté comme le *Paris-Match* soviétique. (N.d.T.)

États-Unis. Triste épisode pour une publication qui, avec les *Moskovskie Novosti*, joua un rôle important au cours de la première étape de la perestroïka.

En revanche, la revue *Kommounist* (*Le Communiste*), l'organe théorique et politique du CC, se dressa immédiatement contre les idées nouvelles. Rien de surprenant à cela : elle était dirigée par Richard Kossolapov[6], un philosophe imbu de sa personne et fanatiquement attaché à la scolastique du « socialisme développé ». Au cours des premiers mois, je décidai de ne prendre aucune décision à son égard : je ne tenais pas à donner l'impression de vouloir « éliminer » tous ceux qui devaient leur poste à mes prédécesseurs. Mais on commença à s'étonner de ma patience. D'ailleurs, il fallait bien « renforcer », comme on disait alors par euphémisme, la direction de cette publication phare du parti. La candidature d'Ivan Timofeïevitch Frolov s'imposa. Membre correspondant de l'Académie des sciences, il s'était distingué en son temps en dénonçant courageusement le lyssenkisme. Après avoir dirigé avec succès la revue *Voprossy Filossofii*, il avait été limogé par le chef du département scientifique du CC, Sergueï Trapeznikov, un obscurantiste notoire. Frolov avait aussi collaboré à la revue des partis communistes et ouvriers *Problemy mira i sotsialisma*[7]. Bref, il nous semblait être un candidat idéal.

Sa nomination contribua à rehausser notablement le niveau de la revue. De plus, il s'impliqua activement dans la diffusion des idées de la perestroïka. À son nouveau poste, j'eus l'occasion de le rencontrer souvent et d'apprécier son indépendance d'esprit. Le moment venu, cela me conduisit à le choisir pour m'assister sur les questions idéologiques. Nous travaillâmes ainsi côte à côte lors de l'étape cruciale de l'analyse théorique des problèmes de la perestroïka.

La *Pravda* joua le rôle d'un catalyseur actif dans la critique de tout l'héritage négatif de la période de stagnation. Au début, elle donna le ton dans ce travail de « nettoyage », les autres publications s'alignant sur l'organe central du parti. Elle portait le fer toujours plus haut dans la hiérarchie et posa les grands problèmes de la transformation de l'économie.

Paradoxalement, plus le flot de la glasnost montait et plus la *Pravda*

---

6. Ce nom, en russe, signifie « Pataud ». (N.d.T.)

7. Revue théorique du mouvement communiste international, éditée en plusieurs langues, dont le siège était à Prague. L'édition française, après s'être appelée *Problèmes de la paix et du socialisme*, était intitulée *La Nouvelle Revue internationale*. (N.d.T.)

devenait insipide et conformiste. D'abord en pointe, elle glissa progressivement vers une position conservatrice. Sa popularité diminua et son tirage en subit les conséquences, en dépit des efforts des comités du parti pour soutenir sa distribution.

Son rédacteur en chef, Viktor Afanassiev, ne cachait pas son aversion pour un processus démocratique qui, entré dans une nouvelle phase, transgressait l'orthodoxie idéologique. Il suivait ceux des membres du Politburo qui avaient conclu au fond d'eux-mêmes que la perestroïka suivait un mauvais cap. À un certain moment, avec le soutien de Ligatchev (qui dans ses Souvenirs ne tarit pas d'éloges envers Afanassiev), la *Pravda* devint l'organe central des adversaires de la réforme.

À la désaffection des lecteurs s'ajoutèrent rapidement des querelles intestines au sein de la rédaction. Les griefs s'accumulaient contre le rédacteur en chef, à qui l'on reprochait son indifférence et son dédain affiché pour l'opinion de ses collaborateurs, sans compter qu'il était toujours occupé à écrire un nouveau livre au détriment des affaires du journal. Bref, la question de son remplacement se posait. Parmi les noms de ses successeurs possibles, circulaient ceux d'Evgueni Primakov, de Valeri Boldine, de Mikhaïl Nenachev et même d'Alexandre Kapto. Finalement, je tranchai une nouvelle fois en faveur de Frolov. À ce poste, il me fallait un homme répondant à tous les critères professionnels et sur qui je pusse compter.

Polarisation de l'opinion publique

L'émancipation progressive de la presse du diktat de l'agit-prop mit en évidence l'opposition croissante entre deux pôles dont l'appréciation des processus en cours était diamétralement opposée : un pôle réformateur, auquel adhérait encore l'aile radicale qui allait s'avérer destructrice, et un pôle modérément conservateur dont le groupe ouvertement revanchard ne s'était pas encore détaché.

Analyse schématique, bien sûr : l'éventail était plus large. Beaucoup de nuances « intermédiaires » existaient des deux côtés. Les journaux et les revues prirent position dans les « tranchées » de leurs camps respectifs et déclenchèrent une lutte acharnée à coups d'accusations grossières, d'injures et de calomnies, lavant leur linge sale en public. Les divergences de vues dégénéraient régulièrement en querelles anarchiques qui dissimulaient souvent des luttes d'intérêt sordides entre les nouveaux patrons des médias. Je rencontrais alors la presse afin d'apaiser les passions et de rappeler les journalistes à leurs responsabilités envers la société. Je parvins ainsi à calmer le jeu pendant un certain temps, puis la polémique échappa à tout contrôle, faisant déborder la glasnost de son cadre initial.

Si l'on regardait la situation sous l'angle de la démocratisation du pays, les avantages étaient évidents. Mais les inconvénients se firent également sentir : l'empoignade désordonnée des médias sema des graines de haine, d'agressivité et d'intolérance qui finirent par porter leurs fruits empoisonnés.

Ce fut notamment sensible en 1987, année du 70e anniversaire de la révolution d'Octobre, lorsqu'il fut question d'évaluer le chemin parcouru depuis cette époque et de restituer l'authenticité de l'histoire en lieu et place des mythologies qui avaient cours précédemment. Aucun des aspects de la glasnost n'a sans doute eu autant de résonance, ni n'a produit un tel choc psychologique. S'il n'était pas question de revenir sur les nombreux exemples d'héroïsme populaire, ni sur des réalisations sociales incontestables, on ne passa plus sous silence le déchaînement monstrueux de la bureaucratie, les répressions de masse, l'écrasement totalitaire de la pensée libre. Nos concitoyens se précipitèrent avec avidité sur les publications dénonçant les crimes commis. Ce fut une deuxième vague de déboulonnage du stalinisme, après celle qui suivit le XXe congrès du parti. Brejnev ne fut pas épargné, non plus. Puis on en vint à la réévaluation de Lénine lui-même, de l'idéologie marxiste et des principes du socialisme.

Tout cela finit dans la superficialité et le sensationnalisme. Les événements du passé — souvent présentés sans analyse sérieuse, sans examen de toute la complexité et du caractère contradictoire des processus historiques — étaient, certes, dégagés des oripeaux de mensonge et de démagogie qui les emmaillotaient, mais les idées toutes faites et le ressentiment contribuaient de plus en plus à remplacer les mythes « rouges » par des mythes « blancs », et à dénier tout contenu positif à la Révolution.

J'étais convaincu que la catharsis par la connaissance de sa propre histoire est nécessaire, et que les hommes doivent savoir la vérité sur le passé. Il fallait lever les interdits pesant sur les archives, rendre tous les documents accessibles dans le cadre de la glasnost, restituer honnêtement le tableau authentique de la situation : nos acquis et le prix qu'il a fallu payer pour les obtenir, le résultat de la mise en œuvre du modèle communiste par plusieurs générations de Soviétiques. Mais sans dénigrer pour autant tout ce qui a été fait de positif dans ce pays au cours de sept décennies et sans rabaisser l'abnégation d'un peuple ardemment désireux d'édifier une vie nouvelle plus juste et qui est parvenu non seulement à assurer la grandeur de la patrie, mais encore à apporter une immense contribution à l'évolution mondiale.

S'il est impératif d'analyser le stalinisme et ses récidives, nous sommes néanmoins tenus de respecter la mémoire de nos pères qui ont continué à croire aux idéaux de la Révolution en dépit de toutes les épreuves. Nous pourrons alors comprendre pourquoi nos aînés, pour qui l'histoire de l'URSS se confond avec leur propre vie, se sentent blessés par ceux qui la rejettent en bloc, et pourquoi ils se rebellent contre la mutation de la société.

Glasnost et intelligentsia

Dans le cadre du monopole idéologique du parti, les unions de créateurs[8] — régentées par des clans et des chapelles — remplissaient une fonction de liaison entre le pouvoir et l'intelligentsia. La sphère scientifique et artistique faisait intrinsèquement partie du système général de partage du « gâteau de l'État ». Les dirigeants comprenaient parfaitement l'importance des « maîtres à penser », des « ingénieurs des âmes[9] ». Alors qu'il réprimait inlassablement les philosophes, les peintres, les écrivains ou les musiciens qu'il considérait comme des opposants, Staline n'était pas avare de faveurs envers ceux qui coopéraient avec le pouvoir par conviction ou pour survivre. Cette pratique se poursuivit sous Khrouchtchev et Brejnev. Un énorme appareil était affecté au travail du parti avec l'intelligentsia. En plus du ministère *ad hoc*, de nombreux départements s'occupaient de culture et, bien entendu, le KGB plus que les autres.

L'« ordre » culturel dépendait en grande mesure d'une hiérarchie strictement codifiée à l'intérieur de chaque secteur et d'un système idoine de gratifications et de punitions. Au sommet se trouvaient les

---

8. Il s'agit des associations culturelles ou artistiques comme l'Union des écrivains, l'Union des journalistes, l'Union des cinéastes, etc. (N.d.T.)

9. C'était ainsi que Staline appelait les écrivains. (N.d.T.)

« maréchaux » et les « généraux » de la culture, membres du CC et députés au Soviet suprême, Héros du Travail socialiste. Ils voyageaient à travers le monde et bénéficiaient des mêmes privilèges que la crème de l'appareil du parti. Leurs livres étaient édités à gros tirages, leurs tableaux régulièrement exposés, leur musique jouée avec le statut de « classique ».

Dès le début de la perestroïka, le monde de la création se divisa, en gros, en trois catégories. La première comprenait les conformistes croulant sous les récompenses, véritable soutien du régime. La seconde était composée par ceux qui voulaient garder une certaine indépendance mais ne dédaignaient pas, à l'occasion, les « miettes du festin » et autres tentations : prix et primes, voyages à l'étranger, appartements. Enfin, la troisième, formée d'individus de conviction qui ne dissimulaient pas leur attitude critique, était celle qui posait le plus de problèmes à la direction de l'idéologie. Ceux qui en faisaient partie se trouvaient en butte à des limitations, aux chantages les plus divers et aux « avertissements ». Certains venaient à résipiscence, mais la plupart s'enfermaient dans leur coquille et écrivaient « pour le tiroir ». Leur éventail idéologique était particulièrement large : on y trouvait aussi bien des « occidentalistes pur jus » que des monarchistes traditionalistes, des humanistes internationalistes que des nationalistes fanatiques.

Les problèmes accumulés dans tous les secteurs de la culture devaient être réglés dans le cadre de l'ensemble de la société, mais aussi dans le milieu intellectuel lui-même. Et pas seulement à Moscou, où se trouvaient tous les centres culturels et les trois quarts des vedettes du monde des arts, mais également dans les républiques, où la situation était identique avec, en plus, des accents nationaux particulièrement sensibles en Géorgie, en Biélorussie et en Ukraine.

La sphère intellectuelle était partout la chasse gardée des apparatchiks de l'idéologie qui avaient pour tâche de rallier l'intelligentsia autour du parti et de museler les dissidents. Pourtant, la racine du mal ne résidait pas dans l'obscurantisme des chefs, mais dans le système. À mesure que la perestroïka y ouvrait des brèches, les langues se déliaient, les consciences s'émancipaient et les peurs se dissipaient. La « piétaille » commençait à dire ce qu'elle pensait et à s'en prendre aux postes et aux privilèges des « généraux » du monde des arts et des lettres. Ceux-ci allaient se jeter aux pieds des autorités : défendez-nous, suppliaient-ils, car nous vous avons servis loyalement ! Mais les temps avaient changé. Désormais, plus personne ne pouvait se reposer uniquement sur les bonnes grâces des chefs qui avaient perdu leur toute-puissance et se trouvaient même, pour certains, en situation précaire. Il ne restait qu'à se barricader et tenir le plus longtemps possible.

Les écrivains se partagèrent en deux camps antagonistes autour de certaines revues littéraires : du côté conservateur, *Nach Sovremennik* (*Notre contemporain*), *Molodaïa Gvardia* (*La Jeune Garde*), *Moskva* (*Moscou*) ; du côté réformiste, *Znamia* (*L'Étendard*), *Oktiabr* (*Octobre*), *Novyï Mir* (*Nouveau Monde*). Rapidement, la polarisation gagna la presse populaire, entraînant toute la société dans la lutte. Quelques-uns appelaient même à livrer un combat sans merci sous le mot d'ordre : « Si l'ennemi ne se rend pas, il faut l'anéantir. »

Notre but était de donner la liberté de parole, de pensée et de création. Quant à la manière d'en user, elle dépendait des intéressés. Avec le recul, il faut bien reconnaître que nombre d'intellectuels en firent, hélas, un usage préjudiciable aussi bien pour la société que pour eux-mêmes.

La ligne principale n'en restait pas moins juste : lutter contre la falsification de l'histoire et la peinture flattée des réalités. À mesure que les fausses idoles étaient déboulonnées, les artistes injustement persécutés reprenaient espoir. Les citadelles conservatrices des unions s'effondrèrent sous les coups de boutoir des jeunes. Les cinéastes donnèrent l'exemple dans cette révolution pacifique. À leur V[e] congrès, ils congédièrent toute l'ancienne direction, plaçant Elem Klimov à leur tête. Bientôt, les écrivains, les plasticiens et les architectes les imitèrent. Les compositeurs tinrent plus longtemps. Depuis des lustres, leur union était présidée par Tikhon Khrennikov, qui jouissait d'un grand prestige. Mais il dut, lui aussi, céder la place à des « hommes nouveaux ».

Avec la fin de la domination des fonctionnaires et des nullités, des possibilités illimitées semblaient s'ouvrir à la liberté de création. En effet, dans un premier temps, quelques œuvres intéressantes — productions théâtrales, films, récits (surtout documentaires) — virent le jour. Mais très vite, le radicalisme des réformateurs se retourna contre eux. Après avoir expulsé les anciens et occupé leurs prestigieux fauteuils, les radicaux furent incapables de générer une production artistique un tant soit peu valable, ni même d'installer un climat normal propice à la création.

Je dois dire que je ne me posais pas de questions existentielles sur le rôle à réserver à l'intelligentsia créatrice. Dès le début, il était évident que la perestroïka ne réussirait pas sans elle, mais qu'elle ne serait pas facile à impliquer dans le processus.

L'ensemble de ces problèmes et conflits d'intérêts se répercutaient sur mes rencontres avec les intellectuels. Je m'évertuais à apaiser les passions, mais j'y réussissais de moins en moins. Les intérêts de chapelle prenaient le dessus : empoignades pour le contrôle d'une revue ou pour le Litfond [10] ; batailles rangées pour les places dans les secrétariats et les directions des unions. Les intérêts artistiques étaient relégués à l'arrière-plan. Je garde un souvenir gêné du comportement et des dénonciations hystériques de certains de nos intellectuels, chez nous comme à l'étranger.

Comment ne pas tenir compte, également, de la profonde crise spirituelle que traversa alors notre intelligentsia ? Pendant des décennies, la création se nourrissait des problèmes, des conflits et des drames spécifiques d'un certain milieu social. Et soudain, tout fut bouleversé. Bien entendu, cela ne rendit pas pour autant caduque l'œuvre des créateurs de la période précédente. Réalisme socialiste ou pas, le talent survivra toujours. Le cinéma soviétique était peut-être vilipendé sans nuance en 1992, mais, dès 1993, les spectateurs de tout âge allaient voir avec plaisir les vieux films. En attendant, nombre d'artistes souffrirent de se voir honnis et oubliés.

Il était obligatoire que la révolution des esprits suscitée par la perestroïka secouât en priorité l'intelligentsia. C'est pourquoi je ne suis pas enclin à la juger trop sévèrement, et moins encore à la condamner. Plus que tout autre groupe, elle a souffert du changement. Des individus dont la vocation était d'interpréter et de décrire les événements se trouvaient eux-mêmes au bord de l'abîme et beaucoup ne pouvaient le supporter. Les uns se vengeaient de la destruction de leur monde familier et d'un ordre qui les arrangeait, en lançant des attaques haineuses contre la perestroïka et contre moi-même. Les autres, ivres de liberté, rivalisaient en étalant complaisamment leur audace.

---

10. Le Fonds social des écrivains. (N.d.T.)

CHAPITRE 11

RÉFORME ÉCONOMIQUE : PREMIÈRE TENTATIVE

Prélude à la réforme

Après une tournée en Lettonie et en Estonie en février 1987, je m'envolai le 9 mars pour Pitsounda, où je devais passer de courtes vacances. Avant mon départ, je soulevai au Politburo la question d'un plénum du CC consacré à la réforme économique. Je demandai à Ryjkov, à Sliounkov et à Medvedev de me soumettre leurs vues à ce sujet. De mon côté, je commençai à réunir l'information disponible sur les problèmes économiques.

L'époque où Andropov nous avait priés, Ryjkov et moi, d'établir un bilan objectif et critique de l'état de notre économie me revint aussitôt en mémoire. Le besoin de refontes structurelles était d'ores et déjà évident, mais il était clair que bien des choses devaient changer dans notre pays pour que l'on pût oser s'y lancer.

Il faut garder à l'esprit que deux ou trois personnes seulement, au sommet de l'État, avaient accès aux chiffres réels du complexe militaro-industriel. Bien entendu, nous savions tous combien les dépenses militaires exorbitantes pesaient sur l'économie, mais je ne parvins à saisir la dimension réelle de la militarisation du pays qu'après mon accession au poste de secrétaire général. Il fallut surmonter les résistances du complexe militaro-industriel pour commencer à publier quelques chiffres. En définitive, les dépenses militaires ne se montaient pas à 16 % du budget de l'État, comme il était commun de le prétendre, mais à 40 %. Quant à la production du complexe militaro-industriel, elle ne représentait pas 6 % du PNB, mais 20 %. Sur 25 milliards de roubles de dépenses globales pour la recherche, près de 20 milliards étaient consacrés aux études militaires.

Notre économie continuait à jouer sur l'extension des capacités plus que sur l'amélioration des rendements et restait éminemment dépensière. Elle demandait entre deux et deux fois et demie plus de main-d'œuvre, de carburant et de matières premières que celle des pays industrialisés. Quant à notre agriculture, à rendement égal, c'était de dix fois plus de ressources qu'elle avait besoin. Certes, notre production de charbon, de pétrole, de métal, de ciment dépassait celle des États-Unis, mais nous fabriquions moitié moins de produits finis.

Dans les années soixante et soixante-dix, ces phénomènes négatifs étaient compensés par l'augmentation continue du prix du pétrole et du gaz sur le marché mondial. Nous exploitions alors à plein rendement nos gisements pétroliers de Sibérie occidentale sans penser à l'avenir. Évidemment, lorsque le prix du pétrole chuta, au début des années quatre-vingt, la croissance cessa et, avec elle, le relèvement de notre niveau de vie. En Union soviétique, le revenu par habitant comptait parmi les plus bas des États socialistes, sans parler des pays occidentaux.

Nous nous trouvâmes alors confrontés à la perspective du déclin social et économique. Les finances publiques étaient exsangues. Les pénuries ne touchaient plus seulement les denrées alimentaires et les biens de consommation, mais aussi les métaux, le carburant et les matériaux de construction que nous étions censés produire en quantités astronomiques. L'inflation, que le contrôle des prix rendait officiellement impossible, commença sournoisement à se faire sentir au travers du marché noir. La spéculation devint florissante. L'extorsion, la corruption, les pots-de-vin, la falsification comptable et l'ingérence devinrent habituels. Quant au détournement des biens de l'État, il se pratiqua désormais à grande échelle.

Le laxisme régnait. Des cargaisons entières d'équipements les plus divers — y compris des produits importés — attendaient partout une hypothétique installation. Les camions et les machines agricoles étaient expédiés avec des défauts d'assemblage et des pièces manquantes, sans compter qu'ils faisaient l'objet de « prélèvements » en route, si bien qu'il fallait pratiquement les remonter sur place. Quant aux transports, des dizaines de convois stationnaient des mois entiers sur des voies de garage, tandis que leurs chargements — vitaux pour le pays — pourrissaient ou étaient livrés au pillage.

De 1982 à 1984, nous ne nous bornâmes pas, Ryjkov et moi, secondés par des équipes de spécialistes, à constater les déboires de notre économie. Nous nous efforçâmes de déterminer les causes de l'aggravation des phénomènes de crise et de définir des moyens d'assainir la situation économique.

Un seul thème échappait aux désaccords : chacun pouvait constater le délitement général de la gestion de l'économie et l'irresponsabilité générale qui en découlait. Ainsi naquit la politique andropovienne de remise en ordre, qui bénéficia d'abord d'un soutien général. Mais la priorité donnée aux mesures disciplinaires ne tarda pas à engendrer des dérapages qui discréditèrent la ligne générale. Une approche plus fondamentale était nécessaire.

Là, les opinions divergeaient du tout au tout. Les chercheurs qui dépassaient les cloisonnements administratifs estimaient que nous avions « manqué » la dernière étape de la révolution technologique, alors que l'Occident avait considérablement avancé dans la restructuration de son économie et procédé à sa mutation technique. Ce retard ne provenait pas d'éventuelles erreurs, mais de l'archaosme du mécanisme économique, de la centralisation rigide de la direction, de l'hypertrophie du plan et de l'absence de véritables incitations économiques. D'ailleurs, pouvait-il en être autrement ? La prise en compte des besoins de perfectionnement économique ne dépassait pas, alors, la formule incantatoire selon laquelle il fallait « utiliser plus complètement les potentialités du système socialiste ».

Auparavant, les échecs étaient systématiquement mis sur le compte des experts. Ce n'était vrai qu'en partie. En effet, de nombreux économistes, tenus éloignés de toute recherche sérieuse et non biaisée, en étaient réduits à commenter — ou plutôt à louer — les décisions du parti et les interventions des dirigeants, et à justifier les dogmes officiels. C'était là le résultat le plus pernicieux de la répression qui touchait nos économistes les plus éminents, des attaques contre l'école mathématique et des campagnes périodiques contre les partisans de l'économie marchande. La science économique, les approches critiques et constructives parvinrent néanmoins à survivre. Elles jouèrent un rôle appréciable dans le développement des idées de la perestroïka.

Le choix de la ligne

En avril 1985, nous optâmes donc pour une politique d'accélération du développement socio-économique du pays. Ce fut le leitmotiv de la conférence de juin 1985 sur les problèmes du progrès scientifique et technique. Sous cette devise se développa, avant et après le XXVIIe congrès, l'action du parti et de sa nouvelle direction. Toutefois, le mot d'ordre d'« accélération » ne commença à être utilisé dans le contexte de la perestroïka qu'à partir du printemps 1986, ce qui donna naissance à la thèse selon laquelle Gorbatchev escomptait d'abord accroître la production par les méthodes anciennes, sans même tenter de réformer sérieusement le système.

Loin de moi toute tentative d'idéaliser la politique idéologique de cette période, car nous avons vu très tôt ses limitations et son manque de profondeur. Pendant quelque temps, nous avons effectivement espéré surmonter la stagnation grâce à ce que nous pensions encore être les « avantages du socialisme » : la planification mobilisatrice, le travail d'organisation, la conscience et le militantisme des ouvriers.

Même si nous avions compris la nécessité de réformes structurelles dès 1984, l'extrême gravité de la situation économique dont nous avions hérité exigeait des mesures immédiates. Il nous semblait alors possible de rétablir quelque peu les choses avec les seules méthodes dont nous disposions avant d'entamer des réformes approfondies. Je dois reconnaître que ce mauvais calcul a été la cause de bien des retards, mais nous ne pouvions pas savoir, d'emblée, qu'il était erroné.

De plus, il est inutile de préciser que l'appareil du parti et de l'État était partisan d'un « rétablissement de l'ordre » à condition qu'il ne s'accompagnât pas de la destruction des institutions existantes. Au sein de la direction, cette orientation était représentée par Ligatchev, Solomentsev et, dans une certaine mesure, Tchebrikov et Vorotnikov. D'autres, comme Ryjkov, Maslioukov et Talyzine, appuyés par le corps des gestionnaires et des directeurs d'entreprise, mettaient l'accent sur la révolution technologique. Enfin, Medvedev et Iakovlev se prononçaient pour une transformation rapide des structures économiques.

Bien que je fusse conscient de l'importance d'une réforme économique radicale, il me semblait que nous devions d'abord tenter de moderniser notre économie pour créer les conditions propices à son lancement, au début des années quatre-vingt-dix. Tel était l'objectif de la conférence pour le progrès scientifique et technique. Pour clarifier les choses, je dirai que notre dessein était proche des méthodes utilisées par Deng Xiaoping en Chine.

La conférence permit d'établir un programme de modernisation qui, en théorie, devait conduire nos constructions mécaniques à rattraper le niveau mondial dès le début des années quatre-vingt-dix. Je plaçais également de grands espoirs dans les projets de mise à niveau technologique dans des domaines aussi divers que l'informatique, la robotique, la biotechnologie, le génie génétique, etc. Ils devaient s'accompagner d'une importante restructuration de la politique des investissements, de larges accords de sous-traitance avec les entreprises des pays socialistes est-européens et la création de sociétés mixtes avec des sociétés occidentales (notamment ouest-allemandes). Ils furent accueillis par les cadres dirigeants comme le tournant qu'ils attendaient depuis des années. Cet état d'esprit se manifesta dans les allocutions des participants à la conférence. L'ère de la glasnost commençait et l'individu s'émancipait.

Il s'agissait, certes, de volontarisme, mais pas d'optimisme béat : notre pays disposait de potentialités suffisantes pour combler notre énorme retard en regard des normes mondiales. Encore fallait-il dégager les ressources nécessaires à la mise en œuvre du programme. Je proposai un moyen éprouvé : prélever une part des investissements prévus pour les secteurs utilisateurs de constructions mécaniques. Dès lors qu'une branche avait besoin de machines et d'équipements performants, elle pouvait bien céder une partie des ressources qui lui étaient allouées.

Naturellement, tous ceux qui risquaient de voir ainsi leur viatique ponctionné se montraient très réticents. Je me souviens de l'acharnement de Dolguikh à obtenir un accroissement des investissements dans les charbonnages, le pétrole et le gaz. Il nous submergeait littéralement de mémos. L'état actuel de ces secteurs peut laisser croire qu'il avait raison, mais le véritable responsable de cette situation catastrophique est, avant tout, le sous-équipement. Augmenter la production sans songer aux technologies et aux machines économes en ressources ne pouvait mener qu'à une impasse.

En dépit des passions, nous aboutîmes enfin à un accord — non sans pressions de ma part, il faut bien le dire. Nous décidâmes d'augmenter de 180 % les investissements en faveur des constructions mécaniques. Cela s'accompagnait de diverses mesures administratives, notamment de la création d'un bureau gouvernemental *ad hoc*.

Cela me parut un progrès intéressant. Pourtant, les événements n'allaient pas tarder à nous montrer combien les décisions de cette période étaient grevées par l'idée dépassée qu'il était possible d'impulser des mutations économiques par des actions volontaristes.

En novembre 1985, le Politburo approuva une résolution concernant « l'amélioration de la gestion du complexe agro-industriel ». Désormais, cette gestion devait être concentrée entre les mains du Comité d'État pour l'industrie alimentaire, le Gosagroprom, superadministration née de la fusion d'une bonne dizaine de ministères et placée sous la direction d'un premier vice-Premier ministre. Des organes analogues furent créés dans les républiques et à l'échelon local.

Je reconnais aujourd'hui sans mal qu'il s'agissait là encore d'un témoignage de la foi traditionnelle dans les vertus illimitées de la centralisation. Les conséquences négatives ne tardèrent pas à se faire sentir. Coiffant les kolkhozes, les sovkhozes et les entreprises de transformation des produits agricoles, ce lourd appareil bureaucratique tentait de tout régenter et contrôler. Bientôt, les critiques à son encontre se multiplièrent, la plupart à bon escient. À bien des égards, et malgré nos bonnes intentions, nous restions toujours dans l'ornière des vieilles approches administratives. L'inertie de la pensée et le conservatisme du personnel de direction, largement responsables, n'étaient pas seuls en cause : même les éléments réformateurs n'avaient pas une vision claire de la situation et des options qui s'offraient à eux. Sans compter qu'ils manquaient de résolution.

La campagne antialcoolique ou l'enfer pavé de bonnes intentions

Le programme antialcoolique adopté en mai 1985 suscite encore aujourd'hui bien des questions. Fallait-il commencer par cette mesure, au risque de compliquer la mise en œuvre des réformes ? Comment cette initiative, bonne en soi, a-t-elle pu finir par causer un préjudice sensible à la société ?

Comme nul ne l'ignore, l'ivrognerie est un fléau qui ravage la Russie depuis des siècles. De temps en temps, les autorités lui déclaraient la guerre avec les moyens du bord, en limitant la vente, en aggravant les peines et en fulminant du haut des estrades. À la veille de la Révolution, le gouvernement d'alors imposa une « prohibition [1] » qui demeura en vigueur pendant les premières années du pouvoir soviétique. En 1958, Khrouchtchev tenta également de lutter contre ce vice en augmentant

1. Imposée en 1914, elle était destinée à favoriser l'effort de guerre. (N.d.T.)

les prix et en restreignant la vente des spiritueux. Sous Brejnev, la question fut examinée à plusieurs reprises au secrétariat du CC. On nomma même une commission sous la présidence d'Arvid Pelche, mais elle tomba dans l'oubli après la mort de ce dernier, en 1983.

L'alcoolisme était pourtant un problème social grave sur lequel on préférait rester discret. Selon la thèse officielle, les ivrognes étaient des « dépravés » puisqu'il n'y avait aucune cause objective à leur vice dans une société socialiste.

Or, la situation était catastrophique. Le nombre d'alcooliques « homologués » s'élevait à cinq millions. L'Institut de sociologie de l'Académie des sciences estimait que le préjudice annuel causé par le fléau était compris entre 80 et 100 milliards de dollars. La consommation moyenne d'alcool pur était de 10,6 litres par habitant (nourrissons compris !), contre 1,8 litre en 1914, au début de la prohibition, et 2 litres après la dernière guerre. L'espérance de vie diminuait en conséquence et la santé des générations montantes était de plus en plus sérieusement menacée.

Quant aux causes, elles étaient nombreuses : les dures conditions d'existence, l'inconfort de la vie quotidienne, l'inculture, le manque de liberté d'expression. La pesanteur du climat social incitait les natures faibles à « noyer » leurs inhibitions et leurs craintes. De plus, d'une certaine manière, l'alcoolisme était devenu une sorte de snobisme dans les hautes sphères et les responsables donnaient souvent le mauvais exemple.

Tout cela engendrait un climat de tolérance envers les ivrognes : leurs séjours en « cellules de dégrisement » et leurs peines de quinze jours de travaux d'intérêt général pour trouble de l'ordre public étaient des sujets de plaisanterie. Même l'État y trouvait son compte : alors que les pénuries de biens de consommation étaient courantes, le seul moyen de faire circuler l'argent était de saouler la population. Les spiritueux — et souvent du tord-boyaux — servaient ainsi à combler le fossé entre l'énorme masse monétaire et l'offre indigente.

Ce fut l'un des premiers problèmes auxquels nous nous trouvâmes confrontés. Des rapports alarmants parvenaient régulièrement au Politburo. Un jour, Gromyko me fit part de son indignation : « Te rends-tu compte ? Chez nous, on boit partout : au bureau et à la maison, dans les associations, les laboratoires, les écoles, les universités et même dans les crèches ! » Il me rapporta une conversation sur ce thème qu'il avait eue avec Brejnev. Ils rentraient en voiture de Zavidovo et Brejnev lui-même était au volant. Il avait mis un terme à la discussion en disant :

« Tu sais, Andreï, c'est dans la nature du Russe. Il ne peut pas s'en passer... » Gromyko avait préféré changer de sujet.

À en croire les mauvaises langues, l'initiative de la campagne lancée en mai 1985 venait de membres du Politburo qui avaient leur vie de buveur derrière eux. Ce n'est pas sérieux. En réalité, elle répondait à une demande de l'opinion, surtout des mères et des épouses. L'ivrognerie était à l'origine de bien des tragédies familiales, sans parler des accidents du travail ou de la criminalité et de la délinquance. Les hommes de lettres et les médecins posaient d'ailleurs le problème avec acuité.

De la même manière, il convient de réfuter un autre mythe : il ne s'agissait pas d'une nouvelle « prohibition ». Nous n'avons d'ailleurs jamais envisagé cela : nous savions que ce n'était pas réaliste.

Je voudrais aussi répondre à ceux qui prétendent que nous n'aurions pas songé à compenser la perte de recettes due à la réduction des ventes de spiritueux. D'abord, l'un des objectifs de l'opération était de réduire les pertes de production industrielle causées par l'alcoolisme. Et puis, notre intention était de réduire *progressivement* les ventes de spiritueux, et de limiter la baisse du chiffre d'affaires et des recettes budgétaires par l'introduction de produits de remplacement comme la limonade ou les jus de fruits.

Au début, tout le monde accueillit favorablement cette politique, à l'exception, cela va de soi, des ivrognes invétérés. Mais l'humeur populaire changea rapidement : à une première phase de doute succéda l'irritation, puis le mécontentement et, finalement, la colère.

Cette évolution fut causée par le considérable écart — habituel chez nous — entre le dessein et sa mise en œuvre. Pour réaliste et responsable que fût la conception du projet, des dérapages gâchèrent son exécution. La supervision de la lutte contre l'alcoolisme fut confiée à Ligatchev et à Solomentsev. Ils firent preuve d'un zèle excessif, poussant les choses à l'absurde et exigeant des responsables concernés de remplir avant terme le plan de réduction de la production d'alcools. Non seulement les « retardataires » faisaient l'objet de blâmes, mais encore chacun était invité à s'aligner sur ceux qui brûlaient les étapes, même si c'était hautement préjudiciable pour l'économie.

Notre société était plus habituée aux « grands bonds » révolutionnaires qu'à un travail méticuleux et de longue haleine. La campagne antialcoolique constitua un nouvel et triste exemple de la manière dont la foi dans la toute-puissance des méthodes de commandement, le maximalisme et le zèle administratif peuvent transformer en désastre les meilleures idées. On décida en toute hâte de la fermeture des points de vente et des entreprises de spiritueux. À certains endroits, on arracha la vigne. La production des vins légers diminua, ce qui n'était pas prévu par les dispositions prises. Des matériels de brasserie fort coûteux, achetés en Tchécoslovaquie, rouillèrent et se détériorèrent. La fabrication clandestine de tord-boyaux se généralisa. Le sucre connut des ruptures de stock et cette pénurie entraîna une réduction considérable de la gamme des articles de confiserie. La consommation d'eaux de toilette bon marché[2] en guise de spiritueux devint courante et elles disparurent également des magasins. L'utilisation de toutes sortes de succédanés fit monter le taux de morbidité, macabre illustration d'une réaction en chaîne perverse. Dans les points de vente autorisés, l'achat d'une simple bouteille de vodka ou de vin à l'occasion d'un événement à fêter n'était possible qu'après plusieurs heures d'attente dans des files humiliantes. Inutile de dire que la direction du pays, secrétaire général en tête, fut unanimement vouée aux gémonies et que je me retrouvai affublé du surnom de « secrétaire minéral[3] ».

Évidemment, l'ensemble du projet ne doit pas être condamné en bloc, car toutes les mesures prises ne furent pas inutiles. Malgré leurs effets pervers, elles se traduisirent par une baisse momentanée des accidents corporels et de la mortalité. Moins d'heures de travail furent perdues dans l'ensemble de l'économie et un reflux sensible des actes de vandalisme et des divorces se fit également sentir. Dans un autre ordre d'idées, la campagne antialcoolique permit, pour la première fois, de disposer de statistiques fiables sur la fabrication et la consommation des spiritueux. Les données sur l'alcoolisme, secrètes jusque-là, furent également publiées. Les conséquences négatives de la campagne l'emportèrent néanmoins nettement sur ses aspects positifs.

Je dois reconnaître que je suis pour une grande part responsable de ces déboires. En tout cas, j'aurais dû intervenir dès que les premiers dérapages me furent signalés : non seulement des informations alarmantes me parvenaient officiellement, mais encore, en privé, beaucoup de personnes sérieuses me disaient que nous nous fourvoyions. Hélas, j'étais débordé par l'avalanche des affaires, intérieures et extérieures, qu'il me fallait traiter. De plus, j'avais des scrupules à intervenir, tellement la lutte contre ce fléau séculaire me semblait importante.

---

2. Et plus généralement, tout ce qui contenait de l'alcool. (N.d.T.)

3. Dans le même esprit, *guensek*, l'acronyme de secrétaire général, fut transformé en *guensok* (*sok* signifie « jus de fruit »). (N.d.T.)

Lorsque les conséquences négatives de la campagne finirent par nous apparaître dans toute leur étendue, nous tombâmes d'un extrême à l'autre, en la stoppant brutalement. Les vannes d'un nouveau déferlement alcoolique étaient dès lors ouvertes, et nous voyons dans quel état pitoyable le pays se trouve aujourd'hui !

Vers la réforme

En préparant la réforme du mécanisme de gestion, nous avions mis d'importants espoirs dans une expérience économique lancée en 1983 dans un certain nombre d'entreprises sur l'extension de leurs droits et le renforcement de leur responsabilité. Les résultats ne furent pas mauvais et, en juillet 1985, il fut décidé d'étendre ce système, dès l'année suivante, à l'ensemble des entreprises et unions d'entreprises de secteurs comme les constructions mécaniques, l'industrie légère[4], l'industrie alimentaire, la boucherie, les laiteries, les pêcheries et les activités de proximité.

Nous sentîmes cependant très tôt combien étroit était le cadre de l'expérience. Son dynamisme était bridé. Le XXVIIe congrès ayant décidé de ne pas se borner à des améliorations partielles mais d'entreprendre une réforme profonde, nous prîmes, dès 1986, plusieurs mesures pratiques.

Désormais, la planification et l'évaluation du fonctionnement des entreprises de l'industrie légère reposeraient sur les commandes (ou sur les recettes finales dans le commerce de détail et la restauration). Les ministères industriels seraient autorisés à procéder à des ventes directes. Les résultats des unités industrielles de production seraient jugés sur le critère du respect à 100 % des livraisons de fournitures, en conformité avec les contrats signés. Les entreprises du bâtiment, les ponts et chaussées et les services municipaux ou relevant des ministères non industriels ne seraient plus soumis au système des attributions centralisées de ressources et de quotas pour leur approvisionnement matériel et technique.

Un train de mesures fut également adopté pour améliorer le contrôle de la qualité des produits. Il prévoyait notamment la création d'une

---

4. Fabrication de biens de consommation. (N.d.T.)

Commission d'agrément d'État. Certaines formes d'organisation de la production, telles que la concession ou la gérance, furent encouragées. Pour finir, l'approche des relations économiques extérieures fut fondamentalement modifiée : pour la première fois depuis des décennies, vingt ministères et soixante-dix entreprises et unions industrielles se virent accorder un accès direct au marché mondial. Et toutes les unités de production, sans exception, purent désormais s'associer directement avec des partenaires des pays socialistes.

Je conçois sans mal que de telles énumérations — qui semblent directement copiées sur un rapport d'activité — puissent sembler fastidieuses au lecteur. Après toutes les mutations que l'économie de notre pays a connues au cours des dernières années, ces premiers pas semblent bien timides et dignes seulement de l'attention des historiens et des spécialistes. Mais, pour moi, tout cela représente une partie importante de ma vie et de mon labeur. Derrière ces lignes, combien d'âpres discussions, combien de nuits sans sommeil passées à rédiger des textes, combien d'espoirs et de déceptions !

Et pourtant, nous avions à peine fait bouger le roc de la réforme économique ! En fait, il ne s'agissait là que d'une « stratégie ponctuelle », d'une politique du coup par coup qui ne pouvait résoudre le problème dans son ensemble. De plus, certaines de ces mesures portaient encore la marque des approches traditionnelles et il fallut y renoncer. Ce fut notamment le cas du système de contrôle de la qualité mentionné plus haut. Nous voulions améliorer rapidement et par tous les moyens la qualité des produits. Nous nous inspirions des procédures d'agrément par les inspecteurs militaires dans les usines d'armement[5] (il est apparu, d'ailleurs, que même dans ce domaine tout n'était pas aussi parfait qu'on le croyait). Au printemps 1986, nous décidâmes donc d'instituer, en dehors de tout cloisonnement administratif, des organismes chargés de délivrer l'agrément d'État aux produits essentiels de l'économie nationale.

Certains experts estimèrent alors que l'effet serait, au mieux, de courte durée. Pour eux, le seul contrôle de qualité sûr était le choix du

5. L'armée déléguait des représentants dans chaque usine travaillant pour la défense. Ils avaient le pouvoir de refuser tout matériel qui ne répondait pas au cahier des charges et aux impératifs de qualité préalablement définis. En fait, le ministère de la Défense était le seul « consommateur » soviétique bénéficiant d'un minimum de protection contre les malfaçons et les rossignols qui étaient monnaie courante dans toute l'industrie. (N.d.T.)

consommateur. Évidemment, pour lui permettre de choisir, il fallait d'abord en finir avec la pénurie. Or, le temps manquait. L'introduction des commissions d'agrément dans mille cinq cents entreprises provoqua un choc général. Leur action se traduisit souvent par des baisses de salaire et des suppressions de primes. Elles furent aussitôt accusées de saboter l'accomplissement du plan. Les organes du parti, le Gosplan et le gouvernement se virent submergés de suppliques demandant d'« affaiblir le diktat de la qualité ». Les directeurs les plus malins s'empressèrent de nouer des « contacts » (mutuellement profitables) avec les inspecteurs qui étaient bien souvent d'anciens collègues ou subordonnés.

Le système d'agrément se perdit corps et biens en moins de deux ou trois ans. Décidément, la solution du problème ne passait pas par des mesures administratives et d'organisation, mais par la refonte du mécanisme économique.

Le passage de certaines entreprises à l'approvisionnement par le commerce de gros [6] créa une situation curieuse. Les intéressés l'interprétèrent comme un refus d'approvisionnement garanti. Plaintes et objections affluèrent. À grand-peine, l'Académie des sciences parvint à conserver l'ancien système, alors que les autres se résignaient tout en espérant que rien ne changerait vraiment. Et c'est bien ce qui se produisit ! Je ne suis pas loin de me demander si ce n'était pas justement cela qu'escomptaient les vieux briscards de la planification et de l'approvisionnement. Ils semblaient nous dire : « Vous espérez vous passer de nous ? Grand bien vous fasse, mais le personnel des entreprises n'acceptera pas votre commerce de gros et la production s'effondrera. »

Tout aussi instructive est l'histoire des décisions prises au sujet de l'exploitation des lopins individuels des kolkhoziens, des vergers et potagers collectifs, ainsi que de la possibilité pour chaque personne de travailler à son propre compte. L'ensemble de ces mesures était susceptible d'améliorer les revenus de la population et l'alimentation du marché en biens de consommation, de développer le secteur tertiaire, et de permettre aux retraités et aux handicapés d'accomplir divers travaux. La RDA, la Hongrie et d'autres pays socialistes nous avaient devancés sur cette voie avec des résultats positifs. Pourtant, chez nous, en dépit de certaines traditions, l'artisanat continuait à être perçu comme un élément étranger au socialisme. La Russie avait toujours mis en valeur les

6. Et non plus par la répartition centralisée. (N.d.T.)

bons ouvriers capables d'installer un four d'isba, de creuser un puits, de remettre en état un logement ou de réparer un appareil. Le début du siècle avait vu naître les artels [7] et, après la Révolution, pendant la NEP, tout un réseau ramifié de coopératives d'artisans se mit en place.

Tout cela passa sous le marteau-pilon de l'étatisation et ceux qui avaient le goût de l'artisanat furent taxés de « propension à la propriété privée ». Il fallait désormais travailler pour les grands idéaux. Le travail individuel bien rémunéré était décrié pendant que l'on valorisait les heures passées à en faire le moins possible dans les grandes entreprises.

Les premières restrictions à être levées furent celles qui frappaient les vergers et les potagers coopératifs. Les absurdités étaient légion : interdiction d'installer un poêle dans les maisonnettes, dimensions réglementées pour la moindre bâtisse, menacée de destruction en cas d'infraction. Désormais, tout cela n'avait plus lieu d'être. La dimension des terrains fut accrue et les ventes de matériaux de construction à la population augmentées. Ces mesures bénéficièrent du soutien de tous les membres de la direction, mais il leur fut beaucoup plus dur de s'émanciper des préjugés au sujet du travail individuel et, surtout, de modifier l'attitude des structures du parti et de l'État à son égard, tout particulièrement celle des soviets locaux. En fait, c'est à ce moment que l'on peut faire remonter le début des débats sur la propriété privée et la liberté d'entreprise !

Ryjkov fut l'un des premiers à m'apporter son soutien. En revanche, les Finances mettaient des bâtons dans les roues en tentant de taxer les revenus « privés » à des taux exorbitants. Un jour, lors d'une réunion du Politburo, je me permis d'apostropher Gostev, le ministre des Finances :

— Alors, Boris Ivanovitch, va-t-on continuer à étouffer l'initiative des gens dans ce pays, ou bien va-t-on les laisser vivre et travailler ? Ne vous effarouchez donc pas de voir quelqu'un s'enrichir en trimant !

Les adversaires du changement employaient bien d'autres tactiques habiles. Ainsi, les autorités locales faisaient souvent accompagner les ordres du sommet par des circulaires « explicatives » qui les vidaient de leur sens ou les déformaient complètement. Il faut dire que dans la plupart des cas, c'était inutile : les instructions étaient tout simplement « classées » et oubliées aussitôt.

À la décharge des exécutants, il convient de préciser qu'ils recevaient parfois des instructions contradictoires : le centre semblait atteint d'une

---

7. Association volontaire de travailleurs. (N.d.T.)

certaine forme de schizophrénie. Chacun comprenait bien qu'il fallait donner du champ à l'initiative privée, mais on craignait de saper ainsi les fondements du régime. D'ailleurs, les gardiens du dogme n'hésitaient pas à crier au loup à la moindre alerte. D'où cette politique du balancier : tantôt c'est autorisé, tantôt c'est interdit.

Les dérapages les plus évidents suivirent l'adoption, en mai 1986, des mesures de lutte contre les revenus ne provenant pas du travail. À l'origine, elles étaient dirigées contre les prévaricateurs, les corrompus, les extorqueurs de fonds, mais elles atteignirent une autre cible : les travailleurs individuels, les artisans, les petits intermédiaires. Pour éviter les interprétations contradictoires, nous décidâmes de promulguer une loi sur le travail individuel. Après de nombreux débats, le projet fut soumis au Soviet suprême de l'URSS et adopté le 19 novembre 1986. Bien qu'imparfaite et en demi-teinte, cette loi devait jouer un rôle utile dans la transformation des relations économiques.

En 1985 et 1986, la situation économique s'améliora quelque peu dans le pays. La production industrielle augmenta de 4,4 % et la production agricole de 3 %. En deux ans, les investissements dans le secteur social dépassèrent de près de quarante milliards de roubles les prévisions du plan quinquennal. Pour réjouissant qu'il fût, ce succès eut des effets démobilisateurs en créant l'illusion de changements sérieux. Ainsi, dès le début de 1987, la production industrielle connut une baisse de 6 % par rapport à décembre 1986. Cela touchait surtout les constructions mécaniques et l'industrie légère. Le plan pour 1987 menaçait de s'effondrer comme un château de cartes.

Le Politburo fut le cadre d'une âpre discussion sur ce sujet, le 12 février. Talyzine et Voronine incriminèrent, en vrac, les conditions météorologiques, le fonctionnement des commissions d'agrément, l'impéritie des responsables de l'approvisionnement (« ruptures de stock temporaires concernant les roulements à bille »). En resserrant les boulons, la situation fut rétablie, du moins en apparence, et la crise différée de deux ans encore. Pourtant, cette alarme témoignait clairement de l'instabilité de l'économie et de la lenteur des processus de rénovation. Les ministères se cramponnaient désespérément à leurs prérogatives. Les programmes de développement des secteurs prioritaires n'assuraient pas l'accélération du progrès technologique et les plans de modernisation des constructions mécaniques se soldaient par des échecs. Dans une grande mesure, nos efforts considérables ne servaient à rien.

Les douleurs de l'enfantement

En mars 1987, nous commençâmes enfin à comprendre quelle tactique nous devions employer pour mettre en œuvre la réforme économique. Il fallait prendre en compte les précédents échecs, et tout particulièrement celui de la « réforme Kossyguine » dans la seconde moitié des années soixante. Audacieuse pour son temps, elle cherchait à étendre l'autonomie des entreprises et à changer leurs rapports marchands et monétaires. Elle souleva beaucoup d'espoirs et favorisa le développement de l'économie pendant le huitième quinquennat, sans doute le plus satisfaisant depuis la fin de la guerre.

Pourtant, cette réforme fut essentiellement technocratique. Non seulement elle était dépourvue de fondement politique, mais elle ne s'inscrivait pas, non plus, dans un contexte d'évolution sociale. À l'époque, il ne s'agissait pas de démocratiser, mais de « serrer la vis », surtout après l'écrasement du « Printemps de Prague ».

J'eus l'occasion d'observer que l'une des causes de l'échec fut le comportement de Brejnev et de la partocratie qui le soutenait. Ils demeurèrent à l'écart de l'élaboration et de la mise en œuvre de la réforme, surveillant jalousement l'action de Kossyguine, ne se réjouissant pas outre mesure de ses succès et ne s'attristant nullement de ses échecs, quitte à lui mettre des bâtons dans les roues lorsque l'occasion se présentait. Quant à nous, vingt ans plus tard, nous étions certains d'avoir à affronter une semblable opposition, pouvant dégénérer en sabotage pur et simple.

De toute manière, il nous fallait commencer par un plénum du CC et faire adopter par l'instance suprême du pouvoir un train de mesures fondamentales. D'aucuns prétendent que les réformes furent introduites à la hâte, sans réflexion suffisante et sans concertation. Sornettes ! Elles furent le fruit d'un effort collectif auquel seuls les membres les plus indécrottables de l'appareil s'opposaient. Il n'est pas exagéré de dire que, pendant plusieurs mois, la préparation du plénum de juin 1987 tint la direction du pays sous pression constante, et aucun événement important, intérieur ou international, même la scandaleuse histoire de l'atterrissage de Mathias Rust sur la place Rouge, ne put rivaliser avec elle.

Tous les ingrédients de la tragédie classique se trouvaient réunis : nœud de l'intrigue, développement de plusieurs lignes, courants en filigrane et affrontements entre protagonistes, point culminant et dénouement. Les participants étaient tout à la fois auteurs et acteurs de la pièce. Quant aux différends et aux oppositions, parfois cachés au public, ils apparaissaient souvent au grand jour, créant la sensation.

Alors que précédemment les débats opposaient surtout les partisans des réformes à ceux qui préconisaient des méthodes volontaristes, ils portèrent désormais sur la profondeur de la nécessaire réforme du système économique. La résistance venait essentiellement des structures dirigeantes des ministères et des administrations, en premier lieu celles qui géraient l'ensemble de l'économie : Gosplan, Gossnab [8], ministère des Finances, appareil du gouvernement [9]. Pourtant, personne n'osait s'opposer ouvertement à la réforme. Le travail de sape passait par des propositions ambiguës, en demi-teinte, qui laissaient de nombreuses brèches et parfois même une voie royale pour retomber dans les erreurs du passé.

Ce fut malheureusement à cette époque que je commençai à me heurter à Ryjkov sur plusieurs points. Il était clair qu'il subissait de très fortes pressions de la part de la puissante classe des directeurs d'usine, ses anciens collègues. De bonnes âmes se plaisaient à lui insuffler en permanence l'idée insidieuse que l'on exigeait du gouvernement une gestion efficace de l'économie nationale tout en le privant de ses moyens d'action en démantelant la planification. Nikolaï Ivanovitch hésitait et ses opinions n'étaient pas toujours aussi cohérentes qu'elles auraient dû l'être. De plus, il ne supportait pas — non sans raison — que l'appareil du CC, Ligatchev en tête, tentât d'empiéter sur les fonctions du gouvernement. Mais, en s'emportant, il réagissait d'une manière exacerbée qui le desservait.

Je m'efforçais de le retenir dans le camp de la réforme et, en dernière analyse, je pense y avoir réussi. Pourtant, ce fut pendant cette période qu'il acquit l'image d'un conservateur aux yeux de l'opinion.

Le premier heurt eut lieu, le 3 avril, à la conférence initiale consacrée à la préparation des thèses et du rapport. L'échange d'opinions fut informel, absolument libre, et dura quatre heures. Il est impossible de dire que Ryjkov exprimait des idées totalement dissonantes, mais certaines réserves ne manquaient pas d'être inquiétantes. Il insistait particulièrement sur le fait que l'on ne devait pas « déborder du cadre du socialisme ». Je lui répondis :

— Nous mènerons à bien la réforme dans le cadre du socialisme,

8. Comité d'État pour l'approvisionnement. (N.d.T.)

9. Plus tard, elles se coalisèrent avec la bureaucratie du parti.

mais pas celui qui paralysait la société en étouffant l'initiative et l'intéressement des citoyens.

Nous poursuivîmes le travail sur les thèses du plénum en avril et début mai. Une première version s'avéra trop agressive, peut-être par réaction à la résistance du Gosplan et des autres organismes économiques. Je fis observer que notre argumentation à l'égard des membres du CC devait se distinguer par son sérieux et non par un caractère inutilement émotionnel et polémique. Quant au rapport, il devait être accessible au plus grand nombre, car il s'adressait au pays tout entier.

Les thèses furent terminées le 9 mai. Ce document de quarante pages fut immédiatement distribué aux membres du Politburo. Pour la première fois, un texte décrivait la situation économique sous un jour plutôt sombre (toutefois, le mot de « crise » n'était pas encore utilisé) et formulait les orientations maîtresses de la refonte du système de gestion de l'économie, et de la création d'un mécanisme fiable de compression des dépenses.

Nous soulignions que la perestroïka s'inscrivait dans le cadre du régime socialiste, mais que la conception même du socialisme connaissait des mutations profondes. Une question commençait à se poser de manière précise : celle de la conformité aux idéaux de nombreux aspects du modèle qui s'était imposé chez nous essentiellement dans les années trente. Parmi les points contestés on pouvait relever l'étatisation de la propriété publique, la sous-estimation des coopératives et du travail individuel, la confusion entre planification et centralisme et l'abandon des formes démocratiques de gestion et d'autogestion.

Dans son rôle d'agent économique, l'entreprise était définie comme un « producteur socialiste » devant gérer ses affaires d'une manière entièrement autonome. Quant à la « philosophie » de la planification, elle changeait du tout au tout : d'impérative, elle devenait indicative, prévisionnelle. La clé de voûte de la réforme devait être le passage à de nouveaux principes de fixation des prix, associant la loi de l'offre et de la demande à une régulation étatique. Le document détaillait également les orientations majeures de la refonte des organes de gestion.

Nous laissâmes provisoirement de côté des problèmes tels que le contrôle tatillon que les instances du parti exerçaient sur l'activité économique des entreprises. En son temps, Kossyguine avait demandé le transfert au gouvernement des départements créés au CC pour superviser pratiquement toutes les branches de l'économie nationale. Brejnev et son entourage, qui y virent une tentative de borner la direction du parti à l'idéologie en la privant des leviers de commande, réagirent en donnant encore plus d'importance aux départements sectoriels du CC. Prudents, nous nous cantonnâmes aux généralités, nous bornant à affirmer que les comités du parti ne devaient pas s'ingérer dans la gestion courante des entreprises, mais concentrer leurs efforts sur le développement des bases de gestion démocratiques.

Une fois les thèses diffusées aux membres de la direction, je partis pour Baïkonour où je devais inspecter les travaux de mise au point de la navette spatiale Bouran [10]. Une fois de plus, je me convainquis des immenses possibilités de notre technologie et des perspectives qui pourraient s'ouvrir à nous si nous parvenions à l'adosser à une économie forte.

L'examen du document devant le Politburo eut lieu le 14 mai. Le débat, riche en propos dithyrambiques, fut sans surprise. Comme l'auteur du texte était censé être le secrétaire général, les critiques furent modérées. Les orateurs allèrent même jusqu'à présenter comme mineures des divergences sur des points fondamentaux. Sans s'étendre sur l'économie, Ligatchev se lança dans un sermon inopiné sur la perestroïka : selon lui, elle ne devait pas se réduire à la démocratisation, car ce n'était qu'un moyen, la fin devant être le renforcement du socialisme. Dans la foulée, il préconisa de modérer les critiques du passé. Quant à Eltsine, il insista sur la profondeur et la nouveauté du document, suggérant d'étoffer le chapitre consacré à l'action du parti. Après tout, il en dirigeait l'organisation dans la capitale.

Dans ma conclusion, je soulignai l'importance du changement d'attitude du parti sur la réforme :

— Le mouvement est lancé, constatai-je, mais des résistances existent. Beaucoup font preuve de mollesse, certains prennent du retard. Mon voyage au Kazakhstan m'en a convaincu. Je n'oublierai pas cette voix qui me criait, dans la foule : « Quand la perestroïka viendra-t-elle jusqu'à nous ? » Il dépend de nous que la perestroïka soit rampante et superficielle ou radicale et révolutionnaire. Il faut la mener sans hâte ni fureur, mais aussi sans temporiser. Tout attentisme doit être banni.

---

10. Cette navette spatiale, lancée par la fusée porteuse Energuia, ne fut utilisée qu'une seule fois, le 15 novembre 1988, lors d'un vol d'essai automatique, sans équipage. Le programme fut abandonné peu après en raison de difficultés techniques et de son coût trop élevé. (N.d.T.)

En ce qui concerne le train de mesures gouvernementales, les premiers documents à parvenir au Politburo furent des projets de décrets concernant l'amélioration des statistiques d'État, la réforme du système financier et de crédit, et celle du mécanisme des prix. Un mémorandum de Ryjkov sur la situation financière du pays posa clairement le problème du déficit budgétaire.

Gostev, le ministre des Finances, annonça la mobilisation d'un crédit supplémentaire de 21 milliards de roubles pour équilibrer le budget, alors que le déficit atteignait 80 milliards. La question était de savoir où prendre les 60 milliards qui manquaient. Aujourd'hui, ces questions sont discutées publiquement, mais à l'époque, cela fit sensation. Jusque-là, l'affectation des crédits se réglait en catimini, pour parer au plus pressé, et presque personne n'était au courant. Ce manque de rigueur budgétaire était d'ailleurs la principale raison des tensions inflationnistes dans notre économie.

Gostev était avant tout un fiscaliste et je dus lui rappeler qu'il ne s'agissait pas seulement de combler le déficit. L'objectif était de créer les conditions de l'autofinancement des entreprises.

Nous passâmes ensuite à la question des prix. Dans le vieux système, ils étaient généralement établis en fonction des frais de production. De ce fait, les producteurs n'étaient nullement encouragés à économiser les ressources [11]. En revanche, cela générait une mentalité d'assisté et la tendance à compter sur les subventions de l'État. Il me semblait que les prix devaient être fixés en tenant compte des frais socialement nécessaires, de la qualité des produits, de l'offre et de la demande. Il fallait également revoir les prix du commerce de détail. Il n'était pas normal que les produits alimentaires à eux seuls soient subventionnés à hauteur de 56 milliards de roubles, soit plus de 45 % du chiffre des ventes. Mais je m'opposai fermement aux tentatives de réduire le déficit budgétaire par la hausse des prix. Les augmentations éventuelles devaient retourner à la population sous forme de hausses des salaires, sauf peut-être pour les plus hauts revenus.

Les vieilles habitudes ont cependant la vie dure. Devant le Politburo,

---

11. En raison de l'absence de concurrence, personne n'avait intérêt à baisser les prix de vente entre les entreprises. Ils n'avaient de toute manière aucune incidence sur les prix du commerce de détail, fortement subventionnés. (N.d.T.)

le ministre des Constructions mécaniques agricoles, Alexandre Ejevski, fit état de ses griefs envers le Gosagroprom qui n'avait commandé que 100 000 moissonneuses-batteuses, alors que le plan assignait à son ministère d'en produire 108 000. Et il nous demandait de faire pression sur les premiers secrétaires, lesquels contraindraient à leur tour les kolkhozes et les sovkhozes à se porter acquéreurs du nombre requis de machines. Mais requis par qui ? Je connaissais de longue date Ejevski et je savais combien il était capable et consciencieux. Son intervention me montra une nouvelle fois à quel point le système était enraciné dans l'esprit de chacun d'entre nous.

Le gouvernement estimait que le commerce de gros devait être introduit graduellement, à mesure que reculeraient les pénuries. Il coexisterait ainsi pendant un certain temps avec le système centralisé de répartition, or ils me semblaient incompatibles. Je le dis tout net : « De cette manière, nous ne passerons jamais au commerce de gros ! » Le cercle vicieux m'apparaissait clairement : le nouveau système ne pourrait être installé tant que dureraient les pénuries engendrées… par l'ancien. La seule issue était de passer au commerce de gros à des prix « négociés ».

En fait, la conception du projet lui-même était discutable : il apparaissait à beaucoup comme une nouvelle forme de répartition des moyens de production par le Gossnab. En réalité, personne ne voulait laisser échapper les rênes du pouvoir. Celui qui définit les indicateurs et répartit les ressources est un seigneur dont on attend tout. Les pénuries étaient nécessaires au système : sans elles, le monopole ne manquerait pas de s'écrouler et, avec lui, ses compagnons de route, cadeaux, pots-de-vin, faveurs mutuelles, etc.

Les débats me semblèrent pourtant satisfaisants. Nous étions parvenus à nous frayer un chemin à travers une véritable jungle tropicale pour aboutir aux solutions nécessaires. Puisque la défense de nombreux intérêts passait par la préservation du système, ses défenseurs étaient légion. Un autre aspect me sauta aux yeux : les clichés les plus éculés modelaient le comportement de nombre de mes collègues. J'eus l'occasion de lire, par la suite, les résultats d'une étude sur le comportement des Soviétiques : selon certaines expériences mes concitoyens présentaient l'étonnante caractéristique de ne pas voir, au sens littéral du terme, ce qui ne correspondait pas à leur façon de penser ou simplement à ce qui était écrit. Comme dans l'aphorisme de Kozma Proutkov : « S'il est marqué “buffle” sur la cage de l'éléphant, tu dois croire ce que tu lis et non ce que tu vois ! » En tout cas, la combinaison de la routine et de l'instinct de conservation du pouvoir constituait un mélange détonant d'une puissance considérable.

En mai et en juin, les divergences s'aggravèrent à chaque réunion du Politburo. Le 21 mai, une polémique violente éclata lors de l'examen des projets de décrets concernant l'amélioration du fonctionnement du Conseil des ministres et la restructuration des ministères et administrations. Cette fois, Ryjkov ne cacha pas son intention de défendre bec et ongles les intérêts du gouvernement. Lorsqu'on lui demanda à quelles fonctions les ministères pourraient renoncer dans les conditions nouvelles, il répondit sèchement : « À aucune. »

La dernière réunion du groupe de travail se tint le 20 juin à Volynskooe en présence de Iakovlev, Sliounkov et Medvedev. J'invitai également Ryjkov et ses assistants. Je le sentis content d'être là, mais hésitant quant à l'attitude à adopter : devait-il soutenir Gorbatchev et les économistes réformateurs, ou bien les puissantes structures du gouvernement, du Gosplan et des ministères ?

Comprenant la situation, je m'efforçai de faire preuve de tact. Le débat revint néanmoins sur les sujets qui faisaient l'objet d'un bras de fer depuis des mois : les prérogatives des ministères, le système d'approvisionnement, etc. Nous parvînmes néanmoins à un compromis.

Les 8 et 9 juillet, je réunis au CC les responsables du parti, de l'État et de l'économie pour une conférence déterminante. À franchement parler, il s'agissait moins de prolonger les débats que de mettre à l'épreuve notre force de conviction.

La discussion ultime du rapport au Politburo se déroula sans encombre. Malgré l'ardeur des débats antérieurs, aucune objection ne fut formulée. Je pus donc constater : « Nous sommes unis sur l'essentiel et sur le détail. »

Malheureusement, cette conclusion se révéla prématurée. La résistance aux réformes économiques ne devait pas se démentir et aboutirait à torpiller les décisions prises.

Débat au plénum

Le 25 juillet, devant le plénum, je donnai enfin lecture de mon rapport intitulé « Sur les objectifs du parti en vue de la restructuration radicale de la gestion de l'économie ». Une fois encore, je mis en exergue le besoin de démocratisation, seul moyen efficace de résoudre les problèmes les plus graves. Car l'économie administrée retardait notre progression.

Je fis des remarques critiques sur le fonctionnement non seulement de certaines administrations centrales, mais aussi du Politburo, du secrétariat et du Conseil des ministres, mentionnant nommément quelques responsables coupables de graves fautes de gestion. C'était plutôt inhabituel aux réunions du CC et cela provoqua des mouvements dans la salle.

Notre effort, poursuivis-je, devait porter sur trois secteurs prioritaires : les denrées alimentaires ; le logement ; les biens de consommation et les services. Or, l'amélioration de la situation, dans ces domaines comme dans d'autres, tout aussi vitaux, passait par une réforme radicale de l'économie. Comment pouvions-nous éveiller le sentiment de responsabilité, utiliser les synergies, concilier les intérêts de la société, de la collectivité et de l'individu ? En posant ces questions, j'entendais inviter les membres du CC à dépasser le cadre étroit des contingences pour débattre sur le fond.

Hélas, en dépit d'une bonne « préparation d'artillerie » — notamment la distribution aux participants des thèses du rapport et du projet de loi sur l'entreprise —, il n'y eut pas de vrai dialogue sur la réforme. Après avoir juré fidélité à la perestroïka et effleuré les problèmes, les « patrons » du parti retombèrent dans l'ornière habituelle : les difficultés qu'ils rencontraient dans les républiques et les régions, et l'aide qu'ils comptaient recevoir des instances fédérales.

Naguère, les membres du Politburo se concertaient avant chaque plénum pour déterminer qui devait prendre la parole et pour quoi. Au début de mon mandat, je fis en sorte que chacun décidât lui-même sur place s'il devait intervenir ou non. Ce jour-là, je fus donc surpris par le silence de Ryjkov. Il me semblait que le chef du gouvernement aurait dû intervenir, dissipant du même coup les rumeurs de divergences au sujet de la réforme.

Même si la réunion du CC ne permit pas de toucher les questions de fond, son bilan fut positif : elle confirma la politique de démocratisation et définit les objectifs majeurs et les modalités de la réforme économique. Elle jeta un pont vers l'étape suivante de la perestroïka : la convocation, pour l'été de 1988, de la XIXe conférence du parti.

Quant à moi, je profitai du plénum pour opérer un regroupement des forces au sein de la direction politique du pays. Le Politburo s'enrichit de trois nouveaux membres titulaires : Nikolaï Sliounkov, Alexandre

Iakovlev (précédemment membres suppléants) et Viktor Nikonov [12]. La promotion de Iakovlev était destinée à empêcher Ligatchev, dont je n'ignorais pas la sensibilité conservatrice, de superviser seul le domaine idéologique. Kounaïev quitta le Politburo et Sokolov, l'ancien ministre de la Défense, fut relevé de ses fonctions de membre suppléant qui revinrent à son successeur, Dmitri Iazov. Tout cela se passa sans anicroche.

Un événement imprévu motiva le départ de Sokolov : l'atterrissage sur la place Rouge du jeune Allemand Mathias Rust à bord d'un avion léger. Ce camouflet au pays et à ses forces armées sonna comme un signal d'alarme quant aux insuffisances en matière de sécurité et l'irresponsabilité au sommet de la hiérarchie militaire. J'appris la nouvelle lors d'une séance du comité politique consultatif du Pacte de Varsovie à laquelle participaient également Gromyko, Ryjkov, Chevardnadze, Sokolov et Medvedev. Le lecteur peut sans mal imaginer ce que je ressentis en lisant la dépêche.

J'en informai les participants à la réunion [13] et leur précisai que cet épisode ne mettait pas en doute la qualité de nos matériels et l'efficacité de notre défense. À vrai dire, j'étais ébranlé : nos systèmes antiaériens garantissaient techniquement à 100 % l'inviolabilité de notre espace aérien dans des conditions incomparablement plus complexes. Le problème ne venait pas du matériel, mais de ceux qui étaient chargés de l'utiliser et, donc, de l'organisation — ou plutôt de la désorganisation — des forces armées.

Comme de coutume, nous rentrâmes à Moscou à bord de deux appareils [14]. La conversation revenait sans cesse à Rust. Mes compagnons de vol préconisaient des mesures sévères à l'encontre des responsables et, avant tout, la direction du ministère de la Défense : Sokolov devait d'autant plus partir que des insuffisances avaient déjà été signalées dans le secteur dont il avait la charge.

À notre retour, le Politburo réclama à l'unanimité la démission du ministre de la Défense et celle du commandant en chef de la défense aérienne [15], une enquête approfondie et le châtiment des coupables.

---

12. Sliounkov pour les questions économiques, Iakovlev pour l'idéologie et Nikonov pour l'agriculture. (N.d.T.)

13. Les dirigeants des pays socialistes. (N.d.T.)

14. La direction du pays ne devait pas être réunie dans le même appareil pour d'évidentes raisons de sécurité.

15. L'armée soviétique était divisée en cinq forces : missiles stratégiques, terre, défense aérienne, aviation et flotte. (N.d.T.)

Après une pause, je proposai la nomination de Iazov en remplacement de Sokolov. Ce choix surprit mes collègues, mais personne ne souleva d'objection. Iazov, qui occupait alors le poste de vice-ministre de la Défense chargé du personnel, n'avait jamais rempli de fonctions prestigieuses comme celles de chef d'état-major, de commandant du Groupe de forces occidental [16] ou de chef de la région militaire de Moscou. Mais il avait des qualités qui expliquent mon choix.

Je fis sa connaissance pendant mon voyage en Extrême-Orient. Il y commandait une région militaire qui s'étendait sur des milliers de kilomètres et connaissait une foule de problèmes douloureux — notamment sur le plan de la vie quotidienne — qui provoquaient une certaine agitation parmi les hommes. Iazov faisait preuve de beaucoup d'assurance, de calme et de compétence. Il était parvenu à combler le fossé entre gradés et hommes du rang, assainissant du même coup le climat. Il faut dire qu'il bénéficiait d'une grande expérience : jeune officier, il avait combattu pendant la Grande Guerre patriotique [17], puis il avait connu de nombreuses affectations, gravissant tous les échelons de la hiérarchie militaire. Au poste de vice-ministre de la Défense chargé du personnel, où je le fis nommer, il confirma ses capacités de gestionnaire en jouant un rôle particulièrement actif dans le renouvellement et le rajeunissement du corps de commandement, ce qui se traduisit par la mise à la retraite de mille deux cents officiers généraux. Tout cela explique sa nomination au portefeuille de la Défense.

À ce poste, il dut affronter toute une série de problèmes inhabituels induits par les pourparlers sur le désarmement. Parfois, nos spécialistes des Affaires étrangères, de la Défense, du complexe militaro-industriel et du KGB ne parvenaient pas à se mettre d'accord sur nos positions à la table de négociation. Même après les réunions de la commission spéciale dirigée par Zaokov, des questions restaient pendantes. Bien entendu, Iazov soutenait ses représentants, mais il savait faire preuve de souplesse et de bon sens. Lorsqu'il fallait prendre une décision politique, je le rencontrais, en compagnie du maréchal Akhromeïev [18], et l'on trouvait toujours une solution.

Si je parle de lui avec un tel luxe de détails, c'est qu'il m'est parti-

16. Troupes soviétiques en RDA. (N.d.T.)
17. Nom soviétique de la Seconde Guerre mondiale, à partir de 1941. (N.d.T.)
18. Le chef d'état-major général. (N.d.T.)

culièrement difficile de comprendre son comportement en août 1991 [19]. Il était bien le dernier que je pouvais soupçonner de trahison.

Guerre de tranchées autour de la réforme

Les textes du plénum étaient marqués par les compromis. Même si, aujourd'hui, nombre d'entre eux peuvent sembler naofs, pour la conscience collective de l'époque, les décisions semblaient radicales et révolutionnaires. Il fallait avant tout avancer, quitte à déterminer en cours de route ce qu'il faudrait modifier et comment.

Hélas, l'essentiel dépendait des instances économiques centrales dont le comportement ne changea pas d'un iota. Elles considéraient les décisions du plénum comme une concession excessive faite aux réformateurs : non contentes de ralentir leur mise en œuvre, elles s'ingéniaient à revenir en arrière par tous les moyens.

En septembre, le Politburo entendit deux rapports sur la manière dont étaient introduites les décisions du plénum. L'un concernait l'établissement de nouvelles normes de gestion économique et l'autre la réforme du système des prix. De nombreuses entreprises se plaignaient au CC de l'arbitraire des administrations centrales, qui n'hésitaient pas à faire litière des décisions prises.

Avant le plénum de juin, Ryjkov estimait que permettre aux entreprises de planifier leur activité en passant à l'autonomie et à l'autofinancement reviendrait à vider de son contenu le plan quinquennal. Il faudrait donc le revoir entièrement ou même l'annuler. Le Premier ministre défendait l'« intangibilité » des objectifs du quinquennat, alors même que le bilan des exercices de 1985 et de 1986 montraient qu'ils ne seraient pas atteints.

Le domaine où la nomenklatura des gestionnaires faisait preuve de la résistance la plus opiniâtre était indiscutablement la restructuration organisationnelle. Sous couleur de créer des unions de production d'État, on tentait de ressusciter le système bureaucratique des « directions principales » subordonnées aux ministères, perpétuant ainsi le cloisonnement administratif et les appareils pléthoriques.

---

19. Iazov faisait partie du Comité d'État pour l'état d'urgence (GKTchP) qui tenta de prendre le pouvoir le 19 août 1991. (N.d.T.)

Bref, la guerre de tranchées se poursuivait autour de la réforme et l'on s'enfonçait de plus en plus dans la vase des arguties, du bavardage et du sabotage « spontané » ou même délibéré.

Les débats sur les prix

Le problème des prix fut au centre de débats particulièrement acharnés. À la mi-avril 1988, le Politburo examina les projets de transformation du système des prix dont le plénum de juin avait confié l'élaboration aux services du gouvernement. Il leur avait fallu dix mois pour préparer ce gros dossier de documents verbeux et obscurs, pas toujours en conformité avec l'esprit de la réforme. Il préconisait notamment de procéder par étapes à cette dernière : d'abord procéder à la mise en place des prix et tarifs de gros dans l'industrie et les transports, celle des nouveaux prix d'achat et de détail étant remise *sine die*. D'une manière plus générale, le problème était abordé sans tenir compte des autres éléments majeurs de la réforme économique. Le projet n'apportait pas non plus de solutions concrètes à des questions importantes, comme la mise à niveau des prix intérieurs avec ceux du marché international, la décentralisation et la libéralisation des prix, et l'introduction des prix « négociés ».

Le Politburo critiqua sévèrement les textes et demanda au Conseil des ministres de ne plus faire traîner les choses, d'autant qu'il était clair que plus le temps passait, et moins les conditions étaient favorables. Mais le gouvernement n'était pas pressé d'attaquer de front un problème aussi brûlant. Ces jeux d'appareil nous firent perdre plusieurs mois. Naturellement, des rumeurs d'« attaques » contre la stabilité des prix finirent par filtrer dans le public, suscitant une inquiétude grandissante. Les populistes s'emparèrent du sujet et le politisèrent. En dépit de nos assurances répétées selon lesquelles les recettes tirées de l'augmentation des prix seraient intégralement reversées aux ménages et qu'aucune décision ne serait prise sans l'avis du peuple, une bruyante campagne fut déclenchée dans la presse contre la réforme des prix, prétendument contraire aux intérêts de la collectivité.

« Pas touche aux prix ! », tel fut le mot d'ordre sous lequel naquit l'opposition démocratique radicale. Elle n'était nullement troublée par le fait qu'elle barrait ainsi la route aux réformes économiques et que, une fois au pouvoir, elle ne pourrait éluder le problème. Comme en bien d'autres circonstances, les intérêts du pays furent sacrifiés à un populisme de mauvais aloi. En quelques semaines, le rejet de la réforme devint presque unanime, y compris parmi les économistes les plus éminents. Même ceux qui avaient pris part à l'élaboration de la réforme se mirent à publier dans la presse des mises en garde contre toute hâte dans ce domaine. Honnêtement, il faut reconnaître qu'il y avait matière à inquiétude : ce fut cette année-là qu'apparurent les premiers symptômes de la désorganisation du marché des produits de consommation et de la circulation monétaire.

Sous la pression des populistes, le contrôle des salaires fut supprimé prématurément, avant la mise en place de nouveaux mécanismes économiques. Cela entraîna une hausse non motivée des revenus en espèces. La création d'entreprises coopératives, nouvellement autorisées, ouvrit la voie à l'introduction sur le marché de sommes considérables en liquide[20]. Pour couronner le tout, anticipant sur l'essor futur de la production, des programmes sociaux irréalistes furent adoptés. L'excédent de masse monétaire déséquilibra un marché de produits de consommation déjà assez indigent. Des articles comme le sucre, le tabac, le savon ou les lessives disparurent des étals. Le prix des biens de première nécessité augmenta, provoquant à juste titre l'indignation des acheteurs.

Cette situation ne manqua pas de m'inquiéter sérieusement. Dès le mois d'août, alors que j'étais en vacances, j'attirai plus d'une fois l'attention de Ryjkov et de Sliounkov sur la situation. L'économiste Abel Aganbeguian me fit parvenir une note détaillée motivant plusieurs mesures concrètes et le besoin d'un important travail d'explication auprès de la population.

Le 28 octobre 1988, le Politburo adopta une résolution condamnant les hausses de prix injustifiées. Mais il fut impossible de changer l'opinion publique. Un groupe d'économistes — comprenant Zaslavskaoa, Chataline, Abalkine, Popov, Chmeliov et d'autres — se prononça dans la presse contre toute réforme des prix « dans les prochaines années » sous prétexte de ne pas « tuer la perestroïka » et de ne pas soulever la société contre elle.

Quant aux responsables du Conseil des ministres, du Gosplan, et du

20. Contrairement aux entreprises d'État dont les règlements (à l'exception des salaires) se faisaient par des jeux d'écritures comptables, les coopératives (entreprises privées) devaient tout payer en numéraire. (N.d.T.)

Goskomtsen[21], tout en s'indignant verbalement de l'irresponsabilité des journalistes et de l'apostasie des économistes, ils étaient bien contents de ne pas avoir à assumer des décisions impopulaires.

Au début de novembre, sortant de l'ordre du jour de la réunion du Politburo, Ryjkov parla des articles que les économistes Abalkine et Chataline avaient consacrés au problème des prix. Mais la discussion en resta au stade de l'indignation collective, alors qu'il aurait fallu sonner le tocsin, convoquer les journalistes, intervenir dans les médias et devant le personnel des entreprises pour expliquer cette vérité toute simple : la modification profonde du système des prix faisait partie intégrante de la réforme économique. Pour regrettable qu'elle fût, elle était indispensable à l'assainissement de l'économie et à l'élévation du niveau de vie.

Je dois reconnaître que je porte une responsabilité dans la sous-estimation des facteurs qui jouaient contre nous. Comme d'autres, je partageais l'illusion que les difficultés provenaient d'un manque d'adaptation psychologique des cadres.

En tout cas, en acceptant à tort l'étalement des réformes structurelles sur trois ou quatre ans, nous laissâmes échapper, en 1987 et 1988, le moment le plus favorable. Cette erreur stratégique contribua à aggraver la situation dans le pays, rendant les réformes plus difficiles à introduire et exigeant des approches plus radicales pour les mener à bien.

---

21. Comité d'État pour les prix. (N.d.T.)

CHAPITRE 12

FRANCHIR LE PAS

Le credo de la perestroïka

Au cours de ces premières années de combat pour la réforme, l'idée d'écrire un livre sur la perestroïka mûrit en moi. Au début, je la rejetai, mais elle s'imposa progressivement : non seulement je voyais clairement le plan de l'ouvrage, mais les notes s'accumulaient presque malgré moi. Je finis par en faire part à mon proche entourage. L'accueil ne fut pas enthousiaste. Frolov me conseilla de préparer plutôt un cycle de conférences. Dobrynine et Iakovlev étaient d'avis de faire éditer un recueil de mes articles et discours. Je n'étais pas contre, mais il me semblait que des textes de circonstance ne pouvaient remplacer un récit suivi sur la manière dont était née l'idée de la perestroïka et le sens que je conférais à ce concept.

Je pensais qu'il était tout aussi important de donner au monde une idée « de première main » de nos intentions. Malgré l'amélioration du climat international, certains cercles conservateurs, à l'Ouest, s'inquiétaient. Notre politique nouvelle sapait l'esprit d'affrontement qui prévalait pendant les années de guerre froide, heurtant les intérêts de ceux qui souhaitaient son maintien. Nos propositions de réduction de la production militaire signifiaient moins d'allocations de ressources, de subventions et d'emplois. Aux États-Unis, même Ronald Reagan subissait des attaques en la matière, même s'il n'avait pas encore fait les premiers pas vers un désarmement véritable.

Voilà pourquoi il était nécessaire de présenter clairement notre credo. Le reste du monde devait comprendre que les réformes n'étaient pas seulement utiles à l'Union soviétique et que la perestroïka pouvait profiter également aux autres pays.

Ce fut dans cet esprit que le titre, *Perestroïka*, fut complété par l'idée de « nouvelle pensée [1] ». Depuis lors, ces deux idées sont restées inséparablement liées : les réformes intérieures étant désignées par le premier terme, et leurs implications dans les relations internationales et en politique étrangère par le second.

J'envoyai le manuscrit, si ma mémoire est bonne, à Ligatchev, Ryjkov, Iakovlev, Medvedev, Chevardnadze et Frolov. Medvedev émit les remarques les plus constructives, les autres se bornant aux propos laudatifs habituels.

Le livre parut en 1987 et connut un succès certain : cinq millions d'exemplaires vendus dans cent soixante pays et quatre-vingts langues. Les droits d'auteur (environ trois millions de dollars et un million de roubles après impôts et déductions) furent versés à des œuvres de bienfaisance [2], notamment au Fonds d'aide aux victimes de tremblements de terre, en Arménie et au Tadjikistan, à des hôpitaux où étaient soignées les victimes de l'accident de Tchernobyl et d'autres catastrophes écologiques, et à la caisse du parti.

Les réactions que le livre suscita nous persuadèrent encore que le monde attendait un changement. En dépit des remarques de certains critiques étrangers chicaneurs qui lui reprochaient une présentation « maladroite » et le traitement évasif de certains sujets, le livre fut bien accueilli. Bien entendu, il fut perçu comme un manifeste politique du promoteur de la perestroïka.

Un discours peu lénifiant

Les préparatifs du soixante-dixième anniversaire de la révolution d'Octobre commencèrent dès janvier 1987. Il nous fallait d'abord définir le critère d'évaluation du chemin parcouru depuis 1917 et, plus particulièrement, depuis le début de la perestroïka. Traditionnellement, le

1. Le titre original était (en russe comme en anglais) : *Perestroïka, nouvelle pensée pour notre pays et le monde.* Il fut publié en France sous le titre *Perestroïka, vues neuves sur notre pays et le monde*, Flammarion, 1987. Traduit de l'anglais par Jean Bonnefoy et William Desmond. (N.d.T.)

2. Il en fut de même pour le montant du prix Nobel et du prix Fiuggi qui me furent attribués, soit plus d'un million de dollars.

secrétaire général était chargé de faire le point sur les problèmes majeurs.

À cette époque, la discussion sur le contenu des réformes engagées battait son plein, dans le parti comme dans le pays. Aucun de nos éminents historiens, philosophes ou économistes ne se prononçait ouvertement contre l'option socialiste, mais la question de la nature de notre société se posait déjà avec assez d'acuité, comme le prouvait le livre collectif *Il n'y a pas de troisième voie*, dont la plupart des auteurs étaient des démocrates radicaux et qui, écrit pendant cette période, fut publié avec un certain retentissement l'année suivante, à la veille de la XIXe conférence du parti.

De mon côté, je me plongeai dans la préparation de mon rapport. Or, tant que je n'ai pas saisi la logique interne d'un sujet, il m'est impossible de le traiter. Ma tournure d'esprit me fait privilégier l'approche systémique et, en alignant mes idées, je ressentis la nécessité de commencer par le commencement : les premières années du pouvoir soviétique. Je voulais mieux saisir la nature des tendances qui avaient alors pris naissance. Je relus une nouvelle fois les textes de Lénine de cette époque.

Ce fut notamment le cas des *Tâches immédiates du pouvoir des soviets* qu'il écrivit dans le court intermède pacifique qui suivit la Révolution et où il montre sa conception de la progression vers la société nouvelle, la logique des transformations et les méthodes qu'il entendait utiliser. Ses ouvrages suivants sont marqués par la guerre civile et la division du pays en deux camps opposés. Quant aux textes de 1922 et 1923 [3], ils dénotent une inquiétude croissante pour le destin de la Révolution. Lénine craignait la perpétuation des méthodes d'exception utilisées pendant les événements insurrectionnels ou dans l'écrasement de la contre-révolution et que la priorité donnée alors à la violence ne fût adoptée par la « bureaucratie prolétarienne » pour devenir partie intégrante du nouveau régime.

La « conception nouvelle du socialisme » s'accompagnait du refus de cette partie de l'héritage de la guerre civile et de la foi dans la toute-puissance des méthodes violentes. La démocratie et les réformes étaient privilégiées ainsi que le recours aux formes de gestion traditionnelles, connues du peuple et comprises par lui, mais devant être progressivement rénovées et remplies d'un contenu socialiste.

La maladie empêcha Lénine de mener à bien cette fantastique révision des valeurs qui pouvait aboutir à une forme de développement

---

3. Entre la fin de la guerre civile et la mort de Lénine. (N.d.T.)

entièrement différente de celle qu'adopta Staline. Dans un dernier effort de volonté, le guide de la révolution d'Octobre parvint néanmoins à imposer sa Nouvelle Politique économique, la NEP, qu'il concevait comme une réforme radicale. Mais la bureaucratie du parti, installée au pouvoir, ne devait pas la tolérer bien longtemps. Elle éradiqua les germes du marché, de la libre entreprise et du pluralisme idéologique et politique, au profit d'un socialisme d'État caporaliste.

Il me semble que l'échec de la NEP, malgré ses avantages indéniables, provint de l'incapacité des bolcheviks à s'adapter : le pays avait besoin d'autres méthodes et d'une autre politique, mais ils continuaient à jouer les commissaires politiques. Comme l'industrialisation forcée exigeait des investissements, des devises fortes et du matériel importé, la paysannerie fut soumise à la collectivisation forcée. Un mécanisme impitoyable, que l'on peut pratiquement qualifier de nouveau servage, fut mis en place pour « nourrir » la bureaucratie et lui permettre de militariser la population, tout en satisfaisant les besoins sociaux à un niveau modeste. Les méthodes de commandement, d'écrasement de la dissidence, de répression, initialement justifiées par l'encerclement capitaliste, devinrent partie intégrante du système. Un régime totalitaire s'instaura dans le pays en s'appuyant sur la propriété d'État, le monopole idéologique et le pouvoir du parti unique.

Je commençai à véritablement travailler sur mon rapport pour l'anniversaire d'Octobre le 29 avril 1987. C'était en petit comité et je m'autorisai une boutade que les personnes présentes gardèrent en mémoire :

— Je crois bien que le destin de notre direction est de déployer la perestroïka ou de mourir.

Dans le passé, les textes présentés en de telles circonstances se limitaient à une énumération des succès, tempérée par une ou deux critiques. Nous décidâmes que l'accent devait être mis sur autre chose : cette commémoration était l'occasion rêvée pour franchir une nouvelle étape dans le développement de la conscience sociale et dans la compréhension de notre société. Elle pouvait également donner la réponse à l'éternelle question, *Que faire ?*[4].

Les discussions sur le rapport furent franches et l'on exprima des idées qui semblaient alors les plus hardies. Si toutes ne furent pas intégrées dans le texte, ce fut uniquement parce qu'il nous sembla que

---

4. *Que faire ?* est le titre d'un roman de Nikolaï Tchernychevski (1863) qui devint la bible de la jeunesse révolutionnaire à la fin du siècle dernier. En 1902, Lénine reprit le même titre pour l'un de ses principaux ouvrages. (N.d.T.)

l'heure n'en était pas encore venue. Nous convînmes qu'il nous fallait procéder à une réévaluation complète et précise des épisodes tragiques de notre histoire, et notamment du cas des militants du parti qui furent déclarés « ennemis du peuple », Boukharine en tête.

Après les vacances, alors que la date de l'anniversaire approchait, j'eus l'occasion de sonder l'état d'esprit de la direction lors de la réunion du Politburo du 28 septembre. Comme je venais de rentrer de congé (pendant mon absence je n'avais eu que des contacts téléphoniques avec Moscou), il nous fallait faire le point sur un ensemble de questions. De plus, les réflexions que j'avais entendues sur mon livre et mon futur rapport, les débats dans la presse, les informations en provenance des régions m'incitaient à entamer une discussion approfondie et sincère. Les ragots de l'étranger sur l'état de santé de Gorbatchev, sur les divergences entre ce dernier et Ligatchev, entre Ligatchev et Iakovlev, entre Ryjkov et je ne sais qui d'autre, créaient un mauvais climat. Il me fallait reprendre les choses en main.

La réunion se prolongea jusqu'à sept heures et demie du soir. Un sujet revenait sans cesse : l'analyse des progrès de la perestroïka. Visiblement, nous étions entrés dans une phase critique. La mise en œuvre des décisions des plénums de janvier et de juin devait promouvoir les processus démocratiques, mais la tension grandissante au sein de la société témoignait de l'inquiétude générale pour le sort des réformes.

En effet, le bilan de 1987 était sensiblement moins bon que celui de l'année précédente. À cela s'ajoutaient des problèmes préoccupants liés au passage désordonné des entreprises à l'autonomie comptable et financière. Ceux qui craignaient le changement spéculaient sur ces difficultés et il n'était pas aisé de distinguer la part réelle de l'angoisse populaire et celle de la joie mauvaise et des manœuvres des démagogues.

Ce fut sans doute pendant cette période que se manifesta pour la première fois la divergence entre la direction et les organes de base du parti. Pour la plupart, ces derniers n'étaient pas prêts à fonctionner dans le climat créé par la démocratisation, la glasnost et le passage aux nouvelles formes de gestion économique. Au cours des réunions, la même antienne revenait en permanence : « Dites-nous ce qu'il faut faire ! Donnez-nous des directives ! » Je voyais dans ces phénomènes les symptômes inquiétants de la crise qui touchait le parti. Après tout, il avait été formé à jouer un tout autre rôle. En trois ans de perestroïka, l'abandon de la candidature unique aux élections permit un renouvellement sensible de la direction, mais les nouveaux cadres dirigeants, à de rares exceptions près, continuaient à se comporter comme par le passé, dans le même esprit et en usant des mêmes méthodes.

L'idée que la société, avide de changement, pouvait laisser le parti derrière elle s'imposait à moi avec une acuité croissante. Comment échapper à ce danger ? Telle était la question à laquelle il nous fallait répondre.

Ce fut au cours de cette séance du Politburo que nous décidâmes de créer une commission chargée d'examiner les dossiers de la répression des années trente et suivantes. En fait, nous reprenions le processus de réhabilitation des innocents injustement condamnés qui avait été interrompu pendant la période brejnévienne. Il s'agissait de rétablir la justice et la vérité historique.

À la mi-octobre, une première version de mon rapport pour le soixante-dixième anniversaire — elle comptait cent vingt pages — fut examinée par le Politburo, selon les modalités habituelles. Elle ne souleva que quelques observations utiles, mais mineures.

Eltsine fut le plus prolixe dans ses commentaires. Selon lui, le rapport faisait la part trop belle à la révolution de Février au détriment de celle d'Octobre ; il ne mettait pas suffisamment en valeur le rôle de Lénine et de ses compagnons les plus proches ; la période de la guerre civile était escamotée ; la part faite respectivement à l'industrialisation et à la collectivisation était disproportionnée ; il était prématuré d'évaluer le rôle des personnages éminents de la Révolution avant les conclusions de la commission ; il valait mieux éluder les questions relatives aux étapes de la perestroïka, à la préparation de la nouvelle Constitution et, en conclusion, souligner avec force le rôle du parti dans le développement de la société soviétique. Comme on peut le constater, ces observations étaient empreintes de prudence et de conservatisme. Tel était Eltsine, à cette époque.

Le 2 novembre 1987, à la réunion solennelle du Kremlin[5], je donnai lecture de mon rapport intitulé « Octobre et la perestroïka : la révolution continue ». Il fut considéré comme une avancée importante vers le rétablissement de la vérité historique et l'abandon des mythes. Bien sûr, ce n'était qu'un pas de plus sur un long chemin. Le texte restait marqué par certaines limitations. Nous avions délibérément décidé de taire certaines choses, et il nous fallait apprendre à réinterpréter certains événements et surmonter bien des barrières psychologiques. Sans oublier

---

5. Cérémonie qui ouvrait les commémorations de l'anniversaire de la Révolution, le 7 novembre (25 octobre de l'ancien calendrier). (N.d.T.)

qu'il restait bon nombre de « taches blanches » à étudier. Sur un tel sujet, il était impossible d'aller, comme on dit, « plus vite que la musique ».

Mon rapport, qui tentait de faire la part des choses et pouvait par moments paraître timoré, ne pouvait satisfaire les extrêmes des deux bords. Les uns considéraient toute analyse critique du passé comme une « calomnie » et un « manque de respect envers son propre peuple », ne pouvant qu'ébranler les assises du système et annoncer une révision totale de l'histoire. D'autres, « pleinement informés » par quelques entrefilets polémiques, affirmaient qu'ils attendaient plus, que Gorbatchev faisait du surplace et qu'il fallait rompre entièrement avec le passé.

Dans une certaine mesure, j'avais prévu de telles réactions. À l'époque où la ligne du XXe congrès fut abandonnée, le « culte de la personnalité » était considéré comme une « question résolue de longue date par le parti » et sur laquelle il n'y avait « pas lieu de revenir ». Mon objectif n'était pas de fermer, mais bien d'ouvrir des pans entiers du passé à la recherche et d'encourager de nouvelles études sur les questions litigieuses. Notre presse avait d'ores et déjà multiplié les publications historiques, mais désormais, ce serait une véritable avalanche. Bien sûr, l'inanité, la falsification ou la déformation tendancieuse des faits étaient inévitables, ici ou là. Mais à mon sens, il était impossible de mettre en doute la volonté générale de démêler sérieusement l'écheveau des faits pour les juger *sine ira et cum studio*.

Les débats sur le passé trahissaient souvent les attitudes des participants envers les réformes. Pendant les discussions sur le rapport, au Politburo, j'eus l'occasion de noter les réflexions de Ligatchev selon lesquelles Boukharine, Rykov et Tomski étaient partisans de ralentir les cadences de l'industrialisation, ce qui pouvait entraver la progression du pays vers le socialisme. Et les réflexions postérieures d'Eltsine sur l'« irrésolution » de Gorbatchev ne participaient-elles pas de la même tournure d'esprit ? Pour lui, comme pour Ligatchev la « résolution » se définissait en termes de cadences, et non de profondeur ou d'efficacité…

La question lancinante du rythme de la perestroïka domina pratiquement tous les débats ultérieurs. L'histoire nous a départagés. La situation actuelle de la Russie — qu'il est difficile de qualifier autrement que de désastreuse — est directement liée au rejet de l'approche évolutive et à l'adoption, en son lieu et place, de la méthode du *Sturm und Drang* qui a brisé, avec la société, tant de destinées humaines.

L'affaire Eltsine

Le 21 octobre, au plénum du CC consacré à l'adoption de mon rapport, un incident éclata. Il impliquait Eltsine. En règle générale, les rapports commémoratifs ne donnaient lieu à aucune discussion. La réaction de la salle montra que, cette fois encore, l'opinion était qu'il ne convenait pas d'en débattre. Ligatchev, qui présidait la séance, mit la question aux voix. Je pense qu'il fit exprès de ne pas voir qu'un bras s'était levé. J'intervins : « Je crois que Boris Nikolaïevitch Eltsine veut dire quelque chose… » Ligatchev lui donna la parole.

Eltsine rappela d'abord que le rapport avait été discuté à plusieurs reprises au Politburo, qu'il avait lui-même fait des suggestions dont on avait tenu compte, et que, n'ayant aucune observation à faire, il lui apportait son soutien « sans réserve ». Puis il passa à « l'ordre du jour ». La logique de son raisonnement était à peu près la suivante : « Nous analysons notre histoire postrévolutionnaire et nous voyons quelles tragédies la société a connues et dans quel état elle est aujourd'hui. Dans une grande mesure, la responsabilité en incombe au manque de démocratie, au culte de la personnalité et à tous les phénomènes y afférents. Or, ce culte s'est développé graduellement sur le terreau des violations de la collégialité. Tout le pouvoir s'est trouvé concentré dans les mains d'un seul homme à l'abri de la moindre critique. Nous devons en tirer la leçon. Pour l'instant, rien de semblable ne se produit au Politburo, mais cependant certains camarades sont de plus en plus laudateurs à l'égard du secrétaire général. C'est d'autant plus inadmissible que nous rebâtissons aujourd'hui la démocratie au sein du parti. Il nous faut donc juguler le mal. »

Il aborda ensuite la question des difficultés auxquelles se heurtait la perestroïka, mettant en doute le besoin d'améliorer le niveau de vie au cours des deux ou trois années suivantes. Pour lui, cette promesse publique, que rien ne justifiait, ne susciterait, au bout du compte, que déception et irritation. Pour finir, il fit une déclaration étonnante : pour différentes raisons, il ne parvenait pas à faire son travail au Politburo. Il fallait certainement incriminer son manque d'expérience et d'autres causes, mais avant tout le manque de soutien de ses collègues, principalement de Ligatchev. Il demandait donc à être relevé de ses fonctions de membre suppléant du Politburo et de premier secrétaire du gorkom de Moscou.

Que dire après cela ? Si Eltsine avait posé la question de « phénomènes malsains » dans le mode de fonctionnement du Politburo et du secrétariat, un débat sérieux, utile à tous, aurait pu être engagé. Mais son intervention ressemblait à un ultimatum et elle provoqua de vives réactions. On lui reprocha essentiellement son « amour-propre exacerbé » et son « ambition excessive ».

Pour dures qu'elles fussent, ces remarques contenaient une part de vérité. Eltsine, m'avait-on rapporté, était mécontent de rester dans la « salle d'attente » des membres suppléants du Politburo. Cela l'empêchait de déployer toute l'autorité nécessaire à son poste de « patron de la capitale », alors que l'on gardait des « dinosaures » dont il m'avait lui-même réclamé le départ dans une lettre que j'avais reçue le 12 septembre, pendant mes vacances en Crimée.

Comme je l'ai déjà dit, en dépit de quelques réticences, j'étais plutôt bien disposé envers Eltsine. Son style résolu m'impressionnait favorablement même si je pensais que le radicalisme doit toujours être associé à une certaine pondération et au contrôle de soi.

Encore une fois, il était tout à fait en droit de demander un remaniement du Politburo, de critiquer le fonctionnement du secrétariat et d'attirer l'attention sur la « glorification » du secrétaire général — si glorification il y avait. Nous pouvions tout aussi bien tirer le bilan provisoire de la perestroïka et nous interroger encore sur le rythme des réformes, sujets qui déchaînaient alors les passions. Nous pouvions — et il l'aurait fallu — engager la discussion et clarifier ces nombreux points. Si tel avait été son souci, nous serions sans doute parvenus à un accord.

Mais ce n'était pas Eltsine qui parlait. C'était son amour-propre blessé, et les participants au plénum lui reprochèrent à juste titre son ambition hypertrophiée et son goût pour le pouvoir. Le temps devait confirmer ce jugement. Un autre facteur entrait en ligne de compte. À Moscou, il se heurtait à des obstacles dont, en arrivant de Sverdlovsk, il ne soupçonnait même pas l'existence. Il lui semblait que l'essentiel était d'occuper un nouveau bastion du pouvoir, de le renforcer grâce à des fidèles, puis de donner un bon coup d'épaule et, comme on dit, le tour était joué !

Il lui fallut déchanter. Après les plénums de janvier et de juin, la nomenklatura, sentant que l'on commençait à s'en prendre à ses intérêts les plus sacrés, engagea la résistance avec ruse et habileté. À partir de ce moment, Eltsine se trouva au cœur du cyclone : à Moscou se rejoignaient et s'entrelaçaient toutes les structures du système menacé, tant au niveau de la ville que de la RSFSR ou de l'Union.

Face aux blocages, il tenta de mobiliser les organisations du parti et les Moscovites eux-mêmes. C'était ce qu'il fallait faire, mais il ne sut pas trouver la manière, entamant sa dérive vers le populisme. Quand il ne surgissait pas à l'improviste dans une entreprise pour faire le procès public de son directeur en se posant en protecteur du peuple, il prenait le bus ou le tram, ou faisait irruption dans un magasin ou une clinique. Évidemment, dès le lendemain, toute la capitale bruissait de rumeurs. Il promettait aux Moscovites, sous leurs applaudissements ravis, de résoudre dans les plus brefs délais tous les problèmes touchant au logement, au commerce, aux soins médicaux ou aux services de proximité. Il déployait de beaux diagrammes en couleurs illustrant la construction d'abattoirs et de laiteries susceptibles de résoudre la sempiternelle pénurie de saucisson et de kéfir[6]. Les médias moscovites annonçaient tout cela en fanfare. Quant à sa réforme des méthodes de travail du parti, elle semblait purement formelle. Ainsi, le bureau du gorkom se réunissait désormais à onze heures du soir, ou minuit.

L'heure du premier bilan de son travail à Moscou approchait, mais la situation dans la ville était pratiquement inchangée et ses promesses restaient en suspens. Nous le soutenions pourtant par tous les moyens possibles : le Politburo, le gouvernement et le secrétariat du CC prirent les mesures nécessaires pour aider la capitale en termes de crédits, de produits alimentaires et de personnels. Mais sans résultat visible.

Eltsine devint nerveux, multipliant fébrilement les mesures administratives. Ne sachant pas comment agir, il se bornait à « passer des savons » au mépris de ses propres appels au développement de la démocratie. En fait, il se montrait déjà un piètre réformateur. Le travail minutieux, concret et de longue haleine, la difficile recherche d'un accord, tout cela ne lui convenait pas. Par nature, il semblait fait pour les situations d'exception. Peut-être était-ce dû à ses anciennes fonctions dans le domaine du bâtiment et aux éternelles courses contre la montre qui débouchaient sur des immeubles mal finis, aux malfaçons innombrables, mais livrés conformément au plan. Il est possible aussi que la prise de conscience angoissante de son échec à Moscou l'ait déstabilisé au point de le faire craquer.

Toutes ces réflexions, je me les fis à moi-même bien plus tard. Et si je me permets ici cette longue digression, c'est pour bien montrer que la personnalité complexe d'Eltsine n'autorise nullement de l'enfermer dans les catégories toutes faites de l'homme vertueux ou du politicien

6. Petit-lait fermenté. (N.d.T.)

immoral. Il choisit son propre chemin et le suivit jusqu'au bout. Le plénum d'octobre fut pour lui une sorte de Rubicon. En le franchissant, il détermina largement son futur.

J'observais Eltsine depuis ma place, au présidium, et je comprenais ce qu'il avait sur le cœur. Son visage révélait un curieux mélange de rage, de désarroi et de regret, sentiments propres aux natures instables. Les orateurs, y compris les obséquieux qui le flattaient encore la veille, ne le ménagèrent pas et surent toucher les points sensibles, comme on sait si bien le faire chez nous. La tension montait et certains exigèrent son exclusion du CC. Il me fallait intervenir :

— Écoutons plutôt l'intéressé lui-même. Qu'Eltsine s'exprime au sujet des déclarations des membres du CC.

— Pas la peine, tout est clair ! entendit-on dans la salle.

J'insistai pour lui donner la parole : la démocratisation du parti devait bien commencer au CC. Il monta à la tribune pour tenir un discours plutôt brouillon où il reconnut ses torts. Je lui lançai une « bouée de sauvetage » en lui proposant de réfléchir : il était encore temps de retirer sa démission. Mais il refusa :

— Non, j'insiste pour être relevé de mes fonctions, dit-il avec une extrême nervosité.

Le plénum adopta une résolution en deux points. Le premier portait une appréciation sur l'intervention d'Eltsine. Le second chargeait le Politburo d'étudier la situation et, conjointement avec le gorkom de Moscou, de trancher la question du remplacement de son premier secrétaire.

Dix jours plus tard, le 31 octobre, Eltsine était présent à la réunion du Politburo qui examinait la version définitive de mon rapport. Lorsque ce fut son tour de prendre la parole, il expliqua avec volubilité que la perestroïka avait pris un départ rapide, mais que, désormais, elle était en perte de vitesse ; au début, la disponibilité du peuple pour le changement était élevée, pourtant, nous avions trop présumé de nos forces et commis des fautes, même si, depuis le milieu de 1986, il y avait « eu de nouveau de grandes avancées. » Et il conclut :

— Quant à moi, et ce fut ma grosse erreur, mû par l'ambition et l'amour-propre, j'ai dérapé au lieu de collaborer avec Ligatchev, Razoumovski[7] et Iakovlev. Pourtant, les camarades du gorkom ne se sont pas

7. Gueorgui Razoumovski était secrétaire du CC chargé de l'organisation du travail du parti. (N.d.T.)

détournés de moi : tout en condamnant ma conduite, ils me prient de rester.

Nous savions qu'il avait demandé aux secrétaires du gorkom de Moscou de se réunir sans lui. Ces derniers avaient estimé que son comportement était fautif, et regretté qu'il n'ait pas cru nécessaire de discuter au préalable de son intervention avec les camarades. Néanmoins, ils lui recommandaient de retirer sa démission et de continuer à remplir ses fonctions.

Fort de cet avis, Eltsine me fit parvenir, le 3 novembre, une courte lettre dans laquelle il exposait l'avis du bureau du gorkom et me demandait la possibilité de poursuivre sa mission à la tête du parti de la capitale. Pourtant, il était impossible d'entrer dans cette logique : personne ne pouvait s'arroger le droit d'annuler une résolution du plénum. Un événement extérieur compliquait encore la situation : la presse étrangère avait publié un texte apocryphe de l'intervention d'Eltsine et plusieurs versions de ce faux circulaient déjà dans le pays. Or, Eltsine n'avait opposé aucun démenti. Visiblement, il commençait à se considérer comme un « héros populaire ». Dans ces conditions, il était impossible de faire comme si rien ne s'était passé.

Je réunis les membres du Politburo présents à Moscou pour les mettre au courant de la lettre. Unanimement, ils estimèrent qu'il fallait se conformer à la résolution du plénum. Je passai alors un coup de fil à Eltsine pour lui dire que le Politburo était d'avis de soumettre la question à une réunion plénière du gorkom. J'en profitai pour lui exprimer le fond de ma pensée.

Quelques jours plus tard, le 9 novembre, si mes souvenirs sont bons, je fus informé d'un incident au gorkom de Moscou : Eltsine avait été retrouvé en sang dans sa salle de repos. Une équipe de médecins, conduite par Tchazov, s'était rendue sur place. Bientôt, des nouvelles arrivèrent. Eltsine avait tenté de se suicider avec une paire de ciseaux de bureau. Ou plutôt, il avait simulé cette tentative, car il était difficile d'expliquer les faits autrement. Selon les médecins, la blessure ne présentait aucun danger. En glissant sur une côte, les ciseaux avaient seulement laissé une zébrure sanglante. Eltsine fut néanmoins hospitalisé et ceux qui le soignèrent firent de leur mieux pour que cette histoire peu flatteuse ne s'ébruitât pas. D'où la thèse officielle : Eltsine aurait perdu connaissance et, en tombant, se serait blessé avec les ciseaux qu'il tenait à la main. Cette version n'eut pas l'heur d'arranger l'intéressé qui, quelque deux ans plus tard, en fit circuler une autre, plus valorisante : deux voyous l'aurait agressé à l'arme blanche, dans la rue, en pleine nuit. Il les aurait balayés d'un revers, comme des fétus, mais il aurait néanmoins été blessé dans l'affaire. À ce moment, je connaissais déjà son talent d'affabulateur.

Mais ce 9 novembre, il fallut de nouveau convoquer une réunion d'urgence du Politburo. L'équipe médicale confirma une nouvelle fois que la blessure ne présentait aucun danger. Son état s'était déjà stabilisé. Nous décidâmes que nous devions poser immédiatement le problème de ses fonctions futures. Je l'appelai moi-même au téléphone. Pour éviter de l'embarrasser, je lui dis tout de suite que je savais tout et que j'imaginais son état. C'était d'ailleurs pour cette raison qu'il fallait fixer au plus vite une date pour la réunion plénière du gorkom.

Il me sembla décontenancé :

— Pourquoi tant de hâte ? On m'a prescrit un tas de médicaments...

— On t'a prescrit des médicaments pour te calmer et te retaper, mais il n'y a pas de raison de remettre la réunion. Moscou est déjà en proie aux rumeurs, alors reprends-toi. Tu raconteras tout toi-même au gorkom. C'est dans ton intérêt.

— Et que ferai-je, après ?

— Nous verrons bien.

— Peut-être devrais-je prendre ma retraite ?

— Je ne pense pas. Tu n'as pas encore l'âge. Tu as encore des années de labeur devant toi.

Nous envisageâmes la possibilité pour lui de travailler au Gosstroï[8], avec le rang de ministre, et la discussion prit un tour très concret.

— Alors je quitte l'arène politique ?

C'était autant une question qu'un constat.

— Aujourd'hui, il est impossible de te réintégrer dans la sphère de la grande politique. Mais un ministre fait partie du gouvernement. Tu restes membre du CC. Pour le reste, nul ne sait de quoi demain sera fait. La vie continue. Alors, prépare-toi à la réunion du gorkom.

Celle-ci eut lieu le 12 novembre. Je m'y rendis avec Ligatchev et Zaïkov. Le climat était lourd. Eltsine avait l'art d'offenser ses collègues et collaborateurs, les traitant brutalement, le plus souvent de manière injuste, et il le payait maintenant. Plusieurs interventions étaient empreintes de revanche et de joie mauvaise. Tout cela laissait un arrière-goût désagréable. Quant à Eltsine, il fit preuve de maîtrise et se conduisit, je dirais, en homme.

Dès le début, je m'étais efforcé de ne pas transformer l'« affaire Elt-

---

8. Comité d'État pour la construction. (N.d.T.)

sine en scandale et de la régler en harmonie avec le nouveau climat qui régnait non seulement au CC, mais aussi dans le parti et le pays. En conséquence, lorsque le Politburo envisagea de publier les interventions de la réunion du gorkom — dont la mienne —, je suggérai de mesurer tous les propos qui concernaient personnellement Eltsine de manière à ne pas ternir l'ensemble de sa vie et de son action. L'approbation fut unanime : « Oui, oui ! Voilà ce qu'il faut faire... »

Iakovlev, Razoumovski et Boldine furent chargés de revoir dans cet esprit le texte préparé par le gorkom. Néanmoins, par la suite, de nombreuses rumeurs dépeignirent l'épisode comme un « lynchage » du « défenseur du peuple ». Sans doute venaient-elles d'Eltsine lui-même et de ceux qui le destinaient déjà au rôle de chef des démocrates.

Après la réunion du gorkom, Eltsine continua à se soigner pendant quelque temps, puis partit en congé. Le 14 janvier 1988, il fut nommé vice-président du Gosstroï de l'URSS, avec rang de ministre. Il resta membre suppléant du Politburo et assista même à ce titre à plusieurs réunions. Il ne fut relevé de ses fonctions qu'au plénum de février. Plus tard, les collègues me reprochèrent plus d'une fois de ne pas être « allé jusqu'au bout ». À les entendre, « il aurait fallu l'expulser du CC, l'expédier dans une région lointaine, au diable vauvert. Ou alors, puisque vous le plaigniez tant, le nommer ambassadeur dans un pays d'outre-mer. On n'aurait plus jamais entendu parler de lui ». Et combien de fois m'a-t-on répété : « Eh bien, admettez que cela a été votre plus grosse erreur ! »

Je n'y ai jamais songé. La vindicte n'est pas dans ma nature. D'ailleurs, cela aurait été contraire à l'esprit que j'entendais faire prévaloir dans le pays. La nomination d'Eltsine à ce nouveau poste était fondée sur ma conviction que l'esprit de camaraderie devait dominer. Je ne nourrissais à son égard aucune antipathie ni, *a fortiori*, aucun sentiment de vengeance. Même lorsque la lutte politique le conduisit à se répandre à mon égard en accusations et insultes de la plus basse espèce, il ne put m'entraîner dans ce type d'algarade.

Le plénum de février

À l'occasion de la commémoration du soixante-dixième anniversaire d'Octobre, la presse aborda de nombreuses questions « sensibles », suscitant une animation considérable dans le pays. Les 4 et 5 novembre, lors d'un rassemblement de personnalités publiques, au Kremlin, j'avançai pour la première fois l'idée que l'évolution historique pouvait suivre différentes voies et que l'opposition des deux systèmes sociaux n'était pas déterminante. Je reconnaissais aussi le besoin de renoncer au monopole de la vérité, ce qui, dans la bouche du secrétaire général du CC, sonnait comme une invitation à la dissidence.

Le 1er décembre, lors d'une rencontre avec des dirigeants des médias, des scientifiques et des personnalités culturelles, nous abordâmes le rôle qu'ils devaient tenir dans la nouvelle étape de la perestroïka, c'est-à-dire dans la démocratisation de la société et la réforme économique radicale. L'académicien Vladimir Koudriavtsev publia dans la revue *L'État soviétique et le droit* un article remarqué dans lequel il plaidait ardemment en faveur de l'État de droit. D'une manière plus générale, la charnière des années 1987 et 1988 fut dominée par un approfondissement des analyses dans plusieurs domaines des sciences humaines. Les archives et les bibliothèques « spéciales » s'ouvrirent, donnant accès aux œuvres d'écrivains et de penseurs dont on craignait jusque-là de prononcer le nom. Ivres de liberté, des historiens, des économistes, des philosophes, des sociologues, des critiques littéraires entreprirent de dégager leurs domaines respectifs des distorsions et erreurs engendrées par le stalinisme et de fournir une évaluation objective de l'état de notre société.

Sous l'avalanche des informations nouvelles, chacun ne pouvait que constater l'insuffisance et le simplisme de nos conceptions anciennes sur le socialisme et les valeurs socialistes. Si nous avions le régime le plus avancé, porteur d'avenir, pourquoi étions-nous perpétuellement distancés par de nombreux pays aussi bien en termes de niveau de vie que de productivité du travail ? Pourquoi, dans le pays prétendument le plus démocratique du monde, la population était-elle privée de toute liberté spirituelle, pourquoi n'avait-elle pas la possibilité de peser sur les processus politiques et la prise de décision ?

Ces questions épineuses — et bien d'autres — étaient désormais ouvertement posées ; la nouvelle génération ne craignait plus d'être accusée d'« agitation antisoviétique ». Quant aux arguments de nos idéologues, ils revêtaient un caractère foncièrement apologétique et scolastique qui ne pouvait plus convenir à personne.

Pendant ce temps, la réforme de l'économie progressait par petites étapes. À partir du 1er janvier 1988, toutes les entreprises furent officiellement soumises au *khozrastchot*, l'autonomie comptable. Les lois relatives à leur autonomie financière, à la réforme de la Banque d'État, la Gosbank, et à la création d'établissements de crédit spécialisés entrèrent en vigueur. Le Soviet suprême approuva un arrêté sur les conditions et modalités de prestation des soins psychiatriques visant à éviter les abus du passé. En réponse aux mouvements de masse qui agitaient de nombreuses régions du pays, il fut décidé d'accorder une place plus importante à la protection de l'environnement. De la même manière, sous la pression de l'opinion, les mesures prises dans les années précédentes pour perpétuer la mémoire de Brejnev furent abolies. Le 7 janvier, la ville de Naberejnyie Tchelny, le quartier des Tcheriomouchki à Moscou et la place Krasnogvardeïskaïa à Leningrad — rebaptisés en honneur de l'ancien secrétaire général — retrouvèrent leur ancien nom. De la même manière, il n'y eut plus de place Brejnev à Moscou. Le mois de février s'ouvrit par une réunion plénière de la Cour suprême de l'URSS qui annula les verdicts de 1938 et ferma les dossiers des condamnés au procès du « bloc antisoviétique des droitiers et des trotskistes », parmi lesquels se trouvaient Boukharine, Rykov et Rakovski.

Le 8 février, nous promulguâmes un décret commun du parti, du gouvernement et des syndicats sur les procédures d'élection des conseils ouvriers et des directeurs d'entreprise. Le lendemain, je fis une déclaration sur l'Afghanistan. J'avançai des propositions concrètes de règlement politique, notamment le retrait de nos troupes en dix mois. Il suffit de se souvenir du nombre de vies emportées par cette guerre de près de dix ans, des jeunes gens mutilés, des pertes et souffrances infligées au peuple afghan, pour comprendre les espoirs attachés à la fin d'un conflit dont le déclenchement fut une flétrissure pour notre pays.

Néanmoins, je n'étais pas tranquille. La démocratisation générait des processus contradictoires, surtout dans les domaines de l'idéologie et des relations interethniques. Les réunions du Politburo et du secrétariat étaient de plus en plus souvent précédées de discussions autour des articles de presse et des émissions radiotélévisées les plus percutants. En dépit de l'ordre du jour, elles se poursuivaient pendant les séances, faisant parfois négliger des questions urgentes.

Les passions explosaient. Certains membres du Politburo, Ligatchev en tête, reprenaient inlassablement le même refrain : nous avons perdu le contrôle de la presse et c'est de la faute de Iakovlev. Egor Kouzmitch comprenait très bien qu'il mettait ainsi en cause la ligne principale de notre politique, mais comme on n'en était pas encore aux attaques frontales contre le secrétaire général, on se contentait de me reprocher ma longanimité excessive en m'appelant à intervenir pour « arrêter » tout cela. Progressivement, cette manière de voir fut adoptée par Solomentsev, Tchebrikov et Iazov, rejoints ensuite par Ryjkov.

La glasnost ayant mis en lumière les nombreuses tares de notre société, rares étaient ceux qui niaient la nécessité de la perestroïka. Mais cette unité apparente dissimulait des vues différentes, parfois antagonistes. Les hautes sphères de l'appareil du parti estimaient que le système existant s'était simplement « déglingué » et que — Dieu nous en préserve ! — il ne fallait surtout pas le remplacer : un petit réglage suffisait. Quant à la nature de ce « réglage », il s'agissait de rafistolages purement cosmétiques, un peu comme le ravalement hâtif des façades de nos rues centrales, à la veille des fêtes.

Comme l'on sait, le conservatisme forcené ne fait qu'alimenter le radicalisme exacerbé. Les partisans de celui-ci — des dissidents d'hier, une partie de l'intelligentsia artistique et surtout de jeunes universitaires fermement décidés à modifier leur statut social et se ruer dans la grande politique — faisaient de leur mieux pour reculer les « limites du permis ». Rejetant les valeurs socialistes, qu'ils prônaient la veille encore, ils exigeaient le démantèlement complet et immédiat de l'ancien système. Ils parlaient non pas tant de réformes que de restauration, ce qui impliquait violence et secousses sociales, sans que l'on vît pour autant quel était le régime sociopolitique qui devait être ainsi restauré.

Au plénum de février du CC, je me livrai à une mise en garde contre les approches vulgaires et simplistes de notre passé et les critiques faciles de la société que nous avions créée. Personne n'avait le droit de réduire notre histoire à une suite de crimes sanglants, ni de bafouer la mémoire du peuple. Avant de juger, il fallait comprendre la vie de nos parents et de nos grands-parents, ce qui les faisait agir, la cause pour laquelle ils œuvraient, la foi qui soutenait des millions d'individus, et la manière dont les plus grandes victoires et les pires défaites, les succès et les échecs, les révélations et les erreurs, les instants radieux et les moments tragiques se combinaient en un seul tout.

En allant plus loin, je dis devant le plénum que la perestroïka m'apparaissait comme le résultat de notre développement antérieur, mais aussi comme une phase de « négation de la négation » dans laquelle nous commencions à nous délivrer de ce qui entravait notre progression. Grâce aux réformes politiques et sociales, le socialisme s'était débarrassé de ses déformations, opérant un retour aux sources tout en débouchant sur de nouveaux horizons de rénovation.

En relisant aujourd'hui cette intervention, j'y trouve certaines contradictions internes. Ma sincérité était totale lorsque je défendais les lignes de force de la perestroïka, ou lorsque je répétais, comme une incantation : tout ce que nous faisons vise à développer les potentialités du socialisme. Il nous semblait, en effet, que les malheurs du pays n'étaient nullement dus aux lois internes du système, et que les contradictions qui s'accumulaient dans tous les domaines pouvaient être résolues sans en sortir. En d'autres termes, nous n'avions pas encore compris le caractère général de la crise.

Cependant, je saisissais parfaitement que la logique de la réforme ne pouvait se borner à une amélioration du système, mais exigeait une remise en cause de ses fondements. Même si nous utilisions tous les mêmes mots, nous parlions de choses tout à fait différentes.

Ce fut alors que je posai le postulat de la primauté des valeurs humaines universelles en tant qu'essence profonde du concept de socialisme. Plus tard, l'idée que toute évolution n'est possible que dans la diversité, et que nous ne devions pas raisonner seulement en termes de régimes sociaux, mais aussi de civilisations, de critères pour la création de la société nouvelle du XXIe siècle, s'imposa à moi comme une évidence. Toute société moderne et dynamique contient des éléments de conservatisme et de radicalisme, d'individualisme et de collectivisme, de libéralisme et de valeurs qui rendent possible (surtout aujourd'hui, avec les menaces sur l'environnement) l'existence même de la communauté internationale. Mais, à l'époque, en mettant l'homme au centre de tout, j'affirmais haut et fort que la valeur suprême ne résidait pas dans ce que l'on nous avait appris : le rôle dirigeant du parti, la propriété collective, la planification du développement économique ou, plus simplement, les tonnes d'acier et les pouds de blé, les kilomètres de voies ferrées et les mètres de tissus.

Et lorsque je déclarai que le rôle dirigeant du parti n'était pas « une vérité révélée et éternelle », mes collègues dressèrent l'oreille, car il s'agissait, en réalité, de leur propre pouvoir. En fait, tout l'exercice d'équilibre idéologique ne servait qu'à couvrir la domination de la nomenklatura. L'économie administrée leur convenait et c'est pourquoi on vit surgir les pleureuses professionnelles du « socialisme développé » et les défenseurs acharnés du marxisme-léninisme.

Devant ce plénum, en février 1988, j'expliquai une nouvelle fois que, sans la démocratisation, la perestroïka s'avérerait impossible et les réformes s'enliseraient. À mon sens, c'était la seule issue pour éviter la crise qui menaçait notre pays. Pourtant, la polarisation s'accentua encore après le plénum. Les adversaires de la démocratisation dissimulaient leurs préoccupations égoïstes sous le camouflage de la fidélité aux grands idéaux et d'une phraséologie ultra-révolutionnaire. Or, quand il y a une « demande » sur ce marché, l'offre ne tarde jamais à apparaître...

Le credo des forces antipérestroïkistes

Le 13 mars, je me rendis en visite officielle en Yougoslavie. À bord de l'avion, comme à l'accoutumée, on m'apporta la presse du jour. Gueorgui Chakhnazarov, l'un de mes assistants, me signala un papier qui valait le détour : un article du quotidien *Sovietskaïa Rossiïa* intitulé *Je ne peux pas transiger sur les principes* et signé par une certaine Nina Andreïeva.

À mon retour de Yougoslavie, j'appris que Vorotnikov y avait trouvé une sorte de « modèle ». Je contestai sa vision et proposai de poursuivre le débat au sein Politburo. Il eut lieu les 24 et 25 mars. Le résumé des minutes compte soixante-quinze pages. Il me semble intéressant d'en citer quelques extraits.

> *Gorbatchev* — La parution de l'article de Nina Andreïeva n'est concevable que dans le cadre de la perestroïka et de la glasnost. Mais j'ai été choqué par le fait que certains camarades du Politburo aient pu le considérer comme un modèle de polémique pérestroïkiste moderne. En fait, il constitue une véritable plate-forme antipérestroïkiste sur pratiquement toutes les questions. Dans ces conditions, je m'interroge sur la proposition de certains collègues de reprendre ce texte dans d'autres journaux. Il y a donc des divergences entre nous sur l'article et sans doute aussi dans l'approche de ce qui se passe chez nous. Il est douteux que ce papier ait été écrit par Andreïeva, professeur de chimie à l'Institut technologique. On y trouve des informations auxquelles elle n'a pas accès et qui sont relativement confidentielles.
>
> *Vorotnikov* — C'est un article qui sort du lot. De nombreuses publications noircissent Lénine, ses compagnons d'armes et d'autres personnalités. Il me semble que l'article est une riposte aux calomniateurs, d'où l'impression positive qu'il m'a faite. Je n'ai aucune tendance oppositionnelle, mais il faut sans doute réagir avec plus de sérénité à certaines choses.
>
> *Iakovlev* — L'article est antipérestroïkiste du début à la fin. De plus, il a une tonalité qui se veut manifestement programmatique. Il ne vise pas à assurer la cohérence de notre société sur la plate-forme de la perestroïka, mais à diviser et à opposer les différentes strates de la société.

Gromyko — Nous sommes tenus de rester unis. Les objectifs sont fixés. En cas de désunion sur ces questions, tout partira rapidement dans tous les sens.

Ligatchev — Au Politburo, aujourd'hui, il y a une unité réelle et non pas d'apparence. Et c'est le mérite de Mikhaïl Sergueïevitch qui nous permet de nous exprimer sur toutes les questions. Ce qui me préoccupe aujourd'hui, c'est l'évaluation imprécise et parfois même vicieuse de nombreux faits historiques. On ne fournit pas toujours un tableau objectif des pages aussi bien héroïques que tragiques de notre histoire. Des organes de presse se permettent des dérapages, font littéralement la chasse aux phénomènes négatifs et ne voient le passé que sous de sombres couleurs. Même sur le grand exploit de notre peuple [9], certains écrivains et cinéastes tentent de noircir les choses. Le quotidien *Sovietskaïa Rossiïa* a réagi contre le dénigrement.

Ryjkov — En matière d'idéologie, il faut une approche équilibrée, tant au Politburo qu'au CC. On ne comprend pas pourquoi deux membres du Politburo s'occupent des questions idéologiques. Il s'agit de Ligatchev et de Iakovlev.

Chtcherbitski — L'article formule une thèse selon laquelle il y aurait des nations [10] contre-révolutionnaires. Plus d'une nation peut se sentir insultée. Et cela dans *Sovietskaïa Rossiïa*, organe du CC du PCUS. En fait, l'article est dirigé contre la perestroïka. Il semble que derrière Andreïeva se profile un groupe dont les thèses ne sont manifestement pas les nôtres.

Chevardnadze — C'est un article nocif, une approche petite-bourgeoise. Celle d'un ennemi de la perestroïka habile à recueillir les rumeurs. Certes, l'unité est essentielle à nos yeux. Mais pas à tout prix.

Loukianov — La démocratie est une route à deux voies. Et il ne faut pas que l'une soit trop large et l'autre trop étroite. Quant à l'agent de circulation, ce doit être le parti [11].

Iazov — La perestroïka se heurte à des difficultés dans l'armée. Je ne puis dire que tout ce qui passe à la télévision et dans la presse ait une bonne influence sur l'éducation des hommes. On pourrait accorder plus de place aux héros qui se sont distingués en Afghanistan. [...] Mon opinion, Mikhaïl Sergueïevitch, est que nous devons diriger la presse...

Gorbatchev — L'article est une tentative de rectifier les décisions du plénum de février du CC. La *Pravda* doit faire une réponse sérieuse et

---

9. La victoire de 1945. (N.d.T.)

10. Il s'agit des nations constitutives de l'URSS. Rappelons que Chtcherbitski était le premier secrétaire du CC du PC d'Ukraine. (N.d.T.)

11. Ces paroles prennent un sens curieux lorsque l'on sait qu'Anatoli Loukianov fut l'« idéologue » de la tentative de coup d'État d'août 1991. (N.d.T.)

rigoureuse. Son leitmotiv est le « blanchiment » de tout ce qui est lié au culte de la personnalité. À quoi bon alors la perestroïka ? Il y a des gens qui ne peuvent adhérer à la perestroïka. Nous ne devons pas les rejeter. Même lorsque la situation est tendue, il ne faut pas chercher des ennemis. Tout se digérera dans la marmite des processus démocratiques.

En conséquence, ma conclusion fut que notre réaction à l'article devait être sereine, mais sérieuse.

Ce soir-là, il me fut impossible de trouver rapidement le sommeil. Je ressassais le débat. Tous les membres du Politburo avaient juré fidélité à la perestroïka et à notre unité. Bien entendu, c'était très important et cela pouvait contribuer à nous faire franchir plus facilement la nouvelle étape des réformes. Mais il convenait également de constater le caractère fragile de la solidarité du noyau dirigeant. Les propos de certains collègues trahissaient une certaine nostalgie et un désaccord intérieur avec beaucoup de nos innovations. Certains ne suivaient plus, mais se traînaient, réprimant leur « rébellion » uniquement pour ne pas se séparer du pouvoir et des bienfaits qui y étaient attachés. Cela ne pouvait durer indéfiniment : le schisme était inévitable. La seule question était de savoir quand.

Vers la conférence du parti

Au printemps 1988, la résistance aux réformes grandissait et il apparut que la tenue de la XIXe conférence, décidée au plénum de juin de l'année précédente, ne serait pas une partie de plaisir mais une épreuve de force entre les ailes réformatrice et conservatrice du parti. Mes adversaires, qui avaient senti pendant les travaux du plénum de février où le secrétaire général voulait en venir, commencèrent à s'agiter fébrilement et, ce faisant, se découvrirent. L'article de Nina Andreïeva nous aida d'ailleurs involontairement.

Afanassiev, le rédacteur en chef de la *Pravda*, et son équipe furent chargés de répliquer à l'article de *Sovietskaïa Rossiïa*, mais leur premier jet manquait à la fois d'ampleur et de pénétration. Iakovlev et Medvedev s'y attelèrent avec mes assistants. La nouvelle version fut diffusée dans un cercle très restreint et je participai moi-même à la mise au point du texte définitif. L'article parut le 5 avril. Ligatchev passa me voir. Il semblait mal à l'aise et souligna qu'il était étranger à l'article de Nina Andreïeva et qu'il fallait procéder à des vérifications.

— Du calme, l'interrompis-je, il n'est pas question d'enquête. Il ne manquerait plus que nous provoquions nous-mêmes une scission au sein du CC et du Politburo...

Une épreuve de force n'était vraiment pas de mon intérêt. Selon ses statuts, le CC avait le pouvoir d'annuler la conférence du parti, or, en cas de « mutinerie à bord », les réformateurs se seraient retrouvés dans le pétrin : ils n'avaient pas la majorité. Maintenant, je peux bien en parler franchement : Iakovlev, Medvedev, Chevardnadze, Ryjkov et Sliounkov étaient avec moi. J'ignorais si je pouvais vraiment compter sur Zaïkov et Razoumovski. Quant aux autres... Si je parvenais à garder le contrôle de la situation, c'était avant tout grâce à l'immense prestige lié à la fonction de secrétaire général et au soutien grandissant dont la perestroïka bénéficiait au sein de la population. Il fallait d'autant plus en profiter qu'il ne nous restait que deux mois pour préparer la conférence.

Du 11 au 18 avril, je rencontrai les « généraux du parti » : plus de cent cinquante premiers secrétaires de république, de kraïkom et d'obkom. Dans une large mesure, le destin de la conférence dépendait d'eux. Il y eut quelques interventions intéressantes, comme celles du premier secrétaire du PC de Lettonie, Boris Pougo, ou du secrétaire de l'obkom de Kemerovo, Vadim Bakatine, ou encore du secrétaire de l'obkom de Kiev, Grigori Revenko. D'autres furent peu convaincantes. L'inertie de la loyauté envers le secrétaire général continuait à jouer, sauf peut-être pour certains membres du CC comme le secrétaire de l'obkom de Sverdlovsk, Iouri Petrov.

— L'article d'Andreïeva m'a plu, déclara-t-il tout de go. J'ai ordonné de le reprendre dans notre journal régional. En voilà assez de culpabiliser à propos du passé. Les ouvriers se demandent pendant combien de temps encore nous allons permettre tout cela.

Devant ma réaction, il ajouta :

— Vous exigez que l'on dise ce que l'on pense. Eh bien, je le dis...

Je me devais de réagir à de tels propos :

— Lorsque nous ne savions pas ce qui s'était passé, c'était une chose. Mais maintenant que nous l'avons appris et que nous en savons toujours plus, il ne peut y avoir la moindre hésitation. Staline était un criminel dénué de tout sens moral : un million de militants fusillés, trois millions déportés dans les camps [12]. Sans parler de la collectivisation qui a touché encore des millions de personnes. Nina Andreïeva nous convie à refaire un nouveau 1937. Est-ce ce que vous voulez, membres du CC ? Il faut penser au destin du pays. Oui, nous sommes pour le socialisme ! Mais nous n'avons pas besoin d'un socialisme comme sous Staline.

Au cours de ces rencontres, je testai l'idée de réunir, à tous les échelons de la hiérarchie, les fonctions de premier secrétaire du comité du parti et celles de président du soviet correspondant, poste qui serait désormais soumis à l'élection. Naturellement, cela devrait se faire en garantissant la séparation des pouvoirs. Il me semblait que l'on pouvait ainsi placer le parti unique sous le contrôle du peuple. Dans mon esprit, cette mesure autorisait le transfert en douceur du pouvoir aux soviets. De plus, les élections seraient un test de crédibilité pour les responsables du parti : ils se sentiraient plus sûrs s'ils obtenaient le mandat. Dans le cas contraire, ils s'orienteraient vers une autre carrière.

Cette idée suscita bien des débats, et pas seulement au sein du parti. Certains estimaient qu'en cas de cumul, les premiers secrétaires continueraient à régenter les soviets. D'autres exprimaient la crainte que le rôle dirigeant du parti ne fût alors effacé. Bien évidemment, c'était l'argument préféré de ceux qui craignaient, non sans raison, un désaveu des urnes. Pour y échapper, la solution me semblait simple : il leur suffisait de participer activement à la campagne électorale. Mais cela ne soulevait aucun enthousiasme : jusque-là, ils entraient en fonctions ou étaient limogés selon les règles de la nomenklatura et restaient tout-puissants dans les « fiefs » qui leur étaient « concédés ». Ils n'avaient aucune envie de remettre tout cela en question ! Il y avait déjà eu des élections alternatives [13] et certains dirigeants qui se croyaient inamovibles avaient été battus à l'issue d'un scrutin secret.

Un élément souleva beaucoup d'inquiétude : la proposition de limiter à deux mandats la durée des fonctions d'un dirigeant. Une question surgit aussitôt de partout : « Quand commence le décompte ? » La crainte de perdre une fonction souvent acquise depuis peu se lisait sur les visages.

Même si la plupart semblaient adhérer au train de mesures que nous envisagions de soumettre à la conférence, je gardais l'impression qu'ils

---

12. L'auteur ne parle ici que des victimes au sein du parti. (N.d.T.)

13. Élections présentant un choix entre plusieurs candidats, à la différence du système habituel du candidat unique du « bloc des communistes et des sans-parti ». (N.d.T.)

ne comprenaient pas tous le caractère inédit de la situation et ne sauraient pas préparer les comités du parti et les militants à travailler dans le cadre d'élections libres. Effectivement, nombre d'entre eux, bons spécialistes et organisateurs, ne parvinrent pas à s'adapter à la démocratie. Aucune réforme ne se fait sans briser des destinées individuelles, mais je m'efforçais de réduire les drames.

S'il était alors fortement question d'opérer d'importants changements au sommet de la hiérarchie, le moment ne me semblait pas opportun. Les problèmes des cadres accapareraient inévitablement l'attention des délégués, ce qui pourrait laisser à l'arrière-plan et même compromettre l'adoption des décisions politiques fondamentales. D'ailleurs, dans mon esprit, la conférence devait être un « fusil à un coup ». Elle devait ouvrir la voie à une réforme politique qui permettrait à l'avenir de résoudre ces questions par des élections libres. Dans les grandes lignes, ce fut en effet ce qui se passa.

Dès le 23 mai, les documents furent présentés au plénum du CC. Vingt personnes participèrent au débat et le texte fut approuvé, ce qui me parut de bon augure. Des amendements judicieux furent pris en compte, et il fut publié le 27 mai dans la *Pravda*, un mois avant l'ouverture de la conférence.

Il n'est pas exagéré de dire qu'il provoqua une véritable explosion dans l'opinion publique. Tous les médias participèrent à la discussion et les journaux ouvrirent des rubriques particulières. Jusqu'alors, la société attendait de savoir où et quand les « hautes sphères » allaient enfin ouvrir la porte. Désormais, la population commençait à comprendre qu'il ne s'agissait pas d'un nouveau bricolage de fortune, mais d'une réforme profonde qui garantissait le passage à une situation foncièrement nouvelle. Un air de liberté soufflait sur le pays.

Le débat n'empêchait pas les gens de suivre attentivement l'élection des délégués à la conférence. Cette fois, personne n'était désigné par le département *ad hoc* du CC. Grâce en grande partie à la vigilance de la presse, des élections eurent lieu partout. Pour arriver à ce résultat, des innovations n'avaient pas été nécessaires : il suffisait d'appliquer les statuts du parti !

Quant à la rédaction de mon rapport, elle se poursuivait dans un climat de tension entretenu par les clivages au sein du parti et par la crainte de voir la nomenklatura retourner une fois de plus la situation en sa faveur, en faisant élire des délégués disposés à enterrer les réformes.

La XIXe conférence du parti

La conférence s'ouvrit le 28 juin au palais des Congrès du Kremlin. Mon rapport débuta comme un soliloque à la Hamlet : « Comment approfondir et rendre irréversible cette perestroïka révolutionnaire qui s'est déployée dans le pays sous la conduite du parti, voilà la question fondamentale... Et c'est dans la mesure où nous lui fournirons une réponse judicieuse que le parti pourra jouer le rôle d'avant-garde politique dans la nouvelle étape de développement de la société soviétique. »

Certes, des millions d'individus adhéraient désormais à la perestroïka, mais si je commençais par cette note volontairement dramatique c'était parce que les mécanismes de rénovation ne fonctionnaient toujours pas. Quant à l'élan vers la liberté, il restait bloqué par le régime nomenklaturiste. Notre expérience de la perestroïka nous montrait chaque jour que les réformateurs du passé avaient raison : seules des mesures drastiques permettaient de réformer un système politique.

Dans mon rapport, je précisais que nous avions sous-estimé la gravité de la stagnation dans les années passées et que la situation au sein de la société était plus sérieuse que nous ne pouvions l'imaginer jusque-là, mais je m'attardais surtout sur le bilan des trois années précédentes. Quelque inquiétant que fût le tableau, je voyais l'issue non dans l'édulcoration ou l'abandon des réformes, mais dans leur approfondissement.

Je formulais ainsi les objectifs essentiels : réalisation d'une réforme économique radicale ; réanimation du potentiel spirituel de la société ; réforme du système politique ; démocratisation des relations internationales. Les décisions prises confirmèrent que le message était passé. La discussion passionna les délégués au point que beaucoup abandonnaient le texte préparé de leur intervention pour improviser à la tribune. Sans doute était-ce la première fois depuis les premiers congrès postrévolutionnaires qu'une polémique aussi franche et vive éclatait dans le parti. Et, qui plus est, les débats étaient transmis en direct : le pays était littéralement collé aux postes de radio et de télévision !

Quant à moi, je me trouvais dans la peau du capitaine d'un navire au milieu d'une mer démontée. Le « vaisseau de la conférence » donnait de la bande tantôt à tribord, tantôt à bâbord. Parfois, les remous étaient si violents que je craignais de lâcher le gouvernail. Et, humainement parlant, j'éprouve une certaine satisfaction à l'idée d'avoir tenu le cap.

Le débat fut ouvert par Bakatine qui fit une intervention équilibrée et indiqua quelques pistes utiles pour la démocratisation de l'économie. Il soutint avec conviction l'idée du cumul des plus hautes fonctions dans les organes du parti et des soviets. Malgré un si bon début, les choses ne tardèrent pas à dégénérer. Bientôt, ce fut à qui s'en prendrait le plus violemment au sommet de la hiérarchie. Vladimir Melnikov, le premier secrétaire de l'obkom des Komis, lança presque un appel à la chasse aux sorcières : « Celui qui s'est naguère rendu complice de la politique de la stagnation ne peut travailler aujourd'hui, sous la perestroïka, au sein des organes centraux du parti et des soviets. Il faut répondre de tout et répondre personnellement. » Même si ces idées semblaient justes à première vue, elles furent exprimées sur un ton passablement hystérique.

— Vous avez peut-être des propositions concrètes ? lui demandai-je. Nous aimerions savoir qui vous visez.

Il répondit en citant Solomentsev, Gromyko, Afanassiev (le rédacteur en chef de la *Pravda*), Arbatov et d'autres camarades.

Aussitôt une note de la salle nous parvint : « Andreï Andreïevitch Gromyko est un homme respecté à la fois dans le parti et dans le peuple. Sa vie et son action nous ont été consacrées. Nous, le peuple, les communistes l'avons chargé d'un nouveau fardeau. Seul celui qui ne fait rien ne se salit pas les mains. Or, nous l'avons "usé jusqu'à la corde". Aujourd'hui, le camarade Gromyko a fait ce qu'il avait à faire, sa noble œuvre est inscrite dans la mémoire populaire. Et il ne faudrait pas l'offenser à la légère. Il est respecté et aimé du peuple. » La lecture de cette note suscita des applaudissements nourris dans la salle.

Plusieurs allocutions furent brillantes et pleines d'émotion. Lorsque l'acteur Mikhaïl Oulianov évoqua la question de la liberté de la presse, j'intervins dans le débat pour remarquer qu'il ne fallait pas remplacer un monopole par un autre, une demi-vérité par une autre. Il faut la vérité pleine et entière. La presse pouvait fort bien blesser ou insulter à tort un individu. Était-ce admissible ? Ce type de comportement devait être condamné par la conférence. Mais il fallait aussi préserver la glasnost en favorisant l'esprit critique et l'émergence d'une opinion publique active, et ne plus tenir le peuple éloigné de la vie publique, de l'élaboration et de la prise des décisions.

Les premiers symptômes de l'émergence d'une opposition conservatrice de droite se manifestèrent à la conférence. Les interventions musclées de plusieurs fonctionnaires du parti en témoignèrent. Les délégués de tendance radicale, et notamment Eltsine, s'exprimèrent avec tout autant de vigueur. Dans l'ensemble, Eltsine soutint la perestroïka, ne s'opposant que sur la question du cumul des fonctions. Il s'attacha particulièrement au thème de la justice sociale en mettant l'accent sur les privilèges : selon lui, il était grand temps de supprimer les « rations alimentaires [14] » destinées à nourrir une nomenklatura apparemment « affamée », et de renoncer aux magasins spéciaux, aux cliniques et aux villégiatures spéciales dès lors qu'il n'existait pas de « communistes spéciaux ».

Par la suite, Eltsine usa jusqu'à la corde ce thème de la lutte contre les privilèges. Alors que nous faisions des efforts énormes pour vaincre la résistance acharnée de la nomenklatura et que nous supprimions pas à pas les avantages injustifiés, Eltsine sut rafler tous les lauriers et se donner l'image du principal champion de cette lutte. Ce genre de paradoxe est, somme toute, assez commun dans l'histoire politique. En tout cas, Eltsine est entré dans la grande politique en enfourchant ce dada. Mais, parvenu au pouvoir, il a instantanément oublié ses discours enflammés contre les « avantages spéciaux » et les abus, permettant à ses associés de se livrer à la corruption et de s'accorder des privilèges dont ne rêvait même pas la nomenklatura communiste.

À la fin de son intervention, Eltsine demanda à la conférence sa « réhabilitation politique ». Une houle désapprobatrice souleva la salle. Je dus m'en mêler et demander de le laisser parler. Il fallait éclaircir toute cette histoire qui faisait naître dans le parti tant de rumeurs contradictoires.

Ligatchev lui répondit de manière rude et avec des accents nettement conservateurs, mais la salle lui réserva bon accueil. Ce fut à cette occasion qu'il lança une apostrophe devenue célèbre : « Boris, tu n'as pas raison ! »

Les débats furent particulièrement animés autour des projets de textes proposés, en particulier sur le partage des compétences entre les organes du parti et de l'État. Nombreux étaient ceux qui comprenaient qu'il s'agissait, en fait, du transfert du pouvoir réel aux soviets : la structure de l'appareil du parti devait être modifiée avant la fin de l'année par la suppression des départements sectoriels du CC. D'autres virent dans la proposition de cumuler les fonctions de premier secrétaire et de président de soviet une manœuvre destinée à sauvegarder la primauté

14. La nomenklatura bénéficiait du *païok* (ration), vieille survivance du communisme de guerre, lorsqu'il fallait mieux nourrir les communistes qui luttaient pour la Révolution. Avec le temps, le *païok* se transforma en accès à des produits alimentaires rares ou de luxe à des prix réduits. (N.d.T.)

des secrétaires. Il me fallut intervenir à deux reprises pour finir par convaincre la plupart des délégués. En réalité, je proposais le passage en douceur à un autre système politique. Même aujourd'hui, certains soupçonnent encore Gorbatchev d'avoir tenté de sauver la nomenklatura du parti. Sornettes ! Mon seul but était la réforme politique. La manière dont allaient se comporter les structures du parti me préoccupait particulièrement, et le temps a montré que mon inquiétude était justifiée. Mais le changement était alors devenu irréversible.

Une résolution sur la glasnost faisait également partie de l'ordre du jour de la conférence. Elle fut l'objet de controverses, notamment sur le statut particulier de la *Pravda*. Une proposition visait à considérer le journal comme un organe du parti et non plus du seul CC et à instituer un comité de rédaction élu et responsable devant le congrès du parti. C'était une initiative risquée qui pouvait être à l'origine d'une scission. La conférence pesa le pour et le contre et repoussa ces innovations.

La résolution reprenait aussi le thème, récurrent dans de nombreuses interventions, de la responsabilité de la presse pour la publication de nouvelles erronées ou diffamatoires, mais elle soulignait qu'il était inadmissible de faire obstacle aux critiques ou de persécuter les journalistes pour leurs écrits. Certains émirent l'idée de publier dans la presse des données détaillées sur les finances du parti. Je me ralliai à leur proposition.

Pendant les travaux, de nombreux délégués insistèrent pour que l'action des instances supérieures du parti devînt plus transparente. Leurs arguments ne manquaient pas de poids : les communistes devaient savoir ce qui se passait au Politburo de manière à empêcher toute récidive du culte de la personnalité ou l'accession aux postes suprêmes de personnages dévoyés. On demandait, entre autres, de faire la lumière sur la nomination au secrétariat général d'un homme aussi malade et impopulaire que Tchernenko et de « dire la vérité » sur Grichine et Romanov.

La conférence me montra que les clivages s'accentuaient dans le parti et que les critiques de la perestroïka montaient en puissance. En fait, nous ne tardâmes pas à nous heurter à un sabotage pur et simple de la part d'une fraction du corps des premiers secrétaires et de l'appareil du parti. Le bilan de la manifestation n'en acquit que plus d'importance. Elle renforça la ligne réformatrice, « sacralisa » pratiquement toutes nos idées et légitima le calendrier des transformations du système politique.

L'ouverture et la liberté d'esprit dont les délégués firent preuve provoquèrent un choc non seulement dans notre pays, mais également en

Occident. Il devenait clair que, désormais, chez nous, la volonté populaire déterminerait les options en matière de développement et de formation des structures du pouvoir. Tous les champions sincères des réformes démocratiques en furent encouragés.

Pour moi, tout cela m'apparut comme un point de non-retour. Je laissais derrière moi les hésitations et la crainte d'abandonner des postulats idéologiques dépassés, mais encore prestigieux (« L'idole renversée reste divine », écrit Lermontov). Je n'avais plus peur de me lancer dans une navigation au long cours sous la menace d'une mutinerie. Désormais, il me fallait saisir pleinement la chance rare dans notre histoire d'accomplir une réforme authentique. Le temps nous était compté et il n'était plus question de perdre un jour, ni même une heure.

Le suivi

Les questions relatives à la mise en œuvre des décisions de la conférence furent examinées au Politburo les 4 et 21 juillet.

D'entrée, je déclarai que négliger le mécontentement suscité par le cours de la réforme, l'action des ministères, la situation dans le commerce de détail et les transports, notamment l'approvisionnement en produits alimentaires, serait une lourde faute. Notre propagande avait soulevé de vains espoirs. Comment quantifier le traumatisme social provoqué par les files d'attente ? Tout le pays faisait la queue : dans les magasins, aux arrêts de bus, dans les bureaux pour obtenir un visa ou un certificat. Résoudre les questions les plus simples exigeait un tel gaspillage de temps que la population était épuisée et exaspérée. Et c'était la perestroïka !

Nous commençâmes par débattre du sujet le plus urgent : la politique agraire. Les tentatives de réforme de 1965 et de 1982 [15] n'avaient pas abouti. Ni les mesures prises en matière d'organisation, ni les énormes investissements effectués dans l'agriculture n'avaient eu l'effet escompté. Il fallait donc une approche nouvelle et je m'employai à l'expliquer :

— Les campagnes ont besoin de transformations économiques radicales, et pas seulement dans les hameaux reculés ou les kolkhozes défi-

15. Réforme Kossyguine et Programme alimentaire. (N.d.T.)

citaires. Il s'agit de toutes les zones rurales. Tant que nous ne lèverons pas tous les obstacles, rien ne se fera. Il faut accomplir dès maintenant ce que Nikolaï Ivanovitch [16] propose pour un avenir éloigné. Si quelqu'un veut prendre une ferme à bail, nul n'a le droit de l'en empêcher. Les objectifs à remplir en termes de stockage [17] ne sont admissibles que si l'on propose quelque chose en échange, c'est-à-dire sur une base économique. Pas d'ordres, des contrats. Les bureaucrates ne doivent plus s'en occuper. Il faut promouvoir plus rapidement l'affermage et le travail individuel. Que les gens gagnent de l'argent, hors des terres noires, dans la région de Stavropol, partout. Nikonov pense encore que l'on peut résoudre le problème par des ordres venus d'en haut, en débloquant des crédits et en fournissant des machines. Ce qu'il faut, c'est encourager l'initiative. Cela passe par la formation de l'opinion publique, car on continue, chez nous, à considérer l'homme d'affaires comme un rapace. En Chine, on a simplement donné la terre aux gens en leur disant : faites ce que vous voulez. Et malgré toute leur pauvreté, en quatre ans, ils ont augmenté la récolte de cent millions de tonnes de céréales. Nous n'arriverons à rien si nous nous contentons de beugler : il faut, il faut, il faut ! Mais si nous établissons de nouvelles relations économiques, il y aura des produits, les paysans seront satisfaits et, de surcroît, l'agriculture aura besoin de moins de bras. En revanche, le plan qui nous est présenté ici ne convient pas. Avec un tel plan, autant démissionner tout de suite. Promettre l'autosuffisance dans dix ou quinze ans ! Non, c'est en deux ou trois ans qu'il faut modifier les formes du travail rural. Bien entendu, il faut des machines, des engrais, des crédits pour l'agriculture, l'industrie agro-alimentaire. Il faut trouver les moyens nécessaires, y compris dans le budget de la défense. Nous avons entendu le verdict populaire à la XIXe conférence du parti et personne ne peut faire comme si elle n'avait pas eu lieu. La question alimentaire menace la sécurité de l'État.

---

16. Ryjkov. (N.d.T.)
17. Pour les commandes d'État. (N.d.T.)

CHAPITRE 13

ACTION ET RÉFLEXION

Les vacances d'un secrétaire général

Le 1er août, je partis, comme d'habitude, en vacances en Crimée. En cet été de 1988, mes congés furent, comme toujours, largement consacrés au travail. Il me fallait examiner des propositions sur la refonte de l'appareil du parti et préparer les plénums sur la question des nationalités et la politique agraire. Je voulais également me livrer à une réflexion théorique sur une vision moderne du socialisme, mais j'en étais distrait par le flot continu des informations d'actualité.

Les discours prononcés par Ligatchev le 5 août à Gorki et le 31 à Toula m'inquiétèrent. Si certains de ses propos mettaient en cause le bilan de la conférence du parti et étaient empreints d'un dogmatisme d'avant la perestroïka, notamment sur l'économie de marché, les rapports marchands et le caractère de la propriété sous le socialisme, ils devenaient carrément péremptoires et intransigeants au sujet de la nouvelle pensée : « Notre point de départ est le caractère de classe des relations internationales. Toute autre optique ne fait que semer le trouble dans la conscience des Soviétiques et de nos amis de l'étranger. »

En apparence, Ligatchev répondait au ministre des Affaires étrangères, mais je sentais clairement qu'il me visait, moi. En effet, fin juillet, à la veille d'un nouveau plénum, Chevardnadze avait déclaré que, à la lumière du concept de priorité des valeurs humaines universelles, « la philosophie de la coexistence pacifique en tant que principe des relations internationales acquiert un contenu nouveau. La nouvelle pensée l'inscrit dans le contexte des réalités de l'ère atomique. À juste titre, nous refusons d'y voir une forme spécifique de la lutte des classes ». À dire vrai, le rapport de Chevardnadze regorgeait d'idées aux connotations radicales pour l'époque, mais la thèse selon laquelle l'antagonisme des deux systèmes ne pouvait plus être considéré comme la tendance dominante de l'époque contemporaine était véritablement hérétique aux yeux des idéologues officiels.

Ligatchev avait réagi à cela, mais Iakovlev ne resta pas à l'écart du débat. Prenant la parole à Riga le 10 août, il réfuta la conception du rôle du marché que défendait Ligatchev, sans toutefois le nommer. Mes appréhensions quant aux divergences entre les membres de la direction se trouvèrent confirmées lorsque je commençai à recevoir des appels téléphoniques de Tchebrikov, Loukianov et Ryjkov au sujet des prises de position de Chevardnadze et de Ligatchev. La posture rétrograde de Ligatchev ne passa pas non plus inaperçue aux yeux des Occidentaux. L'ambassadeur des États-Unis, Jack Matlock, s'enquit auprès de nos experts en relations internationales de la « signification réelle » de son discours de Gorki.

Les 14 et 15 août, je continuai à dicter des notes sur la restructuration de l'appareil du parti. Le temps pressait : les élections à la base n'allaient pas tarder. Dès 1919, le VIIIe congrès avait décidé que le parti devait mettre en œuvre sa politique « par l'intermédiaire des soviets, habilement, avec tact, afin de ne pas empiéter sur les prérogatives du Sovnarkom et d'autres institutions ». D'une certaine manière, nous reprenions ce qui avait été interrompu par le totalitarisme pendant des décennies.

J'estimais que la gestion directe de l'économie devait revenir au gouvernement. Il nous fallut néanmoins temporiser sur certains points et maintenir au CC les départements chargés de la politique agraire et de la défense, en attendant le renforcement des soviets et des organes gouvernementaux. Il fut également décidé de créer un département juridique du CC pour assurer un contrôle efficace des ministères chargés du maintien de l'ordre, détenteurs de la force publique ou disposant de forces armées.

La conjoncture économique demeurait médiocre, le mécontentement grandissait devant le rythme trop lent des réformes et les forces radicales spéculaient sur ce sentiment. Certes, le danger du populisme ne faisait que se dessiner, mais il me semblait de mon devoir de mettre en garde l'opinion. Il me fallait montrer que les jolis paquets-cadeaux et les promesses de changement rapide visent souvent de tout autres objectifs. Les méthodes volontaristes à l'emporte-pièce ne peuvent résoudre les problèmes sérieux. Nous savons à quoi cela aboutit.

Pendant toutes mes vacances, je gardai un contact quotidien avec les membres de la direction. Avec Alexandre Iakovlev, nous parlâmes à plusieurs reprises au téléphone d'un certain nombre d'articles de presse consacrés aux relations germano-soviétiques à la veille de la Seconde Guerre mondiale, particulièrement d'un texte de Leonid Potchivalov qui rencontra un écho considérable, chez nous comme à l'étranger, particulièrement en RDA : *Les Allemands et nous*, publié par la *Literatournaïa Gazeta*.

J'eus également plusieurs discussions avec Ryjkov qui se plaignait de l'attitude unilatérale de Ligatchev et Nikonov sur les problèmes agro-alimentaires. Il ne manqua pas de souligner encore la nécessité de ne laisser au CC que les départements de politique générale et de direction générale du parti. Je lui dis que nous allions dans ce sens, mais qu'il était risqué de supprimer dans l'immédiat le contrôle du parti sur la défense et la politique agraire.

Impressions de Krasnoïarsk

Je rentrai à Moscou le 5 septembre, et, dès le 12, partis en tournée dans le territoire de Krasnoïarsk, en Sibérie. Le voyage fut étonnant et riche en impressions : partout, aussi bien dans la localité de Sizaïa, perdue dans les contreforts des monts Saïan, qu'à Norilsk, dans le plus grand combinat de métallurgie non ferreuse au monde, au-delà du cercle polaire, j'eus des contacts passionnants et exceptionnellement sincères.

Le pied à peine posé sur le territoire, je fus assailli par les récriminations de ses habitants : « La perestroïka est nécessaire, mais malheureusement nos chefs n'ont pas fait la leur et rien ne change. » Bref, je me trouvai d'emblée dans la ligne de mire. Comme la télévision montrait tout, les commentaires allèrent bon train, non seulement chez nous, mais encore à l'étranger : « Les Sibériens en remontrent à Gorbatchev ! »

Les principales plaintes concernaient les dérapages de la planification : on lançait des capacités de production en remettant à plus tard les infrastructures sociales. Mais que faire de ces usines sans les individus pour les faire tourner ? Auparavant, la plupart des travaux pénibles étaient accomplis par des détenus, mais ceux-ci étaient désormais beaucoup moins nombreux : les temps avaient changé.

Sous le gouvernement Kossyguine, quelqu'un avait eu l'idée de concentrer une dizaine d'usines dans un faible espace, au sud du territoire, en dépit des difficultés techniques et de la nécessité, dans cette région peu peuplée, de faire appel à une main-d'œuvre extérieure. Sans parler des retombées écologiques. Le pouvoir central s'était conduit en puissance coloniale et avait défiguré la région. Et quelle région ! L'une des plus belles ! Une question revenait dans mon esprit de manière lancinante, et pas seulement en Sibérie : pourquoi semblait-on s'ingénier à implanter les industries les plus polluantes dans les régions naturelles les plus pittoresques ?

Autour du combinat géant de Norilsk, l'habitat des aborigènes était pratiquement détruit. La terre ancestrale était transformée en zone morte comme après un terrible cataclysme. Et pas seulement la terre : les assises séculaires de l'existence des habitants étaient également saccagées, ce qui avait contribué à les marginaliser. Fait frappant : sur les bénéfices du combinat qui s'élevaient alors au montant fantastique de 1 100 millions de roubles, on n'avait pas trouvé le moyen de débloquer 10 millions pour le mieux-être des petits peuples du Nord. Lors d'une réunion, le talentueux écrivain evenki Alitet Nemtouchkine eut des paroles auxquelles on ne pouvait qu'adhérer : « Laissez-nous la nature, sans elle nous ne survivrons pas. » Il demandait même la création d'une réserve pour la préservation des aborigènes et de leur environnement, comme aux États-Unis.

Toujours à Norilsk, lors d'une rencontre avec des ouvriers, j'abordai le problème de l'appareil administratif en précisant qu'il employait 18 millions de personnes pour une population active de quelque 127 millions. Sur ce total, 2,5 millions travaillaient dans les ministères et différents bureaux ; les autres, dans les entreprises. L'assistance en voulait aux bureaucrates. Lorsque je dis que des lettres m'incitaient à faire « tirer sur les états-majors », quelqu'un cria : « Bien dit ! »

— En quoi est-ce bien dit ? rétorquai-je. La poursuite de la perestroïka implique de ne pas diviser le pays en camps adverses. On sait à quoi ce mot d'ordre a abouti en Chine : ils en ont bavé pendant quinze ans. Il est impossible de résoudre les problèmes actuels par les méthodes de 1937. C'est par le biais des élections et de la glasnost que nous devons agir. Tout le monde est d'avis d'améliorer les choses au plus vite. Mais il faut le faire sans trop de casse.

La première conclusion que je tirai du voyage fut que la population se ralliait de plus en plus nettement à la perestroïka. Désormais, il n'était plus possible à la hiérarchie de se comporter comme elle le faisait naguère impunément. Je comprenais de mieux en mieux pourquoi les gens ne se plaignaient pas aux autorités locales, mais directement au

CC : sur place, ils se heurtaient aux lenteurs et à l'arrogance de la bureaucratie. Les manitous locaux étaient intouchables. Quels sentiments pouvaient-ils inspirer ? Norilsk fournissait des milliards de roubles de bénéfices à l'État et les services communaux, les transports urbains étaient dans un état pitoyable. Et ce qui irritait le plus la population était que la plupart des cadres locaux se comportaient exactement comme trois, cinq ou dix ans auparavant. Tout semblait glisser sur eux. Rien d'étonnant, dès lors, que les élections se soient soldées par le remplacement d'un secrétaire du parti sur deux.

Au cours de ces journées, j'eus à entendre bon nombre de critiques sur l'approvisionnement en produits alimentaires. Or, les anciens avaient encore en mémoire les pommes de Minousinsk, les melons, les tomates et le miel, sans oublier les *kalatchs*, ces petits pains sibériens. Et dans des temps reculés, le blé sibérien était taxé en Russie centrale tant il était compétitif.

Tout cela me donna matière à réflexion sur le chemin du retour. Une idée me hantait : comment qualifier une gestion qui faisait qu'un territoire doté de deux fois plus de terres arables par habitant que la moyenne du pays fournissait trois fois moins de produits ? Et l'on s'étonnait de l'exode ! Il fallait nous consacrer à la mise en valeur de cette puissante Sibérie ! Mais en augmentant la production agricole sur place. Cela ne rimait à rien de consacrer des milliards à l'industrie tout en réduisant à la portion congrue l'agriculture, indispensable à la vie.

Restructuration de l'appareil du parti

Le Politburo examina mes propositions de réorganisation de l'appareil du parti avant mon départ pour la Sibérie. Ceux de ses membres qui occupaient des postes gouvernementaux se prononcèrent en faveur de l'abandon par le CC des fonctions indues (notamment la supervision de la défense et de la politique étrangère), alors que les secrétaires (sauf peut-être Iakovlev et Medvedev) s'efforcèrent de défendre leur « pré carré ». Mais ils avaient tous en vue une simple redistribution du pouvoir au sein du même « circuit de commandement ». Mes plans allaient plus loin : vers une réforme politique.

Je posai avec tact la question du rapport des forces au sein de la direction dans la situation nouvelle, suggérant que j'étais prêt à soumettre des propositions à ce sujet. Le Politburo chargea donc le secrétaire général de réfléchir à la répartition des cadres.

Il me semblait que le premier impératif était de rajeunir le noyau dirigeant. En dépit de l'arrivée, sous mon mandat, de nombreux hommes jeunes, le CC comptait encore une majorité de personnes d'un âge respectable. La mise à la retraite était un drame pour les intéressés comme pour moi qui devais en décider. Bien sûr, presque tous ceux qui devaient se retirer comprenaient la situation, mais ils ne pouvaient manquer de se faire du souci pour leur avenir et, avant tout, pour leur bien-être matériel.

Gromyko avait beaucoup décliné au cours de ces derniers temps. Il sommeillait en séance et se trouvait en décalage de plus en plus flagrant avec les événements. Ses interventions à contretemps, lors des réunions, suscitaient des sourires ironiques quand ce n'était pas de l'irritation.

Pour Demitchev, la question de sa mise à la retraite se posait depuis longtemps. En principe, elle aurait dû être résolue par mes prédécesseurs mais, pour des raisons inconnues, il était toujours passé sans encombre d'une équipe à l'autre. Nous eûmes un entretien empreint de camaraderie, car nous nous connaissions de longue date.

Je sentais que Dolguikh aussi avait fait son temps : les problèmes que nous affrontions n'avaient plus rien de commun avec ceux qu'il avait l'habitude de traiter. Bien que je ne puisse que rendre hommage à ses qualités professionnelles, son attitude pendant la perestroïka me sembla toujours revêtir un caractère conformiste qui témoignait plus de sa volonté de s'adapter aux nouvelles conditions que d'un soutien entier à la réforme. Son style et sa mentalité ne convenaient décidément pas à l'époque nouvelle.

Le départ à la retraite de Solomentsev me permit de faire venir à Moscou Boris Karlovitch Pougo pour occuper le poste de président du Comité de contrôle du parti près le CC. Il dirigeait le parti en Lettonie et je voyais en lui le plus capable des dirigeants des pays baltes, qui n'étaient pas représentés alors dans la direction. Je le connaissais depuis une époque où il était secrétaire du CC du Komsomol. Dans sa république, il avait gravi tous les échelons au sein des jeunesses communistes, du parti et même de la Sécurité d'État. C'était un homme intègre et entier. Au poste de membre suppléant du Politburo, il adopta invariablement une attitude progressiste. Il était certes exigeant et aimait l'ordre, mais il n'avait pas de penchant particulier pour les méthodes coercitives.

Le transfert de Vorotnikov au poste de président du présidium du Soviet suprême de la RSFSR découlait des décisions de la conférence.

J'aurais souhaité conserver Alexandra Pavlovna Birioukova au secrétariat du CC, mais il ne restait plus de place pour cette femme courageuse, intelligente et énergique. Elle avait jadis travaillé dans la célèbre fabrique textile Triokhgorka et jouissait d'un prestige mérité dans le mouvement syndical. Elle était sur les rangs pour présider le Conseil central des syndicats de l'URSS, mais le XXVIIe congrès avait décidé de la nommer secrétaire du CC [1]. Maintenant, nous la recommandions au poste de vice-président du Conseil des ministres de l'URSS pour les questions socioculturelles.

De manière similaire, Loukianov quitta le secrétariat du CC pour le poste de premier vice-président du Soviet suprême de l'URSS en remplacement de Demitchev.

La nomination de Tchebrikov au poste de secrétaire [2] posa la question de sa succession à la tête du KGB. Ma préférence alla à Vladimir Krioutchkov. Bien sûr, il y avait d'autres candidats, aussi bien au sein du sérail qu'en dehors, mais si je le choisis, lui, ce ne fut pas vraiment à cause de ses compétences professionnelles [3]. Sa proximité avec Andropov pendant tant d'années joua certainement en sa faveur. Je dois dire aussi que sa candidature fut soutenue par Tchebrikov et, avec une énergie singulière, par Iakovlev. Krioutchkov et lui étaient de vieilles connaissances et s'étaient alors particulièrement rapprochés.

Dans plusieurs cas, le remaniement de l'appareil me laissa confronté à des choix difficiles. Ainsi, pour diriger le département international du CC, j'avais le choix entre Dobrynine, Iakovlev et Medvedev. Je donnai la préférence à Iakovlev, plus favorable aux nouvelles fonctions du parti et qui avait une expérience d'ambassadeur [4]. De surcroît, il avait dirigé l'établissement d'enseignement le plus coté en matière de relations internationales [5]. Quant à Medvedev, je comptais lui confier la direction du département idéologique du CC, à nouveau unifié.

Lors du plénum du 30 septembre, je donnai lecture d'une déclaration de Gromyko demandant à être démis de ses fonctions de président du

1. Elle s'occupait du secteur social. (N.d.T.)

2. Chargé du nouveau département juridique. (N.d.T.)

3. Il dirigeait la première direction principale du KGB (renseignement extérieur). (N.d.T.)

4. À Ottawa, de 1973 à 1983. (N.d.T.)

5. L'IMEMO, Institut de l'économie mondiale et des relations internationales, à Moscou. (N.d.T.)

présidium du Soviet suprême de l'URSS et de membre du Politburo. Je prononçai quelques paroles chaleureuses et lui exprimai nos meilleurs vœux. Andreï Andreïevitch eut un comportement très digne. Il précisa que l'âge était une réalité incontournable et qu'il fallait bien en tenir compte. Sa profession de foi pour l'avenir fut qu'il avait toujours cru dans la vérité du marxisme-léninisme et estimait que la perestroïka était la seule politique capable d'assurer l'unité idéologique et politique de la direction. C'était indiscutablement un homme hors du commun, entier et fidèle à ses idéaux.

Le plénum approuva toutes mes propositions de remaniement. Ligatchev prit la parole pour me recommander au poste de président du présidium du Soviet suprême de l'URSS en précisant que « tant sur le plan intérieur qu'international, le secrétaire général représente notre État ». Les membres du CC m'apportèrent bruyamment leur soutien, et il ne me resta plus qu'à les remercier et à évoquer brièvement mes intentions.

Le 1er octobre, Gromyko prononça un message d'adieu lors d'une session extraordinaire du présidium du Soviet suprême. Zaïkov exposa ensuite la proposition du plénum et il fut décidé d'« élire le camarade Gorbatchev, Mikhaïl Sergueïevitch, au poste de président du présidium du Soviet suprême de l'URSS ».

L'important remaniement de notre équipe dirigeante suscita bien des questions, aussi bien chez nous qu'à l'étranger. Qu'est-ce que cela pouvait bien signifier ? Désormais, Ligatchev pilotait la politique agraire avec le concours de Nikonov. Iakovlev était chargé de superviser les relations internationales et Medvedev revenait à l'idéologie. Bien entendu, ce n'était pas une simple permutation. Il fallait répondre aussi bien au secteur de l'opinion publique qu'indisposait l'action de Ligatchev à l'idéologie, qu'à celui qui se manifestait tout aussi fortement, surtout au sein du parti, contre Iakovlev. Bref, il fallait une manœuvre susceptible de désamorcer la situation.

On me demande parfois s'il n'aurait pas été plus opportun de me séparer alors sans attendre de Ligatchev. Il me semble qu'une telle décision prise immédiatement après la conférence n'aurait pu qu'exacerber inutilement la situation à la veille de la réforme politique. Certes, une partie de l'opinion publique rejetait Ligatchev en le considérant comme le chef de l'aile droite et un adversaire secret de la perestroïka, mais aucun parti démocratique ne peut être monolithique. De plus, c'était au futur congrès du parti de se prononcer sur l'avenir des différentes tendances. Il convenait donc d'écarter Ligatchev de l'action idéologique, mais de le garder à la direction.

Le secrétariat du CC, qui se comportait jusqu'alors comme un « petit Sovnarkom », vit son rôle se réduire dans la nouvelle structure. Désormais, il ne gérait plus que les questions strictement internes. Certains ont pu prétendre que Gorbatchev avait modifié les attributs du secrétariat uniquement pour priver Ligatchev de tout pouvoir. En fait, mon objectif premier était de changer les fonctions d'un organe qui faisait double emploi à la fois avec le Politburo et avec le gouvernement.

Jeter les bases de la démocratie

L'heure était venue de préparer le plénum sur la réforme politique. Les projets de loi sur la réforme constitutionnelle et les élections étaient à peine publiés, les 22 et 23 octobre, qu'un feu roulant de critiques se concentra sur eux. L'inconsistance idéologique de la nomenklatura du parti, son incapacité à dialoguer avec autrui et à polémiquer avec l'adversaire apparurent alors dans toute leur splendeur. Les responsables des gorkoms et des raïkoms ne se risquaient tout simplement pas sur les places publiques où les passions se déchaînaient. Élevés en « couveuse », ils avaient une peur panique de tout débat public ou de toute opposition politique ouverte. Et cela tranchait particulièrement sur le fond des activités de propagande déployées par les démocrates qui lancèrent une campagne de protestation immédiatement après la publication des projets de loi, sans même prendre le temps de les étudier. Leur assurance frisait l'impudence.

Iouri Afanassiev et ses amis considéraient les projets de loi comme un simple camouflage : selon eux, le parti restait le cœur du système. À cela s'ajoutait l'insatisfaction des républiques, particulièrement des pays baltes. La révision de la Constitution y était interprétée comme un nouveau renforcement du centre. Des « fronts populaires » surgissaient et rivalisaient en agressivité pendant que s'accentuaient les tendances séparatistes.

Tout cela contribuait à l'énervement des milieux dirigeants et ne manquait pas de fournir des arguments aux adversaires des réformes. Mes appels répétés à apprendre à travailler dans le cadre de la démocratie ne soulevaient aucun écho.

Au Politburo, les interventions de nombreux membres étaient empreintes d'anxiété. Faire face à une opposition — radicale, de surcroît — était nouveau pour nous. C'était la première fois que cela arrivait et grande était la tentation de crier au feu ! Nous avions nous-mêmes donné de l'oxygène démocratique à la société, mais le flux était si puissant que nous suffoquions.

Au CC, la situation était la même. Le 28 novembre, pendant les débats qui suivirent la lecture de mon rapport sur la réforme politique, les orateurs sonnèrent le tocsin. Chtcherbitski nota que les mouvements nationalistes extrémistes revêtaient un caractère de plus en plus organisé. Foteïev, le premier secrétaire de l'obkom de Tchétchéno-Ingouchie, déclara que le désarroi avait succédé à « l'euphorie de la glasnost ». Mendybaïev, le deuxième secrétaire du CC du PC du Kazakhstan, préconisa une plus grande autonomie des républiques et, évoquant la question des rassemblements informels, déclara que l'on ne pouvait traiter par le mépris certains propos et actes antisociaux de la part de certains d'entre eux. Le recteur de l'Université de Moscou, l'académicien Logounov, nous apprit que, à la conférence des jeunesses communistes de son établissement, un groupe de « radicaux » était parvenu à chasser de la tribune le représentant du CC du Komsomol. Justement, Mironenko, le premier secrétaire du CC du Komsomol, prit la parole pour inciter les membres du parti à sortir des trous où ils restaient tapis alors que la vie suivait son cours. Quant à Vezirov, qui fut pendant six mois premier secrétaire du CC du PC d'Azerbaïdjan, il posa carrément le problème : « Si nous menons une révolution, nous devons faire attention à la contre-révolution. »

Bref, les déclarations alarmistes se multipliaient, souvent étayées par des faits sérieux. Néanmoins, le plénum ne se laissa pas gagner par la panique : les réformes que nous proposions furent toutes adoptées sans amendement, ou presque. D'ailleurs, elles étaient conformes aux décisions de la conférence.

Pour clore le plénum, je soulignai qu'il nous fallait désormais travailler et lutter dans des conditions nouvelles. Diverses forces descendaient dans l'arène et nous ne devions pas les considérer toutes comme destructrices. L'essentiel était de défendre la perestroïka contre les conservateurs qui freinaient le processus démocratique, mais aussi contre les extrémistes et les démagogues.

L'aube d'une ère nouvelle se levait sur le pays.

« *Triomphe et douleur* »

Une nouvelle année de perestroïka, riche en travail, en joies et en peines, touchait à sa fin. Le 9 décembre, un journal étranger titra : *Gorbatchev : triomphe et douleur.* Pouvait-on mieux résumer le contraste entre l'accueil que l'Assemblée générale de l'ONU réserva à mon intervention devant elle, le 7 décembre, et le séisme destructeur qui se produisit le même jour en Arménie ?

Malheureusement, le temps courait plus vite que les réformes. Je ne cessais de me demander pourquoi les résultats que nous escomptions se faisaient tant attendre. Qu'est-ce qui freinait ? Restait-il un potentiel d'accélération des réformes ?

Le parti, que je croyais encore capable de se rénover, se laissait distancer par la vie. La société dans son ensemble se révélait plus réceptive aux idées nouvelles que sa prétendue « avant-garde ». Et plus l'activité populaire se développait, plus le retard s'accentuait. Désormais, ce n'était plus simplement du désarroi que les structures du parti manifestaient, mais un mécontentement ouvert envers les réformateurs du centre.

Nous parlions sans cesse des causes du blocage sans jamais mentionner le parti. Je commençais à comprendre que non seulement celui-ci retardait le changement, mais encore qu'il s'y opposait. La machine grippait essentiellement au niveau de l'appareil du parti, de l'État et de la gestion économique (où les sans-parti pouvaient se compter sur les doigts d'une seule main). En attaquant les bases du système — jusque-là inébranlables —, je m'étais mis à dos l'armée des dix-huit millions de bureaucrates ! Je savais que le combat serait sans merci.

Dans ma lutte contre le système administratif de commandement, je comptais sur le soutien actif des populations. Mais là encore, j'étais préoccupé. Un épisode en apparence anodin, lors de mon voyage à Krasnoïarsk, me revenait sans cesse en mémoire. À Norilsk, un homme d'un certain âge m'avait interpellé dans la rue :

— Mikhaïl Sergueïevitch, ça me gêne de parler de petits ennuis mais, malheureusement, il le faut bien. Voilà déjà six ans que l'on déverse devant notre immeuble du laitier contenant des copeaux métalliques. ça lacère les chaussures et l'on a peur pour les enfants qui jouent dans la cour.

Cas banal, à première vue, rien de particulier, mais l'horreur tient justement à la banalité. Voilà toute l'atrocité du système ! Pour faire nettoyer les alentours de l'immeuble, il fallait en référer au secrétaire général lui-même ! J'étais tout aussi frappé par l'impuissance résignée d'un simple citoyen face à un bureaucrate tout-puissant. Combien de temps faudrait-il pour que les citoyens acquièrent leur liberté intérieure et retrouvent leur dignité ? Sans cela, aucune perestroïka n'était possible.

J'avais conseillé à cet homme de « secouer les bonzes comme il faut », parce que sans les simples citoyens il m'était impossible de déloger les bureaucrates de leurs confortables fauteuils. Notre peuple était-il donc voué à une humble docilité ? Non, j'étais convaincu que la démocratisation le réveillerait.

La conférence avait induit une recrudescence de l'activité politique et sociale au sein de la société. Cela se traduisait par la constitution de centaines de groupes et de mouvements informels axés sur les questions les plus diverses. L'opposition se consolidait : les conservateurs qui s'étaient ouvertement manifestés en mars, comme les radicaux, dont nous avions sans doute surestimé le caractère constructif au plénum de novembre.

Ce fut précisément dans ce climat d'exacerbation des luttes que Boris Eltsine effectua son retour sur la scène politique. En novembre, il fit une intervention à l'École supérieure du Komsomol suivie par des interviews et des déclarations publiques dans lesquelles il critiquait les projets de loi sur la Constitution et les élections. Il chaussait déjà les bottes de chef de l'opposition et, de sa voix de stentor au timbre péremptoire, il reprenait les idées des idéologues de la future Demrossiïa[6].

Le 7 novembre, je reçus de lui ce télégramme :

> « Cher Mikhaïl Sergueïevitch,
> Veuillez accepter mes vœux à l'occasion de notre grande fête, le soixante-et-onzième anniversaire de la révolution d'Octobre ! Croyant en la victoire de la perestroïka, je souhaite, grâce aux efforts du parti que vous dirigez et du peuple tout entier, la pleine réalisation dans notre pays de ce qu'avait conçu et dont rêvait Lénine.
> B. Eltsine. »

Il me semblait parfois que la portée de la perestroïka était mieux comprise à l'étranger que dans notre pays. L'ampleur inédite du mouvement de solidarité internationale en faveur des victimes du séisme

6. Russie démocratique, mouvement libéral dont le principal dirigeant sera Egor Gaïdar. (N.d.T.)

d'Arménie me conforta dans ce sentiment. Tous les pays offrirent leur aide. Plus qu'une manifestation de compassion, c'était un acte de bonne volonté. Mais je ne devais pas être injuste envers mes compatriotes : tous mes voyages à travers le pays attestaient que mes concitoyens étaient favorables aux réformes. Leur mécontentement, cette apathie qui restait à vaincre s'expliquaient par leur irritation devant l'absence de changements sérieux au niveau local. Il ne fallait donc pas baisser les bras.

En dépit de ce tremblement de terre qui avait marqué d'un sceau tragique la fin de l'année, j'étais optimiste. Dans mon adresse au peuple soviétique à l'occasion du Nouvel An, j'insérai ces mots : « L'année qui vient ne sera pas sans problèmes. Bon nombre de réalisations et de soucis graves sont encore devant nous. Nous voyons aujourd'hui qu'il faut agir avec encore plus de détermination. Il est désormais impossible de rester en spectateur sur le bas-côté de la route. Nous n'attendons ni ne promettons aucune "manne céleste", nous savons bien que le fardeau des questions en suspens est lourd et le chemin ardu. Mais le choix est fait et la voie de la perestroïka ouverte. »

Le compte à rebours jusqu'aux premières élections libres des députés du peuple de l'URSS était engagé : il restait quatre-vingt-cinq jours.

Ma famille

Les changements survenus dans ma carrière politique et, surtout, dans la vie du pays ne furent pas sans conséquences sur ma famille. D'une certaine façon, elle dut s'adapter à un nouveau « système de coordonnées » qui exigea d'elle une certaine force morale. Il ne lui fut pas facile de résister à tous les retournements du destin.

Au début, nous pensions qu'il ne serait nullement nécessaire de changer nos habitudes et nous en tombâmes tous d'accord dès le premier jour. Ma femme est profondément dévouée à la famille, au monde intérieur qui nous lie. « Ma maison, dit-elle un jour, ce n'est pas seulement ma forteresse, c'est mon monde, ma galaxie. »

Depuis notre retour à Moscou en 1978, nous n'avions pas pu réellement accepter le système de relations humaines dans les hautes sphères moscovites. Nos idées en la matière n'étaient pas grevées par les conventions petites-bourgeoises, ni ce que j'appellerai, sans craindre le paradoxe, le « provincialisme moscovite » du milieu dans lequel nous nous retrouvions. Dans le choix de nos amis, nous avons toujours apprécié la sincérité, le naturel, le respect mutuel et l'aptitude à comprendre autrui.

Ma femme savait d'expérience que les collègues prisent avant tout la camaraderie, la façon dont on assume sa charge de travail et qu'on ne rechigne jamais à donner un coup de main. Nous nous sommes efforcés de transmettre à Irina ces « maximes morales ». Elles correspondent d'ailleurs aux convictions profondes de notre fille et de son mari. Ils avaient aussi leur propre projet : devenir des spécialistes dans leurs domaines respectifs. Et là, comme chacun sait, les protections ne sont d'aucune utilité. Obtenir un poste et devenir un spécialiste qualifié sont deux choses tout à fait différentes. Nous ne pouvions, Raïssa et moi, qu'approuver cette attitude saine. De la même manière, il nous semblait qu'ils ne devaient pas interrompre, non plus, leurs leçons d'anglais.

Nous ne devions donc rien changer à notre mode de vie et rester nous-mêmes... Ne rien changer ? Comme toujours, la vie réelle parvient à s'échapper des schémas préétablis.

Après ma nomination à la tête du parti, nous continuâmes à habiter dans la datcha qui nous avait été attribuée en 1981, après mon entrée au Politburo comme membre titulaire. Pourtant, cette résidence ne permettait pas de loger les services du chef d'État qu'était *de facto* le secrétaire général. Or, par décision du Politburo, les datchas où avaient vécu et travaillé Brejnev, Andropov et Tchernenko n'étaient pas disponibles : les familles des défunts continuaient à y habiter.

Tchebrikov proposa d'adapter une datcha en construction près du village de Razdory. Le projet fut modifié par l'ajout d'une maison pour la garde, un central de liaison stratégique, un héliport et un local pour les véhicules et les équipements spéciaux. Le bâtiment principal fut aménagé de manière à pouvoir recevoir des invités et tenir d'éventuelles réunions du Politburo ou des conférences, sans oublier une pièce spéciale pour le personnel médical. Nous y emménageâmes un an plus tard. C'est aujourd'hui l'une des villégiatures du président de la Fédération de Russie.

Dès ma nomination, un contrôle plus serré s'exerça sur les services médicaux et l'approvisionnement. En fait, pratiquement tout ce qui entrait dans notre maison était vérifié. En d'autres termes, il nous semblait vivre « sous cloche ». Cet « isolement » pourtant, ne touchait pas la presse. Ses projecteurs n'étaient pas seulement braqués sur moi, mais encore sur tous mes proches : ma femme et les autres membres de ma famille. Souvent, nous nous réunissions tard dans la nuit pour discuter en petit cercle des questions urgentes, commenter les événements et échanger nos impressions. Nous constations combien il était difficile de préserver son intimité, de n'ouvrir sa porte qu'à des intimes et de garder allumée la flamme du foyer.

Dès ma nomination au poste suprême, Irina et son mari, Anatoli, furent assaillis par un nombre considérable de personnes — des Moscovites, des provinciaux et même des étrangers — venant leur présenter les requêtes et les réclamations les plus diverses portant sur l'arbitraire des autorités locales, les persécutions, la répression de la critique, des demandes de grâce, de logements, de soins pour les grands malades, etc. Des épouses, des mères et des enfants que j'aurais « abandonnés » surgirent de partout. Des illuminés présentaient avec insistance leurs projets. Bien entendu, Irina et Anatoli conseillaient aux demandeurs de s'adresser à qui de droit ou, dans les cas urgents, téléphonaient au CC et les aidaient à rencontrer les personnes compétentes.

Quant à nos parents, ils vieillissaient et ils constituaient pour nous un souci constant. Ma mère, qui vivait toujours à Privolnoïe, était souvent malade. La santé de mes beaux-parents, qui habitaient à Krasnodar, se détériorait aussi. Un grand deuil finit par nous frapper en juin 1986 : la mort du père de Raïssa Maximovna.

L'année 1987 fut marquée par plusieurs événements familiaux. Irina fêta ses trente ans en janvier. En mars, elle nous donna une seconde petite-fille. La maman voulait un garçon qu'elle aurait appelé Mikhaïl. Ce fut une merveilleuse Anastasia qui nous apporte beaucoup de bonheur. En septembre, sa grande sœur, Ksenia, fit sa première entrée à l'école.

L'épouse du secrétaire général

Au moment de ma nomination, en 1985, Raïssa Maximovna et moi comptions trente et un ans de mariage. Nous ne pouvions que rester les mêmes, avec nos opinions, nos relations mutuelles et notre style de vie. Nous avions fait notre choix lorsque nous étions étudiants, et cela avait déterminé le reste de notre vie. Nous étions certes unis par nos liens conjugaux, mais aussi par des vues communes. Pour nous, l'égalité était essentielle. Nous partagions les mêmes soucis, nous aidant mutuellement toujours et en tout. Évidemment, je ne faisais pas les cours de philosophie à la place de ma femme, de même qu'elle ne faisait pas mon travail. Mais chacun s'intéressait aux affaires de l'autre, se réjouissant de ses succès et souffrant de ses échecs comme des siens propres.

Ma situation à la tête du pays eut des conséquences imprévues : l'apparition en public du secrétaire général *accompagné de sa femme* eut pratiquement autant de retentissement que la politique de la perestroïka. En réalité, il n'y avait là rien d'extraordinaire. Ma femme m'accompagnait dans mes voyages à travers l'Union soviétique et à l'étranger, aux cérémonies protocolaires, au théâtre ou à un vernissage, comme elle le faisait auparavant et comme cela se pratiquait partout.

Toutefois, ce qui paraissait naturel et répondre au simple bon sens, n'était pas forcément perçu comme tel dans notre pays. En tout cas, ce sujet donna naissance à un abondant courrier qui aboutissait au CC. La plupart des lettres exprimaient des sentiments positifs et de soutien, mais beaucoup traduisaient la surprise voire même l'indignation. Ce qui semblait le plus indisposer leurs auteurs, c'était de voir Raïssa Maximovna me suivre dans mes voyages : « Elle est quoi, membre du Politburo ? » La réponse la plus simple — « Non, c'est ma femme ! » — semblait appartenir à une catégorie mentale inaccessible à nombre de ces gens élevés dans l'esprit des traditions patriarcales et de la « lutte contre le népotisme ». Même dans mon entourage, d'aucuns faisaient la grimace, même s'ils devaient s'y faire. Certains de ceux qui géraient les contacts avec les médias conseillaient, dans l'intérêt du secrétaire général, de réduire toutes les informations relatives à son épouse.

Émoustillés, les centres occidentaux de la guerre psychologique trouvèrent là une faille susceptible de discréditer le leader soviétique. Les radios étrangères se mirent à évoquer les désagréments créés à Gorbatchev par les tentatives de son épouse de mettre son nez partout. On répandit même une rumeur ignoble selon laquelle il existerait un film tourné en caméra cachée sur les aventures amoureuses de la femme du secrétaire général. Les bas-fonds de la politique, de Moscou à l'Oural et à la Sibérie, se joignirent à cette campagne sordide qui entendait me discréditer autant que mes réformes.

Raïssa Maximovna était bouleversée par ces calomnies, mais je lui conseillais de les traiter par le mépris. Elle porta sa croix courageusement et fit beaucoup pour me soutenir. Loin d'être une simple figurante, elle accomplissait, partout où cela était possible, ce que je n'avais pas le temps de faire et que j'aurais d'ailleurs moins bien réussi qu'elle.

Au cours de mes voyages à travers le pays, Raïssa Maximovna participait aux rencontres avec les citoyens, mais consacrait le reste de son temps à son propre programme. Elle s'intéressait toujours à l'histoire et à la culture locales, mais donnait cependant la priorité aux contacts personnels. Elle se rendait dans les familles d'ouvriers et les maisons de paysans, dans les quartiers anciens et nouveaux, allant voir comment fonctionnaient les établissements de soins, les services de proximité, les magasins, et l'apparence des marchés. Sa curiosité naturelle rejoignait son intérêt professionnel de sociologue, car elle a toujours conjugué durant ces années son enseignement universitaire avec l'étude des conditions de vie des individus.

Raïssa Maximovna appréciait également les rencontres avec les enseignants, les artistes et les intellectuels. Elle évoluait avec aisance dans ces milieux, et ses impressions m'étaient toujours utiles. Elle pouvait plus facilement entamer des conversations anodines avec les gens et apprendre ainsi ce qui les troublait.

La condition de la femme dans la société était l'un de ses thèmes de prédilection. En Ukraine, dans les pays baltes, en Ouzbékistan, à Mourmansk et dans d'autres villes, elle multiplia les rencontres avec les associations féminines. Sa formation professionnelle et son expérience lui permettaient de ne pas se borner à un catalogue de faits et d'impressions, mais de me faire part de ses réflexions et, souvent, de me proposer des mesures concrètes. Cela aboutissait souvent à des missions que je confiais à différents organismes. Elle était pour moi un « conseiller bénévole » irremplaçable.

Le Fonds soviétique de la culture occupait une place particulière dans ses activités. L'idée de sa création, dès le début de la perestroïka, revenait à Iakovlev. En m'y ralliant, j'avais conseillé de faire appel à d'éminents hommes de science, écrivains et artistes, citant même quelques noms. Néanmoins, Iakovlev m'avait répondu que si Raïssa Maximovna présidait le Fonds, cela favoriserait le succès de l'entreprise. Je promis de lui en parler, mais elle refusa catégoriquement tout en acceptant d'y participer activement à titre bénévole.

Devant ce refus, l'académicien Dmitri Likhatchev[7] s'imposa comme le meilleur choix possible. La présence d'un tel homme à la présidence, conjuguée à la participation de la femme du secrétaire général et de nombreuses autres personnalités, ne manqua pas de conférer au Fonds un statut prestigieux, lui permettant de se développer et d'exercer une influence favorable sur la culture dans notre pays, tout en multipliant

---

7. Célèbre historien, spécialiste de la littérature russe ancienne. (N.d.T.)

les contacts avec les centres culturels étrangers. Sa devise était : « Préserver, développer, multiplier et humaniser les relations entre les hommes grâce à la culture. » De nombreux programmes furent lancés sous son égide : « Terroirs historiques », « Retour des noms oubliés », « La grande route de la soie », « Noms nouveaux », « Préservation et développement de la culture des petits peuples » et enfin « Par la culture vers la santé et la charité ».

Raïssa Maximovna s'investit particulièrement dans le Fonds et elle accorda tout son appui à Likhatchev. Pourtant, après le putsch d'août 1991, celui-ci s'empressa d'offrir ses services au président de la Russie [8], lui proposant de faire passer le Fonds soviétique de la culture sous la tutelle de la Fédération de Russie, alors qu'il existait déjà un Fonds panrusse de la culture et que l'Union soviétique avait alors particulièrement besoin de préserver l'intégrité de son espace culturel. Les motivations de l'académicien nous restèrent longtemps incompréhensibles. Bien plus tard, il accorda une interview à la *Komsomolskaïa Pravda* où il déclarait que la place du poète est « près du trône ». C'était d'autant plus étonnant que notre histoire, dont il est l'un des spécialistes incontestés, montre que les poètes ont plutôt été du côté du peuple. Mais Likhatchev avait peut-être envie de faire allégeance au « trône ».

Raïssa Maximovna s'investit avec enthousiasme dans la création de la Fondation Roerich [9] à Moscou. Nous avons rencontré Sviatoslav Roerich et sa femme Devika, la nièce de l'écrivain Rabindranath Tagore. La conversation porta sur nos pays et les points communs entre nos peuples, sans oublier des questions d'ordre plus philosophique. Il était agréable de constater que notre compatriote suivait attentivement les changements en cours en Union soviétique et s'en réjouissait.

Le Fonds soviétique de la culture a contribué à remettre à l'honneur la bienfaisance et la philanthropie, et Raïssa Maximovna y a eu sa part. Elle s'est tout particulièrement occupée de l'Hôpital central républicain où sont soignés des enfants atteints de maladies graves, venant de toutes les régions du pays. Après avoir visité Tchernobyl et les régions contaminées de Biélorussie, elle est devenue membre de la direction de l'association Hématologues pour les enfants qui a pour but de soigner les enfants leucémiques.

Depuis mon départ de la présidence de l'URSS, nous avons poursuivi

8. Boris Eltsine. (N.d.T.)

9. Peintre d'origine russe installé en Inde. (N.d.T.)

nos relations avec ces œuvres philanthropiques. Le Fonds Gorbatchev nous a permis de solliciter l'aide de citoyens de tous les coins du monde pour venir en aide aux enfants. Des contributions en provenance des États-Unis, d'Allemagne, d'Autriche, du Canada, des Pays-Bas et d'autres pays ont permis d'ouvrir à Moscou, au début de 1993, un département de greffe de la moelle osseuse qui permet de soigner les enfants leucémiques avec 70 % de réussite.

Alors que j'étais chef du parti et de l'État, Raïssa Maximovna consacrait également beaucoup de temps aux affaires protocolaires, notamment à l'accueil des dirigeants étrangers. Notre protocole portait encore la marque des vieilles traditions et devait être modernisé. Ses observations se révélèrent fort utiles pour les services qui s'en occupaient. Avec beaucoup de sens des responsabilités, elle s'efforçait de représenter convenablement notre pays en m'accompagnant dans mes visites officielles à l'étranger. L'essentiel pour tous les deux était d'assumer dignement la mission que le destin nous avait confiée.

Voilà pourquoi nous percevions avec étonnement et rejetions avec indignation toutes les spéculations au sujet de nos relations, de nos actes et de notre mode de vie. Certains trouvaient bizarre et surprenant de nous voir ensemble, alors que nous nous étions comportés ainsi pendant toute notre vie. Notre vie, notre activité et même notre allure suscitaient chez certains un sentiment malsain d'envie et de jalousie. Notre existence ressemblait peut-être à un conte de fées, mais elle était remplie d'un labeur pénible. Et si ce travail nous rendait heureux, c'était essentiellement parce que nous étions tous les deux animés par des idéaux élevés.

CHAPITRE 14

MIGRATION DU POUVOIR DU CC AU KREMLIN

Les élections

S'il fallait caractériser brièvement la réforme politique que nous avions conçue et mettions en œuvre, il suffirait de dire qu'il s'agissait de retirer le pouvoir au Parti communiste, qui en avait le monopole, pour le remettre aux soviets, ses détenteurs de droit aux termes de la Constitution. Et cela en procédant à des élections libres de députés du peuple. Néanmoins, le succès ou l'échec de la réforme, surtout à ses étapes initiales, dépendait entièrement de l'attitude du parti qui devait donc renoncer volontairement à sa propre dictature. C'était une opération politique diaboliquement complexe, douloureuse et pénible, dont l'issue ne pouvait qu'être « fatale » pour la nomenklatura qui perdrait peu à peu ses privilèges et verrait ses membres ravalés au rang de citoyens ordinaires.

Il est clair que l'appareil du parti et de l'État ne pouvait que réserver l'accueil le plus hostile à ces innovations. Et comme il disposait encore des principaux leviers du pouvoir, il n'y avait que deux moyens d'assurer le succès de la réforme : le placer sous la pression — forcément considérable — de la majorité de la société favorable à des transformations radicales ; affaiblir sa résistance en l'amputant de sa partie la plus conservatrice, tout en faisant participer au changement les individus capables d'adopter une vision moderne des choses. Sans cette manœuvre, la puissante bureaucratie formée dans le cadre du système totalitaire ne se serait jamais laissé confisquer le pouvoir.

Si j'attire l'attention du lecteur sur cette tactique, c'est qu'elle m'a valu des critiques aussi fréquentes qu'impitoyables de la part des démocrates comme de mon plus proche entourage. On me reprochait amèrement de rester au fond de l'âme un « partocrate » incapable de répudier cette nomenklatura au sein de laquelle j'avais passé tant d'années et de me débarrasser des stéréotypes mentaux qui lui étaient propres. Je trouve ces jugements injustes. Certains remaniements tardifs étaient motivés par mon souci d'éviter la « mutinerie en haute mer » susceptible de faire capoter prématurément la réforme politique.

L'épisode de la « centurie du parti » est particulièrement significatif[1]. Aujourd'hui encore, je suis convaincu qu'il ne fallait pas présenter plus de cent candidats aux cent sièges réservés au PCUS : certains membres de la direction n'auraient jamais accepté de courir le risque d'être battus et seraient passés dans le camp des adversaires secrets ou déclarés des réformes. D'ailleurs, l'échec de certains des partisans actifs de la perestroïka, comme l'écrivain Tchinguiz Aïtmatov ou l'ophtalmologue Sviatoslav Fiodorov, n'aurait pas été moins désastreux.

Notre analyse montrait qu'en présentant entre 103 et 105 candidats pour 100 sièges, Ligatchev et Iakovlev seraient restés sur la touche. Il aurait suffi de rallonger la liste de dix noms pour faire disparaître la plupart des membres du Politburo : Sliounkov, Nikonov, Medvedev, Zaïkov et avec eux Aïtmatov et son confrère Daniil Granine. Avec quelques candidats de plus, même le secrétaire général du parti et le chef du gouvernement auraient été éliminés.

En réalité, chacun de ces battus potentiels avait la possibilité de se trouver une circonscription taillée sur mesure. Mais cela aurait été incompatible avec l'idée que les cent députés du quota du parti devaient représenter celui-ci en tant qu'organisation sociale. Je dois reconnaître qu'au début, j'ignorais moi-même comment procéder. À la réflexion, je parvins à la conclusion que le secrétaire général devait être élu ès qualités et non sur son équation personnelle. De plus, la procédure électorale mise en place lors du plénum du CC de janvier 1989 pour déterminer la liste des cent noms n'excluait pas la possibilité de récuser ou de rejeter telle ou telle candidature. En l'occurrence, les principes démocratiques étaient préservés.

À propos de la « Centurie rouge[2] », sobriquet que certaines publica-

1. Les deux tiers des 2 250 députés qui composaient le nouveau Congrès des députés du peuple étaient élus dans le cadre de circonscriptions, mais un tiers des sièges (750) était réservé aux « organisations sociales » : parti, Komsomol, syndicats, Académie des sciences, etc. Dans ce quota, le PCUS disposait de 100 sièges. (N.d.T.)

2. Par allusion aux Centuries noires, milices extrémistes de droite qui se formèrent en Russie à la suite des mouvements révolutionnaires de 1905. (N.d.T.)

tions démocrates donnaient au quota du parti, je ne puis éluder la question plus générale de la représentation directe des organisations sociales au Parlement. Nos adversaires l'ont férocement critiquée sans se donner la peine de réfléchir à nos raisons qui me semblent encore légitimes.

Bien entendu, d'un point de vue formel, la « représentation corporative » selon des quotas définis à l'avance présente de nombreux défauts dont le moindre n'est pas d'exempter certains mandats parlementaires de la sanction du suffrage universel. Néanmoins, dans notre esprit, cette procédure ne devait servir à pourvoir qu'un nombre limité de sièges. De plus, il n'était nullement question de pérenniser le procédé : il fut d'ailleurs changé par la suite, au cours d'une révision constitutionnelle.

Il est donc excessif de parler d'une violation déterminée des principes démocratiques. En revanche, le procédé nous permit de résoudre quelques problèmes majeurs. Dans le contexte de l'époque, il était clair que le niveau de culture politique du pays et la toute-puissance de la nomenklatura rendraient difficile l'élection de nombreux partisans actifs de la perestroïka, surtout parmi l'intelligentsia scientifique et artistique. De ce fait, le nouveau Parlement risquait d'être non un moteur, mais un frein pour les réformes. La représentation directe des organisations sociales permettait ainsi d'introduire dans les assemblées[3] un groupe numériquement réduit, mais politiquement important, de personnalités démocrates élues sur les listes des syndicats, du Komsomol, des organisations féminines, des unions de créateurs et des associations scientifiques. Un seul exemple : l'académicien Sakharov, qui joua un rôle considérable aux Congrès des députés du peuple, fut élu par les associations scientifiques.

Les quotas réservés aux organisations sociales devaient également jouer un autre rôle important. En l'absence d'un système pluraliste — la question de sa constitution n'avait même pas encore été abordée —, cette mesure permettait de donner au futur Parlement un embryon de structure. Les groupes de députés des organisations sociales ne pouvaient certes pas remplacer de véritables groupes parlementaires fondés sur une approche partisane, mais, à cette étape, ils représentaient la voix de différentes couches sociales. Par la suite, la création au sein du Parlement du Groupe interrégional de députés inaugura le processus de

3. La réforme constitutionnelle de 1988 introduisait un Parlement « à deux étages » : les 2 250 députés du Congrès élisaient en leur sein un Soviet suprême bicaméral de 542 membres. (N.d.T.)

gestation de futurs partis susceptibles d'entrer en compétition avec le PCUS.

Dès le lancement de la campagne électorale, il apparut clairement que nous avancions en terrain totalement inconnu. La lutte acharnée pour les médias, en particulier pour le temps d'antenne sur les chaînes de télévision ; la polémique exacerbée, dépassant parfois les bornes de la décence, qui fit rage dans la presse et lors des meetings électoraux ; les nouvelles révélations, souvent amères, sur le passé, tout cela suscitait l'inquiétude — quand ce n'était pas la peur panique — chez certains membres de la direction. Moi, je me réjouissais d'être parvenu à réveiller la société et à atteindre le but que je m'étais fixé : faire participer le peuple à la politique. Les élections libres permirent l'émergence de nouvelles figures dignes d'intérêt et nous donnèrent la possibilité de mieux comprendre les positions de nombreuses strates de la société, sur laquelle nous avions, il fallait bien le constater, des idées passablement fausses.

Paradoxalement, à l'issue des élections, le nombre de membres du parti passa d'environ 50 % dans l'ancien Parlement à 85 % dans le nouveau[4]. Pourtant, la haute nomenklatura considérait que les élections s'étaient soldées par une défaite. Le fait que des électeurs aient eu l'audace de préférer d'illustres inconnus à des personnalités de poids, comme Iouri Soloviev, premier secrétaire de l'obkom de Leningrad et membre suppléant du Politburo, fut un véritable choc pour certains. D'une certaine manière, leur monde s'écroulait. L'élite dirigeante, intimement vissée aux fauteuils directoriaux, était tellement présomptueuse qu'elle ne pouvait même pas imaginer un résultat électoral défavorable.

Le 28 mars 1989, à la première réunion du Politburo après les élections, l'humeur était à la consternation. Une sensation d'échec était palpable. Je pris ces sentiments à contre-pied en caractérisant les élections comme une avancée déterminante vers la réforme politique que nous avions lancée. Les élections venaient de permettre à la société d'accéder à un nouveau palier de développement en surmontant le hiatus entre les normes constitutionnelles et la pratique politique. Le pouvoir retrouvait sa légitimité, ce qui était en soi une immense réussite.

En prononçant ces paroles, je sentais bien qu'elles ne faisaient pas l'unanimité, loin s'en fallait. Certains de mes collègues étaient tellement

4. Les « sans-parti » de l'ancien Soviet suprême étaient choisis par les instances du parti et élus dans le cadre du système des candidatures uniques du « bloc des communistes et des sans-parti ». (N.d.T.)

remontés qu'ils ne parvenaient pas à dissimuler leurs sentiments. Je leur fis calmement remarquer : « Si quelqu'un ne se sent pas à l'aise, il peut sortir. » Il m'est impossible de prétendre qu'un silence sépulcral s'installa aussitôt, mais au moins le calme revint. La discipline du parti prévalut malgré la morosité d'une bonne partie de l'assistance.

Poursuivant mon analyse, je fis remarquer que les élections s'étaient déroulées avec de moindres pertes là où la perestroïka portait des fruits réels. Dans le Caucase du Nord, la région de Stavropol, les régions centrales des terres noires, jusqu'à 90 % des votants avaient soutenu les candidats des organes locaux du parti. L'attitude des dirigeants avait également joué : ceux qui étaient respectés pour leur sollicitude envers les besoins de la population et leur intransigeance à l'égard des phénomènes négatifs avaient vu leur réélection assurée.

Pourtant, le tableau général était loin d'être simple. Nous devions juger l'activité des cadres du parti et des gestionnaires en fonction des résultats des élections, particulièrement à Moscou et à Leningrad où le parti s'était heurté à l'insatisfaction de la population. C'était un avertissement sérieux pour le gouvernement et le CC, sans parler des gorkoms et des raïkoms.

La critique qui s'était fait entendre contre la direction au cours de la campagne électorale était juste à bien des titres et nous ne devions pas la rejeter. Les difficultés économiques étaient certes dues, dans une large mesure, aux dépenses énormes provoquées par la liquidation des conséquences de l'accident nucléaire de Tchernobyl et du tremblement de terre en Arménie, sans oublier notre aventure afghane. Mais il ne fallait pas négliger le fait que nous n'avions pas su opter pour la politique économique optimale, aggravant la situation sur le marché des biens de consommation et dans la sphère des finances. En réalité, nous commencions seulement à nous familiariser avec tous ces problèmes.

Quant à la morosité générale, elle n'avait pas pour origine les menées d'*Ogoniok*, des *Moskovskie Novosti* ou d'Eltsine. Bien des choses auraient pu prendre une tournure différente si les structures du parti et du pouvoir s'étaient réformées, s'étaient rapprochées des gens pour devenir plus attentives à leurs besoins. « Sur tous ces axes, ajoutai-je, nous prenons du retard sur le peuple alors que la seule justification du parti est d'être à l'origine des réformes. »

La cause de ce dernier n'était pas pour autant désespérée : il avait le potentiel et le temps de surmonter le choc causé par la perte de son monopole du pouvoir. L'adhésion du peuple ne pouvait plus être obtenue en se référant à la révolution d'Octobre ou à la guerre, mais par une politique efficace garantissant la démocratie, les droits civiques et un haut niveau de vie. J'étais convaincu qu'une telle transfiguration du PCUS était possible. Mais qu'en pensaient mes camarades de la direction du parti ?

Ryjkov — Ce n'est pas à cause de la pénurie de viande qu'Eltsine a eu 90 % des voix à Moscou : il y a de la viande dans la capitale. Nous avons reçu un terrible héritage, mais nous avons nous-mêmes commis des erreurs. Rien n'est perdu, nous avons un parti fort, un État fort... J'attire l'attention sur le fait que même les journaux du CC se dressent contre lui.

Vorotnikov — La loi électorale doit être amendée. En province, on est indigné par le comportement des médias qui génère une attitude négative envers les cadres du parti.

Chtcherbitski — Il faut sanctionner dans le cadre du parti ceux de ses membres qui adoptent une attitude antiparti.

Chevardnadze — Nous n'avons pas su utiliser les acquis de la perestroïka, notamment en matière de politique étrangère... Les résultats des élections dans les républiques sont inquiétants.

Ligatchev — Nous avons commis une grave erreur politique. Je veux parler des pays baltes où l'on n'a pas élu ceux qu'il fallait... Nous devons nous souvenir qu'en Hongrie et en Tchécoslovaquie, tout a commencé par les médias.

Medvedev — La critique ne vise pas la perestroïka, mais la manière dont elle est menée.

Soloviev — À Leningrad, aucun dirigeant n'est passé. Nous avons des adversaires et nous les avons sous-estimés. Même la *Pravda* et les *Izvestia* ont tapé sur les dirigeants du parti. La campagne électorale a montré qu'il y a lutte pour le pouvoir.

Tchebrikov — Il faut soutenir ceux qui ont été battus. En Arménie, il y a eu des piquets devant les bureaux de vote et on a dressé des listes noires. Les Baltes ont sillonné tout le pays et fait de l'agitation contre les candidats du parti jusqu'à Iakoutsk.

Zaïkov — Il y a eu des atteintes au drapeau, à l'hymne. Des drapeaux tricolores[5] ont fait leur apparition. Les communistes exigent un congrès du PCUS.

Iakovlev — Les élections sont une démonstration de fidélité au socialisme démocratique et la preuve que la démocratie est possible dans le cadre du système du parti unique. Il y a aussi des forces hostiles. Je ne pense pas que le vote ait été contre le parti en tant que tel. Nous avons un rapport passionnel avec la presse. Par contre, ce qui m'inquiète, c'est

5. Les drapeaux blanc-bleu-rouge de la Russie présoviétique. (N.d.T.)

quand les journaux répètent dix fois la même chose et qu'il n'y a aucune réaction de la part des organes du parti.

Sliounkov — Ce sont des processus normaux. Nous avons laissé présenter les choses comme si le parti était responsable de tout. Les salaires n'ont pas été payés juste avant les élections. La pénurie de produits de consommation a été particulièrement grave ces jours-ci.

Loukianov — On murmure que le CC aurait jeté les secrétaires du parti en pâture aux démagogues. Il est important de noter que la majorité des militaires ont voté contre les secrétaires du parti.

Maslioukov — Il faut préparer les gens à l'inévitable : inflation, hausse des prix, difficultés d'approvisionnement, gel des salaires. Pour assainir le système financier, il faut des mesures draconiennes. [...] Il faut promettre au peuple de résoudre ce problème pour certains produits d'ici à un an ou dix-huit mois.

Même s'il n'y avait pas encore de clivage ni de polémique ouverte au sein de la direction, une aile droite et une aile gauche se dessinaient. Les uns voyaient dans les élections une victoire de la démocratie, les autres une défaite du parti. Chez les premiers prévalait la volonté de faire progresser les réformes et chez les seconds, la nostalgie de l'ordre ancien. Pour les uns, les critiques de la presse étaient une manifestation normale de la glasnost et un sujet de réflexion sur les erreurs commises ; pour les autres, une campagne de calomnies menée par des éléments hostiles au parti et antisoviétiques.

Je me bornerai ici à citer un extrait de mes paroles de conclusion : « Le parti a accru son autorité grâce à la perestroïka : non par la menace et la peur, mais en se présentant devant le peuple à visage découvert et en s'offrant à la critique. Maintenant, nous devons gagner une crédibilité nouvelle en réglant les affaires pratiques et non en bâillonnant l'opinion. Mais il est impossible de défendre la perestroïka sans l'approfondir et la développer. Désormais, notre priorité doit aller à l'action pratique. Nous ne devons pas nous complaire dans l'introspection et l'autoflagellation, mais faire sentir aux gens que nous réagissons aux aspects douloureux de la critique et que nous sommes prêts à agir calmement et sereinement. C'est ainsi que nous devons nous montrer au Congrès. »

L'avant-garde devient l'arrière-garde

Au vu des résultats des élections, une idée commençait à s'imposer : le PCUS retardait sur son époque et sa nomenklatura devenait un frein pour les réformes. Au cours de mes voyages, j'avais de plus en plus l'impression que les structures de l'administration et du parti ne voyaient dans le changement que la menace d'être évincées du pouvoir. Elles faisaient tout pour s'y opposer et c'était l'erreur à ne pas commettre. Alors qu'il aurait fallu s'adapter, « aller au charbon », se rapprocher des gens, elles continuaient à gérer, à occuper des bureaux et à ressasser leur rancœur. Je le disais et répétais à travers tout le pays (et plus fort encore dans les réunions confidentielles) : « Ceux qui ne veulent pas se réformer, vivre avec leur temps, resteront sur le bord de la route. Les élections ont montré "pour qui sonne le glas". »

Je reconnais avoir souffert en constatant que le « malaise » du parti s'était mué en mal incurable. Même si j'étais l'initiateur de la perestroïka et si je considérais que ma mission principale consistait à démocratiser notre société, je n'en restais pas moins le secrétaire général du PCUS. En tant que tel, il me fallait faire en sorte que le parti, loin de s'opposer à ce processus, en prît la tête. Ce n'était pas seulement une obligation, mais aussi mon désir profond. Et je crois avoir beaucoup fait dans ce sens.

Depuis le XXVIIe congrès du parti, la composition des raïkoms et des gorkoms avait été renouvelée à trois reprises et les cadres des soviets avaient été presque totalement remplacés. Après le plénum de janvier 1987, les premiers secrétaires avaient été soumis à des élections selon le principe de la pluralité des candidatures et beaucoup de « vétérans » avaient pris leur retraite. Mais les équipes avaient beau changer, tout continuait comme avant. Le naturel revenait au galop. Les dogmes marxistes dans leur version simplifiée du stalinisme étaient bien enracinés.

Les élections législatives montraient que l'autorité du PCUS s'était effondrée dès l'instant où la population avait cessé de le craindre en comprenant que sa domination ne s'appuyait plus sur la violence. Si le peuple devait à nouveau faire confiance aux communistes, ce ne serait plus en leur qualité de représentants d'une puissante structure de pouvoir, mais en tant qu'individus. Le discours des électeurs devenait le suivant : « Tu es un brave homme, honnête et compétent, donc nous te soutenons. » Les masses du parti commençaient à se démarquer de sa bureaucratie. Et le résultat était que les responsables locaux — qui disposaient pratiquement de tous les journaux, de la radio, de la télévision, des maisons de la culture et de bataillons d'agitateurs — étaient battus par des inconnus.

Une autre question se posait de manière urgente : celle du renouvellement du CC. Depuis le XXVIIe congrès, de nombreux membres de l'instance supérieure du parti avaient pris leur retraite (84 membres titulaires sur 303 membres, et 27 suppléants sur 157). De plus, beaucoup de nouveaux dirigeants n'en faisaient pas partie. Il semblait donc rationnel de remplacer ceux qui n'avaient plus d'activité en puisant dans le vivier des membres suppléants, ainsi que par cooptation.

Je m'entretins d'abord à ce sujet avec les anciens du Politburo restés au CC, puis avec tous les autres. Je leur exposai la situation en leur laissant entendre avec tact qu'ils devaient céder la place. Je dois dire que ces « vétérans » se comportèrent avec dignité. Ils se rendaient bien compte que l'heure de se retirer était venue pour eux. D'ailleurs, nous n'entendions nullement les empêcher de participer aux affaires publiques : certains d'entre eux restèrent au sein de commissions consultatives du CC.

Au total, plus de cent personnes se retirèrent, ce qui permit de promouvoir un nombre important de suppléants. En revanche, la cooptation ne put se faire. Ligatchev et d'autres arguèrent qu'elle était inacceptable, que dans le cadre d'une démocratie en gestation il fallait se conformer strictement aux règles, que ce serait mal compris par les membres du parti et d'autres arguments du même acabit. À vrai dire, je m'interrogeais moi-même sur la nécessité d'une procédure qui ne manquerait pas de créer des dissensions au Politburo, chacun s'efforçant de faire passer ses favoris.

Nous y renonçâmes, et ce fut une erreur, car nous aurions pu faire entrer au CC des partisans affirmés de notre politique, nous permettant ainsi une avancée décisive vers la transformation du parti lui-même. En tout cas, cela aurait modifié les rapports de forces entre progressistes et conservateurs, et le climat des plénums aurait été tout autre.

À la veille du plénum, l'idée d'une démission collective du Politburo suivie de l'élection d'une nouvelle direction fut envisagée. Sans avancer lui-même cette proposition, Ryjkov fit savoir que la question pouvait être soulevée et que le secrétaire général devait en être averti. De mon côté, je considérais que l'heure n'était pas aux expériences risquées. La composition du CC ne laissait pas le moindre doute sur le résultat d'un tel scrutin : il aurait abouti à la formation d'un Politburo conservateur, sans Iakovlev ni Medvedev, ni sans doute Chevardnadze, ni même, peut-être, le secrétaire général.

Le CC se réunit le 25 avril. La question d'une démission du Politburo ne fut pas soulevée, mais la nomenklatura du parti donna libre cours à son inquiétude. Bien entendu, le thème des élections législatives revint, directement ou indirectement, dans de nombreuses interventions. Les uns se bornèrent à exprimer leur déception. Les autres adoptèrent un ton accusateur envers la direction qui aurait « provoqué ce gâchis » par ses expériences de démocratie. Le discours le plus violent fut certainement celui d'Alexandre Melnikov qui dirigeait le département de la construction au sein du CC. Je le considérais comme un homme de réflexion et de volonté, ouvert au changement. Cette appréciation était sans doute vraie dans la période précédente, mais les conditions radicalement nouvelles que nous expérimentions l'avaient rendue caduque.

En fait, dans les années soixante-dix, certains responsables du parti semblaient tellement novateurs à la direction en place que Brejnev et Kapitonov préféraient les « exiler » loin de Moscou. Après l'arrivée au pouvoir d'Andropov, puis de Gorbatchev, ces « trouble-fête » accédèrent aux commandes. Mais force était de constater que leur esprit de rénovation ne sortait pas du cadre du système : ils s'avéraient incapables de faire passer le bon sens avant le dogme.

À franchement parler, si le discours de Melnikov suscita en moi une telle stupéfaction mêlée d'amertume, c'était justement parce que je ne m'attendais pas de sa part à une telle obstination butée. Certes, il n'avait pas encore le front de parler de trahison — nos intégristes s'en donneraient à cœur joie plus tard —, mais il accusa clairement la direction de mener le parti à la faillite. Selon lui, elle s'était isolée du peuple et dressait des projets chimériques car elle ne savait pas de quoi était faite la vie du pays ni ce qui se passait en province. Ces propos faisaient écho à ceux que nous tenait Ligatchev au sein du Politburo. Du reste, je pense que celui-ci ne fut pas étranger à l'intervention de Melnikov.

Comme le Politburo avait préalablement décidé de donner des informations plus détaillées que d'ordinaire sur le plénum, je me rendis compte que c'était l'occasion où jamais de faire connaître à l'opinion la répartition des cartes au sein de la direction du parti et qui était véritablement qui. Naturellement, ce ne fut pas une impulsion subite : depuis longtemps déjà, j'envisageais de lever le rideau qui séparait le peuple du pouvoir. Mais l'attitude rétrograde de certains membres du CC me conforta dans mon intention et je proposai la publication intégrale des débats.

Si quelques voix approuvèrent, il fut tout de suite clair que la majorité n'était pas enthousiaste, et pas seulement parce que les secrétaires les plus agressifs n'étaient pas très désireux de servir de cible à la presse démocrate. Pour beaucoup, une telle publication représentait l'abandon du secret, c'est-à-dire de l'un des privilèges majeurs de la couche dirigeante. Cependant, personne n'osa s'opposer à ma proposition. Il fut simplement question d'accompagner la publication d'un commentaire.

— Non ! tranchai-je. Que les gens réfléchissent par eux-mêmes et que la presse commente.

Mon calcul s'avéra payant : l'opinion vit comment les choses se passaient réellement au CC et dans quel climat devait travailler le secrétaire général.

Comme à l'ordinaire, les résultats du plénum furent discutés et unanimement approuvés au Politburo. Pourtant, chacun donnait à son approbation un sens différent et il était clair que les groupes qui s'étaient formés au sein de la direction voyaient les choses d'une manière diamétralement opposée. Quoi qu'il en fût, nous devions préparer le XXVIIIe congrès du parti avec ces hommes et nous entendre avec eux sur un programme d'action à court terme. Je soulignai donc que l'essentiel pour le parti était de favoriser la solution des problèmes pratiques, de s'initier aux méthodes de gestion nouvelles et de participer à des meetings au lieu de s'enfermer dans des bureaux. Bref, d'apprendre à travailler dans le cadre de la démocratie.

Après avoir surmonté l'obstacle du plénum, nous devions nous préparer à affronter un événement sans précédent dans la vie du pays : le premier Congrès des députés du peuple formé à l'issue d'élections libres. La séance du Politburo eut lieu le 27 avril. Quarante-huit heures plus tard, je réunis mon proche entourage pour revoir tous les détails. Il ne s'agissait pas tant de rédiger des discours que de formuler une doctrine pour la formation du nouveau système de pouvoir. Et nous étions conscients que ces textes ne bénéficieraient pas, comme autrefois, de l'approbation docile de députés disciplinés. Nous savions que nous nous heurterions à une opposition tenace qui, encouragée par son succès aux élections, se ruerait au combat. Et nul ne pouvait prévoir comment, dans ces circonstances inédites, se comporterait la masse des députés.

Au cours de la réunion, quelqu'un constata que, désormais, les principaux forums politiques qui jalonneraient la vie du pays ne seraient plus les congrès du PCUS, mais les Congrès des députés du peuple. Je ne sais plus exactement qui émit cette idée, mais toutes les personnes présentes l'approuvèrent. Nous étions à la veille d'un tournant décisif, d'un véritable changement de cap qui se traduirait par un remplacement progressif des anciennes institutions du pouvoir et aussi de ses symboles.

Naissance du Parlement

Le 25 mai 1989, à dix heures du matin, le palais des Congrès du Kremlin était plein à craquer. Comme toujours, l'immense portrait de Lénine surmontait l'estrade. Les éternels visages connus s'alignaient dans les premiers rangs et les loges réservées aux diplomates et à la presse. Sous le ronronnement des caméras de télévision, tout semblait conforme à la routine habituelle.

Pourtant, il y avait du neuf : les membres du Politburo n'étaient plus à la tribune. Les élus avaient pris place parmi les autres députés et ceux qui ne l'étaient pas se trouvaient dans les rangées du public, comme de simples mortels. Autre innovation, ce ne fut pas le secrétaire général du CC qui ouvrit le Congrès, mais le président de la commission électorale centrale, V. P. Orlov.

Peu de changements réels semblaient encore perceptibles. Cette impression fut renforcée par l'allocution inaugurale d'Orlov dont le langage fleuri et emphatique faisait appel aux références de toujours. Assis au premier rang, j'entendais les murmures irrités et déçus des députés de Moscou, placés derrière moi. Je me reprochai de ne pas avoir pensé à ce détail qui avait son importance, mais il était désormais impossible de changer le cours des choses. En fait, rien ne se déroula conformément au scénario prévu. Pour commencer, le député V. F. Tolpejnikov, un médecin de Riga, prit la parole et la salle entière se mit debout pour rendre hommage aux morts de la manifestation de Tbilissi [6]. Cette scène émouvante nous fit basculer dans une autre dimension politique. Soudain, chacun pouvait se rendre compte que notre navire, si longtemps resté à quai, voguait maintenant dans des eaux inconnues.

Quant au choix du cap, les « pilotes » du CC et du Kremlin n'en

6. Le 9 avril précédent, dans la capitale géorgienne, la troupe avait dispersé avec une brutalité délibérée une manifestation faisant dix-neuf morts et plusieurs dizaines de blessés. (N.d.T.)

avaient plus le monopole, comme le montra la discussion de l'ordre du jour. Par la voix d'Andreï Sakharov, l'opposition exigea d'intervertir les points prévus : examiner d'abord le rapport d'activité du président du présidium du Soviet suprême, discuter ensuite de la situation dans le pays et finir par l'élection du nouveau chef de l'État.

— J'ai à maintes reprises apporté mon soutien à la candidature de Mikhaïl Sergueïevitch Gorbatchev, expliqua Sakharov. Je le maintiens encore aujourd'hui, car je ne vois pas d'autre personne capable de diriger notre pays. Mon soutien est conditionnel. J'estime qu'il faut un débat. Il faut entendre les candidats, car nous devons appliquer le principe des candidatures multiples à toutes les élections qui se tiendront à ce Congrès, y compris l'élection du président du Soviet suprême de l'URSS. Je parle de « candidats » au pluriel, bien qu'il soit tout à fait possible qu'il n'y en ait pas d'autres. Mais Mikhaïl Gorbatchev, qui a été l'initiateur de la perestroïka, qui l'a dirigée pendant quatre ans, doit nous dire ce qui s'est passé dans notre pays pendant ces années. Il doit évoquer aussi bien les réalisations que les erreurs dans un esprit d'autocritique. Notre attitude dépendra aussi de cela.

Je fus surpris par la contradiction de ses propos. En même temps, il reconnaissait qu'il pouvait ne pas y avoir d'autres candidats, et il insistait pour entendre d'abord mon rapport et donner son appréciation. Au début, je me dis qu'il voulait simplement faire respecter une procédure strictement démocratique. Mais l'observation de nos « radicaux » me fit changer d'avis et j'en vins à la conclusion qu'ils poursuivaient un objectif à leurs yeux plus important : tenter d'imposer leur programme d'action.

Je devinais que, dans l'état d'euphorie où ils se trouvaient après leur premier grand succès électoral, les fondateurs du mouvement démocratique étaient dépités — et dans une certaine mesure vexés — par mon refus de répondre aux appels qui m'incitaient à prendre la tête de leur courant. Sans doute se disaient-ils, à mon propos : « Il a été à la hauteur pour le premier bond, mais pas au-delà. » En tout cas, ils ne me pardonnaient pas mon attitude, comme j'eus l'occasion de m'en rendre compte très vite à la violence et l'indécence des attaques dont j'étais l'objet à propos de tout et de rien.

Cependant, le problème ne venait pas des limites de mon programme ou de mon indécision supposée en matière politique. En engageant les réformes, je n'envisageais nullement de remplacer, pour simplifier, la domination des « Rouges » par celle des « Blancs ». Mon idée était d'abolir le principe même de la dictature de classe et de clore définitivement la période de soixante-dix ans de scission de notre société. Je voulais éradiquer les racines du conflit civil et créer des mécanismes constitutionnels qui permettraient de régler les relations entre couches sociales et individus, non plus par la rixe et l'effusion de sang, mais par la politique.

De plus, j'étais le secrétaire général du CC du Parti communiste, c'est-à-dire le représentant de millions de personnes, et passer dans l'autre camp aurait été déshonorant, malhonnête et même criminel. À ce moment, comme plus tard en ma qualité de président du présidium du Soviet suprême, puis de président de l'URSS, j'estimais que les réformes devaient être promues non par la violence qu'une partie de la société exercerait sur l'autre, mais par la voie du consensus ou, si ce n'était pas possible, par celle du compromis.

Les structures partisanes du Congrès avaient commencé à se mettre en place longtemps avant son ouverture formelle, dans la foulée des élections. Les députés radicaux de l'intelligentsia, essentiellement de Moscou et de Leningrad, se regroupèrent. Le noyau constitutif du groupe s'appelait Mémorial, il devint rapidement le Groupe interrégional des députés avant de donner naissance au mouvement Demrossiïa. Au début, Andreï Sakharov en fut le principal leader et Gavriil Popov l'idéologue en chef. Dans les premières journées du Congrès, les responsables de cette ébauche de parti donnèrent aux journalistes des réponses très évasives sur leurs motivations et leurs buts, puis Popov finit par reconnaître publiquement que lui et ses amis se situaient dans l'opposition. Il ne disait pas à qui ou à quoi, mais comme le PC restait le parti dirigeant, c'était assez clair.

Paradoxalement, à l'exception de Sakharov, pratiquement tous les dirigeants du Groupe interrégional — Popov, Iouri Afanassiev, etc. — étaient membres du parti. Le clivage entre la majorité et la minorité n'était pas très net, et cela présentait beaucoup d'inconvénients. Ainsi, l'appareil du CC et la plupart des membres de la direction ne comprirent pas tout de suite que les règles du jeu avaient changé. Adaptant aux conditions nouvelles la notion traditionnelle de « bloc des communistes et des sans-parti », ils pensaient que, puisque l'immense majorité des députés étaient communistes, il suffisait de faire jouer la discipline du parti pour faire passer n'importe quelle décision du CC. Sans aller plus loin, les départements du CC proposèrent de réunir les députés pour leur rappeler que leur devoir leur imposait de voter selon les instructions de la direction.

Mais il y avait loin de la coupe aux lèvres. Il fut bien vite évident que, même dans leurs localités d'origine, les députés se montraient rebelles aux instructions des comités centraux républicains et des obkoms. Les membres du parti élus contre des candidats officiels ne se rendaient même pas aux réunions organisées par les dirigeants locaux qui voulaient « accorder les violons » avant le Congrès. De semblables tentatives au niveau de toute l'Union furent plus fructueuses. Le 3 mai, au Mossoviet, je participai à une rencontre avec les députés de Moscou. Zaïkov, Ligatchev, Vorotnikov, Iakovlev et Medvedev m'accompagnaient. Toutes sortes de questions nous furent posées. Mais nous échouâmes totalement dans notre tentative de réunir un groupe parlementaire communiste. Il faut admettre que l'idée était erronée à la base. Après tout, en cas de réussite d'une telle opération, compte tenu du poids écrasant des membres du parti, le Congrès se serait vu transformé en une simple chambre d'enregistrement des directives du CC et du Politburo.

Je laissai donc l'entreprise de côté tout en envisageant la création ultérieure d'un club de députés communistes. En fait, aucune des tentatives faites en ce sens n'aboutit à un résultat sérieux. Cela tient à la nature de notre parti qui n'était nullement une collectivité d'individus partageant les mêmes idées. Dès les premiers souffles de liberté de la perestroïka, des courants politiques différents et même diamétralement opposés se manifestèrent ouvertement — et parfois belliqueusement — en son sein.

Malgré tout ce qui précède, la lutte politique qui se déroula au Congrès ne se réduisit pas à l'affrontement entre une « majorité docilement agressive », selon la définition que Iouri Afanassiev appliquait aux quatre cinquièmes des députés, et une minorité démocrate conduite par les interrégionalistes.

Pour en revenir aux débats, la proposition d'ordre du jour avancée par Sakharov fut contrée par le député N. E. Mechalkine de Novossibirsk, directeur d'un institut de recherche en biologie. Dès lors que l'académicien et ses amis ne voyaient pas d'autre possibilité que la candidature de Gorbatchev, Mechalkine proposa de procéder d'abord à l'élection du président du Soviet suprême, puis d'entendre son rapport. Lors de l'examen des candidatures, le débat tourna tout de suite autour de la compatibilité des postes de secrétaire général du PCUS et de président du Soviet suprême de l'URSS. Aujourd'hui, le sujet peut paraître dérisoire, mais il était alors fort sérieux. Le pays sortait à peine d'un régime totalitaire et, à l'exception des staliniens invétérés, tout le monde craignait une nouvelle concentration du pouvoir entre les mêmes mains.

Beaucoup disaient, à juste titre, ne rien craindre de Gorbatchev qui entourait lui-même de ses soins la jeune démocratie naissante, mais ne valait-il pas mieux prendre des précautions ? Après tout, personne ne savait qui pourrait accéder par la suite au pouvoir.

V. A. Logounov, alors rédacteur en chef adjoint du journal *Moskovskaïa Pravda*, proposa que je me démisse de mes fonctions de secrétaire général sous le prétexte que, pendant la campagne électorale, une profusion d'articles et de lettres de citoyens allaient dans ce sens. De son côté, un ouvrier du bâtiment, V. P. Khmel, proposa de « voter pour Mikhaïl Sergueïevitch Gorbatchev et le cumul des mandats ». Parmi les interventions qui suivirent, celle de Tchinguiz Aïtmatov fit beaucoup jaser. Certains de ses confrères de l'intelligentsia y virent une resucée des flatteries de triste mémoire. Il ne me semble pas que ces critiques étaient justifiées. Je me référerai plutôt au trait satirique de Maïakovski : « Ils craignaient tant de paraître flagorneurs qu'ils injuriaient leurs chefs. » Ainsi l'éloge immodéré de Brejnev était devenu tellement insupportable qu'il était désormais de bon ton de réprimander les dirigeants. Pour ma part, je m'efforçais de ne pas y faire attention.

Le lecteur comprendra donc que, si je me permets de citer ici un extrait de l'intervention d'Aïtmatov, ce n'est pas pour flatter ma vanité. Il me semble simplement qu'avec son talent d'écrivain il a su trouver les mots justes pour décrire la réalité qui nous était propre. Rappelant que, dès les premiers jours de son existence, le Soviet suprême s'était retrouvé « sous le joug des régimes autoritaires qui ravalaient l'organe législatif suprême à la fonction de simple appendice de l'appareil du parti », il ajouta :

« Vint enfin un homme qui réveilla le royaume endormi. Il ne venait pas de l'extérieur, mais des tréfonds du système, peut-être comme une chance de survie par la rénovation, car la période de stagnation accumulait, par un effet de boule de neige, une force destructrice d'inertie et de conservatisme aussi dangereuse pour la société que pour le monde extérieur. Le destin a voulu que cet homme accède à la direction à point nommé. Certes, il aurait pu, mettant ses pas dans ceux de ses prédécesseurs, ne pas se compliquer la vie et continuer à siéger majestueusement dans les présidiums, à lire, du haut des tribunes, des textes rédigés par ses assistants, et tout aurait continué comme par le passé. Mais il a eu le courage de tenter ce qui semblait l'impossible : une révolution des esprits dans le cadre maintenu de la structure socialiste de la société... Il a eu le courage d'entrer dans la voie de la rénovation sociale et de s'y tenir au milieu des vents cinglants de la perestroïka. »

Ma candidature fut approuvée à l'unanimité moins quatre abstentions [7]. Aucun rival de poids ne se manifesta. Personne ne prit au sérieux la candidature spontanée de A. M. Obolenski. Sans doute ne se serait-il pas présenté sans la promesse des interrégionalistes de lui donner leurs voix. Il faut dire que cet épisode ne fait pas honneur à l'opposition. Elle aurait pu se mettre d'accord sur Sakharov ou Eltsine, ou même à la rigueur sur quelqu'un de populaire comme Popov ou Afanassiev. Mais il était tout à fait irresponsable et même honteux de proposer un parfait inconnu au poste le plus élevé de l'État.

Si l'opposition ne se battit pas pour la présidence, c'est qu'elle savait la bataille perdue d'avance. Eltsine, dont le nom avait été avancé par Guennadi Bourboulis, se récusa. Son intervention fut ambiguë. Il évoqua les décisions de la XIXe conférence du parti sur le cumul des postes et celles du plénum de mai recommandant la candidature de Gorbatchev à la présidence du Soviet suprême. Mais il déclara qu'il s'était abstenu lors du vote d'approbation de ma candidature, tout en prétendant qu'il s'inclinait devant les décisions du plénum « puisqu'il était favorable à la perestroïka ». En conclusion, il annonça qu'il était au chômage depuis la veille et qu'il était « prêt à accepter toute proposition lui permettant de travailler sérieusement dans le respect de la perestroïka ».

Le vote pour la présidence eut lieu et les résultats furent annoncés : 2 123 voix pour Gorbatchev, 87 contre. Je venais d'être élu président du Soviet suprême avec 95,6 % des suffrages exprimés.

Je remerciai le Congrès avant de regagner mon bureau de la Vieille-Place où m'attendaient mes assistants pour mettre la dernière main au rapport. Bien entendu, on me félicita, mais mon statut au sein de l'État n'avait guère changé à leurs yeux. De président du présidium, j'étais simplement devenu président du Soviet suprême [8]. Voilà tout. Quant à moi, je comprenais fort bien la portée de ce qui s'était passé.

Les élections pour la constitution du Soviet suprême se déroulèrent

7. Avant de procéder à l'élection, les candidats à la présidence devaient être approuvés par le Congrès. (N.d.T.)

8. Avant la réforme constitutionnelle gorbatchévienne, le chef de l'État soviétique était, *de jure*, le présidium du Soviet suprême, son président n'étant qu'un *primus inter pares* (le pouvoir *de facto* appartenait au parti). La création d'un poste de « président du Soviet suprême », en débarrassant l'institution de la collégialité, devait constituer le premier pas vers une tentative de transfert du pouvoir réel vers les structures étatiques. (N.d.T.)

sans surprise[9]. Dans le contexte d'alors, le bilan d'ensemble nous sembla optimal. La nouvelle assemblée comportait de nombreux parlementaires chevronnés qui savaient comment organiser le travail législatif. De ce point de vue, le Soviet suprême de l'URSS était bien supérieur au Soviet suprême de Russie. En tout cas, cette législature jeta les fondements du parlementarisme dans notre pays en créant les assises légales des réformes auxquelles nous procédions.

Le Congrès n'en rejeta pas moins les candidatures de certains des « artisans de la perestroïka », ce qui suscita une tempête d'indignation parmi les interrégionalistes et des attaques virulentes des organes de presse sous leur contrôle. On vit derrière cet échec la main de la nomenklatura et un retour aux vieilles méthodes, mais c'était faux. Même si l'appareil du parti avait tenté d'intervenir, il n'y serait pas parvenu. Les députés n'étaient pas d'humeur à s'y prêter, et s'ils avaient éliminé certaines « grandes gueules » du Groupe interrégional, c'était surtout à cause de l'irritation que ces députés avaient provoquée par l'arrogance et la grossièreté dont ils faisaient preuve envers leurs collègues de province qui n'étaient bien souvent que simples fonctionnaires de district, ouvriers ou kolkhoziens.

Mais à quel autre traitement pouvaient s'attendre ces provinciaux de la part d'individus qui ne ménageaient même pas le nouveau président du Soviet suprême : on se mit à m'accuser de « manipuler la majorité » sous prétexte que je gérais les séances de manière à permettre à tout le monde de s'exprimer, tout en évitant que la polémique ne dégénérât.

Le signal des hostilités fut donné par Afanassiev qui parla de « Soviet suprême stalino-brejnévien ». Popov et Ales Adamovitch l'imitèrent, soulevant l'indignation de nombreux députés. Les deux parties avançaient des arguments sérieux, mais les affaiblissaient en les accompagnant de toutes sortes d'injures envers l'adversaire. Je m'efforçais de raisonner les orateurs déchaînés en les invitant à tenir compte des idées rationnelles avancées par les interrégionalistes. Quant au ton agressif de ces derniers, Mechalkine l'a fort bien expliqué : selon lui, le comportement outrancier d'Afanassiev et de Popov provenait de leur insatisfaction d'être minoritaires au Congrès, alors qu'ils espéraient, « comme aux meetings du stade des Loujniki, nous entraîner tous et balayer tous ceux qui les empêcheraient de devenir les leaders du Congrès ».

Sincèrement, j'estimais souhaitable l'élection d'Eltsine comme mem-

---

9. Le Soviet suprême, assemblée restreinte de 542 membres qui devait siéger dans l'intervalle des Congrès, était composé de députés élus par leurs pairs. (N.d.T.)

bre du Soviet suprême. Au plénum de mai, il avait dit pas mal de choses que j'aurais pu contresigner, même si, derrière le programme politique, je voyais se profiler des ambitions politiques démesurées. Pourtant, au scrutin secret, le Congrès le rejeta. Le juriste Alexeï Kazannik, député d'Omsk, lui sauva la mise en proposant de lui céder son siège. La substitution finit par avoir lieu à l'issue d'un débat animé qui portait essentiellement sur l'aspect juridique de cette opération inhabituelle. Quatre ans plus tard, le président de la Fédération de Russie nomma Kazannik au poste de procureur général avant de le poignarder dans le dos et de l'acculer à la démission. Aujourd'hui, l'avocat d'Omsk admet qu'il s'était « trompé » sur Eltsine. Eh bien, il n'était ni le premier ni le dernier à commettre cette erreur.

Innovations

Dans l'agitation du Congrès, il était impossible de réunir le Politburo, mais nous tenions cependant des séances informelles en petit comité pendant les interruptions. Dans une pièce qui donnait sur la tribune, on pouvait prendre le thé ou le café en échangeant des idées. Chacun sentait le changement profond qui bouleversait l'ordre habituel des choses. Auparavant, après la discussion autour du thé, les membres du Politburo, en file indienne, suivaient le secrétaire général à la tribune. Désormais, le président regagnait l'estrade pendant que les autres s'installaient dans la salle. Disciplinés, mes collègues du Politburo ne manifestaient aucune mauvaise humeur, même si je devinais leur mécontentement. Tous comprenaient bien que le temps de la dictature du parti était révolu et qu'un nouveau régime politique venait de naître.

Ce fut d'ailleurs l'idée maîtresse de mon rapport sur les orientations majeures de la politique intérieure et extérieure de l'URSS. La première partie suivait les canons classiques : analyse économique, sociale, financière, etc. Dans les sections suivantes, je tentai d'esquisser un programme de réformes profondes.

Sur l'économie, j'évoquai le besoin d'une rénovation radicale des rapports de propriété socialiste et la mise en place d'un marché « à part entière ». Les entreprises, les groupes industriels, les sociétés par actions et les coopératives devaient devenir les principaux acteurs de la vie économique :

« Pour résoudre les problèmes communs et coordonner leurs efforts, sans doute opteront-ils pour la création volontaire de groupes d'unions et d'associations qui assumeront les fonctions de gestion économique dont les ministères se chargent aujourd'hui... Une telle approche ne signifie nullement un rabaissement du rôle de l'État, à condition que celui-ci ne soit pas identifié aux ministères, de la même manière qu'il ne faut pas confondre administration de l'État et gestion de l'économie. Les ministères seront déchargés des fonctions d'intervention directe dans la gestion opérationnelle des agents économiques et se consacreront à la création du cadre normatif commun et des conditions de leurs activités. »

Je définis aussi l'essence de la réforme politique comme une mise à jour du mot d'ordre historique : « Tout le pouvoir aux soviets ! » Non seulement les organes représentatifs devaient être rénovés et leurs droits et devoirs étendus, mais encore l'appareil devait leur être totalement subordonné.

Ces questions sont toujours d'actualité. Sous le prétexte fallacieux que la forme soviétique de représentation populaire était inséparable de la dictature totalitaire du parti, Eltsine détruisit, en octobre 1993, en même temps que les soviets à tous les échelons, le système représentatif lui-même, autrement dit la souveraineté du peuple. La Constitution qu'il a imposée accorde des prérogatives si réduites au Parlement qu'il ne faut y voir qu'une parodie de démocratie. En fait de république présidentielle, ce qui a été établi n'est même pas une monarchie constitutionnelle, mais l'autocratie pure et simple. À la fin du XXe siècle et compte tenu du niveau de culture politique du pays, un tel système ne pourra pas tenir bien longtemps. La résistance populaire ira en augmentant jusqu'au rétablissement d'une république démocratique normalement constituée. Et Dieu veuille que cela se fasse comme en février 1917, sans que le sang coule.

Sur les problèmes des nationalités, je dois reconnaître que nous n'étions pas encore prêts à formuler un programme véritablement approfondi de transformation de l'État unitaire en un État authentiquement fédératif. Mais l'orientation générale était donnée. Il s'agissait d'étendre considérablement les droits des républiques fédérées et autonomes, et d'harmoniser les rapports entre elles et l'Union.

En matière de politique extérieure, je confirmai les principes découlant de la nouvelle pensée politique : liquidation de l'arme nucléaire, renonciation à l'usage de la force et à la menace d'y recourir, option pour le dialogue et les pourparlers comme unique moyen de résoudre les problèmes internationaux.

Au cours des débats, mon programme ne rencontra pas d'opposition de fond, même si les députés formulèrent bon nombre d'amendements et d'avenants. En revanche, les critiques fusèrent contre l'action pratique du pouvoir. On semblait me dire : « Vous nous proposez un programme convenable, mais nous avons entendu tout cela bien des fois et la perestroïka avance bien lentement. Maintenant que nous avons créé un nouveau système politique, accélérons les réformes et, en premier lieu, apportons une solution aux problèmes vitaux, économiques et interethniques. » Plusieurs résolutions portaient la marque de ce « message » que le Congrès adressait au pouvoir exécutif, au peuple et sans doute aussi, dans une certaine mesure, à lui-même.

Le Parlement suivit mes recommandations en confirmant Ryjkov au poste de président du Conseil des ministres, en nommant les hauts dignitaires du système judiciaire et en créant une commission constitutionnelle. Toutes les conditions semblaient réunies pour promouvoir réellement la perestroïka et inverser la tendance négative des événements. On ne peut que se demander pourquoi il n'en alla pas ainsi. Pourquoi, loin d'accélérer la progression de la réforme, tout cela n'aboutit qu'à piétiner à nouveau sur place ?

Il me semble que l'explication réside dans la rapidité des processus de désintégration qui ne laissèrent pas aux nouvelles institutions du pouvoir et de l'administration le temps de se former. Et cela alors même que l'opposition démocrate radicale, en lutte contre le centre et les modérés, sapait les assises du pouvoir par son populisme cynique, tout en encourageant les spéculations nationalistes.

Deux « classiques » : Leonov et Sakharov

Pendant les journées de débats acharnés au Congrès, le grand écrivain Leonid Maximovitch Leonov fêta ses quatre-vingt-dix ans. J'obtins une invitation à lui rendre visite et me rendis dans son appartement de la rue Herzen. Sa famille et ses proches nous attendaient autour d'une petite collation. C'était ma deuxième rencontre avec Leonov.

Je le trouvai en bonne forme et fus frappé par l'attention avec laquelle il suivait les débats du Congrès. Il était même au courant de nuances qui m'échappaient dans la mesure où il m'était impossible de lire l'ensemble de la presse. Ses jugements étaient empreints d'une profondeur toute philosophique.

— Je m'efforce sans cesse de comprendre, m'expliquait-il, à quoi tiennent nos difficultés. Mes conclusions sont les suivantes : ce que vous avez entrepris dans le cadre de la perestroïka, c'est évidemment une évolution vers de nouvelles formes sociales. Cela définira la vie du pays au cours des prochains siècles. Or, les gens vivent dans le temps présent et ils sont confrontés à des problèmes nombreux et ardus. C'est cette contradiction entre un dessein à long terme et l'actualité qui suscite un tel climat. Il ne faut donc pas s'en étonner. D'ailleurs, il n'y a pas d'autre option. Il ne faut pas perdre de vue l'objectif, mais nul ne peut se contenter de promesses d'un avenir radieux.

Je lui répondis que je partageais ses craintes et que je m'efforçais de ne pas perdre le contact avec la réalité. Bien entendu, il y a loin des entretiens philosophiques à la pratique politique.

Leonid Leonov souligna l'importance de la glasnost pour la culture. « Bien sûr, me dit-il, pas mal d'écume (je ne me souviens pas du terme exact, mais c'était le sens général) a fait surface, mais il faut espérer que tout se mettra peu à peu en place et que la raison l'emportera. » Il fut très sévère sur la « culture de masse », l'invasion de la vulgarité et du mauvais goût dans la presse et sur le petit écran.

Certains répandaient la rumeur selon laquelle Leonov, chef reconnu de l'école littéraire russe[10], était l'inspirateur de la « confrérie slavophile » qui campait sur des positions extrêmement conservatrices, voire même chauvines. Notre entretien me fit une tout autre impression. Un homme d'une telle intelligence et culture ne pouvait s'abaisser à un nationalisme primaire. Tous ses propos respiraient l'humanisme. Dans le même temps, il n'hésitait pas à condamner sévèrement les phénomènes négatifs, dans la vie quotidienne comme dans la politique et la littérature.

Certes, parmi les slavophiles, nombreux étaient ceux qui maudissaient la perestroïka et qui rejetaient, en fait, toute réforme. Mais Leonov ne se contentait pas de mettre son autorité dans la balance, il contribuait à la prise de conscience des difficultés et des contradictions à surmonter. Très franchement, le soutien de ce classique de notre littérature fut pour moi très encourageant.

Nous restâmes chez lui une heure et demie. Dehors, un rassemble-

---

10. Par opposition à l'école littéraire « soviétique ». (N.d.T.)

ment s'était formé dans une ruelle entre les rues Vorovski et Herzen. Tous ces gens me firent un accueil chaleureux. Ils posèrent des questions sur le Congrès et exprimèrent quelques opinions. L'un d'eux me donna même ce conseil :

— Mikhaïl Sergueïevitch, ne vous laissez faire ni par la droite, ni par la gauche, ce serait catastrophique.

J'ai déjà évoqué les épisodes clés du Congrès et son rôle dans la réforme politique. Mais il me faut aussi parler de celui qui en fut sans conteste la personnalité la plus brillante : l'académicien Sakharov.

Naturellement, j'avais depuis longtemps entendu parler de ce savant en disgrâce, grand patriote dans sa jeunesse, qui était « tombé » dans la dissidence et l'antisoviétisme. Comme tout le monde, j'étais indigné par ce que rapportait la presse : comment pouvait-il conseiller aux Américains de ne pas accepter notre proposition de s'engager à ne pas utiliser l'arme atomique ? Sans oublier tous les autres « actes de trahison » que la propagande lui reprochait en se référant à tel ou tel de ses propos.

Mais les journaux passaient sous silence les tentatives de le priver du titre d'académicien et la résistance de ses collègues à ce type de pressions. Dans la nomenklatura du parti, cette attitude était qualifiée de « corporatiste ». Certains s'étonnaient de la patience de la direction, qui tolérait les déclarations « abjectes » de l'académicien rebelle et ne l'avait relégué qu'à Gorki, au lieu de l'expulser à l'étranger. Évidemment leur indignation retombait dès qu'on expliquait que Sakharov était détenteur d'informations secrètes. L'idée ne leur traversait pas l'esprit que s'il avait voulu transmettre ces secrets à l'Ouest, il aurait bien trouvé le moyen de le faire.

Il m'arrivait de penser que le problème venait du fait que les fonctionnaires du département scientifique de l'appareil n'avaient peut-être pas trouvé avec lui la bonne approche, ni su lui expliquer son erreur. Car il était important que ce grand savant travaillât pour son pays : il nous fallait lutter pour garder des hommes de cette trempe, comme nos prédécesseurs l'avaient fait, après la Révolution, pour se rallier Pavlov, Setchenov, Timiriazev et d'autres grands savants russes.

Il ne s'agissait pourtant là que de réflexions personnelles dont je ne faisais part à personne et que, d'ailleurs, nul ne me demandait. J'eus ma première discussion sérieuse sur Sakharov avec le physicien Piotr Leonidovitch Kapitsa que je rencontrai à deux ou trois reprises au sanatorium Ordjonikidze de Kislovodsk, où il passait des vacances avec sa femme. L'académicien était un interlocuteur terriblement captivant, bienveillant et plein de naturel.

Un soir que je rendais au couple une « visite de courtoisie », nous eûmes l'occasion de commenter l'attitude de Sakharov qui faisait alors l'objet de violentes critiques par voie de presse. Les paroles de Kapitsa, prix Nobel et scientifique universellement reconnu, furent inattendues pour moi. Le remue-ménage au sujet de Sakharov, me dit-il, était dû dans une grande mesure à une réaction inadéquate de la part de la direction. Dans le domaine de la physique, Sakharov était incontestablement un talent, un phénomène majeur, mais il était novice en matière politique et éloigné des réalités de la vie. Il précisa également que les personnes travaillant dans le secret développent une sorte de frustration qui les amène à penser que leurs capacités ne sont pas reconnues, ni convenablement exploitées.

Lorsque Sakharov décida d'écrire une lettre à la direction, personne n'y attacha d'importance particulière : elle fut simplement transmise au département scientifique du CC. Selon Kapitsa, il s'était senti insulté. Voilà ce qui avait artificiellement créé le « problème Sakharov ». Je dois dire que mon célèbre interlocuteur ne rejetait pas tous les torts sur la direction. Il reprochait à Sakharov son ambition et sa vanité.

Devenu secrétaire général, je considérai comme étant de mon devoir de libérer l'académicien de son exil intérieur, et j'obtins la levée de cette punition injuste. Notre première rencontre eut lieu dans le cadre du forum qui donna naissance au Fonds pour la survie et le développement dirigé par Evgueni Velikhov. Cette institution devait d'ailleurs figurer, plus tard, en 1991, parmi les organismes fondateurs du Fonds Gorbatchev.

Velikhov et ses collègues étaient réunis autour de la table ronde de la salle Catherine du Kremlin. Je serrai la main à tout le monde avant de prendre place. Une seule personne me séparait de Sakharov. Il profita de l'occasion pour revendiquer une nouvelle fois, en présence de scientifiques occidentaux, l'arrêt des persécutions à l'encontre des dissidents et la libération des prisonniers de conscience. Il me remit une adresse et une liste de noms. Je pris les papiers en lui donnant l'assurance qu'ils seraient examinés avec toute la bienveillance possible. Je lui confirmai qu'après notre entretien téléphonique [11], j'avais chargé Tchebrikov de s'occuper immédiatement de cette question.

11. En décembre 1986, Mikhaïl Gorbatchev téléphona en personne à Andreï Sakharov, à Gorki, pour lui annoncer la levée des sanctions qui le frappaient. (N.d.T.)

Dès le retour de Sakharov dans la capitale, le président de l'Académie des sciences souhaita, avec mon encouragement, lui créer les conditions d'une activité scientifique normale et lui assurer une situation digne de ses mérites dans le monde des sciences. Il s'agissait de faire entrer Andreï Dmitrievitch au présidium de l'Académie des sciences de l'URSS. Toutefois, les choses ne furent pas aussi simples. Si les académiciens n'avaient pas autorisé l'exclusion de Sakharov de leur aréopage, c'était surtout pour ne pas créer de précédent. Il n'en demeurait pas moins que nombre d'entre eux condamnaient ses idées et son action politique. De la même manière, ils tentèrent de l'empêcher de devenir député du peuple et il ne fut élu qu'au « tour de rattrapage [12] ».

L'attitude de Sakharov au Parlement fut essentiellement constructive. Il soutenait personnellement Gorbatchev, même s'il précisait que c'était sous condition : poursuivre sur la voie des réformes sans céder à la droite. Animé des plus nobles intentions, il était un homme politique « d'inspiration » et son idéalisme ne lui permettait pas toujours de mesurer avec précision les possibilités réelles, ni les conséquences de ses actes. Mais il se déclarait attaché au socialisme et au pouvoir soviétique dès lors qu'ils seraient épurés du totalitarisme.

Le comportement de Sakharov était influencé par son entourage où figuraient, en plus d'admirateurs et de disciples sincères, des personnages attirés simplement par un auguste patronage. Bien entendu, certains tentèrent de se servir de son autorité de chef de file incontesté pour promouvoir les intérêts de tel ou tel groupe, mais il est difficile de le soupçonner d'avoir été l'instrument de qui que ce soit. Ainsi, il tenait des propos négatifs sur Eltsine tout en estimant que les démocrates ne pouvaient se passer de lui.

Sur le rôle de Sakharov au Congrès, il me faut mentionner trois épisodes importants. D'abord et avant tout, sa déclaration selon laquelle le Congrès devait assumer toute la plénitude du pouvoir. Il s'agissait clairement de « désactiver » tous les organes existants, avant tout les instances du parti, en les privant de toute prérogative. Une telle attitude trahissait la volonté manifeste de régler des comptes avec le régime et d'en finir avec le monopole du PCUS.

D'une certaine manière, son discours comportait un certain élément théâtral qui n'était pas sans rappeler le IIe congrès panrusse des soviets, lorsque fut voté le célèbre décret donnant tout le pouvoir aux soviets, le 26 octobre (8 novembre) 1917. Loin de moi l'idée de soupçonner

12. Dans le quota de députés réservé à l'Académie des sciences. (N.d.T.)

Sakharov d'avoir voulu prendre une « pose historique », mais ses conseillers y songeaient peut-être.

Il était clair, d'emblée, que la proposition de Sakharov n'avait aucune chance d'être adoptée. De plus, elle était redondante d'un point de vue juridique. La révision constitutionnelle donnait au Congrès des députés du peuple de l'URSS le statut d'organe suprême du pouvoir [13]. À quoi bon, dès lors, le proclamer une seconde fois ?

En fait, même si cette tentative de « prise du pouvoir par le Congrès » fut repoussée par les députés, je n'avais aucune objection de principe à ce qu'elle fût formulée. Au contraire, elle rappelait au parti et à la société que l'on entrait dans une ère nouvelle où les règles de la Constitution cesseraient d'être bafouées et où les soviets de tous niveaux assumeraient la réalité de l'administration du pays. Pourtant, par la suite, l'activité fébrile de Sakharov au Congrès ne manqua pas d'être préoccupante, surtout pour son image. Il gaspillait trop souvent son prestige à se précipiter à la tribune pour des questions subalternes. J'avais parfois l'impression que certains l'exposaient sciemment afin de diminuer son rôle.

Je nourrissais envers lui les meilleurs sentiments. Il me semblait voir émerger un « nouveau Sakharov », intimement lié à Gorbatchev et incarnant avec lui la perestroïka. De ce fait, toute dépréciation de son autorité se répercutait aussi, dans une certaine mesure, sur notre politique de réformes. Certes, je n'étais pas tenu d'accepter sans réserve tout ce qui émanait du « coin démocrate », mais je ne voulais pas repousser systématiquement les impulsions qui en partaient. Une telle attitude aurait pu faire croire que le président manquait d'objectivité ou, pis encore, qu'il favorisait les députés les plus rétrogrades. Pourtant, alors que je m'évertuais à faire preuve d'impartialité, Andreï Dmitrievitch ne ratait pas une occasion de « monter au créneau » et il m'était de plus en plus difficile de calmer la salle.

Un soir, alors que je sortais de mon bureau du Kremlin (après les séances du Congrès, je restais travailler, parfois jusqu'à une heure assez avancée), un officier de ma garde me dit : « Sakharov vous attend dans la salle de séances. » Il était déjà 22 heures et, effectivement, près de

---

13. La précédente Constitution faisait de la même manière du Soviet suprême l'organe suprême du pouvoir. Andreï Sakharov visait surtout l'article 6 de la Constitution qui n'avait pas encore été abrogé et donnait au parti le monopole de la direction politique du pays. (N.d.T.)

l'estrade, dans la semi-pénombre, j'aperçus la familière silhouette courbée.

— Andreï Dmitrievitch, que se passe-t-il ? Il est déjà tard, je ne savais pas que vous étiez là.

— Ce n'est rien, j'étais décidé à attendre autant qu'il le faudrait.

Il est difficile de reconstituer tous les détails de notre conversation, mais dans l'ensemble, le climat était bon. Nous échangeâmes quelques idées sur le déroulement du Congrès. Pour moi, malgré tous les problèmes, les choses avançaient et les décisions nécessaires étaient prises. Son point de vue était plus critique : l'emprise des conservateurs sur le Congrès reflétait l'état de la société, mais, en redoublant d'activité, les démocrates parvenaient, selon lui, à remplir leur mission.

— Le risque d'une revanche de la nomenklatura me préoccupe, poursuivit l'académicien. Les conservateurs font pression sur vous. On dit qu'ils détiennent des informations qui leur permettent d'obtenir de vous ce qu'ils veulent en menaçant de les publier.

— De quelles informations voulez-vous parler ?

— Que vous auriez touché des pots-de-vin.

— Et vous-même, vous y croyez ?

— Moi non, mais ils disent...

Et il me regarda d'un air gêné.

Tout cela venait du côté d'Eltsine et de Gdlian. Lui, il ne voulait pas y croire, mais il était néanmoins rongé par l'inquiétude : qui était donc Gorbatchev en réalité ? Et il se décida, de sa propre initiative, à me poser directement la question les yeux dans les yeux. Il était clair qu'il n'était « délégué » par personne.

Les jours suivants, nous restâmes en contact sur différentes questions. Je me suis toujours efforcé de lui donner la possibilité de s'exprimer. Il était embarrassant de voir cet homme aux cheveux gris, éminent scientifique, faire la queue pour accéder au micro. Je ne puis me défaire de l'impression que quelqu'un pilotait Sakharov, l'appelant constamment hors de la salle.

Le troisième épisode est lié à la dernière intervention de Sakharov, lors de la clôture du Congrès. La salle était passablement remontée contre lui, notamment à cause de récentes déclarations qu'il avait faites sur le comportement de nos militaires en Afghanistan. Son entourage lui avait fourni des « faits fumants » et il les avait utilisés dans une interview sans se donner la peine de les vérifier. La réaction du Congrès fut très vive. Il était manifestement embarrassé et il voulait, me semble-t-il, tenter de restaurer son prestige par une dernière déclaration à la tribune. Il est probable que ses proches le poussaient aussi par calcul politique : les débats devaient être clos par une harangue de Sakharov, telle était la trouvaille tactique des interrégionalistes.

Mais sa volonté de monter à la tribune suscita la résistance acharnée des députés. Je mis toute mon autorité dans la balance pour lui faire accorder cinq minutes et le Congrès n'accepta que sous ma pression. Dans son intervention, Sakharov reprit tout ce qu'il avait dit dix jours auparavant. Six, puis sept minutes s'écoulèrent et je dus le rappeler à l'ordre :

— Andreï Dmitrievitch, le temps est écoulé.

Mais lui n'écoutait pas et poursuivait son discours. Je lui demandai à plusieurs reprises de conclure et, quand on finit par lui couper le micro, il leva les mains au ciel comme s'il avait été victime d'un acte arbitraire. Une partie des députés et du public l'acclamèrent dans un vacarme épouvantable, tout en conspuant le président. Sans doute le spectacle — habilement monté — avait-il pour but de montrer au pays la désinvolture avec laquelle le pouvoir traitait un homme de mérite.

En dépit de tels incidents qui s'expliquaient, à mon sens, par le manque de scrupules de son entourage, Sakharov apporta — je le répète — une contribution constructive aux travaux du Congrès et à l'établissement d'un régime parlementaire.

Mais les services qu'il a rendus au pays ne se bornent pas à cela ! Il fut l'un des premiers à se prononcer en faveur de la démocratie et de la liberté, de la rénovation du socialisme et d'un authentique pouvoir des soviets. Tel était le sens du projet de Constitution remis par ses soins à la commission constitutionnelle. Nous avions l'intention de nous servir d'un certain nombre de ses formules, d'autant plus intéressantes qu'elles étaient écrites par un physicien et non par un juriste.

Dans ma mémoire, le premier Congrès des députés du peuple restera inséparablement lié à ces deux éminents concitoyens : l'écrivain Leonov et le physicien Sakharov. Ils représentaient en quelque sorte deux aspects différents de l'intelligentsia russe. Il serait simpliste de leur accoler des étiquettes : partisan d'un État russe fort pour l'un et démocrate pour l'autre. Tous deux étaient des classiques dans leur domaine respectif. Tous deux, mais chacun à sa manière, étaient à la fois des démocrates, des humanistes et des patriotes. Tous deux méritent notre respect et, surtout, notre compréhension.

Le parti à la croisée des chemins

Quelques jours plus tard, le 19 juin, le Politburo se réunit pour commenter le bilan du Congrès. S'il y eut des interventions pertinentes et des analyses sérieuses, l'inquiétude était palpable dans la plupart des déclarations : la pression sur le parti s'accentuait. Les plaintes habituelles sur les médias, y compris sur la presse communiste, fusèrent. Certains évoquèrent une tension accrue dans le domaine des relations internationales.

Cette séance fut marquée par un rapprochement entre Ryjkov et Ligatchev. Jusque-là, ils s'opposaient âprement en défendant leurs domaines de compétence respectifs. Le Premier ministre s'offusquait des ingérences tatillonnes de l'appareil du CC dont les analystes allaient jusqu'à donner des instructions à des ministres sans l'informer. Le secrétaire du CC, lui, citait Lénine : « Aucune question n'est réglée à l'insu du Comité central. » Comme ils étaient assis à ma droite et à ma gauche, je me sentais traversé par un véritable arc électrique et il me fallait souvent les convier à plus de sérénité.

Leurs escarmouches cessèrent dès l'instant où nous abordâmes la réforme politique. Précédemment, j'avais déjà noté qu'ils ne se heurtaient plus. Je m'en étais même réjoui, sans prendre la peine d'approfondir les choses. Et là, soudain, cela sautait aux yeux : les anciens adversaires parlaient à l'unisson. Bien qu'avec du retard, je finis par comprendre. La rivalité pour la gestion de l'économie était passée au second plan puisque la réforme politique tranchait en faveur du Premier ministre. En revanche, la polémique entre réformateurs et conservateurs s'aggravait au sein du parti. Au fond de lui-même, Ryjkov n'était pas un conservateur : j'ai déjà eu l'occasion de mentionner que nous avions travaillé « la main dans la main ». Mais à partir d'un certain moment, il s'était mis à douter, devenant pusillanime. Les puissantes attaques des démocrates contre le gouvernement et les assauts de la presse le poussaient vers la droite. Ce fut d'abord sur ce terrain qu'il commença à se rapprocher de son ancien rival. Leurs voix s'unirent pour s'en prendre à la presse, aux démocrates et aux séparatistes, tout en exprimant l'inquiétude de voir le parti perdre le pouvoir.

Pourquoi le cacher ? Je doutais moi-même. D'un côté, le lancement de la réforme et la mise en place d'un nouveau Parlement, véritable assemblée d'élus du peuple et non plus simple décor de la toute-puissance du parti, me comblaient d'aise. De l'autre, les revendications excessives des radicaux, leurs assauts frénétiques, leur impatience et, avant tout, leur volonté d'expulser le parti du pouvoir constituaient de légitimes sujets d'inquiétude. La ligne stratégique visant à supprimer le monopole du pouvoir du PCUS, ou plutôt de son appareil, était juste. Mais, tactiquement, il me semblait plus opportun de transmettre progressivement le pouvoir aux soviets de manière à ne pas rendre le pays ingouvernable et, surtout, ne pas donner à la partocratie un prétexte rêvé pour accuser la perestroïka de tous les maux.

Ces considérations m'amenèrent à demander à mes collègues de remettre à plus tard l'examen de leur situation personnelle, pour envisager les événements dans le cadre plus large de la perestroïka en tant que processus révolutionnaire. Le Congrès des députés avait répondu aux attentes : les organes supérieurs du pouvoir étaient en état de fonctionner et les orientations majeures de la politique faisaient l'objet d'un consensus.

Je proposai la tenue d'une réunion des premiers secrétaires. Il était essentiel de surmonter malaise et découragement. Le Congrès avait procédé à un réel transfert du pouvoir au plus haut niveau. Ce processus devait se poursuivre dans les républiques et les régions où il ne serait pas moins difficile. Nous devions aider les soviets à se consolider. Il fallait aussi procéder à l'analyse générale des dernières élections et soumettre des propositions relatives à la loi électorale. Notre programme économique devait être complété et enrichi de manière à faire progresser la réforme au lieu de la freiner. Pour finir, il convenait de s'atteler vraiment à la question des nationalités.

La conférence des secrétaires s'ouvrit le 8 juillet 1989 et elle examina pratiquement tous les problèmes qui soulevaient des passions dans le pays : les événements de Tbilissi, mais aussi le protocole secret du pacte germano-soviétique de 1939 qui avait eu des conséquences si dramatiques pour le destin des républiques baltes. Néanmoins, les débats tournèrent du début à la fin autour du parti, de son rôle dans la société et l'État, et de sa responsabilité dans les événements passés et présents.

Nous ne pouvions pas continuer comme si rien ne s'était passé. Chacun comprenait que la conférence devait marquer une étape dans l'évolution du PCUS et de la société, car le premier continuait d'exercer une influence énorme sur la seconde.

Dans mon rapport, très critique, je formulai des propositions sur l'action du parti dans le nouveau contexte du pays, déclarant notamment :

« Les débats du Congrès ont tourné autour de la question du parti.

Il y a une logique à cela, car la restructuration du système politique, la plénitude du pouvoir des soviets sont inconcevables sans une modification du rôle du parti dans la société. Il ne peut y avoir rénovation de la société sans rénovation du parti, et ce n'est pas un hasard s'il a été soumis à la critique. Les élections des députés ont démontré que sa crédibilité, même si elle procède de l'élaboration d'une plate-forme de changement révolutionnaire, n'est pas sans bornes. Pourquoi l'opinion publique devient-elle réticente à son égard ? On entend souvent dire que cela est dû à la vague de critiques unilatérales des médias, à la dénonciation des erreurs et perversions du passé. Mais il est impossible de réduire à cela la cause du changement d'attitude de l'opinion.

« Nous abordons là ce qui est, selon moi, le point central. La perestroïka dans nos rangs accuse un retard considérable sur la démocratisation de la société. Le PCUS est véritablement menacé de perdre son rôle dirigeant. Les membres de l'appareil sont en proie au désarroi et craignent de faire preuve d'initiative. On a pu entendre au Congrès que les soviets étaient au-dessus du parti. C'est une mauvaise façon de voir les choses. Le parti est le parti, le Parlement est le Parlement. »

En conclusion, je préconisai une convocation anticipée du prochain congrès du PCUS de manière à rénover le programme du parti, adopter de nouveaux statuts et discuter des orientations majeures du quinquennat suivant. Je proposai également de préparer une discussion générale des communistes sur leur rôle dans la vie sociale. Le temps où il suffisait de travailler dur et de mener consciencieusement à bien les tâches immédiates était désormais révolu.

Premières batailles au Soviet suprême

Le premier Congrès des députés du peuple avait donné naissance à un nouveau Soviet suprême de l'URSS, ce qui jetait les fondations du régime parlementaire. Désormais, il fallait édifier le bâtiment. Or, nous n'avions pas de plan précis et il nous manquait bon nombre de « pièces de structure ». Les règles, les procédures, la structure des Chambres et des comités, les droits et devoirs du présidium, le rôle du président, le statut des députés, les modalités de préparation et d'adoption des projets de loi, tout cela demandait à être mis au point par un travail difficile et souvent fastidieux, plus organisationnel que politique.

Après tant d'heures passées en séance dans l'ancien Soviet suprême, je me trouvais à la tête du nouveau (que j'ose appeler un véritable Parlement) et il nous fallait tout recommencer à zéro, à commencer par l'élection des présidents des deux Chambres. Au nom du Conseil des Anciens, Velikhov proposa la candidature de Primakov à la tête du Soviet de l'Union. Je ne livrerai pas un grand secret en révélant que la question avait été discutée au préalable par le Politburo. Nous n'avions pas encore renoncé à la pratique bien établie de valider toute nomination importante par l'instance supérieure du parti. De plus, comme Evgueni Maximovitch Primakov était membre suppléant du Politburo, il devait obtenir son accord avant d'accepter sa nouvelle nomination.

Après la proposition de sa candidature, je lui demandai de monter à la tribune pour répondre aux questions. Il fit une courte allocution préalable dont j'aimerais citer cet extrait :

« Le Soviet suprême et notre Chambre doivent veiller aux intérêts des Soviétiques pendant la perestroïka. Il est essentiel que les deux Chambres assurent un contrôle réel des organes exécutifs. Bien entendu, ces fonctions n'entraient pas dans les attributions de l'ancien Soviet suprême. Nous créons un nouveau Parlement qui doit aussi fonctionner selon des modalités nouvelles. »

Voilà comment nous comprenions tous l'objectif de la réforme politique : permettre aux organes représentatifs de contrôler le gouvernement. Bien entendu, en avançant ces idées, nous étions loin de découvrir l'Amérique.

Les députés posèrent à Primakov nombre de questions sur l'action future du Soviet suprême, les lois qu'il convenait d'adopter en priorité, le mode de fonctionnement des comités et des commissions. Ses réponses furent pertinentes et précises. Plusieurs orateurs se félicitèrent du choix d'un académicien pour présider la Chambre basse et il fut élu à l'unanimité moins trois abstentions. Je lui cédai immédiatement ma place à la tribune. Nous passâmes à l'examen des problèmes liés au travail des commissions et comités parlementaire, puis une discussion particulièrement animée s'engagea sur la nécessité d'une meilleure protection juridique de la glasnost. Cette question — qui devait faire l'objet d'une bataille acharnée en 1993 — fut abordée dès le premier jour de la session de notre Parlement de l'Union.

Je me demande si Anatoli Sobtchak [14] se souvient de son intervention d'alors. Il disait qu'« aujourd'hui précisément, les médias ont particulièrement besoin d'un contrôle parlementaire ». B. N. Nikolski, le rédacteur en chef de *Neva*, une revue littéraire de Leningrad, évoqua la proposition de faire relever du Congrès ou du Soviet suprême la nomination du rédacteur en chef des *Izvestia* [15] et du président de la radio et télévision d'État. Trois ans plus tard, les tentatives des députés en vue de rendre au Soviet suprême ses droits d'éditeur des *Izvestia* et d'influer dans une certaine mesure sur la politique de la télévision par le biais de conseils d'observateurs furent fort mal accueillies et taxées d'« atteintes à la liberté d'expression ». En revanche, on semblait considérer comme normales la transformation des médias, par le président [16] et son équipe, en porte-parole de leur parti, et leurs attaques contre les publications d'opposition.

L'élection du président du Soviet des nationalités eut lieu le 6 juin. Toujours décidée par le CC, la candidature de Rafik Nichanov, ancien premier secrétaire du PC d'Ouzbékistan, bénéficia d'un bon accueil général. Mais il dut commencer par s'expliquer sur les tout récents incidents concernant les Turcs meskhètes [17] dans le Ferghana.

J'éprouvais de la sympathie pour Rafik Nichanovitch Nichanov. J'appréciais son calme inaltérable, son humour et ce détachement philosophique vis-à-vis des petites mesquineries de la vie que nous associons généralement à la notion de sagesse orientale. Dans ses fonctions de président du Soviet des nationalités, il allait avoir besoin de sa capacité à arrondir les angles et à apaiser les conflits. Nichanov aurait été un président d'assemblée idéal s'il ne lui avait manqué deux qualités : l'esprit de décision et la capacité de trancher en cas de besoin. Chez lui, le diplomate l'emportait sur l'homme politique et cela engendra des débats interminables à la Chambre haute alors même que des conflits interethniques, que les députés auraient pu — et dû ! — contribuer à apaiser, éclataient en différents points de l'Union. Certes, pour être juste, des délégations parlementaires se rendirent sur les « points

---

14. L'un des chefs de file des démocrates, maire de Leningrad, puis Saint-Pétersbourg, de 1990 à 1996. (N.d.T.)

15. Les *Izvestia* étaient l'organe officiel du Soviet suprême, mais leur direction était nommée par le parti. (N.d.T.)

16. Eltsine. (N.d.T.)

17. Minorité ethnique de Géorgie déportée par Staline en Asie centrale où elle était difficilement admise. Des affrontements violents avec les autochtones eurent lieu quelques jours avant la réunion du Congrès. (N.d.T.)

chauds », mais ni le Soviet des nationalités, organe suprême dans le domaine des relations interethniques, ni son président n'eurent l'action déterminée qui aurait pu contribuer à arranger les choses.

Bien entendu, cette critique me concerne aussi, puisque j'étais le président du Soviet suprême.

Au moment de l'élection, les députés donnèrent à Nichanov plus de fil à retordre qu'à Primakov. Ils l'interrogèrent sur l'égalité entre les nationalités, la possibilité d'utiliser sa langue maternelle, les moyens de règlement des conflits interethniques. Mais leur but était moins d'obtenir des réponses que d'exprimer leur propre point de vue au travers des questions. Et certains d'entre eux, avides de polémique, ne se satisfirent pas des réponses équilibrées et conciliantes de Nichanov. Il fut néanmoins élu à la présidence de la Chambre haute à une large majorité.

Le lendemain, lors d'une séance conjointe des deux Chambres, je donnai lecture de la lettre de démission du Conseil des ministres. Cet acte de simple routine s'inscrivait, cette fois, dans le cadre de la réforme politique. Il soulignait notre volonté de nous conformer scrupuleusement aux normes constitutionnelles et de placer le gouvernement sous le contrôle effectif du Parlement.

Dans mon allocution inaugurale, je fis un portrait positif de Ryjkov, homme d'État éminent et l'un des initiateurs de la perestroïka, et fis l'éloge de ses qualités morales, de son attachement à la démocratie et de son tempérament novateur. J'étais sincère. Il me semblait que les capacités créatrices de Nikolaï Ivanovitch étaient encore entières et que l'aggravation des problèmes économiques et sociaux n'avait pas émoussé son élan réformateur. J'évoquai d'ailleurs ces derniers d'une manière très générale, en constatant que tout n'avait pas été fait comme prévu et que de graves erreurs avaient été commises.

Cette phrase ne passa pas inaperçue. Un député demanda à Ryjkov d'expliquer de quelles « erreurs graves » il s'agissait. L'intéressé répondit qu'il n'y avait pas eu d'erreurs sur le fond. Même si ces mots n'étaient pas en contradiction flagrante avec mes propos, une divergence se dessinait. L'amour-propre de ce dirigeant exceptionnel ne lui permettait pas de qualifier plus sévèrement les fautes que nous avions commises. Car toutes les décisions économiques avaient été prises collectivement au Politburo après des débats auxquels avaient participé les ministres, d'éminents experts et la section économique de l'Académie des sciences presque au grand complet. Même la société leur avait d'abord réservé un accueil enthousiaste.

Tout ce qui précède ne vise pas à m'exonérer de mes responsabilités.

Il me semble simplement que les anciens modes de pensée nous empêchaient d'appréhender toutes les conséquences de nos décisions. Nous regardions l'avenir, mais notre champ de vision était limité. À partir du milieu de 1989 et surtout en 1990, les choses se dessinèrent plus clairement et il fut désormais possible d'adopter un programme de réformes économiques plus cohérent.

Avant de reconduire Ryjkov dans ses fonctions de président du Conseil des ministres, le Soviet suprême engagea une importante discussion sur notre économie. La situation en la matière n'était pas très favorable, mais encore à mille lieues de la crise profonde à laquelle ont mené les expériences ultérieures de thérapie de choc, ou plutôt de chirurgie de choc. Les revendications d'alors n'étaient pas dues à une chute du niveau de vie, mais plutôt à de trop grands espoirs quant à son élévation rapide. Cette « révolution des espérances » se traduisit par une sorte de fièvre consumériste. Chacun s'empressait de prendre date en présentant au pouvoir des revendications, naguère inimaginables, qu'il était évidemment impossible de satisfaire. À l'époque, même les économistes les plus réalistes n'étaient pas encore parvenus à la conclusion que, pour restructurer l'économie et rejoindre le peloton des pays industrialisés, il faudrait non pas un ou deux ans, mais trois ou quatre lustres.

De nombreux députés prirent part au débat, et presque toutes les républiques et régions en profitèrent pour exposer leurs doléances et réclamer leur part du gâteau de l'État. Il était encourageant de voir que les interventions ne se bornaient pas aux requêtes que les députés avaient l'habitude de présenter au Soviet suprême ancienne mouture : nombre de propositions intéressantes furent également formulées. La réforme économique ne donnait pas encore de résultats pratiques, mais elle commençait à porter des fruits dans l'opinion et autorisait l'émergence d'hommes nouveaux, décidés et inventifs.

Ryjkov fut réélu président du Conseil des ministres. Il n'y eut que neuf voix contre et trente et une abstentions.

Le Soviet suprême confirma également la nomination de Guennadi Kolbine à la présidence du Comité de contrôle populaire, en remplacement de Sergueï Maniakine. Pendant la discussion, le député L. I. Soukhov demanda si Eltsine ne conviendrait pas mieux pour remplir cette fonction. J'avais déjà proposé à Boris Nikolaïevitch la présidence du Comité pour la construction et l'architecture et il avait promis d'y réfléchir. Néanmoins, il était clair qu'il préférait le rôle de chef de l'opposition parlementaire. En tout cas, il soutint lui-même la candidature de Kolbine, ce qui m'évita de m'appesantir sur la question. Evgueni Smolentsev fut élu président de la Cour suprême et Alexandre Soukharev procureur général de l'URSS. Tous eurent à répondre à des questions « épineuses », mais ils s'en tirèrent plutôt bien.

Le marathon de la formation du gouvernement, des élections des présidents des comités et commissions parlementaires, et de la mise au point de la procédure et du règlement dura de fin juin à fin août. À franchement parler, ce fut épuisant pour tout le monde. Ryjkov se plaignait au Politburo d'être contraint de délaisser son travail pour passer des journées en séances au cours desquelles des députés trop zélés (« rarement pour les affaires, le plus souvent pour se montrer à la télévision ou se pavaner ») s'efforçaient de « coincer » les ministres expérimentés. Les députés, eux, se plaignaient de l'obstination de la direction à ne pas « changer le paquet de cartes » et à faire confirmer par le Parlement des bureaucrates dépassés depuis belle lurette.

Il me semble que, en la matière, les torts étaient partagés. Il est probable que nous ne nous étions pas attelés avec suffisamment d'énergie au renouvellement des cadres et à la promotion des hommes nouveaux qui émergeaient alors. Il n'en est pas moins vrai que nombre de députés n'étaient pas suffisamment qualifiés pour passer au crible les candidatures. Pourtant, je pense que cette procédure de validation était indispensable, quelque longue et pénible qu'elle fût : notre pays formait le premier gouvernement véritablement responsable devant le Parlement. Le premier... et le dernier, du moins dans cette période de notre histoire.

Les mineurs et la politique

Après avoir investi le gouvernement, le Soviet suprême établit le calendrier de son travail législatif. La première priorité était de modifier la Constitution de manière à créer une base légale permettant l'adoption ultérieure de lois organiques et le fonctionnement du Parlement. Il fallait aussi stabiliser la situation économique et promouvoir les réformes en légiférant sur le bail d'entreprise, l'établissement d'un régime fiscal uniforme pour l'ensemble de l'URSS et l'autonomie comptable à l'échelle des républiques et des régions. La tâche la plus importante et la plus complexe fut la rédaction de la loi sur la propriété et la révision des actes législatifs sur les sols et l'occupation des sols.

En termes d'impact, il faut souligner l'importance du train de lois instaurant de nouveaux rapports entre le citoyen et l'État et garantissant réellement les libertés politiques, les droits civiques et le pluralisme politique. Dans ce cadre, il convient de citer les lois sur la presse, sur le droit d'association et le droit syndical, sur la liberté de conscience et les communautés religieuses. Le 14 juillet, il s'y ajouta un texte sur les modalités de règlement des litiges collectifs du travail. Au dernier moment, il fallut rédiger d'urgence une loi réglementant le droit de grève.

En Pologne, le soutien des mineurs de Silésie aux grévistes des chantiers navals de Gdansk avait ébranlé l'ancien système. Chez nous aussi, le système vieux de soixante-dix ans s'effrita rapidement dès l'instant où l'agitation toucha les mineurs, eux qui constituaient l'un des éléments les plus combatifs de la classe ouvrière et comptaient parmi les principaux soutiens du pouvoir soviétique. Mais, alors qu'en Pologne ils s'étaient insurgés contre une nomenklatura du parti et de l'État réfractaire aux réformes, chez nous, leur mouvement n'était possible que grâce aux changements introduits par le pouvoir et dont le puissant impact n'avait atteint les réformateurs que par ricochet.

À la séance du Soviet suprême du 19 juillet 1989, le président des syndicats lituaniens Kasemiras Uoka me fit parvenir ce mot :

« Mikhaïl Sergueïevitch, les syndicats lituaniens sont aussi contre les grèves de déstabilisation, mais il n'y a pas d'autre moyen de lutter contre la mafia locale. Si vous permettez aux ouvriers de s'organiser, il y aura moins de grèves. »

Je donnai mon accord : « Nous devons nous appuyer dans toutes nos activités sur la force principale de notre société, la classe ouvrière, son organisation, sa responsabilité, son attachement au socialisme et à la politique que nous mettons en œuvre. Mais nous ne pouvons négliger le fait que, ces derniers temps, les ouvriers nous posent des questions graves... Peut-être est-il temps de créer des comités pour épauler la perestroïka, pour mettre en échec les saboteurs de la perestroïka ? »

À Kemerovo, principal foyer du mouvement de grèves en Sibérie occidentale, les ouvriers se comportaient de manière responsable. Les comités de grève faisaient fermer les magasins de spiritueux. La classe ouvrière faisait d'autant plus preuve d'un haut degré d'organisation et d'exigence que ses revendications étaient justifiées. Les rapports des commissions envoyées par le CC et le gouvernement dans les régions minières étaient concordants : d'année en année, de décennie en décennie, les décisions portant sur la construction de logements, l'urbanisation et l'approvisionnement en produits alimentaires n'étaient pas suivies d'effet.

De plus, la technologie minière, surtout par puits d'extraction, était obsolète. Quant à la rémunération de ce travail extrêmement pénible, elle s'avérait notoirement insuffisante. Des mesures immédiates étaient nécessaires. Dans ce but, Sliounkov partit pour le Kouzbass. De ses pourparlers avec les mineurs, il rapporta des propositions précises.

Je ne comprenais que trop bien ce qui incitait les mineurs à recourir à des moyens extrêmes pour défendre leurs intérêts, aussi ne me suis-je jamais permis de le leur reprocher. Mais l'insatisfaction des ouvriers fut habilement exploitée par les radicaux dans leur lutte pour le pouvoir. La paralysie d'immenses régions minières pendant de nombreux mois privait le pays de millions de tonnes de houille et menaçait de gagner d'autres secteurs, notamment la métallurgie, avec des conséquences graves sur les conditions d'existence de la population, mais ces politiciens n'en avaient cure. Les émissaires du Groupe interrégional — qui s'était pratiquement constitué en parti — sillonnaient le pays pour inciter à la grève les cheminots et les ouvriers d'autres branches. Ce véritable coup de poignard dans le dos devait jouer un rôle fatal pour la perestroïka.

Eltsine et ses amis ne pouvaient pas ignorer que le gouvernement n'avait pas les moyens, dans le court délai imparti par les ultimatums des mineurs, de satisfaire leurs revendications, pour légitimes qu'elles fussent. Il n'est pas besoin d'aller chercher bien loin la preuve de ce que j'avance : il suffit de constater les importants mouvements de grève qui ont agité régulièrement les régions houillères depuis l'hiver 1993-1994, après plusieurs années de pouvoir absolu des radicaux. Toutes les promesses faites par les partisans d'Eltsine aux mineurs se sont révélées vaines. Au sein des syndicats et des comités de grève, personne n'a oublié les leçons de Bella Denissenko et d'autres agitateurs [18]. D'où les mots d'ordre récurrents sur la démission du gouvernement ou la tenue de nouvelles élections présidentielles. D'une certaine manière, Eltsine n'a récolté là que ce qu'il avait semé.

Mais revenons en 1989. Le 24 juillet, j'informai le Soviet suprême de la signature d'un accord avec le président du comité de grève du Kouz-

---

18. Une revendication économique doit être suivie d'une revendication politique. (N.d.T.)

bass. Le gouvernement était disposé à l'appliquer aussi aux autres bassins houillers, notamment au Donbass (Ukraine) et à Vorkouta (Grand Nord). Nous sortions difficilement de ce qui fut peut-être la plus rude épreuve des quatre années de perestroïka. Qu'il me soit ici permis de citer un extrait d'un appel du comité d'Inta et de Vorkouta :

« Les grèves de mineurs relèvent objectivement de la perestroïka dans la mesure où elles sont un symptôme de la crise de l'économie administrée, incapable de satisfaire les besoins des travailleurs. Nous considérons l'action des mineurs comme un soutien à la perestroïka et un avertissement à ceux qui veulent que tout reste comme avant. »

Cela signifiait clairement que la classe ouvrière rejetait fermement le système existant que d'aucuns présentaient encore comme étant le sien. Ce message s'adressait surtout au parti, mais les intégristes de l'avant-garde du prolétariat furent incapables de l'interpréter : encore aujourd'hui, ils continuent à s'étonner avec candeur de l'indifférence des ouvriers pour le destin du parti, alors que dans le nouveau climat politique, bon nombre de ces derniers ne votent même plus pour les socialistes ou les sociaux-démocrates, mais pour la droite.

Et l'appel poursuivait : « En formulant des revendications économiques, nous devons nous souvenir que l'économie du pays est plongée dans une crise profonde. Aujourd'hui, l'État trouvera difficilement les fonds nécessaires pour satisfaire nos revendications. Mais l'autonomie économique doit nous être accordée... Nous sommes las d'attendre, quinquennat après quinquennat, la solution des problèmes les plus urgents. C'est la raison pour laquelle nous sommes contraints de recourir à une mesure extrême : la grève. Le moment est venu où l'on ne peut plus remettre, même d'une seule seconde, la réponse à toutes nos demandes. »

Mais voici quelles étaient les revendications des mineurs du bassin de la Petchora :

« 1) Donner de manière effective le pouvoir aux soviets, la terre aux paysans, les usines aux ouvriers. 2) Annuler l'élection des députés au Soviet suprême qui ont eu lieu dans le cadre des listes présentées par les organisations sociales. 3) Abolir l'article de la Constitution de l'URSS sur le rôle dirigeant du parti. 4) Procéder aux élections au scrutin direct et secret, dans le cadre de candidatures multiples, du président du Soviet suprême, des présidents des soviets locaux, des chefs des départements de ville et d'arrondissement du ministère de l'Intérieur. 5) Sauvegarder le droit d'expression de chaque député du peuple indépendamment de l'opinion de la majorité. »

Ce texte reprenait mot pour mot le programme des radicaux. Il avait été, en fait, rédigé sous leur dictée.

Les soviets

Après leur accession au pouvoir à l'automne de 1991, les radicaux déclenchèrent une puissante offensive contre les soviets, qualifiés de citadelles du système totalitaire. Deux ans plus tard, ils mirent à profit les événements des 3 et 4 octobre 1993 [19] pour détruire définitivement tous les organes représentatifs de l'époque soviétique. Par endroits, les soviets refusèrent de s'autodissoudre, mais ils y furent contraints.

La forme soviétique de gouvernement était-elle donc incompatible avec la démocratie ? Pour réfuter cette conclusion, il suffit de constater que, dans le passé, les radicaux n'avaient rien eu à reprocher aux soviets [20]. Non seulement Andreï Sakharov voulait les maintenir dans son projet de Constitution, mais il proposait au Congrès de leur remettre la plénitude du pouvoir. Gavriil Popov, Anatoli Sobtchak et Boris Eltsine furent respectivement élus maire de Moscou, maire de Leningrad et président de la Fédération de Russie dans le cadre des soviets. La forme soviétique de démocratie ne donnait lieu, à l'époque, à aucune critique. Et pour cause ! Sans réfléchir aux conséquences, les députés au Soviet suprême n'avaient-ils pas docilement avalisé la déclaration d'indépendance de la Fédération de Russie, qui entérinait la destruction de l'État fédéral ? N'avaient-ils pas ratifié l'accord de Belovej, accordé au président des pouvoirs étendus pour mener à bien la réforme économique et accepté qu'il formât à sa guise un gouvernement et s'en arrogeât la direction ?

Les motifs d'insatisfaction apparurent lorsque la majorité des députés, se rendant compte des conséquences négatives de la « chirurgie de choc », commencèrent à exprimer des critiques, d'abord timides,

19. En octobre 1993, le conflit de pouvoir entre le président et le Soviet suprême de Russie, qui durait depuis plusieurs mois, fut résolu par la force : le déclenchement d'émeutes insurrectionnelles par les adversaires de Boris Eltsine, le 3, fut suivi, le lendemain, par un assaut de l'armée contre la Maison-Blanche, siège du Parlement. (N.d.T.)

20. Rappelons que *soviet* signifie simplement « conseil ». (N.d.T.)

puis de plus en plus fermes. Ce ne fut qu'à ce moment qu'éclata le conflit entre les pouvoirs exécutif et législatif, conflit à l'issue duquel la représentation populaire fut mise en pièces.

Cependant, une question demeure : la forme soviétique du pouvoir était-elle compatible avec le parlementarisme ? Ou plus concrètement : pouvait-on concilier le pouvoir des soviets avec le principe de la séparation des pouvoirs ? Il me semble que la réponse est affirmative : l'expérience accumulée pendant la courte période d'existence de notre nouveau Parlement l'a largement démontré.

Les adversaires des soviets arguânt qu'une institution qui détient tous les pouvoirs ne peut assurer leur séparation. Mais il s'agit là d'une confusion conceptuelle. En effet, le pouvoir suprême ne relève d'aucun partage : il est un et indivisible. Sinon, il faudrait envisager un pouvoir bicéphale ou tricéphale qui se traduirait par la mise en œuvre de plusieurs lignes politiques à la fois. Telle est la principale caractéristique des « temps des troubles » qui aboutissent à la faillite d'un régime et à son remplacement par un autre.

L'existence d'un organe auquel est reconnu l'exercice de l'autorité suprême est primordiale. Les révolutions bourgeoises ou démocratiques ont consisté, précisément, à transférer vers le Parlement le pouvoir détenu par les monarques. Dans une démocratie, le pouvoir appartient au peuple qui l'exerce par l'intermédiaire de ses représentants réunis en assemblée. Ce qui était également le cas de notre Soviet suprême.

Mais la reconnaissance de la suprématie du Parlement n'exclut pas la séparation des fonctions du pouvoir. Le législatif se consacre à la tâche essentielle de concevoir et de voter les lois. L'exécutif assure la gestion courante. Le judiciaire veille au respect de la loi et à la solution des litiges. Mais les questions essentielles qui mettent en jeu le destin du pays et les droits des citoyens (déclaration de guerre, traité de paix, budget, fiscalité) restent le domaine réservé du Parlement.

La plénitude du pouvoir des soviets ne s'opposait donc en aucune façon à la séparation des fonctions du pouvoir et si les radicaux ont décrété leur destruction, c'était tout simplement parce que les députés avaient fini par rejeter leur politique.

Naturellement, cela ne signifie nullement qu'il n'y avait pas une part de vérité dans la critique des soviets. Ainsi, leur activité se soldait souvent par des dérives vers des discussions sans fin qui compliquaient et même paralysaient les processus de prise de décision. Mais ce mal est propre au système parlementaire. Les marxistes ne le qualifiaient-ils pas avec mépris d'« usine à parlottes » ? De plus, on peut facilement le guérir par le recours à des procédures précises et, surtout, par le professionnalisme des députés.

Je soulignai ce dernier aspect dans mon allocution de clôture :

« Nous avons tenté d'introduire dans les travaux du Soviet suprême un maximum de professionnalisme sans que cela nuise au contact avec les masses, et de faire en sorte de ne pas transformer nos débats en meetings. Il me semble que, pour l'essentiel, nous y sommes parvenus. Nous avons mis en place un organe suprême permanent du pouvoir législatif, exécutif et de contrôle... Son fonctionnement fourmille de défauts et de faiblesses, mais il a pris son élan sous les yeux de millions de téléspectateurs, améliorant sa compétence et faisant preuve de sérieux dans la résolution des problèmes. »

L'une des innovations apportées par cette première session du Soviet suprême fut la mise sous contrôle parlementaire des relations extérieures. Auparavant, il ne pouvait même pas en être question. Si les députés se montrèrent, au début, plus intéressés par les problèmes intérieurs, certains abordèrent progressivement des questions de politique étrangère. De plus, tranchant avec le passé, la ratification des traités internationaux donnait lieu, désormais, à des débats.

J'aimerais révéler ici un petit secret : au début de nos pourparlers de désarmement avec l'administration américaine, en 1986, celle-ci évoquait de temps à autre ses problèmes avec le Congrès des États-Unis : « Nous autres, au Département d'État, nous serions disposés à accepter tel ou tel point, mais voilà, les sénateurs... » Cela leur permettait de nous demander des concessions supplémentaires sous prétexte d'amadouer les réticents. Nous envisageâmes alors de procéder de la même manière en suscitant des interventions critiques dans notre ancien Soviet suprême. Nous finîmes par y renoncer : nous avions peur de ne pas être pris au sérieux tout en donnant le « mauvais exemple » à nos députés qui risquaient d'y prendre goût et de se mettre à critiquer notre politique étrangère.

Mais, à partir du moment où le nouveau Parlement commença à s'occuper de problèmes internationaux, les conservateurs se mirent à donner du fil à retordre à Chevardnadze. Au cours d'une conversation, il me dit, mi-figue, mi-raisin, que nous leur avions donné des verges pour nous battre.

Certains politologues et historiens me reprochent encore aujourd'hui d'avoir critiqué la création du Groupe interrégional dans mon allocution de clôture.

« En substance, ai-je dit, il s'agit d'une tentative pour donner une forme organisée à une différence naturelle d'approche des problèmes de l'évolution de la société. Un tel clivage artificiel n'aboutira-t-il pas à une confrontation sur les questions concrètes que notre Soviet suprême doit résoudre ? N'entravera-t-il pas du même coup l'accomplissement des tâches que nous assignent les électeurs et la société soviétique ? Si nous luttons pour la même cause, si nous estimons de notre devoir supérieur de sortir le pays de la crise en suivant le chemin de la perestroïka, de rehausser le niveau du bien-être matériel et spirituel de la population, de rénover notre régime socialiste et notre système social, de dégager son énorme potentiel de progression, alors nous pourrons toujours nous entendre. Le pluralisme ne doit pas faire obstacle à l'unité d'action. »

Les députés du Groupe interrégional avaient des objectifs propres. D'une manière plus large, des clivages commençaient à apparaître parmi les députés. Il ne s'agissait là que du reflet naturel de la pluralité des intérêts en présence au sein de la société. Le démantèlement du régime totalitaire, qui les avait toujours niés, ne pouvait que les faire émerger au grand jour. Leur cristallisation en mouvements et partis était tout aussi inévitable. En fait, la formation du Groupe interrégional n'était qu'un premier pas en ce sens.

Je dois préciser à ma décharge que je n'avais pas la moindre intention d'interdire le Groupe interrégional, ou de le saper par on ne sait quelles intrigues. Au contraire, j'avais — et je conserve — d'excellentes relations avec beaucoup de ses membres. De plus, nous tirâmes rapidement les conclusions qui s'imposaient de son existence : plutôt que de tenter de parvenir à une unité de façade, le Parlement deviendrait plus efficace grâce à la formation de groupes et à leur interaction. Bien entendu, il n'était pas encore question de groupes parlementaires émanant de partis politiques. Mais les premiers pas en ce sens furent faits dès la session suivante.

Le quotidien du législateur

La deuxième session du Soviet suprême (25 septembre-28 novembre 1989) fut plus spécialement consacrée au travail législatif. Au cours de ces deux mois, les députés adoptèrent les lois sur le bail d'entreprise et sur les modalités de règlement des conflits collectifs du travail ; ils approuvèrent en première lecture ou soumirent à l'opinion les projets de loi sur la propriété, le sol, les retraites, les activités économiques des collectivités locales, la presse et les médias, les fondements de la législation et l'organisation judiciaire, les langues et la citoyenneté, etc.

Cette simple énumération suffit à montrer que nous ne voulions pas nous contenter d'un simple ravaudage de notre législation. Non ! Il s'agissait d'entreprendre une œuvre comparable par son ampleur au Code du tsar Alexeï Mikhaïlovitch, aux réformes juridiques de Pierre Ier et d'Alexandre II ou à la révision du système légal après la révolution d'Octobre. Notre travail concerna tous les secteurs clés de la société et de l'État et, par-delà le droit, se traduisit par une réforme profonde de tout le système des relations sociales dans le pays.

Bien entendu, si nous pûmes légiférer sur tant de questions fondamentales en si peu de temps, c'est que beaucoup de dossiers étaient déjà prêts : nous n'avions pas chômé les quatre années précédentes. Dans de nombreux cas, l'expérience pratique nous permit de compléter nos réflexions théoriques. Il me semble que c'est pour cette raison qu'un bon nombre de lois de cette période furent adoptées presque sans changement par les républiques.

Ce fameux article 6

Celui qui a dit « Tout pouvoir corrompt, le pouvoir absolu corrompt absolument » ne se trompait pas. La caractéristique essentielle du pouvoir absolu est l'absence de concurrents. Ceux qui contrôlent les leviers de l'État peuvent alors tout se permettre sans tenir compte d'une opposition inexistante ou étranglée. Si la formule semble viser les despotismes, elle s'applique également aux partis politiques qui, ayant éliminé tous leurs adversaires, tentent de pérenniser leur domination. Si justes que soient les idées dont ils s'inspirent, si raisonnable que soit leur programme, si fort que soit le soutien initial du peuple, la dégénérescence des partis révolutionnaires en partis conservateurs est inévitable. Gueorgui Plekhanov, Rosa Luxemburg, Karl Kautsky et d'autres leaders du mouvement ouvrier avaient d'ailleurs mis Lénine en garde. Celui-ci ne niait pas le danger, même s'il polémiquait avec eux, mais il estimait que le « prolétariat victorieux » et son « avant-garde politique » sauraient l'éviter grâce à un ensemble d'éléments comme une large participation des masses à la gestion, la démocratie interne du parti, la critique et l'autocritique, etc.

Il me semble que Lénine raisonnait alors en se fondant sur le niveau de culture politique qu'il partageait avec son entourage. Très vite, les doutes l'assaillirent. Ses articles des années 1921 et 1922 révèlent son inquiétude devant la bureaucratisation rapide des fonctionnaires du parti, qui agrandissait le fossé entre les communistes et le peuple. Hélas, il n'eut pas le temps de trouver un contrepoison assez puissant contre ce mal.

Notre expérience, ainsi que celle des autres partis communistes, a clairement montré qu'aucune combinaison, aussi ingénieuse soit-elle, ne peut servir de garantie fiable contre la bureaucratisation. Même l'autorisation de courants au sein du parti est inefficace. Bien entendu, cette « fossilisation » ne concerne pas la masse des militants, mais la couche dirigeante qui prend très vite goût au pouvoir et se montre prête à tout pour ne pas le perdre. En soixante-dix ans, cette couche a produit plusieurs générations de cadres du parti et de l'État dont le principal trait de caractère était la certitude de disposer d'un droit naturel et inaliénable à exercer éternellement le pouvoir. C'est certainement de cette manière que la noblesse voyait les choses, jadis. Même aujourd'hui, certains héritiers de familles aristocratiques russes estiment que la Révolution, qui écarta leurs ancêtres du pouvoir, était à la fois illégitime et injuste. Et tout comme eux, d'anciens secrétaires d'obkom et membres du CC ne peuvent pardonner à Gorbatchev de leur avoir fait perdre fiefs et privilèges avec sa perestroïka.

Pour ma part, j'étais convaincu que la liquidation du monopole du PCUS sur le pouvoir serait bénéfique pour le peuple et le parti lui-même — du moins pour ses millions de militants du rang. Je n'en estimais pas moins, et je le pense aujourd'hui encore, qu'il ne fallait pas procéder à la hussarde mais se donner le temps d'agir. Le PCUS devait, en quelque sorte, abdiquer de son trône pour le céder à tous ces gaillards qui, dès 1988, tenaient meeting sous la banderole : « Parti, laisse-nous un peu le volant ! »

En 1989, alors que le pays était déjà passablement secoué par les mouvements séparatistes, les actions des fronts populaires et les attaques des « démocrates russes » contre le centre, la *Literatournaïa Gazeta* publia un article dans lequel deux jeunes sociologues, Igor Kliamkine et Andranik Migranian, s'efforçaient de montrer que des réformes économiques radicales ne pouvaient réussir que sous l'égide d'un pouvoir autoritaire fort. La société ne jurant alors que par la démocratie, elle considéra l'idée au mieux comme un simple effet d'épate. Pourtant, cette manière de poser le problème n'était pas nouvelle pour moi et mon entourage. Nous n'étions pas candides au point de ne pas comprendre qu'il est impossible de transformer sérieusement quoi que ce soit sans disposer des manettes du pouvoir et de la capacité de surmonter l'opposition inévitable aux réformes envisagées. Nous avions déjà abordé attentivement cette question à la veille de la XIXe conférence du parti. Notre conclusion était que le pouvoir fort indispensable aux plans de réforme serait garanti par le passage graduel de l'autorité suprême du parti vers une direction d'État élue, ou, d'une manière plus imagée, de la Vieille-Place au Kremlin.

Certes, nous comprenions bien que le pouvoir n'est pas un objet que l'on peut se passer de main en main. Il importe de ne pas le perdre en chemin quelque part aux alentours des galeries marchandes du Goum ou du ministère des Finances[21]. Le transfert du pouvoir est un processus d'une complexité extrême qui se heurte forcément à la résistance de ceux qui doivent y renoncer, mais n'en exige pas moins une certaine préparation des forces nouvelles censées l'assumer. Or, il était visible à l'œil nu que les soviets n'étaient pas prêts. Ils ne disposaient ni de la structure requise, ni d'un nombre suffisant de cadres qualifiés, ni de l'expérience indispensable, ni, surtout, de la certitude qu'ils auraient le dernier mot et qu'il ne faudrait pas obtenir, à chaque pas, l'aval des instances du parti. Bref, nous devions nous donner du temps.

Naturellement, ces questions se tranchent différemment lors des révolutions : on renverse le gouvernement et le lendemain, le nouveau pouvoir est au travail, même s'il n'en a pas les compétences. Mais, pour nous, la perestroïka ne devait pas être une révolution violente, mais un processus pacifique de réforme excluant destructions, calamités et souffrances. Néanmoins, choisir le bon moment pour transmettre le pouvoir était un exercice difficile qui réclamait beaucoup de doigté. Il fallait faire en sorte que les représentants du peuple librement élus s'en servissent immédiatement pour approfondir la démocratisation et poursuivre la création d'un État de droit, et d'une économie sociale de marché.

À mon plus grand regret, nous fûmes incapables de mener à bien cette opération décisive. Sans vouloir éluder mes responsabilités, je dois dire que cet échec ne provenait pas d'un excès de naïveté ou d'optimisme de nos plans initiaux. Nous avons simplement sous-estimé la

21. Par-delà son sens métaphorique, l'image correspond à la réalité topographique de Moscou. (N.d.T.)

vitesse de formation de l'opposition politique, la férocité de ses attaques contre le parti et, plus important encore, le soutien que lui apporteraient l'intelligentsia et la classe ouvrière, déçues par l'incapacité du parti et de sa nomenklatura à s'adapter au changement.

La décision de renoncer au monopole du pouvoir, avec toutes ses conséquences (pluripartisme, opposition politique légale, etc.), fut prise par la XIXe conférence. Mais s'il était prévu de procéder immédiatement aux premiers éléments de la réforme, les élections libres et la création du Parlement, le passage au pluripartisme devait en constituer l'étape suivante. Il ne s'agissait nullement de temporiser : des heures et des heures de discussion nous avaient tous convaincus que le parti devait rester le garant de la stabilité jusqu'au moment où la nouvelle structure politique fonctionnerait de manière optimale. Bien évidemment, il n'était pas question d'établir un échéancier, mais la période de transition nous semblait devoir durer deux ou trois ans, le temps pour le Parlement de se renforcer et pour les conditions du passage au pluripartisme de se trouver réunies.

Je voudrais attirer l'attention du lecteur sur le fait que, à l'époque, personne n'osait contester ouvertement la capacité de commandement du Parti communiste. Les « rebelles » les plus téméraires discutaient du pluralisme idéologique et politique en se référant au « rôle d'avant-garde du PCUS ». Ainsi, ce fut de sa propre initiative que celui-ci renonça à la possession incontrôlée du pouvoir et décida de le briguer sur les mêmes bases que les autres mouvements politiques. Il n'est guère besoin de démontrer que ce tournant d'une immense importance marquait une rupture avec le bolchevisme. De plus, cette « abdication » spontanée ne fut pas seulement le fait du secrétaire général et du Politburo, mais elle fut approuvée par une conférence, puis un congrès du parti. Et pourtant, il s'avéra impossible de faire avancer cette réforme à un rythme un tant soit peu raisonnable.

La campagne pour la suppression de l'article 6 de la Constitution de 1977 — qui consacrait le PCUS comme « la force qui dirige et oriente la société soviétique » — fut la première action politique d'envergure de l'opposition naissante. Les radicaux, qui contrôlaient déjà quelques journaux et disposaient de partisans à la radio et à la télévision, parvinrent à convaincre l'opinion que cette revendication était la principale condition de la victoire de la perestroïka. Inversement, toute opposition à cette revendication était perçue comme rétrograde et accusée de refléter les efforts des partocrates pour préserver leur domination sur le pays. Certes, tout cela n'était pas faux. Mais cette attitude maximaliste empêcha toute possibilité de transition sans à-coups d'un système politique à l'autre. L'agressivité excessive et la volonté de précipiter le cours des choses menaçaient de nous faire passer d'une évolution contrôlée à un affrontement brutal. Et cela n'était pas pour me plaire.

Nous eûmes une discussion longue et orageuse à ce sujet, au Politburo. Ce fut à la veille du plénum de juin 1989. Fallait-il supprimer l'article 6 ou se contenter de l'amender ? Personne au sein de notre « conseil suprême » ne se hasarda à adopter une ligne radicale. Nous nous accordions sur la nécessité du changement, mais la définition de son contenu soulevait de fortes dissensions. Un groupe conservateur aux contours moins flous (Ligatchev, Nikonov, Chtcherbitski) se prononçait en faveur d'amendements cosmétiques. Les partisans actifs des réformes (Medvedev, Chevardnadze, Iakovlev) objectaient non pas tant sur le fond qu'en arguant que cela « ne passerait pas ». Quant aux « centristes » (Ryjkov, Vorotnikov, Sliounkov, Tchebrikov), ils avançaient des formules qui pouvaient « passer » tout en préservant les caractéristiques d'« avant-garde » du parti.

Toutes ces propositions n'étaient que des pis-aller. La conservation de l'article 6, même amendé, ne pouvait que constituer une entrave à l'éclosion du pluripartisme dans la mesure où l'ancien régime politique se trouvait préservé. Des amendements auraient seulement pu permettre la création de partis « secondaires », dépourvus de toute autonomie, comme en RDA, en Tchécoslovaquie, en Pologne ou en Chine, où ils servaient de courroies de transmission du PC, à l'instar des syndicats et des jeunesses communistes.

La question resta à l'ordre du jour de pratiquement tous les débats jusqu'au IIIe Congrès des députés du peuple. En mars 1990, un plénum décida de soumettre au Congrès des propositions sur les articles 6 et 7 de la Constitution [22]. Dans son intervention devant le CC, Frolov exprima clairement l'importance de cette initiative législative : « Ce n'est que par convention que l'objet de notre débat est désigné comme un amendement aux articles 6 et 7 de la Constitution de notre pays. En réalité, il s'agit, camarades, d'un véritable bouleversement, de l'achèvement du changement de système politique. »

Le plénum se tint en trois séances, les 11, 14 et 16 mars, mais il n'ouvrit pas de débat sérieux sur ce problème spécifique — d'ailleurs,

---

22. L'article 7 établissait que les syndicats, les jeunesses communistes, les organisations coopératives et autres organisations sociales de masse participaient à la gestion des affaires de l'État et des affaires sociales. (N.d.T.)

il n'y en eut pas non plus au Congrès des députés du peuple. L'amendement que nous proposions arrangeait plus ou moins tout le monde et semblait, à cette date, un compromis acceptable. En fait, les propositions de réforme constitutionnelle concernaient également l'instauration de la présidence de l'URSS[23] et ce n'était pas moins important.

Certes, il y eut *in extremis* quelques tentatives pour supprimer toute référence au Parti communiste, mais elles échouèrent. L'article 6 amendé fut donc voté dans la version suivante : « Le Parti communiste de l'Union soviétique, d'autres partis politiques, ainsi que les syndicats, les organisations de la jeunesse et d'autres organisations sociales et mouvements de masse, par l'intermédiaire de leurs représentants élus aux soviets des députés du peuple et sous d'autres formes, participent à l'élaboration de la politique de l'État soviétique, à la gestion des affaires de l'État et de la société. »

Le législateur reconnaissait donc implicitement la création d'autres partis politiques sans toutefois se décider à ne pas réserver une place spéciale au Parti communiste. C'était, sans aucun doute, une décision « mi-chèvre mi-chou », mais qui n'en était pas moins révolutionnaire.

Le premier président de l'URSS

En groupant la modification de l'article 6 et la restructuration du pouvoir suprême par l'institution de fonctions présidentielles inédites dans notre histoire, nous n'avions nullement l'intention de nous livrer à une manœuvre tactique visant à faire passer subrepticement une formule de compromis. Les deux réformes étaient organiquement liées. L'amendement à l'article 6 introduisait le pluripartisme en indiquant que notre État cessait d'être dirigé par un parti unique et, dans une certaine mesure, théocratique. Le nouvel article 127 marquait la reconnaissance d'un autre principe fondateur de la démocratie : la séparation des pouvoirs.

Le principe de la séparation des pouvoirs pouvait-il être ainsi associé à la forme présidentielle de gouvernement ? Il me semble que oui. En effet, en affirmant son célèbre principe, Montesquieu visait à limiter la toute-puissance du monarque tout en préservant un pouvoir susceptible

---

23. Et non plus seulement du Soviet suprême. (N.d.T.)

d'assurer l'intégrité de l'État et la vie normale de la société. Le chef de l'État (système présidentiel) ou du gouvernement (système parlementaire) exerce les fonctions exécutives et les attributions d'organisation, mais ne peut adopter les lois ou exercer la justice.

Je dois admettre qu'il me fallut réfléchir longtemps avant d'admettre l'idée qu'il convenait de couronner notre nouvelle structure politique par la fonction présidentielle. Au début, je rejetais fermement les arguments de certains de mes amis et des experts qui allaient dans ce sens. À mes yeux, notre système politique devait continuer à reposer sur les soviets. Or ces derniers se marient mal avec la présidence qui constitue pour eux un élément étranger. J'objectais que ce serait peut-être utile dans le futur mais que, pour l'heure, remplacer le président du présidium du Soviet suprême par un simple président *du* Soviet suprême constituait une innovation suffisante. Cela permettait d'accroître les prérogatives du chef de l'État et de le doter d'un certain nombre de fonctions purement « présidentielles ». Dans le même temps, demeurant à la tête du Parlement, il pourrait œuvrer en législateur avec les députés et prendre mieux conscience de ses responsabilités vis-à-vis des élus du peuple.

Je me rendis très vite compte de mon erreur. Après avoir présidé de bout en bout la première session du Soviet suprême et être entré dans tous les détails de la procédure, je compris qu'il était physiquement impossible de conjuguer la direction directe du Parlement avec d'autres fonctions.

Plus important encore, le pouvoir législatif et le pouvoir exécutif requièrent des approches différentes. Cela ne signifie nullement qu'ils doivent être en guerre permanente, comme cela devint la règle chez nous par la suite, mais ils doivent exercer un contrôle mutuel, ce qui était exclu de notre choix initial. Nous perdions ainsi l'un des avantages de la séparation des pouvoirs.

Malheureusement, je ne compris que tardivement un autre argument, peut-être majeur. Pour parfaite que soit leur conception, les institutions politiques ne peuvent fonctionner sans un enracinement dans la culture et les mentalités de la société. Pendant des décennies, nous avions vu s'instaurer, chez nous, une sorte de culte du Politburo et du secrétaire général qui imposait une subordination inconditionnelle aux instructions et aux ordres qui émanaient du sommet. La désacralisation de cette autorité respectée et crainte eut des répercussions immédiates sur la discipline de l'État. Pour couronner le tout, les fonctions de pouvoir étaient rétrocédées au Soviet suprême, que l'on considérait depuis des décennies comme une institution de pur décorum. Comment l'opinion aurait-elle pu, de but en blanc, se convaincre que le nouveau Parlement exerçait un pouvoir réel ? De la même manière, la majorité des citoyens, peu familiarisée avec les définitions politiques, peinait à saisir la différence qu'il pouvait y avoir entre président du présidium du Soviet suprême et président tout court.

L'instauration de la présidence s'imposait donc également pour des raisons purement psychologiques. Simultanément, la création du Soviet de la Fédération et du Conseil présidentiel — cet équivalent du Politburo dans le nouveau système politique — contribuait à renforcer l'autorité du pouvoir.

Lors du Congrès extraordinaire des députés du peuple chargé d'amender la Loi fondamentale, l'un des premiers orateurs, Noursoultan Nazarbaïev[24], soutint la création de la présidence et ma candidature, et se prononça sans ambiguïté pour l'application du même modèle dans les républiques afin, dit-il, de « supprimer la contradiction qui s'amorce entre l'idée de la présidence et la tendance des républiques à une extension de leur autonomie ». Autrement dit, les directions des républiques avaient clairement saisi que le pouvoir central se renforçait et, comme elles étaient peu désireuses de perdre la moindre parcelle de l'autonomie récemment acquise, elles voulaient profiter de l'occasion pour s'entourer, à tout hasard, de garanties. Homme politique expérimenté et astucieux, le dirigeant du Kazakhstan jouait un jeu où il était sûr de ne pas perdre.

À vrai dire, je n'avais nullement envisagé la création d'une fonction présidentielle dans les républiques fédérées : cela ne pouvait que réduire les avantages que nous estimions liés à l'accroissement de l'autorité du pouvoir central. Mais que pouvions nous faire ? Toute tentative de mettre en doute la rationalité de cette approche ne pouvait que déchaîner les passions et empêcher les amendements à la Constitution d'obtenir la majorité qualifiée des voix. Ce fut pour moi une nouvelle confirmation de la vieille maxime qui veut que la politique soit l'art du possible.

Comme il fallait s'y attendre, l'attaque principale vint du camp démocrate. Iouri Afanassiev, recteur de l'École des chartes et auteur de la formule sur la « majorité agressivement docile » du Congrès, se fit encore son porte-parole. Il commença son intervention par une contre-vérité

24. Il était alors premier secrétaire du CC du Parti communiste du Kazakhstan. (N.d.T.)

manifeste : la réforme n'aurait eu pour but que de « légitimer le pouvoir extraordinaire d'un individu, en l'espèce Mikhaïl Sergueïevitch Gorbatchev ». Puis, après avoir ainsi déformé les choses, il se lança dans une série de questions purement rhétoriques : Avions-nous besoin de cela ? La perestroïka et tous les citoyens avaient-ils besoin de cela ? L'initiateur de la perestroïka lui-même avait-il besoin de cela ? Puis il annonça que le Groupe interrégional s'était réuni et avait adopté une résolution opposée à l'institution de la fonction de président de l'URSS et à son élection par le Congrès.

De telles attitudes me faisaient souvent penser aux hébertistes, du temps de la Révolution française. Nous aussi, nous avions nos « enragés ». Avec son ami Iouri Tchernitchenko, l'historien Iouri Afanassiev, spécialiste de cette période de l'histoire de France, s'inspirait — inconsciemment, sans doute — de l'exemple de l'Incorruptible. Peut-être rêvait-il de jouer un rôle analogue dans la perestroïka. Selon Freud, de telles choses arrivent.

Dans leur majorité, les députés rejetèrent les arguments d'Afanassiev. Le plus percutant d'entre eux fut l'académicien V. I. Goldanski : « Bien entendu, dit-il, il vaudrait mieux élire le président au suffrage universel, égal et direct, comme on envisage de le faire plus tard. Mais aujourd'hui, nous n'en avons tout simplement pas le temps. En termes médicaux, il s'agit d'une réanimation d'urgence et non d'un traitement thermal. Je réfute entièrement les propos selon lesquels la création de la fonction présidentielle serait due à l'aspiration de Gorbatchev au pouvoir personnel absolu. En réalité, il a accédé à ce pouvoir absolu il y a exactement cinq ans en devenant secrétaire général du CC du parti. Il serait absurde de supposer qu'après s'être entièrement consacré durant ces cinq années au démantèlement du système bureaucratique, Gorbatchev ait décidé maintenant de s'emparer du pouvoir sous un nouvel avatar. »

Par-delà la discussion sur ma personne, le destin ultérieur du pays était en cause. Certains propos d'alors acquièrent aujourd'hui une dimension prémonitoire, par exemple ceux de l'écrivain moldave N. T. Dobezea : « Beaucoup d'entre nous se trouvent ici grâce à Gorbatchev et c'est maintenant à notre tour de l'aider, de "défendre" Gorbatchev contre Gorbatchev. La concentration d'un énorme pouvoir entre les mains d'un individu constitue un danger pour le processus de démocratisation de notre société. Ce processus est lié au nom de Gorbatchev et nous lui faisons confiance. Mais qui peut être sûr que dans quatre ans ou dans neuf ans on ne verra pas accéder au pouvoir quelqu'un qui voudra créer en URSS un socialisme à visage tsariste ? Voilà ce que nous devons craindre. Oui, le pays connaît des temps difficiles. Il existe un danger de retour à la dictature, la discipline se dégrade rapidement, nous vivons dans une tension permanente, personne n'écoute personne. Autrement dit, pour rétablir la situation, il nous faut un "tsar". On peut l'appeler autrement : secrétaire général, président du parti, peu importe. Ce qui compte, c'est la prise de conscience de notre besoin impératif d'un "père" à qui se plaindre des préfets ou des satrapes, qui pourrait le cas échéant dissoudre la Douma... »

Qui pourrait nier l'actualité de ces paroles ? Le reste du discours de l'écrivain moldave illustra la crainte des républiques fédérées de voir le centre leur arracher, grâce à la fonction présidentielle, l'autonomie qu'elles avaient acquise à la faveur de la perestroïka. Il apportait cependant son soutien à la création de cette fonction sous réserve de faire entrer au Conseil présidentiel quinze vice-présidents, chacun représentant une république fédérée, qui présideraient à tour de rôle. C'était l'un des premiers modèles de la Communauté d'États qui devait s'imposer par la suite.

Les députés des entités autonomes (républiques, régions et arrondissements) exprimèrent un point de vue spécifique. Ils insistèrent sur le droit des peuples à l'autodétermination, sur la faculté de définir eux-mêmes leur propre statut politique et sur la protection des petits peuples autochtones. Leur revendication fondamentale fut d'être représentés au Soviet de la Fédération[25] sur un pied d'égalité avec les républiques fédérées.

Finalement, une majorité écrasante soutint la création de la fonction de président et l'élection du premier président par le Congrès. La discussion porta ensuite sur le point de savoir si le président pouvait rester à la tête du parti. L'approche était moins juridique que politique. Comme il semblait clair que Gorbatchev serait élu premier président, il devenait important de savoir si cela entraînerait son départ du poste de secrétaire général.

J'ai déjà eu l'occasion d'exposer de nombreuses fois mon opinion sur le sujet, et je n'y reviendrai pas. Qu'il me suffise de dire que, en mars 1990, l'abandon du poste de secrétaire général aurait été encore moins opportun que par le passé. Au sommet du parti, les conserva-

---

25. Le Soviet de la Fédération était composé du président de l'URSS et des présidents des quinze républiques fédérées. (N.d.T.)

teurs antipérestroïkistes se faisaient de plus en plus menaçants et leur donner la possibilité de prendre le contrôle du parti et de son énorme influence politique aurait certainement suffi à faire revenir le pays à l'ordre ancien.

Les arguments contre l'obligation de séparer les fonctions de direction de l'État de celles d'un parti ne manquaient pas. Après tout, à l'étranger, les Constitutions ne mentionnent rien de tel et, dans la pratique, les chefs de nombreux États conservent la direction de partis politiques. Mais les interrégionalistes objectaient que le président gouvernerait au nom du Politburo dont il appliquerait les décisions.

En définitive, l'amendement à l'article 127 interdisant au président de diriger un parti politique ne rassembla pas la majorité qualifiée des deux tiers et fut rejeté. Mais le résultat du scrutin montra une collusion sur ce thème entre les interrégionalistes et les intégristes du parti qui, pour des raisons évidentes, voulaient changer de secrétaire général. L'aile droite et l'aile gauche ne totalisèrent que 1 303 voix (607 députés votèrent contre) alors qu'il en fallait 1 500.

Les débats portèrent ensuite sur d'autres points importants de la réforme constitutionnelle : la formulation exacte du droit du président à proclamer l'état d'urgence, la possession du « bouton nucléaire », les pouvoirs et la composition du Soviet de la Fédération et du Conseil présidentiel. Ce ne fut qu'après un vote sur chacune de ces questions qu'il fut procédé à l'examen des candidatures à la présidence.

Le député Vladimir Ivachko, alors premier secrétaire du CC du PC d'Ukraine[26], annonça que, deux jours plus tôt, le plénum du CC avait proposé à l'unanimité ma candidature à la présidence de l'URSS. Il ajouta que le plénum avait exprimé plusieurs recommandations au cas où je serais élu.

Naturellement, il y eut quelques réactions contre moi. Le sous-directeur d'une houillère de la région de Kemerovo, T. G. Avaliani, qui jouissait d'une certaine notoriété, fut le plus violent. Il m'accusa d'irrésolution et de monter « une aile de la nation contre l'autre ». Et les « enragés » de droite et de gauche, ligués contre moi, ne furent pas en reste.

Néanmoins, les manifestations de soutien prédominèrent. Pressentis à faire acte de candidature, Ryjkov et Bakatine se récusèrent. Je n'avais aucune envie d'apparaître comme un candidat unique et j'espérais que les interrégionalistes m'opposeraient sinon Eltsine, du moins l'un de

26. Il devait devenir, par la suite, secrétaire général adjoint du PCUS.

leurs dirigeants, comme Popov ou Afanassiev. Ce ne fut pas le cas. Bien sûr, ils n'avaient quasiment aucune chance d'être élus, mais, dans le passé, la certitude de l'échec n'avait pas empêché les démocrates de promouvoir des candidatures. Ils pouvaient ainsi faire de la propagande pour leur politique et confirmer leur volonté de ne pas permettre une élection à candidat unique. Ce jour-là, leur but était clair : rabaisser par tous les moyens la légitimité de ma présidence. Ils voulaient pouvoir dire que non seulement j'avais été élu au suffrage indirect, mais encore sans adversaire. En fait, ces individus faisaient comprendre qu'ils n'avaient pas l'intention de se plier à la volonté de la majorité et entendaient poursuivre une lutte impitoyable pour le pouvoir.

Je fus élu par 1 329 voix contre 495. Je fis aussitôt une brève allocution pour répondre à diverses inquiétudes exprimées à la tribune du Congrès. Je liai mon mandat présidentiel à la ferme volonté de poursuivre la perestroïka. Répliquant à ceux qui craignaient une usurpation du pouvoir grâce à la présidence, je dis que rien ne justifiait de telles craintes :

« La garantie en est la Constitution dont les gardiens puissants, dotés de droits réels, sont aujourd'hui les organes représentatifs du pouvoir d'État : le Congrès des députés du peuple et le Soviet suprême de l'URSS... La garantie en est la glasnost, inscrite aujourd'hui dans les faits, et le pluralisme politique. »

Avec le recul du temps, je ne puis que conclure à l'excellence de ces arguments. La tentative manquée d'usurpation du pouvoir en août 1991, puis celle réussie, en décembre de la même année, attestent que le danger ne venait pas des pouvoirs du président.

Dans la soirée de ce jour mémorable, après la fin des travaux du Congrès, je dus passer plusieurs heures à écouter les félicitations des députés, leurs demandes et leurs conseils. Il me fallut également rencontrer les journalistes, soviétiques et étrangers. Lorsque je pus enfin regagner mon bureau, Raïssa Maximovna m'attendait en compagnie de mes assistants Gueorgui Chakhnazarov et Vitali Ignatenko. Et, pendant que nous buvions une coupe de champagne en l'honneur de ma nouvelle fonction, une question me revenait sans cesse : quelque chose avait-il changé dans ma situation ?

Les défauts de la nouvelle structure

Imaginez un chef militaire entouré de généraux et de maréchaux, mais sans armée : voilà quelle fut ma situation après le IIIe Congrès. Le pays avait un président et un état-major — le Soviet de la Fédération et le Conseil présidentiel , mais pas de troupes. En apparence, personne ne contestait les prérogatives du pouvoir suprême, mais les impulsions qui en émanaient ne bénéficiaient pas d'un énergique soutien en retour.

La décision d'instituer la fonction présidentielle était certainement bonne, mais ce fut une erreur de nous arrêter là, sans chercher à aller plus loin. Les avantages du système présidentiel ne pouvaient se manifester qu'à la condition de créer le mécanisme approprié. Au moment de procéder aux changements imposés par la nouvelle situation, nous hésitâmes. Des voix discordantes se faisaient entendre dans mon entourage, et, plus encore, au Politburo.

La théorie reste la théorie, mais c'est la pratique qui pèse d'un poids décisif. Il en fut ainsi cette fois encore. Le gouvernement craignait d'être relégué au second plan et transformé en une sorte de sovnarkhoze. Cela, Ryjkov et ses amis ne le voulaient à aucun prix. Tel fut l'obstacle majeur à l'instauration d'une république présidentielle. Or, je n'avais alors aucune raison ni la moindre intention de me brouiller avec Nikolaï Ivanovitch. J'appréciais toujours son expérience de gestionnaire issu du Gosplan et je ne doutais pas de son attachement aux réformes. Je comptais bien, d'ailleurs, poursuivre notre collaboration.

D'un autre côté, je n'étais pas insensible aux arguments de mes conseillers selon lesquels le président ne devait pas assumer le fardeau de la gestion économique. Face aux problèmes innombrables, il ne pouvait pas se charger de la responsabilité pour chaque détail. Bref, les attributions du Conseil des ministres ne furent pas modifiées. Or, les racines d'un conflit considérable se trouvaient là.

Autre erreur : nous aurions dû créer, en même temps que la présidence, un pouvoir judiciaire puissant. Au lieu d'une Cour constitutionnelle (ou d'une Cour suprême dotée des pouvoirs nécessaires), nous nous bornâmes à fonder un Comité de supervision constitutionnel. Bien que ce dernier fût censé occuper la place qui lui revenait dans la vie publique et contribuer à résoudre les problèmes qui se présentaient, il fit surtout preuve de son inefficacité. Les mois se succédaient et tout ce que l'on voyait venir, c'étaient des décisions sur des points annexes, ou des actes ambigus qui autorisaient des interprétations opposées. Des plaisantins affirmaient que les décisions du Comité demandaient les services d'une pythie capable de déchiffrer ses oracles. Les plaintes se multipliaient, mais je ne pensais pas devoir intervenir, tant je croyais au principe de la séparation des pouvoirs.

Nos hésitations sur le statut du gouvernement ou sur le pouvoir judiciaire ne furent cependant rien en comparaison de la cause principale de l'inefficacité du système présidentiel : la « parade des souverainetés » qui se manifesta après l'adoption par le Soviet suprême de Russie de sa déclaration d'indépendance[27]. Dans la « guerre des lois » qui s'ensuivit, les républiques décidèrent de ne plus reconnaître les actes législatifs de l'Union lorsqu'ils n'étaient pas avalisés par leurs Parlements respectifs. Une telle décision finit de miner le pouvoir central.

Nous ne pouvions plus nous borner à ravauder la Constitution : nous devions conclure un nouveau traité d'Union et modifier en conséquence toute la structure de l'État. Nous venions de terminer une restructuration difficile pour nous voir contraints d'en commencer une autre.

27. En 1990, le Parlement de la RSFSR adopta une loi proclamant la supériorité de la loi russe sur la loi soviétique. (N.d.T.)

CHAPITRE 15

POLITIQUE DES NATIONALITÉS : UNE QUÊTE ARDUE

Racines profondes

Au moment où j'écris ces lignes, il m'est insupportable de voir ce qui arrive à mon pays. Les conflits interethniques ont dégénéré en guerres, des centaines de milliers de réfugiés ont dû quitter leurs terres, leurs maisons, les tombes de leurs aïeux. Des « stratèges » bravaches plastronnent sur fond de villes en flammes. Mais le plus inquiétant est l'indifférence de la société devant tout cela.

Que nous est-il arrivé ?

Je ne cherche pas à me justifier. Les hommes politiques qui ont assumé la responsabilité des réformes possédaient une expérience appréciable dans le domaine des relations interethniques et savaient qu'elles pouvaient s'envenimer. Il ne serait pas sérieux pour eux d'invoquer l'ignorance. Moi aussi, j'avais cette expérience. En évoquant mes origines et mes racines, j'ai signalé les particularités du territoire de Stavropol. Les relations et la cohabitation entre individus d'ethnies différentes étaient un élément primordial de mon existence quotidienne, au même titre que la terre, l'eau, l'air ou le pain. Connaissant la culture, les traditions et les différences de mœurs de dizaines de peuples du Caucase, je savais combien il était important de traiter avec précaution cette matière délicate, de la protéger contre l'embrasement spontanée des passions nationalistes et — surtout — de la politique perverse qui consistait à attiser délibérément les querelles interethniques à des fins intéressées ou pour satisfaire des ambitions.

Pendant la guerre, après avoir chassé l'occupant allemand du Caucase, de nombreux peuples qui y habitaient furent déportés « en Sibérie » : les Kalmouks, les Tchétchènes, les Ingouches, les Balkars. Les

Karatchaïs furent chassés de notre territoire en trois jours ! On prétendait qu'ils avaient collaboré avec les Allemands. Il est vrai que certains membres de ces ethnies s'entendirent avec les autorités d'occupation. Il y eut aussi les hommes de Vlassov, les partisans de Bandera, les *polizei* [1]. Des collaborateurs, il y en eut aussi dans mon village.

Mais cela n'avait aucun rapport avec les enfants, les vieillards, les anciens combattants du front parmi lesquels il y avait tant de héros. À leur retour de la guerre, ces derniers se virent contraints de partir loin de chez eux, au Kazakhstan, en Asie centrale, en Sibérie, pour y chercher leurs proches, dépouillés de leurs maisons, de leurs biens, de leurs racines, et dont beaucoup avaient péri en route.

À l'époque où j'étais secrétaire du Komsomol du territoire de Stavropol, j'eus l'occasion de participer à l'organisation du retour des Kalmouks et des Karatchaïs. Le gouvernement et les autorités locales prirent des décisions spécifiques pour reloger les familles, construire des maisons et créer de nouveaux emplois, même en dehors de leurs régions traditionnelles. Dans les établissements d'enseignement supérieur du territoire, des quotas furent instaurés en faveur des jeunes Karatchaïs, et l'on créa de nouvelles écoles dans leurs villages.

Bien que beaucoup fût fait pour permettre à ces populations de retrouver une vie normale et d'oublier leurs épreuves, l'amertume persista pendant des années. La moindre anicroche en matière de représentation aux fonctions dirigeantes, au soviet comme dans le parti, était perçue comme un drame. Même des actes fortuits ou d'inattention étaient source de vexations et de troubles, sans compter que les heurts de la vie quotidienne entre individus d'origine ethnique différente dégénéraient rapidement en conflits graves.

À la variété des peuples et des cultures s'ajoutait la variété des religions : musulmans, bouddhistes, chrétiens de toutes tendances, orthodoxes, vieux-croyants, baptistes. Le territoire de Stavropol figurait parmi les régions qui obtenaient les moins bons résultats dans la lutte contre l'emprise de la religion. Souvent, la situation frisait l'absurde. Ainsi, aux obsèques officielles d'un dirigeant, un groupe de personnes

---

1. En 1942, le général russe Andreï Vlassov accepta de combattre contre les communistes aux côtés des Allemands et forma une armée de quelque cinquante mille hommes. Stepan Bandera, chef de l'Armée insurrectionnelle ukrainienne, combattit contre l'armée soviétique, mais aussi contre les nazis sous le mot d'ordre « contre Staline et contre Hitler ». Les *polizei* étaient les supplétifs locaux des autorités allemandes chargés de faire la police dans les territoires occupés. (N.d.T.)

de son ethnie, avec parents et proches, pouvaient fort bien s'emparer du cercueil en plein milieu du cortège pour aller l'enterrer dans son aoul[2]. Ou bien, il était simplement inhumé au cimetière musulman selon le rite islamique, au grand embarras de ses collègues. Que faire ? Aller aux obsèques ou non ? Beaucoup s'abstenaient. Certains y allaient au risque de se voir passer un savon : tu n'as pas de principes, tu encourages la superstition. En général, nous fermions les yeux tant que de telles manifestations ne prenaient pas un caractère trop ostentatoire. En revanche, si elles devenaient publiques, il nous était impossible de ne pas réagir.

Quant à la construction de mosquées et d'églises, deux points de vue s'affrontaient. Les uns affirmaient que cela favoriserait la pratique religieuse. D'autres, au contraire, démontraient que les interdits la stimulaient. En effet, le nombre de communautés religieuses clandestines, surtout musulmanes, dépassait de beaucoup celui des communautés homologuées. En se réunissant secrètement, les premières entraient *de facto* en opposition au régime.

Raïssa Maximovna, qui étudiait la vie kolkhozienne dans les campagnes, les établissements cosaques et les régions de minorités ethniques, réunit sur ce sujet une documentation fort intéressante. Une part importante des jeunes et des générations intermédiaires, sans professer aucune religion, n'en restaient pas moins fidèles aux traditions de leurs aïeux. Cela confirmait d'ailleurs mes observations au sein de ma propre famille. Mes deux grand-mères, Vassilissa et Stepanida, étaient croyantes, tout comme grand-père Andreï aussi. Grand-père Panteleï, bien que communiste, s'estimait tenu de respecter les croyants. Quant à nous, « cadres du parti » mettant en œuvre les instructions du CC, nous menions la propagande antireligieuse en exerçant des pressions contraires aux dispositions de la Constitution sur la liberté de conscience. De la même manière que les ordres religieux convertissaient jadis hérétiques et mécréants avec un zèle féroce, nos idéologues menaient un combat acharné contre la religion, soulevant un mécontentement inutile.

De plus, nous avons reçu un bien lourd héritage. Nos prédécesseurs ont dessiné à leur guise les frontières internes de l'URSS, enlevant un territoire à telle ethnie pour l'attribuer à telle autre, créant des républiques communes à deux peuples qui souvent n'étaient même pas parents. Même lorsqu'il n'y avait qu'une seule ethnie, comme en Adyg-

2. Village de certains peuples d'Asie centrale et du Caucase du Nord. (N.d.T.)

hée, le découpage était riche de conflits potentiels. Bref, c'était la vieille devise des Romains : diviser pour régner !

Pour couronner le tout, les républiques et les entités autonomes des minorités ethniques étaient rigidement liées à la Russie. Les deuxièmes secrétaires des comités du parti étaient toujours des Slaves. Lorsque des litiges ou des revendications d'ordre ethnique se produisaient, Staline n'y voyait que des manifestations antisoviétiques et ne perdait donc pas son temps en explications ni sermons. Mais cela laissait les problèmes intacts, comme celui du Karabakh qui revenait régulièrement tous les dix ans. Et s'il n'y avait eu que le Karabakh !

Mon expérience personnelle nourrissait ma conviction qu'une seule voie était possible : celle de la coopération ! La répression était sans perspective, car elle ne réglait pas le fond des problèmes. D'ailleurs, cela s'est vérifié et se vérifie encore partout dans le monde : en Europe, en Inde, en Chine, au Canada, aux États-Unis. L'usage de la force peut « refouler » les pulsions nationalistes, mais à la première occasion, elles resurgissent avec encore plus de virulence.

Dans notre pays, de nombreux conflits interethniques sont en gestation depuis des décennies, parfois même des siècles. Il ne suffit pourtant pas de dire qu'ils ont leurs racines dans le passé. Il faut reconnaître que certains d'entre eux sont nés après la révolution d'Octobre. La politique des nationalités mise en œuvre par le parti a permis des réalisations incontestables, mais elle a aussi causé d'énormes préjudices.

Avant la Révolution, Lénine et les bolcheviks avaient, sur la question, une approche marxiste orthodoxe. Lorsque la révolution de 1905 éclata, les pays et les peuples rattachés ou associés à la Russie ne posaient pas la question de la séparation, mais celle de l'autonomie. Lénine s'en tenait aussi à ce mot d'ordre. Il ne changea d'avis qu'après la révolution d'Octobre lorsque, s'étant convaincu de l'aspiration de nombreux peuples de l'ancien Empire russe à la maîtrise de leur destin, il formula le principe suivant : reconnaissance du droit des peuples à l'autodétermination jusqu'à la sécession, puis édification d'une union de républiques égales. La fédération, qui s'imposa comme le seul moyen possible de préserver l'intégrité de l'État, fut engendrée par la politique internationaliste du gouvernement révolutionnaire.

La conception léniniste de la fédération impliquait la multiplicité des voies et des niveaux d'adhésion : cela allait des États nationaux conservant un degré élevé d'indépendance (on pourrait les qualifier d'« associés » dans la terminologie actuelle) jusqu'à la région autonome ou au district autonome. Dans les années qui suivirent la Révolution, le pays comptait plus de cinq mille districts autonomes permettant à des minorités ethniques même numériquement infimes de se perpétuer en conservant leur langue, leurs coutumes et leur culture.

Staline dénatura cette politique. Sans remettre en cause le principe fédéral institué par Lénine, il l'« interpréta » à sa manière. À mesure que le pouvoir central se renforçait, les républiques fédérées et autonomes se virent retirer leurs pouvoirs réels et, finalement, leur autonomie étatique fut ramenée à celle de simples collectivités locales. Du passé, elles ne gardèrent que leurs superbes emblèmes[3]. Voilà comment le « guide des peuples » transforma l'Union en État unitaire supercentralisé, tout en restant fidèle, aux yeux du parti, aux préceptes de Lénine auxquels il tenait beaucoup. En effet, si le parti le préféra à Trotski, ce fut parce qu'une majorité des militants le tenait pour le « continuateur des idées de Lénine ».

Staline et ses lieutenants avaient toute latitude pour découper les frontières, répartir les terres arables et implanter des industries. Ce fut le cas pour la Russie qui n'a jamais existé dans les frontières définies pour la RSFSR, pour le Kazakhstan auquel furent rattachés d'immenses territoires surtout peuplés de Russes, et pour d'autres républiques, comme la Géorgie et l'Abkhazie, l'Arménie et l'Azerbaïdjan. Tout était calculé pour qu'elles ne puissent même s'imaginer hors de l'Union.

Nombre des idées qui présidèrent à l'organisation de notre grand État fédéral se révélèrent toutefois justes à l'usage. La conjugaison des efforts permettait à chaque peuple et à l'ensemble de la société d'accélérer considérablement son développement. Aujourd'hui, cet État a éclaté — ou plutôt, il a été « écartelé » par les séparatistes —, mais l'idée d'Union n'est pas morte, car elle exprime une réalité sociale objective et demeure l'option optimale pour les peuples de la CEI.

En ce qui nous concerne, mon équipe et moi, nos idées et nos actions sur les questions des nationalités évoluèrent avec le temps. Il est possible de distinguer trois étapes. Dans les mois qui suivirent mon accession au secrétariat général, nous continuâmes à nous inspirer de la politique menée depuis des décennies. Ce fut elle qui guida nos pas, en 1986, lorsqu'il fallut maîtriser la crise née à Alma-Ata et dans d'autres régions du Kazakhstan à la suite du mécontentement provoqué par le changement de direction à la tête de la république.

3. Drapeaux et armoiries d'État. (N.d.T.)

En réalité, le Kazakhstan ne connaissait pas de conflit ethnique sérieux. L'irritation et le mécontentement étaient provoqués par la prédominance de l'une des communautés locales, le « clan des Djous ». Les avantages dont bénéficiait la parentèle de Kounaïev sautaient aux yeux, mais ce véritable autocrate de la république échappait à toute critique.

Quelque temps après ma nomination, je reçus successivement un certain nombre de secrétaires d'obkom, puis un groupe de secrétaires du CC de la république (Kazakhs et Russes confondus), conduits par le deuxième secrétaire O. S. Mirochkhine. Tous s'efforçaient de me faire comprendre que quelque chose n'allait pas dans la république.

De son côté, Kounaïev commença à se plaindre des « trublions » et demanda à me rencontrer. Selon lui, le problème provenait des intrigues du Premier ministre de la république, Nazarbaïev, qui briguait le pouvoir. Kounaïev en fit un portrait peu flatteur, répétant sans cesse :

— C'est un homme dangereux. Il faut l'arrêter.

Selon lui, il fallait le faire muter à Moscou, ou l'éloigner en le nommant ambassadeur à l'étranger. Comme j'avais des relations normales avec Kounaïev, je lui dis ouvertement :

— Dinmoukhamed Akhmedovitch, je dois vous parler en camarade. Un groupe de secrétaires de votre CC est venu me voir. Leur opinion sur les causes de la situation actuelle est différente de la vôtre. Ils estiment que vous commettez de sérieuses erreurs en matière de cadres, encouragez le népotisme, couvrez des individus coupables d'abus et persécutez ceux qui ne vous plaisent pas. Puisque la question se pose ainsi, j'estime qu'il nous faudrait poursuivre cette conversation au Politburo en présence de tous les membres du Bureau du CC kazakh.

— Non, ce n'est pas la peine, répondit-il hâtivement. Je démissionne...

— C'est sans doute judicieux, l'approuvai-je. Vous faites preuve de sagesse et de réalisme.

Bien entendu, je lui demandai s'il avait des suggestions à me faire sur le nom de son remplaçant. Il ne mentionna ni Z. K. Kamalidenov, ni E. N. Aouelbekov, ni, à plus forte raison, Nazarbaïev.

— Mikhaïl Sergueïevitch, me dit-il, il n'y a pas de relève, surtout parmi les Kazakhs locaux. Dans cette situation difficile, il faut un Russe au poste de premier secrétaire.

Il me semble que son but était d'empêcher la nomination de Nazarbaïev, son ancien protégé qui avait rompu ses attaches et s'était mis à révéler des dépenses indues. Néanmoins, le Politburo tint compte de son avis et, après plusieurs discussions, notre choix se porta sur Guennadi Kolbine. La proposition fut soutenue par les instances du PC du Kazakhstan. Mais les événements devaient se charger de démontrer que nous avions commis une erreur. Nous n'étions qu'au tout début de la perestroïka et, par la force des choses, nous n'avions pas encore remis en question les méthodes anciennes. En tout cas, notre décision n'eut pas les conséquences que nous attendions.

Les troubles éclatèrent les 17 et 18 décembre 1986. D'abord circonscrits aux milieux étudiants d'Alma-Ata, ils gagnèrent d'autres régions jusqu'au moment où, la situation prenant un caractère dramatique, il nous fallut recourir à la force.

Le 25 décembre, le Politburo adopta une résolution très classique visant non pas tant à comprendre les raisons de ce qui s'était passé qu'à administrer une leçon au Kazakhstan et, par la même occasion, aux autres. En la matière, nous étions inspirés par les notions convenues selon lesquelles, dans le cadre de l'unité et de l'amitié entre les peuples, le seul danger était constitué par des bouffées spontanées de nationalisme qui s'expliquaient non par l'existence de problèmes réels, mais par les survivances du passé et l'influence de forces extérieures.

Un autre problème ethnique dont l'origine remontait à l'époque stalinienne se posa à nous en 1987. Le mouvement des Tatars de Crimée mit à profit la glasnost et la démocratisation pour prendre un tour organisé et résolu. Le lecteur n'ignore pas qu'après la libération de la Crimée, en 1944, toute la population tatare de la presqu'île fut déportée dans des camps de l'Oural, de Sibérie et d'Asie centrale. Comme dans d'autres cas analogues, le déplacement fut effectué avec la plus grande cruauté et fit des milliers de morts.

En 1955, le régime des camps fut supprimé et, dès le début des années soixante, les Tatars commencèrent à exiger leur retour en Crimée. À cette époque et postérieurement, leurs protestations publiques se heurtèrent à la ferme riposte des autorités. En juin 1987, ils manifestèrent pendant trois jours consécutifs devant le Kremlin en exigeant leur réhabilitation complète et leur retour en Crimée.

Gromyko et le ministre de l'Intérieur reçurent les manifestants pour le compte de la direction. Gromyko déclara qu'il présiderait en personne la commission *ad hoc* qui venait d'être créée. En dépit de la gravité de la situation, les actions des deux parties s'inscrivirent dans un processus politique qui permit la recherche d'une solution acceptable par tous, même si les protestations et les manifestations ne cessèrent pas pour autant.

Au début de 1988, la commission annonça, en accord avec les autorités ukrainiennes, qu'une partie des Tatars pourrait retourner en Crimée. Cela ne répondait que partiellement à leurs revendications car il était impossible de rétablir leur ancienne république autonome : la population russe et ukrainienne de la Crimée avait considérablement augmenté par rapport à l'avant-guerre et ces gens y avaient construit leur vie sans ménager leurs efforts. Dans la recherche d'une solution, nul ne pouvait manquer de prendre en compte l'évolution historique.

En dépit de ce geste de bonne volonté à leur égard, les chefs du mouvement tatar persistèrent dans leurs revendications maximalistes, créant un climat de psychose parmi leurs compatriotes. Ils contraignirent nombre d'entre eux à vendre leurs maisons et à faire mouvement vers la Crimée, alors qu'ils avaient refait leur vie en Asie centrale et ne songeaient pas à émigrer. Plusieurs milliers de personnes se rassemblèrent dans le territoire de Krasnodar, suscitant par leurs meetings interminables les protestations de la population locale. En rétablissant l'ordre public, les autorités se gardèrent bien de recourir à des arrestations ou des mesures coercitives.

Gromyko déclara alors que *tous* les Tatars de Crimée seraient autorisés à rentrer dans la presqu'île. Mais la commission confirma le refus de rétablir l'ancienne république autonome en arguant que la division administrative et territoriale du pays était avalisée par la Constitution. Plus tard, pendant l'été de 1989, l'idée d'autonomie resurgit, mais sous une nouvelle forme. Au Soviet suprême, de nombreux députés proposèrent la création d'une région autonome de Crimée (sans contenu ethnique[4]).

La réhabilitation des peuples réprimés (Tatars de Crimée, Allemands de la Volga, Balkars, Tchétchènes, Kalmouks, Ingouches, etc.) et le rétablissement de leurs droits demandaient une approche réfléchie et équilibrée. Toute solution durable était impossible si les parties concernées ne parvenaient pas à un consensus tenant compte de la nouvelle situa-

4. Depuis 1954, la Crimée, peuplée en majorité de Russes, dépendait administrativement de l'Ukraine. Cela ne posait pas de problème tant que l'URSS était gérée comme un État unitaire, mais la situation changea avec la proclamation de souveraineté de républiques fédérées. Les Russes de Crimée, souvent poussés par les autorités de la RSFSR, commencèrent à revendiquer leur autonomie. (N.d.T.)

tion démographique. L'histoire ne revient jamais en arrière. Quant au volontarisme, il ne sert qu'à semer le vent d'où jaillit la tempête.

Dans les pays baltes, les premiers signes d'agitation ethnique se manifestèrent en 1987. En réalité, le feu couvait depuis longtemps sous la braise. Le principal motif de mécontentement était la politique de russification de la région qui menaçait de transformer les Estoniens et les Lettons en minorités nationales dans leurs propres républiques. Le développement économique impliquait la création de nouvelles entreprises et l'arrivée de main-d'œuvre en provenance de Sibérie, de l'Oural ou de l'Asie centrale. Dans un délai historiquement bref, la structure ethnique de la population connut une mutation. Les autorités locales elles-mêmes favorisaient le mouvement en attirant les investissements. Ainsi, la direction lituanienne obtint des fonds importants pour la bonification des terres et le réaménagement des zones rurales, la direction lettonne pour le développement de l'industrie, et la direction estonienne pour le développement à la fois des zones rurales et de l'industrie.

Tout cela eut pour résultat de faire tomber à 60 % la proportion d'Estoniens en Estonie et à 50 % celle des Lettons en Lettonie. Les autochtones se plaignaient d'être contraints d'apprendre le russe alors que les Russes fixés là-bas ne faisaient aucun effort pour apprendre le letton ou l'estonien. Sans parler des problèmes de contrainte, il faut admettre qu'il y avait là un véritable problème de relations humaines. Quant aux problèmes écologiques, la pollution menaçait la mer, les cours d'eau, les sols et l'atmosphère en raison de la concentration d'activités industrielles dans la région.

À tous ces problèmes venait s'ajouter le silence soigneusement entretenu sur l'histoire réelle du rattachement des pays baltes à l'URSS. En août 1987, à l'occasion de l'anniversaire du pacte germano-soviétique de non-agression de 1939, une revendication apparut dans les trois républiques baltes : la divulgation des protocoles secrets qui décidèrent du destin de ces pays, et le rétablissement de la justice à l'égard des victimes des déportations en masse.

Comme c'est toujours le cas, le sentiment d'« oppression ethnique » fut habilement attisé par les milieux séparatistes. Bien entendu, le thème d'une sécession était encore passé sous silence, mais certains commençaient à préparer le terrain en publiant des ouvrages de tendance nationaliste et en cultivant un état d'esprit russophobe. En Lettonie, le 18 novembre 1987, jour anniversaire de la déclaration d'indépendance de 1918, fut célébré comme une fête nationale. Des milliers de Lettons descendirent dans la rue au mépris des avertissements des autorités et défilèrent avant de déposer des gerbes de fleurs au monument à la Liberté, à Riga. La foule fut dispersée, ce qui répondait visiblement aux attentes des organisateurs, désireux d'alerter l'opinion.

En Lituanie, le 16 février 1988, soixante-dixième anniversaire de l'indépendance, fut célébré par des messes et des manifestations. Tirant la leçon des événements de Lettonie, les autorités se comportèrent plus astucieusement et les plans des organisateurs ne rencontrèrent pas un succès complet. Les choses se passèrent de manière similaire en Estonie.

Au cours de cette première étape, nous comprenions bien que nous vivions dans un pays multinational et que l'on ne pouvait espérer réussir les réformes sans prendre en compte les intérêts de tous les peuples et minorités nationales qui y vivaient. Mais, restant prisonniers des approches habituelles, nous étions incapables de tirer les leçons des événements. Le tocsin du Haut-Karabakh se chargea de nous le faire comprendre.

L'explosion du Haut-Karabakh

La population du Haut-Karabakh, région autonome de la RSS[5] d'Azerbaïdjan, comptait 85 % d'Arméniens. En février 1988, elle exigea son rattachement à la RSS d'Arménie. La résolution fut adoptée par le soviet régional et immédiatement soutenue par des meetings réunissant des dizaines de milliers de personnes en Arménie même. Les autorités se contentèrent de faire respecter l'ordre. D'ailleurs, qu'auraient-elles pu faire d'autre devant une telle marée humaine ?

En Azerbaïdjan, la réaction fut violente. Des manifestations de masse furent organisées sous des mots d'ordre antiarméniens.

Le Politburo se pencha sur la question au cours du même mois de février. Le premier secrétaire du CC azéri, Kiamran Baguirov, exigeait la garantie du maintien du statut du Haut-Karabakh. De son côté, son homologue arménien, Karen Demirtchian, demandait l'examen de l'appel du soviet régional par les Soviets suprêmes d'Azerbaïdjan,

---

5. République socialiste soviétique. (N.d.T.)

d'Arménie et d'Union soviétique. Il était clair que Moscou devait trancher le litige opposant Bakou et Erevan sur Stepanakert [6].

Pour Ryjkov, nous devions « nous conformer à la Constitution ». Tchebrikov s'inquiéta des répercussions de ces événements dans d'autres républiques. Les sentiments sécessionnistes montaient en Estonie. Et au Tadjikistan, des revendications sur Boukhara et Samarkand [7], encore latentes, menaçaient de s'exprimer au grand jour.

En exprimant mon point de vue, j'insistai sur le fait que le problème devait être résolu par des moyens politiques. Le CC devait déclarer qu'il considérait toute modification de frontière comme inacceptable, tout en préparant des propositions d'ordre économique, social et culturel sur le Haut-Karabakh. Arméniens et Azéris devaient se réunir et prendre une décision conjointe que nous entérinerions en tout état de cause. L'intelligentsia russe et les travailleurs devaient être associés à leur discussion. Nous décidâmes d'envoyer des représentants du Politburo dans les deux républiques pour assister les dirigeants locaux. Ligatchev et Razoumovski partirent pour Bakou, Iakovlev et Dolguikh pour Erevan. Leur mission était d'établir des contacts et de rassurer les gens.

Le 26 février, j'appelai les peuples d'Azerbaïdjan et d'Arménie à faire preuve de compréhension, de responsabilité et de raison. Je précisai que nous ne nous déroberions pas à un examen sincère des différentes propositions. Mais cela devait être fait calmement, dans le cadre du processus démocratique et de la légalité.

Mon appel apporta une certaine détente. La manifestation de masse qui se déroulait sans discontinuer à Erevan prit fin. Les gens, rassurés, rentrèrent chez eux. Je m'efforçais d'établir le dialogue et d'explorer les voies d'un compromis qui, j'en étais fermement convaincu, était la seule issue.

J'eus alors une rencontre avec la poétesse Silva Kapoustikian et le journaliste Zori Balaïan, deux personnalités arméniennes, en présence de mon conseiller Gueorgui Chakhnazarov. Mes interlocuteurs m'exposèrent en détail la préhistoire de la question. Le litige du Karabakh remonte à des temps immémoriaux. Pendant des siècles, ce sol fertile qui passait de main en main est resté sous domination persane. Mais il était essentiellement peuplé d'Arméniens. Tout de suite après la Révolution, leur rêve de rattachement à l'Arménie faillit se réaliser. Mais bien

---

6. Chef-lieu de la région autonome du Haut-Karabakh. (N.d.T.)

7. Ces cités historiques, situées en Ouzbékistan, sont largement peuplées de Tadjiks. (N.d.T.)

qu'il eût initialement exprimé son accord, le dirigeant azéri d'alors, Nariman Narimov, ne tarda pas à se dédire. Par la suite, la question fut maintes fois soulevée, notamment dans l'immédiat après-guerre, mais en vain.

Mes interlocuteurs m'expliquèrent que les Arméniens du Karabakh étaient isolés de l'Arménie et persécutés. Les vieux monuments de la culture arménienne étaient détruits. Le but des autorités azéries était clairement de les chasser de la région, à l'instar de ce qui avait été fait dans la république autonome voisine du Nakhitchevan où la population arménienne était jadis prédominante, alors qu'elle est aujourd'hui peuplée de 95 % d'Azéris. L'un de mes hôtes décrivit la situation comme une nouvelle offensive de l'Islam contre la Chrétienté.

De mon côté, je leur exposai en détail le point de vue de la direction : les aspirations légitimes des Arméniens du Haut-Karabakh devaient être satisfaites, mais sans découpage territorial susceptible de susciter une réaction en chaîne dans le pays et de provoquer une effusion de sang.

— Réfléchissez, leur dis-je, aux conséquences possibles du conflit qui s'embrase. Il entraînera le départ forcé de près de 500 000 Arméniens qui vivent en Azerbaïdjan et de 200 000 Azéris qui résident en Arménie. Au lieu d'attiser les passions, le devoir de l'intelligentsia des deux républiques doit être de lutter contre l'intolérance et d'empêcher une telle calamité.

Silva Kapoustikian objecta :

— Nous assistons à la renaissance des sentiments nationaux. Nous ne voulons pas jouer les boutefeux !

— Je ne doute pas de votre sincérité, répondis-je. Mais il y a aussi ceux qui manipulent les sentiments nationaux.

Depuis, les intellectuels des deux camps ont quitté l'avant-scène, évincés par des personnages arrogants et opiniâtres. Mon conseiller, issu de la lignée des princes Chakhnazarov dont les racines se trouvent justement dans le Haut-Karabakh, était également d'avis qu'il ne fallait pas verser de l'huile sur le feu.

Cette rencontre ne resta pas sans suites. Je transmis à Ryjkov un programme d'aide d'urgence au Haut-Karabakh, prévoyant notamment la construction de logements, la restauration des églises, la construction d'un relais pour la réception de Radio-Erevan, l'édition de livres en arménien, l'ouverture d'une université à Stepanakert, etc. Le projet de décret du gouvernement prévoyait le déblocage de 400 millions de roubles. Au début, cela produisit une forte impression, mais trois ou quatre mois plus tard, il fallut envoyer une commission car seulement une faible partie des fonds arrivait à destination.

Néanmoins, les principaux vœux de la population avaient été pris en compte. Si Aliev avait mis en œuvre dès le départ une telle politique, nous aurions économisé dix ans et évité la catastrophe. En 1988, il était trop tard.

Les événements se précipitèrent. La violence se déchaîna pour atteindre son point culminant du 27 au 29 février lors d'un sanglant pogrome antiarménien à Soumgaït, une ville industrielle où s'étaient concentrés de nombreux réfugiés azéris. Le 22 mars, le parquet de l'URSS en dressa le tragique bilan : 30 morts, 187 blessés, 42 arrestations.

La troupe fut envoyée. Des soldats désarmés tentèrent de ramener à la raison des voyous déchaînés, sans doute manipulés. De nombreux élèves officiers furent blessés, certains restant handicapés à vie. Pourtant, s'ils avaient eu leurs armes automatiques, les conséquences auraient été encore plus graves.

On nous reprocha d'avoir « fait preuve de faiblesse ». Mais lorsqu'il fallut faire appel à la milice et à l'armée pour éviter une nouvelle effusion de sang, nous fûmes encore critiqués, cette fois pour avoir fait usage de la force. Le gouvernement ne pouvait agir autrement : à circonstances extraordinaires, mesures extraordinaires. Cela se serait passé de la même manière dans n'importe quel État démocratique.

Le massacre de Soumgaït souleva l'indignation générale. Tout le monde était sous le choc. Néanmoins, un courant de sympathie commença à se manifester parmi les populations des républiques musulmanes envers leurs coreligionnaires azéris. La crise menaçait de dégénérer en conflit religieux.

La question du Haut-Karabakh fut examinée en séance extraordinaire du Politburo le 3 mars. Je relevai que nous étions arrivés à une étape décisive et que nous avions sous-estimé les conséquences des événements de Soumgaït en tardant à agir.

— Des mesures préventives peuvent être nécessaires pour éviter des morts, comme à Soumgaït. Il faut certes utiliser des méthodes politiques. Mais, le pouvoir est le pouvoir. Quand on doit recourir à la coercition, il faut agir à temps. Force doit rester à la loi.

Je demandai que l'on jugeât sévèrement les coupables en tant que criminels de droit commun et que l'on prît immédiatement des mesures pour empêcher les choses de « déborder ». Malgré tout, il ne fallait pas agir précipitamment et, pour ne pas causer encore plus de dégâts, le contact devait être maintenu avec les camarades d'Arménie et d'Azerbaïdjan.

Bien avant ces tragiques développements, j'avais consulté des experts pour me faire l'idée la plus complète possible des origines du conflit. Les Arméniens ont eu à souffrir de la domination persane et turque. Peuvent-ils effacer de leur mémoire le génocide de 1915, lorsque les Turcs massacrèrent un million et demi d'Arméniens, obligeant deux millions d'entre eux à se disperser à travers le monde ? S'ils s'étaient tournés vers la Russie, ce n'était nullement par amour du tsar, mais dans l'espoir de trouver leur salut en se réfugiant sous l'aile protectrice du peuple russe.

Mais les Azéris avaient aussi des racines au Karabakh. Après la Révolution, Lénine, comprenant toute la complexité du problème, chargea Tchitcherine, le commissaire du peuple aux Affaires étrangères, d'étudier le problème. Le choix d'un diplomate confirmé n'était certainement pas fortuit.

Ceux qui s'occupèrent par la suite de la question des nationalités, Staline en premier lieu, gérèrent très mal la situation. Ils manquaient de finesse. Au cours des décennies, les problèmes s'accumulèrent dans la région autonome. L'attitude de la direction azérie envers la population du Karabakh était loin de répondre aux canons léninistes ou à un comportement simplement humain. Aux problèmes linguistiques et culturels s'ajoutèrent de graves erreurs en matière de cadres [8]. Tout cela fut révélé dans le cadre de la glasnost. Les événements partirent de là. Il est caractéristique que personne, ni dans le Haut-Karabakh, ni en Azerbaïdjan, ni en Arménie, n'ait alors formulé de mot d'ordre antisoviétique ou antisocialiste. Et personne n'envisageait réellement de sortir de l'État soviétique.

Dans les deux républiques, des hauts fonctionnaires s'adonnaient à la corruption. Au début de la perestroïka, ils sentirent leurs fauteuils vaciller. Ce furent eux précisément qui provoquèrent les conflits ethniques en exploitant de manière éhontée les sentiments nationaux. Entre leurs mains, le Karabakh devint une bombe pour piéger la perestroïka.

Le Politburo prit les décisions suivantes :

1. Exposer nos analyses de la situation dans la presse.
2. Prévoir une intervention télévisée du secrétaire général.
3. Examiner la question au présidium du Soviet suprême de l'URSS.

---

8. Nomination de responsables azéris, et non arméniens, à la tête de la république autonome. (N.d.T.)

4. Publier un communiqué du parquet sur le déroulement de l'enquête concernant les événements de Soumgaït.
5. Déployer des troupes aux « points chauds », mais sans déclarer l'état d'urgence.

Les dirigeants azéris et arméniens furent de nouveau invités à s'entendre. En vain. Ils nous renvoyèrent la balle : ce serait à Moscou de trancher. De plus, depuis Soumgaït, les Arméniens refusaient de faire confiance à l'Azerbaïdjan.

Le 6 juin, lors d'une nouvelle réunion du Politburo, j'émis l'hypothèse que certains, dans la hiérarchie des républiques, attisaient les passions :

— Nous n'accepterons jamais de soutenir un peuple au détriment d'un autre et nous ne permettrons pas le moindre chantage à cet égard. En aucun cas, nous ne devons permettre que la recherche d'une solution se fasse dans un bain de sang !

Dans un climat de pression incroyable exercée sur les députés, le Soviet suprême d'Arménie accepta le rattachement du Haut-Karabakh et demanda au Soviet suprême de l'URSS d'examiner la question. Deux jours plus tard, le Parlement azéri déclara inacceptable un tel rattachement et prit des mesures destinées à accélérer le développement socio-économique de la région. Le 25 juin, des manifestations eurent lieu à Stepanakert : la population s'indignait du silence de la presse sur la décision du soviet du Haut-Karabakh de faire sécession.

La tension montait rapidement. Grèves et meetings se succédaient sans discontinuer à Stepanakert. Le 6 juillet, l'aéroport d'Erevan fut bloqué. Le soviet du Haut-Karabakh proclama un nouvel acte de sécession et Bakou riposta en tenant encore une fois la décision pour nulle et non avenue.

L'éternelle question se posait : que faire ? Gromyko préconisait la méthode habituelle : « L'armée se montrera dans les rues et l'ordre sera immédiatement rétabli. » Tchebrikov soulevait des objections. Iakovlev proposa de transférer pour un an l'administration du Haut-Karabakh à Moscou. Chevardnadze demanda l'attribution immédiate du statut de république autonome à la région autonome du Haut-Karabakh [9]. Ligatchev tenta de faire la synthèse de toutes ces idées. « Il y a aujourd'hui 20 000 réfugiés, rappela-t-il. Des gens sans abri. Si le statut de république ne remédie pas à la situation, il faut appeler la troupe, dissoudre les

---

9. Cela impliquait un degré supplémentaire d'autonomie, mais toujours au sein de la RSS d'Azerbaïdjan. (N.d.T.)

organisations du parti, les comités exécutifs des soviets, rétablir l'ordre. »

Je soutins la proposition d'instituer une république autonome. Mais les belligérants devaient adopter cette solution eux-mêmes.

Le présidium du Soviet suprême de l'URSS se réunit le 18 juillet. Toutes les parties y furent conviées et purent s'exprimer. La séance fut télévisée, de manière à permettre à chacun de comprendre les positions respectives. Celle du pouvoir central fut approuvée par la majorité.

Au cours de la discussion, je posai ainsi la question :

— Comment désirez-vous résoudre le problème ? Vaincre à tout prix ? L'Arménie veut incorporer le Haut-Karabakh. L'Azerbaïdjan n'entend pas l'admettre et ne reculera pas d'un pouce. Tout cela n'est pas réaliste ! Il faut trouver un compromis qui conviendra à toutes les parties. La victoire ne peut être que celle de tous. Une confrontation aveugle ne peut rien résoudre. C'est une impasse politique. Soumgaït et d'autres événements concernant le Haut-Karabakh ont déjà profondément marqué les relations entre les deux peuples. Il faudra du temps pour arranger un peu les choses. Mais, dès aujourd'hui, chacun doit faire la moitié du chemin et chercher un compromis.

Il fallait aussi renforcer les garanties dont bénéficiaient les habitants du Haut-Karabakh et éviter un regain de violence. En effet, les promesses n'avaient pas manqué dans le passé, mais elles s'étaient toujours révélées vaines. Je proposai de former, dans le cadre du Soviet des nationalités, une commission *ad hoc* pour l'examen des suggestions qui seraient formulées (par la suite, ce groupe fut créé et fit un travail utile). Je fus particulièrement impressionné par l'intervention de Rassoul Gamzatov [10] qui émit l'idée de transférer provisoirement le Haut-Karabakh sous l'administration du pouvoir central. Plus tard, la commission mise en place formula une proposition similaire.

Le 20 juillet, un décret du présidium souligna une nouvelle fois l'impossibilité de toute modification des frontières. Le 26 juillet, le CC du parti et le présidium du Soviet suprême approuvèrent l'envoi dans le Haut-Karabakh d'un émissaire, Arkadi Volski, chargé de coordonner la mise en œuvre des décisions prises. Mais la situation ne se normalisa pas pour autant. Le 21 septembre, l'état d'urgence et le couvre-feu furent proclamés à Stepanakert et dans la région d'Agdam.

Après la session d'automne du Soviet suprême de l'URSS, le 3 décembre, j'eus une nouvelle rencontre avec les élus arméniens et azéris, les

---

10. Célèbre poète du Daghestan. (N.d.T.)

dirigeants des deux républiques et ceux du Haut-Karabakh. Ryjkov, Sliounkov, Tchebrikov, Loukianov et Razoumovski étaient présents.

— Vous êtes au bord du précipice, leur dis-je. En tant qu'élus respectés des deux peuples, vous devez vous asseoir à une table et réfléchir ensemble au moyen de sortir de l'impasse...

Quelques jours plus tard, lorsque j'appris la nouvelle du tremblement de terre en Arménie pendant mon voyage aux États-Unis, je retournai immédiatement à Moscou avant de m'envoler pour Erevan. Ce que je vis dans la région ravagée me choqua profondément. Dans le même temps, je ressentis une intense admiration pour ce que notre peuple était capable de faire. On me raconta que, dès la première nuit, alors que la ville de Leninakan était complétement isolée par la destruction de l'aéroport, des routes et des lignes de chemin de fer, des équipes de médecins, d'ouvriers du bâtiment, d'étudiants et de travailleurs étaient immédiatement parties d'Erevan pour apporter de l'aide. Certains dirigeants, comme Mkrtchian et Mouradian, se comportèrent de manière admirable, trouvant la force de participer jour et nuit aux travaux de sauvetage alors qu'ils avaient eux-mêmes perdu leur famille.

Les habitants du pays tout entier s'attachèrent corps et âme à soulager les souffrances de leurs frères arméniens. Surmontant les conflits larvés entre différentes nationalités, notre Union donna une nouvelle preuve des ressources énormes dont elle disposait.

Aujourd'hui encore, je demeure convaincu que la question des nationalités ne pourra nulle part être résolue par la force. Dans le Caucase du Nord, le tsarisme guerroya pendant des décennies, créant un réseau de forteresses, établissant des colonies de Cosaques, punissant et réprimant. Pour quel résultat ? Seuls furent fructueux l'épanouissement du commerce et de la coopération entre les hommes, l'alliance avec les élites locales et leur rapprochement de la cour impériale, l'octroi d'honneurs et de privilèges. Après Octobre, de nouveaux liens d'association s'établirent. Quelles que fussent ses imperfections, l'Union préservait un certain équilibre des intérêts locaux.

Mais cet équilibre s'était rompu dans le Haut-Karabakh et le climat social qui s'instaurait dans le pays rendait tout processus d'apaisement beaucoup plus complexe. En fait, deux points de vue se manifestaient. Selon l'un — qui s'exprima au moment de l'éclatement du conflit, surtout après Soumgaït —, il aurait fallu sévir fermement contre la rébellion et l'écraser dans l'œuf. Selon l'autre, dès lors que le peuple du Haut-Karabakh désirait son rattachement à la mère patrie arménienne, pourquoi ne pas le laisser faire ? Ne reconnaissions-nous pas le droit des peuples à l'autodétermination ? Après tout, la république autonome du Nakhitchevan fait bien partie de l'Azerbaïdjan alors qu'elle en est séparée par le territoire arménien.

À un certain moment, une solution sembla possible : à l'instar du Nakhitchevan, conférer au Haut-Karabakh le statut de république autonome au sein de l'Azerbaïdjan. Cette proposition avait des chances d'aboutir lorsque le Soviet suprême, à Erevan, fit tout échouer en prenant la résolution de rattacher le Haut-Karabakh à l'Arménie. L'origine de cette décision était motivée par des considérations de politique intérieure, car l'Arménie était alors le théâtre d'une lutte pour le renouvellement de l'élite dirigeante. Formé sur la base d'un comité « Karabakh », le mouvement national arménien briguait ouvertement le pouvoir.

L'autre scénario suggéré au Politburo revenait à maintenir le *statu quo* par la coercition. Autrement dit, trancher en faveur de l'Azerbaïdjan, en substituant la force du pouvoir légitime au bras armé des extrémistes azéris. Je posai carrément la question à mes collègues : « Très bien, nous instaurons le régime de l'administration présidentielle [11]. Et après ? » Je n'obtins pas de réponse intelligible.

Néanmoins, le sentiment en faveur du « rétablissement de l'ordre » était très fort et il ne m'était pas facile de tenir bon dans ces conditions. Cependant, je parvins à m'en tenir à ma ligne de conduite, même si je me vis contraint de recourir à des mesures sévères dans certaines extrémités.

Au cours de cette période, en 1987 et 1988, je m'efforçai de définir une approche démocratique unifiée des conflits ethniques. Celui du Haut-Karabakh n'éclipsait nullement d'autres processus en apparence moins violents, mais qui prenaient de l'ampleur dans les pays baltes, en Moldavie, en Géorgie, ou naissaient en Asie centrale et en Ukraine. Des revendications sur les langues vernaculaires, la souveraineté économique, l'extension des droits apparaissaient dans de nombreuses régions. Ceux qui voulaient s'opposer à la russification tombaient souvent dans l'autre extrême et inoculaient l'esprit de confrontation dans la conscience des masses. Toutefois, en 1987, personne ne songeait à sortir de l'Union soviétique, hormis peut-être des groupes extrémistes du type de l'Association pour l'indépendance de l'Estonie, du groupe de Barkans en Lettonie ou de certains groupuscules nationalistes en Lituanie.

11. Dans les situations d'exception, le président avait le droit d'établir son administration directe sur tout ou partie du territoire de l'Union. (N.d.T.)

La question ne se posait toujours pas ouvertement à l'automne 1988 lorsque des fronts populaires se formèrent dans ces républiques.

Mais si l'on ne parvenait pas à harmoniser les intérêts, où fallait-il chercher la solution ? En réalité, il n'y avait pas d'autre issue que de favoriser patiemment et opiniâtrement les compromis et, surtout, de modifier les conditions mêmes du déclenchement du conflit. Il me semblait que les problèmes interethniques ne pouvaient être véritablement réglés que dans le contexte général de réforme économique et politique. Vers la fin de ma présidence, je ne doutais pas que seules la sauvegarde et la rénovation de l'Union sauraient maintenir la paix.

Certains avançaient la formule : un centre fort et des républiques fortes. D'autres inversaient l'ordre des termes : des républiques fortes et un centre fort. Mais la nuance était négligeable. En effet, le nouveau centre devait être formé sur de nouvelles bases et doté d'autres fonctions. Il devait s'occuper de questions générales : sécurité, coordination des actes fondamentaux de la politique économique et sociale, coordination de la politique extérieure, défense des frontières, etc. Et, bien sûr, jouer le rôle d'arbitre en cas de conflit.

Les pays baltes... et d'autres

Du début de 1988 jusqu'en 1990, les processus interethniques montèrent en puissance. Comme il fallait s'y attendre, les pays baltes se trouvèrent à la tête du mouvement. N'étaient-ils pas la composante la plus vulnérable de l'Union ?

Le congrès fondateur du Front populaire d'Estonie s'ouvrit le 1er octobre. Une semaine plus tard, ce fut le tour de celui de Lettonie. Le congrès inaugural du Sajudis se tint le même mois en Lituanie. Dans un premier temps (jusqu'au milieu de l'année 1989), ces fronts restèrent des associations extrapartisanes représentant les strates les plus diverses. On y trouvait de nombreux partisans convaincus des réformes, nullement sécessionnistes. Mais comme le parti restait à l'écart, accueillant avec inquiétude ou hostilité toute manifestation de nationalisme, une frange de la population voyait une alternative dans ces mouvements. Ils s'emparèrent d'ailleurs des questions les plus ardues, ce qui leur permit de dépasser rapidement en influence les organisations du parti.

Leurs revendications étaient diverses : la reconnaissance de la langue vernaculaire comme langue officielle de leurs républiques respectives, le rétablissement des hymnes et des couleurs de 1918, la limitation des flux migratoires en provenance du reste de l'Union et une réelle autonomie des républiques. Dans l'ensemble, tout cela restait conforme aux textes constitutionnels et à l'esprit de la XIXe conférence du parti : sans mots d'ordre sécessionnistes.

Dressant le bilan d'une tournée dans les républiques baltes, Iakovlev expliqua qu'il ne fallait pas condamner les fronts populaires. Il assura que « tous les Baltes » étaient « pour la perestroïka, pour l'Union ». Cet optimisme était rassurant, mais me sembla exagéré.

La situation des républiques baltes au sein de l'Union était assez particulière. Depuis 1940, leur adhésion à l'URSS était qualifiée de volontaire. Mais la glasnost permettait à tout un chacun d'apprendre ce qui s'était réellement passé. Certes, la décision avait été prise par les Parlements de ces États, mais même s'il fallait tenir compte de la menace fasciste, le « rattachement » s'était opéré à partir d'un accord secret avec l'Allemagne et dans le contexte d'une occupation de fait par l'Armée rouge.

S'il est incontestable que les travailleurs et les partis de gauche apportèrent à l'adhésion un soutien enthousiaste, il est pour le moins discutable de voir là l'expression de la volonté populaire. Autre particularité : des gouvernements des États baltes en exil ont existé depuis cette époque et l'Occident n'a pas reconnu la légitimité de leur rattachement à l'Union.

Tous ces points ont servi d'ancrage au désir de recouvrer l'indépendance. Néanmoins, la raison principale de la volonté sécessionniste était le sentiment — partagé par de nombreux habitants non autochtones de ces républiques — que ces pays étaient « pillés par l'Union » et que le niveau de vie augmenterait de manière vertigineuse grâce à l'indépendance. Non sans une certaine prétention, les Baltes se targuaient d'une productivité du travail supérieure à la moyenne en oubliant qu'ils la devaient en grande partie aux énormes investissements consentis par l'Union, au concours de spécialistes et d'ouvriers qualifiés venus des autres républiques et aux hydrocarbures à des prix subventionnés inférieurs à ceux du marché mondial.

En août 1988, tirant la leçon de l'expérience de l'année précédente, les autorités baltes autorisèrent officiellement des rassemblements publics à l'occasion du quarante-neuvième anniversaire de la signature du pacte germano-soviétique. Des manifestations de masse se déroulèrent sous des mots d'ordre nationalistes. Cela créa une situation conflictuelle. Le 16 novembre, le Soviet suprême de la RSS d'Estonie amenda la Constitution de la république pour adopter une Déclaration de souveraineté contraire à la Constitution de l'Union. Le présidium du Soviet suprême de l'URSS ne pouvait que déclarer nulles et non avenues ces décisions, qui subordonnaient l'application des lois fédérales à leur approbation par la république. Ce qui fut fait le 18 novembre.

À cette séance du présidium, je m'efforçai de calmer les passions, tout en affirmant de manière catégorique que la décision estonienne était inacceptable. Le mot de « crise » fut alors prononcé pour la première fois.

Je proposai d'adjoindre l'alinéa suivant au texte du décret : « Dans le cadre du processus de réforme politique en cours, définir à partir des normes constitutionnelles un train de mesures et un mécanisme juridique permettant d'assurer le respect des intérêts politiques et socio-économiques des républiques fédérées, ainsi que l'extension et la protection de leurs droits souverains au sein de l'URSS. » J'estimais alors qu'il fallait suivre à la lettre le plan graduel de réforme politique.

Il va sans dire que le problème était fort complexe, comme nous pûmes nous en convaincre en février 1989 lors des réunions des commissions du Soviet suprême de l'URSS consacrées aux « Principes généraux de la restructuration de la gestion de l'économie et de la sphère sociale dans les républiques fédérées sur la base de l'extension de leurs droits souverains, de l'auto-administration et financement ». Les débats furent parfois fort houleux.

Le texte rédigé par le Conseil des ministres et approuvé par le CC fut examiné au printemps 1989. Il suscita une explosion de mécontentement dans les républiques baltes. Une nouvelle fois, nous avions omis d'expliquer au préalable qu'il ne s'agissait que d'une première étape de la réforme politique. L'opinion des trois républiques perçut notre geste comme une réponse définitive à ses revendications d'autonomie et n'y vit qu'un palliatif ou un demi-refus. Nos justifications tardives ne furent pas écoutées.

En mars 1989, la plate-forme électorale du Front populaire d'Estonie réclamait la mise en œuvre de la résolution du Soviet suprême de la république sur la souveraineté, exigeait une modification profonde des formes de propriété et la création de nouvelles institutions fondées sur les mouvements populaires. Dans ces conditions, la position du parti prenait une importance particulière. Mais ce dernier était tout simplement incapable de fonctionner dans le cadre de la démocratie. Ses dirigeants, qui étaient essentiellement des gestionnaires, se trouvaient désarçonnés dès qu'il fallait user de méthodes politiques.

Dès le début, les organes du parti s'étaient montrés soupçonneux à l'égard des nouveaux mouvements, alors même que les communistes y étaient nombreux. Au CC également, on les considérait essentiellement comme des émanations des séparatistes et des nationalistes. Bien entendu, de tels éléments se trouvaient également au sein des Fronts, mais la composition de ces mouvements de masse ne se réduisait pas à eux seuls. Faute d'une analyse sérieuse et approfondie de ce phénomène nouveau, on cédait à la panique. La nomenklatura était à ce point gagnée par la routine que le moindre changement provoquait des peurs hystériques : les coopératives, l'autonomie des entreprises, les revendications écologiques des Verts. À plus forte raison, les premiers pas de la réforme politique.

Les organisations informelles furent d'emblée perçues comme oppositionnelles. Mais, au lieu d'en tirer les conséquences et de traiter avec elles, les cadres du parti préférèrent temporiser dans l'espoir qu'elles disparaîtraient d'elles-mêmes comme un mauvais rêve. Si une coopération s'était instaurée dès le départ avec cette opposition naissante, les élections des députés du peuple en 1989 auraient pu intégrer le parti et les Fronts populaires dans un processus politique commun. Mais il n'en fut pas ainsi, le parti laissa passer cette étape initiale et les Fronts gagnèrent les élections pour le Parlement fédéral dans toutes les républiques baltes.

Encouragées par cet exemple, des organisations similaires naquirent dans d'autres républiques. Le Front populaire de Géorgie fut créé en juin, le mouvement Birlik en Ouzbékistan en mai et, en septembre, le mouvement ukrainien Roukh. En Moldavie et à Erevan, des mouvements informels organisaient des manifestations non autorisées. Plus expérimentés et mieux organisés, les Baltes leur fournissaient des textes idéologiques et s'efforçaient de mettre sur pied une coordination.

Les actions des Fronts populaires prirent rapidement de l'ampleur. Les tendances séparatistes l'emportaient de plus en plus. Stimulées par les processus en cours dans les républiques baltes, elles furent confortées par les événements d'avril 1989 à Tbilissi. Je rentrais d'un voyage à Londres lorsque l'on m'annonça à l'aéroport que des troupes avaient été déployées en Géorgie pour la protection de certains « sites ». Il m'était difficile d'entrer tout de suite dans le détail, mais, subodorant de possibles dérapages, je chargeai Chevardnadze et Razoumovski de partir pour Tbilissi. Le lendemain matin, avant le départ de mes émissaires, la direction géorgienne nous fit savoir que la situation se stabilisait et le voyage fut remis. Mais, dans la nuit du 8 au 9 avril, le drame éclata [12].

Depuis lors, j'ai dû supporter bien des regards interrogateurs et entendre maintes fois le reproche d'avoir été au courant des actions de la direction géorgienne. En mars 1994, Gavriil Popov déclarait dans un article : « Je ne pourrai jamais croire que Gorbatchev ne savait pas. » Néanmoins, en toute sincérité, je peux affirmer à mes nombreux amis géorgiens que la décision fut prise sans me consulter.

Les événements de Tbilissi, douloureusement perçus dans toutes les régions, devaient contrarier encore plus nos tentatives d'harmoniser les relations interethniques dans notre pays.

Un plénum tardif

Nous envisagions de convoquer un plénum du CC sur le sujet brûlant des nationalités en juin 1989. Mais l'examen des textes nous convainquit qu'il fallait rédiger un document plus fouillé. Un groupe de travail fut chargé de sa mise au point et le débat reporté à septembre.

Le délai s'avéra trop long. L'opinion, émue, attendait des explications. Je décidai d'intervenir à la télévision le 2 juillet. J'invitai les citoyens à prendre conscience du danger et à faire preuve de responsabilité en examinant les problèmes dans un esprit de démocratie et de tolérance. « La tranquillité et le bien-être des individus, le sort de la perestroïka, et même le sort et l'intégrité de notre État, déclarai-je, dépendent d'une réponse appropriée à la question des relations interethniques. »

À mes yeux, les problèmes accumulés ne pouvaient être résolus qu'en donnant la priorité aux droits de l'homme et à la réforme de la Fédération soviétique. Dans le même temps, je mettais en garde contre les extrêmes : « En ce qui concerne la restructuration de la Fédération, il est impossible d'ignorer les réalités apparues au cours des siècles, surtout pendant la période soviétique. Sur la voie du développement, nos peuples ont parcouru un long chemin jusqu'à la formation d'un organisme économique unique. Rompre ces liens équivaudrait à trancher

---

12. Voir la note 6, p. 369. (N.d.T.)

dans le vif. Dans la recherche d'un avenir meilleur, il ne faut pas détruire ce que nous avons créé. »

Le projet de plate-forme du PCUS (« La politique des nationalités du parti dans les conditions actuelles ») fut publié le 17 août. Il soulignait la nécessité d'une rénovation radicale de la politique des nationalités et assignait quelques objectifs :
— transformation de la Fédération soviétique qui doit recevoir un contenu politique et économique réel ;
— extension des droits et prérogatives des autonomies nationales de toute forme et de toute espèce ;
— garantie de droits égaux à chaque peuple ;
— création de conditions propices au libre développement des cultures et des langues ;
— renforcement des garanties contre toute atteinte aux droits des citoyens en raison de leur origine ethnique.

Pour la première fois, l'adoption d'un nouveau traité d'Union fut envisagée. Autre point important : le projet mentionnait la Russie comme l'élément de consolidation de l'ensemble de l'Union et traçait des pistes pour le futur statut légal de la RSFSR. La plate-forme fut adoptée au plénum de septembre après quelques modifications mineures. Ce texte exceptionnel fournissait une analyse raisonnée des problèmes liés à l'évolution des relations interethniques en tenant compte de l'expérience soviétique et mondiale. Mais comme dit l'adage, « c'est à Pâques que l'œuf vient à point ». Quelle que fût leur valeur, les décisions prises au plénum venaient bien trop tard.

Le début de 1990 fut marqué par une nouvelle aggravation des relations entre l'Arménie et l'Azerbaïdjan. Des pogromes antiarméniens eurent lieu à Bakou et provoquèrent l'exode des Arméniens vivant dans la capitale de l'Azerbaïdjan. En raison de tout ce que l'on a pu dire sur le déploiement des troupes à Bakou, il me faut préciser qu'en proclamant l'état d'urgence, notre seul but était d'empêcher une nouvelle effusion de sang. Les événements se déroulèrent de la manière suivante.

Le 13 janvier au soir, à Bakou, des groupes de hooligans provoquèrent des désordres et des exactions qui se soldèrent par des dizaines de morts et de blessés, et la destruction de nombreuses maisons.

Le 15 janvier, le Bureau du CC du PC d'Azerbaïdjan se pencha sur les mesures urgentes propres à normaliser la situation à Bakou. La résolution prise indiquait que des éléments criminels dont le but était de déstabiliser la république étaient passés à la réalisation pratique de leurs desseins. Mettant à profit la détérioration rapide de la situation dans le

Haut-Karabakh et les régions limitrophes, ils attisaient les passions à Bakou et incitaient une partie des réfugiés azéris venus d'Arménie à se livrer à des actes délictueux.

Les pouvoirs publics voulaient rétablir l'ordre, mais des dissensions internes les en empêchaient. Le centre envoya donc des émissaires à Bakou : Evgueni Primakov pour le compte du Conseil présidentiel et Andreï Guirenko pour celui du CC. Ils ne tardèrent pas à faire parvenir des informations très alarmantes. Les exactions avaient gagné toute la république, les pouvoirs publics avaient été balayés dans dix-huit districts et des installations avaient été détruites sur deux cents kilomètres de frontière avec l'Iran. Dans un climat de terreur morale croissante, le Soviet suprême d'Azerbaïdjan ne parvenait pas à prendre la moindre décision.

Le 19 janvier, le CC du PCUS, le présidium du Soviet suprême et le Conseil des ministres de l'URSS rendirent public un appel « Aux peuples d'Azerbaïdjan et d'Arménie ». Le lendemain, 20 janvier, l'état d'urgence fut proclamé à Bakou par un décret du présidium du Soviet suprême de l'URSS. Refusant de se plier à cette décision, les fauteurs de troubles s'opposèrent aux troupes soviétiques, ce qui fit de nouvelles victimes.

Le 20 janvier, je pris la parole à la télévision nationale pour analyser la situation et expliquer l'action entreprise par la direction du pays. Les commentaires furent partagés. Selon les uns, la proclamation de l'état d'urgence intervint trop tard. Pour les autres, ce fut une mesure inappropriée. Répondant aux premiers, je dois dire que les autorités de l'Union ne pouvaient se substituer à la direction azérie et ne le firent que lorsqu'il devint clair que le fonctionnement des organes de la république étaient paralysés. Quant aux seconds, je puis les assurer que n'importe quoi pouvait arriver dans ce climat et qu'il fallait arrêter l'escalade de la violence.

Je tirai de cette tragique histoire la leçon suivante : le pouvoir ne peut éviter de recourir à la force dans des circonstances extrêmes. Mais il ne peut le faire qu'en cas de nécessité absolue et de manière pondérée. En tout état de cause, les véritables solutions passent toujours par des moyens politiques.

La Russie inaugure la « parade des souverainetés »

Après les élections aux Parlements des républiques, en 1990, la question de la souveraineté changea de dimension. Les républiques ne convoquaient plus de plénums de leurs CC respectifs et les problèmes étaient directement soumis aux Soviets suprêmes. Dans les pays baltes, les nouveaux Parlements et les gouvernements formés par leurs soins prirent des actes juridiques qui battaient en brèche les lois de l'Union.

Notre attachement aux principes fondateurs de la politique des nationalités nous interdisait de dénier aux peuples leur droit à l'autodétermination, jusqu'à la sécession s'ils le voulaient. D'ailleurs, la Constitution le garantissait. En revanche, il nous fallait tout faire pour montrer quelles en seraient les conséquences catastrophiques. Dans le cas où le « divorce » serait néanmoins inévitable, nous devions lui conférer un caractère individuel et minimiser le préjudice qu'il pouvait causer. Une loi définissant les procédures et les modalités de séparation fut adoptée dans les plus brefs délais par le Soviet suprême de l'URSS. Le processus impliquait d'abord le recours au référendum. En cas de réponse positive, une période de transition de quatre à cinq ans devait permettre de régler les problèmes territoriaux, économiques et militaires, ainsi que ceux concernant la propriété des biens, les droits de l'homme, les fondements des relations mutuelles et les frontières.

Quel fut donc le facteur décisif qui provoqua l'éclatement de l'URSS en dépit de tous mes efforts pour pérenniser une Union rénovée ?

Bien avant l'émergence d'Eltsine, les séparatistes baltes soutenaient l'idée de la souveraineté de la Russie et préconisaient la création d'un Parti communiste russe. Ils avaient très bien vu le défaut de la cuirasse de l'Union : celle-ci ne survivrait pas à l'émergence du nationalisme russe. Quant aux zélateurs de l'Ukraine indépendante, ils versaient également de l'huile sur le feu.

Bref, s'ils parvenaient à « remonter » la Russie, le reste ne devait plus être qu'« un jeu d'enfant ». Il y avait néanmoins un obstacle de taille : l'esprit internationaliste inébranlable du peuple. Car le référendum du 17 mars 1991 montra bien que l'immense majorité des citoyens de Russie était résolument favorable à l'Union rénovée.

Les séparatistes des pays baltes et des autres républiques trouvèrent des alliés en Russie : le mouvement Demrossiïa qui optait ouvertement pour le démembrement de l'État fédéral. Ses chefs parvinrent à trouver une personnalité qui accepta, pour briguer le pouvoir suprême, de fouler aux pieds la volonté du peuple. La nomenklatura russe du parti porte sa part de responsabilité dans ces tristes événements. Mécontents des réformateurs et de la politique de la direction du PCUS, ne comprenant pas où on les entraînait, les députés communistes du Soviet suprême de Russie votèrent à la quasi-unanimité en faveur de la Déclaration de souveraineté, enfonçant ainsi le premier clou du cercueil de l'État fédéral. En août 1991, une partie importante de la nomenklatura soutint les putschistes, donnant ainsi une nouvelle impulsion à la désintégration.

Il faut dire que le processus de renaissance de l'identité nationale en Russie suivit un cours particulier. Lors d'une première étape (1988-1989), la question du rétablissement de la justice en faveur des peuples réprimés fut posée. Les entités autonomes demandèrent plus de latitude en matière d'économie, de culture et de langue. Le thème de l'égalité en droit des entités administratives composant la RSFSR fit l'objet d'intenses débats. Les petits peuples attirèrent l'attention sur les menaces mortelles qui pesaient sur leur environnement.

En Russie, l'évolution dans les pays baltes, en Moldavie et dans le Caucase inspira d'emblée des réactions d'indignation devant les tentatives de porter atteinte aux droits des Russes et des russophones qui y vivaient. Le raisonnement populaire était le suivant : « Nous les avons aidés à créer une industrie, à former leurs propres cadres, nous avons généreusement partagé tout ce que nous avions, et maintenant, ils s'en vont, démantelant notre État, le privant de son débouché sur la mer au Nord et au Sud. »

L'état-major s'inquiétait de l'éventualité d'une rupture de la ligne de défense du pays. Les plus patriotes des membres de l'intelligentsia artistique et scientifique se montraient profondément découragés par les manifestations d'égoïsme identitaire et les propos antirusses de leurs amis d'hier. Les eltsiniens profitèrent de la profonde amertume passagère du peuple russe pour imposer à la Russie leur politique séparatiste et achever de détruire l'Union en décembre 1991.

Il faut dire également que la Russie et les Russes étaient tenus pour responsables de tous les problèmes passés et présents. Ces accusations étaient non seulement vexatoires, mais aussi injustes. Le système administratif de commandement, même s'il sévissait au nom du peuple russe, ne pouvait pas être identifié à lui. Les Russes en ont souffert tout autant — et peut-être même plus — que les autres.

Dans les milieux parlementaires et gouvernementaux de la RSFSR, l'idée de renaissance de la Russie prit immédiatement un contenu isolationniste, rapidement conforté par une partie de l'intelligentsia des sciences. Une note écrite par un groupe de scientifiques fut largement diffusée. Elle cherchait à démontrer que des ressources considérables étaient détournées de Russie en direction des républiques via le budget de l'Union. L'État fédéral était présenté comme un instrument de redistribution qui privait les Russes du fruit de leurs efforts et qui conduisait à une exploitation intensive des ressources, préjudiciable aux générations futures. La conclusion était la suivante : en travaillant pour elle-même, la Russie rejoindrait le peloton des États les plus prospères en trois ou quatre ans. Telle était également l'estimation d'Eltsine. C'était une resucée de la chanson habituelle selon laquelle la Russie serait « sauvée » non par la productivité ou par la technologie, mais par une nouvelle redistribution. Et pourtant, cet argument se révéla plus convaincant que tous les autres.

La réforme de notre immense État impliquait effectivement la décentralisation et le partage des pouvoirs entre le centre et les régions, mais les élites des républiques s'efforçaient de peindre cet impératif sous les couleurs exagérément inquiètes de la « survie nationale » et formulèrent ce mot d'ordre irresponsable : « Prenez autant de souveraineté que vous pourrez en avaler. » Et ça marchait !

J'étais alors tout à fait conscient de l'importance du problème russe. Mais toute immixtion dans la campagne électorale, toute déclaration contre Eltsine auraient été contraires à la politique de démocratisation. Nous aurions pu promouvoir des hommes capables de le concurrencer, mais nous y renonçâmes également.

Pourtant, devant le premier Congrès des députés du peuple de la RSFSR, je me prononçai contre l'élection d'Eltsine à la présidence du Soviet suprême de Russie. Je prévoyais que son accession à cette fonction accentuerait l'affrontement entre le centre fédéral et la République russe. Je savais déjà que cet homme était par nature un destructeur.

Quelques-uns des principes de la Déclaration de souveraineté de la Russie auraient pu servir de base au nouveau traité d'Union. Mais d'autres pouvaient s'avérer nocifs, notamment la thèse selon laquelle « les effets des actes de l'Union soviétique qui entrent en contradiction avec les droits souverains de la RSFSR sont suspendus par la République sur son territoire ». Certaines thèses étaient non seulement contraires à la Constitution et à la loi de 1990 sur la limitation des pouvoirs de l'Union et des républiques, mais encore contenaient une énorme charge explosive. La RSFSR annonçait, en fait, qu'elle entendait agir à son gré sans prendre en compte les intérêts de l'Union. Dirigée avant tout contre le centre, cette attitude révélait un manque de considération total à l'égard des autres républiques.

Je suis persuadé que, la Russie se comportant d'une autre manière, l'Union aurait pu être préservée. Un épisode en témoigne. Le 11 mars 1990, la nouvelle direction de la Lituanie proclama de manière spectaculaire l'indépendance de la république. Le Congrès des députés du peuple de l'URSS réagit de la manière appropriée en chargeant le président, le Soviet suprême et le gouvernement d'étudier la situation en relation étroite avec les autorités lituaniennes. Dans les jours suivants, plusieurs entreprises rompirent, de leur propre initiative, leurs liens avec la république, réduisant notamment les livraisons d'hydrocarbures. Les autorités de Vilnius, sentant que tout ne se passait pas comme prévu, commencèrent à faire marche arrière.

Le 4 mai, Ivan Frolov, le rédacteur en chef de la *Pravda*, m'informa d'un entretien qu'il avait eu avec un éminent universitaire de Vilnius, envoyé par le CC du PC de Lituanie et le président du Parlement lituanien Vytautas Landsbergis. La direction lituanienne se disait disposée à dialoguer avec les représentants du centre, laissant entendre que les décisions prises par le Soviet suprême de Lituanie après le 11 mars pouvaient faire l'objet d'une discussion et voir leurs effets suspendus. La Déclaration d'indépendance pouvait être considérée par l'Union comme un acte largement symbolique. La Lituanie n'élèverait aucune objection si cet acte était interprété comme le désir de la république d'accéder au statut de « membre associé d'une URSS rénovée ».

Tout cela aurait pu constituer un point de départ approprié pour la recherche d'une solution mutuellement acceptable. En vertu de leurs particularismes, notamment historiques, les républiques baltes pouvaient obtenir un statut spécial au sein de l'Union. D'ailleurs, je m'étais déjà exprimé, au cours d'un voyage en Lituanie, sur la possibilité d'une différenciation des liens avec le centre dans le cadre du futur traité.

En proclamant sa souveraineté, la Russie coupa court à la recherche de nouvelles relations avec les républiques baltes. Elle provoqua une réaction en chaîne d'adoption de textes similaires par toutes les républiques, d'abord fédérées, puis autonomes, donnant naissance à la « parade des souverainetés ». Le seul moyen de faire obstacle au démantèlement de l'URSS était de se lancer sans délai dans la préparation du nouveau traité d'Union.

CHAPITRE 16

LE PARTI ET LA PERESTROÏKA

Le PCUS s'attelle aux réformes

Les historiens tendancieux de la perestroïka se plaisent à affirmer que, pratiquement d'entrée de jeu, le PCUS aurait été opposé aux réformes et se serait évertué à les empêcher. Bien entendu, le parti comptait son lot de conservateurs invétérés, réfractaires à tout changement, et de bureaucrates qui y voyaient une menace. Mais la plupart des communistes avaient conscience de la nécessité d'une restructuration profonde. En réalité, le PCUS fut vraiment à l'origine des réformes.

Tout au sommet, il s'est trouvé un groupe d'hommes convaincus de l'impérieux besoin de transformer le système et disposés à assumer le risque énorme de dépasser le stade des rafistolages cosmétiques pour entamer la refonte complète du système centralisé au-delà de toute raison, bureaucratisé et idéologisé qui étendait ses racines depuis soixante-dix ans. Les membres de la direction du parti qui se lancèrent à mes côtés dans cette entreprise provenaient de différentes régions, couches sociales et « chapelles » du parti. Ils étaient conscients de la très forte demande de réformes qui se faisait sentir au sein de la société et en tiraient la profonde conviction que notre action commune ne tournerait pas au donquichottisme, mais bénéficierait du soutien populaire. Bref, la perestroïka n'était pas un artifice de propagande sans lendemain. Elle naquit dans les douleurs du pays tout entier.

Il faut dire aussi que le mouvement pérestroïkiste n'avait de chance de succès que parce qu'il démarrait précisément au sein du parti. Si une telle initiative avait eu pour origine un autre organisme, officiel ou non, elle aurait été vouée à l'échec, rejetée par le « noyau politique » de la société et perçue comme une entreprise antisoviétique menée par des dissidents contre l'ordre établi.

Dans les années quatre-vingt, la société était comme une chaudière sous pression. L'alternative était la suivante : ou bien le parti lui-même donnait le ton du changement et parvenait à « contaminer » progressivement d'autres couches sociales ; ou le système ancien se perpétuait sans modifications. Dans ce cas, une explosion sociale était inévitable. La réforme, c'est-à-dire la transformation graduelle du système, ne pouvait donc être menée à bien que par ceux qui se trouvaient aux commandes.

L'essentiel était d'atteindre le point de non-retour, comme nous le montrait l'expérience tirée des précédentes tentatives de réforme : Khrouchtchev, Kossyguine, sans oublier la génération des années soixante [1], Sakharov et le mouvement dissident. Tous ces hommes et ces femmes, chacun à leur manière, préparèrent le terrain de la perestroïka en laissant une trace, sinon dans les structures, du moins dans les esprits.

Il est maintenant de bon ton de me reprocher d'avoir temporiser et de m'attribuer toutes les hésitations possibles selon le principe « un pas en avant, deux pas en arrière ». Mais si l'on retrace scrupuleusement les événements, on constate que depuis le plénum d'avril 1985, nous n'avons jamais infléchi notre orientation politique. Il est certain que notre progression ne s'est pas toujours faite au même rythme et qu'elle a connu des pauses, mais nous n'avons jamais renoncé à notre objectif de transformation démocratique.

Si l'on peut me faire un reproche, c'est de ne pas avoir tout de suite creusé des sillons assez profonds et de m'être contenté de gratter en surface dans l'espoir que cela suffirait à donner une récolte mirifique. Mais je me suis rapidement attaqué aux questions de propriété, aux rapports marchands et monétaires, aux nouvelles formes de gestion. Mon dessein se précisait au fur et à mesure que l'on acquérait de l'expérience. Et si cela avançait, ce n'était pas par la seule volonté du secrétaire général, mais grâce aux débats et aux décisions prises au sein des plus hautes instances du parti.

L'histoire de la perestroïka est d'ailleurs jalonnée des bornes posées par le PCUS. La première étape va du plénum d'avril 1985 au XXVIIe congrès en 1986. Les débuts sont toujours difficiles. Progressivement, nous parvînmes à nous émanciper des stéréotypes idéologiques habituels. Ce furent nos premières tentatives pour comprendre la société que nous avions créée, dans quelle mesure elle concordait avec les conceptions de Lénine et quelle place elle occupait dans le monde.

1. Les intellectuels et artistes du « dégel » khrouchtchévien. (N.d.T.)

Nous nous efforçâmes aussi de voir notre propre histoire autrement qu'au travers de prismes déformants. Nous entreprîmes aussi de dresser un plan de rénovation de la société dans le cadre de l'option socialiste.

À cette première étape, « philosophique », succéda une étape organisationnelle. Il s'agissait désormais de dresser des programmes de réforme économique, politique et juridique, et de les mettre en œuvre. Là encore, chaque avancée était décidée par le parti et définie par ses instances dirigeantes : le plénum de janvier 1987 souligna la nécessité de réviser les conceptions obsolètes du socialisme et formula un programme de mesures radicales pour démocratiser la société et l'État ; le plénum de juin de la même année critiqua l'économie administrée et préconisa une réforme économique radicale ; le plénum de février 1988 se déroula sous le mot d'ordre : « À perestroïka révolutionnaire, idéologie de rénovation. » Et, pour finir, les décisions de la XIXe conférence du PCUS firent passer la perestroïka de la période des conceptions philosophiques et des tâtonnements à celle de la réforme profonde et de grande envergure de tous les volets de la vie sociale. Elle ouvrit aussi la voie aux premières élections parlementaires libres depuis 1917.

Tout analyste impartial doit donc reconnaître non seulement que le parti fut le moteur des transformations, mais encore qu'il accepta de renoncer à son monopole du pouvoir bien avant la suppression de l'article 6 de la Constitution par le Parlement.

Après le Ier Congrès des députés du peuple, le pouvoir commença à passer entre les mains des soviets. Comme il est de règle dans une société démocratique, le parti n'avait plus la possibilité d'imposer sa volonté et devait user de moyens politiques pour orienter le pays. Il restait encore la seule force politique puissante et organisée à l'échelle de l'Union, mais, privés des fonctions de commandement qui leur étaient familières, de nombreux comités du parti étaient déboussolés. L'étape la plus difficile — trouver sa place dans une société en rénovation — se trouvait encore devant lui. Ses membres se trouvaient confrontés à une question décisive : leur parti était-il capable de se réformer ? Cette structure bureaucratique, imbriquée dans l'État, pouvait-elle se métamorphoser en un mouvement démocratique de masse réunissant les forces de gauche ? Le débat s'engagea spontanément dans les rangs des communistes par une vague de critiques à l'encontre de la direction et l'on vit un nombre croissant de défections. L'unité du PCUS fut également battue en brèche par les mouvements séparatistes dans les républiques.

Même dans cette passe difficile, le parti continua à exercer une énorme influence sur le cours des événements. Le plénum de juillet 1988 fut consacré à la mise en œuvre des décisions de la XIXe conférence, et celui de septembre à la réforme des structures de l'appareil. En janvier 1989, le CC approuva la plate-forme électorale du PCUS. En mars, il présenta la nouvelle politique agricole visant à donner au paysan la maîtrise de la terre. Le plénum de septembre de la même année fut marqué par l'adoption de la politique des nationalités du parti. Et, enfin, le plénum des 5-7 février 1990 définit la plate-forme du CC pour le XXVIIIe congrès du parti. Elle était intitulée : « Vers un socialisme démocratique et humain. »

J'espère que le lecteur me pardonnera cette longue « chronologie du parti », mais il me semblait utile de rappeler que la vie politique ne s'était pas éteinte au sein du PCUS. Élu président de l'URSS, je n'entendais nullement « abandonner le parti à son triste sort », comme le prétendaient certains. Si telle avait été mon intention, il m'était facile de démissionner de mon poste de secrétaire général, ce que les démocrates réclamaient à cor et à cri. Je ne le fis pas parce que j'étais conscient de mes responsabilités vis-à-vis du PCUS et des millions de communistes. Mon devoir était de tout faire pour que le parti, engagé dans la voie de la démocratisation interne, pût renaître et occuper la place de choix qui lui revenait dans la nouvelle structure politique. Quant à savoir si cette tâche pourrait être accomplie ou si la partie conservatrice de l'appareil l'emporterait, c'était une question à laquelle devait répondre le XXVIIIe congrès anticipé du PCUS dont les trois coups furent frappés, en quelque sorte, par le Ier congrès des communistes de Russie.

Le deuxième avènement du PCR

Après le printemps 1990 et les premières élections libres aux Parlements des républiques, le parti se sentit rejeté en marge des processus en cours dans la société et dans l'État. Un sentiment de frustration grandit envers l'action du CC qui aboutit à une remise en cause de la perestroïka. À cela s'ajoutèrent des difficultés économiques croissantes : les ruptures de stocks perturbaient les approvisionnements. Lorsque Ryjkov annonça une prochaine hausse des prix, les membres de l'oligarchie conservatrice du parti pensèrent que l'heure de la revanche avait enfin sonné. Leurs intentions ne divergeaient que sur un détail tactique : fallait-il contraindre le secrétaire général à renoncer à la perestroïka, ou le limoger ? Bien entendu, chacun prenait bien soin de dissimuler ses pensées réelles. Ces politiciens chevronnés sentaient que le peuple n'accepterait pas un retour à l'ordre ancien et ils s'empressaient de justifier le moindre de leurs actes par la volonté de poursuivre la perestroïka de manière encore plus active et efficace.

Dans le même temps, les démocrates radicaux spéculaient avec succès sur le slogan de l'« indépendance » de la Russie qui leur permit de décrocher bon nombre de sièges au nouveau Soviet suprême de la république et de faire élire leur leader[2] à la présidence du Parlement. Cet exemple fit réfléchir certains dirigeants du parti : si les démocrates avaient su utiliser la « carte russe », pourquoi pas eux ?

La question de la création d'un parti pour les communistes de Russie fut d'abord posée dans les réunions des comités de base, puis aux plénums des kraïkoms et obkoms, puis dans la presse. Les arguments semblaient pleins de bon sens : pourquoi les Russes étaient-ils les seuls à ne pas avoir leur propre PC ? Cela les plaçait injustement en situation d'infériorité. De plus, le CC, occupé par les affaires de l'ensemble du parti, ne pouvait accorder suffisamment d'attention aux soucis de la RSFSR... Ce qui n'était au départ qu'une interrogation devint rapidement une revendication des « masses militantes ». Presque un ultimatum.

Je ne veux pas dire que toute l'entreprise n'était qu'une manœuvre tactique. Ses instigateurs y voyaient un moyen légal de contrebalancer la puissance réformatrice du centre de manière à faire pencher le parti de leur côté, mais la masse des simples communistes était sincèrement favorable à l'idée d'un PCR autonome, comme au slogan d'une RSFSR indépendante. Le problème était bien réel : ce n'étaient pas des faux-semblants.

Je réfléchis longtemps à ce problème et m'en ouvris à mes collègues en petit comité, me penchant aussi sur l'histoire et sur l'opinion de Lénine sur la question. Nous comprenions tous que l'existence séparée d'un centre de direction des communistes de Russie (soit les deux tiers des effectifs du PCUS) faisait planer un risque de scission permanent. Or, le parti se voulait le plus puissant facteur d'unification du pays et le garant de son intégrité grâce à son idéologie internationaliste. Ce fut pour cette raison que Lénine, tout en créant l'Union, c'est-à-dire en

2. Boris Eltsine. (N.d.T.)

théorie un État fédéral, s'était catégoriquement prononcé contre ce type de solution pour le parti.

En fait, si nous voulions avoir une chance de résoudre la question, il nous fallait la reprendre entièrement. La situation n'était plus la même. Nous avions derrière nous la longue expérience historique d'un État non pas simplement unitaire, mais supercentralisé derrière une façade fédérale. Il s'agissait désormais de combler le hiatus entre la forme et le contenu, et d'avancer vers une véritable fédération. Dans cette optique, la création d'un PC russe devenait objectivement inévitable. Mais le moment était-il opportun ? Ne valait-il pas mieux attendre la restructuration de l'État fondée sur le nouveau traité d'Union ? Et enfin, le PCR ressuscité[3] ne deviendrait-il pas une sorte de bastion dans la lutte contre le secrétaire général et ses partisans ?

Pendant cette période, le fossé entre les membres du Politburo continua à se creuser. Les conservateurs, qui estimaient que l'on avait dépassé la limite tolérable des changements, considéraient comme des libéraux ceux de leurs collègues qui se prononçaient en faveur des réformes. De nombreuses questions donnaient lieu à des débats acharnés. Certes, des solutions étaient finalement trouvées, mais les différences subsistaient. Elles se manifestèrent d'emblée à propos du PCR. Ligatchev s'en déclara un partisan convaincu, arguant que cela correspondait à l'opinion de la majorité des membres du parti. Dans une certaine mesure, c'était vrai, mais je garde l'impression que la campagne en faveur du PCR n'était pas spontanée.

Tout le monde avait à l'esprit la tentative de Khrouchtchev pour résoudre le « problème russe ». Elle s'était traduite par la formation d'un bureau du CC du PCUS pour la RSFSR doté d'un appareil. Cette structure subsista quelques années avant d'être reconnue comme non viable et redondante. Cependant, faute de mieux, nous décidâmes de renouveler l'expérience dans l'espoir que les conditions nouvelles permettraient de meilleurs résultats. Le plénum de décembre 1989 créa donc un bureau russe du CC. Présidé par le secrétaire général, il était composé de Vorotnikov, Vlassov, Manaïenkov, Prokofiev, Guidaspov et

3. Après la révolution d'Octobre, le Parti communiste (bolchevique) de Russie couvrait l'ensemble de l'État soviétique qui se réduisait alors à la RSFSR. Il changea de nom après la création de l'URSS, en 1922, pour devenir le Parti communiste (bolchevique) de toute l'Union, puis le PCUS. En réalité, le PCR né en 1990 se distinguait de son prédécesseur léninien par le fait qu'il était fondé sur une base purement nationale. (N.d.T.)

d'autres personnalités. Mais il ne se réunit guère et n'apporta rien de particulier. Ce fut sans doute de ma faute, car j'étais débordé.

Les organisations du parti accueillirent cette initiative de manière très défavorable, y voyant une tentative pour étouffer le mouvement en faveur de la formation du PCR. La pression exercée sur la direction par les milieux « intégristes » augmenta. Mais la motivation de nombreux membres du CC était purement pragmatique : déstabilisés par la perestroïka et incapables de s'adapter aux conditions nouvelles, ils comptaient profiter de l'occasion pour remonter à la surface.

Le Politburo se pencha maintes fois sur la question et finit, sous l'influence de la base, par accepter la formation d'un PC de Russie distinct du PCUS. Une fois la décision prise, on laissa les choses dériver. Le « mouvement russe » se retrouva entre les mains d'un groupe conservateur qui s'était formé au sein de la direction du parti. Cela se manifesta clairement dès la première réunion conjointe du bureau russe du CC et du comité de préparation chargé de mettre en place le nouveau parti. Dans mon allocution inaugurale, j'évoquai sans ambages les dangers de la formation du PCR. Dans son rapport, Manaïenkov en parla à mots plus couverts. Les orateurs reconnurent que le PCR ne devait pas devenir une organisation dogmatique d'opposition au PCUS, mais, dans le même temps, ils soulignèrent que les communistes russes étaient « fermement décidés » à ne plus avoir un statut inférieur à ceux des autres républiques. Par ailleurs, certains suggéraient que le PCR pourrait contribuer à défendre les valeurs socialistes, en d'autres mots, à rétablir le monopole du pouvoir pour le parti.

Dans ma conclusion, je soulignai que la question russe était cruciale pour la perestroïka. Tout le reste en dépendait. Elle ne se posait pas *ex nihilo*, mais dans le contexte des difficultés réelles rencontrées dans le développement de la Russie, des erreurs commises dans ce domaine, ainsi que de l'intensification des mouvements nationaux dans les autres républiques. Mais certains voulaient l'utiliser. Kossolapov[4] comme Eltsine spéculaient là-dessus. En cédant à l'isolationnisme russe, nous détruirions à la fois l'Union et la RSFSR.

Dès le début, je me méfiais de cette entreprise et je devinais comment elle pourrait tourner. Mais comme il était impossible de s'opposer à la pression générale, je m'efforçai de réduire le plus possible ses conséquences négatives.

---

4. Le rédacteur en chef de la revue *Kommounist*, « idéologue » des conservateurs. (N.d.T.)

La conférence des communistes de Russie s'ouvrit le 19 juin 1990. Comme elle se tenait deux semaines avant le XXVIIIe congrès du PCUS, il fut décidé, après de longues discussions, que les délégués élus pour le congrès par les organisations russes du parti représenteraient aussi ces dernières à la conférence. Cela évitait l'organisation de nouvelles élections, mais, du même coup, cela rehaussait le statut de la réunion qui devenait une sorte de répétition générale du congrès : les communistes de Russie constituaient, en effet, 62 % des effectifs du PCUS.

Au présidium, Loukianov et Ryjkov représentaient la direction de l'Union, Eltsine et Silaïev celle de la Russie[5]. Les organes de la conférence furent formés sans histoire, mais dès que l'on passa à l'adoption de l'ordre du jour, Avaliani, le premier secrétaire du gorkom de Kisseliovsk, dans la région de Kemerovo, proposa de modifier le statut de la conférence pour la transformer en congrès constitutif du PC de Russie.

Ce n'était nullement une surprise. En réalité, tout était décidé à l'avance. Après un bref échange d'opinions, il fut finalement convenu d'entendre d'abord le rapport du secrétaire général du CC. Simultanément, on s'accorda pour donner la parole aux représentants des deux courants qui s'étaient alors formés au sein du parti : la plate-forme démocratique et la plate-forme marxiste. Cela témoignait d'une démocratisation sans précédent depuis 1921 et l'interdiction des fractions au sein du parti.

La préparation de mon rapport fut liée à un épisode significatif. Quelque temps avant la conférence, un groupe fut mis en place pour la préparation des textes. Le Politburo décida par la suite qu'il revenait au secrétaire général d'exposer les vues de la direction. Ce ne fut qu'à la veille de la conférence, lors d'une réunion du conseil des représentants des délégations que j'appris l'existence d'un rapport « alternatif ». Au début, je ne vis aucune objection à le diffuser sous sa forme écrite parmi les délégués, mais quelque chose me mit sur mes gardes. J'emportai le texte à la maison pour le lire à tête reposée et je constatai qu'il correspondait à une tout autre approche. Nous renonçâmes à le diffuser et nous nous bornâmes à dire qu'il avait servi, parmi d'autres, à la rédaction de mon rapport.

J'entendais délivrer sensiblement le même message à la conférence et au congrès et définir avec précision ma politique. Les délégués devaient

5. C'est-à-dire les présidents des Soviets suprêmes et les Premiers ministres de l'URSS et de la Russie. (N.d.T.)

connaître d'autant plus clairement ma position que la presse récriminait : Gorbatchev, prétendait-elle, s'esquive, il se complaît dans les généralités et ne prononce aucun nom même quand il dénonce les adversaires de la perestroïka. Cette attitude était, malheureusement, très courante dans le pays, surtout dans le parti : quiconque n'est pas d'accord est un ennemi qu'il faut écarter ou, mieux encore, assommer à coups de brique.

À la tribune, je notai que tous les débats précédents permettaient de conclure à l'opportunité de la création du Parti communiste de la Fédération de Russie, et soulignai dans la foulée : « Il convient d'exclure toute forme d'affrontement entre la Russie et l'URSS et entre le PCR et le PCUS. Tous nos actes doivent prendre en compte les réalités historiques et être d'une extrême pondération. En prononçant le mot "Russie", nous devons toujours nous souvenir d'un mot qui n'est pas moins sacré : celui d'"Union". J'estime qu'il est nécessaire de le dire en toute franchise dès l'ouverture de notre conférence, définissant ainsi le préalable majeur à des travaux constructifs... Je suis en désaccord complet avec ceux qui cherchent le salut de la Russie dans l'isolement, la fermeture, voire la sécession. D'aucuns pensent peut-être que la Russie se développera mieux hors de l'URSS. Ce n'est qu'une illusion. »

Le deuxième grand thème de mon rapport fut la perestroïka : « Au XXe congrès fut dite une vérité qui secoua notre pays, la communauté socialiste et le mouvement communiste international. Ce que nous apprîmes sur le stalinisme constituait une insulte aux idéaux qui avaient inspiré les générations précédentes, les poussant à participer à la révolution, aux grands chantiers, à la défense de la patrie, au relèvement du pays après la guerre. Le choc fut immense. De profondes transformations sociopolitiques devaient, semblait-il, en résulter. Et bien que l'on ne puisse pas dire que rien n'a bougé depuis lors, les espoirs placés dans des changements profonds se sont, hélas, révélés non justifiés. Pis encore, les crimes ont été progressivement qualifiés d'erreurs, aux réformes a été substitué un perfectionnement du même système bureaucratique et à la quête d'idées nouvelles une mise à jour des manuels staliniens. Tout cela a laissé des plaies à vif dans la société comme dans les âmes, empoisonnant la vie spirituelle, pesant sur les relations internationales. La logique de la lutte politique a fini par transformer certains silences en une politique de non-divulgation du passé, la condamnation de Staline en des tentatives de réhabilitation sous une forme ou une autre. Tout cela s'est traduit par l'impuissance politique et la stagnation dans tous les domaines. »

J'évoquai le besoin impérieux et le caractère inévitable de la perestroïka avant de résumer brièvement nos réussites, sans taire les erreurs commises et les retards accumulés. La question centrale était la transition vers une économie sociale de marché :

« Les opinions les plus diverses ont cours à ce sujet, surtout en matière de délais, de formules et de tactique, et nous devons être ouverts à toute proposition. La seule chose inacceptable est le retour au système administratif de commandement. Ce serait tout simplement une calamité, une impasse pour le pays.

« Notre histoire passée et les transformations actuelles étant directement liées à l'action du parti, il est normal qu'il soit au centre des débats en cours dans la société. Certains disent : le PCUS doit battre sa coulpe et se retirer de l'arène politique. Le caractère provocateur de pareilles exigences est évident. Mais la meilleure réponse des communistes consiste à poursuivre les réformes engagées par le parti. Nous devons déclarer fermement que le PCUS rejette sans la moindre réserve ou compromission l'idéologie et la pratique du stalinisme qui a foulé aux pieds les idéaux spirituels et moraux du socialisme, et qu'il se prononce résolument pour la plénitude du pouvoir des soviets, renonçant aux fonctions d'autorité et de gestion, au monopole du pouvoir et à toute velléité de contrainte idéologique. Le parti recherchera le soutien de la société et mettra en œuvre les valeurs socialistes par la conviction, le travail politique au sein des masses, la participation au débat parlementaire, et agira dans le cadre de la Constitution et des lois. »

La discussion donna lieu à plusieurs allocutions mémorables. Au nom de la plate-forme démocratique, Vladimir Lyssenko affirma que le parti devait renoncer à ses privilèges politiques et gagner le respect par son travail au sein du peuple. Les attitudes dogmatiques et revanchardes s'exprimèrent pleinement dans le texte émis par un groupe appelé Congrès d'initiative. Valeri Ladyguine, machiniste sur la ligne ferroviaire transbaïkalienne, prononça un discours furibond. Visiblement, des propagandistes chevronnés avaient travaillé son texte. Sous les applaudissements, il proposa que le CC du PCUS s'expliquât devant le XXVIIIe congrès sur les cinq années de perestroïka selon lui perdues. Il formula également l'idée — reprise ensuite par le congrès — que les membres du Politburo devaient personnellement rendre compte de leur action devant les délégués. Le plus fort était que Ladyguine était mandaté pour lire les recommandations de ses camarades de l'obkom de Tchita : « Votre devoir est de ne pas attiser les passions, de chercher la voie de la concorde et non de la confrontation, de ne pas noircir notre histoire mais de la connaître et de la respecter afin d'en extraire le meilleur. » Il préféra remettre ce texte au présidium et faire sa propre allocution, servant ainsi les desseins des intégristes du parti.

L'exposé d'Alexandre Melnikov, premier secrétaire de l'obkom de Kemerovo et favori de Ligatchev, fut particulièrement violent dans son rejet de la politique de réformes. Son but manifeste était de susciter de vives réactions dans l'assistance : « Deux semaines avant l'ouverture du XXVIIIe congrès, le parti bouillonne, le pays est au bord de l'explosion sociale, mais nous constatons que la direction du CC et du bureau du CC pour la Fédération de Russie vivent dans une autre dimension. Avec notre connivence, le parti est accusé de tous les péchés et les communistes incriminés de toutes les taches noires de l'histoire, de la mafia sans visage, de la corruption. L'entourage le plus proche du secrétaire général concourt à nous faire glisser vers un nouveau culte de la personnalité, même si c'est sous une forme inhabituellement démocratique. Je ne veux nullement minimiser le renom mondial de Mikhaïl Sergueïevitch Gorbatchev en tant que leader du PCUS et du pays et je rends un hommage justifié à ses mérites personnels, mais dans un esprit de camaraderie de parti et pour notre cause commune, pour notre grand objectif final, je suis tenu de le mettre en garde et de le protéger contre ce mal, malheureusement chronique chez nous. » En conclusion, Melnikov déclara que la conférence du parti du Kouzbass avait adopté le 1er juin, à l'immense majorité des suffrages, une motion de défiance envers le CC et le Politburo, exigeant la démission de tous ses membres. Tout cela s'inscrivait dans le cadre d'une attitude commune des premiers secrétaires d'obkom mise en musique par Ivan Polozkov [6].

Pourtant, d'autres voix se firent entendre. Ainsi, Skliar, secrétaire du gorkom d'Obninsk, riposta à ceux qui, selon son expression, voulaient « imputer toutes les dettes à Gorbatchev », soulignant que les rangs des communistes comptaient « beaucoup de partisans du secrétaire général ».

Bien entendu, l'important n'était pas l'attitude envers le secrétaire général, mais la capacité des militants à comprendre le caractère irréversible des transformations et la nécessité de réformer profondément un parti menacé, sinon, de marginalisation politique. Même si la plupart des délégués étaient des permanents et autres représentants de la

---

6. Chef de file des conservateurs du parti au Parlement de Russie, il s'était présenté sans succès, le mois précédent, contre Eltsine au poste de président du Soviet suprême de la RSFSR. (N.d.T.)

« nomenklatura », les conservateurs eurent du mal à imprimer leur orientation à la conférence, puis au congrès.

L'élection du premier secrétaire du PC de Russie fut la première épreuve de force. La question avait été discutée au Politburo après consultation des secrétaires régionaux. Chacun comprenait bien qu'il devait être dirigé par une personnalité éminente du PCUS. Mais le choix s'avéra fort limité. À la réunion des représentants des délégations chargés d'avancer une candidature, je proposai d'abord celle de Valentin Kouptsov, chef du département du Comité central pour les organisations sociales, membre du secrétariat du CC et du bureau russe. Je le tenais pour une homme de conviction, favorable aux réformes démocratiques, sensible à l'innovation et apte à agir en conséquence. Je citai aussi Oleg Chenine que je considérais alors comme un partisan sincère de la perestroïka. Les noms de Polozkov, de Bakatine et de quelques autres furent mentionnés. Polozkov se récusa sous prétexte que je ne l'avais pas proposé. Fort des voix obtenues contre Eltsine au Congrès russe des députés du peuple, il s'estimait victime d'une discrimination. Visiblement, il ne comprenait pas que ceux qui l'avaient soutenu votaient non pas tant pour lui que contre Eltsine.

Notre favori fut finalement Kouptsov, dont l'exposé manqua cependant de flamme. Oleg Lobov, alors secrétaire du PC d'Arménie, ne fit pas mauvaise impression. La prestation de Chenine fut terne. Polozkov se présenta à nouveau afin de justifier la confiance de ses mandants. Grâce à l'appui du groupe des premiers secrétaires, il fut finalement élu au second tour avec 1 396 voix contre 1 056 à Lobov.

Le rapport des forces se précisait. Pour la première fois, une candidature avancée par le secrétaire général et soutenue par les représentants des délégations se trouvait repoussée. En fait, Kouptsov paya pour des griefs qui ne lui étaient pas faits. La nomenklatura avait décidé de placer aux commandes un homme qui défendrait fermement ses intérêts.

Mes pires appréhensions se confirmaient : le congrès du PCR produisit une impression désastreuse sur la société. La réaction de rejet toucha surtout les organisations du parti dans le secteur de la science et de la culture, ainsi que les ingénieurs et les techniciens. Nous croulâmes sous une avalanche de messages de membres du PCUS qui ne voulaient pas adhérer au PCR, de démissions et de refus de régler les cotisations. Le nom de Polozkov devint le symbole du conservatisme du nouveau Parti russe. Lui-même en souffrait. En privé, il m'a par la suite avoué que Ligatchev l'avait persuadé de ne pas retirer sa candidature.

D'ailleurs, je n'ignorais pas que quelqu'un tirait les ficelles en coulisses. Il était clair que le même problème se poserait au XXVIIIe congrès du parti. Au Politburo, Ligatchev et Iakovlev se prononcèrent pour différer sa tenue et Ryjkov abonda dans leur sens. Les uns avaient besoin de plus de temps pour « travailler » les délégués. Les autres craignaient une répétition de la conférence du PCR à l'échelle de l'ensemble du parti.

Quant à moi, je pensais qu'il fallait respecter la date. Les communistes l'attendaient depuis longtemps. Tout ajournement ne pouvait que les irriter considérablement. De plus, il était impossible de prolonger encore cette période d'incertitude qui menaçait de déboucher sur une autodissolution du PCUS. Seul le congrès pouvait le consolider sur le socle d'une nouvelle plate-forme. Certes, le risque de scission existait, mais nous n'avions pas le choix. Consultés, les responsables des organisations du parti furent unanimement favorables à sa tenue.

À la veille du Congrès

La lutte entre les courants réformateur et conservateur se cristallisa autour de la plate-forme du parti. Les débats à son propos se poursuivirent au sein du Politburo jusqu'à son adoption. L'accueil des intellectuels fut plutôt froid : bien que témoignant d'une recherche de nouvelles approches théoriques et politiques, le texte n'était plus en phase avec l'esprit du temps. D'ailleurs, au cours de la préparation du congrès, il fut remanié de fond en comble. Ce fut un document différent et portant un autre titre qui fut présenté aux délégués.

Depuis le XXVIIe congrès, des changements énormes s'étaient produits dans tous les secteurs de la vie du pays et dans le monde environnant. Les vieilles théories s'effondraient. Le socle idéologique sur lequel reposaient les activités du parti réclamait une rénovation complète.

Je préparai le rapport avec l'aide de mon entourage le plus proche, m'efforçant d'étudier avec le maximum d'objectivité les problèmes posés par le cours de notre évolution. Dans le climat de liberté intellectuelle qui régnait, il me fallait parfois arbitrer lorsque la discussion entre mes assistants prenait un cours trop vif, mais le travail se déroulait dans un climat amical et nous parvînmes à établir un bon diagnostic de l'état de la société et à définir le nouveau rôle du parti. Je me permettrai de citer ici quelques extraits du rapport, caractéristiques de mes positions à un moment aussi critique pour le parti.

> Aujourd'hui, la question se pose ainsi : ou bien la société soviétique progressera dans la voie des transformations, et alors je suis convaincu que notre grand État multinational aura un avenir digne de lui ; ou les forces antipérestroïkistes l'emporteront. Si tel était le cas, le pays et le peuple traverseraient, il faut bien le dire, une sombre période. [...]
>
> Au modèle stalinien de socialisme succède une société civile d'hommes libres. Le système politique se transforme radicalement. On voit s'instaurer une démocratie véritable avec des élections libres, le pluripartisme, le respect des droits de l'homme, la renaissance d'un authentique pouvoir du peuple. On assiste au démantèlement des rapports de production qui aliènent les travailleurs en les privant de l'accès à la propriété et aux résultats de leur travail. Les conditions sont ainsi créées pour une libre émulation des producteurs socialistes. Nous avons entamé la transformation d'un État supercentralisé en État effectivement fédéral, reposant sur l'autodétermination et l'union volontaire des peuples. Au climat de diktat idéologique ont succédé la liberté d'esprit et la glasnost, l'ouverture de la société à l'information. La nouvelle pensée politique nous a aidés à considérer avec réalisme le monde environnant, nous a libérés de l'approche conflictuelle de la politique étrangère. L'URSS est devenu un pays ouvert à la paix et à la coopération, suscitant non la crainte, mais le respect et la solidarité.
>
> Nous devons faire de notre mieux pour que la perestroïka se développe comme une révolution pacifique dans le cadre de l'option socialiste, car le peuple est toujours la principale victime des bouleversements. Il faut créer les conditions démocratiques pour qu'accèdent au pouvoir des hommes capables et talentueux, dévoués à la perestroïka, exprimant l'esprit de notre temps et les aspirations des masses. Plus que jamais, le consensus est nécessaire à la société. L'heure n'est pas aux ultimatums et aux conflits, aux actions irréfléchies qui sèment la zizanie et aggravent encore la situation.

Mon rapport présentait un tableau objectif de la situation économique, faisant honnêtement état des erreurs commises. Ma conclusion était que malgré la gravité des phénomènes de crise, il convenait d'exclure tout retour aux méthodes administratives de commandement et d'avancer rapidement et résolument dans la voie des changements fondamentaux du système économique. Cela impliquait la formation d'un nouveau modèle comportant des formes multiples de propriété et doté d'une infrastructure moderne d'économie de marché.

Cette coexistence de différents systèmes économiques ouvrirait un vaste champ à l'initiative et créerait des motivations fortes pour un travail fructueux.

Je mettais une nouvelle fois en évidence que le concept de perestroïka était l'aboutissement d'une longue quête dont le point de départ se trouvait dans le XXe congrès du PCUS. Le point le plus important et le plus novateur du rapport était la conception du rôle du PCUS dans le gouvernement et la société. Sans récuser la notion de « parti d'avant-garde », je soulignais que ce statut ne pouvait être imposé, mais seulement conquis par une lutte active en faveur des intérêts des travailleurs.

À couteaux tirés

J'ai déjà souligné l'importance du XXVIIIe congrès. Après quatre-vingt-dix ans d'existence, sans renier les aspects positifs de son patrimoine historique, le parti renonçait au totalitarisme et se ralliait à la démocratie, à la liberté et à l'humanisme.

La rupture avec le bolchevisme, le premier grand pas vers la réforme du PCUS, se heurta à de grandes difficultés et ne tint à plusieurs reprises qu'à un fil. Après le congrès, il resta une impression inquiétante de fragilité des progrès réalisés. Le PC avait mis un pied sur un nouveau rivage, mais il gardait l'autre sur l'ancien. Les événements le surprirent dans cette position de déséquilibre et cela lui fut fatal.

Les quatre ou cinq premiers jours des travaux du congrès, consacrés au débat politique, furent à l'avantage de la tendance conservatrice. Rien de neuf ni de constructif ne se fit entendre dans les exposés des orateurs qui représentaient les hautes sphères et la nomenklatura du parti et de l'État. Aucun d'entre eux ne tenta d'analyser la situation d'une manière un tant soit peu objective, ni d'expliquer comment le parti pouvait retrouver son rôle dans une société qui avait tellement changé. En fait, ils n'avaient pas vraiment écouté mon rapport d'activité, même s'ils s'y référaient parfois.

Ces interventions étaient axées sur une critique violente de la direction, accusée d'avoir fait perdre son hégémonie au PCUS. On déplorait — avec sincérité, parfois — les problèmes complexes qui se posaient dans le domaine de l'économie, de la culture et des relations interethniques, mais sans éprouver le moindre sentiment de culpabilité. Toute la faute était rejetée sur les réformateurs « trop zélés », taxés de « destructeurs ». En d'autres termes, ce fut une réaction haineuse de la couche dirigeante contre des réformes qui menaçaient son pouvoir.

Il convient de noter que ceux qui faisaient mine de critiquer l'ensemble de la direction ne s'en prenaient en fait qu'à son aile démocratique. Lorsque des noms étaient cités, c'étaient ceux du secrétaire général, de Iakovlev, de Medvedev, de Chevardnadze et même de Razoumovski. Jamais ceux de Vorotnikov, de Sliounkov, de Krioutchkov, de Iazov ou d'autres membres du Politburo. Il ne me semble pas que le nom de Ligatchev ait été mentionné. Les orateurs savaient bien, pourtant, que toutes les décisions étaient prises collégialement par la direction et approuvées par les plénums du Comité central.

La prédominance des interventions conservatrices et leur peu de lien avec le rapport auxquelles elles étaient censées répondre témoignaient d'une préparation soigneuse — je dirai même d'une orchestration préalable — par le département du CC à l'organisation. Pendant que nous tentions sérieusement de cerner l'évolution de la société et d'en tirer les conclusions qui s'imposaient pour la politique du parti, les rétrogrades de la direction et de l'appareil étaient visiblement restés en contact, tenant des conciliabules. Certes, à la veille d'un congrès, c'était chose courante, mais il s'agissait cette fois d'orienter les travaux selon le scénario de l'aile opposée aux réformes.

On m'informa que les délégués étaient « travaillés » dans un esprit fort différent de la « nouvelle pensée ». Ligatchev, les adjoints du département organisationnel du CC qui partageaient ses idées et le principal responsable du complexe militaro-industriel, Oleg Baklanov, comptaient parmi les agitateurs les plus actifs. Je n'ignorais rien de leurs positions, mais il me semblait inconcevable que des hommes qui avaient assumé leur part de responsabilité pour chaque avancée de la perestroïka pussent, dans la coulisse, inciter les délégués à se lancer dans une « mutinerie antiperestroïka ». Je sous-estimais visiblement les capacités de louvoiement de l'esprit humain.

Stanislav Gourenko, le premier secrétaire du CC ukrainien, Efrem Sokolov, son collègue de Biélorussie, et d'autres encore contribuèrent à former une majorité agressivement « intégriste » au congrès. De telles manœuvres (que l'on peut qualifier de subversives) étaient particulièrement difficiles à contrer. Après tout, il était impossible de changer la composition du Politburo ou de l'appareil comme cela, à la veille d'un congrès.

J'eus également une rencontre de quatre heures avec les secrétaires de raïkom et d'obkom et je sentis qu'ils luttaient pour leur survie et la perpétuation de leur pouvoir. D'où leur tentative pour prendre leur revanche et enterrer les réformes, ce qui revenait à remettre le parti dans l'ornière.

De l'autre côté du spectre politique, l'aile située à la gauche de la direction réformiste du PCUS eut la possibilité de donner le ton du débat et de déployer son argumentation, mais elle ne sut pas le faire. Les dirigeants de la plate-forme démocratique semblaient intimidés par les « intégristes ». Malgré tout, les idées réformatrices parvinrent à se faire entendre au cours de ces journées. Eltsine intervint — et avec force — dans cet esprit. Il souligna que l'on n'était pas parvenu à neutraliser l'action des forces conservatrices au sein du parti. Évoquant l'avenir du PCUS, il déclara : « Ou bien l'appareil du parti, sous la pression des réalités politiques, se décidera à entreprendre une restructuration profonde, ou il s'accrochera à des formes obsolètes et restera en opposition au peuple, en opposition à la perestroïka... Nous qui avons consacré au parti des dizaines d'années de notre vie estimons de notre devoir de venir ici pour tenter de faire passer l'idée qu'il existe une issue pour le PCUS. Elle est difficile et pénible, mais réelle : dans un État démocratique, le passage au pluripartisme est inévitable. Il convient de donner un cadre organisationnel aux plates-formes existant dans le parti et à chaque communiste le temps de se déterminer. Nous devons changer le nom du parti qui doit devenir celui du socialisme démocratique et s'émanciper de toutes les fonctions d'État. »

Ces thèses, proches des positions de l'aile réformatrice, faisaient écho à mon rapport politique. Pourtant, le but réel d'Eltsine n'était nullement de réformer le parti, mais bien de le détruire. C'était là l'idée sous-jacente de sa déclaration selon laquelle il était prématuré de discuter de la plate-forme et des statuts au congrès. En fait, Eltsine ne désirait pas rejoindre l'aile réformatrice et contribuer à sauver le PCUS en le réorganisant tant qu'il était encore temps. Il ne croyait sans doute pas cela possible, mais ce n'était pas la seule raison : il ne voulait plus jouer les seconds rôles. Lancé à la conquête du pouvoir, il se voyait déjà à la tête de son propre parti.

L'économiste Leonid Abalkine prit la parole pour noter, à juste titre, que l'essentiel était la rénovation des fondements idéologiques et théoriques du parti. « L'expérience montre, dit-il, que le modèle reposant sur l'étatisation totale de l'économie, la négation de la variété des formes de propriété et d'activité économique, la négation du marché, ne peut fournir de bons résultats économiques et sociaux. »

Lorsque l'académicien Abalkine exposa son argumentaire en faveur de l'économie de marché, des huées tentèrent régulièrement de l'interrompre, mais il ne quitta pas la tribune malgré ce climat enfiévré. Il appela à renoncer à certains mythes, comme celui selon lequel il serait possible d'accéder à la prospérité sans épreuves ni sacrifices. Je lui proposai de me rencontrer pendant une pause. Nous évoquâmes son discours devant le Ier Congrès des députés du peuple de l'URSS : il y avait fait sensation en affirmant que notre économie capotait. Cela m'avait alors irrité, mais il avait raison de reprocher au gouvernement la timidité et le caractère parcellaire des réformes.

Les conservateurs avaient prévu de demander aux membres du Politburo de rendre personnellement compte de leur action, et la question fut posée dès le vote de l'ordre du jour. La première partie des débats y fut d'ailleurs largement consacrée. Cette première bataille de la lutte entre conservateurs et réformateurs se termina par un match nul. Les intégristes, qui brûlaient du désir de « crucifier » ceux qu'ils considéraient comme les responsables de leur éviction du pouvoir, imposèrent les « comptes rendus », mais pendant le travail en commission et non devant l'assemblée générale. En revanche, ils ne parvinrent pas à faire adopter la procédure humiliante des notations, conçue pour censurer publiquement les réformateurs.

J'avais déjà eu l'occasion de déclarer sans ambages que tout cela n'avait pas de sens. Le rapport politique était le compte rendu d'activité du CC et du Politburo en tant qu'organes collectifs. Même si les membres du Politburo supervisaient certains domaines, toutes les questions de fond étaient discutées et résolues collégialement. Dans d'autres circonstances, il n'y aurait eu rien d'insolite à entendre chaque membre de la direction. Mais dans ce contexte de lutte acharné, il s'agissait trop clairement de faire pression sur moi pour me contraindre à changer de politique et, éventuellement, à partir.

Finalement, les membres de la direction durent s'expliquer individuellement et le firent avec un succès variable. Certains gagnèrent par K.-O. grâce à d'excellents exposés, ou aux points en répondant aux questions. D'autres furent bien falots. Après les premiers « comptes rendus » et les rafales de critiques contre la ligne réformatrice de la direction, les philippiques « préenregistrées » commencèrent à s'épuiser. La session plénière se poursuivit dans une atmosphère plus constructive. Des questions, « subversives » ou « bienveillantes », furent posées aux membres de la direction qui surent trouver le ton juste pour y répondre. Un délégué finit par déclarer qu'il ne fallait pas transformer le congrès en lynchage. « Nous évoluons vers une société plus civilisée et on veut nous ramener en 1937 », ajouta-t-il sous les applaudissements.

Sentant ce changement de climat, je fit voter l'arrêt des comparutions des membres du Politburo par 3 078 voix pour, 1 113 voix contre et 50 abstentions. Trois jours auparavant, 2 557 voix s'étaient prononcées en faveur des comptes rendus. La raison finissait par l'emporter à mesure que s'effaçaient les effets de la mise en condition d'avant le congrès.

Le 10 juillet, je conclus par ces mots les débats sur le rapport politique : « La société a accédé à la liberté. Mais nous tous, le pays dans son ensemble, les mouvements anciens et nouveaux, le nouveau pouvoir, nous n'avons pas encore appris à en user. La crise du parti a précisément pour origine l'incapacité et la réticence à comprendre que nous vivons et travaillons déjà dans une autre société, jouissant d'une transparence et d'une liberté sans précédent dans l'histoire. Il faut un parti différent, rénové. Sans la démocratisation, faute de renforcer notre lien vivant avec le peuple, d'effectuer un travail intensif parmi les masses, nous perdrons du terrain. »

Je soulignai aussi que la réforme économique devait être mise au premier plan de la perestroïka : « L'histoire a montré combien il était vain de tenter d'échapper à la situation de nécessité dans laquelle se trouvaient aussi bien l'État que les citoyens en rafistolant le système administratif de commandement. Si nous poursuivons dans cette voie, nous conduirons le pays à la faillite. La supériorité de l'économie de marché est démontrée à l'échelle mondiale et la seule question qui se pose est de savoir si l'on peut y assurer un haut degré de protection sociale, ce qui caractérise le régime socialiste, le régime des travailleurs. La réponse est la suivante : non seulement c'est possible, mais l'économie de marché régulée permettra d'augmenter d'une telle manière la richesse sociale qu'il en résultera une élévation générale du niveau de vie.

« Notre démarche a effrayé le peuple. Le marché signifie pour lui des rayons vides et des prix élevés. Commencer par les prix n'est pas la bonne solution, mais il ne peut y avoir de marché sans réforme de la formation des prix... L'idéologie du socialisme n'est pas un manuel où tout est divisé en chapitres et alinéas. Elle s'écrira à mesure que nous contribuerons à ce que le pays soit nourri, ordonné, civilisé, spirituellement riche, libre et heureux. À mesure que nous nous réapproprierons les valeurs universelles, non pas comme un élément étranger par sa nature de classe, mais comme une chose normale pour un individu normal. On sait ce qu'il nous en a coûté de négliger ces valeurs mûries au cours des siècles. L'idéologie du socialisme se formera par l'intégration de notre pays dans le progrès général de la civilisation. Le cadre de ce processus est défini par la nouvelle pensée, qui est déjà considérée dans le monde comme notre nouvel internationalisme qui unifie la planète au lieu de la diviser en deux camps opposés.

Nous avons hérité de Marx, Engels et Lénine un mode de pensée dialectique sur lequel nous prendrons appui dans nos études théoriques et politiques. Mais nous ne permettrons pas que ce qui a été créé par ces classiques soit transformé en un nouveau *Cours abrégé*[7], ce que d'aucuns semblent regretter. Ce serait fatal à la perestroïka et à la société. Cela n'arrivera pas. »

À franchement parler, les applaudissements qui accueillirent ces propos me réjouirent. Ils signifiaient que les délégués commençaient à réfléchir et à douter des dogmes irréfragables.

Je me vis également contraint de défendre notre politique étrangère, soumise aux attaques des intégristes qui nous reprochaient d'avoir « perdu » l'Europe de l'Est (comme si elle était notre colonie !), « capitulé » devant l'Occident et « lâché » l'Afghanistan. Je m'efforçai de montrer que seuls d'incorrigibles « faucons » pouvaient contester une politique qui permettait d'en finir avec la surmilitarisation du pays tout en éloignant la planète du précipice nucléaire et en rendant possible notre intégration dans les structures économiques et politiques mondiales.

Je finis par le thème du parti et du pouvoir : « De nombreux délégués ont exprimé l'inquiétude de voir le PCUS perdre son autorité, qu'il soit évincé par d'autres partis, qu'ici ou là les communistes soient contraints de passer dans l'opposition. C'est ainsi et rien ne changera pour le mieux tant que les cadres du parti escompteront voir revenir l'époque où ils pouvaient recevoir du CC une sorte de mandat pour la gestion d'une ville, d'une région, d'une république et garder leur fauteuil jusqu'à leur dernier souffle indépendamment de la qualité de leur gestion et de l'opinion de leurs administrés. Il est impossible de revenir en arrière et aucune dictature — si tant est que cette idée délirante soit venue à l'esprit de quelqu'un — ne résoudra le problème. Le parti ne

7. Allusion au *Cours abrégé d'histoire du Parti communiste (bolchevik) de l'URSS* de Staline qui donnait une version « définitive » de l'histoire et de la pensée communistes. (N.d.T.)

saura pas se réformer tant que nous n'aurons pas tous compris que le PCUS n'a plus le monopole du pouvoir et de l'administration. Nous pouvons et devons agir pour gagner la majorité et conserver notre situation de parti dirigeant, mais même si nous n'y parvenons pas, nous devrons collaborer avec les députés non inscrits et les représentants des autres tendances politiques reconnues par la loi, sincèrement préoccupés par le sort du pays. Il faut en finir avec les sentiments sectaires, les exclure à jamais de la conscience des responsables du parti et de tous les communistes. »

Je quittai la tribune pour être aussitôt entouré de délégués. Certains voulaient s'exprimer, d'autres poser la question qui leur tenait à cœur, d'autres encore se rappeler simplement à mon bon souvenir. Tout cela est humain. Les journalistes se précipitèrent aussi pour faire leur travail. Je parvins à me dégager et à regagner la salle de repos où le Politburo au grand complet était réuni autour d'une table. On me félicita de manière diversement sincère. Même Ligatchev, dont nul n'ignorait la qualité de leader de l'aile droite, se joignit au chœur des louanges :

— Eh bien, Mikhaïl Sergueïevitch, vous étiez en verve aujourd'hui. Un discours programmatique...

On s'attela à la préparation des résolutions. Pour la première fois à un congrès du parti (sauf du temps de Lénine où, à en juger par les minutes, le moindre projet de document était discuté avec passion), on s'y mit avec sérieux. En tout cas, aux précédents congrès auxquels j'avais participé, tout était fait pour la forme et simplifié jusqu'au grotesque. Le XXIVe remporta toutes les palmes[8]. « Leonid Ilitch [Brejnev] a fait un excellent rapport, tout est dit, alors adoptons une courte résolution : s'inspirer des thèses du rapport d'activité du secrétaire général », voilà à quoi se résuma la discussion.

Oui, même donc à cet égard, notre XXVIIIe congrès se distingua des précédents. La discussion s'anima dès le début avec la constitution des commissions appelées à mettre au point les textes. La candidature de Razoumovski fut rejetée et je dus me faire élire à la tête de la commission chargée de la rédaction des statuts, mais contrairement à la tradition, j'en assurai la présidence effective et je dus en permanence faire la navette entre le présidium du congrès et la salle de réunion. J'y rencontrai un certain nombre de personnes dignes d'intérêt, que j'inclus par la suite dans la « liste centrale », marchepied pour les organes de direction du PCUS.

---

8. En 1971. (N.d.T.)

Il me semble que les nouveaux statuts auraient pu contribuer à une démocratisation radicale du parti si son histoire ne s'était pas interrompue en août 1991. Les points principaux étaient l'extension des droits des communistes et des organisations de base, ainsi que l'autonomie des PC des républiques. Les fonctions étaient décentralisées, mais l'unité d'action était assurée par l'entrée au Politburo des dirigeants républicains.

Je me tenais en permanence informé du travail des autres commissions. Celle consacrée aux questions économiques était un véritable champ de bataille entre réformateurs et conservateurs. Sur les formes de propriété, un accord fut trouvé sur la formule de « propriété privée issue du travail ». En revanche, les orthodoxes ferraillèrent du début à la fin contre le marché. Heureusement, des positions conformes à celles qui avaient été approuvées aussi bien par l'opinion que par le Soviet suprême finirent par être adoptées. À ce moment, le gouvernement travaillait déjà à des mesures d'urgence dans le cadre de la transition à l'économie de marché.

La bataille fut rude. Ce ne fut qu'à la treizième séance, au cours de laquelle je donnai lecture de mon rapport de conclusion, que le flot tumultueux du congrès s'apaisa. L'élection de la nouvelle direction donnerait lieu à d'autres affrontements, non moins sérieux, mais nous avions rempli notre mission essentielle en empêchant le parti de dévier de la ligne réformatrice et en inaugurant sa propre transformation.

Drame politique en trois actes

Tout de suite après mon allocution, on passa aux candidatures au poste de secrétaire général. Vladimir Andreïevitch Koliouta, contremaître à Kemerovo, prit la parole au nom du conseil des représentants des délégations. Il annonça que quatre candidats s'étaient déclarés : Gourenko, Ivachko, Lobov et Gorbatchev. Gourenko et Ivachko s'étaient récusés. Lobov appelait à voter pour Gorbatchev. Le conseil proposait de réélire Gorbatchev, Mikhaïl Sergueïevitch, au poste de secrétaire général.

En écoutant cela, je songeais à quel point les choses et les gens avaient changé. L'élection du secrétaire général donnait lieu à des candidatures concurrentes et personne ne craignait plus d'être arrêté et déporté. Quant à mon propre avenir, je reconnais qu'une idée me traversa l'esprit : comme ce serait bien si ma candidature était rejetée. Psychologiquement, je me sentais prêt à l'accepter paisiblement et même avec soulagement, car nombreux étaient ceux qui m'exhortaient à abandonner la direction du parti. Mais le temps n'était pas venu, comme l'illustrèrent d'ailleurs les débats qui suivirent.

Les interventions furent passionnées, les unes en faveur de ma réélection, d'autres pour me demander de retirer ma candidature au profit de quelqu'un d'autre. Parmi les noms des candidats potentiels que l'on avançait, certains étaient connus comme Bakatine, Chevardnadze ou Iakovlev, mais il y avait aussi ceux de communistes presque inconnus avant le congrès. Golikov, le premier secrétaire du gorkom d'Oussinsk, dans la république des Komis, ironisa sur notre entrée dans le *Livre Guinness des Records* : « Le seul parti à refuser la présidence à son leader. »

Finalement, deux candidats restèrent en lice. Le rapport des voix se répartit ainsi : 3 411 pour Gorbatchev et 501 voix pour Avaliani. Ce résultat était prévisible car, dès le début du congrès, environ 1 100 délégués avaient adopté une attitude hostile aux thèses du secrétaire général. Le lecteur devinera sans peine que les membres de la nomenklatura prédominaient parmi eux.

Tout se passa néanmoins conformément aux principes de la démocratie. Nous parvînmes à la faire triompher jusque dans cette chasse gardée du système totalitaire. Ainsi que je l'évoquai, comme nous étions loin du XVIIe congrès de 1934 au cours duquel 280 délégués n'avaient pas voté pour Staline. Par la suite, ces réticents furent identifiés et, pour ne pas « en laisser passer », leur chiffre fut multiplié par trois, ce qui revint à exterminer la presque totalité des délégués[9].

L'élection du secrétaire général fut suivie par celle de son adjoint. Cette fonction acquérait une importance particulière, car mes obligations de président exigeant plus d'attention, tout le travail courant reposerait sur les épaules du secrétaire général adjoint. Par-delà l'aspect purement administratif, la dimension politique de l'élection ne devait pas être négligé. Le congrès voulait-il former une équipe unie derrière le secrétaire général ? Ou préférait-il confier le nouveau poste à un homme d'une orientation politique différente qui deviendrait une sorte de contrôleur des faits et gestes de Gorbatchev ?

---

9. Sur 1 913 délégués présents à la séance d'ouverture, 1 108 périrent au cours des purges des années suivantes. (N.d.T.)

Dans la mesure où les nouveaux statuts accordaient plus d'importance aux PC des républiques, il était naturel que, dès lors que le secrétaire général était russe, son adjoint fût un représentant de l'Ukraine. J'optai pour la candidature de Vladimir Ivachko. Partisan des réformes, modéré et empirique, plein de bon sens et d'allure modeste, il m'avait conquis par sa sérénité à la tribune et son humour ukrainien en demi-teinte.

Par malchance, Vladimir Antonovitch ne se montra pas à la hauteur d'une tâche qui exigeait une forte volonté et la capacité d'assumer ses responsabilités. D'un tempérament velléitaire, il se laissait influencer par ses collègues plus énergiques, pour finir par se « liquéfier » totalement au cours des journées fatidiques d'août 1991.

Néanmoins, il était alors bien vu par les délégués. Devant le conseil des représentants, d'autres candidatures furent avancées, neuf au total, notamment celles de Ligatchev, de Lobov, de Bakatine, de Ianaïev, de Iakovlev et de Nazarbaïev. La plupart d'entre eux se retirèrent et il ne resta qu'Ivachko et Ligatchev. Un ouvrier de Bachkirie exhorta Ligatchev à retirer sa candidature, en rappelant comment on aidait Tchernenko à monter à la tribune. Quant à Ioussoupov, le recteur de l'Université de Tachkent, il déclara :

— Mikhaïl Sergueïevitch, il vous faut un assistant jeune, énergique, lucide. Egor Kouzmitch [Ligatchev] a soixante-dix ans. Il est devenu irritable et peu enclin à l'autocritique. Il faut lui offrir solennellement une retraite honorable.

Finalement, Ivachko fut élu avec 3 109 voix. Ligatchev ne recueillit que 776 suffrages. En d'autres termes, même des délégués qui avaient constamment voté contre Gorbatchev se refusèrent à soutenir Ligatchev. Si l'aile droite quitta le congrès vaincue, ce fut en grande partie parce qu'elle ne se trouva pas de chef de file fort et crédible. Mais quelle crédibilité pouvait-on acquérir en prenant la défense d'un système failli ?

Si la défaite de Ligatchev fut un revers pour la ligne politique qu'il représentait, elle signifiait également que, désormais, les intégristes du parti n'hésiteraient pas à agir ouvertement, en tant qu'opposition déclarée à la direction réformatrice. J'admets avoir alors sous-estimé ce danger. Je ne puis me pardonner d'avoir permis à Chenine d'occuper une position clé : la supervision du département organisationnel du CC. Par une curieuse aberration, je le prenais pour un partisan sincère des réformes. Après le congrès, je lui ai dit en substance :

— Oleg, tu dois savoir que les bureaucrates font la loi dans les hautes sphères et l'appareil du parti. Ils se fichent de la perestroïka et du sort du pays. L'essentiel à leurs yeux est de garder le pouvoir. Il faudra promouvoir des gens jeunes, courageux et intelligents, faute de quoi les réformes s'enliseront et le parti sera fichu.

Chenine acquiesçait chaleureusement et évoquait ses plans de renouvellement des cadres. En fait, ce n'était que tromperie.

Si les élections du secrétaire général et de son adjoint constituèrent les premiers et deuxième actes de l'affrontement entre intégristes et réformateurs pour le contrôle des instances dirigeantes, le troisième fut l'élection du nouveau Comité central. À vrai dire, au début, tout se passa convenablement. L'immense majorité des futurs membres du CC étant présentée par les délégations des PC des républiques, la lutte pour ces sièges s'était déroulée avant le congrès. Certains échos parvinrent jusqu'à nous, mais les « règlements de compte » eurent lieu essentiellement au sein des délégations. En lui-même, ce système de représentation proportionnelle devait conduire à une nouvelle organisation du parti de type presque fédéral. En ce sens, la réforme du PCUS allait de pair avec celle de l'État.

Le véritable enjeu de la bataille fut la « liste centrale ». Il était convenu qu'un certain nombre de sièges — soixante-quinze — devaient être réservés aux communistes du « niveau de l'Union » : membres reconnus de la direction du PCUS, idéologues éminents, membres du gouvernement de l'URSS, militaires de haut rang, artistes, etc. Comme cette liste avait été dressée sous mon contrôle, on l'appelait officieusement la « liste du secrétaire général ».

Parmi les quatre-vingt-cinq candidats présentés aux soixante-quinze sièges à pourvoir figuraient les représentants de la nouvelle direction de la RSFSR : Eltsine, Silaïev et Khasboulatov. Dès que la liste fut rendue publique, Eltsine demanda la parole. Il déclara en substance qu'en raison de son élection à la présidence du Soviet suprême de Russie et compte tenu du passage de la société au pluripartisme, il était tenu de se soumettre à la volonté du peuple et de ses représentants et il lui serait donc impossible de remplir uniquement les décisions du PCUS. En conséquence et conformément aux engagements pris dans la période préélectorale, il démissionnait du parti. Il ajouta qu'il voulait attendre la fin du congrès pour faire connaître sa décision, mais que sa désignation à la candidature au CC le contraignait à avancer ce moment.

Comme je présidais la séance, je décidai de traiter la démission d'Eltsine comme un point de routine et proposai de charger la commission des mandats d'annuler le sien. « Pour le reste, ajoutai-je, le camarade

Eltsine en a décidé lui-même. Vous avez entendu ses arguments, à nous d'en prendre acte. De ce fait, la proposition d'inclure son nom dans la liste des candidats au Comité central tombe d'elle-même. »

Depuis ma place au présidium, je pus observer la sortie spectaculaire d'Eltsine. Il quitta la salle sans hâte, pensant sans doute qu'on l'applaudirait et que certains le suivraient. Mais l'effet sur lequel comptaient les metteurs en scène n'eut pas lieu.

La bataille majeure du congrès se déroula après cela. Les orthodoxes exigeaient d'exclure de la « liste du secrétaire général » treize personnes qui provoquaient leur hostilité et leur fureur par leurs idées libérales. Curieusement, cette initiative bénéficia du soutien assez ferme de nombreux délégués modérés. Il est probable que la méfiance traditionnelle envers les intellectuels joua dans l'affaire un rôle certain.

Pour ma part, le maintien des treize me semblait primordial, et il me fallut intervenir à plusieurs reprises dans une discussion qui frôlait l'hystérie. Je fus même obligé de faire une déclaration que d'aucuns ont pu comparer à la position de Lénine lors de la discussion sur la paix de Brest-Litovsk [10]. Après ce paroxysme, la fin du congrès fut plus paisible. Il est vrai que le vote permit aux délégués hostiles de rejeter les noms qui ne leur plaisaient pas, mais je parvins néanmoins à faire élire un certain nombre de personnes aux convictions démocratiques affirmées.

Le XXVIIIe congrès s'est avéré être le dernier de l'histoire du PCUS, mais il constitua néanmoins un pas en avant vers la nouvelle société. En dépit des efforts des conservateurs, les communistes du rang répondirent au défi de notre temps.

10. En 1918, Lénine s'opposa à la majorité des membres du CC qui refusaient d'accepter les conditions de paix humiliantes imposées par les Allemands aux négociateurs du traité de Brest-Litovsk. (N.d.T.)

CHAPITRE 17

VERS L'ÉCONOMIE DE MARCHÉ

Le XXVIIIe congrès accentua la division entre les forces réformatrices et conservatrices au sein du parti. Nous étions parvenus à défendre la ligne pérestroïkiste et à confirmer le cap, y compris en direction de l'économie de marché. Nous avions également progressé sur la voie d'une meilleure délimitation des fonctions du parti et de l'État. Le chef du gouvernement, les ministres et les dirigeants d'organismes politiques n'étaient plus membres du Politburo. Mais, dans le même temps, les orthodoxes se consolidaient. Ils bénéficiaient désormais d'une base arrière à la direction du PC de Russie et d'appuis sérieux au Politburo et au secrétariat du CC dont de nombreux membres semblaient sensibles aux vues conservatrices traditionnelles.

L'élection des Soviets suprêmes des républiques, au printemps 1990, constitua un événement capital qui eut un impact considérable sur la situation politique dans le pays. L'élection d'Eltsine à la fonction de président du Soviet suprême de la RSFSR et l'adoption de la loi sur la souveraineté provoquèrent une véritable réaction en chaîne. Désormais, aucune question importante ne pouvait plus être résolue en dehors du contexte des relations entre l'Union et les républiques.

La réforme économique passa également au premier plan. Cette fois, la lutte ne se déroulait pas entre les partisans et les adversaires du marché : la question semblait déjà réglée. Plus aucune force politique d'envergure ne s'opposait ouvertement à l'économie de marché. Les passions se déplacèrent vers la manière d'y parvenir et donnèrent lieu à un combat acharné entre les partisans du programme Ryjkov-Abalkine, proposé par le gouvernement, et celui qu'avançaient les économistes Chataline et Iavlinski, plus connu sous le nom de « plan des cinq cents jours ».

Beaucoup d'encre a coulé sur ce sujet, mais il ne me semble pas que toute la lumière ait été faite. Pour l'essentiel, ce sont les intéressés eux-mêmes qui se sont exprimés et leurs propos présentent nécessairement un caractère subjectif et partial. Les partisans du programme gouvernemental pensent que si ce dernier avait été adopté, le pays serait entré dans l'économie de marché sans à-coups et sans heurts, faisant ainsi l'économie de la crise actuelle. Ceux qui se prononçaient alors pour le programme Chataline-Iavlinski estiment que si Gorbatchev l'avait adopté, il aurait bénéficié du plein soutien des forces démocratiques, ce qui aurait permis d'« enjamber la crise » et créer tout de suite un vrai marché.

Les uns comme les autres me font de nombreux griefs : j'aurais désigné comme victime expiatoire le gouvernement Ryjkov, dérogé à mon accord avec Eltsine, d'abord soutenu, puis jeté par-dessus bord le plan des cinq cents jours, etc. À la lumière des controverses économiques ultérieures, de nombreux aspects des batailles des années 1990 et 1991 présentent aujourd'hui beaucoup plus qu'un simple intérêt historique. Si seulement cela pouvait nous aider à tirer les leçons du passé !

Avant le plan des cinq cents jours

L'histoire du programme gouvernemental du printemps 1990 remonte à l'année précédente et au Ier Congrès des députés du peuple de l'URSS. Un décret consacré aux « axes majeurs de la politique intérieure et extérieure de l'URSS » prévoyait la mise en place d'un nouveau modèle économique autour de la rénovation radicale des rapports de propriété et de l'abandon par l'État des fonctions d'intervention directe dans la gestion des agents économiques. Une commission d'État pour la réforme économique fut créée et Ryjkov proposa de nommer à sa tête l'académicien Abalkine, le directeur de l'Institut d'économie de l'Académie des sciences qui s'était depuis longtemps forgé la réputation d'un champion inébranlable du marché, ce qui lui avait valu, sous Brejnev, pas mal de désagréments. J'approuvai ce choix, car je connaissais déjà assez bien Leonid Ivanovitch et j'appréciais son professionnalisme autant que la fermeté de son caractère. Si son discours devant le Ier Congrès me sembla alarmiste, je pus rapidement me rendre compte de la justesse de sa vision.

Un autre argument de poids militait en sa faveur : dès la première étape du travail sur la réforme de l'économie, lors du plénum de juin 1987, je m'étais convaincu que rien ne pourrait réussir sans une étroite alliance du pouvoir et de la science. L'Académie était déjà sollicitée pour mettre au point des programmes de toutes sortes. Les scientifiques rédigeaient des notes, présentaient des projets au CC, s'enfermaient avec des apparatchiks dans des datchas, pendant des mois, pour préparer des rapports pour les dirigeants. Mais, à de rares exceptions près, les intellectuels n'étaient pas admis dans le « saint des saints » de la nomenklatura, les bureaux des grands décideurs.

Désormais, il était temps d'introduire la science dans les processus de gestion étatique. Ryjkov se plaisait à souligner que son gouvernement comptait trois ou quatre académiciens et membres correspondants de l'Académie et plusieurs dizaines de docteurs ès sciences. Il est certes possible d'ironiser en faisant remarquer que la science n'a pas sauvé ce gouvernement, mais pas de contester l'idée de faire participer à la gestion non seulement des praticiens expérimentés, mais aussi des théoriciens de talent. Au poste de vice-Premier ministre, Abalkine personnifiait en quelque sorte cette alliance.

La préparation de la réforme ne dispensait pas de l'obligation de s'atteler au plan et au budget de 1990. La première priorité était d'arrêter de toute urgence l'élargissement du fossé entre les revenus monétaires des ménages et l'offre de biens de consommation [1]. Sur proposition d'Abalkine, une taxe progressive sur les augmentations de salaires supérieures à 3 % fut instituée pour quinze mois à compter du 1er octobre 1989. Les doctes savants du gouvernement s'occupaient donc des grands problèmes pratiques. Mais le souci principal de la commission n'en restait pas moins le programme de la réforme. Trois scénarios furent proposés.

Le premier, dit évolutif, prévoyait une transformation graduelle des formes de gestion et des mutations structurelles modérées. Les méthodes administratives étaient privilégiées. La réforme du système de formation des prix n'était pas abordée, du moins dans un avenir prévisible.

Le deuxième scénario, radical, comprenait la suppression simultanée de toutes les limitations au fonctionnement des mécanismes du marché, l'abolition de tout contrôle des prix et des revenus et un passage immédiat aux nouvelles formes de propriété. En substance, c'était le scénario que l'équipe du Premier ministre Gaïdar mit en œuvre dès le début de

---

1. Il s'agit de l'inflation dite « rentrée » : ne pouvant se traduire par la hausse de prix contrôlés, l'accroissement de la masse monétaire entraîne des phénomènes de pénurie et de marché noir. (N.d.T.)

1992, sous le nom de « thérapie de choc ». En fait, nous avions pu précédemment établir que, dans les conditions prévalant dans le pays, il se traduirait par une perturbation de la circulation fiduciaire, une inflation galopante, une chute brutale de la production, un chômage massif, une baisse considérable du niveau de vie et l'aggravation des tensions sociales. Toutes choses qui ne manquèrent pas d'arriver.

Enfin, le scénario « radical-modéré » se distinguait par la mise en place d'un ensemble de mesures préalables destinées à faciliter le passage vers le nouveau mécanisme : développement des rapports de marché avec maintien du rôle régulateur de l'État, du contrôle des prix, des revenus, de l'inflation ; assistance sociale forte, surtout pour les couches défavorisées de la population.

La commission Abalkine proposa d'opter pour ce troisième scénario. À la mi-novembre 1989, une conférence organisée dans la salle des Colonnes réunit d'éminents économistes, des responsables d'organismes économiques, des membres du Politburo et du gouvernement. J'y assistai en compagnie de Ryjkov. Le rapport d'Abalkine, bien accueilli dans l'ensemble, fut largement repris par le Premier ministre dans sa propre déclaration politique devant le IIe Congrès des députés du peuple, ce qui donna lieu à une violente polémique. Eltsine, Popov et d'autres interrégionalistes se prononcèrent contre ce texte. L'académicien Arbatov suivit leur exemple. Le député Filchine exigea d'« utiliser notre droit de refuser la confiance au gouvernement, celui-ci pouvant utiliser son droit de démissionner ». Certains proposèrent de se borner à prendre acte du rapport de Ryjkov, sans l'approuver. Finalement, le Congrès vota en faveur du programme du gouvernement par 1 532 voix contre 419 et 44 abstentions.

Le plan de réforme économique prévoyait de prendre, en 1990, de sérieuses mesures pour saturer le marché en produits de consommation, faute de quoi il serait impossible d'aller de l'avant. Or, cela demandait l'établissement d'un contrôle plus efficace de la circulation des marchandises et des revenus monétaires des ménages. Le Gosplan misait essentiellement sur la croissance de l'offre de biens et de services par le marché, reléguant à l'arrière-plan l'objectif consistant à « lier » la masse monétaire excédentaire et à la retirer de la circulation.

Quant à la réforme économique elle-même, une chose importante sautait aux yeux : ni dans son rapport écrit, ni dans son intervention orale, Ryjkov n'analysait les résultats de l'étape précédente, pas plus qu'il n'évoquait les décisions fondamentales prises en 1987. Pour quelles raisons étaient-elles restées lettre morte ? Si elles étaient insuffisantes ou à plus forte raison erronées, il fallait le dire et en tirer les leçons. On préféra faire mine de repartir à zéro.

Pour Abalkine, nouveau venu, cela se comprenait, bien qu'il n'en eût pas moins participé à l'établissement du programme de 1987 en qualité d'expert. Mais pour le Conseil des ministres dans son ensemble, ce silence était encore plus éloquent que tout aveu d'échec. Comment pouvait-on être sûr que la situation ne se répéterait pas ? Il me semble que cette idée, qui hantait chacun d'entre nous, sapait la crédibilité de Ryjkov et de son gouvernement. Je me sens coupable de n'avoir pas fait poser ces questions en toute clarté.

Sur de nombreux points, les réformes prévues en 1990 ne marquaient aucune avancée par rapport à celles de 1987. Parfois, on pouvait même constater un recul. Ainsi, la commande d'État fut conservée, sous certaines réserves. La réforme des prix et du système de leur formation fut remplacée par la fixation des prix de gros à partir du début 1991, les prix de détail étant passés sous silence. Au lieu de passer de la répartition centralisée au commerce de gros, la réforme se borna à accroître la part des produits directement commercialisés par les entreprises à des prix libres ou régulés, en plus de la commande d'État.

Bref, Nikolaï Travkine avait quelque raison de déclarer aux députés que « la réforme économique radicale vers laquelle le Ier Congrès avait orienté le pays perd son caractère radical et sa vitesse pour commencer à ressembler de nouveau à un ravaudage. Il y a seulement deux mois, ajoutait-il, le gouvernement nous proposait un programme plus concret ».

En soutenant le programme, le IIe Congrès vota la confiance au gouvernement, mais sans prendre de décision définitive quant au rapport. Le Premier ministre fut chargé de le compléter et de « rapporter les résultats au Soviet suprême ». Bref, nous perdions encore du temps alors que la crise économique entrait dans une phase critique. Dès décembre 1989, la baisse de la production industrielle se confirma alors que l'effondrement du marché des biens de consommation s'accélérait et que le rouble se dépréciait à toute vitesse.

Fin janvier 1990, je fis parvenir aux membres du Politburo une note du département de la politique économique du CC qui proposait de discuter des mesures d'assainissement des finances et du marché des produits de consommation. En réunion, Ryjkov parla pendant une heure entière sans fournir de réponse intelligible aux questions qui se posaient. Le Premier ministre ne dissimula pas son irritation devant la note du département du CC et ne se priva pas de critiquer les médias.

Après lui, Sliounkov évoqua avec inquiétude l'évolution dans le domaine monétaire et financier. Medvedev confirma que la situation exigeait des mesures extraordinaires et que des réformes partielles ne suffisaient plus. Il fallait changer sans délai le système de fixation des prix : ceux de gros au milieu de 1990 et ceux de détail au début de 1991. Il se prononça aussi, tout comme Iakovlev, contre la mise en accusation à tout propos des médias. Chevardnadze, Krioutchkov et Ligatchev parlèrent de « surplace » dans l'action du gouvernement.

— Bien que la situation se détériore rapidement, dis-je en conclusion, le gouvernement est inefficace. Nous avons mal aux pieds à force de piétiner. Le peuple ne nous comprend plus et ne croit plus en notre capacité de résoudre les problèmes actuels.

Comment le gouvernement réagit-il à tout cela ? Eh bien, l'affrontement se poursuivit entre ses deux tendances majeures : l'aile technocratique traditionnelle et l'aile économiste, favorable au marché. Le bras de fer ne pouvait pas s'éterniser. Il fallait opter, soit pour un retour à l'ancien système centralisé, soit pour une avancée plus ferme vers les nouveaux mécanismes. En réalité, même ce choix n'existait pas. Personne ne pouvait plus revenir en arrière. En mars, le gouvernement décida d'étudier la « transition à une économie planifiée de marché » alors qu'il aurait dû le faire dès l'automne 1989.

Pourquoi n'avons-nous pas utilisé les leviers dont nous disposions alors pour mener à son terme la discussion au Soviet suprême et adopter un texte permettant d'agir comme les circonstances l'exigeaient ? Répondre à cette question n'est simple pour personne, mais il me semble que la raison principale fut la suivante : personne ne croyait qu'une simple décision du Parlement permît d'assainir la situation économique. J'étais assiégé par des personnalités du monde économique et culturel qui me mettaient en garde contre des mesures trop hâtives. La presse était pleine de commentaires et de prévisions alarmistes. Par leurs grèves perlées, les ouvriers faisaient comprendre qu'ils ne toléreraient pas que l'on mît en cause leur niveau de vie déjà bas. Les radicaux me vilipendaient, prédisant l'échec de la « réforme gorbatchévienne ». Quant au gouvernement, il attendait passivement la fin des discussions interminables au sein des commissions parlementaires, apparemment trop heureux de prolonger les « temps morts » qui lui permettaient de différer une entreprise risquée.

Les partisans les plus engagés de l'économie de marché se mirent soudain à émettre des réserves et à déclarer que le rôle de la direction centralisée ne devait pas être sous-estimé. En fait, tenant compte des réactions de l'opinion publique, terrifiée par le monstre inconnu du marché libre, ils prenaient date de manière à pouvoir dire en cas d'échec : je vous avais prévenus !

Les affrontements reprirent de plus belle au sein du gouvernement, principalement sur la question de la révision des prix de détail. Même aujourd'hui, je suis bien en peine d'expliquer pourquoi Ryjkov éprouva le besoin d'en parler à la télévision plus de six mois avant l'augmentation prévue. Pour un dirigeant expérimenté, ce fut une grave erreur qui ajouta encore à la réticence générale inspirée par le marché. Les magasins furent pris d'assaut. Une vague de mécontentement déferla sur le pays et l'opinion publique fut bien difficile à calmer.

En mai, Ryjkov présenta enfin son rapport devant le Soviet suprême. L'examen du document se transforma en un marathon de plusieurs semaines. Pourtant, cette fois encore, le Soviet suprême ajourna sa décision définitive jusqu'au 1er septembre 1990, recommandant aux soviets, à tous les niveaux, d'en discuter à leurs sessions.

L'affrontement s'envenimait.

« L'Apparition de Iavlinski au peuple... [2] *»*

La gestation difficile du programme de transition au marché n'était pas seulement due à la complexité extraordinaire du problème, mais aussi au rejet croissant du gouvernement par l'opposition démocratique et une partie de l'opinion. La moindre de ses mesures était violemment attaquée et tournée en dérision. Un nouveau facteur intervenait alors : la volonté des républiques d'affirmer leur souveraineté. Faute de le prendre en compte, il était vain d'espérer faire progresser les réformes économiques. De plus, la nouvelle direction russe s'efforçait de prendre l'initiative dans la course au marché et menait une quête fiévreuse d'idées et d'hommes nouveaux. Ce fut dans ce contexte qu'émergea Iavlinski.

Ce jeune économiste peu connu avait été recruté par Abalkine dans l'appareil de la commission pour la réforme économique qu'il dirigeait

2. Allusion à un célèbre tableau d'Ivanov *L'Apparition du Christ au peuple* fondée sur l'assonance entre le nom de Iavlinski et le mot *iavlenie* (apparition, phénomène). (N.d.T.).

au sein du Conseil des ministres de l'URSS. Il y faisait preuve d'un certain radicalisme et d'une nette préférence pour les thèses monétaristes. Certains de ses projets étaient retenus par la commission, d'autres rejetés, essentiellement à cause de leur manque de réalisme. Il ne se distinguait pourtant pas de ses collègues par des positions trop marquées.

Lorsque Silaïev prit la tête du gouvernement de la RSFSR, il proposa à Iavlinski, qui l'accepta, le poste de vice-Premier ministre chargé de la réforme économique. Cette nomination ne remonta pas jusqu'à moi. D'ailleurs, à cette époque, je ne connaissais même pas l'intéressé. J'appris plus tard que Iavlinski avait consulté Abalkine et Ryjkov, qui lui avaient donné leur accord. Ils espéraient que cette « union personnelle » entre économistes pourrait favoriser la coopération entre le gouvernement de l'Union et celui de la Russie. Il n'en fut rien. Iavlinski proposa à la direction de la RSFSR un programme différent de celui auquel il avait travaillé avec Abalkine. De plus, les différences entre les deux étaient artificiellement accentuées pour souligner la supériorité et l'ampleur de l'approche russe.

Dans les conditions nouvelles qui prévalaient dans le pays, il était impossible de mener à bien des transformations importantes sans la participation active des gouvernements des républiques. Mais, d'un autre côté, aucune république, pas même la Russie, ne pouvait conduire seule son propre programme. Les principaux leviers de commande de l'espace économique unique étaient encore aux mains du centre. Voilà pourquoi la Maison-Blanche[3] voulait inciter le gouvernement de l'Union à accélérer les réformes. D'une manière ou d'une autre, elle était gagnante : si le centre obtempérait, ce serait une nouvelle démonstration de la résolution des autorités russes ; s'il était réticent, ce serait l'illustration de son incapacité.

Quelque temps après sa nomination, Iavlinski me demanda audience. J'ignore si c'était à la demande d'Eltsine ou de sa propre initiative (la première hypothèse semble probable). J'écoutai attentivement ses arguments, qui m'impressionnèrent favorablement, surtout ceux en faveur d'une approche unique de la réforme dans le cadre de l'Union.

Donc, d'un côté, le programme de transition du gouvernement devait être soumis au Soviet suprême de l'URSS au début du mois de septembre. De l'autre, les autorités russes travaillaient intensivement à la mise au point de leur propre projet. Cela générait le risque d'un affronte-

---

3. Surnom du bâtiment qui abritait le Parlement de la RSFSR et le gouvernement russe, sur les rives de la Moskova. (N.d.T.)

ment entre le centre et la Russie. La position des autres républiques n'était pas claire. Il ne fallait donc pas exclure la possibilité de les voir soutenir pour des raisons politiques le programme russe.

L'idée de combiner nos efforts semblait donc bonne. Le 27 juillet 1990, les exécutifs de l'Union et de la RSFSR signèrent donc un accord qui stipulait la mise au point d'un programme conjoint avant le 1er septembre. Le groupe de travail comprenait des économistes comme Chataline, Petrakov, Abalkine et Iavlinski, ainsi que des représentants des gouvernements des républiques fédérées.

L'accord portait les signatures de Gorbatchev, Eltsine, Ryjkov et Silaïev. Au début, Eltsine proposa de le signer avec moi seulement. La signature de Silaïev lui importait peu, mais il rechignait à accepter celle de Ryjkov. De son côté, Ryjkov éprouvait les mêmes réticences, mais il accepta de ne pas « faire obstacle à l'amélioration qui s'esquissait dans la collaboration entre Gorbatchev et Eltsine ».

Le premier nom de la liste des membres du groupe de travail était celui de l'académicien Chataline. Selon l'usage, cela faisait de lui le chef du groupe. Pendant l'hiver 1988-1989, il était devenu mon assistant informel pour toutes sortes de questions, essentiellement économiques. J'étais très impressionné par sa rigueur de pensée et son impartialité dans la manière d'aborder les sujets brûlants. Au cours de sa carrière, cette habitude lui avait causé bien des ennuis. Il était aussi l'un des principaux chefs de file de l'école mathématique, ce qui n'était pas acceptable dans les cercles économiques officiels. Il prit le train de la doctrine Iavlinski dite des « cinq cents jours » en marche, mais son adhésion justifie que l'on ait donné au programme le nom de Chataline-Iavlinski.

Pendant mes vacances, je maintins le contact avec le groupe par l'intermédiaire de Petrakov, mais ce fut pour constater que sa coopération avec le gouvernement de l'Union restait au point mort. Je fus à l'origine d'une rencontre des membres du groupe avec Ryjkov et Abalkine, en présence de Silaïev, mais aucun rapprochement ne s'opéra. Chacune des deux équipes continua donc à travailler sur son propre programme. La controverse qui les opposait déboucha sur une polémique dans les médias. Plusieurs journaux lancèrent une véritable campagne de presse contre le gouvernement de l'Union. Comme la situation se tendait, je pris la décision d'avancer mon retour à Moscou.

Les 30 et 31 juillet, je convoquai une réunion conjointe du Conseil présidentiel et du Soviet de la Fédération consacrée à la question. Des responsables des instituts économiques, des académiciens, des députés du peuple de l'URSS et de la RSFSR — un total de deux cent personnes

— étaient également invités dans la salle de conférences du Soviet suprême de l'URSS. Comme il fallait s'y attendre, les dirigeants des républiques donnèrent leur préférence au programme Chataline-Iavlinski et insistèrent sur le fait que, si le rôle des républiques n'était pas pris en compte, les discussions sur la réforme économique seraient vides de sens. Sur ce point, ils avaient raison. Cependant aucun ne demanda la démission du gouvernement Ryjkov.

Eltsine, se référant à un entretien de cinq heures que nous avions eu précédemment, déclara que dès lors que « nous [allions] de concert et [mettions] fermement et définitivement en œuvre une politique commune, tout affrontement [était] inadmissible ». Selon lui, si le chaos grandissait dans le pays ce n'était point à cause des déclarations de souveraineté des républiques, mais en raison de la crise générale de l'ancien système de gestion. Il reconnaissait cependant l'impossibilité pour la RSFSR de mener à bien son programme de transition au marché dans le cadre d'une seule république.

— Pour cela, ajouta-t-il, il faudrait démanteler l'Union. Nous rejetons une telle idée et proposons au président du pays d'utiliser nos études pour la mise au point d'un programme conjoint, ce qui est d'ailleurs l'objet de la commission de conciliation Chataline-Iavlinski.

Selon le président russe, ce programme conjoint devait être mis en œuvre non par le gouvernement de l'Union, mais par un comité spécial de la présidence. Silaïev confirma le point de vue selon lequel le Conseil des ministres n'avait pas sa place dans le lancement des programmes économiques. Avec sa brutalité habituelle, Khasboulatov exigea la démission du gouvernement de l'URSS, mais les représentants d'autres républiques s'y opposèrent. Ému, Ryjkov déclara que cette querelle n'était, au fond, qu'un prétexte dans le cadre de la lutte de certains dirigeants républicains contre le centre, ce en quoi il n'avait pas tort. Se tournant vers moi, il déclara :

— Si vous vous substituez au gouvernement, l'attaque suivante sera dirigée contre vous.

Medvedev, abondant dans le même sens, s'étonna que le programme pût traiter de l'union économique tout en passant sous silence l'union politique :

— Qui, dans la pratique, doit mener à bien, au niveau de l'Union, le programme d'assainissement de l'économie et de transition vers le marché ? La réponse est claire : le gouvernement. S'il est écarté de cette fonction, il ne sert plus à rien. Et aucun comité ne pourra le remplacer à cet égard.

En décidant de conserver le gouvernement, je pris en compte l'évolution considérable de la position de Ryjkov et de Maslioukov en faveur de l'économie de marché, ce qui me rendait confiant dans leur capacité à conduire la réforme. De plus, il me semblait qu'une crise ministérielle ne servirait qu'à amplifier la lutte politique. Pourtant, des personnalités respectées de mon cercle intime pensaient différemment.

La réunion conjointe du Conseil présidentiel et du Soviet de la Fédération ne prit pas de décision formelle en l'absence de textes écrits. Tout le monde s'accorda pour convenir qu'il fallait développer les deux programmes et travailler à leur convergence jusqu'à leur présentation officielle devant les Soviets suprêmes de l'Union et de la RSFSR.

Malheureusement, les choses ne se passèrent pas ainsi. Le 3 septembre, le plan des cinq cents jours fut publié et les députés de Russie entamèrent son examen. Le but de la manœuvre était clairement de faire pression sur le centre, de s'opposer à la mise au point d'un programme conjoint et de nous placer devant le fait accompli.

Le lendemain, en dépit d'un emploi du temps très chargé (c'était le jour de l'ouverture du congrès du Parti communiste de la RSFSR, un événement important dans la vie du pays), je me livrai à un examen détaillé et comparatif des deux programmes en présence de leurs auteurs, des chefs de gouvernement des républiques et de chercheurs, lors d'une conférence restreinte. Le plan des cinq cents jours fut présenté et commenté, non sans compétence, par Iavlinski. Abalkine lui servit de contradicteur.

Cette fois encore, les auteurs des deux programmes s'ingénièrent à faire ressortir les différences entre les textes. À leurs yeux, elles étaient tellement fondamentales qu'elles rendaient leurs approches « incompatibles ». Les représentants des républiques semblaient préférer les « cinq cents jours », mais ils n'en estimaient pas moins un rapprochement nécessaire et possible.

À ce moment, une analyse détaillée des deux programmes avait pu être effectuée par les instituts scientifiques et l'appareil de la présidence, aussi en avais-je une idée plus complète. Dans mon esprit, cela ne mettait pas en cause ma préférence pour le plan des cinq cents jours, mais l'objet des divergences dépassait l'économie pour concerner un véritable choix de société. Le programme du gouvernement reposait non seulement sur l'union économique entre les républiques, mais également sur la pérennisation d'un État fédéral unifié doté de fonctions de régulation. Il préservait aussi les assises du régime socialiste.

Le programme Chataline-Iavlinski, s'il reconnaissait la nécessité d'une union économique entre les républiques, laissait de côté le problème du maintien de leur union politique : il n'évoquait pas le nouveau traité d'Union. Il était également dénué de tout contenu social.

Ses auteurs prétendaient que le programme n'entendait pas aborder les questions politiques. Mais il y avait là une petite ruse. Une analyse impartiale montrait que sa prémisse implicite était la disparition de l'Union en tant qu'État unifié. Un seul exemple : le programme prévoyait l'établissement d'un système fiscal à voie unique dans lequel toutes les recettes seraient encaissées par les républiques. Ces dernières retourneraient au budget fédéral une quote-part fixée par elles. Or, il n'est pas d'État fédéral sans fiscalité fédérale.

En fait, le plan des cinq cents jours anticipait sur les décisions fondamentales qui devaient être négociées dans le cadre du nouveau traité d'Union. Dès lors, son adoption ne pouvait que donner une puissante impulsion aux processus de désintégration, surtout dans le domaine politique. Ce qui ne pouvait que se répercuter ensuite sur l'économie.

Si la conciliation des deux programmes achoppa, ce fut bien sur les questions politiques. Sur le social et l'économique, les obstacles n'étaient pas insurmontables. Pour l'essentiel, les problèmes du passage à l'économie de marché étaient posés dans les mêmes termes. Seules différaient les méthodes proposées pour les résoudre : brutales et décidées dans le plan des cinq cents jours, pondérées et progressives dans le programme du gouvernement de l'URSS.

Ryjkov et Abalkine proposaient de libérer progressivement les prix une fois qu'auraient été éliminées, par une réforme adéquate, les distorsions entre les tarifs de gros et de détail. Chataline et Iavlinski prévoyaient, eux, de les libérer dès le début de 1991, après quelques mesures de stabilisation.

Bref, en dépit de la remarque venimeuse d'Eltsine selon qui « Gorbatchev [voulait] marier un hérisson avec une couleuvre », des possibilités de conciliation existaient. D'autre part, il fut bientôt clair que la direction russe, si ardente à défendre les principes des « cinq cents jours », n'était nullement pressée de les mettre en œuvre : le gouvernement de la RSFSR décida, au 1er octobre, une hausse brutale du prix d'achat de la viande aux producteurs (plus forte que la réforme des prix ne le prévoyait à compter du 1er janvier 1991). Que l'on me comprenne bien : je n'insinue nullement que cette réforme était erronée et je n'en conteste pas le bien-fondé. Dans les circonstances d'alors, elle était nécessaire. En effet, les gouvernements des républiques baltes, réagissant à la hausse des prix des céréales et des aliments pour le bétail, avaient pris une mesure analogue qui se traduisait par une migration du bétail russe et biélorusse vers les marchés baltes. Il était donc urgent de réagir. Le problème était que chacun le faisait de son côté, provoquant une sorte de guerre commerciale au lieu de résoudre les questions par la négociation dans le cadre de l'Union.

Sans le moindre doute, le plan des cinq cents jours séduisait par sa fraîcheur, son approche originale de la transition à l'économie de marché et sa manière plus concrète et approfondie d'aborder les problèmes. Mais il avait aussi les défauts de ses qualités. Certains critiques ne manquaient pas de lui reprocher son « romantisme économique » ou, plus simplement, son manque de réalisme. Il se présentait presque comme un horaire de chemin de fer, avec un calendrier des événements établi pratiquement au jour près. On se doutait alors de ce qui devint évident par la suite : la prétention d'assurer en cent jours la stabilisation monétaire et financière de l'économie nationale, comme le prévoyaient Chataline et Iavlinski, était une chimère.

Le programme gouvernemental, malgré le flou conventionnel de ses formules, présentait des aspects forts. Il était, notamment, plus convaincant sur les mesures de protection sociale de la population pendant la transition.

Je parvins donc à la conclusion qu'aucun des deux programmes ne pouvait être adopté en l'état. Les partisans du gouvernement et Ryjkov lui-même, vexés, allèrent jusqu'à prétendre que Gorbatchev ne les avait pas défendus et qu'il les avait pour ainsi dire trahis sous la pression des démocrates frais émoulus. À cela, je ne peux répondre qu'une seule chose : « Platon est mon ami, mais la vérité est plus importante. »

De l'autre côté, on affirmait que, sous l'influence des forces conservatrices du parti, Gorbatchev avait dévié des positions réformatrices : on l'aurait convoqué devant le Politburo pour le critiquer violemment et le contraindre à répudier le plan des cinq cents jours. Naturellement, ce n'étaient que des inventions. Je le répète : ma décision était dictée par la volonté d'adopter un programme réaliste et d'éviter la catastrophe à laquelle a conduit la « chirurgie de choc » d'Eltsine et de Gaïdar en 1992-1993.

Lors d'une conférence, le 4 septembre, j'annonçai ma décision : les deux groupes de travail siégeraient ensemble sous l'« arbitrage » de l'économiste Abel Aganbeguian et établiraient un texte intégré.

Cela ne se fit pas sans mal, principalement à cause des réticences d'Abalkine, mais le résultat fut soumis au Soviet suprême de l'URSS et à la direction de la RSFSR. Le programme Chataline-Iavlinski formait l'ossature du nouveau document mais les passages qui anticipaient sur les résultats des négociations du traité d'Union furent éliminés, notamment la thèse de la primauté de la législation des républiques. Quant à l'Union, elle était dotée d'une assise financière propre sous la forme d'un impôt fédéral.

Le 10 septembre, le Soviet suprême de l'URSS entreprit l'examen du texte, mais, dès le lendemain, Ryjkov vint y exposer son propre programme. Avec le soutien du président du Parlement, Loukianov, il faisait valoir que les députés de la RSFSR débattaient au même moment du plan des cinq cents jours. De mon côté, je ne pouvais que constater les violations de l'accord par les autorités russes, mais était-il nécessaire de répondre à un faux pas par un autre faux pas ? Les débats reprirent après une interruption. Aganbeguian fit un discours pondéré, mais avec une préférence marquée pour les « cinq cents jours ». Le 24 septembre, le Soviet suprême adopta un texte reconnaissant la nécessité d'établir un programme unique de stabilisation de l'économie et de transition au marché sur la base du projet présidentiel [4], ainsi que des deux textes en présence et d'autres propositions. Le président fut investi de pouvoirs complémentaires pour mener cette tâche à bien.

Les 27 septembre et 1er octobre, j'organisai dans la salle de Noyer du Kremlin deux colloques très ouverts sur la mise au point finale du texte et la possibilité de « jeter des ponts » dans le cadre de la situation politique émergente. Parmi les participants figuraient Ryjkov, Abalkine, Maslioukov, Medvedev, Primakov, Petrakov, Pavlov, Boldine, Sitarian et Chtcherbakov. Chataline fit une brève apparition le 27 septembre, mais brilla par son absence le 1er octobre : on me rapporta qu'il se trouvait aux États-Unis pour un traitement médical.

J'invitai les participants à déborder sur des thèmes politiques. Le

---

4. Il s'agit du texte de synthèse mis au point sous l'arbitrage d'Abel Aganbeguian. (N.d.T.)

sujet principal des interventions fut le renforcement du pouvoir central dans sa version présidentielle. Abalkine recommanda une restructuration du gouvernement et du Conseil présidentiel sur une base sociopolitique plus large. Medvedev et Pavlov préconisèrent la concentration de tout le pouvoir exécutif directement entre les mains du président, même s'ils admettaient que, dans les conditions existantes, il était impossible de se passer d'un gouvernement. Ces réflexions étaient importantes à mes yeux, car elles rejoignaient les miennes propres sur la structure du pouvoir présidentiel.

À l'origine, ces mêmes experts — Chataline, Abalkine, Petrakov, Aganbeguian — devaient se pencher sur la nouvelle version du programme présidentiel de transition au marché. Or non seulement Chataline était absent, mais encore les divergences qui opposaient ces académiciens rendaient leur collaboration difficile. Quelqu'un devait tout reprendre *ab ovo*. Abalkine se porta volontaire et je donnai mon accord. Il proposa un projet qui se révéla trop proche du programme gouvernemental. Aganbeguian et Petrakov acceptèrent de travailler avec lui et je me joignis moi-même au groupe, cessant pratiquement toute autre activité pendant plusieurs jours. Le fruit de notre travail fut un texte de soixante feuillets (« Orientations majeures pour la stabilisation de l'économie nationale et la transition à l'économie de marché ») que l'on soumit au Soviet suprême le 15 octobre, exactement à la date prévue. Les républiques conservaient le droit de décider des mesures concrètes, mais le centre était chargé de la coordination générale des réformes. Le Parlement travailla sur le texte de manière intensive pendant trois semaines. En apparence, les passions semblaient quelque peu apaisées. L'impression, pourtant, était trompeuse. En fait, le clivage s'accentuait.

Les 8 et 9 octobre, un plénum du CC discuta de la situation dans le pays et des objectifs du PCUS dans le cadre de la conversion de l'économie. Je me bornai à prononcer une courte allocution inaugurale afin que personne ne pût prétendre que Gorbatchev imposait son programme. Ivachko, lui, donna lecture d'un rapport chiffré. Au début, les interventions des participants ne furent pas aussi agressives que lors des plénums précédant le congrès du parti : les nouveaux membres du CC s'observaient. Néanmoins, le climat général restait conservateur. Guidaspov estima que ce serait une erreur politique d'opérer la transition au marché avant la conclusion du traité d'Union. Polozkov dénonça les persécutions dont était victime le président du Conseil des ministres, un communiste. Les esprits s'échauffèrent lors de l'examen du projet de résolution. Le texte rédigé à l'avance fut rejeté et l'on adopta une version plus ou moins satisfaisante.

La discussion se poursuivit sur les cadences, les formes et les méthodes de la transition au marché. Les orateurs ne se privèrent pas de critiquer le plan des cinq cents jours. Les nostalgiques ne pouvaient se résigner à la modification du rôle du parti et à la perte de son droit de définir la moindre mesure concrète aussi bien en politique qu'en économie. Ils refusaient de comprendre que le CC et le Politburo ne pouvaient plus travailler comme avant. De là le leitmotiv de nombreuses interventions : pourquoi le CC examinait-il le programme des réformes après et non avant le Soviet suprême ? Je me vis accusé d'écarter le parti de l'examen des questions de fond et de le placer devant le fait accompli de décisions déjà prises.

Je rejetai tous ces reproches en les jugeant infondés : la politique de transition au marché n'avait-elle pas été décidée par le XXVIIIe congrès du PCUS. Quant aux mesures concrètes, elles relevaient de la compétence du président et du gouvernement et ne pouvaient donc pas être prises par les instances du parti. Ce dernier avait d'ailleurs pris des décisions dans ce sens.

De telles attitudes n'étaient pas propres aux seuls membres du CC. Elles étaient également partagées par de nombreux députés, étroitement liés à l'appareil du parti, qui gravitaient autour du groupe parlementaire Soïouz[5]. Cela devait avoir son importance dans les événements des mois suivants au Soviet suprême. Sous des dehors prudents et cauteleux, Loukianov se fit leur interprète. D'abord en coulisses, puis de plus en plus ouvertement, certains se mirent à insinuer que le président avait cessé de compter avec le Soviet suprême, préférant gérer les affaires de l'État en s'appuyant sur son propre appareil, le Conseil présidentiel et le Soviet de la fédération, ainsi que sur des contacts directs avec Eltsine.

De mon côté, je sentais les hésitations croissantes de Ryjkov quant au chemin à prendre. D'une part, il était satisfait d'être débarrassé des interventions tatillonnes du CC dans les affaires du gouvernement (c'était d'ailleurs l'une de ses exigences au moment où il avait accepté de prendre la tête du Conseil des ministres). Mais, d'autre part, il ne semblait pas pressé de s'opposer à ceux qui me reprochaient de « ne pas compter avec le Politburo ». Il est vrai que les attaques des responsables du parti contre le président et son équipe étaient associées à la

---

5. *Soïouz* signifie « union ». (N.d.T.)

défense du gouvernement contre l'offensive des partisans du marché et des démocrates radicaux. Ni Ryjkov, ni Loukianov ne prirent la parole au plénum, mais je comprenais bien que, s'ils ne s'étaient pas ralliés aux conservateurs, ils s'en rapprochaient sur certains points, comme les événements se chargèrent de le confirmer.

Ces journées de l'automne de 1990 nous offrirent de nombreux sujets de réflexion. Seul un premier pas avait été fait vers l'instauration d'un pouvoir présidentiel. Certes, le poste de président était créé, mais ses possibilités d'assumer le pouvoir exécutif et de gestion restaient largement illusoires. Le problème pouvait être résolu en créant un appareil administratif comparable à celui du gouvernement, mais cela n'aurait servi qu'à ajouter à la confusion au sommet de l'État. Quant au Conseil présidentiel, il n'était nullement un outil efficace, sans compter qu'il était devenu la cible des médias qui le qualifiaient de « nouveau Politburo ».

La mise en place d'une structure verticale du pouvoir présidentiel était rendue encore plus difficile par l'affirmation de la souveraineté des républiques. Jalouses de leur autonomie nouvellement acquise, ces dernières ne tenaient nullement à partager leurs prérogatives avec le centre. De longues négociations étaient inévitables. Or le temps pressait : laisser le pouvoir « édenté » frisait l'irresponsabilité. La seule issue était de demander au Parlement des pouvoirs supplémentaires provisoires.

Pendant ce temps, le climat se tendait encore au Soviet suprême de Russie. Certaines interventions allaient même jusqu'à appeler à la grève si le plan des cinq cents jours n'était pas adopté par l'Union. Eltsine prit la parole dans la soirée du 16 octobre. Son discours, violemment protestataire, contenait des accusations gratuites à l'encontre du centre, à qui il reprochait d'être intransigeant avec les républiques, de vouloir restreindre la souveraineté de la RSFSR, de faire échouer la transition à l'économie de marché et de préserver l'hégémonie du système administratif de commandement. Il lança également d'absurdes accusations de sabotage (sans préciser qui il visait, il est vrai) et présenta des demandes qu'il est difficile de qualifier autrement que d'ultimatum : si elles n'étaient pas acceptées, ce serait le partage du pouvoir, de la propriété, des forces armées. Il fit même des appels voilés à descendre dans la rue.

Le même jour, les *Moskovskie Novosti* publièrent une interview de Gavriil Popov, le président du soviet municipal de Moscou[6], qui illus-

6. L'équivalent de maire. (N.d.T.)

trait bien la manière dont se prenaient les décisions au sein du mouvement Demrossiïa. Il était question des mesures drastiques que le président du Soviet suprême de la RSFSR serait amené à prendre si le plan des cinq cents jours n'était pas adopté. Popov lui-même menaçait de démissionner. Le Kremlin était la cible d'un véritable tir croisé.

Le lendemain, je réunis le Conseil présidentiel. Krioutchkov, Loukianov et Revenko réclamèrent une « riposte adaptée ». Chevardnadze et Medvedev se montrèrent plus souples : répondre aux attaques, mais sans engager de combat frontal.

En réalité, le discours d'Eltsine eut un effet diamétralement opposé à celui que l'on attendait : il n'y eut ni grève ni manifestation. Le ton résolu et l'air martial de l'orateur suscitèrent des questions : pourquoi donc attiser les passions ? Même au sein du Groupe interrégional, le soutien fut loin d'être unanime. À sa séance du lendemain, le Soviet suprême de la RSFSR poursuivit l'examen des questions courantes comme si de rien n'était.

Au Parlement de l'Union, la discussion sur les « Orientations majeures » se déroula sans encombre. Le ton des démocrates radicaux fut conciliant. J'eus même l'impression qu'ils cherchaient à s'excuser. Dès la fin de mon intervention, les quelque quatre cents membres présents du Soviet suprême adoptèrent le projet avec seulement 12 voix contre et 26 abstentions.

L'économie, otage de la politique ?

Bien que ce vote rassemblât des députés de différents courants, ses résultats ne satisfirent entièrement personne. L'autorité du gouvernement était sérieusement ébranlée. La presse radicale le présentait comme une équipe de rétrogrades qui entravait l'avènement salvateur du marché. Quant aux accusés, ils se rebiffaient, dénonçant l'anarchie politique et la carence du pouvoir dont ils incriminaient à la fois l'opposition et la direction du pays. C'est-à-dire le président.

Pour couronner le tout, la bataille sur le programme de transition se traduisit par une nouvelle détérioration des relations entre le centre et la direction russe. Pour cette dernière, la non-adoption du plan des cinq cents jours devint un argument supplémentaire pour forcer le pas vers la souveraineté. Les responsables de quelques autres républiques se mirent à suivre l'exemple de la Russie.

Or, la mise en application du programme adopté exigeait en premier lieu l'établissement de relations constructives avec les républiques, la restructuration et le renforcement du pouvoir présidentiel et la promotion d'hommes nouveaux. Tout cela fut réaffirmé lors d'une morne réunion du Conseil présidentiel, le 31 octobre.

Le 2 novembre, le Soviet de la Fédération étudia dans le détail le projet de traité d'Union et recommanda d'en accélérer la mise au point. De son côté, réuni le 5 novembre, le Conseil présidentiel examina un train de mesures en vue de la transition au marché. La discussion politique reprit de plus belle.

Ryjkov affirma que les difficultés économiques étaient provoquées par l'affaiblissement du pouvoir en raison de l'action de l'opposition et des républiques et lança quelques insinuations concernant l'irrésolution de la direction politique suprême[7]. En réponse, Iakovlev déclara que la principale source de difficultés résidait dans l'état insatisfaisant de l'économie et de sa gestion, ainsi que dans le retard des réformes économiques. Medvedev critiqua également le gouvernement.

— C'est une folie, déclara-t-il, d'accélérer de coûteux programmes sociaux et de fermer les yeux sur l'accroissement vertigineux des revenus monétaires dans le contexte d'une contraction absolue de la production.

Ryjkov et Maslioukov réagirent violemment.

À mesure que la tension montait, des hésitations apparurent jusque dans mon plus proche entourage. Iakovlev « boudait », mécontent de mon refus d'accepter inconditionnellement le plan des cinq cents jours. Il désapprouvait aussi mon attitude — envers l'opposition comme envers le parti et ses structures dirigeantes — et ma politique de maintien d'une Union rénovée des républiques. Quant à Chevardnadze, il supportait fort mal les attaques répétées des intégristes et des « colonels[8] » contre la politique extérieure dont il avait la charge.

Je décidai d'avoir avec Eltsine une discussion franche. La rencontre — difficile — eut lieu après les fêtes d'Octobre. Mon interlocuteur me reprocha d'« ignorer les intérêts de la Russie », de « léser les intérêts des autorités russes », etc. De mon côté, je lui dis que ses tentatives pour

7. C'est-à-dire le président. (N.d.T.)

8. Au Parlement, certains des ténors de l'opposition conservatrice étaient des militaires. Plusieurs avaient le grade de colonel. (N.d.T.)

affaiblir l'Union, la vider de son contenu et tirer la couverture à lui nous conduisaient au bord du démembrement du pays. Je lui proposai alors de déclarer clairement et sans équivoque qu'il était favorable au maintien de l'Union des républiques en tant qu'État unifié et de mettre l'accent non plus sur la proclamation unilatérale de la souveraineté des républiques, mais sur la nécessité de préserver et rénover l'Union. En effet, la fièvre de la souveraineté gagnait aussi les républiques autonomes et, dans ces conditions, il serait difficile d'arrêter l'effondrement de l'État aux frontières de la RSFSR. Certains nous soupçonnaient de les encourager à s'opposer aux républiques fédérées, mais cela n'avait ni queue ni tête.

— Notre position de principe, affirmai-je, est la même à l'égard de l'Union qu'à l'égard de l'unité de la RSFSR. Les deux choses vont de pair.

Nous abordâmes également d'autres sujets, notamment les questions du passage au marché. Dans l'ensemble, et malgré l'âpreté de la discussion, cette rencontre permit de détendre quelque peu les relations entre le centre et la Russie. Mais ce fut alors le groupe Soïouz, ce paravent parlementaire de l'opposition conservatrice au sein du parti, qui lança une attaque en règle. Le 14 novembre, à l'ouverture de la session du Soviet suprême, les députés refusèrent l'ordre du jour et décidèrent de débattre des affaires courantes. Les interventions, qui frisaient l'hystérie, contenaient de rudes critiques de l'action du gouvernement et du président. L'un des thèmes récurrents était que l'action du Soviet suprême n'était pas prise au sérieux, que le président s'efforçait de le « court-circuiter » en s'appuyant sur le Conseil présidentiel, le Soviet de la Fédération et en s'entendant avec Eltsine derrière le dos des députés. Ces derniers exigèrent que le président vînt s'expliquer. Ils voulaient tenir, en sa présence, un débat de politique générale.

Le 16 novembre, je leur exposai mes analyses et mes propositions. Cela ne calma pas les choses. La discussion prit un tour véhément. Les intervenants s'acharnèrent littéralement sur le gouvernement et le président. Les extrêmes — intégristes et radicaux — se retrouvèrent dans cette critique débridée.

À la fin de la journée, Nazarbaïev, Karimov[9] et les autres dirigeants des républiques, à l'exception d'Eltsine, vinrent me rejoindre dans un salon attenant à la salle de séances. Ils estimaient que des mesures urgentes et résolues devaient être prises avant que la situation

9. Le président ouzbek. (N.d.T.)

n'échappât à tout contrôle. Par-dessus tout, il fallait renforcer le pouvoir présidentiel et rendre plus efficace son interaction avec les républiques. À cet égard, nos vues coïncidaient. Pendant que Nazarbaïev et les autres formulaient leurs propositions, je me retirai dans mon bureau pour rédiger mon discours du lendemain.

Je me servis des quelques études déjà préparées sur la restructuration de l'échelon supérieur du pouvoir : la réorganisation du gouvernement et sa transformation en un cabinet des ministres placé sous l'autorité directe du président, un statut plus précis et des prérogatives plus importantes pour le Soviet de la Fédération et la suppression du Conseil présidentiel.

Je finis mon texte dans la nuit, à quatre heures. Le matin, j'appelai Ryjkov. Les changements proposés ne constituaient nullement une surprise pour lui. D'ailleurs, il avait lui-même demandé une restructuration de l'exécutif.

La séance du Soviet suprême ne dura que vingt minutes, mais l'accueil réservé à mon discours ne fut plus du tout le même. Je suis convaincu que les applaudissements nourris de la salle étaient sincères. Curieux phénomène que ce passage brutal du rejet complet à un soutien chaleureux. La prise de conscience du danger imminent de chaos qui pesait sur le pays, avec ses conséquences imprévisibles, fut sans doute décisive. Les députés conservateurs constatèrent que l'Union était préservée et que le pouvoir présidentiel unifié en sortait même renforcé. Ils avaient donc obtenu quelque chose en critiquant le président. Par ailleurs, ils s'étaient rendu compte que les choses pouvaient sérieusement déraper si les radicaux parvenaient à renverser le gouvernement et à miner le centre. Bien entendu, ils auraient voulu obtenir plus, infléchir la ligne politique et me contraindre à renoncer aux réformes économiques et politiques, mais ils avaient visiblement compris que c'était hors de portée.

Quant aux démocrates radicaux, du moins ceux que leur parti pris n'aveuglait pas, ils devaient bien constater que Gorbatchev était fermement résolu à promouvoir les réformes. Eux aussi se disaient qu'ils avaient obtenu des résultats, même si leur objectif principal — renverser le gouvernement — n'avait pas été atteint. Néanmoins, la réorganisation de l'exécutif pouvait leur permettre de jouer un rôle dans la détermination de la politique.

Les représentants des républiques semblaient avoir également compris que, en poursuivant sur la voie de la critique du pouvoir central, ils risquaient de dépasser le point de non-retour de son délitement, avec des conséquences imprévisibles. Or, mes propositions donnaient aux républiques un rôle accru au sein de l'Union.

En d'autres termes, mon projet, désormais approuvé par le Soviet suprême, permettait une détente aussi bien au sein de la direction politique que dans le pays. Bien sûr, des contradictions profondes demeuraient entre les positions des principales forces sociopolitiques, comme cela ne tarda pas à se manifester dès l'ouverture du IVe Congrès des députés du peuple de l'URSS, le 17 décembre. À cette occasion, le groupe Soïouz nous prépara une surprise. Je fais allusion à l'intervention « absolument spontanée » d'Oumalatova qui proposa de faire du vote de confiance au président le premier point à l'ordre du jour. Parmi les quatre cents députés qui soutinrent cette proposition, se trouvaient les extrémistes du Groupe interrégional aussi bien que ceux de Soïouz. Eltsine, Popov, Stankevitch et beaucoup de leurs partisans votèrent contre.

Mon rapport sur la situation courante et les changements constitutionnels rendus nécessaires par la modification de la structure du pouvoir donna lieu à des débats animés. La démission spectaculaire de Chevardnadze en plein Congrès, sans la moindre conversation préalable avec moi, stupéfia tout le monde [10]. La conception générale du nouveau traité d'Union provoqua un affrontement acharné qui rendit nécessaire un vote par appel nominal sur la préservation de l'URSS en tant que fédération rénovée de républiques souveraines égales en droits. À mon initiative, le Congrès prit la décision d'appeler à un référendum qui eut lieu, on s'en souvient, le 17 mars 1991.

Dans une certaine mesure, les événements de novembre et décembre retardèrent la mise en œuvre des « Orientations majeures ». En raison de sa réforme imminente, le gouvernement se trouvait incapable de s'en occuper pleinement. J'avais d'ailleurs commencé à réfléchir et à discuter avec mes collègues des fonctions et des structures du nouveau cabinet des ministres, ainsi que de sa composition.

La question la plus épineuse concernait le choix du Premier ministre. Je n'avais pas abordé cette question avec Ryjkov, mais son comportement et ses propos montraient bien qu'il ne prétendait nullement à cette fonction. D'ailleurs, sa nomination n'aurait jamais obtenu l'aval du Soviet de la Fédération, procédure prévue par la Constitution amendée.

---

10. Edouard Chevardnadze annonça à la tribune, le 20 décembre, sa démission du poste de ministre des Affaires étrangères, en dénonçant la « dictature » qui, selon lui, approchait. (N.d.T.)

Cependant, la question tomba d'elle-même : dans la nuit du 25 au 26 décembre, Ryjkov fut terrassé par un infarctus qui l'écarta pour longtemps de la vie active.

Des sondages informels et des échanges d'opinions préalables permirent de déterminer que le Soviet de la Fédération donnait sa préférence à la candidature de Valentin Pavlov, le ministre des Finances, pour succéder à Ryjkov. Le fait qu'il était financier de profession [11] joua un rôle décisif. Dès lors que le pouvoir exécutif était supervisé par le président, il présentait le profil idoine pour diriger le cabinet. Pavlov était connu et travaillait en collaboration avec les dirigeants des républiques, ce qui était aussi un facteur positif, car ces derniers seraient ses interlocuteurs privilégiés. Consultés, Ryjkov et Maslioukov soutinrent aussi sa candidature. Sans enthousiasme, Eltsine n'objecta rien.

Des doutes s'exprimèrent également, surtout parmi certains proches de mon entourage. Pavlov n'était pas un acteur politique et ses positions n'étaient pas très claires. On le disait influençable et opportuniste, mais aussi impulsif et irréfléchi dans ses actes et ses propos. Selon Ryjkov, des rumeurs couraient sur l'attirance que la dive bouteille exerçait sur lui. Je suis conscient d'avoir alors surestimé les qualités de Pavlov et commis l'erreur de ne pas prêter une oreille plus attentive à ceux qui me signalaient ses défauts.

Le 11 janvier, je signai le décret de nomination du Premier ministre et de ses premiers adjoints. Le 14, il fut entériné par le Soviet suprême. Les jours suivants, le Parlement approuva également la nomination de certains ministres : ceux de la force publique [12], celui des Affaires étrangères et d'autres. Ce fut le premier gouvernement formé à partir de propositions du président, en accord avec le Soviet de la Fédération.

Le cabinet Pavlov

La formation du cabinet prit encore plusieurs semaines. Il fallut un certain temps pour constituer le Conseil de sécurité et remanier l'administration présidentielle. Je pris toutes les mesures nécessaires pour évi-

11. C'est-à-dire un spécialiste de l'administration des finances. (N.d.T.)

12. Ministère des Affaires intérieures (MVD), ministère de la Défense et KGB. (N.d.T.)

ter une vacance du gouvernement. Mais les dérèglements et les ratés provoqués par la « parade des souverainetés » et l'effilochage des liens économiques se faisaient déjà inexorablement sentir. En janvier et février 1991, le revenu national diminua de 10 % par rapport à la même période de 1990. La production industrielle chuta, elle, de 4,5 % et les achats par l'État de produits d'élevage de 13 %. La récession ne touchait plus seulement les biens d'équipement, mais aussi les biens de consommation dont la production avait pourtant progressé les années précédentes.

Certes, la crise était probablement inévitable. Cependant, si elle prit des formes aussi graves ce ne fut pas seulement dû à des circonstances objectives : notre action inappropriée et les erreurs commises en matière de politique économique et dans la gestion pratique y jouèrent un rôle certain.

L'augmentation des revenus monétaires se poursuivit (19 % par rapport à l'année précédente) dans un contexte de déclin de la production. L'inflation masquée augmentait. Le budget du pays partait à vau-l'eau. La Russie et, suivant son exemple, les autres républiques instaurèrent un système fiscal à une voie pour alimenter le budget de l'Union [13].

À la veille du Nouvel An, la direction russe réduisit de cent milliards de roubles les crédits alloués à l'Union. Eltsine partit pour Iakoutsk tout de suite après et je ne fus informé de la décision que par la presse et les députés du Soviet suprême de Russie. Eltsine se comportait souvent ainsi, partant en province tout de suite après une foucade.

Lorsqu'on évoque les causes de la crise, il ne faut pas omettre l'abandon, à partir de 1991, du système de compensation multilatéral dans les relations avec les anciens pays socialistes, ainsi que le passage immédiat aux prix mondiaux et aux règlements en devises librement convertibles. À terme, une transition aux conditions du marché mondial était inévitable, mais elle aurait dû être progressive. Cette rupture brutale fut une erreur qui porta autant préjudice à nos partenaires qu'à nous-mêmes.

À la fin de 1990, je signai, sur proposition du gouvernement, plusieurs décrets portant sur des questions financières. Il s'avéra par la suite qu'ils étaient entachés de graves insuffisances, notamment en ce qui concernait la création de fonds extrabudgétaires de stabilisation de l'économie. Cela équivalait à « générer » *ex nihilo* des moyens de paiement. Dépourvus de couverture, ils nourrissaient l'inflation.

---

13. Le budget fédéral n'était plus alimenté que par les républiques fédérées qui concédaient au centre une partie de leurs recettes fiscales. (N.d.T.)

Le 20 janvier, quelques jours après sa confirmation dans les fonctions de Premier ministre, Pavlov mena à bien une autre de ses idées, suscitant une réaction violente de l'opinion : l'échange des billets de 50 et 100 roubles contre de nouvelles coupures [14]. L'argument était qu'un grand nombre de ces billets s'étaient accumulés entre les mains des trafiquants et des acteurs de l'économie parallèle et partaient pour l'étranger. Le calcul s'avéra illusoire. S'efforçant de justifier cette opération inefficace mais spectaculaire, le Premier ministre accorda à la mi-février une interview à sensation au journal *Troud* pour dénoncer un prétendu complot des banques occidentales visant à désorganiser la circulation fiduciaire en URSS.

Dans un premier temps, j'encourageai et défendis le volontarisme de Pavlov. Mais je commençai rapidement à avoir des doutes sur son professionnalisme et finis par me persuader que je n'avais pas fait le bon choix. Dans la situation complexe de 1991, Pavlov n'avait ni la culture générale, ni les capacités de compréhension, ni les compétences professionnelles nécessaires pour tenir le poste de Premier ministre.

L'une des tâches les plus urgentes était la réforme des prix de détail. Il était impossible de la différer. Le moment favorable (1988-1990) étant passé, nous devions y procéder alors que la conjoncture se dégradait rapidement.

À vrai dire, le passage à un nouveau système de prix avait déjà commencé : de nouveaux prix d'achat des céréales et de la viande avaient été fixés aux producteurs et l'industrie travaillait avec de nouveaux prix de gros. Le changement des prix de détail s'imposait pour ne pas léser les fournisseurs de produits finis. Toute l'économie se ralentissait et des signaux d'alerte affluaient au centre. Je reçus des messages inquiets du maire de Leningrad, Anatoli Sobtchak, et de celui de Moscou, Gavriil Popov.

Néanmoins, le cabinet des ministres avait besoin de plusieurs semaines pour mettre au point des décrets mûrement réfléchis : la moindre erreur pouvait avoir de fâcheuses conséquences. Sans compter que l'actualité était chargée. Les événements de janvier en Lituanie [15], les

---

14. Les plus grosses coupures alors en circulation. La population n'avait le droit de les échanger que jusqu'à concurrence de deux cents roubles. (N.d.T.)

15. Le 11 janvier 1991, des troupes spéciales du ministère de l'Intérieur prirent d'assaut la tour de télévision de Vilnius, dans une vaine tentative de faire rentrer dans le rang la république sécessionniste, faisant quinze morts et de nombreux blessés. (N.d.T.)

ultimatums d'Eltsine exigeant ma démission, le référendum du 17 mars, tout cela retarda la réforme des prix.

De plus, il était difficile d'y procéder sans l'accord des républiques. Le 12 février, le Soviet de la Fédération décida qu'il fallait une action ferme et concertée. Une négociation s'engagea avec les membres de l'Union sur la hausse des prix de détail, la Sécurité sociale, la formation d'un Fonds unique de soutien social entre le centre et les républiques. Les disparités structurelles entre les économies de ces dernières créaient des écarts entre les recettes induites par les hausses de prix et les dépenses de compensation sociale. Neuf républiques devaient contribuer au Fonds pour un montant d'environ 80 millions de roubles (dont 56 milliards versés par la seule Russie), alors que les six républiques restantes se verraient attribuer 16 milliards. 66 milliards de roubles seraient alloués au paiement des salaires des employés de l'État fédéral. Les pourparlers étaient difficiles. Les républiques baltes refusèrent l'accord, prenant des mesures séparées.

La Russie se singularisa aussi. Khasboulatov et Silaïev signèrent, de toute évidence avec l'aval d'Eltsine. Mais celui-ci — sans doute sous l'influence de l'un de ses conseillers — se ravisa soudain en déclarant que la réforme n'était pas conforme aux intérêts de la RSFSR. On procéda néanmoins à la signature. Tous les présidents républicains apposèrent leur paraphe sauf le russe, remplacé par l'un de ses adjoints. Le 19 mars, le cabinet prit acte de la décision et publia, dans les jours suivants, les décrets d'application.

Le marché se normalisa quelque peu. La viande, le lait, les pâtisseries et de nombreux articles de consommation courante firent leur apparition dans les magasins, vides pendant la période précédente. Cette stabilisation était pourtant bien fragile. La situation échappait déjà au pouvoir central : les manettes de l'économie étaient passées dans une large mesure entre les mains des républiques, et il s'avéra impossible d'établir un contrôle un tant soit peu efficace de la progression irrésistible des revenus monétaires comme de l'utilisation des rentrées induites par la hausse des prix.

Les républiques n'alimentèrent ni le Fonds de soutien social, ni les Fonds extrabudgétaires de stabilisation de l'économie. Et la mauvaise volonté de leurs dirigeants n'était pas seule en cause. Entreprises et administrations utilisèrent une part importante des sommes prévues pour faire face à des hausses de salaires. Ce début d'anarchie menaçait de compromettre toute tentative de régulation centralisée.

Il faut dire que cette réforme n'avait rien de commun avec la « thérapie de choc » qui fut pratiquée l'année suivante. Le prix des médicaments, de certains types de tissus, des chaussures, des articles de bonneterie, des jouets, de l'essence, du pétrole lampant, de l'électricité, du gaz, du charbon et de la vodka ne bougèrent pas. Des plafonds d'augmentation furent fixés pour de nombreux produits de consommation courante. On augmenta sensiblement le contingent de produits commercialisés à des prix modulés ou négociés (au milieu de 1991, 40 % des biens de consommation étaient ainsi commercialisés selon les lois de l'offre et de la demande). Cette évolution pouvait faciliter la transition vers la liberté totale des prix. Le pays aurait pu éviter les problèmes créés par leur libération brutale, si les mesures prévues d'assainissement monétaire et financier avaient été menées de manière consistante.

La réforme présentait pourtant un défaut majeur : conçue hors du contexte général des transformations économiques, elle fut menée à bien comme une importante mesure isolée, puis on passa à autre chose. Cette manière d'agir traduisait le mode de pensée de Pavlov au poste de Premier ministre : il attaquait les problèmes de front, mais impulsivement et dans le désordre. Pour cette raison, je demandai dès février que le gouvernement s'assignât un « programme minimal », non pour réviser les « Orientations majeures », mais pour créer les conditions de leur mise en œuvre.

Il convient de tenir compte du fait que chaque avancée ne pouvait se faire alors qu'au prix d'immenses efforts politiques. Dans la lutte pour le pouvoir, la réforme économique devint le principal théâtre des hostilités ouvertes par les radicaux.

L'expérience récente montrait qu'il était impossible de résoudre les problèmes par l'affrontement, les pressions, le chantage. Les seuls résultats de ces méthodes étaient d'aggraver la situation et d'accroître le danger d'un démembrement du pays, enlisé dans ses querelles intestines. Les 8 et 9 avril, devant le Soviet de la Fédération, je soulignai que la priorité était d'arrêter le processus de désintégration. La mise au point d'un programme anticrise s'accéléra avec le début du processus de Novo-Ogarevo[16]. Les républiques y

16. Le 23 avril 1991, une rencontre des présidents de l'URSS et de neuf républiques fédérées (l'Azerbaïdjan, la Biélorussie, le Kazakhstan, le Kirghizistan, l'Ouzbékistan, la Russie, le Tadjikistan, le Turkménistan et l'Ukraine) dans la datcha gouvernementale de Novo-Ogarevo ouvrit un processus de négociations en vue de la signature d'un nouveau traité d'Union entre les républiques. (N.d.T.)

participèrent activement et je pus approuver sa version définitive le 5 juillet.

La « démarche » de juin

La dernière étape de la gestation du programme anticrise était déjà bien entamée lorsque le comportement irresponsable de Pavlov et des ministres chargés de la force publique provoqua un grand scandale au Soviet suprême de l'URSS.

À la tribune, Pavlov déclara que le cabinet des ministres ne disposait pas du droit de résoudre efficacement des problèmes aussi vitaux que ceux de la moisson. Il demandait donc, au nom du gouvernement, le droit à l'initiative en matière législative et de larges pouvoirs. Il précisait que le cabinet n'échapperait pas pour autant à tout contrôle : il informerait sans délai le Soviet suprême et le président de l'URSS des décisions prises.

De la salle, les questions fusèrent : « Pourquoi auriez-vous besoin de ces pouvoirs si le président qui vous chapeaute en est investi ? » « Cette proposition émane-t-elle du seul cabinet ou a-t-elle été approuvée par le président ? » « Que pense le président de votre demande ? N'est-elle pas inspirée par vos divergences avec le président ? » La seule réponse intelligible fut que la question des pouvoirs avait déjà été posée, mais que cette fois le président n'avait pas été consulté.

Les passions s'échauffèrent après une intervention alarmiste de Koutcherenko, le président de la commission du plan et du budget. Les « faucons » du groupe Soïouz, Alksnis, Blokhine, Kogan, Tchekhoïev, Soukhov, sautèrent sur l'occasion de jouer sur l'opposition entre le président et son Premier ministre, et se succédèrent à la tribune. Loukianov versa de l'huile sur le feu en déclarant que le Soviet suprême devait « séparer l'activité administrative du cabinet des ministres de l'action du président, de ses décrets ». En d'autres termes, le Parlement était en droit d'exaucer les vœux du Premier ministre en retirant au président une partie de ses pouvoirs.

La discussion dériva rapidement vers la politique. Blokhine demanda à entendre les responsables du ministère de la Défense, du ministère de l'Intérieur et du KGB. Lorsque la séance reprit à 16 heures, ces derniers s'exprimèrent à la tribune, mais leurs interventions n'avaient rien d'improvisé. Celle du président du KGB, Krioutchkov, était même très bien préparée. Ce fut à cette occasion qu'il évoqua les « agents d'influence » étrangers, s'efforçant de faire peur aux députés en évoquant des pressions massives des services secrets occidentaux. Par la suite, le président du KGB reprit systématiquement cette antienne.

De leur côté, la plupart des démocrates préférèrent garder le silence. Dans une certaine mesure, les radicaux se réjouissaient de voir le président à nouveau mis en cause et attaqué. Néanmoins, certains d'entre eux s'opposèrent à l'attribution de nouveaux pouvoirs au Premier ministre. En fait, ce ne fut qu'après l'intervention des ministres de la force publique que les principaux ténors démocrates se décidèrent à agir. Curieusement, au lieu de le faire ouvertement dans le cadre parlementaire, ils préférèrent prendre contact avec les responsables américains. Deux ans plus tard, Gavriil Popov raconta dans un article qu'il avait aussitôt demandé audience à l'ambassadeur Jack Matlock, pour lui remettre un message (destiné officiellement à Eltsine, qui se trouvait alors aux États-Unis) dénonçant le « complot des forces réactionnaires » qui venait d'avoir lieu à Moscou. Il alla même jusqu'à insinuer que Gorbatchev était au courant et, mieux, qu'il était à l'origine du scénario. Bien entendu, le véritable destinataire du message était George Bush qui, selon Popov, déjoua la manigance.

Je n'étais pas présent à cette malheureuse séance du 17 juin. L'intervention du Premier ministre ne présentait pas, à mes yeux, d'importance particulière : je n'étais pas informé de son intention de demander des pouvoirs supplémentaires. Dans la matinée, j'assistai au congrès constitutif de l'Union paysanne et dans l'après-midi à une réunion du comité préparatoire du traité d'Union dont le texte devait être transmis aux Parlements de l'URSS et des républiques.

Dans la soirée, je tançai vertement Ianaïev[17], Pavlov et Loukianov pour la confusion qu'ils avaient créée. Le Premier ministre reconnut son erreur, mais il fit remarquer qu'il m'avait bien des fois soumis le problème. Il argua également du stress provoqué par l'effondrement de l'économie, du budget, du système fiscal et par l'impression que tout lui filait entre les mains. Il avait pourtant affirmé dans son rapport que le gouvernement contrôlait la situation.

J'attirai l'attention de Ianaïev sur sa passivité au Soviet suprême. Mal-

17. En décembre 1990, sur proposition de Mikhaïl Gorbatchev, le Congrès des députés avait élu Guennadi Ianaïev au poste nouvellement créé de vice-président de l'URSS. (N.d.T.)

heureusement, je ne pus rien dire de concret à Loukianov, car je n'avais pas eu le temps d'examiner toutes les nuances de ses propos et commentaires. Plus tard, une étude attentive des minutes me convainquit de son double jeu.

Il fallait mettre un terme au scandale et, le 21 juin, je me présentai devant le Soviet suprême. Dans mes explications, le Premier ministre n'avait pas le beau rôle. Je n'approuvais pas sa démarche mais, ne désirant pas envenimer les choses, je ne posai pas non plus la question d'éventuelles sanctions.

Ces événements, au Soviet suprême, furent analysés comme une nouvelle offensive conservatrice contre le président et sa politique. Loukianov sympathisait clairement avec le groupe Soïouz et l'encourageait à s'en prendre à ma politique. Tout indiquait que les interventions et la tactique de ses membres étaient coordonnées et mûrement réfléchies.

L'attaque des revanchards fut néanmoins repoussée, mais elle n'envenima pas moins la situation dans le pays. Désormais, une simple étincelle pouvait mettre le feu aux poudres.

TROISIÈME PARTIE

L'URSS DU CHANGEMENT ET LE MONDE

CHAPITRE 18

LA NOUVELLE PENSÉE EN POLITIQUE ÉTRANGÈRE

Il n'est guère besoin de prouver que la perestroïka, réforme fondamentale de notre système économique et politique, aurait été impossible sans des changements correspondants dans la politique étrangère soviétique et la création de conditions internationales favorables. La première chose à faire était de balayer les « congères » qui restaient de la guerre froide et d'alléger les pressions que notre participation à des conflits à travers le monde et la course épuisante aux armements faisaient peser sur nous.

Cette prise de conscience, point de départ de mon action, ne provenait nullement d'une « révélation subite » : les signes précurseurs de la crise étaient évidents. Le ralentissement de la croissance, le retard technologique, le niveau de vie très bas, tout cela parlait en faveur de changements radicaux. Bien avant mon accession au poste de secrétaire général, j'étais déjà convaincu de l'impérieuse nécessité de transformations sérieuses dans notre politique étrangère. Il m'est impossible de prétendre que j'avais un plan d'action détaillé dans ma serviette en entrant dans mes nouvelles fonctions, mais j'avais des idées suffisamment nettes sur les premiers pas à entreprendre. En tout cas, la perestroïka a commencé simultanément à l'intérieur et à l'extérieur, les succès dans un processus entraînant des progrès dans l'autre, et les échecs freinant les deux.

Or, le secrétaire général, quelles que fussent ses idées et ses intentions, ne pouvait diriger seul la politique étrangère. De plus, il ne s'agissait pas d'un simple nettoyage cosmétique, mais d'un tournant à 180°. Pour commencer, il me fallait persuader la direction collégiale de la nécessité du changement. Et la direction n'était que la partie émergée de l'iceberg. L'appareil des départements internationaux du CC, des Affaires étrangères, du KGB et des organismes du commerce extérieur était conservateur dans son ensemble et tout aussi bien « dressé » idéologiquement que celui des fonctionnaires chargés des problèmes domestiques. Néanmoins, certains des analystes et des experts des questions internationales soutenaient l'idée d'une refonte. Une de mes premières tâches fut donc de les promouvoir à la direction de la politique étrangère.

Pourtant, les choses n'avançaient pas vite. Le XXVIIe congrès du parti prit quelques décisions, nous fîmes des pas programmatiques en direction d'un monde sans armes nucléaires et remplaçâmes de nombreux cadres. Mais la vieille « guimbarde » diplomatique grinçait toujours sur les mêmes sentiers battus. Son style était la dureté au nom de la dureté. Il s'agissait avant tout de faire preuve d'esprit de résistance et d'afficher une fierté arrogante qui n'était guère justifiée par des considérations politiques ou pratiques.

À la fin du mois de mai 1986, tous nos ambassadeurs et l'« élite diplomatique » moscovite furent invités à une conférence sur le nouveau rôle de la diplomatie soviétique qui se tint au ministère des Affaires étrangères. Après le rapport du ministre, je pris la parole pour dénoncer le fossé qui s'élargissait entre l'action des institutions chargées de la gestion des relations internationales et la politique et les gestes pratiques avancés par la direction du pays. Il me semble que cette réunion représenta le véritable lancement à grande échelle de la « nouvelle pensée ».

Dans les premiers temps, nos démarches se heurtèrent à un mur de préjugés et d'incompréhension dans les centres politiques occidentaux, mais progressivement, ces derniers furent obligés de céder à la pression de l'opinion publique qui savait le monde près du gouffre et ne pouvait admettre que l'on s'en rapprochât encore.

Un philosophe a dit que la plus importante des vertus n'est ni la sympathie ni la compassion, mais la compréhension. En ce qui me concerne, je voulais être compris et j'exprimai mon point de vue dans *Perestroïka : vues neuves sur notre pays et le monde*. Je définis là les principes théoriques qui devaient, selon moi, fonder le nouvel ordre mondial destiné à remplacer celui de l'après-guerre : dépendance mutuelle des pays et des peuples, équilibre des intérêts, liberté de choix, responsabilité commune et quête de solutions acceptables par tous aux problèmes globaux de la planète.

Nous avions pris conscience de la déformation de nos idées sur le monde et de l'impérieuse nécessité de les corriger. Ces conceptions nous avaient fait nous opposer pendant des décennies au reste de l'humanité, avec des effets déplorables sur notre économie, mais aussi sur la conscience que notre société avait d'elle-même, sur la science, la culture et le potentiel intellectuel du pays. Nous nous étions également rendu compte que, dans notre monde interdépendant, les frontières d'État impénétrables et les barrières idéologiques constituent des entraves absolues au progrès. Un pays ne peut développer pleinement son potentiel qu'en coopération avec d'autres sociétés, mais sans perdre son identité propre. De la même manière, nous finîmes par admettre qu'il était impossible d'assurer la sécurité de notre pays sans prendre en considération les intérêts des autres : à l'ère nucléaire, nul ne pouvait garantir sa propre sécurité en se reposant uniquement sur la force des armes. Tout cela nous conduisit à proposer une conception nouvelle de sécurité globale comprenant tous les aspects des relations internationales, notamment la dimension humaine.

Toutes ces idées sont largement connues, aujourd'hui. Elles ont été maintes fois répétées dans des discours, des articles et des études. À l'époque, pourtant, elles ne furent pas facilement acceptées, ni chez nous, ni à l'étranger, et chaque tentative pour les mettre en pratique se révéla une entreprise ardue. Ce fut le cas, par exemple, de ma proposition du 15 janvier 1986 de libérer complètement l'humanité de la menace nucléaire. Elle fut accueillie par des soupçons et des sarcasmes comme un nouvel argument de propagande. Peu nombreux étaient ceux qui croyaient alors possible de faire, en quelques années, des progrès réels en matière de désarmement, de mettre fin à la guerre froide, de combler le fossé qui séparait l'Est de l'Ouest et de délier — plutôt que de trancher — bien d'autres nœuds gordiens de la politique internationale.

De tous, le plus difficile à défaire fut indiscutablement celui de la rivalité militaire entre les grandes puissances. Les responsables de notre politique étrangère et moi, nous étions convaincus que tout devait commencer par le dialogue avec les États-Unis. Sans le consentement du leader reconnu du monde occidental, toute tentative de changer quoi que ce fût aurait été immédiatement considérée comme une manœuvre pour diviser l'Alliance atlantique et donc vouée à l'échec. La tâche n'était pas facile. Il ne s'agissait pas de trouver un terrain d'entente avec un social-démocrate, comme Olof Palme, ou un socialiste, comme François Mitterrand, mais avec Ronald Reagan qui avait naguère qualifié l'Union soviétique d'« empire du Mal » et se trouvait sous les feux hostiles de notre propagande pour ses *Reaganomics*[1], l'invasion de la Grenade et autres actes similaires.

Après d'assez longues négociations, nos services respectifs convinrent que nous nous rencontrerions, Reagan et moi, à Genève pendant l'automne 1985. Plus de six ans s'étaient écoulés depuis le précédent sommet américano-soviétique, en 1979. Dans l'intervalle, la situation internationale s'était considérablement tendue, les alliances antagonistes, l'OTAN et le Pacte de Varsovie, avaient surélevé leurs palissades de missiles nucléaires et le monde entier vivait dans l'angoisse. Dans ces conditions, la rencontre de Genève ne pouvait que devenir le point de convergence de l'intérêt planétaire : quelque 3 500 journalistes s'y retrouvèrent pour couvrir l'événement.

Notre approche du sommet était réaliste. Nous ne comptions pas parvenir à des accords d'envergure, mais simplement jeter les fondations d'un dialogue sérieux. L'important était que les dirigeants des deux superpuissances puissent se voir de près, échanger leurs opinions sur le monde et le rôle respectif de leur pays, et parler de la meilleure manière d'alléger les tensions et d'organiser la coopération. J'appris plus tard que les Américains voulaient vérifier par eux-mêmes l'appréciation de Margaret Thatcher qui me caractérisait comme « un homme avec qui on peut travailler ». Il me semble que c'était surtout cela qui les intéressait, ce qui était tout à fait compréhensible dans le cadre d'une première rencontre.

Selon une vieille habitude, le Politburo remit ses instructions au secrétaire général. Je participai à leur préparation avec des responsables du ministère des Affaires étrangères (MID), du département international du CC (DI) et du KGB. Il est maintenant de notoriété publique que ces instructions pouvaient être de deux types. Pour un simple dialogue, elles se limitaient à une liste de points de vue qu'il fallait exposer au partenaire ou sur lesquels ce dernier devait éclaircir sa position. Pour des négociations concrètes, elles fixaient avec précision nos propositions et les concessions que nous étions prêts à faire. Je me permets de préciser ces procédures pour couper court aux interprétations superficielles émanant de personnes incompétentes selon lesquelles le secrétaire général, ayant le pouvoir de décider tout seul, bradait les intérêts du pays et d'autres inventions du même genre.

Les directives principales étaient complétées par des annexes qui envisageaient diverses options et lignes de repli que l'on pouvait utiliser

---

1. Politique économique ultra-libérale du président Reagan. (N.d.T.)

en cas de besoin, de manière à parvenir à un compromis justifié. En cas d'échec, la discussion était interrompue pour permettre à chaque partie d'analyser plus avant le problème. La réduction des armements nucléaires et conventionnels illustre excellemment la manière dont le système fonctionnait.

Le travail sur la question débuta par la mise au point des propositions des services concernés. Pendant les premières années, le MID joua le rôle de coordinateur. Plus tard, une commission spéciale du Politburo fut créée pour effectuer la synthèse des projets et amorcer le processus de prise de décision. Dans la recherche de compromis raisonnables, la commission auditionna des représentants des Affaires étrangères, de la Défense, du Gosplan et de la Commission militaro-industrielle [2], ainsi que de nombreux spécialistes et experts, notamment des académiciens. Le secrétaire général — devenu, plus tard, président de l'URSS — était régulièrement informé des conclusions les plus importantes et des questions qui restaient ouvertes. Généralement, Zaïkov [3] et Chevardnadze me tenaient au courant, mais il arrivait que Iazov ou Akhromeïev, Tchebrikov ou Krioutchkov [4] se joignissent à eux. Ces rencontres régulières précédaient les délibérations du Politburo.

Le processus de consultation finit par donner jour à un texte qui tenait compte de mes remarques. Il fut présenté au Politburo en même temps que des opinions divergentes : les membres de la haute direction pouvaient ainsi prendre connaissance d'options alternatives.

Lev Zaïkov présida la commission du Politburo pendant plusieurs années. Il connaissait bien les deux aspects des problèmes de l'armement : la fabrication des armes et leur doctrine d'emploi. Son expérience de la sphère militaro-industrielle et ses connaissances techniques en faisaient un spécialiste difficile à duper. Il n'était pas seulement un expert qualifié, mais aussi un habile négociateur qui s'efforçait toujours d'harmoniser les différents points de vue. Il savait apaiser les passions et éteindre les conflits. Il parvenait aussi bien à prévenir un acte impru-

---

2. Commission gouvernementale chargée de coordonner l'action des nombreux ministères rattachés à l'industrie de défense et des organismes pourvoyeurs de technologie militaire : Académie des sciences, Comité d'État pour la science et la technique (GKNT), Direction principale du renseignement militaire (GROu) et KGB. Elle était désignée par le sigle VPK, mais ces trois lettres sont également les initiales de « complexe militaro-industriel » ce qui engendrait souvent des confusions. (N.d.T.)

3. Le responsable du secteur militaro-industriel au sein du CC. (N.d.T.)

4. Respectivement le ministre de la Défense, le chef de l'état-major général et deux présidents successifs du KGB. (N.d.T.)

dent du MID sur une question spéciale, qu'à exercer des pressions sur le ministère de la Défense (MO) en mettant à nu le conservatisme et l'esprit de chapelle du complexe militaro-industriel. En passant, je me permets de signaler que, de toute ma carrière à Moscou, je ne garde pas le souvenir d'une seule proposition de réduction des troupes ou des armements émanant du MO. Ses responsables n'ignoraient pourtant pas quel fardeau leur constante augmentation faisait peser sur le pays.

Avec sa passion toute caucasienne, Chevardnadze s'emportait souvent contre les représentants du ministère de la Défense. Il passait parfois dans mon bureau en s'écriant :

— Je ne peux plus travailler avec ces gens-là !

Je m'efforçais de le calmer et demandais à Zaïkov d'intervenir. Lorsque les choses allaient trop loin, il m'arrivait de m'atteler moi-même à la tâche de réconciliation. Je réunissais Chevardnadze, le ministre de la Défense Sokolov et le chef de l'état-major général Akhromeïev (puis, après eux, leurs successeurs, Iazov et Moïsseïev) et nous discutions de la question litigieuse jusqu'au moindre détail.

Naturellement, il entrait dans les prérogatives du Politburo et du secrétaire général de définir la politique et de formuler les positions qui correspondaient le mieux à la défense des intérêts soviétiques et aux réalités de la situation internationale. Mais la prise de décision n'en était pas moins un travail collectif de large envergure. Une masse impressionnante d'idées et suggestions fut ainsi préparée en prévision du sommet de Genève avec le président des États-Unis. Cela nous permit de nous lancer, dès notre première rencontre, à la recherche de solutions au problème le plus épineux de l'époque : celui du désarmement nucléaire.

Au total, les négociations de Genève durèrent près de quinze heures. Mes cinq ou six tête à tête avec le président Reagan dépassèrent à chaque fois l'horaire prévu. À lui seul, ce fait démontre bien, s'il en était besoin, que nos conversations n'avaient rien de ces rencontres de pur protocole au cours desquelles chaque participant consulte plus souvent sa montre que son interlocuteur. Notre dialogue, intense et étoffé, fut même, par moments, empreint d'émotion. De franc au départ, il se fit plus amical à mesure que nous commençâmes à mieux nous connaître. Les passions se déchaînaient encore lorsque nous abordions les problèmes des droits de l'homme, les conflits régionaux ou le programme de la « guerre des étoiles », mais, vers la fin du sommet, j'avais fini par me convaincre que Reagan était un « homme avec qui l'on pouvait travailler ».

Mais commençons par le commencement. Au matin du premier jour, nous eûmes un entretien privé. Il devait durer un quart d'heure. Nous restâmes ensemble pendant plus d'une heure. En relisant la transcription dactylographique de l'enregistrement, la position hautement idéologique des deux partenaires saute aux yeux. Cela ressemblait plus, au début, à une querelle entre le « communiste en chef » et « l'impérialiste en chef » qu'à un dialogue constructif entre les dirigeants des deux superpuissances. Je réfutai comme je pus les accusations de violation des droits de l'homme, sans être sûr d'avoir toujours raison. Quant à Reagan, il n'acceptait pas mes appréciations sur le rôle du complexe militaro-industriel aux États-Unis et niait l'existence d'une puissante machine propagandiste qui menait un travail de sape contre l'URSS. Et, pour couronner le tout, nous nous accusions mutuellement de porter la responsabilité de la course aux armements qui entraînait le monde vers la catastrophe.

En fait, nous avions tous les deux à la fois tort et raison. Nos deux pays partageaient la responsabilité de la division du monde en deux blocs et de l'augmentation de la menace militaire, mais, ni l'un ni l'autre, nous n'étions prêts à l'admettre lors du sommet de Genève. Néanmoins, nous parvînmes d'emblée à une grande franchise et notre discussion alla au fond des choses. Je précisai aussi, dans les grandes lignes, que nous n'avions pas l'intention de rester en Afghanistan et que nous étions favorables à une solution politique du conflit.

Ce premier « round » des pourparlers fut révélateur, par-delà notre antagonisme, de la méfiance mutuelle et de la « surdité politique » qui régnaient entre nous. Cette impression se renforça encore lorsque nous abordâmes le chapitre des problèmes régionaux. Reagan parla longuement de notre ingérence dans les affaires du tiers monde en regrettant son effet négatif sur les relations déjà tendues entre Washington et Moscou. Ma réponse, exposée lors d'une rencontre élargie, se résumait ainsi : nous aidions les peuples à obtenir la liberté, nous n'avions pas de plans pour créer des bases militaires où que ce fût, ni pour « exporter la révolution ». Dans la plupart des cas, nos actions n'étaient pas différentes de celles des États-Unis dans ce qu'ils considéraient comme la zone de leurs intérêts vitaux, c'est-à-dire pratiquement le monde entier.

Pendant le déjeuner, à la résidence de notre délégation, je fis part de mes impressions à mes collègues. Reagan ne m'avait pas simplement semblé conservateur, il m'avait donné l'impression d'être un « dinosaure » politique. Nous convînmes qu'il fallait mener le dialogue avec fermeté mais sans nous écarter de notre objectif principal et sans laisser passer la moindre occasion d'ouvrir des brèches vers le bon sens.

Après le repas, je retournai à la villa près du lac où avaient lieu les réunions. Cette fois, notre conversation tourna sur le thème du contrôle des armements. Mon interlocuteur avait visiblement l'intention de livrer bataille. J'appris plus tard que son humeur belliqueuse participait d'une tactique soigneusement calculée : les Américains voulaient nous exposer leurs propositions en premier, de manière à nous imposer leur jeu. Reagan avança donc des coupes significatives dans les armements offensifs avec un passage simultané aux systèmes défensifs. Avec une noble indignation, le président américain tourna le dos à la politique américaine d'endiguement qui avait déclenché la course aux armements et mené l'humanité au bord de sa perte. Il termina par l'affirmation passionnée qu'il s'agissait là de la meilleure voie et que l'Union soviétique ne devait pas craindre l'Initiative de défense stratégique (IDS). À ce sujet, il lança l'idée de « laboratoires ouverts » et promis de partager la technologie avec nous dès qu'elle serait au point.

Son plaidoyer en faveur de l'IDS fit sur moi un effet bizarre. Je me demandai de quoi il s'agissait : d'une envolée lyrique, d'un artifice pour inciter l'URSS à assouplir sa position ou d'une tentative maladroite pour nous calmer tout en poursuivant l'idée folle de créer un bouclier qui permettrait de porter le premier coup sans crainte de représailles. Je disposais des appréciations de nos scientifiques, et l'avalanche des arguments de Reagan ne me prit pas au dépourvu. Ma réponse fut mordante et ferme : je dis simplement que les paroles de M. Reagan prouvaient simplement la méfiance des Américains à notre égard. Pourquoi aurions-nous dû avoir plus confiance en eux qu'ils n'en avaient en nous ?

Je poursuivis en précisant que l'IDS n'était que la poursuite de la course aux armements dans une autre sphère, encore plus dangereuse, où chaque partie pouvait craindre que l'autre ne prît le dessus. L'Union soviétique se prononçait contre la militarisation de l'espace, mais si les Américains restaient sourds aux arguments de bon sens et n'entendaient pas nos appels à la recherche de solutions pour arrêter la course aux armements et réduire les réserves existantes d'armes nucléaires, il ne nous resterait pas d'autre choix que de relever le défi. Je dois avouer que nous disposions déjà des principes d'une réponse. Notre programme serait efficace, moins coûteux et pourrait être mis au point dans des délais plus brefs.

Les hommes d'État sont tenus de préserver un certain nombre de secrets que leurs fonctions peuvent les amener à connaître. Même aujourd'hui, il m'est impossible de révéler certains faits. Je peux néanmoins dire que notre réponse potentielle à l'IDS n'avait rien d'un bluff[5].

— Tout cela, conclus-je, nous conduit dans une impasse...

Un long silence tendu et opprimant succéda à mes paroles.

— Pourquoi ne pas faire une promenade ? finit par demander le président américain.

— Cela me semble une bonne idée, approuvai-je.

Nous sortîmes dans la cour intérieure, en compagnie des interprètes, et prîmes la direction de la piscine couverte. Dans la cheminée d'une petite pièce attenante, qui servait de salon, des bûches flamboyaient. La courte marche, le nouveau cadre, le crépitement du feu allégèrent la tension. Des fauteuils nous attendaient devant la flambée, nous nous y installâmes. Reagan reprit aussitôt l'offensive. Craignant sans doute de me voir relancer le sujet de l'IDS, il décida de me devancer. Il sortit de sa poche un document qu'il me tendit : ses propositions en matière de contrôle des armements. C'était une liste en neuf points, rédigée en anglais et en russe. Elle comprenait plusieurs sujets déjà abordés par les négociateurs, mais sur lesquels aucun accord n'avait été atteint. Je compris que l'ensemble était « à prendre ou à laisser ». D'ailleurs, Reagan souligna qu'il considérait ces propositions comme un « paquet » uni.

Je lus le texte sans me presser et lui répondis que, même à la première lecture, des éléments inacceptables me sautaient aux yeux. La première des choses était que l'acceptation du « paquet » aurait permis aux États-Unis de poursuivre l'IDS. Reagan le confirma d'un signe de tête.

— C'est justement pour cela que nous ne sommes pas d'accord, lui dis-je.

La discussion se poursuivit encore, mais nous tournions en rond. Nous n'avions plus rien à nous dire. Le feu brûlait, la pièce était chaude et agréable, mais, en toute franchise, l'entretien ne contribua pas à ma bonne humeur. Nous sortîmes et il me sembla qu'il faisait très froid, dehors, peut-être par contraste avec la chaleur de la cheminée ou avec

5. Outre ses incertitudes théoriques, le principal point faible de l'IDS était que les satellites chargés de détruire en vol les missiles ennemis pouvaient être détruits par des systèmes d'armes antisatellites beaucoup moins coûteux. Selon toute vraisemblance, tel était le principe de la riposte soviétique. (N.d.T.)

notre conversation enflammée. Soudain, Reagan me proposa de visiter les États-Unis. À mon tour, je l'invitai à venir en URSS.

— J'accepte votre offre, répondit le président.

— Et moi, la vôtre.

Je crois qu'un changement très important s'opéra en chacun de nous pendant cette journée difficile. Il me semble que deux facteurs jouèrent un rôle majeur : la responsabilité et l'intuition. Au milieu de la journée, j'étais convaincu que nous nous trouvions dans une impasse. Le soir, nous nous séparâmes sur des positions opposées. Mais, entre-temps, le facteur humain était entré subrepticement en jeu. Le flair nous suggéra de maintenir le contact et de ne pas aller jusqu'à la rupture. Quelque part au fond de notre conscience, l'espoir de pouvoir s'entendre était né.

Le lendemain, ce fut au tour de la partie soviétique de recevoir la délégation américaine. J'accueillis Reagan sur le seuil de notre représentation. Nous nous arrêtâmes au milieu du perron pour permettre aux photographes de faire leur travail. Une nouvelle fois, les deux équipes de négociateurs se retrouvèrent face à face. L'humeur s'était quelque peu améliorée : chacun avait commencé à s'habituer à ses vis-à-vis et l'échange d'invitations avait engendré certains espoirs.

Nous eûmes, Reagan et moi, un nouveau tête à tête. Il fut question, cette fois, des droits de l'homme. En abordant ce sujet en privé, le président américain pensait clairement éviter un affrontement public. Je pense qu'il anticipait ma réaction et ne voulait pas que notre échange eût lieu en présence de nos collègues. En fait, il ne me dit rien de nouveau. Lors de la préparation du sommet, la partie américaine avait mis en tête de liste la question des droits de l'homme et elle ne s'était pas contentée des canaux diplomatiques : la presse avait été mise à contribution. Reagan affirma d'emblée que si l'URSS voulait améliorer ses relations avec les États-Unis, elle devait améliorer sa réputation sur la liberté individuelle. Pour lui, l'opinion publique de l'Amérique, pays d'immigrés, était très sensible à ce problème. Aucun dirigeant politique ne pouvait donc se permettre de l'ignorer. Je lui répondis que les États-Unis n'avaient nullement le droit d'imposer leurs standards ni leur mode de vie aux autres pays.

Nous poursuivîmes notre conversation en présence de nos délégations. Je réaffirmai au président et à son entourage que l'IDS constituait un obstacle à la réduction des armements stratégiques et que, si l'administration américaine souhaitait des avancées sur ce sujet, elle devait prendre des mesures en conséquence. Mais Reagan restait insensible à nos arguments et, de notre côté, nous n'avions pas l'intention de céder. La discussion, longue et parfois échauffée, mit en évidence des divergences insurmontables. J'imagine que la délégation américaine se posait la même question que nous : comment terminer ce sommet ?

Il y avait toutefois un élément positif : aucune des deux parties n'avait intérêt à finir sur un constat d'échec qui aurait déçu les espoirs de centaines de millions d'individus à travers le monde, et dont la responsabilité serait retombée sur les épaules de chacun des deux dirigeants. Et nous comprenions bien que le stratagème habituel de rejeter la faute sur l'obstination de l'adversaire n'avait plus la moindre chance de donner le change. Le moins que nous pussions faire était d'annoncer que les négociations devaient se poursuivre.

Pendant la rencontre qui suivit le déjeuner, nous demandâmes à Chevardnadze et à George Shultz , le secrétaire d'État américain, d'étudier les possibilités de parvenir à un accord. Reagan et moi, nous attendîmes les résultats dans les locaux de la représentation soviétique. Vers 17 heures, il fut tout à fait clair que l'ampleur des divergences rendait improbable le moindre accord. Les négociateurs se séparèrent dans le but de chercher des solutions avec leurs délégations respectives. Le président américain et moi, nous priâmes nos collaborateurs de poursuivre le travail commun et de nous tenir informés des résultats.

— J'espère qu'ils ne vont pas nous gâcher la soirée, dis-je en plaisantant.

Évidemment, les négociations allaient de pair avec les activités mondaines habituelles dans ce genre de rencontre. Nous nous invitions à déjeuner ou à dîner à tour de rôle, autour de petites tables, en compagnie de nos épouses et des participants directs aux pourparlers. En vertu d'un protocole fixé à l'avance, Nancy Reagan et Raïssa Maximovna prirent le thé ensemble à deux occasions. Ma femme apporta à Genève les œuvres des lauréats soviétiques du Concours international de dessins d'enfants organisé en 1984. Une exposition fut ainsi organisée dans la représentation de notre pays. La spontanéité, la gentillesse et l'amitié qui émanaient de ces esquisses attira de nombreux visiteurs. Raïssa prit également l'initiative d'inviter la première dame des États-Unis à faire une petite promenade qu'elles apprécièrent toutes les deux. Après quoi, elles participèrent à la pose de la première pierre du musée du Mouvement international de la Croix-Rouge et du Croissant-Rouge. Le programme de ma femme comprenait aussi une rencontre avec une famille d'agriculteurs et plusieurs visites : le siège de l'Organisation mondiale de la santé, l'université et une bibliothèque.

Lorsque nous nous retrouvâmes, ce soir-là, dans le logement mis à la disposition des Reagan à Genève, ils nous installèrent une nouvelle fois au coin du feu, ce qui eut pour effet de donner à notre conversation un tour plus spontané. À mesure que l'atmosphère se réchauffait, la dureté des jugements s'atténua et l'intransigeance céda la place au désir de mieux comprendre son interlocuteur.

Dès notre première entrevue, je compris que Reagan n'aimait pas entrer dans les détails concrets. Mes services m'avaient appris que les synthèses que lui transmettaient ses conseillers étaient très brèves : une ou deux pages, rarement trois. Il considérait comme peu sérieux tout document plus long, se refusant à l'étudier. Aucune comparaison avec ce que l'on me soumettait : informations courantes, piles de dossiers, projets de résolutions... Je n'avais pas l'habitude de recevoir des informations décortiquées, mais il m'est impossible d'affirmer avec certitude qu'il s'agissait d'un avantage. Cette manière de faire parvenir de l'information brute au plus haut niveau trahissait aussi un manque de culture et nous prenait beaucoup de temps. Sur ce sujet — comme sur tant d'autres — le mieux est peut-être l'ennemi du bien.

En tête à tête, Reagan préférait les conversations de politique générale qui nous aidaient à mieux nous comprendre l'un l'autre. Les problèmes concrets étaient laissés aux délégations, à Chevardnadze, à Shultz et aux autres collaborateurs.

Pendant que nous devisions, nos experts travaillaient d'arrache-pied. Pour les Américains, deux options étaient envisageables : un document commun ou une déclaration séparée de chaque partie. De notre côté, nous insistions sur le document commun. L'autre solution aurait été perçue comme un échec : personne n'aurait compris que les dirigeants des deux superpuissances, après être restés si longtemps sans se parler, se fussent bornés à échanger des opinions et à publier chacun son petit texte.

La préparation du document commun fut confiée à un groupe de travail. La partie soviétique y était représentée par Gueorgui Kornienko, vice-ministre des Affaires étrangères, et Alexandre Bessmertnykh, chef du secteur américain du MID.

Le dîner donné par les Reagan touchait à sa fin, et il n'y avait toujours pas de document en vue. Nous sortîmes de table pour nous installer dans un petit salon. Les négociateurs arrivèrent enfin. Kornienko nous fit son rapport, ce qui provoqua une réaction brusque de Shultz. Kornienko se pencha littéralement sur moi — nous étions assis, Reagan et moi, alors que les autres étaient debout — et prononça des paroles très dures, sur un ton irrité. Shultz, généralement très calme, explosa littéralement :

— Monsieur le secrétaire général, voilà dans quel esprit nous travaillons. Comment pouvons-nous espérer parvenir au moindre résultat ?

Reagan se tourna vers moi :

— Allons frapper du poing sur la table !

— Eh bien, frappons ! renchéris-je.

Ce qui fut dit, fut fait. Chacun s'isola avec sa délégation respective. Je demandai aux miens quel était le problème. À en juger par le ton et le comportement de Kornienko, il ne pouvait s'agir que de divergences de fond et de sérieuses menaces contre nos intérêts. Des explications de Bessmertnykh, il ressortit que tout le différend se résumait à des clauses de style. La question fut réglée.

Les difficultés touchaient également à la reprise des vols de notre compagnie aérienne, Aeroflot, vers les États-Unis. Notre ministère de l'Aviation civile élevait des objections, il était donc impossible d'inscrire ce point. J'appelai aussitôt le ministre Bougaïev par la ligne gouvernementale. Pour lui, tout allait bien. Il ne restait que des détails sans importance dont il allait s'occuper.

— Réglez-les immédiatement, lui dis-je.

Autre chose ? Eh bien, non ! En un quart d'heure, tous les « problèmes » étaient résolus. Tel était le style de notre diplomatie. La dureté au nom de la dureté. L'essentiel était de montrer de l'intransigeance, de l'obstination et de la morgue, même si elles n'étaient pas dictées par des considérations politiques ou pratiques.

Le lendemain matin, le communiqué commun était prêt. À temps pour la cérémonie de clôture du sommet. La salle de conférences, décorée de drapeaux soviétiques et américains, était remplie de journalistes. Nous y pénétrâmes, Reagan et moi, par des portes opposées et marchâmes l'un vers l'autre pour nous serrer la main. Telle était justement l'image que chacun attendait après tant d'années de guerre idéologique acharnée.

Nous signâmes le communiqué. Dans ce document historique, les chefs des deux superpuissances proclamaient qu'une guerre nucléaire était inadmissible et qu'il ne pouvait pas y avoir de gagnant. La simple reconnaissance de ce fait rendait insensés la course aux armements ainsi que le stockage et la modernisation des armements nucléaires.

« Les parties ne rechercheront pas la supériorité militaire. » Cette affirmation fondamentale n'était pas simplement destinée à tranquilliser l'opinion publique. Le président Reagan et moi, nous avions déjà donné les instructions correspondantes à nos délégations respectives aux pourparlers sur les armements nucléaires qui se déroulaient également à Genève.

Les deux parties proclamaient leur intention d'améliorer les relations bilatérales et de promouvoir tout particulièrement les échanges humanitaires et les contacts entre les jeunes. Les liaisons aériennes seraient également rétablies.

Nous fîmes chacun une brève allocution. Je soulignai l'importance du sommet qui avait permis de comprendre plus clairement la nature de nos différends et de dissiper (« du moins, je l'espère ») une partie des préjugés sur l'URSS et sa politique. Néanmoins, je reconnus que la confiance ne pouvait pas s'installer comme par enchantement : c'était un processus long et difficile. Mais nous avions hautement apprécié les déclarations du président des États-Unis selon lesquelles son pays ne recherchait pas la supériorité militaire et nous comptions que les faits les confirmeraient.

De son côté, Reagan expliqua que le dialogue politique allait s'élargir pour être mené à des niveaux différents et mentionna que chacun d'entre nous avait accepté l'invitation de l'autre pour une rencontre au sommet. Les deux pays développeraient leur collaboration bilatérale tout en poursuivant et en élargissant les consultations sur les problèmes régionaux. Cela faisait longtemps que des dirigeants soviétiques ou américains n'avaient pas prononcé de telles paroles. Les observateurs expérimentés n'osèrent pas parler d'une nouvelle ère dans les relations soviéto-américaines : ils avaient eu l'occasion de s'en mordre les doigts, dans le passé. Mais chacun pensait bien qu'une percée avait été faite.

Le sommet de Genève eut naturellement des répercussions importantes pour notre propre politique. Nous entreprîmes de définir nos nouvelles priorités avec une énergie accrue. Un document programmatique pour un monde débarrassé du nucléaire fut ainsi élaboré. Et il ne s'agissait pas d'un artifice de propagande, comme trop souvent dans le passé. Je dois dire que je ne rencontrai aucune opposition au sein de la direction soviétique. Quelques personnes dissimulèrent peut-être leurs réticences. Quant aux cyniques, sans doute n'y virent-ils qu'un « truc démagogique » comme au bon vieux temps de la guerre froide. Pourtant, nos experts préparèrent le texte de façon sérieuse et réaliste.

Edouard Chevardnadze consacra beaucoup de son temps et de son énergie à la mise au point du document, qui fut publié le 15 janvier 1986. Nous nous mîmes d'accord sur la nécessité de cette initiative lors d'une conversation, peu de temps après sa nomination au poste de ministre des Affaires étrangères, en juillet 1985. À l'automne, un certain capital avait déjà été accumulé : nos services avaient procédé à une analyse de la situation internationale et à des évaluations des contacts et des rencontres des mois précédents. Nous décidâmes alors de coucher nos idées et intentions sous la forme d'un calendrier à long terme qui servirait d'échéancier à notre « offensive de paix ».

Lors de l'une de mes rencontres avec Chevardnadze, nous abordâmes la question de savoir à quel moment nous devions rendre public ce programme. Au début, je pensais l'inclure dans mon discours d'ouverture du XXVIIe congrès du parti. Mon expérience — ou plutôt les stéréotypes de pensée dans lesquels nous baignions tous — me suggérait de ne pas gaspiller les idées importantes et de les réserver pour un congrès ou, au moins, un plénum du CC. À la réflexion, nous convînmes que si je mentionnais ce programme dans mon rapport devant le congrès, son importance en tant qu'action indépendante s'en trouverait réduite. En revanche, sa publication préalable permettrait de lancer une discussion approfondie de cette initiative majeure.

Notre calcul s'avéra juste. Le congrès du parti approuva aussi bien les fondements théoriques de la nouvelle politique que notre plan spécifique qui devint, en conséquence, le programme d'action du gouvernement. Le soutien du congrès à ce plan ne fut pas simplement une nouvelle manifestation d'unanimisme à la mode stalinienne, lorsque les délégués ratifiaient par de longues ovations tout ce que proposait le Comité central. Il révéla plutôt un changement d'atmosphère. Ce fut le premier résultat timide de la glasnost et de la démocratisation. Certes, la politique du parti, dictée pour l'essentiel par l'inertie, demeurait, au fond, inchangée, et les mêmes vieux mécanismes grinçants servaient toujours le pouvoir. Mais les premiers signes de la liberté naissante commençaient à apparaître.

Recul américain après Genève

À travers le monde, l'opinion publique progressiste montra un véritable intérêt pour notre conception de la nouvelle pensée telle que nous l'avions proposée au XXVIIe congrès. Quant à notre déclaration du 15 janvier, elle fut accueillie avec enthousiasme dans ces mêmes cercles. Les hommes politiques occidentaux réagirent différemment. Quelques personnalités prudentes ne rejetèrent pas notre initiative d'emblée, expliquant qu'il fallait l'étudier soigneusement. Cependant, la plupart la perçurent d'un œil critique, et nombreux furent ceux qui n'y virent qu'un nouveau truc de propagande soviétique [6]. Notre initiative irrita visiblement l'administration américaine qui donnait le ton à l'ensemble de l'Occident. Non seulement elle ne prenait pas ce document au sérieux, mais elle avait peur qu'il ne servît à rehausser le prestige de Moscou, aux dépens de Washington.

Voilà pourquoi les gouvernements occidentaux optèrent pour leur tactique habituelle en ignorant purement et simplement notre déclaration. De plus, de manière à saper la popularité croissante de la politique pacifiste de l'URSS, ils ajoutèrent du combustible au foyer de la guerre idéologique. Reagan prit la tête d'une nouvelle campagne anticommuniste en renouvelant ses anathèmes sur l'« empire du Mal ». Nos initiatives furent délibérément discréditées et l'on fit tout pour les présenter comme une utopie et non comme une invitation sincère au désarmement. La tragédie de Tchernobyl fut utilisée pour démontrer que nous n'avions nullement l'intention de nous « ouvrir », que nous étions perfides et qu'il ne fallait pas nous faire confiance. Les Américains se prétendaient toujours intéressés par des négociations de désarmement sérieuses, mais ils recommencèrent à saboter le processus tout en adoptant de nouveaux programmes qui accéléraient la course aux armements.

J'eus l'occasion de beaucoup réfléchir, à l'époque, sur cette situation bizarre. L'encre du communiqué commun de Genève n'était pas encore sèche, et voilà que l'autre partie refusait brutalement d'assumer ses engagements. Le président Reagan céda-t-il à la pression du complexe militaro-industriel américain ? Ou aux exhortations de ses conseillers qui insinuaient qu'il avait été victime, à Genève, du « magnétisme de Gorbatchev » ? Peut-être Reagan eut-il simplement peur d'être allé trop loin dans ses « concessions aux Soviétiques » ? Je parvins finalement à la conclusion qu'il s'agissait d'une tentative pour nous provoquer, nous détourner du nouveau cours que nous poursuivions depuis avril 1985 et nous faire reprendre la politique d'affrontement. Les cer-

---

6. Vue de l'Ouest, cette initiative soviétique semblait le prolongement de nombreuses autres qui, dans le passé, avaient pour but de bannir l'usage des armes nucléaires. Or, pour l'OTAN, en raison de la supériorité écrasante du Pacte de Varsovie en matière d'armements conventionnels, seul l'équilibre nucléaire pouvait garantir la sécurité de l'Europe occidentale. (N.d.T.)

cles conservateurs d'Occident avaient peur d'une Union soviétique plus dynamique et plus démocratique, qui proposait la paix et la coopération aux autres peuples. Cela ne s'accordait pas avec leurs considérations stratégiques dominantes.

Je fis part de mon opinion à mes collègues de la direction et leur proposai de ne pas nous acharner à répondre aux provocations. Cela n'aurait servi qu'à faire le jeu des « faucons ». Nous devions, au contraire, nous efforcer avec insistance d'entraîner l'Occident sur la voie du dialogue, en le pressant de répondre favorablement à nos efforts. Tous mes collègues furent de mon avis.

Sensiblement à la même époque, j'eus un entretien avec une délégation du Congrès des États-Unis conduite par « Tip » O'Neill, le *Speaker* de la Chambre des représentants. Ce dernier évita toute discussion de fond en disant qu'il n'avait pas le pouvoir d'intervenir dans la politique de l'administration américaine, mais qu'il était disposé à écouter mes arguments pour les transmettre au président Reagan. J'exposai clairement ma pensée aux *congressmen* en ajoutant que j'avais l'intention d'en parler à mes concitoyens.

Je tins ma promesse lors d'un voyage à Kouïbychev et à Togliatti. Lors d'un discours prononcé dans cette ville, j'expliquai que, peu après le sommet de Genève, les États-Unis avaient connu un regain d'antisoviétisme avec une campagne d'insinuations et d'insultes en tout genre. Washington avait exigé une réduction de 40 % du personnel diplomatique soviétique à New York[7]. Le Pentagone avait autorisé une escadre de la marine américaine à croiser dans la mer Noire, au large des côtes de la Crimée. Les États-Unis avaient également lancé une attaque contre la Libye pour démontrer leur puissance et l'impunité dont ils bénéficiaient. Et le dernier jour du moratoire unilatéral sur les essais nucléaires souterrains proclamé par l'URSS, les Américains avaient procédé à une puissante explosion dans le désert du Nevada, ce qui était une provocation évidente. Et lorsque j'avais suggéré une rencontre avec le président Reagan pour aborder justement la question brûlante des essais nucléaires, Washington avait répondu par la négative.

Je précisai dans mon discours que les États-Unis croyaient sans doute avoir affaire à des gens sans caractère. Pensaient-ils que nous ne voyions pas clair dans leur jeu et qu'ils se servaient habilement du dialogue soviéto-américain à peine ébauché pour couvrir de nouveaux programmes militaires ? Et les gouvernements de l'Europe occidentale, en

7. Il s'agissait de la représentation soviétique à l'ONU. (N.d.T.)

dépit de la pression de leur opinion publique, suivaient en fait la politique américaine. Les hommes politiques européens s'efforçaient de démontrer qu'il ne fallait pas priver l'Europe des missiles américains, car l'Union soviétique disposait d'une supériorité en matière conventionnelle, et cela en dépit de notre proposition de réduction sur ce type de forces et d'armements dans notre déclaration de janvier [8]. Les gouvernements ouest-européens et les cercles financiers étaient de plus en plus entraînés dans un projet pernicieux et se faisaient les complices d'une nouvelle escalade, encore plus dangereuse, dans la course aux armements. Visiblement, la détente et le réchauffement des relations soviéto-américaines n'arrangeaient pas certains cercles occidentaux pour qui le moindre prétexte était bon pour empêcher l'amélioration des relations internationales qui venait d'être entamée à Genève. Je conclus mon discours en soulignant que, de notre côté, nous n'avions pas l'intention de quitter la ligne de conduite proposée au XXVIIe congrès.

L'idée de Reykjavik

Je passais mes vacances d'été en Crimée lorsque je reçus une lettre du président Reagan. Elle me sembla n'être destinée qu'à créer l'impression d'une poursuite du dialogue : un nouvel élément du « double jeu » mené par la direction américaine.

J'eus Chevardnadze au téléphone. Il me dit qu'il m'avait envoyé un projet de réponse. En fait, me précisa-t-il, le message ne contenait rien de substantiel et il n'exigeait pas de longs développements en retour, mais il était impossible de le dédaigner.

Le lendemain, Anatoli Tcherniaïev, qui se trouvait avec moi en Crimée, me présenta son rapport quotidien et me fit lire le texte concocté par les Affaires étrangères. C'était un message lapidaire, de pure rou-

---

8. Pour les pays membres de l'OTAN, l'installation de missiles de portée intermédiaire américains (Pershing-2 et missiles de croisière) en Europe occidentale, commencée en 1983, après plusieurs années de négociations infructueuses avec les Soviétiques, répondait à l'implantation, depuis 1977, de missiles SS-20 dans la partie occidentale de l'URSS. D'une portée de 4 000 kilomètres, ces lanceurs dotés de trois ogives nucléaires pouvaient atteindre des cibles européennes mais non américaines d'où leur surnom d'« euromissiles ». (N.d.T.)

tine. En le lisant, je sentis que la logique qui le motivait n'était pas la mienne. Cette manière de faire ne correspondait pas à notre nouvelle attitude envers le monde, ni à l'esprit du processus entamé à Genève, ni aux espoirs que des millions de personnes plaçaient en nous. Je décidai de ne pas signer la lettre et de partager avec Anatoli quelques-unes des idées qui me poursuivaient depuis quelque temps. Il fallait dire à Reagan quelque chose de sérieux et, puisque les négociations de Genève se trouvaient dans l'impasse, comme un paravent derrière lequel rien ne se passait, lui proposer une rencontre au sommet immédiate, en Angleterre ou en Islande, pour débloquer cette situation.

Chevardnadze, Gromyko, Ryjkov et Ligatchev, joints par téléphone, furent d'accord avec ma proposition. Un message urgent fut rédigé et envoyé au président américain qui accepta. Il proposa comme lieu de rencontre la ville de Reykjavik « équidistante de nos deux pays ». Contacté, le gouvernement islandais donna son accord.

Une question me trottait par la tête : pourquoi le président Reagan avait-il accepté aussi vite ? J'avais quelques idées que j'exposai à la première réunion du Politburo, à la rentrée. D'abord, Washington n'excluait pas la possibilité d'une « fuite » organisée par nos soins : Gorbatchev a proposé un sommet immédiat et Reagan l'a refusé. Après cela, l'administration américaine aurait eu du mal à s'expliquer et les présidents des États-Unis sont sensibles à ce genre de choses.

Un autre facteur important entrait, à mon avis, en ligne de compte : Reagan pouvait avoir l'impression que sa politique rigide et tenace envers nous pouvait me pousser à de sérieuses concessions. Les analystes politiques américains affirmaient que l'économie soviétique était épuisée et que l'URSS avait désespérément besoin d'une halte dans la course aux armements. Selon eux, la nouvelle direction soviétique s'était fixé des objectifs ambitieux et la détente lui était indispensable de manière à dégager plus de ressources pour leur réalisation. À Reykjavik, Gorbatchev pouvait donc faire des concessions importantes.

Plus j'essayais de me mettre à la place de Reagan et plus j'arrivais à la conclusion suivante : le président avait sans doute décidé d'aller à Reykjavik avec un grand panier pour cueillir les fruits de la pression américaine sur Gorbatchev. Mon analyse s'avéra juste. Mon partenaire n'était pas prêt pour des discussions approfondies sur la seule tâche que nous pouvions mener à bien : donner une nouvelle impulsion aux négociations sur la réduction des armes stratégiques.

Je voyais enfin une dernière motivation à l'acceptation de Reagan. Il ne voulait pas se faire « doubler » par Gorbatchev qui semblait en mesure de mettre en branle à lui tout seul le processus de paix. Car les réactions de la communauté internationale à nos propositions étaient de plus en plus positives et Washington pouvait estimer plus raisonnable de ne pas rester à la traîne.

J'exposai mon credo en la matière le 8 octobre, à la réunion du Politburo : nous devions nous rendre au sommet avec des propositions courageuses mais réalistes. Si les Américains les acceptaient, cela signifierait le début du désarmement et de la normalisation de la situation internationale. S'ils les refusaient, nous en parlerions publiquement et démasquerions la politique de l'administration américaine. De toute manière, la rencontre serait très compliquée et un échec n'était pas exclu.

À peine connue la nouvelle du sommet, le monde se mit à bourdonner. Les cercles politiques américains s'emparèrent du sujet. La droite entreprit d'effrayer Reagan et de faire pression sur lui par tous les moyens. Le président comprenait bien que la ligne qu'on lui imposait ne promettait rien de bon mais, sensible aux pressions extérieures, il multipliait les déclarations dures, comme s'il voulait « racheter » son accord de se rendre à Reykjavik. Dans le même temps, nous comptions sur le fait que Reagan ne pouvait ignorer totalement les espoirs que le monde plaçait dans une issue positive du sommet. Il avait également besoin d'un bon résultat en matière d'image politique. Pendant les quatre années de sa première présidence, il avait beaucoup fait pour stabiliser l'économie et renforcer l'« esprit américain ». Sans doute éprouvait-il désormais la tentation d'entrer dans l'histoire comme le « président de la paix ».

De notre côté, tout le Politburo était d'accord pour estimer que le sommet de Reykjavik pouvait nous permettre d'améliorer l'image de notre politique étrangère en affirmant notre détermination de prévenir une nouvelle étape de la course aux armements. Cependant, nos généraux, certains fonctionnaires des Affaires étrangères et même quelques membres de notre équipe de négociateurs de Genève restaient plutôt sceptiques. Ils étaient trop « accrochés » à l'idée d'antagonisme avec les Américains. Naturellement, les militaires avaient aussi leurs propres intérêts corporatistes. Quant à nos négociateurs, certains se satisfaisaient pleinement de la situation : ils menaient la *dolce vita* en touchant leurs salaires en devises et estimaient que leur intérêt était de faire durer les négociations.

Chevardnadze, Akhromeïev, Iakovlev, Dobrynine et Tcherniaïev étaient du voyage à Reykjavik. Nous emmenâmes avec nous un groupe de journalistes, de personnalités et d'experts. Pavel Rouslanovitch Palajtchenko m'accompagnait pour la première fois en qualité d'interprète. Par la suite, il a participé à nombre de rencontres et de négociations importantes. Il est non seulement un brillant angliciste mais encore un diplomate de profession et un homme très attaché à son travail. Il est resté à mes côtés après ma démission du poste de président de l'URSS en poursuivant sa tâche avec le même dévouement.

Le drame de Reykjavik

Nous arrivâmes en Islande dans l'après-midi du 10 octobre 1986. C'était pour nous un monde inconnu : pas de végétation, rien que des roches erratiques et des pierres. Le ciel se dégageait et se couvrait en un mouvement incessant et il pleuvait toutes les demi-heures. En islandais, Reykjavik signifie quelque chose comme « endroit brumeux », mais ce qui ressemble à de la brume est en réalité la vapeur des geysers. La ville est un gigantesque port et toute notre délégation résidait à bord du paquebot *Gueorg Ots* venu tout spécialement de Tallinn. J'avais envie de mieux connaître ce pays unique en son genre, mais il me fut, hélas, impossible de visiter quoi que ce fût. Raïssa Maximovna eut droit, elle, à un programme spécial.

Le sommet débuta par une conversation en tête à tête avec Reagan qui s'avéra décevante. Le président n'avait pratiquement rien à répondre à mes arguments, en dépit de l'importance des sujets abordés : les tensions grandissantes à travers le monde, le recul de nos relations bilatérales après Genève et les dangers que tout cela supposait et qu'il nous fallait écarter. J'exposai dans les grandes lignes les propositions que nous avions préparées à Moscou et qui devaient, nous l'espérions, se traduire par des changements radicaux en matière de politique internationale.

Reagan ne réagit pas et se borna à lire ses notes. Après m'être efforcé, sans succès, de l'entraîner sur les sujets dont je venais de parler, je décidai de passer à des questions concrètes. Le président s'emmêla dans ses fiches et quelques-unes tombèrent. Il les ramassa et se mit à les manipuler, dans le vain espoir de trouver quelque chose à répondre. En fait, ce qu'il cherchait n'existait pas : Reagan et ses assistants s'étaient préparés pour une conversation totalement différente.

Sentant sa nervosité, je lui proposai :

— Dans la mesure où nous parlons maintenant de problèmes concrets, faisons venir nos ministres.

Shultz et Chevardnadze nous rejoignirent et je répétai en détail nos propositions sur la réduction des arsenaux nucléaires stratégiques. La position soviétique était la suivante : les négociations, enlisées dans des discussions sans fin, tournaient en rond ; une nouvelle approche était donc nécessaire. Pour chacun de nos pays, la structure des trois composantes des forces nucléaires — les missiles balistiques intercontinentaux basés à terre (ICBM), les missiles balistiques lancés de sous-marins (SLBM) et les bombardiers stratégiques — variait en fonction de ses besoins spécifiques, mais au total, nos potentiels étaient sensiblement égaux. Nous proposions donc de réduire de moitié chaque élément de la « triade ».

C'était la première fois que l'URSS acceptait une telle réduction de ses missiles intercontinentaux qui constituaient la composante la plus importante de ses forces stratégiques et dans lesquels l'« adversaire potentiel », comme nous appelions les États-Unis, à l'époque, voyait la menace principale. Mais nous étions prêts à ce geste décisif pour sortir le processus de désarmement de l'impasse des négociations stériles. Naturellement, il ne s'agissait nullement d'une offre unilatérale : les Américains devaient réduire de manière équivalente leurs forces de SLBM ainsi que leur aviation stratégique, où ils avaient l'avantage sur nous.

Notre logique tenait en peu de mots : établir l'équilibre nucléaire à un niveau beaucoup plus bas. La première réaction du président Reagan à nos propositions fut confuse. Certes, nous proposions ce que les États-Unis souhaitaient depuis toujours obtenir : une réduction drastique de nos ICBM. Mais comme ce point était inclus dans un « paquet », le président craignait visiblement un piège. Son secrétaire d'État sauva la situation en admettant que notre approche était acceptable. Dans l'échange d'opinions qui suivit, le principe d'une réduction de moitié de nos armements stratégiques respectifs fut accepté.

La délégation américaine n'était pas préparée à un tel tournant. Les experts de la Maison-Blanche avaient besoin de consultations supplémentaires et nos conversations étaient fréquemment interrompues par des pauses — parfois bien longues — qui permettaient à l'équipe américaine, en contact téléphonique permanent avec Washington, d'obtenir des réponses aux questions qui se posaient.

L'initiative venant de nous, nos experts, le maréchal Akhromeïev en tête, étaient solidement préparés. Bien entendu, des points nouveaux surgirent lors de la mise au point de l'accord général. Pour la plupart, ils pouvaient être examinés dans le détail dans le cadre du processus de négociation de Genève, mais certains d'entre eux devaient être clarifiés à Reykjavik. De manière à lever les obstacles, nous acceptâmes d'écarter de l'ordre du jour la question des bases avancées de missiles et de ne plus considérer les missiles nucléaires occidentaux de portée intermédiaire[9] comme des armes stratégiques. Cela correspondait d'ailleurs à une position de repli que nous avions prévue d'avance.

Notre seconde proposition concernait une réduction radicale des missiles nucléaires de portée intermédiaire (INF). Nous renonçâmes à inclure dans le décompte les arsenaux nucléaires britannique et français et proposâmes d'adopter la solution américaine — l'« option zéro » — qui prévoyait la destruction de tous les missiles de cette catégorie installés en Europe. Dans le même temps, nous proposions d'ouvrir des pourparlers sur les missiles basés en Asie et de geler le nombre de vecteurs d'une portée inférieure à mille kilomètres.

Paradoxalement, les Américains renâclaient à adopter leur propre option zéro. Il me semble qu'ils craignaient moins de provoquer des réactions négatives chez leurs alliés, que de porter préjudice à leur industrie d'armement. Un compromis fut trouvé, non sans difficultés. Il s'avéra néanmoins que les plus grandes difficultés étaient devant nous.

Chacun à Reykjavik — les deux équipes de négociateurs comme les représentants des médias — comprenait bien que nous nous trouvions devant une occasion unique de rompre le cercle vicieux de la course aux armements nucléaires. Pourtant, au moment où nous étions sur le point d'atteindre un accord, une force invisible retint la main du président des États-Unis.

Au cours des négociations précédentes, les Américains avaient toujours insisté sur l'importance des procédures de vérification. Mais cette fois-là, ils commencèrent à manœuvrer sur le sujet. Notre position était claire : si l'on commençait à détruire des armements nucléaires, le contrôle devait obligatoirement être intensifié de manière à ce qu'aucune des parties ne pût ralentir unilatéralement le processus et obtenir ainsi une supériorité militaire. Voilà pourquoi il était inadmissible d'affaiblir les mécanismes de contrôle déjà existants et, en premier lieu, le traité ABM[10] qu'il aurait été, au contraire, logique de renforcer.

---

9. Les Pershing-2 et les missiles de croisière basés en Europe occidentale. (N.d.T.)
10. Traité signé en 1972 par les États-Unis et l'Union soviétique dans le cadre des

Pour nous, chaque partie devait s'engager à renoncer à son droit de dénoncer le traité pendant les dix années prévues pour la phase de destruction des missiles visés par nos accords.

Conscients de l'attachement du président américain à l'IDS, nous proposâmes également d'autoriser les recherches et les essais mais seulement en laboratoire. De son côté, Ronald Reagan refusait toute restriction en la matière. Reykjavik fut le cadre d'un drame shakespearien. Les discussions s'arrêtaient pour permettre aux délégations de se consulter entre elles, puis reprenaient avant une nouvelle pause. Un pas nous séparait de la réussite, mais l'IDS bloquait tout.

Le sommet approchait de sa fin et nous ne parvenions pas à surmonter nos différences. Les négociations étaient dans l'impasse et prenaient une tournure bizarre. Reagan se mit à marchander : cédez à mes désirs et vous sentirez les effets bénéfiques de la coopération avec l'Amérique. De mon côté, je m'efforçais de lui faire comprendre qu'un petit geste suffirait à le faire entrer dans l'histoire comme le « président de la paix ».

Chacun comprenait bien combien proche était l'échec des négociations, aussi bien sur le plan politique que moral, mais Ronald Reagan était trop attaché à l'IDS [11].

Nous quittâmes la villa à la tombée de la nuit. L'humeur générale était massacrante.

— Vous aviez prévu dès le début de me mettre dans cette situation ! me reprocha Reagan.

— Pas du tout, monsieur le président, lui répondis-je. Je suis prêt à retourner à l'intérieur et à signer le document sur tous les points sur lesquels nous nous sommes mis d'accord. À condition que vous renonciez à vos projets de militariser l'espace.

— Je regrette beaucoup.

---

accords SALT pour interdire le déploiement d'armes antimissiles balistiques (ABM) à l'exception d'un seul site pour chaque pays (Moscou pour les Soviétiques, les Américains n'ayant pas utilisé cette disposition). (N.d.T.)

11. Lors d'une conférence donnée à Princeton, en février 1993, l'ancien ambassadeur américain à Moscou, Jack Matlock, rapporta que, tout de suite après Reykjavik, Robert McFarlane, le conseiller à la sécurité nationale de Ronald Reagan, avait exprimé son désarroi devant le refus du président américain d'accepter notre proposition. « L'offre de Gorbatchev à Reykjavik, aurait-il dit, allait dans le sens de nos objectifs. Dès lors qu'un accord sur la diminution des ICBM était trouvé, nous aurions très bien pu accepter un report de dix ans [dans la mise au point de l'IDS]. »

Telle fut sa réponse. Nous prîmes congé. Il s'engouffra dans sa voiture et partit.

Une conférence de presse demeurée célèbre

Il me restait une quarantaine de minutes avant la conférence de presse qui était prévue. Reagan était en route vers la base militaire américaine d'où il devait s'envoler pour les États-Unis. Je n'avais qu'une envie : stigmatiser la position américaine. En d'autres termes, appliquer à la lettre le plan que nous avions établi à Moscou : si les Américains n'acceptaient pas un compromis au nom de la paix, nous devions démasquer leur administration et dénoncer la menace qu'elle faisait peser sur le monde.

Pourtant, tout en marchant, une pensée me tracassait : nous étions quand même parvenus à un accord sur les missiles stratégiques et intermédiaires. Cela créait une situation nouvelle. Pouvions-nous sacrifier cette avancée à un succès de propagande momentané ? Mon intuition me disait que je ne devais pas m'emporter, mais réfléchir vite et bien. En pénétrant dans l'énorme salle du centre de presse où près d'un millier de journalistes attendaient la délégation soviétique, je n'avais pas encore pris de décision définitive. À mon entrée, l'auditoire se leva et resta ainsi debout, en silence. Le monde impitoyable de la presse, souvent cynique et insolent, me dévisageait calmement. Un sentiment d'inquiétude flottait dans l'air. Je fus soudain saisi par une émotion profonde... La pensée que tous ces gens qui me faisaient face représentaient le genre humain attendant que l'on décidât de son sort me bouleversa. Ce fut à cet instant que je compris la portée exacte de ce qui venait de se passer à Reykjavik et ce que nous devions faire.

Mon intervention fut publiée dans des centaines de journaux et commentée par des milliers de journalistes, de politologues et d'hommes politiques. Je me bornerai à reproduire ici deux phrases qui résument son esprit : « En dépit de son caractère dramatique, Reykjavik ne représente pas un échec. Au contraire, il s'agit d'une percée : pour la première fois, nous avons jeté un regard au-delà de l'horizon. »

La salle sembla sortir de sa torpeur pendant qu'éclatait un tonnerre d'applaudissements. L'un des journalistes écrivit plus tard : « Lorsque le secrétaire général a présenté comme une victoire l'échec du sommet de Reykjavik, Raïssa Gorbatcheva, qui se trouvait dans l'assistance, a regardé son mari avec admiration et des larmes ont roulé sur ses joues. »

Voilà comment, en captant convenablement l'état d'esprit qui dominait dans le monde, nous pûmes sauver le processus du changement et imposer l'idée que Reykjavik serait bientôt suivi par d'autres jalons.

J'appris bientôt que Shultz, en parlant devant les journalistes à la base militaire, avait déclaré que le sommet s'était soldé par un échec. Cependant, en atterrissant aux États-Unis, après avoir eu connaissance de mon appréciation de la rencontre et de la réaction que mes propos avaient suscitée dans le monde, il se ravisa et commença à parler de « percée » et du chemin qu'il restait à faire. J'appréciai ce changement. On pouvait travailler avec cet homme-là.

Le sommet de Reykjavik apporta la preuve que l'on pouvait parvenir à une entente. La nouvelle Union soviétique n'avait nullement l'intention de faire de la propagande et voulait réellement trouver une solution au problème du désarmement. Les chefs d'État du monde entier purent ainsi juger la personnalité du dirigeant soviétique. Cela rassura les uns et inquiéta les autres. Margaret Thatcher, sur qui j'aurai l'occasion de m'exprimer plus longuement dans les chapitres suivants, s'exclama, dans l'emportement : « Nous ne devons pas admettre un second Reykjavik ! »

Néanmoins, ce sommet confirma notre conviction d'avoir pris le chemin qu'il fallait.

La déclaration de Delhi

L'histoire a une manière particulière de poser ses jalons et le sens général des faits n'est souvent éclairé que bien plus tard. Lorsque, après ma rencontre avec Reagan à Reykjavik, j'arrivai en Inde pour signer avec Rajiv Gandhi la déclaration de Delhi sur les principes d'un monde dénucléarisé et non violent, peu de gens virent un lien quelconque entre ces deux événements si différents et tellement éloignés géographiquement.

L'Union soviétique et l'Inde entretenaient de bonnes relations depuis la seconde moitié des années cinquante. Nos deux nations éprouvaient depuis longtemps des sentiments de sympathie mutuelle et l'Inde avait apprécié la contribution soviétique à la consolidation de son indépendance et au maintien de la paix dans la région. La perestroïka créa de nouvelles occasions de renforcer nos liens et la nouvelle pensée fut favorablement accueillie par les dirigeants indiens.

Dès notre première rencontre, je pus établir avec Rajiv Gandhi des relations cordiales, et même amicales. Et je pleure toujours la mort tragique de cet homme sincère et humaniste. J'étais profondément impressionné par la façon dont la profonde tradition philosophique de l'Inde et de l'Orient se combinait intimement en lui avec une parfaite connaissance de la culture européenne. J'étais également séduit par les qualités humaines extraordinaires dont il faisait preuve pendant les négociations et, plus généralement, dans ses contacts avec autrui. Il était particulièrement dévoué à la cause de son grand-père, Jawaharlal Nehru, et de sa mère, Indira Gandhi. La renaissance de l'Inde était le sens de sa vie.

Au fil du temps, la communauté de nos points de vue aboutit à une confiance mutuelle. Nous faisions de notre mieux pour aider l'Inde à résoudre ses problèmes nationaux, en sachant que nous pouvions compter sur son soutien sans faille à nos initiatives internationales. Mais nos relations ne se réduisaient pas à une aide mutuelle : elles étaient l'une des sources conceptuelles de l'« armature théorique » du nouvel ordre mondial. L'exemple le plus éclatant de cette synergie fut la déclaration de Delhi que nous signâmes, Gandhi et moi, le 27 novembre 1986, lors de ma visite en Inde. Le texte précisait notamment :

> À l'ère nucléaire, l'humanité doit élaborer une nouvelle pensée politique, une nouvelle conception du monde, destinée à garantir la survie de l'humanité.
>
> Nous avons hérité d'un monde qui appartient non seulement à la génération présente, mais encore aux générations futures, et cela exige de donner la priorité aux valeurs humaines universelles.

Le texte posait un certain nombre de principes qui devaient inspirer la construction de ce nouveau monde :

> La vie humaine doit être reconnue comme la valeur suprême ;
>
> la non-violence doit devenir le principe supérieur de la coexistence entre les hommes ;
>
> le droit de chaque pays à l'indépendance politique et économique doit être reconnu et respecté ;
>
> l'« équilibre de la terreur » doit être remplacé par un système global de sécurité internationale.

La déclaration précisait que la marche en avant vers un monde non violent et débarrassé du nucléaire exigeait des mesures de désarmement urgentes et concrètes, notamment la destruction totale des arsenaux nucléaires avant la fin du siècle, la prévention de la course aux armements dans l'espace, l'interdiction totale des essais nucléaires, l'interdiction des armes chimiques et la destruction des stocks existants, la réduction des forces conventionnelles, etc.

Pour la période de transition, avant la liquidation totale des arsenaux stratégiques, l'Union soviétique et l'Inde proposaient la signature immédiate d'une convention internationale qui interdirait l'utilisation ou la menace d'utilisation des armes nucléaires.

Cette déclaration fut l'aboutissement d'un processus qui avait commencé en mai 1985 par la première visite officielle en URSS de Rajiv Gandhi. En fait, c'était son premier déplacement à l'étranger en qualité de Premier ministre, poste qu'il n'occupait que depuis quelque six mois. De mon côté, cela faisait à peine quelques semaines que j'avais pris la direction du PC soviétique. Cette relève des générations transforma la rencontre, déjà importante, en un événement politique majeur. Le programme prévoyait la réévaluation de la coopération entre nos deux pays, tant aux niveaux politique et économique que culturel et militaire. En dépit de leurs différences, l'Inde et l'URSS avaient beaucoup de points communs. Et toutes deux se trouvaient confrontées à des problèmes similaires de modernisation, de renouveau et de réformes radicales.

Nous signâmes, Rajiv et moi, des accords sur le développement de la coopération économique, commerciale, scientifique et technologique jusqu'en 1990, ainsi que sur la création en Inde, avec notre aide, d'un certain nombre d'installations industrielles importantes.

À l'époque, la situation internationale était particulièrement complexe et les tensions dans le monde avaient atteint une intensité menaçante. La course fatale des événements ne pouvait être renversée que par des décisions courageuses et non conventionnelles. Mais, par-delà les problèmes globaux, nous devions également aborder, Rajiv et moi, les problèmes propres à la partie asiatique du Pacifique qui touchaient les intérêts vitaux de l'Inde et de l'URSS.

J'exprimai mon soutien à l'initiative lancée par l'Argentine, la Grèce, l'Inde, le Mexique, la Suède et la Tanzanie qui appelaient à un moratoire international sur les essais, la production et le déploiement des armes nucléaires et des systèmes de lancement, à la prévention de la course aux armements dans l'espace et à la conclusion d'un traité sur l'interdiction totale des armes nucléaires. Malheureusement, l'initiative de ces six pays non alignés fut ignorée par les États-Unis.

Dans le document final de la rencontre, l'Union soviétique et l'Inde se déclaraient opposées à toute atteinte aux droits de chaque nation à un développement propre, indépendant et pacifique, et à toute forme d'impérialisme, colonialisme, néo-colonialisme, domination et hégémonie. Elles proposaient le règlement par la négociation, sans le recours à la force, de tous les différends et conflits entre États, et fixaient leurs points de vue communs sur la situation au Proche-Orient, dans le Sud-Est asiatique, dans le Pacifique et en Afrique australe, ainsi que sur le rôle des pays non alignés, et d'autres sujets d'importance.

Au cours de la visite, Rajiv Gandhi se vit remettre le prix Lénine de la paix décerné à sa mère à titre posthume. Le nom d'Indira Gandhi fut également donné à une place moscovite au cours d'une cérémonie en présence de Rajiv. Le programme se poursuivit par une visite de la Biélorussie et de la Kirghizie où notre hôte fut cordialement reçu. Quant à Raïssa Maximovna et Sonia Gandhi, nos épouses, elles passèrent ensemble de longues heures et établirent des relations personnelles très cordiales qu'elles ont maintenues par la suite.

Au cours de l'une de nos rencontres, je profitai d'une pause de quelques minutes pour inviter Gandhi à faire un tour du Kremlin en m'improvisant dans le rôle de guide. Des lilas somptueux fleurissaient dans le jardin. J'en brisai quelques branches pour les offrir à mon ami indien. Tout en me remerciant, il exprima avec délicatesse une certaine inquiétude quant aux conséquences de mon geste. Je dus le rassurer : le lilas repousse mieux lorsqu'on le coupe.

Je lui rendis donc sa visite en novembre 1986. En Inde, c'est une saison merveilleuse : la chaleur étouffante de l'été n'est plus qu'un souvenir et le climat ressemble à celui de l'été en Russie centrale. Jamais, ni avant ni après, nous n'avons été accueillis par de telles foules : des centaines de milliers de personnes. Le chemin qui menait de l'aéroport à notre résidence, le palais présidentiel, était pavoisé de milliers de bannières et couvert d'une mer de fleurs. À quelques endroits, des artistes et jardiniers avait composé des portraits fleuris de Raïssa Maximovna et de moi-même. Nous nous sentions en harmonie avec ce pays ensoleillé et empli de cœurs chaleureux.

Depuis sa visite à Moscou, l'année précédente, nous étions restés en contact épistolaire permanent, mais bien des événements s'étaient produits qui réclamaient de notre part une réflexion commune : mes rencontres avec Reagan et avec d'autres chefs d'État étrangers, ma visite officielle en France, la proposition soviétique de liquidation des armes nucléaires et de réduction des autres types d'armement, et, enfin, la nouvelle évaluation de la situation internationale présentée devant le XXVIIe congrès du parti. Il y avait également pas mal de sujets d'inquiétude : la situation demeurait tendue dans le Sud-Est asiatique, ainsi que le long des frontières de l'Inde avec le Pakistan et la Chine.

Quelque temps avant notre rencontre, dans un discours prononcé à Vladivostok, j'avais eu l'occasion de m'exprimer sur les perspectives de développement de la façade asiatique du Pacifique. Gandhi soutenait mes propositions en matière de sécurité, mais fit remarquer qu'il fallait prendre en ligne de compte les traditions asiatiques, l'esprit du mouvement des pays non alignés et les principes de Bandung [12] qui avaient été justement proclamés dans cette région. Il me dit aussi qu'il était impossible de résoudre les problèmes de sécurité autrement que par étapes. À un certain moment, j'eus l'impression que Rajiv n'était pas très satisfait de mon discours de Vladivostok et cela me fit sentir à quel point je devais être attentif et prudent lorsque je proposais des initiatives globales. Sa réaction pouvait aussi s'expliquer par une certaine susceptibilité. Après tout, il dirigeait l'un des plus grands pays de la région. Peut-être estimait-il que, dans un pareil cas, une déclaration commune, y compris avec la participation d'autres pays, aurait été souhaitable. Mais tel était justement le sens de mon appel de Vladivostok dans lequel je précisais que nous ne prétendions pas imposer nos approches à quiconque et que nous étions prêts à coopérer avec tous les États de la région et, bien sûr, avec l'Inde, pays ami. Néanmoins, cet épisode ne laissa pas de traces dans mes rapports avec Rajiv.

Parlant des changements en URSS, le Premier ministre indien les interpréta comme une chance de faire passer à un niveau supérieur la coopération entre nos deux pays. Je me souviens de ses paroles : « Nous devons atteindre de nouveaux horizons. Nous avons besoin d'imagination et d'esprit d'innovation. »

Concernant la rencontre de Reykjavik, Gandhi soutint résolument nos positions ainsi que le programme de liquidation des armes nucléaires que nous avions proposé le 15 janvier 1986.

Ma visite dans la capitale indienne me donna l'occasion de lancer à la communauté internationale un appel en faveur de l'adoption d'une nouvelle pensée politique et d'une nouvelle philosophie des relations

---

12. Conférence de pays asiatiques et africains qui se tint en Indonésie, en 1955, et adopta une déclaration sur la paix et la coopération dans le monde fondée sur la Charte des Nations unies et sur un certain nombre de principes énoncés par le Premier ministre indien, Jawaharlal Nehru. (N.d.T.)

internationales. Selon moi, dans l'époque troublée que nous traversions, la survie de l'humanité devait prévaloir sur tout autre intérêt, et la sécurité d'un État ne pouvait être garantie que dans la mesure où celle des autres pays l'était également.

La visite officielle se poursuivit par une rencontre avec le président de la République indienne. J'eus également la possibilité de m'exprimer à la tribune du Parlement. Souhaitant ne pas abuser de l'hospitalité de mes hôtes, je m'enquis du temps dont je disposais. On me répondit qu'il n'y avait aucune limite. Mon intervention et mes réponses aux questions des députés durèrent plus de deux heures. Pour la première fois, un discours d'un homme politique étranger donna lieu à une retransmission radiotélévisée.

Je déposai une gerbe et plantai un arbre sur le lieu de la crémation du Mahatma Gandhi, et on nous fit visiter le musée Nehru et le mémorial d'Indira Gandhi. Cela nous donna l'occasion d'apprendre beaucoup de choses intéressantes sur cette famille remarquable. Nous nous recueillîmes avec beaucoup d'émotion sur le lieu de l'assassinat d'Indira. Le soir du 26 novembre, Rajiv et Sonia Gandhi nous invitèrent à une soirée privée dans leur résidence. Nous y fîmes la connaissance de leur famille.

Lors d'une rencontre avec un groupe de femmes indiennes, Raïssa Maximovna proposa de créer une revue féminine indo-soviétique. Le premier numéro de *Dialogue* parut en 1988, en russe et en hindi. En Inde, la revue existe toujours, mais chez nous, elle n'a pas survécu à la désintégration de l'URSS.

Au cours de nos conversations, nous décidâmes, Rajiv et moi, d'organiser un festival indo-soviétique pour célébrer en même temps le soixante-dixième anniversaire de la révolution d'Octobre et le quarantième anniversaire de l'indépendance de l'Inde. Son ouverture officielle eut lieu au Kremlin, pendant l'été 1987. Il donna lieu à un gigantesque concert dans le stade des Loujniki, après quoi, des manifestations culturelles célébrant l'amitié entre nos deux peuples se déroulèrent dans toute l'Union soviétique.

Je visitai l'Inde une deuxième fois en novembre 1988 à l'occasion des cérémonies de clôture du festival. Nous y envoyâmes d'éminents artistes, intellectuels et sportifs qui furent partout accueillis avec des trésors de cordialité. Le festival contribua grandement à l'affermissement des liens entre nos deux pays. De tels événements ne sont pas moins importants que les accords au niveau gouvernemental, et je suis persuadé que la « diplomatie populaire » jouera dans la politique un rôle de plus en plus sérieux.

En 1988, mes entretiens avec Rajiv Gandhi furent dominés par les problèmes liés à la formation d'un nouveau système international. Le Premier ministre était préoccupé par l'apparition de « centres de pouvoir » qui prétendaient à des positions hégémoniques. Nous étions d'accord pour affirmer que l'URSS et l'Inde ne devaient pas céder à la logique des « blocs », ni tenter de créer des groupes dirigés contre qui que ce fût. Le meilleur moyen de résister à de telles tendances était de discuter des problèmes globaux au sein de l'ONU et des autres organisations internationales. Naturellement, nous confirmâmes notre attachement aux principes de la déclaration de Delhi.

Rajiv se passionnait pour les transformations en URSS, et il me bombardait littéralement de questions. Nous nous trouvions alors à la veille de la réforme politique et je lui expliquai en détail le mécanisme des futures élections et la nouvelle structure du pouvoir suprême. Je ne lui dissimulai pas mon inquiétude devant les tendances séparatistes et les conflits ethniques. De son côté, il ne me cacha pas la sienne face à l'agressivité de certains chefs sikhs. Notre conversation s'orienta vers les méthodes qu'il convenait d'employer pour résoudre les antagonismes ethniques et religieux. Nous convînmes qu'il n'est pas toujours possible de se passer de la force, mais son usage ne permet, souvent, que de différer l'explosion, la rendant encore plus puissante. Bref, les principes de la non-violence sont plus adéquats, même s'ils ne garantissent pas toujours de bons résultats.

Au cours de cette visite, nous abordâmes également le problème très important de nos relations avec la Chine. Nous étions d'accord pour estimer qu'il nous fallait les améliorer. Dans ce sens, nous devions faire en sorte de ne donner à la direction chinoise aucune raison de craindre le rapprochement entre l'URSS et l'Inde. Notre entente à ce sujet porta ultérieurement ses fruits.

Mes rapports avec Rajiv Gandhi atteignirent un tel niveau de confiance que nous finîmes par nous échapper du cadre restreint de la solution des problèmes courants pour nous engager dans des perspectives plus larges et rechercher des formes de coopération plus contemporaines et dynamiques. Les tentatives de l'Inde pour moderniser son économie grâce à l'apport de capitaux et de technologies occidentales n'avaient pas été couronnées de succès. Cette expérience fit comprendre à Rajiv que seule la voie empruntée par son grand-père Nehru et sa mère Indira permettait de défendre les intérêts de son pays.

Lors de cette seconde visite à Delhi, je reçus le prix Indira-Gandhi au cours d'une cérémonie émouvante. Il était doté d'une somme d'argent que je décidai de céder au centre culturel soviétique en Inde. Edouard Chevardnadze annonça ce don en même temps que la décision conjointe que nous avions prise d'ouvrir un centre culturel indien à Moscou.

Je rencontrai Rajiv et Sonia Gandhi à deux autres occasions. À la mi-juillet 1989, le Premier ministre fit une escale en URSS, pour une brève visite de travail, sur le chemin de retour d'une réunion traditionnelle du Commonwealth. Dans la soirée, nous donnâmes, Raïssa et moi, une soirée en leur honneur dans l'une des résidences campagnardes du gouvernement. Je garde un souvenir très vivant de cette rencontre en raison de son atmosphère exceptionnellement franche et cordiale. Rajiv nous parla des affrontements à Sri Lanka avec une inquiétude visible. Il nous confia également ses impressions sur la réunion du Commonwealth. Selon lui, de nombreux Occidentaux analysaient les réformes radicales menées aussi bien en URSS qu'en Inde d'un point de vue simpliste, en se demandant seulement si ces changements correspondaient aux idées occidentales. Il avait été stupéfait par le cynisme de certaines personnalités politiques de l'Ouest qui auraient accueilli avec satisfaction un affaiblissement du rôle de l'Union soviétique sur la scène internationale. Ces propos confirmaient d'ailleurs mes propres impressions. L'autorité grandissante de l'URSS n'était pas du goût de certains de mes partenaires occidentaux.

Rajiv Gandhi me fit également part d'informations confidentielles qu'il ne mettait nullement en doute : en réévaluant la politique étrangère des États-Unis, la nouvelle administration Bush était parvenue à la conclusion que la popularité grandissante de la perestroïka et du secrétaire général du PCUS était contraire aux intérêts américains. Un groupe spécial dans l'appareil présidentiel devait mettre au point des mesures pour contrer cette influence. Cela confirmait des informations que j'avais déjà obtenues par d'autres sources.

J'ai souvent abordé ce problème dans mes conversations avec des représentants de l'administration américaine, y compris le président en personne. Je leur disais sans détour que j'étais au courant de leurs idées sur la situation en URSS. Malgré un certain embarras de mes interlocuteurs, je m'efforçais de leur expliquer que les réformes entreprises dans mon pays ne répondaient pas seulement aux besoins vitaux des Soviétiques, mais encore aux intérêts réels de nos partenaires. Il était donc temps pour eux de se débarrasser des stéréotypes idéologiques de l'époque de la guerre froide.

Nous nous vîmes une dernière fois, Rajiv et moi, à un moment où il n'était plus Premier ministre, mais le chef de l'opposition de son pays. Je comprenais ses émotions. Raïssa Maximovna aussi bien que moi-même, nous nous efforçâmes de lui faire sentir notre solidarité. En fait, lors de notre rencontre, mon ami indien avait déjà surmonté l'épreuve et s'était livré à une analyse sereine des raisons de son échec aux élections et faisait face à la situation en homme d'État expérimenté. Il imputait sa défaite autant à l'activité du parti du Congrès qu'à ses propres erreurs politiques, notamment en ce qui concernait le rythme des réformes. Lorsque j'appris, plus tard, le succès de sa nouvelle campagne électorale, je me réjouis franchement pour lui. La mort tragique de cet homme remarquable me choqua profondément.

CHAPITRE 19

NOTRE MAISON COMMUNE EUROPÉENNE

Ma visite en Grande-Bretagne, à la tête d'une délégation du Soviet suprême de l'URSS, en décembre 1984, me poussa par la suite à réfléchir sérieusement au rôle et à la place de l'Europe dans le monde. Dans mon intervention devant les parlementaires britanniques, j'avais rappelé que, dans les années soixante-dix, l'Europe avait vu naître la détente. Elle était devenue le berceau du processus d'Helsinki, prolongé par les conférences de Belgrade (1977-1978) et de Madrid (1980-1983). Ces forums, toutefois, s'étaient déroulés parallèlement à une nette dégradation de la situation internationale, ce qui limita leur portée. Certes, ils permirent une accumulation d'idées et d'arguments qui furent bien utiles, quelques années plus tard. Mais, à l'époque, l'étape suivante du processus, la conférence de Stockholm sur la sécurité et la coopération en Europe, ouverte au début de 1984, marquait visiblement le pas. De notre point de vue, les Occidentaux portaient l'entière responsabilité de ces échecs, mais en m'adressant aux membres du Parlement britannique, je crus nécessaire de préciser ce qui deviendrait l'un des mots d'ordre de mon action : « L'ère du nucléaire impose la conception urgente d'une nouvelle pensée politique. »

En d'autres termes, la nouvelle politique étrangère qui prit naissance au printemps 1985 ne fut pas créée *ex nihilo*, surtout en ce qui concernait l'Europe. Le quarantième anniversaire de la fin de la Seconde Guerre mondiale rappelait une nouvelle fois avec acuité le besoin de trouver des solutions aux problèmes de sécurité sur le Vieux Continent. À la fin du mois de mai, j'abordai ce sujet avec Willy Brandt. De mon point de vue, la meilleure solution était de libérer complètement l'Europe des armes nucléaires et chimiques. Comprenant combien il serait difficile de parvenir rapidement à un accord global, je déclarai qu'il faudrait procéder par étapes.

Mon désir de pousser en avant le processus européen fut à l'origine du choix de la France pour ma première visite à l'étranger en ma nouvelle qualité de secrétaire général du Comité central. En URSS, nous n'avions pas oublié que notre coopération avec les Français avait favorisé les débuts de la détente. À la veille de mon départ pour Paris, j'accordai une interview à la télévision française. C'était la première expérience de conversation directe, devant les caméras, entre un dirigeant soviétique et un groupe de journalistes occidentaux. À franchement parler, je n'imaginais pas la charge intellectuelle et émotionnelle que représentait le fait de se trouver soumis, sous les projecteurs, au feu croisé de professionnels de l'information [1]. J'eus l'impression — partagée par nombre de mes compatriotes — que les Français se comportaient avec une agressivité inexplicable sans le moindre tact ni respect. Aujourd'hui, je comprends que c'était dû en grande partie au caractère inédit de l'expérience. De plus, les relations franco-soviétiques étaient alors entachées de méfiance et de soupçon. Bref, c'était une époque d'affrontement.

Depuis 1981, la France avait fortement réduit les contacts politiques bilatéraux. L'Afghanistan et les événements de Pologne avaient provoqué de fortes tensions entre nos nations. De plus, la direction française était allergique à toute mention du rôle de sa force de frappe dans l'équilibre nucléaire européen. En 1983, l'expulsion sans précédent d'un grand nombre d'officiels et de diplomates soviétiques [2] n'avait pas contribué à améliorer le climat. En dépit de la poursuite des relations commerciales, l'atmosphère entre nos deux pays s'était tendue de manière sensible. Le plus curieux est que tout cela se produisit après l'arrivée de la gauche au pouvoir en France. À Moscou, nous avions l'impression que les socialistes, François Mitterrand en tête, ne voulant pas compliquer leurs relations avec Washington — qui n'étaient guère simples —, ni avec les forces de droite à l'intérieur du pays, adoptaient délibérément une « ligne dure » envers l'Union soviétique.

Lors de la conférence de presse, je m'efforçai donc de faire comprendre aux Français et, derrière eux, aux Européens que le respect de

---

1. L'interview, diffusée en direct le 1er octobre 1985 sur TF1 (alors chaîne publique) était menée par Alain Denvers, chef du service politique de la rédaction, Dominique Bromberger, spécialiste des problèmes internationaux, et Yves Mourousi, présentateur vedette du journal. (N.d.T.)

2. Officiellement, l'expulsion de quarante-sept membres du personnel de l'ambassade soviétique à Paris était motivée par la découverte, grâce à l'affaire « Farewell », d'un vaste réseau de collecte illégale d'informations scientifiques et techniques organisée par la VPK et menée à bien par le GROu (renseignement militaire) et la première direction générale du KGB. (N.d.T.)

l'Acte final de la conférence d'Helsinki pourrait contribuer à améliorer le climat sur l'ensemble du continent. En réponse à une question, je confirmai notre intérêt particulier pour l'Europe en utilisant une image qui me vint alors à l'esprit : celle de *maison commune.*

— Nous vivons tous dans cette Europe... Nous avons certaines traditions et une histoire riche en leçons pour l'avenir. En tout cas, les Européens n'ont pas à puiser leur sagesse ailleurs. Dans tous les domaines de la civilisation humaine, leur apport est considérable. Nous vivons dans la même maison, même si nous y avons des entrées différentes. Nous devons collaborer pour établir des communications à l'intérieur de cette maison.

Naturellement, l'Europe fut au centre de mes entretiens avec François Mitterrand, à Paris. Il exprima alors sa manière de voir sous une forme interrogative :

— Pourquoi ne pas admettre la possibilité d'emprunter pas à pas... le chemin d'une politique européenne plus large ?

Et, en juillet de l'année suivante, à Moscou, j'entendis de la bouche du président français une pensée bien formulée :

— Il faut que l'Europe devienne réellement l'acteur principal de sa propre histoire, qu'elle puisse jouer pleinement le rôle d'un facteur d'équilibre et de stabilité dans les relations internationales.

Cela coïncidait avec mes propres réflexions.

En pensant aux objectifs de notre nouvelle politique extérieure, je ne parvenais plus à voir la carte politique de l'Europe comme un patchwork bigarré. Les racines communes de la civilisation européenne, très variée mais, au fond, unie, m'apparaissaient clairement et je ressentais d'une manière de plus en plus aiguë le caractère purement conventionnel de l'opposition entre les deux blocs et l'archaïsme du « rideau de fer ». C'est de cette prise de conscience que s'est forgée dans mon esprit l'idée de maison commune européenne. Née spontanément, cette image commença à prendre une vie indépendante. En effet, c'était en Europe que l'on comprenait le mieux la gravité de la situation internationale : les groupes militaires rivaux s'opposaient sur son territoire et ils y avaient accumulé des montagnes d'armement, y compris nucléaire. Mais l'Europe avait également une expérience précieuse de coexistence entre États fonctionnant selon des systèmes sociaux différents, qu'ils appartinssent à l'un ou l'autre bloc ou qu'ils fussent neutres.

Il était important de débarrasser la conscience de l'opinion publique — et aussi, dans la mesure du possible, celle des hommes politiques — de la perception du continent comme d'un « théâtre d'opérations » (divers états-majors désignaient l'Europe sous ce nom de code). J'étais convaincu que notre Ancien Monde devait servir d'exemple de cohabitation entre pays souverains, différents mais pacifiques, qui comprenaient leur interdépendance et fondaient leurs relations sur la confiance mutuelle. Je savais que le chemin serait long, mais c'était une raison supplémentaire pour ne pas perdre un temps précieux et faire les premiers pas.

Beaucoup de personnalités politiques ouest-européennes percevaient ma proposition de liquider les armements nucléaires avant l'an 2000 comme une nouvelle ruse propagandiste et pointaient du doigt notre suprématie en matière d'armes conventionnelles. Ma réponse était simple : je demandais à mes interlocuteurs d'envisager le problème sous un angle différent. Nous étions prêts à faire des coupes là où nous avions l'avantage à la seule condition que l'Occident en fît autant. « Cherchons l'équilibre au niveau le plus bas, disais-je. Cette tâche est urgente, et nous avons le droit de compter sur une réponse positive et concrète de nos partenaires. »

J'insistais également sur les possibilités d'une politique paneuropéenne dans l'« esprit d'Helsinki », ce qui était un phénomène unique en son genre. Néanmoins, pendant l'été 1986, le déroulement de la conférence de Stockholm, qui touchait à son terme, inspirait de sérieuses craintes. Seules des concessions mutuelles fondées sur la parité pouvaient la sauver d'un échec. Je suggérai à François Mitterrand, lors de notre rencontre à Moscou, en juillet 1986, que l'Union soviétique et la France (pays qui étaient, en quelque sorte, coresponsables du forum de Stockholm) devraient se mettre d'accord sur les moyens de relancer le processus.

Mitterrand était venu en URSS pour me rendre ma visite en France. Les relations Est-Ouest restaient difficiles. Les espoirs de changements majeurs s'évanouissaient. C'est pourquoi j'attachais une importance particulière à la poursuite du dialogue avec la France. Comme lors de notre précédente rencontre, le président et moi parlâmes de coopération bilatérale et abordâmes les problèmes du désarmement.

Sur l'IDS, ainsi que sur les traités ABM et SALT II, nos vues convergeaient. François Mitterrand me confia :

— Je suis opposé à l'idée d'IDS, car elle ouvre une possibilité de première frappe. Je suis fermement convaincu qu'il vaudrait mieux avancer sur la voie du désarmement plutôt que de porter constamment aux extrêmes la course aux armements. Il est évident que l'IDS ne remplacera pas les armes nucléaires, mais risque de devenir un supplément substantiel aux arsenaux existants...

Il ajouta que la France ne participerait à la mise en œuvre d'aucune stratégie militaro-industrielle dont la prise de décision se ferait sans elle, ce qui était précisément le cas de l'IDS.

Quelques jours avant sa visite à Moscou, Mitterrand avait rencontré Ronald Reagan. Il m'expliqua qu'il avait trouvé peu convaincants les arguments avancés par le président américain et que sa foi en l'IDS comme une panacée contre tous les maux tenait plus de la mystique que du rationnel.

— Dans mes conversations avec les Américains, précisa le chef de l'État français, je leur ai demandé très clairement quels résultats spécifiques ils attendaient. Veulent-ils que l'Union soviétique soit capable d'investir dans son développement économique les ressources obtenues grâce à des réductions du budget de la défense ? Ou bien les États-Unis ont-ils l'intention d'user l'URSS dans la course aux armements, en causant des privations supplémentaires au peuple soviétique et en poussant sa direction à octroyer des fonds de plus en plus importants pour des objectifs non productifs, c'est-à-dire pour la machine de guerre ? J'ai dit franchement à Reagan : la première option signifie la paix, la deuxième la guerre.

En dépit de la proximité de nos points de vue sur certains problèmes clés des relations internationales, nous demeurions opposés sur certaines questions spécifiques, par exemple nos liens commerciaux. La balance commerciale entre la France et l'URSS penchait en notre faveur depuis de nombreuses années, et les Français nous demandaient systématiquement à chaque rencontre d'augmenter nos importations. Or presque toutes les marchandises dont l'achat nous intéressait se trouvaient sur les listes stratégiques du Cocom [3].

Je soulevai la question lors de mes entretiens avec François Mitterrand mais, hélas, il lui était impossible de passer outre. Nos relations commerciales avec la France continuèrent à être perturbées par cette situation. Ainsi, il nous fallut attendre trois ans pour obtenir l'autorisation d'acheter des équipements destinés à la modernisation de notre réseau téléphonique.

3. Comité de coordination pour le contrôle multilatéral des exportations : organisation qui rassemblait les pays de l'OTAN (moins l'Islande) plus l'Australie et le Japon dans le but d'empêcher les ventes de technologies qui pouvaient trouver des applications dans le domaine militaire. Il a été dissous en 1994. (N.d.T.)

Bien que la direction française fît publiquement état de son soutien à la nouvelle pensée politique, les relations franco-soviétiques connurent un net reflux peu après le sommet de Reykjavik. C'était dû en grande partie à l'attachement de la France au concept de dissuasion nucléaire. Ces divergences dans la perception des principes mêmes de la sécurité se traduisit par des contradictions et des désaccords sur des questions pratiques.

À mesure que s'ouvrait la perspective d'un accord sur l'élimination des forces nucléaires intermédiaires soviétiques et américaines en Europe, et qu'avançaient les négociations sur une réduction de moitié des arsenaux stratégiques, les sceptiques, à Paris, se mirent à donner de la voix. Les Français, qui peu de temps auparavant appelaient à l'élimination des missiles Pershing et SS-20, estimaient désormais que le désarmement en Europe « avait commencé par le mauvais bout ». Parmi les pays occidentaux, la France prit la position la plus dure sur la réduction et l'élimination éventuelle des armes nucléaires tactiques et des armes conventionnelles à double usage. Le Parlement français adopta une loi de programmation militaire qui prévoyait, de 1987 à 1991, l'augmentation et la modernisation des forces nucléaires françaises. Le gouvernement français n'envisageait nullement de se joindre au processus de désarmement nucléaire ou d'ouvrir d'éventuelles négociations sur la limitation de sa force de frappe. Il pratiqua également l'attentisme quelques mois plus tard, lors des négociations sur la réduction des forces conventionnelles en Europe, lors de la rencontre de la CSCE[4], à Vienne. Soutenant publiquement l'idée d'une convention internationale qui interdirait les armes chimiques, la France insistait en même temps sur son droit de produire des armes chimiques binaires[5]. En fait, le hiatus entre les paroles et les actes des dirigeants français s'accroissait sans cesse.

Je fis part de tous mes griefs au Premier ministre Jacques Chirac, au cours de sa visite à Moscou en mai 1987. Notre dialogue fut franc et tranchant. En voici quelques extraits :

---

4. Conférence sur la sécurité et la coopération en Europe. (N.d.T.)

5. Ces armes fonctionnent grâce à deux agents séparément inoffensifs (et donc faciles à stocker) mais dont le mélange est létal. La France, opposée à l'emploi des armes chimiques et signataire des conventions internationales interdisant leur emploi, se réservait cependant le droit de pouvoir répondre à une attaque chimique par des moyens équivalents. (N.d.T.)

Chirac — Les relations franco-soviétiques sont devenues un peu plus tendues. Cette situation est anormale et mon objectif est, autant que faire se peut, d'essayer d'y remédier. La France a toujours intérêt à maintenir des relations privilégiées avec l'Union soviétique.

Gorbatchev — Je partage votre sentiment au sujet d'une tension accrue dans les relations franco-soviétiques. Il nous semble également que des moments de tension apparaissent dans nos relations.

Chirac — Je ne parlerais pas de moments de tension. Il s'agit plutôt de malentendus. Convenez que ce n'est pas la même chose.

Gorbatchev — J'ai consciemment utilisé l'expression « moments de tension ». Au cours des derniers mois, l'Union soviétique a proposé un certain nombre d'initiatives pour améliorer le dialogue entre l'Est et l'Ouest, trouver des moyens de renforcer la confiance et diminuer la menace militaire. Nous proposons de commencer le mouvement vers le désarmement. Nous avions discuté au préalable de toutes ces questions avec la direction française et nous supposions que l'une des prémisses de ces initiatives était la conscience commune du caractère indispensable de mesures contribuant à un changement positif dans les affaires internationales. Et soudain, nous voyons que notre partenaire, qui occupe en Europe occidentale une place tellement importante, adopte des positions non constructives. On observe une renaissance de l'antisoviétisme en France.

Chirac — On ne peut pas parler de renaissance de l'antisoviétisme en France.

Gorbatchev — Nous avons fait preuve de compréhension à l'égard de la position française. Nous avons accepté de ne pas prendre en considération vos armements nucléaires. Nous avons donc agi conformément à notre entente mutuelle. Mais après nos propositions de Reykjavik et, ultérieurement, de Moscou, la France, pour parler poliment, ne prête pas son concours à l'amorce du premier pas vers le désarmement. Cela nous amène à douter de bien des choses...

Chirac — Je me dois de préciser notre position. Nous avons examiné de près la question des missiles de portée intermédiaire en Europe, les SS-20, les Pershing-2 et les missiles de croisière. L'Union soviétique a proposé d'éliminer entièrement ces armements sur le continent européen. La France n'est pas directement concernée, car nous n'avons pas sur notre territoire d'armes correspondantes aux armes américaines. Néanmoins, ayant discuté de votre proposition avec nos alliés, nous avons exprimé notre approbation.

Mais je serai franc avec vous : l'adoption de votre proposition entraînerait l'évacuation de l'Europe de tous les armements nucléaires américains. Aujourd'hui, il s'agit des missiles américains, mais demain on pourra dire que la force de frappe française, ainsi que le potentiel nucléaire britannique, empêchent le processus de désarmement, ce qui rend nécessaire leur élimination et ensuite leur destruction complète. Or cela fait peser sur nous une double menace. Même si les États-Unis et l'URSS réduisaient leurs armements stratégiques offensifs de moitié, chaque partie n'en garderait pas moins cinq ou six mille ogives alors qu'il ne resterait rien en Europe. Convenez qu'il s'agit là d'une situation peu confortable. C'est pourquoi nous sommes convaincus qu'il faut préserver un potentiel de dissuasion minimal.

Gorbatchev — Il s'agit là d'une position fort intéressante, surtout si on la considère rétrospectivement. Au début, tous les Européens de l'Ouest se prononçaient pour l'« option zéro ». Maintenant que nous l'avons acceptée, ils reculent. Allons plus loin. Lorsque, à Reykjavik, Gorbatchev a lié deux problèmes ensemble en établissant une interdépendance entre les missiles de portée intermédiaire, d'une part, et le traité ABM, les armements stratégiques, d'autre part, ils étaient tous contre. Après Reykjavik, tous, y compris la France, ont reproché à l'Union soviétique ce lien dont on affirmait le caractère artificiel. On disait : s'il n'y avait pas votre « paquet », nous serions déjà parvenus à un consensus sur les premiers pas vers le désarmement.

Nous avons délié le paquet, tout en conservant les concessions que nous avions faites, en particulier celle de mettre entre parenthèses la question des arsenaux français et britanniques. Et quelle est la réponse ? L'Union soviétique, nous dit-on, nous propose de supprimer les missiles de portée intermédiaire, mais qu'en est-il des missiles nucléaires tactiques ? Nous avons dit : d'accord, allons vers l'« option zéro » sur ces armes-là également. Et de nouveau, on nous joue l'étonnement : ah bon ? Et qu'est-ce qui va se passer avec les armes chimiques et les armements conventionnels ? Cela ressemble à une comédie...

Je voudrais vous poser une question directe : que veut réellement l'Europe occidentale et en particulier la France qui est l'un de ses piliers ?... Aujourd'hui, nous avons une opportunité réelle de faire le premier pas vers le désarmement. Mais les dirigeants politiques n'arrivent pas à se forcer à bouger dans cette direction. Cela veut dire que nous sommes des incapables. Y compris vous et moi.

La rencontre de la CSCE à Vienne devait se tenir peu de temps après la longue conférence de Stockholm, en novembre 1986, et nous avions l'intention d'y promouvoir le processus paneuropéen dans tous les domaines : politique, économique, humanitaire et culturel. Nous souhaitions remplir les trois « corbeilles » d'Helsinki avec des fruits frais et utiles.

Nous ressentions avec d'autant plus d'acuité le besoin de préciser le concept de « maison commune européenne » que l'on prétendait trop abstrait et sans contenu véritable. Je décidai d'exprimer mes idées à ce sujet sous une forme précise. Ma visite en Tchécoslovaquie, en avril 1987, m'en fournit l'occasion. C'est d'ailleurs en Bohême que se trouve le centre géographique de l'Europe. Cela constitua l'introduction au thème européen dans mon discours de Prague.

L'idée « paneuropéenne » fut favorablement perçue par une quantité notable d'hommes politiques et de personnalités publiques — dont certains étaient loin d'afficher la même sensibilité partisane que la nôtre — aussi bien à l'Est qu'à l'Ouest de l'Europe. Néanmoins, la méfiance mutuelle, nourrie par l'existence d'énormes arsenaux à travers tout le continent, était encore trop forte. Après le sommet de Reykjavik, je rencontrai les dirigeants d'un certain nombre de pays européens membres de l'OTAN : les Premiers ministres de Grande-Bretagne, Margaret Thatcher, du Danemark, Poul Schlüter, des Pays-Bas, Rudolphus Lubbers, de Norvège, Gro Harlem Brundtland, d'Islande, Steingrimur Hermannsson, et des représentants du gouvernement italien. Le sujet principal de tous ces entretiens fut le désarmement en Europe. En acceptant de ne pas prendre en compte, dans une première étape, les potentiels nucléaires de la France et de la Grande-Bretagne, l'Union soviétique avait fait un pas important dans le sens de l'instauration d'un climat de confiance.

Longtemps, les discussions achoppèrent sur les problèmes de disparité et de déséquilibre. J'eus l'occasion d'aborder ce sujet avec les dirigeants du Pacte de Varsovie. De manière à accélérer le début des négociations sur la réduction des armements conventionnels, nous convînmes de proposer un schéma très concret, en trois étapes, qui prévoyait d'emblée la liquidation de tout déséquilibre, à commencer par les chars de combat et l'aviation d'attaque, c'est-à-dire les éléments indispensables à toute action offensive. Dans le même temps, nous proposâmes de créer le long de la frontière entre les deux alliances une zone où le potentiel militaire serait maintenu à un « niveau réduit » de manière à limiter les possibilités d'attaque surprise.

Il fallait rompre le cercle vicieux de la méfiance et passer des paroles aux actes. En parlant devant le Parlement polonais, je lançai l'idée d'organiser une sorte de « Reykjavik paneuropéen » : une rencontre au sommet de tous les dirigeants du Vieux Continent. Cette formule laissait entendre une avancée en Europe similaire à celle que Reykjavik avait autorisée dans les relations américano-soviétiques.

Une question ne manqua pas de se poser : celle de la compatibilité entre le concept de « maison européenne » et le maintien des unions politico-militaires du Pacte de Varsovie et de l'OTAN. Mon approche du problème était la suivante : il fallait partir de la réalité des structures existantes et œuvrer dans le sens d'un rapprochement. En d'autres termes : rendre possible une transformation graduelle des deux alliances de manière à faire de leurs relations des piliers de stabilité et non des sources de tension. Nous commençâmes donc par une suggestion concrète : créer un centre permanent pour la diminution du danger militaire en Europe, un lieu de contacts réguliers entre les représentants des deux blocs.

Le concept de « maison commune européenne » touchait également à la dialectique des relations entre l'URSS, l'Amérique du Nord et l'Europe. Le climat de confrontation entre l'URSS et les États-Unis soulevait l'inquiétude de l'opinion publique et des hommes politiques européens, dont certains déployaient même de grands efforts pour se poser en intermédiaires. En revanche, dès que des signes de compréhension mutuelle apparaissaient entre Moscou et Washington, les membres européens de l'OTAN fronçaient les sourcils et s'inquiétaient de l'« entente entre les superpuissances ».

Nous nous efforçâmes donc de convaincre les Européens que nous n'avions nullement l'intention de créer un condominium avec les États-Unis, tout comme nous multipliâmes les signes à l'égard des États-Unis et du Canada pour leur indiquer que nous ne voulions pas les laisser sur le seuil de la « maison européenne ». Nous comprenions que toute autre démarche n'aurait pas été réaliste. De plus, l'Europe ne coopérerait que si elle tirait un bénéfice, elle aussi, de l'amélioration des relations soviéto-américaines. Inversement, sans l'aide des Européens, il aurait été illusoire de progresser encore dans notre dialogue avec les États-Unis.

Il nous était, bien évidemment, impossible d'accepter les doctrines géopolitiques qui visaient à l'isolement de l'URSS. Une telle idée perçait alors dans le discours de Henry Kissinger. Selon lui, lorsqu'il fallait tenir compte des réalités stratégiques, l'Europe devait être considérée comme un tout, de l'Atlantique à l'Oural. Mais en ce qui concernait les liens économiques, scientifiques, techniques et culturels — en somme, l'aspect civil, fondateur de la « maison commune » —, ils pouvaient s'étendre aux pays de l'Europe de l'Est, mais pas à l'Union soviétique. Nous n'étions pas d'accord avec de tels concepts et j'eus l'occasion de l'expliquer clairement dans mes interventions publiques et mes conversations avec des personnalités étrangères, y compris Kissinger lui-même.

Grande-Bretagne : début d'un dialogue difficile

Margaret Thatcher, chef du parti conservateur, dirigeait la Grande-Bretagne depuis 1979. Elle avait été élue sur une plate-forme qui consistait principalement à réduire les programmes sociaux et les interventions de l'État dans l'économie, tout en stimulant les affaires privées. Le « thatchérisme » devint l'élément avant-coureur de la vague de néoconservatisme qui toucha alors le monde.

Le nouveau Premier ministre parvint à améliorer la situation de l'industrie britannique et à enrayer sa perte de compétitivité sur le marché mondial. Les conservateurs, se sentant le vent en poupe, gagnèrent un deuxième mandat en 1983. Les changements dans les affaires internationales étaient déjà dans l'air.

Lors de notre rencontre, à Londres, en décembre 1984, Margaret Thatcher et moi établîmes des relations qui se révélèrent bonnes et durables. Tous les deux, nous appréciions particulièrement nos contacts. Grâce à cette première entrevue, le dialogue soviéto-britannique prit tout de suite un bon départ, après mon arrivée au pouvoir, en 1985. Néanmoins, au début de la perestroïka, il était difficile de qualifier d'amicale la politique du gouvernement de Londres à notre égard. La Grande-Bretagne fut la première à soutenir l'IDS américaine et se joignit à sa réalisation. Mme Thatcher perçut la rencontre de Reykjavik comme un échec et soutint la position de Ronald Reagan qui en rejetait la responsabilité sur l'URSS. Son gouvernement expulsa à grand bruit un groupe d'employés de notre ambassade à Londres, en les accusant d'être des agents du KGB.

Dans le même temps, la Grande-Bretagne se prononçait en faveur d'un « dialogue constructif à long terme ». Il est significatif que Mme Thatcher ait pris l'initiative de faire une visite en URSS après mon entrée en fonctions. Elle faisait souvent le voyage de Washington et semblait vouloir représenter les intérêts ouest-européens dans le dialogue entre les superpuissances.

Elle arriva à Moscou à la fin du mois de mars 1987. Nos rencontres eurent lieu au Kremlin, en présence seulement de nos assistants et de nos interprètes. Lorsque, pour souligner l'importance de sa visite, je fis remarquer que c'était la première à ce niveau depuis plus de douze ans, elle me rétorqua que le dernier voyage d'un Premier ministre *conservateur* en URSS datait de plus de vingt ans.

Avant d'aborder les problèmes sérieux, je manifestai mon étonnement au sujet du discours qu'elle avait prononcé à Torquay, la semaine précédente : il était tout à fait dans l'esprit de la croisade anticommuniste du président Reagan. Je précisai que nous avions même eu l'impression qu'elle allait annuler sa visite à Moscou.

À Torquay, Mme Thatcher avait affirmé que l'Union soviétique voulait installer « une domination communiste mondiale » et que la « main de Moscou » était visible derrière pratiquement tous les conflits dans le monde. Il m'était impossible de laisser cela sans réponse. Je lui dis que nombre d'idées de son intervention, ainsi que ses accusations, venaient tout droit des années quarante ou cinquante et correspondaient aux stéréotypes de pensée propres aux conservateurs. Mon invitée insista en déclarant que l'URSS livrait des armes aux pays du tiers monde, alors que l'Occident leur fournissait des vivres et les aidait à créer des institutions démocratiques. Bref, notre dialogue s'échauffa considérablement.

Aujourd'hui, je dois admettre — et il me semble avoir déjà eu l'occasion de le dire ailleurs — que notre politique envers les pays en voie de développement était très idéologisée. Dans une certaine mesure, Mme Thatcher était dans le vrai. Mais l'Occident n'en demeurait pas moins en première position dans les livraisons d'armes. Il soutenait ainsi des régimes autoritaires selon le principe : « Tel dictateur est une canaille, mais c'est notre canaille. »

Si cette conversation avait eu lieu cinq ans plus tard, j'aurais sans doute parlé différemment. Et Mme Thatcher aurait vraisemblablement été moins catégorique si elle avait pu prévoir toutes les conséquences du « thatchérisme » qui la forcèrent à se retirer avant la fin de son dernier mandat. Ce jour-là, pourtant, notre discussion atteignit un point où je me vis obligé de constater :

— Nous avons franchement exprimé nos points de vue respectifs sur le monde, sans parvenir pour autant à rapprocher nos vues. Il me semble que notre échange n'a pas permis d'atténuer nos divergences.

Mon interlocutrice adopta soudain un ton plus conciliateur. Changeant de sujet, elle dit :

— Nous suivons vos actions avec une grande attention et nous apprécions hautement vos tentatives pour améliorer la vie de votre peuple. Je reconnais votre droit d'avoir votre propre système et votre propre sécurité, de la même manière que nous avons droit aux nôtres. C'est sur cette base que je vous propose de poursuivre notre discussion.

Et elle ajouta :

— En dépit des différences entre nos systèmes, nous pouvons nous transmettre mutuellement des expériences utiles. Nous sommes très impressionnés par la politique énergique de transformation que vous vous efforcez de mettre en œuvre. Ici, nous avons un problème commun : comment diriger les changements.

Après ces paroles, nous passâmes au thème principal de notre rencontre : le contrôle des armements. À l'époque, les négociations soviéto-américaines sur les arsenaux stratégiques se poursuivaient à Genève. Je pris l'initiative en demandant à Mme Thatcher :

— L'Occident est-il prêt à un désarmement réel ou bien mène-t-il ces négociations à contrecœur, sous la pression de son opinion publique ?

Le Premier ministre avança un argument connu : les armes nucléaires étaient, selon elle, la meilleure garantie de paix, et il ne pouvait y en avoir d'autre dans les conditions qui prévalaient.

— Nous croyons à la dissuasion nucléaire, proclama-t-elle, et ne croyons pas que l'élimination des armes nucléaires soit une idée réaliste.

Je lui répondis par une assez longue tirade qui pouvait se résumer en une phrase : l'Occident ne cherchait pas une solution, mais des complications. Ma conclusion fut la suivante :

— Aujourd'hui, nous sommes prêts, comme jamais encore auparavant, à faire le premier pas vers un désarmement réel. Mais dès que cette possibilité s'est manifestée, l'Occident et Mme Thatcher ont paniqué. La politique des tories serait-elle d'empêcher le désarmement et la baisse du niveau de confrontation dans le monde ? Il est curieux que la Grande-Bretagne se sente à l'aise dans une telle position.

Le Premier ministre en fut décontenancé.

— Voilà ce qui s'appelle un discours ! s'exclama-t-elle. Je ne sais même pas par quoi commencer.

Elle m'assura que l'Occident n'avait nullement l'intention de nous créer des problèmes et de compliquer le changement à l'intérieur du pays en refusant le désarmement. Mais elle répéta encore et encore son argument principal : pour le Royaume-Uni, les armes nucléaires étaient le seul moyen d'assurer sa sécurité en cas de guerre conventionnelle en Europe. Son gouvernement n'avait donc nullement l'intention de s'engager dans des limitations de son potentiel nucléaire. Bref, notre conversation tournait en rond. Pour détendre l'atmosphère, Mme Thatcher me raconta une « anecdote amusante ». Lors d'une rencontre avec Hua Guofeng, prévue pour durer une heure, le dirigeant chinois parla pendant quarante-cinq minutes. Elle lui posa alors une question qui entraîna une réponse de vingt minutes. À un moment, lord Carrington, le ministre britannique des Affaires étrangères, fit passer un billet à son Premier ministre : « Madame, vous parlez trop... »

Cet intermède n'empêcha pas Mme Thatcher de répéter encore une fois ses thèses principales. Néanmoins, pour conclure, elle précisa qu'elle donnerait sa conférence de presse dans un esprit constructif.

Une conversation à la base aérienne de Brize Morton

La « polémique constructive » entre le Premier ministre britannique et moi ne porta guère dommage à nos relations et renforça plutôt la sympathie mutuelle que nous ressentions. En décembre 1987, lors de mon voyage aux États-Unis pour la signature de l'accord INF sur la liquidation des missiles de moyenne portée, Mme Thatcher me proposa de faire, sur le chemin de Washington, une escale en Grande-Bretagne. Elle vint nous accueillir à la base aérienne de Brize Morton où nous eûmes une conversation courte mais substantielle qui prolongea notre rencontre de Moscou. Il était clair que le Premier ministre suivait avec attention les développements dans notre pays. Elle me dit avoir déjà lu mon livre *Perestroïka*, qui venait de paraître en Angleterre.

La discussion porta sur les armements stratégiques, sujet que je voulais aborder en détail avec le président des États-Unis. Mme Thatcher connaissait bien le sujet. Parlant d'armes de première et de seconde frappe, elle s'arrêta soudain pour dire :

— J'ai l'impression d'utiliser un langage démodé. À l'heure actuelle, il vaudrait mieux parler de réduction des arsenaux et de coopération.

— Je ne vais pas vous contredire, fis-je remarquer.

— En tout cas, précisa aussitôt mon interlocutrice, il est indispensable de conserver une petite quantité d'armes nucléaires, pour la dissuasion.

— Il me semble poursuivre là notre vieux dialogue.

— Mais la dissuasion nucléaire a prouvé son efficacité en préservant depuis plus de quarante ans la paix en Europe.

— Vous conviendrez néanmoins qu'il vaut mieux être assis sur un fauteuil confortable que sur un tonneau de poudre explosive. Dans ce dernier cas, au lieu de penser au dialogue, on prie pour ne pas sauter.

Mme Thatcher avait visiblement envie de poursuivre la conversation, mais le moment de se séparer approchait.

— On vient à peine de commencer, remarqua-t-elle, et il faut déjà partir.

En dépit de notre bonne entente personnelle, notre dialogue demeurait difficile. J'eus l'occasion d'aborder ce problème avec le secrétaire du Foreign Office, Geoffrey Howe, en visite à Moscou en février 1988. Dans une interview que Margaret Thatcher venait d'accorder au *Sunday Times*, elle affirmait que la politique de l'Union soviétique restait inchangée et que son objectif demeurait le même : « étendre l'influence communiste partout dans le monde. »

— Pouvez-vous tracer une ligne de démarcation entre Mme Thatcher qui fait de la politique et Mme Thatcher qui fait de l'idéologie ? Où est la politique et où est la propagande ? demandai-je au ministre.

Howe ne contesta pas mon interprétation de l'interview. En partant, il me dit :

— Nous attendons avec impatience votre visite en Grande-Bretagne. Vos conversations avec Mme Thatcher sont haletantes. Vous ressemblez à des stakhanovistes qui tentent de remplir le plan à toute vitesse et d'éclaircir les sujets qui se présentent de tous les côtés.

— J'apprécie cette comparaison, répondis-je. Travaillons donc comme des stakhanovistes pour améliorer nos relations.

Nouvelles perspectives à la conférence de Vienne

Voilà comment je développais, pierre par pierre, l'idée de la « maison commune européenne ». Dans ce contexte, la conférence de la CSCE à Vienne revêtit une signification toute spéciale. Commencée en novembre 1986, elle s'acheva au début de 1989 et ses résultats furent positifs. Par une coïncidence étonnante, le document final de Vienne fut approuvé trois années, jour pour jour, après mon discours sur un monde dénucléarisé. Celui-ci ne tenait donc pas de l'utopie ni de la propagande.

Le « mandat de Vienne » donna une impulsion nouvelle aux négociations sur les forces conventionnelles et permit des avancées importantes en matière de coopération et de sécurité. Nous démontrâmes que nos intentions étaient sérieuses en prenant des mesures unilatérales substantielles. Plus important : nous étions prêts à considérer les droits de l'homme comme un élément inaliénable du processus européen.

Le principe adopté par l'URSS de suffisance raisonnable en matière de défense s'inscrivait entièrement dans notre conception de la « maison commune ». La mise au point de cette doctrine fut assez compliquée. Psychologiquement, deux facteurs entraient en ligne de compte : d'une part, le souci d'une paix stable (notre peuple n'avait pas oublié 1941) ; d'autre part, l'impossibilité d'assainir vraiment notre économie sans une réduction drastique des dépenses militaires.

Les négociations sur les forces conventionnelles en Europe commencèrent en mars 1989, dans le même palais de la Hofburg, à Vienne. Pour nous, le plus important était d'empêcher la modernisation de tout type d'armements. Cela aurait remis en cause une confiance aussi difficilement acquise.

Le mandat de Vienne nous aida également à ancrer dans le concret notre dialogue avec les pays d'Europe occidentale.

— Vous avez lancé l'idée de « maison commune européenne », me disait François Mitterrand en novembre 1988, à Moscou. C'est une belle formule, mais comment la mettre en œuvre ? Comment empêcher la montée de l'isolationnisme au niveau régional tout en stimulant les processus d'intégration aussi bien à l'ouest qu'à l'est de l'Europe ?

Je soutins l'idée du président français de créer un programme paneuropéen d'action sur les questions d'environnement et de nous faire participer à la coopération scientifique et technique entre les pays européens et au projet Eurêka de communication par satellite.

Le président français croyait possible de commencer des négociations sur la réduction des missiles nucléaires de courte portée dès qu'aurait été résolu le problème des missiles plus puissants. L'intérêt de Mitterrand pour les armements conventionnels était également visible : il accepta de lancer les pourparlers au niveau des ministres des Affaires étrangères dès la fin de la rencontre CSCE de Vienne. De notre côté, nous proposions une rencontre au sommet qui, dans le plan français, ne pourrait intervenir qu'après un certain progrès des négociations. Nous acceptâmes. Après tout, il n'y avait aucune urgence à fixer la date d'une telle rencontre entre chefs d'État.

En octobre 1988, j'eus avec Ciriaco De Mita, le Premier ministre italien, un entretien encourageant sur l'intégration européenne. Je lui demandai comment nous pouvions procéder à la construction de la « maison commune » si les pays ouest-européens mettaient à exécution leurs plans d'intégration militaire qui étaient très en vogue à l'époque. Fallait-il vraiment créer de nouvelles lignes de démarcation qu'il faudrait effacer par la suite ?

Je dois également mentionner ici ma première entrevue avec le chancelier allemand Helmut Kohl, à l'automne 1988. J'y reviendrai plus en détail, mais j'aimerais faire ici un petit commentaire. La confiance mutuelle qui s'installa spontanément entre nous était sans doute due au fait que nous donnions, tous deux, une large portée à notre « mandat politique ». Il ne s'agissait pas seulement d'établir des relations de bon voisinage entre l'URSS et l'Allemagne fédérale, mais d'instaurer une paix durable dans toute l'Europe. La sensibilité du chancelier lui faisait envisager ce problème d'une manière personnelle, comme celui de l'avenir de sa famille et de ses enfants. Je me dis alors qu'avoir de tels contacts avec des hommes politiques occidentaux (et pas seulement avec Helmut Kohl) signifiait que la « guerre froide » devenait un phénomène du passé.

CHAPITRE 20

VERS LE NOUVEL ORDRE MONDIAL

1987 fut pour nous une année de choix difficiles, d'obstacles et de percées. Les années précédentes, nous étions parvenus à un accord de principe entre dirigeants des grandes puissances sur le caractère inadmissible d'une guerre nucléaire. Nous avions établi un dialogue constructif avec les dirigeants français et signé la déclaration de Delhi, lors de ma visite en Inde. J'avais également proposé d'avancer par étapes vers un monde dénucléarisé et la réduction des armes de tout type. Pour finir, le sommet de Reykjavik avait ouvert des horizons nouveaux.

D'un autre côté, une succession de crises et de provocations menaçait de réduire à néant toutes ces avancées. Je suis encore convaincu que diverses forces — liées pour la plupart au complexe militaro-industriel — tentaient de faire avorter le processus d'amélioration des relations soviéto-américaines. Visiblement, elles avaient pris peur, après Reykjavik. Dans la presse, une campagne fut lancée pour convaincre les Américains que le succès des initiatives entreprises dans le cadre de la perestroïka et la nouvelle pensée ne correspondaient pas aux intérêts des États-Unis et de l'Occident. Dans la meilleure tradition du Far West, les Américains roulaient des mécaniques en accusant l'Union soviétique de tous les péchés. Ils se servaient des médias (d'ailleurs, ils n'étaient pas les seuls) pour manipuler l'opinion publique et imposer leurs règles dans les affaires internationales. J'abordai souvent ce problème avec mes collègues de la direction soviétique. Nous pensions tous qu'il ne fallait pas perdre l'initiative.

Nous décidâmes donc d'entreprendre une action qui prouverait au monde que nous ne jouions pas et que nous étions réellement prêts à en finir avec la guerre froide. Après une étude approfondie, nous parvînmes à la conclusion que le mieux serait de « délier » le fameux « paquet » de Reykjavik.

Lors de la préparation du sommet, le Politburo m'avait laissé la possibilité de décider de l'opportunité de concessions en fonction des progrès des négociations. Il m'avait semblé nécessaire, alors, de faire preuve de fermeté. Désormais, il s'agissait de priver l'adversaire de ses derniers atouts et mes collègues soutinrent ma position. Le 1er mars 1987, dans un discours télévisé, je parlai de l'attachement constant de l'URSS à la cause du désarmement, tout en acceptant de traiter de manière séparée le problème des missiles de portée intermédiaire en Europe. Nous obligeâmes ainsi les Américains à faire un pas vers nous.

Le 14 avril, George Shultz vint me voir, à Moscou. Aujourd'hui, cette rencontre m'apparaît comme un grand tournant.

Le secrétaire d'État américain centra notre entretien sur les missiles de portée intermédiaire et la poursuite des négociations sur les armements stratégiques. Les dimensions de la conversation dépassèrent le cadre préparé à l'avance. Pour la première fois, nous abordâmes les aspects philosophiques de la nouvelle politique, le rôle et la responsabilité de nos deux pays.

Il me sembla que l'objectif principal de mon interlocuteur était d'en apprendre davantage sur nos opinions et nos intentions. Cela me semblait légitime, mais pour quelle suite ? Un nouveau tour de propagande et de lutte pour le contrôle de l'opinion publique ? Ou bien un véritable engagement vers une politique réaliste ?

Je dois dire que je voulais aussi comprendre ce qui se cachait derrière la rhétorique de l'administration Reagan. Je voulais savoir s'il y avait une possibilité quelconque d'améliorer nos relations avec Washington. Je m'efforçai donc de pousser mon partenaire à la franchise, à afficher ses réserves et le cadre de ses pouvoirs.

Je crois que nous avions, en fait, le même objectif. Bien sûr, l'échange comporta les « compliments » habituels, y compris les accusations réciproques d'espionnage excessif, mais derrière cela apparaissaient des considérations et des intentions plus importantes. Le secrétaire d'État — et cela fut confirmé par ses actions ultérieures — recherchait vraiment la poursuite du dialogue. Il semblait en mesure d'influencer l'administration américaine en général, et le président Reagan en particulier.

Pour la première fois, je sentis que j'avais face à moi un homme aux idées réalistes, orienté vers une politique sérieuse. Par la suite, il confirma et développa encore ses capacités d'homme politique et d'intellectuel doté d'inspiration créatrice et dont la vision portait loin dans le futur.

Il fit beaucoup, en tout cas, pour transformer nos accords en coopération féconde. Il entraîna dans cette tâche le président et son entourage ainsi que ses alliés. Les contacts et le travail entre les ministères et les états-majors s'intensifièrent et le rythme des négociations à Genève s'accéléra. J'ignore s'il n'y avait pas là également l'effet d'une diminution de la consommation de whisky des diplomates, mais ils aboutirent enfin à des résultats substantiels.

Le Politburo se réunit en session spéciale pour examiner les progrès à Genève et à la conférence de Stockholm. Le caractère routinier des procédures et le penchant, hérité du passé, de certains de nos diplomates pour l'ergotage furent vivement critiqués. Nous tirâmes aussi des conclusions pratiques : élever le niveau des négociateurs en confiant les pourparlers à Chevardnadze et Akhromeïev. Les dirigeants des deux superpuissances assumèrent le contrôle direct des négociations qui connurent des progrès beaucoup plus rapides.

Au début de l'automne 1987, Chevardnadze fit une visite à Washington. En octobre, le secrétaire d'État américain revint à Moscou avec son équipe. Cette nouvelle rencontre fit apparaître la possibilité réelle de conclure un traité sur les missiles de portée intermédiaire en Europe. L'entente à laquelle nous étions parvenus avec Shultz, en avril, commençait à donner des résultats.

Le 23 octobre, au Kremlin, nous concentrâmes notre attention avec le secrétaire d'État sur les problèmes posés par la réduction radicale des armements stratégiques offensifs. Les mois précédents avaient vu des progrès sensibles, mais de grands sujets d'inquiétude demeuraient de part et d'autre : nos missiles lourds pour les Américains, leur IDS et leurs bombardiers stratégiques pour nous. Nous ne perdions pas de vue, non plus, la question des missiles mobiles [1] basés à terre. Nous parlâmes également en détail du traité ABM et de l'obligation de ne pas le rompre pendant au moins dix ans après la signature du traité sur les armements stratégiques.

Comme la fois précédente, nous ne nous limitâmes pas, Shultz et moi, aux problèmes de désarmement. Nous abordâmes aussi les relations soviéto-américaines, non seulement sur un plan conceptuel, mais dans leurs aspects pratiques. Dans ce sens, l'échange que nous eûmes sur le comportement américain dans la guerre entre l'Iran et l'Irak fut significatif.

---

1. Missiles stratégiques installés sur des plates-formes mobiles (route ou chemin de fer) dont le déplacement constant pour empêcher leur localisation garantit qu'ils ne seront pas la cible d'une première frappe adverse. (N.d.T.)

— Les États-Unis, dis-je, sont visiblement offensés que nous n'ayons pas soutenu leur exigence de nouvelles sanctions dans la deuxième résolution du Conseil de sécurité, et ils ont décidé d'agir tout seuls, comme dans le « bon vieux temps ». Je ne vais pas analyser ici les raisons qui vous ont poussés à le faire. Je veux seulement vous dire que votre refus de coopérer avec nous nous déçoit.

Shultz m'assura que les États-Unis n'avaient nullement l'intention de travailler seuls et qu'ils préféraient une coopération dans le cadre de l'ONU. Mais il me précisa que le conflit représentait une menace sérieuse pour les « amis » des Américains dans le Golfe, c'est-à-dire les pays fournisseurs de pétrole aux Occidentaux.

Cet exemple montrait bien qu'en dépit des progrès dans nos relations avec les États-Unis, les cercles politiques influents à Washington demeuraient encore indécis quant à l'attitude qu'ils devaient adopter envers l'Union soviétique, avec sa perestroïka et sa nouvelle pensée. Il me semble qu'il y avait dans ce comportement une part de jalousie, car la nouvelle orientation de notre politique étrangère avait un grand impact sur l'opinion publique mondiale et les Américains eux-mêmes.

Relations bilatérales et politique mondiale

Nous nous libérions progressivement des stéréotypes selon lesquels l'Occident impérialiste était coupable de tout, alors que nos actions sur la scène internationale étaient bonnes et justes. Ce changement ne passa pas inaperçu.

L'élargissement et l'intensification de nos contacts avec des pays aussi importants dans le tiers monde que l'Inde, l'Argentine, l'Indonésie et le Mexique, et des pays neutres comme la Suède, l'Autriche et la Finlande jouèrent un rôle important dans cette évolution. Nous ne cachions pas aux hommes politiques de tous bords que nous rencontrions l'importance fondamentale que présentait à nos yeux la bonne entente et la compréhension mutuelle avec les États-Unis, mais nous précisions aussi que ce n'était pas là le seul axe de notre politique. Quant aux Américains, en évaluant les conséquences vraisemblables de notre activité, ils commencèrent à comprendre que leur refus de répondre à notre invitation à collaborer pouvait en fin de compte avoir pour eux des incidences négatives.

Un besoin croissant de nouvelles idées et de nouvelles approches se faisait sentir et il devenait de plus en plus clair que le temps était venu d'en finir avec l'opposition des deux blocs et de rehausser le rôle des organisations internationales, à commencer par celui de l'ONU. Dans un monde divisé par la guerre froide, elle ne pouvait certainement pas remplir efficacement le rôle prévu lors de sa fondation et inscrit dans ses statuts. L'heure était venue d'utiliser pleinement les possibilités de cette organisation internationale. J'abordai cette question dans un article publié par la *Pravda* en septembre 1987.

Visite à Washington et premier traité de désarmement nucléaire

Le 7 décembre 1987, notre Iliouchine-62 toucha la piste de la base aérienne d'Andrews, près de Washington. Le secrétaire d'État et madame George Shultz étaient là pour nous accueillir, Raïssa Maximovna et moi, ainsi que les autres membres de la délégation. Nous échangeâmes de brefs discours avant que le cortège automobile ne s'ébranle vers la capitale. Shultz monta dans ma voiture. Il était de bonne humeur et notre conversation tourna autour du programme de ma visite. Celle-ci devait être couronnée par la signature du premier traité de réduction des arsenaux nucléaires. Le processus qui conduisit à START I et START II [2] débuta par l'accord INF sur l'élimination des missiles de courte et moyenne portée. Sans ce premier pas déterminé pour sortir de la guerre froide, il est douteux que les traités ultérieurs aient pu voir le jour.

La cérémonie fut solennelle et tous les participants communièrent visiblement dans la même émotion naturelle. Le président Reagan et moi, nous pénétrâmes ensemble dans le salon Est de la Maison-Blanche. La télévision commença la retransmission en direct au moment où les invités se levaient pour nous accueillir. La signature ne prit que quelques minutes. Avec une ferme poignée de main, nous échangeâmes les copies du texte, en anglais et en russe, et les stylos spécialement fabri-

---

2. Sigle de *Strategic Arms Reduction Talks* : Négociations sur la réduction des armes stratégiques. (N.d.T.)

qués pour l'occasion. Puis nous nous adressâmes à tour de rôle à nos peuples et au monde entier.

Dans mon intervention, je parlai du long chemin qu'il nous avait fallu parcourir pour en arriver là. Ce n'était qu'un début, mais le plus long des voyages doit bien commencer par un premier pas : « Nous devons être fiers, dis-je, d'avoir planté une pousse capable de se transformer en un solide arbre de paix. Mais sans doute est-il trop tôt pour se tresser réciproquement des couronnes de lauriers. Ralph Waldo Emerson, le grand poète et philosophe américain, a dit : "La meilleure récompense pour une chose bien faite est de l'avoir faite." Récompensons-nous donc en nous mettant au travail. »

À mon retour, des têtes chaudes et des politiciens amateurs ne manquèrent pas de critiquer ce traité qui, selon eux, portait préjudice à la sécurité de l'URSS, rompait l'équilibre stratégique et n'avait été signé que pour la gloriole de la « nouvelle pensée ».

En réalité, la décision brejnévienne de déployer les missiles SS-20 dans la partie européenne de l'Union soviétique reflétait le style et les méthodes de l'ancienne direction soviétique. Je suis parvenu à la triste conclusion qu'en prenant cette décision — qui ne touchait pas seulement les intérêts de notre pays mais aussi ceux de l'Europe et du monde — personne n'avait songé à analyser ses conséquences politiques et stratégiques.

Les choses se passèrent de la manière suivante : Oustinov, le ministre de la Défense, suggéra à Brejnev de remplacer les missiles de courte portée basés dans la partie européenne de l'URSS. Il s'agissait pourtant de bien autre chose que d'une simple modernisation d'un matériel obsolète : les SS-20 dépassaient leurs prédécesseurs sous tous les paramètres : portée, précision, guidage, nombre d'ogives. En fait, leurs caractéristiques en faisaient des armes stratégiques. Quel que fût le prétexte à leur implantation, des hommes comme Andropov, Gromyko et Kossyguine devaient bien se rendre compte des conséquences. Or personne ne calcula réellement la réaction possible de l'Occident. Ou plutôt, sous la pression du complexe militaro-industriel, ils décidèrent de se lancer dans cette aventure impardonnable en pensant peut-être que, à l'Ouest, les pacifistes parviendraient à empêcher des mesures de rétorsion. Si tel fut réellement leur calcul, ils firent preuve d'une naïveté confondante.

J'ai eu l'occasion de rencontrer à plusieurs reprises Helmut Schmidt, qui était chancelier d'Allemagne au moment des faits. Il m'a rapporté que, à cette époque, lors d'un voyage vers l'Asie, il avait fait escale à Cheremetievo et s'était entretenu avec l'un des adjoints de Kossyguine.

Il l'avait mis en garde contre le déploiement des SS-20 qui, dans la mesure où il bouleversait la situation politico-militaire, ne pouvait manquer d'entraîner des mesures de rétorsion sérieuses.

En réalité, notre attitude dans ce dossier anticipait les intérêts de Washington dans la guerre froide. Plus important, les contre-mesures adoptées par l'OTAN se traduisirent par un accroissement de la menace contre la sécurité de l'Union soviétique, car la partie la plus peuplée du pays se trouvait exposée aux tirs de missiles Pershing-2. Ils pouvaient atteindre leurs objectifs en moins de cinq minutes, ce qui nous laissait pratiquement désarmés contre une frappe possible.

La signature du traité INF de Washington nous permit de détourner le pistolet braqué sur notre tête. Et je ne parle pas des dépenses énormes et injustifiées liées à la maintenance des SS-20 et dévorées par le Moloch insatiable du complexe militaro-industriel.

Nos spécialistes militaires savaient d'ailleurs très bien que le déploiement des SS-20 était une aventure qui nous laissait sans protection contre les Pershing-2. Ainsi, le maréchal Akhromeïev, homme droit et honnête, ne dissimulait pas son mécontentement au sujet de cette initiative pernicieuse. Il a d'ailleurs joué un rôle particulièrement important dans la liquidation de ce danger que nous avions nous-mêmes créé et dont j'ai pu personnellement mesurer les dimensions lors d'une visite à une usine militaire des environs de Moscou. Pendant toute une journée, en compagnie de membres de la direction politique, de responsables du complexe militaro-industriel et de représentants du Conseil des ministres, j'écoutai les rapports de quelques-uns de nos plus grands experts sur la question. Ils étaient tous d'accord : nous ne disposions d'aucun moyen de riposte à une attaque des Pershing.

Bref, il nous fallait agir très vite. En tout cas, avant la fin du programme américain d'installation des euromissiles. Après, jamais l'OTAN ne voudrait lâcher l'avantage acquis. Il m'est difficile de l'affirmer en toute certitude, mais il me semble que la conclusion du traité INF aurait été beaucoup plus difficile.

Je me sentais donc dans l'obligation d'éloigner un péril mortel pour mon pays tout en corrigeant l'erreur colossale commise par mes prédécesseurs. Dans un certain sens, cette action m'apparaît tout aussi importante que le retrait de nos troupes d'Afghanistan.

Le traité INF contenait également un certain nombre de dispositions, notamment sur les procédures de contrôle, qui pouvaient se révéler rapidement utiles dans le cadre des négociations sur les armements stratégiques intercontinentaux. Nous avions atteint un nouveau palier de confiance dans nos relations avec les États-Unis, entamé un processus de désarmement réel et entrepris de créer un système de sécurité non plus fondé sur la menace d'une destruction mutuelle, mais sur une coopération étendue.

À Washington, le problème des armements stratégiques fut, une nouvelle fois, le principal sujet des conversations. Pas à pas, nos positions se rapprochaient sur de nombreux points essentiels. Néanmoins, le programme IDS du président Reagan continuait d'empêcher tout progrès substantiel.

Quelles limitations le traité ABM imposait-il aux essais de l'IDS ? Que se passerait-il après la fin de la période pendant laquelle chaque partie était tenue de ne pas dénoncer l'accord ? Telles furent les questions principales que l'on discuta dans une ambiance surchauffée jusqu'au dernier moment. Les Américains voulaient parvenir à une déclaration commune prévoyant le droit des deux parties à développer leurs systèmes de défense spatiale après la période de dix ans. (Si nous avions accepté ces conditions, des armes nucléaires à faisceaux de particules auraient pu être installées au-dessus de la Terre dès 1997 !) De notre côté, nous insistions sur une prorogation automatique du traité ABM, chaque partie étant tenue d'informer l'autre six mois à l'avance de son souhait de le dénoncer.

Je répétai encore ce que j'avais déjà eu l'occasion de déclarer à plusieurs reprises au président des États-Unis et à la communauté internationale : le transfert à l'espace de la course aux armements priverait de sens les négociations sur la réduction des arsenaux stratégiques.

Ces discussions se poursuivirent pendant toute ma visite. Au moment où le président Reagan et moi devions sortir pour la cérémonie de départ sur la pelouse de la Maison-Blanche, le communiqué final n'était toujours pas prêt. Une pluie fine tombait. Les invités étaient déjà là. L'orchestre et la garde d'honneur se tenaient aux ordres. Le président et moi, debout dans le hall, attendions les résultats. Akhromeïev finit par arriver et me soumit la formule de compromis acceptée par les deux parties : respect du traité ABM tel qu'il avait été signé en 1972 ; les recherches, le développement et les essais des programmes de défense spatiale ne devaient pas entrer en contradiction avec les termes du traité ; les États-Unis et l'Union soviétique s'engageaient à ne pas dénoncer le traité pendant une période précise.

Comme on peut le constater, cette déclaration ne gomma pas toutes nos divergences qui ne manquèrent pas de réapparaître dès qu'il fut question de commenter les résultats de la visite.

Frank Carlucci, qui était secrétaire à la Défense au moment des faits, déclara en février 1993, à l'Université de Princeton, qu'il n'avait jamais cru au programme IDS qu'il qualifiait de « bébé adoré du président ». Selon lui, la direction soviétique en avait surévalué l'importance. Il me semble, quant à moi, que nous ne surestimions rien du tout : nous pensions simplement en termes stratégiques en nous opposant à toute militarisation de l'espace, sous quelque forme qu'elle fût. J'ai toujours pensé que cela aurait mis un terme au processus de désarmement. Je le crois encore.

Dialogue avec l'Amérique

Le programme de ma visite aux États-Unis m'interdisait pour ainsi dire de sortir de Washington. Le manque de temps n'était pas le seul responsable. Chaque côté avait voulu faire assaut de prudence pour ce voyage, le premier à ce niveau depuis 1974. Le président Reagan m'avait précédemment écrit qu'il souhaitait me faire connaître différentes régions américaines, mais ce vœu fut oublié. Pour couronner le tout, les services de sécurité — surtout les nôtres — voulaient éviter les complications. Nos spécialistes me recommandaient instamment de cantonner mes déplacements dans le cadre de la capitale. Je souhaitais néanmoins rencontrer des Américains en dehors du programme officiel, et l'on parvint à m'organiser des réunions avec des représentants de l'opinion publique, des éditeurs, des journalistes, des hommes d'affaires.

Le programme de Raïssa Maximovna comprenait également une visite guidée de Washington, la National Gallery et une invitation de Pamela Harriman pour un thé en compagnie de quelques femmes éminentes.

Dans l'ensemble, notre premier voyage aux États-Unis, à Raïssa Maximovna et à moi, nous laissa beaucoup d'impressions favorables. Nous y retournâmes à plusieurs reprises, à l'est comme à l'ouest du pays. Nous avons pu ainsi avoir un bon aperçu de l'Amérique profonde, à l'exception des États du Sud.

J'apprécie le côté très naturel des Américains, leur désinvolture, leur esprit démocratique et la force vitale dont ils font preuve en toutes circonstances. Mais leur mode de vie est très différent du nôtre et il est difficile de s'y adapter. L'originalité de leur comportement et de leurs normes vient peut-être du fait qu'ils sont essentiellement un pays d'immigrés.

Lors de ma première visite, toutefois, les points de friction ne manquèrent pas. Pendant la préparation du programme, le président des États-Unis et son entourage s'efforcèrent de ne pas me permettre de « marquer trop de points ». Je ne peux pas expliquer autrement le fait que les discussions sur une intervention éventuelle devant le Congrès n'aient pas abouti. Il est vrai que le président était obligé de louvoyer avec son opposition. Si j'ai bien compris, les démocrates ne voulaient pas laisser au président républicain tous les lauriers de ce succès en politique étrangère. En tout cas, la presse s'empara du sujet et, en ce qui me concerne, je dus me contenter de rencontrer les principaux dirigeants du Congrès.

Il faut dire que la même chose se produisit en France, où l'on ne me donna pas la possibilité de m'exprimer devant l'Assemblée nationale, mais seulement devant un groupe de députés qui comprenait, il est vrai, tous les leaders politiques. Il en alla de même en Grande-Bretagne. Les Américains décidèrent probablement de suivre les exemples européens.

Des incidents bizarres émaillèrent aussi le programme de Maximovna. Lors de sa visite de Washington, il était prévu qu'elle pourrait non seulement voir les principaux monuments de la ville, mais aussi faire quelques haltes. Pourtant, le cortège passa sans s'arrêter aux endroits prévus, où les Américains s'apprêtaient à rencontrer l'épouse du secrétaire général soviétique. Tout ce qu'ils purent voir, ce fut une voiture passant en trombe. Comme ma femme manifestait sa stupéfaction, on lui expliqua que l'absence d'arrêts était une exigence des services de sécurité.

La presse se mit à critiquer le comportement de Raïssa Maximovna, puisque les organisateurs affirmaient ouvertement que c'était sa décision à elle. Les journaux entonnèrent également le refrain de la « guerre froide » entre les « premières dames » soviétique et américaine.

Raïssa Maximovna et Nancy Reagan sont des personnes très différentes, aussi bien par leurs expériences personnelles que par leurs intérêts professionnels. Nancy est une actrice, Raïssa une scientifique. Et les traditions respectives de nos deux pays n'accordent pas le même rôle à l'épouse du chef de l'État. En URSS, la « première dame » ne se voyait reconnaître aucun statut spécial, mais cela ne posait pas de problème particulier à Raïssa Maximovna. Après ma nomination au poste de secrétaire général, elle prit à cœur de m'aider dans la mesure de ses possibilités, surtout en établissant des contacts humains pendant nos visites à l'étranger et lorsque nous recevions des invités étrangers à Moscou. Elle ne faisait la guerre à personne et s'efforçait de faciliter la communication.

En marge de nos discussions sur le désarmement, Reagan et moi avions, de temps en temps, de petites confrontations, un peu comme des échos de notre rivalité idéologique. Une fois, le président se mit à me « sermonner », m'obligeant à l'interrompre pour lui dire calmement :

— Monsieur le président, vous n'êtes pas un juge et je ne suis pas un prévenu. Comme vous, je représente un grand État et je compte que notre conversation soit menée sur une base de réciprocité et d'égalité. Autrement, il ne saurait y avoir de dialogue entre nous.

Graduellement, pourtant, les moments de suspicion et les remarques caustiques se calmèrent. En nous habituant l'un à l'autre, nous ne prenions plus la mouche à la moindre déclaration qui nous déplaisait. Certes, des désaccords, parfois aigus, subsistaient, mais nous tâchions alors d'apaiser les tensions en plaisantant. Il faut dire que le sens de l'humour est un trait national américain. Reagan y mit également du sien et dépassa ses propres stéréotypes. Mais ce fut George Shultz qui alla le plus loin dans ce sens.

Pendant ma visite, le public américain submergea l'ambassade soviétique — où nous logions — de lettres, de messages et d'appels. J'invitai un certain nombre d'Américains éminents à participer à une rencontre dans la salle ovale de notre ambassade. Des scientifiques et des artistes soviétiques étaient également présents et l'événement souleva un grand intérêt aussi bien aux États-Unis que chez nous.

J'avais la conviction profonde — elle n'a pas changé — qu'il ne saurait y avoir de collaboration profonde entre deux pays sans liens économiques. Mais, à l'exception de l'achat de blé américain, il n'y avait pas de tels rapports entre l'Union soviétique et les États-Unis. La responsabilité en incombait tout autant à des décisions politiques qu'aux limitations commerciales destinées à empêcher le transfert de nouvelles technologies. Les fameuses listes du Cocom empêchaient non seulement les États-Unis mais aussi d'autres pays de collaborer avec nous à un niveau économiquement et technologiquement compétitif. Quant au lien entre le commerce et le problème des droits de l'homme, il mettait en situation difficile tous ceux qui voulaient réellement travailler avec nous. Seuls quelques hommes d'affaires américains parvinrent à s'installer véritablement en URSS.

Je rencontrai aussi, au cours de ma visite, les principaux responsables des médias américains. Je voulais axer la discussion sur un thème qui me tenait à cœur : nous devons tous apprendre à vivre dans un nouveau monde. Les journaux décrivirent l'événement comme un échange d'injures entre les patrons de presse et moi. Je manquai sans doute de retenue, et je le regrette. Mais je me trouvai d'emblée soumis à un feu croisé de questions épineuses auxquelles j'avais déjà répondu des dizaines de fois. De voir ainsi la conversation prendre la forme d'une conférence de presse ordinaire m'irrita. Néanmoins, nous nous calmâmes peu à peu et parvînmes à trouver un langage commun.

L'« invasion » soviétique de Washington fut un grand succès, sans doute parce que nous ne poursuivions aucun objectif subversif. En employant le mot « invasion », j'ai en tête aussi tous ceux qui firent le voyage en même temps que nous : grands scientifiques, intellectuels, artistes, sans oublier une armée de journalistes. Arrivés avant nous, ils établirent des liens avec leurs collègues américains, participant à des discussions et des rencontres, donnant des interviews. À l'étonnement général, ils étaient capables de parler autrement qu'en langue de bois des problèmes les plus aigus accumulés pendant les années de la guerre froide. Ils démontrèrent ainsi qu'ils savaient utiliser la liberté de pensée nouvellement acquise avec responsabilité, sans paresse ni démagogie. Tels étaient les premiers fruits de la glasnost.

Désormais, la défense obstinée de postulats idéologiques n'était plus au centre des discussions, mais bien plutôt le désir de s'entendre et de se comprendre mutuellement. Et c'était là un résultat tout aussi important que la signature du traité INF.

Comment oublier les émotions ressenties pendant ces journées si bien remplies ? À la réception de la Maison-Blanche, nous rencontrâmes Van Cliburn. Nous nous souvenions de lui comme de ce jeune pianiste qui, en 1958, avait remporté le prix Tchaïkovski, à Moscou, pour son interprétation du premier concerto pour piano et orchestre du célèbre compositeur. Nous échangeâmes une amicale accolade et il s'installa devant son instrument pour jouer et chanter *Le Temps du muguet*. C'était son cadeau aux invités soviétiques. Cette chanson, écrite par Soloviov-Sedoï à l'occasion du Festival mondial de la jeunesse de Moscou, en 1957, est devenue une sorte d'hymne populaire russe. Sans pouvoir nous retenir, nous entonnâmes aussi le refrain qui retentit dans les deux langues à la fois.

Après la réception et le récital, nos hôtes américains nous raccompagnèrent vers la sortie. Nous passions près d'un portrait de Lincoln, dans les couloirs de la Maison-Blanche, lorsque mon interprète me glissa à l'oreille, en désignant deux militaires américains de la suite du président :

— Vous voyez ces deux généraux... L'un vient de dire à l'autre, en montrant le tableau du doigt : « Si le vieux Lincoln voyait ce qui se passe ici... le drapeau rouge avec la faucille et le marteau flotte à l'entrée de la Maison-Blanche et, à l'intérieur, on chante *Le Temps du muguet* ! »

George Shultz se montra un hôte particulièrement attentif lors de la réception qu'il donna au Département d'État. Il sut y créer une atmosphère chaleureuse et amicale. La « crème » de la société américaine, en provenance de tous les coins des États-Unis, y était rassemblée. Tous les prédécesseurs de Shultz au poste de secrétaire d'État étaient également là.

Je considère le discours que je fis à cette occasion comme le meilleur de toute ma visite. J'y abordai, bien sûr, le traité INF et sa signification, mais ce ne fut pas son thème central.

> Aujourd'hui, des centaines de millions de personnes commencent à comprendre que, avec la fin du XXe siècle, la civilisation a atteint une ligne de partage, non pas entre les systèmes et les idéologies mais entre, d'une part, le bons sens et l'instinct de préservation de l'espèce humaine et, d'autre part, l'irresponsabilité, l'égoïsme national, les préjugés, bref, l'ancienne pensée. L'humanité commence à comprendre qu'elle a assez combattu, qu'il faut en finir pour toujours avec les guerres. Deux conflagrations mondiales, la guerre froide, des conflits régionaux qui ont emporté et continuent d'emporter des millions de vies, c'est un prix plus que suffisant pour l'aventurisme, les ambitions exagérées, le mépris des intérêts et des droits des autres, pour la mauvaise volonté et l'incapacité à prendre en compte les réalités, le droit légitime de tous les peuples à faire leur choix et à avoir leur place au soleil.
>
> Le monde moderne n'est pas le monopole d'un seul État ou d'un groupe d'États, quelle que soit leur puissance. Et la paix dans le monde constitue une cause commune pour l'humanité. Partout où de nombreuses personnes interagissent, il est impossible de se passer de compromis et de réciprocité. La paix acquise par la force est intrinsèquement fragile. De par sa nature même, une telle paix est fondée sur l'affrontement, ouvert ou caché, et recèle le danger permanent d'explosions et de tentations d'appliquer la force.
>
> Des siècles durant, l'humanité a été obligée d'accepter de telles mauvaises paix. Il n'est plus possible de se le permettre. Certains trouvent que lors de la préparation du traité, la partie soviétique a fait trop de

concessions. D'autres pensent la même chose de la partie américaine. Je crois que ces deux points de vue sont faux. Chaque partie a cédé exactement ce qui était nécessaire pour que le processus de désarmement se mette en marche, pour établir un minimum de confiance, sans transiger en matière de sécurité mutuelle... En langage humain, en russe et en anglais, cela s'appelle « faire renaître l'espoir ».

Un autre événement mérite d'être mentionné. Conformément au protocole, le vice-président George Bush me raccompagna à l'aéroport. Pendant le trajet, nous eûmes une conversation sérieuse qui nous permit de jeter les fondements d'une compréhension mutuelle. Lors de nos rencontres ultérieures, après que Bush fut devenu le locataire de la Maison-Blanche, nous fîmes souvent référence à cette discussion. Si nous parlions d'un problème et que la présence d'autres personnes nous incitait à parler à mots couverts, il nous arrivait de prononcer des phrases comme : « Je confirme la position que j'avais dans la voiture » ou « Mon appréciation est la même que dans la voiture ».

Cette conversation me permit d'apprécier à sa juste mesure la volonté du vice-président de contribuer à l'amélioration des relations soviéto-américaines.

Après mon retour en URSS, bien que mon temps fût dévoré par les affaires intérieures, je gardai un œil sur le dialogue soviéto-américain. La montée de la fièvre préélectorale aux États-Unis eut, comme d'habitude, quelques conséquences sur les relations entre nos deux pays. Il était pourtant essentiel d'empêcher le mouvement de perdre son énergie, toute décélération pouvant se traduire par un retour en arrière.

Le public américain avait bien accueilli l'amélioration des relations avec l'Union soviétique, ce qui renforçait les chances de ratification du traité INF par le Congrès des États-Unis, mais nous ne devions surtout pas nous endormir sur nos lauriers. Nous proposâmes à Washington de collaborer avec nous pour résoudre le problème afghan, mais la réaction de la Maison-Blanche nous déçut. Quant aux négociations de Genève, elles se traînaient. Bref, tout cela « sentait la naphtaline », comme j'eus l'occasion de le dire à mes collaborateurs.

Une visite officielle de Ronald Reagan à Moscou était prévue dans le courant de l'été 1988. Il nous semblait essentiel d'y donner un nouvel élan au désarmement. De la sorte, la visite du président américain deviendrait autre chose qu'un acte symbolique : elle marquerait une nouvelle étape dans le processus de sortie de la guerre froide. L'idéal était de trouver un accord sur la réduction des armements stratégiques, domaine dans lequel les possibilités d'entente étaient prometteuses.

Dans cette optique, la rencontre avec le secrétaire d'État George Shultz fixée au 28 février 1988 revêtait une importance considérable. Nous avions déjà une grande expérience des contacts et des négociations, ce qui nous permettait d'espérer un résultat positif. La conversation débuta par un échange de vues sur la situation aux États-Unis et en Union soviétique, puis nous abordâmes la ratification du traité INF. Je pensais que cela devait être fait avant l'arrivée du président Reagan à Moscou : la visite se déroulerait ainsi dans une atmosphère propice. Shultz partageait nos vues et il exprima la conviction que le Sénat ratifierait le traité à temps.

La conversation porta ensuite sur les armements stratégiques. La discussion se concentra autour des questions les plus sensibles. L'une d'elle concernait les procédures de contrôle. Je déclarai que nous étions disposés à accepter le contrôle le plus complet aussi bien sur la production que sur le déploiement des armes stratégiques basées à terre, ou embarquées sur des navires, des sous-marins ou des avions. Nous étions prêts à tout échange substantiel d'informations. Nous proposâmes même de créer un groupe spécial d'experts qualifiés, scientifiques et militaires, pour étudier tous les aspects du contrôle. Shultz retint cette idée et proposa de donner à cette équipe un calendrier serré : les résultats de son travail devaient nous être communiqués avant la visite que Chevardnadze devait faire aux États-Unis, en mars.

Il fut une nouvelle fois question du lien entre le traité ABM et les accords sur les armements stratégiques. J'insistai pour que la recherche des solutions soit fondée sur la déclaration commune adoptée à Washington. Dans un premier temps, Shultz sembla d'accord, mais il fit ensuite marche arrière. Sur le traité ABM, l'administration américaine n'avait visiblement pas abandonné l'espoir de jouer à cache-cache avec nous.

J'abordai également le sujet de l'interdiction des armes chimiques. Sur ce sujet, l'enthousiasme américain avait quelque peu diminué. Souhaitant comprendre la situation réelle, je proposai de préparer pour le sommet de Moscou une déclaration sur notre intention commune de favoriser l'interdiction de ces armes et de tout faire pour parvenir rapidement à la signature d'une convention internationale en ce sens. Le secrétaire d'État ayant donné son accord, je lui demandai s'il était possible de faire encore un pas en avant : Moscou et Washington pouvaient désigner, chacun de son côté, une de leurs entreprises de l'industrie chimique pour mettre au point une procédure de contrôle dans le cadre de la future convention internationale. Shultz accepta la proposition, même s'il précisa qu'il risquait de recevoir « une fessée » pour cela.

Notre conversation toucha aussi le problème des armes conventionnelles, mais nous nous bornâmes à nous mettre d'accord pour « faire avancer le dossier ». En revanche, nous abordâmes en détail les conflits régionaux. D'ailleurs, Shultz et Chevardnadze discutèrent du sujet pratiquement toute une nuit.

Je réaffirmai notre intention de retirer nos troupes d'Afghanistan. Comme je l'expliquai à George Shultz, nous n'avions nullement l'intention de nous servir de ce pays comme d'une tête de pont vers les mers chaudes. Je demandai la coopération américaine pour faire de l'Afghanistan un État indépendant, neutre et non aligné et permettre à ses habitants de déterminer eux-mêmes le type de gouvernement qu'ils souhaitaient.

À la veille de cette rencontre, John Matlock, l'ambassadeur américain à Moscou, nous avait transmis des propositions américaines sur le règlement du conflit du Proche-Orient — le fameux « Plan Shultz » — qui ne devaient être rendues publiques que quelques jours plus tard, lors d'une tournée du secrétaire d'État dans les pays de la région. Je saluai ce geste en l'interprétant comme un progrès de la collaboration soviéto-américaine.

Cet échange d'opinions nous conduisit vers un dialogue plus philosophique sur les grands problèmes mondiaux. Shultz manifesta beaucoup d'intérêt pour mes idées et affirma que les siennes « allaient dans le même sens ».

— Je n'ai pas de boule de cristal pour voir le futur, me confia-t-il, mais je remarque que les tendances qui se font jour dans le monde exigent une nouvelle pensée. Et si l'on agit dans l'esprit de cette dernière, il me semble que nous verrons sous un angle différent nos propres intérêts.

— Il existe aujourd'hui, lui répondis-je, une possibilité réelle d'harmoniser les intérêts nationaux. Les pays développés ont tendance à penser que c'est inacceptable parce que, derrière cela, se profile une nouvelle fois le simple désir de leur vider les poches. Mais, à y regarder de plus près, on se rend compte que le progrès sur tous les continents correspond aux intérêts des pays développés. Sans lui, les problèmes économiques et sociaux s'accumuleront, ce qui finira par toucher tout le monde et par détruire les liens économiques établis.

Après cette conversation avec le secrétaire d'État, je m'efforçai d'analyser ce qu'elle avait ajouté à nos rapports. Je me demandai si nous avions agi correctement en misant sur le développement d'une collaboration avec l'administration américaine. Il était évident que George Shultz avait une attitude positive et sans doute utiliserait-il toute son influence pour améliorer encore nos relations sans jamais perdre de vue les intérêts de son pays. Dans le même temps, il était facile de voir qu'il avait les mains liées et que l'entourage du président, le Congrès, les cercles politiques influents et les organes d'État n'étaient pas prêts à accepter sa conception de la politique envers l'Union soviétique et tentaient de résister. Caspar Weinberger, le secrétaire américain à la Défense, adversaire déclaré des idées de Shultz, pouvait compter sur le soutien d'un lobby puissant.

La suite des événements confirma ce combat acharné, au sein des cercles dirigeants des États-Unis, sur ce que devait être la politique envers l'URSS. D'un côté, Chevardnadze et ses interlocuteurs de l'administration américaine purent avancer vers la solution de quelques problèmes épineux liés au désarmement. L'accord sur l'Afghanistan fut finalement signé à Genève. De l'autre, des responsables de Washington, y compris le président lui-même, ne se privaient pas de lâcher parfois des remarques qui ne s'accordaient guère avec l'esprit de nos nouvelles relations.

C'est la raison pour laquelle, à ma rencontre suivante avec George Shultz, le 22 avril 1988, je me vis obligé, tout de suite après l'échange habituel de salutations et de plaisanteries, de lui poser franchement la question :

— Les déclarations récentes du président Reagan constituent-elles le socle politique sur lequel il bâtit sa prochaine visite chez nous ? Est-ce bien ce bagage-là qu'il veut emporter avec lui à Moscou ? Nous ne laisserons pas vos attaques sans réponse. Pour quel résultat ? Notre dispute ne servira qu'à enterrer tout ce que nous avons acquis au prix de tant d'efforts ! À qui cela profitera-t-il ?

Shultz tenta de me rassurer en me disant que le président considérait nos relations comme une nouvelle page de l'histoire. Il dressa aussi un inventaire détaillé de tout ce qui avait été accompli au cours des dernières années.

Néanmoins, les négociations sur le désarmement se traînaient toujours. En mai, il fut clair que nous ne pourrions pas signer le traité START pendant le sommet. En guise de « compensation », nous nous mîmes d'accord pour faire ratifier l'accord INF avant le voyage présidentiel. Le Sénat l'entérina le 27 mai et le Soviet suprême, le 28 mai. Le lendemain, Ronald Reagan mettait fin à une pause de quatorze ans dans les visites officielles des présidents américains en URSS en foulant pour la première fois le sol soviétique. Le même jour, nous eûmes une première rencontre entre quatre yeux, dans la salle Catherine du Grand Palais du Kremlin.

En relisant mes notes de l'époque, il me semble que l'importance de cette première conversation à Moscou tenait moins au contenu qu'à l'atmosphère détendue et au ton confiant que nous voulions tous deux lui donner. En exprimant notre satisfaction mutuelle pour le travail accompli, nous convînmes de la nécessité de poursuivre le dialogue sur les aspects les plus importants des relations soviéto-américaines. Je proposai au président de faire une déclaration commune, à la fin de sa visite, pour constater que, dans le monde contemporain, les antagonismes ne pouvaient pas et ne devaient pas être tranchés par la voie militaire. Les peuples devaient vivre en paix, et la coexistence pacifique devait être considérée comme le principe universel des relations internationales.

Reagan accepta cette idée et la transmit aussitôt aux experts avant de passer au sujet qui semblait toujours être sa principale préoccupation. Il me demanda de trouver des solutions à quelques cas particuliers dans des affaires de regroupement familial et d'autorisation d'émigrer. Je lui promis d'étudier chaque dossier avec attention. Il me parla ensuite des problèmes de religion et de liberté religieuse en URSS en précisant que ce n'étaient là « que des conseils personnels et bien intentionnés ». Il parlait sincèrement et je réagis en conséquence. Comme le président devait rencontrer Pimène, le patriarche de l'Église orthodoxe, et visiter un monastère, j'exprimai l'espoir que cela lui permît de se faire une idée plus complète des problèmes religieux dans notre pays.

Pendant notre conversation, Raïssa Maximovna fit visiter le Kremlin à Nancy Reagan. En cette saison, il y avait, comme à l'accoutumée, beaucoup de touristes en provenance des quatre coins de notre pays. Ils saluaient chaleureusement nos hôtes américains en souhaitant le succès des négociations. Le président et son épouse, ainsi que les membres de leur délégation, furent entourés de manifestations d'amitié dès le début de la visite.

Les pourparlers officiels débutèrent le lendemain, le 30 mai. Au menu figurait un plat unique : le désarmement. Je commençai par rappeler notre position. Je remarquai que nous étions autant préoccupés par les SLBM américains qu'ils ne l'étaient à cause de nos ICBM.

— Nous comprenons, précisai-je, que les missiles de croisière embarqués en mer ne soient pas inclus dans les calculs des armes nucléaires stratégiques et doivent être traités séparément. Mais ils doivent être liés à la réduction de 50 % des arsenaux stratégiques, faute de quoi, une porte reste ouverte pour la poursuite de la course aux armements dans une autre direction. Il faut établir un plafond pour ces missiles et ce serait formidable si l'on parvenait à se mettre d'accord sur un chiffre ici même, à Moscou.

J'ajoutai que nous étions prêts à signer le traité de réduction des armes stratégiques pendant la visite de notre hôte en URSS.

Comme il fallait s'y attendre, Reagan parla de l'IDS. Il confirma la position américaine selon laquelle la réduction des armements nucléaires stratégiques pourrait être accompagnée d'un accord sur l'interdiction de se retirer du traité ABM pendant une période de temps définie. Si au bout de ce délai d'autres accords n'étaient pas conclus, chaque partie aurait le droit de décider de son action. Dans le même temps, Reagan déclara que les États-Unis ne signeraient aucun document relatif au traité ABM tant que la partie soviétique ne mettrait pas un terme aux violations de ce texte. Il faisait allusion à la station radar de Krasnoïarsk[3]. Il ajouta qu'il convenait aussi de définir les seuils admissibles pour la recherche, le développement et les essais pendant la période de non-retrait. Les États-Unis étaient opposés à des limitations encore plus strictes que celles imposées par le traité lui-même.

Il s'ensuivit un échange animé sur la logique de l'IDS, le « bébé » préféré de Ronald Reagan.

— Mais quand même, demandai-je, quelle sera l'utilité de l'IDS lorsque toutes les armes nucléaires auront été éliminées ?

— Il s'agit simplement de parer à toute éventualité, répliqua Reagan. Le savoir-faire relatif à la création de telles armes ne va pas s'évaporer de l'esprit des gens. On ne peut rien contre cela. Et la technologie des missiles demeure également. Un fou pourrait s'en servir. L'histoire nous a fourni de tels exemples. Regardez Hitler...

Tout à la passion de son explication, le président eut un geste maladroit et renversa un verre d'eau. Il s'interrompit pour nous prier de l'excuser.

— Ce n'est rien, monsieur le président, lui dis-je en plaisantant. Ce n'est qu'un verre d'eau. S'il s'était agi de missiles stratégiques...

Les rires apaisèrent la discussion qui menaçait de s'enflammer. Elle reprit sur un ton plus calme.

---

3. Les États-Unis considéraient la station de Krasnoïarsk, en Sibérie, comme un élément d'un programme de défense antimissile. Moscou finit par reconnaître que cette installation violait effectivement le traité ABM. (N.d.T.)

— Nous pensons, dis-je, que l'IDS n'est pas seulement un programme défensif, mais un premier pas vers la création d'armes spatiales capables de frappes sur la Terre.

Reagan renouvela alors sa proposition de Genève : nous donner la possibilité de suivre les travaux de l'IDS et d'assister aux essais.

— Permettez-nous d'avoir quelques doutes sur ce point. Avant de faire une telle proposition vous devriez convaincre MM. Carlucci[4] et Shultz, ainsi que les responsables de votre marine de guerre, d'autoriser l'inspection des missiles de croisière sur deux types de navires. Avec le soutien de M. Carlucci, vos marins s'obstinent à empêcher nos visites. Comment pourrions-nous assister à des recherches secrètes dans le cadre de l'IDS alors que vous ne voulez même pas admettre nos inspecteurs à bord de deux types de navires ? Ce n'est pas sérieux.

Frank Carlucci intervint alors pour nous assurer que l'IDS ne pouvait pas fonctionner comme une arme offensive.

— Vos arguments ne me convainquent pas, M. Carlucci, répliquai-je.

Laissant cette épineuse question, nous passâmes aux procédures de contrôle ainsi qu'à la proposition américaine de signer un accord séparé sur l'obligation réciproque d'annoncer tous les essais de lancement de missiles ICBM et SLBM, non seulement à l'extérieur de nos territoires nationaux respectifs, mais aussi à l'intérieur. Nous acceptâmes de mettre au point un tel texte et de le parapher à Moscou avant la fin de la visite du président américain.

Les discussions sur les forces conventionnelles furent facilitées par le fait que, deux semaines plus tôt, Chevardnadze et Shultz s'étaient mis d'accord sur un calendrier de négociations englobant les forces armées, les armes et les moyens techniques. Nous avions la possibilité de coordonner les mandats de nos délégations, mais Reagan souleva une nouvelle fois la question de la suprématie soviétique dans le domaine des armements conventionnels. De mon côté, je lui rappelai que nous avions déjà abordé ce thème, à Washington. Pour mettre un terme définitif aux querelles, je proposai d'échanger les données officielles sur nos forces respectives et de les publier. La réaction de mes interlocuteurs fut très réservée.

Pour tenter d'obtenir des progrès plus substantiels, je fis la déclaration suivante :

— Je vous propose de terminer la discussion sur les négociations pour commencer les négociations elles-mêmes. Elles comporteraient

4. Frank Carlucci était le nouveau secrétaire à la Défense. (N.d.T.)

trois étapes. La première consisterait à mettre en évidence et à éliminer les déséquilibres et les asymétries. Pour cela, nous vous faisons une nouvelle suggestion : commencer par une vérification des données de départ avec l'aide d'inspections sur place, de manière à éliminer les différences d'évaluation...

Lors de la deuxième étape, après l'élimination des déséquilibres et des asymétries, les parties procéderaient à une réduction de leurs forces armées d'environ 500 000 hommes de chaque côté.

Lors de la troisième étape, le caractère purement défensif des forces armées des deux côtés serait renforcé de manière à les rendre incapables de mener des opérations offensives. À toutes les étapes de la négociation, nous sommes prêts à procéder à des réductions mutuelles des armements offensifs : armes nucléaires tactiques, aviation d'attaque, chars de combat. Nous pourrions également convenir d'autres mesures, comme la création de couloirs dénucléarisés entre nos troupes respectives.

Voilà notre logique. Je ne vois pas en quoi elle ne vous conviendrait pas. Qu'est-ce qui vous retient de discuter sérieusement de ces problèmes ?

— Nous voyons que vous voulez progresser sur la question des armes conventionnelles, répondit le secrétaire d'État. Nos alliés et nous, nous avons également envie d'avancer. La question est de déterminer comment. Il faut commencer à Vienne. Il faut y achever le travail sur le mandat des délégations. La formule dont nous avons discuté à Genève est effectivement une bonne formule. Il s'agit maintenant de la « vendre » à nos alliés respectifs. Le marché sera plus facile à conclure s'il prend la forme d'une proposition agréée par tous. Ils ont peur que nous nous entendions derrière leur dos. Voilà pourquoi le processus doit se dérouler à Vienne. Quant à l'essence de la question, la formulation nous satisfait. L'important est de la présenter à Vienne avec prudence.

À la fin de la rencontre, Reagan aborda la nécessité d'empêcher la prolifération des missiles balistiques.

— Le problème prend une acuité particulière au Proche-Orient et dans le Sud-Est asiatique, expliqua-t-il. Si l'on n'interrompt pas la prolifération, elle peut devenir une menace sérieuse. Des pays comme l'Iran et la Libye peuvent coupler la technologie des missiles avec des armes chimiques, ce qui aurait les pires conséquences. Nous devons donc étudier les moyens de pression que nous pouvons exercer sur eux et la manière d'influencer nos amis pour arrêter cette tendance ou la contrôler.

J'admis qu'il s'agissait d'un problème sérieux et me déclarai prêt à en étudier les aspects concrets.

Le lendemain, 31 mai, nous nous retrouvâmes une nouvelle fois en tête à tête. Le président me posa des questions sur la perestroïka et je lui en parlai, ainsi que de nos difficultés et de nos plans ultérieurs. Je lui dis également que les États-Unis n'avaient pas changé leur politique de discrimination commerciale envers l'URSS. Les vieux stéréotypes, précisai-je, semblaient garder leur emprise sur la direction américaine. Ne valait-il pas mieux avoir affaire à un pays faible plutôt que de l'aider à devenir plus fort ? Reagan se récria et justifia les mesures discriminatoires par des problèmes non résolus liés à la politique soviétique sur l'émigration.

Dans ma réponse, je dis en substance que, puisque nous étions parvenus à une compréhension mutuelle, nous devions avancer vers une coopération bilatérale en mettant de côté les débris du passé.

— Je suis convaincu, précisai-je, que c'est la volonté divine de nous voir développer nos liens. D'ailleurs, une plus grande interdépendance diminue les effets de surprise dans le comportement de chacun des partenaires.

Le président Reagan promit de faire tout ce qui était en son pouvoir pour préserver l'esprit constructif du dialogue américano-soviétique. Il ajouta qu'il priait parfois pour que Bush, qui partageait ses convictions et aspirait lui aussi à de meilleures relations avec l'URSS, lui succédât.

Au terme de notre matinée de travail, le président et moi descendîmes faire un tour dans l'enceinte du Kremlin. Les touristes saluaient Reagan qui leur répondait et échangeait avec eux des paroles amicales. Lors de l'une de ces discussions impromptues, près de *Tsar-Pouchka*[5], quelqu'un dans la foule demanda à Reagan :

— Monsieur le président, considérez-vous toujours l'Union soviétique comme l'« empire du Mal » ?

— Non ! répondit-il.

Je me trouvais à côté de lui et je pensai : « Bien ! » Le lendemain, je racontai cette anecdote lors de ma conférence de presse. Lors de la sienne, quelques heures plus tard, Reagan dut répondre à des questions sur le sujet. Un journaliste voulait particulièrement connaître les raisons qui l'avaient amené à changer d'avis.

— Monsieur le président, avez-vous découvert des éléments nou-

---

5. Le « Roi des canons », vieux canon en bronze de la fin du XVIe siècle. D'un calibre de 890 millimètres, il pèse 40 tonnes, mais n'a jamais fait feu. (N.d.T.)

veaux ? Avez-vous eu la possibilité d'en apprendre davantage sur ce pays ? Et à qui revient le mérite de votre évolution, à vous-même ou à Gorbatchev ?

— Le mérite en revient surtout à monsieur Gorbatchev, en tant que dirigeant de ce pays. Il me semble que la perestroïka a changé l'Union soviétique. À en juger par ce que j'ai lu sur la perestroïka, je suis d'accord sur de nombreux points.

Pour moi, cette déclaration fut l'un des principaux résultats de la visite de Ronald Reagan. Cela voulait dire que le président avait fini par admettre que son intuition ne l'avait pas trompé lorsqu'il avait senti, dès Reykjavik, que l'on « pouvait travailler » avec une Union soviétique en pleine mutation et sortir le monde de la hantise d'une guerre nucléaire. Il pouvait donc se féliciter d'avoir fait un choix correct et je compris pourquoi il priait pour que son successeur fût un homme qui pensait comme lui. Là réside à mon sens la grandeur historique du quarantième président des États-Unis.

Nous fîmes quelques pas dans le Kremlin avant de sortir sur la place Rouge par la porte du Sauveur et de passer près du Mausolée. Reagan manifestait un vif intérêt pour les monuments du centre historique de la Russie. Il était animé et satisfait de la tournure des événements.

Nous retournâmes dans la citadelle et prîmes le chemin du Grand Palais pour la cérémonie officielle de signature des documents dans le salon Rouge. Tout le monde était déjà réuni. Chevardnadze et Shultz signèrent un accord sur un essai commun de procédure de contrôle, un autre sur la notification préalable des tests de lancement d'ICBM et de SLBM. Nous signâmes également un programme de coopération pour les années 1989 et 1990 qui prévoyait notamment un échange annuel de mille élèves en provenance de cent écoles américaines et soviétiques. C'était une idée du président Reagan.

La rencontre finale eut lieu le 1er juin au matin en présence des deux délégations. Chevardnadze et Shultz donnèrent lecture des résultats de leurs négociations. Nous parlâmes également en détail du problème des conflits régionaux. J'exposai au président la manière dont nous envisagions leur règlement en soulignant qu'elle supposait de prendre en compte non seulement les intérêts légitimes de nos alliés et de leurs amis politiques, mais aussi ceux des États-Unis. Le cas de l'Afghanistan constituait un excellent exemple de cette approche : pour la première fois, l'Union soviétique, les États-Unis et les parties en guerre signaient un accord ouvrant la voie à une solution politique.

Nous fîmes également des progrès sur la question d'une conférence internationale sur le Proche-Orient, et ouvrîmes des perspectives qui pouvaient permettre de résoudre les conflits en cours en Afrique australe, en Amérique centrale et au Cambodge.

Au moment de parler du texte de la déclaration commune du sommet, je renouvelai la proposition que j'avais formulée lors de notre première conversation, notamment de fixer dans le document, en tant que normes internationales inaliénables et obligatoires, le caractère inadmissible de l'utilisation de la force pour régler les conflits, la reconnaissance de la coexistence pacifique en tant que principe universel des relations internationales, l'égalité de tous les États, la non-ingérence dans leurs affaires intérieures et leur droit à déterminer librement leur système politique et social.

Au cours de notre première conversation, le président avait promis d'« étudier » la question avec ses collaborateurs. Mais ces derniers s'étaient prononcés contre mon idée. Ils refusèrent également une version de compromis. Le lecteur peut consulter le texte définitif de la déclaration, qui a été maintes fois publié, pour voir ce qu'il en est resté. J'ai pu constater une fois de plus que la politique était l'art du possible.

La dernière rencontre officielle terminée, tout était déjà prêt dans la salle Saint-Vladimir du Kremlin pour la cérémonie solennelle de ratification du traité INF. Le premier pas était fait, mais un long chemin restait encore à parcourir. Le monde était bourré d'armes d'extermination de masse. L'affrontement entre les grandes puissances était toujours latent. Il fallait poursuivre le travail.

La ligne de partage : mon discours aux Nations unies

Vers 1988, le concept de nouvelle pensée et la politique qu'il commandait avaient pris une forme définitive. Je les exposai en détail devant l'Assemblée générale des Nations unies.

La préparation du voyage à New York fut une tâche de longue haleine. Je commençai à y penser pendant mes vacances d'été. Le 31 octobre, j'invitai le groupe de mes plus proches collaborateurs en matière de relations internationales (Chevardnadze, Iakovlev, Tcherniaïev, Dobrynine et Faline) à réfléchir ensemble sur le contenu et la direction principale de ma future intervention. Tous étaient d'accord pour estimer que des réductions considérables des armements et des effectifs de nos forces armées étaient nécessaires. Il fallait partir du principe que le quinquennat suivant serait pour nous celui du désarmement. Bref, mon discours devait être à l'opposé du fameux discours de Winston Churchill à Fulton [6]. Et il nous fallait étayer nos idées par des faits, montrer un mouvement réel. On ne nous croirait que si nos paroles étaient confirmées par des actes.

J'avais l'intention de consacrer une partie de mon intervention aux Nations unies en tant qu'instrument de paix et souligner encore que l'heure était venue de développer le potentiel dont l'organisation avait été dotée au moment de sa fondation. Il me semblait possible de proposer une « doctrine » de l'activité de l'ONU dans le nouveau contexte international, d'exprimer clairement l'idée qu'il convenait de « démilitariser » la pensée, de démocratiser et d'humaniser les relations internationales, et d'affirmer le rôle des Nations unies dans la mise en place d'un nouvel ordre économique mondial ainsi que dans la création de liens économiques équitables entre le Nord et le Sud.

Pour finir, le fond et la forme de mon discours furent discutés et approuvés par le Politburo. Il n'y eut aucune objection essentielle. Nous étudiâmes soigneusement les chiffres de la réduction unilatérale de nos forces armées que nous souhaitions annoncer. Sur cette question, le maréchal Akhromeïev fournit un travail considérable. Les rumeurs répandues en Occident sur son opposition à cette initiative sont de pures inventions. Toutes les études concrètes furent faites sous sa direction.

Il ne restait plus qu'à s'atteler à l'écriture du texte. J'avais l'habitude de dicter plusieurs versions de mes projets de discours. Pour celui-là, je m'y repris à trois fois. Le travail de peaufinage se poursuivit — c'était également devenu une habitude — jusque dans l'avion qui m'emmenait vers New York.

Quelques heures avant l'atterrissage, je me coupai complètement de mon entourage. Les jours suivants promettaient d'être très chargés et je devais me concentrer le plus possible. Bien que tout semblât sous contrôle, je m'efforçai de penser aux points les plus importants de la visite.

Naturellement, le « clou » devait être mon discours devant l'Assemblée générale des Nations unies. En quarante années d'existence, cet illustre aréopage avait eu l'occasion d'entendre de très nombreux dis-

---

6. Dans ce discours, prononcé à Fulton, Missouri, le 5 mars 1946, Churchill constatait qu'un « rideau de fer » s'était abattu sur l'Europe. (N.d.T.)

cours, dont certains prononcés par de grands orateurs. Mais je ne me faisais aucun souci à ce propos. Vers la fin de 1988, j'avais structuré ma pensée sur le nouvel ordre mondial qui me semblait souhaitable et sur les moyens d'y parvenir. L'Assemblée générale me semblait un forum approprié pour y exprimer mes vues. Et comme elles ne reflétaient pas seulement ma perception personnelle de la situation de la planète, mais aussi les intérêts d'une grande nation, elles pouvaient devenir un facteur important dans le processus de formation d'une nouvelle conscience internationale. J'espérais aussi qu'une réaction positive à mon programme renforcerait ma position et m'aiderait à surmonter la résistance grandissante au changement à l'intérieur même de l'URSS.

Mon intervention contenait un certain nombre de propositions concrètes destinées à améliorer la situation internationale : notre décision de réduire de 500 000 hommes en deux ans les effectifs de notre armée ; un accord avec nos alliés du Pacte de Varsovie sur l'évacuation et la dissolution, pour 1991, de six divisions blindées soviétiques stationnées en RDA, en Tchécoslovaquie et en Hongrie ; d'autres mesures destinées à la réduction de notre potentiel offensif. Mais mon intention était surtout de montrer à la communauté internationale que l'humanité était au seuil d'une ère où les principes qui gouvernaient les relations entre les États, rapports de forces et rivalités, devaient céder la place à la coopération créative et au développement commun.

Si l'on me demandait aujourd'hui de résumer mon discours, je me limiterais à citer quelques thèses et principes universels :

— chaque nation, à commencer par les grandes puissances, doit faire preuve de retenue et exclure toute utilisation de la force en dehors de ses frontières ;

— la liberté de choix est une condition *sine qua non* de la diversité du développement social des nations ;

— les relations entre les États doivent être libérées de pressions idéologiques ;

— nous devons œuvrer tous ensemble pour assurer la suprématie des valeurs humaines universelles sur la multitude des aspirations égoïstes, même lorsqu'elles sont légitimes.

Dans mon discours, j'accordai la plus grande importance au nouveau rôle de l'ONU. De nouvelles possibilités s'ouvraient devant elle dans toutes les sphères : militaire, politique, économique, technique, scientifique, écologique, humanitaire.

Cela concernait d'abord la question du développement. Les conditions d'existence de millions de personnes dans de nombreuses régions du tiers monde étaient catastrophiques. Quelle que fût leur importance, des « clubs exclusifs » ou même des associations régionales d'États étaient incapables de délier les « nœuds gordiens » le long des principales lignes de relations économiques dans le monde : Nord-Sud, Est-Ouest, Sud-Sud, Sud-Est, Est-Est. Des efforts conjoints étaient nécessaires pour prendre en compte les intérêts de chaque groupe de pays. Et seule une organisation comme celle des Nations unies pouvait assurer cela. Elle pouvait, en particulier, contribuer à défaire le nœud de la crise mondiale de l'endettement. Dans certaines régions du monde, l'environnement se trouvait dans un état désastreux. Je proposai, comme un premier pas, de créer auprès de l'ONU un centre d'aide écologique urgente dont la fonction serait d'envoyer des groupes de spécialistes de différents pays dans les régions où la situation de l'environnement se dégraderait brusquement.

L'idée que nous entrions dans une nouvelle phase de l'ordre mondial fut un autre des temps forts de mon discours. Je partais du principe que la communauté internationale doit être composée d'États de droit dont la politique extérieure serait entièrement fondée sur des règles juridiques. Pour y parvenir, les Nations unies devaient être à l'origine d'une interprétation commune des principes du droit international, de leur codification et de l'élaboration de nouvelles normes pour de nouvelles sphères de coopération. L'efficacité du droit international ne devait plus s'appuyer sur la coercition, mais sur des règles reflétant l'équilibre des intérêts des États. Conjugué à une prise de conscience du destin commun, cela aurait créé une démarche sincère de chaque État en faveur du respect du droit international.

Le problème de l'humanisation des relations entre États était directement lié à cela. Les liens interétatiques ne peuvent traduire les véritables intérêts des peuples et servir la cause de leur sécurité commune que si l'homme, avec ses soucis, ses droits et obligations, se trouve au centre de tout.

J'ai relu ce texte en travaillant sur mes Mémoires. Le temps a enrichi notre expérience. Si je devais préparer ce discours aujourd'hui, je préciserais sans doute certaines choses ou les formulerais différemment, mais je ne renoncerais à aucune de ces idées. Je crois même que le message que je voulais transmettre est encore plus d'actualité.

J'étais très ému en montant à la tribune. Mes premières paroles furent lentes et hésitantes. Mais, peu à peu, ma relation avec la salle s'améliora. Je sentais par toutes les fibres de ma peau que mes paroles et mes pensées trouvaient un écho dans le public, et cela me rendait plus sûr de moi et éloquent. Et il me sembla que la longue ovation qui me salua n'était pas seulement une marque de politesse.

L'éditorial du *New York Times* fut particulièrement élogieux :

> Depuis que Woodrow Wilson présenta ses quatorze points, en 1918, depuis que Franklin Roosevelt et Winston Churchill signèrent la charte de l'Atlantique, en 1941, il est probable qu'aucune personnalité internationale n'a montré une vision du monde comme celle de Mikhaïl Gorbatchev, hier, aux Nations unies. À l'instar de ces précurseurs, le dirigeant soviétique a appelé à une restructuration complète de la politique internationale. Il s'est prononcé pour l'autorité de la loi et non de la force, pour une approche multilatérale et non unilatérale des libertés économiques et politiques. Comme eux, il a saisi l'occasion et utilisé son talent d'orateur pour attirer l'attention du monde entier. Mais, à leur différence, il a promis d'ouvrir le chemin de manière unilatérale, en procédant à une réduction des forces armées soviétiques et à la conversion de l'industrie militaire soviétique vers des activités pacifiques.
>
> À couper le souffle, risqué, audacieux, naïf, destiné à faire diversion, héroïque. Toutes ces définitions conviennent. Ses implications sont tellement considérables qu'il faudra plusieurs semaines pour s'y retrouver. Mais quelles que soient les motivations de M. Gorbatchev, ses idées méritent — exigent ! — la réponse la plus sérieuse de la part du président élu George Bush et des autres dirigeants.

Le *Washington Post* eut ce commentaire, sous la plume de Robert Kaiser :

> Dans l'un des discours les plus éloquents jamais prononcé aux Nations unies, Mikhaïl Gorbatchev a proposé de changer les règles qui gouvernent le monde depuis quatre décennies... Gorbatchev a littéralement appelé le monde à fondre les glaives pour en faire des charrues en proclamant que « l'usage de la force ou la menace d'y recourir ne devaient plus être des instruments de politique étrangère ». Aucun dirigeant occidental ne pourra facilement rejeter l'invitation de Gorbatchev à dépasser la guerre froide en allant de l'avant vers une nouvelle ère de coopération internationale. Et, en l'accompagnant de l'aveu étonnant des défauts et des erreurs de l'URSS dans le passé, le dirigeant soviétique a fait preuve d'une sincérité et d'une franchise qui renforcent l'attrait de son appel. Son intervention a été d'une audace remarquable...

Governor's Island — l'île du Gouverneur — est située dans l'embouchure de l'East River, à un quart d'heure en voiture du centre-ville. C'est là que je devais rencontrer Ronald Reagan et George Bush. À vrai dire, je comptais me détendre un peu et me reposer pendant ce bref parcours, mais cela me fut impossible. La veille, un tremblement de terre avait eu lieu en Arménie. Margaret Thatcher m'en avait informé la première par un télégramme envoyé en pleine nuit. De ma voiture, sur le ferry de Governor's Island, j'eus une conversation téléphonique avec Ryjkov. Il me donna des détails sur les événements et m'annonça les dimensions des destructions et le grand nombre de victimes. Il s'agissait d'une tragédie sans précédent au cours de l'histoire récente.

Dès mon arrivée sur l'île, je me rendis à Admiral's House pour dicter un message de sympathie et de condoléances au peuple d'Arménie. Il n'est pas difficile d'imaginer l'état dans lequel je me trouvais. Je décidai d'écourter ma visite aux États-Unis et d'annuler un voyage prévu à Cuba. Je devais m'excuser auprès de Fidel Castro et retourner de toute urgence à Moscou.

Cependant, à ce moment-là, il me fallait encore me concentrer sur le programme prévu à Governor's Island. La cérémonie d'accueil et des centaines de journalistes m'attendaient. Je m'efforçai de rester calme et prononçai les phrases de politesse habituelles, mais je n'en pressai pas moins Reagan et Bush en leur proposant d'aller nous réfugier le plus vite possible dans le salon de l'hôtel particulier réservé pour notre rencontre. Les premières minutes de notre conversation furent consacrées au désastre d'Arménie.

Nous commençâmes d'abord à trois, puis nos assistants nous rejoignirent. Pour moi, le plus important était de comprendre de quelle manière le changement d'administration, à Washington, affecterait notre politique envers les États-Unis. La discussion sautait d'un sujet à l'autre. Du côté américain, c'était surtout Reagan qui parlait, bien qu'il fût déjà sur la touche. Bush, avec tact, se cantonnait au rôle de vice-président loyal.

Nous abordâmes pratiquement toutes les questions essentielles des relations soviéto-américaines : l'état des négociations START, l'IDS, l'interprétation du traité ABM. J'exprimai mon intention de continuer à travailler sur ces problèmes avec n'importe quelle administration américaine.

Lorsque arriva le moment de passer aux problèmes régionaux, je pris la parole :

— Je vous propose de suivre la voie sur laquelle nous nous sommes engagés avec le président Reagan. Il n'est pas dans notre intérêt que la sécurité des États-Unis soit moins bonne que la nôtre. Nous ne nous faisons pas d'illusions. Il y a la vie réelle et la politique réelle. Occupons-nous des réalités. Si le nouveau président a des questions sur les problèmes internationaux et qu'il veut nous les poser, nous serons heureux d'y répondre. Je soutiens particulièrement votre idée, monsieur Reagan, de préserver la tradition qui s'est instaurée entre nous. J'ai rencontré chez monsieur Bush la même compréhension de l'importance des relations soviéto-américaines dans le cadre de la politique mondiale.

En résumé, la rencontre de Governor's Island fut sincère et amicale et j'en gardai une bonne impression. Elle laissait supposer, en tout cas, que nous poursuivrions le dialogue avec le nouveau président.

Reagan me raccompagna jusqu'au ferry. Quelques minutes plus tard, notre cortège remontait Broadway. Des foules s'étaient rassemblées sur les trottoirs. Pendant une heure, nous traversâmes la ville. À deux reprises, je sortis de la voiture pour serrer les mains et échanger quelques mots. Le protocole, implacable, avait encore prévu d'autres manifestations. D'abord, une visite du World Trade Center.

Dans la soirée, le secrétaire général de l'ONU donna une réception grandiose, mais je n'avais en tête qu'une seule pensée : l'Arménie. Dès mon retour à la résidence, je donnai l'ordre de tout préparer pour un retour d'urgence à la maison. J'informai la presse de ma décision. Le lendemain matin, nous nous envolâmes pour Moscou.

CHAPITRE 21

LA PERESTROÏKA ET LES PAYS SOCIALISTES

La fin de la « doctrine Brejnev »

Dès mon accession au poste de secrétaire général, en mars 1985, je contactai très vite les dirigeants des pays du Pacte de Varsovie. Je parlai avec chacun d'entre eux au téléphone et leur proposai de les rencontrer à l'occasion de leur venue à Moscou pour les obsèques de Tchernenko. La réunion eut lieu au Kremlin, tout de suite après l'enterrement. Étaient présents : Todor Jivkov, de Bulgarie, Nicolae Ceausescu, de Roumanie, Erich Honecker, de RDA, Janos Kadar, de Hongrie, Gustav Husak, de Tchécoslovaquie, et Wojciech Jaruzelski, de Pologne. Côté soviétique, Tikhonov, Gromyko et Roussakov [1] y participaient avec moi.

Je ne peux pas dire que ce fut pour moi une réunion facile. Je connaissais déjà personnellement tous les dirigeants des pays socialistes et j'avais rencontré certains d'entre eux, comme Jivkov, Kadar et Ceausescu, à plusieurs reprises. Mais la situation était radicalement différente. À mon nouveau poste, il me fallait établir une bonne relation avec ces hommes qui, pour la plupart, dirigeaient leur parti depuis des dizaines d'années [2] et avaient l'habitude de suivre certains stéréotypes dans leurs contacts avec la direction soviétique. Néanmoins, l'essentiel n'était pas là. À cette époque, il était déjà clair que les rapports entre

1. Secrétaire du Comité central chargé des relations avec les partis frères au pouvoir. (N.d.T.)

2. À ce propos, les rencontres entre dirigeants des pays du Pacte de Varsovie donnaient souvent lieu à des discussions de préséance. Jivkov, par exemple, ne manquait jamais une occasion de préciser : « En tant que doyen, je voudrais dire... » Il arriva au pouvoir en 1954, Kadar, à l'automne de 1956 et Ceausescu en 1965. Cela voulait dire que presque tous dirigeaient leur pays depuis vingt ou trente ans. Honecker devint premier secrétaire du CC du SED en 1971.

l'URSS et ces pays avaient besoin d'un renouveau. La « formule » que je voulais proposer à mes homologues comprenait deux ingrédients principaux : la continuité et le besoin de changement.

Pour des raisons évidentes, la séance fut brève. Ses conséquences furent pourtant considérables. En l'ouvrant, je dis combien nous étions favorables à des relations d'égalité, au respect de la souveraineté et de l'indépendance de chaque pays, et à une coopération mutuellement avantageuse dans tous les domaines. La reconnaissance de ces principes impliquait aussi la responsabilité de chaque parti dans la situation de son pays.

Les participants soutinrent tous mes paroles, mais j'eus l'impression qu'ils les prenaient à la légère, comme s'ils n'étaient pas convaincus de leur sérieux. En réalité, mes prédécesseurs avaient sans doute fait des déclarations similaires et rien n'avait changé pour autant. Une fois de plus, mes interlocuteurs devaient penser : qui vivra verra. Pourtant, ma déclaration marquait un réel tournant vers de nouvelles relations. Elle impliquait le refus de la « doctrine Brejnev » qui, bien que n'ayant jamais été formulée, définissait dans la pratique l'attitude de l'Union soviétique envers ses alliés.

Le 14 mars 1985, j'eus un entretien avec le chef de la délégation chinoise, Li Peng, vice-président du Conseil d'État de la République populaire de Chine. Li Peng, ancien étudiant de l'Institut de l'énergie de Moscou, parlait couramment le russe. Sa désignation par la direction chinoise pour venir à Moscou constituait d'ailleurs un signe positif. Je conduisis la conversation dans un esprit amical et exprimai la conviction que la normalisation complète de nos relations avec son pays était nécessaire et qu'elle pourrait s'avérer mutuellement profitable. De son côté, Li Peng affirma que la Chine était disposée à normaliser graduellement nos relations à condition qu'elles fussent fondées sur une égalité véritable : elle ne voulait pas se retrouver dans le rôle du petit frère soumis à l'URSS. Je complétai alors ma pensée en précisant qu'une normalisation ne pouvait se faire qu'à partir de positions d'égalité et de respect mutuel et en prenant en compte les intérêts nationaux de chaque partie. Bref, à cette occasion, les directions des deux pays envoyèrent et reçurent des signaux importants.

Le lecteur se dira certainement — avec raison — que des intentions similaires avaient déjà été exprimées sous Khrouchtchev, Brejnev et encore plus tard. Depuis mars 1985, nous nous efforçâmes de traduire ces principes dans la réalité, bien que cela ne fût pas toujours facile. Il nous fallait surmonter une résistance acharnée à toute transgression du principe stalinien selon lequel nous devions diriger la « communauté socialiste ». Bien entendu, avec le temps, la forme, le décor avaient changé, mais le fond, les méthodes restaient immuables. Les institutions du parti et de l'État chargés de ces questions avaient beaucoup de mal à s'adapter à la perestroïka. Les cadres, formés dans un certain style, rechignaient à se débarrasser de leur morgue dans les relations officielles et même dans leurs contacts quotidiens avec nos alliés.

Dans les pays socialistes eux-mêmes, les traditions de dépendance et d'obéissance au « grand frère », de toujours le consulter pour la moindre action de manière à ne pas provoquer son mécontentement, étaient bien enracinées. Il va de soi que la dimension de cette « obéissance » variait beaucoup d'un pays à l'autre en fonction des liens économiques avec l'URSS, de la stabilité du régime, des facteurs historiques et, *last but not least*, de la personnalité des dirigeants. Au moment où je pris les rênes, la « communauté socialiste » n'avait plus l'uniformité de l'immédiat après-guerre et possédait ses « hérétiques » et « trublions », comme Ceausescu. Mais la discipline prédominait sur les questions stratégiques : le dernier mot revenait toujours à la superpuissance socialiste.

La nouvelle politique à l'égard de ces pays ne se forma pas du jour au lendemain mais graduellement, comme une composante parmi d'autres de la nouvelle pensée politique.

Un mois plus tard, je rencontrai encore les dirigeants socialistes à l'occasion de la reconduction pour vingt ans du Pacte de Varsovie. Un accord de principe fut atteint, non sans discussions. Ma déclaration devant ce cercle restreint eut une certaine influence : « Nous ne devons forcer personne, expliquai-je. Chaque pays doit décider seul de ce qu'il veut faire. »

Pour moi, cette rencontre revêtit de l'importance pour une tout autre raison : le plénum du CC du 25 avril venait de se tenir et je désirais connaître l'attitude de mes collègues étrangers envers ses résultats. La réaction aux idées de Moscou fut tout à fait positive. En tout cas, personne ne me posa de question embarrassée ni n'exprima de l'inquiétude.

Sur les problèmes de politique internationale, nous fîmes comprendre à nos alliés que la diplomatie soviétique envisageait une offensive pacifiste importante, non plus propagandiste, mais réelle. Nous devions coordonner nos efforts pour rompre la tendance à l'affrontement. Lors d'une réunion du Comité politique consultatif du Pacte de Varsovie, à Sofia, en octobre, nous « synchronisâmes nos montres » à la veille du sommet soviéto-américain de Genève. En fait, c'était la première fois depuis de longues années que la direction soviétique ne se contentait pas de mettre ses alliés devant le fait accompli, exigeant d'eux une approbation formelle de ses initiatives. Chacun apprécia la démarche. Quant à l'essence de nos propos — tenter de parvenir à un accord avec les États-Unis pour mettre fin à la course aux armements et engager un désarmement réel —, elle fut soutenue avec enthousiasme par tous les participants.

Désireux d'établir un contact plus étroit avec mes partenaires, je proposai une réunion de travail informelle en dehors du cadre du Comité politique consultatif. Nous nous installâmes tous les sept autour d'une table ronde. Nos assistants, un par dirigeant, s'assirent à des tables séparées. Seule la direction soviétique faisait exception. Medvedev, que je souhaitais nommer à la tête du département du Comité central chargé de ces affaires, assistait à l'entrevue en plus de mon collaborateur, Charapov.

Comme tous les participants désiraient me voir prendre la parole en premier, je leur fis franchement part de nos problèmes et leur expliquai pourquoi nous avions besoin d'un renouveau en URSS. J'exposai aussi notre conception de l'accélération du développement socio-économique.

Le discours de Jaruzelski fut substantiel et empreint d'émotion. Son ton témoignait de son attachement aux réformes et il se plaignit de la trop forte emprise idéologique qui les freinait en empêchant la Pologne de sortir de l'esprit de « forteresse assiégée ». Les autres participants commentèrent nos innovations tout aussi favorablement. Le ton de la discussion était libre et chacun fit part de ses préoccupations. Les critiques à l'égard du bureaucratisme et du manque d'efficacité du CAEM furent unanimes. Tout le monde estimait nécessaire une réforme fondamentale des mécanismes de coopération. On regrettait aussi le retard de la communauté socialiste sur l'Occident dans la sphère économique, notamment en matière de progrès technique, de technologies de pointe et d'intégration. En résumé, nous tombâmes d'accord pour consacrer un sommet spécial aux problèmes de restructuration des liens économiques et de la coopération au sein du CAEM.

Certains pays socialistes avaient entrepris de trouver leurs propres solutions. La Bulgarie, par exemple, constatait — comme ses partenaires — le retard scientifique et technologique de l'Union soviétique sur l'Occident. Ses dirigeants estimaient donc qu'en s'orientant exclusivement sur l'URSS, ils se condamnaient à rester à la traîne. Ils tentaient donc de développer des liens avec l'Occident dans les domaines de pointe, ce qui était normal. Le problème était qu'ils le faisaient en secret, sans nous prévenir, tout en se tournant vers nous dès que des complications surgissaient.

La Bulgarie avait vécu au-dessus de ses moyens pendant des décennies. Au début de 1990, sa dette extérieure avait atteint dix milliards de dollars pour une population de neuf millions d'habitants. Bien des années plus tôt, Jivkov était parvenu à obtenir de Brejnev un soutien important en devises. En échange de plans de « coopération fraternelle » qui donnaient lieu à un intense battage médiatique, l'Union soviétique livrait régulièrement de l'énergie et des matières premières à la Bulgarie et lui octroyait des subventions.

Une tentative sérieuse pour corriger cette distorsion fut entreprise en juillet 1985, lors d'une visite de Jivkov à Moscou, avec la signature du « Programme à long terme pour le développement de la coopération économique, scientifique et technique entre l'URSS et la Bulgarie jusqu'en l'an 2000 ». Malheureusement, des sorts contraires empêchèrent de le mener à bien : une baisse brutale des prix du brut sur le marché mondial entraîna pour l'URSS la perte de presque la moitié de ses ressources en devises. Nous nous vîmes contraints de réduire nos livraisons de pétrole à nos partenaires du CAEM, y compris à la Bulgarie. Cela fut très mal perçu à Sofia comme à Berlin : Bulgares et Allemands de l'Est réexportaient en Occident une partie de nos exportations pétrolières.

Il devint alors évident que le modèle économique adopté par la Bulgarie et les autres pays du CAEM ne fonctionnait que dans la mesure où il était maintenu en « respiration artificielle » par les injections de capital en provenance de l'étranger. La partie soviétique ne pouvait plus se permettre d'entretenir de telles relations. Nous proposâmes de transformer nos liens économiques en passant à des échanges équilibrés, ce qui supposait d'interrompre nos subventions à la Bulgarie — quatre cents millions de roubles par an — pour soutenir son agriculture.

Ce fut à ce moment que la différence entre les assurances de Jivkov sur la poursuite d'une coopération étroite avec l'URSS et ses actes politiques pratiques devint particulièrement visible. Il s'était entouré d'hommes dont les projets semblaient plutôt orientés vers l'Ouest que vers l'Est. Les citoyens soviétiques qui se rendaient en vacances en Bulgarie, aux célèbres Sables d'or, sentaient bien que l'attention de l'administration locale et du personnel de service était désormais accaparée par ceux qui possédaient des dollars et des marks allemands.

L'expérience hongroise différait dans plusieurs domaines. Les inclinations démocratiques de Janos Kadar, son respect pour la liberté de chacun de choisir son propre cadre de vie lui permirent de résoudre le problème paysan avec une géniale simplicité. Il fit reconnaître le droit des paysans à quitter les kolkhozes de leur plein gré. La plupart formèrent des coopératives tout à fait volontairement. Cela s'accompagna de la possibilité d'acquérir des lopins pour y planter des potagers ou construire des pavillons de campagne.

Les coopératives introduisirent de nouvelles techniques dans la culture du maïs et purent obtinrent ainsi des rendements élevés. Cela permit de produire, et de vendre, partout dans le pays, de grandes quantités d'aliments combinés pour le bétail. Les paysans et les ouvriers des petites bourgades se mirent à l'élevage. Entre 80 et 90 % des fruits en vente en Hongrie étaient produits par le secteur privé. Tout cela constituait une stratégie efficace : le pays n'avait que peu de matières premières pour développer une industrie lourde alors que les conditions naturelles pour l'agriculture y étaient excellentes.

Dans leur développement industriel, les Hongrois, en nous copiant, furent emportés par une sorte de « gigantisme » — si tant est que ce terme soit applicable à la petite Hongrie. Je veux parler d'usines comme celle qui fabrique les autobus Ikarus ou le combinat métallurgique de Sztœlinvœros (nom qu'il avait reçu à l'époque). La prospérité de l'industrie lourde hongroise, de ses usines de constructions mécaniques, ne dura que quinze ans. Certes, le travail des ingénieurs et ouvriers hongrois était consciencieux, mais tout ne fonctionnait que grâce aux matières premières et à l'énergie fournies par l'URSS. En payant ces dernières en roubles alors qu'ils vendaient en devises une partie de leur production agricole, les Hongrois disposaient d'un espace de manœuvre qui leur permettait de vivre décemment.

Néanmoins, tout n'allait pas pour le mieux dans l'économie hongroise. À peu près tous les dix ans, Kadar avait dû se tourner vers la direction soviétique pour obtenir une aide financière solide qui se chiffrait en centaines de millions de dollars. Plus tard, lorsque cette possibilité disparut, les Hongrois se tournèrent vers l'Occident en général et l'Allemagne fédérale en particulier. Le pays réorienta plusieurs industries vers le marché occidental et devint dépendant de la livraison de certaines pièces détachées, de matières premières et de produits semi-finis. Les paiements de ces livraisons absorbaient pratiquement tous les revenus des exportations et la dette extérieure en devises convertibles augmenta. Le résultat final fut que le pays devait payer, rien que pour les intérêts de ses dettes, 40 à 60 % de toutes les devises gagnées. Cela se traduisit par des blocages et des ruptures de production dans les secteurs liés aux livraisons occidentales et, plus généralement, par une chute générale de la production.

En somme, la Hongrie vivait au-dessus de ses moyens. Tel était le principal problème et le drame du pays. Tout partait d'ailleurs d'un mauvais calcul à long terme. En fait, tous les pays est-européens avaient fondé leurs stratégies sur le principe que la conjoncture favorable, en Europe et dans le monde, était une donnée durable. La crise du pétrole rendit ces calculs caducs et nos alliés se retrouvèrent enfoncés dans les dettes.

Celle de la Hongrie envers l'Occident atteignait douze milliards de dollars (quatorze si l'on en croit d'autres données). Dans ces conditions, les Hongrois cherchaient la voie qui pouvait leur permettre d'accélérer les réformes économiques. À la demande de Kadar, ce travail fut supervisé par l'éminent économiste Rezsî Nyers. Mené d'une manière peu conséquente, il donna peu de résultats, en partie à cause de la résistance des forces conservatrices. Kadar lui-même avait des doutes et procédait par tâtonnements en tenant compte de l'évolution des courants politiques et des états d'âme de la société, ce qui l'amenait tantôt à repousser Nyers, tantôt à lui faire confiance.

Dans l'ensemble, Kadar comprenait le besoin de changer et cherchait de nouvelles approches à une direction rationnelle de l'économie. Les Hongrois comptaient parmi les premiers à refuser les directives rigides du centre. Ils misaient plutôt sur l'élaboration et l'accomplissement des plans par les entreprises elles-mêmes. Leur approche de la formation des prix était similaire : le contrôle ne concernait qu'une partie des articles, notamment les denrées alimentaires, et ils introduisaient graduellement des prix négociés.

Ces tentatives de libéralisation soulevaient de nombreuses questions au sein de la direction soviétique. Nos orthodoxes bougonnaient en observant comment ces « rebelles hongrois » enfreignaient de manière préméditée les « lois économiques objectives du socialisme » que « les classiques eux-mêmes » avaient formulées. Ils firent à plusieurs reprises des « réprimandes » aux dirigeants hongrois et certains puristes du marxisme-léninisme étaient même d'avis d'exercer des pressions économiques sur le pays rebelle.

La conférence de Sofia m'aida à mieux comprendre les problèmes de la communauté socialiste et me permit d'étudier un peu plus mes partenaires. Mais j'étais loin d'avoir une image complète de la situation et il ne me semblait pas encore possible de proposer à nos alliés un ensemble de mesures cohérent. Dans mon discours devant le XXVIIe congrès du PCUS, j'exposai mon approche des relations avec la communauté socialiste d'une manière traditionnelle et très générale, à l'exception de quelques « nouveautés ». En réalité, le véritable travail d'évaluation de la situation et de préparation de propositions concrètes — avec ma participation personnelle — ne commença qu'après le congrès. Roussakov, qui dirigeait le département de liaison avec les partis communistes et ouvriers dans les pays socialistes, prit sa retraite, remplacé par Medvedev. Chakhnazarov devint son premier adjoint en lieu et place de O. Rakhmanine, connu pour ses opinions conservatrices.

Nous étions submergés de statistiques, de notes du Conseil des ministres, de notre représentation au CAEM, des ambassades, du ministère des Affaires étrangères, des instituts scientifiques, etc. Il n'était pas facile d'y mettre de l'ordre et de réduire toute cette masse de documentation à quelques propositions concrètes. Je finis néanmoins par rédiger une note au Politburo sur « Quelques questions de coopération avec les pays socialistes ».

Si je choisis cette forme, ce ne fut nullement par hasard : elle permettait, dès le début, de donner à nos nouvelles évaluations et initiatives le statut de politique officielle, approuvée par les décisions de la direction collective.

En relisant aujourd'hui ce mémorandum, je vois clairement l'influence des opinions et stéréotypes traditionnels. Il ne pouvait guère en aller autrement puisque nous avions à peine entrepris de remettre en question des idées ancrées dans notre conscience depuis des décennies et présentant même le caractère d'une foi. Ma note fut discutée à une réunion du Politburo en mai 1986. Le soutien que mes collègues lui apportèrent n'était pas seulement formel. À de rares exceptions près, toute la direction constatait des brèches dans le système de coopération avec les pays socialistes, en particulier dans le domaine économique. La réforme des mécanismes du commerce extérieur, en août 1986, marqua le premier pas vers leur colmatage.

En novembre de la même année, à Moscou, se tint le sommet consacré aux problèmes de coopération économique dont nous étions convenus à Sofia. La discussion fut solide. Nous cherchâmes les causes profondes de notre retard économique, sans nous limiter à des facteurs superficiels. La première d'entre elles était l'imperfection du modèle qui fonctionnait dans les pays socialistes. Nous abordâmes aussi les insuffisances de la politique économique qui n'assurait pas des rapports optimaux entre l'efficacité et la justice sociale, entre les programmes sociaux et la stimulation du travail. Si les discussions se déroulèrent dans une atmosphère de totale liberté, ce fut grâce à l'absence de tout tabou idéologique.

La futilité des arguments abstraits sur les avantages de l'économie planifiée devenait évidente. Il n'était plus possible d'affirmer *a priori* que le socialisme assurait le développement harmonieux des forces productives et la coordination des intérêts divers. Dans le passé, ceux qui osaient mettre en doute ces postulats étaient accusés d'antisoviétisme. Dans d'autres pays socialistes, ils se voyaient affublés d'autres étiquettes, chassés des milieux scientifiques et exclus du parti. Certains étaient même forcés à émigrer. Désormais, le barrage avait volé en éclats et les discussions sérieuses n'avaient plus pour cadre l'Institut d'économie des pays socialistes ou les réunions du CAEM, mais un sommet des gardiens suprêmes de l'orthodoxie.

Dans mon intervention, je mis l'accent sur l'idée que les anciennes formes de coopération étaient épuisées. Le modèle habituel de nos relations économiques, dans lequel nos alliés obtenaient des matières premières en échange de produits finis, n'était plus fonctionnel. De plus, le volume du commerce entre les membres du CAEM au cours des dernières années avait augmenté moins vite que le produit intérieur (en Europe occidentale, c'était le contraire). Pis : la coopération industrielle marquait le pas, alors que l'intégration économique se heurtait à de nombreux obstacles, y compris une orientation ouvertement pro-occidentale de certains pays membres.

Dans l'ensemble, les participants au sommet accueillirent favorablement notre idée de mécanisme « à trois niveaux » pour réguler les liens économiques. Il s'agissait de laisser dans le domaine des relations d'État à État, c'est-à-dire au niveau supérieur, l'orientation stratégique, surtout en matière financière et de coopération scientifique et technique. Les tâches de coopération concrète devaient être concentrées au niveau des branches (ministères, administrations, commissions multilatérales, etc.), ce qui constituerait le niveau intermédiaire. Pour finir, les liens directs entre entreprises et groupes industriels formeraient le niveau de base. L'idée principale était d'octroyer le plus de liberté possible aux producteurs dans le choix de leurs partenaires et des formes de partenariat. Pour résumer, les lois seraient écrites à l'étage supérieur ; à l'entresol, les programmes seraient établis et les décisions d'encadrement prises ; quant aux accords concrets et aux affaires réelles, ils se feraient au rez-de-chaussée.

J'ai déjà mentionné que, en août 1986, nous avions décidé de restructurer totalement le commerce extérieur soviétique. Des limites substantielles furent assignées au monopole d'État et quelques dizaines de grands groupes purent accéder eux-mêmes au marché mondial. Toutes les entreprises se virent octroyer le droit d'établir elles-mêmes des liens avec leurs homologues des pays socialistes. Quant à la question épineuse de la formation des prix dans les échanges commerciaux, nous proposâmes de la laisser à la discrétion des partenaires, à la seule condition pour eux d'observer certains paramètres généraux.

Comprenant que la Mongolie, le Vietnam et Cuba ne pourraient pas adopter rapidement ces nouvelles formes de coopération, nous proposâmes d'élaborer un programme à part pour perfectionner les relations économiques avec ces pays.

Il était possible — avec quelques réserves — de considérer que l'ensemble des mesures que nous avancions représentaient le début de l'évolution vers le marché des relations économiques au sein de la communauté socialiste. Sur ce point, l'unanimité traditionnelle vola en éclats. Les chefs de gouvernement et leurs conseillers, présents à la réunion, calculèrent fiévreusement les avantages et les inconvénients de la réforme pour leurs pays respectifs. Quant aux interventions de certains chefs d'État, elles contenaient des notes clairement critiques. Alors que Kadar et Jaruzelski soutenaient entièrement mes propositions, Husak et Jivkov ne le firent qu'avec des réserves. Honecker et Ceausescu se prononcèrent, eux, pour l'amélioration de la coopération entre États, mais leur réaction fut négative à l'idée d'élargir les droits des entreprises.

En ces journées de novembre, nous eûmes un échange d'opinions assez franc sur les problèmes sociaux et, en particulier, sur le thème éternel du rapport entre la justice sociale et l'efficacité économique. Il fut abordé, de manière très critique, par Kadar et Jaruzelski. Ils expliquaient, en substance, que nous étions allés « trop loin » en direction de l'égalité, jusqu'à un nivellement qui ne permettait plus l'expression des intérêts personnels des individus. Les conséquences s'en faisaient sentir sur l'économie et tous les processus sociaux. Husak fut laconique, mais il fit preuve, comme toujours, d'une bonne compréhension des perspectives à long terme. Jivkov, fidèle à ses habitudes, théorisa avec prétention. Ceausescu et Honecker reconnurent l'importance des questions traitées en ajoutant qu'ils avaient déjà résolu nombre d'entre elles et ils citèrent, à l'appui de leurs dires, une longue liste de réalisations. Certaines étaient réelles, d'autres se révélèrent illusoires.

La rencontre de travail de Moscou constitua une tentative sérieuse pour trouver ensemble les moyens de surmonter les difficultés auxquelles nos pays se trouvaient confrontés et qui menaçaient de dégénérer en crise aux conséquences imprévisibles, même si personne ne se rendait encore pleinement compte des dimensions qu'elle pouvait prendre. Pour une fois, la discussion semblait profonde et les questions « désagréables » ne furent pas laissées de côté. J'eus néanmoins l'impression que nous conservions une certaine distance théorique avec la réalité. J'avais du mal à croire que nos débats pourraient entraîner des actions immédiates. L'âge avancé de mes partenaires y était sans doute pour beaucoup. Pour la plupart, ils avaient franchi le cap des soixante-dix ans et les autres s'en rapprochaient. Leur usure était d'autant plus claire qu'ils dirigeaient leurs pays respectifs depuis deux ou trois décennies.

Une position spéciale

En août 1968, lorsque les troupes de cinq pays du Pacte de Varsovie[3] franchirent les frontières de la Tchécoslovaquie, Nicolae Ceausescu accentua la position spéciale de la Roumanie. Il prit ses distances à l'égard de l'Union soviétique et commença à souligner partout son exigence de respecter l'indépendance et la souveraineté de la Roumanie. Cette demande, évidente en soi, qu'il répétait à chaque occasion se transforma en une sorte d'incantation qui lui permettait d'engranger des dividendes de deux ordres. Grâce à sa « position spéciale », la Roumanie, stimulée par l'Occident, eut droit à des prêts, à quelques investissements, au régime de la nation la plus favorisée, etc. D'un autre côté, et c'était peut-être là l'essentiel, Ceausescu utilisait habilement cette position pour accroître le contrôle déjà serré du comportement et du mode de pensée de ses concitoyens, ce qui renforçait son pouvoir absolu. Un rideau administratif impénétrable séparait la masse de la population aussi bien de l'Occident que de l'Union soviétique.

Je connaissais Ceausescu depuis bien avant mon accession au poste de secrétaire général. En ma qualité de membre des plus hautes instances du parti, j'avais l'occasion de le rencontrer lorsqu'il venait en URSS. Il faut dire qu'il n'était pas très aimé à Moscou. La direction

3. Bulgarie, Hongrie, Pologne, RDA et Union soviétique. (N.d.T.)

soviétique ne lui pardonnait pas ses ambitions et son flirt démonstratif avec l'Ouest. Lorsque ce sujet venait sur le tapis, il proclamait encore plus haut et plus fort ses opinions « spéciales » et proposait des initiatives prétentieuses en politique étrangère, destinées non à être menées à bien, mais à souligner son originalité. J'éprouvais toujours un vague malaise à voir Ceausescu tenter de toutes ses forces de démontrer l'indépendance de son jugement. C'était tellement artificiel qu'il suffisait d'avoir un minimum d'expérience en politique pour remarquer aussitôt les dimensions plutôt réduites du personnage et son instabilité psychologique.

Il me semblait que nous devions débarrasser les relations soviéto-roumaines de tous les accents conflictuels, ce qui me poussa à adopter envers Ceausescu une approche particulière : je m'efforçais de m'adresser à lui avec respect et d'entrer dans le détail de ses positions. Je reconnaissais, par exemple, qu'il y avait une grande part de vérité dans ses réflexions sur les tensions soviéto-chinoises qu'il expliquait en partie par des erreurs et des mauvais calculs de la partie soviétique. Il faut dire qu'il était fier d'avoir gardé de bonnes relations avec la direction chinoise et il aurait bien aimé jouer un rôle de médiateur entre Moscou et Pékin.

D'une manière plus générale, le rôle d'intermédiaire attirait Ceausescu. Il tentait de maintenir des contacts simultanés avec plusieurs dirigeants arabes, y compris Arafat, et avec Israël. Il serait plus facile d'énumérer les pays d'Afrique et du Sud-Est asiatique qu'il n'a pas visités que ceux où il s'est rendu en grande pompe. Il n'était pas indifférent, non plus, au mouvement des pays non alignés et enviait la popularité de la Yougoslavie en son sein. Il s'efforçait de soutenir ses ambitions globalistes par l'approfondissement des liens économiques et proposait à ses partenaires une gamme assez large de la production roumaine : produits pétrochimiques, machines agricoles, compresseurs, moteurs diesels pour automobiles, locomotives, etc. Tout cela était produit par des usines roumaines surchargées et qui souffraient de ruptures dans leur approvisionnement en énergie, en pièces détachées et en matières premières. L'économie roumaine, entièrement soumise aux ambitions impériales de son dirigeant, ressemblait de plus en plus à un cheval fouetté sans pitié jusqu'à l'épuisement par un cavalier cruel.

Je suivais avec attention l'évolution de ce pays et, à partir de 1986, je constatais que, en dépit de la censure de l'information concernant l'URSS, l'intérêt des Roumains pour la perestroïka commençait à s'éveiller. Tous comprenaient, néanmoins, que l'évolution en ce domaine dépendait surtout de Ceausescu, ce « dieu vivant ». Personne n'ignorait que les membres de sa famille occupaient les postes clés du pays (ils étaient près de soixante-dix au sein du CC) et que tout indésirable était pourchassé. Dès que le nom de Ceausescu était prononcé, les gens haussaient les épaules, comme pour dire : avec ce régime « tout est clair », il n'y a rien à discuter.

Je savais cependant que le dirigeant roumain souhaitait me rencontrer. Il comprenait la nécessité pour lui et pour la Roumanie (sans doute avait-il tendance à s'identifier à son pays) de collaborer avec la grande puissance voisine qu'était l'Union soviétique. Ne pas la prendre en considération aurait été déraisonnable et même dangereux. À cela s'ajoutaient les impératifs économiques, à commencer par les livraisons de pétrole soviétique, car la production locale ne parvenait pas à approvisionner en brut la moitié des raffineries construites par la volonté du chef sans tenir compte des réalités.

Ceausescu faisait un autre calcul qui n'était nullement un secret pour moi. Comme il avait établi de bons rapports avec le nouveau et relativement jeune secrétaire général du PCUS, parvenant à obtenir une certaine reconnaissance de sa part, il pensait pouvoir faire avancer ses ambitions et imposer sa propre interprétation de la politique globale. Elena Ceausescu me confia un jour, et pas sur le ton de la plaisanterie, que la Roumanie était trop petite pour un dirigeant de la stature de son mari.

J'ai rencontré beaucoup d'individus ambitieux dans ma vie. Difficile d'ailleurs d'imaginer un homme politique d'envergure qui ne le serait pas, mais Ceausescu les battait tous. Détenteur d'un pouvoir sans partage pendant des décennies, il arborait toujours un sourire arrogant et traitait avec dédain non seulement ses subordonnés mais encore ses partenaires de même rang que lui.

Le président roumain aimait à faire étalage de son importance lors des forums internationaux. Dans son pays, il était seul investi pour approuver les documents adoptés lors de telles rencontres. Aux réunions consultatives du Pacte de Varsovie, dont les décisions se prenaient par consensus, les représentants roumains émettaient toujours quelques réserves qui ne pouvaient être levées que par Ceausescu. Celui-ci n'acceptait des concessions (et encore pas toujours) qu'à la demande expresse du secrétaire général du PCUS et en échange de quelques millions de tonnes de pétrole. Il avait mis au point ce procédé au cours de l'ère brejnévienne, mais je m'en accommodais. En général, je m'approchais de lui pendant une pause, le prenais par le bras et l'entraînais, au vu et au su de tout le monde, pour une conversation en tête à tête ou avec quelques conseillers. De telles démonstrations lui convenaient très bien. Quant à moi, elles m'arrangeaient pour de tout autres raisons : je parvenais ainsi à résoudre des litiges tout en freinant, dans une certaine mesure, les ambitions démesurées de mon interlocuteur sans céder pour autant à ses tentatives de chantage.

Pour être juste, je dois dire que certaines de ses déclarations, notamment sur les questions de désarmement et le dialogue Nord-Sud, allaient dans le bon sens, en dépit de leur présentation propagandiste. Comme tout le monde en avait plus qu'assez des caprices sans fin des Roumains, il arrivait très souvent que l'on proclamât leurs suggestions irrecevables mêmes si elles contenaient quelques grains de rationalité.

Je me dois d'ajouter un élément important : lors de mes rencontres avec Ceausescu, je pus me rendre compte que, derrière le voile épais de son ton doctoral, il semblait aspirer au dialogue confidentiel, à l'échange d'opinions informel et, pour tout dire, à des contacts humains normaux. Parfois, ce désir prenait des aspects comiques. Lors des réunions au sommet du Pacte de Varsovie, les Roumains surveillaient les allées et venues de la délégation soviétique. Lorsque celle-ci se rendait en séance, ils donnaient un signal à Ceausescu qui apparaissait, comme par hasard, en même temps que Gorbatchev. Au cours d'un sommet en Hongrie, nous nous rendions à une séance de travail à pied, à travers un parc. La délégation roumaine marchait devant nous. Soudain, Ceausescu tomba, comme s'il s'était foulé la cheville. On l'aida à se relever. Arrivé près de lui, je m'arrêtai pour lui demander comment il allait. Des caméras de télévision apparurent, comme par magie. Les médias parlèrent d'une rencontre entre Gorbatchev et Ceausescu. Je comprenais ce jeu. Il voulait montrer à tout le monde que je le rencontrais, lui parlais et prenais ses opinions en considération.

Comme aucune rivalité ne m'opposait à Ceausescu et que je n'avais aucun « compte » à régler avec lui, il me semblait qu'en lui parlant franchement j'aurais assez de patience et d'arguments pour l'inciter aux changements qui correspondaient à l'esprit de l'époque. J'espérais surtout obtenir l'ouverture de la société roumaine aux contacts et à la coopération, ce qui mettrait en branle d'autres mécanismes. Tel était mon but en acceptant l'invitation insistante de Ceausescu de rendre à son pays une visite officielle d'amitié. Le dernier voyage en Roumanie d'un secrétaire général du PCUS remontait à 1976.

À mon arrivée à Bucarest, le 25 mai 1987, des dizaines, voire des centaines, de milliers de personnes s'étaient massées sur mon passage.

Bien entendu, il s'agissait d'un spectacle bien organisé. Lorsque Raïssa Maximovna et moi tentions, selon notre habitude, de parler à des citoyens ordinaires, nous étions choqués de découvrir la peur panique qui s'emparait d'eux.

Le 26 mai au soir, Ceausescu et son épouse nous invitèrent, Raïssa Maximovna et moi, dans une résidence du gouvernement. Un feu dans la cheminée, des fleurs, un dîner merveilleux, bref, le cadre idéal pour un repas amical et décontracté. Pourtant, Ceausescu prit une nouvelle fois son ton doctoral. Il supportait très mal la perestroïka en URSS et était affligé par la critique du stalinisme, à son avis trop sévère, par la glasnost, la liberté naissante de la presse. Ne pouvant plus me retenir, je lui dis sans ménagement :

— Ce que vous voulez faire passer pour une société prospère et humaine n'est en fait ni l'une ni l'autre. Et je ne parle même pas de démocratie : vous avez isolé le pays du reste du monde et le tenez dans la peur.

La discussion devint tellement bruyante et agitée qu'un assistant donna l'ordre de fermer les fenêtres — ouvertes par cette belle nuit — et d'éloigner les gardes qui se trouvaient dans le parc pour qu'il n'y ait pas de témoins. Ceausescu s'efforçait d'objecter, mais il ne trouvait rien de convaincant à dire. La soirée fut complètement gâchée. Nous nous mîmes néanmoins d'accord pour une visite de la ville, le lendemain, en compagnie de nos hôtes.

Au centre de la capitale, on construisait un complexe moderne destiné à abriter diverses administrations et des immeubles d'habitation. Ce projet bénéficiait d'énormes moyens et des ouvriers du bâtiment y avaient été transférés d'autres chantiers. Le président avait l'intention d'immortaliser son nom en faisant de Bucarest un port maritime, comme une sorte de Manhattan roumain, par le percement d'un canal colossal, long de 90 kilomètres, jusqu'au Danube.

Ceausescu nous emmena voir un barrage et nous montra ce qui allait être rasé et ce qui serait reconstruit. Il nous parlait de la création des agro-villes, censées résoudre tous les problèmes de l'agriculture et transformer la vie des paysans. Je lui demandai s'il était bien raisonnable d'arracher les paysans à leurs terres et de les chasser des lieux où ils étaient nés et où leurs ancêtres étaient enterrés, et lui parlai de notre triste expérience de liquidation des « villages sans perspective » situés en dehors des régions de terres noires. Mais Ceausescu ne voulait rien entendre. Ses yeux brillaient.

— Non, nous sommes mûrs pour une nouvelle révolution agraire et nos agro-villes sont le seul chemin progressiste.

En réalité, son objectif était aussi d'étouffer, ou peut-être de résorber complètement, le problème de la minorité hongroise, car les paysans hongrois devaient être relogés. Par ce biais, les autorités comptaient les mélanger avec des paysans roumains de souche. Il me semble pourtant que de telles solutions ne permettent nullement d'étouffer les sentiments nationaux. Au contraire, elles les rendent encore plus aigus. L'histoire montre que les minorités ethniques vivent très mal d'être arrachées de force à leur terre natale.

Des erreurs dans la politique d'investissement s'étaient traduites par la prolifération des chantiers abandonnés et des entreprises réduites au chômage technique. Le manque d'énergie avait rendu nécessaire un rationnement de l'électricité, de sorte que même la télévision ne fonctionnait que deux ou trois heures par jour. Le remboursement accéléré des dettes à l'Occident représentait une lourde épreuve pour la population.

La consommation intérieure était sévèrement rationnée alors que le meilleur de la production en biens de consommation et denrées alimentaires était réservé à l'exportation. Pour nous montrer l'abondance qui régnait dans le pays, Ceausescu en personne nous fit visiter un magasin[4]. Il était immense et les baies vitrées ressemblaient à des murs de verre. Pas de clients à l'intérieur, mais une foule énorme attendait à l'extérieur. Ceausescu me fit constater la profusion de marchandises que l'on pouvait trouver : pas moins de quarante variétés de saucissons et de viandes, divers fromages, etc. Les services de l'ambassade soviétique me rapportèrent que dès que nous eûmes tourné le dos, la plupart des articles exposés furent retirés et la foule envahit le magasin pour acheter immédiatement le peu qui restait. Ce magasin n'était qu'un village Potemkine.

Notre étape suivante nous amena à l'Institut polytechnique de Bucarest, dans un nouveau quartier. Tout était bien planifié et construit : bâtiments universitaires, foyers d'étudiants, logements pour les enseignants. Pour nous accueillir, des jeunes gens scandaient sans cesse : « Ceausescu-Gorbatchev ! Ceausescu-Gorbatchev ! » Je m'approchai d'eux pour tenter de leur parler, mais ils continuèrent à crier. Je leur touchai la main et répétai à quelques reprises : « Attendez ! Attendez !

---

4. Nous voulions visiter un marché, mais on nous objecta que cela poserait des problèmes insurmontables aux services de sécurité.

Arrêtez-vous ! » Ils me dirent à peine quelques mots et reprirent leurs cris : « Ceausescu-Gorbatchev ! » C'était triste de les voir ainsi, mais je ne parvins pas à établir le contact avec eux.

Le désir du président roumain de me convaincre que son pays possédait le système le plus démocratique pour défendre les intérêts et accomplir la volonté des travailleurs était réellement tragi-comique. Après tout, je me suis efforcé moi-même pendant des années d'attirer les citoyens à tous les niveaux de la direction de l'État et de la production. Je suis donc bien placé pour savoir que tant que subsistait le système autoritaire et bureaucratique, toutes ces tentatives étaient vouées à l'échec.

Je ne peux pas, bien sûr, nier l'utilité du travail des syndicats, du Komsomol, de la société Znanie[5] ou des unions de l'intelligentsia artistique, mais, en fin de compte, toutes ces organisations jouaient simplement leur rôle de « courroie de transmission ». Le monopole du parti, ou plutôt d'un groupe restreint lié par une communauté d'intérêts, était maintenu avec leur aide. Et là où il existe un monopole, l'arbitraire, la stagnation, la dégradation sont inévitables. Et impossible de les cacher derrière des paravents pseudo-démocratiques.

Face à l'histoire

Vers la fin des années soixante-dix, la Pologne se trouva confrontée à une grave crise que l'on tenait, à Moscou, pour le résultat de la faiblesse et de l'indécision du pouvoir à Varsovie. En réalité, les choses étaient encore plus dramatiques. L'introduction d'un modèle politique et social étranger à l'esprit polonais (même s'il était partiellement adapté aux conditions du pays) se heurta à la résistance de la population, y compris à celle d'une grande partie de la classe ouvrière. Au début, le mécontentement se manifestait de manière passive : on racontait des blagues sur les autorités. Avec le temps, pourtant, le ressentiment s'accumulait et les explosions sociales et politiques (1956, 1970, 1980) se firent de plus en plus puissantes. La politique aventuriste des autorités polonaises entraîna un surendettement du pays en devises à l'égard de l'Occident et couronna le tout. La Pologne fut en fait le pre-

5. Association pour la diffusion de la connaissance scientifique. (N.d.T.)

mier pays à entrer dans ce que l'on peut qualifier de « crise générale du socialisme ». Le pays se trouvait au bord d'une paralysie générale des institutions étatiques, il ne restait qu'un pas à faire avant le chaos.

Dans ces conditions, le syndicat Solidarité, devenu une force considérable, proposa d'instituer une République autogérée, ce que la direction orthodoxe du POUP[6] et encore plus celle du PCUS perçurent, non sans raison, comme la volonté de liquider le régime et de faire sortir la Pologne du Pacte de Varsovie pour lui permettre de rejoindre l'OTAN. La direction soviétique chercha fébrilement une solution entre deux positions considérées par tous comme également inacceptables : accepter le chaos, ce qui aurait entraîné la décomposition de tout le camp socialiste, ou intervenir militairement. Cependant, dans des circonstances extrêmes, l'utilisation de nos troupes (des colonnes de chars le long des frontières polonaises et les forces du Groupe nord stationnées en Pologne) n'était pas exclue.

Dans ce contexte, en octobre 1981, Wojciech Jaruzelski remplaça Stanislaw Kania au poste de premier secrétaire du CC du POUP. Il pesa scrupuleusement le pour et le contre de toutes les hypothèses envisageables. Elles étaient toutes négatives et il opta pour celle qui lui sembla le moindre mal : l'introduction de la loi martiale dans le pays. Elle fut proclamée dans la nuit du 12 décembre 1981. Il s'agissait d'une mesure administrative et politique plutôt que militaire, même si elle fut préparée et menée à bien par les forces armées et la police.

Face au blocus occidental contre le régime de Jaruzelski, l'aide matérielle et financière de l'URSS, de la Tchécoslovaquie, de la RDA et de quelques autres pays joua un rôle stabilisateur. L'Union soviétique accorda à la Pologne deux milliards de dollars et quelques milliards de roubles et continua à soutenir les Polonais au cours des années suivantes. Nos troupes reçurent l'ordre de ne pas intervenir dans les événements et elles se comportèrent, il faut le dire, de manière irréprochable.

Naturellement, la direction soviétique ne se bornait pas à aider matériellement le pays, elle prodiguait aussi à Jaruzelski ses « conseils » en matière politique : sur qui il devait s'appuyer, qui il devait éviter, etc. Pour caractériser leur qualité, il me suffira de dire qu'ils donnaient une appréciation peu flatteuse d'un homme politique aussi remarquable que Mieczyslaw Rakowski. Dès l'introduction de la loi martiale, Moscou et Berlin insistèrent sur la nécessité d'une action résolue et mirent en

6. Parti ouvrier unifié polonais, nom officiel du Parti communiste. (N.d.T.)

garde la direction polonaise contre l'indécision ou le libéralisme. Jaruzelski, poliment mais fermement, coupa court à toute tentative pour lui imposer une ligne de conduite. Son action avait pour but de calmer l'atmosphère, de parvenir à un consensus national et de réformer graduellement le système politique. Mais, comme il l'a expliqué plus tard, il devait, bien sûr, tenir compte de sa dépendance réelle de Moscou.

La loi martiale ne mit pas fin aux réformes. D'une certaine manière, elle leur fut bénéfique. Les réformateurs polonais se servirent de la remise en ordre du pays non pour retourner en arrière, mais pour unir les forces saines de la société qui se prononçaient en faveur du pluralisme politique et du développement de l'économie de marché.

Dans la première moitié des années quatre-vingt, la situation politique en Pologne rappelait, dans les grandes lignes, la nôtre. Néanmoins, sur le plan des transformations économiques, les Polonais nous dépassaient de beaucoup. À l'époque, nous observions les phénomènes en œuvre en Pologne et en Hongrie, mais nous ne les avons réellement compris qu'en 1985 et 1986.

À ce moment, il nous fallait surmonter l'aliénation entre les deux peuples qui s'était amplifiée à la fin des années soixante-dix et au début des années quatre-vingt. Dans une grande mesure, elle résultait du travail de la commission spéciale du Politburo chargée de la Pologne. Longtemps dirigée par Souslov, la commission suivait en permanence les développements dans le pays voisin, donnant des appréciations et rédigeant des recommandations au Politburo, aux ministères et aux administrations. En réalité, elle créait une sorte de « cordon sanitaire » autour de la Pologne gréviste et rebelle. Pratiquement tous les contacts furent gelés ou fortement réduits.

Jusqu'au milieu des années quatre-vingt, dans les rapports en provenance de Varsovie, on barrait même des mots tels que « renouveau socialiste » bien que ce fût la ligne officielle du POUP. La peur d'une éventuelle « contamination polonaise » empêchait de voir ce qui était évident : l'opinion publique polonaise, privée de contacts avec son voisin de l'est, restait seule face aux cercles occidentaux qui cherchaient l'affrontement avec l'Union soviétique et utilisaient la situation pour réchauffer les humeurs antisoviétiques et antirusses.

À l'initiative de Jaruzelski, soutenu par les réformateurs au sein des directions du POUP et du PCUS, un document fut mis en préparation. Son objectif était de contribuer au rapprochement entre les deux pays. Ainsi naquit la déclaration sur la coopération soviéto-polonaise dans le domaine de l'idéologie, de la science et de la culture. Bien entendu, ce document souffrait de l'idéologie de son époque, mais plusieurs des idées qu'il exprimait demeurent valables. Il donna le feu vert au renouvellement et à l'élargissement des contacts entre sociologues, écrivains, journalistes, scientifiques, artistes et, d'une manière plus générale, entre l'intelligentsia et la jeunesse des deux pays. Ce mouvement de rapprochement des cercles démocratiques polonais et soviétiques permit de dissiper quelque peu la méfiance, voire la haine, dont les éléments réactionnaires étaient porteurs, chez nous comme en Pologne.

« L'histoire, disait la déclaration, ne doit pas être l'objet de spéculations idéologiques, ni un prétexte pour attiser des passions nationalistes. »

En avril 1987, Jaruzelski se rendit brièvement à Moscou pour la signature de ce texte. Dans la foulée, une commission mixte d'historiens reprit le travail interrompu en 1974 pour faire la lumière sur les « taches blanches » de l'histoire des deux pays : guerre soviéto-polonaise de 1920, crimes de Staline contre le Parti communiste polonais et, surtout, tragédie de Katyn, tellement douloureuse pour les Polonais.

La création de cette commission stimula fortement l'activité de nos historiens, parmi lesquels il convient de citer N. S. Lebedeva, V. S. Parsadanova et E. N. Zoria qui n'ont pas cessé leur travail même lorsque la situation semblait sans espoir. Aujourd'hui nous savons pourquoi leurs recherches sur Katyn aboutissaient à des impasses : la plupart des documents relatifs à cette tuerie ont été détruits par ordre de la direction du KGB présidé à l'époque par Alexandre Chelepine. Cependant, d'autres documents d'archives, retrouvés par le groupe d'historiens, témoignaient indirectement, mais de manière probante, de la responsabilité de Beria, Merkoulov et leurs acolytes dans les atrocités commises dans la forêt de Katyn. Je le déclarai publiquement en remettant ces documents à Jaruzelski, le 13 avril 1990.

Un communiqué de l'agence Tass, daté du même jour, exprima les profonds regrets de la partie soviétique au sujet de la tragédie qui représentait l'un des crimes les plus graves du stalinisme. À la veille de ma visite en Pologne, mon assistant Boldine m'avait montré deux dossiers relatifs au massacre de Katyn, mais ils ne contenaient qu'un petit nombre de documents isolés qui confirmaient la version de la commission Bourdenko, à l'époque de Staline[7]. Ce ne fut qu'en décembre 1991, à la veille de ma démission du poste de président de l'URSS que je finis par avoir entre les mains la pièce qui nommait directement les vrais cou-

7. Elle rejetait la responsabilité du massacre sur les nazis. (N.d.T.)

pables. Depuis quelques jours, par l'intermédiaire de Grigori Revenko, mon chef de cabinet, les responsables des archives me demandaient de prendre connaissance du contenu d'un dossier classé dans un fonds spécial. À ce moment-là, je travaillais sur mon dernier discours, sans compter que j'avais d'autres affaires à terminer.

Comme Revenko insistait, je finis par lire ces documents à la veille de ma rencontre avec Eltsine pour la transmission du pouvoir. Le dossier contenait une note de Beria sur les militaires et autres ressortissants polonais détenus dans les camps. Elle se terminait par la proposition de les exterminer. Ce paragraphe était signalé par un trait au-dessus duquel le crayon bleu de Staline avait écrit : « Résolution du Politburo. » Cette mention était accompagnée de signatures : « Pour — Staline, Molotov, Vorochilov... »

Ce document diabolique qui envoyait à la mort d'un seul coup des milliers de personnes me coupa le souffle. Je le rangeai dans mon coffre et ne l'en ressortis que pour mon entrevue avec Eltsine. Nous devions justement signer le décret qui transférait sous l'autorité du président russe certaines archives du CC (près de deux mille « chemises spéciales » contenant des pièces d'une importance particulière). Je montrai alors le texte sur Katyn à Eltsine et le lui lus. Iakovlev était présent. Nous convînmes de le remettre aux Polonais.

— Maintenant, c'est ta mission, Boris Nikolaïevitch, lui dis-je.

Le dossier contenait un autre document écrit de la main de Chelepine à l'époque où il présidait le KGB. C'était une note adressée à Khrouchtchev dans laquelle il proposait de détruire tous les documents liés aux actions de liquidation de militaires polonais par le NKVD.

J'ai déjà eu l'occasion d'exposer tout cela aux journalistes polonais en 1992, lorsque, à la fin du procès contre le PCUS devant le Tribunal constitutionnel de Russie, l'équipe présidentielle de Boris Eltsine trouva « opportun » de présenter ce document à la cour et d'en remettre une copie aux Polonais en déclarant que Gorbatchev l'avait caché. Les journalistes me posaient deux questions : pourquoi ces textes étaient-ils resté si longtemps entre les mains du président russe ? Et pourquoi je n'avais pas informé Walesa de leur existence lors de nos entrevues ? De mon côté, je me posais la même question au sujet d'Eltsine : pourquoi ne les avait-il pas remis au président polonais lors de leur rencontre officielle ? Au moment de ma démission, nous étions convenus que, désormais, le sort de ces pièces d'archives et leur communication à la partie polonaise étaient de la compétence du président de la Fédération de Russie. Cet horrible drame fut évidemment utilisé pour traîner — une fois de plus — Gorbatchev dans la boue.

Il me semblait que, de la même manière qu'il était essentiel pour nous de comprendre notre propre histoire, il était nécessaire, au moment d'établir des relations nouvelles avec nos alliés, de déblayer les débris du passé en reconnaissant nos fautes qui souvent ont été graves. Ainsi, lors de ma visite en Yougoslavie, en mars 1988, je ressentis le besoin d'admettre que la responsabilité de l'interruption des bonnes relations entre nos pays incombait à la direction soviétique et que le conflit qui s'ensuivit avait causé un grand tort à la Yougoslavie, à l'Union soviétique et à la cause du socialisme. Mes paroles, prononcées devant la Skupstina, le Parlement fédéral yougoslave, furent accueillies par des applaudissements nourris et firent le tour de la presse :

> J'ai cru nécessaire d'en parler aujourd'hui pour qu'il ne subsiste plus de doutes, de soupçons, de méfiance ou de ressentiment. Comme l'histoire le prouve, ces sentiments surgissent facilement dans les relations entre les peuples, mais ne sont surmontés qu'avec difficulté. Cette démarche est utile aussi pour souligner l'importance des conclusions que nous avons tirées des leçons du passé et pour fonder nos relations sur une complète égalité, sur l'indépendance et sur le respect mutuel.

Pendant ma visite officielle en Tchécoslovaquie, en avril 1987, on me demanda souvent ce que je pensais des événements de 1968. Pour moi, c'était la question la plus difficile. Je me sentais très mal à l'aise en exposant les positions officielles du Politburo à des personnes qui, comme je le voyais, étaient sincèrement disposées à me faire confiance. À aucun autre moment de mon existence je ne me suis senti écartelé à ce point entre mes sentiments et mon devoir.

Néanmoins, il était impossible de faire l'impasse sur une réappréciation des événements de 1968. Un demi-million d'exclus du Parti communiste tchécoslovaque (PCT) aspiraient à revenir à la vie politique et sociale. Les réformateurs du « Printemps de Prague » accueillaient notre perestroïka avec enthousiasme et exigeaient des changements chez eux.

Dans une interview, mon ami et condisciple de l'université, Zdenek Mlynar, expliquait : « En URSS, on fait ce que nous faisions à Prague au printemps de 1968, et peut-être même de manière plus radicale. Mais Gorbatchev est secrétaire général et moi, je me trouve en exil. »

La direction tchécoslovaque était parfaitement au courant du lobbying des anciens du « Printemps de Prague » auprès des pérestroïkistes gorbatchéviens. Si l'Union soviétique révisait sa position sur les événements, le coup serait terrible pour le PCT. Ses dirigeants s'efforçaient donc par tous les moyens de renforcer notre « esprit de combat » en nous faisant parvenir diverses déclarations pour justifier notre action qui, selon eux, avait sauvé le socialisme, rejeté l'impérialisme et empêché une nouvelle guerre mondiale.

Le paradoxe était que ces pressions de signe opposé partaient du même présupposé : leurs auteurs pensaient que le sort de la Tchécoslovaquie devait être décidé à Moscou. Ils ne parvenaient pas à croire que nous n'avions réellement pas l'intention d'intervenir dans les affaires des autres et que nous souhaitions mettre en pratique le principe proclamé dans les documents de la communauté socialiste et du mouvement communiste : chaque parti était indépendant et responsable devant son peuple.

Je ne peux pas mettre un point final dans mon récit sur les relations entre Moscou et Prague sans évoquer un épisode.

Le 21 mai 1990, Alexander Dubcek, le président de l'Assemblée fédérale de la République fédérale tchèque et slovaque (tel était son nom, à l'époque) pénétra dans le bureau du président de l'URSS, au Kremlin, près de la salle où siégeait précédemment l'omnipotent Politburo. Sa dernière visite à Moscou — en fait, on l'y avait amené — remontait à vingt-deux ans. À cette époque, en août 1968, il avait quarante-six ans, il était le premier secrétaire du CC du PCT et sa carrière semblait finie à tout jamais. Très vite, après un bref passage en Turquie, comme ambassadeur, il fut exclu du parti et renvoyé dans le néant politique, sous la surveillance de la police secrète.

Et voici que Dubcek, accusant le poids des ans mais encore assez svelte, s'avance vers moi avec son sourire immuable, un peu gêné. Il marche en écartant un peu les bras pour un salut amical. Nous nous donnâmes une chaleureuse accolade et je vis ses yeux s'embuer soudain.

Fallait-il changer le papier peint ?

Une fois commencé, le processus des réformes détermina de plus en plus nos rapports avec les dirigeants des pays socialistes. Selon les informations dont je disposais, et en me fondant sur de nombreuses rencontres et conversations, je peux dire que nos premiers pas dans la direction choisie soulevaient un énorme intérêt chez nos alliés, particulièrement chez les étudiants et l'intelligentsia. Beaucoup d'espoirs et d'aspirations ont trouvé leur expression dans la réforme : donner une nouvelle vitalité aux formes obsolètes de la vie sociale, avancer vers la démocratie et la liberté, décider en toute indépendance du destin de son propre pays.

La réaction de la plupart des dirigeants fut bien différente. Pendant des décennies leurs régimes totalitaires s'étaient appuyés sur un soutien extérieur et ils avaient pris goût à l'exercice d'un pouvoir sans limites, de sorte qu'au début, ils ne prirent pas nos intentions au sérieux. Ils manifestaient à l'égard de la nouvelle politique du Kremlin une curiosité polie et même, parfois, une ironie indulgente : « Ce n'est pas la première fois qu'un nouveau chef soviétique commence par critiquer ses prédécesseurs, mais tout finira par rentrer dans l'ordre. »

Cependant, lorsqu'ils acquirent la conviction que nous étions sérieux et prêts à une action de longue haleine, ils firent clairement comprendre leur refus de la perestroïka, surtout dans les volets qui concernaient la démocratisation et la glasnost. En réalité leur situation était peu confortable. Jusque-là, la ligne politique comme la propagande officielle des « partis frères » étaient fondées sur la thèse du rôle dirigeant du PCUS et de la construction du communisme en URSS. Mais suivre les réformes amorcées par le Kremlin signifiait signer l'arrêt de mort du système qu'ils incarnaient. Face à face avec leur propre peuple, il leur faudrait faire la preuve de leur droit à rester au pouvoir ou bien se résoudre à partir. C'était un choix terrible et tous ne comprirent pas immédiatement que la fin d'une ère approchait. Certains se sont montrés capables de relever avec dignité le défi de leur époque. D'autres ne l'ont pas accepté et ont abandonné sans gloire la scène politique.

Je crois connaître le moment précis où le rejet de la perestroïka est apparu chez certains de ces dirigeants. C'est en janvier 1987, lorsque le plénum du CC du PCUS aborda les questions de la démocratisation et de la politique des cadres du parti. Honecker déclara alors que la voie de la perestroïka ne convenait pas à l'Allemagne de l'Est. Sur son ordre, fait sans précédent, la publication des actes du plénum fut interdite dans la presse est-allemande. Devenus une sorte de littérature dissidente, ces textes atteignirent des prix fantastiques au marché noir.

Kurt Hager, l'idéologue en chef du SED[8], soutint la position de son

8. Parti socialiste unifié, nom officiel du Parti communiste est-allemand. (N.d.T.)

chef en disant : « Si mon voisin décide de changer de papier peint, cela ne veut pas dire que je doive faire pareil. »

En Roumanie, le rejet des décisions du plénum fut total. Aucune information ne fut publiée. Ceausescu déclara ouvertement à notre ambassadeur que le PCUS s'engageait sur une voie dangereuse.

Le XVIe congrès du Parti communiste roumain se déroula à la fin novembre 1989. Vitali Vorotnikov dirigeait la délégation soviétique à ce « Congrès des grandes victoires, triomphe du socialisme, manifestation de l'indépendance et de la souveraineté de la Roumanie ». À son retour, en rapportant ses impressions au Politburo, il ne pouvait dissimuler son étonnement : « C'était comme si j'avais atterri dans un passé lointain, dans un monde différent et étrange. Tout tourne autour d'une seule personne. Aucune pensée, juste des chants et des éloges. L'auditoire s'est levé à quarante-trois reprises pendant le discours de Ceausescu pour l'applaudir et l'ovationner. »

On m'a souvent demandé pourquoi l'URSS n'est pas intervenue dans le drame roumain afin d'aider le dictateur à partir. La réponse est simple : cela aurait été contraire aux principes de notre nouvelle politique. D'ailleurs, toutes les interventions soviétiques se sont transformées en victoires à la Pyrrhus. Voilà la leçon tirée des événements de Hongrie en 1956, de Tchécoslovaquie en 1968 et d'Afghanistan en 1979.

Le Politburo du Parti communiste bulgare examina à trois reprises les résultats de notre plénum de janvier. Sous la pression de certains membres de la direction, les jugements négatifs proposés par Jivkov furent modérés. Malgré tout, la réaction officielle déclarait les principes de base de la perestroïka inadmissibles pour la Bulgarie qui avait « son propre plénum d'avril » (allusion à l'arrivée au pouvoir de Jivkov, en avril 1956). Il est vrai que, quelques mois plus tard, le dirigeant bulgare effectuait un revirement dramatique et lançait un énorme chambardement du système politique et de l'économie dans l'intention de devancer l'Union soviétique. Quant à la démocratisation et à la glasnost, on n'en trouvait pas un brin.

Le bon sens et la prudence de Husak se firent clairement sentir dans les réactions, positives, de la direction tchécoslovaque. Mais, dans la pratique, la politique du parti fut finalement déterminée par des forces plus conservatrices. La direction, encore hantée par le souvenir de 1968, ne permettait aucun affaiblissement de son contrôle. Nous connaissons le résultat.

Dès le début, ce fut avec Kadar et Jaruzelski que j'eus les meilleurs rapports de compréhension mutuelle au sujet de la perestroïka. Peu après 1956, le dirigeant hongrois conclut à la nécessité de réformes fondamentales et entreprit de les mener à bien. Il procéda avec intelligence et prudence, se doutant bien des réactions de Moscou. Des pas sérieux en direction de la libéralisation de la politique et de l'économie alternaient avec des périodes de régression. Les réformateurs renforçaient leurs positions avant de reculer dans l'ombre, en cédant la place aux partisans de la ligne dure. Je sentais que Kadar accueillait très favorablement les changements en URSS qui lui donnaient la possibilité d'agir plus efficacement en Hongrie. Mais ses forces physiques diminuaient.

Jaruzelski soutint également l'évolution en URSS. Nous avions établi une relation suivie que l'on peut presque qualifier d'amicale. L'engagement du général en faveur de la réforme venait de sa propre expérience. Il était convaincu qu'il était impossible de résoudre les problèmes par la force et que des changements profonds étaient indispensables. Les Polonais et les Hongrois avaient commencé leurs réformes avant nous. Voilà pourquoi ils espéraient sincèrement le succès de la perestroïka.

Dans la seconde moitié des années quatre-vingt, l'attitude des dirigeants envers la perestroïka fut déterminante pour l'évolution sociale et politique de leurs pays. La Pologne et la Hongrie purent éviter des débordements majeurs. Les autres traversèrent des crises extrêmement aiguës, et la pression populaire balaya les anciens régimes.

J'ai souvent été critiqué — et parfois accusé — pour ma politique envers l'Europe de l'Est. Pour certains, Gorbatchev n'y aurait pas défendu le socialisme. Il aurait même « trahi ses amis ». D'autres me reprochent d'avoir été trop patient avec Ceausescu, Honecker, Jivkov et Husak qui ont conduit leurs pays respectifs à la catastrophe.

Je rejette ces accusations avec fermeté. Elles viennent d'idées obsolètes quant à la nature des relations entre nos pays. Nous n'avions pas le droit d'intervenir dans les affaires de nos « satellites » pour défendre certains d'entre eux et punir les autres. De tels comportements allaient à l'encontre des principes d'égalité, d'indépendance et de non-ingérence dans les affaires intérieures d'autres États, et de la pleine responsabilité de la direction de chaque pays face à son propre peuple. Ces principes furent proclamés de manière formelle dans les documents du parti. S'il me fut impossible d'agir immédiatement et totalement dans le nouvel esprit, c'est qu'aucun individu ne peut tourner les aiguilles de la montre politique selon ses propres souhaits. Beaucoup de changements doivent mûrir d'abord, dans la conscience des individus comme dans la situation sociale réelle.

Dès le lancement de la perestroïka, j'ai appuyé mes actes sur le droit inaliénable de chaque nation à déterminer son propre avenir. Bien entendu, nous avons continué à expliquer patiemment le sens et la portée des transformations envisagées, à parler avec nos alliés des problèmes du socialisme. Nous nous efforcions de les influencer par notre exemple, mais nous n'avons imposé notre choix à personne. Ceux qui blâment encore Gorbatchev pour cela manquent de respect envers leur propre peuple qui a gagné sa liberté et en a fait l'usage qu'il a pu.

CHAPITRE 22

MOSCOU ET PÉKIN « FERMENT LE PASSÉ, OUVRENT LE FUTUR »

Ceux de ma génération se souviennent très bien de la joie qui accompagnait, en URSS, le développement des liens avec la Chine après la Seconde Guerre mondiale. Nous chantions en chœur « *Le Russe et le Chinois, frères pour toujours...* » ou bien « *Staline et Mao nous écoutent, nous écoutent...* » Cela explique l'inquiétude et l'incompréhension que nous ressentîmes (je n'y fis pas exception) devant le refroidissement des relations, les insultes réciproques, les affrontements ouverts et, pour finir, l'arrêt de la coopération qui dura plusieurs années. Dans leur grande masse, les soviétiques ne comprirent ni n'approuvèrent les décisions politiques prises.

Aujourd'hui, les raisons de cette rupture sont connues et peuvent être comprises. La direction chinoise, Mao Zedong en tête, n'accepta ni les méthodes ni l'essence de la dénonciation du culte de la personnalité entreprise par Khrouchtchev lors du XXe congrès du parti, en 1956. Les révélations sur Staline furent perçues par les Chinois comme un coup porté à leur propre système politique et idéologique. D'autres partis communistes et ouvriers furent entraînés dans la polémique qui s'ouvrit et qui toucha toutes les organisations et mouvements de gauche.

Mais il y avait une autre raison à la rupture. La partie chinoise se sentit humiliée et injuriée par le fait que l'Union soviétique refusait de lui transmettre la technologie de production de la bombe atomique. Il me semble, objectivement, que ce refus était justifié. Déjà à cette époque, l'idée de la non-prolifération des armes nucléaires était généralement admise. Il est vrai que Khrouchtchev était moins guidé par cette considération que par son désir de préserver, grâce à une position spéciale, l'influence soviétique sur la Chine. La véritable erreur de Khrouchtchev fut le rappel massif des spécialistes soviétiques qui travaillaient chez notre grand voisin. Les Chinois perçurent cette décision comme une manifestation des aspirations soviétiques à l'hégémonie.

Il est impossible de prétendre que, par la suite, nous ne fîmes rien pour apaiser les tensions mais, étant donné l'importance du problème, nos tentatives furent brouillonnes et inadéquates.

L'inertie d'un affrontement de plus de deux décennies bloquait les possibilités de changer le cours des choses. Des deux côtés, les timides tentatives de quelques hommes politiques à la tête froide, de diplomates ou de spécialistes pour alléger les tensions étaient presque perçues comme une trahison des intérêts nationaux. Une impulsion forte devait venir d'en haut. Cela devait être une initiative politique majeure, renforcée par un travail systématique et assidu de construction de nouvelles passerelles de confiance, en lieu et place de celles qui avaient été si imprudemment brûlées un quart de siècle plus tôt.

De l'hostilité au rapprochement

Au début du mois de décembre 1988, je reçus le ministre chinois des Affaires étrangères, Qian Qichen, et je lui demandai de transmettre à la direction de son pays notre désir de normaliser nos relations, étant donné que les conditions pour un tel processus se trouvaient réunies. Le ministre reçut une information franche sur notre situation intérieure et nos nouvelles approches dans le domaine de la politique extérieure.

Qian me transmit les bon vœux de Deng Xiaoping et des autres membres de la direction et m'invita, en leur nom, à me rendre à Pékin.

Le 14 mai 1989, nous nous envolâmes pour la capitale chinoise. Dans l'avion, l'excitation le disputait à la concentration. À l'approche, nous fûmes informés par radiotéléphone que la cérémonie officielle d'accueil aurait lieu sur l'aéroport même. Depuis dix jours, la place Tiananmen était occupée par des étudiants. Cette manifestation, ou plutôt cette série de manifestations, inhabituelle pour la Chine, exprimait le mécontentement d'une partie considérable de la jeunesse et de l'intelligentsia. Cette situation inquiétait beaucoup nos hôtes.

Le matin du 16 mai, je rencontrai Deng Xiaoping dans le bâtiment de l'Assemblée nationale populaire. À quatre-vingt-quatre ans, il parlait avec vivacité, très librement, sans notes. Il me demanda si je gardais le souvenir du message qu'il m'avait fait transmettre, trois ans plus tôt, par l'intermédiaire du président Ceausescu. Il me proposait alors une rencontre, à condition que « trois obstacles » à la normalisation des relations entre nos deux pays fussent levés. Je lui répondis que j'avais apprécié ce geste et que ce message avait stimulé chez nous une réflexion qui allait dans le même sens.

— Aujourd'hui, constata Deng, nous pouvons déclarer officiellement que les relations sino-soviétiques sont normalisées.

Nous échangeâmes une poignée de main et Deng ajouta que ma rencontre avec le secrétaire général du CC du Parti communiste chinois, Zhao Ziyang, plus tard dans la journée, signifiait que les relations entre nos partis reprenaient également un cours normal.

Deng proposa d'exprimer le résultat de notre rencontre par une formule de huit idéogrammes qui signifiait : « Fermer le passé, ouvrir le futur. » Cette formule nous convenait. Malgré tout, notre hôte ne put se retenir de commenter l'histoire de nos relations. Il parla abondamment des préjudices que la Russie tsariste et l'Union soviétique avaient occasionnés à la Chine. Au total, les traités inégaux ont donné à la Russie plus d'un million et demi de kilomètres carrés de territoires chinois. Après la révolution d'Octobre, en 1929, l'URSS occupa des îles sur l'Amour et l'Oussouri, près de Khabarovsk. Et Deng de poursuivre :

— Lorsque, en 1954, une délégation soviétique conduite par Khrouchtchev (Boulganine et Mikoïan en faisaient partie) vint en Chine, la partie chinoise demanda s'il n'était pas temps de résoudre le problème de la Mongolie. Khrouchtchev répondit alors que ce sujet devait être discuté avec les camarades mongols. Pour nous, cette réponse marquait un refus de résoudre le problème. La Mongolie extérieure, qui porte aujourd'hui le nom de République populaire de Mongolie, reste séparée de la Chine.

Je lui répondis que l'on ne pouvait pas réécrire l'histoire.

— Si nous rétablissions les anciennes frontières en nous fondant sur le passé, sur le fait que tel peuple occupait tel territoire, il faudrait redessiner le monde et cela conduirait à une guerre universelle. Le principe de l'inviolabilité des frontières stabilise la planète et la préserve.

J'étais très intéressé par les considérations de Deng sur la manière et le rythme auxquels nous pourrions développer nos relations. De mon côté, je pensais au dialogue politique et aux liens économiques, aux échanges dans le domaine de la science, de la culture et de la préparation des cadres, chacun acceptant évidemment de prendre les décisions qui lui seraient profitables.

Il ne me semble pas que Deng fût prêt à parler concrètement de ces problèmes. Il déclara néanmoins que la normalisation permettrait d'intensifier les contacts et les liens entre nos deux pays et d'accélérer leur développement.

Je voulais également utiliser mon entrevue avec Deng pour plaider en faveur d'une reprise des contacts entre la Chine et le Vietnam mais, dès que je suggérai une reprise du dialogue, mon interlocuteur me déclara que, selon lui, « seule l'Union soviétique pouvait influencer le Vietnam ». Il ne croyait pas que les négociations sino-vietnamiennes pouvaient être productives sans cela.

Au total, ma conversation avec Deng Xiaoping dura près de deux heures. Il utilisait fréquemment des termes et des phrases d'une époque révolue, mais il n'était pas pour autant l'esclave de ces notions et de ces termes qu'il s'efforçait de soumettre à la logique de la vie actuelle. Il avait une vision aiguë des événements historiques et des processus contemporains. Je crois que le secret de son influence résidait dans son pragmatisme et son énorme expérience.

Ma conversation avec Zhao Ziyang, mon homologue du PC chinois, se déroula dans un esprit de bonne volonté et de compréhension mutuelle. Le thème des réformes surgit spontanément. Le problème commun le plus important pour nos partis était de définir les méthodes de travail dans le cadre d'une société et d'un État plus démocratiques. Ce fut Zhao lui-même qui aborda les événements de la place Tiananmen.

— Naturellement, dit-il, les étudiants envisagent beaucoup de choses d'une manière simpliste. Ils pensent qu'il leur suffit d'avancer un slogan et que le parti et le gouvernement pourront résoudre toutes les questions en un jour. Aujourd'hui, on ressent un manque de compréhension entre, d'une part, les institutions du parti et de l'État et, de l'autre, la jeunesse et les étudiants. Nous ne comprenons pas assez leur état d'esprit, et ils ne nous comprennent pas non plus. Quatre générations cohabitent dans le pays et il est important pour elles de s'entendre. J'appartiens à la deuxième, les étudiants à la quatrième et Deng Xiaoping à la première.

J'exprimai mon accord avec la logique de ses arguments :

— Au fond, nous sommes confrontés aux mêmes problèmes. Nous aussi nous avons nos têtes chaudes.

Zhao posa alors deux questions en apparence rhétoriques, en soulignant qu'il nous faudrait y répondre tous ensemble : « Le système de parti unique peut-il assurer le développement de la démocratie ? Est-il capable de contrôler efficacement les phénomènes négatifs et de combattre la corruption dans les administrations du parti et de l'État ? »

Je perçus dans ces mots l'écho de mes propres doutes. Lorsque nous avions discuté, en URSS, du contenu de notre réforme politique, nous avions envisagé le pluralisme d'opinions comme une manière de développer la démocratie dans le cadre du parti unique. Mais le pluralisme ne se limita pas à la sphère des idées et déborda sur la politique. Aussitôt les orthodoxes nous reprochèrent d'avoir dépassé les décisions du plénum d'avril, du XXVIIe congrès et de la XIXe conférence du parti.

Les arguments de Zhao signifiaient clairement que la direction chinoise était prête à introduire une réforme politique pour permettre aux masses populaires de bénéficier de droits démocratiques dans le cadre du système de parti unique. Et il conclut en précisant qu'en cas d'échec, l'introduction d'un système de pluripartisme serait inévitable. Il soulignait la nécessité de fixer les droits constitutionnels des citoyens et de trouver la relation optimale entre démocratie et légalité. La légalité devait être fondée sur la démocratie, et la démocratie, s'appuyer sur la légalité.

Pour conclure, Zhao précisa que les Chinois suivaient avec beaucoup d'intérêt et d'attention les progrès de la réforme politique en Union soviétique.

— Surtout l'intelligentsia qui exige que la Chine imite votre expérience, ajouta-t-il.

À vrai dire, je fus surpris par l'ouverture d'esprit du secrétaire général du parti chinois. Pendant que nous parlions, je réfléchissais sur la signification de ses paroles. Je ne compris que bien plus tard les sentiments de cet homme et la lutte interne qui se déroulait en son for intérieur entre les principes du parti et les autres valeurs. C'était un réformateur proche de Deng Xiaoping, dont il était le disciple, et un homme politique d'un nouveau genre. Il était, de ce fait, porteur des espoirs d'une partie de la jeune intelligentsia. Or il se trouvait, ces jours-là, confronté au défi démocratique des étudiants. Il n'ignorait pas que nombreux était ceux qui exigeaient le rétablissement de l'ordre, car les manifestations avaient pris le caractère d'une révolte civile. Or la plupart des manifestants comptaient parmi ses partisans ou, du moins, s'inspiraient de ses idées. Tel était son drame.

Le 18 mai, nous partîmes pour Shanghai. Après une cérémonie de départ dans la résidence du gouvernement, nous prîmes le chemin de l'aéroport en contournant le centre de la capitale. Malgré tout, des dizaines et même des centaines de milliers de Chinois se rassemblèrent le long du trajet pour nous saluer. Et il ne s'agissait nullement de figurants d'un éventuel spectacle organisé par les autorités.

À l'aéroport de Shanghai, nous fûmes accueillis par Jiang Zemin, membre du Politburo et premier secrétaire du comité du parti de la ville, et par le maire, Zhu Rongji. Comme à Pékin, les rues empruntées par notre cortège étaient envahies par la foule des citadins. Certains étaient là par curiosité, mais la plupart voulaient manifester leur bonne volonté à notre égard.

Avant le voyage, à Moscou, lors de l'étude des différentes possibilités qui s'offraient à nous, on m'avait déconseillé de visiter Shanghai en raison des difficultés qu'il y avait à assurer ma sécurité dans cette ville densément peuplée aux rues étroites. J'avais insisté pour y venir car c'était le plus grand centre industriel et culturel du pays, après Pékin, et j'en savais plus sur lui que sur n'importe quelle autre cité chinoise. Le choix de Shanghai me donnait aussi la possibilité de rencontrer Jiang Zemin. À Moscou, nous savions qu'il était l'un des dirigeants les plus intéressants de la « nouvelle vague ». Diplômé de l'Institut polytechnique de Shanghai, il avait fait un stage dans une usine automobile de la capitale soviétique dans les années cinquante. Depuis cette époque, il n'avait pas oublié la langue russe, comme je pus m'en rendre compte en faisant sa connaissance.

Sa connaissance approfondie de l'état d'esprit des habitants de Shanghai et ses qualités personnelles de calme, d'équilibre et d'amabilité — tel est le souvenir que je garde de lui — lui avaient permis d'éviter, d'après les informations en ma possession, tout incident tragique au cours des manifestations qui se déroulèrent dans sa ville. Je ne fus donc pas surpris par l'annonce de sa nomination au poste de secrétaire général du PC chinois, en juin 1989, après la démission de Zhao Ziyang, rendu responsable de l'« épidémie de libéralisation bourgeoise ».

Néanmoins, la promotion de Jiang ne constituait pas pour autant une victoire des partisans de la ligne dure. Deng, l'architecte des réformes chinoises, était visiblement parvenu, une fois de plus, à trouver un compromis politique et à maintenir l'équilibre au sommet du parti et de l'État.

Rencontres avec la jeunesse

Si les rencontres avec les dirigeants chinois marquèrent un tournant dans l'histoire des relations entre nos deux pays, je fus particulièrement impressionné par mes rencontres avec la jeunesse. Ce fut même plutôt inattendu. Beaucoup de nos sinologues estimaient que le désir d'entretenir de bonnes relations avec l'Union soviétique était plutôt propre aux personnes âgées, comme une sorte de nostalgie. Ils pensaient aussi que les jeunes, élevés pendant la période d'affrontement, devaient être, sinon carrément antisoviétiques, du moins indifférents ou même proaméricains.

L'impression que me laissèrent les contacts directs avec les jeunes Chinois à Pékin et à Shanghai fut tout à fait différente. Qu'ils fussent étudiants, lycéens, ouvriers ou employés, ils dialoguèrent volontiers avec la délégation soviétique, exprimant leur souhait de visiter notre pays. Leur intérêt vif et sincère pour tout ce qui se passait en URSS, leur approbation de la normalisation de nos relations me touchèrent profondément.

Je garde le souvenir particulier d'une rencontre avec des manifestants à notre retour d'une visite à la Grande Muraille. Le service de sécurité, qui avait remarqué au loin des colonnes de jeunes, voulait dévier le cortège de voitures par une rue latérale, mais j'insistai pour continuer tout droit. Dès qu'ils nous aperçurent, les étudiants nous saluèrent avec enthousiasme. Nous nous arrêtâmes. Je sortis de ma voiture et serrai quelques mains. Ces jeunes gens organisèrent eux-mêmes un couloir pour nous laisser passer et nous repartîmes tranquillement, suivis par la sécurité.

Bref, ces divers contacts me confortèrent dans l'idée que j'avais bien agi en décidant de ne pas différer ma visite en Chine, malgré les réticences de certains camarades qui craignaient de voir les manifestations entraver son bon déroulement. À franchement parler, nous ne pouvions pas nous imaginer, à Moscou, les dimensions de ces événements. Le sommet de la contestation coïncida avec mon arrivée à Pékin, mais il est abusif d'y voir un lien quelconque, comme le firent un bon nombre des mille deux cents journalistes arrivés tout exprès pour commenter ma visite.

Le 20 mai, la loi martiale fut proclamée dans plusieurs quartiers de la capitale et les troupes entrèrent dans la ville. Dans la nuit du 3 au 4 juin, les forces de l'armée et de la police dégagèrent la place Tiananmen et les rues adjacentes. Selon les données officielles, les victimes civiles s'élevèrent à deux cents tués et trois mille blessés. Des dizaines de militaires périrent aussi, et plus de six mille furent blessés.

Je fis une intervention sur le sujet devant le Congrès des députés du peuple de l'URSS qui adopta, le 6 juin, une résolution exprimant l'espoir que la sagesse, le bon sens et la pondération prévaudraient dans le cadre de la recherche d'une solution digne du grand peuple chinois. Notre réponse à ces événements tragiques combinait ainsi la non-ingérence dans les affaires intérieures de notre voisin et un intérêt sincère pour que le développement de ce pays ami, engagé dans la voie des réformes et de l'ouverture, se poursuive dans la paix civile et le rejet de la violence.

Un an après ma visite, Li Peng effectua une visite en URSS. Je le reçus au Kremlin, le 24 avril 1990. Les relations entre nos deux pays se multipliaient, surtout en Extrême-Orient, ce dont le Premier ministre chinois et moi-même avions tout lieu d'être satisfaits. Notre conversation toucha également aux problèmes de « grande politique ». Li Peng qualifia d'historique ma visite en Chine et appela à faire passer les relations politiques et économiques entre nos deux pays à un niveau supérieur. Il exprima aussi son intérêt pour le développement de la coopération dans le domaine de l'industrie aéronautique, l'acquisition d'équipements militaires ultramodernes et les contacts entre nos forces armées. Il se livra à un tour d'horizon de la situation internationale en faisant remarquer qu'on y trouvait aussi bien des éléments de détente que de tension.

À la fin de notre conversation, je constatai qu'il existait de plus en plus de points communs dans les positions soviétiques et chinoises, et que c'était là une bonne assise pour le développement de nos relations. Je soutins entièrement les négociations entre Li Peng et Ryjkov sur la coopération économique.

En mai 1991, la visite de Jiang Zemin en URSS, exactement deux ans après ma visite à Pékin, intervint comme une étape importante dans le mouvement d'intensification des liens entre l'URSS et la Chine.

Nous nous retrouvâmes comme de bons amis. Il était visiblement content de retrouver Moscou. Il visita l'usine Likhatchev, où il avait travaillé trente-cinq ans plus tôt. Le personnel de ce géant de l'industrie automobile accueillit cordialement le visiteur chinois.

Nous savions la direction chinoise inquiète de la tension politique croissante à l'intérieur de l'URSS. Nous n'ignorions pas, non plus, qu'elle critiquait sévèrement, à huis clos, la « perestroïka gorbatchévienne ». Mais les dirigeants chinois ne tenaient pas à s'engager dans des polémiques. Ils avaient visiblement tiré les leçons des événements du printemps 1989. Même si elle réagissait vivement aux accusations de viol des droits de l'homme, la direction de Pékin apportait néanmoins des correctifs dans sa manière d'introduire les réformes économiques et tentait d'améliorer ses relations avec la jeunesse étudiante et l'intelligentsia. Ce changement d'approche devait être l'objet d'une lutte aux échelons supérieurs du pouvoir et, apparemment, les partisans d'une voie évolutionniste étaient plus forts que les fondamentalistes maoïstes.

Sur les réformes en Chine

Je ne suis nullement convaincu par les opinions de certains de nos hommes politiques qui affirment que nous aurions dû suivre le modèle chinois, c'est-à-dire mener d'abord à bien les réformes économiques avant de passer aux réformes politiques. Ainsi, prétendent-ils, nous aurions pu éviter les secousses sociales et assurer la stabilité. Il est difficile de dire quelles sont, dans ces réflexions, la part de la naïveté, de la légèreté et de la spéculation politique.

Je connaissais trop bien l'esprit routinier de nos structures politiques pour me bercer d'illusions sur leur tolérance à l'égard des réformes économiques. Chez nous, toutes les tentatives sérieuses ou non de changer l'économie ont été étouffées et écrasées par les forces politiques rétrogrades. Ce fut le cas sous Khrouchtchev et Brejnev, et cela continue, même de nos jours.

Les réformes économiques en Chine sont un succès de la nouvelle direction du pays et du peuple chinois tout entier. Leurs points forts et faibles méritent une étude approfondie. Après tout, en quelque dix ans, un énorme pays peuplé de plus d'un milliard d'individus s'est libéré de ses expériences gauchistes les plus néfastes. Des centaines de millions de personnes ont pu se nourrir et des dizaines de millions bénéficient d'une relative aisance. Les résultats sont importants et évidents.

Mais des évaluations extatiques des fruits de cette réforme ne suffisent pas pour apprécier objectivement les processus contradictoires et ambigus à l'œuvre dans les sphères socio-économique et politique.

L'exemple des zones franches est significatif. Elles se trouvent surtout dans les régions côtières. Grâce à des investisseurs étrangers, d'origine chinoise pour la plupart, et à l'utilisation d'une main-d'œuvre à bon marché et de technologies de pointe, on y fabrique des produits modernes destinés à l'exportation. Mais, à ce jour, peu de gens savent, chez nous, qu'elles sont en fait fermées à la majorité des citoyens chinois.

La question des réformes politiques est à l'évidence simplement gelée temporairement. Le XIVe congrès du PCC (automne 1992) et la session de l'Assemblée nationale populaire qui a suivi l'ont confirmé à leur façon en reconnaissant qu'il était indispensable de mener à bien, parallèlement à la transformation de l'économie, une « perestroïka politique ». Les hommes politiques chinois n'ont pas renoncé à ce concept.

Naturellement, il appartient au peuple chinois et à sa direction politique de définir leurs priorités politiques, économiques et sociales, ainsi que les voies et les méthodes de la réalisation des réformes. Mais ceux qui nous recommandaient de reproduire le modèle chinois devraient s'informer un peu mieux. À mon avis, les méthodes de maintien de la stabilité politique que l'on considère comme possibles et nécessaires en Chine seraient inapplicables dans nos conditions. En constatant cela, je ne plaide pas pour un quelconque « double standard » envers la Chine. Mais ce serait le comble de l'approche doctrinaire que d'ignorer les spécificités du pays le plus peuplé du monde et doté, qui plus est, de l'une des plus anciennes civilisations, pour tenter d'imposer à tous un nouveau modèle obligatoire et unique.

La signification historique de la normalisation entre nos deux pays réside dans la possibilité d'établir des contacts nombreux et ouverts, pour le plus grand bien mutuel, dont disposent aujourd'hui les peuples de la Chine, de la Russie et des autres pays de la CEI. Au plus grand bénéfice de l'Asie et du monde entier.

CHAPITRE 23

PAR-DELÀ LES DIVISIONS DE L'EUROPE

Une pause à Washington

Le 23 janvier 1989, le président Bush me passa un coup de fil. Depuis son élection, les médias annonçaient que la nouvelle administration prendrait son temps avant de développer des relations nouvelles avec l'URSS. Des commentateurs bien informés, disposant de contacts dans l'entourage présidentiel, parlaient de « pause de réflexion », d'« inventaire stratégique » et de « réévaluation générale » de la politique américaine. Lors de la rencontre de Governor's Island, j'avais précisé aux deux présidents, l'ancien et le nouveau, que je comprenais les besoins de la nouvelle administration de prendre le temps de la réflexion dans la définition de sa politique.

Peu de temps avant son entrée en fonctions, Bush me fit parvenir une lettre par l'intermédiaire de Henry Kissinger, en visite à Moscou. Il écrivait ce qui suit :

> Je voudrais vous confirmer ce que je vous disais l'année dernière. J'ai besoin de temps pour réfléchir sur l'ensemble de ces questions, surtout dans le domaine du contrôle des armements, dont vous connaissez l'importance vitale qu'il revêt dans nos relations bilatérales, et pour formuler notre ligne dans l'intérêt du développement de ces relations. Notre objectif est de mettre au point une approche américaine solide et conséquente. Il ne s'agit nullement d'une tentative pour freiner le processus positif engagé depuis un ou deux ans, et encore moins de revenir sur lui.

Bush me passa donc également un coup de fil. Le ton de la conversation fut optimiste et me fit espérer que le dialogue allait se développer d'une manière positive et selon un rythme beaucoup plus rapide. Pourtant, des semaines passèrent, puis des mois. L'administration américaine ne semblait guère pressée de dévoiler les orientations de sa politique étrangère, surtout envers l'Union soviétique. La première rencontre entre Chevardnadze et le nouveau secrétaire d'État, James Baker, à Vienne, vers la mi-mars, fut significative de la prudence de Washington. En fait, les Américains avaient l'air d'attendre Dieu sait quoi. Certains signaux que nous recevions étaient plutôt alarmants et, chez nous, nombreux étaient ceux — y compris dans la direction du pays — qui interprétaient cette pause prolongée comme la preuve sinon des mauvaises intentions que les États-Unis entretenaient à notre égard, du moins du fait qu'ils ne souhaitaient pas renforcer les contacts.

Les données qui nous parvenaient étaient contradictoires. Primakov, qui revenait des États-Unis, nous rapporta que l'opinion publique avait beaucoup évolué à notre égard. Surtout dans le pays profond. La méfiance, enracinée depuis des décennies, cédait progressivement la place à une vague de bienveillance et d'intérêt. Cela signifiait que l'opinion publique était en avance sur les cercles dirigeants et que cela ne manquerait pas d'influencer le comportement de l'administration qui, les mains ainsi déliées, n'aurait plus besoin de lorgner sans cesse du côté de la droite.

Néanmoins, des informations confidentielles sur les débats dans le cercle rapproché du président faisaient état d'une situation différente. Les partisans de la « ligne dure » étaient devenus plus actifs. Ils percevaient les événements se déroulant en Union soviétique et dans l'ensemble de l'Europe de l'Est comme les signes avant-coureurs de cette « victoire » dans la guerre froide qu'ils désiraient tant. En conséquence, ils se prononçaient en faveur d'une augmentation de la pression, de manière à obtenir des concessions supplémentaires de l'Union soviétique.

Une telle politique n'aurait pas manqué de signifier la perte des nombreux acquis de l'époque Reagan. Sans compter qu'elle aurait conforté de manière notable tous ceux qui, dans notre pays, voyaient dans la normalisation des relations avec les États-Unis un phénomène nocif et inacceptable. Pour cette raison, lors de mes nombreuses rencontres avec des responsables ouest-européens, je ne manquais pas une occasion d'aborder ce problème, sans dissimuler mon inquiétude. J'étais certain que mes interlocuteurs ne manqueraient pas de transmettre mes remarques à leur allié principal au sein de l'OTAN.

En me penchant sur les événements de cette période, il me semble que, en raison des liens « spéciaux » entre le Royaume-Uni et les États-Unis, les conversations que j'eus avec Margaret Thatcher pendant ma visite à Londres, en avril 1989, ne furent pas inutiles.

En visite officielle à Londres

Normalement, j'étais attendu dans la capitale britannique à la fin de 1988. Je devais m'y arrêter après mon voyage à New York et mon discours devant l'Assemblée générale des Nations unies. Mais le tremblement de terre en Arménie m'obligea à changer mes plans. Je retournai d'urgence à Moscou et demandai à madame Thatcher de m'excuser et de remettre ma visite à plus tard. Elle fut d'ailleurs la première à m'envoyer un télégramme de condoléances au sujet de la terrible tragédie qui frappait le peuple arménien, et ce geste me toucha profondément. Le Royaume-Uni compta également parmi les premiers pays à faire parvenir une aide humanitaire à l'Arménie.

Je ne pus donc me rendre à Londres qu'en avril 1989, sur le chemin du retour après une visite à Cuba. Notre avion se posa à Heathrow le 5 avril à minuit. Lord Strathclyde, le représentant spécial de la reine, et monsieur et madame Thatcher nous attendaient à l'aéroport. Pendant le trajet jusqu'à notre ambassade, le Premier ministre me dit combien elle était impressionnée par les élections qui venaient d'avoir lieu chez nous, et notamment par le taux élevé de la participation. Elle me parla aussi de son récent voyage en Afrique australe. Quant à nos discussions officielles, elles devaient avoir lieu le lendemain, au 10 Downing Street.

À l'heure dite, près de trois cents représentants des principales chaînes de télévision et des grands journaux et périodiques internationaux étaient rassemblés devant l'entrée de la résidence du chef du gouvernement britannique. Margaret Thatcher vint m'accueillir et me fit monter l'étroit escalier où sont accrochés les portraits de tous les Premiers ministres de Grande-Bretagne depuis 1732.

Beaucoup de changements étaient intervenus depuis notre rencontre à Moscou, deux années plus tôt. L'Occident avait modifié son attitude envers la perestroïka et cela se refléta sur la tonalité de notre conversation. Margaret Thatcher proposa l'ordre du jour suivant : relations Est-Ouest, contrôle des armements, problèmes régionaux, relations soviéto-britanniques. Mais elle me demanda d'abord de lui raconter comment les choses se passaient chez nous et de lui parler du développement des réformes, thème qui l'intéressait énormément.

Je lui donnai des informations détaillées tout en exprimant mon inquiétude quant à la volonté de certains milieux occidentaux d'empêcher le public de percevoir de manière positive les changements en URSS. Sachant combien mon interlocutrice était proche de la direction américaine, j'insistai particulièrement sur ce point. Bien entendu, je voulais également entendre son avis. Elle rejeta mon appréciation en me précisant que l'Occident était favorable à la perestroïka et lui souhaitait tout le succès possible.

— C'est notre position commune à nous tous, en Occident, précisa-t-elle. Comment pourrait-il en être autrement puisque votre politique contribue à l'élargissement des droits et des libertés de l'individu, à l'amélioration du niveau de vie de vos concitoyens, à l'affirmation de valeurs telles que la liberté de parole et de réunion, le libre échange des idées et d'autres formes de coopération entre les États ? Voilà pourquoi nous disons fermement que nous soutenons vos transformations. Nous souhaitons y prêter notre concours, tout en gardant nos convictions et nos alliances, notre vigilance et notre sécurité.

Margaret Thatcher parlait avec sincérité. Il me semble qu'en rapportant notre conversation à Washington, elle fit part de considérations qui ne passèrent pas inaperçues. En tout cas, la visite de James Baker à Moscou, un mois et demi plus tard, se déroula dans un esprit positif.

— Quant à l'essence de vos processus internes, poursuivit-elle, j'avais prévu, dès le début, que l'étape la plus dure commencerait maintenant. J'ai toujours considéré qu'il était extrêmement difficile de changer l'attitude des individus vis-à-vis d'eux-mêmes et de leur travail, et de les inciter à participer aux changements économiques. Dans une société libre politiquement, de telles tentatives provoquent des critiques plutôt que le désir de participer... C'est une chose de dire aux gens ce qu'ils doivent faire, où ils doivent travailler, et cela en est une autre de leur demander de faire preuve d'initiative, comme l'exigent les conditions qui prévalent dans la grande industrie et dans le domaine des technologies complexes. L'ordre ancien est en train de disparaître, mais les gens ne savent pas par quoi il sera remplacé et en quoi le fait de s'appuyer sur leur travail personnel et leur capacité d'entreprendre leur apportera une vie meilleure.

Le Premier ministre pensait que les difficultés grandissantes et la résistance de la nomenklatura pouvaient soulever des obstacles insurmontables aux réformes. Elle voyait aussi un autre danger : une trop grande précipitation à les mener à bien. Elle mentionna combien il avait fallu de temps pour créer le système existant en Grande-Bretagne. Sa propre expérience réformatrice avait montré à Margaret Thatcher à quel point il convenait d'être à la fois prudent et résolu, et de bien calculer chaque action.

Cette fois, nous pouvions noter des résultats positifs à notre travail conjoint et l'amorce de nouvelles approches dans un contexte international plus large : accord sur l'indépendance de la Namibie ; esprit de coopération à l'ONU et au Conseil de sécurité, ce qui avait permis l'accord de cessez-le-feu entre l'Iran et l'Irak ; progrès dans la voie d'un règlement au Proche-Orient. Mais j'exprimai également à madame Thatcher mon inquiétude au sujet de la politique de l'administration Bush qui avait créé une pause dans les relations soviéto-américaines. Le Premier ministre me répondit que mes doutes étaient sans fondement.

Après notre entretien, nous prîmes part à la cérémonie de signature, par nos ministres des Affaires étrangères respectifs, de toute une série d'accords : sur la promotion et la protection mutuelle des investissements, sur l'amélioration de la procédure d'obtention de visas et sur la construction d'une école, en Arménie, avec des fonds collectés en Grande-Bretagne. Devant le 10 Downing Street, Margaret Thatcher et moi, nous répondîmes brièvement aux habituelles questions des journalistes qui attendaient. Le Premier ministre qualifia notre conversation de substantielle, de profonde et d'amicale. Je profitai de l'occasion pour remercier le gouvernement et le peuple britanniques pour l'aide apportée au peuple arménien dans la réparation des dommages causés par le tremblement de terre. Pour qualifier notre dialogue avec le Royaume-Uni, j'utilisai également l'adjectif substantiel en précisant qu'il était marqué par une compréhension mutuelle grandissante.

Margaret et Denis Thatcher nous accompagnèrent à l'abbaye de Westminster où, avec Raïssa Maximovna, je déposai une gerbe sur la tombe du Soldat inconnu, en mémoire des morts de la Première Guerre mondiale et de ceux qui étaient tombés en libérant l'Europe du nazisme avec les soldats soviétiques.

Des milliers de personnes étaient rassemblées sur la place devant l'abbaye. J'ai demandé d'arrêter la voiture pour serrer quelques mains. Il était impossible de parler avec quiconque, dans le tonnerre des exclamations enthousiastes, mais l'atmosphère de ce bref contact était suffisamment éloquente.

Au deuxième jour de ma visite, je fis un discours à Guildhall, la mairie de Londres. Depuis cinq siècles, Guildhall est le témoin de tous les événements importants dans l'histoire du pays et représente l'une de ses tribunes les plus importantes, à laquelle les hommes d'État étrangers n'ont accès que dans des cas exceptionnels. Pour l'occasion, de très nombreuses personnalités représentant la vie politique, culturelle et sociale du pays se rassemblèrent dans cet édifice splendide. Le lord-maire et son épouse nous accueillirent à l'entrée.

J'avais soigneusement préparé mon intervention. Elle était consacrée au caractère critique de la période que nous traversions. La communauté internationale se trouvait au carrefour de deux politiques : celle de la force, vestige du passé, et une autre, en gestation, qui donnait la priorité aux valeurs et aux intérêts communs à l'ensemble de l'humanité. J'expliquai que les hommes politiques portaient une lourde responsabilité sur leurs épaules : celle du choix. Et leurs décisions revêtaient une importance décisive. En Union soviétique, nous nous efforcions de donner des réponses honnêtes et directes aux questions les plus difficiles. Nous tentions de tirer les enseignements de notre expérience, de réfléchir sur notre histoire, sur celle du monde environnant et sur notre situation dans ce monde. Nous invitions les autres pays au dialogue et à la coopération au nom du progrès et de la survie de l'humanité.

Devant nous s'ouvrait la possibilité de tourner la dernière page de l'histoire de l'après-guerre et d'entrer dans une nouvelle période de paix, affirmai-je. Quant à la doctrine de « dissuasion » nucléaire, elle devait devenir une doctrine de « dissuasion » des armes nucléaires elles-mêmes. J'exprimai l'espoir que les relations soviéto-britanniques puissent contribuer de manière substantielle au renforcement de la confiance, élément indispensable à la résolution des problèmes internationaux qui se posaient à nous.

De Guildhall, nous nous rendîmes directement au château de Windsor, la résidence de campagne de la reine, à travers la belle Angleterre champêtre. Nous fûmes accueillis par Élisabeth II et son époux, le duc d'Édimbourg. Pendant le déjeuner, la conversation fut chaleureuse. La reine nous fit visiter elle-même les salles du château et sa belle collection de toiles de maître. J'exprimai l'espoir que, pour la première fois dans l'histoire, un souverain britannique pût visiter l'Union soviétique.

Premières discussions avec l'administration américaine

Le secrétaire d'État James Baker arriva à Moscou à la mi-mai. Peu avant cette visite, le président Bush nous informa que son administration avait terminé l'« inventaire stratégique ». Baker était prêt à parler sérieusement de tous les aspects des relations bilatérales : désarmement, problèmes régionaux, coopération globale entre nos deux pays.

Baker était porteur d'un message du président à la tonalité globalement positive. Il contenait cependant un passage qui nous surprit : le président affirmait qu'« une Union soviétique plus forte pourrait manifester plus résolument sa puissance militaire, ce qui provoquerait l'inquiétude des États-Unis ». Il était encore sous l'emprise des stéréotypes du passé ! Bien sûr, de telles intentions n'étaient pas les nôtres. Au contraire, nous étions prêts à des réductions sérieuses des stocks d'armements et nous limitions nos livraisons à l'étranger (à la veille de la visite de Baker, j'avais annoncé à Bush que l'URSS ne livrait plus d'armes au Nicaragua). Mais il y avait dans cette déclaration un élément plus important dont je parlai sans détours au secrétaire d'État.

— Je voudrais vous rassurer : tout ce que nous entreprenons dans le processus de perestroïka, en nous efforçant de donner un nouveau souffle à notre société, de renforcer notre État et de le tourner vers la satisfaction des besoins des gens, sera utile non seulement à l'Union soviétique, mais aussi aux États-Unis. Sans doute avez-vous entendu beaucoup d'opinions, de recommandations et de conseils, y compris le suivant : à quoi bon se hâter, puisque tout en URSS se développe inévitablement en direction de la déstabilisation et de la décomposition ? Que cette pomme mûrisse et tombe d'elle-même ! Eh bien, cette approche est à rejeter.

Après une heure de conversation privée avec Baker, nous poursuivîmes l'échange en compagnie des membres de nos délégations respectives. Globalement, la rencontre me satisfit. Baker me fit l'impression d'être un homme sérieux, ferme dans ses positions mais disposé à écouter son interlocuteur et à prêter l'oreille à des arguments de bon sens. Son attitude générale semblait constructive. Il restait néanmoins une question : l'administration américaine était-elle décidée à avancer à un rythme rapide ? La réponse ne nous semblait pas encore très claire.

Conversations avec le chancelier Kohl

Le 12 juin 1989, j'entamai une visite officielle en République fédérale d'Allemagne. Je venais d'être élu à la présidence du Soviet suprême de l'URSS et la destination de mon premier voyage à l'étranger en cette nouvelle qualité prenait figure de symbole. Cet événement venait confirmer, une nouvelle fois, l'importance que nous accordions au dialogue avec la RFA.

Le programme était exceptionnellement riche et j'eus l'occasion de rencontrer le chancelier allemand en tête à tête à trois occasions : deux fois dans son bureau de chef du gouvernement et une fois chez lui.

Deux semaines avant cette visite, un sommet de l'OTAN s'était tenu à Bruxelles donnant lieu à l'adoption d'une déclaration sur un « calendrier commun ». Y étaient incluses les propositions du président Bush sur la réduction des armements et des forces armées en Europe en réponse à l'initiative prise par l'URSS et ses alliés du Pacte de Varsovie quelque temps plus tôt. Nous souhaitions corriger les asymétries entre les deux alliances en matière d'effectifs et d'armes sur le Vieux Continent puis les réduire jusqu'à un niveau qui exclurait toute possibilité d'attaque surprise.

C'était la première fois que l'une de nos initiatives importantes en matière de désarmement n'était pas accueillie par des soupçons et des critiques, mais provoquait une réponse concrète et sérieuse. Je dis à Helmut Kohl que la position constructive de la RFA y était pour beaucoup. Le chancelier était visiblement satisfait de cette appréciation du rôle de son pays et il répéta à plusieurs reprises que, à son avis, une percée aux négociations de Vienne était fort possible dans les douze prochains mois. En tout cas, il était prêt à contribuer personnellement à la recherche de solutions mutuellement acceptables. Il me fit comprendre aussi qu'il ne considérait pas les propositions de George Bush comme le dernier mot de la part de l'OTAN et qu'il n'était pas hostile à l'idée d'une réduction encore plus radicale des effectifs, des deux côtés.

Il répéta à deux ou trois reprises que la clé de la solution des problèmes de désarmement était justement le succès des négociations de Vienne. Cela pouvait se discuter, mais je comprenais bien les raisons de cette approche. La RFA se trouvait depuis des décennies à l'épicentre de l'affrontement militaire entre les deux blocs et elle ne pouvait que se montrer particulièrement sensible aux progrès des négociations de Vienne[1]. Sa propre sécurité y était en jeu et elle pouvait s'y faire entendre, aussi bien de l'Occident que de l'Est.

Je n'avais aucune raison de me lancer dans une discussion sur le point de savoir si les négociations de Vienne étaient « importantes », « très importantes » ou « les plus importantes ». Pour nous, l'essentiel était de

---

1. Qui concernaient, rappelons-le, les forces conventionnelles en Europe. (N.d.T.)

les voir sortir de l'impasse où elles se trouvaient. Il était temps de reconnaître que, même selon la logique de la guerre froide, la supériorité soviétique en matière d'armements conventionnels en Europe n'avait plus de sens politique dès lors que l'URSS avait atteint la parité nucléaire avec les États-Unis. En réalité, elle n'était pas seulement nuisible en termes d'image (elle permettait de continuer à montrer l'Union soviétique comme l'« ennemi »), mais elle créait de nouveaux « défis » aux intérêts de notre sécurité : la thèse de la « supériorité soviétique » en Europe permettait aux États-Unis et à l'OTAN d'adopter divers programmes d'armement. Bref, l'heure était venue d'abandonner les calculs militaires mesquins et d'adopter une approche politique plus large. Le chancelier Kohl partageait mon opinion.

Il ne protesta pas non plus contre mes critiques à l'égard de la « dissuasion nucléaire » comme fondement conceptuel de la stratégie de l'Alliance atlantique. Le document de Bruxelles y faisait référence. À la différence de madame Thatcher qui ne perdait pas une occasion pour tenter de me convaincre des avantages de cette doctrine, il se borna à constater philosophiquement : « À chacun sa foi. »

En revanche, nous parvînmes rapidement à une entente sur une autre question pratique de grande importance. Le document de Bruxelles mentionnait la modernisation des armes nucléaires tactiques en Europe et cela ne manquait pas de m'inquiéter. En effet, de notre côté, nous avions accepté d'inclure dans le traité INF les missiles SS-23, bien que leur portée fût inférieure à 500 kilomètres et qu'ils n'entrassent donc point dans le cadre de l'accord. Dès lors, toute initiative de l'OTAN allant dans un sens différent à celui que nous avions emprunté ne pouvait que provoquer une réaction négative sans équivoque. Je le dis clairement à Helmut Kohl.

Je savais toutefois que les membres de l'OTAN n'étaient pas unis sur ce thème. Si le Royaume-Uni était le plus chaud partisan du plan américain, la position des autres partenaires était beaucoup plus réservée. À Bruxelles, la RFA estimait que des négociations sur les armes nucléaires tactiques en Europe devaient être ouvertes parallèlement aux négociations de Vienne. Un compromis fut finalement trouvé : la phrase sur la modernisation demeura dans le document, mais les délais de sa mise en œuvre furent repoussés.

Ma conversation avec Kohl me fit comprendre que les Européens de l'Ouest avaient accepté cette formulation sans un enthousiasme débordant. J'en tirai aussi une autre information : le chancelier était convaincu que la question de la modernisation des armes nucléaires tactiques en Europe ne se poserait plus dès qu'apparaîtraient les premiers signes d'une percée sensible aux négociations de Vienne. Pour nous, c'était un signal d'autant plus important que la RFA avait une influence considérable sur le dossier : les missiles américains Lance — qui devaient être remplacés dans le cadre de la modernisation — étaient précisément stationnés sur son territoire.

Nous abordâmes également les relations bilatérales. Pendant que les projets concrets étaient discutés par des groupes de travail, nous nous concentrâmes, le chancelier et moi, sur des questions qui, comme le souligna mon interlocuteur, revêtaient pour les Allemands une « importance psychologique spéciale ».

Il s'agissait en particulier du sort des prisonniers de guerre disparus en URSS ; de la possibilité pour les citoyens de la RFA de visiter les cimetières soviétiques où étaient enterrés des soldats allemands et de se rendre à Kaliningrad, l'ex-Königsberg ; de la reconstitution d'un territoire autonome pour les Allemands de la Volga [2]. J'assurai au chancelier que nous nous montrerions compréhensifs sur l'ensemble de ces problèmes.

Dans l'ensemble, je gardai de la visite le sentiment qu'elle avait répondu à nos attentes. Elle permit de donner une qualité nouvelle aux relations soviéto-allemandes. Nous parvînmes à signer onze accords, notamment une déclaration commune qui représentait à nos yeux un document politique de grande importance. Nous y fixions notre vision commune des perspectives de développement du processus européen et des relations entre nos deux pays.

Le chancelier Kohl et moi, nous décidâmes de travailler ensemble de manière à surmonter la division de l'Europe. L'Union soviétique et la RFA lancèrent un appel aux États participants à la CSCE pour qu'ils unissent leurs efforts en vue de la future construction européenne.

Les progrès furent sensibles dans plusieurs domaines. Le premier cycle de la conférence de la CSCE sur les droits de l'homme se termina à Paris, le 23 juin. Des contacts furent établis entre l'OTAN et le Pacte de Varsovie, entre la Communauté européenne et le CAEM, entre le Parlement européen et le Soviet suprême de l'URSS. L'Assemblée parlementaire du Conseil de l'Europe accorda à l'Union soviétique le statut

---

2. Les descendants des Allemands installés dans la vallée de la basse Volga à l'époque de Catherine II disposèrent d'une république autonome de 1924 à 1941. Elle fut dissoute après l'attaque allemande contre l'URSS. (N.d.T.)

d'invité spécial et l'on me demanda de parler devant l'Assemblée, à Strasbourg.

Un message de l'Europe

Après le voyage de François Mitterrand à Moscou, en 1988, je me rendis une nouvelle fois en France au début de juillet 1989, à la veille des célébrations du bicentenaire de la Révolution française. Le président m'accueillit à l'Élysée.

— Votre visite, me dit-il, intervient à un moment que l'on perçoit généralement comme décisif pour notre continent. Pour la première fois depuis cinquante ans, nous avons la chance de pouvoir faire sortir l'Europe de l'ère de la division et de l'affrontement pour lui faire prendre la voie de la conciliation et de l'entente. Ne pas manquer cette occasion dépend seulement de nous.

Dans ma réponse, je repris son idée en soulignant que nous avions toutes raisons de penser que « la période de l'après-guerre a touché à son terme ».

Ce nouveau sommet devait permettre l'adoption d'un nombre record d'accords bilatéraux destinés à rendre possible le développement de la coopération dans une vingtaine de domaines différents : la culture, les échanges de jeunes, la prévention des incidents en haute mer, la protection mutuelle des investissements, etc. Avant mon départ, j'avais également perçu un changement dans l'approche française des problèmes de désarmement et nous avions apprécié à sa juste valeur la décision de Mitterrand de réduire les dépenses militaires de son pays de quatre-vingt-cinq milliards de francs en cinq ans. Lors de la préparation de la visite, nous avions procédé, le président et moi, à un échange intense d'opinions sur les conflits armés, notamment ceux du Liban et du Proche-Orient.

Bref, tout indiquait que cette rencontre représenterait un tournant dans l'histoire des relations franco-soviétiques, et, en effet, nos conversations prirent un tour exceptionnellement franc et profond. Je fis part à Mitterrand de mes réflexions au sujet des « bizarreries » dans les relations soviéto-américaines. Lorsque les Américains, dans la foulée de l'élection de George Bush, nous avaient déclaré qu'ils avaient besoin de temps pour réfléchir, nous avions fait preuve de compréhension à leur égard. Mais des réflexions trop longues s'accordent mal avec la dynamique des relations internationales. Pour éviter les malentendus, j'avais passé un coup de fil au président américain. Néanmoins, pour moi, l'essentiel était l'attitude de la nouvelle administration à l'égard de l'accord sur l'Afghanistan et des pourparlers de Genève sur les armements stratégiques. Et là, les choses allaient mal. Dans ce contexte, le point de vue du président français m'apparaissait de la plus haute importance.

Mitterrand me confia qu'il avait eu des discussions avec les Américains sur les questions que je soulevais et que l'opinion des deux parties était positive. Mais je sentis très clairement que le président avait capté mon signal.

Quant au problème très sensible des armes nucléaires, j'exprimai l'espoir que même si la France gardait sa position particulière en ce domaine, les négociations pourraient avancer à Vienne et à Genève et que l'on parviendrait à atteindre l'objectif d'une réduction de 50 % des armements stratégiques. La réponse fut encourageante.

À la fin de mon séjour à Paris, j'avais donc de bonnes raisons d'affirmer au président français :

— Du point de vue de son contenu, je classerai cette visite parmi les plus importantes et celles dont la portée est la plus grande. Ce que nous avons accompli pendant ces journées nous laisse espérer une collaboration encore plus fructueuse à l'avenir.

Un autre événement symbolique fut ma rencontre, dans le grand amphithéâtre de la Sorbonne, avec des représentants de l'intelligentsia française. Dans son introduction, le recteur de l'Université de Paris souleva la question du rôle des intellectuels dans la société et de leurs rapports avec le pouvoir. Ces questions — toujours d'actualité — trouvèrent des échos directs dans mon discours. Cela se passait à la veille du bicentenaire de la Révolution et, prenant en compte non seulement l'expérience historique, mais encore mon expérience personnelle, je mis l'accent sur le fait que les révolutions philosophiques précèdent toujours les grands changements politiques et sociaux. La Révolution française devait beaucoup aux penseurs du siècle des Lumières, aux idées d'égalité, de droits naturels de l'homme, de suprématie de la loi, de séparation des pouvoirs, de souveraineté populaire, de contrat social, aux idées de Voltaire et de Montesquieu, de Diderot et de d'Holbach, de Mably et de Rousseau. L'héritage politique et intellectuel de 1789 est à la source du développement de la pensée démocratique au XIXe siècle qui, à son tour, a fertilisé le sol pour les révolutions sociales du XXe. À la fin de notre siècle, l'humanité se trouve confrontée à des problèmes globaux essentiellement nouveaux qui exigent de nouveaux efforts intellectuels, le refus des stéréotypes habituels, bref, une nouvelle pensée.

En parlant de cela, je mis l'accent sur trois points. Premièrement, nous n'avions pas le droit de nous laisser entraîner dans un développement erratique, mais nous devions apprendre à maîtriser le processus. Deuxièmement, il nous fallait reconsidérer les critères traditionnels du progrès, accorder nos besoins aux ressources en énergie et en matières premières, aux exigences écologiques et démographiques et à la nécessité de diminuer le fossé entre les pays riches et les pays pauvres. Troisièmement, il fallait reconnaître que la tolérance, le respect de la liberté de choix et la recherche de voies politiques pacifiques pour le règlement des conflits représentent des conditions indispensables pour assurer la survie et la renaissance de l'humanité.

Je précisai aussi que notre époque réclame de plus hautes exigences politiques. Et cet accroissement qualitatif dépend pour l'essentiel de la connaissance scientifique et de la participation de l'intelligentsia qui doit assumer des responsabilités sociales, y compris sur le plan international. Le manque de spiritualité et l'anti-intellectualisme représentent de terribles dangers. Mais une intelligence pure, privée de fondement moral, n'est pas moins dangereuse. Sans une fusion organique avec la morale, la science contemporaine perd son sens. Et le renforcement de la moralité de la science doit se refléter dans son lien avec la politique. Les conséquences de l'affaiblissement des rapports au sein de la triade politique-science-morale — sans parler de leur rupture — peut avoir des conséquences imprévisibles pour l'humanité.

Je parlais de tout cela en juillet 1989. Dans tous les domaines où la nouvelle pensée est entrée en symbiose avec la politique, des résultats ont suivi et des perspectives se sont ouvertes. En revanche, partout où, en raison de l'« obsession » des hommes politiques pour les problèmes intérieurs et de l'absence ou de la faiblesse des mécanismes de collaboration régionale et internationale, le lien ne s'est pas fait et où les nouvelles idées n'ont pas été reprises par les politiques, nous avons dû payer un prix très cher, surtout en Europe, et nous continuons à le payer.

À la Sorbonne, je me sentis obligé de prévenir les intellectuels contre une réaction trop brusque à propos des événements en Chine. Une vaste campagne pour condamner la dispersion des manifestations estudiantines par la direction chinoise se développait. En France, pays amoureux de la liberté et qui gardait encore vivace le souvenir de mai 1968, ces faits étaient perçus avec une émotion particulière. Néanmoins, mon auditoire sembla accepter mon argument principal : nul ne peut acculer un grand pays. On ne peut répondre à des actes inacceptables du point de vue de la démocratie et des droits de l'homme en dressant des barrières isolationnistes à l'encontre du coupable, la communauté internationale dispose de nombreux moyens d'influer positivement sur les événements sans se mêler pour autant des affaires intérieures d'un pays.

Certains proclamèrent que Gorbatchev se livrait à une justification de Tiananmen dans la mesure où il n'excluait pas un développement similaire dans son propre pays. Chacun sait aujourd'hui que, à aucun moment, je n'ai envisagé de recourir à la force pour réprimer d'éventuelles émeutes. De telles solutions ne permettent nullement de résoudre les problèmes. Elles ne parviennent qu'à les aggraver.

Avant mon départ de Paris, le 6 juillet au matin, Mitterrand me parla d'une prochaine rencontre qu'il devait avoir avec George Bush et il me promit d'y mentionner les sujets dont nous avions parlé. Peu après, je reçus une lettre du président américain qui me suggérait la tenue d'un sommet informel. Voilà un nouvel exemple des voies compliquées qu'emprunte parfois le dialogue politique dans les affaires internationales : une phrase, un souhait ou même une allusion faite en passant trouvent un écho des mois ou des années plus tard et influencent la suite des événements.

Une visite en Italie

Ma première visite officielle en Italie n'eut lieu qu'en 1989, à la fin du mois de novembre. Bien que répondant à des impératifs propres, elle fut également très utile pour la préparation de ma rencontre avec George Bush à Malte, le mois suivant. Dans un certain sens elle lui servit de prologue.

Notre Iliouchine-62 se posa à l'aéroport de Fiumicino par un merveilleux temps d'automne, clair et ensoleillé. Des foules enthousiastes nous saluèrent tout le long du trajet jusqu'au Quirinal où se déroula la cérémonie d'accueil. Après un bref entretien avec le président Cossiga, nous nous rendîmes piazza Venezia pour un dépôt de gerbe sur l'Autel de la Patrie. Des foules cordiales s'amassaient partout où nous allions et il ne nous fut pas très simple de satisfaire notre curiosité lors de la visite du centre de la Ville éternelle qui était alors prévue. Notre marche vers le Colisée était ralentie par les milliers de personnes réunies tout au long des rues que nous devions emprunter. Nous nous frayâmes lentement un chemin, en échangeant des poignées de main et des salutations cordiales. Le lendemain, *La Stampa* titra : « Rome enthousiaste accueille Gorbatchev. »

Notre visite à la mairie de Rome, sur le Capitole, où j'eus le privilège de faire un discours, constitua un autre moment mémorable. J'exposai mes réflexions sur les événements de 1989 et tentai d'en tirer les leçons. Le cadre de ce livre ne me permet pas de citer intégralement le texte de mon intervention où je pressentais les grands tournants qui attendaient mon pays et le monde.

Le programme de la visite, très chargé, comprenait aussi un voyage à Milan. Ma rencontre avec les Milanais fut l'un des instants les plus émouvants de tous mes voyages à l'étranger. Il me semblait que tous les habitants de la ville étaient sortis pour m'accueillir. Nous avions décidé de nous rendre à pied de la Scala jusqu'à l'hôtel de ville et il nous était à peine possible d'avancer au milieu de la foule dont le comportement fut pour moi une totale surprise. Le bruit était tel que l'on ne parvenait pas à s'entendre parler. Des dizaines de milliers de personnes nous exprimaient, avec exubérance, leurs sentiments sincères, leur solidarité, leur sympathie. Nous ne parvînmes à nous extraire du torrent humain — avec l'aide de la police — qu'après quarante minutes de bain de foule.

Pour compléter le tableau, je voudrais ajouter qu'avant et pendant ma visite, je reçus une multitude de lettres et de télégrammes de citoyens italiens, d'organisations publiques et universitaires, d'associations qui m'invitaient à « faire un saut » si mon programme me le permettait. Il me fut naturellement impossible de répondre à toutes ces lettres et invitations.

Raïssa Maximovna, accompagnée de quelques membres de notre délégation, se rendit à Messine, en Sicile. Le 28 décembre 1908, la citée avait été dévastée par un tremblement de terre qui coûta la vie à plus de 80 000 personnes. Des marins russes furent les premiers à porter secours aux habitants. Pendant deux semaines, ils prirent part aux opérations de sauvetage et partagèrent leur nourriture avec les survivants. Une plaque commémorative fut installée en leur honneur. Et les Messiniens comptèrent parmi les premiers à venir en aide à l'Arménie, après le tremblement de terre. Ils collectèrent 1,8 milliard de lires pour la construction d'un hôpital à Kirovakan et firent parvenir un appareillage de tomographie. Notre délégation fut accueillie à bras ouverts et Raïssa Maximovna exprima à cette ville, au nom des Soviétiques, une profonde reconnaissance pour sa solidarité.

Pendant les trois jours que dura la visite, je rencontrai le chef du gouvernement, Giulio Andreotti, le président du Sénat, Giovanni Spadolini, et les dirigeants des cinq partis de la coalition gouvernementale. J'eus également une rencontre avec le secrétaire général du Parti communiste italien, Achille Occhetto.

Toujours à Rome, une organisation pacifiste, le Centre italien de documentation, et la Ligue nationale de coopération me décernèrent le prix de la Colombe d'or de la paix. Cette récompense me fut remise par le président du Centre, Luigi Anderlini. Quant à l'allocution de bienvenue, elle fut prononcée par le grand écrivain Alberto Moravia. Ses paroles me touchèrent beaucoup.

Un autre événement important eut lieu le 1er décembre : la première visite d'un chef de l'État soviétique au Vatican, sur invitation personnelle du pape Jean-Paul II. Dans le passé, la direction soviétique avait toujours eu une attitude très hostile envers le centre du catholicisme. Chez nous, le Vatican était toujours décrit comme une « source d'obscurantisme et de réaction ». Pendant la détente des années soixante-dix, les choses changèrent quelque peu, il est vrai [3]. L'ambassade soviétique à Rome prit quelques contacts avec les représentants du Vatican, mais sans établir pour autant des relations officielles. Comme les problèmes s'accumulaient, il nous apparut qu'il était temps de chercher une nouvelle approche.

Pendant l'été 1988, je rencontrai le cardinal Casaroli, le secrétaire d'État du Vatican. Venu à Moscou à l'occasion de la célébration du millénaire de l'évangélisation de la Russie, il était porteur d'un message bienveillant du pape, ainsi que d'un mémorandum sur la situation de l'Église catholique en URSS. Casaroli me rapporta tout l'intérêt que la perestroïka soulevait au Vatican et l'espoir que le Saint-Siège formulait quant à la poursuite des réformes en dépit des difficultés inévitables. Il

---

3. Le premier mouvement de rapprochement entre Moscou et le Vatican eut lieu en 1963. Il s'agissait d'un échange de messages entre Jean XXIII et Nikita Khrouchtchev par l'intermédiaire du gendre de ce dernier, Alexeï Adjoubeï, la première personnalité soviétique disposant d'un statut quasi officiel (il était rédacteur en chef des *Izvestia*) à être reçu par le pape en audience privée. (N.d.T.)

reconnut que tout ce qui était lié au « socialisme » suscitait une certaine méfiance au Vatican. Il faisait cependant une différence entre les principes d'un socialisme démocratique et humain et la pratique totalitaire qui s'appelait le « socialisme réel ». Mais, reconnaissait-il, « certaines craintes et réticences » persistaient.

J'informai le cardinal de la mise en chantier d'une loi sur la liberté de conscience qui serait susceptible de régler les problèmes de l'Église catholique en Union soviétique. Je lui promis aussi d'étudier le message de Jean-Paul II. En prenant congé de Casaroli, je lui dis que j'espérais bientôt le rencontrer en Italie.

Une audience avec Jean-Paul II

Nous passâmes sous l'arco delle Campane pour pénétrer dans la cour de San Damaso où nous accueillit une haie d'honneur de gardes suisses dans leurs uniformes pittoresques créés, à ce que l'on dit, à partir d'esquisses de Michel-Ange. Je fus aussitôt conduit à l'audience privée que m'accordait Jean-Paul II.

En saluant la haute mission de Sa Sainteté dans le monde moderne, je remarquai que nous utilisions fréquemment tous les deux les mêmes expressions dans nos discours.

— Cela signifie, lui dis-je, que nous devons sans doute avoir des points communs « à la source » de nos pensées.

En répondant à mes paroles, Jean-Paul II caractérisa la perestroïka comme un processus permettant « de chercher ensemble la voie vers une nouvelle dimension de la vie commune des gens et qui répondrait mieux aux besoins de la personne humaine et des différents peuples, aux droits des individus et des nations ».

— Les efforts que vous entreprenez, dit-il, ne représentent pas seulement un énorme intérêt pour nous. Nous les partageons.

Il mit l'accent sur une autre idée importante.

— Personne ne doit prétendre que les changements en Europe et dans le monde doivent suivre un modèle occidental. C'est contraire à mes convictions profondes. Comme participant à l'histoire mondiale, l'Europe doit respirer avec ses deux poumons.

— C'est une image très vraie, remarquai-je.

Le pape rappela que c'était précisément ce qu'il avait en tête lorsqu'en 1980 il proclama Cyrille et Méthode [4] — qui représentaient les traditions orientale, byzantine, grecque, slave et russe — saints patrons de l'Europe au même titre que saint Benoît pour la tradition latine.

— Tel est mon credo européen, conclut Jean-Paul II.

Bien entendu, le thème de la liberté de conscience — et donc de la liberté religieuse — prit une place particulière dans notre conversation. Jean-Paul II parla aussi des « frères orthodoxes », notant le développement actif du dialogue œcuménique avec les Églises orientales, tout particulièrement la russe. Dans le même temps, il aborda les problèmes liés à la situation des catholiques dans notre pays.

En exposant mon point de vue sur ces questions, je précisai :

— Nous voulons mener nos projets à bien par des moyens démocratiques. Mais mes réflexions sur les événements de ces dernières années me poussent à considérer que la démocratie seule n'est pas suffisante. Il faut aussi de la morale. La démocratie peut apporter le bien, mais aussi le mal. Il est très important pour nous que la morale, les valeurs éternelles comme la bonté, la miséricorde et la solidarité s'enracinent dans la société. Nous reconnaissons le besoin de respecter le monde intérieur des croyants. Cela est vrai pour les orthodoxes, mais aussi pour les représentants de toutes les autres confessions, dont les catholiques.

Nous parvînmes à un accord de principe sur l'établissement de contacts officiels et l'échange de représentants permanents entre le Vatican et Moscou.

Après notre entretien, nous rejoignîmes le cardinal Casaroli, Raïssa Maximovna et les membres de ma délégation qui nous attendaient dans la bibliothèque d'apparat du palais apostolique. Jean-Paul II dit quelques mots à chacun.

À la suite de cette rencontre, nos contacts s'intensifièrent et nous eûmes plusieurs échanges de vues avec le Saint-Siège. Dans les moments difficiles, Sa Sainteté me fit parvenir des messages de sympathie et de soutien. Je ne tiens pas seulement Jean-Paul II pour l'une des principales personnalités religieuses, mais aussi pour l'un des plus grands humanistes de notre époque.

Le lendemain, nous quittâmes l'Italie pour Malte, où je devais rencontrer le président Bush.

---

4. Au IXe siècle, saint Cyrille et saint Méthode évangélisèrent les Slaves, traduisirent la Bible en slavon et créèrent un système d'écriture, le glagolitique, qui est à l'origine de l'alphabet cyrillique. (N.d.T.)

Le sommet de Malte

En juillet 1989, le maréchal Akhromeïev revint d'un voyage aux États-Unis avec un message de George Bush. Il me proposait de nous rencontrer de manière informelle en décembre. Comme j'ai déjà eu l'occasion de le mentionner, le président Mitterrand était peut-être l'inspirateur de cette idée. Plus tard, j'appris que seuls les plus proches collaborateurs du président américain étaient au courant.

Dès mon acceptation, d'intenses préparatifs commencèrent des deux côtés. Le côté protocolaire fut mis au point : deux bâtiments de nos marines respectives, le *Slava* et l'*USS Belknap*, mouilleraient en rade de La Valette et les négociations se dérouleraient, à tour de rôle, à bord de ces navires. Nous envoyâmes également au port maltais un paquebot, le *Maxime Gorki*, qui devait nous servir d'hôtel flottant.

Ce sommet de Malte, le premier après le changement de l'administration américaine, était emblématique pour plusieurs raisons. Il avait lieu au point de convergence de trois continents, de routes internationales et d'intérêts multiples. Et il devait se dérouler à bord de navires de guerre, symboles de la puissance des États-Unis et de l'Union soviétique. Tout indiquait que le monde entrait dans une ère nouvelle.

Mes collègues et moi venions dans l'intention de faire du bon travail, mais nous espérions aussi pouvoir nous échapper un peu et visiter cette île exotique. Malte est un pays riche de monuments, de chefs-d'œuvre de la peinture et de la culture qui témoignent d'une civilisation dont les origines remontent au IVe millénaire avant notre ère. Hélas, je n'eus pas l'occasion de voir ces richesses culturelles pendant mon séjour car les entretiens absorbèrent tout mon temps. Raïssa Maximovna fit, elle, un tour de la capitale : Saint-Jean, l'église principale des chevaliers de l'ordre de Malte, et l'étroite et pentue rue du Marché. Elle rendit également visite à un couple de jeunes mariés. À son retour, elle me recommanda vivement de dégager une ou deux heures pour admirer les principaux trésors de l'île. Le programme initial du sommet prévoyait une excursion à La Valette, mais je mis à peine les pieds sur la terre ferme. Mes impressions se limitèrent à la route qui reliait la ville à l'aéroport : fourrés de cactus et interminables murs de pierre qui découpaient les champs en tous sens. Ce n'était d'ailleurs pas la première fois que mes obligations et mes priorités m'empêchaient de faire du tourisme.

Nous arrivâmes à La Valette le 2 décembre au soir. Au début, tout se déroula comme prévu. Nous rencontrâmes le président de Malte, le

Premier ministre et d'autres membres du gouvernement. Nous eûmes également des contacts, brefs mais très amicaux, avec les foules qui nous attendaient dans les rues et près du palais présidentiel.

Mais dès le lendemain, la nature se chargea d'apporter d'importantes modifications au protocole. Une terrible tempête se déchaîna et, dans la mer démontée, il devint particulièrement difficile d'aborder en canot le *Slava* où devaient avoir lieu les premiers entretiens. Nos marins — comme leurs homologues américains — s'opposèrent fermement à une telle opération. Quelqu'un émit l'idée d'organiser la première rencontre à bord du *Maxime Gorki* qui se trouvait amarré au port, à l'abri des lames. Finalement, nous pûmes commencer nos entretiens avec seulement un peu de retard sur l'horaire prévu.

L'ordre du jour prévoyait plusieurs rencontres : j'eus une conversation en tête à tête avec le président Bush pendant que Chevardnadze et James Baker échangeaient des vues sur les problèmes internationaux. Le déjeuner de travail fut suivi de discussions en présence des deux délégations. Quant à la rencontre prévue dans la soirée, nous nous vîmes contraints de l'annuler à cause de la tempête qui redoubla de violence.

— Je suis pleinement d'accord avec ce que vous disiez à New York, me dit George Bush. Le monde deviendra meilleur si la perestroïka est couronnée de succès. Il y a encore peu de temps, beaucoup de personnes, aux États-Unis, avaient des doutes à ce sujet. Je ne peux pas affirmer que cette manière de penser a totalement disparu, mais je peux dire avec certitude que les gens sérieux n'entretiennent pas de telles idées. C'est le cas de tous ceux à qui vous avez affaire : l'administration des États-Unis et le Congrès souhaitent la réussite de vos transformations.

George Bush poursuivit en avançant l'idée de pas positifs qui, d'après lui, pourraient contribuer à la préparation d'un nouveau sommet aux États-Unis. La première chose à faire était de convenir d'une date. La partie américaine proposait la fin juin de l'année suivante.

Selon le président, l'administration avait l'intention de prendre des mesures pour suspendre l'application de l'amendement Jackson-Vanik qui empêchait d'accorder à l'Union soviétique la clause de la nation la plus favorisée. Les changements intervenus en URSS permettaient de commencer des consultations en vue de la conclusion d'un nouvel accord commercial dont le texte devait être prêt pour le sommet. L'administration Bush avait également décidé de favoriser l'annulation des amendements Stevenson et Bird qui limitaient l'octroi des crédits à l'Union soviétique.

Le président souligna que les mesures proposées par les États-Unis dans le cadre des relations soviéto-américaines ne visaient nullement à démontrer une quelconque supériorité américaine.

— Bien entendu, précisa-t-il, nous sommes fermement convaincus des avantages de notre système économique, mais il ne s'agit nullement de cela. Nous souhaitons formuler nos propositions de manière à ne pas donner l'impression que l'Amérique est en train de « sauver » l'URSS. Nous ne parlons pas d'un programme d'aide, mais d'un programme de collaboration.

En abordant le problème des relations entre l'URSS et le GATT[5], Bush eut ces mots :

— Précédemment, nous étions opposés à l'adhésion de votre pays à cette organisation internationale. Aujourd'hui, nous avons révisé notre position et sommes favorables à l'admission de l'URSS avec un statut d'observateur. Mais il faut donner un peu de temps aux autres membres. Le groupe de travail américano-soviétique qui étudie les problèmes d'investissement est déjà en place et fonctionne. C'est bien. Il est peut-être temps de se pencher sur un projet d'accord concernant les garanties des investissements.

Le président consacra une grande partie de son exposé au problème du désarmement. Il annonça une légère modification de sa position au sujet des armes chimiques. Si la partie soviétique donnait un accord de principe à la proposition américaine énoncée dans le discours de Bush devant l'Assemblée générale des Nations unies, en septembre 1989, les États-Unis pourraient renoncer à leur programme de modernisation, c'est-à-dire à la poursuite de la production de moyens de frappe binaires après l'adoption d'une convention générale sur l'interdiction des armes chimiques. En pratique, cela signifiait que nous pourrions convenir assez vite d'une réduction substantielle des stocks d'armes chimiques, en les amenant à 20 % de la quantité dont les États-Unis disposaient à ce moment-là, et à 2 % huit ans après l'entrée en vigueur de la convention. En faisant vite, il était possible de tout préparer pour permettre la signature d'un accord vers le milieu de 1990.

Au sujet des armements conventionnels, George Bush formula l'objectif suivant : s'orienter vers la signature d'un texte sur une réduction radicale des forces conventionnelles en Europe lors d'une rencon-

5. Le *General Agreement on Tariffs and Trade* (Accord général sur les tarifs douaniers et le commerce) gérait depuis 1947 le commerce international des marchandises. A été remplacé depuis 1995 par l'Organisation mondiale du commerce (OMC). (N.d.T.)

tre au sommet des dirigeants des pays participant aux négociations de Vienne, toujours en 1990.

Quant au futur traité sur la réduction des armes stratégiques, le président émit l'espoir qu'une solution aux problèmes en suspens fût trouvée au niveau de nos ministres des Affaires étrangères.

— Les États-Unis, ajouta-t-il, salueraient l'adhésion de l'Union soviétique au principe de non-prolifération des missiles et de la technologie des missiles, déjà mis en pratique par sept pays occidentaux.

Il suggéra également que la partie soviétique publiât les chiffres de son budget de défense.

De mon côté, je saluai les propositions du président américain au sujet des relations économiques bilatérales et exprimai l'espoir qu'il manifesterait clairement sa volonté politique. Les hommes d'affaires américains sont pragmatiques et je pensais qu'ils réagiraient à une manifestation de la nouvelle pensée dans la sphère économique.

Je soutins également la proposition de Bush au sujet de la signature de l'accord sur les armements conventionnels en Europe en 1990. Quant aux armements stratégiques, je constatai que l'idée d'achever la mise au point du projet de traité pour le sommet de Washington était réaliste. J'attirai néanmoins l'attention du président sur le fait qu'il avait laissé de côté le problème des missiles navals de croisière, domaine où les États-Unis disposaient d'un sérieux avantage.

— Notre Soviet suprême, déclarai-je, ne ratifiera pas le traité s'il n'y a pas de changement acceptable dans ce domaine.

Les Américains surveillaient attentivement notre position à l'égard de l'Amérique centrale et George Bush décida d'y consacrer l'une de nos rencontres en tête à tête. En fait, le sommet de Malte commença dans une cabine par une conversation d'une demi-heure sur ce sujet. Bush, en invoquant des demandes d'hommes politiques latino-américains, me proposait de manière insistante d'user de mon influence envers Fidel Castro pour qu'il cessât ses livraisons d'armes dans « des États où le système démocratique de gouvernement est plutôt fragile ». Il qualifia également la situation au Nicaragua et au Salvador d'« épine gigantesque » dans les relations soviéto-américaines, en réduisant le problème aux livraisons d'armes.

Dans ma réponse, je soulignai que nous n'avions pas d'objectifs particuliers en Amérique centrale. Nous ne voulions pas y posséder des points d'appui ou des bases et la réaction des États-Unis aux événements de cette région nous laissait penser que la direction américaine recevait des informations tendancieuses. Nous nous étions mis d'accord pour ne pas livrer d'armes au Nicaragua et nous n'en livrions pas. Nous avions également bien noté que le Congrès des États-Unis avait suspendu l'aide militaire aux « contras ».

Quant à Cuba, je suggérai que le moyen le plus simple et le plus sûr d'éclaircir la situation était d'en parler directement avec Castro. Personne ne pouvait lui donner des ordres. Pendant ma visite dans l'île, dans une conversation en tête à tête, le dirigeant cubain m'avait demandé de l'aide afin de parvenir à une normalisation avec les États-Unis. Peu de temps auparavant, le chef d'état-major de l'armée cubaine avait visité l'URSS et il avait répété de manière confidentielle cette demande lors d'une conversation avec notre ministre de la Défense et le maréchal Akhromeïev. Si les Américains le souhaitaient, précisai-je, nous serions heureux d'aider à établir le dialogue.

Je dois avouer que la réaction de Bush à cette proposition fut assez froide. Il me fit comprendre très clairement que les États-Unis n'étaient disposés à aucun compromis sur la question et alla jusqu'à me recommander avec insistance de réduire les relations économiques avec Cuba. Il s'étonna même que cela ne fût pas encore fait, bien que les Cubains condamnassent ouvertement notre perestroïka.

Il me fallut rappeler à Bush que Cuba était un pays indépendant, avec son propre gouvernement, sa vision des choses et ses propres ambitions. Depuis quelque temps, notre politique à l'égard de La Havane consistait à modifier nos relations économiques pour qu'elles deviennent mutuellement profitables [6], mais nous n'avions pas l'intention de donner des leçons aux Cubains.

J'élargis le débat pour aborder l'attitude des États-Unis envers des pays comme le Panama, la Colombie et, plus récemment, les Philippines. En URSS, on se demandait si l'indépendance de ces États constituait réellement un obstacle pour le président des États-Unis. On avait l'impression que, à l'égard de ces pays, Washington jouait à la fois les rôles de procureur, de juge et d'officier d'application des peines, et qu'une « doctrine Bush » était en train de remplacer la « doctrine Brejnev ».

En souhaitant clarifier entièrement ma position, je citai l'exemple suivant : imaginons que des changements aient lieu en Europe, que des gouvernements soient destitués et que, au cours de la lutte pour le pouvoir, l'un des camps en présence demande l'intervention de l'Union

---

6. Précédemment, l'Union soviétique accordait à Cuba, sans véritable contrepartie économique, une importante aide matérielle et militaire. (N.d.T.)

soviétique. Comment devrions-nous réagir ? De la même manière que le président Bush ?

Bien entendu, mon interlocuteur n'était pas du tout d'accord avec moi. Il admit toutefois que certains cercles en URSS pussent avoir de telles réactions.

Au cours de nos conversations confidentielles, nous abordâmes également la situation en Europe de l'Est. Je fis part au président de mon inquiétude au sujet d'une trop grande agitation autour des événements en Allemagne. L'unification était une démarche très sérieuse devant être examinée avec beaucoup de soin. Le processus devait avancer, mais nullement être précipité de manière artificielle.

Bush déclara qu'il n'avait pas l'intention de prendre personnellement d'assaut la frontière entre les deux Allemagnes, de « faire le mur », comme il dit en plaisantant. Je lui répondis, sur le même ton, que « faire le mur n'était pas une occupation convenable pour un président ».

En dépit des pronostics de la météo, la tempête se renforça pendant la deuxième nuit, rendant encore plus difficile les déplacements des délégations d'un navire à l'autre. Il ne restait qu'une solution, nous rencontrer à nouveau à bord de notre paquebot. Mes derniers entretiens avec George Bush eurent lieu dans la bibliothèque du *Maxime Gorki*, d'abord en présence des deux délégations, puis en tête à tête.

Comme lors des discussions de la veille, je réagis brièvement aux considérations du président américain sur les questions politico-militaires et je crus bon de mettre l'accent sur quelques points de principe.

« Premièrement, dis-je, les États-Unis doivent partir du principe que l'URSS ne prendra en aucun cas l'initiative d'une guerre contre eux. De plus, elle ne les considère pas comme un adversaire. Deuxièmement, nous souhaitons assurer notre sécurité mutuelle par des efforts conjoints, poursuivre le processus de désarmement et faire tout notre possible pour empêcher la création de types d'armes inédits. Troisièmement, nous avons adopté une doctrine défensive et notre armée s'adapte en conséquence. La structure de nos forces en Europe centrale connaît de profonds changements : il y a actuellement moins de chars de combat dans les divisions, nous retirons les équipements aéroportés et amphibies, l'aviation de frappe est reléguée au deuxième échelon, etc.

« Cependant, quelques points doivent être clarifiés. Pourquoi les États-Unis adhèrent-ils toujours à la stratégie de "riposte graduée" qui date de plus de vingt ans ? Pourquoi laissent-ils à ce jour hors du champ de négociation l'une des trois composantes principales de leur puissance militaire : la marine de guerre ? »

C'est pourquoi, je fis une proposition supplémentaire : « La marine soviétique et la marine américaine possèdent toutes les deux des armes nucléaires stratégiques (SLBM et missiles navals de croisière) et tactiques (missiles balistiques à courte portée, torpilles nucléaires, mines). La composante stratégique est du ressort des négociations de Genève, mais sur la question des armements nucléaires tactiques, nous sommes prêts à accepter leur élimination complète. Une solution aussi radicale aurait le mérite de simplifier les procédures de contrôle.

« Il reste trois problèmes importants aux négociations de Vienne. Le premier, c'est la réduction non seulement des armements, mais encore des effectifs des forces armées. Nous proposons de les réduire d'un million de personnes de chaque côté pour aboutir à 1 300 000 hommes pour chacune des deux parties. Le deuxième problème, c'est la réduction des troupes sur les territoires de pays étrangers. Nous proposons de les limiter à un plafond de 300 000 hommes. Cependant, l'OTAN n'envisage que la réduction des troupes soviétiques et américaines. Qu'en sera-t-il des forces britanniques, françaises, belges, hollandaises et canadiennes[7] ? Le troisième problème concerne les dimensions des forces aériennes. Nous avons proposé pour chaque alliance le niveau de 4 700 avions de combat tactiques, avec un plafond spécial pour les intercepteurs. Cependant, les progrès en la matière sont très lents. Incidemment, nous soutenons la proposition de George Bush concernant les vérifications à "ciel ouvert". »

Nous revînmes ensuite aux affaires européennes. Je mis l'accent sur plusieurs points fondamentaux, notamment le caractère profond des changements en Europe. Devant une telle évolution, il convient d'agir de manière extrêmement pondérée et responsable, sur la base d'un consensus. Pratiquement tous les dirigeants européens soutenaient ce point de vue.

Le contenu pratique de cette approche était le suivant : avant tout, poursuivre et développer le processus d'Helsinki. Il était donc nécessaire d'organiser un Helsinki-2 au cours duquel nous pourrions réfléchir ensemble sur la nouvelle situation et mettre au point conjointement des critères et des orientations.

Une autre question importante était : que faire des structures interétatiques créées en tenant compte des réalités d'une autre époque ? Là,

---

7. Il s'agit des contingents de ces pays stationnés en RFA. (N.d.T.)

également, une approche pondérée et responsable était nécessaire. Il ne fallait pas détruire les instruments mis en place dans le passé pour maintenir l'équilibre, mais les transformer conformément aux impératifs de la nouvelle situation. Les alliances politiques, économiques et militaires créées à l'est et à l'ouest de l'Europe devaient coopérer et non pas se concurrencer.

Sur ce point, une petite discussion m'opposa à George Bush au sujet de nos différentes interprétations des valeurs « occidentales » et universelles. Je soulignai une nouvelle fois que notre nouvelle pensée politique supposait le droit à l'autodétermination de chaque État, sans ingérence étrangère. Chaque pays devait étudier l'expérience des autres pour en prendre ce qui lui convenait organiquement. Le président était, en principe, d'accord avec moi. Nous poursuivîmes donc notre tour d'horizon en nous concentrant sur le Proche-Orient et l'Afghanistan.

Pendant la séance finale, à huis clos, nous abordâmes la situation sur les rives de la Baltique. En répétant la position américaine bien connue, Bush souligna que l'opinion publique de son pays était particulièrement sensible aux événements dans les pays baltes. Je lui exposai, quant à moi, la spécificité de la situation qui émergeait en URSS.

Le sommet de Malte se termina d'une façon inédite : pour la première fois, nous donnâmes une conférence de presse commune. Elle eut lieu à bord du *Maxime Gorki*. Aussi bien George Bush que moi, nous étions d'accord pour dire que nos relations connaissaient un nouvel élan.

CHAPITRE 24

LA RÉUNIFICATION ALLEMANDE

Le sommet de Malte me convainquit que nous avions finalement franchi le Rubicon. Pour la première fois depuis la Seconde Guerre mondiale, l'aiguille du baromètre politique des relations Est-Ouest s'était immobilisée sur la graduation « beau fixe ». Il me semblait que nous étions parvenus à rompre le cercle vicieux des rares « dégels » qui cédaient la place à de longues « glaciations ».

Je crois que nous n'avons pas immédiatement saisi les implications de ce qui venait de se passer. Pourtant, une période totalement nouvelle dans les relations internationales de l'après-guerre commençait. En dépit des difficultés persistantes, le sommet de Malte inaugurait la fin de la « guerre froide ». Nous n'avions pas trahi les espoirs que les populations d'une Europe coupée en deux avaient mis en nous.

En 1989, l'Allemagne, point focal de nombreux problèmes européens et internationaux, fut le cadre d'un processus qui mit à rude épreuve nos relations avec les États-Unis, l'Europe occidentale et l'Allemagne elle-même.

Il m'est évidemment impossible de prétendre que je savais d'avance quelle serait la solution à la question allemande et quels problèmes la politique étrangère soviétique devrait affronter à ce propos. Je doute d'ailleurs qu'un homme politique quelconque, à l'Est comme à l'Ouest, ait pu prédire, un ou deux ans à l'avance, ce qui allait se passer. Après les changements radicaux qui se déroulèrent en RDA, les événements suivirent un rythme tellement effréné que surgit un réel danger d'en perdre le contrôle. Aujourd'hui, en regardant en arrière, je peux dire en conscience que *dans la situation concrète d'alors, nous fîmes le maximum aussi bien pour assurer les intérêts de notre pays que pour préserver la paix en Europe et sauver le processus européen.*

En 1985, toute la problématique allemande se présentait, vue de Moscou, dans une tout autre lumière qu'aujourd'hui. La RDA était notre alliée et la RFA, tout en demeurant notre principal partenaire commercial en Occident, continuait à être considérée comme un « adversaire potentiel » dans nos calculs militaires et politiques.

Le dégel dans les relations entre l'Union soviétique et l'Allemagne, dû à l'*Ostpolitik* de Willy Brandt, céda une nouvelle fois la place au gel au début des années quatre-vingt. Alors que les tensions Est-Ouest augmentaient, la position de la RFA était perçue, à Moscou, dans le cadre de l'opposition soviéto-américaine. Le problème étant posé en ces termes, toute une chaîne de réflexions en découlait : la RFA est l'allié le plus proche des États-Unis et le premier relais de la politique américaine sur le continent ; la Bundeswehr est la « première armée » de l'Alliance atlantique ; les Pershing américains, capables d'atteindre le territoire soviétique en quelques minutes, sont stationnés en Allemagne de l'Ouest, etc. Je mentionne tout cela sans ironie aucune, car ces arguments semblaient suffisamment sérieux dans le cadre d'une confrontation globale. À cela s'ajoutait l'héritage psychologique, extrêmement lourd, de la dernière guerre mondiale.

La position soviétique sur la « réunification allemande » suivait la même logique. Je ne vais pas revenir sur le passé et chercher qui porte le plus de responsabilité dans le partage de l'Allemagne. Il me semble cependant que Staline était prêt, jusqu'au dernier moment, à payer un certain prix pour la « neutralisation » de toute l'Allemagne, mais après la création de l'Alliance atlantique (1949) et l'adhésion de la RFA (1955), les discussions sur la réunification allemande, en Occident comme en Union soviétique, ne pouvaient que prendre un caractère déclamatoire et propagandiste.

Bien entendu, Brejnev et Gromyko commirent une sérieuse erreur de calcul, au début des années soixante-dix, en suivant le raisonnement des dirigeants de la RDA. La thèse de ces derniers était séduisante par sa simplicité : deux nations allemandes se sont formées, la question allemande est donc close, et cela n'a plus aucun sens de revenir là-dessus. Il faut cependant reconnaître que, en la matière, les constructions théoriques d'Ulbricht et de Honecker comptaient moins que la conviction sincère des dirigeants soviétiques : pour eux la sécurité de l'URSS impliquait la pérennisation de la scission allemande à n'importe quel prix.

J'avoue que j'acceptais également cette approche catégorique. Je doutais cependant que l'on pût conserver quoi que ce soit à tout jamais : le monde est en mouvement perpétuel et ignorer cette loi objective mène tout droit à la défaite. Lorsque je suis entré dans les plus hauts cercles dirigeants du pays, l'existence de deux États allemands était une réalité et la question de la réunification ne se posait tout simplement pas.

Lorsque, en juin 1987, le président ouest-allemand Richard von Weizsäcker souleva, avec prudence et délicatesse, la question de l'unité de la nation allemande, je lui répondis que je n'excluais pas la possibilité d'une réunification dans le futur, mais que dans la situation politique du moment, il était prématuré et même dangereux d'aborder ce sujet.

Le lecteur sait que la question fut « résolue » très rapidement dans le cadre du processus de changements en profondeur qui trouva son impulsion de départ dans notre politique et dans lequel le développement positif des relations entre l'Union soviétique et l'Allemagne fédérale joua un rôle déterminant.

Cependant, au cours des deux premières années de la perestroïka, ces relations demeurèrent figées. Le gouvernement de Bonn suivait, avec une rigueur toute allemande, le moindre virage de la politique du président Reagan et, dans les déclarations qui nous parvenaient des rives du Rhin, nous avions l'impression, à Moscou, d'entendre la traduction allemande de textes que nous connaissions déjà en anglais. Il nous semblait que les autorités ouest-allemandes manquaient d'imagination ou d'audace politique pour réagir de façon nouvelle aux changements en URSS. Lorsque le chancelier Kohl déclara que le discours sur les réformes en Union soviétique, la nouvelle pensée politique, n'était que de la démagogie dans l'esprit de la propagande de Goebbels, je commençai à nourrir de nombreux doutes quant à la capacité de Bonn d'évaluer la situation de manière adéquate.

J'avais déjà rencontré le président Reagan à Genève et à Reykjavik, j'avais établi un dialogue constructif avec la France, l'Italie et le Royaume-Uni, mais nos relations avec l'Allemagne fédérale ne connaissaient aucun changement substantiel. À un certain moment, les deux parties finirent par se rendre compte du caractère anormal de la situation. J'étais convaincu qu'il ne pouvait pas y avoir de politique européenne sérieuse sans l'Allemagne et je le répétai à maintes reprises lors des réunions du Politburo et dans le cercle étroit de mes plus proches collaborateurs. Non seulement l'Europe devait occuper une place à elle dans la politique soviétique, mais elle constituait un facteur important dans notre dialogue avec les Américains.

Dans la seconde moitié de 1987, lorsque les passions se calmèrent après Reykjavik, les responsables ouest-allemands devinrent beaucoup plus actifs. Je reçus quelques lettres du chancelier Kohl. Dans l'une d'entre elles, il me présentait des excuses pour ses dérapages verbaux qu'il expliquait par de mauvaises interprétations de la presse. Mon échange de vues avec le président Weizsäcker, qui eut lieu à cette époque-là, fut très utile et constructif. J'eus également une rencontre — la deuxième — avec le ministre des Affaires étrangères Hans Dietrich Genscher et je trouvai un langage commun avec Franz Josef Strauss qui vint à Moscou en décembre 1987. Je dois dire que, malgré les clichés défavorables utilisés par nos journalistes pour le caractériser, ce dernier me fit une forte impression. C'était un homme aux positions fermes, mais il était capable d'appréhender la situation en Europe et dans le monde ainsi que les rôles respectifs de l'Union soviétique et de l'Allemagne fédérale dans la politique mondiale avec réalisme et largesse d'esprit.

En février 1988, j'eus un entretien avec Lothar Späth, président de la CDU, l'Union chrétienne-démocrate, et ministre-président du Bade-Wurtemberg, venu à Moscou pour sonder la partie soviétique sur la possibilité d'un sommet. Nous étions prêts à accepter le principe d'une telle rencontre et j'avais déjà demandé à Chevardnadze de transmettre au chancelier une invitation pour une visite officielle en mai. Bonn semblait craindre de rester en dehors des nouveaux processus en Europe.

— Le chancelier Kohl est convaincu de la nécessité de vous rencontrer, me dit Späth. Pour lui, la question n'est pas de savoir qui doit rendre la première visite. Son problème est différent : si vous devez vous rendre en Europe occidentale, nous souhaiterions que l'Allemagne fédérale soit incluse dans votre programme. Psychologiquement, c'est un point très sensible. À franchement parler, le chancelier se sentirait lésé si, après avoir déjà visité la France et la Grande-Bretagne, vous alliez rendre visite à d'autres pays ouest-européens en laissant de côté la RFA.

En fin de compte, ma première rencontre avec le chancelier Kohl eut lieu le 24 octobre 1988, à Moscou. Dans nos discussions, je mis l'accent sur le caractère peu satisfaisant des relations entre nos deux pays, aussi bien pour eux-mêmes que pour le reste du monde.

— Nous souhaitons, expliquai-je, que nos rapports soient fondés sur la confiance et le réalisme. Je suis convaincu que nous devons tourner une nouvelle page dans les relations soviéto-allemandes.

La réponse de Kohl fut sans équivoque :

— Je suis entièrement d'accord avec vous. J'ai réfléchi à tout cela. C'est la raison de ma venue à Moscou.

Après avoir souligné le désir de son gouvernement de développer ses liens avec l'Union soviétique dans tous les domaines, il ajouta :

— J'attache une importance extraordinaire aux contacts personnels avec vous. Je suis arrivé à Moscou en ma qualité de chancelier fédéral de RFA, mais aussi comme le simple citoyen Kohl. Nous avons sensiblement le même âge, nous appartenons à la génération qui a connu la guerre. Il est vrai que j'ai servi dans une unité auxiliaire des troupes antiaériennes, mais il est difficile de considérer cela comme une participation à cette guerre dont nos familles ont vécu toutes les horreurs. Votre père était soldat, il a été grièvement blessé. Mon frère est mort à l'âge de dix-huit ans. Ma femme était une réfugiée. Nous sommes une vraie famille allemande. Vous avez une fille, j'ai deux fils, de vingt-trois et vingt-cinq ans. Ils sont tous les deux officiers de réserve. Nous avons une grande tâche à accomplir. Dans douze ans, le XXe siècle sera terminé et, avec lui, le deuxième millénaire. La guerre et la violence ne sont plus des moyens de faire de la politique. Penser autrement, c'est aller tout droit vers la destruction de l'humanité. Dans le contexte de la glasnost, nos contacts personnels doivent revêtir un caractère entièrement nouveau. Je suis prêt à un dialogue intensif avec vous : échanges de messages, conversations téléphoniques, envois de représentants de confiance.

Cette approche m'impressionna, aussi bien d'un point de vue humain que purement politique. Il me semblait que, dans cette nouvelle atmosphère que l'on ressentait déjà, les « atomes crochus » et la compréhension des motivations de l'autre joueraient un rôle de plus en plus important dans la politique internationale. Mais cela ne peut apparaître que dans le cadre d'un processus de travail commun, par des contacts réguliers et la mise à l'épreuve mutuelle des paroles et des faits. Lorsque des dirigeants se font confiance, beaucoup de questions peuvent être tranchées de manière plus simple et plus rapide, sans formalités ni finesses diplomatiques superflues. Peu à peu, Helmut Kohl et moi, nous parvînmes à établir une bonne entente non seulement politique, mais aussi humaine. Sans cela, il aurait été plus difficile de résoudre les problèmes qui s'« abattirent » littéralement sur nous à la suite du mouvement spontané de la population allemande vers la réunification.

À l'époque, en octobre 1988, en plus de bonnes relations personnelles, nous établîmes des liens à long terme entre nos pays. Nous signâmes plusieurs documents et accords de coopération dans des domaines aussi divers que l'économie, la science et la technique, la culture et l'écologie. Pour la première fois dans l'histoire de l'après-guerre, nos ministres de la Défense s'installèrent de part et d'autre d'une même table de négociations et ils purent voir de leurs propres yeux à quoi ressemblait celui qui était encore naguère l'« adversaire potentiel ». Les Allemands acceptèrent le principe de contribuer à l'établissement de contacts entre l'OTAN et le Pacte de Varsovie. Cela apparaissait alors comme une percée dont on n'aurait même pas pu rêver trois ou quatre ans plus tôt.

Ainsi que je l'ai déjà mentionné, je me rendis à mon tour en Allemagne fédérale en juin 1989. Le programme, très varié, me donna la possibilité de visiter quelques Länder, plusieurs villes et villages, de rencontrer des hommes politiques, des entrepreneurs, des artistes, des ouvriers... Au cours de la cérémonie de réception, à l'entrée de la résidence du président de la RFA, Richard von Weizsäcker, j'eus mon premier contact avec des citoyens allemands ordinaires. Je fus particulièrement touché par un groupe d'étudiants qui voulaient me faire part de leur solidarité avec les réformes en URSS. Je n'oublierai jamais l'accueil de la foule des habitants de Bonn devant l'hôtel de ville. Nous étions littéralement submergés par une vague d'amitié et de sympathie. Je me souviens encore de quelques slogans : « Gorbi ! Créez l'amour, pas des murs ! », « Gardez le cap, Gorbatchev ! »

Raïssa Maximovna visita le cimetière des prisonniers de guerre soviétiques de Stuckenbrock. Au début de la guerre [1], un camp fut créé à cet endroit pour les prisonniers de guerre et la population civile déportée en Allemagne pour travailler dans les mines, les usines d'armement et l'agriculture. La ration était maigre, 200 grammes d'un substitut de pain, et on les épuisait au travail. Des centaines de milliers de Soviétiques passèrent par là, ainsi que des Polonais, des Britanniques et des Français. Près de 65 000 de nos compatriotes y ont péri, fusillés ou tués par la faim ou les maladies, et ont été enterrés sur place.

Stuckenbrock fut investi par les Américains le 2 avril 1945. Un groupe de prisonniers soviétiques libérés insista pour que les tombes soient conservées dignement et, en mai 1945, un obélisque fut érigé à la mémoire des victimes. Le monument est l'œuvre de l'un de ces prisonniers du camp, l'artiste et architecte Alexandre Antonovitch Mordan.

Au plus fort de la guerre froide, le cimetière était presque à l'abandon. Un petit groupe de citoyens prit l'initiative de veiller à l'entretien des tombes et du monument. En 1963, ils constituèrent une association appelée Des Fleurs pour Stuckenbrock. Son slogan était : « Tendons la main aux Russes sur la tombe des victimes. » Dans un premier temps, les autorités locales virent l'activité du groupe d'un œil suspect et ne réagirent pas lorsque des radicaux d'extrême droite profanèrent des tombes et tentèrent de détruire le monument. En réponse, des groupes

1. C'est-à-dire après l'attaque allemande contre l'URSS en juin 1941. (N.d.T.)

de jeunes gens se formèrent pour protéger le cimetière. Et, dans les années soixante-dix, Des Fleurs pour Stuckenbrock devint une organisation antimilitariste active qui réunissait des milliers de personnes dans toute l'Allemagne fédérale. En sentant le vent du changement, les autorités changèrent d'attitude, elles aussi.

Chaque année, à la fin de l'été, une manifestation de masse avait lieu au cimetière et rassemblait des milliers d'Allemands et des délégations venues de plusieurs pays européens. Mais, comme nous l'expliqua un organisateur de ce mouvement, jamais une délégation officielle, ouest-allemande ou soviétique, n'avait visité l'endroit.

À Stuckenbrock, Raïssa Maximovna était accompagnée par des membres de notre délégation ainsi que par des personnalités du monde de la culture venues en Allemagne avec moi, ainsi que par le représentant de l'Église orthodoxe russe, le métropolite Pitirim, Hannelore Kohl et madame Rau, l'épouse du ministre-président de Rhénanie-du-Nord-Westphalie.

Ce jour-là, les habitants des villages des alentours s'étaient rassemblés au cimetière. La délégation soviétique déposa au pied du monument une couronne agrémentée d'un ruban rouge. Mesdames Kohl et Rau déposèrent des fleurs. Le métropolite Pitirim prit la parole. Il fut fait ce qui aurait dû l'être depuis longtemps : hommage fut rendu aux tombes de nos compatriotes tombés dans la guerre imposée par les nazis et un signal de bonne volonté fut envoyé aux citoyens de la nouvelle Allemagne. La presse allemande accorda une grande importance à cet événement, décrit comme un « geste de réconciliation ».

Les journalistes interrogèrent Raïssa Maximovna sur ses impressions après la visite. « Des décennies ont passé, répondit-elle, mais il n'y a pas de famille, chez nous, qui ne pleure encore des proches morts prématurément dans ces années terribles. Nous savons que ces années ont été également tragiques pour les Allemands. Merci à tous ceux qui prennent soin des tombes de nos compatriotes. »

Des souvenirs pénibles, une douleur aiguë que rien ne peut apaiser : c'est en de tels instants que l'on comprend combien difficile a été le chemin de la réconciliation et du rapprochement entre nos deux peuples.

Je garde également un souvenir empreint d'émotion de ma rencontre avec des métallurgistes de l'usine Hoesch, à Dortmund. À notre descente de voiture, nous pénétrâmes dans un couloir vivant fait de milliers de personnes qui nous saluaient. Une énorme salle au plafond haut de plusieurs dizaines de mètres et dont on pouvait à peine apercevoir le mur opposé était remplie d'une foule qui grimpait même sur les machines, les grues ou les épaules des voisins. Lorsque, sur l'estrade, j'ai entendu les premiers discours de la direction et des représentants des ouvriers, j'ai immédiatement compris qu'il m'était impossible de lire le texte préparé à l'avance. J'ai parlé franchement et sans fioritures, comme il se doit en milieu ouvrier, sur le rôle du travailleur dans chaque société, sur le peuple allemand, sur ses mérites, sur les épisodes pénibles de notre passé commun. J'expliquai que le destin des relations entre nos deux grands peuples dépendait beaucoup d'eux, des travailleurs à l'esprit pratique et clair. Et presque à chaque phrase, j'étais interrompu par des cris et des ovations.

Le traducteur avait du mal à suivre mon rythme, mais il me semblait, dans mon élan de sympathie pour cette assistance de milliers de personnes qui nous accueillaient si chaleureusement et si sincèrement, que l'on me comprenait même sans traduction.

D'une manière générale, les Allemands de l'Ouest manifestèrent partout un énorme intérêt pour les changements dans notre pays. Je percevais une sincère sympathie pour notre peuple et pour la perestroïka. Ses manifestations me touchèrent profondément. J'étais déjà venu en Allemagne, en 1974, et le changement d'attitude à l'égard de l'URSS était frappant. Le mot favori de Ludwig Erhard me revint en mémoire : « La politique étrangère commence à la maison. »

La chute du mur de Berlin

Quelques mois plus tard, pendant l'automne 1989, les événements qui se déroulèrent dans la partie socialiste de l'Europe modifièrent la situation de manière radicale. À la suite des premières élections libres, les communistes perdirent le pouvoir en Pologne et en Hongrie. Honecker démissionna. Le mur de Berlin s'écroula.

Bien entendu, ce qui se passait en Hongrie et en Tchécoslovaquie, puis en Roumanie et en Bulgarie ne manquait pas d'être inquiétant, mais l'idée de renoncer aux principes de base de notre « nouvelle pensée », la liberté de choix et la non-ingérence dans les affaires intérieures d'autres pays, ne nous effleura même pas.

Dans mes conversations avec Kohl, je l'ai maintes fois entendu dire que Honecker ne comprenait pas et n'acceptait pas la perestroïka, qu'il poursuivait sa ligne dogmatique « dure », etc. J'attribuais ces « plaintes » au désir de trouver en moi un allié au cas où il déciderait d'intervenir lui-même sur le cours des événements en RDA. Je lui faisais comprendre à chaque fois qu'il n'était pas dans nos intentions d'expliquer aux dirigeants est-allemands comment ils devaient mener leurs affaires.

Néanmoins, nous n'étions pas aveugles et nous nous étions fait une opinion sur la politique de la direction de la RDA, Honecker en tête. Nous ne restions pas assis les bras croisés devant les événements, mais je réfute catégoriquement les allusions selon lesquelles mes collègues et moi aurions fait des tentatives de pression et de chantage envers des dirigeants de la RDA.

J'avais rencontré Honecker sept ou huit fois depuis 1985 et je m'étais fait une opinion arrêtée sur lui, comme dirigeant et comme homme. Mes prudentes tentatives de le convaincre de la nécessité d'engager des réformes dans le parti et le pays n'aboutirent à aucun résultat pratique. À chaque fois, je me heurtais à un mur. Après notre dernière entrevue, en octobre 1989, à l'occasion des célébrations du quarantième anniversaire de la RDA, je retournai à Moscou particulièrement inquiet.

Il faut dire que des informations préoccupantes m'étaient parvenues quelques jours avant mon départ. Le 1er octobre, un groupe de collaborateurs du Fonds soviétique de la culture, de retour de RDA, me communiquèrent par l'intermédiaire de Raïssa Maximovna la teneur d'une conversation qu'ils avaient eue avec leurs collègues du Kulturbund[2]. Ces derniers avaient eu recours à une expression imagée pour caractériser la situation politique dans leur pays : « minuit moins cinq ». Une crise politique était dans l'air et la population exprimait son mécontentement ; les intellectuels quittaient le parti ; les appels du Kulturbund à la direction restaient sans réponse. Les citoyens souhaitaient que les autorités missent à profit les célébrations du quarantième anniversaire pour reconnaître ouvertement l'existence de problèmes aigus dans le développement de la société et la nécessité d'une discussion. Dans le cas contraire, le Kulturbund avait l'intention d'ouvrir le débat sur la situation tout de suite après les fêtes et de lancer une mise en garde publique au gouvernement. Connaissant l'autorité de cet organisme, je compris tout le sérieux de cette information.

À Berlin, la commémoration ne me laissa pas une impression très favorable. Le rapport de Honecker dressait le bilan des nombreux

2. Organisation culturelle officielle est-allemande. (N.d.T.)

accomplissements des quarante années écoulées, mais il ne contenait aucune analyse et aucune conclusion sur la situation présente et l'avenir.

On me donna la parole au nom des invités. Ce fut un moment pénible pour moi. Nos hôtes étaient d'une humeur festive que j'étais loin de partager. Je trouvai la solution en parlant du travail des citoyens de RDA qui avaient surmonté d'énormes difficultés et tant fait dans cette partie de l'Allemagne après la guerre. Les Soviétiques avaient été à leurs côtés pendant toutes ces années et cet anniversaire les touchait de près.

Néanmoins, une grande partie de mon intervention était consacrée à notre vision des nouveaux principes qui devaient régir les rapports entre les pays socialistes. « Égalité, indépendance, solidarité, voilà ce qui définit aujourd'hui le contenu de ces relations. » Et j'ajoutai, sous une forme très générale, qu'il y avait en RDA des problèmes liés aussi bien à son développement intérieur qu'aux processus de modernisation et de renouveau qui touchaient l'ensemble des pays socialistes.

Il est difficile de dire quel aurait été le déroulement des événements en RDA si Honecker avait proposé dans son rapport des réformes radicales tout en glorifiant le passé. Sans doute était-il trop tard, de toute façon, mais la société aurait peut-être pu soutenir une initiative de la direction pour peu qu'elle ait correspondu à son attente. Une fois de plus, Honecker manqua l'occasion. Or le mécontentement envers le régime commençait déjà à se transformer en manifestations de masse.

Cela apparut clairement le même soir, lors d'une retraite aux flambeaux sur l'avenue d'Unter den Linden. Des délégations de toutes les régions de la république défilèrent devant les tribunes de la direction du pays et des invités étrangers. Le spectacle était impressionnant : fanfares, tambours, faisceaux de projecteurs se croisant dans le ciel, torches flamboyant dans l'obscurité et, surtout, des dizaines de milliers de jeunes visages. On m'a rapporté que les participants avaient été soigneusement sélectionnés. Pour la plupart, c'étaient des militants de l'Union de la jeunesse allemande libre et de jeunes membres du SED et de différents partis et organisations proches du SED. Les slogans qu'ils portaient et scandaient étaient d'autant plus révélateurs : « Perestroïka ! Gorbatchev, aidez-nous ! » Mieczyslaw Rakowski, présent sur la tribune avec Wojciech Jaruzelski, s'approcha de moi, visiblement très ému.

— Mikhaïl Sergueïevitch, comprenez-vous les slogans qu'ils crient ? me demanda-t-il avant de traduire. Ils exigent : « Gorbatchev, sauve-nous encore une fois ! » Et ce sont des militants du parti ! C'est la fin !

En arrivant, sur le chemin entre l'aéroport de Schînefeld et notre résidence à Berlin, j'avais déjà senti que les choses ne tournaient pas rond. Pendant presque tout le trajet, de très nombreux jeunes se tenaient au bord de la route et scandaient « Gorbatchev ! Gorbatchev ! », bien que Honecker se trouvât à côté de moi. On ne lui prêta pas plus d'attention lorsque, sortant ensemble du palais de la République, nous traversâmes les rangs serrés des spectateurs. Cependant, je ne m'attendais pas du tout à ce qui se produisit pendant la retraite aux flambeaux. Ceux qui ont assisté à ces événements peuvent apprécier à leur juste valeur les affirmations ultérieures de Honecker selon lesquelles son éviction de la direction de la RDA fut le résultat d'une intrigue au sein de l'appareil du CC du SED avec l'approbation de Gorbatchev. Incidemment, j'entendis ces mêmes paroles : « Gorbatchev, sauve-nous encore une fois ! » dans la bouche de jeunes écolières qui me donnèrent des fleurs et une lettre au parc de Treptow. Là aussi, des milliers de jeunes gens étaient présents.

Pendant ces journées, Honecker ne parvenait pas à cacher son inquiétude. Pendant la manifestation à Unter den Linden, il sautillait, chantonnait et tentait de donner le change, mais à l'évidence il n'était pas dans son assiette. Le lendemain, nous eûmes un tête-à-tête de près de trois heures. En dépit de tous mes efforts, il me fut impossible de l'entraîner dans une conversation franche. Je dus écouter, une nouvelle fois, un rapport détaillé sur les réalisations est-allemandes. Honecker n'acceptait pas la protestation qui s'élevait de la société. Or je pouvais me rendre compte *de visu* que la situation était bien telle que les représentants du Kulturbund l'avaient décrite : « minuit moins cinq ». D'ailleurs, certains membres de la direction du SED le confirmaient, même s'ils prenaient des formes. Après mon entrevue avec Honecker, plusieurs d'entre eux me demandèrent s'il comprenait que l'heure des changements avait sonné. Le plus étrange était que cette question me fût posée à moi : il était clair que l'atmosphère au Politburo du SED ne leur permettait pas d'interroger directement leur secrétaire général.

Une rencontre avec la direction du pays était prévue dans mon programme. Elle eut lieu juste avant mon départ. Parlant de l'expérience de la perestroïka, je dis à nos amis allemands : « La vie punit sévèrement ceux qui prennent du retard en politique. » Pour être encore plus convaincant, je citai en exemple notre décision d'avancer le XXVIIIe congrès du PCUS, au cours duquel nous voulions tirer le bilan des réformes engagées et dégager les perspectives d'avenir. Dans le même temps, le Soviet suprême de l'URSS et le Congrès des députés du peuple se pencheraient sur les questions de la propriété, du bail, des entreprises libres et, plus largement, sur la création de la base juridique nécessaire à l'approfondissement des réformes.

— De la manière dont je vois les choses, précisai-je à mes interlocuteurs, la vie exige que vous preniez des décisions courageuses.

Les participants m'écoutèrent avec une attention extrême. Honecker fut le premier à prendre la parole. Formellement, il se déclara d'accord avec moi, mais limita la discussion à des sujets secondaires. Quant aux brèves répliques des autres, elles ne dépassèrent pas le cadre routinier habituel.

Je quittai Berlin avec des sentiments mitigés. Je gardais le souvenir de l'énorme flot de milliers de jeunes Allemands, forts, sains, chaleureux, assoiffés de changement. Et cela me donnait un espoir. Mais il y avait autre chose. Les visages des dirigeants du SED restaient gravés dans ma mémoire, concentrés, aux abois. Chacun d'eux s'apprêtait à faire un choix décisif. Honecker était visiblement fâché contre moi. Pour le souligner, il ne nous raccompagna pas à l'aéroport, bien qu'il nous y eût accueillis avec son épouse. Je rentrai à Moscou très préoccupé. La RDA faisait penser à une marmite hermétiquement close oubliée sur le feu. Le danger apparaissait nettement et mes craintes furent très vite confirmées : la crise débuta moins de deux semaines plus tard.

Le déroulement des événements est connu. Peu de temps après la célébration de l'anniversaire, le Politburo du SED se réunit pour tirer le bilan des festivités et discuter de la situation générale dans le pays. Certains membres de la direction se prononcèrent en faveur de mesures concrètes pour calmer les troubles qui montaient, mais Honecker appela à « ne pas dramatiser » et refusa d'« ouvrir le dialogue avec l'adversaire de classe ». En dépit de la position du secrétaire général, le Politburo prit la décision de convoquer un plénum du CC et publia une déclaration par laquelle il manifestait sa volonté d'engager la discussion, de régler les problèmes par la voie du dialogue et de la glasnost et de trouver des solutions à la question des voyages à l'étranger. Le plénum du CC du SED, convoqué le 18 octobre, libéra Honecker de son poste de secrétaire général du parti et de président du Conseil d'État de la république. Egon Krenz le remplaça à ces deux postes. Au Politburo, il gérait précédemment les secteurs de la sécurité d'État, des organes de justice ainsi que de la jeunesse et des sports. En fait, la personnalité du nouveau dirigeant ne constitua nullement une surprise. On lui avait donné depuis longtemps le sobriquet de « Kronprinz ».

Ces changements n'empêchèrent nullement les manifestations spontanées dans les rues des villes. La population exigeait la démocratisation du régime, des enquêtes sur les abus de l'équipe précédente, la liquidation des privilèges exorbitants de la haute bureaucratie. Les autorités perdaient le contrôle des événements. Elles se sentaient perdues, incapables de reprendre l'initiative. Entre le 8 et le 10 novembre, un nouveau plénum du CC modifia radicalement la composition du Politburo. Le « rebelle » Hans Modrow y fit son entrée. Il prit bientôt la tête d'un gouvernement de coalition. Dans la nuit du 9 au 10 novembre, des foules énormes se rassemblèrent près du mur de Berlin. De manière à éviter des excès dangereux, des passages furent ouverts entre l'Est et l'Ouest. Le mur tomba en quelques heures. Ou, plus exactement, il fut transformé en un monument à cette guerre froide devenue soudain un phénomène du passé.

Grâce à Dieu, les nouvelles autorités eurent le courage et le bon sens de ne pas noyer dans le sang la révolte populaire. Je crois que la position soviétique les y aida, car les dirigeants est-allemands comprirent que les troupes soviétiques ne quitteraient en aucun cas leurs casernes.

Il est difficile de dire si le « second échelon » de la direction aurait pu préserver la RDA. Helmut Kohl m'a confié plus tard qu'il n'avait jamais cru Egon Krenz capable de maîtriser la situation. Mais nous sommes tous plus savants après les événements. J'avoue que, pendant quelque temps, je caressai l'espoir que les nouveaux responsables fussent capables d'établir un nouveau type de rapports avec la RFA en lançant dans leur pays des réformes radicales.

Le 1er novembre 1989, j'eus une rencontre avec Krenz, à Moscou, à sa demande. Nous nous accordâmes sur le fait qu'il était naïf de réduire la crise politique dans son pays aux développements des quelques derniers mois : en réalité, les problèmes s'accumulaient depuis des années. En conséquence, il fallait des réformes radicales et non plus des rafistolages cosmétiques. Beaucoup de temps avait déjà été perdu et une action immédiate s'imposait.

Cependant, il apparut bien vite que la majorité de la population n'était plus disposée à accepter la préservation de la RDA : la plupart des Allemands de l'Est voyaient leur salut dans l'unification avec l'Allemagne fédérale. L'exode massif vers l'Ouest, la vague toujours montante des manifestations et de la désobéissance civile, des menaces ouvertes contre les autorités constituaient autant de défis au règlement pacifique de la crise. En fait, nous assistions à une désintégration du pouvoir de l'État dont les premiers symptômes étaient apparus au niveau local, après les élections du 7 mai 1989 qui furent marquées par des cas flagrants de fraude au profit de l'ancienne direction.

La République démocratique allemande était au bord de l'explosion sociale et de la ruine politique et économique.

Helmut Kohl formule ses « dix points »

L'instant exigeait de tous les protagonistes une grande maîtrise de soi et des actions responsables. Les événements en RDA eurent une profonde résonance dans toute l'Europe et, naturellement, en URSS. Le sort du processus d'Helsinki était en jeu.

Il ne me semblait pas que les « dix points » formulés par le chancelier Kohl[3], fin novembre, fussent une réponse adéquate aux défis du moment. Cette prise de position fut certes une surprise pour nous, mais aussi pour les Français, les Britanniques et même pour le ministre ouest-allemand des Affaires étrangères, Hans Dietrich Genscher. Comme tant d'autres, je ne pouvais me départir de l'impression que des intérêts d'une importance historique — et pas seulement pour le peuple allemand — étaient subordonnés à ceux de la campagne électorale de la CDU.

À mon avis, les tentatives unilatérales pour accélérer le processus de réunification ne pouvaient qu'échauffer encore plus les passions en Allemagne et déstabiliser l'atmosphère en Europe. J'avais eu une conversation téléphonique avec Kohl dès le 11 novembre et il m'avait assuré que le gouvernement fédéral comprenait bien ses responsabilités et qu'il agirait avec prudence, de manière réfléchie et en contact étroit avec nous.

Or, à peine deux semaines plus tard, devant le Bundestag, il lançait son plan de réunification de l'Allemagne sur la base d'une confédération et présentait des exigences frôlant l'ultimatum quant à la restructuration interne de la RDA en tant que condition préalable à la mise en œuvre de ce plan.

Gensher arriva à Moscou au début de décembre et j'eus avec lui un

---

3. Le 28 novembre 1989, le chancelier Kohl présenta au Bundestag un plan en dix points destiné à réaliser l'unité allemande dans le cadre de « structures confédératives ». (N.d.T.)

entretien franc et assez vif. La situation ne manquait pas de sel : le ministre se trouvait contraint de défendre — et encore avec insistance ! — une politique dont il n'avait pas été informé à temps et avec laquelle, me semble-t-il, il n'était pas tout à fait d'accord intérieurement.

La conversation fut tendue et désagréable pour nous deux. J'apprécie hautement Genscher en tant qu'homme politique qui a beaucoup contribué à l'amélioration des relations entre nos deux pays, mais je dus lui parler fermement dans l'intérêt de notre future concertation. Nous décidâmes de ne pas rendre publics les détails de notre échange et la déclaration de presse fut « arrondie » en conséquence, comme on dit chez nous. Mais j'espérais bien que Bonn aller prêter attention au signal en provenance de Moscou.

En décembre 1989, François Mitterrand et moi, nous nous rencontrâmes brièvement à Kiev, à l'initiative du président français qui voulait connaître mon avis sur le sommet de Malte. Naturellement, les événements d'Allemagne et les « dix points » de Helmut Kohl occupèrent une place importante dans notre conversation. Le 20 décembre, Mitterrand devait se rendre en RDA. Il voulait connaître mon opinion et me donna la sienne :

« La situation est ambiguë. Il est difficile de ne pas tenir compte de la volonté d'un peuple exprimée de manière forte. De la même manière, il faut prendre en considération que la frontière entre les deux Allemagnes ne sépare pas deux peuples différents. De plus, personne en Europe ne veut que le continent subisse des perturbations profondes à la suite d'une réunification allemande au résultat imprévisible. Nous devons perfectionner notre Communauté à l'ouest du continent. Vous devez voir la façon dont les choses vont se développer dans les pays du Pacte de Varsovie. Et, naturellement, nous devons tous travailler ensemble sur l'approfondissement du processus paneuropéen. Il faut faire en sorte que ce dernier se développe plus vite que la question allemande, qu'il dépasse le mouvement allemand. Nous devons créer des structures européennes communes. Et la composante allemande doit être l'un des éléments de la politique européenne… Ce n'est pas là un point de vue qui me serait propre. Pratiquement tous les États européens le partagent. Ils considèrent que nous devons aller de l'avant ensemble pour minimiser le problème allemand. Je n'ai pas peur de la réunification de l'Allemagne, mais elle doit être démocratique et paisible.

« J'avoue avoir fait part à nos amis allemands de mon étonnement devant le fait qu'en exposant leur position, ils n'ont même pas mentionné les frontières avec la Pologne. C'est un problème sérieux. Tous les pays de la Communauté européenne partagent mon approche, bien qu'ils ne l'expriment pas tous avec la même insistance. Je souhaite un contact permanent sur ce sujet, que nous devons prendre au sérieux, entre tous nos amis et alliés. À commencer, bien sûr, par vous et moi. »

À Berlin, la coalition gouvernementale de Modrow avait beaucoup de mal à préserver la république est-allemande d'un effondrement total. Je le rencontrai à plusieurs reprises et reçus des informations de première main sur les problèmes de son cabinet. Modrow accomplit un énorme travail dans des conditions extrêmement défavorables et rendit possible l'organisation des premières élections libres au Parlement de la république.

Néanmoins, le climat changeait de jour en jour. Lors d'une de nos rencontres, le 30 janvier 1990, Modrow me dit très franchement :

— L'idée de l'existence de deux États allemands est rejetée par une partie toujours plus grande de la population est-allemande, et il semble impossible de préserver la RDA. La tendance à la réunification se renforce surtout dans les régions frontalières, comme la Thuringe. Même s'ils voulaient si opposer, tous les partis, les anciens comme les nouveaux, se trouvent désarmés devant ces élans.

Quant à sa conclusion, elle ne laissait pas la moindre place au doute :

— Les formules que nous avons utilisées jusqu'à ce jour ne sont plus valables. La plupart des forces sociales, à l'exception de quelques sectes gauchistes, se sont rassemblées, d'une manière ou d'une autre, autour de l'idée de la réunification. Si nous ne reprenons pas l'initiative, le processus se poursuivra spontanément et rapidement en dehors de nous.

Ce constat ne constituait nullement une surprise pour moi. Notre analyse conduisait à la même conclusion. Quelques jours avant l'arrivée de Modrow, j'avais réuni dans mon bureau Ryjkov, Chevardnadze, Iakovlev, Faline, Krioutchkov, Akhromeïev, ainsi que deux de mes assistants, Tcherniaïev et Chakhnazarov, pour examiner la question allemande.

Notre conclusion fut que la réunification de l'Allemagne était inévitable. Nous décidâmes de proposer la constitution d'un groupe de six : les quatre puissances victorieuses de la Seconde Guerre mondiale et les deux Allemagnes. Sans couper les contacts avec la direction est-allemande, nous devions coordonner plus étroitement notre politique sur la « question allemande » avec Paris et Londres. Pour finir, le maréchal Akhromeïev devait étudier le problème du retrait des troupes soviétiques du territoire est-allemand.

L'Allemagne fut également le sujet central d'une conversation que j'eus avec James Baker, arrivé à Moscou le 9 février. Le secrétaire d'État résuma la position américaine en affirmant que l'issue des élections du 18 mars était claire et que la majorité de la population est-allemande voterait pour la réunification. Celle-ci étant donc inévitable, les États-Unis et l'Union soviétique devaient construire leur politique en partant de là. Baker tint néanmoins à me rassurer :

— Je veux que vous sachiez que ni le président ni moi-même n'avons l'intention de tirer le moindre avantage de ce processus.

Je pris bonne note de cette déclaration et nous abordâmes les mécanismes possibles de notre coopération. Nos positions étaient assez proches sur bon nombre de points clés. Nous voyions se dessiner le schéma suivant : les aspects internes de la réunification étaient l'affaire des Allemands eux-mêmes et c'était à eux de résoudre ces problèmes. Si les quatre puissances participaient au processus, ce n'était qu'en raison de leurs responsabilités dans la préservation de la paix et de la stabilité en Europe. Nous devions donc nous concentrer sur les aspects extérieurs de la question.

Nous étions en désaccord sur un point déterminant : le statut politique et militaire de l'Allemagne unifiée. Baker tenta de me convaincre des avantages de son maintien au sein de l'OTAN en regard de sa « neutralisation ». Ses arguments se résumaient ainsi : la préservation d'une présence militaire américaine en Allemagne et la participation de cette dernière à l'OTAN donnaient aux États-Unis et à l'Occident certains leviers de contrôle de la politique allemande. En cas de neutralisation, et donc de retrait de l'Alliance atlantique, l'Allemagne pourrait une nouvelle fois devenir un générateur d'instabilité sur le continent.

— Si l'Allemagne est neutre, insista Baker, elle ne sera pas nécessairement non militariste. Et elle peut bien décider un jour de créer son propre potentiel nucléaire plutôt que de compter sur les forces américaines de dissuasion. Je voudrais vous poser une question à laquelle vous n'êtes pas obligé de répondre maintenant. En supposant que la réunification ait lieu, qu'est-ce qui serait préférable pour vous : une Allemagne unifiée en dehors de l'OTAN, sans troupes américaines, ou bien une Allemagne unifiée qui garderait des liens avec l'OTAN, mais avec la garantie que la juridiction et les troupes de l'Alliance ne s'étendraient pas à l'est de la frontière actuelle ?

Cette seconde possibilité devint le noyau du compromis ultérieur sur le statut politique et militaire de l'Allemagne mais, à ce moment, je n'étais pas encore prêt à l'accepter. Comme Baker, je considérais qu'il fallait établir des mécanismes de sécurité pour nous protéger, ainsi que l'Europe entière, de toute initiative inattendue de l'Allemagne. Mais, à la différence des Américains, je croyais que le rôle d'un tel mécanisme devait être joué non par l'OTAN, mais par de nouvelles structures créées dans le cadre du processus européen. Naturellement, l'élargissement de la zone de l'OTAN était inacceptable. Quant à Baker, il ne pensait pas que la CSCE pût un jour se substituer à l'Alliance atlantique.

Le lendemain, j'eus une nouvelle rencontre avec le chancelier Kohl. Je me rendis compte que le principal, pour lui, était de me convaincre que l'effondrement total de la RDA était inévitable dans un avenir immédiat. Il pensait que tout de suite après l'élection du nouveau Parlement est-allemand, le gouvernement qui serait formé se prononcerait en faveur de la réunification avec le franc soutien de la population et des organes représentatifs. Pour le chancelier, il convenait donc de stabiliser dans la mesure du possible la situation en RDA, de manière à éviter l'effondrement économique et le chaos politique, et à réduire le flot de réfugiés vers la RFA. Il s'efforça de me persuader que l'on ne pouvait y parvenir qu'en menant une politique active, notamment en créant une union économique et monétaire tout de suite après les élections. L'intention de Kohl d'accélérer le processus de la réunification était claire et j'avais des raisons de penser qu'il avait obtenu au préalable le soutien des Américains. Néanmoins, il ne cessait de répéter qu'il était « obligé » d'agir ainsi et pas autrement sous la pression des circonstances, tout en souhaitant continuer à coordonner avec Moscou sa ligne en la matière.

Dans ma réponse, j'indiquai la position de l'URSS :

— On peut certainement dire qu'il n'y a pas de divergence entre l'Union soviétique, la RFA et la RDA sur la question de l'unité de la nation allemande. Notre point de départ : les Allemands eux-mêmes doivent faire leur choix. Et ils doivent connaître notre position.

— Les Allemands la connaissent, répondit Kohl. Vous voulez dire que l'unité ne dépend que du choix des Allemands eux-mêmes ?

— Mais dans le contexte des réalités existantes, ajoutai-je.

— Je suis bien d'accord.

Pour moi, l'essentiel était d'éviter que Kohl ne succombât à l'euphorie et lui faire comprendre que la « question allemande » ne se résumait pas à la réunification et à la satisfaction des aspirations nationales des Allemands. Elle touchait aux intérêts des États voisins, y compris l'Union soviétique, à la situation en Europe et dans le monde. Dans ce cadre, une multitude de problèmes se posaient : les garanties de l'inviolabilité des frontières et la reconnaissance des réalités territoriales et politiques de l'après-guerre, le statut militaro-politique de l'Allemagne unifiée, le lien entre le processus européen et celui de la réunification de l'Allemagne.

Kohl fit preuve d'une grande compréhension envers mes arguments, mais se prononça contre tout projet de neutralisation de l'Allemagne. Nous parvînmes à la conclusion qu'il fallait commencer à discuter de tous les problèmes liés à la réunification dans le cadre des six : l'Union soviétique, les États-Unis, le Royaume-Uni et la France d'un côté, les deux Allemagnes de l'autre.

Kohl précisa que l'idée d'une conférence « 4 + 2 » lui plaisait [4], mais qu'il resterait fermement opposé à l'idée d'une conférence séparée des quatre alliés de la Seconde Guerre mondiale sur la « question allemande ». Je lui donnai l'assurance que rien ne serait décidé sans la participation des Allemands eux-mêmes.

Nous nous séparâmes sur ces paroles.

Nous étions parvenus à dissiper nos malentendus, ce qui était alors d'une exceptionnelle importance. Mais il nous restait à parcourir un chemin long et dangereux.

Le sort du « plan Modrow »

La déstabilisation politique et sociale en RDA représenta une chance sans précédent pour chacun des partis politiques qui rivalisaient en RFA. La coalition CDU/CSU, les sociaux-démocrates du SPD, les libéraux du FDP développèrent une activité fébrile en faveur de la réunification. Leurs divergences étaient surtout tactiques et concernaient le rythme et les formes de la réunification. Au début, les partisans d'un rapprochement par étapes fondé sur le partenariat et l'égalité entre les deux États étaient majoritaires. Le « plan en trois étapes » de Hans Modrow répondait à ces objectifs. En l'élaborant, le chef du gouvernement de RDA avait à l'esprit la création d'une « communauté contractuelle » entre les deux Allemagnes, le développement d'une étroite collaboration en matière économique et dans d'autres domaines par le biais d'une confédération de deux États souverains qui pourraient gra-

4. Plus tard, avec le soutien actif des États-Unis, elle sera rebaptisée « 2 + 4 ».

duellement acquérir un statut neutre pour finir par former une Fédération allemande ou une Union allemande qui serait un participant actif au processus européen.

Modrow rendit public son plan. Il devait se rendre à Bonn lorsque, le 12 février, j'eus avec lui un entretien téléphonique. Je le mis au courant dans le détail des résultats de ma rencontre avec Kohl. De son côté, il me fit remarquer qu'il avait appris par la presse les propositions du gouvernement ouest-allemand sur l'union monétaire, bien que peu de temps auparavant, pendant le symposium de Davos, il se fût entendu avec Kohl pour former un groupe de travail de huit personnes — quatre de chaque côté — chargé d'explorer les pistes dans les domaines économique et financier. Les experts avaient été nommés, mais ils n'avaient pas été invités en RFA et aucune discussion sur l'union monétaire n'avait eu lieu. Tel était le contexte dans lequel Bonn avait lancé son initiative inattendue.

Le gouvernement de Kohl avait visiblement décidé qu'il n'était pas utile de signer un traité de coopération et de bon voisinage avec le gouvernement de Modrow. Dans le cadre des élections législatives est-allemandes, prévues pour mars, Bonn s'était engagé dans un soutien actif aux organisations d'opposition anticommunistes. Le climat y était propice. La situation en RDA avait empiré de manière dramatique : problèmes de chauffage, pénurie alimentaire, troubles de l'ordre public. Les masses se déchaînaient contre l'ancien régime dans une atmosphère de révélations sensationnelles sur la corruption du régime et d'illusions sur les avantages d'une rapide unification avec l'Allemagne fédérale.

Le 18 mars, aux élections, les communistes est-allemands subirent une défaite cuisante en obtenant moins de 17 % des voix. Les autres partis de gauche totalisèrent près de 8 %. L'Alliance pour l'Allemagne, soutenue par la CDU/CSU, devint la première force politique du pays. Avec ses partenaires d'autres partis, elle contrôlait plus des deux tiers des sièges du Parlement.

En avril 1990, le nouveau gouvernement de coalition, dirigé par Lothar de Maizière, se prononça en faveur de la réunification en vertu de l'article 23 de la Loi fondamentale de la République fédérale qui prévoyait l'éventualité d'une incorporation directe de tout ou partie de la RDA, sans l'étape intermédiaire de liens confédéraux. C'était tout à fait différent de ce que Modrow avait prévu.

Comme il fallait s'y attendre, Lothar de Maizière ne fut qu'un personnage de transition. Cet avocat, musicien, évangéliste et homme politique, d'un naturel très réservé, était lié aux cercles démocrates-chrétiens à l'est et à l'ouest du pays et se faisait le héraut de leur désir d'une rapide entrée de la RDA au sein de l'Allemagne fédérale. En même temps, et c'est tout à son honneur, il comprenait combien il était important de préserver des relations loyales et des liens économiques avec l'Union soviétique, car le bien-être de la plus grande partie de la population est-allemande dépendait du commerce avec l'URSS.

Le 3 mai, au cours d'une réunion du Politburo, nous abordâmes la question des directives à donner à Chevardnadze pour la rencontre « 2 + 4 » à laquelle il devait participer à Paris. Notre position était unanime. Il devait insister sur la « neutralité » de l'Allemagne réunifiée et, comme position de repli, exiger qu'elle fît simultanément partie des deux blocs, l'OTAN et le Pacte de Varsovie. Mais sur ce point, nous nous trouvâmes isolés à la table des négociations.

Nous revînmes sur la question allemande lors de la visite que le président Mitterrand fit à Moscou en mai 1990. La perception de ce problème aigu par la société — et d'ailleurs aussi par moi-même — suivait une rapide évolution. L'aspiration des Allemands, des deux côtés, à l'unité était désormais si forte qu'il fallait la prendre en considération pour ne pas saboter l'ensemble du processus européen.

Il ne s'agissait pas de bloquer la réunification mais de décider comment, à quel rythme et dans quelles conditions le processus devait se dérouler. Il fallait réfléchir sur ses répercussions possibles sur la situation en Europe et ses conséquences en matière de sécurité. Ces questions ne se posaient pas seulement à Moscou, mais aussi à Varsovie, à Prague, à Bruxelles, à La Haye, à Londres et dans d'autres capitales. Et, bien entendu, à Paris.

En dépit du soutien officiel de l'OTAN et de la Communauté européenne, l'attitude à l'égard de ce qui se passait, ce mois-là, en Allemagne n'était pas unanime. Je pus m'en rendre compte au cours de mes rencontres avec plusieurs hommes politiques occidentaux.

En résumant mes impressions de cette période, je dirais que personne n'éprouvait un grand enthousiasme et, à un certain moment, j'eus même l'impression que Bonn forçait volontairement le pas, avec le soutien des États-Unis, pour mettre tout le monde devant le fait accompli.

Mitterrand me fit clairement comprendre que, à son avis, il était inutile, étant donné les circonstances, de soulever la question de la neutralisation de l'Allemagne unie ou de sa participation simultanée à l'OTAN et au Pacte de Varsovie. Mais nous étions d'accord pour dire qu'il fallait imposer, comme condition à la réunification, un ferme engagement du gouvernement allemand sur l'inviolabilité des frontières orientales de l'Allemagne unie, ainsi que son refus sans équivoque de posséder des armes nucléaires, chimiques et autres armes de destruction massive. Cet engagement devait également garantir que la zone d'action de l'OTAN n'inclurait pas le territoire de la RDA et que les troupes de l'Alliance atlantique n'y seraient pas stationnées. Nous partagions également la même vision sur le besoin de synchroniser autant que possible le développement du processus européen et celui de la réunification allemande. Il ne s'agissait nullement de discussions en l'air. Les événements ultérieurs ont bien montré que la réunification allemande a, pendant quelque temps, contribué à l'accélération du processus européen. Et, après la dissolution du Pacte de Varsovie, l'OTAN se vit obligée de reconsidérer sérieusement son rôle. Hélas, le processus européen connut un brutal ralentissement, mais cela est une autre histoire.

Je me rendis aux États-Unis à la fin du mois de mai 1990. En parlant de notre programme, lors de notre première conversation, le 31 mai, George Bush déclara :

— Nous sommes d'accord pour dire que l'Allemagne ne doit pas être une source de menace pour qui que ce soit. Elle doit adhérer à des principes démocratiques et garantir que le passé ne se répétera pas. Nous avons des idées bien différentes au sujet du statut militaire et politique du futur État, mais nous sommes tous les deux inquiets pour l'avenir. On peut avoir confiance en l'Allemagne. Elle a payé ses dettes.

Ce sujet revint longuement dans le cadre de notre deuxième rencontre, le soir du même jour. J'insistai sur une réunification par étapes et organiquement liée à la transformation du Pacte de Varsovie et de l'OTAN de manière à faire disparaître tout risque d'affrontement entre les deux alliances. Bush, qui s'était vraisemblablement entendu avec Kohl et se référait aux négociations « 2 + 4 », n'était pas d'accord avec moi.

« Il m'est difficile de comprendre vos craintes, me dit-il. Nous avons également combattu Hitler. Les victimes américaines sont incomparablement moins nombreuses que les vingt-sept millions de vies russes sacrifiées dans la guerre contre l'Allemagne nazie, mais il est impossible d'ignorer l'expérience démocratique d'un demi-siècle sur le sol allemand. Il me semble donc que notre approche du problème est plus actuel et donne de meilleures perspectives, car les processus de réunification se développent plus rapidement que quiconque n'aurait pu l'imaginer et il n'existe pas de force capable de les freiner. C'est pourquoi la méfiance fondée sur le passé risque de s'avérer, ici, mauvaise conseillère.

« Pour nous, l'Allemagne est une amie proche et cette perception nous semble plus pragmatique et constructive, bien que tout le monde ne la partage pas en Occident. Je le dis franchement : comme vous, certains Européens n'ont pas confiance dans la RFA ni dans les Allemands en général. Mais nous autres Occidentaux sommes unis sur un point : ce serait un grand danger de séparer l'Allemagne de la communauté des pays démocratiques, de lui imposer un statut particulier et des conditions humiliantes. Une telle évolution pourrait entraîner une résurrection du militarisme et du revanchisme allemands qui vous font si peur. »

Je comprenais, bien sûr, quelle était la raison de la volonté insistante de Washington d'inclure l'Allemagne unie au sein de l'OTAN. Bush et les dirigeants occidentaux craignaient que l'existence d'une force aussi puissante hors de l'OTAN ne finît par sceller le sort de cette alliance. Et la présence militaire des États-Unis en Europe aurait perdu sa raison d'être. Je tentai donc à plusieurs reprises, en ayant recours à des arguments divers et en me référant à des déclarations antérieures, de convaincre le président des États-Unis que l'URSS n'avait aucun intérêt à voir les Américains quitter l'Europe.

L'échange fut assez chaud. Chaque partie reprochait à l'autre d'avoir peur des Allemands et de craindre pour la paix en Europe, et donc dans le monde. Au bout du compte, nous parvînmes à un compromis. Je proposai que l'Allemagne unie décidât elle-même quelle alliance elle rejoindrait. La formule de Bush était un peu différente : les États-Unis se prononçaient sans équivoque pour le maintien de l'Allemagne unie au sein de l'OTAN, mais si elle faisait un autre choix, ils ne le contesteraient pas et le respecteraient. J'acceptai cette formulation.

Helmut Kohl arriva à Moscou à la mi-juillet 1990 dans l'intention de régler un ensemble de problèmes liés à la réunification. Nous eûmes plusieurs tête-à-tête ainsi que des réunions avec nos ministres des Affaires étrangères, Chevardnadze et Genscher. Kohl était très concentré et se montrait même pressant. Nos dialogues furent d'une franchise extrême. En gros, les choses étaient claires, mais de nombreux détails exigeaient des mises au point.

En premier lieu, il s'agissait d'interdire aux structures militaires de l'OTAN l'accès sur le territoire de la RDA et d'autoriser les troupes soviétiques à y rester pendant une période déterminée. Il fallait également définir l'assise juridique et financière du stationnement de nos troupes sur le territoire de l'Allemagne unifiée. Nous avions besoin de garanties sur le fait qu'après le retrait de nos troupes le territoire de l'ex-RDA ne serait pas utilisé pour créer une menace à la sécurité de l'Union soviétique. Nous nous mîmes d'accord sur ces trois points et des textes furent rédigés en conséquence. J'insistai sur une réduction substantielle des effectifs des forces armées de l'Allemagne unie qui ne devaient pas dépasser le plafond de 370 000 hommes. Pour finir, l'Allemagne renonçait, une fois pour toutes, à la possession d'armes nucléaires, chimiques et bactériologiques.

Nous pensions tous les deux qu'une plus grande synchronisation du processus européen et de celui de la réunification était souhaitable, en particulier par le biais de la création de nouvelles structures de sécurité dans le cadre de la CSCE. Nous abordâmes également les idées fondamentales du futur traité de bon voisinage, partenariat et coopération entre l'URSS et la RFA qui devait définir les grandes lignes des relations à long terme entre nos deux pays.

En définitive, ce furent des négociations complexes au cours desquelles nous affirmâmes notre position : pour nous, la réunification de l'Allemagne n'était pas un problème isolé, mais un élément d'un mouvement commun vers une nouvelle Europe. Sans craindre de me répéter, je dis une nouvelle fois à Kohl :

— Notre opinion publique change peu à peu. Elle commence à comprendre le choix que le peuple allemand a fait en optant pour la réunification. Nous ne pouvons pas oublier le passé. Chaque famille, chez nous, a connu de grandes souffrances, mais il faut se tourner vers l'Europe, prendre le chemin de la coopération avec la grande nation allemande. Tel est notre apport à la stabilité en Europe et dans le monde.

Visite de la nouvelle Allemagne

Le 9 novembre 1990, j'atterris sur le territoire de la nouvelle Allemagne unie pour participer aux cérémonies de signature des documents qui créaient les fondements juridiques, moraux et politiques pour l'établissement de relations normales, modernes et réellement amicales entre l'Allemagne et l'Union soviétique.

Nous tirâmes un trait sur notre histoire commune, ancienne et récente — et tout ce qu'elle pouvait avoir de douloureux —, pour ouvrir une période de coopération qui permettrait de valoriser tout l'héritage accumulé pendant des siècles de relations russo-allemandes.

En donnant leur accord à la réunification, l'Union soviétique et ses anciens alliés de la coalition antihitlérienne étaient également poussés par la considération suivante : une Allemagne démocratique, stable et économiquement saine, fixée dans ses frontières, satisfaite de son système politique et social, de son rôle en Europe et dans le monde, deviendrait un facteur très important de progrès dans les affaires européennes et mondiales.

Cependant, il aurait été naïf de supposer que la réunification de l'Allemagne devait automatiquement conduire à cet objectif. Aujourd'hui, tout le monde est conscient des difficultés et de la lenteur du processus d'égalisation du niveau de vie dans les parties orientale et occidentale du pays. Il exige des efforts gigantesques, des investissements colossaux et une politique sociale bien conçue, tenant compte des particularités spécifiques des nouveaux Länder. Sans oublier la plus grande tâche : parvenir à changer les états d'esprit, donner naissance à une nouvelle mentalité, celle d'une nation réunifiée, et surmonter la psychologie héritée de la période de la scission. Sans cela, il sera difficile d'assurer la stabilité de l'État allemand. Il y va de l'intérêt de l'Europe car toute déstabilisation dans son centre, comme l'histoire le montre, peut avoir de très graves conséquences.

Par-delà cet aspect du problème, il convient également de surmonter la différence de niveau de vie entre l'Europe occidentale et l'Europe de l'Est. L'Allemagne et l'Occident dans son ensemble ne peuvent éviter ce problème. Toutes les questions politiques, économiques, sociales et écologiques dans les deux parties de l'Europe sont liées en un seul nœud. Et quiconque tenterait d'ignorer cette réalité mettrait en péril ses propres intérêts.

Les relations de partenariat entre l'Allemagne et la Russie constituent un élément clé de tout projet sérieux de construction européenne. J'espère de tout cœur que, à notre époque difficile, la Russie et l'Allemagne parviendront à préserver dans leurs relations tout le capital positif accumulé à la fin des années quatre-vingt et au début des années quatre-vingt-dix.

CHAPITRE 25

DE LA COMPRÉHENSION AU PARTENARIAT

Six mois après le sommet de Malte, j'ai donc rencontré le président Bush, à Washington, cette fois. Ma dernière visite dans la capitale américaine remontait à décembre 1987. À l'époque, l'occupant de la Maison-Blanche était le président Reagan. Maintenant, il nous fallait poursuivre la route à un nouveau niveau de relations entre nos deux pays, leur donner une nouvelle stabilité et mettre un terme aux zigzags entre l'euphorie et la dépression, le gel et le dégel.

La tâche n'était guère facile. Nos liens n'étaient pas encore très solides. L'affrontement n'était plus de mise, mais dans notre pensée et nos approches, la logique de la rivalité militaire et politique était toujours présente. La coopération entre nos pays s'améliorait, mais c'était encore loin d'être un vrai partenariat. Enfin, l'« infrastructure d'affrontement » n'était pas radicalement changée.

J'étais convaincu qu'un retour en arrière était impossible. La conscience de la globalité et de l'interdépendance de la planète avait déjà profondément pénétré la politique. L'« image de l'ennemi » qui pendant des décennies avait nourri la guerre froide et l'affrontement entre blocs s'était ternie. Je considérais que de nouveaux pas en avant étaient la meilleure garantie contre l'agression, et cela aussi bien dans le domaine de la réduction des armements — à la traîne par rapport aux changements politiques — que dans la coopération internationale, dans les échanges économiques, scientifiques et culturels et dans les simples contacts entre individus de différentes origines et générations.

À Malte, le président Bush et moi, nous avions élaboré un programme à long terme de mesures concrètes dans les sphères les plus importantes du développement des relations soviéto-américaines. Il était temps de le mettre en œuvre. À la lumière des événements tumultueux des six mois qui avaient suivi le sommet, celui-ci prenait à mes yeux une dimension encore plus grande qu'au moment de la rencontre elle-même. Ce n'était pas une simple escale sur le trajet des relations entre nos deux pays. Si George Bush et moi n'y avions pas établi un contact personnel, si nos ministres n'y avaient pas acquis une certaine expérience de travail en commun, nous nous serions trouvés mal préparés à affronter les événements en Europe de l'Est — surtout en Allemagne — et le contexte international du problème balte aurait probablement eu un tout autre aspect.

J'arrivai à Washington le 30 mai 1990 avec de sérieuses raisons de penser que, en dépit des divergences possibles, nous pourrions préserver l'atmosphère de dialogue constructif et nous entendre sur des problèmes importants.

— Pour que la coopération devienne possible, dis-je au président, il convient de définir comment nous voulons voir l'autre, quelle Union soviétique souhaitent les États-Unis et quels États-Unis souhaite l'Union soviétique. Je serai franc : des États-Unis affaiblis, qui limiteraient leur participation aux affaires internationales, ne nous conviennent pas car cela signifierait un surcroît d'instabilité dans le monde.

Tel fut le thème central de notre discussion. À la suite de mes rencontres avec les représentants du Congrès, des cercles d'affaires et des milieux universitaires, j'eus la nette impression que les Américains comprenaient que la nouvelle Union soviétique correspondait aux intérêts de leur pays.

Pour moi, ce constat était plus important que certaines informations dont nous disposions sur les hésitations de l'administration américaine. En politique, pourtant, le geste doit suivre la parole. Je savais bien que les choses n'étaient pas si simples et que les cercles antisoviétiques demeuraient très influents aux États-Unis. Dans cette atmosphère, il convenait par tous les moyens de stimuler le processus d'entente et développer les liens entre nos deux pays dans le sens du partenariat.

L'ordre du jour du sommet était très dense : les problèmes du désarmement, notamment la discussion des bases du futur traité de réduction des armements stratégiques ; le processus européen, à commencer par les aspects extérieurs de la réunification allemande ; les perspectives de conclusion d'un traité commercial ; les conflits régionaux. Au total, vingt-quatre documents furent signés. Bien sûr, ce n'était pas leur quantité qui importait, mais leur importance pour la mise en place d'une infrastructure stable de coopération.

Après avoir parlé de la question allemande (comme je l'ai mentionné dans le précédent chapitre), nous abordâmes le problème du désarmement. Les accords sur la réduction des armements nucléaires et conventionnels auxquels nous parvînmes à Washington avaient exigé presque quatre ans de travail minutieux. Nous nous mîmes finalement d'accord sur les clauses essentielles du traité de réduction de 50 % des armes stratégiques dont nous avions parlé pour la première fois à Reykjavik. Nous pûmes également résoudre certains problèmes sur lesquels des désaccords avaient persisté presque jusqu'au dernier moment.

Pour nous, il était essentiel de rendre impossible tout scénario dans lequel, après la réduction de moitié de nos arsenaux stratégiques respectifs, les États-Unis pourraient prendre un avantage sur ce type d'armes et rompre l'équilibre. L'acceptation par Washington de signer un document séparé — en annexe au traité — pour régler le problème des missiles navals de croisière et limiter à 600 kilomètres la portée des missiles de croisière aéroportés réduisait beaucoup nos craintes.

Naturellement, les désaccords ne manquèrent pas, même sur des questions où nous étions préalablement parvenus à une entente mutuelle. Les Américains, faisant référence à leurs relations spéciales avec la Grande-Bretagne dans le domaine des armes stratégiques, insistèrent soudain sur leur droit à transférer à leur allié européen, pratiquement sans limitations, leur savoir-faire technologique en la matière et des armements de tout type. Pour nous, cette coopération devait se limiter au remplacement des SLBM Trident I par des Trident II. Dans le cas contraire, il se serait créé une filière qui aurait permis le développement et la constitution d'arsenaux nucléaires stratégiques en contournant le traité que nous étions sur le point de conclure.

Nous étions donc profondément opposés à une aussi large interprétation des limites de la coopération américano-britannique. Dès lors que l'URSS et les États-Unis étaient prêts à réduire radicalement le nombre de leurs missiles, le poids nucléaire relatif de la Grande-Bretagne, de la France et de la Chine augmentait substantiellement. Pour cette raison, la position américaine nous semblait inadmissible. Nous ne surmontâmes pas alors notre désaccord mais, au moins, je fixai clairement la fermeté de notre position en la matière.

Malgré cela, nous parvînmes à nous entendre sur presque tous les principaux points du futur traité sur la réduction des armes stratégiques.

Au cours de cette visite, nous signâmes un texte sur une réduction de 80 % des armes chimiques, en préalable à leur élimination complète qui devait intervenir ultérieurement. Le chemin était désormais ouvert pour la signature d'une convention multilatérale sur les armes nucléaires dont la préparation piétinait depuis des années.

Nous adoptâmes également des protocoles aux accords sur la limitation des essais nucléaires et des explosions nucléaires souterraines à des fins pacifiques. Il devenait enfin possible de ratifier des traités signés au milieu des années soixante-dix.

J'aimerais souligner l'importance de l'accord sur la non-prolifération des armes nucléaires et chimiques, ainsi que de leurs vecteurs et des technologies correspondantes. Au moins une quinzaine de pays étaient alors sur le point d'obtenir la capacité de produire des armes nucléaires. Faute de prévenir la prolifération, les efforts de désarmement nucléaire soviéto-américains se seraient retrouvés privés de sens.

Nous étudiâmes à part le problème de la réduction des forces armées en Europe. Le président Bush et moi-même pûmes constater un progrès sensible dans ce domaine. Nous convînmes qu'il serait possible de convoquer un sommet paneuropéen vers la fin de l'année de manière à signer un accord sur les forces conventionnelles.

S'il me fallait résumer en quelques mots nos travaux de ces jours-là, à Washington et à Camp David, j'utiliserais la formule suivante : nous fîmes pas mal avancer le nettoyage du gigantesque dépôt de poudre de la guerre froide.

À mon retour à Moscou, dans une intervention devant les députés du Soviet suprême, je définis l'importance des résultats de ma visite : « L'URSS et les États-Unis portent leur part de responsabilité dans l'affrontement ruineux et dangereux de la période de l'après-guerre qui épuisait nos ressources et créait des distorsions dans notre économie comme dans tout notre développement social. Il est remarquable et sans précédent que ces deux pays précisément aient pris la responsabilité de démonter le plus vite possible les mécanismes de l'opposition militaire entre l'Est et l'Ouest et d'utiliser le désarmement pour dégager des ressources destinées à améliorer la vie des gens. Si le monde a changé dans le sens de la paix au cours des dernières années, la contribution principale a été apportée par l'URSS et les États-Unis. »

Parmi les problèmes bilatéraux, les négociations sur l'accord commercial s'avérèrent les plus dures. Jusqu'au dernier moment, nous ignorions si les Américains voudraient le signer. À la veille de mon arrivée, les adversaires de cet accord se manifestèrent bruyamment aussi bien dans les médias qu'au Congrès. Selon eux, il ne fallait pas faire de « cadeaux économiques » à l'URSS tant qu'elle n'aurait pas adopté une loi sur la liberté d'émigration et n'aurait pas laissé « partir » la Lituanie et les autres pays baltes.

Le premier point, sur la liberté d'émigration, ne posait pas de problème insurmontable. L'administration américaine et le président Bush savaient que la loi sur les entrées et sorties de l'URSS était déjà passée en première lecture au Soviet suprême et ne tarderait pas à être adoptée. Elle s'inscrivait dans la politique de perestroïka tout en prenant en compte, naturellement, les intérêts des citoyens de notre pays et ceux de la sécurité nationale.

Le point de blocage était bien la Lituanie. Je savais que l'on tentait d'influencer Bush. D'ailleurs, il ne le cachait pas. Un mois avant le début de ma visite, je reçus de lui une lettre confidentielle où il m'expliquait qu'il se trouvait dans une position difficile, sous la pression du Congrès, des médias et des divers lobbies qui exigeaient l'adoption d'une ligne dure en raison des développements en Lituanie. Il me répéta de nouveau tout cela à Washington, tout en reconnaissant que le dirigeant lituanien Vytautas Landsbergis nous lançait un défi et tentait de nous provoquer.

Je comprenais bien que, avant de prendre une décision, le président des États-Unis devait prendre en considération le rapport des forces politiques dans son propre pays. Mais j'avais mes propres problèmes avec la Lituanie qui n'étaient pas moins compliqués que ceux de George Bush. Nous reconnaissions le droit de la Lituanie à l'autodétermination, même si cela devait impliquer sa sortie de l'URSS, mais nous tenions au respect d'une procédure légale et de délais pour rendre effectif le « divorce ».

Bush était sensible à mes arguments et reconnaissait que ces problèmes devaient être résolus à partir de la loi soviétique. Il me précisa qu'il n'avait nullement l'intention de m'indiquer ce qu'il fallait faire. Mais il insistait néanmoins sur sa ligne, en affirmant que, malgré toute sa bonne volonté, il ne pourrait pas apposer sa signature sur l'accord commercial sans certaines concessions de notre part.

Au deuxième jour de nos négociations en tête à tête sur cette question, nous étions toujours dans l'impasse. Je me levai et, en faisant sentir que c'était mon dernier mot, je dis :

— Eh bien, je vous ai fait part de mon opinion et vous m'avez communiqué la vôtre. Nous devons faire un choix. Selon toute apparence, vous choisissez de soutenir les pays baltes et d'ignorer mes raisons. Il m'est impossible, à moi aussi, d'imposer une ligne d'action quelconque au président des États-Unis. Si, pour lui, le soutien aux pays baltes est aujourd'hui plus important que tout le reste, j'en prends acte. Il faudra bien vivre avec cela. Voilà tout ce que j'avais à dire. Allons rejoindre nos délégations.

George Bush tenta de débloquer la situation en proposant d'essayer encore de trouver une solution acceptable le lendemain, à Camp David, dans une atmosphère plus détendue.

Camp David

Dans la matinée, nous nous envolâmes en hélicoptère de la pelouse sud de la Maison-Blanche. Camp David, la résidence de campagne du président des États-Unis, se trouve dans le Maryland, dans les monts Catoctin, à 200 kilomètres de Washington. Le panorama au-dessus de la capitale américaine et de ses faubourgs était très intéressant : des centaines de petits bourgs compacts, très confortables, dont les habitants se rendaient en voiture à leur travail, en ville. En chemin, le président et ses conseillers nous montrèrent quelques endroits d'importance locale et même nationale, notamment le Pentagone.

Camp David est une belle propriété dans la forêt, prévue tout exprès pour le repos, avec de nombreux coins retirés, des pelouses et des installations sportives. J'appris là un jeu que je ne connaissais pas : le « fer à cheval [1] » et il me semble avoir été un bon élève. Bush, qui était très fier de son adresse, fut très surpris en me voyant frapper au but après quelques essais. Je reçus un fer à cheval en souvenir, mais aussi en récompense de mes excellents résultats dans cette compétition improvisée. Puis George m'invita dans son bureau et me montra le « souvenir » que je lui avais remis à Malte : une carte des bases américaines établie par nos services de renseignements spécialement pour l'occasion. Il me dit, en ne plaisantant qu'à moitié, qu'il n'y avait que peu d'inexactitudes. En riant avec lui, je lui répliquai :

— Mais vous êtes tout aussi bien informés sur notre compte.

La plus grande partie de la journée fut consacrée à l'étude des questions régionales. Ce fut la première fois que le problème afghan ne provoqua pas de controverse. Nous l'abordâmes même de manière « constructive ». Bush me confia que les États-Unis n'avaient pas l'intention de jouer la « carte afghane » et qu'ils « n'étaient pas intéressés par l'installation en Afghanistan d'un régime radical hostile à

1. Il s'agit de lancer un fer à cheval autour d'un petit piquet planté dans le sol à plusieurs mètres. (N.d.T.)

l'URSS ». Ses idées sur le règlement de la question, exposées dans les grandes lignes, rejoignaient les nôtres sur un certain nombre de points : organisation d'élections libres sous contrôle des Nations unies, formation d'un gouvernement de large coalition pour la période de transition avant les élections. Bush m'assura que, dès le début de cette période, les États-Unis seraient prêts à arrêter leurs livraisons d'armes aux moudjahidin et à retirer leur soutien technique si l'Union soviétique et les autres pays agissaient de la même manière.

Je répondis sur le même ton :

— Nos ministres des Affaires étrangères et nos experts ont déjà travaillé sur ces questions. Nous comprenons de part et d'autre la nécessité d'une période de transition avant l'organisation d'élections libres permettant de former un gouvernement disposant de la confiance de la population. Nous reconnaissons le rôle des Nations unies en Afghanistan pendant cette période et pour la préparation et l'organisation des élections.

L'un des problèmes les plus aigus qui revenait sans cesse en marge des négociations était le statut du président Mohammed Najibullah. L'opposition radicale en Afghanistan et des cercles influents au Congrès américain exigeaient son départ immédiat de la scène politique. Mais une telle solution pouvait provoquer une aggravation du conflit, car Najibullah n'était nullement une marionnette entre nos mains, comme l'imaginaient certains : il disposait d'un soutien politique et d'une grande influence dans plusieurs régions de son pays.

Grâce à nos contacts, nous savions qu'il était prêt à accepter le résultat des élections, mais qu'il voulait partir avec dignité et n'admettrait pas un ultimatum exigeant une démission immédiate. Je m'efforçai d'expliquer cela à Bush et à Baker.

— Nous avons l'impression que Najibullah est prêt à quitter le pouvoir, mais seulement à l'issue d'un processus normal. Il faut quelque chose pour équilibrer la situation. Tout comme l'opposition, il dispose de ses propres sphères d'influence.

Bush se rendit à mes arguments.

La position américaine avait donc évolué d'une manière importante et les Américains montraient clairement leur désir de contribuer au règlement du conflit. Sur ce dossier, l'Union soviétique et les États-Unis se comportaient désormais en partenaires plutôt qu'en adversaires.

Notre échange sur la situation en Amérique latine fut assez vif, mais dépourvu d'hostilité. Le premier point concernait Cuba.

— Nous n'avons pas le droit de dicter à Fidel Castro ce qu'il doit faire dans son pays. Je n'ai jamais dérogé à cette règle ni pour les dirigeants de l'Europe de l'Est ni pour personne.

Bush ne pouvait que prendre note de ma position. Il m'était cependant difficile de ne pas reconnaître que l'aide des Cubains aux rebelles du Salvador créait des obstacles sérieux à la mise en œuvre d'un solution pacifique dans ce dernier pays.

Bush et Baker me demandèrent d'informer Castro que des négociations sur la normalisation des relations entre Washington et La Havane ne pourraient commencer qu'après l'arrêt du soutien cubain à la guérilla salvadorienne. Je promis de le faire, mais je conseillai néanmoins à Bush d'ouvrir le plus rapidement possible un dialogue direct avec les Cubains. L'expérience m'avait enseigné que si l'on menait un dialogue avec eux d'égal à égal, ils adoptaient une position équilibrée et raisonnable.

Nous parvînmes également à mettre au point une déclaration soviéto-américaine commune sur l'Éthiopie. Nos deux pays ne partageaient pas seulement la même approche quant à la solution du conflit dans ce pays ravagé par la famine et la guerre civile, ils décidèrent d'entreprendre ensemble, pour la première fois, une action humanitaire : la livraison de colis alimentaires américains par des avions soviétiques de manière à alléger les souffrances des affamés.

Dans la soirée, Bush m'annonça avec un petit sourire, comme en passant, qu'il avait quand même pris la décision de signer l'accord commercial. Je me dois de souligner combien ce choix du président des États-Unis était courageux : il donnait sa préférence à ce qui était réellement important en matière internationale, sans céder aux considérations de conjoncture intérieure.

J'appréciai cette décision à sa juste valeur. Il ne s'agissait pas tant du côté économique. En prenant en compte le niveau réel de nos échanges commerciaux avec les États-Unis, nous ne pouvions pas tirer profit rapidement des avantages qui découlaient de l'accord. Le principal était la signification politique d'un acte pris à un moment décisif pour l'URSS. Il marquait le passage d'un soutien purement verbal à la perestroïka aux actes concrets.

Rencontres à Minneapolis et San Francisco

La partie officielle de mon voyage s'acheva le 3 juillet. Un hélicoptère emmena notre délégation jusqu'à la base aérienne d'Andrews où nous prîmes l'avion pour Minneapolis, Minnesota.

Le Middle West constitue, comme on dit chez nous, le grenier des États-Unis, le centre traditionnel de la production agricole. Le nouvel accord soviéto-américain sur le commerce des céréales ainsi que la nécessité impérieuse de moderniser radicalement notre industrie alimentaire rendaient pour moi obligatoire de me pencher plus avant sur l'expérience américaine.

Il pleuvait à notre arrivée. Les paysages du Minnesota ne sont pas sans rappeler ceux de la Russie centrale : j'avais l'impression de me trouver dans la région d'Orel. Sur la route de l'aéroport, il était touchant de voir tous ces gens qui nous attendaient pour nous saluer, sous des parapluies ou même en se couvrant la tête d'un journal. À l'entrée de la ville, notre cortège passait littéralement au milieu d'un couloir humain.

Nous déjeunâmes avec nos hôtes, le gouverneur Rudy Perpich et sa femme. L'atmosphère était agréable, la conversation animée et nous nous sentîmes très à l'aise. Nous assistâmes ensuite à l'inauguration de l'Institut soviéto-américain des technologies de l'environnement. Dans cet endroit, des scientifiques américains, soviétiques et européens allaient travailler sur des problèmes d'une importance capitale pour l'humanité : la protection de l'environnement, le réchauffement de la planète, la santé publique, etc.

Dans l'après-midi, nous eûmes une rencontre avec des hommes d'affaires et des représentants du complexe agro-alimentaire du Middle West.

Il est souvent utile de jeter sur soi-même un regard extérieur, de vérifier ses propres arguments et idées à la lumière d'une discussion. De ce point de vue, cette réunion dans le Minnesota m'apporta beaucoup. Après mon intervention, la discussion prit un tour plutôt tranchant. Je sentis clairement que les cercles d'affaires américains étaient réellement intéressés par une coopération, mais que tous ceux qui avaient déjà fait des affaires avec nous n'appréciaient nullement notre incurie, nos promesses non tenues, le manque de clarté de nos procédures de prise de décision et les excès bureaucratiques. Les problèmes de la garantie des investissements étrangers, du rapatriement et du réinvestissement des bénéfices et de la convertibilité du rouble furent également abordés.

Nous étions attendus à San Francisco. Le charme et la beauté de cette ville portuaire ne laissent personne indifférent. Descendant des collines vers l'océan, entourée de paysages pittoresques, riche de différentes cultures, elle réunit une multitude de styles architecturaux et séduit par sa couleur inimitable.

Le point central du programme était la visite de l'université Stanford dont le président, Donald Kennedy, vint nous accueillir à l'entrée de la cour intérieure. Il était accompagné par mon vieil ami et collègue George Shultz. Après une rencontre avec les enseignants et les représentants des étudiants, je parlai devant plusieurs milliers de personnes, professeurs et étudiants, qui s'étaient rassemblées dans l'auditorium et à l'extérieur du bâtiment.

« Votre tâche, expliquai-je, n'est pas seulement de créer un nouvel ordre mondial, mais de vivre dans ce nouveau monde. Il est certain que cet ordre mondial sera bien différent de ce que nous pouvons imaginer aujourd'hui et de ce que je vous en dis maintenant. Mais ce qui compte, c'est que l'individu puisse y vivre mieux, plus librement. Cela dépend dans une grande mesure des scientifiques. Je vous souhaite beaucoup de succès dans cette grande entreprise sans précédent. »

Le discours de George Shultz fut flatteur pour moi, éloquent et très riche.

À la fin de mon séjour aux États-Unis, je reçus à mon hôtel le président sud-coréen Roh Tae-woo venu de Séoul comme nous en étions précédemment convenus. Il était évident que nous ne pouvions pas continuer à refuser d'établir des relations normales avec la Corée du Sud en raison de motifs idéologiques d'une autre époque (c'est-à-dire en raison de nos liens avec la Corée du Nord). Ce pays avait fait preuve d'un dynamisme rare et était parvenu à devenir une force qui comptait aussi bien dans la région de l'Asie du Pacifique que dans la communauté internationale en général. Je lui confirmai que nous étions en principe favorables à la réunification pacifique des deux Corées et lui annonçai qu'en raison de l'assainissement général de la situation politique dans la région, nous avions désormais la possibilité d'établir des liens diplomatiques. Les relations entre nos deux pays s'améliorèrent rapidement après cette rencontre.

Poursuite du dialogue

En juin 1990, quelques jours après mon retour des États-Unis et du Canada, Margaret Thatcher arriva à Moscou pour une visite de travail. Elle était impressionnée par les résultats de mon voyage : ses premières paroles furent pour me féliciter de la « rencontre très réussie » avec George Bush. En effet, les négociations avec le président américain avaient permis de régler de nombreux problèmes des deux côtés, y compris certains dont nous avions parlé à plusieurs reprises avec Mme Thatcher.

Pendant notre première conversation, elle fit remarquer qu'il lui semblait essentiel de souligner, lors d'une conférence de presse conjointe, les aspects positifs dans nos relations, ainsi que les questions sur lesquelles nos vues étaient proches.

— Les journalistes ont toujours tendance à mettre en relief les aspects négatifs, dit-elle. C'est pourquoi nous devons nous focaliser sur les résultats positifs. Il me semble que beaucoup de personnes, y compris dans la presse, n'ont pas encore entièrement compris quel long chemin nous avons parcouru et à quel point les rencontres au sommet y ont contribué.

Je lui répondis :

— En 1986, lorsque je lançai l'idée d'un monde dénucléarisé, beaucoup pensèrent que je prenais mes désirs pour des réalités. Aujourd'hui, nous sommes sur le point de conclure avec les Américains un accord sur la réduction de 50 % des armes stratégiques et nous sommes convenus d'éliminer nos arsenaux chimiques. Nous avons fait pas mal de travail en trois ans ! Prenons un autre exemple : l'idée d'un règlement politique des conflits régionaux était également perçue comme une utopie. Aujourd'hui, le processus a commencé. Et je dois dire que vous y avez beaucoup contribué personnellement.

Ma dernière rencontre avec Margaret Thatcher en sa qualité de Premier ministre britannique eut lieu à Paris, le 20 novembre, à l'occasion de la conférence européenne. L'un des principaux sujets que nous abordâmes fut la situation dans le golfe Persique[2]. La veille, j'avais parlé de ce sujet avec George Bush et Mme Thatcher « approuva » nos réflexions. En répondant à l'une de mes questions directes, elle reconnut toutefois qu'elle ne croyait pas en la possibilité d'une solution poli-

2. À la suite de l'invasion du Koweït par l'Irak, le 2 août 1990. (N.d.T.)

tique et considérait que l'usage de la force était inévitable. Pour cette raison, elle se prononça pour que la prochaine résolution du Conseil de sécurité (nous en étions convenus, Bush et moi) fût formulée en des termes très durs. Elle se plaignait du fait que les Américains étaient « trop prudents ».

Naturellement, notre conversation porta également sur la situation en Union soviétique. Mme Thatcher ne me dissimula pas son inquiétude. Sa longue expérience politique lui faisait voir les dangers qui nous guettaient. Au moment de prendre congé sur les marches de ma résidence, elle me souffla : « Que Dieu vous bénisse ! »

Le parti conservateur décida d'élire son dirigeant en l'absence de Mme Thatcher et elle n'obtint pas la majorité requise au premier tour. Elle m'avait dit qu'elle avait des ennemis, qu'il était impossible de ne pas avoir d'ennemis après onze ans et demi de pouvoir. Mais elle n'avait pas l'intention de capituler. Elle apprit le résultat du vote interne de son parti alors qu'elle se trouvait encore à Paris et déclara aux journalistes qu'elle allait « leur en montrer » à son retour. Cependant, une fois à Londres, elle décida d'annoncer sa démission. Ce fut un geste noble, mais je le regrettai.

Fin novembre, je reçus une lettre d'adieu. Je répondis par une lettre amicale. Je me permets de citer ici deux messages qu'elle me fit parvenir à l'époque de sa démission.

> Monsieur le Président,
>
> Il est probable qu'au moment où vous recevrez ce message, vous aurez déjà pris connaissance de ma déclaration faite ce matin au 10 Downing Street. J'y annonce ma décision de céder la place à mon successeur et de démissionner du poste de Premier ministre aussitôt que le groupe parlementaire du parti conservateur aura procédé à l'élection d'un nouveau chef du parti. Naturellement, je resterai à la tête du gouvernement jusqu'à la désignation de mon successeur.
>
> Je voudrais vous remercier pour l'excellente collaboration qui s'est établie entre nous et pour cette grande amitié que vous avez manifestée à mon égard tout au long de la période où nous avons occupé nos postes respectifs et sommes parvenus à des résultats aussi importants. Je vous envoie mes vœux les plus chaleureux pour l'avenir. Je sais que mon successeur continuera à donner la plus grande importance aux relations entre nos deux pays.
>
> Je suis contente que nous ayons pu nous rencontrer une dernière fois à Paris et je vous prie de croire en mes meilleurs vœux de succès dans l'accomplissement des grandes réformes que vous menez. Nous suivrons vos succès avec le plus vif intérêt.

Denis se joint à moi pour exprimer ses sentiments chaleureux à vous et à Raïssa Maximovna et vous envoie ses vœux les meilleurs.

Sincèrement votre,

Margaret Thatcher.

Et voici la deuxième lettre :

Cher Mikhaïl Sergueïevitch,

Je vous suis profondément reconnaissante pour votre chaleureux et généreux message. Depuis votre visite aux Chequers, en décembre 1984, et jusqu'à notre dernière conversation à Paris, je garde le souvenir de chacune de nos rencontres qui ont toujours été très intéressantes et ont eu des résultats pratiques. Je crois que nous avons tous les deux contribué aux changements dans le monde. Et votre contribution est particulièrement remarquable. Je partage votre espoir que nous ayons l'occasion de nous rencontrer dans le futur.

En attendant, Denis se joint à moi pour vous envoyer, à vous et à Raïssa Maximovna, nos souvenirs les plus chaleureux.

Sincèrement votre,

Margaret Thatcher.

Nous nous revîmes six mois plus tard, en mai 1991, à l'occasion d'une visite privée qu'elle fit à Moscou. Elle donna une conférence à l'Institut des relations internationales et eut des contacts avec des étudiants et des jeunes gens. Vivement intéressée par la situation dans notre pays, elle posait beaucoup de questions. Nous discutâmes de la position de l'Occident, du prochain sommet du G7 qui devait se tenir à Londres et de la possibilité pour moi d'y participer. Elle promit de se servir de son influence et de ses liens politiques pour m'y faire inviter.

Margaret Thatcher a beaucoup fait pour soutenir notre perestroïka. Bien entendu, elle avait des idées bien à elle sur nos réformes et les interprétait comme une tentative pour entraîner l'URSS vers un modèle occidental, une sorte de variante soviétique du « thatchérisme ». Mais elle voulait sincèrement nous aider et mobiliser les efforts des pays occidentaux pour soutenir la perestroïka. Et pendant le coup d'État d'août 1991, elle éleva la voix pour défendre la démocratie, le président de l'URSS et sa famille.

Il est également impossible de nier ses mérites devant son pays. Elle est entrée en fonctions à un moment où ce dernier accusait un retard permanent sur les autres grandes nations occidentales et elle a su changer de manière radicale la situation de la Grande-Bretagne, à l'intérieur et dans le monde. Néanmoins, ses méthodes rigides, son autoritarisme énervaient même son entourage, sans parler de l'opposition, et furent à l'origine de bien des conflits. J'avais l'impression que seuls ceux qui étaient disposés à se résigner à son style et à son caractère pouvaient travailler avec elle. Son autoritarisme se manifestait également dans son penchant pour l'utilisation de la force dans le domaine de la politique étrangère. En cas de crise, elle était favorable à des sanctions militaires. Même après sa démission, il nous arrivait d'apprendre qu'elle proposait des frappes aériennes contre tel ou tel adversaire. Cette attitude se manifesta avec une dureté particulière dans son approche de la crise du golfe Persique.

Pour cette raison, Mme Thatcher n'était pas un partenaire commode pour nous, surtout si l'on tient compte de son anticommunisme féroce qui l'empêchait parfois d'avoir une approche plus réaliste des choses. Cependant, dans de nombreux cas, elle illustrait ses accusations par des faits que nous avons plus tard admis nous-mêmes et soumis à une sévère critique. Bref, elle était un sérieux avocat des intérêts de l'Occident et de ses valeurs.

Margaret Thatcher possédait cet « esprit de la vieille Angleterre » — du moins tel que les Russes l'imaginent — fait d'attachement aux traditions et aux valeurs sûres. Pendant les rencontres officielles, elle était très attentive et courtoise. Mais lorsque nous eûmes l'occasion de devenir plus proches, nous ne manquâmes pas de sentir, Raïssa Maximovna et moi, la véritable chaleur humaine dont elle faisait preuve à notre égard en dépit de nos divergences politiques

Le sommet de Paris

Les événements de l'automne 1989 en Europe de l'Est rendirent nécessaire un nouvel examen des questions de sécurité. En réalité, la création de nouvelles structures de sécurité pour l'ensemble de l'Europe était essentielle à la poursuite du processus européen. Nos efforts diplomatiques, à l'époque, étaient concentrés sur les négociations « 2 + 4 » en ce qui concernait la question allemande, sur les pourparlers de Vienne en matière de réduction des armements et sur la préparation du sommet des dirigeants des États membres de la CSCE. La coordination des trois permettait de synchroniser le processus de réunification de l'Allemagne avec l'émergence d'une nouvelle structure pour la sécurité européenne. Ce fut l'un des principaux sujets des conversations que j'eus pendant l'été 1990 avec Bush, Thatcher, Mitterrand, Andreotti et, naturellement, le chancelier Kohl. Elles ouvrirent la voie au sommet de Paris.

À Strasbourg, lors de mon intervention devant le Conseil de l'Europe, j'avais proposé d'organiser un deuxième sommet européen, après celui de 1975 à Helsinki, sans attendre l'échéance prévue (1992). Cette initiative fut d'abord accueillie avec suspicion, mais tout le monde finit par s'y rallier et les préparatifs commencèrent. La conférence d'« Helsinki-2 » ne fut pas avancée et il fut décidé de la maintenir à la date prévue tout en organisant une rencontre spéciale à Paris, à l'occasion de la signature du traité CFE sur les forces conventionnelles en Europe. La conférence de Paris eut lieu du 19 au 21 novembre 1990. Trente-quatre chefs d'État et de gouvernement des pays membres de la CSCE y prirent part.

Les chefs des délégations et les ministres des Affaires étrangères des pays de l'OTAN et du Pacte de Varsovie se réunirent au palais de l'Élysée à la veille de l'ouverture du sommet. Dans une atmosphère solennelle, ils signèrent le traité sur les forces conventionnelles (négocié à Vienne) et une déclaration commune à vingt-deux États. Le texte affirmait que les signataires ne se considéraient plus comme adversaires et qu'ils désiraient bâtir des relations nouvelles fondées sur le partenariat et l'amitié. Ce fut réellement un événement historique : une ère marquée par deux guerres mondiales et un antagonisme de presque un demi-siècle entre deux blocs militaro-politiques et deux systèmes sociaux différents était en voie de devenir un phénomène du passé.

À l'issue de la conférence européenne, les trente-quatre dirigeants des pays membres de la CSCE adoptèrent un document final intitulé « Charte de Paris pour une nouvelle Europe ». Jacques Delors, président de la Commission européenne, le signa également au nom de la Communauté européenne. La Charte ne se bornait pas à affirmer des principes communs à tous les membres de la CSCE, elle contenait une ébauche des nouvelles structures et institutions du processus européen : un conseil réunissant les ministres des Affaires étrangères et destiné à devenir un forum pour des consultations politiques régulières, un comité de hauts fonctionnaires, un secrétariat de la CSCE, un centre de prévention des conflits et un comité consultatif.

La conférence de Paris ouvrit une nouvelle étape dans les relations internationales en Europe après la guerre froide. Les pas suivants devaient être la ratification du traité sur les forces conventionnelles par les parlements des pays concernés, l'organisation du troisième « round » de la conférence de la CSCE sur les droits de l'homme et la préparation d'Helsinki-2.

Malheureusement, en dépit de tous les changements radicaux intervenus à la fin des années quatre-vingt, l'Europe s'est révélée mal préparée aux événements dont elle a été le cadre peu de temps après. Le putsch d'août 1991 en URSS et la désintégration de l'Union soviétique, qui était devenue l'un des principaux piliers du nouvel équilibre pacifique en Europe et dans le monde, ont radicalement changé la situation sur le continent, ainsi d'ailleurs que la guerre fratricide de Yougoslavie et l'éclatement de ce pays. Tout cela a fait subir une sérieuse épreuve au processus européen : les structures nouvellement créées n'eurent pas le temps de fonctionner pleinement et d'accumuler de l'expérience, et elles s'avérèrent incapables d'exercer une influence suffisante pour arrêter les conflits armés en Europe.

Prix Nobel de la Paix

En octobre 1990, le Comité Nobel me décerna le prix Nobel de la Paix. Pour parler franchement, ce choix provoqua en moi des sentiments mitigés. Bien sûr, j'étais flatté d'obtenir l'un des prix internationaux les plus prestigieux qui comptait parmi ses lauréats des personnalités aussi éminentes qu'Albert Schweitzer, Willy Brandt ou Andreï Sakharov.

Néanmoins, la société soviétique avait une attitude particulière à l'égard des prix Nobel, surtout décernés pour des activités politiques et sociales. On se souvient que l'attribution du prix de Littérature à Pasternak et à Soljenitsyne eut pour effet de focaliser l'attention sur leur dissidence. Et cela fut interprété chez nous comme une provocation antisoviétique. Il est vrai que Cholokhov avait été honoré de la même manière, mais il faisait un peu figure d'exception. En fait, seuls les prix dans les domaines scientifiques étaient pris au sérieux, et seulement dans les cercles académiques.

Tout cela se refléta dans la réaction de la société soviétique à mon égard : elle ne fut ni digne ni civilisée. De plus, à l'époque, le pays bouillonnait. J'étais attaqué de tous les côtés et le prix Nobel fut interprété comme une approbation directe de mon action par ceux que l'opinion publique considérait comme des représentants des intérêts « impérialistes » occidentaux. Mais il est curieux de constater que la réaction de la direction de la RSFSR fut particulièrement hostile.

Je décidai de ne pas me rendre en personne à Oslo pour la remise du prix, le 10 décembre. Exceptionnellement, on m'autorisa à me faire remplacer. Je confiai cette mission à Anatoli Kovalev, le premier vice-ministre des Affaires étrangères.

Selon la tradition, un lauréat Nobel se devait de donner une conférence, soit au moment de la remise du prix, soit dans les six mois qui suivaient. Je fus invité à satisfaire à la coutume au début de mai 1991. Entre-temps, la situation politique du pays s'était encore compliquée, surtout après les événements de janvier, à Vilnius et à Riga [3]. Les accusations pleuvaient sur moi, en provenance aussi bien de l'intérieur que de l'étranger. Certains prétendaient que m'honorer ainsi était une faute, que le Comité devait se déjuger, etc. Dans ce contexte, je remis à plusieurs reprises mon voyage à Oslo. Je comptais y aller au début du mois de mai, mais cela ne put se faire. J'avoue que, aujourd'hui encore, je ne me sens pas très à l'aise en abordant ce sujet : mon attitude pouvait être perçue comme un manque de respect à l'égard du Comité Nobel. Cependant, je finis par me persuader qu'il m'était possible d'utiliser cette tribune internationale pour exposer, une nouvelle fois, mon credo de la perestroïka et de la nouvelle pensée pour nous et pour toute l'humanité.

Je parlai à Oslo le 5 juin 1991. Je m'efforçai de gommer la maladresse et présentai mes excuses pour mon retard à sacrifier à la tradition. Je soulignai que, pour moi, la décision du Comité Nobel signifiait la reconnaissance de l'énorme importance internationale des changements qui s'opéraient en URSS et représentait un acte de solidarité avec cette tâche colossale qui exigeait de notre peuple d'incroyables efforts de privations, de volonté et de patience. Ma thèse de départ était qu'un État moderne était digne d'une telle solidarité s'il s'efforçait d'harmoniser dans ses activités intérieures et extérieures les intérêts de son propre peuple avec ceux de la communauté internationale.

---

3. L'intervention musclée de troupes spéciales du ministère de l'Intérieur, en Lituanie et en Lettonie, fit une vingtaine de morts. (N.d.T.)

CHAPITRE 26

LE NŒUD DU PROCHE-ORIENT : L'ÉPREUVE PAR L'AGRESSION

La crise provoquée par l'attaque irakienne contre le Koweït représenta un jalon important dans le développement des relations internationales de l'après guerre froide. Dans la période précédente, un tel conflit aurait pu amener les blocs antagonistes à un affrontement militaire et même nucléaire. En tout cas, mettre un terme à l'agression se serait avéré beaucoup plus problématique. En quelques années, le monde avait changé au point que la presque totalité de la communauté internationale se leva pour s'opposer à l'action de Bagdad, déterminant ainsi sa défaite. Ces événements ont marqué la fin d'une époque où les agresseurs pouvaient agir impunément.

La crise du Golfe mit la politique soviétique à rude épreuve. L'Union soviétique était liée à l'Irak par un traité d'amitié et de coopération et l'idée de « trahir » un allié répugnait à une grande partie de la société soviétique. Sans oublier la méfiance habituelle envers les motivations américaines.

Des milliers de Soviétiques — conseillers militaires, spécialistes, techniciens, etc. — se trouvaient en Irak. De plus, nos intérêts dans ce pays se chiffraient en milliards de dollars, ce qui n'était pas à négliger dans notre situation économique difficile.

Néanmoins, je condamnai l'agression sans retard ni hésitation et me prononçai pour la création d'une coalition internationale contre l'Irak dans le cadre de l'ONU. Par la suite, nous demeurâmes fidèles à ce principe en dépit des difficultés et des écueils.

Dans le même temps, je me déclarai favorable à l'utilisation de méthodes politiques et non militaires pour résoudre la crise. Cela me semblait plus en accord avec la nouvelle situation mondiale. De plus, je pensais également aux énormes destructions et aux pertes humaines qu'entraîneraient inévitablement des actions militaires. Je craignais également — et mon appréhension était fondée — que Saddam Hussein n'utilisât la situation pour nourrir des sentiments anti-occidentaux dans le monde arabe et musulman, ce qui porterait un coup dur à tout le processus d'assainissement des relations internationales.

Malheureusement, nos efforts se heurtèrent à l'obstination aveugle et au comportement irrationnel de Hussein. Mais ils ne rencontraient pas toujours, aux États-Unis, la compréhension que nous aurions espérée. On sentait là-bas l'influence d'hommes politiques qui exigeaient que l'Amérique fisse étalage de sa puissance militaire.

Le 2 août 1990, les chars irakiens firent irruption sur le territoire du Koweït. L'Irak annexa ce petit pays pour en faire sa dix-neuvième province. Il est difficile de dire sur quoi comptaient les dirigeants irakiens en se lançant dans une aventure aussi dangereuse. Bien sûr, la personnalité très particulière de Hussein joua un rôle certain. Mais il est certain que la direction irakienne n'estima pas à sa juste dimension la dynamique des relations internationales, considérant qu'en cas de crise dans cette région du monde, l'URSS et les États-Unis se retrouveraient de part et d'autre de la barricade, comme aux plus beaux jours de la guerre froide.

Cela fut une grossière erreur de calcul de Bagdad. La crise du Golfe fut la première preuve du changement de comportement des superpuissances envers les crises régionales : pour la première fois, elles agirent de concert. Contrairement aux attentes de Hussein, nous condamnâmes tout de suite et résolument l'agression, exigeâmes le retrait immédiat des troupes d'intervention du territoire koweïtien et la restitution de la souveraineté du pays. Nous participâmes activement à l'adoption des résolutions de l'ONU sur la question, y compris à celles qui portaient sur des sanctions économiques dures. Mais, dans le même temps, nous orientâmes notre diplomatie vers la recherche d'une solution pacifique en nous servant de nos contacts avec les États-Unis et en incitant les pays arabes à tenter d'exercer une influence sur Hussein.

Il me semblait important de préserver des contacts avec l'Irak. Je m'efforçais de faire parvenir nos analyses à la direction irakienne, de la débarrasser des illusions inspirées par une présomption hypertrophiée et de la convaincre qu'elle devait exécuter les décisions du Conseil de sécurité.

Le 5 septembre 1990, j'eus une longue conversation avec Tarek Aziz, le ministre irakien des Affaires étrangères. Voici quel fut le ton de notre entretien :

« En ce qui nous concerne, l'objectif de cette rencontre, lui dis-je, est d'apprendre si la direction irakienne a de nouvelles idées pour faciliter la recherche d'un règlement politique. Voilà pourquoi nous avons souhaité vous voir à la veille de ma rencontre avec George Bush [1]. Nous avons collaboré avec vous dans le passé et nous souhaitons préserver cette collaboration. Il est clair pour nous que si l'Irak participe de manière constructive aux efforts politiques de solution, le problème trouvera une issue. Mais sans participation de sa part, la fin pourrait être tragique. Je voudrais vous le dire franchement : ce conflit est porteur de graves dangers.

« Je vous conseille de passer aussi vite que possible à la recherche de voies politiques pour résoudre la crise. Les échos qui nous parviennent de l'arène internationale appellent à appliquer des "mesures sévères" contre vous. Ce que cela sous-entend est clair pour tout le monde. Cela vous arrange-t-il ? Je ne peux pas croire que la direction irakienne soit prête à livrer son propre peuple à un sort aussi cruel. À franchement parler, il faut que vous fassiez des gestes constructifs et réalistes. C'est de tels gestes que nous aurions aimé vous entendre parler, lorsque nous avons demandé au président de l'Irak si de nouveaux éléments étaient intervenus dans la position irakienne. »

Dans la foulée, je demandai directement à Aziz :

— Avez-vous de nouvelles propositions ?

De son côté, le ministre affirmait que la direction irakienne jouait un rôle constructif dans la région et se plaignait d'un complot contre son pays. Mais, disait-il, l'Irak « est tout à fait sûr de ses forces et n'a pas peur d'affronter les Américains… Nous savons qu'un affrontement peut conduire à un conflit de grandes dimensions dont les conséquences ne toucheront pas seulement les pays arabes, mais le monde entier. Néanmoins, cette perspective ne nous fait pas peur. »

Comme on peut le constater, la direction irakienne n'était pas le moins du monde effrayée par la perspective d'une catastrophe à l'échelle planétaire ! Voilà quels personnages la communauté internationale affrontait.

Conformément à l'esprit du discours que Hussein avait prononcé le 12 août, Aziz lia la question du Koweït à la situation générale de la région. De cette manière, les Irakiens s'efforçaient de noyer leur agression dans une masse de problèmes différents bien que réels.

Je réfutai ces arguments :

— Depuis de longues années, nous cherchons avec insistance la clé des problèmes les plus graves du Proche-Orient : question palesti-

1. Il s'agit de la rencontre qui se tint à Helsinki, le 9 septembre.

nienne, conflit arabo-israélien dans son ensemble, crise du Liban. Les solutions n'ont pas encore été trouvées, mais maintenant, après l'acte que l'Irak vient de commettre, la tâche s'est considérablement compliquée. Il n'est pas réaliste, après tout ce qui s'est passé, après l'adoption de cinq résolutions par le Conseil de sécurité, après l'envoi par les États-Unis d'un contingent militaire important dans la zone du Golfe, de parler de négociations sans manifester la volonté de procéder au retrait des troupes irakiennes du Koweït.

En guise de réponse, Aziz se lança dans une tirade sur la « certitude » de la direction irakienne quant au fait que « l'affrontement actuel entre l'Irak et les États-Unis serait, en fin de compte, couronné pour elle de succès ». Et il nous reprocha de tenir « le même langage que les Américains ».

En mettant un terme à la conversation, je lui dis :

— Il se peut que vous receviez vos instructions du Tout-Puissant, mais je voudrais néanmoins vous donner un conseil. Il nous semble que l'on ne peut pas renoncer à la recherche d'une solution politique sur une base raisonnable et constructive. Nous sentons que vous n'êtes pas encore mûrs pour cela. Mais vous devez prendre en considération le fait que la situation pourrait bien empirer.

Quatre jours plus tard, à l'initiative de George Bush, nous nous rencontrâmes à Helsinki. L'importance de cette entrevue était cruciale : consolider le partenariat soviéto-américain face à la crise qui venait d'éclater.

— Je suis heureux que l'Union soviétique et les États-Unis démontrent à la face du monde qu'ils sont aujourd'hui ensemble pour affronter la crise du Golfe, me dit le président américain.

Je soulignai pour ma part que nos efforts communs avaient porté des fruits tangibles. La projection de troupes dans la zone du Golfe et une politique active au Conseil de sécurité nous avaient permis d'atteindre un certain nombre d'objectifs stratégiques : les actions militaires irakiennes ne s'étaient pas étendues à d'autres pays de la péninsule arabique, la crise pétrolière qui menaçait l'économie mondiale après l'arrêt des exportations de pétrole par le Koweït et l'Irak était évitée, l'opposition résolue à l'agression avait obtenu un très large soutien de la communauté internationale.

Tout cela jetait les bases d'une politique qui pouvait s'avérer efficace pour régler définitivement le problème. Nous comptions — et les Américains aussi, à ce qu'il me semble — que le respect absolu des sanctions économiques contre l'Irak donnerait des résultats rapides et forcerait Saddam Hussein à retirer ses troupes du Koweït.

Je dois dire que notre volonté de chercher des solutions non militaires était à ce moment favorablement accueillie par Bush. Il me répéta à plusieurs reprises qu'il « ne voulait pas d'une escalade dans le conflit » et qu'il était pour l'emploi de méthodes pacifiques. Ces déclarations me semblèrent particulièrement précieuses, car il se trouvait alors, dans son pays, sous la pression de certaines forces qui voulaient faire parler la poudre. C'était en tout cas mon impression et je le lui dis. Cependant, même si je considérais que la recherche d'une solution pacifique était préférable — et même la seule voie appropriée —, je n'étais pas moins entièrement solidaire de la déclaration de George Bush selon laquelle « il n'était pas possible d'admettre que Saddam Hussein pût tirer profit de son agression ».

Notre rencontre nous permit également d'aborder un autre sujet que je posai de la manière suivante : même si nous refusions les tentatives de Saddam Hussein de lier tous les problèmes aigus du Proche-Orient pour tenter d'escamoter son agression, il serait tout de même utile de mettre à profit le règlement politique de la crise du Golfe pour faire avancer celui du conflit arabo-israélien. Je proposai donc de convoquer une conférence internationale des membres du Conseil de sécurité et des pays arabes pour aborder la restitution de la souveraineté du Koweït, mais aussi d'autres problèmes régionaux, notamment ceux qui concernaient les Palestiniens et le Liban.

La déclaration commune soviéto-américaine rendue publique à la fin du sommet mentionnait qu'il était essentiel de travailler activement au règlement du conflit dans la région. Les États-Unis ne voulurent pas aller au-delà de cette formulation floue qui ouvrait pourtant des voies politiques.

De mon point de vue, la rencontre de Helsinki se concrétisa par deux avancées fondamentales qui ne donnèrent pas, hélas, de résultats pratiques à leur mesure. D'abord, notre partenariat démontra son aptitude à surmonter les crises et même à se renforcer à travers elles. Ensuite, nous parvînmes à un accord de principe sur la recherche d'une solution politique pacifique, même si nous ressentions l'influence des cercles qui « voulaient du sang ».

Après Helsinki, nous tentâmes énergiquement de persuader l'Irak d'obéir à la résolution 660 du Conseil de sécurité qui exigeait le retrait inconditionnel des troupes irakiennes du Koweït, en rejetant tout scénario qui pourrait être interprété comme une prime à l'agresseur. Dans ce processus, nous disposions d'un avantage sur nos partenaires : nous étions pratiquement les seuls à pouvoir dialoguer avec la direction irakienne. Pour nous, l'essentiel était d'arrêter l'agression, mais sans utiliser de moyens militaires qui pouvaient entraîner de lourdes pertes politiques, humaines et écologiques. Cette approche supposait qu'après le retrait des troupes irakiennes (je dis bien « après » et non « dans la foulée ») des actions fussent entreprises pour stabiliser la situation dans tout le Proche-Orient. Ce fut dans cet esprit que je fis parvenir à Saddam Hussein quelques messages plutôt secs, notamment par l'intermédiaire d'Evgueni Primakov qui se rendit à Bagdad au début d'octobre.

La ligne de l'Union soviétique rencontrait l'approbation de pratiquement tous ceux qui considéraient que la guerre n'était pas la solution. Les dirigeants de plusieurs pays m'exprimèrent, personnellement dans le cadre de nos rencontres ou par l'intermédiaire de nos représentants, un soutien assez énergique. Ce fut notamment le cas de Mitterrand, d'Andreotti et des responsables arabes. Seule Mme Thatcher qui privilégiait l'action militaire faisait figure d'exception. Mais avec le temps qui passait les partisans de la ligne dure, aux États-Unis, prenaient le dessus : ils considéraient qu'il ne fallait pas se limiter au retrait des troupes de Bagdad, mais porter une coup décisif à l'Irak, « briser les reins » de Hussein et liquider tout le potentiel militaire, sinon industriel, du pays. Bush était clairement l'objet d'une pression grandissante, aussi bien de l'intérieur des États-Unis que de l'extérieur, mais il hésitait toujours, se demandant jusqu'au bout si l'option militaire était la bonne.

Dans cette atmosphère, je pris la décision d'envoyer une nouvelle fois mon représentant personnel en Irak pour tenter de « faire reprendre ses esprits » à Hussein. À en juger par son comportement, ce dernier n'avait pas la moindre idée de la manière dont les choses évoluaient et il continuait à se bercer de l'illusion que la communauté internationale ne prendrait pas des mesures extrêmes. Primakov était également chargé d'aborder le problème de l'évacuation immédiate des spécialistes soviétiques et des otages étrangers retenus dans des sites militaires et stratégiques irakiens. Pour finir, il devait faire une tournée des pays arabes de manière à étudier les possibilités de mettre en œuvre un facteur « arabe » pour régler la crise. Il faut dire que toutes les capitales visitées par Primakov — Le Caire, Damas et Riyad — exprimèrent leur soutien énergique à la recherche d'une solution politique. Pourtant, les contacts avec Saddam Hussein ne donnèrent pas le résultat attendu, même s'il changea de ton.

L'obstination irakienne ne manquait pas de donner des arguments aux partisans d'une solution militaire. À la mi-novembre, le Conseil de sécurité, avec notre plein accord, adopta une résolution fixant une date limite au retrait irakien. À vrai dire, si pour les uns cette résolution ouvrait la voie à l'utilisation de la force, pour nous, elle constituait la dernière chance d'éviter la guerre. J'envoyai à Bagdad I. S. Beloussov, vice-président du Conseil des ministres, avec la consigne de tenter de convaincre Hussein d'accepter un contact avec les Américains à Genève. Malgré les difficultés, la rencontre finit par être organisée. Les négociations durèrent sept heures, mais n'aboutirent sur rien. Tarek Aziz n'avait rien apporté de nouveau dans sa valise diplomatique et James Baker exigeait le retrait inconditionnel des troupes irakiennes.

Cependant, je ménageais d'autant moins mes efforts pour éviter une guerre que des notes rassurantes étaient apparues dans les déclarations de Hussein. Quelques jours avant l'expiration de l'ultimatum je téléphonai à George Bush pour l'informer que j'étais prêt à envoyer une nouvelle fois mon représentant à Bagdad dans une dernière tentative pour résoudre pacifiquement la crise. L'accueil du président américain fut favorable, mais il me demanda de ne pas dépasser la date limite prévue par le Conseil de sécurité. Dans le même temps, une version concrète de ce que nous appelions le « paquet invisible[2] », qui avait déjà été proposé et qui était censé faciliter une solution politique, fut transmise à Washington.

Dans une intervention radiodiffusée, George Bush se dit favorable à la proposition soviétique. Pourtant, quelques heures plus tard, notre ambassadeur à Washington fut informé que les États-Unis n'avaient aucune objection au voyage de notre représentant à Bagdad, à la seule condition que son but fût simplement de répéter à Saddam Hussein le message suivant : « Quitte le Koweït ! » Un changement important venait de s'opérer dans la position de l'administration américaine et, comme notre entente mutuelle était rompue, le voyage n'avait plus de sens.

L'obstination irrationnelle de Hussein, ses menées barbares, notamment le pillage et la destruction du Koweït, la prise en otages de spécialistes qui travaillaient en Irak renforcèrent le parti de la guerre, à Washington comme dans d'autres capitales.

---

2. Il s'agissait de la proposition de réactiver le processus de paix entre Israël et les pays arabes immédiatement après le retrait des troupes irakiennes du Koweït. (N.d.T.)

Contacts avec Paris

En lançant son défi à la communauté mondiale, Saddam Hussein fit une grave erreur. Les temps avaient changé, le monde avait changé et l'Union soviétique avait changé. Nous ne pouvions plus laisser passer — et encore moins soutenir — des actions de bandits et la direction soviétique était unanime à ce propos. En revanche, il était plus difficile de déterminer ce qu'il convenait de faire dans cette situation complexe et explosive.

En raison des liens de longue date entre la France et l'Irak, le président François Mitterrand me semblait être un personnage clé dans la recherche d'une solution. Très vite après l'agression, je l'informai de la position de l'URSS. La réponse de Mitterrand me fut transmise par le ministre des Affaires étrangères Roland Dumas, venu à Moscou à la fin du mois d'août. Aussi bien la lettre du président que ma conversation avec son ministre me persuadèrent qu'il n'y avait pas de divergence dans les positions de la France et de l'Union soviétique. Les deux pays étaient disposés à agir en coordonnant leurs efforts au sein des Nations unies de manière, autant que faire se pouvait, à éviter une intervention militaire.

J'exprimai ma position à Dumas :

— Le temps est venu de montrer au monde entier notre capacité à remettre à sa place celui qui foule aux pieds le droit international. Nous devons agir fermement et de concert.

La conversation me permit d'acquérir la conviction que si les Français considéraient la solution militaire comme la moins souhaitable, c'était parce qu'ils étaient inquiets des conséquences qu'elle pourrait avoir dans les pays en voie de développement et dans le monde arabe. Ces craintes étaient d'autant plus compréhensibles que la France entretenait des relations très étroites avec certains de ces pays. Nous mîmes au point, avec Dumas, l'ébauche d'un plan d'action, notamment des consultations avec de nombreux dirigeants de pays arabes de manière à obtenir d'eux un renforcement de la pression sur Saddam Hussein.

Dix jours plus tard, François Mitterrand me passa un coup de fil. Le temps passait et la position du président irakien demeurait toujours aussi intransigeante. J'informai Mitterrand que nos tentatives pour influencer l'Irak par la voie de contacts confidentiels avec des représentants de Hussein n'avaient pas encore donné de résultat tangible. Mitterrand considérait qu'il fallait convaincre les Américains de ne pas précipiter une action militaire. Bref, nous étions sur la même longueur d'onde. Un respect strict de l'embargo conjugué aux pressions politiques nous semblait le meilleur moyen de ramener Hussein à la raison.

À la fin d'octobre 1990, j'effectuai en France une nouvelle visite officielle. Le 29 octobre au matin, au deuxième jour de mon séjour, le président et moi nous nous rendîmes au château de Rambouillet où nous devions poursuivre nos entretiens. La veille, dans la nuit, j'avais reçu un télégramme de Primakov qui se trouvait à Bagdad. Il m'annonçait qu'il avait rencontré pratiquement tous les membres de la direction irakienne et avait eu une conversation d'une heure en tête à tête avec Saddam Hussein. J'indiquai à Mitterrand la teneur du texte :

> Hussein semble espérer encore faiblement qu'une fissure finira par apparaître dans le front uni des membres permanents du Conseil de sécurité. Il est clair qu'il s'opposera à tout projet qui supposerait sa capitulation. De plus, il refuse net toute solution qui pourrait signifier son humiliation publique en l'obligeant à retirer ses troupes du Koweït.
>
> Il semble possédé par une sorte d'« idée fixe ». Il est convaincu de l'existence d'un complot contre l'Irak dont l'objectif est l'élimination physique du président du pays. Il considère que les États-Unis, la Grande-Bretagne et Israël, en insistant sur le retrait inconditionnel des troupes irakiennes du Koweït, n'ont qu'un but : affaiblir l'Irak.
>
> Primakov a néanmoins l'impression que le président irakien commence peu à peu à comprendre qu'il ne pourra pas faire autrement que d'évacuer le Koweït. Mais cette prise de conscience est très douloureuse pour lui... En parlant des changements dans le comportement de Hussein, il ne faut pas en même temps fermer les yeux sur ses tentatives pour gagner du temps, d'appliquer la tactique des petits pas et de tenter de scinder l'unité des membres permanents du Conseil de sécurité des Nations unies. Il est significatif qu'il ait même proposé à Primakov le texte d'une déclaration commune de Gorbatchev et de Mitterrand sur les otages.

Mitterrand — C'est curieux. Je n'en ai pas entendu parler.

Gorbatchev — Hussein propose que les présidents français et soviétique envoient au président irakien un appel à coopérer sur la question des otages. Les présidents français et soviétique confirmeraient leur attachement à un règlement politique de la crise du Golfe, ainsi que des autres problèmes de la région. Ils devraient également se prononcer pour une solution pacifique avec la participation de la communauté internationale et condamner toute utilisation de la force ou la menace de l'utiliser.

Mitterrand — À en juger par ces phrases finales, Hussein nous en demande trop. Si l'on s'accorde sur l'hypothèse d'une déclaration commune sur les otages, on pourrait garder la première partie du texte proposé, en effectuant quelques changements dans la formulation. Cette partie est acceptable, mais certainement pas la partie finale... Vraisemblablement, il propose ces éléments dans le but de nous faire admettre la fin de sa version et que nous condamnions l'utilisation de la force. Mais cela est totalement inadmissible. Notre position demeure inchangée. La solution doit être trouvée à partir des principes des Nations unies.

Gorbatchev — Primakov a réagi à cette proposition en disant que ces formulations lui semblaient difficilement acceptables par les présidents soviétique et français.

Mitterrand — En parlant de la position des États-Unis sur cette question, il faut noter une différence de ton, de style et de cheminement concret par rapport à nos propres approches, mais sur le fond de la question, nous n'avons pas de divergence avec les Américains. Nous croyons qu'il faut poursuivre l'action actuelle. Quant au ton et au style, il doivent être caractérisés par le sang-froid et le calme.

Pendant mon séjour à Paris, je reçus deux lettres, l'une de George Bush et l'autre de Margaret Thatcher. J'exposai leur contenu à Mitterrand. Sans nier l'importance de la mission de Primakov, Bush et Thatcher estimaient qu'elle affaiblissait d'une certaine manière l'unité des actions collectives des membres du Conseil de sécurité.

Je réfutai cette interprétation. Pour moi, la mission de Primakov n'avait qu'un seul objectif : obtenir des informations sur les possibilités de règlement politique, l'autre terme de l'alternative étant la guerre.

Or François Mitterrand n'excluait pas *a priori* une solution militaire. Il disait qu'il ne fallait pas se faire d'illusions dangereuses : la guerre était pour lui inévitable si l'on ne parvenait pas à briser la volonté de Hussein.

Ma réponse fut la suivante : tout en continuant à faire connaître au président irakien nos arguments et en le prévenant contre des actions qui se traduiraient par l'usage de la force, il fallait poursuivre le travail avec les Américains et les Britanniques dans l'esprit qui caractérisait notre présent entretien. Nos amis commençaient à s'énerver et à perdre leur sang-froid alors que je ne voyais pas de raison valable à cela. Nous avions gardé notre unité face à l'acte de banditisme de Hussein et nos actions commençaient à donner des résultats et à influencer sa position.

— Vous avez raison, me dit Mitterrand.

Plus tard, Dumas me raconta qu'il garda un contact téléphonique avec Hussein jusqu'au soir du 15 janvier 1991.

La solution militaire

Dans la nuit du 16 au 17 janvier, les États-Unis lancèrent leurs frappes aériennes contre l'Irak. Quelques minutes avant d'ouvrir les actions militaires, Baker passa un coup de fil au ministre des Affaires étrangères de l'URSS pour lui annoncer la décision. Je fis demander d'urgence à Bush de différer l'attaque, même simplement pour quelques heures, de manière à essayer encore de convaincre l'Irak de retirer ses troupes, mais Baker répondit que les opérations avaient déjà commencé.

Dans ces conditions, je rédigeai une déclaration où je disais en particulier : « Le refus de la direction irakienne de se rendre aux exigences de la communauté internationale et de retirer ses troupes du Koweït a provoqué ce tournant tragique des événements. Dès le début de l'agression, l'Union soviétique a fait tout ce qui était en son pouvoir pour résoudre par la voie pacifique ce conflit international aigu. Jusqu'à la dernière minute, nous avons entrepris des efforts énergiques pour éviter la guerre et rendre au Koweït son indépendance par des moyens politiques. »

Dans le même temps, je donnai l'ordre à notre ambassadeur à Bagdad d'entrer en rapport avec Saddam Hussein et de l'informer de mon intervention auprès de George Bush. Je soulignai que, dans l'intérêt du peuple irakien et dans celui de la paix dans la région, il était indispensable de déclarer que l'Irak était prêt à se retirer du Koweït. J'exprimai l'espoir que le président irakien ferait ce geste au nom du salut suprême de son propre peuple et de la communauté internationale.

La même nuit, nous fîmes parvenir des messages aux dirigeants de France, de Chine, du Royaume-Uni, d'Italie, d'Inde, d'Iran et de la plupart des pays arabes pour leur demander de coordonner nos efforts de manière à empêcher le conflit de s'étendre.

Les actions militaires prirent aussitôt une grande envergure notamment par des frappes aériennes de forte puissance sur le territoire irakien. Les Irakiens, à leur tour, tentèrent d'élargir le cadre de la guerre en lançant des missiles contre Israël et l'Arabie Saoudite. Le calcul était de provoquer une riposte israélienne et de transformer ainsi le conflit en un affrontement arabo-israélien qui ferait sortir l'Irak de son isolement. L'Union soviétique condamna sans équivoque les bombardements irakiens sur Israël et l'Arabie Saoudite et apprécia hautement la retenue de ces deux pays dans un moment aussi dangereux pour le monde.

À mesure que le temps passait, une escalade des actions militaires se fit sentir. Si, au début, les frappes occidentales s'attachèrent à détruire des objectifs militaires, elles visaient désormais des entreprises industrielles, et pas seulement celles qui travaillaient pour l'armée. Les États-Unis accordaient une importance particulière à la destruction des réacteurs nucléaires, des usines chimiques et des centres qui avaient la capacité de produire des armes biologiques.

Au troisième jour des actions militaires, le 19 janvier, je lançai une nouvelle initiative politique. Notre ambassadeur à Bagdad reçut l'ordre de se mettre en contact avec Hussein pour lui transmettre un message : si nous recevions de façon confidentielle l'assurance que l'Irak était désormais disposé à retirer inconditionnellement ses troupes du Koweït, nous proposerions aux États-Unis de décréter un cessez-le-feu.

Incidemment, ce geste fut interprété avec beaucoup de mauvaise foi par certains hommes politiques et médias occidentaux. Sans connaître le fin mot de l'affaire ou en faussant la vérité, ils s'empressèrent de prétendre que nous avions agi derrière le dos de Washington. En réalité, le 18 janvier à 17 h 15 (heure de Moscou), je m'entretins au téléphone avec George Bush.

— Les actions militaires ont commencé, lui dis-je, et maintenant, la priorité est de déterminer comment les circonscrire et empêcher leur élargissement.

— Cela m'inquiète également beaucoup, me répondit Bush. Il me semble qu'en dirigeant ses missiles contre Israël, Hussein voulait justement provoquer une extension de l'action militaire.

Je lui dis aussi :

— Nous voulons être avec vous jusqu'au bout dans le rejet de l'agression et maintenir notre position commune à l'égard des actions du régime de Hussein. Il ne fait pas le moindre doute qu'il porte l'entière responsabilité de tout ce qui se passe aujourd'hui.

Le même jour, j'informai le chancelier Kohl de notre initiative, également par téléphone.

Pendant deux jours, Bagdad garda le silence puis nous fit dire que ce genre de propositions devaient être adressées au président des États-Unis.

Cette réaction décourageante de Hussein ne me fit pas reculer : la mise était trop grande. De plus, les actions militaires se durcissaient. Des frappes aériennes et des tirs de missiles touchaient les quartiers résidentiels de Bagdad et d'autres villes. Les infrastructures du pays subissaient des destructions terribles. Toutes les centrales électriques, les stations d'épuration de l'eau, les pompes des égouts étaient détruites. Un réel danger d'épidémie massive surgit. Des frappes touchaient des cibles qu'il était difficile de qualifier de militaires. L'Irak, de son côté, déversa dans les eaux du Golfe une énorme quantité de pétrole, ce qui créa une horrible menace pour l'environnement. Nous n'étions pas non plus enclins à considérer à la légère les menaces irakiennes de faire usage de moyens de destruction massive : un dictateur mis au pied du mur est capable de tout. Cela nous inquiétait d'autant plus que les territoires concernés étaient situés à proximité des frontières soviétiques. Alarmantes également étaient les déclarations de certains médias et cercles politiques américains sur la possibilité d'utiliser des armes nucléaires tactiques contre l'armée irakienne.

Tout cela me confirmait la justesse de notre ligne qui avait cherché à privilégier les moyens politiques pour dénouer la crise.

Le 29 janvier, Alexandre Bessmertnykh, notre ministre des Affaires étrangères, se rendit à Washington. La déclaration soviéto-américaine, à la fin de la visite, soulignait que l'arrêt des hostilités était possible, « à condition que l'Irak s'engage sans équivoque à quitter le Koweït ». Elle précisait aussi que les deux parties étaient convaincues qu'une telle promesse devait être aussitôt soutenue par des actions concrètes destinées à assurer l'exécution totale des résolutions du Conseil de sécurité des Nations unies. L'élimination des sources de conflits et de l'instabilité dans la région serait impossible sans un processus de paix qui inclurait la réconciliation entre Israël, les pays arabes et les Palestiniens.

Aux États-Unis, les deux derniers points de la déclaration furent accueillis par des critiques assez aiguës, ce qui ne remit nullement en cause sa valeur pour moi. Premièrement, elle fixait la tâche essentielle, la restitution de la souveraineté et de l'indépendance du Koweït, tout en ouvrant un certain espace politique pour rechercher une solution pacifique. Deuxièmement, elle confirmait le cadre de la résolution du Conseil de sécurité et, en précisant son objectif (obliger l'Irak à quitter le Koweït), s'opposait donc à des interprétations plus larges.

L'intensification croissante des actions militaires qui apportaient mort et destruction sur l'ensemble du territoire irakien — et dont l'intensité et les méthodes dépassaient visiblement les limites de la résolution du Conseil de sécurité — ainsi que l'imminence de l'offensive terrestre me poussèrent à faire un nouveau geste. Le 9 février, je fis une autre déclaration et décidai d'envoyer une nouvelle fois à Bagdad mon représentant personnel.

« Les événements dans le Golfe, précisait mon texte, prennent un tour de plus en plus inquiétant et dramatique. L'impulsion de la guerre la plus importante des dernières décennies s'accroît. Le nombre de victimes, y compris parmi la population civile, augmente tous les jours. Les actions militaires ont déjà provoqué d'énormes dommages matériels. Des pays entiers, d'abord le Koweït et maintenant l'Irak, sont menacés d'une destruction catastrophique. »

Ma déclaration confirmait le soutien de la direction soviétique aux résolutions des Nations unies, mais notait que « la logique des opérations militaires » laissait transparaître « la menace de voir dépasser le mandat défini par ces textes ».

Quelques jours auparavant, le 24 janvier, en recevant Jack Matlock, l'ambassadeur américain, j'avais développé des pensées similaires.

Finalement, les défaites déjà subies provoquèrent un changement dans la position irakienne. Nous reçûmes une déclaration écrite de Saddam Hussein qui affirmait la volonté de la direction de Bagdad d'étudier sérieusement les idées proposées par la partie soviétique. Une réponse serait donnée par l'intermédiaire de Tarek Aziz qui devait arriver à Moscou le dimanche suivant. Le 15 février, deux jours avant la date fixée, la radio de Bagdad arrêta ses émissions pour annoncer une déclaration du Conseil du commandement militaire : l'Irak se déclarait prêt à agir en accord avec la résolution 660 du Conseil de sécurité.

Le soir du 17 février, Tarek Aziz arriva à Moscou dans un avion soviétique que nous avions spécialement envoyé à Bagdad pour le chercher. Nous nous rencontrâmes le lendemain. Au cours de notre conversation, je soulignai combien la position irakienne me semblait contradictoire. Certes, la reconnaissance de la résolution 660 constituait un pas important en direction d'un règlement politique, mais elle s'accompagnait de réserves alors qu'un retrait inconditionnel du Koweït était exigé. Je reconnus l'existence de ce que la déclaration irakienne appelait « les problèmes importants du Proche-Orient ». Mais ces derniers n'avaient pas de rapport avec le retrait des troupes et ne devaient pas être liés à lui. Ce n'était ni acceptable, ni réaliste. Il m'importait surtout de savoir si les Irakiens considéraient ces points comme des conditions préalables à un règlement de la crise koweïtienne, ou s'il s'agissait juste d'un rappel de l'existence d'une situation complexe dans la région.

Aziz fut contraint de reconnaître que la liste des questions énumérées par la déclaration irakienne ne constituait pas une « condition » mais un programme pour l'avenir.

Je proposai le plan suivant :

— l'Irak devrait se déclarer prêt à se retirer du Koweït ;

— le retrait des troupes devrait commencer dès le deuxième jour après l'arrêt des combats (indispensable pour que le retrait puisse avoir lieu) ;

— le délai nécessaire pour le retrait devrait être défini clairement ;

— le Conseil de sécurité devrait garantir la sécurité des troupes irakiennes pendant leur retrait du Koweït.

Il suffisait à la direction irakienne d'ajouter ces quelques points à sa déclaration pour nous permettre, à nous et à d'autres pays, de convoquer immédiatement le Conseil de sécurité pour analyser soigneusement la situation et entreprendre d'examiner l'ensemble des problèmes du Proche-Orient.

Aziz me demanda quel serait le sort des résolutions du Conseil de sécurité concernant les sanctions économiques dures contre l'Irak. Je répondis :

— Après le retrait des troupes irakiennes, cette question sera étudiée par le Conseil. Je ne peux pas dire que ces résolutions seront purement et simplement annulées, car cela créerait l'impression qu'elles étaient illégitimes et invalides, mais leur application peut être suspendue. Et nous sommes prêts à faire une proposition en ce sens. En tout cas, il sera toujours temps de voir ce qu'il est possible de faire lorsque nous serons d'accord sur le fond.

En conclusion, je précisai à Aziz :

« Le facteur temps joue un rôle énorme en ce moment. Si la vie de vos compatriotes et le sort de l'Irak comptent pour vous, vous devez agir sans délai. »

En résumé, ce fut une conversation pénible, de plus de trois heures. J'eus l'impression que les représentants irakiens, tout en reflétant la position de Saddam Hussein, étaient disposés à adopter des positions réalistes. Ils ne réfutèrent pas nos propositions d'emblée, mais précisèrent qu'ils ne pourraient donner une réponse qu'après avoir fait leur rapport au président Hussein et à toute la direction irakienne. Ils retournèrent chez eux tout de suite après notre entrevue.

J'appelai aussitôt au téléphone le président des États-Unis et les dirigeants d'un certain nombre de pays ouest-européens pour leur faire part de la conversation et de mes impressions, tout en soulignant ce qu'il y avait de nouveau dans la position de Hussein. Je considérais que ces développements devaient être pris en compte lors de la préparation des opérations militaires pour les jours suivants, et il me sembla que ma communication était accueillie avec compréhension.

Aziz revint une nouvelle fois à Moscou dans la nuit du 21 février. Quelques heures auparavant, Hussein avait parlé à la radio. Son intervention était brouillonne, peu constructive, faisant une large place aux slogans de propagande, sans oublier les menaces. Il était clair que ces paroles s'adressaient avant tout aux Irakiens de manière à masquer le retournement de leur direction sur la question de la résolution des Nations unies qu'elle réfutait précédemment avec tant de détermination. Pourtant, le président américain, dans une conversation téléphonique que nous eûmes, le lendemain, 22 février, cita cette intervention comme une preuve de l'hypocrisie de Saddam Hussein et de l'impossibilité de lui faire confiance, même lorsqu'il proclamait son acceptation de la résolution 660.

Il était minuit lorsque Aziz arriva au Kremlin, directement de l'aéroport, et notre conversation se poursuivit jusqu'à trois heures du matin.

Cette fois, l'entretien se passa mieux, même si la direction irakienne continuait à camper sur des positions irréalistes sur un certain nombre de sujets. En définitive, nous parvînmes à trouver une ligne plus ou moins acceptable, du moins de notre point de vue. L'essentiel était l'acceptation par l'Irak de la résolution 660 du Conseil de sécurité : les Irakiens étaient prêts à se retirer du Koweït. Ils affirmaient néanmoins qu'il leur était impossible de procéder au retrait dans des délais très brefs. Je leur rétorquai l'argument suivant (qui était aussi celui des Américains) : ils avaient envahi le Koweït en quelques heures et ils exigeaient maintenant des mois pour le retrait, en tout cas pas moins de quatre semaines. Aziz répondit que l'occupation avait été menée à bien avec quelques divisions alors que la concentration de troupes au Koweït, sept mois plus tard, s'élevait à un demi-million d'hommes. Je confirmai fermement que les délais proposés devaient et pouvaient être réduits le plus possible.

Comme la fois précédente, Aziz demanda que toutes les résolutions du Conseil de sécurité fussent annulées au moment où serait annoncé l'accord sur le retrait. Je lui fis remarquer que ces questions pourraient être examinées, mais qu'aucune condition n'était admissible.

Il fut décidé que le texte définitif contenant les points de principe devait être établi par les représentants soviétiques et irakiens. Ceux-ci se mirent immédiatement au travail.

Entre-temps, j'appelai Bush. Il était déjà quatre heures du matin et notre conversation dura une heure et demie. Je lui fis part de l'évolution de la position irakienne et du fait que les négociateurs de Bagdad étaient « parvenus à une position assez réaliste, ce qui signifiait qu'il y avait de bonnes possibilités de trouver des solutions au conflit ». Bush exprima sa reconnaissance pour les efforts entrepris par l'URSS et par son président et me demanda de lui communiquer d'urgence toute information en provenance de Bagdad. Il ajouta d'un ton significatif : « Le temps passe, et il passe très vite. »

La séance de travail soviéto-irakienne aboutit à la formulation de six points dont le principal était le suivant : « L'Irak accepte la résolution 660, c'est-à-dire qu'il est prêt à un retrait immédiat et inconditionnel de ses troupes du Koweït vers les positions qu'elles occupaient au 1er août 1990. » Dans le même temps, en dépit des objections des représentants soviétiques, Aziz continuait à s'accrocher à la formule suivante : « Immédiatement après le retrait des troupes du Koweït, les raisons ayant provoqué l'adoption d'autres résolutions du Conseil de sécurité n'existant plus, ces résolutions cesseront d'être effectives. »

Naturellement, ce document n'était pas idéal et la formule que je viens de citer était inacceptable. Il pouvait cependant — j'en demeure convaincu — servir de point de départ pour un arrêt des hostilités. Aziz précisa que la direction irakienne, Saddam Hussein en tête, devait approuver le document, mais qu'il était sûr d'une réponse positive. De manière à accélérer l'échange, nous lui proposâmes d'envoyer un télégramme par l'intermédiaire de l'ambassade soviétique à Bagdad, quitte à utiliser un code irakien. Ce fut ainsi que les six points furent transmis à la direction irakienne. Le 23 février à 2 heures du matin (heure de Moscou, à Washington, c'était encore le 22 février), nous reçûmes une réponse positive.

Peu de temps avant cela, à 19 heures (heure de Moscou), le président Bush avait lancé un ultimatum à l'Irak : le retrait devait se faire dans un délai de quarante-huit heures pour la ville de Koweït et d'une semaine pour le reste du pays, et commencer impérativement le samedi 23 février, avant 20 heures, heure de Moscou.

Pour nous, la déclaration de la direction irakienne créait une situation nouvelle et ouvrait la possibilité de passer de l'action militaire à la négociation politique pour régler le conflit. Mais les membres de la coalition, surtout les États-Unis, n'acceptaient pas ce texte comme réponse à leurs exigences. Le 23 février à 12 h 05, Aziz annonça aux journalistes la décision irakienne d'effectuer un retrait immédiat et inconditionnel, tout en se référant à l'ensemble des questions soulevées à Moscou. Il termina son intervention en affirmant que cette décision était la réponse aux exigences du président Bush.

Dans une autre conversation téléphonique avec Bush, le 22 février au soir, j'avais proposé de convoquer d'urgence une réunion du Conseil de sécurité pour étudier, dans les vingt-quatre heures, une solution qui permît de libérer le Koweït en évitant une escalade des combats. En me répondant, Bush avait souligné une nouvelle fois le « rôle constructif » que l'Union soviétique jouait et continuait à jouer dans la résolution de la crise du Golfe. Dans le même temps, le président avait exprimé ses doutes quant aux possibilités ouvertes par le changement de la position irakienne, bien qu'il reconnût ce dernier. Bush affirmait que l'on ne pouvait pas faire confiance à Hussein et qu'il était très inquiet quant à une destruction possible du Koweït par les Irakiens ainsi qu'au sujet des prisonniers de guerre qui se trouvaient dans des conditions extrêmement pénibles. Il n'estimait pas possible d'« ignorer l'énorme dommage matériel causé par l'agression de l'Irak contre le Koweït... ». Il admit que j'avais obtenu de la direction irakienne de renoncer à lier le retrait à d'autres problèmes, mais il souligna que ce n'était pas encore un retrait inconditionnel. Le président considérait également que les délais proposés par les Irakiens étaient trop longs et donc inacceptables.

Je citai les assurances d'Aziz sur le fait que la direction de Bagdad exécuterait la décision prise. De plus, fidèle à mes convictions et à ma ligne politique, j'insistai :

— Il me semble que nous devons nous demander quelles sont nos priorités : une approche politique ou la poursuite de l'effort militaire. Nous n'avons pas de divergences avec vous en ce qui concerne l'appréciation pratique de Saddam Hussein. Nous devons mettre à profit ce que nous avons déjà obtenu et assurer la réalisation de nos objectifs par des moyens politiques de manière à éviter un dénouement tragique.

Le dernier acte du drame allait commencer. La situation était compliquée à l'extrême. D'une part, la direction irakienne manifestait, après une période de long aveuglement ou de vantardise (sans doute les deux), des signes de réalisme et se préparait à accepter les exigences de la communauté internationale. La déclaration d'Aziz à Moscou avait été confirmée par une annonce officielle de Bagdad sur l'acceptation du retrait total et inconditionnel de ses troupes du Koweït dans un délai de quatre jours, en accord avec la résolution 660 du Conseil de sécurité.

D'autre part, la coalition anti-irakienne conduite par les États-Unis, irritée par le comportement provocateur de Hussein et par ses attaques personnelles contre George Bush, était résolue à rappeler l'agresseur à l'ordre. Réchauffés par l'efficacité de leur campagne militaire pendant laquelle ils avaient pu tester les moyens les plus avancés de mener une guerre moderne, les responsables de la coalition donnaient de plus en plus nettement la préférence au choix militaire.

L'ultime tentative

Je fis une ultime tentative pour arrêter l'escalade de la guerre. Le 23 février, pendant une journée entière, je téléphonai sans discontinuer, m'efforçant de convaincre mes principaux partenaires de la politique mondiale. Je commençai par envoyer des télégrammes à tous les membres du Conseil de sécurité. De 12 h 45 à 21 h 10, je parlai au téléphone avec Major, Andreotti, Mitterrand, Moubarak, Assad, Kohl, le Premier ministre japonais Kaifu, le président iranien Hachemi Rafsandjani, puis de nouveau avec Bush.

Chaque conversation portait, naturellement, l'empreinte des relations entre l'URSS et le pays en question, mais le contenu politique était le même. Je soulignais les points suivants : premièrement, après l'acceptation du retrait par la direction irakienne, la situation était devenue différente et l'on ne pouvait pas faire comme si de rien n'était ; deuxièmement, ce tournant s'était produit grâce à l'action conjointe de toute la communauté internationale dirigée contre l'Irak ; troisièmement, l'accord inconditionnel de Bagdad ouvrait une possibilité réelle de trouver un règlement politique.

Je proposais de convoquer le Conseil de sécurité et de concilier le plan accepté par l'Irak avec les exigences des États-Unis et des autres États. Je me disais persuadé que les divergences entre les deux pouvaient être surmontées dans le cadre du Conseil en un ou deux jours.

La réaction de mes interlocuteurs fut à chaque fois différente, mais la plupart reconnurent le caractère positif et utile de mes efforts. À l'aube du 24 février, le président des États-Unis déclara qu'il avait donné l'ordre aux troupes terrestres de passer à l'offensive. La suite est connue. Les participants de la coalition, essentiellement les Américains, lancèrent une puissante attaque qui leur apporta un succès complet dans des délais très brefs mais s'accompagna de lourdes pertes humaines du côté irakien.

Dans la nuit du 27 février, l'ambassadeur de l'URSS à Bagdad fut appelé au ministère irakien des Affaires étrangères où il fut reçu par Aziz et le vice-premier ministre Hammadi. Ils lui demandèrent de transmettre d'urgence au secrétaire général des Nations unies et au président du Conseil de sécurité, par les canaux soviétiques, une déclaration du ministre des Affaires étrangères de l'Irak selon laquelle le gouvernement de Bagdad confirmait son acceptation de la résolution 660 et mènerait à bien en quelques heures le retrait complet des troupes irakiennes du Koweït. l'Irak se déclarait également d'accord avec les résolutions 662 et 674 qui prévoyaient le rétablissement du pouvoir légitime au Koweït et le paiement de réparations pour les dommages causés à ce pays. Et le 28 février, James Baker informa Alexandre Bessmertnykh que, en réponse à l'acceptation par l'Irak d'obéir à toutes les résolution du Conseil de sécurité, les États-Unis avaient pris la décision d'arrêter les opérations militaires.

Le rideau était donc retombé sur les événements du Golfe. Quel fut donc le bilan de ces mois de crise ?

Le premier résultat positif indiscutable fut la restitution de la souveraineté et de l'indépendance du Koweït, l'arrêt de l'agression et la punition de l'agresseur qui signifiaient en quelque sorte la victoire de la morale dans la vie internationale.

Un autre résultat positif fut que, en dépit de tous ses efforts, Hussein ne parvint pas à scinder la communauté internationale qui résista jusqu'au bout à l'agresseur.

Mais il y avait aussi la destruction du Koweït et de l'Irak, des dizaines de milliers de morts et de blessés, un désastre écologique et d'autres conséquences tristes, sans parler du fait que nous entrâmes dans une nouvelle ère, annoncée comme celle de l'ordre mondial, sous le fracas des canons. Ce qui n'est jamais le meilleur des accompagnements.

En regardant en arrière, je veux dire ce qui suit. Nous avons joué un rôle fondamental dans la mise en œuvre d'une politique unie de la communauté mondiale à l'égard de l'agression et des moyens de l'arrêter, et contribué ainsi à la consolidation du rôle des Nations unies. Nous sommes également parvenus, en collaboration avec la direction américaine, à renforcer l'entente soviéto-américaine, la confiance et le partenariat, en les préservant au travers des péripéties d'un conflit très aigu, la première épreuve grave de l'après guerre froide.

En définitive, nous avons poursuivi résolument une ligne qui cherchait une issue politique et excluait la guerre, les pertes humaines et les souffrances. Certes, nos efforts ne furent pas couronnés de succès, mais nous fîmes de notre mieux.

Je serai sincère jusqu'au bout. Je ne peux pas me libérer de l'idée que la mise en œuvre du plan de règlement politique dans le Golfe était possible et que cela n'a pas eu lieu parce que, au dernier moment, les États-Unis ont préféré une solution militaire. Il me semble que certains à Washington ont pensé que l'acceptation du plan pouvait accroître le prestige de l'URSS. Or plusieurs conseillers du président Bush considéraient cela comme non conforme aux intérêts des États-Unis.

Les Américains avaient également besoin, à l'évidence, d'une victoire destinée à montrer leur puissance au monde entier et à dissiper tout doute intérieur quant à la résolution du président. Un autre motif sérieux était le désir de détruire le potentiel militaire irakien, d'infliger une cuisante défaite au régime de Saddam Hussein et d'obtenir sa destitution.

Vers un règlement au Proche-Orient

En fin de compte, la crise irakienne fut à l'origine de progrès dans le règlement du conflit entre Israël et les pays arabes. Les relations soviéto-américaines, trempées par le feu de la guerre du Golfe, acquirent une nouvelle solidité et les Américains — pour la première fois, comme Bush me le dit à Helsinki — coopérèrent loyalement avec nous au Proche-Orient. Quant aux pays arabes, s'étant trouvés confrontés à une agression venant de leur propre camp et contre l'un d'entre eux, ils devinrent plus sensibles à l'idée de règlement pacifique. Israël fit des progrès dans le même sens : ses positions se renforcèrent après la défaite militaire irakienne mais, dans le même temps, il sentit avec acuité combien dangereuse était l'absence de paix. Pour finir, la ligne erronée prise par les Palestiniens dans le conflit du Golfe[3] leur fit beaucoup de tort et les incita à revoir leur position.

À partir de cette évaluation de la situation, les Américains et nous, en étroit contact, nous conjuguâmes nos efforts pour ne pas laisser passer la chance qui nous était offerte de nous rapprocher de notre but commun : une conférence internationale. Le 11 septembre 1991, je reçus James Baker. Je n'étais plus seul à me prononcer en faveur d'une

---

3. Yasser Arafat fut l'un des rares dirigeants de la région à soutenir Saddam Hussein. (N.d.T.)

coopération soviéto-américaine au Proche-Orient. Signe des temps, le secrétaire d'État était de mon avis. Nous avions tous les éléments en main pour annoncer à la presse que nous avions abordé le problème de cette région du monde dans un esprit d'entente mutuelle et que, nous étant mis d'accord, nous allions travailler très activement pour organiser une conférence de paix.

Les Américains occupèrent plus la scène publique et Baker fit réellement un énorme travail lors de ses navettes dans la région, mais il y avait réellement un partage des tâches entre Washington et nous. Les États-Unis étaient en contact étroit avec Israël et leurs autres amis, alors que nous travaillions surtout avec la Syrie et les Palestiniens.

Nos efforts furent récompensés : la conférence internationale sur le Proche-Orient s'ouvrit à Madrid le 30 octobre 1991. Ce fut une véritable percée dans le problème du Proche-Orient. Naturellement, ce fut un point de départ. Mais il ouvrait le processus long et difficile des négociations et de la recherche de décisions mutuellement acceptables.

Un accord entre Israël et l'OLP fut enfin signé à Washington, à l'automne 1993. Cet événement historique constitua pour moi une satisfaction d'autant plus grande qu'il aurait été impossible sans les grands efforts dont je viens de parler et auxquels participèrent les ministres Chevardnadze, Bessmertnykh et Pankine, ainsi que d'autres diplomates soviétiques, efforts qui se conjuguèrent à ceux de nos partenaires et collègues américains parmi lesquels je voudrais spécialement nommer Jim Baker. J'en parle parce que, en 1993, ces efforts se trouvèrent, « par hasard », oubliés.

QUATRIÈME PARTIE

1991, ANNÉE TERRIBLE

CHAPITRE 27

MENACES ET ESPOIRS

Il est impossible de comprendre et de juger les événements de 1991 sans un bref retour en arrière de manière à bien comprendre les étapes de la perestroïka et l'évolution du pays — et la mienne — pendant ces années.

La période initiale, de 1985 à 1988, fut celle des recherches, des essais et des erreurs. Nous espérions alors pouvoir corriger les vices évidents du système. Nos tentatives de reconstruction du système dépassèrent de beaucoup celles de nos prédécesseurs, mais nous restions néanmoins dans le cadre de la tradition sans oser renoncer aux préceptes de la foi communiste.

La deuxième période commença au printemps 1988 et se poursuivit jusqu'au début de 1990. Démocratisation est le terme qui lui convient le mieux. La situation s'avérait impossible à améliorer par des mesures cosmétiques, ni même par des travaux sérieux et nous comprîmes que l'innovation en matière économique ne pourrait donner de résultat sans un changement majeur du système politique. Nous organisâmes des élections libres dans de brefs délais, créâmes le Parlement, introduisîmes le multipartisme, ouvrîmes la voie à la formation d'une opposition, bref, nous rendîmes la liberté à la société.

Enfin, la troisième période, les années 1990 et 1991, fut celle du paroxysme de la lutte entre les forces sociales, nationales et politiques que nous avions libérées. Vers la fin de 1990, l'avenir de notre pays et son existence même étaient remis en question. Ce fut ce message que je m'efforçai de faire passer au peuple soviétique dans mes vœux de Nouvel An.

> L'année prochaine sera spéciale, expliquai-je, car il faudra définir le sort de notre État multinational. Pour nous tous, Soviétiques, il n'y a pas de cause plus sainte que la préservation et le renouveau d'une Union où tous les peuples vivraient dans la liberté et l'aisance. Les peuples de ce

pays ont vécu ensemble pendant des siècles. Ils sont également unis par les valeurs de l'époque soviétique, par le souvenir de la victoire dans la guerre la plus dévastatrice. Aujourd'hui, nous sentons, comme jamais auparavant, que nous ne devons pas vivre séparés les uns des autres. Ce n'est qu'ensemble que nous pourrons sortir de la crise, nous relever, suivre la voie du renouveau. La clé pour résoudre les énormes tâches qui nous attendent en 1991, c'est justement l'Union.

Ce fut avec de tels espoirs que nous entrâmes dans la nouvelle année. Mais l'orage éclata dès la première moitié de janvier.

Le syndrome lituanien

Bien des pages dramatiques de l'histoire russe sont liées à la Lituanie. Ce fut également le cas dans cette période cruciale. L'avenir du pays a été testé sur le « champ de manœuvres » lituanien. Cette république fut le cadre d'une âpre bataille pour gagner les cœurs et les esprits de la population. En raison de sa composition ethnique (80 % de Lituaniens et 20 % de Russes et de représentants d'autres peuples), le risque d'une perte d'identité nationale y semblait moins important que dans d'autres régions du pays. Mais le Sajudis, le Front populaire qui prônait la libération nationale, affirmait que les Lituaniens deviendraient une minorité sur le sol de leurs ancêtres — comme c'était déjà presque le cas pour les Estoniens et les Lettons — si la république restait à l'intérieur de l'URSS. Il est inutile de préciser que non seulement les milieux intellectuels et les personnes proches de l'émigration, hostiles au régime soviétique dont ils avaient souffert, mais encore une partie non négligeable de la population étaient sensibles à cet avertissement.

Les arguments pratiques ne pesaient pas moins lourd. On disait : « La Lituanie possède l'agriculture la plus développée de l'Union soviétique, elle livre de la viande à Leningrad, à Moscou et dans d'autres régions de Russie, alors qu'il n'en reste pas assez pour la consommation intérieure. » C'était vrai, mais il ne s'agissait que d'une partie de la vérité. On préférait passer sous silence ou donner peu d'importance aux livraisons énormes de grain, de pétrole, de métaux, de produits industriels et de biens de consommation que la Lituanie recevait. On ne soufflait mot des privilèges importants accordés aux pays baltes après la guerre pour des raisons politiques. Grâce à eux et à une productivité plus élevée, le niveau de vie y a toujours été supérieur à celui des autres régions de l'URSS. Peu de gens mettaient sérieusement ces arguments en balance. En écoutant les discours propagandistes du Sajudis, une grande partie des habitants de la république, et pas seulement les Lituaniens, pensaient qu'ils vivraient incomparablement mieux après s'être débarrassés de la tutelle de Moscou et de l'obligation de lui « payer tribut ».

Le fait que le Sajudis ait pu si facilement s'emparer de la conscience de la majorité de la population s'explique notamment par la faiblesse de la direction lituanienne. Après le décès de Piatras Griskevicius, Ringaudas Songaïla fut élu à la tête du PC local. C'était un homme équilibré, qui avait consacré sa vie à l'agriculture et n'était pas très fort en politique. De plus, il devait affronter une tâche d'une complexité extrême. J'eus l'occasion de le rencontrer à plusieurs reprises et je voyais bien qu'il se sentait complètement perdu.

Lorsque Algirdas Brazauskas fut élu en remplacement de Songaïla, il faut dire, pour être juste, que l'initiative se trouvait déjà entre les mains du Sajudis. Plusieurs de ses membres appartenaient également au parti et ils réagissaient très vivement lorsqu'ils se voyaient accuser d'avoir fait allégeance à Moscou et non à la Lituanie.

Après une courte période d'hésitation, Brazauskas engagea le PC lituanien dans la voie de l'indépendance à l'égard du PCUS. Bien entendu, cela portait un coup à l'unité de ce dernier. En d'autres termes, le « syndrome lituanien » prit un caractère double en se développant à travers le parti et l'État.

Il me semble que Brazauskas percevait nettement les problèmes qui n'allaient pas manquer de surgir à la suite de la sortie des communistes lituaniens des rangs du PCUS. Mais il comprenait aussi que le parti était condamné s'il ne pouvait affirmer son caractère national.

À cette époque, je croyais encore possible de préserver l'unité du PCUS en acceptant l'indépendance des partis républicains, quitte à créer une sorte de fédération entre eux. En fait, la décision lituanienne de quitter le PCUS ne fut prise que lorsque l'aspiration nationale à une complète indépendance de la république s'est manifestée clairement. Jusque-là, les deux parties ont recherché une formule acceptable de coexistence dans le cadre d'une structure politique unie, celle du parti et de l'État. Je demeure persuadé à ce jour que cela aurait été possible si la Russie avait adopté une position différente. Je fais allusion aussi bien à la ligne des radicaux-démocrates d'Eltsine, qu'à celle du PC de Russie où, dès sa formation, le pouvoir fut accaparé par l'aile conservatrice du PCUS.

Pour moi, il était d'une importance extrême de comprendre ce qui se passait dans la république et de voir s'il était possible d'influencer de quelque manière les partisans de la sécession pure et simple. Dans ce but, j'entrepris un voyage en Lituanie, en janvier 1990, en compagnie de Frolov, le rédacteur en chef de la *Pravda*, qui venait d'être élu secrétaire du CC. Brazauskas vint nous accueillir à l'aéroport de Vilnius. Il était accompagné de Burokiavicius, secrétaire du CC de la fraction du Parti communiste lituanien demeurée fidèle au PCUS, et d'autres officiels. Les détails de ce voyage sont restés gravés dans ma mémoire. Partout nous étions reçus avec bienveillance et sympathie mais, dès les premières conversations avec les habitants de la capitale sur la place Lénine, et jusqu'aux dernières minutes précédant mon départ, un seul sujet semblait à l'ordre du jour : la sécession de la république. Je m'efforçai de convaincre les Lituaniens que le changement proposé par le mouvement séparatiste recelait de terribles dangers.

— Il nous faut un parti rénové, une fédération rénovée, une structure démocratique rénovée, une société rénovée. Pour bâtir tout cela, il faut coopérer, collaborer, et non détruire, maudire, et semer la méfiance et la haine, précisai-je.

De tels arguments furent bien perçus et compris, me semble-t-il, dans une usine où travaillaient 30 % de Lituaniens, autant de Polonais, près de 20 % de Russes, des Biélorusses, etc. Il me fut également relativement facile de me faire comprendre chez les paysans. Leur esprit pratique les rendait aptes à imaginer les conséquences néfastes d'une sécession.

Il en allait tout autrement avec les milieux intellectuels, artistiques et scientifiques, dont je rencontrai des représentants à la Maison de la Presse de Vilnius. L'atmosphère y était plutôt échauffée et je crains de ne pas être parvenu à établir le contact avec un auditoire qui, dans sa majorité, ne jurait que par la sécession. À plusieurs occasions, avant et après cette réunion, j'eus des contacts avec des personnes cultivées, bienveillantes et tolérantes par nature qui s'avéraient néanmoins incapables de réagir sans passion à des arguments sérieux parce qu'elles étaient pleines de détermination fanatique à agir en accord avec leur foi.

— Le chemin vers la souveraineté politique, l'indépendance économique, le développement culturel, la préservation des traditions, leur dis-je pendant la réunion, passe par une union des États souverains dans le cadre d'une fédération. Mais savez-vous ce qu'est une fédération ?

L'assistance me cria :

— On le sait, on le sait !

— Mais comment pouvez-vous le savoir, puisque vous n'avez jamais vécu dans une véritable fédération ? Le peuple lituanien est plutôt réservé. Mais qu'est devenue cette réserve, qu'est devenue votre largesse d'esprit à l'heure où je vous prie d'écouter mes arguments ?

Ma question était simplement rhétorique. À ce moment, le Sajudis contrôlait déjà pratiquement tous les médias. Et comme la propagande à la télévision enfonçait quotidiennement dans la tête des gens l'idée qu'ils vivraient incomparablement mieux après la sécession, cette dernière avait fini par tourner à l'obsession.

Les participants campèrent sur leurs positions. Voici, à titre d'exemple, celle de Iurgis Karosas, professeur associé à l'Université de Vilnius :

« Lors de votre rencontre avec des personnalités du monde de la culture, vous avez demandé à plusieurs reprises, estimé Mikhaïl Sergueïevitch, que nos orateurs exposent de manière plus claire les motifs de la décision du XXe congrès du PC lituanien de devenir un parti indépendant. Il est évident qu'il s'agit là d'une conséquence de la renaissance nationale lituanienne induite par la perestroïka. L'une est impossible sans l'autre et nous le comprenons ainsi. Nous avons interprété la décision du PCUS de fonder la vie politique sur les principes démocratiques avant tout comme la proclamation du droit à l'autodétermination. Pour nous, la démocratie et ce droit sont une seule et même chose. Mikhaïl Sergueïevitch, vous prenez la démocratie au sérieux et nous prenons au sérieux notre droit à la liberté. Voilà pourquoi nous nous étonnons de vous voir reprocher à la Lituanie et au PCL leur séparatisme. À notre sens, la liberté est un droit inaliénable des nations et non un objet de luxe dont elles peuvent se passer.

« Cher Mikhaïl Sergueïevitch, nous sommes certains que vous souhaitez sincèrement le bien des gens et que vous comprenez qu'on ne peut pas rendre un peuple heureux malgré lui. »

Il est difficile de contrer des arguments de ce genre. On m'opposait également la décision de Lénine de reconnaître, en 1918, l'indépendance de la Lituanie. Selon mes interlocuteurs, la direction soviétique actuelle, si elle était sincère en parlant du droit des peuples à disposer d'eux-mêmes, devait faire la même chose. Je n'évitais pas ce sujet, mais je soulignais en permanence :

— Nous avons besoin d'un mécanisme constitutionnel qui permette l'expression de ce droit. Un projet de loi existe déjà et sera présenté pour discussion dans l'ensemble de l'Union soviétique. Mais les idées simplistes selon lesquelles la sécession est pour le lendemain des élections ne constituent nullement une approche politique.

En fait, en admettant la possibilité théorique d'une séparation, j'espérais que le développement de la réforme économique et politique s'avérerait plus rapide que les procédures de la sécession. En voyant les bienfaits réels de la fédération, pensais-je, les gens ne seraient plus obsédés par l'idée d'une indépendance complète. Le processus était déjà amorcé : le Soviet suprême devait bientôt aborder les problèmes de la terre et de la propriété. Ensuite, il se pencherait sur une loi qui partagerait les compétences entre les organes de l'Union et ceux des républiques.

— La situation lituanienne, précisai-je dans les derniers instants de mon séjour, est importante pour l'ensemble de l'Union. Il y va du sort de notre pays, de son rôle, de son poids, de la réalisation d'une idée que nous concevons, en gros, comme le passage d'un modèle centraliste et autoritaire à un socialisme humain, démocratique, au service de l'individu. Cela peut-il nous diviser ?

Je quittai la république avec un sentiment mitigé d'inquiétude et d'espoir. Néanmoins, il devint rapidement évident que nous n'étions pas parvenus à infléchir le cours des événements. Moins de deux mois plus tard, le Sajudis remporta une victoire incontestable aux élections pour le Soviet suprême local. Sans attendre le second tour de scrutin, ses dirigeants convoquèrent les députés élus, ouvrirent la séance et proclamèrent l'indépendance de la Lituanie et la caducité des lois et de la Constitution soviétiques sur le territoire lituanien. C'était le 11 mars. On devinait facilement les raisons de cette hâte. Le lendemain, le 12 mars, un Congrès extraordinaire des députés du peuple de l'URSS devait s'ouvrir à Moscou pour élire le premier président soviétique. Vytautas Landsbergis et son équipe avaient visiblement l'intention d'utiliser la tribune de l'organe suprême du pouvoir étatique de l'URSS pour proclamer l'indépendance de leur république et donner ainsi une illusion de légitimité à un procédé ouvertement anticonstitutionnel.

Il me semble que les nouveaux responsables lituaniens n'excluaient pas la possibilité d'exercer un certain « chantage politique ». On faisait à mes assistants des allusions transparentes au fait que si Gorbatchev avait une position « sensée » à l'égard de l'indépendance lituanienne, les députés des pays baltes voteraient en sa faveur lors de l'élection du président de l'URSS. Naturellement, de telles tentatives de marchandage furent rejetées avec résolution.

Le Congrès aborda la question lituanienne après mon élection. Plusieurs orateurs s'indignèrent du fait que le Parlement lituanien posait un ultimatum en exigeant la reconnaissance de l'indépendance de la république. Quant au nouveau président lituanien, Landsbergis, on lui reprocha de faire preuve d'une grande désinvolture envers le Congrès en ne venant pas exposer en personne à Moscou les intentions du nouvel organe législatif. Certains notèrent également que les députés du Soviet suprême de Lituanie ne représentaient qu'un peu plus de 40 % de la population totale de la république et qu'ils n'avaient donc aucun mandat pour décider d'une question aussi décisive que la sécession.

Les députés qui représentaient la population russe des pays baltes craignaient qu'une réaction trop émotionnelle et aiguë du Congrès ne provoquât des tensions ethniques qui pourraient se traduire par une discrimination civile.

D'autres s'en prirent directement à moi, disant en substance : « Pourquoi le président se tait-il ? Nous venons de l'élire, c'est à lui d'agir. La Constitution en fait le garant des droits civils et il vient de jurer de les défendre. »

Je proposai donc d'adopter, avec quelques amendements, le projet de résolution que V. Faline avait préparé à ma demande. On pouvait le résumer ainsi : tout en confirmant le droit de chaque république de quitter librement l'Union, le Congrès déclarait que les décisions prises par le Soviet suprême de Lituanie étaient irrecevables jusqu'à l'adoption d'une loi définissant les modalités et les conséquences d'une sécession. De plus, le président de l'URSS se voyait chargé d'assurer la défense des droits légitimes de tous les habitants de la Lituanie.

Le Parlement lituanien refusa officiellement de reconnaître les décisions du Congrès des députés du peuple et d'annuler sa déclaration d'indépendance. Néanmoins, les dirigeants de Vilnius eurent la prudence de ne pas aligner leurs actions sur l'esprit et la lettre de ce texte. En réalité, tout demeura comme avant : les lois soviétiques continuaient à être appliquées et toute la structure des liens entre la république et les organes centraux du pouvoir d'État était maintenue. À part quelques provocations, rien ne fut fait pour créer des problèmes aux troupes soviétiques stationnées en Lituanie. À franchement parler, Landsbergis était disposé à nous faire une guerre d'usure. Sachant bien que le rapport de forces n'était pas en sa faveur, il espérait que le centre, surchargé de problèmes aigus, entraîné plus avant dans un âpre combat avec la direction russe, finirait par lâcher la Lituanie et lui accorderait la liberté tant désirée.

Bien entendu, nous n'étions pas dupes de ces manœuvres et nous nous efforcions de leur opposer notre tactique. Le Congrès avait pris des décisions et il fallait les appliquer. Dans ce but, nous créâmes une commission présidée par Ryjkov. Sa mission était de conduire des négociations avec la direction lituanienne. Mais Landsbergis s'obstina dès le début en déclarant que cela ne pourrait se faire en dehors du protocole utilisé dans les relations entre États souverains. Cette prétention fut rejetée et rien ne se passa pendant des mois.

Entre-temps, le Soviet suprême adopta la loi sur les modalités de sortie de l'Union d'une république. La direction lituanienne disposait désormais de la possibilité de légitimer son action, mais elle n'avait nullement l'intention d'agir dans le cadre de la loi : elle craignait un résultat négatif au référendum sur l'autodétermination. Ces craintes étaient fondées car la situation économique de la république se dégradait rapidement.

Le président du Gosplan de l'URSS, Iouri Maslioukov, avait prévenu le Congrès que la rupture des liens économiques — conséquence inévitable de l'intention proclamée du gouvernement lituanien de changer la structure de son industrie — se traduirait par des pertes estimées à 14 milliards de roubles pour l'économie lituanienne et celle des autres républiques. L'indépendance supposait également que le commerce entre la Lituanie et le reste de l'URSS se fasse en devises convertibles. Dans cette optique, le déficit commercial annuel de la république était estimé à 3,7 milliards de roubles. J'admets que Maslioukov forçait quelque peu le trait, mais le tableau était vrai dans ses grandes lignes. Naturellement, à Vilnius, on fit mine de ne prêter aucune attention à cela : la Lituanie vivait dans l'euphorie et comptait sur le soutien de l'Occident.

Dans son discours, Maslioukov cita un extrait d'un article significatif publié par la Commission pour l'indépendance de la Lituanie. On y écrivait que la stratégie des liens économiques extérieurs de la république devait être orientée vers l'importation continue de matières premières et d'énergie en provenance de l'URSS. Dans le même temps, il était proposé d'acquérir de la technologie avancée par le biais de la création d'entreprises mixtes avec les pays occidentaux. Leur production serait dans un premier temps destinée à l'URSS et aux pays de l'Est, puis, lorsque la qualité se serait améliorée, à l'Occident. En d'autres termes, on proclamait sans vergogne l'intention d'utiliser le reste de l'URSS comme une source de matières premières bon marché pour permettre la construction d'une Lituanie *high tech*. Un journal de Moscou publia alors une caricature où l'on voyait une vache au long cou brouter l'herbe en Russie pendant qu'on la trayait en Lituanie.

En dépit des illusions, la politique de Landsbergis entraîna la république vers une crise profonde dont il jeta le blâme sur le Premier ministre Kazimira Prunskiene. Au sein de la direction lituanienne de l'époque, Prunskiene, que j'avais rencontrée à plusieurs reprises, se distinguait par son approche plus pondérée des relations entre sa république, l'Union et la Russie. Comme Brazauskas, elle s'efforçait de trouver des solutions mutuellement acceptables. Bonne économiste, elle se rendait compte que même après l'indépendance, la Lituanie resterait une voisine de notre grand État et que son avenir dépendrait grandement de la préservation des relations d'amitié et de partenariat avec Moscou. Mais cette orientation de Prunskiene et sa popularité auprès de ses concitoyens provoquaient le mécontentement des idéologues radicaux du Sajudis. Lors de notre dernière rencontre, le 7 janvier 1991, elle m'avoua qu'elle risquait d'être destituée pendant son séjour à Moscou. Ce fut chose faite le lendemain, 8 janvier.

Le gouvernement de Prunskiene fut donc accusé de tous les résultats déplorables de la politique de Landsbergis et de son entourage. Dans la crise économique grave qui s'abattit sur la république, les expériences improvisées visant à dépasser l'URSS d'un seul bond dans les réformes jouèrent un rôle non négligeable. Il est probable que les dirigeants lituaniens comptaient sur une aide généreuse des pays scandinaves qui se contentèrent de faire des promesses sans bourse délier.

L'aplomb de la direction lituanienne était en grande mesure nourri par les événements qui avaient pour cadre la Russie. Si, au début, Landsbergis sembla hésiter, reculer, chercher les moyens d'établir des contacts, il devint plus belliqueux après l'élection de Boris Eltsine à la présidence du Soviet suprême de la RSFSR. Comme s'ils regrettaient le temps perdu, les parlementaires lituaniens prirent à la file toute une série de décisions discriminatoires envers l'Union, décisions qui lésaient les intérêts des non-Lituaniens. Dans mon esprit, il ne fait aucun doute qu'à Vilnius on se lança dans une telle politique parce qu'on était assuré du soutien de la direction russe.

Conséquence de tout cela, des entreprises qui dépendaient directement des ministères fédéraux, des assemblées d'officiers des unités stationnées en Lituanie et même des simples citoyens bombardaient le Kremlin de télégrammes pour demander l'introduction de l'administration présidentielle directe dans la république. Les positions du PC de Burokiavicius, fidèle à la plate-forme du PCUS, se faisaient plus dures d'heure en heure. L'atmosphère s'échauffait et l'augmentation des prix de détail fut l'étincelle qui mit le feu aux poudres. Elle provoqua le mécontentement des travailleurs, toutes ethnies confondues.

Au début, les slogans du mouvement furent surtout économiques, mais ils devinrent peu à peu politiques : « À bas le gouvernement ! À bas Landsbergis ! » La popularité du président lituanien chuta vertigineusement. Au Parlement, son remplacement fut évoqué ouvertement. Par un curieux concours de circonstances, son salut arriva de ses adversaires. Sans le « putsch de Lituanie », le 13 janvier, les événements auraient pu prendre une tournure toute différente.

« Divorce » en dehors de la loi

Le destin de la Lituanie dépendait de l'issue du combat entre trois tendances.

Landsbergis et ses partisans étaient décidés à obtenir à tout prix l'indépendance. Qu'une partie considérable de la population, même parmi les Lituaniens, s'opposât à la rupture avec l'Union soviétique et ne sympathisât pas avec la position militante et agressive des indépendantistes ne semblait pas les gêner.

Burokiavicius et les siens étaient prêts à tout pour s'y opposer. Leur résolution se nourrissait de la conviction que la direction suprême du parti et de l'État n'admettrait pas la sécession et leur accorderait tout le soutien nécessaire.

Le président de l'URSS occupait la seule position qui correspondît à la Constitution du pays et à la résolution du Congrès des députés : utiliser tous les moyens politiques pour empêcher la sécession de la république, mais, dans le cas où cela s'avérerait impossible, faire en sorte que le peuple lituanien exprime sa volonté par référendum, conduire des négociations et engager la procédure de « divorce » conformément à la loi et de manière équitable, pour préserver des relations normales de collaboration et de partenariat entre l'URSS et le nouvel État lituanien indépendant.

Aujourd'hui, lorsqu'ils tentent d'analyser les événements du 13 janvier 1991 à Vilnius, chercheurs et hommes politiques tendent à prendre des positions péremptoires en ignorant le véritable contexte de la tragédie.

Le 7 janvier, des hausses de prix furent annoncées en Lituanie. Le 8 janvier, une manifestation de masse contre cette mesure se déroula devant le siège du gouvernement. Le même jour, comme j'ai eu l'occasion de le dire, Kazimira Prunskiene fut contrainte à la démission. Le 9, les participants d'une imposante manifestation dans la capitale lituanienne exigèrent l'introduction immédiate de l'administration présidentielle.

Dans une note du 7 janvier, le CC du PC lituanien (plate-forme du PCUS) m'avait déjà adressé une demande allant dans le même sens. Les télégrammes alarmants se succédaient, exigeant tous qu'on rétablisse l'ordre sans délai. Cependant, je ne me sentais toujours pas en droit de prendre des mesures extrêmes. Le 10, je lançai un appel au Soviet suprême lituanien pour lui demander, devant les risques d'explosion, de revenir à une application intégrale de la Constitution soviétique.

Le but de mon message était de prévenir une escalade de la tension. Il ne s'agissait pas d'exiger le sacrifice de l'indépendance, mais d'engager le processus pouvant conduire à cette dernière dans le cadre de la légalité constitutionnelle. Pourtant, le dirigeant lituanien ne mit pas à profit cette chance. Il me semble qu'il se rendait compte que le fiasco évident de la politique des sajudistes intransigeants les discréditait aux yeux de la population et qu'il serait obligé de céder le pouvoir à un courant plus modéré et raisonnable du mouvement de libération nationale.

Tous compromis ne pouvait qu'être fatal à l'avenir politique de Landsbergis. En agissant selon le principe de la fuite en avant, il rendit possible la création, le 11 janvier, d'un Comité de salut national opposé à l'indépendance. Aux actions anticonstitutionnelles du Soviet suprême de la république, qui avait rejeté la Loi fondamentale de l'Union, répondait la création d'un organe non constitutionnel. Le combat passait du cadre des lois à celui de l'affrontement direct.

Au cours des deux jours suivants, une situation classique de double pouvoir s'installa à Vilnius. Aucune des deux parties n'était capable de briser la résistance de l'autre. Iazov, Krioutchkov et Pougo [1] me rapportèrent qu'ils prenaient des mesures au cas où des affrontements vio-

1. Ils étaient respectivement, rappelons-le, ministre de la Défense, président du KGB et ministre de l'Intérieur. (N.d.T.)

lents opposeraient les partisans du Sajudis aux communistes. Ils considéraient que, dans une telle conjoncture, l'introduction de l'administration présidentielle serait inévitable. Au cours de cette rencontre, tel fut le seul sujet abordé : que faire au cas où le sang serait versé.

Nous reçûmes un télégramme du général Varennikov, arrivé à Vilnius le 10 janvier. Pour lui, la situation était dangereuse et il soulevait également la question de l'administration présidentielle. Le 12 janvier, le Soviet de la Fédération [2] se pencha sur la question lituanienne. Pougo fit un rapport. À la veille des événements tragiques, il semblait clair qu'il ne restait qu'un pas à franchir avant l'effusion de sang. Je proposai donc d'envoyer en Lituanie des représentants du Soviet pour leur faire étudier la situation et déterminer les mesures souhaitables.

Eltsine déclara que l'information dont nous disposions était unilatérale et que le pouvoir central préparait une démonstration de force. Il affirmait notamment que le message que j'avais envoyé au Soviet suprême de Lituanie n'était pas « formulé de manière correcte ». Selon lui, ce n'était « pas un ultimatum, mais pas non plus un appel à un accord ».

Gorbounov, le président du Soviet suprême de Lettonie, qualifia le rapport de Pougo de simpliste. Quant à son collègue d'Estonie, le Premier ministre Savisaar, il prit la parole pour rapporter la chose suivante :

« Nous avons trouvé un compromis avec Iazov au sujet du recrutement de l'armée. Je lui ai demandé : devons-nous nous attendre à voir arriver de nouvelles troupes ? Il m'a répondu catégoriquement non. Et pourtant, il y a une heure, on m'a annoncé que des unités aéroportées viennent de se poser chez nous. »

De son côté, Iazov affirmait que personne n'avait envoyé de troupes en Estonie.

Je rappelai aux participants que les décisions hâtives du Soviet suprême de Lituanie adoptées le 11 mars 1990 se trouvaient à la source de tout le problème.

— Si nous ne respectons pas la Constitution et les lois, nous précipiterons le pays dans un abîme de conflits. Nous devons réduire les points de friction et avancer vers un accord économique, un traité d'Union.

Je suggérai à Eltsine que les députés du Soviet suprême de Russie

---

2. Le Soviet de la Fédération était composé du président de l'URSS et des présidents des quinze républiques fédérées. (N.d.T.)

s'abstinssent de faire des déclarations pouvant jeter de l'huile sur le feu et rendre la direction lituanienne encore plus agressive. En conclusion, je soulignai que les raisons du mécontentement grandissant en Lituanie ne se résumaient pas à la hausse des prix. Il y avait aussi le sentiment de centaines de milliers d'individus, Lituaniens, Russes ou Polonais, de se retrouver traités comme des parias.

Il fut décidé que la délégation du Soviet de la Fédération partirait immédiatement pour Vilnius. Le même jour, le 12, je déclarai publiquement que la crise serait résolue par des moyens politiques. Mais avant l'arrivée des membres du Soviet, dans la nuit du 12 au 13 janvier, la tour de la télévision de Vilnius et la station de la radio furent prises d'assaut, avec la participation de troupes soviétiques. Il y eut des pertes humaines.

Le mécanisme qui a conduit à l'action armée, cette nuit-là, n'a jamais été élucidé. On n'a pas pu déterminer qui précisément avait donné un tel ordre après la réunion du Soviet de la Fédération et la décision d'envoyer des plénipotentiaires en Lituanie.

Pourtant, comme on dit, il n'est de secret qui ne finisse par se savoir. Récemment, j'ai reçu un livre écrit par des vétérans de l'unité Alpha[3] : *Alpha, détachement très secret du KGB*. Les auteurs affirment qu'une « opération conjointe des tchékistes et des militaires » fut montée à Vilnius dès le 7 janvier. Certains diront que cela entrait dans le cadre des précautions prises systématiquement dans les cas où il faut envisager toutes les hypothèses et où un concours de circonstances peut rendre obligatoire une réaction des autorités. Or ces conditions n'étaient pas réunies. Au contraire, le 12, le Soviet de la Fédération avait privilégié la piste d'une solution politique. Je dois donc supposer que les dirigeants des structures de force[4] n'étaient pas d'accord avec cette décision, même s'ils n'avaient pas soulevé d'objection, et qu'ils se sont entendus entre eux pour entreprendre cette aventure en s'imaginant qu'elle serait couronnée de succès. Leur calcul pouvait être d'intervenir avant l'arrivée de la délégation du Soviet pour mettre le président de l'URSS devant le fait accompli et l'entraîner dans l'aventure.

Tout de suite après avoir été informé des développements à Vilnius, j'appelai Krioutchkov pour exiger des explications. Le président du KGB m'affirma que ni lui ni Pougo n'avaient donné l'ordre de faire

---

3. Commando d'élite des troupes du KGB. (N.d.T.)

4. Ce terme générique, très utilisé en russe et sacralisé par l'usage dans une traduction mot à mot, désigne les ministères de coercition : Intérieur, Défense et KGB. (N.d.T.)

usage de la force. La décision avait dû être prise localement et il fallait identifier les responsables. Il s'efforça de minimiser la dimension de l'événement en le présentant comme le résultat de l'affrontement entre les autorités locales et la foule nationaliste. J'interrompis Krioutchkov en lui disant que des personnes étaient mortes et que les autorités en portaient la responsabilité. Burokiavicius et ses partisans ne semblaient pas bénéficier d'un sérieux soutien populaire. Mais même si cela avait été le cas, le véritable héros, aux yeux des Lituaniens serait désormais Landsbergis. Je demandai à Krioutchkov de soutenir les efforts de la délégation du Soviet de la Fédération.

Je passai également un coup de fil à Iazov pour lui demander qui avait autorisé l'usage de la force. Il me répondit :

— On m'a rapporté que l'ordre venait du chef de la garnison.

Il m'était difficile de croire que ce dernier avait pu faire cela sans l'aval du ministre, mais j'avais encore confiance en Iazov.

Quelques mois plus tard, au cours de l'enquête sur la tentative de putsch d'août 1991, le parquet de la RSFSR découvrit des documents se rapportant à l'affaire de Lituanie. Dans un texte intitulé « Rapport sur la mission à Vilnius », un paragraphe indique : « Après l'adoption par les instances de la décision sur l'opération de la nuit du 12 au 13 janvier, on a procédé au calcul opérationnel des forces et des moyens… »

Il y a donc eu des « instances ». Mais dans la mesure où le président et son Soviet de la Fédération s'étaient prononcés en faveur d'une solution politique, quelles pouvaient bien être ces instances ?

Mes pires craintes quant à l'issue des événements furent vite confirmées. Tous les efforts pour empêcher la sécession de la Lituanie et des autres pays baltes se révélèrent vains après le bain de sang. Pis : une partie de la population russophone de ces républiques mise à part, un tournant se produisit dans l'opinion publique à l'échelle de l'Union. Les gens commencèrent à se demander s'il fallait retenir les Baltes de force et verser le sang. Puisqu'ils voulaient tellement devenir indépendants, ne valait-il pas mieux les laisser s'en aller ?

La situation dans les pays baltes s'aggrava encore lorsque, une semaine après les événements de Vilnius, des heurts sanglants se produisirent à Riga. En Lettonie, les choses se passèrent pratiquement selon le même scénario. Le 13 janvier un plénum du CC du PC letton déclara qu'il soutenait les collectifs de travailleurs qui exigeaient la dissolution du Soviet suprême et de tous les autres soviets de la république, la démission du gouvernement et l'organisation de nouvelles élections. Dans le cas contraire, un « Comité letton de salut public » se disait prêt à assumer les pleins pouvoirs.

Selon toute vraisemblance, cette initiative du PC letton était dictée par le désir de soutenir les camarades lituaniens et par l'espoir que le retour des communistes au pouvoir dans les pays baltes provoquerait une « réaction en chaîne » dans toute l'Union soviétique. Ce fut l'inverse qui se produisit. La faiblesse de leurs positions provoqua leur défaite.

Quelques jours après cette initiative, toujours à Riga, une escarmouche opposa les OMON[5] qui gardaient l'immeuble du parquet de l'Union aux hommes du ministère de l'Intérieur letton qui avait constitué ses propres unités après la déclaration de l'indépendance de la république. Ce fut un véritable combat au centre de la ville. Et les pertes humaines, comme en Lituanie, renforcèrent la détermination des Lettons en faveur de l'indépendance totale.

Tôt dans la matinée, Iazov m'informa que le bureau de Gorbounov l'avait appelé à trois reprises au cours de la nuit. Le président du Soviet suprême de la république qui « dînait quelque part avec une délégation étrangère et entendait des tirs » avait demandé à ses assistants d'appeler le ministre de la Défense de l'URSS pour le prier d'arrêter l'effusion de sang en envoyant des troupes. Selon ses propres paroles, Iazov répondit « non » à trois reprises et donna l'ordre de ne pas réagir à de telles requêtes d'où qu'elles vinssent.

Drôle de chose, pensai-je. Dans un tel cas, Gorbounov n'aurait-il pas pris le combiné lui-même pour parler au ministre ?

Comment se départir du soupçon que l'armée avait été entraînée exprès dans un affrontement, pour faire du bruit autour de cette affaire ? Que ce fut Gorbounov ou non, quelqu'un avait un besoin réel de cette escarmouche à Riga. En Lettonie comme en Lituanie, de tels événements correspondaient aux intérêts des éléments les plus radicaux des séparatistes locaux et peut-être y eut-il des provocations de leur part. Car après la tragédie de Vilnius, des ordres interdisaient catégoriquement l'utilisation des forces armées. De plus, la puissante campagne de protestation conduite par la presse nationale et étrangère ne pouvait qu'influencer les dirigeants de nos structures de force. Je ne les vois pas attirer délibérément sur eux des accusations graves d'usage de la violence.

---

5. « Unités de la milice à affectation spéciale » : groupes de choc des forces de l'ordre. L'équivalent des CRS en France. (N.d.T.)

Décidés à obtenir l'indépendance à tout prix, les partis séparatistes installés au pouvoir employaient des méthodes que l'on peut clairement qualifier de néobolcheviques. Et ils ne pouvaient se comporter de cette manière qu'en s'appuyant sur la direction russe. Tout de suite après la confrontation de Vilnius, Eltsine, on le sait, s'envola pour Tallinn où il rencontra les dirigeants des trois républiques baltes et signa un document sur la reconnaissance de leur souveraineté par la Russie. Dans le même temps — geste sans précédent dans la pratique internationale — les dirigeants de la Russie et des trois pays baltes proposèrent au secrétaire général des Nations unies de convoquer une conférence internationale pour régler le problème de la région. C'était une incitation directe à l'ingérence dans les affaires intérieures de l'URSS.

En poussant les Baltes à la sécession, les séparatistes russes (cela sonne bizarrement, mais telle était la réalité politique) se servirent également des incidents de Vilnius et de Riga pour renforcer leurs positions et lancer une puissante offensive contre le centre. Le 20 janvier, une manifestation de protestation eut lieu à Moscou et l'on y entendit des appels à la démission de Gorbatchev, de Iazov, de Pougo. La presse, où les démocrates radicaux donnaient le la, ne tentait même pas de comprendre ce qui s'était passé et accusait le président de tous les maux. Cela ne pouvait manquer d'impressionner l'intelligentsia.

Certains intellectuels oublièrent aussitôt que la perestroïka avait rendu possible de faire une enquête détaillée sur les événements liés à la signature du protocole secret annexé au Pacte germano-soviétique de 1939 et de confirmer l'entente des deux puissances sur le dos des pays baltes. Qu'elle avait permis de rétablir la vérité historique et de condamner l'invasion de la Hongrie et de la Tchécoslovaquie par les troupes du Pacte de Varsovie. Que les Congrès des députés du peuple de l'URSS s'étaient livrés à des analyses très critiques des confrontations dramatiques à Tbilissi, à Vilnius et ailleurs.

Enflammés par une « juste indignation », ne se donnant pas la peine d'étudier les ressorts cachés derrière l'effusion de sang, ils s'empressèrent de déclarer que le régime soviétique était criminel en lançant des invectives acharnées contre le président de l'URSS. Je pense en particulier à la déclaration signée par Abouladze, Ambartsoumov, Bovine, Golembiovski, Zaslavskaïa, Petrakov, Popov, Ryjov, Stankevitch, Starovoïtova et Chataline à propos des événements en Lituanie et qui fut publiée par *Moskovskie Novosti*. Incidemment, personne parmi eux ne parla d'actions anticonstitutionnelles de la part des autorités lituaniennes.

Entre-temps, le 22 janvier, je fis une intervention télévisée sur les développements lituaniens en soulignant qu'ils n'étaient en aucune façon l'expression de la ligne du pouvoir présidentiel. Je répétai qu'il était inadmissible d'utiliser la force pour résoudre des problèmes politiques et soulignai en même temps la nécessité d'éliminer les sources mêmes de la situation conflictuelle en revenant à l'ordre constitutionnel. Le même jour, une déclaration du parquet de l'URSS appelait à respecter la légalité et condamnait l'utilisation de la force. Elle affirmait que des enquêtes seraient menées sur les incidents des jours précédents et que les coupables seraient punis selon la loi, indépendamment des postes qu'ils occupaient.

Sans perdre de temps, des délégations du pouvoir central furent mises en place pour discuter avec les représentant des pays baltes de toutes les questions politiques, sociales et économiques qui devaient être résolues. De leur côté, les Lituaniens organisèrent un « sondage » en grandeur réelle sur l'indépendance en appelant la population à se rendre aux urnes. Cette initiative témoignait d'un certain changement dans la politique de Landsbergis. Les dirigeants du Sajudis semblaient avoir compris qu'ils devaient s'assurer du soutien populaire avant la sécession complète. De plus, après le drame de Vilnius, ils disposaient d'une chance peut-être unique de pouvoir obtenir par les urnes le résultat qu'ils souhaitaient.

Sur le conseil de mes collègues, je pris un décret en proclamant par avance que ce scrutin n'avait aucune valeur légale et ne pouvait pas remplacer le référendum prévu par la loi sur la sécession. À franchement parler, je crois avoir agi trop vite. Lors du scrutin, les résultats en faveur de l'indépendance furent tellement impressionnants qu'ils constituèrent un fondement solide, moral sinon légal, pour poursuivre la marche vers la séparation totale.

En réfléchissant encore et encore à tout cela, je pense que sans l'aventure du putsch d'août 1991 et le complot de la forêt de Bielovej, les événements auraient pu évoluer différemment.

« Tir de barrage » et déclaration de guerre

En août 1993, en menaçant de dissoudre le Parlement, Boris Eltsine déclara que septembre serait le mois du « tir de barrage propagandiste ». Il me semble qu'au début de 1991, les démocrates menèrent également une politique de « tir de barrage » en utilisant toutes les armes à leur disposition pour conduire l'assaut frontal contre l'Union, le centre et le président. Comment qualifier autrement les attaques bien préparées lancées par les journaux et les studios de radio qui se trouvaient sous l'influence directe de Demrossiïa. Les événements dans les pays baltes et tout ce qui se passait dans le pays étaient présentés sous un seul angle : comme des intrigues des réactionnaires qui siégeaient au Kremlin. On écrivait que Gorbatchev complotait avec la droite [6], qu'il avait fait un pas en arrière, qu'il était devenu un renégat, etc. Toute action des autorités était présentée de manière totalement déformée. Et les publications les plus odieuses contenaient des appels directs à la désobéissance et à la résistance.

Il est clair que Demrossiïa était déjà prête à brader l'Union. La conférence de presse organisée par Eltsine à son retour de Tallinn, le 14 janvier, en témoigne nettement. Il déclara que les dirigeants de quatre républiques, la Russie, l'Ukraine, la Biélorussie et le Kazakhstan, avaient décidé, sans attendre la signature d'un traité d'Union, de conclure un accord quadripartite. Pour justifier ce geste, il expliqua qu'on essayait de leur imposer un projet « approuvé par le plénum du CC et le Soviet suprême de l'URSS ». Et pour que personne ne nourrisse d'illusions sur la résolution de la direction russe, il ajouta : « Selon toute apparence, nous ne pourrons pas défendre notre souveraineté sans une armée russe. »

L'armée russe devrait donc défendre l'indépendance de la Russie contre... l'armée de l'Union composée à 80 % de Russes. Il était difficile d'inventer une chose plus insensée. Je me vis donc contraint de condamner catégoriquement cette déclaration dès le lendemain devant le Soviet suprême de l'URSS. Eltsine ne prit pas le risque de créer ses propres forces armées, mais le brain-trust des démocrates continua à bouillonner. Les tirs sur le centre étaient particulièrement bien ajustés et il ne fait guère de doute qu'il existait un plan de campagne stratégique.

Au lieu de s'occuper des problèmes réels de manière à surmonter la crise économique, de résoudre les différends interethniques et de prévenir les conflits, les autorités centrales se virent obligées de mener un combat éreintant contre l'opposition « démocratique ». Cette lutte les épuisa à un tel point et prit tellement de temps précieux qu'elle fragilisa

---

6. Il s'agit, bien évidemment, des communistes orthodoxes. (N.d.T.)

l'Union et rendit possible une attaque des forces conservatrices, suivie par celle des radicaux-démocrates qui finit par l'achever.

Naturellement, tout cela fut présenté différemment par les idéologues de Demrossiïa. À les entendre, tout était arrivé parce que le président s'était éloigné des positions de « centre gauche » pour se rapprocher des nomenklaturistes. Tous les actes des autorités de l'Union, tous les décrets présidentiels furent interprétés pour soutenir cette thèse. Ils tentèrent surtout de discréditer les mesures destinées à assurer le maintien de l'ordre public, en premier lieu mon décret du 26 janvier sur « la lutte contre le sabotage économique et autres crimes dans le domaine économique ». J'autorisais les organes du ministère de l'Intérieur et de la Sécurité d'État à entrer dans les entreprises et les bureaux aux fins d'inspection, à obtenir de leurs dirigeants des documents et autres informations, des données bancaires, etc. Ils attaquèrent aussi mon décret du 29 janvier sur « la coopération de la milice et des unités des forces armées de l'URSS dans le maintien de l'ordre légal et la lutte contre le crime[7] ».

Tout cela demande un commentaire spécial. Le contenu même des deux décrets semble justifier l'interprétation qu'en ont fait les médias. Sous les anciens dirigeants, la population n'avait que trop souffert de l'arbitraire juridique qui laissait les citoyens sans défense devant les autorités. C'est pourquoi la moindre allusion à un renforcement des fonctions punitives des organes judiciaires était accueillie avec réserve et crainte. Je pense qu'une telle vigilance est utile. La société doit rester sur ses gardes et avoir des mécanismes sûrs de défense contre tout rétablissement éventuel d'un régime policier.

Mais, d'un autre côté, la crise économique s'approfondissait, les batailles politiques acharnées et l'affaiblissement du pouvoir contribuèrent à une forte augmentation de la criminalité. Parallèlement à cela, la corruption se multipliait dans les organes de l'État. De plus, tout ce qui avait été dissimulé à la population pendant la stagnation était révélé grâce à la glasnost. La presse publiait des articles sur les abus de hauts fonctionnaires du parti et de l'État, y compris des dirigeants de plusieurs républiques et des ministres de l'Union. Tout cela soulevait une inquiétude et une indignation légitimes et exigeait l'adoption de mesures musclées.

Telles étaient mes considérations lorsque je signais les décrets pré-

---

7. Ce décret donnait un fondement légal à l'organisation de patrouilles conjointes de la milice et de l'armée. (N.d.T.)

parés par les responsables de différents services. Je ne voyais, par exemple, rien de répréhensible dans le fait que les militaires des unités stationnées dans les villes pussent aider la milice locale à maintenir l'ordre public. Une telle pratique existe dans bien d'autres pays dès lors que la police ne peut assumer à elle seule la lutte contre les criminels. Mais je ne pouvais pas supposer que ce décret serait aussitôt détourné de sa raison première par les instructions malhabiles de quelques chefaillons. Le jour même de son entrée en application, l'ordre fut donné à des unités blindées de contrôler les rues de Leningrad. Il s'ensuivit, à juste titre, un tollé général et servit de prétexte pour affirmer que tout cela n'était pas dirigé contre les criminels (qu'il est impossible d'attraper de cette manière), mais contre les manifestations et les réunions de l'opposition.

Quant à l'élargissement des mesures destinées à lutter contre les crimes économiques, il me semble que l'agitation autour de ce décret fut organisé avec la participation active des structures mafieuses en voie de constitution et d'affairistes louches. De tels groupes et personnages n'avaient aucun intérêt à voir des juges d'instruction scrupuleux disposer du droit, lorsque cela leur semblait nécessaire, d'accéder aux documents comptables, aux coffres, etc. Voilà pourquoi une grande contre-offensive fut organisée aux cris que l'on opprimait les hommes d'affaires, que l'on violait les secrets des opérations bancaires et que l'on attentait aux droits des citoyens. Je crains que tout ce bruit n'ait eu pour effet de secouer les nerfs des serviteurs de Thémis en les incitant à une prudence excessive pour ne pas s'attirer une réputation d'oppresseurs de la libre initiative.

Réfléchissons. La situation d'alors n'était nullement comparable au déchaînement actuel de la criminalité et de la corruption. À l'époque, la presse se demandait encore si l'on pouvait parler ou non de la présence de mafias en Union soviétique. Aujourd'hui, personne ne conteste que nous ayons dépassé l'Italie en cette matière, et les règlements de comptes sanglants entre groupes criminels à Moscou sont plus spectaculaires qu'à Chicago à l'époque de la prohibition. Des milliards de dollars prennent le chemin de comptes à l'étranger. Tout cela est le résultat de la complaisance et de la tolérance des autorités. Je me dois d'assumer une part de responsabilité pour ne pas avoir déployé plus rapidement et de manière plus radicale la lutte contre les voleurs. Il me faut néanmoins constater que, dans la pratique, les tentatives allant dans ce sens furent bloquées par l'opposition, dont certains dirigeants avaient déjà commencé à établir des accointances avec des structures corrompues dans le monde des affaires naissant, et qui, à leur arrivée au pouvoir, leur offrirent des refuges sûrs.

Je dois rappeler à tous ceux qui me soupçonnent de mauvaises intentions que, le 13 février, je parlai devant les collaborateurs du parquet de l'URSS et des républiques en les incitant justement à veiller au respect des lois sans tenir compte des sympathies politiques. Je leur dis que nous quittions le système bureaucratique et administratif, mais que nous n'avions pas encore eu le temps d'en créer un autre, démocratique, légaliste. Dans cette situation intermédiaire, notre navire se trouvait ballotté en tous sens et nombreux étaient ceux qui avaient le mal de mer, mais il était impossible de revenir en arrière ni de soutenir ceux qui campaient sur des positions radicales. Les tentatives pour démolir le pays et créer des centres de pouvoir parallèles, précisai-je, étaient inadmissibles. Le parquet devait se préparer à adopter de nouvelles conditions de travail en partant du principe qu'une seule dictature existait chez nous : celle de la loi.

Autrement dit, au début de 1991, j'occupais une position centriste sans pencher ni à droite ni à gauche, et je m'efforçais de protéger les organes du maintien de l'ordre du danger de tomber sous l'influence d'extrémistes d'un côté ou de l'autre, et de devenir un instrument de leurs intérêts de groupe. Car deux stratégies étaient déjà lancées : l'une voulait la décomposition de l'Union soviétique et l'autre le rétablissement d'un État unitaire supercentralisé. Comme le reconnut plus tard Stanislav Chouchkevitch, à l'époque président du Soviet suprême de Biélorussie, le projet d'accord qui servit de base au document adopté à la fin de l'année dans la forêt de Bielovej fut mis en préparation dès le mois de février 1991. Et ce fut également en février que A. I. Tiziakov, le directeur d'une usine militaire de Sverdlovsk qui, peu après, participa au putsch, commença à rédiger des projets de documents sur l'introduction de l'état d'urgence. Deux groupes de conspirateurs avaient entrepris de saper le pouvoir du Kremlin, chacun s'efforçant de devancer l'autre.

À l'époque, je n'avais pas une connaissance précise de toutes ces intrigues et machinations. Bien sûr, je disposais de quelques informations en provenance de diverses sources, j'entretenais quelques soupçons et je sentais venir le danger. En tout cas, je voyais de plus en plus clairement que la question de l'Union — peut-elle exister ? et si oui, sous quelle forme ? — allait se trouver au cœur de la lutte politique. La poursuite des réformes économiques, politiques et juridiques en dépendait. Je ne pensais pas que l'on pût régler tant de problèmes qui concernaient le sort du peuple sans sa participation. De plus, je ne le cache pas, j'étais persuadé que les Soviétiques étaient, dans leur large majorité, favorables à la préservation de l'Union et à sa transformation en une fédération authentique. Le Soviet suprême adopta ma proposition d'organiser un référendum sur ce sujet et, le 16 janvier, je pris un décret qui en fixait la date : le 17 mars.

La formulation de la question qui devait être posée aux électeurs nous donna pas mal de fil à retordre. J'en discutai longuement avec mes assistants, puis elle fut débattue au Soviet de la Fédération et, enfin, au Soviet suprême. Lorsque nous parvînmes enfin à un consensus, la presse démocratique se jeta littéralement sur nous. Notre proposition était la suivante : « Êtes-vous pour la préservation de l'URSS ou pour sa transformation en une fédération d'États souverains ? » On nous opposa surtout deux arguments. D'abord, le fait que la question de la préservation de l'URSS semblait liée à celle de son renouveau et de sa transformation. On affirmait qu'une formule aussi vague ouvrirait la voie à des interprétations bien différentes du résultat. Ensuite, le fait que la volonté des peuples des petites républiques serait occultée, noyée dans l'énorme masse des électeurs russes. Les Russes, prétendait-on, voteraient massivement pour la préservation de l'Union et cela déciderait de l'issue du scrutin.

Aucun de ces deux arguments ne tenait la route. Je dus expliquer à plusieurs reprises que la mention de l'URSS ne contenait aucune arrière-pensée. C'était d'autant plus évident que, à ce moment, le projet de traité d'Union des États souverains était déjà prêt. De plus, en répondant à la question sur la préservation de l'Union, les citoyens auraient en vue qu'il s'agissait d'un État rénové, transformé, authentiquement fédéral.

Quant aux républiques, les craintes des adversaires du référendum étaient complètement risibles, puisqu'il était prévu, dès le début, de publier les résultats non seulement à l'échelle de l'Union, mais séparément par république. Par conséquent, nous n'avions pas la moindre intention de déformer la volonté de qui que ce fût.

J'admets sans peine qu'il était possible de peaufiner encore la formule. Dans des cas pareils, il est difficile d'imaginer des solutions idéales qui pourraient satisfaire tout le monde et répondre aux goûts et aux attentes des divers mouvements, partis et couches sociales. Je crois que les adversaires du référendum s'accrochaient à la formulation pour la simple raison qu'ils ne pouvaient pas se déclarer hostiles à une consultation populaire.

Dès l'instant où il devint clair que le référendum aurait bien lieu, les séparatistes de toutes les républiques se lancèrent dans une campagne acharnée en faveur du « non ». Fin janvier, la conférence constitutive du bloc du Congrès démocratique, qui réunissait Demrossiïa et des partis similaires d'autres républiques, se tint à Kharkov. La conférence se prononça contre la préservation de l'URSS en tant qu'État fédéral socialiste et soviétique. Le « conseil consultatif » du bloc, basé à Moscou, appela les citoyens à refuser la fédération rénovée, « imposée par le Kremlin » et à conduire, les 10 et 16 mars, des actions politiques sous les mots d'ordre : « Non aux question du référendum » et « Soutien au président du Soviet suprême de la RSFSR, Boris Eltsine ».

Eltsine et ses partisans comprenaient qu'un résultat positif au référendum renforcerait la position du centre et donnerait au président de l'URSS des fondements légaux et moraux pour poursuivre la ligne de préservation et de transformation de l'Union. Évidemment, cela allait à l'encontre de leurs plans et menaçait de réduire à néant toute possibilité de prise du pouvoir dans le pays. Cela explique la fureur des attaques de nos radicaux — je n'arrive pas à utiliser le mot « démocrates » pour parler d'eux — contre le scrutin. Ce n'était plus un tir de barrage, mais une déclaration de guerre.

Le 19 février, Eltsine fit une intervention fracassante à la télévision, en exigeant la démission immédiate du président de l'URSS et la passation de tous les pouvoirs au Soviet de la Fédération. Son discours abondait en formules discourtoises et agressives à mon égard. Ses mains tremblaient. On voyait bien qu'il ne se contrôlait pas totalement et qu'il lisait péniblement son texte. Vingt jours plus tard, le 9 mars, à la Maison du Cinéma, Eltsine appela ses partisans à « déclarer la guerre à la direction du pays qui nous mène droit dans un marécage ». Il déclara que Gorbatchev trompait le peuple et trahissait la démocratie. Le 10 mars, une manifestation eut lieu à Moscou « en faveur d'Eltsine, des mineurs [8], de la souveraineté de la Russie ».

Ces actions étaient visiblement destinées à déprécier d'emblée les résultats du référendum et à nous empêcher de l'utiliser pour préserver les intérêts de l'Union. L'état-major des radicaux-démocrates était bien renseigné sur l'état d'esprit de la population et il savait que Gorbatchev remporterait la mise. Cela ne cadrait évidemment pas avec ses projets.

À vrai dire, la réaction d'Eltsine et de ses partisans ne me surprenait guère. Lors de l'adoption du projet de référendum par le Congrès des

8. Plusieurs bassins miniers étaient alors en grève. (N.d.T.)

députés, le président russe était assis à ma droite, à la tribune, et il rejeta avec fureur ses écouteurs lorsqu'il entendit le résultat du vote de nos collègues. Il considérait que Gorbatchev l'avait « roulé » et allait « marquer des points » ce qui ne manquerait pas d'entraver ses projets ambitieux.

La politique, toutefois, est pleine de paradoxes. Eltsine et les siens parvinrent à redresser quelque peu la situation en leur faveur grâce... à leur propre opposition au sein du Soviet suprême de Russie. Six membres du présidium du Parlement de la république publièrent une déclaration qui condamnait résolument les actes de leur chef et exigeait sa démission. Ce geste audacieux était justifié par un sentiment de crainte devant l'affrontement que prônaient les eltsiniens. En aucun cas, ce geste ne fut planifié par le CC du PCUS. Ceux qui racontent cela colportent des bobards ! Les six personnes en question agirent tout à fait indépendamment. D'ailleurs, elles n'appartenaient pas à la catégorie des individus qui agissent sous la houlette de quelqu'un. Au début, ils avaient l'intention de travailler loyalement avec Eltsine, mais ils s'aperçurent bien vite qu'il était surtout intéressé par la lutte pour le pouvoir et non par la recherche de solutions aux problèmes pratiques de la Russie.

En publiant leur déclaration, ils commirent cependant une erreur de calcul qui permit à Eltsine de rebondir. Les radicaux-démocrates saisirent l'occasion au vol pour dénoncer un prétendu complot ourdi par le Kremlin. Ils mobilisèrent toutes leurs forces et organisèrent une série de manifestations en faveur de leur chef. Ils firent appel à la compassion de notre peuple pour les persécutés et ce procédé mille fois rodé donna, une fois de plus, les résultats escomptés. La première impression négative que les discours d'Eltsine avaient produite s'estompa un peu. Aux yeux des spectateurs, le match se soldait par un nul : Eltsine, qui avait demandé la démission de Gorbatchev, se voyait à son tour menacé de destitution. En fait, la population n'appréciait pas ce « combat des chefs » et pensait qu'il nous fallait trouver un moyen de coopérer. Je reçus des milliers de lettres me demandant de tendre la main à Eltsine. Et je crois qu'un courant épistolaire de même sens s'écoulait jusqu'au bureau d'Eltsine, à la Maison-Blanche.

Le IIIe Congrès des députés du peuple de la RSFSR s'ouvrit dans une atmosphère surchauffée. La veille, des manifestants avaient dépassé les bornes de la décence en menaçant de « prendre le Kremlin d'assaut ». De manière à éviter des désordres le jour de l'ouverture, des renforts de la milice et des forces spéciales du ministère de l'Intérieur furent envoyés à Moscou. Devant les risques d'affrontement, les deux camps s'employèrent à faire baisser les tensions.

Le 29 mars, le Congrès poursuivit ses travaux. Eltsine se retint d'employer des formules belliqueuses. Il se prononça même pour le dialogue et la collaboration avec le centre. Néanmoins, pendant tout son discours, il opposa la ligne politique avancée par Demrossiïa, visant des transformations profondes, à celle de la direction de l'Union qu'il qualifiait de rétrograde.

Les débats furent très durs : les gestes apaisants d'Eltsine n'inspiraient pas confiance à de nombreux députés. Ses partisans se virent obligés de multiplier les efforts pour éviter sa destitution. Pour des raisons évidentes, j'étais d'accord avec ceux qui critiquaient Eltsine. Le président russe fut sauvé par Alexandre Routskoï qui annonça la création du groupe des Communistes pour la démocratie pour le soutenir. Cette défection dans les rangs de l'opposition changea le rapport de forces. Pour finir, Eltsine obtint un soutien aussi inespéré qu'inattendu : le chef du PC de Russie, Polozkov, nia publiquement avoir exigé la démission d'Eltsine. On me raconta que Polozkov avait pensé que la direction de l'Union tentait de l'utiliser dans sa lutte contre le président russe, ce qui le poussa à faire ce geste. Eltsine conserva donc son fauteuil, obtint des pouvoirs supplémentaires et emporta la décision d'organiser une élection présidentielle au suffrage universel.

Un appel au centrisme

Une semaine après les déclarations provocatrices d'Eltsine à mon égard, je me rendis en Biélorussie. Ce voyage d'information, du 26 au 28 février, devait me permettre de visiter les régions de Gomel et de Moguilev qui avaient le plus souffert de la catastrophe de Tchernobyl. Dans le même temps, j'avais l'intention de profiter de l'occasion pour montrer à la direction et aux intellectuels de la république combien les attaques d'Eltsine contre la politique du centre étaient infondées et d'expliquer que les extrémismes de droite comme de gauche risquaient de pousser le pays vers l'abîme.

En préparant le voyage, je me penchai en détail sur l'état d'esprit des Biélorusses. L'économie de la république se trouvait alors dans un bien meilleur état que celle de beaucoup d'autres régions et semblait plus résistante aux phénomènes de crise. Mais la population souffrait énormément des conséquences de l'accident de Tchernobyl. En dépit des moyens considérables mis en œuvre pour surmonter les conséquences du désastre, de nombreuses questions, surtout sociales (retraites, soins aux malades, transfert des populations de la zone sinistrée), n'avaient pas été résolues. Les députés de la république, des organisations, de simples individus bombardaient le président du pays de demandes d'aide. Il était indispensable de faire tout ce qui était de notre ressort, en fonction des possibilités économiques du pays, pour répondre à cette nécessité vitale. Le gouvernement de l'Union se pencha sur la question. Il fut décidé d'octroyer des moyens supplémentaires. Je n'arrivais donc pas les mains vides.

Ce voyage est également resté gravé dans ma mémoire, car il me permit d'exposer certaines conclusions importantes fondées sur toute l'expérience de la perestroïka. Je pus faire une synthèse cohérente de plusieurs de mes observations et analyses et il me sembla que ces réflexions demeurent encore valables aujourd'hui.

Premièrement, j'attirai l'attention de mes auditeurs sur les dangers du séparatisme. En dehors du cadre d'un système équilibré, tous les résultats positifs des processus de démocratisation et de centralisation, l'indépendance accrue des entreprises, des régions, des républiques, se transformeraient en leur contraire. Il fallait se rappeler que les différentes composantes de l'URSS étaient interdépendantes, qu'elles avaient besoin les unes des autres, qu'elles partageaient un destin commun et des problèmes que nous ne pouvions résoudre qu'ensemble.

« La désintégration est une chose dangereuse, expliquai-je. Elle mène tout droit aux conflits civils et je ne vois pas comment nous pourrions décider de qui devrait vivre à tel ou tel endroit et par où passeraient les frontières. Et que ferons-nous des soixante-quinze millions de personnes qui habitent hors de leurs républiques ethniques ?

« Nous avons déclaré renoncer au monopole du pouvoir du PCUS, saluer le pluralisme politique qui permet aux couches sociales et aux groupes divers l'expression et la défense de leurs intérêts. Cela se fait par l'intermédiaire des partis, des syndicats et d'autres organisations, mais obligatoirement dans le cadre de procédures légales et sous une forme constitutionnelle. C'est le b-a-ba de la démocratie. Or certains courants politiques nouvellement formés ont entrepris de lutter pour la réalisation de leurs objectifs non pas dans le cadre légitime, mais à l'extérieur. L'impatience et le radicalisme se changent en intolérance et agressivité. On tente de substituer les idées aventuristes de privatisation totale à celles qui visent à la création d'une économie mixte. On veut transformer le désir légitime d'indépendance et de renaissance nationale des peuples en isolationnisme nationaliste et autarcique. La « guerre des lois » introduite par cette idéologie ne se contente pas de paralyser de nombreuses manières le pouvoir central, elle désorganise aujourd'hui des liens économiques forgés au cours des décennies.

« Les groupes qui agissent sous les drapeaux de la démocratie forment une armée disparate, mais les programmes de leurs dirigeants sont suffisamment clairs. Où ces « amis du peuple » de fraîche date veulent-ils nous mener ? Leur première thèse est la défédéralisation, c'est-à-dire le morcellement de notre grand pays multinational en quarante ou cinquante États, le transfert de peuples entiers, le redécoupage des frontières entre les républiques. Et leurs actions politiques sont conformes à leurs idées : ils se livrent à des attaques furieuses contre le centre, contre le référendum sur l'avenir de notre État multinational. Leur but est le suivant : affaiblir et, si possible, détruire l'Union. »

En parlant des dangers qui se profilaient à droite comme à gauche, je citai Alexandre Soljenitsyne : « La tâche la plus difficile dans un processus social, c'est de tracer la ligne médiane : les cris, les poings, les bombes, les grilles de prison ne sont d'aucune aide. La ligne médiane exige la plus grande maîtrise de soi, le courage le plus ferme, la patience la mieux mesurée, le savoir le plus précis.

« Pour moi, poursuivis-je, le centre n'est pas un point géométrique à équidistance de deux extrémités. Il ne s'agit pas d'occuper une position intermédiaire quelconque privée de dynamique. Le centre, pour moi, est un mouvement vers la transformation de la société, en la fondant non pas sur l'affrontement ou la division en camps ennemis, mais sur le consensus de l'énorme majorité de la population.

« Le bon sens de toute société est le fondement réel du centre politique. Il n'est pas aussi criard et bruyant que les extrêmes, mais il englobe la masse principale de la population, attentive au sort de son pays et dont la parole s'avérera décisive le moment venu. Nous ne devons pas négliger son opinion. Tel me semble être le sens de la perestroïka : procéder à des réformes révolutionnaires, mais pas par l'affrontement. Pas au travers d'une nouvelle version de la guerre civile. Nous en avons assez de l'opposition entre Blancs et Rouges, Noirs ou Bleus. Nous formons un seul pays, une seule société et nous devons, dans le cadre du pluralisme politique, en comparant publiquement les programmes, trouver les réponses pour pousser le pays en avant et répondre à ses intérêts vitaux.

« La véritable position centriste ne peut tolérer ni le retour au stalinisme et à la stagnation, ni l'aventurisme des radicaux qui veulent introduire le pays dans le marché d'un seul coup. La politique centriste implique une ligne de paix sociale qui prenne en compte les intérêts objectifs de la société. Quant à son contenu, je l'ai défini en son temps : *orientation socialiste*. Je ne changerai pas cette définition aujourd'hui.

« Il ne faut pas croire pour autant, dis-je à mes amis biélorusses, que seuls des aventuriers campent à droite et à gauche. Bien sûr, il y a là des dirigeants qui poussent en tous sens : certains veulent revenir en arrière, d'autres foncent en avant sans tenir compte des réalités, de l'état des esprits et, plus généralement, de la situation de la société. Mais, il y a aussi des forces saines, à droite comme à gauche. L'idée principale du centrisme aujourd'hui est certainement celle du consensus civil et national. Il ne s'agit pas d'un accord à tout prix, mais d'un accord autour d'objectifs acceptables par la majorité. »

Tel fut le sens de mes exposés en Biélorussie. Ils furent accueillis avec compréhension. Pourtant, la presse centrale les ignora. Il s'agissait apparemment d'une tactique délibérée, dans la mesure où il était difficile de formuler des objections sensées. Mes opposants ne voulaient pas faire de publicité à ces idées, même en les critiquant.

Entre-temps, les radicaux étaient passés de la phase des « tirs de barrage » à celle de l'offensive générale. Une nouvelle grève dans les bassins miniers fut lancée le 1er mars. L'une des principales revendications était la démission du président de l'URSS. Les manifestations de mineurs jouèrent un rôle fatal dans le sort de l'Union en sapant de manière considérable la position du centre et de son président. Il ne s'agit pas tant du préjudice économique provoqué par plusieurs mois d'arrêt du travail dans les mines des régions de Kouznetsk, de Tioumen, de Petchora, etc., que des conséquences psychologiques des actions des mineurs qui se répercutaient beaucoup plus douloureusement sur la situation du pays. Théoriquement, ces actions visaient à défendre les intérêts des travailleurs dans l'une des branches d'activité les plus dures. Pratiquement, elles discréditèrent la politique de perestroïka. Les idéologues radicaux-démocrates utilisèrent ce mouvement, avec une savante perfidie politique, comme d'un bélier pour détruire les murs de la forteresse assiégée. À l'époque, nous avons sous-estimé cela.

Les instigateurs de la grève avaient tout prévu dans le détail. Même la date de son lancement, le 1er mars, la veille de mon anniversaire. Le jour de mes soixante ans, je reçus la visite de membres du Politburo, de ministres, de députés, d'écrivains et de journalistes avec qui j'entretenais des relations amicales. Je reçus beaucoup de fleurs, de messages, de télégrammes, notamment de mes collègues étrangers. Mes assistants me félicitèrent chaleureusement. Le soir, nous nous réunîmes en famille.

Néanmoins, l'événement le plus agréable lié à mon anniversaire fut la publication d'un communiqué, le lendemain, pour annoncer que le projet de traité d'Union était prêt et accepté par neuf républiques. Le long travail du comité de préparation et du Soviet de la Fédération avait porté ses fruits. Et il me semblait alors que nous pourrions surmonter les tendances centrifuges et remettre le pays sur les rails de la normalité.

Le référendum du 17 mars

À l'approche du référendum, l'activité politique des partis et des mouvements politiques s'accéléra. De nouvelles formations se constituèrent. À la fin du mois de février, on annonça la constitution d'un Mouvement pour une grande Russie unie. Prokhanov, Starodoubtsev et Polozkov en étaient les principaux dirigeants. Ce fut également à ce moment que se créa l'Union scientifique et industrielle d'Arkadi Volski. J'ai déjà mentionné le Congrès démocratique qui réunissait en un bloc électoral quelques partis d'orientation proche de Demrossiïa.

Pour le référendum, la répartition des forces était très simple. D'un côté, les eltsiniens qui appelaient les électeurs à voter non. De l'autre, le PCUS ainsi que pratiquement tous les partis et groupes nouvellement formés qui défendaient l'idée de la préservation de notre Union.

Une semaine avant le scrutin, les résultats des sondages n'étaient pas favorables aux radicaux. D'ailleurs, en prévision de leur défaite sur la question principale du référendum, ils avaient « pris une assurance » en ajoutant sur le bulletin destiné à la population de la Russie une question relative à la création du poste de président de la RSFSR. La réponse ne pouvait être que positive. À cette époque, plusieurs républiques s'était déjà dotées d'un président ou se préparaient à le faire[9].

Le Soviet suprême d'Ukraine « accrocha » lui aussi son propre « wagon » référendaire. L'idée des séparatistes était évidente : se ménager une issue permettant d'interpréter les résultats sinon en leur faveur,

---

9. Avant l'instauration de ces postes présidentiels, le chef de chaque république était le président du Parlement. (N.d.T.)

du moins dans un sens neutre. En utilisant un tel stratagème, ils obtiendraient plus tard l'organisation d'un autre référendum et, après la direction russe, porteraient un coup très dur à l'unité de l'État.

Le 15 mars, je fis une allocution télévisée. Bien que brève, elle demanda beaucoup de travail. Il fallait trouver les bons mots pour parler à l'esprit et au cœur des gens, prendre en considération qu'une même pensée serait perçue de manière différente en Russie, en Asie centrale et dans le Caucase. Naturellement, un discours ne peut pas changer le cours des choses, mais il me semble que le mien joua un rôle positif. Je déclarai, entre autres :

« En participant au référendum, chacun de vous devra être pleinement conscient du fait qu'il répond à une question essentielle pour le présent et l'avenir de notre État multinational. Il s'agit du destin du pays, du destin de notre patrie, de notre maison commune, de notre vie et de celle de nos enfants et petits-enfants.

« Cette question revêt une importance et un sens qui dépassent largement les intérêts des partis, groupes sociaux et mouvements politiques. Seul le peuple a le droit de prendre une décision. Je vous appelle, chers concitoyens, à participer au référendum sur l'Union et à répondre oui à la question posée.

« Notre oui, c'est le respect envers un État qui a prouvé à de nombreuses reprises sa capacité à défendre l'indépendance et la sécurité des peuples qu'il réunit.

« Notre oui, c'est la garantie que la flamme d'une nouvelle guerre n'embrasera pas notre pays qui a déjà subi tant d'épreuves.

« Notre oui ne signifie pas la préservation de l'ordre ancien, avec la domination du centre et l'absence de droits pour les républiques. Un résultat positif du référendum ouvrira la voie à un renouveau radical de l'Union, à sa transformation en une fédération de républiques souveraines, où les droits et les libertés des citoyens de toutes les nationalités seront solidement garantis.

« Notre oui au référendum et la conclusion du traité d'Union permettront de mettre fin aux processus destructifs qui agitent notre société et de revenir résolument vers des conditions normales de vie et de travail.

« À mon sens, c'est cela le plus important pour le peuple, c'est à cela qu'aspirent le plus nos concitoyens. Ils en ont assez des querelles sans fin et de l'exacerbation des passions. Ils exigent des solutions aux problèmes pratiques qui concernent la production, la consommation, la légalité, la justice, l'activité des organes d'État. Pour tout dire, la population aspire à un retour à la normale.

« Le succès du référendum, je veux le souligner, ouvrira des perspectives nouvelles pour poursuivre toutes les réformes entreprises dans notre pays et auxquelles nous associons tous nos projets.

« J'ajouterai encore une chose. Il est difficile et même impossible de résoudre les tâches qui nous attendent sans l'accord et la coopération de la société. Voilà pourquoi il faut, avant qu'il ne soit trop tard, arrêter la montée de l'intolérance et de l'animosité. Cela aussi, nous devons le faire ensemble, pour le bien de tous. Un résultat positif du référendum constituera le premier pas vers la consolidation de notre société.

« J'ai la profonde conviction qu'il n'y aurait pas de gagnant si une scission profonde de la société intervenait. Tout le monde y perdrait... »

Le référendum eut lieu et se solda par une victoire indéniable des forces de l'unité et de l'intégration sur celles de la division et du démantèlement. En dépit des efforts effrénés des radicaux-démocrates, en dépit des doutes des sceptiques, le peuple se prononça fermement en faveur de la préservation et du renouveau de l'Union. Et cela non seulement au niveau de l'ensemble du pays, mais encore dans chaque république. Et d'une certaine manière, même là où les autorités locales avaient empêché son organisation : les pays baltes et la Moldavie [10].

La Russie répondit également de manière positive à la question sur l'instauration du poste de président de la république. Je ne veux pas fatiguer le lecteur avec des chiffres, les résultats du référendum ont été publiés et discutés à maintes reprises, mais je voudrais ajouter une chose. Deux ans plus tard, en 1993, la Russie organisa un autre référendum sur les réformes, la confiance au président et au Soviet suprême. Les démocrates mirent à profit une victoire pas très convaincante pour mener à bien une stratégie prévue de longue date. Des juristes qualifiés — j'en tenais certains pour des spécialistes dévoués à la loi et incorruptibles — affirmèrent, en dépit du bon sens, que les résultats du scrutin « légitimaient » la tentative du président russe de dissoudre le Soviet suprême.

Aucun d'entre eux ne regarda en arrière ni se souvint que la volonté souveraine du peuple soviétique, exprimée par le vote du 17 mars, avait

10. Dans ces républiques, le référendum fut tout de même organisé par les partisans de l'Union, mais seule une faible partie de la population y participa. (N.d.T.)

été effrontément ignorée. Pourtant, 76 % de la population du pays et 71,34 % de celle de Russie dirent oui à l'Union.

Les résultats du référendum étaient tout aussi impressionnants en Ukraine et en Biélorussie, mais cela n'empêcha nullement Eltsine, Kravtchouk et Chouchkevitch de se réunir dans la forêt de Bielovej. Leurs mains ne tremblèrent pas lorsqu'ils signèrent le document qui allait à l'encontre de la volonté des Russes, des Ukrainiens, des Biélorusses et de tous les peuples de notre pays.

Bien que la propagande radicale s'efforçât par tous les moyens de limiter la signification du référendum, Eltsine et son entourage se virent contraints d'en tenir compte. Il me semble que, sans ce vote, les rencontres de Novo-Ogarevo — qui, pendant quelque temps, permirent de détendre l'atmosphère du pays et créer des conditions pour résoudre la crise — n'auraient pas eu lieu.

Cela se refléta aussi sur nos relations personnelles. Bien entendu, d'autres éléments jouèrent un rôle dans notre trêve, notamment le fait qu'Eltsine était candidat à l'élection présidentielle de Russie et qu'il comptait sur l'impartialité du président de l'URSS. Sur ce point, je conservai la plus stricte neutralité bien que, je ne le cache pas, je ne lui donnais pas ma préférence. J'estimais que les citoyens de la RSFSR avaient le droit de choisir en toute liberté l'homme qui présiderait à leur destin. La côte de popularité d'Eltsine était assez élevée et peu nombreux étaient ceux qui doutaient de sa victoire. Cependant, le choix d'un colistier pour le poste de vice-président était d'une importance capitale. Routskoï a certainement beaucoup aidé Eltsine en attirant vers lui le vote d'une partie de la population qui conservait une orientation socialiste.

Mais n'anticipons pas. En ce début de printemps, la campagne présidentielle en était encore à ses balbutiements et il était important pour les futurs prétendants d'entretenir de bonnes relations avec tous ceux qui pouvaient avoir une influence sur le résultat du vote.

À cette époque, je rencontrai Eltsine à plusieurs occasions. Nous nous penchâmes sur l'ensemble des problèmes du moment dans une atmosphère plutôt bonne, globalement. Néanmoins, dès qu'il se trouvait devant les caméras de la télévision ou les micros de la presse, Eltsine proposait des interprétations assez libres de nos conversations. Il semblait particulièrement désireux de montrer qu'il était en position de force, que ses exigences étaient acceptées et que l'homme installé dans le fauteuil de président de l'URSS exécutait ses ordres.

Une ou deux fois, je réagis à cela en lui disant que l'opinion publique devait savoir la manière dont se déroulaient nos rencontres. Il tenta de se justifier en m'affirmant que l'on ne me rapportait pas l'exacte teneur de ses propos.

En mars, avril et dans les mois suivants, des « altercations » opposèrent la direction russe et celle de l'Union à diverses reprises. Tous les membres de l'entourage d'Eltsine n'étaient pas d'humeur paisible. Certains ne parvenaient pas à faire baisser leur fièvre anticentriste. Ils étaient tellement remontés qu'ils continuaient, dès qu'ils le pouvaient, à fustiger le président et à jeter contre lui des condamnations sévères. J'avais malgré tout l'impression que, dans le brain-trust eltsinien, une ligne pacifiste prévalait, du moins temporairement. Le calcul était évident : nous allons faire de notre chef le président de la Russie, nous deviendrons totalement maîtres de la Maison-Blanche, et puis après, on verra bien...

Je me rendais bien compte de la précarité de cette paix mais je considérais qu'elle pouvait être mise à profit pour parachever le travail sur le traité d'Union, qui traînait, et obtenir des résultats pratiques. Il me semblait important de lier la direction russe par des obligations qu'elle aurait du mal à violer par la suite. Voilà comment naquit le processus de Novo-Ogarevo.

Le processus de Novo-Ogarevo

Pour expliquer à quel point la collaboration avec Eltsine était compliquée et contradictoire, je voudrais rappeler qu'au cours du Congrès des députés du peuple de la RSFSR, le 30 mars, Eltsine exposa son programme en parlant des actions du centre comme d'un retour au cours d'avant avril 1985. Deux semaines plus tard, dans une interview aux *Izvestia*, il prétendit que ceux qui affirmaient qu'il existait « un fossé insurmontable » entre lui et Gorbatchev avaient tort, et que nous nous unirions pour défendre le pays contre la droite.

Il est inutile de préciser que les craintes devant la menace des « fondamentalistes » communistes avaient leur raison d'être. Si les résultats du référendum m'avaient convaincu — comme tous ceux qui partageaient mon analyse — de la nécessité de mener à son terme la transformation de la structure étatique du pays, les éléments conservateurs du parti en tiraient la conclusion qu'ils avaient reçu mandat de préserver l'Union sous son ancienne forme, sans le moindre changement substantiel. Ils ne voulaient pas comprendre que les électeurs n'avaient voté pour l'Union que dans la mesure où sa préservation était liée à sa transformation. De plus, comme le projet de traité d'Union était déjà publié, les électeurs avaient pu trancher en connaissance de cause.

Les dirigeants du parti, aussi bien à Moscou que dans les républiques, sentaient bien que le pouvoir fuyait de plus en plus les structures du parti pour renforcer celles de l'État et que l'influence politique du PCUS diminuait en conséquence. Après l'abolition de l'article 6 de la Constitution, le parti demeura encore longtemps, simplement par inertie, la force dirigeante de la société, mais cela ne pouvait durer indéfiniment. Déjà des dizaines de partis et d'organisations se lançaient à l'assaut des « chasses gardées » des communistes et devenaient majoritaires dans certaines couches et groupes sociaux. Au lieu de tirer les conclusions qui s'imposaient et apprendre à mener le combat pour gagner le cœur des masses, les fonctionnaires du parti, habitués à considérer que leur pouvoir procédait d'une sorte de « droit divin », rendaient responsables de tous leurs malheurs le Comité central, le Politburo et, avant tout, le secrétaire général.

Avec une amertume bien compréhensible, le PCUS passait de la position de parti de gouvernement à celle de parti d'opposition. Cela engendrait un abattement grandissant chez les membres ordinaires et pas mal d'aigreur chez les cadres dirigeants. Le 30 décembre 1990, lors d'une réunion des premiers secrétaires régionaux et républicains, les discours contenaient pas mal de ressentiment et d'incompréhension quant à la politique de la direction. Et le lendemain, lorsque Ivachko présenta son rapport sur « la situation actuelle et les tâches du parti », les participants ne ménagèrent plus leurs critiques. Seul le respect pour le poste de secrétaire général — ce sentiment était pour ainsi dire inscrit dans les gènes des fonctionnaires du parti — les retint encore de lancer quelques obscénités à mon égard. Mais mon entourage réformateur fut l'objet de vives attaques où les noms d'oiseaux l'emportaient sur les arguments raisonnés. Au plénum suivant, en avril, la barrière psychologique finit par céder et l'on exigea le changement de la direction.

Pour les révoltés du sommet du parti, il était indispensable d'obtenir le soutien de la base. Des groupes se formèrent pour lutter contre le « révisionnisme » et restaurer la dictature du prolétariat. Le 2 avril, à Leningrad, une conférence d'une association intitulée « Unité pour le léninisme et les idéaux communistes » exigea ma démission du poste de secrétaire général. La cheville ouvrière de cette organisation était une certaine Nina Andreïeva dont j'ai déjà eu l'occasion de parler. Au début du mois d'avril, le gorkom de Kiev, suivi par l'obkom de Leningrad et le CC de Biélorussie avancèrent la même exigence : convocation d'un plénum extraordinaire du CC du PCUS et présentation d'un rapport de sa direction.

Sur ma table s'empilaient des centaines de dépêches en provenance de comités du parti qui exigeaient impérativement la prise de mesures urgentes pour sauver le régime socialiste, y compris l'instauration de l'état d'exception. Le 22 avril, au Soviet suprême, après avoir débattu du rapport du Cabinet des ministres sur la sortie de la crise, les députés, à l'initiative du Premier ministre Pavlov et avec l'accord tacite de leur président, Loukianov, examinèrent l'idée d'introduire l'état d'urgence, sinon dans l'ensemble du pays, du moins dans les secteurs clés de l'économie. Il me fallut encore intervenir et, en ripostant aux conservateurs déchaînés, remettre le Parlement sur la voie d'un travail normal.

Dans mon cercle habituel de conseillers, nous discutâmes de cette situation longuement et à plusieurs reprises. Nous parvînmes à la conclusion qu'il fallait forcer l'allure pour préparer et signer le traité d'Union en rassemblant pour cela les dirigeants des républiques. Je dois tout de suite souligner que l'on n'avait nullement l'intention de transformer ces rencontres en une sorte d'organisme chargé de prendre des décisions officielles. Ce qui a été plus tard baptisé le « 9 + 1 » ou tout simplement la « Décurie [11] » n'était qu'une manière plus efficace de terminer le travail sur le traité d'Union. Et il ne s'agissait nullement de le faire derrière le dos des législateurs, des Soviets suprêmes de l'Union et des républiques.

Je le dis simplement car certains amateurs de parallèles affirment qu'en 1993 Eltsine se borna à « mettre ses pas dans les traces de Gorbatchev [12] ». C'est une analogie tout à fait fausse car je n'ai jamais pris la liberté d'attenter aux droits du Parlement et encore moins de créer des organes sans fondement constitutionnel en vertu de mes propres décrets. Ainsi, j'obtins l'accord du Soviet suprême de l'URSS pour la création de mon conseil de sécurité (le 13 mars 1991), une sorte de

---

11. En plus du président soviétique, les participants au processus de Novo-Ogarevo étaient au nombre de neuf : les présidents d'Azerbaïdjan, de Biélorussie, du Kazakhstan, du Kirghizistan, d'Ouzbékistan, de Russie, du Tadjikistan, du Turkménistan et d'Ukraine. (N.d.T.)

12. En tentant de court-circuiter le Soviet suprême par la création d'un Conseil de la Fédération. (N.d.T.)

cabinet restreint dont faisaient partie le vice-président, les ministres de l'Intérieur, des Affaires étrangères et de la Défense, le président du KGB ainsi que Primakov, à qui je voulais confier les relations économiques extérieures, et Bakatine [13]. De plus, le Parlement me donna une leçon en rejetant Boldine dont j'avais proposé la candidature au conseil.

Cela m'offre l'occasion de reconnaître quelques erreurs dans les nominations des personnes qui jouèrent un rôle fatal dans le destin de l'Union et le mien personnel. Il s'agit en premier lieu de Ianaïev dont je fis mon vice-président en mettant toute mon autorité dans la balance pour l'imposer au Congrès des députés du peuple. Certains prétendaient que Gorbatchev ne souhaitait pas voir autour de lui de brillantes personnalités et qu'il préférait la compagnie de gens médiocres pour pouvoir briller lui-même. En fait, ce n'étaient que des racontars, mon entourage comprenait beaucoup de personnalités de grand talent et je n'ai jamais eu peur de la concurrence. En revanche, en observant quelques interventions de Ianaïev à la tribune, je crus que sa résolution, son assurance et la liberté avec laquelle il abordait tous les sujets étaient révélatrices de hautes qualités. Je ne parviens toujours pas à me pardonner de ne pas l'avoir bien étudié avant d'en faire le deuxième personnage de l'État et, surtout, de ne pas avoir écouté l'opinion des députés qui, pourtant, était claire.

J'ajouterai que Ianaïev est apparu dans une situation inhabituelle. À l'origine, j'avais l'intention de promouvoir Ryjkov à ce poste, mais il n'y tenait pas. De toute manière, même s'il avait accepté, il fut victime d'une crise cardiaque au moment où les choses se jouaient. Ensuite, j'arrêtai mon choix sur Chevardnadze mais, avant même d'avoir pu lui parler, il démissionna de son poste de ministre des Affaires étrangères en lançant à la tribune du Congrès son avertissement sur l'imminence d'une dictature. Je pensai aussi à Nazarbaïev, mais je voyais mal qui pouvait le remplacer au Kazakhstan. Il ne me restait plus guère le temps de la réflexion. C'est alors que Ianaïev me « tomba sous la main ». Ce fut une grave erreur de calcul.

Mais, revenons à nos moutons. Le brain-trust présidentiel décida que la seule réponse rationnelle à la menace grandissante des forces conservatrices et revanchardes était un accord entre les centristes et les démocrates. Je simplifie les choses volontairement. En réalité, le processus de Novo-Ogarevo était beaucoup plus compliqué et avait de multiples

---

13. Proche de Mikhaïl Gorbatchev, il avait occupé le poste de ministre de l'Intérieur avant d'être remplacé par Boris Pougo, en novembre 1990. (N.d.T.)

facettes. Il commença par un entretien avec Eltsine dans la résidence de campagne du gouvernement, à Novo-Ogarevo, où Brejnev avait reçu Nixon et où j'ai moi-même accueilli Reagan, Bush et d'autres dirigeants étrangers.

Cette rencontre se fit à petit pas, comme si chacun testait la volonté de l'autre de parvenir à un compromis. Mon appareil avait mis au point un communiqué et Eltsine tenait prêt le sien. En fin de compte, les deux finirent à la poubelle. Après une conversation qui dura la journée tout entière, nous transmîmes à la presse le texte d'une déclaration commune.

Le lendemain, au cours d'une conférence de presse, Eltsine rompit clairement l'équilibre acquis en présentant l'accord comme sa victoire. Que faire ? Telle est sa nature. Je ne fis pas d'objection : il ressortait du communiqué publié qu'un compromis raisonnable avait été atteint et qu'il devenait possible d'arrêter l'affrontement pour jeter les bases d'une collaboration. Les extrémistes radicaux-démocrates comme Iouri Afanassiev se jetèrent aussitôt sur Eltsine en l'accusant de trahison.

Au cours de cette période, je consultai fréquemment mon entourage et renforçai ma conviction que seul un mécanisme qui refléterait le rapport réel des forces politiques permettrait la poursuite des réformes. Un tel mécanisme était indispensable aussi bien pour le programme anticrise que pour le traité d'Union.

Mes réflexions furent stimulées par le fait que les échéances approchaient. Une rencontre avec les dirigeants de neuf républiques était fixée au 23 avril, à la veille du plénum du CC qui devait se tenir le 24. Il fallait dresser un projet précis des mesures pratiques destinées à sortir de la crise politique et économique, le mettre au point avec les dirigeants des républiques et le présenter au plénum, en obligeant les critiques de droite comme de gauche à prendre publiquement position sur ce qui apparaîtrait comme un programme de salut national.

Du 16 au 19 avril, je me rendis au Japon pour une visite officielle prévue de longue date. Après mon retour, le 23, je rencontrai les dirigeants de Russie, d'Ukraine, de Biélorussie, d'Azerbaïdjan, du Kazakhstan et des quatre républiques d'Asie centrale dans cette même résidence de Novo-Ogarevo. Je m'adressai à mes collègues en les regardant droit dans les yeux. La situation était extrêmement difficile et il fallait entreprendre des actions peu ordinaires, coordonnées et efficaces. Nous devions mettre de côté nos divergences — qui pour l'essentiel ne concernaient que des intérêts particuliers — et, surtout, nos antipathies. Le sort de l'État devait passer avant tout. Je proposai de formuler un document, bref et clair, de manière à montrer que les dirigeants des républiques et de l'Union avaient l'intention d'agir ensemble de manière résolue. Cela apaiserait les tensions et détendrait l'atmosphère. Je parvins à communiquer mon état d'esprit aux participants de la rencontre. L'un après l'autre, chacun à sa manière, ils soutinrent cette approche et se prononcèrent en faveur d'une déclaration commune. Nous procédâmes à un bref échange d'opinions quant à son contenu puis, pendant une pause, je retournai à mon bureau où m'attendaient Revenko et Chakhnazarov et dictai le texte à ma secrétaire. Il fut travaillé, tapé au propre et remis aux « Neuf ».

L'impulsion donnée par le référendum nous avait permis de formuler clairement nos souhaits au sujet de l'Union. Nous déclarâmes que les États réunis en son sein s'accorderaient les uns les autres le régime de la « nation la plus favorisée » et qu'ils construiraient leurs relations avec les autres anciennes républiques sur la base des normes internationales existantes. La signature rapide du traité d'Union était présentée comme le plus sûr moyen de stabiliser la situation. Les présidents de l'URSS et des neuf républiques appelaient les travailleurs à cesser les grèves et les forces de l'ordre à agir dans le cadre de la Constitution. Le document confirmait également notre intention de poursuivre les réformes. Les dirigeants républicains proposèrent quelques corrections puis le texte définitif fut remis à l'agence Tass et à la *Pravda* pour publication.

Une fois le travail accompli, un dîner nous attendait. Nous portâmes des toasts. L'atmosphère était pleine d'espoir et, malgré quelques faux bruits qui circulèrent par la suite, tous les participants soutinrent fermement la déclaration.

Fait significatif : au même moment, l'organisation des Syndicats indépendants de Russie appelait à une grève générale préventive contre la hausse des prix. Les radicaux, qui se trouvaient toujours en lutte avec le centre et n'avaient pas réagi immédiatement à l'évolution de leur chef, s'efforçaient de pousser les ouvriers. Tout changea après la déclaration des « 9 + 1 ». La situation se décrispa et, à part un petit nombre de collectifs de travailleurs qui interrompirent le travail pour quelques heures, personne ne soutint la grève.

La nomenklatura du parti n'avait nullement l'intention de se rendre sans combat. Au printemps 1991, les chefs de l'opposition formée au sein du PCUS décidèrent de passer à l'attaque. Ils comptaient utiliser le mécontentement social grandissant provoqué par la hausse du prix des denrées alimentaires et des produits de consommation courante intervenue le 2 avril.

Le 16 avril, des fonctionnaires du parti des villes héroïnes [14] de RSFSR, d'Ukraine et de Biélorussie se rassemblèrent à Smolensk. La plupart des participants étaient des premiers et seconds secrétaires de gorkoms comme ceux de Moscou, de Leningrad, de Kiev, etc. Le prétexte officiel de la réunion était de préparer les cérémonies du cinquantième anniversaire du début de la Grande Guerre patriotique. Mais les organisateurs, en particulier Prokofiev, membre du Politburo et premier secrétaire du gorkom de Moscou, et Melnikov, secrétaire du CC du PC russe, étaient bien moins intéressés par les intérêts des vétérans que par le lancement d'une attaque virulente contre le Politburo et son secrétaire général. Ils appelèrent aussi à la prise de mesures extraordinaires au nom du « salut public ».

Dans le cadre de cette rencontre, des participants se rassemblèrent en petit comité pour discuter, entre autres, de la manière d'obliger Gorbatchev à organiser un congrès extraordinaire du PCUS et changer la direction du parti. Et ceux des membres du Politburo qui tentaient d'influencer le secrétaire général pour lui faire proclamer l'état d'urgence et restaurer la dictature de la direction du parti étaient au courant de ces projets. Il est possible même qu'ils en fussent les véritables instigateurs.

À la veille du plénum d'avril, des débats sur la démission du secrétaire général eurent lieu dans le cadre des obkoms de Moscou et de Leningrad. Les motions furent approuvées par les premiers secrétaires respectifs, Prokofiev et Guidaspov, bien qu'elles n'émanassent pas directement d'eux. Ils affirmaient n'avoir pas pu faire autrement : ces textes reflétaient l'état d'esprit de la base, des communistes ordinaires. Il est significatif de constater que les demandes de destitution du secrétaire général se conjuguaient aux appels du chef de Demrossiïa à démettre le président.

---

14. Décorées après la guerre pour leur conduite héroïque face aux nazis. (N.d.T.)

En résumé, les forces conservatrices au sein du PCUS avaient décidé de mettre Gorbatchev en accusation lors du plénum d'avril. Informé de cela, je décidai de « prendre le taureau par les cornes » et je fis comprendre à mes opposants qu'ils ne devaient pas s'attendre à une reddition de ma part. J'étais préparé au pire et résigné à l'idée d'une scission au sein du parti, mais je considérais qu'il était de mon devoir de combattre les rétrogrades qui conduisaient le PCUS vers l'abîme.

> Nous sommes rassemblés ici à un moment très difficile, dis-je dans mon introduction aux travaux. Dans la société, l'atmosphère est chauffée à blanc. La pression augmente aussi au sein du parti. Ces phénomènes ne sont pas spontanés. De tous côtés fusent des déclarations très dures qui concernent le sort du peuple et de l'État. Mais il est particulièrement important de ne pas céder à la tentation de décisions émotionnelles. Naturellement, le moment présent ne convient pas aux réflexions calmes et académiques. Certains tentent de dévier le pays du cours des réformes, soit en le plongeant dans une nouvelle aventure ultra-révolutionnaire qui détruirait notre État, soit en le tournant vers le passé, vers un régime totalitaire à peine voilé. Je veux parler des plans des radicaux de gauche et de droite.
>
> Les deux directions sont pernicieuses. Et le danger le plus grave, aujourd'hui, c'est leur connivence, en dépit de la haine implacable qu'ils se vouent. Regardez avec quelle unanimité ils crient les mêmes slogans ! Depuis quelques mois, les dirigeants extrémistes de Demrossiïa, en utilisant à des fins politiques le juste mécontentement des travailleurs envers une situation économique difficile, exigent la dissolution du Congrès des députés du peuple et du Soviet suprême de l'URSS, la démission du président et du gouvernement. À présent, ces exigences sont répétées presque mot pour mot par certains comité du parti en RSFSR et dans d'autres républiques, ainsi que par certains députés du groupe Soïouz.
>
> Tentons d'imaginer sobrement ce qui se passerait si ces exigences étaient satisfaites. La destruction des structures étatiques légitimes créerait inévitablement un vide du pouvoir. Les forces politiques opposées, qui s'entendent en ce moment sur des exigences extrémistes, se retrouveraient face à face alors que la barrière posée entre elles par l'ordre constitutionnel et l'activité des organes légitimement élus aurait disparu. Leur coalition illusoire céderait alors la place à un combat cruel dans lequel les masses seraient impliquées. Et, indépendamment du vainqueur, un nouvel arbitraire remplacerait les institutions démocratiques. Ce serait une véritable dictature et non la dictature imaginaire que certains voient dans le régime constitutionnel actuel. La chance historique

de moderniser le pays par des moyens pacifiques, c'est-à-dire par les réformes, serait manquée.

Le premier jour du plénum fut plutôt calme. La publication de la déclaration de Novo-Ogarevo constitua une énorme surprise. Quant à ceux qui brûlaient malgré tout de se ruer au combat, mon discours d'ouverture dut les retenir. Naturellement, cela ne dura pas. Le lendemain, après avoir tenu conseil pendant la nuit, un groupe d'orateurs attaqua le secrétaire général, enflammant la salle. Gourenko [15] fut particulièrement agressif en déclarant : « Des dommages ont été causés au pays dont même un ennemi n'aurait pas été capable. » Il exigea de « fixer par la loi le rôle dirigeant du PCUS », de remettre en vigueur l'ancien système de nomination des cadres et de contrôle des médias par le parti. Il me semblait difficile de croire que l'on pût être à ce point esclave des préjugés et coupés de la réalité.

Prokofiev, Guidaspov et Malofeïev lui emboîtèrent le pas. Ce dernier, le premier secrétaire du PC biélorusse, insista sur l'introduction de l'état d'urgence. En fait, la plupart des autres interventions contenaient la même exigence : ou le secrétaire général introduisait l'état d'urgence, ou il devait partir. Après le discours le plus dur — il me semble que c'était celui de Zaïtsev, de la région du Kouzbass — je pris la parole.

— J'en ai assez de la démagogie. Je démissionne !

Plus tard, on me demanda si cette décision correspondait à une impulsion subite provoquée par ces attaques, ou s'il s'agissait d'un acte tactique préparé à l'avance. Cela peut paraître curieux, mais les deux explications sont vraies. Il est évident qu'en entendant de tels propos, je ne suis pas resté de marbre et que j'ai ressenti le désir d'en finir une fois pour toutes. Mais, d'un autre côté, je m'étais préparé à cette éventualité. Je me suis dit que le « moment de vérité » était là, qu'il fallait en finir avec les hésitations et prendre une décision.

Plusieurs de mes proches et beaucoup de ceux qui ne pensaient qu'à mon bien tentaient depuis longtemps de me persuader de démissionner du poste de secrétaire général pour me consacrer à la présidence. De mon côté, je considérais que les temps n'étaient pas encore mûrs pour séparer les deux fonctions, bien que cela représentât un lourd fardeau. Le parti avait déjà commencé à se déchirer en parcelles ethniques et le

15. Stanislav Gourenko, membre du Politburo, était premier secrétaire du CC du parti ukrainien. (N.d.T.)

même sort menaçait l'État et l'Union. Et moi, partisan de l'intégration, je jouais un rôle unificateur.

On annonça une pause pour permettre aux membres du Politburo de se réunir. J'entrai dans la pièce une minute, le temps de leur dire franchement qu'ils l'avaient tous cherché, et notamment Gourenko. Ils n'avaient qu'à déterminer entre eux ce qu'ils voulaient faire. Gourenko, lui, se récriait furieusement, s'enflammait et sautillait même sur place.

Plusieurs personnes s'efforcèrent de me convaincre de retirer ma démission, mais je refusai et me rendis dans mon bureau. La réunion du Politburo se poursuivit. Pendant ce temps, plusieurs membres du CC, en désaccord catégorique avec mon départ, se rassemblèrent dans la salle autour de Volski, Latsis, Bakatine, Gratchev et d'autres camarades. Je crois qu'ils étaient soixante-douze. Ils préparèrent une déclaration qui affirmait que le Comité central actuel était incapable de diriger le parti et demandait la convocation d'un nouveau Congrès du parti.

Une heure et demie plus tard, le plénum, sur proposition du Politburo décida de refuser ma démission sans discussion. La majorité fut écrasante. Il n'y eut que treize voix contre et quatorze abstentions.

Après cela, l'atmosphère se détendit quelque peu. Je crois que Nazarbaïev donna l'appréciation la plus dure mais la plus exacte de ce qui s'était passé.

— Nous avons affaire, dit-il, à une tentative pour enterrer l'idée de renouveau de la société et de l'État et pour revenir au système de commandement administratif, au régime totalitaire.

Le plénum finit par adopter une résolution plutôt équilibrée. Dans mon discours de clôture, j'émis l'idée qu'un dialogue de fond sur la doctrine et la politique du parti s'imposait dans le cadre de la discussion du projet de programme du PCUS. Le parti devait changer avec la société. Que certains cadres fussent nostalgiques de l'ancien monopole du pouvoir était compréhensible. Mais ce n'était pas une raison pour engager une lutte généralisée qui ne pourrait qu'évoquer un festin pendant la peste. Dans les conditions existantes, la ligne optimale était le centrisme. Il fallait miser sur les intérêts du plus grand nombre. Le parti devait se concentrer sur la mise en œuvre du programme anticrise et gagner de l'autorité aux yeux de la population. Pour conclure, j'appelai à avoir une attitude très responsable envers la déclaration des « 9 + 1 ».

La tentative pour me faire abandonner les réformes et m'engager sur la voie du revanchisme se solda donc par un échec. La plupart des membres du CC votèrent contre ma démission non parce qu'ils étaient favorables à la perestroïka ou qu'ils éprouvaient de la sympathie envers moi, mais parce que, pragmatiques, ils comprenaient que, sans moi, le parti se couperait de toute influence politique et sa direction n'aurait plus qu'à se consoler en ressassant le souvenir de sa grandeur perdue.

Aujourd'hui, je me demande si je n'aurais pas dû insister pour démissionner. Il est probable que, d'un point de vue personnel, cela aurait mieux valu. Mais, pour ne pas mettre les réformes en péril, je préférai ne pas « abandonner le parti ».

Le dernier plénum

J'ai derrière moi plusieurs congrès et des dizaines de plénums du CC auxquels j'ai participé en qualité de délégué. Je ne garde pas de souvenir de la plupart d'entre eux car, malgré tout le battage de la presse, c'étaient de grandes messes où tout était prévu d'avance. Quelques plénums ont tout de même revêtu une certaine importance et sont restés gravés dans ma mémoire en raison des problèmes qui y furent discutés ou d'affrontements entre différents points de vue. J'en ai décrit quelques-uns dans ce livre.

Mais il me semble sans exagération que le plénum de juillet 1991 fut le plus important pour le parti et pour le développement de notre conception de l'avenir. Là se déroula la confrontation finale entre les partisans de la nouvelle pensée et les orthodoxes. Là fut adopté le nouveau programme du PCUS qui impliquait une rupture totale avec le passé.

Sa préparation ne se fit pas sans difficultés. Des tentatives pour revenir sur les résultats positifs du XXVIIIe congrès avaient déjà été entreprises lors du congrès du PC de la RSFSR, en septembre 1990. Les délégués réformistes les avaient fait échouer en exigeant le retrait de l'ordre du jour de la discussion et de l'adoption d'un nouveau programme, car cela allait à l'encontre des décisions déjà prises par le PCUS. De plus, ils émirent une motion de défiance à l'égard du premier secrétaire, Polozkov, et proposèrent de le remplacer. Les débats s'échauffèrent jusqu'à être interrompus par Polozkov lui-même. Il fit part à l'assistance de son intention de faire une déclaration spéciale le lendemain.

Je me souviens que l'on prenait le thé tous ensemble dans le bureau du présidium. Je demandai à Polozkov quel genre de déclaration il comptait faire.

— J'ai bien réfléchi, me répondit-il. Pour normaliser la situation, je ne vais pas demander un vote de confiance comme certains me le suggèrent. Je vais simplement annoncer ma démission du poste de premier secrétaire du CC.

Le lendemain, je me rendis au congrès pour voir comment allait être reçue la déclaration de Polozkov, mais il n'y eut pas de déclaration. Au cours d'une réunion des premiers secrétaires des obkoms, tous s'étaient prononcés contre la démission. Je pense qu'il s'agissait d'un spectacle bien monté : ainsi Polozkov pouvait prétendre avoir été contraint d'obéir à leur volonté unanime.

En tout cas, l'opposition aux réformes et au secrétaire général qui les incarnait se répandait dans les obkoms et les structures toutes récentes du PC russe. Et elle était habilement orchestrée d'abord depuis les coulisses, puis de plus en plus ouvertement, par le nouveau Politburo du CC du PCUS.

Je ne veux pas parler des dirigeants des partis communistes républicains : ils étaient trop occupés par leurs soucis propres et ne rentraient pas dans le détail de ce qui se passait dans les organes centraux. Je ne veux pas non plus accuser les autres membres de la direction : il se trouvait parmi eux des hommes à l'esprit ouvert, mais qui étaient loin de donner le ton.

Comme j'ai déjà eu l'occasion de l'exposer, les premiers mois de 1991 furent marqués par une multitude d'événements dramatiques : les affrontements en Lituanie et la lutte politique autour des pays baltes, la déclaration de guerre des radicaux contre le centre, les recherches d'un compromis acceptable pour tous dans le cadre du processus de Novo-Ogarevo. Tout cela témoignait une nouvelle fois de la nécessité pour le parti d'adopter un nouveau cours. Les décisions du XXVIIIe congrès constituaient un excellent point de départ pour cela, mais la direction du parti ne voulait pas agir en ce sens. Elle se réunissait régulièrement, parlait de la situation, approuvait sans enthousiasme les actions du président et du gouvernement, mais rien de plus.

J'avais beau les avertir que le PCUS allait perdre toute autorité, mes appels au changement se perdaient dans le désert. Mes collègues avaient d'autres pensées. Ils souhaitaient une restauration forcée du modèle stalinien, tout au moins dans sa variante brejnévienne. Et ils éprouvaient une aversion croissante à mon égard, car ils me tenaient pour responsable de leur propre incapacité à marcher au rythme de leur temps et à capter les besoins de la société et les aspirations du peuple.

Dans la fronde qui montait, le gorkom de la capitale jouait de plus en plus le rôle de meneur. Au cours de la réunion des villes héroïnes dont j'ai déjà parlé, Prokofiev n'hésita pas à proférer de violentes critiques contre moi, en m'accusant d'être responsable de tous les maux du pays. Guidaspov, Gourenko et Chenine [16] parlèrent à peu près dans le même esprit. Les fondamentalistes, fous de colère, exigeaient de punir les « révisionnistes » et d'expulser du parti les Communistes pour la démocratie que dirigeaient Routskoï et Lipitski, ainsi que d'autres groupes, même si le XXVIIIe congrès avait autorisé leur existence et s'ils comptaient des membres au sein du Comité central.

L'incapacité des structures du parti à s'adapter aux réalités et à comprendre la nouvelle situation, leurs tentatives pour freiner les transformations démocratiques provoquèrent une immense déception parmi les communistes. En 1990, près de deux millions et demi de personnes quittèrent le parti. Après la publication des débats du plénum d'avril, le mouvement s'accéléra encore. Au 1er juillet 1991, le parti ne comptait plus que quinze millions de membres. En dix-huit mois, plus de quatre millions de personnes, près de 22 % des effectifs, avaient quitté ses rangs ou en avaient été exclues.

Conscient de ma responsabilité devant des millions de communistes, j'abordai à plusieurs reprises ce sujet avec mes proches et des personnes en qui j'avais confiance. Une conclusion s'imposait : il fallait forcer la transformation du PCUS en un parti politique moderne qui prônerait le socialisme démocratique. Et pour cela, il fallait préparer et adopter très vite un nouveau programme. La commission du congrès qui siégeait depuis quelques mois à Volynskoïe avait déjà présenté cinq versions, mais elles se situaient toutes dans le droit fil d'une tradition devenue obsolète. Dans ces conditions, mes assistants et moi-même entreprîmes de faire nos propres propositions jusqu'à mettre au point un document qui fut approuvé par la commission et présenté pour discussion au plénum de juillet.

Le projet de programme fut publié dans la seconde moitié de juillet et, le 25, le CC ouvrit ses débats.

Dans l'introduction de mon rapport, je posai carrément la question : pourquoi le parti avait-il besoin d'un tel document ?

Je commençai par donner une brève réponse :

> L'ancien modèle théorique et pratique du socialisme s'est révélé inconsistant. Nous rencontrons le besoin d'une profonde restructura-

16. Oleg Chenine était membre du Politburo et secrétaire du CC. (N.d.T.)

tion, d'une réforme démocratique de tous les aspects de la vie sociale. Le renouveau du parti y est lié.

Certaines forces au sein du PCUS se prononcent ouvertement contre la ligne du XXVIIIe congrès et émettent des doutes sur la politique actuelle. Mais ceux qui lancent aujourd'hui l'anathème contre la perestroïka et ses initiateurs oublient les faits. Au début des années quatre-vingt, le pays se trouvait déjà exsangue : les maladies de la société, vieilles et nouvelles, n'étaient ni dévoilées ni soignées, mais honteusement cachées. Cela a généré une crise douloureuse. Et cette crise ne touche pas seulement quelques parties de l'organisme social, mais le modèle même de communisme de caserne.

Le système bureaucratique totalitaire créé par Staline put obtenir des résultats considérables grâce à la concentration des forces et du potentiel d'un énorme pays. Mais les efforts excessifs minaient peu à peu la santé de la société, épuisaient ses ressources, réduisaient la productivité du travail. Il était clair depuis longtemps que le système arrivait au bout de ses possibilités. Voilà pourquoi, après la mort de Staline, des tentatives de changement eurent lieu. Les répressions de masse et certains éléments de l'héritage totalitaire furent abandonnés, mais le même système bureaucratique demeura à la base du pouvoir qui continua à s'appuyer sur la domination absolue de la propriété de l'État. En substance, ce fut le *poststalinisme*.

La perestroïka présentait une importance vitale parce que le pays perdait ses anciennes positions à un rythme croissant et accumulait les retards sur les pays développés dans tous les domaines du progrès scientifique, technique, économique et social.

Parmi la multitude de points importants du programme, je m'attachai à celui sur lequel avaient buté plusieurs générations de socialistes : le rapport entre le socialisme et le marché.

Dans le passé, ces deux notions étaient considérées chez nous comme incompatibles. On croyait que les relations dans l'économie de marché étaient en contradiction avec la distribution selon le travail fourni et fondaient l'exploitation des uns par les autres. En réalité, le marché, en soi, ne définit pas le caractère des relations de production, il demeure depuis l'Antiquité le seul mécanisme permettant objectivement — et dans une grande mesure sans l'intervention de la bureaucratie — de mesurer l'apport de travail de chaque producteur. Toute l'expérience mondiale des dernières décennies conduit à la conclusion que le principe de distribution selon le travail ne peut être réalisé que dans le cadre de l'économie de marché. Le socialisme et le marché sont non seulement compatibles, mais en fait inséparables.

Prenant en ligne de compte les particularités et les traditions de notre société, nous sommes opposés au remplacement total de la propriété d'État par la propriété privée. Nous devons créer une économie mixte, multiforme, permettant un développement libre de tous les types de propriété, mais en donnant la priorité à la création de sociétés par actions et au système de baux, ce qui permettra à de larges couches de travailleurs de devenir possédants, propriétaires et porteurs de parts.

Pour finir, l'économie de marché permettra au pays de s'intégrer à l'économie mondiale. Pour cela, il faut réglementer l'activité des entrepreneurs, adopter le libre-échange des marchandises, avoir une devise nationale stable et, surtout, un État de droit et une société civile. Ce n'est qu'en assurant ces conditions que nous pourrons occuper notre juste place dans la division mondiale du travail. Ces vérités sont évidentes, mais nous n'avons fini par les admettre qu'en suivant des chemins tortueux et avec un grand retard !

Conscient de m'adresser à un auditoire très particulier, je choisis des exemples qui devaient trouver un écho chez des individus élevés dans la reconnaissance absolue de l'héritage de Lénine. Au sujet du parti, je dis :

Des courants se sont déjà formés au sein du PCUS et chacun tente d'orienter ce dernier. En même temps, du fait même de son activité, il met à l'épreuve la résistance à la scission de l'ensemble du parti. Il n'est pas dans mon intention de mettre en accusation les communistes qui pour des raisons diverses adhèrent à tel ou tel courant. Dans de nombreux cas, cela se produit à l'issue d'une déception compréhensible devant l'évolution des événements du pays et du parti.

Les schémas du passé dominent la conscience de la société et empêchent de comprendre le sens des changements. Les représentants du « fondamentalisme » communiste nous accusent de conduire le PCUS sur la voie de la social-démocratie. Ils font référence aux divergences idéologiques du temps de la révolution et de la guerre civile, lorsque les communistes et les sociaux-démocrates se sont trouvés des deux côtés de la barricade. Que les historiens étudient les péripéties du passé, mais il est tout à fait évident que les critères de l'affrontement de cette époque lointaine ne sont plus valables aujourd'hui. Nous avons changé, la social-démocratie a changé. L'histoire a rendu obsolètes de nombreux problèmes qui étaient à l'origine de scissions dans les mouvements ouvriers et démocratiques, et parmi les partisans du socialisme.

Toujours dans mon rapport, j'appelai tous les courants et les groupes à évaluer leur ligne de manière critique, à contrôler leurs émotions et à donner la priorité à un calcul politique sobre.

> Naturellement, personne n'a besoin d'appels pacificateurs du genre : « Vivons tous dans l'amitié ! ». Si certaines fractions qui s'opposent à la stratégie du parti et violent ses statuts quittent ses rangs, cela ne va pas lui nuire. Au contraire, cela le renforcera.

Je conclus en proposant de convoquer un prochain congrès en novembre ou décembre pour adopter le nouveau programme.

Les discours commencèrent tout de suite après. En dépit des conseils de personnes bienveillantes qui m'avaient recommandé de suivre l'exemple des anciens dirigeants, de « prendre des assurances » et d'« organiser les débats » (c'est-à-dire de donner de préférence la parole à mes partisans, de retenir les critiques, d'avoir une conversation avec ceux qui risquaient de se révéler les plus virulents, etc.), je décidai de ne pas avoir recours à ces manœuvres. L'heure était venue d'agir ouvertement. Si la majorité du CC rejetait le projet, la scission serait inévitable. En revanche, s'il donnait son approbation, cela signifierait que l'épreuve des adieux et la scène finale n'auraient lieu qu'au XXIXe congrès. Cette dernière possibilité me semblait préférable : je considérais comme plus digne et approprié de décider du sort du parti lors d'un congrès et non à un plénum.

Comme on pouvait s'y attendre, un torrent de critiques et de reproches s'abattit dès les premières interventions : l'attachement aux idées de Marx et Engels n'avait pas été déclaré avec suffisamment de netteté ; le passage au marché était interprété de manière trop unilatérale ; il ne fallait pas hésiter à rappeler les mérites du PCUS devant le peuple soviétique, etc.

À mesure qu'enflaient les reproches, je voyais une certaine angoisse s'emparer de mes assistants : ils craignaient que la commission du plénum ne mutilât le projet. Quant à moi, je me sentais de mieux en mieux, car le ton des remarques était en décalage total avec leur contenu. Il n'y eut pas plus de deux ou trois interventions hystériques. La plupart des orateurs évaluèrent le document à partir de positions qui laissaient transparaître une conscience sociale assez avancée.

Même des conservateurs nostalgiques de l'ordre ancien — ou du moins de quelques traits du passé qui leur étaient chers — semblaient avoir compris qu'après tant de discussions animées aux Congrès des députés et aux sessions du Soviet suprême, dans la presse et à la télévision, les notions de marché, de société civile, d'État de droit, d'élections libres, de pluralisme politique, de système pluraliste, de valeurs humaines et d'intégration dans la communauté mondiale étaient devenues normales et avaient pris racine dans la conscience de la population.

Et les fanatiques ? N'étaient-ils pas dans la salle ? Pourquoi se taisaient-ils ? Pourquoi ne se dressaient-ils pas contre les hérétiques ? Il me semble qu'il y avait plusieurs raisons à cela. D'abord, la leçon du plénum d'avril, au cours duquel les durs s'étaient vus contraints de renoncer à l'idée de destituer le secrétaire général, n'avait pas encore été oubliée. Le rapport de forces n'avait pas changé et une nouvelle mutinerie aurait été perdue d'avance. De plus, ils étaient bien obligés de tenir compte du processus de Novo-Ogarevo dont les fruits commençaient à mûrir et qui orientait la société vers l'idée de conciliation. Dans de telles circonstances, une scission au sein du PCUS se serait retournée d'abord contre les artisans de la rupture. Pour finir, un certain nombre de chefs fondamentalistes estimaient désormais inutile de chercher à atteindre leurs objectifs par le biais de la discussion : ils commençaient déjà à envisager d'autres moyens, plus « résolus ».

En tout cas, le plénum confia à la commission rédactionnelle la tâche de terminer le travail sur le texte, et le fit sans concession sérieuse.

En concluant les travaux du plénum, je soulignai la nécessité de faire preuve d'ouverture d'esprit et de tolérance à l'égard des idées discordantes. La société fatiguée ne voulait pas supporter de nouveaux cataclysmes sociaux, des affrontements, des tensions sociales fortes. Elle s'était remise à respirer en entendant l'appel à mettre les intérêts du peuple, de la patrie et de l'État avant toutes les discussions politiques. Il fallait comprendre cette tendance générale et poursuivre le cours des réformes en adoptant une approche civilisée de la politique.

Pour ceux que la notion de « réformisme » effrayait, je rappelai les paroles de Lénine : au lieu d'une approche révolutionnaire « dans le sens d'une rupture totale et complète avec le passé », il fallait développer une approche « totalement différente, de type réformiste ».

J'affirmai : « Nous sommes confrontés au besoin de changer radicalement notre point de vue sur le socialisme. Nous ne trouverons pas plus de réponses dans le cadre du vieux modèle que, malgré notre aide, n'en ont trouvé nos amis étrangers. Oui, il s'agit d'une crise du socialisme et de l'idée socialiste, mais elle peut être surmontée. »

Je tirai du plénum l'impression suivante : une perspective réaliste de réformer le PCUS s'était enfin ouverte, mais il n'était pas encore sûr qu'elle pût être menée à bien.

CHAPITRE 28

RECONNAISSANCE ÉCONOMIQUE DE L'UNION SOVIÉTIQUE EN MUTATION : LE G7 EN 1991

La perestroïka à l'intérieur du pays exigeait des changements dans les liens économiques avec les autres États et son intégration dans l'économie mondiale. J'abordai ce thème au cours de mon intervention devant l'Assemblée générale des Nations unies, en décembre 1988, ainsi que dans mes conversations avec les représentants de la Commission trilatérale, une influente organisation non gouvernementale qui préparait un rapport sur l'état et les perspectives des relations Est-Ouest. Un groupe de ses membres, notamment Henry Kissinger, Valéry Giscard d'Estaing, l'ancien Premier ministre japonais Yasuhiro Nakasone et le banquier américain David Rockefeller, fit le déplacement à Moscou pour obtenir à la source des informations qui permettraient d'avancer ce travail. Pendant plusieurs heures, je m'entretins avec eux des possibilités que nous avions d'entrer sur le marché mondial, de différentes formes de participation aux échanges économiques internationaux, des conditions d'admission de l'URSS dans les activités des organisations économiques internationales, etc.

Plus tard, à l'approche du sommet du groupe des sept pays les plus industrialisés (ou G7), je décidai d'envoyer une lettre spéciale au président François Mitterrand de manière à poser ces problèmes directement aux dirigeants des principaux États occidentaux. Ce fut le premier pas d'un rapprochement qui aboutit à ma rencontre avec les membres du groupe, lors du sommet de Londres pendant l'été 1991.

Avant d'en arriver là, il fallut surmonter bien des obstacles. En 1990, après Paris, le sommet annuel du G7 se tint à Houston et fut consacré à la situation en URSS et en Europe de l'Est. Je fis parvenir un nouveau message aux participants. J'étais de plus en plus convaincu de la nécessité d'un dialogue direct avec les Sept.

Pendant l'automne de 1990, à chacune de mes rencontres avec des hommes politiques occidentaux, je soulignai qu'il nous incombait de réformer notre économie, que personne ne le ferait à notre place, et que nous comprenions très bien cela. Mais, dans le même temps, la création dans notre pays d'un système sain correspondait aux intérêts de l'Ouest. Par conséquent, nous nous estimions en droit d'attendre des gestes de nos partenaires au cours de l'étape la plus critique des réformes.

La réaction initiale de mes interlocuteurs fut très prudente et même sceptique. Directement ou indirectement, j'entendais le même son de cloche en provenance de l'Occident : la réforme en URSS marquait le pas, l'économie soviétique n'avançait pas assez vite vers le marché et cela diminuait les chances d'un mouvement de nos partenaires dans notre direction.

Cette réaction était sensible dans une série de remarques de James Baker avec qui je m'entretins le 15 mars 1991, à Moscou. Le contexte de notre rencontre était plutôt perturbé : situation politique tendue à la veille du référendum sur le destin de l'Union, crise sur le marché de consommation, difficultés sur la scène internationale.

— Aujourd'hui, me dit Baker, nous entendons de plus en plus souvent dire que la politique du président Gorbatchev s'oriente vers la droite. On prétend que vous auriez changé de cap. Je dois dire que certains signes, surtout dans le domaine du contrôle des armements, nous inquiètent. Cependant, nous ne doutons pas que les corrections apportées à votre politique soient seulement destinées à assurer le succès des réformes et de la démocratisation et qu'il n'y a pas de changement majeur. Nous voulons y croire et nous y croyons.

Je ne pus me retenir de lui demander :

— Tout de même, vous voulez y croire ou vous y croyez ?

— Les deux, me répondit Baker. J'ai parlé récemment avec le président Bush et nous sommes parvenus à la conclusion que votre place dans l'histoire était assurée si vous ne changiez pas de cap. Tout ce que vous avez fait restera gravé pour toujours, à condition de ne pas faire marche arrière. Et c'est l'une des principales raisons qui nous pousse à penser qu'une telle chose ne se produira pas.

Je fus franc avec Baker. Il le méritait. Cet homme de réflexion peu porté au sentimentalisme comprenait bien nos problèmes, mais je dus lui rappeler certaines choses. Je lui expliquai que, dans l'atmosphère très tendue qui régnait dans le pays, il fallait « une énorme réserve de force, de foi et de conviction pour garder le contrôle de la situation ». « Certaines manœuvres tactiques » étaient également nécessaires.

L'objectif était de « neutraliser les deux ailes radicales, à l'extrême gauche comme à l'extrême droite, de manière à éviter un conflit civil ».

— Je suis déterminé à agir uniquement par la voie constitutionnelle et démocratique.

Sur le même ton de franchise, le secrétaire d'État me fit part de ses considérations au sujet de notre économie.

— Il nous semble que le mouvement ne va pas dans la bonne direction.

— Ce jugement est erroné, objectai-je aussitôt.

— J'espère me tromper, se ressaisit-il.

— Nous ne changeons pas de cours, poursuivis-je. Nous souhaitons aller jusqu'à une économie de marché mixte. Mais il ne s'agit pas de brûler les étapes en dépit du bon sens, comme ce fut le cas pour la collectivisation. Avec le temps, nous pourrons avancer plus vite, mais il faut d'abord résoudre certains problèmes. Nous sommes ouverts au développement rapide des relations avec les pays occidentaux.

— Bien sûr, répondit Baker, seul le président de l'URSS sait jusqu'où il veut aller. L'Amérique ne peut pas le décider à sa place. Mais, si vous voulez ouvrir le pays aux affaires et aux capitaux occidentaux, nous savons de manière certaine ce qu'il ne faut pas faire. Il ne faut pas, par exemple, que le Premier ministre Pavlov parle d'un complot occidental de banquiers dans le but de saper l'économie soviétique. Il ne faut pas signer des décrets donnant des pouvoirs supplémentaires au KGB. Tout cela effraie les investisseurs occidentaux. Vous devez agir avec beaucoup de prudence pour ne pas piétiner les premières pousses du marché en Union soviétique.

— Nous avons un problème, avouai-je à Baker. Ce que vous concevez comme des affaires légales est perçu chez nous, par une large partie de la population, comme de la spéculation qui devrait être punie par la loi. Lors de mes rencontres avec des ouvriers, on me demande toujours : « Pourquoi permettez-vous tout cela ? Pourquoi tous ces affairistes ne sont-ils pas en prison ? »

Comme on le voit, les mots que j'avais prononcés quelques années plus tôt étaient toujours d'actualité : *nous voulons qu'on nous comprenne.* Une interprétation correcte de notre situation et de notre politique économique était d'autant plus importante que les pays occidentaux pouvaient maintenant contribuer réellement au mouvement de notre pays vers le marché et vers son intégration dans l'économie mondiale.

Au printemps de 1991, la possibilité que je sois invité à la réunion du

G7 de Londres se précisa. L'idée était soutenue par Kohl, Mitterrand et Andreotti. John Major, qui allait présider les Sept à compter du 1er juillet, était également favorable au projet. Je reçus également le soutien actif de Mme Thatcher lors de notre rencontre à Moscou, fin mai.

— Cela serait une tragédie, me dit-elle, si tous nos efforts se soldaient par un échec seulement à cause de l'incapacité de l'Occident à vous venir en aide à temps. Les générations futures ne nous pardonneraient pas cela.

Cependant, la position des États-Unis et du Japon bloquait la situation. Bush ne semblait pas pressé. Nous avions certains problèmes au sujet de l'interprétation et de l'exécution du traité de Paris sur les forces conventionnelles en Europe. Des questions restaient également en suspens dans le cadre des négociations sur la réduction des armes stratégiques offensives. Il n'était pas à exclure que Washington liât ces « difficultés » et notre participation à la réunion du G7.

L'idée, pourtant, était dans l'air. Dans la première décade de mai, les journaux britanniques annoncèrent que Major souhaitait inviter Gorbatchev à Londres. Le 5 juin, ma conférence à Oslo, pour le prix Nobel, eut un retentissement important et permit aux Européens d'insister en faveur de ma venue.

Je reçus une invitation formelle vers la mi-juin, mais les préparatifs commencèrent bien avant. En effet, des actions urgentes étaient nécessaires. Le processus de Novo-Ogarevo pouvait permettre de résoudre la crise sociale et politique que nous traversions. La question du soutien de la communauté internationale aux réformes se posait de manière aiguë. En plus de sa portée stratégique, ma visite aux Sept revêtait un sens pratique : assurer un soutien économique substantiel au pays.

Vers la mi-mai, le conseil de sécurité de l'URSS se pencha sur un mémorandum du Cabinet des ministres portant sur notre entrée au Fonds monétaire international. Lors de cette réunion, je parlai de notre participation éventuelle au sommet de Londres. Le conseil approuva ma position.

Fin mai, je signai les ordres nécessaires pour lancer la préparation des textes et des propositions en vue de la rencontre. Des spécialistes et des chercheurs, responsables des principaux instituts économiques, prirent part à ce travail dont la coordination fut confiée à Medvedev.

Vers le 6 juillet, tout était prêt. Seuls subsistaient des problèmes de chiffres sur les finances publiques et la politique monétaire. Lors d'une entrevue à Volynskoïe, Orlov, le ministre des Finances s'efforça une fois de plus, avec le soutien de Pavlov, de diluer les choses dans des considérations générales. Il se conformait à l'habitude bien ancrée de dissimuler les erreurs dans le domaine financier, par exemple les résultats très insatisfaisants de la réforme des prix intervenue au printemps. Il me fallut insister pour que la situation réelle du budget, de son déficit et de l'émission de masse monétaire fût enfin éclaircie. La préparation technique en vue du sommet de Londres nous aida à mieux comprendre d'autres problèmes économiques : la situation de la balance des paiements, les dettes en devises, la conversion de l'industrie de défense.

Le 8 juillet, nous présentâmes le travail accompli aux dirigeants des républiques réunis à Novo-Ogarevo. À la surprise de beaucoup, la réunion se tint dans un esprit de compréhension. Certains avaient eu peur que les Occidentaux ne fissent payer à Gorbatchev un prix élevé, en termes de concessions, pour sa participation au sommet du G7, mais ces craintes s'étaient révélées vaines. Tous les dirigeants républicains, à commencer par Eltsine, soutinrent ma position. Le président de l'URSS fut donc également mandaté à Londres par les républiques. Je tiens à le souligner, car il y a eu beaucoup de spéculations autour de tout cela, surtout de la part des putschistes, notamment des adjoints de Krioutchkov spécialisés dans les « sales affaires ».

Le 11 juillet, je fis parvenir à nos partenaires occidentaux, par courrier diplomatique, une lettre personnelle les informant des conclusions de nos groupes de travail. Bessmertnykh fit tout exprès le déplacement jusqu'à Washington pour la remettre à Bush. La réaction ne se fit pas attendre : « C'est une lettre formidable, bien que les États-Unis soient en désaccord avec certaines propositions », déclara Bush à des journalistes, deux ou trois jours plus tard.

Voici quelques-uns des passages essentiels de mon message :

> Nous considérons que l'heure est venue d'entreprendre des efforts coordonnés pour parvenir à un nouveau type d'interaction économique qui rendrait possible l'intégration de l'économie soviétique — avec son vaste potentiel de production, ses ressources humaines, scientifiques et techniques, ses richesses naturelles et son marché intérieur colossal — dans l'économie mondiale. Cela ne pourrait que renforcer les processus politiques positifs dans les relations internationales.

Pour parvenir à ce résultat, la stratégie que nous proposions était fondée sur les points suivants :

> Nous comptons essentiellement sur la mobilisation de nos propres forces et ressources en vue de la stabilisation de notre économie et de son entrée dans l'économie mondiale.

Nous considérons qu'il doit y avoir un mouvement réciproque de l'URSS et du Groupe des Sept au cours duquel les mesures importantes dans le domaine des réformes économiques et de l'ouverture de l'économie soviétique au monde extérieur seraient soutenues par des gestes réciproques qui faciliteraient leur mise en œuvre.

Nous sommes favorables au déplacement du centre de gravité de la coopération économique vers des relations de marché directes entre les sociétés et les banques avec l'octroi des garanties indispensables, ainsi que du régime de la nation la plus favorisée par les gouvernements.

Nous considérons qu'il est nécessaire de compléter les relations économiques bilatérales par la participation de l'URSS au système des relations multilatérales et aux activités des institutions internationales, financières et autres.

Suivaient dix points qui contenaient une évaluation des processus en œuvre chez nous et des perspectives des réformes économiques et politiques.

En préparant le sommet, j'eus également de nombreux contacts avec les dirigeants occidentaux : conversations téléphoniques et échange de correspondance avec Bush, rencontres et conversations avec Mitterrand, Andreotti et le président du gouvernement espagnol Felipe Gonzalez. Mon entretien avec Kohl, à Kiev, fut particulièrement productif. Le 15 juin, je reçus Jacques Attali, le président de la Banque européenne pour la reconstruction et le développement (BERD) et, le 20 juin, Jacques Delors, le président de la Commission des Communautés européennes.

À la veille du sommet, Bush me fit parvenir une lettre qui reflétait le nouveau niveau des relations entre notre pays et l'Occident. Dans le même temps, elle était remarquable par tout ce qui y était suggéré, y compris des éléments de pression. L'administration américaine adoptait visiblement une position spéciale et cela devint tout à fait clair pendant le sommet.

En raison des réserves émises par plusieurs membres du G7, ma participation dut être arrangée comme une rencontre spéciale en dehors du cadre de la réunion annuelle du Groupe. Je ne prêtai pas d'importance à ce détail en comprenant bien que la formule « 7 + 1 » constituait un énorme pas en avant et dominerait la rencontre de Londres, même sans la transformer en rencontre d'un G8.

Nous arrivâmes dans la capitale britannique le 16 juillet. À l'ambassade soviétique, où nous nous réunîmes, nous échangeâmes quelques impressions. La tonalité de la presse avait changé : de l'optimisme, elle était passée à une certaine réserve, voire même au scepticisme. Des journalistes avaient-ils subi des pressions ? Apparemment, on voulait faire comprendre à Gorbatchev qu'il ne devait pas se faire trop d'illusions.

Le 17 juillet au matin, avant le début du sommet, j'eus des entretiens avec Bush, Mitterrand et Attali. Avec le président américain, nous parvînmes à un accord définitif sur la réduction des armements stratégiques. Après cela, je partis à la rencontre des Sept à Lancaster House, dans une atmosphère plutôt solennelle.

En ouvrant la rencontre, Major me souhaita la bienvenue. Il nous félicita, Bush et moi, pour notre accord en matière de désarmement. Cette annonce fut saluée par des applaudissements, un phénomène rare dans des réunions de ce genre. Major qualifia la rencontre d'historique car elle était la première du genre et s'avérait très importante pour ses participants. Il précisa que les Sept avaient lu ma lettre et qu'ils étaient d'accord sur de nombreux points avec son contenu. Cependant, il restait des questions qui demandaient des éclaircissements de ma part : sur la privatisation et la libéralisation de l'économie, sur les moyens de réduire l'excès de masse monétaire, sur le déficit budgétaire, sur les prix, sur le problème des finances et de la dette dans les relations entre le centre et les républiques, sur les assises et les particularités de notre futur marché. Major précisa que l'Occident était capable de nous apporter une aide au niveau macro-économique, surtout sous la forme d'une assistance en expertise, et au niveau micro-économique dans quelques directions concrètes, surtout dans le domaine de l'énergie. Le climat en matière d'investissements jouerait un rôle capital dans tout cela.

Je commençai mon intervention en définissant la rencontre de Londres comme le révélateur de profonds changements dans les relations internationales. Ce qui était impensable deux ou trois ans plus tôt était devenu logique et naturel en raison de la nouvelle donne.

La direction soviétique considérait que les processus positifs dans le monde pourraient prendre un caractère stable. Pour cela, le dialogue politique et la coopération en matière de sécurité et de diplomatie devaient s'appuyer sur de nouveaux liens économiques. Notre conception de l'entrée du pays dans l'économie mondiale impliquait des changements radicaux en URSS, mais aussi des gestes de l'Occident dans notre direction : levée des limitations juridiques et réglementaires sur les relations économiques et techniques avec l'Union soviétique, participation de cette dernière aux organismes économiques internationaux, etc.

Je précisai que j'avais fait un choix irrévocable en faveur de la poursuite des transformations démocratiques dans la société et de l'accélération du mouvement vers le marché. Cependant, la logique des événements nous conduisait à penser qu'il était impossible de mener à bien des transformations importantes en dehors du marché mondial, tout comme il était impensable d'avancer vers la démocratie et le respect des droits et des libertés de l'homme hors des processus généraux de développement de la civilisation à l'aube du XXIe siècle.

J'attirai l'attention des participants sur nos projets de programmes concrets de coopération. De cette manière, j'avais répondu à l'ensemble des questions qui m'avaient été posées au début de la réunion.

Tous les dirigeants du G7 prirent part à la discussion qui suivit. Bush exprima son inquiétude au sujet de la répartition des prérogatives étatiques dans le cadre du traité d'Union. Il souligna que c'était important du point de vue des investisseurs et définit quelques points clés : le mécanisme des actions ultérieures, la compréhension mutuelle entre les participants à la réunion, la coopération avec les organisations internationales, l'impulsion politique donné par John Major, l'actuel président du G7 et par celui qui le remplacerait l'année suivante, le chancelier Kohl. Le président américain expliqua aussi que par impulsion politique il entendait également le voyage que Major devait faire à Moscou et dont il rendrait compte aux Sept. Tout cela, ajouta-t-il, en laissant suffisamment de souplesse aux États du Groupe pour des actions bilatérales.

Après les considérations purement pragmatiques de Bush, le discours de Kohl me sembla plus émotionnel et empreint de sympathie. « Nous vivons, dit-il, un moment exceptionnel et historique. S'il se poursuit bien, le processus que nous venons de lancer à Londres aura une importance considérable pour l'Europe et pour le monde entier. » En revanche, sur les conclusions pratiques, Kohl se montra très réservé, lui aussi. En se repliant sur une position prévue d'avance, il se prononça en faveur de la création d'un « mécanisme » d'interaction autour du président des Sept qui travaillerait en coordination avec les structures existantes.

L'intervention de Mitterrand m'impressionna énormément. Il prit la parole après Delors pour reprendre un thème abordé par ce dernier : celui de la méfiance de l'Occident à notre égard.

« On peut toujours argumenter, selon le schéma classique, sur l'antériorité de la poule ou de l'œuf. Il existe également une tendance à évaluer une expérience avant qu'elle ne soit terminée. Il me semble que les actes du président Gorbatchev constituent les meilleurs arguments contre la méfiance. En fin de compte, ajouta-t-il en s'adressant à moi, vous auriez pu vous comporter comme vos prédécesseurs et le résultat se serait avéré catastrophique. L'histoire ne l'oubliera pas. Elle se souviendra non seulement de votre travail de transformation d'un pays sans traditions démocratiques, mais encore des changements intervenus dans les relations interétatiques. Des nations se sont libérées de la présence de troupes étrangères sur leur sol, l'Allemagne a été unifiée. Tout cela est le résultat de votre politique et doit inspirer la foi et non la méfiance. Et ce qu'il reste encore à faire constitue une raison d'espérer. »

Mitterrand s'efforça de faire valoir à ses collègues des arguments solides en faveur d'une position plus tranchée et d'une assistance plus efficace à la reconstruction de l'économie soviétique. Il était partisan de l'admission de notre pays dans les organisations économiques internationales et de l'octroi d'une aide concrète, dans des directions concrètes et pour des projets concrets. Naturellement, il aborda également un sujet qui inquiétait tous les membres du Groupe : celui de l'instabilité politique et de la préservation de l'Union. Il parla aussi de la privatisation :

« Je ne vous conseillerais pas de tout privatiser. L'essentiel, c'est de parvenir à une synthèse entre l'entreprise privée, la compétition démocratique, la concurrence et le rôle de l'État. Dans tous nos pays, l'État est un acteur, mais à des degrés divers. Et nous ne pouvons pas vous dire : faites ceci ou faites cela. Il faut respecter les traditions de l'Union soviétique. Dans votre pays, la propriété collective domine et vous devez trouver une voie médiane. En la suivant, vous pourrez obtenir de l'aide. Nous aurons certaines choses en commun, d'autres pas. Mais c'est précisément ce qui est commun qui vous rendra réceptifs à l'assistance. Pour le reste, vous assumerez les responsabilités vous-mêmes, pour le présent et l'avenir. »

Andreotti intervint à son tour en donnant à ses paroles une très grande force, tant par leur contenu que par leur forme.

« On a beaucoup parlé, ici, du fait que l'URSS commençait son passage à l'économie de marché dans des conditions difficiles. Naturellement, le président Gorbatchev est confronté à des tâches colossales. Mais je dois dire que notre propre économie n'était pas très forte au moment où nous avons entrepris de la transformer. C'est pourquoi nous sommes en mesure, mieux que quiconque, de comprendre qu'il faut faire preuve de prudence dans la transformation de l'économie soviétique, que l'on ne peut pas, par exemple, lever d'un seul coup le contrôle des prix. En revanche, la direction du mouvement doit être très précise. »

Je remerciai tous les participants pour l'atmosphère ouverte, responsable et constructive dans laquelle s'était déroulée la réunion.

Major fut d'accord avec moi. En dressant le bilan de la rencontre, il précisa : « C'était une conversation franche et informelle, et non une succession de discours officiels. Des questions difficiles ont été posées, des réponses ont été données. Et comme résultat, nous avons maintenant l'intention commune de travailler ensemble pour contribuer à l'intégration de l'Union soviétique dans l'économie mondiale. »

La réunion nous permit de parvenir à un accord que Major résuma en six points quelques heures plus tard, au cours de notre conférence de presse commune[1] :

> Le premier point concerne l'association spéciale [de l'Union soviétique] avec le Fonds monétaire international et la Banque mondiale. Les participants au sommet saluent [cette] association [...]. Nous pensons qu'elle constituera un énorme pas pour aider l'Union soviétique à s'intégrer dans l'économie mondiale.
>
> Deuxièmement, nous demandons à toutes les institutions internationales, l'OCDE, la BERD, ainsi que le FMI et la Banque mondiale, de travailler en étroite coopération avec l'URSS et d'intensifier leurs efforts dans leur soutien à ce pays. Ils peuvent lui donner des conseils pratiques, lui faire part de leur savoir-faire et de leur expérience pour l'aider à créer une économie de marché.
>
> Troisièmement, [...] nous nous sommes mis d'accord sur l'importance d'intensifier notre assistance technique à l'Union soviétique. Nous croyons qu'il doit y avoir une coopération plus grande, en particulier dans les secteurs suivants : l'énergie, la conversion de l'industrie de défense, la distribution des produits alimentaires, la sécurité nucléaire et les transports.
>
> Quatrièmement, nous avons parlé du commerce. Comme l'a dit le président Gorbatchev dans ses remarques au cours de l'après-midi, il est parfaitement conscient de l'effondrement des liens commerciaux entre l'Union soviétique et ses voisins immédiats. Il serait désirable de les rétablir. Nous souhaitons également voir s'améliorer l'accès des marchandises et des services soviétiques sur les marchés et nous croyons que cela aiderait à attirer davantage d'investissements privés. Cela va donc orienter nos politiques.
>
> Cinquièmement, nous avons parlé de la suite à donner à la rencontre

1. Ce qui suit est une version inédite de la déclaration de John Major.

de cet après-midi. Nous sommes tombés d'accord sur le fait que le président du sommet du G7, au nom de tous ses collègues, suivrait de près les développements ultérieurs. Les participants ont exprimé le souhait général de me voir, en ma qualité d'actuel président, me rendre à Moscou avant la fin de l'année pour rencontrer le président Gorbatchev et discuter avec lui des affaires d'intérêt mutuel et passer en revue les progrès effectués. Je suis heureux de cette tâche et j'attends cette visite avec impatience. L'année prochaine, mon successeur au poste de président du G7, le chancelier Kohl, prendra le relais et poursuivra de telles visites.

Sixièmement, nous avons décidé d'avancer ces contacts. Nous allons inciter nos ministres des Finances et des Petites et Moyennes Entreprises à se rendre en URSS pour y rencontrer leurs collègues du gouvernement soviétique. Nous y voyons un élément du dialogue entre l'URSS et les pays du G7, qui sera appelé à s'élargir et à s'approfondir.

Le lendemain, j'eus des discussions sérieuses avec le Premier ministre britannique. Nous parlâmes des actions concrètes qu'il nous fallait lancer pour mettre en application nos accords. Major proposa d'envoyer très vite à Moscou son ministre des Finances, Norman Lamont. Il me confirma également qu'il avait la ferme intention de nous rendre visite avant la fin de l'année, dans le cadre de la formule « 7 + 1 ». Pour ma part, je proposai de lancer un travail préalable — politique aussi bien que technique — à des niveaux plus bas, de manière à préparer des propositions qui pourraient être à la base de discussions ultérieures avec les Sept. Je rappelai à Major la liste des projets concrets que j'avais présentée et lui demandai d'étudier les possibilités de lever les restrictions du Cocom qui entravaient la mise en œuvre de certains d'entre eux. Major me promit d'étudier ce problème et d'en parler avec ses collègues.

Il m'expliqua qu'un « fonds de savoir-faire » avait été établi en Grande-Bretagne pour aider les pays de l'Europe de l'Est et l'Union soviétique à créer le marché. En se référant à la discussion que nous avions eue dans le cadre du G7, le Premier ministre me posa un certain nombre de questions concrètes sur les changements politiques dans notre pays, les rapports de forces politiques, les perspectives de signature du traité d'Union, les fondements du futur système d'imposition en URSS, etc. Ses commentaires à mes réponses témoignaient de son désir de bien saisir en profondeur l'essence de ce qui se passait chez nous.

Le 19 juillet, je rencontrai Margaret Thatcher et je la remerciai de vive voix pour son action en faveur de mon entretien avec les membres du G7.

— Il était très important que cette rencontre ait lieu, me répondit-elle. En fait, pendant ces journées, tout s'est ordonné autour de votre présence et du thème de l'entrée de l'Union soviétique dans l'économie mondiale.

Elle m'avoua cependant être assez déçue par le fait que les Sept n'aient pas décidé de mesures plus spécifiques et pratiques pour aider l'Union soviétique dans ses réformes. Elle me poussa à me servir de la déclaration unanime des Sept sur le soutien et la coopération.

— Ne les lâchez pas, exigez des manifestations plus concrètes et plus pratiques de ce soutien ! insista-t-elle.

Mme Thatcher était plutôt optimiste quant aux perspectives d'investissements étrangers en URSS. Elle s'en était convaincue au cours de nombreuses conversations avec des entrepreneurs américains. Elle souligna combien il était important de garder les règles du jeu sur les questions des entreprises mixtes, des investissements étrangers, etc. Quant à la propriété privée, certains entrepreneurs lui avaient déclaré ouvertement que des baux à quatre-vingt-dix-neuf ans les arrangeait suffisamment. Ils n'étaient pas trop inquiets, non plus, au sujet de la convertibilité du rouble : ils considéraient que l'on pouvait tout à fait consacrer les roubles gagnés à l'intérieur de l'URSS à l'achat d'équipements et de matières premières. Elle ajouta aussi :

— La convertibilité ne viendra pas tant que l'économie ne pourra pas la supporter. Dans le cas contraire, elle n'amènerait qu'une dépréciation encore plus forte du rouble.

Quelques-uns de mes critiques radicaux soutiennent que la rencontre de Londres se solda par un échec et que je retournai à la maison les mains vides. De leur côté, les fondamentalistes entonnent toujours le refrain inverse : Gorbatchev « hypothéqua » le pays et le vendit à l'Occident.

Les deux versions sont ridicules. Le but de mon voyage à Londres n'était pas d'obtenir des crédits. Une rencontre de chefs d'État n'est pas un lieu où l'on donne de l'argent. Et je ne vendis pas les champs de pétrole d'Azerbaïdjan aux Britanniques ou les îles Kouriles aux Japonais.

Néanmoins, si je n'ai pas rapporté de chèque, je suis tout de même rentré à la maison avec un gain substantiel pour notre pays : un accord politique fondamental sur l'intégration de l'Union soviétique dans l'économie mondiale. Le sommet permit aussi d'ouvrir des voies pour résoudre des problèmes concrets, y compris celui de la dette extérieure. Dans ces conversations, en ma qualité de président de l'URSS, je fis des avancées qui correspondaient entièrement aux intérêts nationaux et étatiques de notre pays.

CHAPITRE 29

BUSH À MOSCOU TROIS SEMAINES AVANT LE PUTSCH

À la fin de juillet 1991, le président des États-Unis arriva en Union soviétique pour signer le traité START sur la réduction des armements stratégiques.

Avant d'écrire les pages qui suivent, j'ai relu attentivement mes notes de cette époque et j'ai retrouvé toute la portée de ces journées. Nous eûmes plusieurs entretiens : une conversation confidentielle le matin du 30 juillet, des négociations en présence de nos délégations respectives, un échange d'opinions au cours d'un petit déjeuner de travail et, surtout, une conversation très importante à Novo-Ogarevo, le 31 juillet. Tout cela se déroula dans une atmosphère de confiance réciproque malgré quelques divergences, et révéla de profonds accords dans nos opinions sur un grand nombre de problèmes courants ainsi que sur d'autres qui se profilaient à peine à l'horizon. En tout cas, bien des thèmes que nous abordâmes alors focalisent aujourd'hui l'attention des diplomates comme celle des médias.

Sur la véranda de Novo-Ogarevo

Indiscutablement, la conversation la plus importante se déroula dans la villa gouvernementale de Novo-Ogarevo. Nous étions convenus, Bush et moi, que lorsqu'il viendrait à Moscou, nous nous efforcerions de rééditer une rencontre dans le genre de celle que nous avions eue à Camp David. Nous voulions nous retrouver dans une atmosphère informelle et dans un cercle restreint, de préférence à la campagne, en tenue décontractée, sans protocole ni ordre du jour obligatoire. Et surtout aborder tous les sujets.

J'arrivai à Novo-Ogarevo avant mes invités. Raïssa Maximovna m'accompagnait. Nous fîmes une promenade près de la maison que le monde entier connaît aujourd'hui. Il faisait chaud. James Baker et Brent Scowcroft [1] nous rejoignirent. Un photographe nous prit tous ensemble. Nous attendions le président qui, comme nous le remarquâmes en voyant passer le cortège au loin, se rendit d'abord à sa résidence, la maison qui lui était assignée dans le domaine de Novo-Ogarevo. Quelques minutes plus tard, George et Barbara Bush étaient avec nous. Pendant quelques instants, nous bavardâmes de tout et de rien, nous nous permîmes quelques blagues, puis Raïssa et Barbara nous laissèrent « travailler ».

Nous choisîmes ensemble l'endroit propice pour nos entretiens : une véranda ouverte qui donnait, au sud, sur la Moskova. À cette conversation qui dura la première moitié de la journée, seuls participèrent Bessmertnykh, Tcherniaïev, Baker, Scowcroft et les interprètes.

Pour moi, le sujet principal était la perspective de constituer un nouveau système de sécurité commun dans le cadre d'une politique mondiale menée conjointement (pour la première fois dans l'histoire) selon des critères que nous avions déjà testés dans la pratique.

Je notai les acquis importants rendus possibles par les efforts que nous avions entrepris pour améliorer la situation internationale. Il était temps de penser à une nouvelle conception de la stabilité stratégique. Dans le passé, cette notion se résumait essentiellement à la parité militaire. Désormais, comme nous renoncions à mettre l'accent sur la force et que nous bâtissions des relations totalement différentes, il fallait y inclure la stabilité politique et économique. Et cela d'autant plus que les contradictions et les conflits interethniques et parfois religieux avaient une influence déstabilisatrice de plus en plus forte dans le monde.

Il était particulièrement important de stimuler le caractère démocratique des changements qui s'opéraient, soulignai-je. Nous les avons provoqués et souhaitons les voir se poursuivre. Il reste cependant un problème : comme conserver ce processus dans un cadre légal et pacifique et l'empêcher de sombrer dans le chaos.

Un autre point était l'apparition de nouveaux centres d'influence importants à côté des deux superpuissances nucléaires. Il suffisait de jeter un regard sur le processus d'intégration qui se déroulait sur le continent européen. Les pays scandinaves, ceux de l'Europe centrale et de l'Est étaient de plus en plus attirés par la Communauté européenne.

---

1. Le conseiller pour la sécurité nationale du président américain. (N.d.T.)

La perspective d'une concentration, là-bas, de puissance économique, politique et militaire qui pouvait avoir une incidence sur l'ensemble de la situation géopolitique était évidente.

Des processus complexes étaient également en jeu en Afrique. Bien des choses n'avaient pas encore pris forme, mais la première étape du développement postcolonial était terminée, et d'une manière plutôt négative que positive. Les potentialités réelles de l'Afrique n'étaient pas encore claires.

L'importance géopolitique de la Chine et de l'Inde était appelée à s'accroître d'une manière tout à fait inédite en regard des critères politiques habituels du XXe siècle. Ensemble, ces deux pays comptaient deux milliards d'habitants. Ces peuples très anciens voyaient se réveiller leur volonté de se frayer leur propre chemin. Incidemment, je fis remarquer que le président des États-Unis avait bien raison de se comporter de manière responsable et de ne pas tenter de jouer la « carte chinoise » contre nous. Nous n'aurions pas permis non plus des actions qui auraient pu créer un déséquilibre mondial. En revanche, nous ne pourrions qu'accueillir favorablement le retour à la normale des relations sino-américaines.

Sur la façade pacifique de l'Asie, de grands changements pourraient intervenir si le Japon ne se contentait plus du rôle de grande puissance économique pour chercher à devenir un facteur politique et militaire important.

J'abordai aussi le problème des ressources, de l'environnement et de la démographie. Ils tournaient tous autour de deux questions : quels rôles devaient jouer nos deux pays dans les circonstances nouvelles ? Et quelles devraient être leurs relations ?

Les pensées de Bush allaient dans la même direction. Il déclara une nouvelle fois que les États-Unis aimeraient voir une Union soviétique forte et économiquement solide, capable de mener à bien ses transformations radicales dans un esprit démocratique.

— J'ai confiance dans vos intentions, dit-il. Et je suis certain — encore plus qu'avant mon arrivée au pouvoir — que vous savez où vous allez et comment y parvenir.

En passant aux problèmes européens, Bush reconnut avoir quelques difficultés avec ses partenaires du Vieux Continent.

— Notre choix, dit-il, consiste à préserver notre engagement en Europe. Nous continuerons à soutenir, comme précédemment, le processus de la CSCE, avec bien entendu la participation soviétique. Nous allons nous efforcer de convaincre nos amis Européens que nous souhaitons « participer aussi bien au décollage qu'à l'atterrissage ». Et cela signifie que nous ne voulons pas être placés devant des faits accomplis ou des initiatives économiques sans être consultés, et pas seulement sur les sujets liés à l'URSS.

Sur l'Afrique, Bush souligna que les États-Unis accueilleraient de manière favorable toutes les mesures que nous pourrions prendre pour soutenir De Klerk, en Afrique du Sud. Il eut des mots critiques pour l'ANC[2] qui, selon lui, était à la traîne des changements démocratiques et maintenait des contacts avec le colonel Kadhafi. Bush donna aussi son accord à la poursuite de notre coopération sur la Namibie, l'Angola et d'autres pays africains.

Ses réflexions sur la Chine me semblèrent équilibrées et responsables.

— Nous ressentons encore de l'amertume pour les événements de la place Tiananmen. Mais, premièrement, il ne saurait être question pour nous de « jouer la carte chinoise ». Deuxièmement, nous souhaitons avoir une influence positive sur la Chine et non pas rompre nos contacts. Ce n'est pas facile à faire. Car le Congrès semble résolu à punir la Chine. Je considère que ce n'est pas une bonne solution : c'est un pays trop important sur le plan mondial.

Bush exprima l'espoir que l'Union soviétique saurait transmettre à l'Inde la préoccupation des États-Unis au sujet des armes nucléaires.

— Quant à la façade pacifique de l'Asie, certains conçoivent des craintes quant à l'expansion du Japon. Des attitudes antijaponaises existent aussi aux États-Unis, mais pour d'autres raisons. Les difficultés proviennent du manque de réciprocité dû au caractère fermé du marché japonais. Si vous autres, Soviétiques, parveniez à établir une coopération économique avec les Japonais, cela renforcerait la stabilité.

Sous ce rapport, Bush parla aussi de la nécessité de trouver un moyen de résoudre le différend territorial soviéto-japonais[3].

Baker eut l'impression que le président ne s'exprimait pas de manière suffisamment diplomatique. Il crut donc nécessaire de préciser les choses : selon lui, les Japonais ne voulaient pas augmenter leur poids militaire, mais politique, et les liens entre les États-Unis et le Japon dans le domaine de la sécurité devaient apaiser considérablement les craintes éventuelles des pays de l'ASEAN[4].

---

2. Le Congrès national africain, parti de Nelson Mandela. (N.d.T.)

3. Il s'agit du problème des îles Kouriles du sud, occupées par l'Union soviétique à l'issue de la Seconde Guerre mondiale et dont le Japon demande la restitution. (N.d.T.)

4. Association des nations du Sud-Est asiatique, organisation de coopération régio-

Quant aux relations soviéto-américaines, Bush souligna de manière résolue que le choix de son administration était le « soutien à la politique de Gorbatchev ». Il parla aussi des pressions qu'il subissait de tous les côtés.

« Au sein de mon propre parti, dit-il, certains affirment que l'intérêt américain est d'obtenir la décomposition de l'URSS ou son effondrement économique. Et sur notre gauche, nous sommes en permanence attaqués par les démocrates libéraux qui soulèvent le problème des droits de l'homme et veulent vous imposer diverses exigences, en profitant de votre situation difficile. Les médias nous prennent pour cible également. Au début, on nous critiquait, Baker et moi, parce que nous étions trop prudents dans les relations avec l'URSS, et on nous reprochait de ne pas utiliser les nouvelles possibilités. Maintenant, on affirme que Bush aime trop Gorbatchev et mise uniquement sur lui.

« Certains de nos amis et alliés européens nous accusent également de lenteur et d'absence de résolution. Mais j'ai parfois l'impression qu'il ne s'agit que d'une manière de rejeter la faute sur les États-Unis. En ce qui me concerne, souligna Bush, une nouvelle fois, je veux autant que n'importe quel Européen que les réformes en URSS réussissent. Et nous pouvons y contribuer plus qu'aucun pays d'Europe occidentale. Notre économie est plus grande, nous avons de meilleures technologies et plus de créativité. »

Après Moscou, Bush devait se rendre à Kiev et il m'assura que ni lui ni personne de son entourage ne ferait rien qui risquerait d'être interprété comme un soutien aux séparatistes. Ainsi, Landsbergis avait insisté pour que Bush fît une halte à Vilnius. Naturellement, me dit le président américain, il n'en ferait rien. D'un autre côté, selon lui, il valait mieux trancher et laisser partir les pays baltes. Sans compter que cela ferait une très bonne impression sur l'opinion mondiale.

Comme lors de nos précédentes rencontres, les problèmes économiques occupèrent une place importante. Nous en avions parlé de manière plus concrète la veille, à Moscou, et Noursoultan Nazarbaïev avait pris une part active à la conversation. Bush y avait soulevé la question des difficultés rencontrées dans la préparation du contrat sur l'exploitation des gisements de pétrole du Kazakhstan, avec la participation de la société Chevron.

En comptant sur la confiance qui s'était instaurée dans nos relations

---

nale qui regroupait alors le Brunei, l'Indonésie, la Malaisie, les Philippines, Singapour et la Thaïlande. (N.d.T.)

personnelles, je rappelai à Bush les obstacles sérieux que représentaient pour notre économie les lois discriminatoires américaines et les listes du Cocom. Je lui citai les exemples les plus frappants.

Bush reconnut que, dans un certain nombre de cas, il s'agissait d'un héritage de la guerre froide et qu'il se pencherait sur la question. En dépit de cette promesse, le problème ne fut réglé ni à cette époque, ni même beaucoup plus tard.

Je demandai au président comment nous pourrions éviter la « période probatoire » lors de l'entrée de l'URSS au FMI, car il était important pour nous de profiter de ses services tout de suite, et non dans un avenir plus ou moins lointain. Sa réponse m'indiqua qu'il ne fallait pas compter sur un soutien sérieux des États-Unis en la matière. Les règles étaient telles qu'avant d'avoir droit à des prêts substantiels, tout nouveau membre devait répondre à certaines exigences. Et cela ne dépendait pas seulement des Américains. Il fallait fournir un certain nombre d'informations, respecter les règles de la Banque mondiale, du FMI, du Club de Paris. Nous convînmes que la discussion sur l'ensemble de ces points se poursuivrait au niveau des ministres des Finances.

Un autre ensemble de problèmes auquel nous consacrâmes beaucoup de temps concernait le processus de démantèlement des armements. Baker et Bessmertnykh prirent une part active à la conversation. Nous nous mîmes d'accord pour poursuivre les négociations sur les missiles antibalistiques et l'espace, à Genève, et pour organiser une rencontre d'experts en armes biologiques. Nous réaffirmâmes notre résolution mutuelle à terminer la rédaction d'une convention sur l'élimination des armes chimiques et parvînmes à écarter plusieurs obstacles qui freinaient le progrès en ce domaine.

Les deux ministres nous informèrent des progrès dans le domaine de la limitation des armements : reprise des négociations multilatérales sur le « ciel ouvert », intensification des négociations de Vienne-1A[5], de manière à les achever avant mars 1992, c'est-à-dire avant la réunion d'Helsinki-2, transmission à la partie américaine d'informations sur les missiles SS-23 en Europe de l'Est.

Nous revînmes en détail sur la situation au Proche-Orient. Dans les mois précédant la rencontre, nous avions engagé, les Américains et nous, une activité diplomatique intense en poussant les parties vers un accord. L'objectif immédiat de nos efforts était de permettre la convocation d'une conférence de paix. Selon moi, les invitations devaient être

5. Poursuite du processus de désarmement à Vienne. (N.d.T.)

faites au nom des présidents des États-Unis et de l'URSS et nous devions ouvrir la conférence ensemble. Bush soutint mon idée.

Dans le même temps, il signala les obstacles qui pouvaient entraver nos efforts. Les colonies juives dans les territoires occupés représentaient l'un des problèmes les plus aigus. Les États-Unis, dit Bush, s'efforçaient de faire pression sur le gouvernement israélien pour le faire changer de politique. Sans résultat. À mon tour, je mentionnai les pressions auxquelles les Arabes nous soumettaient :

— Ils exigent que nous mettions fin à l'émigration des Juifs soviétiques en Israël. Lors de la visite du président Moubarak à Moscou, il m'a prévenu franchement qu'il allait soulever ce problème publiquement, et il l'a fait au cours de sa conférence de presse. Bien entendu, nous n'avons pas l'intention de céder à la pression, mais nous ne pouvons pas ignorer totalement ces choses.

J'informai Bush que nous étions prêts à établir des relations diplomatiques avec Israël dès que la date de la conférence internationale serait fixée, et lui précisai qu'il pouvait transmettre l'information aux Israéliens.

Nous nous penchâmes également, et de manière très sérieuse, sur la Yougoslavie. À ce sujet, je prononçai des paroles qu'il me semble bon de reproduire ici :

« Même la désintégration partielle de la Yougoslavie peut provoquer une réaction en chaîne, comme une réaction nucléaire. Et ce n'est pas seulement de la Yougoslavie qu'il s'agit. Le monde foisonne de vrais et de faux problèmes internationaux et interethniques. Découper les frontières des États selon ces lignes aboutirait au chaos le plus total. Si je commençais à énumérer les litiges territoriaux potentiels, mes doigts et ceux de toutes les personnes présentes ici ne suffiraient pas. Ainsi, en URSS, 70 % des frontières entre les républiques n'ont pas de tracé déterminé. Auparavant, personne ne s'en occupait et les problèmes étaient résolus de manière concrète au niveau des soviets de districts. Des problèmes interethniques existent aussi chez les Bulgares (minorité turque) et les Roumains (Transylvanie). Il y a aussi la question des relations entre Tchèques et Slovaques en Tchécoslovaquie. Lorsque j'ai abordé tous ces points avec Helmut Kohl peu de temps avant le sommet de Londres, il m'a demandé : comment concilier le principe d'autodétermination des nations avec l'intégrité territoriale et l'inviolabilité des frontières ? Je lui ai répondu que je ne voyais pas de contradiction totale entre les deux : le processus devait être interne et se dérouler dans un cadre constitutionnel et légal. »

Comme nos réflexions sur cette question — et sur de nombreuses autres — devaient être mentionnées dans le document officiel de notre rencontre, je proposai de chercher une formule pour indiquer nettement que les problèmes interethniques devaient se résoudre uniquement par la voie constitutionnelle, en faisant référence aux principes de la CSCE sur l'inviolabilité des frontières interétatiques. Bush n'éleva pas d'objection de principe. Malgré tout, quelques-unes de ses remarques laissaient penser que certaines forces ouest-européennes souhaitaient un nouveau découpage de la carte de l'Europe et faisaient pression en ce sens sur le président des États-Unis. À mon grand regret, les développements ultérieurs confirmèrent ce sentiment.

L'heure de gloire

L'heure vint de retourner à Moscou, au Kremlin, où nous devions signer officiellement le traité sur la réduction des armes stratégiques (START) dont la préparation avait duré plus de neuf ans. La cérémonie se déroula dans la salle Saint-Vladimir. Dans son intervention, Bush dit notamment : « Par ce traité, nous concrétisons les nouvelles possibilités qui s'ouvrent devant nos deux pays et qui portent en elles la promesse de l'affermissement de la paix. » Ces mots correspondaient exactement à mes pensées.

En me remémorant cette visite, la dernière d'un président des États-Unis en URSS, il m'est difficile de ne pas ressentir une certaine amertume. Nous ignorions ce qui allait se passer trois semaines plus tard. Nous vivions pour le futur. Nous abordâmes une multitude de problèmes courants tout en dressant le bilan des cinq ou six années écoulées qui avaient vu une transformation radicale de la politique mondiale. Elle était désormais conduite *en commun* par des puissances qui se considéraient encore naguère comme des ennemis mortels et poussaient le monde entier vers la catastrophe. Dans ce sens, la rencontre des deux présidents, le 31 juillet 1991 à Novo-Ogarevo, peut apparaître comme « l'heure de gloire » de la nouvelle pensée et de la politique extérieure qui lui correspondait.

Deux moments d'embarras

Deux épisodes liés à la visite de Bush illustrent bien les sentiments qui agitaient alors l'« élite » soviétique.

Deux dîners officiels se déroulèrent dans le cadre de cette visite : l'un, donné par la partie soviétique, dans le Palais à facettes du Kremlin ; l'autre, du côté américain, dans la résidence de l'ambassadeur des États-Unis.

Le nôtre fut le premier. Conformément au protocole, Raïssa Maximovna et moi, nous présentâmes les invités au couple présidentiel américain. Parmi les premiers se trouvait l'épouse de Boris Eltsine, accompagnée, je ne sais pourquoi, de Gavriil Popov. Eltsine apparut après tout le monde, dans une fière solitude. S'approchant de Barbara Bush, il l'invita à le suivre dans le Palais à facettes. Son geste interloqua tout le monde, sauf moi qui connaissais bien Boris. La veille, il m'avait appelé pour me demander de lui permettre de prendre la parole au cours du dîner, en plus de Bush et de moi-même. Naturellement, je refusai. La question n'aurait même pas dû être posée.

Mme Bush se sentit très gênée : c'était au président de l'URSS, l'hôte de la réception, de lui offrir son bras, et non au président de Russie. « Est-ce vraiment possible ? » s'exclama-t-elle, surprise.

Eltsine voulait attirer à toute force l'attention sur lui. Plus tard, au cours du dîner à l'ambassade américaine, Nazarbaïev et lui ne se retrouvèrent pas à la table principale et ils n'en furent pas très satisfaits. Au milieu de la soirée, ils se levèrent pour aller voir le président américain. Ce geste n'aurait pas eu la moindre importance s'ils n'avaient pas commencé par dire à George Bush qu'*ils* comptaient « tout faire pour assurer le succès de la démocratie dans ce pays ». Les personnes assises à proximité observaient cela avec curiosité, mais aussi avec embarras, en se demandant ce que cela pouvait bien signifier. Un tel comportement enfreignait toutes les règles du protocole. Seuls nos deux héros n'éprouvaient aucune gêne. Il s'agissait d'un signal destiné au président de l'URSS : les temps difficiles approchaient.

CHAPITRE 30

LE COUP D'ÉTAT

Il est commun de prétendre qu'aux tournants de l'histoire, le temps semble se condenser et se compresser à l'infini. Certains mois, certaines semaines, certains jours sont tellement saturés d'événements d'importance qu'ils paraissent durer des siècles. Telle fut pour nous la seconde moitié de 1991. Une lutte féroce se livrait autour de trois questions capitales.

D'abord, l'intégrité du pays et le sort de notre État : devait-il poursuivre son existence sous la forme rénovée d'une fédération réelle ou devait-il se désintégrer, tomber en morceaux, en engendrant des problèmes aigus et plongeant ses peuples dans une succession de malheurs ?

Ensuite, le destin de la perestroïka et des réformes économiques et politiques, notamment de la démocratisation : allaient-elles continuer ou seraient-elles arrêtées ? Et si le mouvement de réforme se poursuivait, par quelles méthodes et à quel rythme se ferait-il ? Quel prix faudrait-il payer pour passer à un système de production et de gestion plus efficace ?

Pour finir, la lutte pour le pouvoir : quelles forces sociales, quels partis, quels groupes, quels dirigeants se trouveraient à la barre du pays au cours de cette nouvelle étape de son histoire ?

Ces questions fondamentales étaient, naturellement, étroitement liées entre elles. Quant à l'issue de la lutte, elle n'était pas seulement définie, hélas, par les lois objectives et les besoins réels de la société, mais aussi par la rivalité acharnée des groupes politiques, les aspirations des élites nationales et, tout simplement, les ambitions et les passions humaines.

Le fait d'être parvenus, le 23 juillet, à un accord définitif sur le nouveau traité d'Union prit, sans nul doute, une importance décisive. J'ai déjà parlé de cette tâche ardue. Après avoir proclamé leur souveraineté, les républiques s'efforçaient d'accaparer le plus de prérogatives possibles et de se débarrasser de la tutelle des organes de l'Union. Pour être juste, je dois dire que les dirigeants républicains, à peu d'exceptions près, comprenaient la nécessité d'avoir un centre suffisamment fort et bénéficiant d'une certaine autorité de manière à résoudre les problèmes communs. Bref, il s'agissait de trouver un équilibre raisonnable dans le partage des pouvoirs.

La solution trouvée au problème des membres de la nouvelle Union des États souverains illustre parfaitement cette démarche. Le nouveau statut des entités autonomes [1], qui devenaient des membres fondateurs de l'Union, assurait l'égalité des nations et leur donnait la possibilité de s'occuper elles-mêmes de leurs affaires. Simultanément, l'intégrité des membres de l'Union n'était pas violée et les frontières historiques des républiques et des entités ethniques n'étaient pas remises en cause.

Je n'affirme pas que nous avions trouvé une solution applicable dans n'importe quel contexte historique. Le problème est extraordinairement complexe. Aujourd'hui, il est plus aigu que jamais. Cependant, je le répète, préserver et rénover l'Union conformément au projet de traité aurait constitué une solution optimale et aurait permis d'éviter des conflits en apportant les changements nécessaires dans les relations interethniques par la voie du droit, et non par la force des armes.

Autre élément d'importance : le nouveau traité était l'objet d'un consensus non seulement de la part des républiques, mais aussi des principales institutions du pouvoir, à commencer par le Soviet suprême de l'URSS. Loukianov et Nichanov [2] prirent part à pratiquement toutes les rencontres de Novo-Ogarevo et suggérèrent plus d'une fois des formules de compromis. Après chaque réunion, le projet corrigé était envoyé au présidium du Soviet suprême pour que les députés en prissent connaissance. Il était alors discuté dans les comités et les commissions dont les remarques étaient transmises au groupe de travail. Ce dernier les prenait en considération. Il en allait de même pour les propositions en provenance des Parlements républicains.

Loukianov tenait les membres du Soviet de la Fédération régulièrement informés des sentiments et des appréhensions des députés. Certains pensaient que la signature du traité mènerait à l'affaiblissement du rôle des institutions centrales et donc du Parlement de l'URSS. Tout cela fut discuté à Novo-Ogarevo. En fin de compte, le Soviet suprême donna son accord de principe au projet de traité. Son président ainsi

---

1. Les républiques autonomes, ainsi que les régions et les districts autonomes au sein de chaque république fédérée. (N.d.T.)

2. Le président de la Chambre des nationalités au Soviet suprême de l'URSS. (N.d.T.)

que les présidents des deux Chambres devaient d'ailleurs le signer en même temps que les représentants des républiques.

Les différentes versions du traité élaborées à Novo-Ogarevo furent également soumises au gouvernement, concerné au premier chef par les articles relatifs à l'économie. Le Premier ministre Pavlov et les dirigeants des structures économiques émirent leurs suggestions. Le président de la Banque d'État, Guerachtchenko, demanda que fût fixé le principe d'une politique unie en matière monétaire et de crédits. Des mémorandums furent présentés par les ministères des Affaires étrangères, de l'Intérieur, des Communications et du Transport par rail ainsi que par de nombreux autres. Il est inutile de préciser qu'ils plaidaient pour la préservation des pouvoirs considérables des organes de l'Union. Leurs arguments furent soigneusement étudiés. Certains d'entre eux furent invités à plusieurs reprises aux séances du groupe de travail. Bien entendu, toutes les propositions du gouvernement n'étaient pas acceptées, mais sa participation au processus prouvait bien que, au fond, il ne se prononçait pas contre le traité.

Il en allait de même pour les partis politiques. Parmi les principaux, aucun ne critiqua le projet, du moins ouvertement. Au contraire, la plupart d'entre eux associaient le nouveau traité à l'espoir d'une normalisation de la situation politique dans le pays. Quant au PCUS, le projet fut discuté à maintes reprises au Politburo et aux plénums du CC. La dernière version fut d'ailleurs approuvée par le plénum des 25 et 26 juillet 1991.

Un autre événement en juillet laissait supposer que la lutte pour le pouvoir était, sinon définitivement close, du moins reportée. L'intronisation d'Eltsine eut lieu le 10 juillet[3] lors d'une séance solennelle du Soviet suprême de la RSFSR. Mes réticences à son égard n'étaient un secret pour personne, mais j'adoptai néanmoins une attitude loyale. J'espérais que, dans la mesure où ils avaient atteint leur objectif, le président russe et son équipe s'occuperaient de la direction de la république et mettraient de côté, ne fût-ce que temporairement, leurs ambitieux projets.

La mise en œuvre du programme anticrise débuta ce même mois de juillet, et cela ne devait rien au hasard. Nous eûmes beaucoup de mal à l'établir et hésitâmes beaucoup à le lancer, cette décision qui aurait des conséquences immédiates sur la vie de millions d'individus étant d'une importance considérable. Nous nous trouvions en proie à des attaques

3. Le 12 juin, il avait été élu, au suffrage universel, président de la RSFSR. (N.d.T.)

de ceux qui s'agrippaient à l'ancien système comme de ceux qui voulaient le détruire tout de suite. En fin de compte, la version élaborée fut approuvée par les républiques. J'y insiste, le programme n'était pas seulement celui du gouvernement central, mais aussi celui des gouvernements républicains.

À cela s'ajouta, bien entendu, le sommet du G7 à Londres qui se pencha sur la question de la coopération à ce moment décisif pour nos réformes.

Le 29 juillet, le dernier obstacle à la signature du traité d'Union fut levé, presque au tout dernier moment. Longtemps, la direction russe refusa le principe d'une taxation au niveau de l'Union sans laquelle, pourtant, l'État fédéral ne pouvait exister. En fin de compte, une formule de compromis fut trouvée et Eltsine retira sa dernière objection.

Telle était la situation en juillet 1991. Après de longues recherches et de grands efforts menés depuis avril 1985, les conditions me semblaient enfin réunies pour sortir le pays de la crise et faire avancer radicalement les transformations démocratiques. Je partis en vacances le 4 août, certain que, deux semaines plus tard, le traité d'Union serait signé en grande pompe, à Moscou, marquant ainsi une nouvelle étape sur la voie des réformes.

Dans une allocution télévisée, deux jours avant mon départ, je m'efforçai d'expliquer aux citoyens ce que la signature du nouveau traité signifiait pour le pays. Je leur dis qu'avant tout c'était la concrétisation de la volonté populaire exprimée par le référendum du 17 mars. L'État, fruit du travail commun de tous les peuples de notre patrie pendant plusieurs générations, était préservé tout en permettant l'éclosion d'une nouvelle union d'États souverains dans laquelle les différents peuples géreraient eux-mêmes leurs affaires en développant leurs cultures, leur langues et leurs traditions.

Le travail pratique de préparation de la signature se poursuivit en mon absence. Depuis mon lieu de villégiature, en Crimée, je me tenais en permanence informé. Étant donné que le Soviet suprême d'Ukraine ne se prononcerait sur la question du traité qu'en septembre, j'avais cru raisonnable de diviser le processus de signature en deux étapes : d'abord sept républiques, puis les deux dernières, l'Ukraine et l'Azerbaïdjan.

Le consensus sur le traité était tel que rien ne semblait devoir empêcher les choses de se dérouler comme prévu, même si les attaques, de gauche comme de droite, s'intensifièrent à l'approche de la date prévue pour la cérémonie. Une bataille acharnée se livrait néanmoins dans les médias. Le 14 août, j'eus un entretien téléphonique avec Eltsine et je sentis le président russe peu sûr de lui et hésitant. Il me demanda si j'étais au courant des attaques dont il était l'objet. Je lui répondis qu'en ma qualité de président du pays, celles que je subissais n'étaient pas moindres. Mes contempteurs affirmaient que je mettais en danger l'unité de l'État, et ceux du président russe, qu'il prolongeait la vie de l'empire. Mais, lui dis-je, si l'extrême gauche et l'extrême droite étaient mécontentes toutes les deux, cela témoignait que nous étions sur le bon chemin.

À la fin de la conversation, je lui dis :

— Boris Nikolaïevitch, quelles que soient les attaques, nous ne devons pas reculer d'un pas des positions que nous nous sommes fixées. Il faut garder son sang-froid et continuer les préparatifs pour la signature.

Comme Eltsine s'intéressait à la manière dont les choses allaient se passer, je lui racontai en détail ce qui était prévu. Au début, il n'a pas beaucoup aimé l'idée de faire asseoir les signataires selon l'ordre alphabétique des républiques. Mais, lorsqu'il s'est rendu compte que la Russie se trouverait ainsi au centre de la table, ses réticences se sont évanouies.

Bref, nous raccrochâmes en bons termes. Même si je devinais qu'il ne me disait pas tout, je m'efforçai de dissiper ses craintes et hésitations en ce moment historique. Comme je l'appris plus tard, certains de ses collaborateurs et compagnons l'incitaient à poser certaines exigences et conditions en échange de sa signature. Mais j'étais certain que tout se passerait bien. L'affirmation de la volonté populaire, lors du référendum, était si nette que personne ne pouvait prendre le risque de s'y opposer. Aujourd'hui, avec la distance, il est possible d'affirmer qu'Eltsine pensait à une telle possibilité. Pendant quelques mois, il mena, en coulisses, des négociations sur un accord alternatif de quatre républiques : la Russie, l'Ukraine, la Biélorussie et le Kazakhstan. Nazarbaïev me le confia plus tard. Ces négociations informelles n'étaient pas très régulières, mais l'idée ne quittait pas le président russe, et pas seulement lui. Malgré tout, il comprenait sans doute qu'un tel geste ne pouvait que le discréditer.

Il est difficile de deviner ce qu'aurait fait Eltsine. Il est probable que son intuition d'homme politique l'aurait prévenu contre toute tentative pour saboter la signature du traité, mais il aurait pu freiner sa mise en application en imposant des conditions supplémentaires.

En fin de compte, le coup fatal fut porté par l'autre camp et pour des motifs radicalement opposés. Les putschistes lancèrent leur attaque frontale en violation de la Constitution, ne reculant ni devant la trahison personnelle, ni devant la haute trahison.

Bien entendu, la possibilité d'un affrontement direct entre les forces de la réaction et celles du renouveau n'était pas dans mon esprit une simple hypothèse. Depuis la fin de l'année 1990, je voyais bien que les forces conservatrices ne perdaient pas une occasion d'attaquer le président et les réformateurs aux sessions du Soviet suprême, aux Congrès des députés, à différentes rencontres et conférences en exigeant toujours l'introduction de l'administration présidentielle ou la proclamation de l'état d'urgence.

Je ne me bornais pas à observer cette situation. Je m'efforçais d'agir contre la réaction et tentais de gagner du temps par des manœuvres tactiques, de manière à permettre au processus démocratique d'acquérir une assez grande stabilité pour repousser le vieux système et renforcer l'attachement du peuple aux nouvelles valeurs. Mon objectif principal était d'amener le pays vers une situation où toute aventure insensée se serait soldée par un échec.

Il m'est impossible de dire que je me reposai vraiment pendant mes vacances à Foros. Les événements dans le pays prenaient un caractère de plus en plus inquiétant et il me fallut régler de très nombreux problèmes. J'avais en permanence le sentiment qu'il fallait rentrer au plus vite et agir, ce qui me conduisait à houspiller tous ceux qui s'occupaient de la préparation de la signature. L'avion de mon retour était déjà prévu. Je travaillais aussi sur mon discours pour l'occasion avec Chakhnazarov qui prenait ses vacances dans une maison de repos à côté de Foros. Le 18 août, je lui fis part de mes dernières recommandations. Ce fut mon dernier contact téléphonique. Les liaisons de la datcha avec l'extérieur furent ensuite coupées. Je m'en rendis compte à cinq heures moins dix du soir. Notre conversation s'était terminée à 16 h 32. Nous savons aujourd'hui que des officiers du KGB se tenaient derrière les opératrices pendant que nous parlions : ils avaient l'ordre de débrancher la ligne à 16 h 30.

Vers 17 heures, on m'informa qu'un groupe composé de Baklanov, Chenine, Boldine, Varennikov et Plekhanov [4] venait d'arriver et deman-

4. Baklanov était le principal responsable du complexe militaro-industriel ; Chenine, membre du Politburo et secrétaire du CC ; Boldine, le chef de l'administration présidentielle ; Varennikov, commandant en chef de l'armée de terre ; Plekhanov, chef du service de protection du KGB. (N.d.T.)

dait à me parler. Très surpris, je dis à Medvedev, le chef de la sécurité (il semblait lui-même dépassé par les événements), que je n'attendais personne. Les gardes avaient laissé passer ces visiteurs parce que Plekhanov et Boldine étaient du nombre. Les règles de sécurité imposaient de n'autoriser personne à pénétrer dans le domaine de la datcha sans mon feu vert.

La première chose à faire était de tenter de comprendre ce qui se passait. En voulant appeler Krioutchkov, à Moscou, je vis que mes cinq lignes, y compris la ligne stratégique, étaient coupées. Même l'appareil de liaison locale ne fonctionnait plus. Je sortis sur la véranda où Raïssa Maximovna lisait des journaux pour lui dire que nous avions des visiteurs indésirables. Il était difficile de dire ce qui se tramait, mais on pouvait s'attendre au pire. Bien que bouleversée par cette nouvelle, elle conserva son sang-froid. Nous passâmes dans la chambre à coucher située tout à côté. Une seule pensée frénétique m'obsédait : ne pas reculer, ne pas céder aux pressions, au chantage, aux menaces. Je dis cela à Raïssa Maximovna qui me répondit :

— C'est à toi de décider. Quoi qu'il advienne, je suis à tes côtés.

Nous avons appelé notre fille, Irina, et son mari Anatoli. Ils m'écoutèrent, puis me dirent qu'ils me faisaient entièrement confiance et qu'ils étaient prêts à tout.

Tout cela dura une trentaine de minutes. Plus tard, les officiers de sécurité qui se trouvaient avec les visiteurs me racontèrent que ces derniers étaient nerveux : ils se demandaient pourquoi je ne les recevais pas. En sortant de ma chambre, je découvris que, sans permission ni gêne, ils étaient montés au premier étage. Ils se comportaient comme les nouveaux maîtres. Je les fis entrer dans mon bureau et leur demandai l'objet de leur visite. Baklanov me déclara qu'un Comité d'État pour l'état d'urgence (GKTchP) venait d'être créé. Le pays courait à la catastrophe et aucune autre mesure ne pouvait le sauver, je devais donc signer un décret pour introduire l'état d'exception. En fait, c'était un ultimatum. Plus tard, lors de leur procès, un juge d'instruction m'apprit qu'ils avaient préparé plusieurs versions du document que j'étais censé signer.

Baklanov énuméra les membres de ce comité, en citant Loukianov parmi eux. Il me dit aussi qu'Eltsine avait déjà été arrêté, mais il se reprit tout de suite pour préciser qu'il le serait pendant son trajet de retour d'Alma-Ata où il s'était rendu. Les conspirateurs voulaient me faire croire qu'ils avaient déjà la situation en main.

Tous ces individus qui me trahissaient, c'était moi qui les avais propulsés sur le devant de la scène politique ! Je refusai catégoriquement de signer le moindre document. S'ils étaient vraiment inquiets pour le pays, leur dis-je, ils pouvaient convoquer le Soviet suprême et le Congrès des députés du peuple de l'URSS, mais agir seulement dans le cadre de la légalité. Pour moi, toute autre solution était inacceptable. En réponse, Baklanov exprima son souci au sujet de ma santé qu'il prétendit sapée par les tensions de la perestroïka.

— Si vous ne voulez pas signer le décret sur l'introduction de l'état d'urgence, donnez vos pouvoirs à Ianaïev, suggéra-t-il. Reposez-vous, nous ferons tout le « sale boulot ». Vous pourrez revenir après.

Je rejetai cette proposition indécente.

— Alors, démissionnez ! s'écria Varennikov.

— N'y comptez pas ! Vous êtes des criminels, et vous répondrez de tout ceci !

Ma réponse mit un terme à l'entretien. Pendant qu'ils se retiraient, je ne pus me retenir et les agonis de bonnes grosses injures russes.

Une question m'a souvent été posée : pourquoi n'ai-je pas donné l'ordre de les arrêter, puisque je disposais de gardes armés ? La réponse est simple : je comptais d'abord que mon refus d'accepter leurs conditions leur ferait prendre conscience de ce qu'ils faisaient. À plusieurs reprises dans le passé, j'étais parvenu à empêcher ces gens-là de commettre des actes irréfléchis et je gardais l'espoir que ma fermeté pourrait les influencer. Ensuite, arrêter la délégation venue jusqu'à moi ne réglait pas le problème : les principaux conspirateurs se trouvaient à Moscou et tenaient déjà les rênes du pouvoir. Pour finir, je devinais que les putschistes s'étaient garantis contre toute réaction de ma part. J'en eus très vite la confirmation. Tout avait été prévu pour m'isoler : téléphone coupé, double ligne de gardes autour de la datcha et du côté de la mer, interdiction des allées et venues. Mes assistants, des journalistes, des députés du Soviet suprême tentèrent de venir à la datcha pour vérifier de leurs propres yeux si la version des putschistes sur ma maladie était vraie, mais ils furent refoulés avant d'avoir pu le faire.

Pour appeler les choses par leurs noms, il s'agissait de l'arrestation du président et de l'usurpation de son pouvoir. Les putschistes comprenaient que je ne me ferais pas leur complice, mais ils espéraient me forcer à signer des décrets qui donneraient une légitimité à leur aventure. Mon refus les transforma en criminels.

Nous savons tous maintenant que la nuit suivante ne fut pas de tout repos pour les putschistes. Lorsque le « détachement avancé » rentra de Foros et annonça les résultats de sa mission, des désaccords naquirent entre les conspirateurs. Ianaïev hésitait : signer ou ne pas signer ? Il se mit à boire. Pavlov s'inventa une maladie. Loukianov prépara d'urgence des positions « de repli ». Le maréchal Iazov se mit à réfléchir. Certains proposèrent de tout arrêter, mais il était déjà trop tard. Krioutchkov et ceux qui étaient venus me voir en Crimée étaient allés trop loin pour faire marche arrière. Boldine dit qu'il me connaissait de longue date et que je ne leur pardonnerais jamais de m'avoir traité de la sorte. Ils ne pouvaient que foncer droit devant eux.

Pour donner à leurs actes un semblant de légitimité, ils inventèrent le mensonge selon lequel Gorbatchev se trouvait dans un état grave et qu'il était incapable de remplir ses fonctions. À mon retour de Foros, mes médecins me racontèrent que l'on avait tenté de leur faire certifier que j'étais malade. Ils répondirent qu'ils devaient d'abord contacter mon médecin traitant, à Foros. On leur rétorqua qu'il n'y avait pas de liaison avec Foros et qu'ils devaient obéir pour mon propre intérêt car, faute de certificat, je serais arrêté. Les médecins finirent par céder et délivrèrent un document témoignant d'une aggravation de mon état de santé à compter du 16 août 1991. Bref, on donna des « armes » aux conspirateurs avant la tristement célèbre conférence de presse.

Pour permettre au lecteur de mieux comprendre notre situation pendant ces journées d'isolement, je me permets de citer ici quelques extraits du journal de Raïssa Maximovna.

> Dimanche, 18 août. [...]
>
> À la fin de la journée de travail, personne n'a été autorisé à quitter la datcha. Tous ceux qui s'y trouvaient ont été obligés de rester : A. Tcherniaïev, l'assistant du président, Olga Lanina, la sténo, les médecins, le personnel de service, même les mères de famille. Toutes les voitures ont été mises sous scellés. On dit que l'avion avec lequel Mikhaïl Sergueïevitch devait regagner Moscou demain a été décommandé.
>
> Nous nous efforçons de capter des nouvelles à l'aide d'un minuscule transistor Sony. Quel bonheur de l'avoir ! Le grand récepteur de la datcha ne reçoit rien, dans aucune longueur d'onde, mais le Sony marche. Il n'y a pas d'informations particulières. Tout est comme d'habitude...
>
> Nous avons décidé qu'Anatoli cacherait le transistor. Personne ne doit savoir qu'il l'a. Personne. De mon côté, je prendrai des notes plus détaillées.
>
> Impossible de dormir... Je suis tourmentée par la trahison des gens qui travaillaient avec Mikhaïl Sergueïevitch. [...]
>
> Que se passe-t-il maintenant dans le pays et à Moscou ? Que se passe-t-il dans la résidence de campagne du président ?

Lundi, 19 août.

À près de 7 heures du matin, Anatoli et Irina sont parvenus à capter (probablement à la BBC) l'information suivante : un Comité d'État pour l'état d'urgence a été créé. Dans certaines régions, l'état d'urgence a été instauré. On transmet un appel du comité à la population, un autre aux pays étrangers, un décret qui donne à chaque citoyen le droit d'obtenir une parcelle de 0,15 hectare de terre. [...] On dit aussi qu'« en raison de la maladie du président de l'URSS, ses fonctions seront assumées par le vice-président Ianaïev ». Ils avaient donc préparé tous les documents à l'avance.

Anatoli nous a dit que tôt ce matin, vers 5 heures, cinq navires, des patrouilleurs, sont entrés dans la baie, se sont approchés inhabituellement près de la côte, et sont restés là une cinquantaine de minutes avant de s'éloigner. Qu'est-ce que cela signifie ? Une menace ? Le fait que nous soyons également isolés du côté de la mer ?

Il n'y a ni courrier ni journaux et l'on nous a fait dire qu'il n'y en aurait pas. La radio se tait, la télé est débranchée... Par l'intermédiaire du chef des gardes, Mikhaïl Sergueïevitch a transmis à Gueneralov [5] des exigences à faire parvenir à Moscou : rétablir la liaison téléphonique, livrer le courrier et la presse, rétablir la télévision, envoyer immédiatement un avion en vue d'un retour à Moscou.

Dans le domaine autour de la datcha, de nouveaux visages apparaissent, armés de mitraillettes.

Tcherniaïev est venu discuter avec nous. Nous sommes sortis sur le balcon, car nous craignons d'être écoutés. Les officiers de sécurité n'excluent pas cette possibilité. Anatoli Alexeïevitch [6] se plaint : il n'a même pas un rasoir. Toutes ses affaires sont restées à la maison de repos où il loge. Il en va de même pour la sténo Olga Vassilievna et la secrétaire Tamara Alexeïevna. Il a dit qu'il a parlé à Gueneralov pour exiger qu'on le laisse partir : « Je suis député du peuple de l'URSS. Je ne suis pas arrêté. Pourquoi me retient-on ici ? »

Nous avons fait une promenade sur le domaine, jusqu'au bord de la mer. Il faut que l'on voie, tant les « nôtres » que ceux qui nous surveillent depuis les rochers et la mer, que Mikhaïl Sergueïevitch est en bon état, en bonne santé.

Boris Ivanovitch et Igor Anatolievitch [7] nous rapportent les nouvelles qu'ils ont entendues grâce à une vieille radio pour laquelle ils ont bricolé une antenne. Les stations étrangères disent qu'Eltsine n'est pas arrêté.

---

5. Chef-adjoint du service de protection du KGB. (N.d.T.)

6. Tcherniaïev. (N.d.T.)

7. Boris Ivanovitch Medvedev, chef de la garde personnelle de Mikhaïl Gorbatchev ; Igor Anatolievitch Borisson, son médecin personnel. (N.d.T.)

« Alors que Gueneralov m'a annoncé hier, nous dit Boris Ivanovitch, qu'il était aux arrêts dans sa datcha. » Bref, les informations sont très contradictoires. Il est difficile de comprendre quoi que ce soit. [...]

Il y a du nouveau également chez nous, dans la résidence : une voiture de pompiers et une voiture d'arrosage ont été garées sur la zone d'atterrissage des hélicoptères. Des camions ont été placés devant l'entrée, pour barrer la route. Des soldats armés de mitraillettes sont postés près du garage, à la porte, sur l'héliport. Ils sont tous nouveaux, inconnus.

Oleg Anatolievitch [8] et Boris Ivanovitch ont déclaré de nouveau : « Mikhaïl Sergueïevitch, nous restons avec vous quoi qu'il arrive. »

Tout est calme du côté de la mer : on ne voit ni vedettes, ni bateaux de croisière, ni cargos. Seul un patrouilleur reste là, à l'ancre. Habituellement, des gens s'activent à son bord, se baignent, pêchent. En ce moment, on ne voit personne. L'infirmière Tatiana Gueorguievna s'indigne : « Voilà des amis et des compagnons, et ce sont des traîtres ! On ne laisse personne sortir du domaine, Raïssa Maximovna. Ils ne veulent pas que l'on dise à l'extérieur que Mikhaïl Sergueïevitch est en bonne santé. »

Mikhaïl Sergueïevitch et moi, nous nous tenons dans son bureau. Anatoli et Irina arrivent en courant. Des nouvelles : la télé marche, on diffuse un programme musical. De nouveaux patrouilleurs sont apparus à l'horizon et se tiennent loin de la côte. La BBC rapporte que Boris Eltsine a condamné les conspirateurs et a appelé à la désobéissance au nouveau pouvoir. À la télévision, Nazarbaïev s'est adressé au peuple kazakh, en appelant au calme, à la retenue et au respect de l'ordre public. Pas un mot sur la destitution du président soviétique.

À 17 heures un responsable des gardes nous a informés que les officiers des transmissions ont quitté le domaine.

À 17 h 30, Mikhaïl Sergueïevitch s'est isolé dans son bureau avec Tcherniaïev. Il m'a dit lui avoir confié la mission de transmettre une nouvelle fois à Ianaïev ses exigences de rétablir immédiatement la liaison gouvernementale et de lui envoyer un avion pour lui permettre de regagner Moscou. En cas de refus ou de silence, de lui transmettre l'exigence d'une rencontre avec des journalistes soviétiques et étrangers.

Après le départ d'Anatoli Alexeïevitch, il m'a demandé de prendre en note une déclaration politique. Il m'a dicté :

« 1. La décision du vice-président d'assumer les fonctions de président sous prétexte que je serais malade et dans l'impossibilité de remplir mes devoirs est une tromperie, car je me trouve dans un état de santé

8. Oleg Anatolievitch Klimov, l'un des officiers de sécurité de Mikhaïl Gorbatchev à Foros. (N.d.T.)

normal, bien reposé, et j'avais l'intention de partir aujourd'hui, le 19 août, pour Moscou de manière à signer le traité d'Union et assister à la réunion du Soviet de la Fédération. C'est pourquoi cette action ne peut être qualifiée que de coup d'État.

« 2. Cela signifie que toutes les décisions adoptées par le vice-président et le Comité d'État pour l'état d'urgence sont illégales.

« 3. L'escalade des mesures liées à l'introduction illégale de l'état d'urgence peut provoquer une aggravation dramatique de la situation dans le pays, une scission de la société, des affrontements et d'autres conséquences imprévisibles.

« 4. J'exige l'abrogation immédiate des décisions prises et je prescris au camarade Loukianov, en sa qualité de président du Soviet suprême, de convoquer d'urgence un Congrès des députés du peuple de l'URSS ou le Soviet suprême de l'URSS pour examiner la situation à la tête du pays. »

[...] La conférence de presse télévisée des membres du Comité pour l'état d'urgence. Quelle perfidie ! Quels mensonges éhontés ! Il est évident qu'ils sont capables de tout, même du pire. Ils ont menti devant le monde entier en parlant de l'incapacité du président. Ils ont déjà décidé du sort de Mikhaïl Sergueïevitch, de notre sort à tous. [...]

Nous avons passé une nuit blanche...

Grâce à une caméra vidéo, nous avons enregistré une adresse de Mikhaïl Sergueïevitch au peuple. Nous tenterons de la transmettre au monde extérieur, et si cela ne marche pas, de cacher la bande et de la préserver. Quoi qu'il advienne de nous, les gens doivent savoir la vérité sur le sort du président. Nous avons trouvé une pièce qui, à notre avis, ne peut être surveillée ni de la mer, ni des rochers. Nous avons tiré les rideaux. Vers 4 heures du matin, alors que nous visionnions la bande avec le son très bas, une porte a claqué soudain en bas. Mikhaïl Sergueïevitch et Irina sont descendus et ont vérifié toutes les ouvertures. Tout était fermé. Mikhaïl Sergueïevitch est sorti. Deux sentinelles gardaient l'entrée. Anatoli et Irina ont travaillé sur la bande jusqu'à 6 heures du matin. Ils l'ont visionnée par le viseur du caméscope. Ils ont ensuite démonté la cassette et coupé le film en quatre morceaux qu'ils ont enroulés chacun sur un fin tube de papier. Ensuite, emballés et collés avec du ruban adhésif, nous les avons dissimulés dans différents endroits de la datcha. Puis nous avons remonté la cassette pour qu'on ne voit pas que la bande avait disparu.

Mardi, 20 août.

Il n'y a toujours ni courrier, ni journaux. Mais notre Sony marche. Quelques patrouilleurs font des allers-retours à l'entrée de la baie.

Mikhaïl Sergueïevitch a encore transmis ses demandes à Moscou :

rétablir le téléphone, recevoir les journaux, envoyer immédiatement un avion pour son retour à Moscou. Il ajoute une nouvelle exigence : dire à la radio et à la télévision qu'il est victime d'une grossière désinformation sur son état de santé.

Pour l'instant, à part les assurances de Gueneralov qui prétend que toutes ses requêtes sont transmises à Moscou, il n'y a aucun résultat. Mikhaïl Sergueïevitch les prévient : au cas où mes exigences ne seraient pas exécutées, j'aurais recours à des mesures extrêmes.

Extérieurement, nous essayons de nous comporter comme d'habitude : nous suivons les conseils du médecin, nous sortons et nous nous promenons au bord de la mer, tout en demeurant dans le domaine. Nous restons tous ensemble, Mikhaïl Sergueïevitch, Irina, Anatoli, les petites-filles et moi : on ne sait jamais.

Moralement, nous nous soutenons tous. Pas seulement les membres de la famille, mais tous ceux qui sont internés avec nous. Je m'occupe surtout des femmes, pour qu'elles se fassent moins de souci et tiennent bon. Et, naturellement, pour que nos petites-filles ne se doutent de rien.

Le chef de la garde et le médecin sont inquiets quant à notre alimentation : ils disent que les vivres viennent de l'extérieur, et qu'il y a donc un danger. Ils ont les mêmes soupçons que nous. Nous avons pris la décision de n'utiliser que les réserves dont nous disposons, nous et les gardes. J'ai fait très soigneusement le tour de la question avec notre chef cuisinier, Galina Afrikanovna. Nous sommes convenus de ne manger que de la nourriture cuite.

J'ai eu une conversation avec l'un des responsables de la garde personnelle. Je lui ai demandé : « Oleg Anatolievitch, en dehors de Gueneralov, pouvons-nous transmettre au monde extérieur un message ? » (Je ne lui ai pas dit ce que j'avais en tête.) Il m'a répondu : « Non, ce n'est pas possible. Du côté de la mer, nous sommes bloqués. Et sur terre, nous sommes encerclés de telle façon qu'une souris ne pourrait pas passer. »

Il ne me reste rien, à part mon journal intime.

Nous avons essayé de mettre à profit le fait que l'enfant d'Olga Vassilievna, demeuré à Moscou, est tombé malade. Son père est cardiaque. Mikhaïl Sergueïevitch a demandé à Tcherniaïev d'exiger de Gueneralov qu'Olga Vassilievna puisse rentrer à Moscou. [...]

Nous avons parlé de la situation, Mikhaïl Sergueïevitch et moi. Pourquoi Loukianov et le Soviet suprême ne disent rien ? Et pourquoi Ivachko ne dit rien ? Et les dirigeants des républiques ? La signature du traité d'Union était prévue pour aujourd'hui. Une supposition terrible : le pays a-t-il accepté le Comité d'État pour l'état d'urgence ?

Hier, Kravtchouk a parlé à la télévision ukrainienne. Il a lancé un appel « au calme, au bon sens, au respect de la légalité, au rejet de l'affrontement », mais pas un mot sur le président...

Les exigences de Mikhaïl Sergueïevitch sont-elles réellement transmises ? Comment communiquer avec l'extérieur ?

On n'autorise toujours personne à quitter la datcha. Faut-il tenter une percée ? Selon Oleg Anatolievitch, notre « unité de combat » est petite, mais bien armée...

Les radios occidentales annoncent que l'état d'urgence a été proclamé à Moscou ; des troupes y ont été envoyées. Moscou et Leningrad ne soutiennent pas les putschistes. On leur demande de donner des éclaircissements sur l'état de santé de Gorbatchev : où est-il ? Dans quel état se trouve-t-il ? Les pays occidentaux envisagent un arrêt de l'aide économique à l'URSS.

Des nouvelles : quelqu'un a tenté de pénétrer dans le domaine, mais il n'a pas réussi à franchir le barrage... Gueneralov est soudain réapparu dans le bâtiment des officiers de sécurité. Cela faisait deux jours qu'il n'était pas allé les voir... Il a donné à Boris Ivanovitch la réponse de Ianaïev : les exigences de Mikhaïl Sergueïevitch seront satisfaites. Il a expliqué qu'il a transmis la demande à Moscou par Plekhanov et que c'est également par lui qu'il a eu la réponse.

Les responsables de la garde éprouvent quelques craintes au sujet de l'augmentation de l'activité maritime dans la baie. Oleg Anatolievitch recommande de ne pas laisser les enfants se baigner et même de ne pas les laisser sortir. Nous avons dit à Ksenia et à Anastasia qu'il valait mieux rester à l'intérieur, à cause du vent.

J'ai le sentiment que quelque chose va arriver. Une partie des gardes sont maintenant installés dans la maison. Igor Anatolievitch et Nikolaï Feodossievitch, les médecins, sont aussi près de nous. Irina a pris Ksenia et Nastia[9] dans son lit. Anatoli dort par terre, à côté d'elles.

Il est 3 heures du matin. »

« Le 21 août, mercredi.

Les nouvelles du matin : des affrontements à Moscou. Il y a des victimes : des morts et des blessés. Est-ce l'horreur qui commence ?

Mikhaïl Sergueïevitch exige de transmettre immédiatement à Ianaïev : arrêter l'utilisation des troupes, les renvoyer dans leurs casernes.

Près de 10 heures du matin, deux groupes de navires surgissent à l'horizon. Trois patrouilleurs sont immobilisés à l'entrée de la baie. Et cinq nouveaux navires arrivent. Ce sont des hydroglisseurs de transport de troupes qui foncent droit vers nous. Mais lorsqu'ils arrivent presque à hauteur des patrouilleurs, ils changent brusquement de direction,

9. Diminutif d'Anastasia. (N.d.T.)

tournent vers Sébastopol et disparaissent derrière le cap Sarytch. Que voulaient-ils faire ? Un blocus ? Montrer qu'ils peuvent nous arrêter ? Nous venir en aide ? Je n'ai pas le moindre doute : ils savent que le président est en vie et en bonne forme.

Oleg Anatolievitch et Boris Ivanovitch déconseillent à toute la famille de quitter la maison aujourd'hui. Ils craignent qu'une fusillade ne soit provoquée et la vie du président mise en danger.

On nous a apporté des journaux vieux de deux jours. Il n'y a aucune annonce officielle, ni à la télévision, ni à la radio, sur l'état de santé de Mikhaïl Sergueïevitch. C'est incroyable : on dit que le président est "malade et incapable de gouverner", et on ne donne aucune information sur son état de santé réel. En revanche, la télévision parle du mauvais état du Premier ministre Pavlov. [...]

Il est près de 15 heures, Irina et Anatoli ont entendu les informations de la BBC : Krioutchkov a donné son accord pour qu'un groupe de personnes, une « délégation » aille à Foros pour s'assurer personnellement que Gorbatchev est vraiment malade et dans l'incapacité d'exercer ses fonctions. Nous nous attendons au pire. Dans les heures prochaines, certaines actions peuvent transformer cet ignoble mensonge en vérité.

Mikhaïl Sergueïevitch a donné aux gardes l'ordre de bloquer les entrées et de n'admettre personne sans sa permission ; d'être en état d'alerte ; de faire usage des armes en cas de nécessité. Nous avons enfermé Ksenia et Anastasia dans une pièce, en compagnie de l'économe, Alexandra Grigorievna.

J'éprouve un sentiment de danger imminent. Une seule pensée lancinante me trotte dans la tête : cacher Mikhaïl Sergueïevitch. Mais où ? Et soudain, je sens que mon bras pend et perd de la sensibilité, que je suis incapable de parler... Je me suis dit qu'il s'agissait d'une attaque cérébrale...

Dieu merci, mes proches n'étaient pas loin : ma famille, les médecins. On m'a mis au lit, on m'a donné des médicaments. C'était une crise d'hypertonie. [...]

Près de 17 heures, Oleg Anatolievitch frappe à la porte : « Mikhaïl Sergueïevitch, des voitures sont arrivées, deux ZIL et une Volga. Iazov, Krioutchkov, Baklanov, Ivachko, Loukianov et Plekhanov. Ils demandent à vous voir. » Il a ajouté : « Je me demande quels sont leurs plans ? Dans quelle intention viennent-ils ? » Mikhaïl Sergueïevitch : « Il faut les arrêter. Et transmettre mon exigence : je ne recevrai personne tant qu'on ne rétablira pas la liaison gouvernementale. »

Oleg est revenu très vite avec la réponse : « Ils disent que c'est très long. Le rétablissement de la ligne prendra au moins trente minutes. Et ils demandent à être reçus tout de suite. » Mikhaïl Sergueïevitch : « Eh bien, ils attendront. Je ne négocierai avec personne tant que les liaisons ne seront pas rétablies. » [...]

Les lignes ont fonctionné à nouveau à 17 h 45. Notre isolement de soixante-treize heures était fini. Comme l'état d'arrestation !

Irina est entrée : « Plekhanov et Ivachko ont tenté de pénétrer dans la maison. Boris Ivanovitch les a arrêtés à la porte : "J'ai l'ordre de ne laisser entrer personne. Nous allons tirer !" Plekhanov s'est écrié : "Je le savais... ces gens-là sont prêts à tirer." Ils ont fait demi-tour et sont partis. Papa continue à parler au téléphone. »

Mikhaïl Sergueïevitch est venu me voir et m'a demandé comment je me sentais. Il a dit qu'il ne voulait parler à aucun des putschistes, malgré plusieurs tentatives de leur côté. Il a appelé Boris Eltsine : « Mon cher Mikhaïl Sergueïevitch, vous êtes bien en vie ? Pendant quarante-huit heures, nous avons tenu ferme ! » Il a également parlé à d'autres dirigeants républicains. George et Barbara Bush me transmettent leurs amitiés. Pendant trois jours, ils ont prié pour nous. Il m'a montré un mot signé par Loukianov et Ivachko : « Très estimé Mikhaïl Sergueïevitch, nous vous prions de nous recevoir tout de suite dans la mesure du possible. Nous avons des choses à vous dire. » Il a dit : « Je ne recevrai ni Krioutchkov, ni Baklanov, ni Iazov. Je n'ai plus rien à leur dire. Quant à Loukianov et Ivachko, je les verrai peut-être plus tard. Maintenant, j'attends une délégation russe. »

La délégation est arrivée : Routskoï, Silaïev, Bakatine, Primakov, Stoliarov, Fiodorov, des députés, la presse. Tout le monde est dans la maison. Des voix joyeuses, excitées me parviennent du rez-de-chaussée...

J'ai demandé à Irina de faire venir toutes les femmes qui ont partagé notre captivité. Nous nous sommes embrassées, nous avons pleuré. Je les ai remerciées pour tout ce qu'elles ont fait pour nous, et ce qu'elles ont partagé avec nous.

Anatoli est entré : « Mikhaïl Sergueïevitch a donné l'ordre de partir. Nous prenons l'avion. Que les affaires restent. On nous les enverra avec le prochain avion qui prendra tous "nos moscovites". »

L'échec du complot

Comme on le constate à la lecture du journal de Raïssa Maximovna, nous avons vécu trois journées très pénibles. Mais je me suis efforcé de garder l'esprit clair et d'agir. Puisque les putschistes misaient sur la « maladie et l'incapacité de Gorbatchev », je faisais des promenades pour que les marins des patrouilleurs, les officiers de la garde et tous ceux qui surveillaient ce qui se passait à la datcha pussent voir que j'étais en pleine forme. J'ai exigé un avion pour retourner à Moscou et le rétablissement des liaisons. J'ai enregistré mon appel sur une cassette vidéo, comme l'explique Raïssa Maximovna.

Plus tard, certains ont ironisé sur tout cela. Pourtant, sur le moment, je devais prendre en compte la possibilité du pire. Si je n'étais pas resté en vie, cet enregistrement serait devenu un document politique important. Les choses se sont bien passées et cela n'a duré que trois jours, mais elles pouvaient tout aussi bien prendre une tournure différente. Selon des sondages faits après coup, près de 40 % de la population sympathisait avec les putschistes. Et les dirigeants des républiques, à l'exception de celui de Russie et, peut-être, d'Akaïev [10], prirent le temps de réfléchir et d'avoir des doutes. La réaction des dirigeants de plusieurs pays étrangers ne fut pas bien claire non plus. Disons qu'elle fut attentiste. Les putschistes subirent une défaite cuisante, mais si cela s'était passé un an plus tôt, la fin aurait pu être différente. Voilà, sans doute, l'argument le plus convaincant en faveur de ma politique.

En écoutant attentivement les radios étrangères, je sentis dès le 20 août que la situation n'était pas en faveur des factieux. Le lendemain, la venue à Foros de leurs chefs, Krioutchkov, Iazov et Loukianov, confirma mon impression. Ivachko arriva dans le même avion qu'eux. Il ne me semble pas que leur but était de s'excuser. Il s'agissait simplement d'une tentative désespérée pour faire pression sur moi et obtenir mon soutien. Autrement, pourquoi déployer des renforts de fusiliers marins près de l'aéroport de Belbek et donner l'ordre d'ouvrir le feu sur tous les avions qui tenteraient d'atterrir sans autorisation ? Ils craignaient certainement l'arrivée de la délégation de la direction russe.

J'insistai sur le fait qu'aucune discussion n'était possible avant le rétablissement des communications. Celles-ci rétablies, je m'entretins aussitôt au téléphone avec Eltsine, Nazarbaïev, Dementeï [11] et d'autres dirigeants républicains. J'appelai également George Bush. Je donnai des ordres : Iazov fut destitué. Je confiai le poste de ministre de la Défense à Moïsseïev [12] en l'obligeant à assurer l'atterrissage à Belbek de l'avion qui transportait Routskoï et les autres camarades. J'ai donné l'ordre au chef des communications gouvernementales de couper toutes les lignes

10. Le président du Kirghizistan. (N.d.T.)
11. Le président de Biélorussie. (N.d.T.)
12. Précédemment chef de l'état-major général. (N.d.T.)

des putschistes. Et je demandai au commandant du Kremlin d'assurer la sécurité sur place et d'isoler tous les factieux qui s'y trouvaient encore.

Ce ne fut que lorsque la délégation russe arriva que je compris véritablement que j'étais libre.

Je reçus Loukianov et Ivachko en présence de Bakatine et de Primakov. Je leur dis qu'ils auraient pu faire avorter le coup d'État en démontrant son caractère criminel. L'un était président du Soviet suprême et savait que l'histoire de la maladie de Gorbatchev était un mensonge, mais il pensait que les auteurs du complot tireraient pour lui les marrons du feu. Il se voyait déjà président et, à ses yeux, cela justifiait une trahison. L'autre, Ivachko, secrétaire général adjoint du PCUS, aurait pu se dissocier des putschistes au nom de la direction du parti et exiger de rencontrer son secrétaire général. Il ne l'a pas fait. En revanche, le secrétariat a donné aux organes locaux du parti l'ordre de soutenir le putsch.

Je décidai de ne pas rencontrer Iazov et Krioutchkov. À leur retour de Foros, ils furent arrêtés avec les autres comploteurs. Dès le début de l'instruction de leur procès, on me fit voir leurs premières dépositions : ils reconnaissaient qu'ils avaient commis un crime, bien que chacun tentât de diminuer sa responsabilité.

Je reçus alors une lettre manuscrite de Krioutchkov dont je ne citerai que le dernier paragraphe :

> Très estimé Mikhaïl Sergueïevitch, faut-il nous garder en prison : les uns ont près de soixante-dix ans, d'autres ont des problèmes de santé ? Est-ce qu'un procès de telles dimensions est réellement nécessaire ? Incidemment, on aurait pu envisager d'autres mesures de détention, par exemple nous consigner à domicile. J'éprouve un grand sentiment de honte. Hier, j'ai pu écouter une partie de votre interview sur nous. Que nous les ayons méritées ou non (si l'on dresse le bilan de nos activités), vos paroles ont été très dures. Malheureusement, nous les avons méritées.
>
> Avec tout le respect humain que je garde pour vous,
> V. Krioutchkov
> 22.8.91.

Le destin du parti : qui a trahi qui

L'avion en provenance de Belbek atterrit à Moscou le 22 août, à deux heures du matin. À l'aéroport de Vnoukovo, nous fûmes cordialement accueillis. Raïssa Maximovna, Ksenia et moi, nous montâmes dans une voiture. Irina, Anatoli et Nastia, dans une autre. C'est à ce moment que la tension accumulée depuis trois jours s'est fait sentir. La plus âgée de nos petites-filles, déjà très éveillée, n'était pas à l'aise. Pour Raïssa Maximovna les conséquences de Foros et des événements qui suivirent se traduisirent par une maladie qui dura deux ans.

Le 23 août, je retournai au Kremlin. En chemin, je dis aux journalistes une phrase qui, souvent citée, a donné lieu à différentes interprétations : « De Foros, je suis revenu dans un autre pays, et moi-même, je ne suis plus celui que j'étais, mais un autre homme. » Telle fut ma première impression spontanée après ce qui s'était passé. Je ne pouvais pas encore évaluer toute la dimension de la tragédie qui venait d'avoir lieu.

J'ignorais encore bien des choses : il m'était tout simplement impossible de digérer toute l'information qui se déversait sur moi. Les journées de travail se passaient en réunions interminables, en travail sur des documents, en prise de décisions urgentes. Et tard le soir, je remportais à la maison de lourdes serviettes remplies de rapports, de câbles diplomatiques, de revues de presse. Je les lisais jusqu'au petit matin. Peu à peu, je parvins à reconstituer l'ensemble du tableau.

J'ai appris très vite que certains parmi ceux que j'avais nommés à des postes de responsabilité en remplacement des putschistes, le jour de mon retour à Moscou (notamment Bessmertnykh et Moïsseïev, étaient prêts à servir les deux maîtres. Il me fallut donc revoir des décisions prises littéralement la veille. Certains se hâtèrent de déclarer que Gorbatchev avait perdu toute volonté et qu'il s'agitait sans savoir que faire. En réalité, ces erreurs s'expliquaient par la méconnaissance de la totalité des faits. D'ailleurs, plusieurs choses ne furent découvertes que des mois après la tentative de coup d'État. D'autres n'ont pas été élucidées à ce jour. Il faut espérer que, conformément au message biblique, « rien de secret qui ne finisse par être découvert et mis à jour ».

J'appris également la position honteuse de la majorité du secrétariat du CC et de nombreux organes du parti qui soutinrent les putschistes. Je dois rendre hommage à Galina Semionova, Andreï Guirenko et Egor Stroïev, secrétaires du CC qui, dans cette situation extrêmement complexe, ont fait preuve de maturité politique et d'honnêteté. Le

Comité central en tant qu'organe collectif de direction se solidarisa avec le GKTchP, bien que plusieurs membres du CC eussent condamné le putsch. Nazarbaïev, Karimov [13] et plusieurs dirigeants des partis républicains démissionnèrent du CC.

En septembre, des articles de presse commencèrent à exprimer des doutes sur mon attitude. Certains de leurs auteurs allaient même jusqu'à affirmer que j'étais « de mèche » avec les putschistes ou que je ne voulais pas signer leur déclaration, mais que j'aurais promis de me joindre au GKTchP si tout se passait bien. Il est inutile de préciser que c'était faux. Le traité d'Union, la transformation du pays en une fédération démocratique viable, la perestroïka, les réformes profondes, la nouvelle pensée en politique internationale, tout cela était devenu ma raison d'être et le but de ma vie. Comment aurais-je pu lever la main pour détruire ce que j'avais construit ?

L'aveuglement politique et l'étroitesse d'esprit, ajoutés à des intérêts égoïstes, poussèrent le GKTchP à des actions dont les séparatistes et les extrémistes radicaux pouvaient à peine rêver. Les putschistes, poussant la pierre qui provoqua l'éboulement, leur fournirent des arguments en béton armé en faveur de la désintégration.

N'étant pas d'une nature vindicative, je n'étais pas très chaud pour condamner ces hommes, pour la plupart âgés et de faible santé, à des privations physiques. Le procès, qui traînait délibérément en longueur, fut interrompu par l'amnistie de février 1994 et définitivement clos par décision du Collège militaire de la Cour suprême de Russie. Mais ils seront néanmoins condamnés par l'histoire. Même en supposant que les accusés aient d'abord été motivés par ce qu'ils pensaient être l'intérêt supérieur de la patrie, leur aventure se solda par un désastre. En réalité, beaucoup d'éléments laissent à penser qu'ils ont surtout agi en fonction de leurs intérêts personnels.

Fin juillet, juste avant de partir en vacances, je m'étais entretenu avec Eltsine et Nazarbaïev à Novo-Ogarevo. Nous avions parlé des mesures à prendre après la signature du traité. Précédemment, nous estimions que cet événement devrait être suivi par une période transitoire de six mois au cours de laquelle une nouvelle Constitution serait rédigée. L'approbation par le peuple de ce texte ouvrirait la voie à l'élection de nouveaux organes du pouvoir. On pouvait néanmoins se demander légitimement s'il était bon d'attendre aussi longtemps, ce que nous fîmes ce jour-là. Eltsine et Nazarbaïev étaient d'avis de remanier immédiatement

13. Le président d'Ouzbékistan. (N.d.T.)

les structures étatiques de l'Union selon les dispositions du traité pour mettre fin à une dangereuse tendance à la désintégration que nous constations dans toutes les sphères de la vie publique. Nous convînmes de discuter de ce problème avec les leaders d'autres républiques.

Puis nous passâmes aux problèmes des cadres, en commençant par le choix du candidat au poste de président de l'Union des États souverains. Eltsine proposa ma candidature. Nous nous mîmes aussi d'accord pour recommander Nazarbaïev au poste de chef du gouvernement. Il se dit prêt à assumer cette responsabilité à condition que le Cabinet des ministres de l'Union pût travailler de manière indépendante. Nous convînmes aussi du besoin de rénover substantiellement les échelons supérieurs du pouvoir exécutif. Nous parlâmes du remplacement de Iazov et de Krioutchkov. Je me souviens qu'Eltsine se sentait mal à l'aise : il se comportait comme s'il était mis sur écoute. Je me rends compte maintenant que son intuition ne le trompait pas. Plekhanov avait aménagé cette pièce et notre conversation était enregistrée. Lorsque Krioutchkov et les autres apprirent que nous avions l'intention de les remplacer, ils perdirent la tête. L'affirmation selon laquelle les conspirateurs n'étaient poussés que par des sentiments patriotiques n'est que pure démagogie.

Le problème le plus important que j'affrontai à mon retour de Foros fut celui du parti. Le 24 et le 25 août, je consultai mes conseillers et assistants : Iakovlev, Medvedev, Primakov, Tcherniaïev, Chakhnazarov, Revenko et Koudriavtsev, et quelques autres membres de la direction du parti. Après une réflexion très douloureuse, je pris la décision de démissionner du poste de secrétaire général et de recommander au Comité central de se saborder, tout en donnant aux organisations du parti le droit de décider elles-mêmes de leur activité future.

Il me fallut écouter beaucoup de critiques à ce propos de la part de mes anciens camarades du parti. Certains d'entre eux, tout en condamnant le putsch, ne parvenaient pas à accepter l'idée que tout cela était nécessaire. Je repense souvent à cela, et je considère, même aujourd'hui, que j'ai pris la bonne décision. Les accusations de trahison et les récriminations selon lesquelles j'aurais « abandonné le parti » sont sans fondement. Ce n'est pas moi qui ai trahi le parti. Je suis resté jusqu'au bout à mon poste de secrétaire général, au détriment de ma position de président du pays. Ce sont la direction du parti et une grande partie de sa nomenklatura qui ont trahi leur chef.

Quant à la « dissolution » du PCUS, je me suis borné à déclarer que, après le putsch, les organisations du parti devaient décider de leur avenir elles-mêmes. De plus, lorsque quelques jours plus tard, devant le Soviet suprême de Russie, Eltsine signa ostensiblement le décret sur l'interdiction du parti, je tentai de l'arrêter, en considérant que cette action pouvait provoquer une vague d'hystérie anticommuniste, ce qui serait injuste et dangereux. Je fus presque hué par les radicaux intolérants du Soviet suprême que l'on appelait à juste titre des « néobolcheviks ». L'un d'eux déclara même sur un ton hystérique qu'il fallait « bouter tous les communistes hors du pays ». Je leur tins alors des propos dont je n'ai pas à rougir aujourd'hui :

« Vos méchants appels montrent que vous n'avez pas toute votre tête. Même le cerveau malade de Staline ne nourrissait pas d'idées pareilles. Avez-vous réellement l'intention d'expulser dix-huit millions de communistes, ce qui fait, si l'on compte leurs familles, cinquante à soixante-dix millions de personnes ? Vous vous prétendez démocrates, alors assumez-le dans la pratique. »

La presse ne cita pas cette déclaration.

La réunion du Soviet suprême était télévisée. Tous ceux qui virent la retransmission purent comprendre beaucoup de choses. Eltsine transpirait d'un plaisir sadique. Et il me sembla que certains de mes compagnons assis dans la salle n'éprouvaient pas moins de plaisir. Alexandre Iakovlev ne dit pas un mot.

Après la clôture des débats, Eltsine m'invita à monter dans son bureau. Il sentait qu'il en avait fait un peu trop et voulait détendre l'atmosphère en disant qu'il fallait comprendre les députés qui avaient traversé une dure épreuve. Il ajouta :

— Je ne montrerai personne du doigt. Demandez vous-même les informations et vous saurez qui s'est comporté comment les 19 et 20 août, y compris ceux envers qui vous éprouvez des sentiments particuliers. Nous étions seuls. La plupart préféraient attendre et voir venir. »

Mes craintes au sujet de la position des autorités russes vis-à-vis des communistes n'étaient pourtant pas vaines. L'interdiction du parti eut un effet pernicieux sur des millions de ses membres qui, soit dit en passant, soutenaient dans leur grande majorité la perestroïka et les réformes. Et je ne suis pas d'accord avec les tentatives pour dénigrer l'ensemble de l'histoire du parti, pour présenter son fondateur comme un malfrat, pour refuser au PCUS tout mérite devant la patrie et pour accuser le parti d'avoir prétendument transféré des milliards de dollars dans des banques étrangères. Ces campagnes étaient indignes, et la

Cour constitutionnelle a finalement eu raison en empêchant une nouvelle « chasse aux sorcières ».

Ces développements doivent être examinés dans une perspective historique plus large. À une certaine étape, la désintégration du PCUS devenait inévitable en raison des divergences idéologiques et politiques de ses membres. Ma solution s'inscrivait dans une perspective démocratique : je voulais convoquer un congrès en novembre et provoquer les scissions de manière civilisée. Selon certains sondages, le projet de programme que je soutenais avec mes compagnons politiques aurait rassemblé autour de lui environ un tiers des membres du parti. Les autres se seraient dispersés en une multitude de chapelles et de groupes communistes, ou auraient rejoint Demrossiïa, le Parti démocratique de Travkine ou les démocrates-chrétiens. Ce fut ce qui se passa en fin de compte. Voilà pourquoi les regrets bruyants sur la disparition du PCUS sont vides de sens. Ce parti avait joué son rôle et devait quitter la scène politique. De nouveaux partis de gauche sont en train de se former, y compris certains d'orientation communiste.

Cependant, à cause de l'action des putschistes, cette évolution prit une forme extrêmement pénible et scandaleuse et porta un énorme préjudice moral à des millions de personnes. Cela restera sur la conscience des membres du GKTchP et de ceux qui les soutinrent, surtout de l'aile conservatrice du Parti communiste russe. En portant au PCUS le coup le plus dur, en le compromettant, en l'utilisant comme instrument pour réaliser leurs vils desseins, tous ceux-là l'ont privé de sa dernière chance d'être réformé.

Je ne veux condamner personne : que les historiens jugent. Mais il m'est impossible de passer sous silence le rôle de Loukianov, mon ancien camarade d'université que j'avais promu au second poste de l'État et qui a joué un rôle clé dans le complot.

Supposons un instant que, trompé par les conspirateurs, Loukianov ne fût vraiment au courant de rien (telle fut sa défense à Foros, devant moi). Pourquoi donc ne convoqua-t-il pas le Soviet suprême de l'URSS, comme il était censé le faire en de telles circonstances ? L'aurait-il fait, chaque chose se serait retrouvée à sa place. Mais il avait tout calculé comme un bon joueur : au bout d'une semaine — et un tel ajournement n'était pas contraire au règlement du Parlement — tout aurait été clair. Soit le complot réussissait et il se retrouvait en selle, soit il échouait et il convoquait le Soviet pour dénoncer la tentative. Il voulait miser sur les deux tableaux. Il a tout perdu.

À l'époque, je connaissais bien les députés du Soviet suprême et je peux affirmer que si l'organe législatif avait été convoqué dès le début de l'aventure, il aurait sans doute pris la défense du système constitutionnel et condamné les putschistes. Hélas, la procédure de convocation du Parlement en cas de crise extrême n'était pas suffisamment au point, et Loukianov put en profiter.

Mais, cessons d'épiloguer. Il est beaucoup plus important de tirer les leçons des événements. En août 1991, ils révélèrent le talon d'Achille de notre système démocratique : la faiblesse des corps représentatifs.

CHAPITRE 31

LES DERNIERS EFFORTS ET LA CONSPIRATION DE BIELOVEJ

Après la tentative de putsch, je m'attelai une nouvelle fois à la tâche de faire avancer le processus des réformes. À franchement parler, j'ignorais si, dans la nouvelle situation du pays, c'était encore possible. Les répercussions des événements ne s'étaient pas fait attendre. En septembre et octobre, presque toutes les républiques proclamèrent leur indépendance. Pour les séparatistes l'heure de gloire était enfin arrivée. Et le président russe débordait d'une activité frénétique : il continuait à signer des décrets concernant l'Union alors même que le président de l'URSS avait repris ses activités. Cela incitait les républiques à couper encore plus vite les ponts avec le centre.

Et pourtant, je n'avais pas le droit de me rendre. Les résultats du référendum du 17 mars constituaient pour moi un atout maître. De plus, plusieurs siècles d'histoire témoignaient en faveur de l'unité du pays. Les impératifs économiques et la sécurité du pays et de ses citoyens dictaient aussi ce choix.

Des sondages effectués dans les grandes villes (Moscou, Kiev, Alma-Ata, Krasnoïarsk), début octobre, me rassurèrent. Ils montraient que, au cours des six derniers mois, la population n'avait pas changé d'avis au sujet de l'Union. Le 17 mars, lors du référendum, dans les républiques de Russie, d'Ukraine et du Kazakhstan, 73 % des votants s'étaient prononcés en faveur du maintien de l'Union. À l'automne 1991, les sondages indiquaient que 75 % des personnes interrogées dans les grandes villes de ces trois républiques réagissaient de la même façon. À Moscou, en six mois, le nombre des partisans de l'Union avait augmenté de 50 à 81 %. Cela signifiait clairement que le 17 mars, une partie des moscovites favorables à l'Union avaient voté sous l'influence de la propagande « anticentriste » des démocrates. Selon toute vraisemblance, la menace réelle de désintégration provoquait une brusque montée des sentiments favorables au centre, aussi bien dans la capitale que dans la plupart des régions de Russie. À Kiev, les résultats du sondage étaient moins impressionnants, mais les partisans de l'Union étaient quand même majoritaires. À Alma-Ata, ces derniers représentaient toujours 86 % des personnes interrogées, alors que 94 % des suffrages s'étaient portés sur le oui, le 17 mars.

Bref, le peuple ne souhaitait pas la destruction du pays. Mais les clés de ce problème se trouvaient, hélas, entre les mains des élites nationales et des dirigeants politiques.

Noursoultan Nazarbaïev était indiscutablement le partisan de l'Union le plus affirmé. Nous eûmes de longues conversations et il me faut dire ici qu'il tenait compte des facteurs objectifs comme la composition ethnique du Kazakhstan et le niveau extrêmement élevé de son intégration économique avec la Russie. Ses qualités personnelles d'homme politique et d'homme de culture jouaient également un rôle évident. On sentait que son adhésion à l'Union n'était pas une affaire de calculs, mais de principes et de convictions. Ayant eu depuis longtemps l'occasion de l'observer, j'appréciais sa poigne dans les affaires d'État et je regrette que des concours de circonstances m'aient empêché de le promouvoir au poste de vice-président de l'URSS ou de Premier ministre.

Les positions des dirigeants des républiques d'Asie centrale, Karimov, Akaïev, Niazov et Iskandarov[1] étaient très voisines de celles de Nazarbaïev. À ce moment fatidique pour l'Union, ces hommes politiques firent preuve d'une vision politique claire : ils comprenaient que la destruction de l'Union porterait un préjudice colossal à leurs peuples. Cela ne signifie pas qu'ils soutenaient toujours les propositions du centre. Au contraire, ils souhaitaient tous se débarrasser d'un hypercentralisme insupportable et faire avancer leurs républiques vers une plus large autonomie. Mais ils ne perdaient pas leur bon sens et n'élevaient pas en dogme intangible l'idée de l'indépendance.

Tout de suite après la tentative de coup d'État, je repris contact avec les dirigeants républicains. Le 23 août, j'eus des entretiens avec Eltsine, Nazarbaïev, Akaïev et Moutalibov[2]. Les autres ne purent pas venir à Moscou. Nous organisâmes rapidement une nouvelle rencontre à Novo-Ogarevo au cours de laquelle nous procédâmes à un nouvel inventaire des problèmes qui exigeaient des solutions immédiates. Nous parvînmes à la conclusion qu'il convenait en premier lieu de restaurer un méca-

1. Ces deux derniers présidaient respectivement le Turkménistan et le Tadjikistan. (N.d.T.)

2. Le président d'Azerbaïdjan. (N.d.T.)

nisme de pouvoir efficace. En effet, les événements avaient tellement secoué le système que même les meilleures décisions n'avaient aucune chance d'être exécutées. Les autorités républicaines, au nom de la souveraineté, n'exécutaient que les ordres des organes centraux qui leur étaient profitables. Et le centre était en proie à un désordre grandissant dû au dédoublement du pouvoir, sinon *de jure*, du moins *de facto*, entre le Kremlin et la Maison-Blanche. Occupée à des luttes intestines, la capitale perdait tous les leviers de contrôle de l'économie, ce qui poussait les dirigeants locaux à agir à leur guise.

Nous comprenions bien que seul un organe pouvant assurer la coordination des intérêts des républiques et de ceux du centre aurait des chances réelles de rétablir l'ordre. Au début, nous envisageâmes de faire entrer les dirigeants républicains au conseil de sécurité, mais nous finîmes par considérer qu'il était préférable de créer un Conseil d'État.

La concentration du pouvoir au sein de cette institution nous apparaissait comme une mesure provisoire, jusqu'à l'adoption du traité d'Union qui définirait la structure des organes de l'État et leurs relations avec les républiques. Dès nos premières rencontres à Novo-Ogarevo, après le putsch, nous reprîmes le travail sur le traité. En septembre, il nous semblait possible de donner au projet une seconde naissance et d'aboutir rapidement à sa signature.

Dans le même temps, nous comprenions que les circonstances rendaient difficile l'entrée de toutes les républiques dans l'Union rénovée. Pour cette raison, nous mîmes en pratique une idée élaborée depuis l'été 1990 : proposer aux républiques un accord économique, à côté du traité. Ce « second niveau » de relations permettait de « ne pas perdre » celles des républiques qui n'étaient pas prêtes, pour des raisons diverses, à faire partie de l'Union. Il nous semblait possible d'utiliser les relations économiques pour surmonter la méfiance envers les structures unionistes.

Néanmoins, le travail sur l'établissement de nouveaux liens fédéraux représentait pour moi la première des priorités et cela commanda toutes mes actions pendant la session extraordinaire du Soviet suprême de l'URSS. Cette session convoquée aussitôt après le putsch, prit la décision de réunir d'urgence un Congrès extraordinaire des députés du peuple.

À la veille de sa tenue, lors de la discussion de l'ordre du jour, les dirigeants républicains et moi n'étions pas sans éprouver une certaine inquiétude à l'idée que les débats pourraient se révéler vains. Il était essentiel pour nous de présenter une position unie. Au cours d'une discussion qui se prolongea tard dans la nuit, naquit l'idée d'une déclaration commune. Elle fut signée par les chefs de dix républiques. La Géorgie participa à l'élaboration du texte sans le parapher, d'où son surnom de formule « 10(11) + 1 ». Dès sa publication, les spéculations allèrent bon train : certains affirmaient que Gorbatchev et les « barons » républicains avaient fait une sorte de coup d'État, après celui manqué par le GKTchP. Cette interprétation est d'autant plus aberrante que toutes les décisions de septembre furent prises par le Congrès selon une procédure constitutionnelle. Cette sérieuse réorganisation des structures de direction n'avait rien d'un caprice des dirigeants : il s'agissait d'une mesure obligatoire bien que temporaire et dictée par les nouvelles réalités issues des événements d'août.

En d'autres termes, nos décisions ne contrevenaient pas à la Constitution. En revanche, elles s'avérèrent très vite inefficaces. Non que les institutions transitoires fussent fondamentalement mauvaises. Elles ne répondaient tout simplement pas aux conceptions et aux objectifs de l'entourage du président russe. Quant au président lui-même, Boris Eltsine, il se prononçait alors, aussi bien en privé qu'en public, en faveur de la préservation d'une Union transformée et cela nous permit d'atteindre assez facilement un accord sur l'organisation provisoire du pouvoir.

La déclaration du président de l'URSS et des dix dirigeants républicains proposait : de préparer et de signer le traité d'Union tout en permettant à chaque république de définir elle-même le degré et la forme de sa participation ; de constituer immédiatement une union économique ; de créer un Conseil des représentants des députés du peuple pour « traiter des problèmes de fond communs », un Conseil d'État pour « coordonner les décisions relatives à la politique intérieure et extérieure, et touchant aux intérêts communs des républiques », un Comité économique interrépublicain pour « coordonner la gestion de l'économie et la mise en œuvre conjointe des réformes économiques » ; de préparer et de soumettre aux Parlements des républiques le projet de Constitution qui devrait être adopté définitivement lors d'un congrès de leurs représentants plénipotentiaires ; de conclure un accord sur les principes de sécurité collective en matière de défense, de manière à préserver l'unité des forces armées et de l'espace stratégique tout en menant à bien une réforme radicale du ministère de la Défense, du KGB, du ministère de l'Intérieur et du parquet de l'URSS pour tenir compte de la souveraineté des républiques ; de confirmer la stricte application de tous les accords internationaux et de toutes les obligations de l'Union soviétique ; d'adopter une déclaration pour garantir les droits et les libertés des citoyens ; de demander au Congrès des députés du peuple de l'URSS de soutenir la demande des républiques souveraines d'être reconnues par les Nations unies en tant que sujets du droit international, et d'étudier la question de leur adhésion.

Ce document fut donc au centre des débats du cinquième Congrès extraordinaire des députés du peuple de l'URSS qui se tint du 2 au 5 septembre 1991. La discussion fut chaude et souvent très émotionnelle, mais les propositions furent adoptées sans changements majeurs, à l'exception du point selon lequel le Congrès des représentants des députés du peuple devait jouer le rôle d'organe législatif dans la période de transition. Les députés estimèrent — et il me semble qu'ils avaient raison — que le Soviet suprême de l'URSS devait poursuivre son travail jusqu'à la signature du traité d'Union et la mise en place des nouvelles institutions. Cette décision garantissait le contrôle des activités du Conseil d'État et une meilleure continuité constitutionnelle.

Dans son intervention devant le Congrès, Kravtchouk déclara que l'Ukraine était prête à « participer de manière active à la création de structures interétatiques dans le domaine économique [...], à la prise de décisions conjointes en politique intérieure et étrangère, à l'élaboration d'un système de sécurité collective, à la réorganisation des forces armées ». À peine six semaines plus tard, ce même Kravtchouk renierait ces bonnes résolutions.

Les passions s'enflammèrent vraiment lors de la séance du 4 septembre. Un certain nombre de députés accusèrent le présidium d'avoir un comportement non démocratique. Je dois reconnaître que cette accusation n'était pas sans quelque fondement. Le présidium se vit obligé, en effet, de mener les débats d'une manière rigide pour éviter une version russe du *Long Parliament*[3], ce qui aurait été inadmissible dans l'atmosphère très tendue qui régnait après le putsch. Bien sûr, il n'était pas seulement question de points de procédure. Une partie des députés ne comprenaient pas la situation réelle. Ils ne parvenaient pas à accepter l'idée qu'il était impossible de préserver l'URSS sous son ancienne forme et que le seul moyen de sauver l'intégrité du pays était de conclure le traité d'Union des États souverains. Cependant, l'écrasante majorité le comprenait. Les résolutions du Congrès, la loi sur les nouveaux organes du pouvoir étatique dans la période de transition et

---

3. Session du Parlement anglais convoquée par le roi Charles Ier en novembre 1640 et qui dura près de vingt ans. (N.d.T.)

d'autres décisions furent adoptées par une majorité de trois à quatre cinquièmes des congressistes.

Ces journées se déroulèrent en rassemblements, réunions et consultations sans fin. Les commissions et les comités siégeaient pendant les pauses entre les séances plénières. Il nous fallait répondre aux requêtes des députés, chercher avec les dirigeants des républiques autonomes la formule de leur participation à l'Union, faute de quoi ils auraient refusé de soutenir les décisions du Congrès. Il m'était, par ailleurs, impossible de refuser de voir les nombreux députés qui voulaient m'exprimer leur soutien ou leur sympathie, se plaindre de ceci ou de cela, soulever un problème crucial pour leur ville ou leur région. Et, naturellement, je me trouvais en permanence assiégé par les médias.

J'étais exténué. Seule me soutenait l'idée que nous étions en train d'empêcher la décomposition de l'Union. Il me semblait qu'après la période de transition, lorsque les républiques auraient joui des délices de l'indépendance, nous nous réunirions tous de nouveau. Cet espoir était confirmé par les sondages. 46 % des députés voyaient l'avenir de l'URSS comme une fédération, 27 % comme une confédération et seulement 15 % comme un ensemble d'États indépendants. Je suis certain que si la même question était posée aujourd'hui aux citoyens de Russie et des autres républiques, le résultat serait assez semblable.

Pourtant, la direction russe caressait en secret des espoirs différents. Très vite, elle entreprit de saper méthodiquement les fondements de la période de transition que le Congrès venait d'adopter.

Le premier acte du Conseil d'État fut de reconnaître l'indépendance des États baltes. Je fis tout mon possible pour les convaincre de rester dans l'Union, mais je m'élève une nouvelle fois en faux contre les allégations selon lesquelles j'aurais tenté d'utiliser la force pour cela. Les incidents tragiques de Vilnius et de Riga ne furent pas dirigés depuis le bureau présidentiel.

De toute manière, les événements ont confirmé que nous avions raison en insistant pour trouver une solution constitutionnelle pour l'accession à l'indépendance de la Lettonie, de la Lituanie et de l'Estonie. Sans la pression exercée par les séparatistes et la position irréfléchie de la direction russe, les problèmes de violation des droits des Russes et des russophones dans les pays baltes n'auraient pas existé.

Nous reconnûmes donc le principe de l'indépendance des républiques baltes, mais la conspiration de la forêt de Bielovej nous empêcha de mettre en place un mécanisme de négociation pour y aboutir selon une procédure démocratique.

La seconde naissance du traité d'Union

Le 5 septembre, le Congrès des députés du peuple, sur proposition du président de l'URSS et des dirigeants des républiques, adopta donc la décision de créer l'Union des États souverains et d'accélérer la préparation du projet de traité. Les membres du Conseil d'État nous confièrent, à Eltsine et à moi, la mise au point du nouveau projet. Le travail débuta aussitôt.

Le 10 septembre, j'eus un entretien avec le président russe à ce sujet. Le 16 septembre, la question de la future Union fut abordée par le Conseil d'État, et huit républiques (RSFSR, Biélorussie, Ouzbékistan, Kazakhstan, Turkménistan, Azerbaïdjan, Tadjikistan et Kirghizistan) adoptèrent une approche positive.

À la même séance, le Conseil d'État étudia un projet d'accord sur la communauté économique. Après sa signature, le 18 octobre, par huit États souverains, notamment l'Ukraine, le texte fut envoyé aux Parlements républicains pour être ratifié. Pendant ce temps, la préparation des textes d'application fut lancée à un rythme soutenu.

La formation des structures du pouvoir au niveau de l'Union fut entreprise dans le même temps : nomination de nouveaux responsables, réorganisation des ministères des Affaires étrangères, de la Défense, de l'Intérieur et du KGB, création du Comité économique interrépublicain.

La direction de l'Union et des républiques récupéra ainsi l'énergie du choc provoqué par le putsch pour reprendre la transformation de l'Union. Le processus de Novo-Ogarevo fut ranimé, lui aussi, mais dans ces premières semaines d'automne il se poursuivit difficilement, avec des pauses et des retours en arrière.

Le rythme de la préparation du traité dépendait dans une large mesure de son point de départ : quel texte devait être à la base du projet ? Fallait-il privilégier celui qui était prêt à être signé en août (tout en tenant compte des changements survenus) ? Ou rédiger quelque chose d'entièrement différent ?

Lorsque, à la demande du Conseil d'État, Eltsine et moi entreprîmes de rénover le projet, l'équipe du président russe tenta de nous imposer son texte. Une lecture rapide suffisait pour comprendre qu'il n'y était pas question d'une fédération, ni même d'une confédération, mais d'une simple communauté du type de l'Union européenne, mais avec des organes centraux encore plus faibles.

L'un des plaisirs des voyages à l'étranger à toujours été de répondre aux invitations les plus diverses. Ici, dans la sympathique ambiance du restaurant de la famille Zeffirino, à Gênes, en mars 1995.

Mais, de retour à la maison, peu de choses peuvent égaler les instants privilégiés passés avec mes petites-filles. Ici, avec Anastasia à la datcha, près de Moscou, en 1995.

Certains prétendent que la retraite est synonyme de repos forcé. Pour moi, le travail au Fonds que j'ai créé en 1992, après ma démission de la présidence de l'URSS, ne me laisse pas le temps de m'ennuyer (1994).

La campagne pour l'élection présidentielle de juin 1996 m'a donné l'occasion de parcourir la Russie et de rencontrer bien des personnes intéressantes. À Volgograd, j'ai été notamment invité par un entrepreneur qui m'a fait part de ses problèmes et de ses espoirs.

Ma première visite à Lyon date de 1976. Raïssa Maximovna et moi, nous avions été séduits par la fontaine Bartholdi. Vingt ans après, en 1996, nous y sommes retournés en compagnie de madame Raymond Barre et d'autres amis français.

En mars 1997, le célèbre journal polonais *Politika* m'honora d'un prix. Les autres lauréats étaient Jacques Delors et Tadeusz Mazowiecki

Pour un auteur, le contact avec ses lecteurs est toujours un moment privilégié. Ici, dans une librairie moscovite, en 1995.

Les rencontres avec des amis ont toujours été, pour Raïssa Maximovna et moi-même, des moments particulièrement précieux (1996).

L'un des plaisirs d'être grand-père : faire connaître à mes petites-filles les merveilles de leur pays. Ici, le monastère de La Trinité-Saint-Serge (janvier 1997).

Après la visite, nous voici en famille, au cœur de l'hiver, devant la datcha. Cela s'appelle se détendre.

Néanmoins, le propre d'un homme public est de se trouver au cœur des foules plus souvent qu'à son tour. Ici, en mai 1996, pendant ma campagne électorale, sur l'Allée des Héros, à Volgograd.

Tchinguiz Aïtmatov n'est pas seulement un écrivain de renom, mais un ami sur lequel j'ai pu compter pendant ma présidence et que j'ai toujours plaisir à retrouver. Ici, en 1995, lors de la présentation de l'un de ses ouvrages.

À la datcha, soirée au coin du feu en compagnie de Ksenia et Anastasia, mes petites-filles (1995).

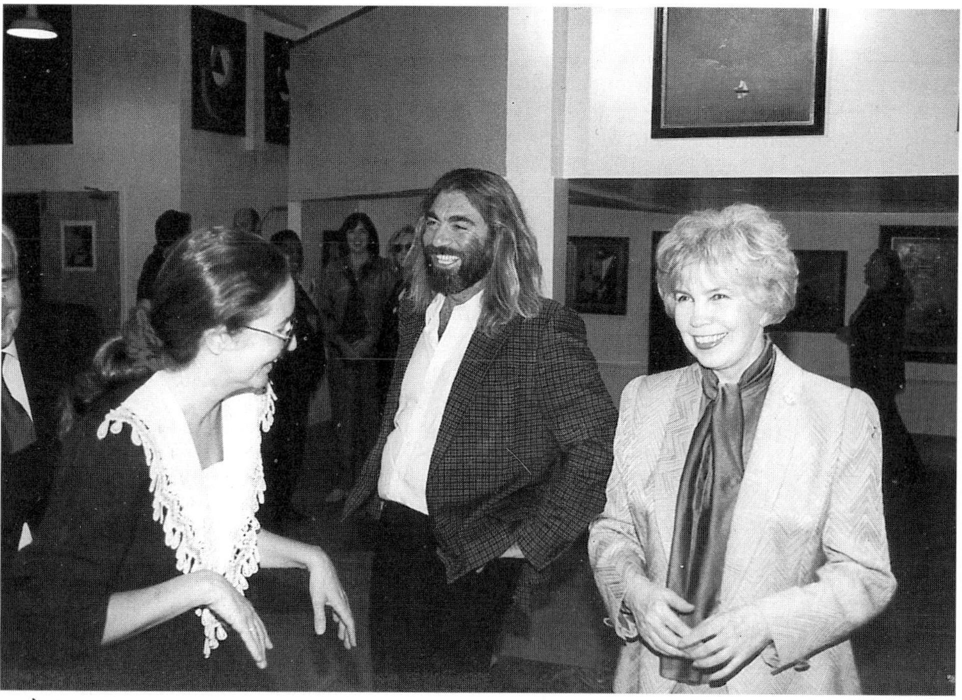

À San Francisco, en 1996, rencontre avec l'artiste peintre Achota qui quitta la Russie en 1991.

Je dis franchement à Eltsine que nous n'arriverions à rien de bon en nous basant sur ce texte. Les dirigeants républicains, consultés officieusement par les Russes qui escomptaient leur soutien, prirent une position identique. Après quelques hésitations, le président russe — qui semblait subir de très grandes pressions de son entourage — accepta de reprendre le travail sur la base du projet d'août, en prenant en compte, bien entendu, la version « russe ».

Cela eut pour conséquence de relancer les discussions sur le partage des pouvoirs entre les organes de l'Union et ceux des républiques. Finalement, nous parvînmes à la conclusion que le traité ne devait pas fixer dans le détail la distribution des prérogatives, mais prévoir les « sphères d'action commune ». Des accords multilatéraux spéciaux sur l'union économique, la défense commune, la sécurité d'État, la politique étrangère, la coopération scientifique et technique, l'éducation, la culture, la défense des droits de l'homme et des minorités nationales, l'écologie, l'énergie, les transports, les communications, le cosmos et la lutte contre la criminalité seraient conclus plus tard.

Cette décision présentait quelques défauts : la formation d'une structure de direction et de gestion, indispensable pour sortir le pays de la crise, était remise à plus tard. Mais elle avait aussi ses avantages : le report de tous ces problèmes dans les accords multilatéraux permettait de prévoir dans le détail quelles questions devraient être résolues conjointement et par quel biais.

La nouvelle version du traité fut prête le 1er octobre. Mais, pendant que nous poursuivions le travail à Moscou, Eltsine, qui prenait des congés à Sotchi, reçut un texte intitulé « La Stratégie de la Russie dans la période de transition ». Ce document, estampillé « Strictement confidentiel », était le résultat des « recherches théoriques » menées par le brain-trust de Demrossiïa. Beaucoup de choses qui se passent aujourd'hui en Russie et dans les pays de la CEI trouvent leurs racines dans ce document.

En voici quelques passages qui ressemblent à un manuel de poseur de mines, mais pas sur les champs de bataille : dans la sphère politique.

> Avant les événements d'août, la direction russe, opposée au vieux centre totalitaire, pouvait s'appuyer sur le soutien des dirigeants de la majorité des républiques qui aspiraient au renforcement de leurs propres positions politiques. La liquidation du vieux centre propulse inévitablement au premier plan les contradictions objectives entre les intérêts de la Russie et ceux d'autres républiques. Pour ces dernières, la préservation pendant la période de transition des transferts traditionnels

de ressources et des relations financières et économiques existantes représente une chance unique de reconstruire leur économie sur le dos de la Russie. Pour la RSFSR qui traverse actuellement une crise sérieuse, cela représente une charge additionnelle sur ses structures économiques et sape ses possibilités de renaissance économique.

Objectivement, la Russie n'a pas besoin, au-dessus d'elle, d'un centre économique pour s'occuper de répartir ses ressources. Néanmoins, plusieurs autres républiques ont intérêt à l'existence d'un tel centre. Après avoir établi leur contrôle sur leur propre territoire, elles essaient d'utiliser les organes de l'Union pour redistribuer en leur faveur la propriété et les ressources de la Russie. Comme un tel centre ne peut exister qu'avec le soutien des républiques, il mènera objectivement, indépendamment de la composition de ses cadres, une politique contraire aux intérêts de la Russie.

Les conclusions des auteurs de ces thèses étaient donc que la Russie devait « s'abstenir d'entrer dans des unions économiques à long terme, rigides et universelles », qu'elle « n'était pas intéressée par la création d'organes interrépublicains permanents pour diriger l'économie », qu'elle « refusait catégoriquement d'introduire des taxes pour le budget fédéral », qu'elle « devait avoir son propre service fiscal », etc.

Dans le même temps, dans une tentative pour se « ménager » leurs anciens concitoyens des autres républiques, les auteurs proposaient de reconnaître les frontières existantes (en affirmant, en particulier : « les droits de la population russophone n'ont pas besoin de réelle protection ») et d'aider les nouveaux États à obtenir une reconnaissance internationale complète.

L'essence de cette conception était que la Russie refusait d'assumer le rôle de « noyau » d'une superpuissance. Quant à la raison de ce comportement, il était simple : si nous gardons nos ressources pour nous, nous allons vite nous enrichir, pensaient les auteurs du texte. J'ignorais alors qui ils étaient, mais en lisant ce rapport secret, il n'était pas difficile de deviner l'influence des principaux idéologues de Demrossiïa. Apparemment, ils parvinrent à imposer à leur chef ces opinions que je tiens pour profondément fausses.

Après tout, la Russie n'est-elle pas, d'une certaine manière, comptable du destin de peuples liés à elle depuis des siècles et de l'avenir des énormes espaces qu'elle a développés ? Mais, il est inutile de s'attendre à une approche morale de la part de gens qui mettent leurs intérêts égoïstes au-dessus de tout. En fait, le véritable intérêt économique de la Russie, sans parler de la dette morale, était de ne pas rompre avec les républiques. Le mécanisme économique uni n'était pas une simple invention de la propagande communiste, mais une réalité vivante. Et aujourd'hui qu'il est pratiquement détruit, on voit bien qui avait raison dans ce débat historique. Et les disputes territoriales, les problèmes démographiques, la question des droits de l'homme, le sort de la science et de la culture, de l'écologie et de la sécurité poussent à faire la même conclusion.

En septembre, le président Eltsine n'était pas encore disposé à adopter cette philosophie erronée et à agir en accord avec elle. Le convaincre fut probablement la raison de l'envoi de ce mémorandum. En reprochant à leur leader d'avoir « laissé perdre les fruits de la victoire d'août », les auteurs, sans le vouloir, trahissaient leur pensée secrète : ils percevaient le risque de décomposition de l'URSS à la suite du putsch comme une « victoire » et non comme une tragédie. Leurs ennemis jurés, les putschistes, leur avaient apporté « sur un plateau » ce qu'ils souhaitaient eux-mêmes. Cela explique peut-être l'attitude condescendante des démocrates, habituellement féroces et impitoyables, envers leurs ennemis vaincus, internés dans la prison de la Tranquillité des Marins...

Du 28 au 30 octobre, je me rendis à Madrid pour ouvrir avec George Bush, en ma qualité de coprésident, la conférence sur le Proche-Orient. Pendant ce temps, les événements à Moscou prouvaient que mes craintes quant aux hésitations du président russe n'étaient pas sans fondement.

Le 23 octobre, Eltsine fit un discours devant le Congrès des députés du peuple de la RSFSR pour proposer un programme de réformes et demander des pouvoirs spéciaux pendant la période de transition. Ces mesures sapaient *de facto* l'accord sur la communauté économique et constituaient une véritable attaque contre l'Union. Son intention était de « russifier » la Banque d'État de l'URSS, de réduire de 90 % les effectifs du ministère des Affaires étrangères de l'Union, de dissoudre quatre-vingts ministères. Le choc provoqué par ces propositions fut énorme. Après une conversation avec Silaïev [4], le président russe renonça à son attaque contre la Banque d'État qui avait effrayé les républiques et provoqué l'embarras de l'Occident, malgré ses bonnes dispositions envers le nouveau réformateur.

---

4. Ancien Premier ministre de la RSFSR et président de l'éphémère Comité économique interrépublicain mis en place après le putsch. (N.d.T.)

Considérant que l'heure était venue d'avoir une conversation avec Eltsine, je le rencontrai le 2 novembre, d'homme à homme.

— Tu changes de politique, tu renonces à tous nos accords, lui dis-je. Puisque c'est ainsi, le Conseil d'État et l'accord économique n'ont plus aucun sens. Es-tu si pressé de prendre les rênes ? Si tu les veux tellement, vas-y, gouverne seul. Je vais vous dire, à toi et aux autres dirigeants : je vous ai conduits à l'indépendance et, maintenant, vous n'avez plus besoin de l'Union. Eh bien, faites ce que vous voulez. Vous porterez l'entière responsabilité de tout cela.

Eltsine entreprit de me démontrer qu'il n'avait aucunement l'intention de changer de politique et qu'il tiendrait sa parole. Sans aucune gêne, il reconnut être allé trop loin à propos du personnel du ministère des Affaires étrangères. Il recula aussi sur d'autres points et promit d'agir d'une manière plus réfléchie. Ses paroles me laissèrent sceptique. Ce n'était pas la première fois que je parlais avec Boris Nikolaïevitch et que je parvenais à le persuader et à conclure un accord avec lui. Mais dès le lendemain, il succombait à une autre influence et faisait exactement l'inverse de ce qu'il avait dit.

À la réunion du Conseil d'État, le 4 novembre, je décidai de poursuivre la conversation sur ce sujet. Eltsine arriva délibérément avec un retard d'un quart d'heure, affichant ainsi son indépendance et son manque de respect envers ses partenaires. Sans attendre son arrivée, je prononçai quelques mots en préambule, en présence des journalistes : dans une situation extrêmement complexe, dis-je en forme de mise en garde, nous faisions exactement ce qu'il ne fallait pas faire. Je prévins aussi mes auditeurs que nous dépensions de manière irresponsable, dans des jeux politiques, le capital obtenu après le putsch. Le Conseil d'État était divisé alors que le pays étouffait.

Eltsine, arrivé au milieu de mon discours, en écouta la fin. Visiblement mes paroles ne lui plaisaient pas. Il affichait une mine renfrognée, avant de faire semblant de ne pas être intéressé par ce que je disais. L'atmosphère était très tendue. Personne ne réagit à ma demande de procéder à un échange d'opinions. Seul Nazarbaïev dit :

— Pour nous, tout est clair. Ce qui compte c'est que vous ayez eu une conversation avec Boris Nikolaïevitch et que vous soyez parvenus à un accord.

Eltsine hocha la tête en signe d'approbation.

— C'est bien, dis-je en conclusion. Agissons alors dans cet esprit.

Mes franches paroles ne furent pas inutiles. Eltsine se sentit obligé de donner son feu vert au travail final sur le texte du traité de manière à rendre possible son adoption dès la réunion suivante.

Les dernières réunions du Conseil d'État

Le 14 novembre, une discussion aiguë eut pour cadre le Conseil d'État : qu'est-ce qui était mieux pour les peuples de notre énorme pays, un État-union ou une union d'États ? Ce n'était nullement de la rhétorique. Aurions-nous un seul pays ou bien nous diviserions-nous en plusieurs États avec tout ce que cela impliquait pour les citoyens, l'économie, la science, les forces armées, la politique étrangère, etc.

Après quatre heures de discussion, nous acceptâmes la formule d'« État-union confédéral ». Les dirigeants des républiques présents à Novo-Ogarevo s'empressèrent d'aller faire des déclarations devant les caméras de télévision. Certains de mes partenaires semblaient enclins à interpréter de manière simpliste les arguments en faveur de l'État-union. Parlant le dernier lors de la conférence de presse finale, je dis : « Le traité d'Union des États souverains est simplement indispensable comme socle pour la réforme de notre État multinational et pour résoudre nos problèmes économiques les plus urgents. »

En débattant si longtemps du statut de la future union, le Conseil d'État examina trois options possibles : une simple union d'États souverains, sans structure étatique ; une union de type fédéral ou confédéral, disposant d'un pouvoir étatique centralisé ; une union remplissant certaines fonctions étatiques, mais sans statut d'État et sans nom. Des solutions de compromis furent également proposées. En fin de compte, les participants optèrent pour une union d'États souverains, un État confédéral qui assumerait les fonctions déléguées par les États confédérés.

Le lendemain, les *Izvestia* citèrent une remarque d'Eltsine lors de la conférence de presse : « Il est difficile de dire combien d'États feront partie de cette union, mais j'ai la conviction qu'elle sera créée. » Nazarbaïev et les dirigeants de Biélorussie, du Kirghizistan, du Turkménistan et du Tadjikistan se prononcèrent dans le même esprit.

Tout ce qui était humainement possible pour préserver l'Union et achever l'énorme travail de préparation du traité fut fait. Mais dans ce marathon de trois ans, interrompu par l'aventure criminelle d'août, il fallait encore franchir une étape. À la réunion du Conseil d'État du 25 novembre, Eltsine réitéra sa demande de remplacer la formule « État-union » par celle d'« Union d'États » et annonça qu'il refusait d'adopter le texte avant son étude préalable par le Soviet suprême. Cette référence au Parlement russe n'était qu'un subterfuge. Je connaissais l'état d'esprit qui y régnait et j'étais certain que le projet de traité ne bénéficierait pas d'un grand soutien.

Cette perfidie m'irrita profondément, mais je me retins d'exploser. Je m'efforçai de convaincre Eltsine, en insistant sur le fait qu'il s'agissait simplement de mettre en pratique une décision prise ensemble dix jours plus tôt. Mais un nouveau rapport de forces se dessinait. Chouchkevitch, suivi par quelques autres, hésitèrent, ne voulant pas se brouiller avec le président russe.

— J'en ai assez, déclarai-je. Je ne vais pas participer à la débâcle du pays. Je vous laisse, décidez vous-mêmes. La responsabilité du sort du pays vous incombe.

Mes collègues tentèrent de me retenir, mais je sortis, suivi par tous les partisans de l'Union. Une demi-heure plus tard, Eltsine et Chouchkevitch vinrent nous voir. En dissimulant leur dépit de s'être vus contraints de reculer, ils me donnèrent à lire un projet de communiqué déjà approuvé par ceux qui étaient restés en séance. Le texte était convenable. Je fis quelques petites corrections que les « négociateurs » acceptèrent.

Une conférence de presse eut lieu immédiatement après la réunion. J'informai les journalistes que tous les points importants du projet demeuraient inchangés, mais qu'on y avait néanmoins apporté quelques modifications : abolition du poste de président du futur Soviet suprême bicaméral de l'Union ; sur l'insistance des leaders républicains, « restauration » du Conseil d'État en tant qu'organe de coordination de la politique intérieure et étrangère sous la direction du président ; définition du statut du parquet de l'Union qui deviendrait un organe de surveillance de l'observation des lois auprès de la Cour suprême ; « polissage » de la formule sur les principes de la coordination en matière de politique étrangère.

Les journalistes voulurent savoir si le traité pouvait toujours être signé début décembre. Je répondis que ce n'était sans doute pas possible au début du mois, mais très probable vers le 20 décembre. Il restait encore du travail à faire dans les Soviets suprêmes des républiques. Il fallait aussi former des délégations plénipotentiaires qui auraient pour tâche de rédiger le texte définitif et de le signer.

Quelqu'un me demanda s'il y avait encore quelque espoir de voir les républiques qui n'avaient pas participé à la dernière étape des consultations à Novo-Ogarevo se joindre au traité. Je répondis par l'affirmative, en ajoutant que l'Ukraine en ferait également partie.

— Je ne peux imaginer un traité d'Union sans l'Ukraine, dis-je.

La perfidie

Je me rendais bien compte que le président russe cherchait à temporiser et cela signifiait qu'il avait un autre plan. Voilà pourquoi, avant la rencontre de Minsk[5], je lui demandai ouvertement quelle proposition il comptait y formuler. Je considérais qu'il fallait demander à l'Ukraine de se joindre totalement ou partiellement au traité. Eltsine déclara soudain qu'il pouvait y avoir une autre forme d'association. Je lui répondis que nous devrions poursuivre la conversation à Moscou, avec la participation des dirigeants de l'Ukraine et du Kazakhstan.

Lorsque j'appris que Bourboulis et Chakhraï[6] étaient arrivés à Minsk, tout devint clair pour moi. C'était précisément Bourboulis qui avait écrit le mémorandum secret qui expliquait que la Russie avait perdu la moitié de ce qu'elle avait gagné à la suite de la défaite des putschistes, que le « rusé Gorbatchev » était en train de réanimer le centre avec le soutien des républiques et que tout cela n'était pas profitable à la Russie.

Les présidents de Russie, d'Ukraine et de Biélorussie se retrouvèrent donc à Minsk et à Brest et prirent des décisions contraires à celles dont nous étions convenus au Conseil d'État de l'URSS. Deux semaines à peine après la réunion du 25 novembre, Eltsine, en violant ses obligations, apposa sa signature sur un document qui liquidait l'Union soviétique.

Même en supposant que les participants à la rencontre de Bielovej, comme ils l'affirmèrent eux-mêmes, n'avaient pas d'autre choix pour sauver ce qui pouvait l'être que de fonder une Communauté à défaut

5. La rencontre de la forêt de Bielovej, près de Minsk, entre Eltsine, Kravtchouk et Chouchkevitch, qui se termina par la décision de démanteler l'URSS et de créer la CEI.

6. Proches conseillers de Boris Eltsine. (N.d.T.)

d'autre chose, les événements ultérieurs ont démontré qu'ils avaient eu profondément tort.

Ce que j'essayais inlassablement d'expliquer — en vain — à mes partenaires s'est, depuis, trouvé confirmé : les pertes engendrées par la décomposition de l'URSS ne parvinrent pas à être compensées, loin s'en faut, par les gains liés à l'acquisition de la souveraineté par les républiques. La CEI n'a rien donné de bon. Depuis, l'idée d'intégration, de réunification, le désir de sauver par des efforts conjoints ce qui peut encore l'être se font de plus en plus forts. Hélas, il faudra repartir de zéro et chercher d'autres solutions. Et seuls pourront le faire les dirigeants d'une nouvelle génération qui auront tiré les leçons de notre amère expérience.

Pendant longtemps, je me demandai si Eltsine avait joué un double jeu pendant tous ces mois, ou bien s'il avait cédé dans la forêt de Bielovej, sous l'influence de ses conseillers et de Kravtchouk. Je ne parvenais simplement pas à le croire capable d'une telle perfidie. Mais lors d'une rencontre, en 1993, avec un groupe de députés de l'ancien Soviet suprême, l'un d'entre eux, un ancien partisan fervent d'Eltsine, me rapporta l'histoire suivante.

Après son retour de Biélorussie, en décembre 1991, le président Eltsine rassembla un groupe de députés qui lui étaient proches, pour s'assurer de leur soutien lors de la ratification des accords de Minsk. On lui demanda s'ils étaient valables du point de vue légal. Le président se lança alors dans une tirade de quarante minutes pendant laquelle il raconta avec entrain comment il était parvenu à duper Gorbatchev avant son voyage, à le convaincre qu'il y allait avec un certain objectif, alors que ses intentions étaient tout à fait contraires. « Il fallait tirer Gorbatchev hors du jeu », ajouta-t-il.

Cela se passe de commentaire. Le président russe et son entourage ont sacrifié l'Union pour satisfaire leur ardent désir de régner au Kremlin.

Jours noirs pour la Russie et pour l'Union

Les premiers jours de décembre furent pleins d'inquiétude. Des journalistes, des hommes politiques, des personnalités me contactaient, voulaient savoir ce qui se passait.

Ce qui se passait ? Eh bien, tout d'abord, rien du tout : une journée passa, sans nouvelles de Minsk. Personne ne savait rien. Je pensais que les trois présidents voulaient prendre un peu de repos en forêt, ce qui n'était pas faux. Puis des échos ont commencé à me parvenir sur ce qui se tramait là-bas. J'appris que des négociations étaient menées, par-dessus ma tête, avec quelques ministres, notamment avec celui de la Défense, Chapochnikov, qui n'avait pas cru nécessaire de me mettre au courant. Je lui passai un coup de fil et lui posai des questions directes. Il se tortillait comme « une couleuvre dans une poêle à frire » mais il finit tout de même par avouer qu'on l'avait appelé pour lui demander son avis au sujet des forces armées unifiées dans la future formation étatique. Il dit n'être au courant de rien. C'était, bien sûr, un mensonge.

Enfin, le soir, je reçus un coup de fil de Chouchkevitch. Eltsine et Kravtchouk lui avaient confié la mission de m'informer, en leur présence, des décisions prises. Il précisa qu'ils avaient déjà téléphoné à George Bush et obtenu son soutien.

Je demandai à Chouchkevitch de passer le combiné à Eltsine.

— Ce que vous avez fait derrière mon dos, avec l'accord du président des États-Unis, est une honte, une infamie ! lui dis-je.

J'exigeai des informations plus détaillées. Nous convînmes d'une rencontre le lendemain.

J'exprimai mon point de vue officiel sur les accords de Minsk dans une déclaration publiée le 10 décembre.

> Le destin d'un pays multinational ne peut pas être fixé par la volonté des dirigeants de trois républiques. Cette question ne peut être décidée que par la voie constitutionnelle, avec la participation de tous les États souverains et en prenant en compte la volonté de leurs peuples. La déclaration sur l'abrogation de toutes les normes légales de l'URSS est aussi illégitime que dangereuse et ne peut que renforcer le chaos et l'anarchie dans la société. La précipitation dans laquelle ce document a été signé provoque un sentiment d'embarras. Il n'a été discuté ni par la population, ni par les Soviets suprêmes des républiques au nom desquelles il a été signé. De plus, cela a eu lieu au moment où les Parlements des républiques se penchaient justement sur le projet de traité d'Union des États souverains, élaboré par le Conseil d'État de l'URSS.

Je déclarais aussi qu'il était indispensable de convoquer le Congrès des députés du peuple de l'URSS et je n'excluais pas, non plus, l'éventualité d'un référendum.

À son retour de Minsk, Eltsine vint me voir. Il m'appela d'abord pour s'informer s'il ne courait aucun danger en se présentant au Kremlin. Il savait bien qu'il avait mal agi. Nazarbaïev, venu tout spécialement à Moscou, participa à la conversation bien que cela déplût à Eltsine. L'entretien fut pénible.

Chaque fois que je me penche sur les événements de décembre 1991, je parviens à la conclusion que je ne pouvais pas agir d'une autre manière. Onze républiques approuvèrent les accords de Minsk, m'opposer à elles aurait signifié prendre le risque de provoquer un bain de sang et une immense catastrophe.

L'action de la forêt de Bielovej mit les républiques d'Asie centrale devant le fait accompli. Leur absence au départ du processus, nette allusion au caractère « secondaire » des États asiatiques dans la composition de la Communauté, ne passa pas inaperçue. Ce fut une grave erreur. Sans doute une erreur historique. Les dirigeants et les Parlements du Kazakhstan et des pays d'Asie centrale firent preuve de réalisme et adoptèrent une position qui me semble plus civilisée que celle de leurs collègues européens. Les rencontres d'Achkhabad et Alma-Ata[7] parvinrent quelque peu à contrebalancer l'impression grossière laissée par celle de Minsk. En succédant à l'Union soviétique, la Communauté des États indépendants acquit une certaine légitimité. Pourtant, les documents qui furent adoptés ne brisèrent pas la logique de la désintégration. Plusieurs questions d'importance vitale pour la viabilité de la Communauté ne furent traitées que dans des déclarations d'intention ouvrant diverses interprétations. Le comportement ultérieur de l'Ukraine et bien d'autres faits en témoignent clairement.

D'une manière générale, il m'est impossible de qualifier les événements qui suivirent la fameuse réunion de la forêt de Bielovej autrement que d'irrationnels. Au Parlement russe, tous les députés sauf treize votèrent pour ces accords. Un ou deux ans plus tard, son président, Khasboulatov, regretta amèrement d'avoir œuvré pour leur ratification et d'avoir prié Ziouganov[8] de convaincre les députés communistes de les soutenir.

Le 12 décembre, au cours d'une entrevue avec la presse, on me demanda si mon jugement sur les accords de la forêt de Bielovej ne s'expliquait pas par l'amertume de la défaite.

— Non ! répondis-je. En fin de compte, en politique, chacun fait son

7. À Achkhabad, capitale du Turkménistan, les dirigeants des républiques d'Asie centrale se rencontrèrent pour discuter de la situation après la proclamation de la CEI. À Alma-Ata, ces États décidèrent de se joindre à la nouvelle Communauté. (N.d.T.)

8. Le chef du Parti communiste de la Fédération de Russie. (N.d.T.)

choix. Il y a quelque temps, j'ai été l'initiateur d'un référendum, le premier dans l'histoire de notre patrie. Le peuple a voté pour l'Union. En acceptant de transformer l'URSS en un État confédéral, nous reculions déjà par rapport à ce que l'on entendait par les termes d'Union rénovée. Mais on pouvait encore parler d'un seul pays, d'une patrie unie. À vrai dire, il aurait fallu soumettre la nouvelle formation au jugement du peuple. Que le peuple décide, s'il est d'accord ou non pour diviser le pays...

Le 18 décembre, je fis parvenir une lettre aux participants de la rencontre consacrée à la création de la Communauté à Alma-Ata. Elle fut publiée le 20 décembre et n'eut aucun effet.

Je rencontrai Eltsine le 23 décembre afin de discuter des problèmes liés à la transition de l'URSS à la CEI. La conversation dura plusieurs heures, avec de courtes pauses. Le 25 décembre, je signai ma démission du poste de président de l'URSS.

CHAPITRE 32

L'UNION SOVIÉTIQUE ET LE MONDE APRÈS LE PUTSCH

L'une des erreurs des putschistes d'août 1991 fut de ne pas avoir pris en compte les changements fondamentaux qui s'étaient produits dans la sphère internationale, notamment dans nos relations avec les États-Unis et les pays européens. En dépit de quelques hésitations, au tout début, la plupart des gouvernements condamnèrent le putsch et dénièrent toute légitimité au GKTchP. Seuls Muammar Kadhafi et Saddam Hussein approuvèrent le coup d'État.

Je m'entretins avec un bon nombre de dirigeants étrangers dans les heures qui suivirent mon retour à Moscou : Bush, Mitterrand, Kohl, Major, Andreotti, Mulroney, Hawke, Kaifu, Moubarak et d'autres chefs d'État et de gouvernement. Les relations nouvelles avec le monde extérieur, rendues possibles par les transformations démocratiques de la perestroïka, constituèrent un facteur déterminant dans l'échec du putsch.

Début septembre 1991, à peine quelques jours après les événements, une conférence sur les droits de l'homme devait se tenir à Moscou, dans le cadre de la CSCE. Dans la mesure où la situation n'était pas encore claire, nous nous sommes demandés s'il fallait la maintenir, la reporter ou la transférer dans un autre pays. Mais nos partenaires européens, américains et canadiens étaient tous favorables à la tenue de cette conférence à Moscou, dans les délais prévus. Ils voulaient ainsi exprimer leur solidarité avec la démocratie victorieuse.

Dans mon discours d'ouverture, je mis l'accent sur certains aspects des droits de l'homme dont l'actualité était mise en lumière par la situation en URSS. Les droits des minorités nationales étaient l'un d'entre eux. J'avais surtout en tête, à ce moment-là, le sort des Russes dans les pays baltes. L'Estonie, la Lettonie et la Lituanie venaient de se séparer de l'Union soviétique et d'être admises à la CSCE. Dans ces pays, l'attitude envers les minorités nationales soulevait une sérieuse inquiétude.

Je mis en garde les participants : si l'Europe ne voulait pas être confrontée à des flots de réfugiés, à des conflits armés, à la haine interethnique, à des massacres et à la destruction de villes et villages, elle devait veiller au respect des droits des minorités par tous les États européens.

Je considérais que, dès la signature du nouveau traité d'Union, il fallait agir avec encore plus de détermination dans toutes les directions prévues par la Charte pour la nouvelle Europe, de manière à ne pas jouer le jeu des forces du séparatisme et de l'extrémisme nationaliste, et de ne pas porter atteinte au processus européen. Je supposais que les Européens et l'ensemble de la communauté internationale, tirant les leçons de la tragédie yougoslave, avaient intérêt au maintien d'un État uni sur un sixième de la surface du globe. Un État qui, de surcroît, était l'un des garants du nouvel ordre mondial. À l'époque, aussi bien dans notre pays qu'en Occident, beaucoup pensaient qu'une URSS préservée pouvait servir de contrepoids à l'Allemagne unifiée. Pour ma part, j'étais persuadé que l'Union rénovée et la nouvelle Allemagne unie pourraient devenir un facteur puissant de coopération et de paix dans toute l'Europe et donner une impulsion déterminante au processus européen.

L'organisation d'un important forum international à Moscou m'offrit la possibilité de retrouver plusieurs de mes amis et partenaires de longue date, de discuter avec eux des problèmes qui nous inquiétaient tous. Dans mes conversations avec Baker et d'autres responsables de la diplomatie occidentale, je soulignai que la future Union des États souverains devait poursuivre la contribution positive que l'URSS avait apportée dans le monde au cours des dernières années.

Ce sont les dirigeants espagnols qui réagirent le plus vivement au putsch d'août. Le 11 septembre, je reçus le ministre des Affaires étrangères Fernandez Ordo¤ez, venu à Moscou pour participer à la conférence. Il était porteur d'un message oral de Felipe Gonzalez, le président du gouvernement.

— D'abord, commença-t-il, il m'a demandé de vous dire que dans les jours du putsch nous avons éprouvé une énorme tension et une grande inquiétude pour vous et pour votre cause. Cette tension s'est trouvée amplifiée par le flou des informations qui nous venaient d'Union soviétique. Le flou avec lequel certains de nos partenaires réagissaient aux événements nous inquiétait aussi énormément. Nous avons donc fait de notre mieux pour obtenir une réaction très dure de la communauté internationale à ce qui se passait en URSS.

Quelque temps plus tard, à la fin octobre, lorsque je me rendis à

Madrid en tant que coprésident de la conférence internationale sur le Proche-Orient, Gonzalez me raconta lui-même sa réaction.

« Le matin du 19 août, après avoir appris le coup d'État en URSS, j'ai pris un hélicoptère pour rentrer à Madrid. Pendant les deux heures du trajet, j'ai rédigé un communiqué du gouvernement caractérisant les événements sans la moindre ambiguïté. J'ai mis le texte au point avec mon assistant et le ministre des Affaires étrangères. Il me semblait devoir impérativement contenir trois éléments : définir comme un coup d'État ce qui venait de se produire, exiger la préservation de l'ensemble de la politique de la perestroïka, appeler la communauté internationale à des actions coordonnées pour faire comprendre, en URSS, que le monde n'accepterait pas cette situation.

« Notre ministre des Affaires étrangères, qui s'était déjà mis en rapport avec ses collègues occidentaux, me dit sans ambages que nous étions seuls sur cette position. Je lui répondis que cela n'aurait aucune incidence sur elle. Les putschistes ne devaient pas s'ancrer au pouvoir. J'ajoutai que nous devions entreprendre tout de suite la coordination de nos actes avec nos alliés. Je téléphonai à Bush qui se rendait du Maine à Washington et lui parlai de notre communiqué. Le président me dit franchement que le plus important pour lui était de ne pas déclarer à l'opinion publique que les événements de Moscou mettaient en péril tout le système de sécurité Est-Ouest. Après la guerre du Golfe, il ne pouvait pas se permettre de mobiliser une nouvelle fois l'opinion publique américaine à cause d'une nouvelle tension en Europe. Je comprenais sa position, mais je lui dis que je ne changerais pas ma déclaration.

« Je demandai également à Bush d'appeler directement le Kremlin car je ne parvenais pas à obtenir moi-même une liaison directe, ni à joindre qui que ce soit à Moscou par les canaux ordinaires. Les occupants du Kremlin devaient expliquer au président des États-Unis ce qui se passait et où se trouvait Gorbatchev. Bush était d'accord, mais je lui dis que cela n'était pas suffisant. Il fallait exercer des pressions sur les putschistes par tous les canaux officiels. Je lui proposai également de ne pas parler au passé de Gorbatchev et de sa cause. Bush accepta. »

Puis Gonzalez me dit sans détour (et je sentis que ce n'était pas un aveu facile) :

« Mikhaïl, tout au long de ces journées, j'avais l'impression que l'Occident ressentait les événements comme irréversibles et était prêt à les accepter. Je sentis une telle attitude même parmi mes collaborateurs les plus proches. J'en déduis que les dirigeants occidentaux n'ont pas, aujourd'hui, la certitude que l'Union soviétique puisse se maintenir et prévoient deux scénarios possibles, dont la désintégration pure et simple du pays. C'est particulièrement déprimant. »

Gonzalez ne dissimulait pas son indignation devant la position scolastique et myope de certains de ses partenaires de l'OTAN : le ministre des Affaires étrangères d'un pays membre déclara en sa présence qu'il ne voyait rien de mauvais dans l'apparition d'une centaine d'États en Europe à la place des trente-quatre signataires de la Charte de Paris.

Une rencontre unique

À Madrid, je participai à une rencontre qui est restée unique en son genre. Le roi Juan Carlos mit à profit la présence simultanée dans sa capitale des présidents des États-Unis et de l'Union soviétique pour nous inviter à dîner, avec Felipe Gonzalez.

La conversation débuta par un échange de vues à propos de la conférence sur le Proche-Orient qui devait s'ouvrir le lendemain matin. Mais mes interlocuteurs étaient plus intéressés par la situation en URSS. Les échanges furent extrêmement francs, « entre hommes », et durèrent quatre heures.

— Les actes des putschistes, dit Gonzalez, montrent bien comment des hommes peuvent détruire ce qu'ils prétendent vouloir sauver. Personne mieux qu'eux n'est parvenu à renforcer les tendances centrifuges en URSS. Or l'Europe et le monde ont besoin de l'Union soviétique. Deux cercles se forment en ce moment en Europe. L'un se trouve en Occident et gravite autour de la Communauté européenne. L'autre doit être à l'Est. C'est l'Union soviétique actuelle, l'Union d'États souverains, dont vous êtes le promoteur. Si cet autre cercle ne se constitue pas, il manquera un pilier important pour la stabilité de l'Europe et du monde. Un vide important pourrait se créer.

— Nous sommes tous inquiets pour l'avenir de l'Union, confirma Bush. Comment faut-il interpréter le discours que vient de prononcer Eltsine ?

Indiscutablement, la partie politique de ce discours avait soulevé chez mes interlocuteurs — non sans raisons — des doutes quant à l'adhésion authentique du président russe au nouveau projet de traité d'Union qui venait d'être adopté.

Je m'efforçai, bien sûr, d'atténuer cette impression en évoquant combien l'entourage d'Eltsine était facilement influençable. Il m'était cependant impossible de ne pas reconnaître que certains passages du discours étaient en contradiction avec le concept même d'Union. (Egor Iakovlev [1], qui faisait partie de notre délégation, me dit, après avoir lu le discours d'Eltsine, qu'il allait détruire l'Union, mais de telle manière que la faute en incomberait aux autres républiques.)

Mes commensaux étaient également intéressés par les positions de la direction ukrainienne, en particulier celle de Kravtchouk, et des responsables des autres républiques dont, en hommes rationnels, ils avaient du mal à comprendre les actes. Ils pensaient que des États modernes ne pouvaient pas pousser jusqu'à l'extrême la notion d'autodétermination. La sécession est absurde. Jusqu'à quelle limite peut-on se diviser ? Pour en arriver à l'indépendance d'un village ? Voilà quel serait le résultat logique d'un processus de division. D'ailleurs, le centre en tant que concentration des structures totalitaires n'existait plus, et pourtant la lutte contre lui battait son plein.

Il me semblait alors — et j'exprimai ma conviction aux participants de cette rencontre inhabituelle — que nous avions encore une chance de créer une véritable nouvelle Union où les républiques seraient authentiquement souveraines. Cette foi fondait toutes mes actions d'octobre et novembre 1991.

Bush se plaignit que 1992 serait pour lui une année difficile à cause des élections présidentielles.

— Il va de soi, me dit-il, que je ne veux pas comparer mes soucis avec la tâche gigantesque que vous affrontez. C'est un drame saisissant. Nous le suivons le souffle coupé, et nous vous souhaitons tout le succès possible.

Nouveaux efforts en faveur des réformes

Le putsch avait créé une situation totalement nouvelle. D'une part, plusieurs obstacles sur la voie des changements radicaux avaient été levés. Ce fut pour nous une chance unique d'accélérer le cours des réformes et de passer plus rapidement au marché. D'autre part, le coup d'État manqué eut pour conséquences de renforcer la lutte politique, de

1. Le rédacteur en chef de *Moskovskie Novosti*. (N.d.T.)

donner une nouvelle impulsion aux tendances centrifuges et d'aggraver la crise économique.

Les principaux systèmes d'approvisionnement, surtout dans le domaine de l'alimentation et de l'énergie, étaient déréglés. Le manque de devises atteignait un point critique. Non seulement les versements des crédits en cours furent gelés pendant le putsch, mais l'octroi de crédits à court terme sur les marchés financiers devint totalement impossible. Quant aux autres opérations en devises, elles furent plus difficiles à mener à bien. Le déblocage d'urgence des crédits déjà octroyés était indispensable. Il fallait aussi trouver entre 5 et 8 milliards de dollars supplémentaires, faute de quoi la réduction des importations se traduirait par une baisse de la production industrielle, surtout dans le secteur des constructions mécaniques et de l'industrie légère.

Dans cette situation, le problème du soutien économique de l'Occident aux réformes prit un caractère d'urgence. Nos partenaires occidentaux semblaient bien le comprendre, mais les choses n'en traînaient pas moins. Entre septembre et novembre 1991, bien que mon attention fût entièrement focalisée sur les questions intérieures, je rencontrais presque quotidiennement, surtout dans la soirée, des hommes politiques occidentaux. Parfois, il m'arrivait d'en voir deux ou trois dans la journée. Je m'efforçais de pousser mes interlocuteurs à prendre des décisions concrètes. Parmi tous ceux avec lesquels je m'entretins au cours de cette période, il convient de mentionner Major, Kohl, Mitterrand, Bush, Andreotti et Gonzalez, ainsi que les ministres des Affaires étrangères et des Finances de tous les pays du G7 et de plusieurs autres pays européens. Je rencontrai également de nombreux parlementaires et hommes d'affaires.

Mon premier interlocuteur fut John Major qui coordonnait alors l'action du G7. Cette position lui permettait d'influencer considérablement ses partenaires du groupe. Bien entendu, je n'avais pas oublié que, avant la rencontre de Londres, il n'était pas de ceux qui soutenaient activement l'idée d'un mouvement réciproque dans le processus d'intégration de l'URSS à la communauté économique mondiale. Je dois cependant lui rendre hommage : après le putsch, il fut le premier dirigeant occidental à venir à Moscou (le 1er septembre) pour évaluer la situation sur place et discuter de la manière de mener à bien ce dont nous étions convenus à Londres.

Notre rencontre eut lieu la veille de l'ouverture du Congrès extraordinaire des députés du peuple. Je le mis au courant des événements et lui expliquai ce que je considérais comme une priorité : nous avions besoin d'un soutien plus substantiel et ouvert des pays occidentaux. Plus concrètement, je plaidai en faveur du rééchelonnement de la dette, sans lequel nous aurions été obligés d'arrêter nos importations, je parlai du problème de la charge de la dette publique, de l'aide indispensable pour accélérer le passage à la convertibilité du rouble et de la reconstruction structurelle qui permettrait d'attirer de grands projets internationaux d'investissement. Nous abordâmes enfin la question d'une aide possible pour le développement du secteur privé et la formation des futurs cadres dirigeants de l'économie de marché.

Major me confirma que la situation en URSS inquiétait les hommes politiques occidentaux. Ses remarques renforcèrent mon impression que les Européens percevaient mieux les choses que les Japonais ou les Américains. Il évoqua l'« énorme soulagement » qu'il avait ressenti, de même que ses collègues, au moment de l'échec du putsch. Mais il mentionna également les nombreux problèmes qui préoccupaient l'Occident : la préparation du traité d'Union, les liens entre les républiques et le centre, le contrôle des armes nucléaires et, naturellement, la perspective des réformes économiques et la « gouvernabilité » de notre économie.

Il m'assura que l'Occident souhaitait réellement le succès des réformes et énuméra une nouvelle fois les sphères (alimentation, fournitures médicales, conseil et expertise) où les États-Unis et la Grande-Bretagne étaient prêts à nous assister immédiatement. Ils allaient d'ailleurs demander aux autres pays du G7 d'agir dans le même sens.

Je fus contraint d'interrompre notre conversation pour achever la mise au point d'une déclaration commune avec les dirigeants des républiques, mais nous nous revîmes dans la soirée pour un nouvel entretien. Il faisait déjà nuit noire derrière les fenêtres de mon bureau du Kremlin lorsque j'exposai à Major le contenu de la déclaration commune. Il posa quelques questions, notamment sur la continuité dans les relations économiques avec l'étranger (dès le lendemain, nous inclûmes dans le texte la confirmation de toutes les obligations économiques internationales de l'URSS), mais je vis clairement qu'il était impressionné par le texte.

À sa demande, nous poursuivîmes la conversation en tête à tête. Nous parlâmes des problèmes du contrôle des armes nucléaires et des nouvelles informations au sujet de la poursuite des recherches sur les armes biologiques en URSS qui rendait les Occidentaux soupçonneux. Je promis de lancer une enquête, en la confiant à un nouveau groupe d'experts.

Le Premier ministre me posa une question que je n'ai pas le droit de retranscrire ici, bien qu'il me semble possible de citer la réponse :

— Vous pouvez prendre comme point de départ, dis-je, le fait que la coopération entre Gorbatchev et Eltsine est une réalité. Une réalité telle que les conséquences seraient désastreuses si elle était sapée. Grâce à notre entente, nos rapports sont entrés dans une phase nouvelle.

— Nous aimerions beaucoup, répliqua Major, que dans les circonstances actuelles vous entreteniez tous les deux des relations de travail correctes. Et il me semble que c'est le cas.

De telles notes optimistes revinrent fréquemment dans les entretiens que j'eus dans la période suivante avec des dirigeants étrangers. Néanmoins, nos partenaires voulaient être certains que l'aide étrangère, victime de la « guerre » entre le centre et les républiques, ne s'évaporerait pas. On me posait sans cesse les mêmes questions : À qui devons-nous avoir affaire ? Comment les pouvoirs entre le centre et les républiques sont-ils distribués ?

Je comptais que les républiques respecteraient les accords auxquels nous étions parvenus. Elles devaient faire preuve de volonté politique et agir raisonnablement, dans leur propre intérêt.

Il me semble que, en septembre 1991, un programme sérieux de partenariat avec le G7 commençait à se dessiner. Il devait permettre de résoudre les problèmes urgents de notre pays avant de passer à une coopération beaucoup plus large. Dans le cadre du travail commun, les experts des deux côtés pouvaient constater que, si les problèmes étaient aigus, ils n'en étaient pas moins solubles, surtout en regard de l'énorme potentiel du pays. « Finalement, disais-je souvent, pour un pays comme le nôtre que représente une dette extérieure de 65 milliards de dollars ? Il ne s'agit même pas de prendre en compte le fait que l'on nous doive une somme encore plus importante, quelque 84 milliards de dollars, mais simplement de regarder l'énorme potentiel du pays. »

En octobre, les groupes d'experts — le nôtre (commun au centre et aux républiques) et celui du G7 et de la Communauté européenne — se réunirent de manière intensive, calculant soigneusement les besoins et les possibilités. L'heure vint enfin d'adopter des décisions de principe. Le 12 novembre, John Major m'informa que le G7 et la Communauté européenne étaient d'accord pour lancer un programme d'aide d'urgence de 10 milliards de dollars. Cependant, la proposition du G7 d'une aide massive était subordonnée à la reconnaissance par les républiques souveraines, y compris la Russie, des obligations de l'URSS en matière de dette extérieure. Elles devaient aussi s'engager à faire preuve de « retenue » sur la question de la formation de leurs propres forces armées.

À ce moment-là, il était déjà convenu que notre pays obtiendrait le statut de membre associé du Fonds monétaire international. Le directeur exécutif du FMI, Michel Camdessus, vint à Moscou fin novembre. Nous nous penchâmes sur la question de la participation éventuelle du Fonds pour soutenir nos réformes économiques. Notre admission en tant que membre à part entière se ferait dans un proche avenir.

Quelques jours plus tard, je reçus un message important de John Major. Il énumérait les décisions des Sept en matière d'aide alimentaire et médicale, ainsi qu'en faveur de l'intégration de l'URSS dans l'économie mondiale. La trahison de la forêt de Bielovej eut lieu à peine une semaine plus tard.

Major envoya d'urgence à Moscou un représentant spécial du gouvernement britannique. Sa mission était d'obtenir des informations de première main sur les derniers événements et de clarifier la question des obligations internationales de l'Union soviétique dans des circonstances nouvelles.

Je lui expliquai comment je voyais la situation et j'ajoutai :

— Dites à M. Major que je suis très satisfait de notre collaboration. Depuis juillet, il a adopté une position très clairvoyante et j'ai senti qu'il faisait preuve d'une réelle sympathie pour mon pays. Je sais qu'il comprend les processus qui se déroulent chez nous. Dites-lui, s'il vous plaît, qu'il ne faut pas arrêter l'aide, mais au contraire l'augmenter. Il faut tout faire pour sauver la démocratie. Nous avons besoin de produits alimentaires, de médicaments. Il faut éviter que les gens descendent dans les rues.

L'envoyé spécial m'informa que Major ne pourrait pas venir à Moscou avant la fin de l'année en raison de la conférence de Maastricht. Je comprenais, naturellement, que cette décision répondait à des considérations différentes, mais je n'avais aucune raison de me sentir offensé.

— La vie, précisai-je, nous devance et l'histoire accélère encore sa marche.

Les accords de la forêt de Bielovej suscitèrent des réactions très diverses à l'étranger. Dans les « seconds échelons » du pouvoir, beaucoup d'hommes politiques considéraient la liquidation de l'URSS comme l'objectif principal de la guerre froide. Dans ces cercles, la nouvelle fut accueillie avec satisfaction, et même avec joie. De leur côté, les acteurs principaux de la politique mondiale ressentirent plutôt de l'inquiétude. Guidés par leurs intérêts nationaux, ils avaient opté en faveur de la préservation d'un État uni dans l'espace soviétique. Pour tout homme d'État sérieux, il était évident que la décomposition de l'URSS créerait un vide géopolitique dangereux dont les conséquences pouvaient être difficiles à prévoir.

Dans le même temps, certains hommes d'État occidentaux virent dans cette CEI proclamée à Bielovej un substitut réaliste à l'URSS. Cela explique le vague de leurs positions au cours des conversations téléphoniques que j'eus avec eux en ces jours de décembre.

Le chancelier Kohl m'appela, très inquiet, avant même le début de la rencontre de Bielovej. Je lui expliquai brièvement la situation et lui demandai de nous aider à éviter les pires conséquences pour le monde entier. Nous nous mîmes d'accord pour avoir une nouvelle conversation, une semaine plus tard.

Le 4 décembre, je m'entretins, toujours au téléphone, avec Lech Walesa, le président polonais. Il me fit part de sa solidarité avec ma conception de la réforme en URSS et m'annonça sa volonté de lancer aux peuples de notre pays un appel à suivre la voie des réformes, au cas où cela s'avérerait nécessaire.

Le lendemain, ce fut le tour du Premier ministre hongrois, Joszef Antall. Il me parla de la nécessité de maintenir le processus de la « souverainisation » des républiques dans un cadre civilisé et de ne pas tolérer une « libanisation » du pays. Il cita l'exemple dangereux de la Yougoslavie.

George Bush m'appela le 13 décembre. En répondant à ses questions, je lui dis :

— L'accord entre les trois présidents n'est qu'une ébauche. De nombreuses questions demeurent ouvertes. Le problème principal, c'est l'absence de mécanisme d'interaction dans cette CEI annoncée. Mon approche consiste à donner un caractère légal à la transformation de l'État. J'ai lancé un appel aux députés du peuple. La volonté des peuples et des républiques doit s'exprimer. Cependant, la discussion du projet de traité d'Union dans les Parlements républicains a été empêchée. Les accords et les décisions adoptés après le putsch ont été violés. Si l'URSS n'existe plus, comme l'ont arbitrairement proclamé les présidents des trois républiques, cela signifie qu'il n'y a plus de lois pour réglementer l'ordre public, la défense, les frontières et les relations internationales.

George Bush envoya d'urgence Baker à Moscou. Nous nous rencontrâmes à la veille de la réunion d'Alma-Ata.

— Mon rôle, lui dis-je, consiste à utiliser mes contacts politiques pour éviter une désintégration encore plus grande. Car cette menace existe.

Nous nous trouvâmes tous les deux d'accord pour estimer que les accords conclus en Biélorussie étaient assez contradictoires. Baker m'affirma que l'administration américaine faisait de son mieux pour ne pas interférer dans nos affaires intérieures. Les États-Unis voulaient seulement que la transformation se fît de manière légale et constitutionnelle, car si ce processus n'était pas couronné de succès, la désintégration serait encore plus brutale, avec des conséquences négatives pour le peuple soviétique et le monde extérieur.

James Baker exprima des doutes sur le fait que la CEI pût créer un système de défense commun.

— Mes conversations à Moscou, me confia-t-il, m'ont fait comprendre qu'il y aurait dix États[2] complètement indépendants et souverains, avec chacun sa politique étrangère. Dans ce cas, on ne peut que se poser la question suivante : comment pourrait-il y avoir une politique de défense commune, avec dix politiques étrangères différentes ? Et qui donnerait les ordres au commandant en chef des forces armées communes ? De qui recevrait-il ses instructions ?

J'étais d'accord avec lui. En parlant d'une manière plus large de la situation difficile que nous affrontions, je lui précisai que ce dont la Communauté avait le plus besoin était d'une augmentation de l'aide alimentaire.

Baker me demanda ce qu'était cette « période de transition » dont Eltsine lui avait parlé. Je lui répondis qu'il s'agissait de négocier un bon accord sur la CEI, de manière à canaliser tous les processus dans une bonne direction : le monde devait clairement savoir à quoi s'attendre de ce nouvel « espace ».

Je lui répétai ce que j'avais déjà dit à mes concitoyens : il fallait au moins une réunion finale du Soviet suprême de l'URSS et un accord sur la politique étrangère. La communauté internationale avait le droit de savoir à qui elle avait affaire : dix États avec dix politiques étrangères différentes ou bien une formation unique qui prendrait la succession de

2. Les cinq républiques absentes étaient les trois pays baltes, l'Azerbaïdjan et la Géorgie. Les Baltes restèrent à l'extérieur de la CEI. Après des hésitations liées à leur situation politique respective, l'Azerbaïdjan (en guerre contre l'Arménie dans le Haut-Karabakh) et la Géorgie (en proie à la guerre civile) finirent par intégrer la Communauté en 1993. (N.d.T.)

l'Union soviétique, notamment au Conseil de sécurité des Nations unies, et respecterait les traités les plus importants conclus par l'URSS.

Helmut Kohl m'appela le 19 décembre au soir. Il voulait avoir mon avis sur l'évolution des événements à la veille de la rencontre d'Alma-Ata. Il me demanda avec inquiétude si j'aurais une place dans la future Communauté. Il me semblait très ému, presque alarmé, ce qui était assez inhabituel chez lui.

Le 21 décembre, après la réunion d'Alma-Ata, le premier dirigeant étranger avec qui je m'entretins fut François Mitterrand. Dès ses premiers mots, bienveillants et amicaux, comme toujours, je compris qu'il s'intéressait en premier lieu à mon état moral et à mes intentions. Je lui dis que j'allais bientôt démissionner de mon poste de président de l'URSS.

Le 23 décembre, j'eus une conversation avec John Major. Nos relations personnelles étaient assez récentes, mais nous avions vite établi de très bons rapports. Il s'inquiétait des derniers développements.

— Lorsque nous regardons l'avenir, me dit-il, nous pensons qu'il ne faut pas perdre ce qui a été acquis. D'où le désir d'aider votre pays, car nous nous rendons bien compte de ce que vous y avez fait ces dernières années. Quoi qu'il advienne après la décision que vous avez l'intention d'annoncer dans les deux prochains jours, vous vous êtes assuré une place spéciale dans l'histoire de votre pays et du monde. Nous comprenons que les prochains mois ne seront pas faciles.

Le 25 décembre, ce fut avec George Bush que je m'entretins. Je l'informai que ma démission interviendrait dans les deux prochaines heures et j'ajoutai que je venais de lui envoyer une lettre d'adieux. Je mis à profit cette occasion pour lui dire une nouvelle fois combien j'appréciais ce que nous étions parvenus à faire ensemble à l'époque où il était vice-président et, surtout, après son accession à la présidence.

Je lui précisai qu'il fallait certainement reconnaître les États de la CEI et, deuxième priorité, soutenir la Russie qui allait prendre sur elle le fardeau principal des réformes. Je lui dis aussi que le « bouton nucléaire » allait être transféré au président de la Fédération de Russie. Le plus important était de s'être assuré que les armes nucléaires resteraient sous contrôle. Il pouvait fêter Noël sans se faire de souci. Nous conclûmes la conversation en échangeant nos meilleurs vœux pour l'avenir.

Plus tard dans la journée, je signai mes derniers messages aux hommes d'État avec qui j'avais travaillé pendant six ans à la résolution de problèmes internationaux complexes. Une nouvelle étape de ma vie commençait.

À Alma-Ata, le conseil des chefs d'État de la CEI décida de mon statut après ma démission. À ma demande, le président russe signa un décret m'octroyant un ensemble d'immeubles pour le Fonds d'études sociales, économiques et politiques que j'avais décidé de créer, de manière à poursuivre mon activité dans de nouvelles conditions [3].

Il n'y eut aucun adieu. Aucun des dirigeants de la Communauté ne m'appela, ni le jour de mon départ, ni après.

Le transfert des pouvoirs au président russe fut fixé au soir du 25 décembre. Nous étions convenus que la cérémonie aurait lieu dans mon bureau du Kremlin. À l'heure dite, Chapochnikov, le ministre de la Défense, et quelques généraux, ainsi que les officiers affectés en permanence à la « valise » du « bouton nucléaire », attendaient déjà. Quelques minutes passèrent... Le président russe était en retard. On m'informa bientôt que, malgré notre accord, il ne voulait pas venir. Il avait écouté mon allocution télévisée [4] et écumait de rage.

Un peu plus tard, j'appris qu'Eltsine me proposait une rencontre en « territoire neutre », dans la salle Catherine où se tenaient habituellement les rencontres avec les dirigeants étrangers. Lui et son équipe devaient considérer que cela m'impressionnerait. Mais c'était tout simplement ridicule, pour ne pas dire stupide. Je décidai donc de faire immédiatement parvenir à Eltsine un pli contenant le décret du président de l'URSS relatif au transfert des pouvoirs de commandant en chef des forces armées au président de la Fédération de Russie. Je confiai à Chapochnikov la valise du « bouton nucléaire » en lui donnant l'ordre de la livrer d'urgence à son nouveau propriétaire et de me rendre compte immédiatement. L'ensemble de la procédure ne prit que quelques minutes.

Ainsi, tout de suite après ma démission, je me trouvai confronté à l'insolence de ces hommes parvenus au pouvoir. La suite des événements a vite montré qu'il ne s'agissait nullement de l'expression d'un instant de vindicte d'Eltsine, mais de la manifestation à mon égard d'une ligne de conduite délibérée.

Mettant de côté ses obligations présidentielles, Eltsine dirigea en personne mon « éviction » du Kremlin. Il fit organiser toute une mise en

---

3. Eltsine revint sur sa décision quelques mois plus tard.
4. Le texte de ce discours figure en tête de ce livre.

scène : le drapeau de l'URSS fut abaissé sur le Kremlin pour être immédiatement remplacé par celui de la Russie. Il contrôla personnellement que tout se déroulait selon l'horaire prévu et que la télévision enregistrait bien l'événement. Nos accords prévoyaient que j'avais jusqu'au 30 décembre pour déménager mes affaires et libérer mon bureau. Le 27 décembre, je devais accorder une interview à des journalistes japonais du *Yomiuri Shimbun*. Cependant, le matin même, on m'appela de l'accueil du Kremlin pour m'annoncer que mon bureau était occupé par Eltsine depuis 8 h 30 du matin. Il était arrivé en compagnie de Khasboulatov et de Bourboulis et ils y avaient bu une bouteille de whisky en riant à gorge déployée. Ce fut un triomphe de rapaces, je ne trouve pas d'autres mots.

On m'intima l'ordre de libérer en trois jours ma résidence de campagne et mon logement de fonction. Le 25 décembre, avant mon allocution télévisée, un groupe se présenta à mon immeuble de la rue Kossyguine pour mettre sous scellés l'appartement présidentiel. Nous décidâmes d'agir vite. Ma famille et les officiers de ma garde, les « gars de Foros », saisirent au quart de tour ce qui se passait. En vingt-quatre heures, toutes nos affaires furent transportées dans notre nouvel appartement. Dès le lendemain matin, tous nos vêtements, nos livres, la vaisselle, les documents, les dossiers, les lettres s'entassaient là, par terre.

C'était la fin de l'exode. Il fallait s'installer, s'organiser. J'entrepris de ranger mes affaires : la bibliothèque, les notes, la correspondance, les télégrammes, les photos... Des vagues de souvenirs se déversèrent sur moi, des images d'événements lointains et récents. Cela me poussa à réfléchir sur le passé.

Des pensées pénibles m'assaillirent. De quelque manière que je m'y prisse, je parvenais toujours à la conclusion que nous nous trouvions à peine au début du chemin emprunté dans les mois de mars et d'avril 1985. Et l'on parlait de la fin de « l'ère Gorbatchev » ! En fait, le principal allait seulement commencer. Nous devions donc tirer les leçons du passé tout de suite, et non dans un avenir lointain. Ce fut ainsi que, dès les premiers jours de 1992, je me trouvai absorbé par l'écriture de mes Mémoires.

Dans le même temps, la vie changea de cours, soulevant de grandes inquiétudes pour le destin de notre pays. Les malheurs s'abattaient l'un derrière l'autre. La « charge de cavalerie » contre l'économie créa d'énormes difficultés pour le peuple russe. Le pouvoir était tombé entre les mains d'hommes irresponsables et incompétents, ambitieux et impitoyables. Chaque jour qui passe démontre encore aujourd'hui qu'un nouvel équilibre des forces politiques et une nouvelle politique sont nécessaires, non seulement pour la Russie, mais aussi pour les autres anciennes républiques de l'URSS qui se trouvent dans une situation difficile.

Tout cela est largement le résultat du coup d'État de décembre, dans la forêt de Bielovej. Il s'agit d'une page noire dans l'histoire de la Russie. Mais ce n'est certainement pas la dernière. La vie continue, et les peuples, après avoir « assimilé » la liberté acquise, trouveront de nouveaux chemins vers leur réunification et le renouvellement de leur existence. Je le crois et je l'espère.

EN GUISE D'ÉPILOGUE

AU LECTEUR FRANÇAIS

Ce que j'ai entrepris en 1985, en accédant au pouvoir suprême, devait l'être. Les choses ne pouvaient pas rester en l'état et il fallait agir, impérativement. Nous nous trouvions dans une impasse. Il était impossible d'en sortir autrement qu'avec le train de mesures baptisé « perestroïka ». Jusqu'à présent, personne n'a pu démontrer le contraire et je suis convaincu que personne ne pourra jamais le faire de manière crédible. Toutes les comparaisons avec les Chinois et d'autres peuples, amenés comme eux à sortir du socialisme de modèle stalinien, ne sont pas pertinentes.

La Russie constitue un cas particulier. Elle le restera même après avoir reconnu le caractère nécessaire des principes démocratiques fondamentaux qui ont donné des fruits si remarquables en Occident.

Après mon départ du Kremlin, mon comportement ne fut pas déterminé par l'amertume ou le ressentiment envers ceux qui me devaient leur entrée en politique et m'en récompensèrent par une noire ingratitude et des actes moralement inconvenants et indignes de mœurs politiques civilisées. Certes, au fond de moi-même, je ressentais des émotions compréhensibles, humainement parlant. Mais, je le répète, mes actions ne furent pas dictées par ces émotions, mais par la volonté d'être utile au pays qui se trouvait dans une passe difficile.

Ce fut très sincèrement que je mis en garde mes compatriotes contre les périls qui se profilaient. Mais mes anciens collègues, à Moscou et dans les républiques, ne voulurent pas écouter mes considérations et recommandations. Et cela pour des « raisons personnelles » car ils n'avaient pas la conscience tranquille. Je compris alors que je pourrais continuer à servir le pays en faisant fructifier ma longue expérience des réformes et en battant le rappel des compétences, de manière à étudier avec mes compagnons et collaborateurs les tendances et processus auxquels la Russie ne peut pas échapper. De là l'idée de créer un Fonds pour accueillir ces activités.

Je n'ai aucune rancune envers les personnalités qui ont dirigé la Russie. Des personnages très divers ont surgi dans la couche dirigeante. Beaucoup avaient le désir sincère de poursuivre les réformes et de fonder la transformation de la Russie sur la démocratie et le marché. Je leur ai souhaité tout le succès possible sans être payé de retour en termes de compréhension. Nombre d'entre eux continuèrent à me soupçonner d'ambitions « revanchardes » et à tenter de m'isoler de l'opinion, me poursuivant d'une vindicte irrationnelle, caractéristique de notre « culture politique » soviétique, mais aussi postsoviétique.

Bien entendu, il m'était impossible de me cantonner dans des recherches académiques. Je ne pouvais m'abstenir de réagir à l'incompétence et à la cruauté avec lesquelles on traitait le peuple, aux menaces grandissantes qui pesaient sur les acquis démocratiques de la perestroïka. J'émis donc des critiques. En réponse, je fus confronté à ce qu'il faut bien appeler une répression : coupures des lignes téléphoniques et procès manifestement politiques. Les médias devinrent inaccessibles. Pendant un certain temps, je fus même interdit de voyages à l'étranger ! On en vint à mettre carrément à sac le Fonds Gorbatchev de manière à lui retirer la possibilité matérielle de poursuivre ses activités.

Tout cela ne m'arrêta pas. Personne ne parvint à m'intimider ! Je dois dire que, dans cette période particulièrement difficile pour moi, je bénéficiais du soutien moral considérable des citoyens de Russie, désormais libérés, et de larges secteurs de l'opinion mondiale. Ils comprenaient que la répression qui s'abattait sur Gorbatchev constituait une menace pour la Russie elle-même et pour son avenir démocratique, et une ombre sur les nouvelles relations internationales de l'après-guerre froide.

Attaques et persécutions ne m'incitèrent pas à modifier fondamentalement le jugement que je portais sur la politique de la direction russe. Me livrer à une critique systématique de manière à tout noircir n'entrait pas dans mes intentions. Comme la majorité des Russes, j'attendais et j'espérais. Chaque fois que les autorités exprimaient des opinions et des projets raisonnables et prometteurs, je les soutenais publiquement. Ce fut ainsi que, même après l'effrayant pilonnage de l'immeuble du Soviet suprême, j'émis une appréciation positive du message du président au nouveau Parlement, la Douma d'État. Il contenait un programme acceptable de poursuite des réformes qui tirait les leçons des deux années écoulées. Mais ce programme, comme les autres, ne fut pas mis en œuvre. Il apparut bientôt que personne n'avait jamais sérieusement envisagé de le faire. Le mensonge était devenu le trait caractéristique des autorités. En fait, non seulement la réforme était en panne, mais encore il était impossible de discerner la ligne du gouvernement. Toute l'action de la direction consistait à faire des rafistolages, à prendre des mesures aléatoires et inefficaces. Le véritable projet était désormais de garder le pouvoir à tout prix et par tous les moyens.

Ce fut dans ce contexte que se déroula l'élection présidentielle de 1996. Au moment où j'écris ces lignes, cent cinquante jours se sont écoulés depuis la réélection d'Eltsine, mais la situation n'a cessé d'empirer. Et l'on ne voit toujours pas le bout du tunnel.

Sans programme réaliste pour sortir de la crise, l'équipe du président ne visait qu'à conserver le pouvoir. Mais il est permis de se poser une simple question : pour quoi faire ?

Dans les quelques pages qui précèdent, je voulais seulement restituer le climat dans lequel mon Fonds a dû fonctionner au cours des cinq dernières années. Voyons maintenant plus en détail ce qu'ont été mes occupations, comment j'ai réagi aux événements de cette période et à quelles conclusions j'aboutis aujourd'hui.

Les premiers jours après mon départ du Kremlin

Bien entendu, je passai les premiers jours à m'accoutumer, avec ma famille, à ma nouvelle situation. Je m'abstins de tout déplacement et ne vis personne. Pourtant, je n'éprouvais aucun sentiment de désespoir ou de déréliction. Je me connaissais trop bien pour songer à renoncer à l'action sociale. Mes forces physiques et morales n'étaient pas épuisées et je ne souffrais d'aucune perte de potentiel à cet égard. Et surtout, j'avais la conscience tranquille. Sur le fond, j'avais tenu les promesses faites en lançant la perestroïka. J'ai donné la liberté aux gens. Elle s'est traduite par des avancées concrètes : la glasnost, la liberté de parole, la fin des persécutions idéologiques, le droit de vivre où l'on veut, la suppression du monopole de la propriété et du pouvoir, la création des fondations d'un parlementarisme réel, la conjuration de la menace cauchemardesque de la guerre nucléaire, l'ouverture à un monde qui a répondu par la compréhension et le soutien à notre volonté de devenir une société démocratique normale.

En revanche, la perestroïka n'a pas donné aux gens le bien-être que, en vertu d'une mentalité d'assisté bien ancrée, ils attendaient de moi en ma qualité de dirigeant suprême. Mais cela, je ne l'avais pas promis. Au contraire, je ne me suis jamais lassé d'appeler les gens à user de la liberté pour créer, de leurs propres mains et par leur propre intelligence, leur bien-être individuel et celui de l'ensemble de la société. Je n'ai pas évité les erreurs, les carences ou les omissions mais, en cinq ans, j'ai fait tout ce qu'il était humainement possible pour transformer une société complexe, en proie aux contradictions et abrutie par le totalitarisme.

À un journaliste qui m'interrogeait sur mon état d'esprit à l'occasion du premier anniversaire du putsch, je répondis :

— Je ne ressens aucune rupture entre ce que je faisais et ce que je continue à faire, entre ma conscience morale et ma conviction profonde. Autrement, je ne pourrais pas supporter ce que je supporte. Je vois mal à qui on pourrait aujourd'hui décocher autant de flèches et asséner autant de coups. Mais je suis en paix avec ma conscience. Comme tout homme, j'ai fait des erreurs, des faux pas, mais ma conscience ne me tourmente pas. Et surtout, mes idées sont connues. Elles n'ont pas changé.

— Eh bien, commenta le journaliste, vous êtes sans doute un homme heureux.

Ce que je ne pouvais me permettre c'était de me laver les mains de ce qui se passait sous prétexte que j'avais fait ce que j'avais à faire. D'ailleurs, cela ne me vint même pas à l'esprit.

La douleur morale et l'angoisse pour le destin de mon pays ne m'abandonnèrent pas un seul instant. Sur ce plan, j'ai toujours assumé ma responsabilité dans l'évolution des événements. Désormais en marge de la politique officielle, dans un climat de calomnies et d'insultes, je me refusai à rendre les armes. J'étais fermement décidé à participer au processus politique à un autre titre, en utilisant d'autres formes d'action. Je pouvais m'appuyer sur des personnes qui m'étaient proches, aussi bien sur le plan intellectuel que sur le plan humain, qu'un tournant dans leur carrière n'effrayait pas et qui demeuraient fidèles à l'esprit comme aux objectifs de la perestroïka.

Constitution du Fonds

Lors de mon dernier entretien non officiel — en quelque sorte entre camarades — avec Eltsine, le 23 décembre 1991, nous parvînmes à un accord aux termes duquel il me garantissait la cession des locaux et des équipements de l'ancienne École léniniste [1] au bénéfice du Fonds que j'allais diriger. Je savais déjà que la « parole » d'Eltsine n'était pas plus fiable que beaucoup de ses promesses. Raison de plus pour accélérer les choses.

À la mi-janvier 1992, nous nous retrouvâmes dans ces bâtiments, un petit groupe de mes anciens collaborateurs et moi, huit personnes au total. Nous esquissâmes les grandes lignes de la stratégie qui devait présider à la formation du Fonds, et avançâmes les noms de quelques personnes susceptibles de diriger les principaux départements du Fonds. Il s'agissait principalement de docteurs ès sciences, d'auteurs connus, d'érudits que la perestroïka avait délivrés des dogmes qui leur pesaient depuis longtemps. Nous formulâmes également les missions essentielles et, d'une certaine manière, l'idée générale du Fonds, résumée par la suite dans une devise : « Vers une nouvelle civilisation. »

Notre équipe se forma rapidement. En trois ou quatre mois, elle atteignit rapidement près de deux cents personnes. En mai 1992, il nous fut possible de procéder à la présentation officielle du Fonds, cérémonie à laquelle assistèrent non seulement des hommes de science et de culture, mais aussi des personnalités politiques alors influentes.

D'une certaine manière, le Fonds prit le relais de la pensée sociale de la perestroïka dont la ligne politique fut interrompue par le putsch d'août et les événements ultérieurs. Il se donna pour but de poursuivre l'étude et la promotion des idées humanistes. Cela faisait sa spécificité.

Néanmoins, son premier acte consista à réagir publiquement au démembrement de l'URSS qui suscita aussi bien des débats sérieux que des articles dénués de tout fondement, des affabulations manifestes et des tentatives officielles pour en accuser Gorbatchev. La tâche prioritaire du Fonds fut donc la publication d'un recueil documentaire de témoignages intitulé *Décembre 1991. Ma position*. Il ne s'agissait pas de

1. L'École léniniste (officiellement, l'Institut des sciences sociales) fut créée en 1958 pour former les étudiants envoyés à Moscou par les partis communistes et démocratiques-révolutionnaires étrangers. Placée sous la tutelle du CC du PCUS, elle était financée sur le budget du PCUS.

se justifier, mais de dresser pour l'histoire un tableau réel des événements liés à la liquidation de l'URSS afin que tout être doué de raison puisse en tirer des leçons pour l'avenir. L'ouvrage fut rapidement publié à l'étranger.

On aborda ensuite une période d'études axées sur différents thèmes : problèmes globaux, développement économique et problèmes sociaux dans le monde, en Russie et dans la CEI, problèmes de la culture et de la vie spirituelle à l'articulation de ce siècle et du prochain, processus européen et sécurité internationale, désarmement, histoire de la perestroïka. En juillet 1992, nous fûmes déjà en mesure de tenir une conférence internationale à laquelle fut soumis le projet d'études majeur du Fonds : « Vers une nouvelle civilisation. »

Projets et missions du Fonds

Dans ce domaine, l'idée centrale qui présidait à nos recherches — sur bien des points en harmonie avec celles du Club de Rome — était d'établir une stratégie globale de transition vers une civilisation nouvelle en tant qu'objectif général de l'humanité. Je partage l'opinion de ceux qui estiment inévitable et acceptable la gestion des processus mondiaux, bien entendu dans un certain cadre et dans certaines conditions. Dans la mesure où ni dans la société ni dans l'interaction entre la société et la nature l'équilibre rompu ne peut se rétablir de lui-même, ce qui est assez largement reconnu, il faut déployer des efforts conscients et cohérents.

La civilisation future ne peut être que globale, planétaire. Mais les processus de mondialisation n'équivaudront jamais à un nivellement général. La variété des cultures persistera et ira croissante. J'attribue aux facteurs socioculturels un rôle décisif dans la rénovation des civilisations mondiales. En dernière analyse, la principale origine des calamités n'est pas à l'extérieur, mais à l'intérieur de nous-mêmes, dans nos rapports mutuels et notre relation à la société, à la nature. Tout le reste en découle. Le préalable nécessaire de la civilisation nouvelle est la modification des orientations axiologiques et du comportement de l'homme.

Il ne s'agit nullement de rechercher des recettes universelles. Il importe plutôt de proposer, pour l'étape actuelle de transition, une approche des problèmes concrets en relation avec deux objectifs majeurs : la survie de l'espèce humaine et la réalisation de l'aspiration irrépressible de l'humanité à une vie meilleure.

Ces études sont liées à celles d'un autre projet intitulé « Vers un système stable de sécurité globale ». Nous nous sommes tournés vers ce thème lorsqu'il est apparu que les possibilités ouvertes dans ce sens après la fin de la guerre froide demeuraient encore largement inexploitées. Préoccupés par cette situation, nous avons préparé un rapport relatif à un programme de sécurité globale (octobre 1994), de concert avec le Fonds Rajiv-Gandhi (New Delhi) et la Gorbachev Foundation (San Francisco). Il comporte trois volets : 1) nouveau progrès vers le désarmement, avant tout dans le domaine du nucléaire ; 2) rôle accru des Nations unies et des institutions régionales de sécurité ; 3) nouvelle approche de la prévention et du règlement des conflits. Le rapport a été remis au secrétaire général de l'ONU, à divers gouvernements et à des organismes scientifiques et sociaux.

Le programme contient plusieurs idées nouvelles et propositions qui me semblent susceptibles de stimuler la gestation d'une nouvelle politique mondiale et la constitution d'un système cohérent de sécurité globale. Une doctrine de sécurité économique, écologique et sociale est élaborée dans le cadre de ce projet.

Dans le cadre d'un autre projet intitulé « Grande Europe : idée, réalité, perspectives », nous étudions aussi les principales dimensions de la sécurité européenne : politique, économique, écologique, socioculturelle. L'Europe y est vue comme une entité unique et nous mettons en exergue la menace d'une nouvelle division, illustrant la nécessité du renouvellement et de l'intensification du processus européen et la prise de mesures favorisant le retour à un climat de confiance et de concorde.

Un volet important du projet est constitué par l'analyse, d'un point de vue européen, de la situation en Russie et dans d'autres nouveaux États indépendants. La Russie se trouve à la croisée des chemins. On voit resurgir la question de savoir si elle appartient à l'Europe ou à l'Asie, ou si elle se trouve dans une situation « médiane ». Le véritable choix pour mon pays (qui, d'un point de vue géographique et historique, est effectivement eurasiatique) doit se faire entre la démocratie et l'ouverture, d'une part, et l'autoritarisme (ou pis) et la fermeture, de l'autre. Quant à l'étude de ses intérêts nationaux, elle est abordée dans le programme « Intérêts nationaux et problèmes de sécurité de la Russie ».

Il convient également d'évoquer les projets « Interaction socioculturelle entre la Russie et l'Occident » et « À la recherche d'une doctrine sociale moderne ». Dans le cadre de ce dernier, il s'agit d'examiner les problèmes du libéralisme contemporain, du conservatisme, du socialisme, du postmodernisme, etc. Ce cadrage est dû, avant tout, au vide idéologique qui s'est créé dans le contexte de la crise de la société russe. Mais notre dessein est plus large : la crise de la civilisation mondiale atteste que les conceptions théoriques anciennes de la société et de son évolution ne correspondent plus aux réalités contemporaines. Il est de plus en plus urgent de mettre au point le nouveau paradigme de l'évolution sociale du monde.

Le Fonds n'a pas tardé à attirer une partie de l'intelligentsia moscovite. Le concept selon lequel notre pays et toute la planète ont besoin d'une nouvelle pensée, d'une nouvelle vision du monde, d'une nouvelle lecture des idées de progrès, d'humanisme, de justice a permis de rassembler des personnalités remarquables. Nos conférences et tables rondes attirent les experts de nombreux instituts de recherche et d'associations scientifiques et sociales issues de la glasnost. Parmi eux, on trouve même des personnalités naguère fort critiques envers Gorbatchev. Dès le début, nous nous sommes ouverts à la coopération avec diverses équipes de chercheurs et nous avons fait preuve de notre volonté de publier les matériaux des débats dans des revues, des brochures et des livres. Un cercle de personnes désireuses de travailler sérieusement avec le Fonds s'est créé peu à peu.

Les rencontres, conférences et tables rondes organisées pour le dixième anniversaire du lancement de la perestroïka furent particulièrement intenses. Nous voulions entendre la voix vivante, réfléchie, lucide de l'opinion russe, préoccupée par le destin de la patrie, tout comme les prises de position des scientifiques, des politiques et des intellectuels en proie au doute et en quête de vérité sur le présent et le futur de la Russie, sa place dans le monde, sa politique actuelle, l'état de sa culture politique et générale. Le calendrier des manifestations fut étalé sur toute une année : de mai 1994 à mai 1995. Les plus importantes d'entre elles furent une table ronde sur le thème « Destinées historiques, leçons et perspectives d'une réforme économique radicale » ; un symposium sur « le rôle de l'intelligentsia dans la perestroïka » ; une conférence consacrée à « la perestroïka : dessein, mise en œuvre et leçons » ; une table ronde de juristes sur l'« État de droit : dessein et réalité » ; une conférence sur la politique extérieure de l'URSS et de la Russie (organisée conjointement avec l'Association de politique extérieure dirigée par l'ancien ministre des Affaires étrangères Alexandre Bessmertnykh).

Il convient de souligner l'intérêt des débats sur les problèmes des intérêts nationaux de la Russie et des perspectives de la civilisation au XXIe siècle. Plusieurs conférences internationales ont été consacrées aux questions du développement postsoviétique de la CEI et de l'Est européen, notamment le symposium « Russie et pays d'Europe de l'Est » auquel participèrent des représentants de la Biélorussie, de la Bulgarie, de la Hongrie, de l'Allemagne, de la Moldavie, de la Roumanie, de la République tchèque et de la Yougoslavie. En dépit de la diversité des approches et des points de vue, la conclusion générale fut que la décennie écoulée se divisait nettement en deux périodes radicalement différentes : 1985-1991 et les années suivantes.

Dans les activités du Fonds, nous accordons une grande importance à l'histoire russe. Dans notre pays, on avait l'habitude de la traiter fort cavalièrement. On la simplifiait pour la peindre tantôt d'une couleur, tantôt d'une autre. On bêtifiait. On l'adaptait aux besoins politiques du jour. Au Fonds, nous avons adopté une tout autre approche car nous estimons que, faute d'une connaissance authentique de son histoire, un pays n'a pas d'avenir. Dans cet esprit, nous avons organisé des débats scientifiques consacrés à Nikita Khrouchtchev et à Anastase Mikoïan, à l'occasion du centième anniversaire de leur naissance, ainsi qu'au quarantième anniversaire du XXe congrès du PCUS.

L'écriture de mes Mémoires

J'estimais que l'une de mes tâches prioritaires, après mon départ du sommet de l'État, devait être la rédaction de mes Mémoires. J'ai expliqué mes motivations dans la préface du présent ouvrage. Je voudrais seulement évoquer brièvement la manière dont je me suis acquitté de ce devoir tellement émouvant et, en même temps, si difficile pour moi.

Je me mis au travail dès le mois de mars 1992. L'idée d'écrire mes souvenirs m'était venue à l'esprit à l'époque où j'étais encore secrétaire général. Le succès de mon livre consacré à la perestroïka, traduit en plusieurs langues avec des tirages considérables, me renforçait dans l'idée de l'utilité de ce projet.

Je n'étais nullement guidé par la vanité. La portée historique de la perestroïka est évidente aussi bien pour ses partisans que pour ses adversaires. Du fait de son importance objective, cette étape dans le développement du pays et du monde mérite l'étude la plus détaillée. Dans ce cadre, les témoignages des principaux protagonistes revêtent, bien entendu, une valeur particulière.

La perestroïka n'intéresse pas seulement les historiens, mais aussi tous nos contemporains, qui ne cessent d'en débattre. Or, pour juger, indépendamment du point de vue, il faut au moins connaître l'homme qui en a été l'auteur, ses motivations et son expérience.

Avec un groupe de très proches collaborateurs, je fixai d'abord les modalités du travail et son contenu approximatif, la chronologie, les différentes sections. Je me fixai un délai ferme : deux ans.

Nous nous mîmes au travail. La première étape fut la dictée. Deux ou trois fois par semaine, trois de mes anciens assistants au CC et au Kremlin venaient me rejoindre. J'étais muni de tout ce que j'avais gardé : notes personnelles, documentation, notes de service. Ils m'apportaient leurs propres archives et leurs souvenirs sur nos travaux communs. Nous disposions également de recueils de documents publiés, de livres et d'articles susceptibles de contribuer à une peinture plus précise du cours des événements qui ont marqué mon existence. Pour venir à bout de mon projet, il me fallut quatre-vingt-quinze séances de dictée qui donnèrent, après traitement dactylographique, un brouillon de près de dix mille pages.

Ce labeur difficile mais passionnant se poursuivit pendant plus de deux ans. Les Éditions Bertelsmann (RFA), avec lesquelles je collabore de longue date, acquirent les droits. Mon livre est déjà paru en russe, allemand, japonais, anglais et espagnol. Il a fait l'objet de nombreux articles et commentaires. C'est aux lecteurs, aux politiques et aux historiens de juger de l'ouvrage et de son auteur. Cependant, après l'avoir relu une nouvelle fois, je constate avec satisfaction que j'ai dit au pays et au monde l'essentiel de ce que je voulais, bien qu'il ait fallu sélectionner les principaux événements et supprimer bien des détails : le cahier des charges des éditeurs était rigoureux.

Voyages et conférences

L'un de mes objectifs est de faire connaître mes réflexions et les travaux du Fonds à l'opinion mondiale et aux milieux politiques sur lesquels pèse le poids de la responsabilité de notre avenir. Souvent, les thèmes de mes interventions me sont suggérés par les organisateurs des conférences. Elles sont généralement consacrées à la Russie, à son passé, son présent et son avenir. Lorsque je prends la parole devant des auditoires étrangers, je souhaite avant tout transmettre l'idée que notre futur et celui de nos enfants ne dépend pas seulement des hommes politiques, mais de tous les citoyens.

Au cours de mes premiers voyages, je fus particulièrement impressionné par mon séjour aux États-Unis, en mai 1992. En deux semaines, je parcourus plus de 14 000 kilomètres et visitai onze villes, parmi lesquelles Los Angeles, San Francisco, Chicago, Atlanta, New York, Boston. Partout, ce furent des interventions, des rencontres, des interviews, des débats animés.

Le programme comprenait un discours à Fulton (Missouri), dans ce même collège de Westminster où Winston Churchill avait annoncé la guerre froide, quarante-six ans plus tôt. La tribune était dressée à ciel ouvert, sur une éminence, près du monument expressif érigé par l'une des petites-filles de Churchill avec des débris du mur de Berlin. Plus de 15 000 personnes étaient venues des environs ainsi que d'autres villes des États-Unis. La thèse majeure de mon discours fut la suivante : après la Seconde Guerre mondiale, les dirigeants de l'URSS et des États-Unis laissèrent passer la chance d'établir une paix durable. Ils furent incapables de conjuguer raisonnablement les intérêts nationaux et les efforts de leurs États avec les droits et les intérêts des autres peuples.

Je voulais faire comprendre à mes auditeurs cette idée essentielle : le monde a mis le cap vers une civilisation nouvelle et nous ne pouvons pas nous permettre de commettre encore une erreur intellectuelle — et donc politique — en interprétant la fin de la guerre froide comme une victoire de l'Ouest sur l'Est. En appelant à sauver la paix et le progrès, Churchill mettait l'accent sur les « muscles de la paix » ! C'est-à-dire le facteur de force incarné par l'unité anglo-saxonne. Aujourd'hui, il est possible d'avancer vers la paix et le progrès sans payer un prix aussi lourd qu'au cours des cinquante dernières années. L'on peut compter, non sur la force qui menace la civilisation elle-même, mais sur les principes de la démocratie, de l'égalité des droits, de l'équilibre des intérêts, du bon sens, de la liberté de choix et de la coopération.

Intervenant également devant le Congrès des États-Unis, je consacrai mon discours à la question des relations russo-américaines. Mon point de vue était le suivant : les changements imposaient des exigences nouvelles à la politique extérieure de chaque État, y compris les États-Unis. L'évolution vers une coopération d'un autre type était difficile et demandait l'abandon d'anciens stéréotypes. Déjà, je m'inquiétais de certaines tentatives pour mettre la Russie sur la touche. Elles ne pouvaient que saper la démocratie russe et porter préjudice à la mise en place de nouvelles relations internationales.

Au printemps 1992, je me rendis au Japon à l'invitation d'un groupe d'éminentes personnalités politiques et sociales de ce pays. Je donnai des conférences devant l'Association économique internationale du *Yomiuri Shimbun* et au séminaire organisé par le Comité du XXIe siècle de l'*Asahi Shimbun*. Le programme de mon séjour comprenait des entretiens avec l'empereur, le Premier ministre et des membres du gouvernement. Je devais également rencontrer le ministre des Affaires étrangères, mais cette visite fut soudainement annulée. J'appris bientôt que le ministère russe des Affaires étrangères (et donc le sommet de l'État) n'était pas étranger à cette décision. Au cours de mes voyages à l'étranger, je me suis souvent heurté aux tentatives des autorités russes pour entraver mes contacts avec des personnalités officielles. D'ailleurs, cela continue encore aujourd'hui. Les médias russes aux ordres du pouvoir faisaient silence sur mes voyages ou déformaient grossièrement le sens de mes propos. Si des diplomates russes me rencontraient ou assistaient à mes interventions, ils le faisaient à titre privé. C'étaient généralement ceux qui avaient gardé leur sens civique et leur dignité.

À la fin de cette même année 1992, j'effectuai une tournée dans quatre pays d'Amérique latine : l'Argentine, le Brésil, le Chili et le Mexique. Ce fut l'un de mes voyages les plus passionnants et les plus extraordinaires. Je pus me convaincre de l'intérêt sincère des Latino-Américains pour ce qui se passe chez nous. Je l'explique, entre autres, par une certaine similarité des problèmes de la Russie et de l'Amérique latine. Les pays de ce continent sont plongés dans un processus de grandes réformes qui commencent à porter leurs premiers fruits. Nous avons pu constater *de visu* le résultat pratique des réformes économiques néolibérales conformes aux recettes du FMI. L'application mécanique des recommandations des experts étrangers créait indubitablement d'énormes problèmes sociaux.

En mai 1993, je me suis rendu à Paris pour y présenter mes *Avant-mémoires*[2]. À « L'heure de vérité », une émission de télévision très suivie, je parlai de la situation inédite de la Russie dans le contexte des problèmes mondiaux. Comme au début du siècle, notre pays se trouvait à l'épicentre d'une crise universelle. Dans sa quête, la Russie est amenée à s'intéresser plus attentivement au monde extérieur. Deux circonstances, au moins, l'exigent : la recherche du salut et l'interdépendance accrue des pays et des peuples. Alors qu'elle se sépare douloureusement de son passé récent et constate simultanément les imperfections de la civilisation occidentale et les problèmes non résolus des civilisations orientales, la Russie a la chance, en regardant par-dessus son épaule, de pouvoir contempler le chemin parcouru par la communauté mondiale.

À l'automne 1993, on me proposa de faire l'un des principaux rapports d'une conférence mondiale de représentants éminents des différentes confessions. Le thème était très proche de ma réflexion permanente : l'homme dans un monde en changement[3]. En effet, je suis actuellement préoccupé par l'un des paradoxes du XXᵉ siècle : le contraste criant entre les réalisations techniques étonnantes du génie de l'homme et sa situation parfois lamentable dans le domaine spirituel et sur le plan moral. Nous ressemblons à des enfants déraisonnables, nos possibilités physiques dépassant de loin l'évolution de notre morale et de notre conscience.

Comment expliquer autrement les manifestations de barbarie et de cruauté monstrueuses auxquelles on continue à se heurter aujourd'hui dans des pays évolués ? La civilisation humaine n'apporte pas seulement des bienfaits, mais cause aussi d'énormes dommages à l'individu. Les liens sociaux, les assises de la famille, les principes moraux sont menacés. Bien des individus se comportent d'une manière tellement irresponsable qu'ils semblent s'inspirer du vieil et vil adage : Après moi, le déluge !

Il faut chercher l'issue dans la modification de l'échelle des valeurs existante, ou plutôt dans son actualisation par le rétablissement des valeurs originelles fondées sur les religions universelles et les grandes doctrines humanistes. Nous devons tous tirer les leçons du passé lointain et récent. Il est impossible de se reposer sur l'évolution spontanée.

---

2. Éditions Odile Jacob, 1993. (N.d.T.)
3. Plus tard, lors d'une visite en Grande-Bretagne, je traitai le même sujet au St. Antony's College, à Oxford.

Nous devons avoir une notion précise de nos objectifs en nous inspirant de l'axiome « qui voit loin, va loin ».

Grâce à une approche critique des valeurs occidentales qui orientent l'individu vers la consommation, l'appropriation et la possession — vers l'« avoir » et vers l'« être » —, il convient de porter un jugement serein et sans préjugé sur le rapport entre individualisme et collectivisme, leurs avantages et inconvénients comparés. Il nous faut approfondir des valeurs comme la liberté, l'égalité, l'équité, les droits de l'homme, les droits des peuples, petits et grands, la morale sociale. Elles font partie intégrante de notre quête de formes nouvelles d'existence. Nous vivons un moment de synthèse et nous ne devons pas laisser passer cette chance.

Le plus souvent je suis amené à prendre la parole en Europe et, tout naturellement, la construction européenne est l'un des thèmes principaux de mes interventions. La Charte de Paris de 1990 avait donné de grands espoirs. Malheureusement, dans la politique de plusieurs États européens, les positions égoïstes l'ont emporté sur les intérêts communs.

En décembre 1993, dans le cadre des traditionnelles Conférences de Lothian, je parlai de l'Europe. C'était à Édimbourg. Le public qui remplissait le magnifique McEven Hall m'écouta avec la plus grande attention. Le lendemain, le *Scotsman* écrivait : « Le tableau brossé par l'ancien président soviétique Mikhaïl Gorbatchev d'une Grande Europe [...] peut être comparé à l'appel lancé avant-guerre par Churchill en faveur de la création des États-Unis d'Europe et aux idées de de Gaulle sur l'Europe de l'Atlantique à l'Oural. »

Aujourd'hui que l'on a réussi, après des échecs dramatiques, à maîtriser le foyer yougoslave, que la Russie et d'autres nouveaux États sont entrés au Conseil de l'Europe, les Européens doivent à nouveau s'occuper assidûment de la Grande Europe et de sa transformation en une Europe unie dans une perspective assez proche.

Plusieurs de mes interventions à l'étranger furent directement consacrées à un thème particulièrement actuel et qui m'a constamment préoccupé : celui de la responsabilité de la politique et des politiques, le rôle des dirigeants et, d'une manière générale, le phénomène du commandement. La possibilité de s'exprimer sur ce sujet me fut donnée aux États-Unis lors de la remise du prix Albert Schweitzer « Leadership » créé par le Fonds pour la jeunesse Hugh O'Brien.

À l'automne 1992, j'eus le douloureux devoir de prendre la parole à Berlin à l'occasion des obsèques de Willy Brandt, un homme qui joua un rôle éminent dans l'histoire de son pays, de l'Europe et du monde. Je parlai des leçons à tirer de sa vie et de son action, ainsi que de sa formule : « Oser plus de démocratie. » Appliquer ce précepte n'était simple ni en Allemagne après l'hitlérisme, ni en Russie après le stalinisme et le néostalinisme. Nous devons à Brandt cette autre formule : « Si tu ne veux pas avoir à tirer, négocie ! » L'*Ostpolitik* de Brandt a donné une forte impulsion aux changements en Europe. Pour moi, il constitue un exemple de sagesse, de résolution et de responsabilité en politique, de courage face au défi du destin et de haute moralité dans la vie publique.

De telles paroles peuvent également s'appliquer à Olof Palme, cet autre homme d'État éminent du XXe siècle. Pendant l'été 1993, je fus invité à prendre la parole à Stockholm dans le cadre des Conférences annuelles Palme. Cela me donna l'occasion, en évoquant les problèmes actuels de la sécurité de l'Europe, de réfléchir une nouvelle fois au rôle et à la responsabilité des dirigeants. En fait, le processus historique est une suite de défis qui contraignent les hommes politiques à faire des choix. Ceux de mon époque durent affronter les défis de l'ère atomique et cela définit ce que l'on attendait d'eux : la capacité de porter un jugement nouveau sur la conjoncture internationale, de surmonter l'inertie de l'affrontement, de sortir les relations entre les grandes puissances des réflexes de rivalité.

Rencontre entre ceux qui mirent fin à la guerre froide

À l'occasion du cinquantième anniversaire des Nations unies, la Gorbachev Foundation (États-Unis) organisa à San Francisco, en septembre 1995, un forum prestigieux consacré à « l'état du monde ». Avec mes collègues américains, j'y invitai des personnalités politiques et sociales, des scientifiques, des diplomates, des experts dans différents domaines, originaires des quatre coins de la planète. L'axe général de la discussion fut une réflexion sur les destinées du monde au tournant du siècle, sur les voies permettant de sortir de la crise économique globale et sur l'instauration de la civilisation postindustrielle.

Par-delà une certaine unanimité sur les questions fondamentales, des points de vue différents s'exprimèrent, fort naturellement, sur plusieurs questions. Ainsi, Zbigniew Brzezinski estimait qu'il était de l'intérêt universel que le monde fût régenté par les États-Unis. Sans contester l'importance de leur rôle dans la sphère internationale, je crus nécessaire de m'élever en faux, déclarant notamment que les États-Unis ne devaient pas assumer le rôle de gendarme (ce qui est leur tendance manifeste). Non seulement une telle option constituerait une erreur considérable, mais elle ne recueillerait pas le soutien du peuple américain. La réaction de la plupart des participants ne laissa aucun doute quant à leur adhésion à ce point de vue.

Le dernier jour, CNN retransmit dans le monde entier un débat télévisé entre Margaret Thatcher, George Bush et moi. Nous parlâmes de l'avenir, de la réorganisation éventuelle des Nations unies pour améliorer leur efficacité, et du rôle des grandes puissances. Je me vis contraint de me faire l'avocat de l'ONU, car mes interlocuteurs, et tout particulièrement Mme Thatcher, étaient plutôt sceptiques à son égard. Elle privilégiait le leadership de l'Occident.

Radio Liberty évoqua l'événement en mentionnant que Gorbatchev évoquait des problèmes d'une importance vitale pour l'humanité. Selon le commentateur, le scepticisme quant à l'aptitude de l'ONU à se réformer était peut-être justifié, mais si rien n'était fait, les hommes finiraient par respirer du gaz carbonique et boire de l'eau non potable. L'inaction, l'indifférence, le nihilisme sont toujours porteurs de gros dangers. Et le journaliste, en conclusion, de citer mes propos : « Le monde appartient aux optimistes. Ce sont les idéalistes qui le mènent. »

Chroniqueur à La Stampa

Peu de temps après que le Fonds eut commencé ses activités, l'un des plus grands journaux italiens, *La Stampa*, me proposa de commenter régulièrement l'actualité dans ses colonnes. Ce contrat était intéressant dans la mesure où mes articles étaient simultanément publiés, par l'intermédiaire de la New York Times Corporation, dans une centaine de journaux de tous les continents. *La Stampa* édita un recueil de mes textes publiés pendant les deux premières années de ma collaboration.

Le thème central de la plupart de ces articles mensuels portait sur les relations entre la Russie et l'Occident. Les événements me suggéraient les sujets à aborder. Je souhaitais aider le lecteur à mieux se retrouver dans les entrelacs de la vie politique russe, lui exposer ma vision de nos problèmes et le mettre en garde contre un simplisme dangereux et illusoire.

La meilleure forme de soutien à la Russie nouvelle est, j'en suis convaincu, une politique de partenariat, mettant en avant l'égalité des rapports, le renforcement de la démocratie et les investissements dans la modernisation des branches productives de notre économie. Je suis essentiellement préoccupé par le fait que, dans un souci de stabilité, l'Occident ferme les yeux sur les dérogations des autorités russes aux normes démocratiques, sur les mesures anticonstitutionnelles et la violation des droits de l'homme ainsi que sur un glissement vers l'autoritarisme.

Il me semble également important d'attirer l'attention du lecteur étranger sur les nouveaux problèmes de la politique mondiale après l'effondrement de la communauté socialiste et la dissolution de l'Union soviétique, alors que l'on a vu se modifier l'ensemble de la structure géopolitique du monde et s'aggraver une nouvelle fois la conjoncture internationale. Dans cette situation, les principaux acteurs de la scène mondiale doivent redéfinir leurs rôles respectifs, leur place dans le monde, leurs intérêts et possibilités. L'équilibre relatif de naguère étant rompu, les puissances occidentales, et avant tout les États-Unis, sont tentées d'en tirer avantage.

En signalant les aspects négatifs de cette tendance sur le plan mondial, j'écrivis dans un article : « Nous devons constamment nous poser deux questions. Avons-nous une appréciation exacte des changements survenus dans le monde ? Et comment trouver un dénominateur commun à nos jugements afin de structurer une politique concertée et donc, enfin, réellement mondiale ? »

Bien entendu, je ne pouvais laisser passer l'occasion de m'exprimer sur ce thème à l'occasion de l'arrivée de Bill Clinton à la présidence. Je plaçais de grands espoirs dans cet homme politique jeune et énergique qui appartenait à une nouvelle génération de dirigeants. Je me permets de reproduire ici quelques lignes de mon « message de bienvenue » :

« L'Amérique a politiquement et économiquement intérêt à ce que la responsabilité de l'évolution civilisée des événements dans le monde soit partagée par tous ceux qui se trouvent impliqués dans la politique mondiale. Le président Clinton fera preuve de sagesse s'il parvient à utiliser l'influence des États-Unis pour faire avancer le processus de redistribution de la responsabilité et rehausser le rôle des Nations unies ».

Malheureusement, une autre approche a continué à dominer la politique des puissances occidentales. Plutôt égoïste, elle reposait essentiellement sur la force, ce que le drame yougoslave a démontré de manière spectaculaire. Au début du mois de mai 1993, je publiai un article intitulé « L'Europe n'a pas réussi l'examen yougoslave ». La crise n'en était alors qu'à ses prémices et les tisons rougeoyaient à peine. Mais, au lieu de les éteindre, on a, au contraire, versé de l'huile sur le feu.

La tendance qui se dessinait à l'accentuation de l'opposition entre la Russie et l'Occident, en raison des plans d'extension de l'OTAN vers l'est, m'incita à rappeler aux hommes politiques occidentaux les assurances qu'ils avaient données au cours des pourparlers sur la réunification de l'Allemagne, à savoir que l'Alliance atlantique n'étendrait en aucun cas sa juridiction vers l'est. Nous devons dire à nos amis américains, écrivais-je, que « la politique d'extension de l'OTAN sera perçue en Russie comme une tentative pour l'isoler. Or il est impossible d'isoler la Russie. Cela reviendrait à ignorer les leçons de l'histoire, comme les réalités. »

Le manque d'autonomie de la politique extérieure de la Russie nouvelle suscita un surcroît de tension. Prenant la parole devant les Nations unies, en septembre 1994, le président Eltsine se vit contraint d'apporter certains correctifs en rappelant que la Russie avait ses propres intérêts nationaux et qu'elle entendait bien les défendre. Mieux, elle tenait à occuper toute la place qui lui revenait dans les affaires mondiales. Je réagis alors par un article où j'écrivais que si l'on voulait que la communauté internationale tînt compte des intérêts de la Russie et de ses initiatives globales, il fallait avant tout se préoccuper de la renaissance économique de la nation. Et pour cela, la première chose à faire était de changer de politique.

En novembre 1996, je proposai à *La Stampa* un article consacré aux relations russo-américaines sous le titre « Des paroles et des actes ». Il fut publié par la presse étrangère et par le journal russe *Niezavissimaïa Gazeta*. En voici quelques extraits dans lesquels je m'efforce d'évaluer la situation et de proposer ce qui me semble être une perspective réaliste.

> Souvenons-nous des espoirs soulevés par la fin de la guerre froide. Aujourd'hui, tout s'est dissipé. L'antiaméricanisme, en Russie, s'est infiltré jusque dans des milieux considérés naguère comme pro-occidentaux. Et que dire de ceux qui ont toujours été hostiles à l'Occident !
>
> Que s'est-il passé ? Visiblement, après la fin de l'affrontement ouvert, les nouvelles relations n'ont pas été établies sur de bonnes bases. Les uns se sont comportés en vainqueurs de la guerre froide. D'autres se sont livrés à l'euphorie. Si celle-ci était compréhensible parmi la popu-

lation, après tant d'années d'animosité, de peurs et de tension, les dirigeants n'auraient pas dû y céder. Leurs rapports avec le monde extérieur et, *a fortiori*, avec l'ancien adversaire stratégique devaient être fondés sur une saine compréhension des intérêts nationaux, analysés dans le contexte des conditions réelles de l'évolution mondiale, des impératifs et des perspectives du processus global de civilisation.

Il s'est trouvé que les deux parties en présence, tout en abandonnant l'ancienne posture d'affrontement, n'ont pas produit un nouveau modèle relationnel. Le fait déterminant que les États-Unis tout comme la Russie devront évoluer dans une situation totalement différente n'a pas été pris en compte. On n'a pas assez bien compris ce que cela signifiait de se transformer du jour au lendemain d'adversaires en partenaires et, d'une manière générale, on n'a pas saisi la portée du partenariat entre deux États aussi différents. Le nouveau rôle des États-Unis dans le monde n'a pas été défini. [...] Pour des raisons évidentes, une telle tâche était encore plus ardue pour la Russie. Pourtant, elle aurait pu gérer beaucoup mieux ses affaires internationales qu'elle ne l'a fait. Cela explique, pour les deux parties, la tendance à l'improvisation, ou à recourir à des procédés obsolètes, à actionner des leviers éprouvés, mais sans effet dans les conditions nouvelles.

Il en est résulté que l'on a laissé passer la chance d'améliorer radicalement le climat des relations internationales et que l'on a perdu un temps précieux.

L'heure a sonné d'assumer une responsabilité mutuelle sans précédent, à laquelle on ne pourra substituer des déclarations et des compliments réciproques. Elle requiert des actes et *exclut tout hiatus entre les paroles et les actes*.

Les déclarations des personnalités américaines et atlantistes traduisent leur préoccupation pour la démocratie en Russie. Mais leur pratique en matière de politique extérieure, fidèle pour l'essentiel aux méthodes anciennes, favorise justement les forces antidémocratiques dans notre société. [...] On constate la mise en branle de l'engrenage de la méfiance, de l'aliénation et de l'hostilité.

Certes, il y a des questions pendantes entre la Russie et l'Occident, des divergences d'intérêts et de vues, des interprétations différentes de tel ou tel événement. Néanmoins, tout cela peut se régler par des décisions sereines et équilibrées, ne portant préjudice à aucune des parties en présence. Car ce qui importe avant tout est l'intérêt commun de résoudre les problèmes majeurs de la conjoncture internationale. [...]

Il ne faut pas refaire les erreurs du passé. On connaît les résultats de l'isolement de la Russie (de l'URSS), même si c'était par sa propre faute : un demi-siècle de guerre froide et la menace, épuisante pour tous, d'un holocauste nucléaire. La politique mondiale ne saurait être menée au niveau d'un simple jeu conjoncturel. Certes, il est possible de soutirer quelque avantage, de s'assurer un succès transitoire. Mais ce n'est pas une option à long terme. Il n'est que temps d'y réfléchir sérieusement. Et commencer par renoncer à toute politique qui met les paroles en opposition avec les actes. Cela concerne également la Russie, avant tout sur le plan interne.

Président de la Croix-Verte

Certains de mes voyages à l'étranger, pendant cette période, étaient liés à mes activités de président de la Croix-Verte internationale (CVI), une organisation non gouvernementale créée après le sommet écologique de Rio de Janeiro, en 1992. J'acceptai de prendre la tête de cette association humanitaire animée par les idées qui constituèrent le terreau de ma nouvelle pensée. La conférence fondatrice de la CVI se tint au Japon, au printemps 1993. Un Conseil de tutelle fut alors formé. Nous adoptâmes une charte et des statuts et lançâmes le processus de constitution des organisations nationales de la CVI. Aujourd'hui, ces dernières opèrent dans vingt-deux pays et l'on envisage d'en fonder d'autres. Le siège de la CVI se trouve à Genève.

Le Comité exécutif se réunit périodiquement dans différents pays à l'invitation des organisations nationales. Notre objectif principal est de contribuer à la formation d'une conscience écologique globale, à l'échelle de la planète. Hélas, jusqu'à présent, la communauté internationale est encore bien loin de pouvoir ne serait-ce que freiner la destruction de l'environnement.

Comment la CVI voit-elle son rôle, afin de mener à bien cette mission ? Les changements au sein de la société résultent de l'interaction de processus venant du haut et du bas. Les changements venant du haut sont le fait des politiques, des dirigeants, des parlementaires, des hauts fonctionnaires. Ce sont les décideurs, ceux qui établissent les lois et les règlements, et définissent les priorités. Les changements partant du bas sont produits par les forces sociales, les novateurs, les artistes, les médias, tous ceux qui développent des idées nouvelles et forment l'opinion publique. Cette ligne n'est pas toujours manifeste, mais elle entraîne à terme une modification du climat spirituel.

La CVI s'adresse aux individus et à l'opinion sans chercher à se substituer aux gouvernements, aux entreprises, ou aux structures déjà existantes comme les Verts. Nous entendons contribuer à l'interaction entre les deux lignes du changement. Dans ce domaine, nous pouvons jouer un rôle spécifique sans rivaliser avec les organisations déjà existantes, gouvernementales ou non, mais en complétant et en renforçant les programmes et les initiatives en cours.

La Croix-Verte adhère à la conception du développement durable adoptée par les Nations unies comme perspective pour le XXIe siècle. Il n'y a pas, et d'ailleurs il ne peut y avoir, de modèle unique et obligatoire pour un tel développement, tant les disparités sont fortes entre les différents pays. Pourtant, il est possible de définir des paramètres généraux, sous réserve que cette notion soit évolutive. Tout développement durable implique que le milieu et les matières premières soient utilisés de manière à ce qu'ils puissent se renouveler naturellement. Il convient de définir la limite au-delà de laquelle la charge s'exerçant sur l'habitat terrestre devient intolérable pour la survie de l'humanité.

Avec le Conseil de la Terre et son directeur Maurice Strong, la CVI a mis en chantier un Code écologique international. Cet effort se poursuit avec le concours du gouvernement néerlandais. Selon nos prévisions, il devrait être prêt peu après l'an 2000. J'espère que la communauté mondiale l'adoptera. Bien entendu, il faut également prévoir un mécanisme de contrôle de son application, en d'autres termes créer un véritable Tribunal écologique international.

Les organisations de la Croix-Verte en Amérique, en Europe, en Russie, au Japon luttent ensemble pour un idéal commun. La CVI est une communauté informelle transcontinentale d'individus pour lesquels la protection de la nature constitue le fondement même d'une nouvelle philosophie existentielle.

Bienfaisance

Nous avons pu atteindre des résultats particulièrement sensibles dans l'un des domaines les plus difficiles et les plus négligés de la santé de l'enfant : celui de l'oncologie. Déjà sous ma présidence, ma famille avait soutenu l'appel d'un groupe de médecins conduits par le professeur A. Roumiantsev en vue de créer une école nationale pour le traitement de ce mal terrible. Le premier pas a été la fondation de l'association internationale Hématologues du monde pour les enfants. Raïssa Maximovna versa sur le compte de l'association un montant de 100 000 dollars sur les droits d'auteur de nos livres édités en Occident. Dès l'automne 1991, les efforts consentis dans ce domaine, auxquels se joignirent nos amis étrangers, portèrent leurs fruits avec la fondation du premier institut d'hématologie infantile de Russie.

Le Fonds Gorbatchev prit le relais. Entre 1992 et 1995, le Fonds a financé en Russie et dans les pays de la CEI la mise sur pied d'écoles internationales d'oncologie et d'hématologie infantiles, de rééducation des enfants atteints de leucémie et de cancers. Grâce à notre soutien, près de deux cents jeunes médecins et infirmières ont pu faire des stages à l'étranger. Nous avons aidé l'institut à recevoir du matériel médical de l'étranger, essentiellement des États-Unis et d'Allemagne, au titre de l'aide humanitaire.

L'aménagement du premier département de transplantation de moelle osseuse pour enfants dans notre pays fut terminé en juin 1993. La moitié de son coût (2 millions de dollars) fut couverte grâce aux efforts du Fonds et de ses partenaires dans de nombreux pays.

Nous n'aurions rien pu faire sans le soutien de nos amis. Pour donner un cadre à notre action commune, nous avons créé, en mai 1995, un Fonds international spécial pour la santé de l'enfant.

Aujourd'hui, on compte en Russie dix-huit grands centres régionaux où 70 % des enfants atteints de leucémie et de cancers sont sous observation. En octobre 1994, la Russie satisfaisait enfin aux normes internationales en matière de traitement de ces maladies par chimiothérapie. Le taux de survie des enfants leucémiques est passé de 10 à 70 ou 80 %, ce qui est comparable aux chiffres obtenus dans les pays industrialisés.

En outre, notre Fonds accorde son soutien à des personnes nécessitant une assistance médicale et humanitaire, si nombreuses aujourd'hui dans notre pays.

Bien entendu, nous comprenons que ce n'est là qu'une goutte d'eau dans la mer de calamités qui submerge la Russie. Mais comme disaient les anciens Romains, une goutte finit par user la pierre.

Tentatives pour me couper l'oxygène

Au cours de toutes ces années, j'ai dû, simultanément, mener une lutte difficile contre ceux qui voulaient vouer Gorbatchev à l'oubli, déformer le sens de son action et discréditer la perestroïka. À cet égard, toutes sortes de stéréotypes ont été ressassés en Russie à l'instigation des autorités. Certains médias russes, faisant le jeu du pouvoir, se sont efforcés de créer un climat hostile autour de ma personne.

Lors du procès intenté contre le PCUS devant la Cour constitutionnelle, l'intention du pouvoir était de faire de Gorbatchev la cible principale. Dès le début, je déclarai que je ne participerais pas à cet étrange procès et que je ne comparaîtrais pas. J'expliquai publiquement mes raisons : ce n'était pas de l'obstination butée de ma part, ni un caprice ou une forme d'irrespect envers la justice et la loi. Simple citoyen russe, je ne revendique aucun privilège. Je témoignai devant l'enquêteur du parquet sur la tentative de putsch du GKTchP d'août 1991, sur les finances du PCUS, sur les abus de pouvoir des fonctionnaires du KGB et sur certaines autres affaires. Je n'ai aucun problème à me soumettre à la loi. Mais il m'était impossible de participer à un procès qui discréditait la notion même de justice, devant un tribunal qui s'arrogeait le droit de porter des jugements sur l'histoire et se transformait, de fait, en un « ring » politique.

À cette occasion, l'exemple du procès de Nuremberg de 1946 fut évoqué. L'analogie est totalement absurde. À Nuremberg, des personnes concrètes furent jugées pour des crimes monstrueux tout à fait concrets. Dans les faits, il s'est trouvé que l'on a jugé simultanément l'idéologie nazie. En ce qui concerne le PCUS, ceux de ses dirigeants qui se sont effectivement rendus coupables de crimes sont morts depuis longtemps et, désormais, seule l'histoire peut les juger. Ainsi, *mutatis mutandis*, faire le procès de Staline serait du même acabit que de vouloir juger Napoléon Ier, Nicolas II ou Guillaume II qui ont également causé la mort de centaines de milliers, voire de millions de personnes. Quant à l'idéologie, il est absurde et inepte de mettre sur le même plan le communisme et le fascisme. À l'état pur, l'idéologie communiste s'apparente à la doctrine chrétienne. Ses idées maîtresses sont la fraternité de tous les peuples sans distinction d'ethnies, la justice, l'égalité, la paix et la fin de tout antagonisme entre individus. Certes, elle a servi de masque au régime totalitaire. Mais, dans son essence, elle est humaniste et n'a rien de commun avec l'idéologie inhumaine du fascisme.

Le procès du PCUS n'était qu'une parodie absurde et inéquitable dont l'issue devait être, en cas de verdict de culpabilité, de transformer en criminels des millions d'anciens communistes. Comme je l'avais prédit, le processus entamé devant la Cour constitutionnelle fit long feu. Il ne pouvait en être autrement.

Vers la même époque, à l'automne 1992, les autorités décidèrent de porter également un coup direct au Fonds, de manière à m'empêcher de poursuivre mon action.

Le 8 octobre, les employés du Fonds se heurtèrent à un cordon de la milice. Les locaux étaient mis sous scellés. Je me rendis immédiatement sur les lieux et donnai sur-le-champ une conférence de presse aux journalistes médusés en présence d'un public dense. Je condamnai alors violemment cet acte d'arbitraire et de vandalisme, contraire à toutes les règles de droit, et j'exigeai des explications.

Bientôt, des représentants du gouvernement et de l'administration de Moscou firent leur apparition. On apprit alors qu'il s'agissait de remettre l'ensemble des bâtiments, dont le président Eltsine avait garanti l'attribution au Fonds moins d'un an auparavant, à l'Académie financière de la Fédération de Russie. Cette opération, dans le style eltsinien, tapageur, grossier et médiocre, était destinée à tenter une nouvelle fois d'humilier Gorbatchev.

À la suite de cette opération, le Fonds se vit octroyer un bail pour quelques pièces sur deux niveaux du bâtiment principal, ce qui compliquait notre travail et nous privait de tous moyens d'existence. De plus, le nouveau maître des lieux, l'Académie financière, nous faisait désormais payer un sous-loyer non seulement pour les locaux, mais aussi pour chaque chaise, pour chaque table et pour les moindres prestations à l'occasion des réunions publiques tenues par le Fonds.

L'instruction interminable de l'affaire du GKTchP fut également utilisée pour me persécuter. Dans un premier temps, les organisateurs du putsch d'août 1991 passèrent aux aveux complets et battirent leur coulpe. Puis, constatant la montée du mécontentement devant la détérioration de la situation dans le pays, la désorganisation de l'État et le discrédit d'un pouvoir prétendument démocratique, ils revinrent sur leurs aveux, se posèrent en héros et en victimes de leur tentative pour « sauver l'Union ». Grâce à une presse sans scrupules, ils jouèrent habilement le jeu d'Eltsine et de son équipe en rejetant toute la faute sur Gorbatchev.

J'avais fermement demandé que l'instruction de l'affaire fût sans faille et le jugement transparent et équitable. Mais nombreux étaient ceux, et pas seulement les accusés, qui n'avaient aucun intérêt à faire éclater la vérité. D'importants aspects du putsch gardent encore aujourd'hui leur mystère, ce dont profitent les spéculateurs politiques de droite comme de gauche. Il n'est nullement fortuit que le procès n'ait jamais eu lieu. Lorsque les dissensions dans les plus hautes sphères du pouvoir aboutirent, le 4 octobre 1993, au pilonnage du Soviet suprême et qu'une instruction fut ouverte sur cet événement, la Douma élue en décembre 1993 vota une amnistie en faveur des membres du GKTchP, comme de ceux qui avaient participé aux débordements d'octobre 1993 (Routskoï, Khasboulatov, etc.) et qui avaient contribué, deux ans plus tôt, à l'écrasement de la tentative du putsch d'août. J'exposai à l'époque cette position de principe : tant que nous réagirons ainsi à de tels forfaits, nous aurions à faire face à des coups d'État à répétition. Au cours des années écoulées, nous avions déjà connu la conjuration de Bielovej qui mit à profit la tentative avortée d'août 1991 pour donner le coup de grâce à l'Union. Ensuite, ce furent les événements sanglants des 3 et 4 octobre 1993, au cours desquels on ouvrit le feu, sous le regard du monde entier, sur le Parlement et sur des citoyens russes. Si notre avenir demeure à la merci de nouveaux comploteurs, nous ne pourrons jamais nous sentir libres dans notre pays.

Ma relation à la politique

Dès le début, j'adoptai une position critique envers la politique marquée par la « thérapie de choc » et la hausse effrénée des prix. Mais, par cette attitude, je souhaitais contribuer sincèrement au succès des réformes et je ne cachais pas que, à l'origine, Eltsine et moi poursuivions le même objectif : la transformation démocratique de la Russie et son insertion dans le processus de la civilisation universelle.

Pourtant, quelques mois à peine après le Nouvel An de 1992, la situation s'était à ce point tendue que l'on envisagea un référendum sur la poursuite des réformes et le soutien au président, ainsi que la convocation d'une Assemblée constituante. Je déclarai alors que cette campagne tapageuse ne servait qu'à masquer la question essentielle : quelles étaient les origines de la crise ? En effet, la ligne politique appliquée depuis janvier 1992 n'avait pu résoudre les problèmes essentiels du pays ni même définir une approche vers leur solution. Les promesses faites n'étaient pas tenues. Pis : nous nous retrouvions au bord du gouffre. Toutes les transformations démocratiques étaient remises en question.

À la fin de 1992, la situation économique du pays commença à susciter de sérieuses inquiétudes. Mes pires appréhensions se confirmaient. Le gros de la population subissait des pertes considérables et irréversibles à cause de la « thérapie de choc ». Toute l'épargne de nombreuses années de travail se trouvait dépréciée par l'inflation. 60 % de la population se retrouvait en dessous du seuil de pauvreté. Privées de liquidités, les entreprises n'étaient plus en mesure de payer leurs fournisseurs ni leurs employés qui restaient pendant des mois sans toucher leurs salaires.

L'attitude des autorités, l'indifférence envers les besoins des gens, l'arrogance et la brutalité de la nouvelle nomenklatura « démocratique » indignaient de plus en plus la population dont une partie était désormais nostalgique.

Ce mécontentement devait forcément se répercuter sur le comportement du Parlement russe : le Congrès des députés du peuple et le Soviet suprême. Les députés, proches de leurs électeurs, connaissaient la situation en province et critiquaient violemment le président et le pouvoir exécutif dans son ensemble. Après avoir docilement voté pour la « thérapie de choc » et accordé des pouvoirs extraordinaires au président, ils refusaient de se laisser encore manipuler et se dressaient avec force contre la politique dont ils étaient eux-mêmes responsables. Des personnalités qui comptaient naguère parmi les proches compagnons d'Eltsine et avaient contribué au triomphe contre les putschistes d'août 1991 prirent la tête de la contestation. Les principaux d'entre eux étaient le président du Soviet suprême, Rouslan Khasboulatov, et le vice-président, Alexandre Routskoï. De semaine en semaine, le conflit entre le pouvoir exécutif et le pouvoir législatif prenait le caractère d'un affrontement ouvert.

Au lieu de réagir à la détérioration de la situation en rectifiant leur ligne politique, le président Eltsine et ses conseillers eurent recours aux méthodes classiques de l'époque soviétique : à des pressions visant à écraser une opposition grandissante. En mars 1993, une tentative pour proclamer l'état d'urgence se heurta à de fortes résistances. On aboutit à une solution de compromis : la tenue, en avril, d'un référendum sur la confiance à la politique de réforme, au président et au Soviet suprême.

Les résultats du référendum confirmèrent l'évidence : la majorité de la population se prononça en faveur de la poursuite de la réforme économique orientée vers le marché et des libertés démocratiques. Pourtant, un nombre important d'électeurs rejetèrent la politique pratiquée. La direction eltsinienne resta sourde à cet avertissement. Les résultats de la consultation furent interprétés comme un blanc-seing pour écraser l'opposition au sein du Soviet suprême.

Au Fonds, nous analysions la situation en permanence. Nous en discutions au cours de symposiums et de conférences avec la participation d'experts confirmés. La conclusion générale était la suivante : la ligne politique appliquée depuis janvier 1992 ne résolvait pas les problèmes du pays, la réforme s'enlisait, la démocratie était discréditée, la tension sociale montait et une explosion menaçait. On en venait à mettre en cause les transformations démocratiques antérieures et la crise politique s'aggravait.

En dépit du black-out dont je faisais l'objet, j'utilisais toutes les possibilités pour faire connaître mon point de vue à l'opinion : interviews, conférences de presse et quelques rares interventions devant divers publics.

Le nouveau coup d'État

Le 21 septembre 1993, outrepassant ses prérogatives, le président promulgua le décret n° 1400 qui abolissait la Constitution et dissolvait le Soviet suprême. La majorité des députés refusa de se soumettre et de se démettre, considérant que la promulgation de ce décret équivalait à un coup de force. En réponse, le Parlement fut mis en état de siège. À son tour, le Soviet suprême démit Eltsine et éleva le vice-président Routskoï à la dignité de président par intérim.

Je me trouvais alors en Italie. Apprenant les événements de Moscou, j'interrompis immédiatement mon voyage pour regagner mon pays.

Le 25 septembre, au cours d'une conférence de presse, j'exprimai mon inquiétude devant le dénouement tragique qui s'annonçait tout en exposant mes considérations pour un règlement du conflit. Je conseillais au président Eltsine de revenir à la situation d'avant le 21 septembre et d'annoncer simultanément de nouvelles élections, présidentielle et législatives, ce qui aurait permis au peuple d'exprimer sa volonté et de faire son choix.

Je n'étais pas le seul à préconiser cette solution. La Cour constitutionnelle, les dirigeants de la plupart des régions et diverses organisations sociales avançaient des options similaires. Même les partisans du décret présidentiel du 20 septembre réclamaient une solution négociée. Le chef de l'Église orthodoxe se joignit aux pourparlers. Cela fit naître l'espoir que l'effusion de sang n'était pas inévitable.

Pendant ce temps, le siège du Parlement prit un caractère de plus en plus provocateur. L'électricité, l'eau, le tout-à-l'égout du bâtiment furent coupés. Toutes les personnes présentes, y compris un important personnel technique parmi lequel de nombreuses femmes, étaient ainsi « invitées » à mourir de faim. Les adversaires d'Eltsine se lancèrent à la rescousse du Soviet suprême. D'importants et tumultueux meetings se tinrent sur les places de la capitale. Le 3 octobre, des milliers de personnes se dirigèrent en cortège vers la Maison-Blanche. Des heurts violents se produisirent avec la milice. Le blocus du Soviet suprême fut rompu. Routskoï ordonna de prendre d'assaut la mairie voisine. Une file de camions transporta toute une troupe, parmi lesquels des individus armés, jusqu'au centre de télévision d'Ostankino où se déroula une véritable bataille rangée.

Dès la fin de la journée, le gouvernement contrôlait la situation. La recherche d'un règlement mutuellement acceptable était encore possible, mais on vit alors se manifester la propension du président aux « actions résolues », ce qui signifiait, dans son esprit, l'usage de la force au mépris des conséquences et du nombre des victimes.

Le mitraillage du Parlement

Lorsque j'allumai la télévision, le matin du 4 octobre, je fus franchement bouleversé. Jamais dans mes pires cauchemars je n'aurais pu imaginer qu'en plein centre de Moscou des chars russes, commandés par le ministre de la Défense en personne, pilonneraient posément et méthodiquement l'immeuble du Parlement !

La veille, les autorités elles-mêmes avaient publiquement déclaré que Routskoï et Khasboulatov retenaient des centaines d'otages à l'intérieur du Parlement : des employés de service, des membres de l'appareil, des journalistes, des députés sincèrement désireux de défendre les principes constitutionnels. Et la troupe entreprenait de massacrer impitoyablement tous ces gens. Le bâtiment était en feu, mais on continuait à l'arroser au canon, à la mitrailleuse, au fusil d'assaut.

C'était véritablement dément : on forçait l'armée à tirer sur le peuple. Pour cela, il n'y a pas de pardon. La responsabilité en incombait aussi bien aux dirigeants du Soviet suprême qu'au président et à son entourage. On avait l'impression qu'ils se proposaient de plonger le pays dans la terreur.

Quant aux origines de cette tragédie sanglante, elles remontaient au moment où le pays fut engagé sur la mauvaise route. À l'époque, Eltsine, Routskoï, Khasboulatov et tous les autres protagonistes des événements étaient dans la même barque. Ils avaient tous approuvé la mise en œuvre, à marche forcée, de la réforme économique. Ce même Soviet suprême avait autorisé le président Eltsine à promulguer des décrets de caractère réglementaire.

Dans un pays parlementaire normal, le gouvernement aurait démissionné après de tels combats. Mais Eltsine et son équipe restèrent en place, se hâtèrent de prendre acte de la défaite de l'opposition et tentèrent de donner une légitimité à un régime capable de telles actions pour se cramponner au pouvoir.

Un référendum pour l'adoption d'une nouvelle Constitution et les élections au nouveau Parlement, la Douma d'État, furent fixés au 12 décembre 1993. Les partisans du pouvoir misaient sur le fait que les forces politiques adverses étaient intimidées, paralysées, décapitées. Ils estimaient que, dans ce climat de peur et de démoralisation, ils pourraient facilement remporter une victoire écrasante. Il leur fallut, néanmoins, déchanter. Leurs calculs reposaient sur une méconnaissance totale — ou sur le mépris — de l'état d'esprit réel de la majorité de la population. Certes, la nouvelle Constitution, qui établissait un régime à forte tendance autoritaire, fut adoptée, en dépit des soupçons de fraude électorale. Mais Choix de la Russie [4], le parti qui bénéficiait de la protection du président, subit une cuisante défaite aux élections législatives. L'ultra-nationaliste Vladimir Jirinovski et son Parti démocrate-libéral de Russie l'emportèrent. De nombreux électeurs votèrent non pas tant pour les ultras, que contre Eltsine et son gouvernement, contre leur politique, contre le traitement infligé à la société, hautement symbolisé par l'ordre d'ouvrir le feu contre le pouvoir législatif.

Le mitraillage du Parlement marqua un tournant dans l'évolution du régime créé en Russie après le démembrement de l'URSS. Il donna le

4. Il était dirigé par l'ancien Premier ministre libéral Egor Gaïdar. (N.d.T.)

signal du glissement du pouvoir vers l'autoritarisme. Je n'en fus que d'autant plus surpris de constater que les gouvernements occidentaux justifiaient — et même approuvaient — cette action barbare, contraire à toutes les normes de la démocratie et de l'humanisme.

En tirant le bilan de 1993, je déclarai dans une interview au journal *Rabotchaïa Tribouna* (27 décembre 1993) : « Pour reconquérir la confiance populaire, le gouvernement doit changer de politique. [...] Si quelqu'un s'imagine qu'il est possible d'aboutir à l'ordre et à la stabilité en passant par le refus de la démocratie, c'est une lourde erreur. »

La suite des événements confirma largement mes propos.

En voyage dans le pays : le vent tourne

J'ai déjà évoqué mes voyages à l'étranger, qui commencèrent peu après la création du Fonds. Au début, il m'était impossible de faire des tournées en Russie en raison du climat hostile dont m'entouraient les autorités et de nombreux médias.

Je décidai de rompre ce blocus dès mars 1993. À l'invitation du Fonds « Choix » de Nijni Novgorod, je me rendis dans cette célèbre et ancienne cité de la Volga. Les rencontres et entretiens avec le gouverneur et le maire de la ville, ainsi que les représentants de l'opinion, se déroulèrent dans un climat constructif et chaleureux. J'y vis la preuve que le vent tournait à mon égard.

Dans le courant de l'automne 1993, je reçus un appel téléphonique tout à fait inattendu de Peredelkino, la villégiature de la plupart de nos écrivains près de Moscou. Quinze hommes de lettres s'étaient réunis pour discuter de la situation en Russie et l'un d'eux m'appelait en leur nom à tous :

— Nous regrettons toutes les horreurs que nous avons pu proférer contre vous. Nous comprenons maintenant ce que nous avons perdu. Nous savons aussi que nous avons nous-mêmes contribué à en arriver là.

Je commençai également à recevoir de nombreuses lettres. Certains de ceux qui m'accablaient précédemment reproches et ceux qui me soutenaient se rejoignaient sur un point : « Puisque vous avez commencé, pourquoi n'êtes-vous pas allé jusqu'au bout ? Revenez ! Pourquoi restez-vous tapi dans votre Fonds ? »

Des responsables qui s'étaient détournés de moi après 1991 me contactaient aussi. Je sentis qu'il était temps de resserrer les liens avec les gens, de parler franchement du passé et du présent, mais aussi de ce qu'il y avait à faire. Ce fut ainsi que je repris mon bâton de pèlerin.

En 1994 et 1995, je visitai Saint-Pétersbourg à trois reprises, Krasnoïarsk, Vladimir et Novgorod à deux reprises, Novossibirsk, Koursk, Tcheboksary. À Vladimir, je participai aux travaux du séminaire du Club Souzdal consacré aux problèmes de la stabilité en Russie. À Koursk, au forum « Problèmes écologiques actuels de la province », j'intervins en ma qualité de président de la Croix-Verte. Je pris part également à une discussion sur la renaissance et le développement de la libre entreprise en Tchouvachie. En mai 1995, une conférence sur le « Rôle de la perestroïka dans les destinées de la Russie » eut lieu à Saint-Pétersbourg avec ma participation.

Au-delà des spécificités locales, mes tournées comprenaient généralement des visites d'entreprises ainsi que des débats et des rencontres avec l'intelligentsia créatrice, les étudiants et les journalistes.

Ce fut avec une grande émotion que je me rendis à Saint-Pétersbourg en avril 1994. C'est, en effet, à Leningrad que je prononçai, en 1985, le premier grand discours public de la perestroïka, télévisé dans tout le pays. Dans cette même ville, mais dans une Russie tout à fait différente, je sentis que, en dépit de tout, une entente mutuelle s'établissait à nouveau avec des gens de tous les horizons, ce qui ne pouvait manquer de me réjouir.

Je voudrais mentionner particulièrement mes deux voyages à Novgorod. À l'occasion d'un premier séjour, je notai que la région se distinguait de nombreuses autres par une certaine stabilité, la recherche constante de voies pour sortir de la crise, la prise de mesures concrètes dans ce sens et la qualité des dirigeants locaux. De là naquit l'idée de choisir la région de Novgorod pour mener à bien le projet « Percée vers la société postindustrielle » que notre Fonds mettait au point en collaboration avec plusieurs sociétés informatiques occidentales. Au cours de mon deuxième voyage, que je fis en compagnie d'hommes d'affaires d'Europe et d'Amérique, l'administration et les milieux d'affaires de la ville se penchèrent sur la conception du projet. Sa réalisation permettra aux habitants de Novgorod, grâce à l'implantation de technologies informatiques modernes, d'entrer dans un monde nouveau en connectant à des systèmes télématiques, d'abord les outils de formation, les médias et les instruments de culture, puis les banques, les industries, etc. Autrement dit, Novgorod a la chance de pouvoir se relier à la « civilisation » grâce à une gestion moderne et précise de l'information.

Ma tournée à Novossibirsk comportait une réunion à Akademgorodok, la visite de l'usine Stankosib[5] et une intervention à la télévision locale. Lors d'une rencontre avec l'intelligentsia, un « groupe de camarades » nous accueillit devant la bibliothèque publique avec des mots d'ordre hostiles : « Une salle vide pour le traître », etc. Mais je fis salle comble. Pendant une heure entière, je répondis aux questions avant de participer, à Akademgorodok, à une table ronde sur le thème « La Russie à l'aube du XXIe siècle ». Beaucoup qualifièrent de « sensationnelle » mon intervention à la télévision de Novossibirsk car, fait sans précédent, l'émission en direct fut prolongée à la demande des téléspectateurs. Comme l'écrivit un journal local, il n'y eut aucune rencontre avec des « personnalités officielles », mais une communication hors programme avec le public.

La presse publia des commentaires analogues sur mon voyage en Tchouvachie. Voici ce qu'écrivit un journal local :

> Durant les soixante-douze heures que dura le séjour de Gorbatchev sur le sol tchouvache, même des badauds éloignés de la politique se répandaient en salutations et applaudissements à son adresse partout où il apparaissait. Nous avons nous-mêmes convaincu Mikhaïl Sergueïevitch du fait qu'il est encore loin de la mort politique, mais beaucoup plus près de sa seconde entrée en politique. Les jeunes l'ont démontré avec particulièrement d'éclat en remplissant la salle de concerts de la philharmonie… Ils ont encore le vif souvenir des Brejnev, Andropov et Tchernenko collés avec des œillères aux textes de leurs discours et d'un Gorbatchev inhabituellement détendu, premier et dernier président de l'URSS… La plupart des étudiants évoquaient Gorbatchev avec un sentiment de sympathie non feinte, ajoutant quelque chose comme : « Il a été le premier dirigeant cultivé et instruit de la Russie soviétique. »
>
> Mais ce n'est pas seulement sous ce rapport qu'il a impressionné les jeunes habitants de Tcheboksary… Gorbatchev a prononcé une plaidoirie bien sentie en faveur de sa femme Raïssa Maximovna : « Raïssa Maximovna est une personne de valeur, a déclaré Mikhaïl Sergueïevitch, et je serais catégoriquement opposé à ce qu'elle soit placée à quinze mètres de moi, même lors d'une cérémonie officielle. Ce serait humiliant pour elle. »
>
> Mais les jeunes ont été encore plus frappés par d'autres propos qui avaient toutes les chances de faire mouche indépendamment des classes

5. Machines-outils de Sibérie. (N.d.T.)

d'âge : « Beaucoup n'appréciaient pas la présence de Raïssa Maximovna toujours à mes côtés. Ah, si j'avais pris l'avion avec une maîtresse, tout le monde aurait été content : ça, c'est bien de chez nous, c'est bien soviétique. » La salle croula sous les applaudissements.

Mes tournées à travers le pays, mes contacts avec le public et les réactions de celui-ci à mes interventions, le courrier abondant que je recevais me convainquirent que ma participation à la campagne présidentielle de 1996 pouvait être utile à la démocratie russe.

Mais il me faut d'abord évoquer ma vision de la situation économique, sociale et politique à la veille des élections législatives de 1995 et de la présidentielle de 1996.

La montée de la crise sociale et économique en Russie (1994-1995)

Le président Eltsine et son entourage négligèrent l'avertissement donné par le peuple en décembre 1993, lors des élections à la Douma d'État. Ils misaient sur la réduction des prérogatives du Parlement à leur plus simple expression aux termes d'une nouvelle Constitution, taillée sur mesure pour Eltsine. L'adoption de la nouvelle Loi fondamentale mit le nouveau Parlement dans l'impossibilité de définir les orientations majeures de la politique nationale, de peser sur les décisions ou de contrôler le pouvoir exécutif. Même ses prérogatives législatives ont été considérablement limitées par le veto présidentiel, car aucune loi ne peut entrer en vigueur sans sa signature.

Il est vrai que la volonté de faire litière des résultats des élections à la Douma ne se manifesta pas tout de suite. En février 1994, le président lança un message. Il contenait plusieurs thèses susceptibles d'être interprétées comme une volonté d'infléchir sa politique et de la rendre moins cruelle envers la majorité de la population. En tout cas, c'est ainsi que beaucoup le perçurent et je ne cacherai pas que je nourris alors, moi aussi, certaines illusions. Dans mes discours publics de cette période, il m'arriva de déclarer, certes avec des réserves, que la mise en œuvre des thèses de ce message pouvait améliorer la situation.

Les faits, cependant, devaient rapidement dissiper les illusions. Sans tenir compte de l'opinion, l'exécutif poursuivit sa politique de manière encore plus cynique et impitoyable. Le but était désormais la stabilisation financière. Mais celle-ci n'était pas comprise comme l'instauration d'une nouvelle rigueur dans la gestion, ni comme une mise en ordre des activités des structures financières et un coup d'arrêt aux abus systématiques en matière de fiscalité. L'appareil bureaucratique continua à grossir et les privilèges des gestionnaires à s'accroître. On dépensa des centaines de millions de dollars pour rénover et rééquiper les locaux administratifs, ce qui alimentait la corruption. En revanche, alors que l'infrastructure se délitait, on économisa sur les investissements dans les secteurs technologiquement prioritaires de l'industrie. Très rapidement, cela se traduisit par une contraction des crédits pour la formation, la santé, l'entretien des forces armées et les organes judiciaires. Le non-paiement des salaires, à l'origine sporadique, se généralisa. L'État devint un mauvais payeur systématique de ses commandes. Il en résulta une chute de plus de 50 % de la production industrielle et agricole par rapport au niveau de 1990.

Certes, on réussit ainsi à freiner quelque peu l'inflation. Le rythme de la hausse des prix diminua en regard de l'escalade vertigineuse de 1992. Mais ce résultat positif masquait une fragilisation de toutes les structures économiques.

Je conserve à ce jour des contacts très étroits avec nos économistes les plus éminents. Plus d'une fois, ils se sont exprimés sur la politique du pouvoir, proposant un programme alternatif d'assainissement de l'économie. Un projet allant dans le même sens fut préparé par le département d'économie de l'Académie des sciences de Russie. Quant aux études développées par notre Fonds, elles aboutissaient à des conclusions similaires, fort pessimistes.

Pour ma part, je fis tout ce qui était en mon pouvoir pour faire connaître à l'opinion la situation véritable, sans pour autant me borner à constater simplement les faits. Mon attention était focalisée sur la mise à nu des mécanismes à l'origine de la crise et sur la recherche des moyens permettant d'en sortir. Avec mes collaborateurs du Fonds, nous parvînmes à démontrer le caractère désastreux du modèle de réforme choisi, et nous dénonçâmes les méthodes de sa mise en œuvre. Nos dirigeants avaient visiblement oublié les règles impératives selon lesquelles, en premier lieu, les réformes ne doivent pas être imposées au peuple par la force et, en second lieu, tout en étant énergiques et cohérentes, elles ne doivent pas être menées à la hussarde. La tentative de résoudre des problèmes sociaux complexes d'une manière expéditive, alors même que la population n'était pas préparée à digérer rapidement ce qu'on lui proposait, était à l'avance vouée à l'échec.

Face à une situation qui se détériorait, j'étais particulièrement préoccupé par deux éléments importants. Premièrement, le mécontentement croissant sapait l'attachement de la population à la réforme en général. Pour cette raison, je m'efforçais de montrer la différence de nature entre les transformations nécessaires, utiles à la société, et les méthodes auxquelles recouraient des dirigeants maladroits. Deuxièmement, la propension manifeste du pouvoir, confronté aux échecs qui se multipliaient, à recourir à des méthodes autoritaires de gestion du pays, faisait naître dans le pays une *attitude méfiante envers la démocratie* en tant que forme de gouvernement.

Une lettre ouverte

La gravité de la situation ainsi créée m'incita à adresser, le 26 octobre 1994, une lettre ouverte aux médias.

« La patience de la population, écrivais-je, est à bout. Malheureusement, bien des gens pensent : la démocratie est la cause de tous ces maux. On entend de plus en plus d'imprécations à son endroit, des appels à la dictature. »

Indiquant que le régime autoritaire, telle une drogue, peut procurer un soulagement passager, mais que l'on ne pouvait bâtir ainsi la Russie du XXIe siècle, je proposais un plan de sortie de la crise fondé sur les principes démocratiques : strict respect des normes légales, liberté illimitée de la parole et des droits de l'homme. Dans le même temps, je constatais que le régime en place était incapable de lancer un tel programme.

Les autorités elles-mêmes sentaient le mécontentement grandissant dans le pays. Elles procédèrent alors à une manœuvre susceptible de détourner l'attention du public tout en améliorant la cote du président Eltsine. Ainsi naquit l'idée d'une « petite guerre victorieuse » en Tchétchénie.

La Tchétchénie

Les racines de la tragédie tchétchène sont fort lointaines, mais ses causes directes assez récentes. Ses développements actuels trouvent leur origine dans le démembrement de l'Union soviétique et le renforcement des tendances centrifuges qui gagnèrent, à leur tour, la Fédération de Russie. À l'époque, au cours d'un entretien en tête à tête avec Eltsine, je lui avais dit :

— Souviens-toi ! Notre État tient par un double cerclage. Le premier est constitué par l'URSS et le second par la Fédération de Russie. Si le premier s'effrite, le second connaîtra des problèmes.

Ce fut bien ce qui arriva et les autorités russes y contribuèrent elles-mêmes dans une large mesure.

Le problème tchétchène existe depuis le rattachement de la Tchétchénie à la Russie, au siècle dernier. Cette histoire dramatique est marquée par de nombreuses insurrections, des remaniements territoriaux et, enfin, la déportation des Tchétchènes sur ordre de Staline pendant la guerre. Des antagonismes violents existaient également à l'intérieur même de la petite république. La Fédération de Russie hérita de tout cela et il fallait nécessairement trouver une solution. Restait à savoir de quelle manière. Je lançai des mises en garde répétées : en aucun cas par la violence. Certes, j'ai toujours été contre l'usage de la force pour régler des problèmes politiques, mais je suis aussi originaire de la région de Stavropol [6], et je sais à quel point les relations interethniques y sont délicates et complexes. Je connais la mentalité des montagnards. On peut s'entendre avec eux, mais pas les contraindre. Celui qui ne comprend pas cela est voué à l'échec.

Eltsine avait, dans son entourage, un bon nombre de spécialistes de l'Orient et du Caucase du Nord. Il est curieux qu'ils n'aient pas su (ou osé) lui expliquer le nœud du problème. À moins que n'ait joué une nouvelle fois sa tendance à foncer tête baissée en dépit du bon sens. Toujours est-il qu'en novembre 1994, les autorités fédérales décidèrent de s'ingérer dans les querelles intestines de la Tchétchénie et de se parer des lauriers de défenseurs de l'intégrité territoriale de la Russie.

Eltsine fit une déclaration qui, en dépit de constatations exactes, recelait aussi une charge explosive d'une terrible puissance en prenant

6. La république autonome de Tchétchénie était rattachée administrativement au territoire de Stavropol. (N.d.T.)

l'aspect d'un ultimatum. Or, dans le contexte du Caucase du Nord, une telle approche interdisait pratiquement toute issue pacifique. Dès le 26 novembre, je pris position contre l'usage de la force dans la région et proposai mes services en qualité de médiateur. Le dirigeant tchétchène Doudaïev donna son accord, mais les autorités fédérales gardèrent le silence.

Lorsque les troupes fédérales reçurent le feu vert du président et pénétrèrent en territoire tchétchène pour y entamer des opérations militaires de grande envergure, je condamnai l'action de la manière la plus ferme. Au cours d'une interview diffusée par Radio Liberty le 29 janvier 1995, je mis les points sur les « i ». Les événements en Tchétchénie, dis-je, représentent une tragédie pour tous les habitants de la Russie. Y a-t-il un problème tchétchène ? Oui ! Est-il préoccupant en regard du destin de la Fédération de Russie ? Certes ! Je suis de ceux qui ne conçoivent pas que nous puissions accepter la destruction de l'État russe. Mais les actions des autorités n'ont fait que rabaisser l'armée et semer le désarroi dans l'ensemble de la société. La plupart des citoyens sont opposés à l'utilisation des troupes fédérales là-bas. Mais le pouvoir exécutif choisit l'option militaire et ne tient aucune compte de l'opinion publique. Alors peut-on considérer comme démocratique un État où le président et son entourage font fi de toutes les attentes de la presse, de la société, des organes représentatifs et, enfin, de l'opinion mondiale ?

À cet égard, soulignai-je, l'attitude des États occidentaux semble inadéquate. Ceux-ci s'en tiennent à l'aspect formel des choses : la Tchétchénie n'est pas un sujet de droit international, n'est reconnue par personne et, par conséquent, c'est l'affaire intérieure de la Russie. Et ils ont préféré fermer les yeux sur la manière dont le problème était résolu. C'est seulement lorsque le conflit a débouché sur un bain de sang que, sous la pression de l'opinion, ils ont appelé à mettre fin aux hostilités.

Les événements ultérieurs montrèrent assez clairement que les plans du président et de son entourage au sujet de la Tchétchénie étaient à la fois criminels et marqués du sceau de l'incompétence. Il n'y eut pas de « petite guerre victorieuse ». À mesure que les opérations militaires se prolongeaient, apparaissait de plus en plus clairement ce dont il aurait fallu tenir compte dès le début : il n'y avait pas de solution militaire au problème tchétchène !

Comme beaucoup d'autres, je réfléchissais constamment à la manière de sortir de l'impasse où le pouvoir nous avait conduit. J'exposai mes idées sous une forme condensée dans une déclaration que je fis devant la presse, le 12 février 1996. J'expliquai en substance que la solution ne pouvait résulter que d'un dialogue direct. Le président Eltsine et les leaders tchétchènes devaient immédiatement se rencontrer et mettre au point une formule de règlement politique. Celle-ci devait comporter un accord de cessez-le-feu immédiat, la condamnation du terrorisme et de toutes formes de violence, une définition de l'approche de l'ensemble des questions — et avant tout du statut de la Tchétchénie — qui prît en compte aussi bien les intérêts des populations de la Tchétchénie que de celles de la Russie. Il convenait de trouver une amorce de solution aux autres problèmes en suspens, y compris le retrait des troupes, la tenue d'élections libres sur tout le territoire de la république, la mise au point d'un programme de relèvement national et la solution des questions humanitaires.

À la fin de l'été 1996, après la déconfiture des troupes russes à Grozny, les hostilités furent suspendues en Tchétchénie grâce à l'action résolue — et dans une large mesure autonome — du général Lebed. Les pourparlers politiques que je réclamais dès le début de la guerre s'ouvrirent enfin. Les accords préalables stipulèrent le gel de la situation en Tchétchénie jusqu'en 2001 et le retrait complet des troupes fédérales du territoire de la république.

Pratiquement, nous étions revenus à la situation antérieure au début des hostilités, en décembre 1994. Mais à quel prix ? Plus de 100 000 morts, des milliers de blessés et de mutilés, des villes en ruine, des dizaines de localités rasées, le gaspillage d'énormes ressources financières et matérielles utilisées pour exterminer nos propres citoyens. Il faudra des billions et des billions de roubles pour rétablir un minimum de vie normale en Tchétchénie. Et, pendant des décennies, nous devrons compter sur la méfiance et la haine des victimes de cette guerre insensée.

CEI : les conséquences de la désintégration

Les événements de Tchétchénie firent resurgir en mémoire la tragédie du démembrement de l'URSS et confirmèrent le bien-fondé de mes mises en garde lorsque je défendais jusqu'au bout l'intégrité du pays. Même la Russie, avec son colossal potentiel économique et ses immenses ressources naturelles, n'a pas été en mesure d'éviter un effondrement de la production sans précédent en temps de paix, ni le déclin de toutes les sphères d'activité.

La désintégration de l'Union soviétique a interrompu la dynamique de la démocratisation du pays lancée par la perestroïka à l'articulation des années quatre-vingt et quatre-vingt-dix, et a engagé un processus de dévitalisation — et même, dans certaines anciennes républiques, de liquidation — des institutions démocratiques.

Ceux qui n'ont pas hésité à démembrer l'Union ont tenté de masquer sa dissolution par la création d'une nouvelle formation : la Communauté des États indépendants (CEI). L'une des raisons pour lesquelles la conjuration du Bielovej n'a pas suscité de protestations massives est justement que l'on a cru l'unité du pays préservée, même si sa composition était modifiée.

Mais il apparut bientôt que la CEI, proclamée à Bielovej et avalisée à Alma-Ata, était un organisme mort-né. Elle n'était qu'un faux-semblant appelé, selon l'expression du président ukrainien Kravtchouk, à permettre un « divorce civilisé ».

En dépit des déclarations et des accords, on procéda rapidement à l'enterrement de la Communauté. L'infrastructure commune fut détruite dans le domaine de l'économie comme dans les autres secteurs. Les anciennes républiques soviétiques se cloisonnèrent à grand renfort de frontières et de barrières douanières. Des litiges graves les mirent aux prises sur de nombreuses questions, y compris territoriales. Dans plusieurs régions, les vieilles dissensions interethniques se ranimèrent tandis que de nouveaux conflits se déclaraient. En Transcaucasie, en Moldavie, en Asie centrale, puis en Russie même, dans le Caucase du Nord, le sang coula. Aujourd'hui, les réfugiés se comptent par millions.

J'ai utilisé tous les moyens dont je disposais pour mettre en garde les autorités et l'opinion, et les inciter à s'opposer à l'éloignement croissant des anciennes républiques soviétiques. Lorsque je ne réussissais pas à percer les barrières de l'information à l'intérieur du pays, je me servais dans ce but de mes voyages à l'étranger en escomptant que mes paroles reviendraient en Russie, même par des voies détournées.

Il était très important de faire comprendre aux Occidentaux, et surtout aux Américains, que ce qui se passait dans l'espace postsoviétique n'allait pas dans le sens de leurs intérêts. Beaucoup d'entre eux, ne comprenant pas très bien la signification des événements, voyaient dans le démembrement de l'Union soviétique le trophée tant désiré de la « victoire de la guerre froide » ou un don du ciel qui leur avait permis de se débarrasser d'un dangereux rival, et se trouvaient enclins à favoriser le processus de la désintégration. Il est caractéristique que, à la différence des Européens, la presse américaine et surtout les sources officielles de Washington aient passé ostensiblement sous silence l'existence même de la CEI. Ce terme n'était pratiquement pas utilisé et on lui préférait la notion d'« espace postsoviétique ».

Notre Fonds rédigea plusieurs études analytiques et tint un certain nombre de symposiums et de tables rondes sur le thème de la CEI.

À la veille du troisième anniversaire des accords de Bielovej, le 8 décembre 1994, le Fonds publia une déclaration intitulée : « Il faut une nouvelle Union ». Il y évaluait les conséquences de la destruction de l'État unique et, montrant l'inconsistance des tentatives pour insuffler la vie dans les structures de la CEI, mettait en lumière la nécessité d'une intensification du processus de réintégration.

Cependant, nous ne nous arrêtions pas à la critique. Nous cherchions opiniâtrement des solutions au problème. En 1996, le Fonds établit un rapport intitulé « Les intérêts nationaux de la Russie et la Communauté des États indépendants » qui prososait les orientations suivantes :

— La tendance à l'intégration, conditionnée par des circonstances objectives et subjectives, doit s'incarner dans une politique d'État bien définie.

— Sur la voie de l'intégration, les obstacles et les difficultés considérables demandent, pour être surmontés, le plus haut degré de responsabilité, de sang-froid et de patience.

— Toute hâte excessive doit être exclue dans l'évolution vers l'intégration, mais aussi les retards et les pauses non justifiées.

— Selon toute probabilité, cette évolution se fera par étapes.

— Le préalable décisif à la mise en œuvre de l'idée d'intégration est son ancrage dans la conscience collective. Là encore, une immense responsabilité repose sur les médias. C'est alors seulement qu'elle pourra devenir un facteur dominant de la politique réelle.

— Il est important que la ligne de l'intégration occupe une place privilégiée dans l'échelle des priorités de la politique extérieure de la Russie.

La politique de la direction russe, après les accords de Bielovej, joua un rôle négatif pour les processus d'intégration dans la mesure où son principal objectif « idéologique » était de discréditer et de saccager tout ce qu'il y avait avant elle, au mépris des pertes subies par la population à la suite du démembrement du pays.

Aujourd'hui, bien des gens dans la plupart des anciennes républiques soviétiques sont enclins à rétablir les liens, se prononcent pour la réintégration, bien entendu sur des bases nouvelles. Les mouvements centrifuges commencent à s'affaiblir et l'on pense de plus en plus à « rassembler les moellons ».

J'exclus moi-même entièrement et définitivement la possibilité d'un rétablissement de l'ancienne Union soviétique tel que l'exigent les nationaux-patriotes de toute obédience. Je conçois un rapprochement des républiques et la reconstitution d'une structure interétatique fondée sur la démocratie, l'égalité en droits et un marché commun. En principe, cela devrait ressembler à la Communauté européenne, mais avec des particularités liées à un autre destin historique et à la présence d'énormes populations russes et russophones dans les États nouvellement créés.

Il faut un marché commun susceptible de stimuler le mouvement des capitaux et des biens, les activités des entrepreneurs, la diversification et la sous-traitance dans l'industrie. Il faut négocier en concertation une législation du travail et mettre en place des lois sociales.

Il faut disposer des outils communs de la sécurité collective, depuis l'écologie jusqu'à l'organisation des forces armées.

Durant les années 1995 et 1996, une certaine évolution positive du courant porteur en matière d'intégration a été enregistrée. Des relations contractuelles particulières (une communauté) se sont établies entre la Russie et la Biélorussie. Une union douanière a été créée entre la Russie, la Biélorussie, le Kazakhstan et le Kirghizistan. Des accords ont également été passés entre d'autres pays de la CEI, notamment sur des mesures conjointes de renforcement de la sécurité.

Les résultats pratiques de tout cela sont, pour l'heure, assez minces. Pourtant, la situation n'est pas désespérée. Pour ma part, en m'appuyant sur le Fonds, j'entends continuer à favoriser le déblaiement des obstacles qui séparent les nouveaux États.

La campagne présidentielle de 1996

Une nouvelle possibilité de communiquer avec la population, surtout en province, se présenta pour moi en 1996, à l'occasion de l'élection présidentielle. On m'a souvent demandé pourquoi j'avais décidé de participer à la campagne électorale. L'un des motifs essentiels était que cela me donnait l'occasion d'en finir avec la conspiration du silence qui m'entourait et de nouer de larges contacts avec la population de notre pays. Au cours de mes tournées précédentes en Russie, j'avais constaté que les gens voulaient m'entendre et connaître mon point de vue. Désormais, grâce à ceux qui soutenaient ma candidature[7], j'avais de nouveau le droit de prendre publiquement la parole là où je voulais, de communiquer, de transmettre mes idées et considérations. Et cela me donnait la possibilité unique de prendre vraiment le pouls de la vie politique du pays.

Certes, ce n'était pas le seul motif. Je n'ai pris la décision de me présenter à l'élection présidentielle qu'après mûre réflexion. Ce n'était nullement la soif du pouvoir qui m'animait : j'en ai eu plus que mon soûl et tout le monde a pu constater que je ne me suis pas cramponné lorsqu'il a fallu partir.

J'estimais cependant que je n'avais pas le droit de rester à l'écart. Une attitude d'observateur indifférent ne me convient pas. J'avais conscience de toute l'ampleur de ma responsabilité morale quant au sort des réformes démocratiques entamées à mon initiative. Compte tenu de la situation qui s'est créée en Russie, je ne pouvais rester passif.

Pour la Russie nouvelle, c'était la première élection présidentielle et elle revêtait une importance particulière. Le sort des réformes et des perspectives démocratiques était en jeu. De plus, il n'y avait aucune certitude que les élections aient bien lieu[8]. Or j'étais convaincu que ma participation, indépendamment de l'évaluation de mes chances réelles, offrirait au moins une garantie supplémentaire quant à la tenue du scrutin.

Pour finir, je pensais qu'il était de mon devoir d'utiliser mon expérience politique et publique pour contribuer à créer une coalition centriste. L'opposition démocratique abordait l'échéance en ordre dispersé. En entrant en campagne, je pouvais avertir les électeurs que l'on tentait de leur imposer une fausse alternative — ou Eltsine, ou les communistes —, c'est-à-dire de les faire voter pour le « moindre mal ».

Les forces politiques favorables respectivement à Eltsine et à Ziouganov représentaient des partis minoritaires. 60 % des électeurs, au bas mot, ne voulaient ni de l'un ni de l'autre. Autrement dit, l'opposition démocratique bénéficiait d'une assise réelle. L'union des candidats de

---

7. Pour être candidat, il fallait réunir un million de signatures d'électeurs de quinze régions différentes du pays. (N.d.T.)

8. Des faits connus par la suite ont confirmé que les hautes sphères du pouvoir discutaient sérieusement d'un scénario de report ou d'annulation de l'élection.

la « troisième force » pouvait avoir des chances de succès. Concrètement, j'avais avant tout en vue Grigori Iavlinski, Alexandre Lebed et Sviatoslav Fiodorov.

Le fait que mes partisans aient pu rassembler assez vite près d'un million et demi de signatures, soit sensiblement plus que nécessaire, ne manquait pas, non plus, d'être encourageant. J'annonçai ma décision de me présenter le 21 mars à Saint-Pétersbourg. Le 13 avril, ma candidature fut enregistrée par la Commission électorale centrale, ce qui me donnait le droit d'entamer ma campagne.

Tout le monde avait déjà pu constater que les élections, si toutefois elles avaient vraiment lieu, ne seraient ni honnêtes ni équitables. Fin mars, on annonça la création d'un Conseil pour l'organisation de la réélection du président sortant sous la direction du... président lui-même ! Foulant cyniquement aux pieds les dispositions de la loi électorale, les plus hautes personnalités de l'État, depuis le Premier ministre jusqu'au directeur du Service fédéral de sécurité[9], furent inclues dans le Conseil. Il en fut de même pour le directeur de NTV, la seule chaîne de télévision théoriquement indépendante, ce qui créait les conditions d'un contrôle présidentiel total sur la télévision.

De toute évidence, il ne suffisait plus au président sortant de disposer de l'avantage que lui donnait le pouvoir. Tout était fait pour garantir sa réélection, au mépris des normes morales, éthiques et juridiques. Je déclarai alors que ces manœuvres faisaient peser un doute sur les résultats des élections, sur la légitimité et le poids politique d'une « victoire » obtenue de cette manière.

Je n'en entamai pas moins mes tournées à travers le pays. En quelques semaines, je parcourus — ou plutôt, survolai — la moitié de la Russie, visitant plus de vingt régions aux quatre coins du pays. J'assistai à des centaines de réunions et répondis à des milliers de questions dans les salles de réunions, dans la rue, en direct à la radio et à la télévision. Ce fut un dialogue sans précédent par son ouverture, sa richesse de contenu.

En général, le public était bienveillant et il manifestait un énorme intérêt pour mes interventions. Les salles étaient toujours bondées. Parfois, l'atmosphère était tendue au départ, mais le climat changeait rapidement. À Ivangorod, où je me rendis fin mars, c'est tout juste si l'on ne voulut pas me crucifier au début, mais tout finit par une ovation à tout rompre. J'appris plus tard que le « couloir de la haine » devant le

---

9. Le FSB, successeur du KGB. (N.d.T.)

bâtiment où je devais parler avait été organisé par des hommes d'Anpilov[10] venus tout exprès de Moscou.

Bientôt, les autorités commencèrent à s'inquiéter pour le scénario qu'elles avaient mis au point et prirent les mesures appropriées. Je m'en aperçus dès ma première tournée à Saint-Pétersbourg. Le maire d'alors, Anatoli Sobtchak, qui avait pourtant donné son accord préalable, refusa soudain de me rencontrer. On déprogramma ma visite à l'usine Poutilov où les ouvriers m'avaient invité. Des dirigeants syndicaux m'avaient également convié à l'usine Metallitcheski, mais le couperet tomba de nouveau. De nombreux dirigeants d'entreprise me demandaient d'abord de venir, puis se décommandaient en s'excusant deux heures plus tard. Les chaînes de télévision publiques ne me connaissaient plus. La Cinquième chaîne reçut l'instruction suivante : « Ne pas donner la parole à Gorbatchev... » Quant aux établissements publics, ils m'étaient interdits.

Ces actions, manifestement téléguidées de Moscou, eurent plutôt un effet inverse. Les Pétersbourgeois montrèrent leur caractère. Je pus intervenir en direct, répondre aux questions des habitants de la ville sur trois chaînes, rencontrer les ouvriers, visiter deux universités. Les étudiants me réservèrent un accueil comme je n'en avais plus connu depuis les premières années de la perestroïka.

Le soutien d'une partie de l'intelligentsia, notamment médiatique, fut pour moi un sérieux encouragement moral. Au cours de la campagne électorale, je donnai un nombre record d'interviews à la presse et à la radio. Andreï Siniavski[11] et son épouse Maria Vassilievna Rozanova vinrent tout exprès de Paris pour m'apporter leur soutien.

Dans la seconde moitié d'avril, j'effectuai une grande tournée à travers la Sibérie et l'Extrême-Orient russe. Je visitai les plus grandes cités de la région : Novossibirsk, Krasnoïarsk, Irkoutsk, Kemerovo, Barnaoul. Je rencontrai des étudiants, des ouvriers, des intellectuels, des représentants de l'administration. Je donnai aussi plusieurs conférences de presse et fus invité par la télévision locale.

Mais je sentais une fois de plus que l'on tentait de me mettre des bâtons dans les roues. Avant de partir pour Oulan-Oudé[12], je reçus un télégramme du président bouriate, M. Potapov, m'annonçant qu'en rai-

---

10. Le chef d'un groupuscule communiste particulièrement virulent. (N.d.T.)

11. Écrivain dissident, condamné à l'issue d'un procès célèbre en 1966, décédé en 1997. (N.d.T.)

12. Capitale de la Bouriatie. (N.d.T.)

son d'un « calendrier de manifestations serré », les réunions prévues ne pouvaient pas se tenir. Il s'agissait d'une violation grossière de la loi électorale qui suscita l'indignation de l'opinion locale.

Ma tournée sibérienne se termina à Omsk. Un incident fort désagréable s'y produisit : alors que je me dirigeais vers la salle où je devais rencontrer les électeurs, une espèce de grand échalas me porta un coup violent, d'une manière très professionnelle d'ailleurs. Mes gardes du corps parvinrent à maîtriser l'agresseur, qui fut arrêté. Au même moment, un groupe d'individus hostiles se déchaînaient devant le bâtiment, avant de pénétrer dans la salle pour empêcher la réunion. La provocation était manifeste.

Après cela, ce furent des tournées à Volgograd, Rostov et Stavropol, Samara, Orenbourg et Ekaterinbourg, une nouvelle fois Saint-Pétersbourg, puis Vladimir. Et partout, des rencontres avec le public, le personnel des entreprises, les étudiants, les entrepreneurs. On me posait mille questions sur ma plate-forme — j'avais été le premier des candidats à porter un tel document à la connaissance des électeurs, dès le 12 mai. En plus d'une description de la crise grave que traversait la Russie, le texte contenait un programme en dix points.

Le premier point était la fin de la guerre en Tchétchénie. Je me déclarais prêt à rencontrer sans délai les principaux dirigeants tchétchènes, à mettre fin au conflit et à engager des pourparlers sérieux sans aucun préalable.

Le deuxième point portait sur la création d'un système efficace d'exercice du pouvoir. À cette fin, il fallait conférer les pouvoirs nécessaires au gouvernement, élargir les fonctions du Parlement, préciser les prérogatives respectives du centre et des régions, renforcer les organes judiciaires, garantir l'indépendance des tribunaux et du ministère public, lancer une offensive résolue contre la corruption dans les hautes sphères de l'État.

La section socio-économique prévoyait un infléchissement de la stratégie des réformes. Je préconisais que l'État, tout en soutenant la libre entreprise, s'occupe simultanément de la protection sociale de ceux qui devaient en bénéficier. Je formulais le principe d'une économie socialement orientée, combinant le dynamisme et l'efficacité du marché avec les valeurs traditionnelles de justice sociale.

L'une des sections du programme était consacrée aux mesures urgentes pour le salut de la culture nationale, des sciences, de l'instruction publique. Je soulignais le rôle décisif de l'État dans le domaine de la culture, dans l'accroissement du financement public de la recherche, dans la gratuité de l'instruction. Bien entendu, cela n'excluait pas que d'autres formes d'enseignement (privé, payant) puissent bénéficier du soutien et de la protection de l'État.

D'autres sections portaient sur l'assainissement du milieu naturel, la réforme de l'armée, les processus d'intégration de la CEI, les objectifs en matière de politique extérieure. Comme je le précisai dans l'une de mes allocutions, il s'agissait d'« un programme pour sortir la Russie d'une crise gravissime et la placer sur la voie du développement démocratique et de la stabilité ».

Les résultats des élections sont connus. Malheureusement, le parti au pouvoir parvint à entraver la création d'une coalition démocratique, réformatrice et centriste comme « troisième force ». Pour empêcher les dirigeants du centre de s'entendre, la technique habituelle des invitations, des entretiens, des rencontres, des promesses, des pressions psychologiques et des manœuvres politiques habiles fut mise en œuvre. Il se produisit très exactement ce que je redoutais le plus : le pouvoir parvint à jouer sur l'inexpérience des responsables de l'opposition démocratique pour les gagner au président.

Un jour, on me demanda : « Mikhaïl Sergueïevitch, et si le président vous invitait pour consultation ? » Je répondis : « J'irais à une rencontre, mais pas à une consultation. » Dans ce cas de figure, j'aurais dit au président que ses projets et sa stratégie avaient échoué et qu'il lui fallait partir. Bien entendu, son régime peut tenir encore quatre ans en lâchant du lest. Mais le processus de destruction suscité par la ligne politique actuelle (que le pouvoir s'obstine à poursuivre) provoquera la perte de l'assise nécessaire à la société postindustrielle.

En outre, je lui aurais dit qu'en organisant une élection présidentielle libre et honnête, le président ferait l'essentiel de ce qui était son devoir à un tournant très difficile de l'histoire de la Russie. En revanche, je n'aurais accepté aucune compromission ou consultation sur la manière de gagner les élections.

L'élection présidentielle n'a pas été honnête. L'égalité des chances n'a jamais été respectée. Les médias audiovisuels étaient à la dévotion totale de l'équipe présidentielle. Une vague d'anticommunisme primaire s'est abattue sur les électeurs dans le but de les terroriser. L'appareil étatique et administratif a été mobilisé pour soutenir la candidature du président sortant. Des dizaines de millions de dollars ont été dépensés pour la campagne électorale, la publicité et la création de l'image d'un « bon tsar », prêt à toutes les largesses, ce qui a encore aggravé la situation financière du pays.

L'élection présidentielle n'a pas apporté de solution à la crise. La situation actuelle en est la conséquence : carence d'un pouvoir central efficace, effondrement de l'économie, désarroi du gouvernement, impuissance de la Douma, arriérés de retraites et de salaires, mécontentement persistant de la population, grèves massives, grèves de la faim, menace d'implosion sociale généralisée.

Bilan de 1996. Le régime dans l'impasse

Au moment où j'écris ces lignes, la Russie ne subit pas simplement une crise fort grave. Elle est dans l'impasse. L'issue réside dans un changement de régime et la modification radicale du paradigme essentiel des réformes.

Entre 1991 et 1996, le pays a perdu plus de la moitié de son produit intérieur brut. Au lieu d'une avancée technologique, nous avons enregistré une chute considérable de notre potentiel scientifique et technique qui était assez élevé selon les critères mondiaux. Au lieu d'une amélioration des conditions de vie, nous avons assisté à une chute du niveau de vie sans précédent depuis la Seconde Guerre mondiale. Pratiquement 50 % de la population est au-dessous du seuil de pauvreté. Au lieu de résoudre les problèmes de pollution accumulés depuis des décennies, nous assistons à une aggravation radicale de la situation en matière d'environnement.

La destruction du potentiel productif menace la survie de la nation, tout comme la prodigalité démente d'une bureaucratie pléthorique et le pillage éhonté du patrimoine social par des structures criminelles et paracriminelles en symbiose avec l'appareil d'État.

Il est permis de parler d'une faillite de l'État. Car comment qualifier autrement une situation dans laquelle ce dernier n'est plus capable de verser leurs salaires à ceux qui émargent au budget : enseignants, médecins, chercheurs, militaires, juges, membres des forces de l'ordre, pas plus que d'assurer le versement régulier des allocations sociales et des retraites ?

Pour se justifier, le pouvoir met en avant les problèmes liés à l'inefficacité du système fiscal. Pour tenter d'améliorer la collecte des impôts, le gouvernement a annoncé toute une série de mesures redoutables :

création d'une Commission extraordinaire [13] présidée par le Premier ministre. Mais les résultats pratiques de ces efforts annoncés à son de trompe sont dérisoires.

Il n'y a rien de fortuit à tout cela. L'évasion fiscale est un phénomène inadmissible. Mais rien ne sert de le constater si l'on n'en établit pas les causes. Certes, il est clair que certains directeurs ou entrepreneurs empochent ce qui devrait normalement revenir à l'État. De telles choses sont assez courantes dans le climat de délinquance actuel. Mais ce n'est pas le plus important. La cause principale est que les entreprises n'ont réellement pas la possibilité de payer leurs impôts. Un certain nombre d'entre elles ont simplement suspendu leurs activités, tout en mettant leur personnel en congé sans solde. D'autres sont elles-mêmes victimes d'impayés. D'autres encore sont contraintes d'avoir recours à la fraude du fait d'un taux d'imposition si élevé (souvent supérieur à 100 % de la marge bénéficiaire) que le paiement scrupuleux des impôts entraînerait une faillite immédiate.

Dans ce contexte, le Premier ministre et ses adjoints peuvent taper du poing sur la table tant qu'ils veulent : cela ne servira strictement à rien.

Cependant, le non-paiement généralisé des salaires, allocations et retraites créé des conditions intolérables d'existence pour des dizaines de millions de personnes et les incite à entreprendre des actions de plus en plus résolues. Les grèves prennent une ampleur nationale, les grèves de la faim spectaculaires et les suicides deviennent monnaie courante, les manifestations antigouvernementales dégénèrent en blocus des voies de transport. Le sentiment d'une catastrophe imminente gagne du terrain dans le pays.

Les élections à la Douma d'État, en décembre 1995, et les élections régionales des gouverneurs, à l'automne 1996, ont sensiblement consolidé les forces opposées au pouvoir exécutif. Le besoin dominant de changement a défini le comportement non seulement de ceux qui soutenaient les candidats d'opposition, mais encore de ceux qui votaient pour Eltsine et ses amis. Si Eltsine l'a emporté, ce n'est pas seulement parce qu'il a utilisé un puissant appareil de pression et d'action démagogique et dépensé illégalement, pour sa campagne électorale, des millions de dollars de provenance douteuse. C'est aussi parce qu'il a promis aux électeurs un « nouveau Eltsine », disposé à corriger ses

13. L'acronyme de Commission extraordinaire est Tcheka, de sinistre mémoire. (N.d.T.)

erreurs, à infléchir la politique économique, à lui conférer un caractère social, à verser tous les arriérés de salaires et de retraites, à se débarrasser des corrompus et corrupteurs, à maîtriser la criminalité. C'est pour ce « nouveau Eltsine » que des millions de Russes ont voté.

Maintenant, ils voient qu'on les a trompés une nouvelle fois. Humainement parlant, la maladie d'Eltsine a suscité la compassion. Cela lui a permis de bénéficier d'une trêve. Mais ce « temps mort » ne pouvait se prolonger indéfiniment et, à l'heure de payer les traites, il n'y a pas d'argent.

Dès lors, on peut s'attendre aux développements les plus inattendus et dangereux. Un climat qui se caractérise par le désarroi général, le désenchantement, le mécontentement et même la haine favorise souvent le bonapartisme sous toutes ses formes. Déçue de tout, la population trouve la seule issue à l'impasse où elle se trouve dans l'accession au pouvoir d'un dirigeant résolu, n'ayant pas trempé dans des jeux douteux, de préférence un militaire. Aujourd'hui, une part sensible de l'opinion mise sur l'ancien général Lebed. Dans les conditions actuelles, on ne peut exclure que les événements prennent une tournure bonapartiste.

Déjà, un certain nombre de théoriciens peaufinent leurs arguments en faveur d'un tel scénario :

— Du fait de ses dimensions et des spécificités de sa situation géostratégique, la Russie ne pourrait être gouvernée que d'une manière centralisée et tenue d'une main ferme.

— Les peuples de Russie seraient dépourvus de traditions démocratiques bien ancrées. Bien au contraire, ils seraient habitués de longue date à se soumettre à la force brutale, à un pouvoir autoritaire qui « pourrait tout », y compris rétablir l'ordre et tirer les gens de la misère.

— Dans un pays aussi grand et complexe que la Russie, une transformation socio-économique profonde ne pourrait être menée à bien par la voie classique du développement démocratique. Elle manquerait d'ailleurs de temps pour cela face au processus impétueux des mutations qui touchent le monde entier.

Je n'examinerai pas en détail ces assertions. Je me bornerai à dire ceci. Certes, la Russie a besoin d'un pouvoir fort et efficace, mais cela ne signifie nullement qu'il doive être dictatorial. Au contraire, l'expérience historique atteste que les dictatures, en règle générale, produisent un effet passager sans pour autant résoudre les problèmes en profondeur. Sans parler des énormes pertes matérielles et morales qu'elles entraînent, des calamités où elles plongent la nation. En revanche, les véritables démocraties, l'histoire le prouve, font preuve d'une stabilité étonnante même dans les situations les plus complexes et créent les conditions d'un essor créateur de la nation.

Actuellement, les partisans de la démocratie en Russie n'ont pas la partie belle. Et cependant, les croque-morts de vocation ont tort de se frotter les mains à l'avance. Il existe dans notre pays un grand potentiel démocratique, en tout cas antidictatorial. Le malheur est qu'il n'y a pas, pour l'heure, de force politique susceptible de mettre en œuvre ce potentiel. On peut y remédier, à condition que l'on ne nous en empêche pas. Car j'observe avec surprise que, dans ses relations avec la Russie, l'Occident mise avec une obstination inexplicable sur des personnalités animées non par des idéaux démocratiques, mais par une soif de pouvoir autocratique et incontrôlé.

Je suis convaincu qu'en changeant de régime, nous réussirons à sortir de l'impasse économique et, par voie de conséquence, à stabiliser la situation sociale.

Plusieurs de nos équipes d'experts ont d'ores et déjà conçu des programmes de stratégie économique reposant sur l'intervention de la régulation publique et visant à assurer la transition vers une économie de marché socialement orientée. L'un des problèmes clés est le développement du marché intérieur. Or il est impossible de le stimuler sans une croissance de la production et des revenus de la population.

Nous ne pouvons pas nous passer d'un secteur public plus ou moins important. Il doit contribuer à la constitution de puissantes sociétés nationales pouvant atteindre des rendements élevés en utilisant les technologies les plus modernes et rivaliser ainsi avec les grandes sociétés multinationales.

Pour cela, il faut un État fort qui, en s'appuyant sur les procédures démocratiques et en garantissant le renforcement de la démocratie dans le pays, puisse créer un climat favorable aux investissements, assurer la protection juridique et la garantie du secteur privé et, plus généralement, de la propriété.

L'un des principaux objectifs de la Russie pour plusieurs décennies est la restructuration profonde de son économie, l'élimination des industries non viables et superflues, la modernisation radicale des entreprises et branches vétustes ou obsolètes. Dans le même temps, il convient de soutenir efficacement et sans tarder les secteurs industriels porteurs sur les marchés aussi bien intérieur qu'extérieur : le secteur des hydrocarbures, la production de certaines matières premières destinées à l'exportation, la métallurgie ferreuse et non ferreuse, les technologies avancées, l'industrie aérospatiale, les constructions mécaniques et toute la production de biens de consommation courante.

Pour l'agriculture, voici comment je vois la sortie par le haut d'une situation dramatique. D'abord, il faut développer avec persévérance l'infrastructure agricole : les routes, le transport, le stockage, la transformation des denrées, le crédit. Ensuite, il faut permettre le libre développement et la compétition de toutes les formes de propriété et d'organisation du travail, la création d'un réseau serré de rapports coopératifs modernes. Il est évident que le progrès de l'agriculture est inconcevable, aujourd'hui comme hier, sans un soutien actif de l'État.

Il est particulièrement urgent pour nous de créer les conditions de l'essor des petites et moyennes entreprises. Elles sont indispensables pour saturer le marché de la consommation, pour favoriser le progrès scientifique et technique, pour résoudre le problème lancinant de l'emploi.

Certes, l'« inflation zéro » doit être un objectif. Mais cela est tout simplement irréaliste du fait des besoins budgétaires du pays et des limites du prélèvement fiscal dans les prochaines années.

On ne pourra résoudre les problèmes posés sans une politique d'investissements ciblés. Or elle est impossible sans une restauration de la confiance du peuple et des entrepreneurs envers l'État. Il y a de l'argent dans notre pays, mais il n'est pas investi dans la production : il circule à des fins spéculatives, reste « sous les matelas » ou part illégalement pour l'étranger.

Et tout cela est dû à l'inefficacité de la gestion de la propriété [14]. Il faut commencer par là.

Dans nos relations avec le monde extérieur, trois problèmes gravissimes se posent. En premier lieu, il convient de rééchelonner les dettes de la Russie (notamment les dettes héritées de l'URSS). En second lieu, il faut créer les conditions optimales pour les investissements privés étrangers directs et de portefeuille. En troisième lieu, il faut un « juste milieu » entre l'« ouverture » de l'économie russe et la protection des secteurs vulnérables contre une concurrence agressive.

C'est ainsi que je me représente, en substance, l'action de la direction du pays dans le domaine économique. Il y faut une volonté politique et une compétence moderne en matière de gestion de l'État.

Malgré les coups du destin et les difficultés que traverse mon pays, je demeure optimiste. La Russie a sa place désignée dans le processus

---

14. Mikhaïl Gorbatchev vise ici l'encadrement du secteur privé. (N.d.T.)

de la civilisation mondiale. Elle dispose encore des ressources humaines pour sortir de l'épreuve, rénovée et forte.

Mes plans d'avenir

Je n'envisage aucun changement *fondamental* ni dans mon caractère, ni dans le contenu de mon action. On n'a pas réussi et on ne réussira pas à m'expulser de la politique. Fidèle à mes vues et à mes critères moraux, je ferai tout ce qui est en mon pouvoir pour favoriser la victoire de la démocratie en Russie. Concrètement, j'entends participer à la formation d'une opposition au régime actuel, démocratique, unie et influente. Je suis persuadé qu'elle a un avenir et qu'il existe, d'ores et déjà, une strate importante de la population politiquement active susceptible de constituer le noyau d'une telle opposition, d'un tel mouvement de masse.

Je poursuivrai mon action publique par l'intermédiaire des médias, en prenant la parole dans mon pays et à l'étranger. À cet égard, je me suis appuyé et je continuerai à m'appuyer sur le Fonds, qui vient d'entrer dans le deuxième lustre de son existence.

L'expérience des activités du Fonds au cours de ces années et ses conditions matérielles d'existence suggèrent qu'un certain infléchissement est nécessaire. Bien des choses ont été accomplies sous la devise formulée au départ, « Vers une nouvelle civilisation », aussi bien dans le domaine de la synthèse des études des processus en œuvre dans le monde que dans l'analyse et l'évaluation des événements en Russie, en Europe et sur l'ensemble de la planète. Je l'ai déjà dit.

La portée essentielle de la réorganisation du Fonds, de sa restructuration et de la modification de ses formes d'activité consiste à mettre désormais l'accent sur des projets concrets plus adaptés, pour les mettre en œuvre dans les domaines politique et économique.

La thématique des études, de l'action publique et de la production du Fonds sera définie par les tendances réelles des processus mondiaux à l'orée du XXIe siècle.

On peut donc formuler ainsi l'idée-force (et l'objectif) de nos travaux : *Analyse des processus de mondialisation, prévision de ses orientations et perspectives maîtresses, formulation des priorités et valeurs envisageables (par extrapolation) au XXIe siècle.*

Et, en détaillant les problèmes :
— le nouvel ordre mondial, problèmes de sécurité et d'intégration ;
— l'économie mondiale de l'ère informatique et la place de la Russie en son sein ;
— la démocratie en tant que vecteur décisif du développement de la communauté internationale ; perspectives de la démocratie en Russie ;
— la sécurité écologique, l'adaptation du droit international et des liens économiques à l'impératif écologique.

Naturellement, le Fonds poursuivra l'étude de l'histoire de la perestroïka, ainsi que l'archivage des informations relatives aux recherches analogues poursuivies en Russie et à l'étranger, la systématisation des matériaux sur ce thème et l'édition de recueils de documents, d'ouvrages et d'articles.

Une telle orientation des travaux du Fonds est dictée par l'état de la Russie et la crise profonde de la société et de l'État russes. La Russie s'est trouvée à l'épicentre de la crise générale de la civilisation (y compris conceptuelle et culturelle). Les anciennes conceptions théoriques de la société humaine et de son développement ne donnent pas de réponse aux questions de survie et de progrès futur.

La mise au point d'un paradigme foncièrement nouveau de l'évolution mondiale est désormais une tâche prioritaire. C'est précisément ce qui constitue le centre de ma réflexion et de mon action en matière de recherche, comme dans les sphères sociale et politique.

GLOSSAIRE DES ABRÉVIATIONS

AIEA : Sigle d'Agence internationale de l'énergie atomique.

CAEM : Sigle de *Conseil d'assistance économique mutuelle*, nom officiel du Comecon.

CC : Sigle de *Comité central* du parti.

CFE : Sigle de *Forces conventionnelles en Europe*. Nom du traité de réduction des forces armées en Europe signé à Paris en novembre 1991 à la suite du processus de négociation de Vienne.

CSCE : Sigle de *Conférence sur la sécurité et la coopération en Europe.*

Demrossiïa : Acronyme de *Russie démocratique*, mouvement politique de tendance libérale.

DI : Sigle de *département international* du Comité central.

GKNT : Sigle de *Comité d'État pour la science et la technique.*

GKTchP : Sigle de *Comité d'État pour l'état d'urgence*, organisme d'exception mis en place par les putschistes d'août 1991 pour contrôler le pouvoir.

Gorkom : Acronyme de *comité municipal* du parti (ou du Komsomol).

Gosagroprom : Acronyme de *Comité d'État pour l'industrie agro-alimentaire.*

Gosbank : Acronyme de *Banque d'État*. En URSS (et maintenant en Russie), l'équivalent de la banque centrale des autres pays.

Goskomstat : Acronyme de *Comité d'État aux statistiques.*

Goskomtsen : Acronyme de *Comité d'État pour les prix.*

Gosplan : Acronyme de *Comité d'État à la planification.*

Gossnab : Acronyme de *Comité d'État pour l'approvisionnement.*

Gosstroï : Acronyme de *Comité d'État pour la construction.*

GROu : Sigle de *Direction principale du renseignement* de l'état-major général de l'armée soviétique. Nom du service de renseignements militaire.

Guensek : Acronyme de *secrétaire général.*

ICBM : Sigle anglais de *missile balistique intercontinental.*

IDS : Sigle de *initiative de défense stratégique*, nom du programme de défense spatiale antimissile proposé par le président Ronald Reagan en 1983. Connu aussi sous le nom de « bouclier spatial » et de programme de « guerre des étoiles ».

IMEMO : Sigle d'*Institut d'économie mondiale et des relations internationales*, à Moscou.

INF : Sigle anglais de *forces nucléaires à portée intermédiaire.* Désigne notamment les missiles eurostratégiques ou « euromissiles » éliminés par le traité INF de Washington (1987).

Ispolkom : Acronyme de *comité exécutif* d'un soviet.

KGB : Sigle de *Comité de sécurité de l'État*, organisme qui rassemblait la police politique, les services d'espionnage extérieur et de contre-espionnage et les gardes-frontières. Créé en mars 1954 (il succédait au ministère de Sécurité d'État ' MGB), il fut officiellement démantelé en octobre 1991.

Komsomol : Acronyme d'*Union des jeunesses communistes.*

Kraïkom : Acronyme de *comité du parti* (ou du Komsomol) pour un territoire.

MGK : Sigle de *comité du parti de la ville de Moscou.*

MID : Sigle de *ministère des Affaires étrangères.*

MO : Sigle de *ministère de la Défense.*

MOOP : Sigle de *ministère rattaché à la défense.* Nom des ministères officiellement civils qui fabriquaient des armements ou géraient des ressources utilisées par l'armée.

Mossoviet : Acronyme de *conseil municipal de Moscou.*

MTS : Sigle de *station de machines et tracteurs.*

MVD : Sigle de *ministère des Affaires intérieures*, successeur du NKVD à partir de 1946.

Narkom : Acronyme de *commissaire du peuple*, nom des ministres soviétiques de 1917 à 1946.

Narkomat : Acronyme de *commissariat du peuple*, nom des ministères soviétiques de 1917 à 1946.

NEP : Sigle de *Nouvelle Politique économique.* Imposée par Lénine en 1921, elle se différenciait du « communisme de guerre » par l'autorisation du commerce et de la petite industrie. Elle fut abandonnée à la fin des années vingt.

NKVD : Sigle de *commissariat du peuple aux Affaires intérieures*, organisme chargé de l'ordre public jusqu'en 1946, date à laquelle il devint le ministère des Affaires intérieures (MVD). De 1934 à 1941, la police politique lui fut rattachée sous le sigle de GOuGB (Direction principale à la sécurité d'État).

Obkom : Acronyme de *comité régional* du parti (ou du Komsomol).

OKO : Sigle de *détachement opérationnel du Komsomol*, groupe de jeunes volontaires chargés d'assister la milice dans la prévention de la délinquance et des comportements asociaux.

Orgnabor : Nom du *département de la migration et du recrutement organisé des ouvriers* (acronyme de « recrutement organisé »).

Partkom : Acronyme de *comité du parti* (d'un établissement ou d'une entreprise).

PCR : Sigle de *Parti communiste de la RSFSR.*

PCUS : Sigle de *Parti communiste de l'Union soviétique.*

Raïkom : Acronyme de *comité d'arrondissement* du parti (ou du Komsomol).

RSFSR : Sigle de *République socialiste fédérative soviétique de Russie.* Nom officiel de la Russie avant la formation de l'URSS en décembre 1922. Après cette date, devenue une république fédérée de l'URSS, la Russie garda le même nom.

SLBM : Sigle anglais de *missile balistique à lancement sous-marin.*

Sovnarkhoze : Acronyme de *Conseil de l'économie nationale.* Entre 1957 et 1965, organismes chargés de la gestion de l'économie au niveau fédéral, républicain et régional.

Sovnarkom : Acronyme de *Conseil des commissaires du peuple*, nom du gouvernement soviétique à partir de 1917. Il fut remplacé par le Conseil des ministres de l'URSS en 1946.

TOZ : Sigle de *coopérative pour la culture conjointe de la terre.*

VAZ : Sigle d'*Usine automobile de la Volga.* Constructeur des automobiles Lada et Jigouli.

VPK : Sigle de *Commission militaro-industrielle* près le Conseil des ministres de l'URSS. Organisme chargé de la coordination de la politique industrielle de défense. Désigne aussi, par extension, le *complexe militaro-industriel.*

VTsIK : Sigle de *Comité exécutif central panrusse des Soviets*, puis de *Comité exécutif central de l'URSS.* Nom du Parlement soviétique de 1918 à 1936.

GLOSSAIRE DES NOMS PROPRES

Afanassiev, Viktor : journaliste et fonctionnaire du parti, né en 1922. Après une carrière universitaire (titulaire de la chaire de communisme scientifique à l'Académie des sciences sociales près le CC du PCUS de 1960 à 1968), il entra à la rédaction de la *Pravda* (chargé des questions idéologiques). Nommé, en 1974, rédacteur en chef de *Kommounist*, la revue théorique du CC, il devint, deux ans plus tard, en 1976, rédacteur en chef de la *Pravda*. Ce poste lui valut de devenir membre titulaire du Comité central, la même année. Il dirigea le quotidien du parti jusqu'en 1989.

Aganbeguian, Abel : économiste, né en 1932. Diplômé de l'Institut d'État d'économie de Moscou, docteur en sciences économiques en 1955. Après une carrière de chercheur et d'enseignant, essentiellement en Sibérie, il devint, à partir de 1985, l'un des principaux théoriciens de la perestroïka. Auteur de nombreux ouvrages, il publia notamment *Perestroïka* en 1987.

Akhromeïev, Sergueï (1923-1991) : maréchal de l'URSS, chef d'état-major général de l'armée soviétique et premier vice-ministre de la Défense de 1984 à 1988, puis conseiller militaire de Mikhaïl Gorbatchev. Négociateur soviétique à différents pourparlers de désarmement. Il se suicida après l'échec du putsch d'août 1991.

Aliev, Gueïdar : homme politique azéri, né en 1923. Engagé dans les troupes de la sécurité d'État dès sa jeunesse, il gravit tous les échelons de la hiérarchie jusqu'à devenir président du KGB d'Azerbaïdjan en 1967. En 1969, il fut nommé premier secrétaire du parti de cette république. En 1982, Andropov lui confia les postes de premier vice-président du Conseil des ministres de l'URSS et de membre titulaire du Politburo. En 1987, il fut contraint de se retirer, officiellement pour raisons de santé, en réalité à cause de son attitude envers la politique de perestroïka. En 1993, il réussit un retour sur la scène politique en devenant président de la république indépendante d'Azerbaïdjan.

Andropov, Iouri (1914-1984) : homme d'État soviétique, secrétaire général du CC du PCUS de novembre 1982 à février 1984. Il commença sa carrière d'apparatchik en 1938, au Komsomol de Iaroslavl, puis de Carélie. Devenu fonctionnaire du parti en 1944, toujours en Carélie, il fut appelé à Moscou, en 1951, dans l'appareil du Comité central au département des relations avec les partis communistes au pouvoir. Versé aux Affaires étrangères, il fut nommé ministre-conseiller puis ambassadeur en Hongrie (1953-1957). Il occupait ce poste pendant l'insurrection de Budapest et l'intervention soviétique de 1956. De retour à Moscou, il dirigea le département chargé des pays frères avec titre de secrétaire du CC jusqu'en 1967. À cette date, il prit la tête du KGB, devenant en 1973 le premier président de la Sécurité d'État depuis Beria à cumuler ce poste avec un fauteuil de membre titulaire du Politburo. Cela fit de lui l'un des personnages clés du régime brejnévien. En mai 1982, il laissa le KGB pour le poste de secrétaire du CC à l'idéologie (numéro deux du parti). Ce fut à ce titre qu'il succéda à Brejnev six mois plus tard. Dès la fin des années soixante-dix, il fut le mentor de Mikhaïl Gorbatchev dans les hautes sphères du pouvoir soviétique.

Arbatov, Gueorgui, dit **Iouri :** fonctionnaire du parti et académicien soviétique, né en 1923. Docteur en histoire, spécialiste des relations internationales, il commença sa carrière comme journaliste dans différentes publications, en URSS *(Voprossy filossofii, Novoïe Vremia* et *Kommounist)* et à Prague *(Problèmes de la paix et du socialisme)*. De 1964 à 1967, il occupa des postes de responsabilité dans l'appareil du Comité central (département des relations avec les pays frères et département international), avant de prendre la direction de l'Institut des États-Unis et du Canada près l'Académie des sciences de l'URSS. Ce fut à la tête de cette pépinière de diplomates, espions et spécialistes du monde américain qu'il s'affirma pendant la perestroïka comme l'un des plus chauds partisans des réformes au sein du Comité central dont il était membre titulaire depuis 1981.

Bakatine, Vadim : homme politique soviétique, né en 1937. Proche de Mikhaïl Gorbatchev, membre du Comité central depuis 1986, membre du Conseil présidentiel en 1990, cet homme à la réputation libérale apparut réellement sur le devant de la scène en novembre 1990, lorsque les conservateurs du parti obtinrent son limogeage du poste de ministre de l'Intérieur où il s'était attiré le respect des partisans des réformes. Candidat contre Boris Eltsine à la présidence de la Russie en juin 1991, il n'obtint qu'un peu plus de 3 % des suffrages exprimés. À l'issue du putsch d'août de la même année, il fut nommé à la tête du KGB de l'URSS avec mission de le démanteler. Ses fonctions prirent fin avec la disparition de l'URSS en décembre 1991.

Baklanov, Oleg : apparatchik de l'industrie militaire soviétique, né en 1932. Après avoir fait toute sa carrière dans les constructions mécaniques générales (missiles balistiques, engins spatiaux), jusqu'au poste de ministre (1983), il devint, en 1988, le secrétaire du CC chargé de superviser le complexe militaro-industriel. Nommé vice-président du Conseil de défense de l'URSS, il fut l'un des principaux putschistes d'août 1991.

Beria, Lavrenti (1899-1953) : l'une des plus sinistres figures de l'époque de Staline. Membre de la Tcheka puis de la GPOu à partir de 1921. Membre du Comité central à partir de 1934. Commissaire du peuple à l'Intérieur (NKVD) du 7 décembre 1938 jusqu'en 1945. Membre du Politburo de 1946 à 1953 (il supervisait les organes de la sécurité d'État). En juillet 1953, après la mort de Staline, il fut arrêté par ses rivaux à la direction du parti (Khrouchtchev, Malenkov). Accusé de conspiration, il fut exécuté en décembre 1953, après un procès secret.

Birioukova, Alexandra : femme politique soviétique, née en 1929. Diplômée de l'Institut du textile de Moscou, cet ingénieur du combinat textile Triokhgornaïa Manufactura s'orienta vers le travail « social » dans l'organisation des syndicats soviétiques. Membre suppléant du CC en 1971, titulaire en 1976, elle accéda brièvement au secrétariat du CC (département de l'industrie légère et de la production de biens de consommation) de 1986 à 1988, avant de devenir vice-présidente du Conseil des ministres chargée des questions sociales.

Boldine, Valeri : homme politique soviétique, né en 1935. Diplômé en agriculture (1961) et en économie (1969), Boldine commença sa carrière comme journaliste à la *Pravda*, où il s'occupa notamment des problèmes agricoles. En 1981, il passa à l'appareil du CC, comme assistant de Mikhaïl Gorbatchev au département de l'Agriculture. Il continua à travailler avec ce dernier après son accession au pouvoir suprême en 1985. Nommé directeur du département général du CC en 1987, il devint en 1989 le chef de l'appareil présidentiel, ce qui faisait de lui le véritable chef de cabinet de Gorbatchev, aussi bien au parti qu'à la présidence. Il prit part à la tentative de putsch d'août 1991.

Bourboulis, Guennadi : homme politique russe, né en 1945. Ancien professeur de marxisme-léninisme, partisan du libéralisme économique, il a été l'un des principaux conseillers (certains disent l'« éminence grise ») de Boris Eltsine lors de l'installation de ce dernier au pouvoir en Russie. Premier vice-président du Conseil des ministres de Russie en novembre 1991, il fut progressivement écarté du pouvoir, à partir d'avril 1992, après le lancement de la réforme économique qui jetait les bases de l'économie de marché.

Bovine, Alexandre : fonctionnaire du parti, journaliste et diplomate russe, né en 1930. Avant de devenir l'un des observateurs politiques les plus réputés des *Izvestia* (1972-1991), il travailla comme consultant et chef d'un groupe de consultants au département de la propagande du Comité central (1963-1972). En 1991, il fut nommé ambassadeur de Russie en Israël.

Brejnev, Leonid (1906-1982) : homme d'État soviétique, secrétaire général du CC du PCUS d'octobre 1964 à novembre 1982. Ingénieur de formation, il s'orienta dès le milieu des années trente vers le travail administratif et devint fonctionnaire du parti à Dniepropetrovsk (Ukraine) en 1938. Commissaire politique d'un régiment puis d'une brigade au début de la Seconde Guerre mondiale, il parvint rapidement (avril 1942) à la tête du département politique de la 18e armée et au grade de colonel. Il finit la guerre comme major-général. Chef du parti à Zaporojie (1946), puis à Dniepropetrovsk (1947), son ascension fut foudroyante à partir de 1950 : premier secrétaire de la république de Moldavie, membre du Comité central et membre suppléant du Politburo, alors appelé Présidium du CC (1952). À la mort de Staline, il connut une brève disgrâce comme chef adjoint de la Direction politique principale de l'armée et de la flotte (1953-1954), mais il reprit rapidement le travail du parti, au Kazakhstan, comme deuxième, puis premier secrétaire de la république (1954-1956). De retour à Moscou, il retrouva le Présidium du CC, comme suppléant, puis comme titulaire (1957) et le poste de secrétaire du CC qu'il ne quitta que momentanément, de 1960 à 1963, pour occuper celui de président du présidium du Soviet suprême (chef de l'État). En octobre 1964, il remplaça Khrouchtchev, limogé, à la tête du parti. À partir de 1977, il cumula ce poste avec celui, retrouvé, de président du présidium du Soviet suprême. L'année précédente, il avait été élevé à la dignité de maréchal de l'URSS.

Chakhnazarov, Gueorgui : homme politique soviétique, né en 1924, l'un des principaux conseillers de Mikhaïl Gorbatchev. Ce juriste, fonctionnaire du parti depuis les années cinquante, commença sa carrière au département de la propagande. Passé à celui des relations avec les partis communistes au pouvoir, il en finit directeur adjoint (1986-1988), après un passage par l'Institut de l'État et de la loi près l'Académie des sciences. À partir de 1988, ce réformiste avoué fit partie du proche entourage de Gorbatchev au secrétariat général du parti puis au sein de l'appareil présidentiel.

Chapochnikov, Evgueni : général soviétique, né en 1942. Commandant en chef des forces aériennes depuis 1990, il se démarqua des putschistes, en août 1991, ce qui lui valut d'être nommé ministre de la Défense de l'URSS tout de suite après leur échec. Devenu commandant en chef des forces armées de la CEI en janvier 1992, il vit son rôle se réduire, puis disparaître, à mesure que les républiques se dotaient d'armées indépendantes. Éphémère secrétaire général du Conseil de défense en 1993, il fut nommé, en février de l'année suivante, à la tête de l'organisme russe chargé du contrôle des exportations d'armes.

Chataline, Stanislav (1934-1997) : économiste soviétique. L'un des principaux théoriciens économiques de la perestroïka, membre du Conseil présidentiel de Mikhaïl Gorbatchev. En 1990, il fut notamment le coauteur avec Grigori Iavlinski du projet de réforme dit des « cinq cents jours » qui devait faire passer l'économie soviétique de la planification au marché. Il rompit avec Gorbatchev après le rejet de son plan par ce dernier.

Chenine, Oleg : fonctionnaire du parti soviétique, né en 1937. Membre du Politburo et secrétaire du Comité central (organisation et cadres) en 1990, il fut l'un des participants du putsch d'août 1991.

Chevardnadze, Edouard : homme d'État géorgien, né en 1925. Il commença sa carrière en Géorgie, comme fonctionnaire du Komsomol puis du parti, avant de passer au ministère de l'Intérieur de cette république comme vice-ministre (1964), puis ministre (de 1965 à 1972). De 1972 à 1985, il occupa le poste de premier secrétaire du

CC géorgien. Membre du Comité central du PC soviétique en 1976, membre suppléant du Politburo en 1978, il accéda au rang de membre titulaire de cette instance en 1985, sous Gorbatchev, dont il était l'un des principaux alliés. En juillet de cette même année, il fut nommé ministre des Affaires étrangères de l'URSS. Il fut l'un des artisans de la « nouvelle pensée » gorbatchévienne, mais démissionna dramatiquement de son poste en décembre 1990 (il avait précédemment quitté le Politburo) en dénonçant le risque de dictature. Il retrouva pour quelques semaines la tête de la diplomatie soviétique en novembre 1991, à la veille du démantèlement de l'URSS. Depuis 1993, il est président de la république indépendante de Géorgie.

Chouchkevitch, Stanislav : homme d'État biélorusse, né en 1934. Cet universitaire (docteur en sciences physiques et mathématiques, vice-recteur de l'Université de Minsk) entra en politique en 1990 lors des élections locales en Biélorussie, qui furent marquées par une poussée réformatrice. Élu président du Soviet suprême de Biélorussie (chef de l'État) le 18 septembre 1991, il engagea sa république sur la voie de l'indépendance. Avec les présidents russe (Boris Eltsine) et ukrainien (Leonid Kravtchouk), il fut, en décembre 1991, à l'origine de la création de la CEI. Le Parlement de Minsk le démit de ses fonctions présidentielles en février 1994.

Chtchelokov, Nikolaï (1910-1984) : homme politique soviétique. Proche de Brejnev qu'il avait rencontré à Dniepropetrovsk avant la guerre, toute sa carrière a été liée à celle du futur secrétaire général. Nommé ministre de l'Intérieur de l'URSS en 1966, il occupa ce poste jusqu'en 1983. Mis en cause dans des affaires de corruption sous Andropov, il se suicida l'année suivante.

Chtcherbitski, Vladimir (1918-1990) : homme politique soviétique. Ce fonctionnaire du parti a fait toute sa carrière en Ukraine, gravissant tous les échelons hiérarchiques du parti et de l'État jusqu'à devenir président du Conseil des ministres d'Ukraine (1961-1963 et 1965-1972) puis premier secrétaire du CC ukrainien (1972-1989). Membre suppléant du Politburo (1961-1963 puis à nouveau à partir de 1965), il devint, en 1971, membre titulaire de cette instance dont il fut l'un des piliers pendant dix-neuf ans, jusqu'à sa mise à la retraite à la fin du règne de Gorbatchev.

Demitchev, Piotr : fonctionnaire du parti, né en 1918, chimiste de formation. Chef du parti de la région de Moscou (1960-1962), il fut secrétaire du CC (1961-1974), d'abord chargé du département de l'industrie légère et chimique, puis de celui de la culture. Ministre de la Culture de 1974 à 1986, il fut nommé à cette date premier vice-président du Soviet suprême, poste qu'il occupa jusqu'en 1988. Il fut également membre suppléant du Politburo de 1964 à 1988.

Dobrynine, Anatoli : diplomate soviétique, né en 1919. Entré au ministère des Affaires étrangères en 1946, il s'imposa comme l'un des meilleurs spécialistes des États-Unis, ce qui lui valut d'être nommé ministre-conseiller à Washington de 1953 à 1955, puis secrétaire général adjoint des Nations unies, à New York, avant de retourner dans la capitale fédérale comme ambassadeur en 1962. Il demeura à ce poste pendant vingt-quatre ans, jusqu'en 1986, année où il fut appelé au secrétariat du CC, à la tête du département international en remplacement de Boris Ponomarev. Il ne conserva cette position que pendant deux ans avant d'être remplacé par Valentin Faline.

Eltsine, Boris : homme d'État russe, né en 1931. Après des études d'ingénieur à l'Institut polytechnique de l'Oural, Eltsine occupa pendant quelques années des postes de responsabilité au sein d'un combinat du bâtiment à Sverdlovsk. À partir de 1968, il passa dans l'appareil du parti, comme chef de département au comité de région de Sverdlovsk (1968-1975), puis comme secrétaire et premier secrétaire de l'obkom (1976-1985). Membre du CC depuis 1981. En 1985, il fut nommé directeur du département de la construction de l'appareil central du parti, à Moscou, avec rang de secrétaire du CC. À la fin de l'année, il succéda à Grichine à la tête du comité du parti de la capitale, ce qui lui donna droit à un strapontin au Politburo à l'issue du XXVIIe congrès du parti, en mars 1986. Limogé à la fin de 1987 en raison du « volontarisme » de sa gestion de Moscou et de désaccords avec d'autres membres de la direction, il fut nommé vice-président du Comité d'État pour la construction (Gosstroï), avec rang de ministre. À partir de cette époque, il commença à s'affirmer comme l'un des principaux opposants à Mikhaïl Gorbatchev. Député du peuple en 1989, président du Soviet suprême de Russie en 1990, il fut élu à la présidence de la Fédération de Russie le 12 juin 1991, au suffrage universel. À ce poste, il conduisit la résistance aux putschistes d'août 1991, ce qui finit d'asseoir sa légitimité face au pouvoir central. En décembre de la même année, avec les présidents ukrainien et biélorusse, il « constata » que l'Union soviétique avait « cessé d'exister » et proposa la constitution de la Communauté des États indépendants (CEI) qui fut adoptée par dix anciennes républiques soviétiques à Alma-Ata, le 21 décembre 1991. En dépit de graves problèmes de santé, Boris Eltsine fut réélu à la présidence de la Russie le 3 juillet 1996.

Faline, Valentin : homme politique soviétique, né en 1926. Fonctionnaire du ministère des Affaires étrangères, spécialiste des pays germaniques, il fut ambassadeur à Bonn de 1971 à 1978. De retour à Moscou, il passa dans l'appareil du CC, comme premier adjoint au chef du département de l'information internationale (1978-1983), avant de devenir rédacteur en chef du département éditorial des *Izvestia* (1983-1986), puis président de l'Agence de presse Novosti. En 1988, il retourna dans l'appareil du parti pour prendre la tête du département international. Il fut le dernier secrétaire du CC chargé des relations internationales (1990-1991) avant la dissolution du PCUS.

Frolov, Ivan : homme politique soviétique, né en 1929. Ce docteur en philosophie fit l'essentiel de sa carrière dans la presse, notamment à *Problemy mira i sotsialisma* et *Voprossy Filosofii*. Devenu rédacteur en chef de la revue *Kommounist*, il s'affirma comme un partisan de la perestroïka, ce qui lui valut de devenir l'un des assistants de Gorbatchev pour les questions idéologiques en 1987. En 1989, il prit la tête de la rédaction de la *Pravda* en remplacement de Viktor Afanassiev. L'année suivante, il entra dans les instances dirigeantes du PCUS comme membre du Politburo.

Gaïdar, Egor : homme politique russe, né en 1955. Diplômé de l'Université de Moscou, élève de l'économiste libéral Stanislav Chataline, il travailla à la rédaction économique de la *Pravda* de 1987 à 1990 (son père Timour était l'un des principaux rédacteurs du journal), avant de devenir le principal conseiller économique de Boris Eltsine. L'élection de ce dernier à la tête de la Russie, en juin 1991, et la fin de l'URSS, six mois plus tard, le portèrent sur le devant de la scène : vice-président du Conseil des ministres, il lança, en janvier 1992, la « thérapie de choc » et, en avril, devint Premier ministre, à trente-six ans. Sacrifié sur l'autel du compromis avec les conservateurs en décembre, il retourna au gouvernement, comme vice-Premier ministre, en septembre 1993. Il démissionna en janvier 1994, après l'échec de sa formation, *Choix de Russie*, aux élections de décembre 1993.

Grichine, Viktor (1914-1992) : homme politique soviétique. Responsable du parti pour la ville de Moscou de 1967 à 1986, membre du Politburo de 1971 à 1986, il était l'un des principaux personnages du régime avant l'accession au pouvoir de Mikhaïl Gorbatchev, en 1985. Dès l'année suivante, accusé de malversations dans la gestion de la ville de Moscou, il fut contraint de prendre sa retraite. Boris Eltsine le remplaça à la tête du parti de la capitale.

Gromyko, Andreï (1909-1989) : homme d'État soviétique. Économiste de formation, il entra aux Affaires étrangères en 1939. Ambassadeur à Washington (1943 à 1946), représentant permanent de l'URSS aux Nations unies (1946-1948), ambassadeur à la cour d'Angleterre (1952-1953), il fut nommé ministre des Affaires étrangères de l'URSS en 1957, poste qu'il ne quitta qu'en 1985 pour devenir président du présidium du Soviet suprême (chef de l'État). Membre du Politburo depuis 1973, il devint à la fin du règne de Brejnev, ainsi que sous Andropov et Tchernenko, l'un des personnages clés du Kremlin. En 1985, son soutien à la candidature de Gorbatchev au poste de secrétaire général fut déterminant. Il prit sa retraite en 1988.

Iakovlev, Alexandre : homme politique soviétique, né en 1923. Grièvement blessé au combat pendant la Seconde Guerre mondiale, il devint fonctionnaire du parti en 1946, d'abord à Iaroslavl, puis dans l'appareil du CC à Moscou. Après un stage universitaire aux États-Unis (Columbia University, New York, 1959), il travailla dans le secteur de l'agitation et de la propagande du CC, notamment à la radio et à la télévision. En 1965, il devint chef adjoint du département de la propagande, dont il assura l'intérim jusqu'en 1973. « Exilé » comme ambassadeur à Ottawa après la publication d'un article théorique hostile aux idées nationalistes, il resta en Amérique du Nord jusqu'en 1983. Rappelé à Moscou, d'abord comme directeur de l'Institut de l'économie mondiale et des relations internationales, puis comme chef du département de la propagande du CC (1985), il devint l'un des principaux conseillers de Mikhaïl Gorbatchev. Secrétaire du CC l'année suivante, il entra au Politburo en 1987. À ces postes, il s'illustra comme le véritable théoricien de la perestroïka et de la glasnost, malgré l'hostilité à son égard d'une bonne partie de l'appareil. En 1990, il refusa de rester au Politburo issu du XXVIIIe congrès du parti. L'année suivante, il prit ses distances avec Gorbatchev et démissionna du PC avant d'en être exclu. Après le putsch d'août 1991 et le démantèlement de l'URSS, il se réconcilia avec l'ancien secrétaire général.

Iakovlev, Egor : journaliste, né en 1930. Fils d'un officier du NKVD, il devint l'un des principaux partisans de la réforme en URSS. Après avoir travaillé dans des journaux aussi divers que la *Moskovskaïa Pravda*, la *Sovietskaïa Rossia*, ou la *Pravda*, il travailla à la rédaction de *Problèmes de la paix et du socialisme*, à Prague (1972-1975). Correspondant des *Izvestia* à son retour à Moscou, il prit la tête des *Moskovskie Novosti* en 1986. Ce journal devint le phare de la perestroïka et le principal soutien de la démocratisation du pays.

Ianaïev, Guennadi : homme politique soviétique, né en 1937. Cet apparatchik des organisations dites « sociales » (comité des organisations de la jeunesse, sociétés « d'amitié » avec l'étranger, syndicats soviétiques), devint vice-président de l'URSS, en décembre 1990, à la surprise générale et grâce à l'insistance de Mikhaïl Gorbatchev qui força la main des députés pour qu'ils ratifient sa nomination. Neuf mois plus tard, en août 1991, il fut le chef *de jure* du putsch des conservateurs : sa position de vice-président faisait de lui constitutionnellement le chef de l'État en cas de vacance de la présidence. Or les putschistes prétendaient que Gorbatchev, malade, n'était plus capable d'exercer ses fonctions.

Iavlinski, Grigori : économiste et homme politique russe, né en 1952. Proche conseiller de Boris Eltsine et vice-Premier ministre de Russie en 1990, il fut, avec Stanislav Chataline, l'un des auteurs du plan des « cinq cents jours » qui devait faire passer l'URSS de la planification à l'économie de marché. Ce plan, rejeté par Mikhaïl Gorbatchev, fut partiellement mis en application par Boris Eltsine en Russie. Les relations de Iavlinski avec ce dernier se firent plus distantes à partir de 1991. Depuis décembre 1993, il est à la tête du groupe parlementaire libéral *Iabloko*, à la Douma d'État. Candidat à l'élection présidentielle de 1996, il obtint 7,5 % des suffrages.

Iazov, Dmitri : maréchal soviétique, né en 1923. Ce général d'armée, commandant de la région militaire de l'Extrême-Orient soviétique, fut découvert par Mikhaïl Gorbatchev lors d'un voyage à Vladivostok, en 1986, et nommé vice-ministre de la Défense chargé des cadres. L'année suivante, l'atterrissage du jeune pilote allemand Mathias Rust sur la place Rouge entraîna le limogeage du ministre de la Défense Sergueï Sokolov. Iazov fut nommé à sa place. Quatre ans plus tard, en août 1991, il se trouva engagé dans l'aventure du putsch et devint l'un des membres du Comité d'État pour l'état d'urgence qui voulut renverser Gorbatchev.

Joukov, Gueorgui (1896-1974) : maréchal soviétique. Commandant de détachements blindés, il participa aux opérations contre les Japonais dans la région de l'Amour (1938-1939) et à la guerre russo-finlandaise (1939-1940). En février 1941, il devint chef d'état-major de l'Armée rouge, vice-commissaire du peuple à la Défense. Il dirigea la défense de Moscou, la contre-offensive à Stalingrad, et commanda l'avance des troupes soviétiques sur Varsovie et Berlin. En juin 1957, au poste de ministre de la Défense, il aida Khrouchtchev à contrecarrer la tentative du « groupe antiparti » pour le limoger du poste de premier secrétaire du parti. Promu membre titulaire du Politburo à cette occasion, il fut écarté de cette instance et démis de ses fonctions ministérielles trois mois plus tard, en octobre 1957.

Khrouchtchev, Nikita (1894-1971) : homme d'État soviétique. Membre du Parti bolchevique depuis 1918, il participa à la guerre civile, puis gravit les échelons de l'appareil, d'abord en Ukraine, puis à Moscou, où il devint le premier secrétaire du comité du parti de la ville et de la région (1935-1938). Nommé à la tête du parti en Ukraine en 1938 (poste qu'il conserva jusqu'en 1949), il entra au Politburo la même année, d'abord comme suppléant, puis comme titulaire, dès l'année suivante. Pendant la guerre, il fut commissaire politique sur divers fronts (sud-ouest, Stalingrad, sud et premier front d'Ukraine), avec grade de lieutenant-général. En 1949, il fut appelé à Moscou au poste de secrétaire du Comité central. À la mort de Staline, en mars 1953, il prit le contrôle du parti (Malenkov prenant celui du gouvernement), ce qui lui permit de s'imposer, dès septembre, comme le véritable successeur du dictateur. Il engagea alors une politique de déstalinisation qui culmina lors des XXe et XXIIe congrès et lui valut, en 1957, d'être victime d'une tentative de renversement par certains membres du Présidium du parti (Politburo) en tête desquels se trouvait Molotov. Le ferme soutien du Comité central lui permit de sauver son poste. Pourtant, ses velléités réformistes lui aliénèrent progressivement les membres du CC, et ce fut avec l'accord de cette instance que Brejnev, Souslov et Podgorny le renversèrent, en octobre 1964. Il finit ses jours comme un simple retraité, titulaire d'une pension à titre personnel.

Kirilenko, Andreï (1906-1990) : homme politique soviétique. Proche de Brejnev, il fit toute sa carrière dans le parti, d'abord en Ukraine, puis à Sverdlovsk, dans l'Oural. Membre suppléant du Présidium (Politburo) du CC de 1957 à 1961, titulaire à partir de 1962, il devint secrétaire du Comité central en 1966. À ce poste, il était l'un des principaux membres de la direction brejnévienne et il lui arrivait de remplacer le secrétaire général lors de ses voyages. Il fut écarté des instances du pouvoir, pour raisons de santé, quelques semaines à peine avant la mort de Brejnev en novembre 1982.

Kossyguine, Alexeï (1904-1980) : homme d'État soviétique. Une riche carrière ministérielle commencée en 1939 dans l'industrie textile le conduisit au poste de premier vice-président du Conseil des ministres de l'URSS en 1960. En 1964, il remplaça Khrouchtchev comme Premier ministre (poste que ce dernier cumulait avec celui de premier secrétaire du parti) et devint, avec Brejnev et Podgorny, l'un des membres de la « troïka » qui prit, à ce moment, la direction collégiale de l'URSS. Membre du Présidium du CC (Politburo) depuis 1960 (il l'avait déjà été temporairement de 1948 à 1952), il fut, pendant toute la période brejnévienne, le principal responsable de l'économie qu'il tenta de réformer, en vain, à plusieurs reprises. En 1980, il fut remplacé à la tête du gouvernement par son premier adjoint, Nikolaï Tikhonov, un proche de Brejnev. Il mourut peu après.

Kravtchouk, Leonid : homme d'État ukrainien, né en 1937. Économiste de formation, il entra au parti en 1960. Devenu membre du Comité central du PC ukrainien dix ans plus tard, il fut nommé, en 1980, secrétaire à la propagande et à l'agitation puis, en 1988, secrétaire responsable de l'idéologie. Élu président du Soviet suprême d'Ukraine en 1990, il prit alors fait et cause pour l'indépendance de la république et se fit le chantre du nationalisme. Pourtant, il ne quitta le parti communiste qu'après l'échec du putsch d'août 1991. Élu président de la république ukrainienne en décembre 1991, il fut l'un des artisans de l'éclatement de l'URSS par sa volonté de faire quitter l'Union à sa république. Avec Stanislav Chouchkevitch et Boris Eltsine, il prononça, le même mois, la dissolution de l'URSS et la création de la CEI à laquelle l'Ukraine n'adhéra que de manière presque symbolique. Sous son gouvernement, son pays s'enfonça peu à peu dans la crise économique et politique. Il fut battu par Leonid Kouchma, son ancien Premier ministre, lors de l'élection présidentielle de juillet 1994.

Krioutchkov, Vladimir : homme politique soviétique, né en 1924. Après des études de droit par correspondance et un début de carrière dans l'appareil du Komsomol, il entra dans la diplomatie. Troisième secrétaire à l'ambassade soviétique en Hongrie, de 1954 à 1959, il y rencontra Iouri Andropov, alors ambassadeur. Les deux hommes ne se quittèrent plus : lorsque Andropov prit la direction du département du CC chargé des relations avec les pays frères, il fit appeler Krioutchkov auprès de lui. De même, en 1967, lorsque le futur secrétaire général fut nommé à la présidence du KGB, Krioutchkov prit la tête de son secrétariat. En 1974, il devint le chef de la première direction principale du KGB (espionnage extérieur), poste qu'il occupa jusqu'en 1988. À cette date, Mikhaïl Gorbatchev le nomma président du KGB. Il entra au Politburo l'année suivante. Il fut l'un des principaux organisateurs de la tentative de putsch d'août 1991.

Ligatchev, Egor : homme politique soviétique, né en 1920. Après avoir gravi tous les échelons du parti, à Novossibirsk, il fut appelé, en 1961, au sein de l'appareil du CC, à Moscou, d'abord au département de la propagande, puis à celui des cadres. En 1965, il fut envoyé à Tomsk, comme premier secrétaire régional, poste qu'il occupa pendant dix-huit ans, jusqu'en 1983, année où Andropov le nomma secrétaire du CC chargé des cadres et de l'organisation du travail du parti. En 1985, à l'avènement de Gorbatchev, il devint membre du Politburo et responsable des départements idéologiques (numéro deux du parti). Réservé sur la politique de glasnost et la démocratisation, il devint rapidement l'opposant principal du secrétaire général, qui lui retira les départements idéologiques en 1988 pour lui confier le secteur moins sensible de l'agriculture. Il quitta le secrétariat et le Politburo en 1990, non sans avoir participé à la création du Parti communiste de Russie qui réunissait les éléments les plus conservateurs du PCUS.

Likhatchev, Dmitri : historien de la littérature russe ancienne, né en 1906. Académicien, autorité morale de l'intelligentsia russe.

Loukianov, Anatoli : homme politique soviétique, né en 1930. Ami de Gorbatchev depuis l'époque de leurs études à la faculté de droit de Moscou, il travailla surtout dans l'appareil de l'État (gouvernement et Soviet suprême). En 1983, sous Andropov, mais poussé par Mikhaïl Gorbatchev, il fut nommé premier adjoint au chef du département général du CC. Il en prit la tête en 1985, à l'avènement de son ami au poste de secrétaire général. En 1987, il devint secrétaire du comité central, puis, l'année suivante, vice-président du présidium du Soviet suprême. En 1990, lorsque Gorbatchev fut élu président de l'URSS, il succéda à ce dernier à la présidence du Parlement soviétique. Accusé d'avoir été l'un des principaux « idéologues » du putsch d'août 1991, il devint l'un des chefs de file de l'opposition conservatrice à Boris Eltsine.

Malenkov, Gueorgui (1902-1988) : Homme politique soviétique. Chef du secrétariat personnel de Staline (1932), il joua un rôle important dans les purges de 1935-1938. En 1946, il devint membre du Politburo, vice-président du Conseil des ministres et deuxième secrétaire du parti. Après la mort de Staline, il lui succéda à la tête du gouvernement (1953-1955). Ayant participé à la tentative manquée d'évincer Khrouchtchev (1957), il fut exclu du Comité central et du Présidium (Politburo).

Medvedev, Vadim : homme politique soviétique, né en 1929. Docteur en sciences économiques, titulaire d'une chaire d'économie politique à l'Institut technologique de Leningrad (1961-1968), il passa aux départements idéologiques de l'appareil du parti, d'abord pour la région de Leningrad (1968-1970), puis à Moscou (1970-1978). Recteur de l'Académie des sciences sociales en 1978, il retourna au CC en 1983, comme chef du département de la science et de l'éducation. Proche collaborateur de Mikhaïl Gorbatchev, il devint secrétaire du CC en 1986.

Mikoïan, Anastase (1895-1978) : homme politique soviétique. Membre du Comité central du parti depuis 1923, il fut successivement commissaire du peuple au Commerce, au Ravitaillement, à l'Industrie alimentaire, et de nouveau au Commerce. Membre du Politburo (1935-1966), vice-président (1937-1955) puis premier vice-président du gouvernement (1955-1964), il fut président du Soviet suprême (chef de l'État) de mai 1964 à décembre 1965.

Molotov, Viatcheslav (1890-1986) : homme politique soviétique. Membre du Comité central (1921) et du Politburo (1926), il remplaça Nikolaï Boukharine à la présidence du Komintern en 1929. En 1930, il devint président du gouvernement, poste qu'il céda à Staline en mai 1941. Appelé aux Affaires étrangères en 1939, il signa avec Joachim von Ribbentrop le pacte germano-soviétique. En 1957, il participa à la tentative du « groupe antiparti » pour évincer Nikita Khrouchtchev.

Exclu alors du parti, il finit par y être réintégré en 1984, peu de temps avant sa mort.

Nazarbaïev, Noursoultan : homme politique kazakh, né en 1940. Il rêvait de devenir pilote, mais ce fut au PC du Kazakhstan qu'il fit son ascension : parti du bas de la hiérarchie, il ne mit que dix ans pour devenir membre de la direction de la république. Président du Conseil des ministres du Kazakhstan, en 1984, il devint premier secrétaire du CC kazakh en 1989. Élu président de sa république en décembre 1991, il s'efforça, pendant toute la phase de décomposition de l'URSS, de sauver l'Union, mais il n'en conduisit pas moins son pays vers l'indépendance. Il est resté partisan de liens économiques étroits entre les républiques ex-soviétiques.

Okoudjava, Boulat (1924-1997) : poète et romancier. Ses poèmes lyriques et chansons traduisaient, à travers une vision poétisée du quotidien, une sensibilité anticonformiste.

Oustinov, Dmitri (1908-1984) : homme politique soviétique. Ingénieur d'armement, il s'illustra pendant la Seconde Guerre mondiale comme commissaire du peuple (ministre) à l'Armement (1941), poste qu'il conserva jusqu'en 1957. Vice-président, puis premier vice-président du Conseil des ministres, il entra en 1965 au secrétariat du Comité central pour superviser l'industrie de défense. La même année, il devint membre suppléant du Politburo. En 1976, il fut nommé ministre de la Défense, maréchal de l'URSS et membre titulaire du Politburo, dont il fut l'un des principaux responsables. Proche d'Andropov, il favorisa l'ascension de Mikhaïl Gorbatchev.

Pavlov, Valentin : homme politique soviétique, né en 1937. Diplômé de l'Institut des finances de Moscou, ce fut dans ce secteur qu'il effectua toute sa carrière, jusqu'au poste de ministre, en 1989. En janvier 1991, Gorbatchev le nomma Premier ministre. Huit mois plus tard, en août, il faisait partie des putschistes qui tentèrent de prendre le pouvoir. Dépassé par les événements, il se retira du Comité d'État pour l'état d'urgence au soir du deuxième jour, terrassé officiellement par une attaque d'hypertension.

Podgorny, Nikolaï (1903-1983) : homme d'État soviétique. Ce ne fut qu'à quarante-sept ans, après une carrière dans la production et au ministère ukrainien des produits alimentaires, que ce spécialiste de l'industrie sucrière entama une carrière d'apparatchik comme premier secrétaire de la région de Kharkov (1950). Promu au poste de deuxième secrétaire du CC ukrainien en 1953, il prit la direction de la république en 1957. Cela lui valut d'être nommé membre suppléant du Présidium (Politburo) du CC du PCUS, puis titularisé en 1960. Secrétaire du CC en 1963, il devint, après le limogeage de Khrouchtchev, président du présidium du Soviet suprême, ce qui fit de lui le chef de l'État en titre et l'un des trois membres (avec Brejnev et Kossyguine) de la direction collégiale. Cantonné dans un rôle essentiellement protocolaire, il perdit progressivement de l'importance et finit par être écarté en 1977, lorsque Brejnev, à la faveur d'une réforme constitutionnelle, décida de cumuler le poste de secrétaire général avec celui de chef de l'État.

Polozkov, Ivan : homme politique soviétique, né en 1935. Fonctionnaire du Komsomol, puis du parti à partir de 1957, dans les régions de Koursk, de Krasnodar et au CC à Moscou. Chef de section au département organisationnel en 1984 et 1985, il travailla sous les ordres d'Egor Ligatchev, avant de devenir, en 1985, premier secrétaire du parti pour le territoire de Krasnodar. Cinq ans plus tard, il prit la tête du Parti communiste de Russie nouvellement créée. Candidat à la présidence du Soviet suprême de Russie en 1990, il fut battu par Boris Eltsine.

Ponomarev, Boris : homme politique soviétique, né en 1905. Fonctionnaire du Komsomol, puis du parti depuis les années vingt, il devint directeur adjoint de l'Institut du professorat rouge (1932-1936), avant de passer à l'administration du Komintern. Après la dissolution de ce dernier, en 1943, il continua à travailler dans le même domaine au sein du département international du CC formé à partir des structures de l'organisation dissoute. Il prit la tête du département en 1955 et accéda à la qualité de membre suppléant du Présidium (Politburo du CC) l'année suivante. En 1958, il fut nommé secrétaire du Comité central, toujours chargé du département international. Il conserva tous ces postes jusqu'à sa mise à la retraite, en 1986.

Popov, Gavriil : homme politique russe, né en 1936. Économiste libéral, professeur à l'Université de Moscou et rédacteur en chef de la revue *Questions d'économie*, il fut maire de Moscou de 1990 à 1992. Pendant la phase de décomposition du régime soviétique (1989-1991), il coprésida le Groupe interrégional des députés au Soviet suprême de l'URSS et fut l'une des figures dominantes de l'opposition à Mikhaïl Gorbatchev.

Pougo, Boris (1937-1991) : homme politique soviétique. Bien que d'origine lettonne, il a été l'un des partisans les plus convaincus de la préservation de l'URSS. Responsable du parti et du KGB en Lettonie, premier secrétaire de la république de 1984 à 1988, il fut nommé, à cette date, chef du Comité de contrôle du parti. Élu l'année suivante à la présidence de la Commission centrale de contrôle, il remplaça, en décembre 1990, Vadim Bakatine au poste de ministre de l'Intérieur de l'URSS. Six semaines après sa nomination, des troupes de son ministère appuyées par le groupe Alpha du KGB se livraient à des actions violentes à Vilnius et Riga. Membre du Comité d'État pour l'état d'urgence qui tenta de s'emparer du pouvoir en août 1991, il se suicida à la suite de l'échec du putsch.

Primakov, Evgueni : universitaire et homme politique soviétique, né en 1929. Ce spécialiste des pays du Moyen-Orient commença sa carrière comme journaliste, d'abord à la radio (1956-1962), puis à la *Pravda* à partir de 1962. En 1970, il s'orienta vers l'université, comme directeur adjoint de l'Institut de l'économie mondiale et des relations internationales (IMEMO), puis comme directeur de l'Institut des études orientales (1977-1985), avant de revenir à l'IMEMO, comme directeur. Ses relations dans le monde arabe lui permirent de jouer les intermédiaires entre Gorbatchev et Saddam Hussein, en 1990, à la veille de la guerre du Golfe. En septembre 1991, il se vit confier la direction de la première direction générale du KGB (espionnage extérieur) qui fut séparée, le mois suivant, de la maison mère pour devenir l'Agence fédérale de renseignements, puis, en décembre 1992, le Service de renseignements de Russie. Après les élections législatives de décembre 1995, Boris Eltsine lui confia le portefeuille des Affaires étrangères en remplacement d'Andreï Kozyrev.

Rachidov, Charif (1917-1983) : homme politique ouzbek. Premier secrétaire de sa république depuis 1959, membre suppléant du Politburo depuis 1961, ce fut sous son gouvernement que se développa le scandale du « coton ouzbek » qui compromit une grande partie de la classe politique brejnévienne. Il fut mis en cause dans le cadre des campagnes anticorruption lancées par Iouri Andropov. Il se serait suicidé avant que le scandale n'éclate.

Raspoutine, Valentin : romancier, né en 1937. Poète de la taïga sibérienne et de ses hommes frustes, défenseur de la nature, écologiste convaincu, mais politiquement proche des milieux conservateurs ultra-nationalistes, son œuvre jouit d'une grande popularité en Russie.

Romanov, Grigori : homme politique soviétique, né en 1923. Diplômé de la construction navale, premier secrétaire de la région de Leningrad de 1970 à 1983, membre suppléant du Politburo (1973-1976), puis titulaire (1976-1985), il devint secrétaire du CC chargé de l'industrie de défense en 1983. Lors de la succession de Tchernenko, en mars 1985, les commentateurs occidentaux en faisaient un rival possible de Gorbatchev. Cet homme notoirement corrompu et dont les frasques, bien qu'aucun média n'en parlât, défrayaient la chronique, fut mis à la retraite trois mois plus tard, le 1er juillet 1985.

Ryjkov, Nikolaï : homme politique soviétique, né en 1929. La carrière de ce spécialiste de l'industrie lourde et de transport, originaire de l'Oural, le conduisit de la direction d'une union industrielle au gouvernement de l'URSS en passant par les postes de premier vice-président du Gosplan (1979-1982) et de secrétaire du Comité central chargé de la réforme économique (1982-1985). Proche de Mikhaïl Gorbatchev, il devint chef du gouvernement (et membre titulaire du Politburo) en 1985. Il demeura à ces fonctions jusqu'au Congrès des députés du peuple de décembre 1990. Une crise cardiaque pendant les travaux le contraignit à se retirer, mais sa démission était déjà prévue en raison de désaccords avec Gorbatchev sur la politique de réformes.

Ryjov, Iouri : diplomate et homme politique russe, né en 1930. Ingénieur de formation, il a fait l'essentiel de sa carrière, de 1960 à 1981, à l'Institut de l'aviation de Moscou (MAI) dont il a gravi tous les échelons jusqu'au poste de recteur. Démocrate convaincu, conseiller d'Eltsine et de Gorbatchev, il est ambassadeur de Russie en France depuis 1992.

Sakharov, Andreï (1921-1989) : physicien soviétique et célèbre dissident. L'un des pères de la bombe H soviétique, il est l'auteur de contributions importantes en physique des particules et en cosmologie théorique. Engagé dans la défense des droits de l'homme en Union soviétique (ce qui lui valut le prix Nobel de la paix en 1975), il fut assigné à résidence dans la ville de Gorki (Nijni Novgorod) de 1980 à 1986. De retour à Moscou à la faveur de la perestroïka gorbatchévienne, il devint l'un des principaux dirigeants du mouvement pour les réformes démocratiques.

Sobtchak, Anatoli : homme politique russe, né en 1939. Professeur de droit et d'économie, maire de Leningrad (Saint-Pétersbourg) de 1990 à 1996, il fut l'une des figures de proue du réformisme russe et l'un des principaux dirigeants du mouvement pour les réformes démocratiques.

Soljenitsyne, Alexandre : écrivain russe né en 1918. Déporté dans les camps du Goulag pour avoir critiqué Staline dans une lettre privée, il entama une carrière littéraire après sa libération. Sous Khrouchtchev, la déstalinisation lui permit de publier l'ouvrage qui le rendit célèbre, *Une journée d'Ivan Denissovitch* (1962), dans lequel il racontait le quotidien des camps. L'arrivée au pouvoir de Leonid Brejnev le mit en porte à faux avec le régime. Son œuvre romanesque (*Le Pavillon des cancéreux,* 1968) comme documentaire (*L'Archipel du Goulag*, 1973-1976), tout entière consacrée à la dénonciation du régime communiste, lui valut d'être expulsé d'URSS en 1974, bien qu'il fût lauréat du prix Nobel de littérature (1970). Exilé aux États-Unis, dans le Vermont, il entreprit la rédaction d'une gigantesque fresque romanesque et historique de la révolution russe : *La Roue rouge* ' *Août 14*, *Novembre 16*, *Mars 17*. Il est rentré en Russie en 1994, après vingt ans d'exil.

Souslov, Mikhaïl (1902-1982) : homme politique soviétique. Toute la carrière de ce pur apparatchik fut consacrée au parti. Chef du PC pour la région de Stavropol de 1939 à 1944, il devint l'année suivante premier secrétaire du CC de Lituanie et procéda à la « soviétisation » brutale de la république. Nommé en 1946 au département de la propagande du CC, il ne quitta plus l'idéologie, devenant secrétaire du Comité central en 1947, poste qu'il cumula avec celui de rédacteur en chef de la *Pravda* de 1949 à 1951. Membre du Politburo de 1952 à 1953, puis définitivement en 1955, il devint le gardien du dogme et le numéro deux du parti pendant toute la période brejnévienne.

Tchebrikov, Viktor : homme politique soviétique, né en 1923. Fonctionnaire du parti à Dniepropetrovsk, en Ukraine, à partir de 1950, il entra au KGB en 1967, en même temps que Iouri Andropov. D'abord chef du département des cadres, il accéda au poste de vice-président du Comité dès l'année suivante. Quatorze ans plus tard, en

1982, après la mort de Brejnev, il devint président de la Sécurité d'État. Membre suppléant (1983), puis titulaire du Politburo (1985), Gorbatchev l'écarta finalement de son poste à la tête du KGB en 1988. Il fut nommé secrétaire du Comité central, ce qui pouvait apparaître comme une promotion, mais s'avéra une voie de garage. Dès l'année suivante, il disparut des instances dirigeantes.

Tchernenko, Konstantin (1911-1985) : homme d'État soviétique. Après son service militaire dans les troupes de la GPOu, et des débuts de fonctionnaire régional du parti, avant la guerre, la carrière de cet homme terne fut transformée par la rencontre avec Brejnev, en 1950, en Moldavie. Devenu son secrétaire personnel, il le suivit dans tous ses postes à partir de 1956, d'abord dans l'appareil du CC, puis dans celui du Soviet suprême (1960) et, enfin, de nouveau au CC, où il prit la tête du département général (1965). À partir de 1976, en devenant successivement secrétaire du Comité central, membre suppléant du Politburo (1977), puis titulaire (1978), il passa du rôle de simple exécutant à celui d'acteur politique principal et de « dauphin » potentiel de Brejnev. À la mort de ce dernier, il lui fallut pourtant attendre pendant quinze mois la disparition d'Andropov pour s'asseoir enfin, en février 1984, dans le fauteuil de secrétaire général.

Tcherniaïev, Anatoli : homme politique soviétique, né en 1921. Entre 1950 et 1953, ce docteur en histoire assura un cours à l'Université de Moscou (où Mikhaïl Gorbatchev faisait ses études). Mais plutôt qu'à une carrière universitaire, il était destiné à entrer dans l'appareil du CC, d'abord au département de la science, puis à celui des relations internationales. De 1958 à 1961, il travailla pour la revue *Problèmes de la paix et du socialisme*, dernière survivance du Kominform, à Prague. De retour à Moscou, il grimpa les échelons du département international jusqu'au rang de chef adjoint (1970). En 1986, Gorbatchev fit de lui son assistant personnel pour les affaires de politique extérieure. La même année, il fut promu membre titulaire du Comité central (il en était membre suppléant depuis 1981).

Tikhonov, Nikolaï (1905-1997) : homme politique soviétique. Proche de Brejnev (membre du groupe dit « de Dniepropetrovsk »), il fit l'essentiel de sa carrière dans l'appareil du gouvernement (industrie métallurgique, sidérurgie, Gosplan) avant de devenir premier vice-président du Conseil des ministres, c'est-à-dire premier adjoint d'Alexeï Kossyguine. Entré au Politburo, comme suppléant en 1977, puis comme titulaire l'année suivante, il succéda à ce dernier en 1980. Il demeura Premier ministre jusqu'à l'arrivée de Gorbatchev au pouvoir, en 1985.

Volski, Arkadi : homme politique soviétique, né en 1932. Spécialiste de l'industrie au sein du CC (adjoint au chef du département des constructions mécaniques de 1977 à 1983), il devint l'assistant personnel d'Andropov, puis de Tchernenko, au secrétariat général du parti. En 1985, il retourna au département des constructions mécaniques, comme chef, cette fois. Trois ans plus tard, en 1988, il se vit confier par Gorbatchev une mission de pacification dans le Haut-Karabakh. À son retour à Moscou, en 1990, il forma, avec l'aide du CC, une Union industrielle et scientifique destinée à réunir les principaux industriels du pays. Censée devenir une ébauche de patronat dans le cadre du passage à l'économie de marché, elle devint en fait un lobby des directeurs des entreprises d'État, plus préoccupés par le maintien des aides de l'État à leurs unités de production que par la transformation économique du pays. Après l'effondrement de l'URSS, le mouvement de Volski constitua, avec deux autres groupes importants du Soviet suprême, le noyau de l'Union civique, principal groupe d'opposition au président Eltsine.

Vyssotski, Vladimir (1938-1980) : comédien, chansonnier, poète. Auteur de plus de neuf cents poèmes et chansons, dont plusieurs à connotation politique, que la Russie entière connaissait par cœur, mais qui n'ont pas été publiés de son vivant. Il était marié à Marina Vlady.

Zagladine, Vadim : homme politique soviétique, né en 1927. Après avoir commencé sa carrière comme journaliste et fait un passage à Prague, à la rédaction de *Problèmes de la paix et du socialisme* (1961-1964), il entra au département international du CC, à Moscou, dont il devint chef adjoint (1967) puis premier adjoint (1975-1990). Il couvrait les pays d'Europe occidentale. Francophone, il était l'un des principaux interlocuteurs de la presse française avec la direction soviétique. En 1990, il passa dans l'appareil présidentiel nouvellement créé, au poste de conseiller de Mikhaïl Gorbatchev.

Zamiatine, Leonid : homme politique soviétique, né en 1922. Ancien chef du département de presse du ministère des Affaires étrangères (1962-1970), il fut nommé directeur général de l'agence Tass (avec rang de ministre). À ce poste, qu'il conserva jusqu'en 1978, il contribua pour une bonne part à la rédaction des Mémoires de Leonid

Brejnev (qui valurent à ce dernier un prix Lénine de Littérature). Pour le remercier, le secrétaire général le nomma à la tête d'un département créé spécialement pour lui au sein du CC, celui de l'information internationale. En 1986, sur l'insistance d'Egor Ligatchev, le département fut dissous et son directeur envoyé comme ambassadeur à Londres. Il resta à ce poste jusqu'en 1991.

Zimianine, Mikhaïl : diplomate et homme politique soviétique, né en 1914. Après un début de carrière comme apparatchik du parti et de l'État, en Biélorussie, il entra au ministère soviétique des Affaires étrangères et fut notamment ambassadeur à Hanoi et à Prague. Rédacteur en chef de la *Pravda* (1965-1973), il entra au département de la propagande du CC en 1973. Nommé secrétaire du CC trois ans plus tard, il fut mis à la retraite en 1987. Membre du Comité central de 1952 à 1956 puis de 1966 à 1987.

Index

A

B

C

D

E

F

G

H

I

J

K

L

M

N

O

P

Q

R

S

T

U

V

W

Z

Table

DEUXIÈME PARTIE

AU KREMLIN

TROISIÈME PARTIE

L'URSS DU CHANGEMENT ET LE MONDE

QUATRIÈME PARTIE

1991, ANNÉE TERRIBLE

Aubin Imprimeur
LIGUGÉ, POITIERS

Achevé d'imprimer en septembre 1997
N° d'impression L 54534
Dépôt légal septembre 1997

Imprimé en France